Ich bin ein Chinese

Hamburger Beiträge zur Germanistik

Herausgeber:
Wiebke Freytag, Nikolaus Henkel, Udo Köster,
Hans-Harald Müller, Jörg Schönert, Harro Segeberg

Band 39

PETER LANG
Frankfurt am Main · Berlin · Bern · Bruxelles · New York · Oxford · Wien

Sigfrid Faerber

Ich bin ein Chinese

Der Wiener Literarhistoriker Jakob Minor
und seine Briefe an August Sauer

PETER LANG
Europäischer Verlag der Wissenschaften

Bibliografische Information Der Deutschen Bibliothek
Die Deutsche Bibliothek verzeichnet diese Publikation in der
Deutschen Nationalbibliografie; detaillierte bibliografische
Daten sind im Internet über <http://dnb.ddb.de> abrufbar.

Gefördert durch
MA 7 / Wissenschafts- und Forschungsförderung
der Stadt Wien.

Gedruckt auf alterungsbeständigem,
säurefreiem Papier.

ISSN 0930-0023
ISBN 3-631-52073-5

© Peter Lang GmbH
Europäischer Verlag der Wissenschaften
Frankfurt am Main 2004
Alle Rechte vorbehalten.

Das Werk einschließlich aller seiner Teile ist urheberrechtlich
geschützt. Jede Verwertung außerhalb der engen Grenzen des
Urheberrechtsgesetzes ist ohne Zustimmung des Verlages
unzulässig und strafbar. Das gilt insbesondere für
Vervielfältigungen, Übersetzungen, Mikroverfilmungen und die
Einspeicherung und Verarbeitung in elektronischen Systemen.

Printed in Germany 1 2 4 5 6 7

www.peterlang.de

INHALT

VORBEMERKUNGEN 5
„IDEE EINES ÄSTHETISCHEN LEBENS" 8
REISE IN DIE ALTE WELT 10
Der reisende Bürgersohn 10
   Reisetagebuch und Künstlerträume 15
Die Reise nach Italien 17
JAKOB MINORS LEBENSLAUF 26
Herkunft und Jugend 26
Studium und Lehrer 31
   Karl Tomaschek und Richard Heinzel 31
   Karl Müllenhoff und Wilhelm Scherer 38
Freundschaft mit August Sauer 47
   Exkurs: „Lieber Pepi! Dein Jacques." 62
Ehe und Familie 65

FORSCHER UND LEHRER 71
Habilitation bis Mailand 71
   Privatdozent in Wien 71
   Zwischenspiel Mailand 83
Prag – WS 1882/83 bis SS 1885 85
   Von Mailand nach Prag 85
   Die Prager Germanistik bis zur Bestellung Minors 89
   Vom Privatdozent zum a. o. Professor 92
   Von Prag nach Wien 114
Wien – Ab WS 1885/86 122
   Berufung 122
   Die Wiener Germanistik bis zur Berufung Minors 126
   Wien bis zur Ernennung zum o. Professor 138
Dissertationen und Habilitationen 155
   Dissertationen 155
   Habilitationen 157
      Spiegel der Trennung des Faches 168
      „… der erste ordentliche Professor für neuere Litteratur" 170

Lebenswerk in Kollegien ... 172
Wirken in der Akademie der Wissenschaften ... 181
PUBLIZIST UND SCHRIFTSTELLER ... 184
Beiträge zu Periodika ... 184
   Programmatisches ... 193
      Zu Hilfswissenschaften ... 193
      Zu Aufgaben und Methoden ... 197
Buch-Veröffentlichungen ... 199
   Minor und Cotta ... 201
      Die Cotta'sche Buchhandlung ... 202
      Zusammenarbeit mit Cotta ... 203
   Hauptwerke ... 213
Der Streit mit Max Herrmann ... 230

KRITIKER UND PREISRICHTER ... 240
Theaterrezensionen und Schauspielerporträts ... 240
Vereinigungen und Preisgerichte ... 244
   Schiller-Verein „Die Glocke" ... 245
   Wiener Zweigverein der deutschen Schillerstiftung ... 246
   Schillerpreis und Volks-Schillerpreis ... 249
   Goethe-Verein ... 252
   Goethe-Gesellschaft ... 253
   Grillparzer-Preisstiftung ... 259
   Grillparzer-Gesellschaft ... 265
   Bauernfeld-Preis ... 269
   Raimundpreis ... 273
   Literarischer Verein ... 274
   Sonstige Mitgliedschaften ... 276
Vorschläge an das Nobelpreis-Komitee ... 278
Jakob Minor und Karl Kraus ... 280

REISE IN DIE NEUE WELT ... 286
Der *Congress of Arts and Science* ... 287
Die Reise nach Amerika ... 290

WEG VON HIER – DAS IST MEIN ZIEL ... 296

„ICH BIN EIN CHINESE" ... 298

BRIEFE JAKOB MINORS AN AUGUST SAUER

ZU EDITION UND TRANSKRIPTION 308

MINORS BRIEFE AN AUGUST SAUER 311

Nicht Datiertes / Beilagen / Anmerkungen 468
Erläuterungen und Anmerkungen 471
Personen-Index zu den Briefen an August Sauer 516
Nicht entschlüsselte Abkürzungen / Anfangsbuchstaben 552
    Namen 552
    Sachen 552

ANHANG
Jakob Minor – Stammtafel 553
Curriculum vitae Minors 554
Testament des Jakob Minor 558
Vorlesungen, Seminare und Übungen Minors 564

LITERATURVERZEICHNIS
Primärliteratur 574
    Selbstständige Arbeiten 574
    Rezensionen 594
    Posthume Veröffentlichungen 598
Sekundärliteratur 598

Jakob Minor

*Die Radierung von Ludwig Michalek wurde Minor anläßlich seines
50. Geburtstags von seinen Freunden und Schülern gewidmet.*
Foto: Bildarchiv, ÖNB Wien

Vorbemerkungen

Knapp über 300 Briefe des österreichischen Literarhistorikers Jakob Ludwig Minor an seinen Freund und Fachkollegen August Sauer sind im Sauer-Nachlass verwahrt, der sich in der Handschriftensammlung der Österreichischen Nationalbibliothek befindet. Sie sind das weitaus größte und einzige geschlossen erhaltene Korpus von Briefen Minors, dessen Nachlass zerstreut und nahezu unaufgearbeitet bei seinen Nachkommen und in mehreren Archiven und Bibliotheken liegt.[1]

Die Mitteilungen an Sauer bilden die wichtigste Quelle des ersten Teils dieses Bandes und sind im zweiten Teil wiedergegeben. Neben den Minor-Briefen standen mir auch Autographen und Schriftstücke aus Archiven und Bibliotheken zur Verfügung, die in der folgenden Siglen-Liste aufgezählt sind; manche dieser Dokumente sind anderswo schon zitiert, in einigen Fällen habe ich die eigene Transkription zu Grunde gelegt:

---

[1] Die Handschriftensammlung der Österreichischen Nationalbibliothek bewahrt einen Teilnachlass Minors auf (24 Signaturen mit einzelnen Briefen, Manuskripten, Vorlesungsnotizen, lithographierten Mitschriften einiger seiner Vorlesungen, einer Abschrift von Alexandre Dumas' *Fräulein von Belle Isle* usw.). – Einzelne Briefe, Schriftstücke und andere Archivalien zu Minor befinden sich unter anderem in der Österreichischen Nationalbibliothek (zwei Signaturen lithographierte Vorlesungsmitschriften), im Archiv der Universität Wien (zwei Schachteln mit Dokumenten, Briefen, seiner ungedruckten Novelle *Künstlerträume* und anderen Schriftstücken, vorgeordnet in 35 Mappen), in der Universitätsbibliothek Wien (Materialien zur Fehde zwischen Minor und Maximilian Herrmann, Abschriften und Exzerpte, vorgeordnet unter zehn Signaturen), in der Fachbibliothek für Germanistik der Universität Wien (drei lithographierte Vorlesungsmitschriften), im Archiv der Österreichischen Akademie der Wissenschaften (*Curriculum vitae*, Beilagen zu diversen Akten), in der Handschriftensammlung der Wiener Stadt- und Landesbibliothek (Notizen, Abschriften, Exzerpte, Vorlesungsnotizen und lithographierte Vorlesungsmitschriften, Korrekturfahnen; eine Schachtel, vorgeordnet; rund 130 Mitteilungen Minors unter anderem an Marie von Ebner-Eschenbach, Ludwig August Frankl, Karl Emil Franzos, Richard Kralik, Josef Lewinsky, Adam Müller-Guttenbrunn, Moritz Necker, Ferdinand von Saar), in der Druckschriften-Abteilung der Wiener Stadt- und Landesbibliothek (zwei lithographierte Vorlesungsmitschriften), im Österreichischen Staatsarchiv, im Niederösterreichischen Landesarchiv, im Wiener Stadtarchiv, in der Handschriften-Abteilung des Deutschen Literaturarchivs, Marbach, (Minor-Briefe in verschiedenen Nachlässen sowie zwei Schachteln mit Briefen an Minor, Korrekturfahnen und Handexemplaren), im Cotta-Archiv, Marbach (u. a. drei Faszikel-Signaturen Verlags-Korrespondenz, Verlags-Verträge usw.), im Archiv der Universität Prag (Dekanatsakten, Akten der philosophischen Fakultät der deutschen Universität usw.), im Institut für Neuere deutsche Literatur und Medien, Universität Kiel (Bernays-Nachlass) und im Goethe- und Schiller-Archiv, Weimar; daneben befinden sich persönliche Dokumente, das Tagebuch der Italienreise und Reste der Bibliothek Minors im Besitz der Enkel und Urenkel Minors. Die Bibliothek Minors wurde nach seinem Tod – soweit sie nicht in den Bestand der Wiener Universitätsbibliothek übernommen wurde (knapp 6000 Bände) – durch die Leipziger Buchhandlung Friedrich Meyer versteigert (rund 12.000 Bände; *Antiquariats-Kataloge* 112–116).

AAW	Archiv der Österreichischen Akademie der Wissenschaften
ASA	Svenska Akademien Arkivet
AStW	Archiv der Stadt Wien
AVA	Österreichisches Staatsarchiv (Allgemeines Verwaltungsarchiv)
CA	Cotta-Archiv, Marbach
DLA	Deutsches Literatur-Archiv, Marbach
GSA	Goethe- und Schiller-Archiv, Weimar
MCU	Österreichisches Staatsarchiv (Ministerium für Cultus und Unterricht)
NB HS	Handschriftensammlung der Österreichischen Nationalbibliothek
NöLA	Niederösterreichisches Landesarchiv, St. Pölten
UAP	Archiv der Universität Prag
UAW	Archiv der Universität Wien
UBW	Universitätsbibliothek Wien
UK	Institut für Neuere deutsche Literatur und Medien, Universität Kiel
WStLB	Wiener Stadt- und Landesbibliothek

Den Mitarbeiterinnen und Mitarbeitern in allen diesen Institutionen danke ich für ihre freundliche Unterstützung, besonders den Damen und Herren der Fernleihe-Abteilung der Universitätsbibliothek Wien; ebenso Dr. Hermann Knebel in Kiel und Dr. Michael Schlott in Leipzig für die Beschaffung einiger Briefe aus dem Nachlass des Michael Bernays, sowie Frau Gunnel Landberg in Stockholm für die Übermittlung von Briefkopien aus dem Svenska Akademien Arkivet.

Für Informationen und Hinweise danke ich Mag. Dr. Hanno Biber, Prof. Dr. Helmut Birkhan, Mag. Karin Gludovatz, Dr. Eva Irblich, Dr. Renate Krippl, Prof. Dr. Kurt Krolop, Dr. Elisabeth Lebensaft, Sebastian Meissl, Dr. Werner Michler, HR Dr. Kurt Mühlberger, Prof. Dr. Robert Pichl, Dr. Erich Reiter, Dr. Gerhard Renner, Christa Rudnik, Mag. Franco Schedl, Mag. art. Gerhard Schlass, MMag. Dr. Sonja Schreiner, Mag. Werner Siegel, Dr. Michal Svatos, Dr. Adriana Vignazia, Mag. Petra Vock, Mag. Eva Vondálová, Dr. Birgit Wägenbaur, Prof. Dr. Herbert Zeman sowie Dagmar, Mathilde und Dipl.-Ing. Dr. Heinz Zoebl. – Prof. Dr. Klaus Heydemann danke ich überdies für nützliche Tipps und für die liebenswürdige Vermittlung fruchtbarer Kontakte.

Vor allem bin ich Prof. Dr. Werner Welzig für sein anregendes Interesse und für seine hilfreichen Ratschläge zur Realisierung dieser Arbeit verpflichtet.

*

Ich bin ein Chinese[1] ist die erweiterte und aktualisierte Fassung meiner Dissertation, die im März 2000 an der Universität Wien unter dem Titel *Jakob Minor – Stationen im Leben und Wirken. Briefe an August Sauer* approbiert wurde. – Prof. Hans-Harald Müller, Hamburg, danke ich für die Ermunterung zur Publikation, Prof. Werner Welzig, Wien, für die Fürsprache um finanzielle Förderung und Prof. Hubert Ch. Ehalt von der Magistratsabteilung 7 der Stadt Wien schließlich für die Befürwortung der Förderung dieses Bandes.

Ergänzungen waren sinnvoll, da Schriftstücke und Archivalien zu Minor aus fortschreitenden Nachlass-Aufbereitungen zugänglich wurden. Ergänzungen zum ersten Teil ergaben sich unter dem Aspekt der Rezeption von Minor-Publikationen vor allem in jenen Abschnitten, die Minors Kontakte zu Wilhelm Scherer, zu Kollegen und zu Persönlichkeiten oder Institutionen des Auslands betreffen, sowie in Passagen, die Minors Verhältnis zu August Sauer behandeln. Dem zweiten Teil wurden ein Kommentarteil sowie die erhalten gebliebenen Antwortbriefe Sauers hinzugefügt;[2] entsprechend ergänzt wurde der Personenindex zu den Briefen. s. f.

---

[1] Der *Chinese* hatte im Wienerischen – *Khinęsa* – auch die übertragene Bedeutung von *komischer Mensch, Narr.* – Vgl. Maria Hornung, Sigmar Grüner: *Wörterbuch der Wiener Mundart.* 2. Aufl. ÖBV & HTP Verlag, Wien, 2002.

[2] Die 19 Sauer-Briefe sind chronologisch in den zweiten Teil eingereiht. — Vgl. *Zu Edition und Transkription* am Beginn des zweiten Teils.

Stationen im Leben und Wirken des Jakob Minor

„Idee eines ästhetischen Lebens"

Aus kleinbürgerlichen Verhältnissen des gründerzeitlichen Wiens stammend, entwirft der 20-jährige Germanistikstudent Jakob Minor um 1875 ein Lebenskonzept, das er seinem Schulfreund und Studienkollegen August Sauer selbstbewusst so schildert:

> Vor etwa 2 Jahren hat sich bei mir die Idee eines ästhetischen Lebens, in dem Sinne, wie es Göthe, Schiller und wenn Du willst, auch Sokrates verstanden, unbewußt entwickelt. Diese Idee kam meinem Körper, der anders durch Aufregung usw – in den Ohren sehr gelitten hätte, ebenso wie meiner Geistesanlage zu Gute. Und so habe ich instinktiv einem derartigen Ideale nachgetrachtet. Daß ich es darin für einen blutjungen Menschen weit gebracht hatte, darf ich wohl sagen.[1]

Fünf Jahre später erhält Minor die *Venia legendi* für deutsche Sprache und Literatur an der Wiener Universität; ein Hals- und Ohrenleiden hat ihn gehindert, sein ursprüngliches Berufsziel zu verfolgen und Schauspieler zu werden. 1888 wird er zum ordentlichen Professor bestellt, 1904 zum Hofrat ernannt.

Während sich um diese Zeit sein Privatleben mehr und mehr verdüstert, wächst sein berufliches und fachliches Ansehen über die Landesgrenzen hinaus. Gegen Ende des Jahres 1905 erreicht ihn folgender Brief:

> Berlin, d. 27. 12. 06.
> Sehr verehrter Herr Kollege!
> Es interessiert mich sehr zu vernehmen, daß Sie damit beschäftigt seien, eine neue Ausgabe von Novalis zu machen. Die Ausgabe von Heilborn gibt erst einen Begriff von der großen Manuskriptenmasse, die vorliegt. Aber der Aufgabe, diese Handschriften in eine chronologische Ordnung zu bringen, ist der Herausgeber nicht gewachsen gewesen. Wie wichtig wäre es nun für das Verständnis von Novalis, wenn Sie sich der Aufgabe unterzögen! Vielleicht haben Sie die Güte, mir mitzuteilen, ob die Nachricht richtig war, wie ich hoffe.
> In größter Hochachtung
> der Ihrige
> Wilhelm Dilthey[2]

---

[1] Minor-Brief 3.
[2] UAW, Nachlass Minor, 152.1, 7, 39.

Ein halbes Jahr darauf veröffentlicht die in München erscheinende Zeitschrift *März. Halbmonatsschrift für deutsche Kultur* eine Rezension, die *März*-Mitherausgeber Hermann Hesse verfasst hat:

> Der endgültige Novalis
> Die bisherige dreibändige Novalisausgabe bei Diederichs ist soeben durch eine neue vierbändige desselben Verlages ersetzt worden. Herausgeber ist J. Minor. Sowohl die frühere Diederichs-Ausgabe wie auch die verdienstvolle Heilbornsche Edition sind nun, kann man sagen, entbehrlich geworden. Die Werke des originellsten und tiefsten deutschen Romantikers haben endlich ihre durchaus befriedigende Ausgabe gefunden. Ein sehr glücklicher Gedanke Minors war es, die Vorreden der früheren Ausgaben von Tieck, Just und Bülow mit aufzunehmen; auch die Beigabe der drei Bildnisse ist erfreulich. Material, Druck und Ausstattung ist solide, einfach und geschmackvoll. Alles in allem eine wertvolle und bedeutende Leistung. Ob auch die Käufer kommen werden? Es ist seit zehn Jahren gar viel über Novalis geschrieben worden. Aber gelesen wird er immer noch allein von den wenigen. Novalis ist eben nicht zum Nippen und Zeitvertreiben, er macht Ansprüche an die geistige Kultur seiner Leser, und wie es scheint, hat man das bei uns noch immer nicht gerne, wenigstens nicht bei den Dichtern. H. H.[1]

Als 58-jähriger stirbt Minor 1912. Fachkollegen und Schüler zeichnen in Nachrufen und Porträts das Bild eines Mannes, in dem Kunst und Wissenschaft eine untrennbare Personalunion eingegangen sind. Mit seiner Arbeit hatte er in Forschung und Lehre im neueren germanistischen Fachbereich breite Beachtung gefunden, über 700 Studenten besuchten zuletzt seine Kollegien und Seminare, sein Werkeverzeichnis zählt an die 900 Titel. Sein insgeheimes Lebensziel, Direktor des Wiener Burgtheaters zu werden, konnte er nicht erreichen.

Der Lauf dieses „ästhetischen Lebens" des Jakob Minor hat sich mit vorgegebenen Sachzwängen, mit kollektiver Ordnung und mit Konventionen des Wissenschaftsbetriebes gekreuzt. An solchen Schnittpunkten wird ein individueller Lebenslauf beispielhaft, wäre also mit anderen Lebensläufen vergleichbar.

Manche Abschnitte und einige wesentliche Stationen im Leben und Wirken des Literarhistorikers Jakob Minor innerhalb relevanter Kontexte nachzuzeichnen, ist das Anliegen der nächsten Seiten. Sie wollen einen „Vorrath ehrlich geriebener Farben"[2] liefern, wie Theodor Georg von Karajan formulierte, und versuchen, dabei dem Ratschlag Franz Grillparzers zu folgen, der meinte, zuviel Reflexion mache „die Genauigkeit des Verfassers verdächtig, und der Mangel an Lebendig-

---

[1] *März*. 1. Jg. 1907, Bd. 2 (April bis Juni); S. 424.
[2] Th. G. von Karajan: Über Heinrich den Teichner. Aus den Denkschriften der kaiserlichen Akademie der Wissenschaften philos.-histor. Classe Band VI besonders abgedruckt. Braumüller, Wien, 1855; Vorrede, S. 3.

keit verfälscht den Standpunkt aus dem sie beurteilt werden sollen".[1] – Gelegentliche Schlaglichter auf Institutions- und Wissenschaftsgeschichte im Umfeld der Wiener Universität sind also willkommene Nebenprodukte dieser Arbeit, Redundanzen unter den Kapiteln ergeben sich aus dem Kompromiss zwischen deren weitgehender Eigenständigkeit und der biographischen Chronologie.

Reise in die Alte Welt
Der reisende Bürgersohn

Schon als Gymnasiast und Student ist Jakob Minor gezwungenermaßen mobil und genießt sowohl Vorzüge als auch Nachteile einer relativen Unabhängigkeit von den Eltern. Ab der fünften Klasse Gymnasium pendelt er am Wochenende auf der Südbahn zwischen dem väterlichen Sommerwohnsitz in Bad Vöslau und seiner Untermiete in Wien;[2] gegen Ende des Studiums hält er sich zwar überwiegend in Vöslau auf, behält aber weiterhin eine Bleibe in Wien, die er jedoch mehrmals wechselt.

Nach Studienabschluss und Promotion fährt er im Herbst 1878 – ohne das finanzielle Polster eines Stipendiums, wie er gelegentlich betont – nach Berlin und inskribiert dort zwei weitere Semester; angeregt durch seinen Schul- und Studienfreund August Sauer will er sich in Kollegien und Seminaren bei Karl Müllenhoff und Wilhelm Scherer vervollkommnen.

Zur Sommerfrische zieht es den jungen Germanisten anfangs nach Bad Ischl; hier geben sich die Wiener Hautevolee und jene, die dazugehören möchten, ein jährliches Stelldichein in der Nähe des kaiserlichen Hofes (Kaiser Franz Joseph verbringt mit schöner Regelmäßigkeit jeweils ein paar Juli- und August-Wochen bis zu seinem Geburtstag[3] in seiner Bad Ischler Villa). Außerdem besucht Minor ein-, zweimal seinen frisch verheirateten, auf Schloss Stixenstein bei Ternitz urlaubenden künftigen Lehrer Scherer. Später verlegt Minor seine und die familiären Ferienziele zumeist ins niederösterreichische Rax- und Semmering-Gebiet; seine üblichen Aufenthaltsorte sind Gutenstein, Maria Schutz, Pottenstein und Reichenau, wo er auch gelegentlichen Einladungen aus dem Freundeskreis seiner

---

[1] Franz Grillparzer: Sämtliche Werke. Hg. von August Sauer; II. Abteilung, 11. Band, Tagebücher und literarische Skizzenhefte V. Schroll, Wien, 1924; S. 209.

[2] In Minors Zeugnissen ist als Adresse angegeben: „Wien-Mariahilf, Magdalenenstrasse 3".

[3] Zumeist feierte Franz Joseph seinen Geburtstag am 18. August in Schönbrunn.

Frau folgt. Einmal verbringt er die Ferien in Millstatt, ein andermal im böhmischen Großpriesen an der Elbe; während der letzten Jahre seiner Ehe macht er Sommerurlaub zumeist allein in Tirol – in Serfaus, Ötz, Fulpmes und Pertisau am Achensee – oder mit Moriz Benedikt in der Prein am Semmering, und kurz vor der Scheidung fährt er auf Badeurlaub nach Warnemünde an die Ostsee. Im Sommer des Jahres vor seinem Tod besucht er in der Nähe von Dresden eine Kuranstalt, muss aber den Aufenthalt wegen eines akut gewordenen Nierenleidens abbrechen, um seinen Arzt zu konsultieren.

Beruflich motivierte Ortsveränderungen ergeben sich für Minor aus einer Berufung nach Mailand, wo er im Sommersemester 1882 an der *Accademia scientifico letteraria* vorträgt, und aus seiner Übersiedlung nach Prag, wo er ab Herbst 1883 bis zur endgültigen Rückkehr nach Wien 1885 vorerst als Privatdozent und ab 1884 als außerordentlicher Professor seine Kollegien und Seminare hält. – Ein Onkel seiner Frau ist bei der österreichischen Staatsbahn beschäftigt und besorgt gelegentlich Freikarten, die Minor nützlich sind, um sich in Prag beruflich rascher einzurichten und dann von dort die Kommunikation mit Wien aufrecht zu halten.

Um Verpflichtungen aus seiner Funktion im Vorstand der Goethe-Gesellschaft nachzukommen, hält sich der Vielbeschäftigte wiederholt für ein paar Tage in Weimar auf und nimmt als Vorstandsmitglied des Wiener Zweigvereins der Schillerstiftung auch an Sitzungen im Verwaltungsrat der Deutschen Schillerstiftung teil, die ihren Sitz ebenfalls in Weimar hat.

Mit all dem findet sich Minors Reisetätigkeit innerhalb jener Grenzen, die von der Sozialgeschichte einem ins gehobene Bildungsbürgertum aufgestiegenen Spross des gewerblichen Milieus im Wien des ausgehenden 19. und beginnenden 20. Jahrhunderts zugemessen sind.[1] Mit zwei seiner Reisen durchbricht Minor diese Grenzen allerdings:
• Als junger Student unternimmt er von November 1875 bis April 1876 eine Fahrt durch Italien und Sizilien.
• Von Anfang September bis Ende Oktober 1904 fährt er in die Vereinigten Staaten. Zu einem internationalen Kongress der Künste und Wissenschaften als Vortragender eingeladen, nützt er die Gelegenheit zu einer Rundfahrt durch den Osten der USA; sein Freund und Fachkollege August Sauer begleitet ihn.

Während seiner studentischen und beruflichen Laufbahn bedient sich Minor also einer ganzen Palette mehr oder weniger ausgeprägter Reiseformen und zeigt

---

[1] Vgl. die entsprechenden Kapitel in *Bruckmüller: Bürgertum in der Habsburgermonarchie 1; 1990,* und in *Stekl: Bürgertum in der Habsburgermonarchie 2; 1992.*

dabei unterschiedlich stark stilisierte und ästhetisierte soziale Verhaltensmuster; typologisch isoliert und nach ihrem Ursprung chronologisch gereiht umfassen sie:
• Die *peregrinatio academica*, die Studentenwanderung; ihre Anfänge sind mit dem Vagantentum im Aufkommen der weltlichen Wissenschaften während des 12. Jahrhunderts verbunden;
• die Gelehrtenreise; ihre Traditionen wurzeln im Humanismus und in der Reformation; sie dient bevorzugt der Verflechtung und Verdichtung der Verbindungen in der *respublica literaria*, der „Gelehrtenrepublik", erlebt ihre Blüte während der Aufklärung und ihre jüngste Modifikation im Kongresstourismus;
• die Kavalierstour; sie ist ein Produkt des Absolutismus' mit dem Ziel der adeligen Selbstdarstellung und Façonierung[1] und wird vom aufsteigenden Bürgertum unter dem Ideal der Bildung von Geist und Sinnen seiner Söhne adaptiert;
• die Künstlerreise; mit ihr wird im deutschen Sprachraum – beginnend mit Johann Joachim Winckelmann (* 1717, † 1768) – die bloße Rezeption der italienischen Antike und Renaissance von einem schöpferischen Italienerlebnis abgelöst;
• schließlich Sommerfrische und Erholungsreise, mit der sich der Utilitarismus des 19. Jahrhunderts in Bereiche verbreitet, die nicht den unmittelbaren, sondern den vordergründig zweckfreien, indirekten Nutzen anstreben.

Minors Vater hatte 1869 seine Wiener Konditorei auf der Landstraßer Hauptstraße 8 verkauft[2] und aus dem Erlös den 1852 als Hotel errichteten „Florahof" im niederösterreichischen Bad Vöslau erworben; in den folgenden Jahren wies er sich nicht mehr als „Kuchenbäcker", sondern als „Privatier" aus. 1870 war er gegen Zahlung von 25 Gulden in die Vöslauer Bürgerschaft aufgenommen worden[3] und bald darauf auch im Vöslauer Gemeindeausschuss aktiv; dort zählte man ihn vor allem zu einem der wohlhabendsten Bürger der Stadt, der durch besondere Großzügigkeit in sozialen und karitativen Belangen wirkte und Ansehen gewann.[4]

---

[1] *Façonierung* bedeutete „die Eingewöhnung, Einpassung, Einverleibung oder Einschleifung standesgemäßer Lebensart und Umgangsformen, wobei sowohl die äußerliche körperliche Aufführung (,galante Conduite', ,Exercitien') als auch die geistig-kommunikativen Fertigkeiten (,Studia', ,Conversation', ,Raisonnement') gemeint sind." – Vgl. *Siebers: Lehrfahrten; 1991;* S. 48.

[2] *Lehmanns Wohnungs-Anzeiger für Wien* weist nach der Jahrhundertwende auf Landstraße 8 die Zuckerbäckerei W. Hartung aus.

[3] *Gludovatz: Minor; 1994;* S. 281.

[4] Die Vöslauer Kurliste allein des Jahres 1874 weist Jakob Minor sen. mit der ansehnlichen Spende von fl 200,- für die Errichtung einer evangelischen Kirche und fl 20,- für die Errichtung eines Spitals aus. – Vgl. *Gludovatz: Minor; 1994;* S. 283.

Mit bis zu fünf Bediensteten übersiedelte die Familie Minor von 1869 an jedes Frühjahr aus ihrer Wiener Wohnung nach Vöslau; gelegentlich verbrachte man das ganze Jahr in dem imperial angelegten „Florahof"[1] an den südöstlichen Hängen des Wienerwaldes.[2] Das Auftreten der Familie entsprach damit einem Ideal des Bürgertums, das weniger auf politischen Einfluss, als vielmehr auf Assimilation an den Adel zielte: Der bürgerliche Lebensstil am Wendepunkt in Österreichs Gründerzeit[3] passte sich aristokratischen Werten an und übernahm Verhaltensformen, die zuvor dem Adel vorbehalten waren.[4] So trat der gehobene oder gehoben sich gebende Bürgerstand auch „in die Traditionen der Kavaliersreisen ein und schnitt das Ideal des Weltmannes, das sich immer mehr veräußerlicht hatte, auf seine bürgerlichen Bedürfnisse zu".[5]

Nicht nur innerhalb der Familie Minor wurde dieses angeeignete Verhalten noch weiter instrumentalisiert; mit seiner Hilfe sollten auch unbewältigte Generationskonflikte aufgeschoben oder verdrängt bzw. die familiären Defekte in deren Gefolge repariert werden:

> Eine Reise war oft der Fluchtweg, den die Familien des Großbürgertums ersannen, um den Problemen ihrer intellektuellen Söhne abzuhelfen. Man glaubte, damit die Melancholie und Depression heilen zu können. Indem sie zum Abenteuer, zur Neuheit, zur Zerstreuung die Kultur, das Erlernen von Sprachen und die nützlichen Besuche hinzugesellte, sollte die Reise die doppelte Befriedigung des Geistes und der Sinne gewährleisten.[6]

Die Demonstration des gesellschaftlichen Aufstiegs durch die Inanspruchnahme eines gediegenen Wohlstandes und die Sicherung der familiären Ordnung rechtfertigen in den Augen des Vaters Minor hinlänglich, dass er seinem Sohn die Rundfahrt nach Italien gestattet und die erforderlichen Ausgaben finanziert. – Der Aufwand für die Reise ist immerhin beträchtlich. „Den Kostenüberschlag habe ich mit etwa 1000 fl für 5 Monate geschlossen;" schreibt Minor jun. im August 1875 aus Bad Ischl an seinen Freund Sauer, „doch habe ich zur Sicherheit 1300 fl fest-

---

[1] Nach dem Tod des Vaters im Jahre 1896 verkaufte Minor den „Florahof", da er sich außerstande sah, das große Haus weiterzuführen. – Heute birgt der Bau ein gutes Dutzend unterschiedlich großer Eigentumswohnungen gehobenen Standards.
[2] Vgl. *Gludovatz: Minor; 1994;* S. 281.
[3] Dieser Wendepunkt ist markiert durch „schwarzen Freitag" und „Börsenkrach" während der Wiener Weltausstellung von 1873. – Vgl. *Pemsel: Wiener Weltausstellung; 1989.*
[4] Vgl. *Pollak: Wien 1900; 1997;* S. 70.
[5] *Kuhn: Arcadien; 1966;* S. 6.
[6] *Pollak: Wien 1900; 1997;* S. 226.

gesetzt, die mir mein Vater überläßt. Hoffentlich komme ich billiger weg".[1] – 1300 Gulden erscheinen tatsächlich großzügig kalkuliert; sie entsprechen fast dem vollen Jahresbezug, den Minor 1884 als verheirateter außerordentlicher Professor an der Prager Universität erhält.[2]

Für den Vater steht mit der Italienreise wenn schon kein materieller, so doch ein Gewinn an Menschen- und Weltkenntnis für den Stammhalter in Aussicht; als handfeste Begründung für Einverständnis und Unterstützung kann schließlich die Hoffnung auf Besserung dessen hartnäckigen Ohren- und Halsleidens im milden südlichen Klima herhalten. Für den Sohn stehen ganz andere Motive im Vordergrund. Voll Unrast in seinen Ablösungsversuchen vom Elternhaus mit dem dominanten Vater und der possessiv-fürsorglichen Mutter und unentschieden zwischen künstlerischer Selbstverwirklichung und bürgerlicher Existenz zweifelt der 20-jährige außerdem an der Sinnhaftigkeit des begonnenen und vorerst auf ein halbes Jahr unterbrochenen Studiums der deutschen Sprache und Literatur.[3] – Im Dezember 1875 schreibt er aus Italien an Sauer: „Weiß der gute Gott, ich bin in meinem Leben überall mehr zu Hause gewesen, als auf der Universität." Und im selben Brief gesteht er auch:

> Mir ist es nun einmal Bedürfnis, in einem Meere von Kunst zu leben. Ich möchte alles lesen, was in der Welt geschrieben wurde: griechische, lateinische, italienische, deutsche Classiker, möchte Spanisch lernen u.sw. Daß aber das nicht möglich ist, wenn ich Sanscrit studiere und die Ausfahrtsegen des Mittelalters lese, begreifst Du wohl; da das Leben kurz ist.[4]

In der Reise nach dem Süden sieht Minor die Chance zur erwünschten Ruhepause, zur Klärung seiner privaten Probleme wie auch seiner beruflichen Perspektiven. Er nutzt sie als Fluchtmöglichkeit aus seinem Seelen-Chaos ebenso wie aus dem als muffig und beschränkt empfundenen häuslichen und universitären Alltag. Auch zieht ihn sein – noch ziemlich eklektischer, doch ausgeprägter – Bildungshunger in das „exemplarische Land, wo man das Vergangene suchte und das Gegenwärtige beiseiteschob".[5] Im Reisetagebuch und in seinen Mitteilungen aus Italien beruft er sich dann implizit auf Vorstellungen vom gepriesenen Arkadien mit dem anziehenden „Wechselspiel von natürlichem Leben und höchster Kultur

---

[1] Minor-Brief 2.
[2] 1884 erhält Minor 1200 Gulden Gehalt und eine Aktivitätszulage von 420 Gulden.
[3] Minor bleibt während seines Italien-Aufenthaltes immatrikuliert und inskribiert Vorlesungen. – Vgl. UAW, Phil. Fakultät, Nationalien Minor.
[4] Minor-Brief 3.
[5] *Haufe: Deutsche Briefe; 1965;* S. 7.

in der Perspektive eines weiten geschichtlichen Raumes"[1] und mehr oder weniger explizit auf Winckelmann, Goethe, Wilhelm von Humboldt, Ferdinand Gregorovius und nebenbei, ohne diese Quelle jedoch zu nennen, auch auf Karl Baedeker.

Den Reisevorbereitungen widmet er sich höchst gewissenhaft und auf ganz eigene Weise. Im August 1875 schreibt er Sauer von Entwürfen zu einer Theorie des Romans und ergänzt:

> Außerdem arbeite ich fleißig italienisch, lese mit Begeisterung Manzoni (den ich Dir zur Lektüre höchlichst empfehle) und zeichne Plane von Stadttheilen aus Rom und Neapel, um mich schon vorher in der Orientierung zu üben. Und so komme ich im Geiste über den Corso, die Piazza di Venezia nach dem Forum und bleibe sinnend vor dem Hause stehen, wo Göthe seinerzeit residirt hat. Ich denke meine Reise übrigens wie ein Amerikaner zu machen: Ich nehme nur Weißwäsche, kein Stück Gewand mit, außer was ich am Leibe trage.[2]

Ob Minor damit wirklich Verhaltensregeln beherzigt, wie sie etwa von dem Reisepädagogen Johann David Köhler entwickelt worden waren, lässt sich nicht nachvollziehen; in seiner Akkuratesse folgt er jedenfalls den Apodemiken des 18. Jahrhunderts. Bei Köhler heißt es:

> Wer eine gründliche Gelehrsamkeit erlangen will, muß sich vornehmlich einer anschauenden Erkenntniß befleißigen, denn diese ist die beste und gewisseste. Er muß also nicht allein Bücher lesen, sondern sich auch bemühen, viele Dinge selbst zu sehen, und mit seinen Sinnen zu empfinden. Dadurch erlangt man viele Kenntnisse, welche uns Bücher nicht verschaffen, und dadurch wird auch die übrige Erkenntniß richtiger und vollständiger. Erkenntniß durch Unterricht, und eigene Erfahrung muß einen vollkommen Gelehrten bilden. Eigene Erfahrungen zu sammeln, und dadurch seine Erkenntniß zu bereichern, ist eigentlich der Endzweck der Reisen [...].[3]

Reisetagebuch und Künstlerträume

Seine Italienreise dokumentiert Minor in einem Reisetagebuch, dem er den Titel gibt: *Humanistisches aus Italien*.[4] Auf dem Vorsatzblatt trägt er die Wid-

---

[1] *Kuhn: Arcadien; 1966;* S. 5.
[2] Minor-Brief 2. – In Rom, so schreibt Minor im Reisetagebuch, muß er seine Bekleidung allerdings doch ergänzen.
[3] *Köhler: Reiseklugheit; 1788;* S. 1.
[4] Das Tagebuch befindet sich im Besitz der Familie Zoebl sen. (Enkel Minors). – Alle folgenden, nicht gesondert ausgewiesenen Zitate in diesem Kapitel stammen aus Minors Reisetagebuch.

mung ein: „Meiner lieben Mutter Friederike." Auf den 176 erhalten gebliebenen, handgeschriebenen Seiten des mit Holzintarsien geschmückten Bandes – zwei Blätter sind nachträglich herausgeschnitten worden und verlorengegangen – gibt er Rechenschaft, hält das Erlebte und manche Reflexionen dazu fest. Ausgangspunkte sind zumeist Exponate in Museen und Galerien, Architektur und Ausstattung der Kirchen und Klöster, die er besucht, und Bauten und Kunstwerke der Antike und der Renaissance; gelegentlich erzählt er von Theaterbesuchen, von Aufführungen an Volksbühnen und von den Spektakeln des römischen Karnevals. Die Eintragungen zeigen ihn als genauen, aber selektiven Beobachter, als anschaulichen und um ansprechende Wiedergabe bemühten Schilderer, der – hinter allem jugendlichen Pathos – nur wenig von den eigenen Empfindungen preisgeben will.

Seine Eindrücke schildert Minor mehrmals im Zusammenhang mit dem idealistischen, mehrfach zitierten Anliegen der Bildung seines Geschmacks, die der eigentliche Zweck der Reise sei. Landschaft, Leute, Alltagsleben und Klima spart er – bis auf einige klischeehafte Passagen – aus dem Tagebuch nahezu aus, doch meint er gelegentlich, dass er sich in mediterraner Atmosphäre wohlfühlen würde, und deutet in einem Brief an, dass er sich für einige Zeit in Italien niederlassen könnte. Die Eintragungen trägt er jeweils unter Datum ein; sie umfassen meist Zeiträume zwischen zwei und fünf Tage im Rückblick. Dass es sich dabei um Reinschriften handelt, lässt sich aus einigen Textpassagen und Datierungsfehlern[1] erschließen und durch eingeklebte Notizzettel erhärten.[2]

Als Stationen der Reise sind ausgewiesen: Graz, Triest, Venedig, Bologna, Ancona, Catania, Taormina – hier beendet und datiert Minor seine Novelle *Künstlerträume* –, dann Syracus, Neapel, Pompeij, Capri, Rom, Florenz, Triest und Graz. Die Passage über seinen sechswöchigen Aufenthalt in Rom versieht Minor mit dem gesonderten Titel *Römisches Tagebuch*; sie hebt sich mit 28 Eintragungen auf 72 Seiten allein durch ihren Umfang vom übrigen Text ab und lässt so auch die Bedeutung erkennen, die er diesem Abschnitt seiner Reise zumisst.

Die Novelle *Künstlerträume*[3] steht zu Minors Reisetagebuch nicht nur in zeitlichem Zusammenhang: Diese hochpathetische Schilderung eines Vater-Sohn-Kon-

---

[1] Die zwei letzten Tagebucheintragungen auf der Rückfahrt in Triest und Graz sind mit 4. und 7. März 1876 falsch datiert, es muss sich um den 4. und 7. April 1876 handeln.

[2] Sowohl ein Hinweis Minors auf das Reisetagebuch in einem Brief an Sauer (Minor-Brief 3), als auch der oft wechselnde Schriftduktus deuten darauf hin; die Reinschriften sind abschnittsweise relativ rasch hintereinander erfolgt.

[3] UAW, Nachlass Minor, 152.1, 13.

fliktes, der in Verbindung mit Selbstaufgabe und unerfüllter Liebe in Wahnsinn und Tod endet, trägt autobiographische Züge. Dem Stil nach papieren und schwerfällig, dem Aufbau nach aber geschickt in eine Rahmenhandlung verschränkt, hat sie einen jungen Mann zum Helden, der gegen den Willen des Vaters als Schauspieler zum Theater geht und deshalb aus dem Elternhaus verstoßen wird. Im dreiseitigen „Nachwort für die Freunde des Verfassers" erklärt Minor dazu:

> Gegenwärtig vorliegende Arbeit ist in den Jahren 73–76 geschrieben. Der Grund, der den Verfasser zur Wahl dieses Stoffes bewogen und nach mannigfachen Unterbrechungen immer wieder auf denselben zurückgeführt hat, ist in meinen eigenen Lebensschicksalen zu suchen; welche denn auch den Kitt bilden, der das Ganze zusammenhält.

Zuletzt sind die 34 Manuskriptseiten *Künstlerträume* gezeichnet mit:

> Taormina am Meer.
> 18. Jänner 1876.   Jacques Minor.[1]

Die Bewältigung seiner problematischen Vaterbeziehung sucht Minor also nicht nur in der Entfernung und in der Ablenkung durch die Reise, sondern zugleich auch in der literarischen Verarbeitung. Um so auffälliger ist, dass gerade jene Blätter des Reisetagebuchs nachträglich entfernt worden sind, die über die Jänner-Tage auf Sizilien Aufschluss geben könnten, während der Minor seine autobiographischen *Künstlerträume* beendet.

Die Reise nach Italien

Knapp vor Weihnachten 1875 schreibt Minor aus Sizilien an seinen Freund Sauer im winterlichen Wien:

> [...] es geht mir hier mit dem Wetter so gut, daß ich gar nicht zum Schreiben komme, den ganzen Tag über an und auf dem Meere, im Dufte unferner Orangengärten, unter den Strahlen der glühenden Mittagssonne: vergesse ich auf nichts, als auf das Schreiben. Ich denke oft und mehr, als Du wohl glaubst, an Wien und an die Wiener Freunde; aber kann es nicht leicht dazu bringen, mich hinzusetzen und die ganze Gedankenseligkeit auf das Papier zu vertinten. Genug, daß ich etwa

---

[1] *Minor: Künstlerträume; 1876.*

an 30 Seiten vollgeschrieben habe mit Reiseerinnerungen, die Du zur rechten Zeit schon lesen sollst.[1]

Am 15. November ist Minor per Bahn von zu Hause aufgebrochen. Die Eintragungen im Tagebuch beginnt er mit einem „Spaziergang durch Graz"; er besucht eine Aufführung der Johann-Strauß-Operette *Cagliostro in Wien* und mokiert sich über das Grazer Publikum, das ihm „die Kunst mehr mit dem Herzen, als mit dem Verstande aufzunehmen" scheint. Zwei Tage später notiert er im Zimmer seines Hotels in Triest bereits:

> Auf dem Gottesacker nebenan ist Winckelmann's Grab. Es war aber niemand zur Stelle, der den Schlüssel gehabt hätte. Auch bin ich kein Freund von Gräberaufsuchen, am allerwenigsten auf einer Reise, wo das lebendige Dasein die vollste Wirkung üben soll.

Am Beginn der Notizen zum dritten Reisetag meint er:

> So stünde ich nun mit beiden Füßen in Italien. – Die Fahrt von Triest nach Venedig bietet manche sehr angenehme Strecken. Besonders glücklich wirkt auf uns Nordländer der freie, azurblaue italienische Himmel ein, zumal wenn wir aus der nordischen Winternacht kommen.

Unangenehme Erfahrungen mit Bettlern und Straßenverkäufern können nicht den Eifer verringern, mit dem sich Minor in der Lagunenstadt umtut und sich ihren Architekturdenkmälern widmet. In der Akademie, in den Palästen und Kirchen sucht er nach Bildern Veroneses, da Vincis und Tizians, bestätigt sich seine Erwartung: „Kunst ist hier das erste Bildungsmittel" und nutzt noch die letzte Stunde des Aufenthalts in der Stadt, um das Innere des Theaters Fenice zu bestaunen. – Dann:

> Auf der Fahrt von Venedig nach Bologna goß es in Strömen und mitten auf dem Wege, eine Stunde vor Ferrara, mußten wir Halt machen und über 800 Schritte den Zug wechseln.

Minor meint, dabei „das italienische Volk von seiner besten Seite" zu sehen: Man ist hilfreich beim Gepäckschleppen, der Fremde wird immer wieder angesprochen und empfängt freundlichstes Entgegenkommen. Von nun an trachtet er also, möglichst oft mit ins Gespräch gezogen zu werden, um Sprache und Sitte der Bewohner kennenzulernen. Sein „englisches Gewissen", wie er es nennt, treibt ihn, möglichst keine Sehenswürdigkeit, keine Galerie und kein Museum auszulas-

---

[1] Minor-Brief 3.

sen und jeden Schritt zu dokumentieren. In Bologna etwa widmet er den längsten Teil des Aufenthalts der Akademie und wundert sich über einen „pathologischen Zug der Bologneser Malschule".

Zeitgeschichtliches gerät ihm nur mittelbar und unreflektiert zwischen die Zeilen. Dass ihn ein Kirchendiener auf Französisch anspricht, wundert ihn nicht; er hält lediglich fest: „Sobald er mich aber als Deutschen erkannte, schämte er sich seines Radebrechens und sprach fortan italienisch." Auch was es mit dem Trupp Galeerensträflinge auf sich hat, dem er nahe Ancona begegnet, interessiert ihn nicht; verängstigt schlägt er das Kreuz und bemerkt nur unmutig, dass ein jüdischer Straßenhändler die fromme Geste empört auf sich bezieht. Minors Aufmerksamkeit ist auf anderes gerichtet; so registriert er bei Rundgängen durch Leihbüchereien:

> Paul de Kock und Dumas liegen in Hunderten von Exemplaren auf und der überall moderne Jules Verne ist auf seiner Reise um die Welt natürlich auch durch den italienischen Stiefel gezogen. In den Lehrbüchern philologischen Faches dominieren die Deutschen [...].

Aus solchen Beobachtungen zieht er generalisierende Vergleiche:

> Das Volk, die plebs ist gescheiter als irgendwo anders. Aber es fehlt an höher Gebildeten, an dem intelligenten Mittelstande, wie er in Deutschland sich so mächtig entfaltet hat.

Am 28. November kommt Minor in Catania auf Sizilien an. Da die italienischen Eisenbahnen 1875 vom Norden her erst bis Neapel und Tarent führen, muss er also mit den Vetturine und Faccine, den Pferdefuhrwerken jener Tage, Bekanntschaft gemacht haben; bis auf eine Bemerkung über die ruhige Überfahrt gibt er aber im Reisetagebuch über die nunmehr benutzten Verkehrsmittel keine Hinweise.

Zum Alltag, den er erst vor knapp zwei Wochen hinter sich gelassen hat, gewinnt Minor rasch Distanz; am 19. Dezember notiert er:

> Uns können nicht einmal die Suezkanalaktien etwas anhaben, die ganz Europa haben gefrieren machen, obwohl der Börsenthermometer dadurch ins Steigen gekommen ist. Wir wissen (dank der Schnelligkeit des italienischen Postverkehrs) nichts von Politik und, solange uns der immerblaue Himmel bleibt, verlangen wir auch nichts davon zu wissen.

Dem fügt er – wohlinformiert und kennerisch – hinzu:

Daß Willbrandt mit seinem Nero[1] Unglück gehabt hat, geht uns schon näher; denn es greift auch in unsere Interessen.

Die fast sieben Wochen, die Minor nun „in der üppigen Pflanzennatur" Siziliens verbringt, gelten ihm vor allem der Sammlung und der Erholung, Pathos inklusive:

> Himmel blau, Luft marin, das Meer schickt uns seine erfrischenden Lüfte, ober unseren Häuptern raucht der hohe Aetna, unter den Füßen haben wir klassischen Boden: da läßt sich schon ein Bißchen Einsamkeit und Abgeschlossenheit vertragen. [...] Hier denkt der Mensch über sich selbst am besten nach: Denn bei aller Schärfung des Geistes werden ihm Gefühl und Phantasie nicht fehlen, und nur wo der Mensch ein ganzer ist, kann er sich selbst und die Menschheit verstehen.

Starken Eindruck bereiten Minor hier jedenfalls die „Späße des Pulcinell"[2]; obwohl er die im Lokaldialekt gesprochenen Texte nicht versteht, zieht es ihn wiederholt zu diesem Helden des Straßentheaters:

> Er ist sparsam mit seinem Auftreten; nur an Sonn- und Feiertagen wandert er durch die Straßen und schnell bildet sich ein riesiger Menschentroß, der ihm nachzieht und ihn durch Geheul und Schreien zum Stehen bringt. Dann macht der Hauptakteur Halt, kriecht mit seinen Nebenmännern hinter die Vorhänge der Bude und alsbald beginnt das Spektakel. [...] Man kann sich davon nach unserem Prater Hanswurst keine richtige Vorstellung machen. Das Ohrfeigen und Durchprügeln bildet natürlich auch hier den Mittelpunkt; aber die Sicherheit, mit der die Schläge geführt werden und niemals fehltreffen, setzt in Erstaunen.

Die letzten zehn Tage auf Sizilien verbringt Minor in Taormina, in jeder Hinsicht die schönsten bisher, wie er schreibt: „Natur, Kunst und Menschen haben Alles gethan, mir den Aufenthalt angenehm zu machen." Die Ruinen der antiken Theater vor Augen und Goethe zitierend, „daß hier die Stadien der Weltgeschichte zusammen laufen," meint er:

> Da könnte man Monate verträumen und doch nie so wach gewesen sein. [...] Das ist der hohe Wert Italiens, daß es uns trübselige Spekulanten im Zaum hält; daß wir uns nie in leere, unplastische Speculation verlieren, sondern die Ideenassociation ruft immer auch Gestalten hervor. [...] In Italien wird man zum Dichter, aber man schreibt nicht, man lebt das Gedicht.

---

[1] Adolf von Wilbrandts Trauerspiel *Nero* wurde im Dezember 1875 nach drei Aufführungen abgesetzt, im Februar 1876 noch einmal herausgebracht und nach weiteren sechs Vorstellungen endgültig vom Spielplan gestrichen.

[2] Ursprünglich Charaktermaske aus den süditalienischen Volkspossen, wurde Pulcinella Ende des 16. Jahrhunderts in die Commedia dell'arte aufgenommen und als gefräßiger und listiger Diener eine Lieblingsgestalt des neapolitanischen Volks- und Marionettentheaters.

In seinem ersten Brief an Sauer hatte er noch unwillig verkündet:

> Was ich nach meiner Rückkunft machen werde, weiß ich noch nicht. [...] Auf die Universität werde ich kaum zurückkehren. [...] Möglich daß ich suche, in der Journalistik mich weiter zu bringen, wenn mir das Glück hold ist, möglich auch, daß ich zum Merkantilischen übertrete. Wenn mir dann auch die wissenschaftliche Tiefe fehlt, so habe ich doch an allgemeiner Verständlichkeit gewonnen, und vor vielen Herrn Gelehrten die Ehrlichkeit der Ueberzeugung voraus, die durch keinen Parteistandpunkt beengt wird. Und endlich: Die Dichtung und Kunst ist nicht blos für die Gelehrten da, sondern für jeden Menschen, der wirklich Mensch ist; und wer es am meisten ist, der versteht sie am besten, wenn er auch kein Professor ist.[1]

Zurück auf dem Festland und nach der Ankunft in Neapel klagt Minor, dass es ihm nun gehe wie in Kindertagen,

> [...] wenn ich nach Ablauf der Ferialzeit aus der Ruhe des Landlebens in den Lärm der Stadt zurückgeschreckt ward. Eine unsagbare Enge und Beklommenheit fühlte ich dann stets um die Brust herum.

Minor kann weder der Stadt des „internationalen Dolce far niente" noch der Landschaft etwas abgewinnen und findet „in ganz Neapel nur an einem Orte Aufforderung zur ernsten Arbeit: im Museum. Da bin ich denn auch fleißig drinnen gewesen." Doch so gerät ihm auch das Reisetagebuch zum bloßen Katalog hiesiger Sammlungen antiker Plastiken; ein Vorgang, der sich noch bei manchen späteren Eintragungen wiederholt.

In Pompeji fühlt er sich wieder von der Geschichte angeregt und gefordert. Zwei Tage lang durchstreift er die Ausgrabungen, macht Skizzen, interpretiert seine Beobachtungen und meint am Ende:

> Sonderbar! Die größte Zerstörung war notwendig, um diese Stadt unzerstört auf Jahrhunderte zu erhalten.
> Hier ringt der moderne Mensch der Gewalt des Schicksals dasjenige ab, was es dem antiken mit Macht entrissen hatte.

Während der anschließenden Woche auf Capri beschäftigt sich Minor am Beispiel der „azurnen Grotte" mit dem Unnatürlichen in der Natur. Für ihn ist dieses „Farbenschauspiel ein raffinierter Gaumenkitzel der Natur", ein Realität gewordenes Oxymoron und mit den „Zeichen der Verirrung unserer immer auf das Raffinierte, Kitzelnde, Effektvolle gerichteten Zeit" vergleichbar; er selbst „ziehe die Natur dem Wunder vor". – Gelegenheit dazu gibt ihm eine junge Capresin, die ihm schöne Augen macht und Zettel mit Liebesgedichten zusteckt. Minor klebt

---

[1] Minor-Brief 3.

zwei davon gewissenhaft ins Tagebuch und erinnert sich dabei ausführlich an die „lieblichste Conversation, die ich je in meinem Leben geführt habe".

Am Samstag, 12. Februar, erreicht Minor Rom, findet „um 75 Lire nach dem Monat"[1] in der *Via del Babuino* ein Zimmer zur Miete und stürzt sich „im Freudentaumel" auf erste Rundgänge; „der Boden glüht" ihm „gleichsam unter den Füßen, denn hier in Rom brennt allenthalben unter der Erde das heilige Feuer". Hinterher stellt er atemlos fest: „Eine so innige Verschmelzung des Lebenden mit dem Todten war mir nirgend sonst vorgekommen. Das ist es, was uns im Pompei fehlt: Das Leben." Seine „römischen Studien" beginnt Minor, ebenso wie die bisherigen Stadtbesichtigungen, mit Besuchen der Palazzi, Museen und Galerien. Zwischendurch sucht er, meist vergeblich, „beschauliche Ruhe" in Kirchen und historischen Bauten; danach schreibt er ins Tagebuch: „Ich muß wiederkommen und immer wiederkommen!" Besonders fesseln ihn das Pantheon, wo er das Grab Raffaels besucht, und das Forum, das er sich „aus der letzten Zeit der Republik vor Augen halten" möchte. Dass „die heutigen Römer am gleichgültigsten gegen das alte Rom" seien, wie er zu erkennen glaubt, kann er nicht verstehen. Am Samstag, 19. Februar, trägt er dann ins Tagebuch ein: „Heute ging das tolle Leben los. Ich habe daher die Studien nachmittags an den Nagel gehängt." Vier Tage später meldet er an Sauer nach Wien:

> Ich habe mir in den 12 Tagen, die ich hier bin, nicht hyperbolisch, sondern wirklich die Füße wund gelaufen. Es ist möglich, daß ich morgen Vormittag in Folge dessen mit dem Ausgehen pausiren muß, denn heute habe ich gehinkt. Nun kommt zu all den weiten Märschen im abgelegenen Alten Rom noch der Carneval, den man doch auch sehen will, – und ich gestehe Dir, daß ich allabendlich matt und müde auf das Bette nur hinsinke. Denn die südliche Sonne ist dem vielen Gehen nicht hold; nur Hunde und Engländer gehen, wie die Italiener sagen, in der Sonne.[2]

Goethe hatte seinerzeit den römischen Karneval auch als vielfach gekünstelte und oft seelenlose Fortführung der antiken Saturnalien-Bräuche empfunden. Minor steht in seinem Urteil nicht auf Seiten des heimlichen Tagebuch-Vorbildes, überall sieht er nur „Jubel, Lust und Fröhlichkeit". Eine Woche lang absolviert er seine Besuche der Villen und Paläste, Thermen und Columbarien, Triumphbögen und Foren jeweils am Vormittag und stürzt sich nachmittags ins Gejohle und Gepfeife der Maskenumzüge, der Pferderennen und Tombolas, Blumencorsos und Coriandolischlachten. Dann besucht er wieder Sammlungen und Galerien, wan-

---

[1] 75 Lire entsprechen zu dieser Zeit 30 Gulden.
[2] Das italienische Sprichwort hat Minor in dieser Formulierung aus dem Baedeker übernommen. – Vgl. *Baedeker: Italien; 1874*, S. XXXIV.

dert durch St. Peter und den Vatikan, begeistert sich an der Engelsburg, dem Colosseum und den alten Basiliken und zieht schließlich verzweifelt Zwischenbilanz:

> Ich muß es ganz aufgeben, an kunsthistorische Studien während der paar Wochen zu denken. Es fehlen mir dazu vielfach die Vorkenntnisse, und geeignete Lektüre, die nachhelfen könnte, wo es fehlt, habe ich auch nicht bei der Hand. Alles was ich von diesem römischen Aufenthalte profitieren kann, ist: Bildung des Geschmackes in Sache der bildenden Künste. Und das will ich denn auch einzig und allein zum Ziele nehmen.

Danach scheint es aber, als ob er noch verbissener als bisher Sehenswürdigkeiten und Gedenkstätten, Kunstwerke der Antike und der Renaissance aufsuchte. Er unternimmt Streifzüge zu den Katakomben, mietet Kutschen zu Ausfahrten in die Campana, besucht nach und nach die bedeutenden Kunstsammlungen – bevorzugt und wiederholt jene in der Villa Farnesina mit den Bildern Raffaels zur griechischen und römischen Mythologie und die Antikensammlung in der Villa Ludovisi. Gleich mehrmals machen ihn auch Raffaels Stanzen im Vatikan „Schauen und Staunen"; seit er sie gesehen habe, glaube er „an keine Begrenzung des Stoffes für irgendeine Kunst mehr".

Bald darauf räsoniert er – ohne einen Anlass dafür zu nennen – über „unsere nordischen Landsleute" und meint:

> Die Norddeutschen haben sich mir auf dieser Reise vielfach noch mehr verleidet. [...] Ein unmittelbares Empfinden ist ihnen fremd. [...] Daß sie aber von der Humanität vielfach abgekommen und der flachen Aufklärungstheorie verfallen sind, ist gewiß.

Nach dem Besuch einer *Othello*-Aufführung beschließt Minor, zumindest in Rom das Theater zu meiden. In der letzten Woche seines Aufenthaltes nutzt er dennoch die Gelegenheit, *Macbeth* zu sehen, und schreibt anschließend enttäuscht ins Tagebuch: „Die Vorstellung hat mich in meiner Meinung über die italienischen Bühnen nur bestärken können." Lediglich das italienische

> [...] Publicum bietet [...] Interesse bei einer Shacespeare-Vorstellung, weil es so ziemlich mit dem Auditorium des englischen Dichters in eines zusammen fällt. Von einer Würdigung des Dichters kann bei beiden nicht die Rede sein.

Minors Begeisterung über die Tiberstadt wird dadurch keineswegs getrübt. – Seinem Freund Sauer rät er:

> Du schreibst mir von einer Reise: laß sie nach Rom hieher geschehen. Es soll Dir sehr billig zu stehen kommen [...]. Die Rundreisebillets mit 50tägiger Giltigkeit

gewähren 45 [%] Nachlaß und das Leben hier ist gar zu billig. 1/2 Franken[1] Frühstück, 2 Mittag und 2 Abends kann man leben. [...] Was Du auf einer selbst kürzeren Reise hieher gewinnen könntest, brauche ich Dir nicht zu sagen. Gewiß ist, daß kein Lebender eine richtige Vorstellung der Antike hat, der Rom unbesehen lassen mußte.

Im selben Brief spricht Minor auch Zukunftspläne an:

Der Entschluß, mit der Zeit ganz nach Italien zu kommen, gewinnt bei mir immerhin jetzt schon eine gewisse Solidität. Hier in Rom glaube ich nun geradezu im Himmel zu sein. [...] vielleicht daß ich Dir ins Handwerk pfusche und Historie probiere. Denn hier gibt's so viele unbenützte Quellen: Gregorovius kann eben nicht alles thun und die Italiener wissen von derlei nichts. Aber davon auch abgesehen: kann ich von unsrem bischen hier leben, was oben nicht der Fall ist. Und wer weiß, daß hier das Leben ein Genuß ist, während oben erst der Beruf das Dasein zum Genusse macht, der wird es einem Verfehlten Berufler nicht verargen, wenn er das erste wählt.[2]

Gegen Ende der römischen Eintragungen schreibt Minor am 20. März ins Reisetagebuch: „Wie möchte ich jetzt die Antike erst wieder von Neuem vornehmen [...]!" Und zuletzt, mit unvermeidlichem, aber selbstironisch gebrochenem Pathos: „Vom Humanen weg wandern wir, wie einst der römische Dichter, in die Nacht hinaus zu den Barbaren, das Gefühl der Verbannung tief in der Brust."

Nächstes Ziel der Wanderung ist immerhin Florenz, und hier stellt er fest: „Rom verhält sich zu Florenz, wie die Antike zur Renaissance, wie das Alterthum zur humansten Epoche der Neuzeit." Minor modifiziert nun sein Verfahren, wie er sich der unbekannten Stadt nähert; wieder besucht er zu allererst Museen, Palazzi und Galerien, die Uffizien, danach die Akademie, zwischendurch Dom, Kirchen und Konvente. Er verhält sich nun aber selektiver, und seine Eintragungen sind kontemplativer, Zusammenschau und Reflexion gewinnen gegenüber reiner Aufzählung und Beschreibung. Mehrmals hält er resümierende Rückschau, verknüpft Beobachtungen und stellt Beziehungen zu heimatlichen Gegebenheiten her. Nach ein paar Regentagen – „Ich war selbst schon ganz mismuthig und begann zu fluchen" – meint er erkannt zu haben:

Ueberhaupt ist die rechte Beleuchtung ein Hauptfaktor auf jeder Reise. Das Mittelalter braucht Farbe, also helles Sonnenlicht; die Antike verlangt Geltendmachung der Masse gegenüber dem zerstörten Theile, daher mattes Mondlicht.

---

[1] Da die italienische Münzeinheit nach französischem System geordnet war, wurde die Lira um diese Zeit auch noch franco oder Franc bezeichnet – Vgl. auch *Baedeker: Italien; 1874*, S. XIV.

[2] Minor-Brief 4.

> Ein nordischer Dom wieder braucht Schatten, umwölkten Himmel, denn das entspricht seinem Ernste.

Als Ende seiner Erfahrungen als Tourist in Italien hält er zweierlei fest:

> Human ist das Volk in jedem Sinne, und volle Menschlichkeit ist hier noch am meisten zu Hause. Der Italiener geht nie ganz in seinem Berufe auf; er bleibt immer dabei noch Mensch.
> Mit Englisch alleine zahlt man das Doppelte, mit Französisch drei Viertel mehr, mit Italienisch ein Viertel mehr, als der Italiener.

Mittlerweile sehnt er sich auch wieder nach Hause – „Aus der Sphäre der Kunst bin ich ohnehin seit Rom draußen" – und als „Haupterrungenschaft" seiner Italienreise bezeichnet er

> [...] das abgeschwächte Göthe'sche: „Der gute Mensch in seinem dunklen Drange ist sich des rechten Weges voll bewußt." [...] Nicht die Erkenntnis, die Humanität ist Sache des Menschen. Dieser verkehrten Aufklärerei aber, diesem modernen Preußenthum in Leben und Kunst sollte Einhalt gethan werden, denn es führt nicht zum Guten.

Am 4. April notiert er in Padua, wo er „das letzte Nachtlager im schönen Italien" aufschlägt:

> Es war ein Traum! – summt es mir durch das Gehirn und kaum mag ich es selbst noch glauben, daß alle die lieben Bilder, die vor meinem Geiste vorüberzogen, einmal Wahrheit gewesen sind.

Zurück in Graz, schreibt Minor in der abschließenden Eintragung vom 7. April 1876, er habe seine Landsleute während der Reise „lieber gewonnen als jemals":

> Sie sind in der That gegenwärtig die Träger der Humanität, und allen voran die Wiener, wo ein gediegenes Verstandesleben mit heiterer Gemüthlichkeit sich paart.

Dazu zitiert er aus Grillparzers Hornek-Monolog und schließt – offenbar mit Rücksicht auf die implizite Leserin, der das Tagebuch gewidmet ist – seine Reiseaufzeichnungen feierlich und versöhnlich:

> Der Norden ruft uns zur ernsten Arbeit zurück und wir wollen sie auf dem Gebiete bethätigen, das uns ein günstiges Geschick zum Wirkungskreise angewiesen hat: auf dem Schlachtfelde, wo für die reine Menschlichkeit Gut und Blut daran gesetzt wird. Erst schön – dann wahr![1] – ist unsere Devise, Aesthetik des Lebens unser höchster Zweck.

---

[1] „Erst schön – dann wahr!" ist ein in mehreren seiner Texte zitiertes Motto Minors, das er einem Schiller-Brief an Körner vom 28. Dezember 1788 entnommen hat.

Rechtzeitig vor seinem 21. Geburtstag, den er am 15. April 1876 feiert, ist Minor von seiner Reise in die Alte Welt nach Wien heimgekehrt.

Jakob Minors Lebenslauf
Herkunft und Jugend

Zur Mitte des 19. Jahrhunderts erfolgte während der ersten Wiener Stadterweiterung die Eingemeindung von über 30 Vorstädten; unter anderem wurden drei davon – Erdberg, Landstraße und Weißgerber – vereinigt, Landstraße als die größte gab dem neu gebildeten 3. Gemeindebezirk seinen Namen. In dieser einstigen Wiener Vorstadt, dem rasch prosperierenden Bezirk Landstraße, kam Jakob Minor zur Welt; die Tauf-, Heirats- und Sterbe-Matriken der Pfarre St. Rochus und Sebastian[1] weisen die Eckdaten der Familie aus, in die Jacobus Ludovicus – so die eingetragenen Taufnamen – am 15. April 1855 auf der Hauptstraße 8 geboren wurde.[2]

Sein Vater Philipp Jakob Minor[3] (* 1820, † 1896), Sohn des „Bürgers und Ackersmanns"[4] Georg Konrad Minor (* 1776, † 1839), war als Bäckergeselle aus dem rheinländischen Scheuern im Herzogtum Nassau nach Wien eingewandert und hatte hier im Revolutionsjahr 1848 die aus dem niederösterreichischen Krems stammende Bäckerstochter Barbara Bayer geheiratet. Als Protestant nach Augs-

---

[1] In Konsequenz der bürgerlichen Bautätigkeit jener Jahre ist im 3. Wiener Gemeindebezirk die Rochuskirche als einziges Bauwerk aus der Zeit vor 1683 erhalten geblieben. – Vgl. Czeike: *Lexikon Wien*; Bd. 3; 1994; S. 674–678.

[2] Die Eintragung im Tauf-Protokoll der Pfarre St. Rochus 1855, Tom. 38, Fol. 46, lautet:
getauft am 17. April
Name des Getauften: Jacobus Ludovicus
Vater: Minor Jakob, Evangl. A. C. Bef. Kuchenbäcker, von Scheuern in Nassau geb. des H. Georg Conrad Minor Bürgers und Ackermanns, und der Fr. Katharina Elisabeth geb. Minor [!] ehel. Sohn.
Mutter: Löw Friederike kath. von Keindorf geb. des H. Lorenz Löw, Schafwollenzeugmacher, und der Fr. Franziska geb. Kindle ehel. Tochter.
Pate: Louise Koß Hauseigenthümers Tochter Landstraße No 354.
Anmerkung: Laut Trauschein hier den 11. September 1854 getraut. Der H. Bräutigam hat durch einen Revers die katholische Erziehung aller Kinder beyderley Geschlechts zugesichert.

[3] Der Name Minor, das etymologische Gegenstück zu Maior, belegt laut Arnold: *Minor*; 1913, S. 70, „daß Minors Vorfahren im 15. oder 16. Jahrhundert den gebildeten Ständen angehört haben". Arnold weist auch auf einen Oberst Tobias Minor im Gefolge Wallensteins hin. – Vgl. Brechermacher: *Familiennamen Etymologie*; 1957.

[4] Tauf-Protokoll der Pfarre St. Rochus vom 17. April 1855, Tom. 38, Fol. 46.

burger Bekenntnis musste er sich vor der Trauung verpflichten, „alle seine Kinder in der röm: kath: Religion erziehen zu lassen".[1] Barbara Minor starb im April 1854 im 34. Lebensjahr an Lungentuberkulose und hinterließ vier Kinder: Tochter Aloisia, Tochter Barbara Carolina, Tochter Friederike und Sohn Georg Carl.[2] Noch im September desselben Jahres verheiratete sich der 34-jährige Witwer mit der 25-jährigen Friederike Löw aus Keindorf, einem Flecken im heutigen Wiener Gemeindebezirk Rudolfsheim, Tochter des aus dem bayerischen Plößberg zugezogenen Schafwollzeugmachers Johann Lorenz Löw. Friederike Minor brachte zwei Kinder zur Welt: Sohn Jakob[3] – unseren Protagonisten – und Tochter Maria,[4] die allerdings im Alter von 16 Tagen an den Fraisen starb. Jakob Minor jun. wuchs somit vorerst mit vier, bald aber nur noch mit zwei Halbgeschwistern auf. Wahrscheinlich überlebte ihn nur Halbschwester Aloisia (Louise),[5] die er auch in seinem Testament bedachte.

Die günstige wirtschaftliche Entwicklung im Bezirk war wesentliche Basis, die Zielstrebigkeit und die Ausdauer des Bäckermeisters Minor danach ausschlaggebend für den geschäftlichen Aufschwung der Kuchenbäckerei in der Landstraßer Hauptstraße 8. Bedenkt man die in den Sterbe-Matriken der Pfarre St. Rochus und Sebastian verzeichneten Todesursachen der verstorbenen Familienangehörigen und die bald auch bei Jakob Minor jun. auftretenden Erkrankungen, so lässt sich ihr Zusammenhang mit den wenig gesundheitsförderlichen Aspekten eines Bäckereibetriebes jener Tage nicht von der Hand weisen. Viele Jahre später schilderte Minor – mittlerweile Professor an der Universität Wien – neben der „eisernen Arbeitskraft" seines Vaters[6] einige weitere familiäre Umstände, die sein Leben von Kindheit an bestimmten:

---

[1] Tauf-Protokoll der Pfarre St. Rochus vom 13. Juni 1849, betreffend die erstgeborene Tochter Aloisia, Tom. 32, Fol. 75.

[2] Aloisia * 10. 6. 1849, † ?; Barbara Carolina * 3. 11. 1850, † 24. 8. 1858 an Hirnlähmung; Friederike * ?, † 19. 1. 1869 18-jährig an Scharlach; Georg Carl * 4. 11. 1852, † ?

[3] Minor wählte bei einigen seiner späteren publizistischen Arbeiten den Mädchennamen der Mutter, Löw, zum Pseudonym.

[4] Maria * 8. 9. 1856, † 24. 9. 1856.

[5] Das Todesdatum des Halbbruders Georg Carl ist unbekannt; Sauer schreibt in seinem Minor-Nachruf, der Halbbruder sei „früh" gestorben. Allerdings erwähnt Minor in zwei Briefen (253 und 255) einen „Neffen in Amerika" – möglicherweise Sohn des vielleicht ausgewanderten Halbbruders; außerdem finden sich im Nachlass Sauers zwei Visitenkarten des Georg Minor (305 und 306).

[6] Eine Selbstbiographie Philipp Jakob Minors, aus der Robert F. Arnold in seinem Minor-Nekrolog einige Sätze zitiert, ist leider verschollen.

> Bücher oder Anregung zu geistiger Arbeit habe ich im Vaterhause nicht vorgefunden, darin war ich von Jugend auf mir selbst überlassen. Aber den Sinn für ausdauernde und streng geregelte Arbeit habe ich von dort mitgebracht, trotzdem er bei mir nicht sogleich in der ersten Jugend, sondern erst später hervorgetreten ist. Denn sowohl in der Volksschule als auch in den unteren Klassen des Gymnasiums war ich ein wenig fleißiger Schüler [...].[1]

Was Minor hier als 43-jähriger mitteilte, lässt sich unschwer als Folge ungehörter kindlicher Rufe um elterliche Zuwendung interpretieren. – Was dem außenstehenden Schulfreund Sauer als „behaglichste Verhältnisse" in Erinnerung bleiben sollte, die Minor zu dieser Zeit genoss, war das ökonomisch gesicherte und gesellschaftlich geachtete Haus, das sich ein hart arbeitendes Handwerkerehepaar errungen hatte. In diesem Heim gab es für den heranwachsenden Sohn allerdings keine „Anregung zu geistiger Arbeit" und vorerst offenbar auch kein rechtes Motiv, wenigstens die Schulaufgaben zu erledigen.

In der Volksschule dürfte der aufgeweckte Bub bei all seiner eingestandenen Faulheit kaum Lernprobleme gehabt haben, in den ersten Jahren am Akademischen und danach am Schottengymnasium war er aber ein alles andere als guter Schüler. Die Kataloge des Akademischen Gymnasiums weisen in den Schuljahren 1864/65 und 1865/66 für den „katholischen" und „zahlenden"[2] Sohn des „Kuchenbäckers" Jakob Minor höchst mäßige Benotungen aus. Die zweite Klasse beendete er in Geschichte und Geographie mit „nicht genügend", in den meisten anderen Gegenständen – einschließlich Deutsche Sprache – mit „genügend"; die generellen Beurteilungen lauteten „minder entsprechend wegen unordentlichen Benehmens" und „leicht abgelenkt".[3] 1866 verließ Minor das Akademische Gymnasium, das sich zu dieser Zeit noch in der Bäckerstraße in der Wiener Innenstadt befand,[4] und wechselte, die zweite Klasse wiederholend, ans Gymnasium des Schottenstiftes auf die Wiener Freyung, wo er das erste Semester in den Gegenständen Deutsch und Latein neuerlich mit „nicht genügend" abschloss.[5] –

---

[1] *Curriculum vitae*: Personalakt Minor, AAW, 1135/1898.

[2] „Zahlend" im Gegensatz zu „vom Schulgeld befreit" und „Stipendist".

[3] Vgl. die Schulkataloge des Wiener Akademischen Gymnasiums aus den Jahren 1864/65 und 1865/66.

[4] Der von Friedrich v. Schmidt entworfene Neubau wurde gerade fertiggestellt und im Oktober 1866 eröffnet. – Vgl. *Czeike: Lexikon Wien; Bd. 2; 1993; S. 649.*

[5] Vgl. die Schulkataloge des Öffentlichen Schottengymnasiums der Benediktiner in Wien aus den Jahren 1866/67 bis 1872/73.

Viele Jahre später wies er auf die längerfristig positiven Folgen dieses Schulwechsels hin:

> [...] erst nachdem ich äußerer Umstände wegen das akademische Gymnasium mit dem Schottengymnasium vertauscht hatte und gerade am Beginn des Obergymnasiums durch eine gefährliche Krankheit zu einer einjährigen Pause verurtheilt wurde, habe ich an dem Lernen eigentliches Vergnügen gefunden.[1]

Welche äußeren Umstände Minors Schulwechsel erzwungen hatten, ist unklar.[2] – Die fünfte Klasse bei den Schotten brach er jedenfalls krankheitshalber ab; er hatte sich – wahrscheinlich beim Schwimmen und Tauchen, seinen einzigen sportlichen Betätigungen – ein später chronisch werdendes Hals- und Ohrenleiden zugezogen, das sich mit zunehmendem Alter verschärfte und ihm Hör- und arge Sprechprobleme verursachte. Diese Gebrechen machten ihm etwa ab dem fünften Lebensjahrzehnt sogar im gesellschaftlichen Umgang zu schaffen und dürften ihn zuletzt auch psychisch belastet haben.

Während seiner Schulzeit wollte Minor Schauspieler werden. In den Wäldern um Bad Vöslau – seine Eltern hatten sich nach dem Verkauf ihrer Bäckerei in dem Kurort angesiedelt – spielte er einem imaginären Publikum die Klassiker vor;[3] seine lebenslange Liebe zur Bühne und zu den Heroen und Heroinen des Wiener Burgtheaters wurzelte in diesen Jahren. Die Oberstufe des Gymnasiums beendete er als Vorzugsschüler, die Matura bestand er 1874 mit Auszeichnung, außerdem wurde ihm im Protokoll der Maturitäts-Prüfung musterhaftes sittliches Betragen attestiert.[4] Auslöser für die positive Wendung war – so bekannte er später bei mehreren Gelegenheiten – Pater Hugo Mareta (* 1827, † 1913) gewesen, sein Deutschlehrer im Schottengymnasium, der damit auch die Weichen für die spätere berufliche Laufbahn Minors stellte.

Mareta hatte nach seinem Theologiestudium ab 1851 an der Wiener Universität Vorlesungen bei den Germanisten Karl August Hahn und Franz Pfeiffer gehört und 1855 die Lehramtsprüfung für Latein und Deutsch abgelegt; danach hatte er einige sprach- und literaturwissenschaftliche Arbeiten[5] publiziert und sich auch

---

[1] *Curriculum vitae*: Personalakt Minor, AAW, 1135/1898.

[2] Minor mag die Übersiedlung der Eltern nach Bad Vöslau gemeint haben – die fand allerdings erst 1869/70 während seines Besuchs der fünften Klasse Schottengymnasium statt, die er zu dieser Zeit wiederholte, und damit vier Jahre nach dem Schulwechsel.

[3] *Sauer: Jakob Minor; 1913*; S. 467.

[4] Vgl. Matura-Protokoll des Öffentlichen Schottengymnasiums der Benediktiner in Wien aus dem Jahr 1874.

[5] In den Schulprogrammen des Schottengymnasiums veröffentlichte Mareta unter anderem 1861 und 1863 *Proben eines Wörterbuches der österreichischen Volkssprache*

erfolgreich für eine stärkere Beachtung des Deutschunterrichts, einschließlich der Wiedereinführung des Mittelhochdeutschen an den Mittelschulen, eingesetzt. Wie sehr sein Unterricht von den Schotten-Zöglingen geschätzt war, lässt eine Festschrift erkennen, die ihm 1892 anläßlich seiner vierzigjährigen Lehrtätigkeit gewidmet wurde und dazu dienen sollte, „die Namen einiger Ihrer Schüler in Erinnerung zu rufen, welche auf dem Wege weiter fortgeschritten sind, auf dem sie Ihnen die erste Leitung verdankten".[1] Beiträge zu der Festschrift stammten von dem Ästhetikprofessor und Theatermann Alfred von Berger sowie von den Germanisten Carl von Kraus, Johann Willibald Nagl, Meinrad Sadil, August Sauer, Josef Seemüller, Jakob Zeidler und Jakob Minor, der *Etwas über die erzählende Kunst bei Gelegenheit des „Wilhelm Meister"* beisteuerte. – Der Benediktiner-Pater Mareta hatte eine ganze künftige Philologen-Generation in seiner Obhut gehabt.

Neben den soeben Genannten befanden sich unter Minors Mitschülern am Gymnasium der Schotten auch Viktor und Sigmund Adler, Moriz Benedikt und Julius Wagner von Jauregg.[2] Minor dürfte aber zu dieser Zeit in seiner Lesewut und Theaterbesessenheit wenig Gelegenheit für intensiveren Umgang mit Schulkollegen gehabt haben. Seit seine Eltern in Vöslau lebten, wohnte er die Woche über in Untermiete in Wien-Mariahilf,[3] begann sich intensiv der Lektüre deutscher Klassiker zu widmen und besuchte jede Woche meist zumindest zwei Theateraufführungen. Seit dieser Zeit, also nach der krankheitsbedingten Wiederholung der fünften Klasse – so erinnert er sich viele Jahre danach –,

> [...] bin ich stets obenan unter den Vorzugsschülern gesessen, ohne daß ich jemals unter Überbürdung oder Überanstrengung hätte zu leiden gehabt. Denn eine gleichmäßige, durch Ordnung geregelte Arbeit ist mir schon damals Bedürfnis gewesen und tumultuarisches oder gehetztes Aufnehmen zusammenhangloser und unverarbeiteter Kenntnisse war mir schon damals so wider die Natur, daß ich das ganze Obergymnasium hindurch eine ausnahmslose tägliche Arbeitszeit von 3

---

mit Berücksichtigung der älteren deutschen Mundarten und 1875 *Über Judas der Erzschelm von Abraham a St. Clara.*

[1] *Minor: Erzählkunst; 1892;* S, 2.

[2] Vgl. „Verzeichnis der Abiturienten" in: *Hübl: Schottengymnasium; 1907.* – Viktor Adler, * 1852 Prag, † 1918 Wien, Arzt und sozialdemokratischer Politiker; Sigmund Adler, * 1853 Prag, † 1920 Wien, o. Prof. für Verwaltungsrecht; Moriz Benedikt * 1849 Kwassitz, † 1920 Wien, Chefredakteur und Herausgeber der *Neuen Freien Presse*; Julius Wagner von Jauregg, * 1857 Wels, † 1940 Wien; o. Prof. für Psychiatrie und Neurologie.

[3] Von 1870 an wohnte Minor in Wien 6, Magdalenenstraße 3.

Stunden festsetzte und durchführte, die auch an Ferialtagen eingehalten [...] wurde und noch zu reicher Lektüre erwünschte Freiheit gab.[1]

Gegen Ende seiner Schulzeit verfestigten sich in dem sensiblen, frühreifen und zu Überheblichkeit neigenden jungen Mann schließlich jene Anliegen, Sichtweisen und Eigenschaften, die sein weiteres Leben prägen sollten. Minor hatte als Kind zweier Zuwandererfamilien aus dem gewerblichen Milieu während seiner Jahre am Gymnasium sich in einem Umfeld zu behaupten gelernt, das von Söhnen des Adels, der Beamten, Offiziere, Akademiker und Industriellen dominiert war. Diese doppelte soziale Kluft konnte er schneller und leichter überwinden, als er die Ablösung vom kleinbürgerlichen Elternhaus bewältigte – aus dem er jedoch den „Sinn für ausdauernde und streng geregelte Arbeit" bezogen hatte, den er sich sein ganzes Leben lang zugute hielt. Die „reiche Lektüre" und die intensive Beschäftigung mit dem Theater während seiner Schultage erwiesen sich jedenfalls bei der Lösung, zumindest aber bei der Verdrängung dieser ersten sozialen Konflikte für Minor nützlich. – Rückblickend stellte er dazu selbstkritisch fest:

> [...] ein empfindlicher Fehler von mir ist, alles schwerer zu nehmen, als es in Wirklichkeit ist. Ich habe auf meine Kraft immer und in jedem Fache mehr Mistrauen gehabt, als notwendig gewesen wäre. Wenn ich als Bube von 10 Jahren einen anderen ein Gedicht vorsagen hörte, ließ es mir keine Ruhe, wie doch der im Vortrage es viel weiter gebracht habe als ich. Und noch jetzt muß ich oft lachen, wenn ich denke, welche Tölpel ich mir vorgezogen habe.[2]

Studium und Lehrer
Karl Tomaschek und Richard Heinzel

Mit dem Wintersemester 1874/75 beginnt Minor sein Studium an der Wiener Universität. Auffällig am anfänglich 16-stündigen Wochenpensum ist das Seminar des klassischen Philologen Wilhelm von Hartel – gleich im ersten Semester absolviert Minor damit das einzige Seminar, an dem er als Student teilnimmt;[3]

---

[1] *Curriculum vitae*: Personalakt Minor, AAW, 1135/1898.
[2] Minor-Brief 3.
[3] Ein germanistisches Seminar existiert zu diesem Zeitpunkt an der Wiener Universität noch nicht; vgl. Kapitel *Die Wiener Germanistik bis zur Berufung Minors*. – Da die Mitglieder eines Seminars „in der Regel schon ein Jahr an der Universität zugebracht und über den Gegenstand des Seminars Vorlesungen gehört haben" müssen, ist anzu-

keinem Berufsziel, sondern vorerst lediglich seinen ausgeprägten Interessen entsprechen die insgesamt zehn Wochenstunden an Lehrveranstaltungen aus deutscher Sprache und Literatur, die er bei Karl Tomaschek (* 1828, † 1878) und Richard Heinzel (* 1838, † 1905) belegt:

> Erklärung des 1. Buches der Ilias mit einer Einleitung in die Geschichte und Kritik der homerischen Gesänge (Hartel, 4st)
> Cursorische Lectüre des Sallust und lateinische Stylübungen im philologischen Seminar (Hartel, 2st)
> Geschichte der deutschen Literatur in der Zeit von Göthe's und Schillers gemeinsamer Wirksamkeit (Tomaschek, 3st)
> Exegetisch kritische Übungen (Tomaschek, 1st)
> Geschichte der älteren deutschen Literatur (Heinzel, 4st)
> Mittelhochdeutsche Übungen (Heinzel, 2st)[1]

Tomaschek und Heinzel bleiben für die folgenden vier Jahre die maßgebenden Lehrer Minors:
• Der aus dem mährischen Iglau gebürtige Karl Tomaschek hatte an der Wiener Universität Vorlesungen bei den Germanisten Theodor von Karajan und Karl August Hahn gehört und unter anderem das Seminar des klassischen Philologen Hermann Bonitz besucht. Nach einer Anstellung als Supplent am Josefstädter Gymnasium, wo Richard Heinzel kurze Zeit sein Schüler war, kam er ans Theresianischen Gymnasium. 1855 habilitierte er sich in Wien mit Arbeiten über Schillers *Wallenstein* und über antike Kunstforschung, wurde 1862 an die Universität Graz berufen, zum ordentlichen Professor für deutsche Sprache und Literatur ernannt und mit dem Ehrendoktorat ausgezeichnet. 1868 kehrte der lebenslange Junggeselle zurück nach Wien und übernahm neben Franz Pfeiffer ein zweites germanistisches Ordinariat, das er mit starkem emotionellem Engagement überwiegend im neueren Fachbereich ausübte. – Tomaschek gilt als erster institutionalisierter Vertreter der neueren deutschen Philologie in Österreich, für deren Emanzipation er sich 1874 in einem Vortrag als jüngstes ordentliches Mitglied vor der kaiserlichen Akademie einsetzte.[2]

---

glieder eines Seminars „in der Regel schon ein Jahr an der Universität zugebracht und über den Gegenstand des Seminars Vorlesungen gehört haben" müssen, ist anzunehmen, dass Minor als außerordentlicher Teilnehmer geführt wurde; vgl. *Lemayer: Hochschulverwaltung; 1878;* S. 285.

[1] UAW, Phil. Fakultät, Nationalien Minor.

[2] Siehe auch die Kapitel *Die Wiener Germanistik bis zur Berufung Minors* und *„... der erste ordentliche Professor für neuere Litteratur".*

• Richard Heinzel, geboren in Istrien, stammte wie Tomaschek aus einer Lehrerfamilie und arbeitete nach dem Studium der klassischen und deutschen Philologie in Wien als Supplent und als Gymnasialprofessor an mehreren Gymnasien. 1868 wurde er als Nachfolger Tomascheks mit dem Ordinariat für Germanistik an der Universität Graz betraut und 1873 zum ordentlichen Professor der deutschen Sprache und Literatur in Wien berufen; hier übte er sein Ordinariat fast ausschließlich im älteren Fachbereich[1] aus. Ursprünglich stark beeinflusst von seinem Studienkollegen Wilhelm Scherer, mit dem er bis zu dessen Tod engen Kontakt hielt, entwickelte er später eine statistisch-deskriptive Untersuchungsmethode, mit der er subjektive Momente in der Textinterpretation weitgehend auszuschalten suchte. Heinzel war ab 1879 ordentliches Mitglied der kaiserlichen Akademie, in deren Publikationen die meisten seiner wissenschaftlichen Arbeiten erschienen – unter anderem eine Ausgabe der *Sæmundar-Edda*. 1905 nahm sich der vornehm-zurückhaltend auftretende Junggeselle, wahrscheinlich wegen eines unheilbar fortschreitenden Augenleidens, das Leben.

Minor belegt im Sommersemester 1875 bei Tomaschek, Heinzel und Hartel insgesamt 15 Wochenstunden – bei denselben Professoren also wie im ersten Semester:

> Grundzüge der griechischen und lateinischen Metrik (Hartel, 4st)
> Geschichte der deutschen Literatur zur Zeit Schillers und Göthe's (Tomaschek, 3st)
> Exegetisch-kritische Übungen (Tomaschek, 2st)
> Geschichte der älteren deutschen Literatur (Heinzel, 4st)
> Erklärung der Gedichte Walthers von der Vogelweide (Heinzel, 2st)

Da das Studium aber alles andere als seinen Erwartungen entsprechend verläuft, hat er begonnen, Italienisch zu lernen, und tritt im November seine sechsmonatige Reise nach Italien an.[2] Von dort schildert er in einem ersten Brief an Sauer seine Empfindungen, die er bisher mit Studium und Universität verknüpft hat:

> Als ich das erste Mal hineinging, war mir's so bange zu Muthe und eine solche Energielosigkeit hat mich befallen, daß ich bei jedem Schritte und Tritte einen brauchte, der mich zurechtwies. Und ich habe dies Gefühl nie los werden können.

---

[1] Für Erich Schmidt, der unter anderem für die Weimarer Ausgabe I, Bd. 16 (1894) redaktionell betreute, besorgte Heinzel beispielsweise die Edition von Goethes *E Fastnachtsspiel, auch wohl zu tragiren nach Ostern, vom Pater Brey, dem falsch Propheten. Zur Lehr', Nutz und Kurzweil gemeiner Christenheit, insonders Frauen ι Jungfrauen zum goldnen Spiegel.*

[2] Siehe Kapitel *Die Reise nach Italien*.

Alles, was mir Ideal ist, fehlt dort; und die Gesellschaft war mir geradezu ein Greuel.[1]

Minor weist Sauers Vermutung zurück, eine akademische Laufbahn anzustreben, da er „nicht in die Gesellschaft von Gelehrten" tauge, „die nur die Dünkelhaftigkeit ihres Standes, nicht aber den weiten Blick haben". Allerdings bestätigt er so dem Freund indirekt, dass er sich gedanklich damit auseinandergesetzt hat, und schildert zugleich:

> [...] nachdem mir meine Lieblingsneigung, Schauspieler zu werden, versagt worden war, bildete sich die feste Ueberzeugung, daß ich dafür befähigt war, wie selten einer. Aber ich wußte auch, daß ich nur durch Fleiß und Ausdauer dieses Talent gehoben hatte und daß es mir nicht in solchem Umfange in die Wiege gelegt worden war. So bin ich ein Zwitterding zwischen Gelehrten und Schauspieler: ein wissenschaftlicher Schauspieler, wenn Dir der Unsinn gefällt. Diese Ueberzeugung aber ist in mir so lebhaft, daß sie zur Gewißheit wird; und ich habe während 12 Jahren Theaterbesuchens nach meinem Verständnisse kein Talent gekannt, das ich dem meinigen vorgezogen hätte.[2]

Die Italien-Reise dauert von November 1875 bis April 1876. Zur selben Zeit ist Minor im Wintersemester 1875/76 und im Sommersemester 1876 an der Universität als Hörer und Übungsteilnehmer registriert:

1875/76
Historische Grammatik der deutschen Sprache (Heinzel, 4st)
Praktische Philosophie (Brentano, 5st)
Geschichte der Philosophie (Zimmermann, 3st)
Pädagogik (Vogt, 3st)

1876
Geschichte der deutschen Literatur im 19. Jahrhundert (Tomaschek, 3st)
Exegetisch-kritische Übungen (Tomaschek, 2st)
Kritik und Erklärung des Nibelungenliedes (Heinzel, 4st)
Mittelhochdeutsche Übungen (Heinzel, 2st)[3]

Während des Aufenthaltes im Süden festigen sich jedenfalls seine Zukunftspläne. Anfangs meint er noch:

---

[1] Minor-Brief 3.
[2] Minor-Brief 3.
[3] UAW, Phil. Fakultät, Nationalien Minor. – Mit den Philosophie-Professoren Franz Brentano und Robert Zimmermann konnte Minor hinsichtlich der Anrechnung ihrer Pflichtvorlesungen offenbar einen gesonderten Prüfungstermin oder ein ähnliches Entgegenkommen vereinbaren.

> Was ich nach meiner Rückkunft machen werde, weiß ich noch nicht. Viele Ideen kommen und – verschwinden wieder in meinem Kopfe. Auf die Universität werde ich kaum zurückkehren.[1]

Zwischendurch erwägt er, einen journalistischen Beruf zu ergreifen, entschließt sich nach seiner Rückkehr aber zur Fortsetzung des Studiums, das er weiterhin auf Literaturwissenschaft konzentriert:

1876/77
Deutsche Grammatik (Tomaschek, 3st)
Altnordische Grammatik (Heinzel, 3st)
Althochdeutsche Uebungen (Heinzel, 2st)
Altdeutsche Metrik (Heinzel, 3st)

1877
Geschichte der deutschen Literatur im 17. Jahrhundert (Tomaschek, 2st)
Deutsche Grammatik (Tomaschek, 1st)
Exegetisch-kritische Uebungen (Tomaschek, 2st)
Germanische Alterthümer (Heinzel, 3st)
Altnordische Uebungen (Heinzel, 2st)

1877/78
Geschichte der deutschen Literatur (Tomaschek, 3st)
Altdeutsche Literaturgeschichte (Heinzel, 4st)
Erklärung altdeutscher Lyrik (Heinzel, 2st)
Mittelhochdeutsche Uebungen (Heinzel, 2st)
Shakespeare's Leben und Werke (Schipper,[2] 2st)
Geschichte der französischen Literatur (Schipper, 2st)[3]

Durch Tomaschek erhält Minor die bestimmenden Anregungen zur intensiven Beschäftigung mit der Geschichte der deutschen Klassik, besonders mit Person und Werk Schillers. Heinzel wird in den späteren Jahren zum maßgeblichen Förderer in Minors akademischer Laufbahn.

Am 2. März 1878 ersucht Minor das Dekanat der philosophischen Fakultät um „Zulassung zu den strengen Prüfungen" und „Herrn Hofrath Tomaschek als Ref. [und] Herrn Prof. Dr. Heinzel als Coref. zur gef. Begutachtung zuzuweisen". Seine „beiliegende wissenschaftliche Abhandlung" trägt den Titel „<u>Schillers Theorie des Drama. Ein Maßstab für die Schillerkunde. Nach Schillers eigenen Äußerungen.</u>"[4] Beigelegt ist auch das vorgeschriebene

---
[1] Minor-Brief 3.
[2] Der deutsche Anglist Jakob Markus Schipper war soeben an die Wiener Universität berufen worden.
[3] UAW, Phil. Fakultät, Nationalien Minor.
[4] UAW, Rigorosen-Akt Jakob Minor.

Curriculum vitae meae.
Der Unterzeichnete ist am 15. April 1855 in Wien geboren; Sohn des Privaten Jakob Minor und der Friederike Minor, geb. Löw. Seine Gymnasialstudien hat er am k. k. Schottengymnasium zu Wien vollendet und aus dem Unterrichte des dortigen Lehrers der deutschen Sprache und Literatur, P. Hugo Mareta, die erste Anregung zu eingehender Beschäftigung mit den genannten Wissenszweigen genommen. Auf der Hochschule in Wien, welcher der Unterzeichnete seit dem Wintersemester 1874/5 angehört, wurden diese Studien mit neuem Eifer und wissenschaftlichem Bestreben aufgenommen, und besonders in jenen Epochen gepflegt, wo die deutsche Literatur und Sprache einen Höhepunkt ihrer Entwicklung erreicht hat und neben ihrer historischen Bedeutung für die Geschichte des deutschen Geisteslebens auch ihr absoluter aesthetischer Werth in Betrachtung kommt. Also vor allem der Höhepunkt der neuen deutschen Renaissance-Dichtung, wie er zur Zeit von Schillers und Goethes Wirksamkeit erreicht ist, und ebenso der Höhepunkt der mittelalterlichen Dichtkunst im gleichzeitigen Auftreten der großen Epiker und Lyriker – die beiden Gipfel des deutschen Parnasses waren es, welche in ihrer glanzreichen Erscheinung zumeist den Blick auf sich zogen. Für Förderung seines Strebens durch Unterricht und persönliche Theilnahme, fühlt sich der Unterzeichnete besonders den Herren Professoren: Hofrath Pr. Dr. Karl Tomaschek, und Pr. Dr. Richard Heinzel zu tiefem Dank verpflichtet.
Auf dem Gebiete der klassischen Philologie, welche der Candidat besonders in den ersten Universitätsjahren betrieben hat, und für welche der Eifer und die Vorliebe in ihm durch längeren Aufenthalt auf dem klassischen Boden Italiens mächtig angeregt wurde, dankt er besonders den Herren Professoren Dr. W. Hartel und Dr. E. Hoffmann für Unterricht und Belehrung. Auch der speculativen Philosophie, besonders durch eingehende Studien Schillers und seiner philosophischen Aufsätze nahe gelegt, hat der Unterzeichnete mit Vorliebe sein Interesse zugewendet und in den Vorlesungen der Herren Professoren Dr. Robert Zimmermann und Dr. Franz Brentano vielfache Anregung gefunden, denen er sich daher gleichfalls dankbar verpflichtet fühlt.
Jakob Minor,
Hörer der Philosophie im 4. Jahre (7. Semester)
Wien, den 2. März 1878.[1]

Minors Doktorarbeit ist nicht erhalten. – Das von Karl Tomaschek verfasste und von Richard Heinzel mit unterzeichnete Dissertations-Gutachten lautet:

Diese im Ms. vorgelegte Abhandlung unternimmt es, die Ansichten Schillers über Gegenstände der dramatischen Dichtung unter Kategorien, für die aesthetische Gesichtspuncte bestimmend waren, zu einer „Theorie des Drama" zusammenzustellen. Auf diesem Wege gewinnt die Arbeit Vortheile für die Orientirung desjenigen, welcher in theoretisch aesthetischer Absicht oder mit Rücksicht auf die Praxis des Dichtens bei Schillers einschlagenden Ansichten Belehrung sucht. Für den selbständigen wissenschaftlichen Character und Wert der Abhandlung wäre es jedoch ersprießlich gewesen, wenn der Verfasser ausschließlich und strenger, als dieß innerhalb seiner synthetischen Disposition der Fall ist, an einer historischen

---

[1] UAW, Rigorosen-Akt Jakob Minor.

Methode festgehalten hätte, welche überall dem Werden und der Ausbildung von Schillers Ansichten über das Drama im Zusammenhange mit seiner Geistesentwicklung überhaupt nachgegangen wäre. Durch diesen Vorgang hätte leichter vermieden werden können, später veränderte Ansichten ohne genaue Scheidung mit früheren zu combinieren, worin die Abhandlung manchem Bedenken Raum lässt. Auch für Erkenntnis dessen, was in Schillers Anschauungen und Lehren traditionell überkommen, was selbständige Weiterbildung ist, desgleichen für die kritische Analyse und Würdigung des bleibend Giltigen in jenen Ansichten wären auf dem historischen Wege richtige Grundlagen zu gewinnen gewesen. – Die ganze Arbeit beweist jedoch eine ungewöhnliche Belesenheit in Schillers Werken, Vertrautheit mit den sonstigen Quellen und das ernste Streben, unbeeinflusst von vager aesthetischer Phraseologie dem schwierigen Thema wissenschaftlich beizukommen! Die Anmerkungen enthalten einige brauchbare Excurse über manches namentlich chronologische Detail.[1]

Während der Studienzeit schwankt Minors Meinung über Ansichten und Arbeitsweise seiner Lehrer zwischen begeisterter Zustimmung und heftiger Ablehnung. So verteidigt er Tomaschek einmal:

Ich halte fest zu ihm und, seitdem ich wieder Kant studiert habe (freilich im Schiller'schen Schönheitsspiegel), bin ich mir der Berechtigung auch dieser Art der wissenschaftlichen Behandlung sehr bewußt geworden. Alles, was man Daten oder Detail nennt, ist doch nur Materiale für die Philosophie, und muß erst noch einmal durchgearbeitet werden.

Dabei pocht Minor auch auf die Notwendigkeit eines über die eigene Erfahrung hinausgreifenden Denkens und rügt seinen Freund Sauer, „daß Du für Spekulation so wenig Sinn hast". Denn, so meint er:

Schon zur Produktion gehört bei einem, der wissenschaftlich thätig war, Spekulation, und wem sie fehlt, der wird es nie zur That bringen. Deine Plane ersticken alle unter dem Unkraut des wissenschaftlichen Details.[2]

Im selben Brief nimmt er den Lehrer diesmal in Schutz: „Ihr thut doch alle dem Tomaschek Unrecht und es zeigt sich, daß seine Leistungen nicht zu unterschätzen sind." – Drei Monate vor seinen Rigorosen empört er sich allerdings:

Ich habe als Bub bereits Goethe und Schiller auswendig gekonnt, im Gymnasium den halben Düntzer durchstudirt (eine Lebensaufgabe!), bin mit 18 Jahren für ein Fach somit ausgebildet gewesen, daß ich nun hätte hervortreten dürfen, wenns meine Organisation erlaubt hätte, habe ein halbes Jahr in Italien gelebt und für 5

---

[1] UAW, Rigorosen-Akt Jakob Minor. – An Prüfungsgebühren begleicht Minor: 40 fl für das Hauptrigorosum, 20 fl für die philosophischen Nebenrigorosen und 20 fl für die „Beurtheilung der Doktor-Dissertation".

[2] Minor-Brief 9.

Jahre Stoff heraufgebracht, und nun - - - soll ich dem Tomaschek einen Schildknappen machen, einem Kerl, der nicht wert ist - - - s. Clavigo IV. 1.[1] – Mein lieber, das ist zu viel. Die Rolle, die wir Universitäts-Esel, Hörer, will ich sagen, in den Uebungen spielen, könnte ein Lamm, das kein Schaf ist, zur Verzweiflung treiben. Ich bin allerdings ziemlich in mattem Zustande zur Germanistik übergetreten, aber ich hätte nur der Förderung (nicht: Verhätschelung) bedurft, um immer noch ein bischen was abzugeben. Aber der Heinzel zeigt mir zu wenig seine guten Eigenschaften, als daß sie mich fesseln könnten, und Tomaschek zeigt nur den Leerkopf, Querkopf, Schafskopf! Ein Mensch, der niemals einen Funken Trieb zur Wahrheit verspürt hat; ein Affe seiner Eitelkeit. Und ich soll mit 23 Jahren nicht weiter gekommen sein, als die Armseligkeiten dieses Menschen in mich auf[zu]nehmen und darüber Prüfung zu machen?[2]

Aus zeitlicher Distanz von zwanzig Jahren bekennt Minor später, dass er „von Karl Tomaschek die ersten wissenschaftlichen Anregungen auf dem Gebiete der neuen Litteratur, besonders der klassischen Periode,[3] erhalten, aber auch die ältere Sprache und Litteratur unter Heinzels Leitung fleißig betrieben" habe, und urteilt rückblickend:

Auf diese allgemeine wissenschaftliche Grundbildung [...] lege ich heute noch den größten Werth und kann die moderne Sitte des frühen Spezialisierens für keine günstige Erscheinung halten, die m. E. nicht bloß Beschränktheit sondern auch Mangel an Vertiefung zur Folge gehabt und am aller wenigsten auf einem so ungeheuren Gebiet, wie die neuere deutsche Litteratur ist, ihre Berechtigung hat.[4]

Karl Müllenhoff und Wilhelm Scherer

Im Wintersemester 1877/78 geht Minors Freund Sauer nach Berlin, wohin Wilhelm Scherer soeben als Vertreter der neueren Literaturgeschichte berufen worden ist und Schüler aus allen Gegenden an sich zieht. – Ziemlich mutlos schreibt ihm Minor in diesen Tagen aus Wien:

Ich werde nach dem Doctorat sogleich die Lehramtsprüfung machen und eine Stelle an einem Gymnasium suchen. Ich bedarf einer bestimmten, abgegrenzten

---

[1] Minor bezieht sich auf das Zwiegespräch Carlos – Clavigo; Carlos: „Brenn einem das Haus ab, daran er zehen Jahre gebauet hat, und schick ihm einen Beichtvater, der ihm die christliche Geduld empfiehlt! – Man soll sich für niemand interessieren als für sich selbst; die Menschen sind nicht wert – –"
[2] Minor-Brief 16.
[3] Noch Ende 1886 veröffentlichte Minor *Anmerkungen zu Karl Tomaschek, Goethe unter Herders Einfluß in Straßburg* in der *Chronik des Wiener Goethe-Vereins*.
[4] *Curriculum vitae*: Personalakt Minor, AAW, 1135/1898.

Thätigkeit und einer solchen, daß ich mir jeden Tag sagen kann, genug gethan zu haben. Ich habe nicht so viel Frische und Muth, um bei Scherer von vorn anzufangen, und hier wird doch nichts Rechtes aus einem. Nur bin ich froh, wenn ich nicht mehr den Schuljungen des Tomaschek abgeben muß.[1]

Angeregt durch die Schilderungen Sauers fährt Minor nach seiner Promotion im Herbst 1878 dann aber doch auch für ein weiteres Semester nach Berlin, um sich bei den beiden führenden Germanisten dieser Jahre zu vervollkommnen: bei Scherer vorwiegend im jüngeren und bei Karl Müllenhoff im älteren Fachbereich.
• Der Friese Karl Viktor Müllenhoff (* 1818, † 1884) hatte bei Moriz Haupt, Karl Lachmann und Wilhelm Grimm Philologie studiert und über die Theologie des Sophokles dissertiert. 1858 wurde er als Nachfolger Friedrich Heinrich von der Hagens nach Berlin berufen und als Nachfolger Jacob Grimms in die Preußische Akademie der Wissenschaften gewählt. Gerühmt wurden seine Kenntnisse der germanischen und klassischen Sprachen, sein Wissen über germanische Sagen und Mythologie. In seiner philologischen Arbeit beharrte er methodisch streng auf den textkritischen Verfahren Lachmanns. Sein wissenschaftliches Lebenswerk einer *Deutschen Altertumskunde* konnte er nicht abschließen.
• Der gebürtige Niederösterreicher Wilhelm Scherer (* 1841, † 1886) begann mit 17 Jahren das Studium in Wien bei den klassischen Philologen Hermann Bonitz und Johann Vahlen, bei dem Slawisten Franz Xaver Miklosich und bei dem Germanisten Franz Pfeiffer. Sehr bald in Opposition zu Pfeiffer, übersiedelte er nach vier Semestern nach Berlin und hörte dort Vorlesungen Moriz Haupts und Karl Müllenhoffs, dessen enger Mitarbeiter er später wurde. 1862 kehrte er nach Wien zurück, dissertierte hier und habilitierte sich zwei Jahre danach mit *Denkmäler deutscher Poesie und Prosa aus dem VIII.–XII. Jahrhundert*. Nach Differenzen mit Pfeiffer folgte er 1872 einer Berufung nach Straßburg und übersiedelte 1877 nach Berlin. Mit der Orientierung seiner literaturwissenschaftlichen Arbeit am Prinzip von Ursache und Wirkung, das er aus den Naturwissenschaften übernahm, eröffnete Scherer der Germanistik Möglichkeiten einer neuen philologischen Systematik, die er in einer (unvollendet posthum erschienenen) *Poetik* niederlegte. Mit deutschnationalen Tönen polarisierte er nicht nur die Fachwelt; da es ihm aber immer wieder gelang, bei Lehrstuhlbesetzungen seinen Einfluss wirksam zu machen, dominierten schließlich seine Schüler die Germanistik an nahezu allen deutschsprachigen Universitäten noch weit über die Jahrhundertwende.

Als der 24-jährige Minor 1878 aus dem spätgründerzeitlichen Wien nach Berlin fährt, das am Beginn seiner rasanten Entwicklung zur modernen Großstadt

---

[1] Minor-Brief 13.

steht, ist die politische und ökonomische Konkurrenz zwischen dem habsburgischen Österreich und dem wilhelminischen Deutschland praktisch entschieden. Nach der Schlacht von Königgrätz 1866 und nach der Gründung des Deutschen Reiches 1871 ist die von Otto Bismarck betriebene kleindeutsche Lösung endgültige Realität. Geblieben ist dennoch der „Gedanke einer komplementären Einheit des Deutschtums in beiden Ländern", in der sich die „deutschen Österreicher selbst als Bewahrer der Idee einer übernationalen Kulturgemeinschaft"[1] fühlen können. Und mit Ansichten solcher Art kommt wohl auch Minor aus Wien nach Berlin.

Scherer hat er noch während dessen jüngstem Österreich-Urlaub bei Höflichkeitsbesuchen kennengelernt.[2] Die Erinnerungen daran, die früheren Mitteilungen Sauers und die Lektüre der Veröffentlichungen Scherers sind also Grundlage für die ersten Eindrücke, die er in seinen Briefen aus Berlin schildert:

> Scherer hat neulich über Schiller losgelegt. Nachdem er die ganze Stunde frei gesprochen, las er, sobald von Schiller die Rede war, aus dem Concept. Jedes Wort abgewogen! Schiller wird als verunglücktes Genie behandelt. Seine aesthetischen Aufsätze (also das, was Scherer sicher nicht öfter als einmal gelesen hat) sind seine größten Werke; hier hätten sich die Schlegels u. selbst Kant beugen sollen. Von seinen Dramen gefällt Scherer nichts, als Wallensteins Lager und die Exposition der Stuart. Besonders in der Jungfrau seien die Charaktere verfehlt: nur Leute für und wider die Jungfrau etc. Schiller habe nie wahres Leben dargestellt, nie ein Modell benutzt etc.[3]

Noch zu Beginn des Jahres hat Minor aus Wien an Sauer geschrieben:

> Aus Deinen Briefen weht einem eine gesunde Luft entgegen. Es ist so viel Wechsel und Bewegung in den Gedanken, wie Getriebe an Vorstellungen, das Verkehr mit guten Köpfen verursacht. Sei so gut und sag' mir den guten Kopf an der Wiener Universität unter Docenten und Discenten, von denen man auch etwas profitiren kann. Wir drehen uns immer wie die Säue jeder im eigenen Stroh herum, von einer Seite auf die andere, bis endlich das Stroh ganz zu Dreck wird. Verkehr unter uns ist ein nicht belegtes Wort und mit den Professoren gehört es zu den langweiligsten Begriffen.[4]

Minors frühere Scherer-Begeisterung aus der Ferne Wiens wird jetzt in der Nähe des Berliner Alltags relativiert. Anfangs sind es persönliche Eigenheiten, die

---

[1] *Sprengel: Berliner und Wiener Moderne; 1998;* S. 25.
[2] Minor-Brief 29.
[3] Minor-Brief 33.
[4] Minor-Brief 17.

Minor an Scherer auffallen,[1] doch sehr bald meint er auch Ungereimtheiten in dessen Thesen zu entdecken und entwickelt Vorbehalte gegenüber dem zuvor uneingeschränkt geschätzten Professor. Kaum drei Monate nach seiner Ankunft in Berlin schreibt er an Sauer:

> Scherer ist eine Wetterfahne, die sich überall hin dreht: den Gelehrten gegenüber Journalist, den Journalisten gegenüber Philologe, den Gönnern gegenüber Künstler, den Künstlern (Keller!)[2] gegenüber Gönner, den einfachen Leuten gegenüber (dem Publikum zb.) feiner Mann, feinen Leuten gegenüber einfach etc etc. Letzthin schrieb er ein Feuilleton in die N. Fr. Presse; da heißt es: „ich trinke lieber aus einer Schale, aus der schon mein Vater getrunken hat, ich sitze lieber auf einem Stuhle, den schon mein Vater gebraucht hat." Und wie nun? wenn man den wahren Scherer kennen lernt oder eigentlich, wo steckt da der wahre Scherer?

Diese Charakterzüge des Lehrers seien auch in der von ihm vertretenen Methode angelegt, meint Minor:

> Die ganze Vielfältigkeit Scherers in der Wissenschaft concentrirt sich in keiner Persönlichkeit, keinem Charakter. Alles lose – fliegende Blätter aus Goethes sämtlichen Werken. Renaissance-Größe, Nachahmung, Copie, Lücken. Wenig Empfindung, oder gar keine; mehr combinirende, als eigentlich schaffende Phantasie. Scherer hätte mehr Person, wenn er mehr verderben ließe. Man muß nicht überall, wo geredet wird, weiterreden, auch wenn man etwas weiß. Freund Ubique, hätten Schiller und Goethe sicher auch von ihm gesagt.[3]

Dann sieht er sich wieder gedrängt, Scherers fachliche Kompetenz zu bestätigen:

> Scherer hat neulich brillant über Heinrich von Kleist vorgetragen. Groß! Groß vorgetragen! Aber auferstanden ist er deshalb doch nicht mehr![4]

In all seinen Briefen aus Berlin geht Minor aber mit keinem Wort auf die politische Gesinnung Scherers ein, von dessen deutsch-nationalem Engagement er schon in Wien unmöglich nicht gewusst haben kann. Möglicherweise verpackt er seine Vorbehalte in missmutig-saloppe Generalurteile über die Berliner und die Deutschen folgender Art:

---

[1] Vgl. das Spottgedicht auf Scherers Spießbürgertum im Minor-Brief 33.
[2] Gottfried Keller.
[3] Minor-Brief 34.
[4] Minor-Brief 35.

[...] wir sind halt doch Wiener und die Berliner können mir sammt aller Germanistik - - - Die Berliner müssen freilich recht viel lernen, denn wenn sie nichts lernten, von Natur besäßens ja gar nichts.[1]

Und:

Der deutsche Michel ist der dümmste Michel von allen; weil er nicht um ein Haar aus sich heraus kann, und doch alles beschnüffelt, als ob die Welt nur um seiner gestankbedürftigen Nase wegen da wär.[2]

Getrübt wird Minors Stimmung während dieser Zeit dadurch, dass er mit seiner Monographie über den Lessing-Freund, Dramatiker und Redakteur der *Bibliothek der schönen Wissenschaften und der freyen Künste*, Christian Felix Weiße, nicht recht vorankommt und einen Teil der Schuld daran bei Scherer zu finden meint. Die „fertigen Theile" der Arbeit über Weiße, der zusammen mit dem Komponisten Johann Adam Hiller das deutsche Singspiel populär gemacht hat, „liegen bei Scherer; der nichts davon gelesen hat. Oder vielmehr: er hat darin geblättert, und die Sache so en passant ‚recht hübsch' gefunden".[3]

Während Scherer in jedem der Briefe Minors aus Berlin zumindest erwähnt und sein Auftreten meist sogar ausführlich kommentiert wird, bleiben die Mitteilungen über Müllenhoff dürftig; Müllenhoff liefert immerhin den unmittelbaren Anlass, dass Minor unerwartet rasch seine neue Umgebung kennenlernt: „Die ersten Tage nach meiner Ankunft hier war eine große Abendgesellschaft bei Müllenhoff; eine Wiederholung des 60. Geburtstages, aber nicht der 120ste."[4]

Danach notiert Minor nur noch kurze Bemerkungen, die wohl seine Wertschätzung für den Altgermanisten erkennen lassen, andererseits aber dessen groben und polternden Umgang mit den Studenten andeuten. – Viel später erinnert er sich noch an Müllenhoff, der „einen starken unverlierbaren Eindruck" auf ihn gemacht habe: „Auch wo seine unbändige Natur störte, geschah es doch aus Überzeugung und aus Charakter."[5] Über Scherer meint er im selben Zusammenhang:

Trotz der bedeutenden Anregungen, die ich Scherer verdanke, bin ich doch über den Gegensatz, in dem sich meine Arbeit und meine Überzeugungen von

---

[1] Minor-Brief 34.
[2] Minor-Brief 36.
[3] Minor-Brief 34.
[4] Minor-Brief 33.
[5] *Curriculum vitae*: Personalakt Minor, AAW, 1135/1898.

Anfang an zu den seinigen fanden, niemals im Unklaren gewesen und habe daraus auch niemals ein Hehl gemacht.[1]

Während der ersten Wochen seines Berliner Aufenthaltes scheint Minor sich rasch einzuleben in den Alltag und in den Universitätsbetrieb, gesteht aber:

> Daß ich mich „sonst" hier entsetzlich langeweile, kannst Du Dir denken. Ins Theater mag ich nicht gehen, weil, wenn ich einmal dort war, ich öfter hin gehen wollte; und dazu das Geld mangelt. Gesellschaft habe ich selbstverständlich sehr wenig, besonders da Pepi auch am Abend zu faul ist, zu mir zu kommen, obwohl ich bei Gianelli wohne, im ersten Zimmer rechts. Frauenzimmer - - ! Ich muß Dir sagen (aber geheim!), daß ich gestern mit einer sehr hübschen Ungarin angebandelt habe.[2]

Da er für das Wiener *Literaturblatt* Berichte aus dem Berliner literarischen Leben zu verfassen beginnt, kann er zumindest seine Theaterbesuche für einige Zeit wieder aufnehmen.[3] Über die Weihnachtsfeiertage 1878 kehrt sogar „tolles Leben" ein: „Bowle, Schnaken, Theater, Circus, Frauenzimmer etc. etc. etc. Ich bin sehr froh gewesen, ein wenig aus dem Dahinbrüten herauszukommen, dem ich mich hingegeben hatte."[4] Doch im Februar, gegen Ende des Semesters, klagt Minor: „Seit vorgestern habe ich mit keinem Menschen geredet, als mit dem Kellnerbuben bei den 3 Raben",[5] und kündigt seinem Freund Mitte März schließlich an:

> Du bist keinen Augenblick sicher von mir in abgemagerter figura überfallen zu werden. Die einen sagen, ich reise erst am Ende, die andern nächsten Donnerstag; und bei diesen widersprechenden Gerüchten kann ich selbst zu keinem gescheiten Entschluß kommen.[6]

Im April 1879 ist Minor wieder zurück in Wien und ersucht seinen Freund um eine Unterredung – mit dem Hinweis: „Da ich keinen Ton im Halse habe, bist Du sicher, durch meinen Diskurs nicht lange aufgehalten zu werden."[7]

Um diese Zeit erkundigt er sich um die Aussichten auf eine Anstellung in der Wiener Universitätsbibliothek – Scherer hat ihn auf diese Idee gebracht[8] –, aller-

---

[1] *Curriculum vitae*: Personalakt Minor, AAW, 1135/1898.
[2] Minor-Brief 33.
[3] Vgl. Kapitel *Beiträge zu Periodika*.
[4] Minor-Brief 34.
[5] Minor-Brief 36.
[6] Minor-Brief 39.
[7] Minor-Brief 40.
[8] Minor-Brief 34.

dings mit der Befürchtung, dass „meiner Ohren wegen nicht einmal Platz für mich sein"[1] werde; zu Recht, wie sich erweist. Danach ersucht er Scherer um weitere Auskünfte und erhält zur Antwort:

> Lieber Freund,
> die Mittel u Wege um zu Inwagners Stelle in der Bibliothek des Finanzministeriums zu gelangen kenne ich leider nicht; die müssen Sie in Wien zu erfahren suchen. Ich weiß nicht einmal ob der Finanzminister die Stelle vergibt u. habe außerdem gar keine Bekanntschaften im Finanzministerium.
> Daß Sie für Weiße einen Verleger gefunden haben, ist mir ja eine große Freude u. flößt mir Respekt ein vor dem H. Wagner. Sehr achtenswerth, daß er Ihnen sogar Honorar bezahlt; ich weiß wirklich keinen deutschen Verleger, dem ich das zutrauen würde. Ich freue mich recht auf Ihr Buch, u wie lieb wärs mir es jetzt zu meinen Vorlesungen bereits zu besitzen. Mögen Sie mir vielleicht die Aushängebogen schicken lassen regelmäßig sobald sie fertig sind? Jedenfalls wird es doch spätestens im October erscheinen?
> Mit bestem Gruß Ihr
> Scherer.[2]

Auf eine weitere Anfrage Minors schreibt Scherer im November 1879 nach Wien:

> In aller Eile für heute nur so viel, daß ich Ihre Widmung dankend annehme – vorausgesetzt daß Sie ein hübsches Druckfehlerverzeichnis hinten beigeben.[3]

Und nachdem er Minor und Sauer dazu angeregt hat, die in seinem Seminar in Berlin begonnenen Goethe-Studien weiterzuführen, meldet er sich Anfang 1880 wieder mit einem ausführlicheren und aufmunternden Schreiben:

> Lieber Freund.
> Eine gute Vorstellung werden Sie von mir haben, daß ich Ihnen den Empfang eines vollständigen u. so prachtvoll gebundenen Exemplars Ihres Christian Felix noch nicht einmal bestätigt. Zwar die äußere Empfangsbestätigung werden Sie in der Rückkunft der Aushängebogen ersehen haben. Aber daß wie immer, der Dank des Doctorvaters, Ihnen so spät zugeht, das ist ein Versäumnis, das Sie nur mit bekannter Arbeitslast erklären können, aber aus Ihrer bekannten Liebenswürdigkeit verzeihen mussten. [...]
> Ihr Buch als Ganzes macht einen recht guten u. soliden Eindruck, u. man findet auch daß Sie sich so kurz gefasst haben als irgend möglich war.
> Brillant aber ist Ihre Anzeige von Funke und Palleske. Der „besondere Galgen" verdiente geflügeltes Wort zu werden. Es ist kein Zweifel, daß Sie Anlage zu einem ausgezeichneten Stil haben, und es wird nicht le style de tout le monde sein. Pfle-

---

[1] Minor-Brief 49.
[2] UAW, Nachlass Minor, 153.2, 3, 1-2.
[3] UAW, Nachlass Minor, 153.2, 3, 6.

gen Sie diese Anlage nur durch Sorgfalt u. dadurch daß Sie nicht zuviel der zufälligen Inspiration überlassen, sondern Ihre Fähigkeiten möglichst in Ihre Gewalt zu bekommen suchen.
    Mit bestem Gruß
    Ihr Scherer[1]

Auf die Rückmeldung aus Wien, der zufolge die beiden Freunde seinen Vorschlag offenbar aufnehmen und gemeinsam publizieren wollen, reagiert Scherer Ende März 1880:

Lieber Freund.
    Es wird Ihnen dieser Tage das erste Heft meiner Litt. Gesch. zugehen. Wenn Sie Lust und Gelegenheit fänden es irgendwo anzuzeigen, so würde mich das recht freuen. An Sauer geht ein Heft nach Lemberg ab; aber ob es ihn dort trifft? Ob er nicht in Wien ist? Ich möchte auch ihm gerne die obige, übrigens ganz unverbindliche Bitte schreiben. Ich meine, wenn Sie oder er oder Sie beide Anzeigen schreiben, so macht es mir Freude; aber keiner soll glauben, dass ich es irgendwie übel nähme oder dass es auch nur der Entschuldigung bedürfe, wenn eine solche Rez. nicht zu Stande kommt.
    Sagen Sie das dem guten „Schwarzen", den Sie jedenfalls sicherer zu erreichen wissen als ich. Wann kommt denn Euer gemeinschaftliches Opus heraus? Goethe Studien von Fritzi und Peppi – oder wie wird es heißen? [2]
    Mit herzlichem Gruß
    Ihr Scherer
Meiner Frau geht's langsam besser; der Junge gedeiht.[3]

Trotz zunehmender Entfremdung hält Minor losen Kontakt mit Scherer und erweist ihm den einen und anderen Dienst;[4] bei gelegentlichen Besuchen Scherers in Wien, wo dessen Mutter lebt, treffen sich beide auch einige Male. Scherer stirbt 1886.

Auch mit Karl Müllenhoff wechselt Minor noch ein paar Briefe. Anfang 1880 schickt er ein Exemplar seines *Christian Felix Weiße* nach Berlin und Müllenhoff antwortet umgehend:

Lieber Dr. Minor.
    Von ganzem Herzen freue ich mich Sie einmal wieder, zwar nicht leibhaft, aber doch sichtbarer als sonst alle Tage, vor mir zu sehen und nicht nur das, Sie auch vorläufig ledig zu wissen der Last an der Sie doch bis zuletzt noch schwer getragen

---

[1] UAW, Nachlass Minor, 153.2, 3, 10-11. – Scherer bezeichnet sich hier irrtümlich als Minors „Doctorvater".

[2] Sauers Spitzname lautet „Schwarzer"; in ihren Briefen nennen Minor und Sauer einander „Fritzi" und „Pepi".

[3] UAW, Nachlass Minor, 153.2, 3, 13. – Am 27. Februar war Scherers Sohn zur Welt gekommen.

[4] Vgl. die Kapitel *Freundschaft mit August Sauer* und *Privatdozent in Wien*.

haben. Über das Buch das Sie zu Stande gebracht haben, kann ich Ihnen begreiflicher Weise noch nichts sagen. Ich muß die nähere Bekanntschaft mit demselben unter dem Drang der augenblicklich auf mich eindringenden Pflichten noch hinausschieben. Das aber hoffe und vertraue ich und danke Ihnen dafür daß Sie für die Zukunft und für immer eine gleich eingehende Beschäftigung mit diesem Gegenstand werden überflüssig gemacht haben. Daß die Arbeit einmal gemacht werden mußte und daß Sie auch mancherlei dabei gelernt haben, wäre es auch das Handwerk oder etwas davon, will ich nicht läugnen. Ich hätte Ihnen aber, sowie ich Sie kenne und nicht allein kennen und schätzen gelernt habe, eine Aufgabe gewünscht, von der Sie mehr für sich gehabt und vor andern gewonnen hätten. Es wäre doch, meine ich, manches für Sie nötiger gewesen, was Sie nun schwer nachholen werden, wenn Sie sich vorsetzen als deutscher Philolog aufzutreten und tätig zu sein. Mit einiger Ungeduld und Sehnsucht erwarte ich schon von Ihnen zu hören, ob Sie die Minnesingerstudien fortsetzen und wie es Ihnen damit gelingt. Ich weiß zu gut daß Sie keine geringen Forderungen an sich und Ihre Leistungen stellen, und wünsche von ganzem Herzen daß Sie damit ins rechte Geleise kommen [...]. Des wärmsten und aufrichtigsten persönlichen Antheils können Sie von meiner Seite stets versichert sein.
Ihr aufrichtig ergebener
Müllenhoff[1]

Zwei Jahre darauf antwortet Müllenhoff noch einmal; Minor hat dem einstigen Lehrer „in Verehrung und Dankbarkeit" seine Arbeit über *Die Leiche und Lieder des Schenken Ulrich von Winterstetten* gewidmet und ein Exemplar nach Berlin geschickt:

Lieber Hr. Dr. Minor,
Mit unsern besten Wünschen zum neuen Jahre verbinde ich meinen herzlichsten Dank für Ihre doppelte Weihnachtsgabe und meine Frau stimmt auch darin ganz mit ein. Ihr Bild hat uns freilich durch sein verändertes Aussehen überrascht und wir hätten Sie kaum darin wieder erkannt, wenn es uns so von dritter Hand vorgehalten wäre, wie wir es gestern fragend Roediger vorhielten und der mit Ihnen gar nicht wohin wußte. Sie brauchen sich wahrlich nicht auch dieses Aussehens nicht zu schämen und des photographierenlassens abzuschwören. Dasselbe gilt mutatis mutandis natürlich auch von Ihrer Arbeit, die sich, soweit ich bis jetzt wahrgenommen habe, so sauber praesentiert daß sie sich gewis vor aller Welt sehen lassen kann. Den, meine ich, den Winterstetten hätten Sie abgetan und wir wissen nun ganz was dem Burschen ist. Das Nachprüfen einer Arbeit, wie die Ihrige, ist freilich nicht so leicht und am wenigsten von mir in wenigen Tagen – ich erhielt sie erst am Mittwoch von der Post, die die Hände in diesem Buch zu viel hatte – zu Ende zu bringen neben so vielem andern, was einem obliegt. Schon jeden Schritt und Tritt nachzurechnen ist keine Kleinigkeit, und ich bin in diesen Dingen und überall nicht gleich so zu Hause, wie Sie wohl glauben, überall recht schwerfällig und dabei an den Sinnen, an meinen Augen noch gerade wie Zacharias im Heliand. Zu bemerken hab ich vorläufig gar nichts und bitte Sie ganz mit meiner reinen,

---

[1] UAW, Nachlass Minor, 152, 7, 1-2.

vollen Freude über Ihr Werk als meinem ersten Dank vorlleb zu nehmen. Sie denken und äußern sich in Ihrem Briefe zu vorteilhaft über mich [...].
    Mit den besten Wünschen und Grüßen auch an Hartel von ganzem Herzen der Ihre
        Müllenhoff[1]

Freundschaft mit August Sauer

Jakob Minor und August Sauer, beide 1855 geboren, lernen einander offenbar im Wiener Schottengymnasium kennen, wo sie unter dem Einfluss ihres Deutschlehrers Hugo Mareta[2] ihre Interessen für Literatur und Literaturgeschichte entfalten und wo Sauer 1873, Minor ein Jahr später maturiert. Gelegentlich erproben sich beide um diese Zeit bereits als Autoren; zu einigen dramatischen Versuchen des Kollegen liefert Minor sogar schriftliche Anmerkungen und Analysen.[3]

Die zwei jungen Männer sind nicht nur durch gemeinsame Vorlieben verbunden, sondern auch durch ähnliche Milieus, denen sie entstammen. August Sauer ist Sohn eines Kaufmannes aus dem knapp 40 Kilometer südlich Wiens gelegenen Wiener Neustadt; seine Schulfahrten auf der Südbahn führen ihn an Bad Vöslau vorbei, wo Minors Eltern sich nach dem Verkauf ihrer Bäckerei angesiedelt haben.

Während des Studiums an der Wiener Universität, das sie nach jeweils acht Semestern und in einjährigem Abstand hintereinander mit Dissertationen bei denselben Professoren, Karl Tomaschek und Richard Heinzel, beenden,[4] entwickelt sich dann die Freundschaft und zeitweilige Arbeitspartnerschaft. Sie schlägt sich in einer nahezu 35 Jahre dauernden Korrespondenz nieder, die – wie sie erhalten ist – zweimal nach mehrjährigen Unterbrechungen wieder aufgenommen wird und drei Jahre vor Minors Tod endet.

Anschließend an ihr Studium absolvieren die beiden Germanisten jeweils ein Semester an der Berliner Universität bei Karl Müllenhoff und Wilhelm Scherer. Sauer nimmt dafür – im Gegensatz zu Minor – ein Reisestipendium in Anspruch,[5]

---

[1] UAW, Nachlass Minor, 152, 7, 5-6.
[2] Vgl. Kapitel *Herkunft und Jugend*.
[3] Vgl. Minor-Briefe 295 und 296.
[4] Vgl. Kapitel *Karl Tomaschek und Richard Heinzel*.
[5] Reisestipendien wurden an Studenten und Studienabsolventen unter der Bedingung vergeben, sich nach Studienende an einer österreichischen Universität zu habilitieren

womit zugleich der Beginn seiner akademischen Laufbahn vorgezeichnet ist; bald nach seiner Habilitation tritt er 1879 seine erste Stelle als Privatdozent für deutsche Sprache und Literatur an der Universität in Lemberg an. – Minor befindet sich um diese Zeit gerade in Berlin; zum Jahreswechsel 1878/79 schickt er Sauer seine besten Wünsche und schreibt:

> Wir wollen hoffen, daß wir das alte Jahr trotz allen Ungemaches fröhlich beschließen, und das neue Jahr 1879 gut anfangen, wol aushalten, und glücklich endigen. Unsere Kameradschaft steht auf so guten Füßen, daß ich keine Petition um Fortsetzung einzureichen brauche.[1]

Im April darauf berichtet Minor über seine Arbeit an der Rezension von Sauers erster Buch-Veröffentlichung *Joachim Wilhelm von Brawe der Schüler Lessings* und schildert bei dieser Gelegenheit verärgert:

> Die studierende Jugend von Berlin kann mich Xweis ... götz von berlichingisieren. – Man redet hier noch immer von dem, was man gesagt hat als Du da warst. Es dreht sich der Kisdurs (Diskurs) noch immer um dieselben Collegienhefte. Denn Dinge, über welche keine Vorlesungen gehalten werden, wie Schiller etc., gehen die Berliner Herren nichts an.[2]

Sarkastisch ergänzt er im selben Brief:

> Berlin hat mir meinen Rest von Selbstvertrauen und Menschenwürde noch genommen; und ich bin so zufrieden und heiter und vergnügt (beachte das Polysyndeton), seitdem ich mich als cadaver und Canaille behandle, wie schon lange nicht.
> [...]
> Wenn ich so viel Millionen hätte, als hier gute Freunde, so wär ich noch nicht reicher als ich bin. Aber in Wien habe ich außer Dir und noch ein paar andere auch nicht mehr gehabt, und ich ducke mich im Bewusstsein meiner Unausstehlichkeit unter.[3]

Nach seiner Rückkehr verschlechtert sich die seelische Verfassung Minors weiter; Mitte August klagt er dem Freund:

> [...] ich habe meine ganze Bibliothek in die Hand genommen, aber Stück für Stück wieder aus der Hand geworfen. Seit dieser Zeit rüttelts mit solcher Macht an mir, daß ich schon einige Male dem Wahnsinn nahe war und mich im Walde im Grase gewälzt habe. Ich will Dich nicht mit erzählen solcher jammervoller Dinge aufhalten,

---

und sechs Jahre lang hier zu lehren. – Vgl. Minor-Briefe 18 und 145 sowie *Egglmaier: Neuere deutsche Literaturwissenschaft; 1994*, S. 220.
[1] Minor-Brief 34.
[2] Minor-Brief 42.
[3] Minor-Brief 42.

sondern Dir nur kurze Nachricht von mir geben. Die Germanistik ist für den Augenblick todt für mich.[1]

Auslösend für Minors Stimmungs-Tief dürfte ein Brief Scherers vom März gewesen sein, in dem er zu Minors erster großen Arbeit anfangs meinte:

> Ihre Monographie über Christian Felix Weisse,[2] die ich jetzt mit Ausnahme des letzten Capitels ganz kenne, hat mir sehr gut gefallen. Ich glaube daß sie allen Anforderungen entspricht, die man richtigerweise an eine solche Monographie stellen kann. Sie haben den Stoff condensirt und künftigen Litterarhistorikern nicht blos viele Forschung, sondern auch viele Lectüre erspart. Man weiß jetzt, worauf man bei Chr. Fel. Weisse zu achten hat und was man ohne Schaden ungelesen lassen kann.[3]

Diese Anerkennung ergänzte Scherer allerdings um die Mitteilung, dass er die Arbeit nicht in die von ihm herausgegebenen *Quellen und Forschungen* aufnehmen könne; er riet Minor, einen österreichischen Verleger zu suchen und Subvention durch die kaiserliche Akademie zu erbitten.

Bald danach macht Scherer bei einem Treffen in Wien einige kritische Anmerkungen, formuliert aber auch Aufmunterndes.[4] Minor erwägt dennoch, dem Innsbrucker Verleger Wagner „die gedruckten 8 Bogen abzukaufen und den Dreck liegen zu lassen".[5] In diesem Zusammenhang bringt er gegenüber Sauer zu einem der ganz seltenen Male seine Rede auf Religiöses:

> Wenn ich einmal toll bin, begehre ich mein Manuskript ganz zurück. Was ich in den letzten Tagen gethan habe, wäre es wenigstens kein Wunder. Das Bad hätte ich fast angezündet, in Wien habe ich die Wohnung zu versperren vergessen. So läuft der ganze Dank unserem lieben Herrgott gegenüber darauf hinaus, daß er mich in der letzten Zeit gütigst vor Selbstmord, Brand und Diebstahl bewahrt hat. Das alles wäre aber auch nicht geschehen, wenn er mich nicht hätte in die Welt gesetzt.[6]

Minor plagt sich in diesen Monaten mit schweren Selbstzweifeln und Selbstbezichtigungen; Mitte November schreibt er pathetisch:

> Ich bin es schon müde, meine Freunde zum Objekt meiner üblen Laune zu machen, und Sie glauben es doch nicht, wenn ich sage, daß die Augenblicke des

---

[1] Minor-Brief 45.
[2] *Minor: Christian Felix Weiße; 1880.*
[3] UAW, Nachlass Minor, 152.1, 10, 3-4.
[4] Vgl. Minor-Brief 48.
[5] Minor-Brief 47.
[6] Minor-Brief 45.

Schimpfens meine tröstlicheren sind und ich mich selber noch schlimmer behandle. Alles Wetter, das die Götter in den Wolken haben, fall auf den Monat August; der Juli war der letzte Monat, den ich erlebt habe, seit dieser Zeit krieche ich in niederträchtiger Weise herum, und wenn ich nicht alle Achtung vor mir selber verloren hätte, könntest Du schon einen Todtenartikel über mich schreiben. Denn das verlangte ich eigentlich – und dann auch wieder nicht. Zu viel, zu viel.[1]

Sauer bewährt sich nun als besänftigender Ratgeber. Der panische Grundton in den Briefen Minors klingt ab; zwischendurch berichtet er von einer Hamlet-Lesung, die er halten werde,[2] gelegentlich verarbeitet er seine Seelennöte noch in Versen, zu denen er den Freund um sein Urteil bittet:

> Ich lebte lang genug. Mein Lebensweg
> Geräth nun schon in dünnes welkes Laub.
> Und was das hohe Alter schmücken sollte.
> Gehorsam, Liebe, Ehre –
> darauf darf ich nicht hoffen.
> Was ist das Leben? Ein flüchtger Schatten nur,
> ein Komödiant, der auf der Bühne sich ein Stündlein spreizt,
> und quält und dann nicht mehr vernommen wird.
> Ein Märchen, das ein Thor uns vorerzählt,
> Voll Schwulst und Wortschwall, aber inhaltsleer.[3]

Dann berichtet Minor Ende November 1879 vom Abschluss der Arbeit an seiner *Weiße*-Monographie, die er „Wilhelm Scherer verehrungsvoll" widmen will:

> Neulich habe ich eine Vorr.[ede] begonnen, welche aber so komisch ausgefallen ist, daß mein Zwerchfell durch 5 Minuten gar nicht zur Ruhe kommen wollte, als ich sie später las. Ich bin nicht, wie Du glauben mögest, in guter Laune; werde aber bald so höflich sein, meine üble Laune nicht in Briefen an gute Freunde auszulassen. Ein verbissener, galliger, grämlicher, menschenhassender Hypochondrist: das wird bald meine Charakteristik sein.[4]

Es ist wohl denkbar, dass die Normalisierung in Minors Verfassung dadurch gefördert wird, dass Scherer die beiden Freunde nicht nur dazu ermuntert, ihre Arbeiten, die in seinem Seminar in Berlin begonnen wurden, gemeinsam fortzusetzen und um zwei Aufsätze ergänzt herauszubringen:

---

[1] Minor-Brief 49.
[2] Minor-Brief 47.
[3] Minor-Brief 49.
[4] Minor-Brief 51.

> Sollte es zur Verbesserung Ihrer Stimmung nicht nützlich sein, wenn Sie sich in eine recht große Arbeit stürzten? Wenn Sie z. B. Ihr Götz-Thema erweiterten zu dem Thema Goethe u. Shakespear?
> Das wäre doch eine große schöne Aufgabe, bei der Sie sich ein Verdienst erwerben würden, welches niemals in Vergessenheit geraten könnte. Und Sie sind dazu so wohl ausgerüstet durch Ihre Kenntnis Shakespears, die Sie freilich noch fester begründen müssten. [...]
> Wie gut wenn ich Sie hieher rufen könnte um mich bei einer Goethe Ausgabe zu unterstützen. Aber das ist noch im weiten Feld.[1]

Sauer und Minor verständigen sich dazu, vier Aufsätze ohne gesonderte Namensnennung unter dem Titel *Studien zur Goethe-Philologie* zu veröffentlichen. Die Verhandlungen mit dem Wiener Verleger Konegen gestalten sich für die zwei jungen Literarhistoriker aber nicht ganz einfach; auch geraten ihnen die Aufsätze unter der Hand umfangreicher als geplant. Die *Studien* erscheinen schließlich – „Unserem Lehrer Richard Heinzel in Dankbarkeit und Verehrung" gewidmet – 1880 in einer Auflage von 700 Exemplaren. Minor und Sauer haben, so schreiben sie im Vorwort, ihr

> [...] Eigenthum nicht besonders unterscheiden wollen: weil einerseits, trotzdem jeder Aufsatz seinen bestimmten Verfasser hat, an manchen Stellen dennoch der Gedanke dem einen, die Belegstellen dem andern angehören und umgekehrt; und weil wir anderseits im Allgemeinen wohl einer für die Meinung des andern eintreten zu können meinen.[2]

Den beiden Autoren wird danach prominente Anerkennung zuteil; so schreibt der als Begründer der Romantik-Forschung geltende Rudolf Haym im Sommer 1880 aus Halle:

> Hochverehrte Herren!
> Denn wie Sie Sich ununterscheidbar in Ihren „Studien" ineinander verschränkt haben, so darf ich ja wohl auch meinen Dank für Ihr freundliches Geschenk gemeinschaftlich an Sie richten. Ich habe dasselbe mit großer Freude entgegengenommen u. bedaure nur, daß ich zwar alle vier Aufsätze angelesen, aber doch, im Gedränge der Arbeiten am Semesterschlusse, bis jetzt nur den den „Freunde Herders" am nächsten liegenden zweiten ganz habe durchlesen können. Im Begriffe, eine längere Ferienreise anzutreten, wollte ich nun aber doch meinen Dank nicht länger, nicht noch auf vier Wochen hinausschieben. Auch reicht, was ich bisher gelesen, aus, um mich erkennen zu lassen, wie einstimmig wir über die Schätzung des außerordentlichen Einflusses sind, den der junge Goethe von dem älteren

---

[1] UAW, Nachlass Minor, 153.2, 3, 7-8.
[2] *Minor: Goethe-Philologie; 1880*; S. IX. – Von den vier Aufsätzen – *Goethes älteste Lyrik, Herder und der junge Goethe, Die zwei ältesten Bearbeitungen des Götz von Berlichingen, Götz und Shakespeare* – stammt nur der dritte von Sauer; vgl. *Curriculum vitae* Minors im Anhang.

Freunde erfahren. Was die philologische, ins Einzelne gehende Genauigkeit betrifft, so muß ich die Segel vor Ihnen streichen. Ich habe, da ich von der Philosophie her an die Litteraturgeschichte gekommen bin, immer das Gefühl, daß meine Arbeiten von dieser Seite her gar sehr der Ergänzung bedürfen. So sehe ich Ihre Bemühungen mit dem ungeheuchelten Respect an, wenn ich auch, wie ich nicht verhehlen will, bei einzelnen Punkten den Eindruck habe, daß Sie gelegentlich (wie beispielsweise S. 82 Anm. 1) zu scharf haben sehen wollen u. ein oder das andere Wort zu sehr premiren[1]. Im Ganzen schöpfe ich u. werde ich ferner mannigfache Belehrung aus Ihren Studien schöpfen.

Durch die gleiche Bewunderung vor dem Herderschen Genius mit Ihnen verbunden, darf ich Sie bitten, mir auch in Zukunft einen freundlichen Anth[ei]l zu bewahren u. mich dankbar nennen zu dürfen
Ihren ergebenen Freund
R. Haym[2]

Auch der angesehene Nachlass-Verwalter und Goethe-Herausgeber Gustav von Loeper reagiert freundlich kommentierend aus Berlin auf die *Goethe-Studien*:

Geehrte Herren!
Eben im Begriff Berlin zu verlassen, erhalte ich Ihre, von mir schon lange erwartete „Studien". Meinen herzlichsten Dank für das schöne Geschenk, welches ich sogleich für eine Ausgabe von Goethes sämtlichen Gedichten (bei Hempel 1881 und 1882) verarbeithen werde. Das bezieht sich vornehmlich auf den ersten Abschnitt über die anakreontischen und die ersten Sturm- und Drang-Gedichte. Es freut mich sehr, daß Sie auch die beiden „Friederiken"-Gedichte, welche mir unecht erscheinen, weggelassen haben. Das Übrige habe ich noch nicht lesen können; wenigstens den 2.n Abschnitt aber habe ich durchgeblättert. Den Nachweis (S. 89. Note) meiner Verwechslung in Dicht. u. Wahrh. III. Anm. 445 danke ich Ihnen sehr; ich habe mir darüber sogleich eine Anmerkung gemacht. Dagegen scheint mir Ihre Annahme, Goethe habe die kleine Schrift Über deutsche Baukunst schon in Straßburg verfaßt, nicht acceptabel; ich verlege sie nach Frankfurt. Sehr bedaure ich, daß Sie (S. 111 flgde) die Recension über Lavaters Ansichten Goethen absprechen und dem ganz untheologischen Merck zuschreiben wollen; der Biedermannsche Druckfehler 1774 (S. 113, Note 1) scheint mitgewirkt zu haben. S. 348 u. 349 Band III Dicht. u. Wahrh. hatte ich Goethe's Autorschaft schon klar angedeutet, welche das inzwischen aufgefundene, von Lavater zurückbehaltene Concept (oder Copie) seines Briefes an Zimmermann klar bestätigt, indem darin Goethe's Name statt N. ausgeschrieben ist (s. Im Neuen Reich 1878 No 43). Biedermann's Arbeit über die „Recensionen" der Frankfurter Gelehrten Anzeigen erscheint mir mehr als unzureichend, oder, wie Lessing sagt, „wischiwaschi".

Unter Wiederholung meines ergebensten Dankes mit größter Hochachtung
v Loeper[3]

---

[1] *premiren*: drücken, pressen, verfolgen.
[2] UAW, Nachlass Minor, 152.1, 11, 5.
[3] UAW, Nachlass Minor, 152.1, 11, 2.

Ebenso meldet sich Karl Müllenhoff aus Berlin bei seinem ehemaligen Schüler Minor:

> Ich bin Ihnen sehr dankbar, lieber Herr Dr., daß Sie mich endlich zwingen Ihnen zu antworten, nachdem ich so und soviel freundliche Gaben von Ihnen und von Ihrem Freunde stillschweigend entgegengenommen habe, so ich mich zuletzt jedesmal beim Gedenken an Sie ordentlich vor mir selber geschämt habe. Verzeihen Sie, mein Stillschweigen ist am wenigsten aus Undankbarkeit, und Mangel an Erkenntlichkeit entsprungen, sondern regelmäßig – offen gestanden bis auf einen Fall, wo der erste Blick in Ihr Zwillingswerk mich verstimmte – [...] dem guten Vorsatz erst Ihre Arbeiten gründlich zu lesen und kennen zu lernen, worüber es denn mit dem Danken zu kurz ward, ja worin ich es, soll ich bekennen, nicht immer soweit gebracht habe als ich mir vornahm. Daher wüßte ich jetzt schon dies und jenes über die Göthestudien, den Weiße wie den Kleist zu sagen. Bitte grüßen Sie nächstens gelegentlich den guten Sauer und Ihnen und Ihm sei es gesagt daß ich wahrlich keinen Augenblick je schlechter von Ihnen gedacht habe als zuvor und denken werde, als Sie von mir zu denken Ursache haben. [...]
> Ich freue mich über den Erfolg und guten Fortgang Ihrer Wirksamkeit als Lehrer und wünsche Ihnen ferner darin das beste Gedeihen nebst den Früchten die darauf folgen. [...] Meine Frau erwidert Ihre freundlichen Grüße mit gleich freundlicher Gesinnung und Wünschen, mit denen wir für immer verbleiben
> treulichst die Ihrigen
> Müllenhoff[1]

Bald danach rät Minor seinem Freund Sauer, an einer Ausgabe von Raimunds Werken nicht mitzuarbeiten, und geht dabei von völlig verkehrten Voraussetzungen aus:

> In der Auction von ...? wurden neulich sämmtliche Originalmanuscripte Raimunds erstanden von der Bibliothek der Stadt Wien; es ergibt sich daß Vogel (der erste Editeur) vieles verändert hat. Gib also nicht heraus, Du blamierst Dich! Wer soll verlegen?[2]

Sauer ist von Karl Glossy, dem späteren Direktor der Bibliothek und des Museums der Stadt Wien, zur Mitarbeit animiert worden, wovon Minor offensichtlich nichts weiß; die dreibändige Raimund-Gesamtausgabe kommt 1880/81 unter Mitarbeit Sauers bei Konegen heraus.[3]

Bei aller Freundschaft scheint Sauer also nicht ebenso offenherzig und mitteilsam zu sein wie sein Briefpartner, nicht in fachlichen und auch nicht mehr in privaten Dingen: Kurz vor Weihnachten lässt er Minor nachträglich von seiner Ver-

---
[1] UAW, Nachlass Minor, 152.1, 7, 3-4.
[2] Minor-Brief 49.
[3] *Rosenbaum: Sauer-Bibliographie; 1925;* S. 13.

lobung wissen, und der versucht Anflüge von Ärger und Eifersucht mit gekünstelter Langmut zu kaschieren:

> Zu Deiner Verlobung wünsche ich Dir hiemit schon im Voraus eine glückliche Ehe und kurzen Brautstand. Ueberrascht hat es mich gar nicht; weil ich seit Deinen mysteriösen Andeutungen, sowie einem ziemlich klaren Ausdruck Scherers (im October) keine Zweifel mehr hatte und auf alles gefasst war. Vor Scherer habe ich mich allerdings sehr blamirt, indem ich ihm rundweg abstritt und mir auf die Rolle des Vertrauten viel zu Gute that.[1]

Minor schildert dem Freund immer wieder sein lange Zeit vergebliches Werben um Margarete Oberleitner, seine spätere Frau, und klagt schließlich:

> Und so sehe ich eigentlich ein, daß ich das Opfer einer Kokette feineren und gefährlicheren Schlages geworden bin. Ich habe mich noch Abends hingesetzt und ihr einen Scheidebrief geschrieben, und bin nun wieder jammervoll allein, Zeit und Kraft fort, Lust und Liebe zur Arbeit hin, der Kopf dumpf, das Herz leer, und nirgends, nirgends eine Trost woran ich mich halten könnte. Ich wünsche mir eine Krankheit, die aufzehrt; aber so etwas kommt nur zu denen, die noch leben wollen. Und selber Hand an sich legen ist so schauderhaft, setzt einen Grad stillen Wahnsinns voraus, vor dem ich bebe – – –[2]

Als wenig später Sauers Verlobung zerbricht, wechseln für kurze Zeit die Rollen, und Minor bemüht sich, den Freund zu trösten und aufzumuntern – etwa mit einem scherzhaften Gutachten, das er als „Sachverständiger in unglücklicher Liebe"[3] ausstellt.

Beide kompensieren in der Folge ihre privaten Probleme mit verstärktem Arbeitseifer und scheinen dabei zugleich auch noch in Wettbewerb miteinander zu treten. Die ersten schriftstellerischen Erfolge Sauers wecken jedenfalls den Ehrgeiz Minors, der sich nun entschließt, den gleichen Berufsweg wie sein Freund einzuschlagen. Am 1. Mai 1880 schreibt er ihm: „Heute bei Heinzel gewesen, der meine Eröffnung über Habilitationem günstig aufgenommen hat."[4]

Sauer widmet sich in diesem Jahr neben der Mitarbeit an der Raimund-Ausgabe den Werken des Ewald von Kleist; er revanchiert sich für Minors *Brawe*-Rezension mit einer eingehenden Besprechung der *Weiße*-Monographie Minors in der *Deutschen Litteraturzeitung* unter dem Kürzel „P."[5] (Minor nennt seinen

---

[1] Minor-Brief 53.
[2] Minor-Brief 79.
[3] Minor-Brief 80.
[4] Minor-Brief 64.
[5] *Sauer: Weiße-Rezension; 1881.*

Briefpartner „Pepi"). Minor bemüht sich, die gemeinsam abgeschlossenen Goethe-Studien in der *Neuen Freien Presse* anzeigen zu lassen,[1] und spornt seinerseits Sauer an: „Komm, Kleist! komm, Raimund! komm, Sauer! komm, Pepi! komm, Leidensgefährte Schicksalsgenosse Freund!"[2] Sauer wiederum entwickelt Minor den Plan zu „Österreichischen Studien",[3] die er zusammen mit ihm und dem inzwischen in Graz habilitierten Studienkollegen Richard Maria Werner herausbringen möchte. Minor, der von diesem Vorhaben überaus angetan ist, erinnert selbst danach Sauer mehrmals daran.

Neben der kollegialen Assistenz und der Aufmunterung, die sie einander leisten, schildern die beiden in ihren Briefen auch ihre Sorgen, die sie sich nun besonders in beruflicher Hinsicht machen. Sauer will keinesfalls in Lemberg bleiben, und Minor, der sich im Sommer 1880 ebenfalls habilitiert hat, sieht als Privatdozent für deutsche Sprache und Literatur an der Universität Wien vorerst kaum Chancen auf beruflichen Fortschritt, nachdem zum Nachfolger des verstorbenen Karl Tomaschek aus Deutschland Erich Schmidt berufen worden ist – und „neben dem unermüdlichen, fleißigen Schmidt ist ein Privatdocent unnöthig".[4]

Während sich Sauer aber ausschließlich auf Lehrverpflichtung und Publikationstätigkeit konzentriert, wird Minor daneben auch initiativ, „um doch in der Carrière zu bleiben".[5] Er nützt 1882 die Möglichkeit, über das Sommersemester einem Ruf an die Mailänder *Accademia scientifico letteraria* zu folgen, und im Herbst desselben Jahres gelingt es ihm – mittlerweile ist er verheiratet –, seine Lehrbefugnis an die Universität Prag übertragen zu lassen. Hier wird er Anfang 1884 zum außerordentlichen Professor ernannt und erhält den neu geschaffenen zweiten Lehrstuhl für deutsche Sprache und Literatur. Sauer wird im Herbst 1883 als außerordentlicher Professor nach Graz berufen,[6] muss aber mit einer Remuneration von 800 Gulden jährlich vorlieb nehmen; Minor hingegen bezieht in seiner systemisierten Stellung in Prag 1600 Gulden im Jahr.

Ab Beginn des Wintersemesters 1882/83, also seit Minors Übersiedlung nach Prag, häufen sich Missverständnisse und Meinungsverschiedenheiten in der Korrespondenz mit Sauer. Besonders deutlich werden sie an einer mehrere Wochen

---

[1] Minor-Brief 83.
[2] Minor-Brief 86.
[3] Aus dem Plan erwachsen schließlich die *Beiträge zur Geschichte der deutschen Literatur und des geistigen Lebens in Österreich*.
[4] Minor-Brief 91.
[5] Minor-Brief 111.
[6] Vgl. Kapitel *Vom Privatdozent zum a.o. Professor*.

lang gereizt geführten Diskussion um die Arbeitsteilung betreffend die *Beiträge zur Geschichte der deutschen Literatur und des geistigen Lebens in Österreich*;[1] der erste Band soll Grillparzers *Ahnfrau* gewidmet sein. Einer Absprache, wie sie zu den partnerschaftlich erarbeiteten und unter der Ägide Wilhelm Scherers gemeinsam herausgebrachten *Studien zur Goethe-Philologie* möglich war, ist nun offenbar mehr als räumliche Distanz hinderlich. – Ende Mai 1884 schreibt Minor: „Ich freue mich, Dich im Sommer zu sehen und Deine berechtigten Klagen zu hören. Ich will Dir dann auch offen meine Meinung sagen, wie weit ich Dir Recht gebe." Den Brief nach Graz beendet er mit dem Hinweis, „daß alles Arbeiten nicht hilft, man muß sich Freunde schaffen", und erklärt noch:

> Die Grazer Professoren sind noch mehr als alle andern Weltkinder – sei also auch ein bischen Weltkind. Mit einem einmal pokuliren, nützt Dir mehr, als ein Buch um 20 Mark kaufen. Es macht auch leichteres Blut .... Ich rede von Dingen, die mir selber mangeln, die aber gerade der erwägen muß, der sie nicht hat. Nur wer sie nicht hat, darf sie erstreben. Mündlich! mündlich! Hoffentlich sehen wir uns Juli.[2]

Danach stockt der Briefwechsel für mehrere Jahre. Möglicherweise fühlt sich Sauer in seinem beruflichen Fortkommen benachteiligt gegenüber Minor und anderen Jahrgangskollegen; im September 1885 antwortet er – offenbar auf einen neuen Anknüpfungsversuch Minors – unwillig:

> Was mich aufs tiefste in Deinem Briefe kränkt, ist die demselben stillschweigend zu Grunde liegende Voraussetzung, dass ich Dein Glück Dir nicht gönnte, Dich darin beneidete. Ich habe Dir immer treu und aufrichtig alles Gute gewünscht und wünsche es Dir auch jetzt, doppelt und dreifach.
> Es kränkt mich ferner, dass Du Dich darin ganz auf die Seite meiner Feinde stellst, die mir widerfahrene schmähliche Behandlung als rechtmäßig hinnimmst und alles als meine Schuld, alles als die Folgen meines Eigensinnes auffasst. Du hast nicht in Lemberg gelebt und Werner jammert vielmehr als ich.
> Es ist ein Irrtum von Dir, dass ich 800 fl. Gehalt habe. Ich habe nur 600, die Hälfte von dem Einkommen, das ich in Lemberg bezog (1000 hatte man mir bei der Übersiedlung versprochen). Damit kann ich in einer <u>Stadt</u>, noch dazu als sogenannter Professor nicht auskommen, auch wenn ich gar keine Bücher kaufe.[3]

Knapp vier Jahre später, im Dezember 1889, übermittelt Sauer seine Gratulation für den ersten abgeschlossenen Band der Schiller-Biographie – Minor hat offenbar ein Exemplar nach Prag schicken lassen – mit eingeschriebenem Brief;[4]

---

[1] Vgl. Kapitel *Vom Privatdozent zum a.o. Professor*.
[2] Minor-Brief 149.
[3] Sauer-Brief 149S-1.
[4] Sauer-Brief 149S-2.

beinahe ein Jahr später gratuliert Minor dann zu Sauers Verlobung mit der Lyrikerin und Publizistin Hedda Rzach (die später Sauers Frau wird) im Oktober 1891. Erst Ende 1892 wird die Korrespondenz wieder intensiver, nachdem Minor vergeblich versucht hat, Sauer als Vortragenden zum Philologentag 1893 in Wien zu gewinnen.

In der Zwischenzeit ist Minor längst von Prag nach Wien berufen und hier 1888 zum Ordinarius für deutsche Sprache und Literatur ernannt; Sauer hat schon 1886 Minors Nachfolge in Prag angetreten. Doch auch das Zusammentreffen beider anlässlich der Gründung der Grillparzer-Gesellschaft[1] in Wien gegen Ende 1889 scheint ihre Korrespondenz nicht belebt zu haben.

Noch 1887 kommt es zwischen Minor und dem deutschen Verleger Cotta zu einem Streit über die Benützung von Grillparzer-Manuskripten in der Wiener Stadtbibliothek, dessen eigentliche Ursache im Hintergrund das Zerwürfnis zwischen Minor und Sauer gewesen sein dürfte: Cotta hat einem Studenten aus Minors Seminar die Einsicht in die Schriftstücke versagt, da sie für die Arbeiten an einer neuen, 16-bändigen Ausgabe von Grillparzers Werken benötigt würden; die Neuausgabe besorgt August Sauer. Wäre das Verhältnis zwischen den beiden langjährigen Freunden und Kollegen zu diesem Zeitpunkt ungetrübt, gäbe es gewiss eine Verständigung oder zumindest ein klärendes Gespräch über die Benützung der Grillparzer-Manuskripte. Seit drei Jahren korrespondieren sie aber nur noch sporadisch.[2]

Im Brief von Ende Mai 1884, den Minor aus Prag an Sauer noch nach Graz geschickt hat, hatte es vorwurfsvoll geheißen:

> An Deine Ahnfrau glaube ich nun nicht mehr. Ich wollte Du sagtest mir aufrichtig, wie es damit ist, und ob sie vielleicht über unseren Vertrag mit Konegen hinausfallen wird. Ich habe auch schon gedacht, daß vielleicht mein Beitrag Dir die Sache verleidete; in diesem Falle solltest Du mir das gleichfalls offenherzig sagen.[3]

Minor hat bis dahin wiederholt gebeten, erinnert, gemahnt, geschimpft[4] – Sauers Grillparzer-Aufsatz, die den ersten Band der *Beiträge zur Geschichte der deutschen Literatur und des geistigen Lebens in Österreich* einleiten soll, kommt aber

---

[1] Vgl. Kapitel *Grillparzer-Gesellschaft*.
[2] Vgl. Kapitel *Von Prag nach Wien*.
[3] Minor-Brief 149.
[4] Vgl. die Minor-Briefe 104, 106, 112, 115, 116, 119, 120, 128, 129, 131, 132, 135, 137, 140, 143, 145, 146, 147 und 148. – Sauer schreibt allerdings am 25. 3. 1886 an Cotta von einem geplanten „Buch über die Ahnfrau"; vgl. CA Cotta Br.

nicht zustande; der Band erscheint nicht, und damit verzögern sich auch die Veröffentlichungen von Arbeiten Minors zu Grillparzer.[1]

Eine 16-bändige Grillparzer-Werkausgabe[2] vorzubereiten, erfordert Arbeit, Zeit und Mühe, auf die sich Minor in den Briefen an Sauer bis Ende Mai 1884 mit keinem Wort bezieht. Andererseits ist schwer vorstellbar, dass Minor von der Ausgabe bis zum Zeitpunkt des Eklats wegen der verweigerten Einsichtnahme in den Grillparzer-Nachlass im April 1887 nicht einmal vom Hörensagen erfährt. Was Sauer bewogen hat, seine Pläne gegenüber seinem Kollegen zumindest anfangs bedeckt zu halten, ist nicht erkennbar. Die Vermutung, dass er sich mit Minor entzweit und dass er sich über Grillparzer entzweit hat, wird jedenfalls gestützt aus der Korrespondenz zwischen Sauer und dem Verlag Cotta[3] sowie durch ein Postskriptum, das Erich Schmidt einem Brief vom Jahresende 1886 nichtsahnend als Antwort auf offensichtliches Nachfragen Minors anfügt: „Mit den Pfeilen Grillparzers meinte ich die verdrießl. u. kleinl. Epigramme, die Sauer in der D. Ztg. hat drucken lassen."[4]

Die Beziehung der beiden ehrgeizigen jungen Wissenschafter kommt erst wieder ins Lot, nachdem Minor seinen Kollegen um einen Beitrag zum Philologentag in Wien 1893 ersucht und Sauer seinerseits Minor zur Mitarbeit am *Euphorion*[5] einlädt, mit dem er unter dem Motto „Immer höher muß ich steigen, Immer weiter muß ich schaun"[6] die *Vierteljahresschrift für Literaturgeschichte*[7] und das *Archiv für Literaturgeschichte*[8] ab 1894 ersetzt und fortführt.[9] – Für die erste *Euphorion*-Nummer liefert Minor die vereinbarten Beiträge und meint dann:

> Den Titel Euph. würde ich Dir heute noch zu ändern rathen. Jeder nennt ihn ruinös: hohes Streben und rascher Sturz. Deutsches Museum oder Deutscher

---

[1] So erscheinen *Die Ahnfrau und die Schicksalstragödie* erst 1898 in dem Sammelband *Forschungen zur neueren Literaturgeschichte* als Festgabe für Richard Heinzel, *Zur Geschichte der deutschen Schicksalstragödie und zu Grillparzers „Ahnfrau"*, erst 1899 im *Jahrbuch der Grillparzer-Gesellschaft*.

[2] *Grillparzers Sämmtliche Werke*. Vierte Ausgabe in sechzehn Bänden. J. G. Cotta'sche Buchhandlung, Stuttgart, 1887. – Sauers Name ist nur unter dem Vorbericht genannt; vgl. *Rosenbaum: Sauer-Bibliographie; 1925*, S. 19, und Sauers Brief an Cotta vom 9. 5. 1887; CA, Sauer-Brief, 9. 5. 1887.

[3] Vgl. Kapitel *Wien bis zur Ernennung zum o. Professor*.

[4] *Castle: Schmidt-Briefe; 1955*; S. 90 (Brief vom 28. 12. 1886).

[5] Minor-Brief 152. – Vgl. Kapitel *Zu Hilfswissenschaften*.

[6] Faust II; 3, V. 9821 f., Arkadien.

[7] Sechs Jahrgänge, zuletzt redigiert von Bernhard Seuffert.

[8] „Schnorrs Archiv"; 15 Jahrgänge, zuletzt redigiert von Franz Schnorr von Carolsfeld.

[9] Vgl. Sauers Vorwort zum ersten *Euphorion*-Heft.

Merkur wäre auch klassizistisch, aber wenigstens verständlicher. Deutsche Studien würde den Hauptaccent auf Untersuchung und Verarbeitung legen. Noch lieber würde ich die Zs Faust nennen als Euphorion.[1]

Die folgenden Mitteilungen der beiden Briefpartner sind vorerst von Fachlichem dominiert; Privates wird höflichkeitshalber ausgetauscht.

Mitte 1896 ist der formelle Umgangston längst wieder dem alten kollegialen Diskurs und gelegentlichen Scherzen gewichen, als Minors Metrik-Streit mit dem Berliner Privatdozenten Maximilian Herrmann beginnt[2] und nach mehreren Monaten damit endet, dass Minor seine Mitarbeit am *Euphorion* für einige Jahre einstellt. Die (überlieferte) Korrespondenz zwischen Wien und Prag setzt dann wieder aus, ein Motiv dafür ist diesmal nicht erkennbar; auch Minors nächste Nachrichten aus dem Jahre 1902 geben keinen Hinweis auf die Unterbrechung. Dass die Freundschaft der beiden aber intakt ist, erweist sich an der Reise in die USA, zu der Minor seinen Prager Freund überredet und die beide im Herbst 1904 zusammen unternehmen.[3] Sein kurz darauf erscheinendes Buch *Goethes Fragmente vom ewigen Juden und vom wiederkehrenden Heiland*[4] widmet er „August Sauer, dem Freunde in der alten und in der neuen Welt, in Treue".

Nach der Rückkehr aus den USA mischen sich in die knapper werdenden Meldungen Minors bittere Bemerkungen über seine Frau, von der er sich scheiden hat lassen, Hinweise auf seine zunehmende Einsamkeit und heftige Klagen über die unaufhaltsam wachsende Arbeitsbelastung. Seine letzte erhalten gebliebene Mitteilung vom 18. Mai 1909 schließt er als „Dein zu Tode geplagter Freund Minor".[5]

Der Kontakt zu Sauer endet damit keineswegs, denn Minor liefert seit 1905 wieder und auch weiterhin Beiträge für den *Euphorion*. Der einst ungehemmt fröhliche Ton aber ist in den Briefen schon seit Jahren nicht mehr vernehmbar und dürfte auch kaum wieder aufgenommen worden sein. Aus einem erhalten gebliebenen Sauer-Brief vom Oktober 1909 jedenfalls klingt Verstimmung und Gereiztheit, auch wenn er mit „Dein ergebener AS" unterzeichnet ist:

---

[1] Minor-Brief 160.
[2] Vgl. Kapitel *Der Streit mit Max Herrmann*.
[3] Vgl. Kapitel *Die Reise nach Amerika*.
[4] *Minor: Fragmente vom Ewigen Juden; 1904.*
[5] Minor-Brief 293.

> Lieber Minor!
> Ich weiss nicht, ob es durchaus nötig gewesen wäre, mir wegen dieser Sache wieder einmal den Stuhl vor die Türe zu setzen. Hättest Du mir die Rezension nicht geschickt, so hätte ich ja schweigen oder bis zu einer mündlichen Aussprache warten können. [...] Was Du schreibst, dass ich Dich einschüchtern wollte, das glaubst Du selbst nicht.
> Ich erinnere mich eines Gespräches mit Dir über einen Band aus der Sammlung Walzel. Als ich meinte: warum sagst Du das nicht öffentlich? antwortest Du: Du wolltest Walzel nicht kränken. Das ist der Punkt. Mich öffentlich zu kränken, daraus machst Du Dir gar nichts. So oft ich in Betracht komme, hört jede persönliche Rücksicht bei Dir auf. Damit meine ich nur den Ton Deiner Äusserungen. Du hättest ganz dasselbe viel ruhiger und leidenschaftsloser sagen können und hättest doch ganz denselben sachlichen Zweck erreicht.
> Es hat doch lange Zeit geschienen, als ob unsere Meinungen über das was Wissenschaft ist nicht gar so sehr auseinandergingen. Das tröstet mich.[1]

Auffällig an der Korrespondenz der beiden Fachkollegen bleibt in jedem Fall, dass nur selten – und auch dann bloß angedeutet – die Sprache auf Inhaltliches ihrer Tätigkeit kommt, das stets „mündlich" beredet werden soll. Eine der wenigen Andeutungen findet sich in Minors Gratulationsschreiben vom Oktober 1905 zu Sauers 50. Geburtstag, wo er meint:

> Gib uns den echten Grillparzer anstatt seiner sogenannten „Gespräche" und nimm die erste Ausgabe von Grillparzers theatralischen Schriften, Köln 1823, als Erinnerung freundlich an.[2]

Abgesehen von den Auskünften, Besorgungen und Freundschaftsdiensten, mit denen sie einander immer wieder unterstützen, bittet Minor seinen Kollegen auch nur ein einziges Mal um fachlichen Rat; während der Arbeit zu *Lessings Jugendfreunde* fragt er 1882: „Was befolgst Du für Grundsätze hinsichtlich des Textes: erste Drucke? letzte? Auswahl oder blos ganze Texte? was commentirst Du, was nicht?"[3]

Allgemein Methodisches thematisiert Minor in seinen Briefen ebenfalls nur einmal ansatzweise am Beispiel des Erich Schmidt, der am Beginn seiner Wiener Vorlesungen „ein langes Programm" dazu aufgestellt hatte,

---

[1] NB HS, 624/84-3. – Die „Sache" ist vermutlich eine Minor-Rezension des Bandes 11 der von Sauer und Wilhelm Kosch besorgten Eichendorff-Ausgabe; auf Kosch gezielte kritische Bemerkungen suchte Sauer zu entkräften; vgl. Sauers undatiertes Billet NB HS, 624/54-4.

[2] Minor-Brief 268.

[3] Minor-Brief 105.

> [...] wie wir die Literaturgeschichte jetzt betrieben, d. h. wie er sie betreiben wollte. Hier gab er sehr schön im Zusammenhang alles, was den Dichter bildet usw. Etwa in dem Sinn: „Wir gehen auf das Vaterhaus des Dichters zurück, sehen welche religiöse Zustände hier war[en], ob er freiere oder engere Denkungsart eingesogen hat, wir begleiten ihn auf die Hochschule. Fragen, was dort für eine Richtung die herrschende war, welche Fächer besonders gelehrt und von wem sie gelehrt wurden. Wir fragen, ob der Dichter zu Hause blieb oder Reisen machte oder seinen Aufenthalt ganz veränderte? usf usf." – Dann natürlich würde der Zusammenhang verschiedener Dichter (Schulen), dann der Zusammenhang der Literaturen latent usf.[1]

Politik und Ideologisches bleiben während der 35-jährigen Korrespondenz völlig ausgespart; einige antisemitische Bemerkungen Minors in frühen Briefen[2] dürften weniger seine Gesinnung als den offenbar üblichen studentischen Umgangston charakterisieren, den er gedankenlos übernimmt.

Der am häufigsten verwendete Begriff in den Mitteilungen ist „Rezension"; dabei setzen sich Minor und Sauer äußerst selten öffentlich mit den Arbeiten des jeweils anderen auseinander; Minors Aufforderung vom Februar 1883 wird nicht wahrgemacht:

> Du weißt daß ich Dir einmal gesagt habe, wir sollten aufhören einander zu recensiren. Das war ein großer Irrthum; wir müssen anfangen einander zu recensiren. Die Deutschen tun es nicht, so wollen wir uns selbst zu Ehren bringen: die andern sind wahrhaftig auch nicht wählerischer in der Reclame.[3]

Tatsächlich bespricht Minor nur drei Arbeiten des Freundes – 1879 *Johann Wilhelm Brawe*, 1903 *Gesammelte Reden und Aufsätze zur Geschichte der Literatur in Österreich und Deutschland* und 1911 den Band *Tagebücher* aus der von Sauer besorgten Gesamtausgabe der Werke Eichendorffs –, Sauer rezensiert 1881 *Christian Felix Weiße* und 1884 *Lessings Jugendfreunde*. Die Besprechungen sind alle relativ ausführlich und überaus wohlwollend gehalten.

In Minors Testament wird Sauer nicht ausdrücklich bedacht, doch lautet eine Anweisung, dass Minors Töchter „nach ihrem Urteil und nach dem Wunsche der Freunde Andenken verabreichen" sollen.

---

[1] Minor-Brief 98.

[2] Vgl. Minor-Briefe 4 („Aber das sind Juden, die haben dergleichen aus dem Orient ererbt."), 87 („Das Agio hinauftreiben muß er von den Juden gelernt haben.") und 103 („... dergleichen persisches Volk nenne man nur, wenn man muß.").

[3] Minor-Brief 115.

„Lieber Pepi!" – „Dein Jacques."

Minor und Sauer kennen einander seit gemeinsamen Schultagen. Minor duzt seinen Briefpartner also von Anbeginn der Korrespondenz, die in den Sommerferien 1875 beginnt. Auch Anrede und Unterschrift in den Mitteilungen fügen sich vorerst in den zwischen Schülern oder Studenten üblichen Umgangston: Bis 1878 lautet die Anrede regelmäßig *Lieber Sauer!* Schlussformel und Unterschrift variieren nur wenig zwischen *Dein Minor, Dein Jacques Minor, Dein Jacques*, einfach *J. Minor* oder *Minor J.*, gelegentlich auch *Dein Freund Jacques* oder *Dein Freund Minor*. Ein längerer Brief an den für ein Semester nach Berlin übersiedelten Sauer endet mit einem Vertraulichkeit heischenden *Es dünkt sich Dein Freund Minor*, ein weiterer etwas salopper mit *Addio! J Minor* und einmal heißt es schlicht *Dein Freund Jacob M.*

Im Sommer 1878 – Minor hat seine Rigorosen abgeschlossen und Sauer ist aus Berlin zurückgekehrt – erscheint in Minors Briefen erstmals die jovial-kollegiale Anrede *Lieber Pepi!* Selbst unterschreibt er dann in einem seiner ersten Briefe aus Berlin als *Dein Fritz*, fügt an den Fuß der Seite seine Erklärung *Wiener – Pepi | Berliner – Fritz* und beendet den folgenden Brief mit *Gruß und Handschlag von Deinem Fritz, Chef der Firma Fritzi und Peppi* – mit zwei p. Einige Briefe danach erweitert er die Anrede einmal zu *Lieber schwarzer Pepi!*[1] und grüßt als *Dein fliegender Holländer*. Den nächsten schließt er mit *Lebe wol und schreibe bald, so lange es gehen und stehen mag, Deinem chère ami Jacques* und fügt hinzu: *Meine Mutter heißt Fritzi, nenne mich also Fritz*. Wieder im nächsten unterschreibt er mit *Dein Fritz Jacoby*.[2]

Nachdem Sauer als Supplent nach Lemberg übersiedelt ist, wird er im Oktober 1879 mit *Lieber Professor Pepi* gegrüßt, danach mit *Lieber Augustin!* oder mit *Lieber Augustus!* und wird einmal verabschiedet vom *Vetter Minor*. Ein paar Wochen später heißt es *Lieber August-Pepi!* und *Addio mio amatissimo è icordati sempre del tuo amico Giacomo*.

Gelegentlich enthält der – inzwischen etwas verkrampft wirkende – Ulk auch Anflüge von Eifersucht; etwa wenn Sauer im Februar 1880 zur Antwort erhält:

---

[1] Mit dem „Schwarzen" in Erich Schmidts Brief an Minor vom 20. 1. 1882 ist also Sauer gemeint und nicht Richard Maria Werner, wie Castle kommentiert. – Vgl. *Castle: Schmidt-Briefe; 1955*; S. 77.

[2] Fritz Jacoby ist nicht eruierbar; eine Anspielung auf den Berliner Studienkollegen Daniel Jacoby ist ebenso denkbar wie ein Spiel mit den Namen Fritz und Jakob.

Zu allererst, lieber Pepo, heiße ich nicht Pepi, sondern Du; ich bitte mir also aus daß Du Dir meinen Namen merkst. Das ist doch das wenigste, was man von einem alten Freunde verlangen kann. Aber freilich, wenn sich die Leute verlieben und verloben, dann vergessen sie auf alles; denn wenn Du nicht auch mich vergessen hättest, hättest Du Dich gar nicht verlobt.[1]

Diesen Brief beendet Minor als *Ergebenster Diener, Pepi, Dein Fritz Studienmacher*; den nächsten – er arbeitet seit einiger Zeit an einem Aufsatz über die Bedeutung Shakespeares für den Sturm und Drang[2] – als *Dein gnädiger Jakob III*. Im folgenden unterschreibt er als *Dein Fritz Mauthner*.[3] Ein andermal beginnt Minor seinen Brief zwar mit *Lieber Pepi*, grüßt am Ende aber als *Dein A. Sauer*. Danach wechseln Anrede und Unterschrift unter bereits gebrauchten Namen und Bezeichnungen.

Ende Juli 1880 ersucht Minor dringend um den Besuch Sauers als *Dein Fritz der Nichtswürdige*, im Monat darauf bittet er „inständig" um eine Unterredung mit: *Lieber, lieber Pepi,* und versichert: *Ewig dankbar wird sein Dein Jacques.* Nur zwei Tage darauf hat er als *Dein Friquet*[4] seine seelische Krise offenbar überwunden, und kurze Zeit später beendet er einen Brief mit: *Der ich wohl zu leben wünsche J W Goethe, od Minor*. Nach mehreren *Fritzi, Fritz, Friquet* und *Jacques* verabschiedet sich Minor Mitte Dezember 1880 als *Freund Ypsilanti*[5] und Ende Jänner des folgenden Jahres in großer Eile als *Pepi*.

Aus *Vöslauopolis* empfiehlt sich Minor während der Sommerferien 1881: *Mit Gruß und deutschem Handschlag Dein Fritz der Große*, ein paar Tage später *Mit Gruß und Handschlag Dein alter Friedrich der Kleinere*. Kurz nach Semesterbeginn – Minor hat sich inzwischen habilitiert und mit seinen Vorlesungen an der Wiener Universität begonnen – beginnt er einen gutgelaunten Brief mit *Liebster Augustin* und endet als *Herr Dr Jakob Minor, Procentdivat an d. Univ. Brünn, Besitzer mehrerer Hausorden*. Gegen Ende Oktober unterschreibt er zum ersten von später vielen Malen als *Dein Jack*.

---

[1] Minor-Brief 61.
[2] *Götz und Shakespeare* in: *Minor: Goethe-Philologie; 1880.*
[3] Fritz Mauthner, * 1849 Horitz/Böhmen, † 1923 Meersburg, verfasste 1876–1905 Theaterrezensionen für das *Berliner Tageblatt*, das er ab 1895 leitete, war als Parodist und Satiriker sehr populär (*Nach berühmten Mustern*, 1878–1880); als philosophischer und linguistischer Autodidakt vertrat er die Ansicht, dass Sprache ein unvollkommenes Werkzeug für Denken und Erkennen sei.
[4] *friquet* – Sperling, Spatz.
[5] Die Ypsilanti waren ein griechisches Adelsgeschlecht; Alexander Fürst Ypsilanti, * 1792 (?), † 1828 Wien, floh als griechischer Aufständischer nach Österreich.

Den einzigen Brief, den Minor aus Mailand schreibt, beginnt er mit *Lieber Pepi* und schließt ihn mit *Und nun leb' wohl, Pepchen, [...] Dein alter Fritz.*

Damit ist das Spielmaterial für Anrede und Unterschrift in Minors Briefen an Sauer aufgezählt. Variationen und Verschiebungen werden reichlich genutzt; zwischendurch tauchen ein *oller Friedrich d Große*, ein *Fritz II* und ein *alter Fritz* auf, oder es verabschiedet sich ein *Jack Minor*, der sich danach wieder zu einem mit *Jacques* alternierenden *Jack* reduziert. In fast allen Briefen nach Minors Heirat lässt auch *Daisy* in irgendeiner Form, aber meistens *herzlich* grüßen.

Ab April 1883 erscheint erstmals wieder die Anrede *Lieber Sauer*. Ende Mai 1884 beginnt ein auffallend langer Brief mit *Liebwerthester Pepi* und endet in völliger Zerstreutheit mit *Dein Pepi*; dieses Schreiben ist das letzte vor einer mehrjährigen Unterbrechung der Korrespondenz.

Nach dem Wiederbeginn ab Oktober 1891 fehlen bei Grußformel, Anrede und Unterschrift lange Zeit alle einst gebrauchten Scherze und Anspielungen. Stereotype Anrede bleibt *Lieber Sauer*; auch die Unterschrift variiert kaum: *Jakob Minor*, *J Minor*, *Minor*, *J M* oder *M*; gute Laune signalisieren gelegentlich wieder die Unterschriften *Jakob I. von England*, *Jacobus der Lieblingsjünger des Herrn*, *Jakobus der Erlauchte* und *Jakobus der Jüngere, Lieblingsjünger des Herrn* oder *Jakobus*. Bei diesem Ton bleibt es bis Frühjahr 1897.

Nach einer weiteren längeren Unterbrechung meldet sich Ende 1902 wieder *Dein alter Minor*, Ende 1903 noch einmal *Dein getreuer Fritzi*. In dieser Zeit taucht auch die Abschiedsformel *Mit Gruß von Haus zu Haus* auf, die Minor aus seiner Korrespondenz mit Erich Schmidt übernommen hat. Ende Mai 1904 ersucht Minor seinen Briefpartner: *Antworte bald Deinem Ew Juden.*[1] Anfang 1908 – bis dahin gilt in Anrede und Unterschrift fast ausschließlich *Lieber Sauer* und *Dein Minor* – grüßt Minor wieder völlig unmotiviert als *Dein Pepi* und wechselt vier Tage danach noch zu *Dein böswilliger JM*. Den letzten erhaltenen Brief vom 18. Mai 1909 schließt er als *Dein zu Tod geplagter Freund Minor* und sendet *Grüße an Deine Frau!*

---

[1] Jahre zuvor hat Minor *Goethes Fragmente vom ewigen Juden* für die Sophien-Ausgabe editorisch betreut – vgl. *Minor: Der ewige Jude; 1897* –, mit denen er hier auf das Reisefieber anspielt, das ihn vor seiner Amerika-Reise 1904 gepackt hat.

Ehe und Familie

In seinem Verhältnis zu Frauen zeigt sich Minor schon als junger Mann stark traditionell geleitet. Dabei ist er von Verhaltensmustern geprägt, die er wohl in seinem Elternhaus erlebt hat. Dieselben Verhaltensmuster dürften auch seine Vorstellungen von Ehe und Familie bestimmen, die er später selbst praktiziert.[1]

Die Trauung des 27-jährigen mit der 22-jährigen Margaretha Maria Serafine Pille findet am Sonntag, 12. September 1882, in der Pfarrkirche Maria Schutz am Semmering statt.[2] Einer der beiden Trauzeugen ist Minors Vater, der seinem Sohn bei dieser Gelegenheit die im Vorjahr zugesicherte Unterstützung von 1200 Gulden jährlich[3] bis auf weiteres bekräftigt. Damit und mit den rund 1000 Gulden[4] jährlich, die er an Honoraren aus seinen Veröffentlichungen erwartet, kann der junge Ehemann und Privatdozent an der Universität Wien ein überdurchschnittlich hohes Jahresbudget ansetzen, mit dem er seine Ausgaben als Familienoberhaupt vorerst bestreiten wird.[5]

Kennengelernt hat Minor seine künftige Frau, die sich „Daisy" rufen lässt, im Sommer 1880 unter ihrem angenommenen Namen Oberleitner[6] im niederösterreichischen Reichenau an der Rax. Daisy Oberleitner wird von ihrer engen Freundin Marianne Hainisch, deren Familie um Rax und Semmering mehrere Villen, Ländereien und Jagden besitzt, gelegentlich hierher eingeladen.[7] Der Luftkurort ist in

---

[1] Nicht gesondert nachgewiesene Daten in diesem Abschnitt beruhen auf Informationen durch Familie Zoebl sen. (Enkel Minors).

[2] Eintragung im Trauungsbuch der Pfarre Maria Schutz, Tom. III, Fol. 34.

[3] Vgl. Minor-Brief 96.

[4] Vgl. Minor Brief 113. – Minor schildert dort, er müsse sich nun „1000 fl erschreiben".

[5] Das durchschnittliche Akkord-Einkommen eines Facharbeiters lag um die Jahrhundertwende in Österreich bei 1200, das eines Staatsbeamten der mittleren Gehaltsstufe bei 1500 Kronen (2 Kronen = 1 Gulden). – Vgl. *Kleindel: Österreich-Daten; 1978*; S. 298.

[6] Der Trauungsschein der Pfarre Maria Schutz nennt Minors Braut mit Mädchennamen Margaretha Maria Serafine Pille; im Taufbuch der Wiener Pfarre St. Josef zu Margareten aus dem Jahre 1859, S. 201, Nr. 1015, ist sie mit Geburtsdatum 21. 12. 1859 als Margaritha Maria Serafina, Tochter der Serafine Pille, Vater unbekannt, eingetragen. Minors Schwiegermutter vermacht im Testament vom 3. März 1890 „Alles was ich besitze meiner natürlichen Tochter Margarethe Pille, geboren den 21ten December 859, verehelichten Minor", und unterschreibt als „Pauline Oberleitner geborene Anderer". – Das Testament befindet sich im Besitz der Familie Zoebl sen.

[7] Marianne Hainisch, * 1839 Baden, † 1936 Wien, war die Mutter des späteren österreichischen Bundespräsidenten Michael Hainisch und spielte in der österreichischen Frauenbewegung eine bedeutende Rolle. Die Minors verbrachten in den Anfangsjahren ihrer Ehe mehrere Sommerurlaube auf Einladung der Hainisch in Spital, in Jauern oder in Maria Schutz am Semmering, wo auch die Minor-Trauung stattgefunden hat.

diesen Jahren innerhalb der gehobenen Bürgerschaft Wiens eine beliebte Sommerfrische und gilt außerdem als Treffpunkt der Wiener Literatur- und Kunstszene. Hier fühlt sich Minor bald nicht nur von der guten Luft und vom Milieu angezogen – erhalten ist ein Exemplar seiner *Studien zur Goethe-Philologie*,[1] in das er die Widmung eingetragen hat:

> Fräulein Daisy Oberleitner
> zur freundlichen Erinnerung
> Reichenau, 31. Juli 1880. J. Minor.

Die Bemühungen des gerade habilitierten Dozenten der deutschen Sprache und Literatur um die auffallend hübsche, kapriziöse junge Frau[2] scheinen zwar intensiv, zumindest vorerst aber nicht erfolgreich zu sein. Nach mehreren Hinweisen auf „Liebesleid – und Lust"[3] berichtet Minor im folgenden November seinem Freund Sauer:

> Mit Daisy geht es ganz im gewohnten Gleise weiter. Schon ein paar Mal wurde gerauft, Sonntag habe ich ihr die Briefe zurückgeschickt, Montags (gestern) wieder Versöhnung. Ich habe sie schon einmal für eine Kokotte erklärt, dann wieder eingesehen daß ich Unrecht habe usw usw. Gestern seelengut und fromm; mir einen Brief versprochen und mir einen Termin darin zu geben versichert. – Heute warte ich von Früh bis Nacht auf den Brief, aber er kommt nicht. Wenn sie um mich ist, ist alles gut; wenn sie wieder weg ist, alles schlimm. Das Steppenblut, das Zigeunerblut, wie sie sagt, ist an allem Schuld. Kurz, ich weiß nicht, wo mir in dieser Hinsicht und in anderer der Kopf steht.[4]

Mit „Steppenblut" und „Zigeunerblut" spielt Minor auf die Eröffnung seiner Freundin an, dass sie die Tochter eines Grafen Csáky sei, den ihre Mutter während ihrer Tätigkeit als Erzieherin in Ungarn kennengelernt habe.[5]

„Ans Heirathen ist nicht zu denken", schreibt er dann im Herbst des folgenden Jahres an Sauer, der in Lemberg seine Stelle als Supplent für deutsche Sprache und Literatur angetreten hat; immerhin aber habe sein Vater ihm finanzielle Un-

---

[1] Das Exemplar befindet sich im Besitz der Familie Zoebl jun. (Urenkel Minors).
[2] Im *Rohö-Frauenblatt*, 7. Jg., 1927, Nr. 6, S. 2, werden die Gedenkworte wiedergegeben, die Frau Hofrat Hertha Spang in der Generalversammlung des Bundes der österreichischen Frauenvereine anlässlich des Todes von Margarete Minor sprach; darin heißt es: „Sie war eines der schönsten Mädchen ihrer Zeit, der keusche Liebreiz ihres Antlitzes wurde von Makart in den Mitelpunkt eines seiner bekanntesten Werke gestellt." – Rohö = Reichsorganisation der Hausfrauen Österreichs.
[3] Minor-Brief 79.
[4] Minor-Brief 84.
[5] Herr und Frau Zoebl sen. erinnern sich an Briefe eines Grafen Csáky die Vaterschaftsangelegenheit betreffend.

terstützung in Aussicht gestellt unter der Bedingung, „daß ich sie verliere, wenn ich eine Anstellung habe".[1] Daisy möchte nämlich mittlerweile

> [...] gern heiraten, kann aber nicht weil ihr amoroso kein Geld hat. Neuerdings haben sich neue Schwierigkeiten ergeben, weil ihre Mama die Daisy keinesfalls in ein Nest wie Lemberg, Krakau etc. (Du verzeihst!) gehen lassen will, und also sel[b]st die Hoffnung nach erfolgter Anstellung keine gute wäre. Die Universitäts Carrière, ohne anderswo sichere Anstellung zu finden, aufgeben, will ich nicht und so - - - - !
> Warten! warten![2]

Ende 1881 bietet sich Minor die Gelegenheit, einem Lehrauftrag an der Mailänder *Accademia scientifico letteraria* zu folgen. Er nimmt an und liest im Sommersemester 1881/82 über deutsche Klassik. Nach seiner Rückkehr stellt er fest:

> Daisy ist lieb und gutherziger und leider auch dicker als je; ihre Mama ist sehr krank, an der Wassersucht.[3]

Die Monate der Abwesenheit von Wien haben die äußerst wechselhafte und manchmal stürmische Beziehung zwischen Minor und seiner Freundin deutlich entspannt. Auch scheint sich Daisy nach der Erkrankung ihrer Mutter genötigt zu sehen, sich intensiver mit dem Gedanken an Heirat auseinanderzusetzen. Minors Aussichten auf gesicherte Anstellung an einer österreichischen Universität sind zwar weiterhin ungewiss, doch lassen die Einkünfte aus der Mailänder Tätigkeit und die aus der publizistischen Arbeit winkenden Honorare auch seine Heiratspläne konkret werden. – Mitte September 1882 lautet eine kurze Mitteilung an Sauer:

> [...] aus dem reizenden Pottenstein in dem wir vor einem Jahre die Gesundheit meiner geliebten Daisy gefunden habe[n], schreibe ich Dir jetzt, um Dir Nachricht zu geben, daß ich seit 5 Tagen mit meiner Freundin verheirathet bin. Mehr wirst Du von einem Flitterwöchner vor der Hand nicht verlangen, dem seine Frau zuruft daß der Kaffee – der erste den sie zu Rande bringt – fertig ist.[4]

Kaum zwei Monate danach ist das junge Ehepaar nach Prag übersiedelt, wohin Minor seine Lehrbefugnis übertragen hat lassen. – Hier in Prag begründet Minor seinen Hausstand, hier kommen seine beiden Töchter zur Welt – Margarete (Rita) 1883 und Eleonore (Lilly) 1885 –, hier beginnt mit seiner Bestellung zum außer-

---

[1] Minor-Brief 96.
[2] Minor-Brief 97.
[3] Minor-Brief 104.
[4] Minor-Brief 109.

ordentlichen Professor seine systemisierte Laufbahn innerhalb des akademischen Forschungs- und Lehrbetriebs.

Mit seiner Vaterrolle aber kann oder mag Minor nicht recht umgehen; Erzählungen zufolge wandelt er sich im Umgang mit seinen kleinen Töchtern von einer Sekunde auf die andere aus dem fürsorglichen Kameraden in den bedrohlichen, angstmachenden Tyrannen und wieder zurück. Auch sein Gehaben als Familienoberhaupt ist auffallend zwiespältig: Familiäre Angelegenheiten schiebt er weit von sich, konterkariert aber zugleich Entscheidungen, die seine Frau trifft.

1885 übersiedelt die Familie zurück nach Wien und bezieht nahe dem Geburtshaus Minors auf der Landstraßer Hauptstraße eine repräsentative Geschosswohnung. Besonders intensiven gesellschaftlichen Umgang entwickelt das Ehepaar Minor nicht, doch die überaus kommunikative Margarete Minor beginnt zu malen und sich ernsthaft sozialpolitisch zu engagieren. Die Arbeit im Haushalt verrichten ein Dienstmädchen und eine Köchin, die beiden Töchter werden außerdem von einer Hauslehrerin in Französisch unterrichtet.

Minor registriert die schulischen Erfolge seiner Töchter anfangs nur; ihre Studien der Germanistik (Rita) und der Mathematik (Lilly) fördert er nachdrücklich und fungiert bei ihren Dissertationen auch als Promotor.[1] Zur Frage des Frauenstudiums hat er sich schon 1895 in einem Beitrag für die Wiener *Zeit* prinzipiell zustimmend deklariert; unter Hinweis auf Gottfried Wilhelm Leibnitz meint er dort:

> Wenn der Mann, der den Grund zu der ersten gelehrten Körperschaft in Deutschland, zur Berliner Akademie, gelegt hat, die Mitarbeit der Frauen auf wissenschaftlichem Gebiet schon im XVII. Jahrhundert nicht für unmöglich hielt, dann dürfen wir auch heute kaum mehr daran zweifeln. [...]
> Aber die Frage des Frauenstudiums wird nur so lang eine ideale sein, als die Wissenschaft den Frauen ein Ideal ist. Wird ihnen die Wissenschaft zum bloßen Brotstudium, dann werden sie an den Männern keine mitstrebenden Commilitonen mehr haben, sondern mit ihnen den Kampf ums Dasein bestehen müssen, dessen Ausgang zwar in unserer masculinen Zeit nicht zweifelhaft, in seinen socialen Folgen aber heute unabsehbar ist.[2]

---

[1] Vgl. Minor-Brief 292. – Beide Minor-Töchter wurden Gymnasialprofessorinnen. Eleonore Minor heiratete den Mathematiker Hans Hahn, der 1921 von Czernowitz als Ordinarius nach Wien berufen wurde und im Wiener Kreis eine wesentliche Rolle spielte. Nora Hahn (verh. Lallinger, * 7.12.1910 Wien, † 21.5.1995 München), die Tochter aus dieser Ehe, wurde unter dem Künstlernamen Nora Minor Schauspielerin und war langjähriges Ensemble-Mitglied des Münchner Residenztheaters.

[2] *Minor: Frauenstudium; 1895;* S. 88.

Von diesem sozialen Phänomen der Frauenemanzipation, das starken Einfluss auf das Leben in Österreichs Bildungsbürgertum um die Jahrhundertwende hat, ist auch das Auseinanderleben des Ehepaars Minor stark geprägt. – 1902 hat Marianne Hainisch den *Bund Österreichischer Frauenvereine* gegründet, in dem sich alle Reformerinnen des bürgerlich-liberalen Lagers zusammengeschlossen haben.[1] Neben Hainisch und neben Berta von Suttner ist Margarete Minor eine wichtige Exponentin dieser Bewegung, die an männlichen Privilegien kratzt und mit dem herkömmlichen Bild der bürgerlichen Frau, Mutter und Hüterin des Hauses bricht.

Innerhalb der Familie demonstriert Minor Beharren auf seinen Vorstellungen durch sein Verhalten. Er schließt sich am Schreibtisch von seiner Frau und den Töchtern ab, doch zugleich registriert er eifersüchtig die gesellschaftliche Gewandtheit und auch die zunehmende Beachtung, die seine Frau sich an der Seite ihrer Freundin Marianne Hainisch mit ihrem Eintreten für die Gleichberechtigung der Frauen erwirbt. Margarete Minor reist viel, meist zu Frauenorganisationen in Skandinavien und England, was ihr Mann mit wachsendem Unmut schließlich damit quittiert, dass auch er im Herbst 1904 eine mehrwöchige Fahrt in die USA unternimmt.

Jakob und Margarete Minor leben zu dieser Zeit bereits getrennt. Noch im Juni 1904 berichtet er an Sauer vom Zank mit seiner Frau:

> Mir blieben, wenn ich jetzt in Pension gehen müsste, nach ihrer Forderung 800 Kronen jährlich, von 5980 Kronen hätte ich 7200 Kronen Alimente und die Steuer von 800 Kronen zu zahlen. Sie setzt mir kaltblütig das Messer an die Kehle. Die bringt mich ins Grab, so oder so![2]

Im April 1905 wird das Ehepaar Minor geschieden.[3] – Ein Jahr danach veranstaltet das Wiener *Fremden-Blatt* eine Rundfrage „Wie denken Sie über die Gleichberechtigung der Frau?" und Minor antwortet nun:

> „Mein Standpunkt ist folgender: Die Frauen sollen die gleichen Rechte, aber auch die gleichen Pflichten haben wie die Männer. Sie sollen ihr Vermögen getrost selbst verwalten, nur dürfen sie dann nicht den Mann – wie es vorgekommen sein soll – die Steuer dafür zahlen lassen. [...]
> Die geschiedene Frau hat sich selbst zu erhalten und verliert den Namen ihres Mannes.
> Das Wahlrecht hat natürlich nur die in einem Berufe tätige Frau, nicht die unselbständige, die von einem Manne erhalten wird und nicht das Recht hat, eventuell

---

[1] *Czeike: Lexikon Wien; Bd. 2; 1993;* S. 379 f.
[2] Minor-Brief 243.
[3] Bewilligung der Scheidung von Tisch und Bett vom 5. April 1905, Bezirksgericht Wien-Wieden, Geschäftszahl I 100/5/4.

> gegen ihn zu stimmen. Den Frauenrechtlerinnen müssen die Frauenpflichtler entgegentreten und das fade Wort vom „schwachen Geschlecht" muß verstummen. „Wir leben in einem maskulinen Zeitalter," hat Ibsen gesagt, als er in Wien weilte.
> Die arbeitenden Frauen sind die besten Freunde des Mannes. Außer bei den Kellnern hat sich noch nirgends ein feindlicher Zusammenstoß ergeben. Aber den nichts arbeitenden Frauenrechtlerinnen, die gegen die Männer hetzen und doch nicht ohne sie auskommen, sollte endlich der Brotkorb höher gehängt werden. Wenn sie nicht bloß auf die Rechte, sondern auch auf die Pflichten vereidigt werden, werden sie sehr bald vom Schauplatze verschwinden und ihre gemeinschädliche Wirksamkeit einstellen."[1]

Zu seiner geschiedenen Frau hat Minor jeden Kontakt abgebrochen. Verbittert und zunehmend misanthropisch vergräbt er sich in Arbeit. Neben seiner Lehrtätigkeit und neben seinen wissenschaftlichen Veröffentlichungen beschäftigt er sich mit Besprechungen von Aufführungen des Burgtheaters, deren Besuch er als einziges verbliebenes Vergnügen bezeichnet; Agenden in einer Reihe von wissenschaftlichen Vereinen reduziert er wegen Arbeitsüberlastung oder stellt sie zurück. Die ältere Tochter Rita, zu der er in den letzten Jahren ein engeres Verhältnis entwickelt hat, hilft ihm gelegentlich bei seiner Korrespondenz; in seinem Testament,[2] durch das er beide Töchter zu Universalerben einsetzt, bedenkt er sie gesondert mit einer Rente.

Ab dem Frühjahr 1912 muss sich Minor tage- oder wochenweise in Spitalsbehandlung begeben. Am Fronleichnamstag antwortet er von hier aus auf Fragen zu seinem jüngsten und letzten Buch und versucht sich bei dem Wiener Publizisten und Chef des katholischen Schriftstellerverbandes „Gral-Bund", Richard Kralik, auch als Fürsprecher:

> Sehr geehrter Herr Doktor, in Arnims „Ariels Offenbarungen" spielt ein Teil in Wien, und neben dem Daffenberg kommt auch der Klarenberg vor, worunter nur der Leopoldsberg gemeint sein kann. Ist Ihnen der Name sonst begegnet? Leider habe ich hier im Franz Josephs Spital (X. Bezirk) Ihre Geschichte Wiens u. andere Literatur nicht bei der Hand. – Die Schwestern vom Herzen Jesu, die hier in musterhafter Weise den Spitals-Dienst besorgen, sind am heutigen Tag sehr betrübt, daß in dem herrlichen Park des Spitals kein Umgang stattfindet. Sie haben ja so viele Beziehungen zu den geistlichen Kreisen, können Sie ihnen diesen Genuß nicht bereiten?[3]

---

[1] *Minor: Gleichberechtigung; 1906;* S. 3.
[2] Vgl. *Testament des Jakob Minor* im Anhang.
[3] WStLB, H.I.N. 97316. – Mit „Klarenberg" ist wohl der Kahlenberg gemeint; vgl. *Minor: Ariel's Offenbarungen; 1912,* S. 145,157 und 198.

Am 7. Oktober 1912 stirbt Minor an seinem Nierenlieden, das bereits im Sommer des Vorjahres akut geworden ist. Er hat verfügt:

> Das beiliegende Parte ist in der Neuen Freien Presse, in der Vossischen Zeitung und in der Münchner Allgemeinen Zeitung zu veröffentlichen.
> Meine Leiche soll nach vollzogenem Herzstich an dem Orte, wo ich verschieden bin, im eigenen Grabe bestattet werden. Das Leichenbegängnis soll, entsprechend dem Parte, ganz einfach sein.
> Auf mein Grab komt ein Sienit wie der auf dem Grab meiner Eltern[1] in Vöslau, mit der einfachen Aufschrift:
> Jacob Minor
> 1855–19[12]

Über den Vollzug des testamentarisch angeordneten Herzstichs wird ein Protokoll[2] verfertigt; Minor wird auf dem Wiener Zentralfriedhof unmittelbar hinter der Lueger-Kirche begraben.[3] Auf der Parte,[4] deren Text er im Testament formuliert hat, sind als Hinterbliebene lediglich Dr. Rita Minor und Dr. Lilly Hahn als Töchter sowie Prof. Dr. Hans Hahn als Schwiegersohn genannt.

Forscher und Lehrer
Habilitation bis Mailand
Privatdozent in Wien

Nach seiner Rückkehr aus Berlin durchlebt Minor Anfang 1880 eine mehrmonatige Phase schwerer Depressionen. Einige kritische Anmerkungen Wilhelm Scherers zur *Weiße*-Monographie[5] haben den zu Selbstzweifeln neigenden

---

[1] Phillipp Jakob Minor ist 1886, seine Frau Friederike 1900 gestorben; beider Grab befindet sich auf dem Friedhof Bad Vöslau in Gruppe 1, Nr. 231.

[2] Das Protokoll befindet sich im Besitz der Familie Zoebl sen.

[3] Minors Grab auf dem Wiener Zentralfriedhof befindet sich in Gruppe 43 A, Reihe 4, Nummer 21.

[4] Minor-Brief 304.

[5] Vgl. die im Jahr darauf erscheinende Rezension Erich Schmidts in: *Anzeiger für deutsches Alterthum und deutsche Litteratur*, Bd. 7, 1881; S. 68–82; hier S. 68:
„Selten wird ein erstlingswerk so sehr den eindruck der reife machen wie diese monographie über einen schriftsteller dritten rangs, der wenn nicht intensiv so doch höchst extensiv in unserer litteratur gewürkt hat. nicht alles kann der kritische betrachter des Minorschen buchs nach anlage und ausführung gut heissen, aber er wird gern bekennen dass hier eine bei der unerquicklichkeit des stoffes doppelt rühmliche hingebende genauigkeit mit fruchtbarem streben nach verallgemeinerung der probleme gepart ist."

angehenden Literarhistoriker beinahe von seinem Entschluss abgebracht, nun doch eine akademische Laufbahn einzuschlagen. Bei der Beschäftigung mit den auf Scherers Anregung hin gemeinsam mit Sauer verfassten *Goethe-Studien*[1] und mit dem Aufsatz *Zur Stella: Aus Goethes Frühzeit*,[2] der in den von Scherer herausgegebenen *Quellen und Forschungen zur Sprach- und Culturgeschichte der germanischen Völker* veröffentlicht wird, kann er sein beschädigtes Selbstbewusstsein aber offenbar wieder herstellen. Diese *Goethe-Studien* und *Briefe aus Christian Felix Weißes Nachlaß*[3] (in Ergänzung zur *Weiße*-Monographie) erscheinen nach einem Dutzend Rezensionen gegen Jahresende.

Im April animiert Scherer seinen jungen angehenden Kollegen in Wien, auf das Berufungsverfahren um die Nachfolge des zwei Jahre zuvor verstorbenen Karl Tomaschek publizistisch Einfluss zu nehmen. – Inoffiziell ist der Münchner Germanist Michael Bernays als Anwärter ins Gespräch gekommen, Scherer hingegen möchte seinen Schüler Erich Schmidt protegieren:

> B. 8. 4. 80.
> L. F. Herzlichen Dank für Ihren lieben Brief!
> In der N.Fr-Presse wird Speidel selbst anzeigen.
> Etwas anderes! Wichtiges!
> Es ist Gefahr, daß Bernays an Tomascheks Stelle kommt. Um jeden Preis verhindern! Gehen Sie, bitte, zu Ludwig Speidel in die Redaction Fichtegasse 11. Er pflegt zwischen 12 – 1 oder 1 – 2 dazusein. Ich habe Sie angekündigt. Machen Sie ihm eine vernichtende Anzeige des „Goethe – Gottsched" d. h. fragen Sie erst, ob er sie bringen kann u. will, wie lang sie sein soll etc. Zeigen Sie die absolute Nichtigkeit des Dings, die Geistlosigkeit, den Mangel an wissenschaftlicher Originalität – Gegensatz: wie anregend, faktenreich, wissenschaftlich neu jeder Artikel von Erich Schmidt z. B. in der Allg. d. Biographie ist.
> Mit bestem Gruß
> Ihr Scherer[4]

Anstelle der von Scherer angeregten Rezension, dafür aber unmittelbar danach, erscheint am 10. April in der *Neuen Freien Presse*, eingerückt in die *Kleine Chronik,* folgende Meldung:

> [Lehrkanzel für deutsche Literaturgeschichte] In den jüngsten Tagen tauchte in einigen Wiener Blättern das Gerücht auf, daß man sich in maßgebenden Kreisen mit dem Gedanken vertraut mache, Herrn Professor Michael B e r n a y s für die seit drei Semestern erledigte Professur für deutsche Lite-

---

[1] Minor: Goethe-Philologie; 1880.
[2] Minor: Zur Stella; 1879.
[3] Minor: Briefe Weißes; 1880.
[4] UAW, Nachlass Minor, 152.1, 10, 13.

raturgeschichte an die Wiener Universität zu berufen. Dieses Gerücht dürfte wol jeder positiven Grundlage entbehren, da, so viel uns bekannt ist, für diese Stelle Professor Dr. A. S c h ö n b a c h aus Graz primo und Dr. Erich S c h m i d t , gegenwärtig in Straßburg, secundo loco in Vorschlag gebracht wurden. Ganz abgesehen von diesen Namen, ist M. Bernays weder erwartet noch erwünscht, da wir in Oesterreich für die betreffende Stelle junge, tüchtige Kräfte, wie S a u e r in Lemberg und W e r n e r in Graz, zur Verfügung haben.[1]

Wenige Tage später trifft Ende April neuerlich ein Brief Scherers in Wien ein:

Lieber Freund.

In der letzten Woche ist mir wiederholt der Gedanke an Ihre Zukunft durch den Kopf gegangen u. ich will Ihnen doch schreiben, was ich dabei dachte.

Ich meine, das natürliche für Sie wäre doch, sich zu habilitieren. Ihre Schwerhörigkeit ist kein Grund dagegen; siehe Treitschke. Und bietet sich Ihnen etwas anderes, so ist ja nicht gesagt, daß Sie in der Carriere bleiben müßten. Aber ich glaube doch, es würde Ihnen Befriedigung geben, dadurch einen bestimmten Beruf zu erlangen. Fragte sich nur, ob Heinzel nicht eine altdeutsche Arbeit behufs der Habilitation verlangt.

Gehen Sie doch geradehin zu ihm, meinethalber mit diesem Brief – u. hören Sie, was er zu der Sache meint.

Ich nehme an, dass Sauer in Lemberg zurück ist u. schreibe ihm dahin. Seine Krit. gefällt mir ausnehmend wohl.

Treulichst Ihr
Scherer[2]

Noch am 10. Mai wendet sich Minor an das „hochlöbliche Professorencollegium der philosophischen Facultät in Wien":

Der unterzeichnete bittet um Zulassung als Privatdocent für deutsche Sprache und Literatur an der hiesigen Universität. Zur Begründung seines Ansuchens legt er dieser Bittschrift sein Doctordiplom, ein curriculum vitae, den Plan seiner beabsichtigten Vorlesungen, sowie die von ihm verfassten größeren wissenschaftlichen Schriften bei: ein Exemplar seiner Monographie über Chr. F. Weisse, das Manuscript einer Arbeit auf dem Gebiete der älteren Literatur, und die Aushängebogen seiner eben erscheinenden „Studien zur Goethephilologie". Das letztere Werk bittet er als seine Habilitationsschrift betrachten zu wollen, da er den Bedürfnissen der hiesigen Universität entsprechend seine Thätigkeit als akademischer Lehrer zuerst hauptsächlich der neueren Literatur zuordnen würde.
Ehrfurchtsvoll
Dr. Jakob Minor.[3]

---

[1] NFrPr Nr. 5609, 10. 4. 1880.
[2] UAW, Nachlass Minor, 153.2, 23, 15.
[3] UAW, Personalakt Minor, 003.

In die Kommission, die über das Habilitationsansuchen zu befinden hat, werden der Altgermanist Richard Heinzel, der Anglist Jakob Schipper und der klassische Philologe Karl Schenkl nominiert, als Dekan führt der Chemiker Adolf Lieben den Vorsitz. Die erste Sitzung findet am 10. Juni 1880 statt, das Protokoll hält fest:

> Heinzel lobt die vorgelegten Arbeiten Minor's, der hauptsächlich sich mit neuerer deutscher Literatur in gründlicher Weise befasst hat.
> Decan fragt an ob, die venia legendi sich auf das deutsche Sprachfach in voller Ausdehnung erstrecken soll? Heinzel meint ja, nachdem derselbe Vorgang auch bei den anderen <u>Privatdocenten</u> für dasselbe Fach beobachtet wurde.[1]

Nachdem sich die Kommissionsmitglieder einstimmig für die Zulassung Minors aussprechen, wird Heinzel mit dem Referat und mit der Formulierung des Kommissionsgutachtens beauftragt; er legt es schon tags darauf dem Kollegium vor:

> Die Commission bestehend aus den Herrn Schenkl, Schipper, Heinzel hielt am 10. dieses Monats unter Vorsitz des Herrn Decans eine Berathung, in welcher nicht nur die Frage erörtert wurde, ob die Bewerbung des Dr. Minor um die Stelle eines Privatdocenten für deutsche Sprache und Litteratur zulässig sei, sondern in der sofort, da die allgemeinen Bedingungen für die Bewerbung offenbar erfüllt sind, auch der Werth der von demselben vorgelegten wissenschaftlichen Arbeiten geprüft wurde. Darnach hat die Commission dem Collegium über die Person und Qualification des Petenten Folgendes mitzutheilen.
> Dr. Jakob Minor ist geboren zu Wien im Jahre 1855, hat seine Gymnasialstudien am hiesigen Schottengymnasium gemacht und sodann auf den Universitäten Wien und Berlin vorzugsweise germanistische Studien betrieben. Im Jahre 1878 erwarb er den philosophischen Doctorgrad an der Universität Wien. Seit dieser Zeit war Dr. Minor ununterbrochen litterarisch thätig, wovon der für einen so jungen Mann bedeutende Umfang seiner gelehrten Arbeiten, Zeugniß giebt.
> Was den Werth dieser Arbeiten anbelangt, so hat die Commission die hier folgende Beurtheilung derselben durch den Referenten gebilligt.
> „Die von Dr. J. Minor vorgelegten Arbeiten begründen durch Umfang und Inhalt den Anspruch desselben auf Zulassung zum Docenten in vollkommen ausreichender Weise. Sie machen durchaus den Eindruck der Reife und Gediegenheit. Die große Monographie über Chr. F. Weisse zeugt nicht nur von der großen Belesenheit des Verfassers in verschiedenen bis jetzt ziemlich vernachläßigten Gebieten der deutschen Litteratur des 18[.] Jahrhunderts, sie biethet auch eine wirkliche Beschreibung der Kunstform eines historisch wichtigen Schriftstellers und führt dieselbe, so weit es angeht, auf ihre Gründe zurück, und sie erörtert in eingehendster Weise die Entwicklung einer Litteraturgattung, deren Einfluß auf das Drama des 18. Jahrh. noch durchaus nicht hinlänglich gewürdigt wird, des Singspiels. – Sehr schöne und sichere Resultate liefern dann die Göthestudien: Es ist hier zuerst der

---

[1] UAW, Personalakt Minor, 007.

> Versuch gemacht den Einfluß zu ermitteln, welcher die Göthe vorhergehende und mit ihm gleichzeitige Litteratur auf Form und Inhalt seiner Gedichte aus den siebziger Jahren geübt hat. Man ersieht aus Minors Zusammenstellungen, daß ein ungeahnt großer Theil von Göthes poetischen Mitteln schon lange vorher von den sogenannten Anakreontikern in Anwendung gebracht worden war.
> An diese Arbeiten über Litteratur des achtzehnten Jahrhunderts schließt sich die mit einer eingehenden Einleitung versehene Ausgabe eines Dichters des 13[.] Jhts., Ulrichs von Winterstetten. Die Arbeit zeigt volle Vertrautheit mit den Mitteln philologischer Kritik, Besonnenheit und richtiges Urtheil. Es muß als ein Vorzug angesehen werden, daß der Verfasser selbst die Herstellung der metrischen Form nicht überall für vollkommen sicher erklärt. Es ist dieß in der Natur der Sache begründet. Sehr gut ist in der Einleitung die Vorstellung des typischen Charakters der Winterstettenschen Gedichte gelungen durch den Nachweis, daß mit demselben Reimklang beinahe immer dieselben Gedanken und Gefühle wiederkehren."
> Die Commission stellt demnach den Antrag das Collegium wolle die Zulassung des Dr. Minor zu den weiteren Stadien der Habilitation gestatten.
> Wien den 11ten Juni 1880.[1]

Rund fünf Wochen nach der ersten Kommissionssitzung erfolgt am 17. Juni die „Vornahme des Colloquiums mit dem Habilitanden Herrn Dr. Jakob Minor"; im Protokoll dazu heißt es:

> Die gefertigte Commission findet das Ergebniß des Colloquiums befriedigend und den gesetzlichen Bestimmungen vollkommen entsprechend.
> Der Candidat bringt hierauf nachstehend bezeichnete drei Punkte für seine Probevorlesung in Vorschlag u. z.:
> 1ts Die Vorbedingungen des Sturmes und Dranges in Deutschland.
> 2ts Einleitung in ein Colleg über den jungen Göthe.
> 3ts Geschichte des deutschen Singspiels im vorigen Jahrhundert und unter französischem Einfluss.
> Es wird das 1t gewählt.[2]

Die öffentliche Probevorlesung Minors wird für „Mittwoch, 23. Juni 1880 Mittag 12 Uhr" anberaumt; die dabei anwesenden Professoren Lieben, Heinzel und Schenkl halten anschließend fest:

> Die Probevorlesung behandelte das von der Commission gewählte Thema „Die Vorbedingungen des Sturmes und Dranges in Deutschland."
> Der Candidat hat bei diesem Probevortrag den gesetzlichen Anforderungen vollkommen entsprochen.[3]

---

[1] UAW, Personalakt Minor, 009.
[2] Vgl. Minors analog schriftlich vorgelegte Vorschläge in: UAW, Personalakt Minor, 005.
[3] UAW, Personalakt Minor, 017. – Vgl. Minor-Briefe 67 und 68.

Ein Monat später übermittelt Dekan Lieben ans Ministerium seinen Bericht zum Ergebnis des Habilitationsverfahrens samt abschließender Empfehlung:

> Hohes k. k. Ministerium für C.[ultus] u. U.[nterricht]!
> Herr Dr. Jacob Minor aus Wien hat sich mit dem beiliegenden vom 10. Mai 1880 datirten Gesuche an das Professorencollegium der phil. Facultät gewendet, um zur Habilitation für deutsche Sprache und Literatur zugelassen zu werden. Seinem Gesuche war ein Curriculum vitae, Doctordiplom, Plan seiner beabsichtigten Vorlesungen endlich einige grössere wissenschaftliche Arbeiten beigeschlossen.
> Da allen gesetzlichen Bedingungen Genüge gethan war, so hat das ergebenst unterzeichnete Decanat das Gesuch sammt Beilagen einer aus den Professoren Heinzel, Schipper und Schenkl zusammengesetzten Commission übergeben, welche nach vorher gepflogener Einsichtnahme am 10. Juni 1880 unter Vorsitz des Decans eine Sitzung hielt und den Beschluss fasste die Zulassung Dr. Minors zur Habilitation dem Collegium zu empfehlen.
> In der Plenarsitzung der phil. Facultät vom 12. Juni 1880 wurde der hier beigeschlossene Bericht des Prof. Heinzel im Namen der Commission erstattet und von der Facultät gebilligt.
> Darauf hin wurde am 17. Juni das Colloquium mit dem Habilitanden in Gegenwart des Decans und der Commissionsmitglieder vorgenommen, und nachdem dieses befriedigend ausgefallen war, die Probevorlesung auf den 23. Juni 1880 anberaumt. Dieselbe fand in Gegenwart des Decans, der Professoren Heinzel u. Schenkl (Prof. Schipper war zu erscheinen verhindert) sowie einer zahlreichen sonstigen Zuhörerschaft statt u. lieferte ein vollständig befriedigendes Ergebnis.
> Nachdem in dieser Weise die Habilitation ordnungsmässig durchgeführt war und der unterzeichnete Decan in der Plenarsitzung vom 10. Juli dem Professorencollegium über den günstigen Erfolg des Colloquiums und der Probevorlesung Bericht erstattet hatte, beschloss das Collegium Herrn Dr. Jacob Minor die venia legendi als Privatdocent für deutsche Sprache und Literatur, vorbehaltlich der Bestätigung von Seite des hohen k. k. Ministeriums, zu ertheilen.
> Der ergebenst Unterzeichnete beehrt sich diesen Facultätsbeschluss einem hohen k. k. Ministerium zu geneigter Bestätigung zu unterbreiten.
> Wien 22. Juli 1880
> Lieben[1]

Dem Bericht ist beigelegt Minors

Plan der beabsichtigten Vorlesungen.
1. Geschichte der deutschen Literatur von Opitz bis Gottsched.
2. Geschichte der deutschen Literatur in der ersten Hälfte des 16. Jahrhunderts.
3. Geschichte der deutschen Literatur in der Zeit des Sturmes und Dranges und in der Periode der Classicität (1770–1805).
4. Der junge Goethe.
5. Textkritische und exegetisch-kritische Uebungen auf dem Gebiete der neueren Literatur.
6. Historische Grammatik der deutschen Sprache.

---

[1] Beilage zu AVA, MCU, 11824/1880 und UAW, Personalakt Minor, 002.

7. Altdeutsche Metrik.
8. Geschichte der älteren deutschen Literatur bis 1250.
9. Mittelhochdeutsc[h]e Übungen.[1]

Sechs Tage danach, am 28. Juli, genehmigt der Minister für Cultus und Unterricht Freiherr Conrad von Eybesfeld den Fakultätsbeschluss:

> In Erledigung des Berichtes vom 22. Juli d. J. Z. 566 finde ich den Beschluß des Professoren-Collegiums der philosophischen Facultät der Universität Wien auf Zulassung des Dr. Jakob Minor als Privatdocenten für deutsche Sprache und Literatur an der gedachten Facultät zu bestätigen.[2]

Das Habilitationsverfahren, nach dem Minor seine *Venia legendi* erhält, erfolgt parallel zur letzten Phase des Berufungsverfahrens, mit dem Erich Schmidt zum Nachfolger des verstorbenen Karl Tomaschek bestellt wird. Auch in diesem Berufungsverfahren fungiert als Referent Richard Heinzel, der damit als Vertreter des älteren Fachbereichs eine wesentliche Rolle bei der Begründung einer Wiener Lehrkanzel für den neueren Fachbereich der Germanistik spielt.[3]

Nach arbeits- und ereignisreichen Sommerferien – Minor macht die *Goethe-Studien* druckfertig, die er für seine Habilitation eingereicht hat, und lernt bei einem Aufenthalt in Reichenau an der Rax seine spätere Frau Daisy kennen, was ihm neben argen Liebesnöten neuerlich schwere Depressionen beschert – beginnt für den jungen Privatdozenten der universitäre Alltag mit dem ersten Kolleg, in dem er mit „Goethe in Weimar 1775–1786"[4] an seine Probevorlesung anschließt. Kurz nach Beginn des Wintersemesters 1880/81 berichtet er Sauer von neuem Kummer:

> Daß Scherer recht hat, fühlt wol kein Mensch so tief als der Fritzi![5] Wenn ihm nicht zwei schwere Anhängsel am Arme hingen: D–y und Hypochondrie, dann gings schon auch vorwärts. Für etwas die klassische Formel zu finden, hat Sch.[erer] immer verstanden, und er wird sich auch diesmal nicht geirrt haben. Uebrigens habe ich jetzt 16 Hörer, es sitzen aber immer an 30 darin. Heute habe ich über die Stein, Lenz, Klinger, Kaufmann, Jakobi gesprochen. Ich habe, was ich nicht geglaubt hätte, das Talent zum frei sprechen an mir bemerkt. Ich rede fast

---

[1] Beilage zu AVA, MCU, 11824/1880.
[2] UAW, Personalakt Minor, 001.
[3] Vgl. die Kapitel *Von Prag nach Wien* und *Die Wiener Germanistik bis zur Bestellung Minors*.
[4] Vgl. Minor-Brief 84.
[5] In der Korrespondenz mit Sauer nennt sich Minor gelegentlich auch „Fritz". – Vgl. Kapitel *„Lieber Pepi!" – „Dein Jacques."*

> ganz frei; aber sehr lebhaft und schnell; halte mich kaum die Hälfte an den Text des Manuscriptes.[1]

Fünf Wochen darauf meint er:

> Wo meine Zeit hinkommt, weiß ich nicht. Ich habe seit 4 Monaten nichts gelesen; arbeite jetzt den ganzen Tag am Colleg, bin aber meistens wenig damit zufrieden. Mit dem Vortragen gehts besser; das macht mir einigen Spaß. [...]
> Schmidt habe ich seit dem Tage seiner Antrittsvorlesung, wo er bei uns war, nicht gesehen.[2]

Wieder drei Wochen später, also Ende November, klagt er:

> E Schmidt macht ungeheures Aufsehen, [es] steht alle 2 Tage etwas von ihm in der Zeitung; was habe ich für Mühe neben ihm mich zu halten! Und wer gibt auf mich Acht! Ich habe 30 Hörer (eigentlich 29); es ist immer gut besucht gewesen, außer heute, wo ich mit Schrecken kaum 20 gesehen habe. Vielleicht, weil ich neulich in der Neuen Fr Presse über die Themen was geschrieben habe![3] Wäre verflucht! Auch gibts immer einige Oppositionsmänner. Und doch ist mein Heft bis daher sehr gut; ich zittere davor, daß es bald schlechter wird. [...]
> Apropos, ich habe schon öfter daran gedacht, daß wir eigentlich unsere Collegienhefte miteinander theilen könnten, da wir uns doch keine Concurrenz machen. Mich kostet das Collegmachen enorme Zeit. Ich weiß nicht, was ich im Sommer lesen werde. Ich wollte Romantiker lesen. Aber dazu muß ich zuviel neu lesen. Es wäre mir lieb, wenn ich vielleicht im Winter nicht bis 1805 käme und im Sommer fortsetzen könnte und etwa Goethe bis 1832. Dann im Winter Romantiker. Wer nur seine Hefte alle fertig hätte! Das wäre ein Leben! Ich kann nichts schreiben, so lange ich diese Collegarbeitslast habe.[4]

Für das Sommersemester 1881 verfasst Minor eine Vorlesung zur *Geschichte der deutschen Literatur im letzten Viertel des vorigen Jahrhunderts (Goethe und Schiller 1784–1805)*. Neben den Vorarbeiten zur Herausgabe der Jugendschriften Friedrich Schlegels bereitet er gleich zwei weitere Vorlesungen über *Die ältere Romantik* und *Die Blüthezeit der deutschen Romantik* vor – „natürlich auf meine Weise, Tag und Nacht, ohne etwas anderes zu lesen, immer zu, immer zu, ohne Rast und Ruh".[5] Außerdem veröffentlicht er eine Reihe von Rezensionen, bringt noch vor den Sommerferien bei Rütten und Loening in Frankfurt die Monographie *Johann Georg Hamann in seiner Bedeutung für die Sturm- und Drangperiode*[6]

---

[1] Minor-Brief 82.
[2] Minor-Brief 84.
[3] *Minor: Goethes Apotheose des Künstlers; 1880.*
[4] Minor-Brief 85.
[5] Minor-Brief 92.
[6] *Minor: Hamann; 1881.*

heraus und liefert schließlich für die *Allgemeine deutsche Biographie* zwei Artikel über den als Werther-Urbild Literaturgeschichte gewordenen Schriftsteller Karl Wilhelm Jerusalem (* 1747, † 1772) und über den Roman- und Lustspieldichter Johann Friedrich Jünger (* 1759 [?], † 1797).[1]

Anfang 1881 schickt er Wilhelm Scherer ein Exemplar des Hamann-Bandes und deutet dabei seine Unzufriedenheit mit seiner Situation in Wien an; Scherer antwortet ausführlich:

> Lieber Freund.
> Besten Dank für Ihren Hamann. Ich habe ihn mit Vergnügen gelesen. Mehr kann ich nicht sagen. Denn ich habe mich noch kaum näher mit ihm beschäftigt, werde aber Ihre Schrift als Einleitung benützen. Capitelüberschriften hätten Sie machen sollen; oder überhaupt Überschriften und Inhaltsverzeichnis. Das entbehre ich nur ungern. Auch haben Sie in Verweisungen gar zu sehr gespart. Man kann sich ja nur die eine Stelle einfach aufschlagen. Der Stil ist, glaub ich, sorgfältiger als im Weiße. […]
> Meine Mutter schrieb mir von Ihnen. Daß ich an Sie denken werde, ist längst gesagt. Aber in praxi bedeutet es nicht viel. Sie wissen ja selbst wie ungünstig gegenwärtig die Verhältnisse liegen. Ihre beste Aussicht ist m. M. noch, in Wien zu avanciren. Denn an keiner Universität ist ein jüngerer Mann, der sein Fach versteht, so sicher nach günstigen Lehrerfolgen in verhältnismäßig begrenzter Zeit zum E. o. vorgeschlagen zu werden, wie in Wien. […]
> Unterdessen aber, ehe Sie etwas in der Art haben, gilt es durch Schriftstellerei zu verdienen. Am besten durch ein gewinnbringendes Buch oder durch Journalarbeit.
> Wie wäre es, wenn Sie ein populäres Leben Schillers schrieben um den phrasenhaften Pollack zu verdrängen? Wenn Sie Lust haben, so würde ich bei Hans Ritter (Weidman[n]) anfragen. So ein Buch ist in gewisser Art ein Kapital wie meine Litteraturgeschichte, – <u>wenn es gelingt</u>.*) Erich Schmidt hat mit Ritter einen Vertrag über einen populären Lessing abgeschlossen. Ich würde versuchen, Ihnen dieselben Bedingungen auszuhandeln.
> Mit bestem Gruß
> Ihr Scherer
> *) Sie müssen mir aber versprechen, daß Sie den Plan, die Eintheilung, meiner Begutachtung unterwerfen. Gern würde ich auch die Bogen wieder durchsehen u. genauer als beim Weiße.[2]

Die Anregung seines Lehrers, sich mit Schillers Biographie auseinanderzusetzen, fällt zwar auf fruchtbaren Boden; andererseits schreibt Minor auch nach Lemberg an Sauer, er „habe Wien satt"; missmutig vermerkt er: „neben dem unermüdlichen, fleißigen Schmidt ist ein Privatdocent unnöthig".[3] – Scherer wie-

---

[1] *Minor: Jerusalem; 1881*, und *Minor: Jünger; 1881*.
[2] UAW, Nachlass Minor, 153.2, 23, 21 und 24.
[3] Minor-Brief 91.

derum versucht, auch in diesem Konfliktfeld zu beschwichtigen und gibt den einen und anderen konkreten Rat zur „Concurrenz mit Erich Schmidt":

> Sie müssen in Wien Sich einen Collegienkreis einzurichten versuchen, der seine Schwerpunkte wo anders hat, als die Collegien von Schmidt.
> Lesen Sie Geschichte einzelner Dichtungsgattungen in Deutschland und auch allgemein. Zunächst aber in Deutschland. Z. B. Geschichte des deutschen Prosaromans, des deutschen Dramas seit Lessing oder weiter hinauf – 1 Geschichte der deutschen Lyrik 2 Geschichte der deutschen Prosa (ein äußerst wichtiger, ganz vernachlässigter Gegenstand!) und Didaktik – etwa seit Opitz.
> Und dann [...]: Rhetorik und Poetik. Sie haben Sich vermuthlich nie darauf eingelassen. Thun Sies, Sie werden sich belohnt finden. Es ist da mancherlei zu thun. Sehen Sie einmal Wackernagel „Rhetorik Poetik Stilistik" an oder die bei Groß „Die Tropen und Figuren" (Cöln 1881) S IV verzeichnete Litteratur.
> Meiner Überzeugung nach ist in Wien ein entschiedenes Bedürfnis vorhanden, daß die Lücken der Gymnasialbildung durch Universitätsvorlesungen ausgefüllt werden auch auf deutschem Gebiete. Ich habe mit Prof. Sickel einmal hier ausführlich davon gesprochen. Es müßte für praktische Anleitung etwas geschehen – durch stilistische Übungen, die so eingerichtet werden können, wie es Gellert machte, aber eben auch so daß etwa die Theorien der Rhetorik u Poetik geübt werden: 1) durch rhetorische Analyse von Gedichten 2) durch Besprechung von Themen für deutsche Aufsätze, wobei die Lehren der inventio und dispositio eingeübt werden usw. Kurz die Leute müßten ein wenig specialiter vorgebildet werden für ihren künftigen Beruf, selbst deutsche Aufsätze machen machen zu lassen.
> Übernehmen Sie eine solche Thätigkeit [...] so wird Ihnen das Ministerium ohne Zweifel in kürzester Zeit mindestens eine Subvention für diese Ihre Mühewaltung gewähren.
> Sprechen Sie nun einmal auf Grund dieses Briefes über die Sache mit Erich Schmidt.
> Die Litt. Gesch. nach Dichtungsgattungen rathe ich Ihnen nun einmal ganz dringend. Eigentlich ist nur in dieser Form die Litt. Gesch. streng wissenschaftlich-ästhetisch-technisch zu behandeln.[1]

Aussicht auf Anstellung an irgendeiner österreichischen Universität besteht für Minor allerdings so gut wie keine. Da die Spannungen mit seinen Eltern sich verschärfen, seine Geldnöte nicht enden und daher auch seine Heiratspläne vorerst aufgeschoben sind, kommt ihm Anfang Dezember 1881 eine Mitteilung Richard Heinzels nicht ungelegen:

> Sehr geehrter Herr Doctor
> Mussafia[2] fragt mich, ob ich keinen jungen Germanisten wüste, den ich zu einer Stelle am Istituto reale in Mailand (eine Art Universität) empfehlen könnte. Etwas Italienisch müsste er freilich können. Die Bedingungen sind nicht schlecht. Wenig

---

[1] UAW, Nachlass Minor, 153.2, 23, 25-26.
[2] Adolf Mussafia, * 1835 Split, † 1905 Florenz; Professor für romanische Philologie in Wien (1860–1905).

Lehrstunden, 3000 Lire jährlich. Wenn Sie dazu Lust hätten, so bitte ich mich zu verständigen. Ich bin alle Tage auf der Universität 10–11 Dienstag Freitag 10–12.
Ergebenst
R Heinzel[1]

Kurz vor Jahresende lässt Minor seinen Freund in Lemberg also wissen:

> Neuerdings haben sich neue Hoffnungen auf eine Stelle in Mailand aufgethan, die sich vielleicht realisiren dürften. Gewiß ist noch nichts. Ich müßte italienisch vortragen und – die Hauptsache: könnte heirathen, allerdings mit Sparsystem.[2]

Auch seinem einstigen Lehrer in Berlin berichtet er neben anderem von den überraschenden Aussichten und holt seinen Rat dazu ein; Scherer schreibt noch vor dem Jahreswechsel ausführlich zurück:

> Lieber Freund.
> Auf Ihre Anfrage, wie stilistische Übungen zu halten seien, konnte ich Ihnen nicht antworten, weil ich ein Programm für etwas, was ich selbst nie gethan, auch nur zu thun versucht, unmöglich aus dem Ärmel schütteln konnte. Ihre Wr. Anmerkungen in der N.Fr.Pr. scheinen mir die antike Stilistik zu unterschätzen. Schließlich können wir die Termini der antiken Rhetorik so wenig entbehren, wie die Termini der antiken Grammatik. Sind die Begriffe einmal geprägt, so hat es keinen Sinn sie neu schaffen zu wollen. Nur was wir damit anfangen, ist etwas Neues. Wir verwenden sie für Zwecke, an welche die Rhetoren nicht gedacht haben ... Wir müssen uns auch gelegentlich neue Termini machen, wo die antiken nicht ausreichen, gerade wie wir in der Grammatik von Umlaut u. Ablaut reden, ohne antiken Vorgang.
> Auch auf Ihre heutige Anfrage kann ich nur ungenügend antworten.
> Über das Instituto superiore in Mailand habe ich mich bei Tobler und unserm Ital-Lector Rossi erkundigt, ohne etwas zu erfahren, was Sie nicht ohne Zweifel schon wüssten. Es ist eine Universität, aber eine unvollständige. Collegiengeld gibt's in Italien nicht. Mit 3000 Frcs kann ein Einzelner ganz gut leben. Nicht daß die Lebensmittel so billig wären, aber die Wohnungen sinds. Sie würden ja auf die 3000 Frcs nicht ausschließlich angewiesen sein, vermuthe ich.
> Doch ich sehe eben, daß Sie nicht vom Istituto superiore, sondern vom Istituto Lombardo sprechen. Da läuft wol ein Irrthum Mussafias umher, denn das Istituto Lombardo ist eine <u>Akademie</u>, an der man keinen Professor für Deutsche Sprache und Litteratur brauchen wird. Aber Sie müssen diesen Punct doch aufklären. Ascoli ist Decan der philosophischen (o. g. philosophisch-philologisch-historischen) Facultät des Istituto superiore.
> Praktisch haben Sie nach meiner Ansicht folgendes zu thun.
> Ihre Aussichten auf Krakau beruhen wahrscheinlich auf der Ansicht Heinzels und Erich Schmidts daß Sie der Mann für Krakau seien. Heinzel u Schmidt müßten, falls die Sache noch nicht offiziell begutachtet ist, Ihnen die Möglichkeit geben, Sich auf sie zu berufen.

---

[1] UAW, Nachlass Minor, 152.1, 7, 10.
[2] Minor-Brief 101.

Sie müssen zu Sect. L. David und vielleicht auch zum Minister gehen und untersuchen – indem Sie Ihre Berufung nach Mailand vorlegen – ob Sie wirklich gegründete Aussichten auf Krakau haben.

Diese Orientierung ist doch unter allen Umständen nothwendig, ja so selbstverständlich, daß Sie so eigentlich schon selber vorgehen müßten. Sie können nicht Aussichten anstreben, ohne [daß] Sie auch nur wissen, wie sicher oder unsicher dieselben etwa sind.

Ich rathe aber: auf Mailand zu verzichten, wenn Ihnen Krakau sicher ist. Dagegen in Mailand anzunehmen, wenn man Ihnen nicht Garantien gibt, daß Sie wirklich nach Krakau kommen. Und zwar müßte man Ihnen eigentlich sofortige Ernennung zusichern.

Meine Gründe für diesen Rath sind diese.

In Krakau werden Sie sich zwar unbehaglich fühlen. Aber einige Jahre Unbehaglichkeit sind kein zu theurer Preis für die erste feste Stellung. Ein <...> für Arbeit, für selbständige Wirksamkeit, für die Möglichkeit, sich ein Haus zu gründen. Sind Sie erst ein paar Jahre in Krakau gewesen, so können Sie die Regierung drangsaliren, daß sie Sie anderswo unterbringt. Dieses Mittel hilft nach einiger Zeit in Österreich immer, wenn es ein tüchtiger Mensch anwendet, da sonst keiner wissenschaftlich thätig und einer besseren Stelle würdig ist.

Andernfalls: wenn Sie keine Sicherheit und nur Versprechungen erlangen, so ist das nicht genug. Und bei dem jetzigen Einfluß der Polen kann noch im letzten Augenblick eine erfolgreiche Intrige gegen Sie ins Werk gesetzt werden. Also Sie müssen sich sicherstellen; und wenn Ihnen Sicherheit nicht gegeben werden kann, lieber nach Mailand gehen, auf jede Gefahr hin.

Daß Sie dadurch nicht ausscheiden, sondern an sich die Möglichkeit haben, wieder nach Österreich zurückzukommen, zeigt der Fall des Chemikers Prof. Lieben in Wien, der auch in Turin und Palermo angestellt gewesen war, ohne daß es ihn an der Rückkehr nach Österreich hinderte. Aber immerhin sind Sie für eine österreichische Carriere besser in Krakau als in Mailand placirt. Schon weil Sie in Krakau vielleicht durchsetzen können daß Sie gleich Ordinarius werden (Sie können ja eben den Mailänder Ruf dafür benützen) oder mindestens haben Sie sichere Aussicht, es bald zu werden. Dagegen wird das in Mailand wol überhaupt nur ein Extraordinariat für immer bleiben.

Wenn Sie nun nicht nach Mailand gehen, so bitte ich Sie, daß Sie versuchen Lichtenstein oder Seuffert die Stelle zu verschaffen. Sagen Sie das Schmidt u. Heinzel ... Ich setze dabei voraus daß Sauer sicher nach Prag kommt.

Mit bestem Gruß

Ihr Scherer

Alles das was ich Ihnen rathe, ist eigentlich für jeden, der die Verhältnisse kennt, selbstverständlich. Ich fürchte daher gar keine Verantwortung dabei.[1]

Neuerliche Vorsprachen im Ministerium wegen einer Anstellung in Österreich bleiben ergebnislos; sarkastisch schreibt Minor Ende Jänner dann noch einmal an Sauer:

---

[1] UAW, Nachlass Minor, 153.2, 23, 27-28 und 22-23.

> Mir hat man im Ministerium gratuliert daß ich Aussicht auf eine Stellung hätte. Mit wahrer Freude hat man mir Complimente gemacht: man würde es nicht als Expatriation auffassen, und wenn etwas frei würde, wäre ich gewiß es, auf den man dächte; ich sei der fleißigste und begabteste unter allen Menschen auf der Welt etc. etc. Jahmm! Ich hätte gerne gefragt: wenn jetzt für uns nichts zu haben ist, wann denn?[1]

Aber aus Italien treffen vorerst noch keine definitiven Nachrichten ein; auf Minors Ersuchen um konkrete Information kann Adolf Mussafia lediglich mitteilen:

> Auf meine Anfrage wie es denn mit der Mailänder Angelegenheit stehe, erhielt ich beiliegende nicht viel sagende Antwort. Ich kann Ihnen nicht sagen, wie sehr dieser schleppende Gang mich überrascht und betrübt. Sonst pflegt man in Italien Alles sehr schnell abzuthun. Die leidigen politischen Verhältnisse, welche Alles absorbiren, mögen an der Verzögerung theilhaben.[2]

Zwischenspiel Mailand

1882 wird am Mailänder *Istituto reale* der *Accademia scientifico-letteraria*[3] die Stelle eines Lehrbeauftragten (*professore incaricato*) für deutsche Sprache und Literatur besetzt, der im Sommersemester dieses Jahres eine Vorlesung und zwei Übungen[4] veranstalten soll. – Die *Accademia* der lombardischen Metropole ist 1859, im Jahr der österreichischen Niederlagen bei Magenta und Solferino, an einem der Höhepunkte des *Risorgimento* gegründet worden; 1860 hat Österreich im Vertrag von Zürich die Lombardei abgetreten. Gut 20 Jahre danach versucht man offenbar, die Beziehungen zur ehemaligen Regierungsmacht zu normalisieren, und ermuntert Wien in dieser Phase auch, junge Germanisten für den Posten an der *Accademia* zu interessieren.

Das Offert aus Italien trifft und ergänzt sich beinahe mit Minors privaten, familiären und beruflichen Wünschen. In seiner Mitteilung an „das hochlöbliche Professoren collegium der phil. Facultät in Wien", dass er „im Sommersemester 1882 verhindert ist Vorlesungen an der Wiener Universität abzuhalten", klingt aber auch verletzter Stolz mit. Er habe sich, lässt er wissen,

---

[1] Minor-Brief 102.
[2] Undatiertes Billet; UAW, Nachlass Minor, 153.2, 17, 1.
[3] Ab 1923 geisteswissenschaftliche Fakultät der staatlichen Universität Mailand. – Vgl. Dizionario Enciclopedico Italiano. Bd. 1. Istituto Poligrafico dello Stato, Rom, 1955; S. 38 f.
[4] Vgl. Minor-Brief 103.

[...] entschlossen einem ehrenvollen Rufe Folge zu leisten, der ihn auffordert während des gesamten Sommersemesters an der Academia scientifico-letteraria in Mailand einen Curs von Vorlesungen über deutsche Sprache und Literatur zu eröffnen. Da eine definitive Anstellung mit dieser Berufung vor der Hand nicht verbunden ist, bittet der Unterzeichnete ihm für die kommenden Semester die venia legendi offen zu halten.[1]

Schon nach wenigen Wochen stellt Minor in einem ausführlichen Brief an Sauer fest, dass die Tätigkeit an der Mailänder *Accademia* „so zu sagen eine sinecure, aber um den Preis eines bis jetzt vollständig elementaren Unterrichts und gänzlicher Verlassenheit von allen Hilfsmitteln"[2] ist. Zwar muss er nicht in Italienisch – das er leidlich beherrscht –, sondern kann seine Vorlesung über *Goethe 1796–1805*[3] in deutscher Sprache halten, doch fühlt er sich vom ungewohnten Klima strapaziert und sieht sich für seine Arbeit von den Quellen isoliert. Da auch sonst die „Schulzustände höchst unerquicklich" sind und „weder eine fruchtbare Lehrtätigkeit, noch eine ergiebige wissenschaftliche Schriftstellerei"[4] erhoffen lassen, quittiert er seinen Dienst nach Ende des Semesters.

Für die drei Lehrveranstaltungen, die er an der Mailänder *Accademia* hält, bezieht Minor ein vergleichsweise üppiges Entgelt von 1750 Lire;[5] nebenbei liefert er eine Reihe von Rezensionen und Aufsätzen an die *Neue Freie Presse*, die *Deutsche Literaturzeitung* und die *Göttingischen Gelehrten Anzeigen*. Zu Jahresbeginn hat er bei Carl Konegen in Wien *Die Leiche und Lieder des Schenken Ulrich von Winterstetten*[6] veröffentlicht – „Karl Müllenhoff in Verehrung und Dankbarkeit" gewidmet und eine der drei Arbeiten, die er als Habilitationsschriften vorgelegt hat. Im Sommer bringt er, neuerlich bei Konegen, eine zweibändige Ausgabe der *Prosaischen Jugendschriften* Friedrich Schlegels[7] heraus. Und die Verbindungen, die er im Laufe dieses Jahres außerdem noch zu Verlegern in Deutschland knüpfen kann, erweisen sich nach anfänglichen Schwierigkeiten ebenfalls als fruchtbar.

---

[1] UAW, Fakultäts-Akten, Z 133. v 29/4/82 Univ.-Quästur.
[2] Minor-Brief 103.
[3] Vgl. WStLB, 132/69, Z.P. Nr. 402.
[4] *Curriculum vitae*: Personalakt Minor, AAW; 1135/1898.
[5] Vgl. Minor-Brief 113, wo von 3500 Lire jährlich die Rede ist, und den Brief Scherers vom Jahresende 1881 (Kapitel „Privatdozent in Wien"), in dem 3000 Franc als Jahresgehalt genannt werden.
[6] *Minor: Ulrich von Winterstetten; 1882.*
[7] *Minor: Schlegel-Jugendschriften; 1882.*

Prag – WS 1882/83 bis SS 1885
Von Mailand nach Prag

Die Berufung nach Mailand hat sich in Minors Augen als wenig förderlich für seine Laufbahn erwiesen.[1] Damit im Zusammenhang deutet er nach seiner Rückkehr Mitte Juli 1882 in einem Brief an Sauer an, daß er sich der Neigung zum Verzetteln durchaus bewusst ist; zugleich aber schildert er neue Pläne, schreibt zum erstenmal vom Vorhaben einer Schiller-Biographie und erwähnt zum erstenmal auch jene „Studien", die sich auf Anregung Sauers und in Zusammenarbeit mit Richard Maria Werner zu den *Beiträgen zur Geschichte der deutschen Literatur und des geistigen Lebens in Österreich* entwickeln und deren erstes Heft Grillparzers *Ahnfrau* zum Thema[2] haben soll:

> [...] nachdem ich eingesehen hatte, daß ich kaum noch nach Mailand zurückkehren würde [...], bin ich fast gar nicht mehr zur Ruhe gekommen: im Juni in Mailand u. Umgebung hin u. hergewandert, jetzt ruhelos zwischen Mailand, Vöslau, Wien, Maria Schutz hin und hergeworfen. Alle Arbeiten stocken, eine Masse kleinerer Geschäfte drängen u. lassen mich zu gar nichts kommen. [...]
> Die Arbeiten, welche ich von Kürschner übernommen habe, erfordern Bücher, welche just durch alle 17 Koffer zerstreut sind [...]. Ich bossele also nur: recensire u. will anfangen Schillerexcerpte zu machen. [...] Ein Heft Studien könnte wol fertig werden. In Mailand habe ich zufälliger Weise West in die Hände bekommen; vielleicht nehme ich mir <u>den</u> vor. Aber zuerst müsste man doch mehr gelesen haben. Ist denn die Ahnfrau noch nicht fertig? [...][3]

Minors Heiratspläne finden Resonanz bei Freundin Daisy. Auf wissenschaftlichem Gebiet trägt sein enormer Eifer ebenfalls Früchte; seine Arbeit wird nicht nur mehr innerhalb der engeren Kollegenschaft aufmerksam verfolgt: Der in Heidelberg lehrende Germanist und Romanist Karl Bartsch zerzaust zwar in den *Göttingischen Gelehrten Anzeigen* den *Winterstetten*, doch eine ausführliche positive Besprechung widmet ihm – ebenso wie einige andere Rezensenten – Konrad Burdach[4] aus dem Berliner Kreis um Müllenhoff und Scherer im *Literaturblatt für germanische und romanische Philologie*. Minor, der sich auch schon als kritischer, kenntnisreicher und gelegentlich detailverliebter Rezensent erwiesen hat,

---
[1] Vgl. *Curriculum vitae*: Personalakt Minor, AAW; 1135/1898.
[2] Von den *Beiträgen zur Geschichte der deutschen Literatur und des geistigen Lebens in Österreich* erscheinen nur die Nummern 2, 3 und 4.
[3] Minor-Brief 104.
[4] Konrad Burdach, * 1859 Königsberg, † 1936 Berlin; dt. Germanist und Mediävist; widmete sich lebenslang auch dem Spätwerk Goethes, vor allem dem *Faust* und dem *Divan*.

sieht sich zu einer Erwiderung gegen Bartsch veranlasst, sie wird allerdings nicht veröffentlicht. – Aussicht auf Anstellung gibt es nach wie vor keine:

> Die Krakauer haben einen Privatdocenten; was sich daraus für uns ergibt, weißt Du. Dich wollen sie nicht, wie es heißt; mich auch nicht; Kreizenach[1] auch nur, weil ihn das Ministerium nicht will. Deine Aussichten auf Prag sind nach meiner Meinung sicher, können sich aber noch eine Weile hinausziehen. Wie Schmidt schreibt, ist Kelle ein Lügenmaul u. selber eher gegen als für eine 2te Docentur.[2]
> [...]
> Bartsch hat eine alberne Recension meines Winterstetten geschrieben, in der er sich und seine Grundsätze über innern Reim compromittirt hat.[3] Ich habe mir nicht versagen können, fröhlich zu erwidern; weiß aber noch nicht, ob Bechtel die Erwiderung drucken wird.[4]

Auf Minors Liste der für ihn in Reichweite liegenden österreichischen Universitäten steht Krakau schon fast zwei Jahre lang an vorderer Stelle; in seiner Korrespondenz mit Erich Schmidt nennt er auch Prag, Graz und Lemberg.[5] – In Lemberg suppliert Sauer nach wie vor auf dem nach dem Tod Eugen Arnold Janotas 1878 frei gewordenen Lehrstuhl. In Graz hat Werner, der Mitherausgeber der *Beiträge*, zwar das Wohlwollen seines Ordinarius' Anton Emanuel Schönbach erworben, doch hat auch er fürs erste nichts zu hoffen.[6] Nach Krakau soll – zum Verdruss der jungen österreichischen Privatdozenten, jedoch auf Wunsch der dortigen Fakultät – der aus Leipzig kommende Literarhistoriker Wilhelm Creizenach berufen werden.[7] Und da „die Prager Fakultät wahre Bündel von Vorschlägen ins Ministerium schleudert, neue philologische Extraordinariate und 2 histor. Ordinariate fordert"[8] und damit Besetzungsvorstellungen des Ministeriums erfolgreich unterläuft, scheinen die Chancen für Prag vorerst generell verbaut.

Minor stürzt sich also immer tiefer in schriftstellerische Arbeiten und erinnert auch den Freund an gemeinsame Vorhaben:

---

[1] Wilhelm Creizenach.

[2] Vgl. dazu *Castle: Schmidt-Briefe; 1955*; S. 78 (Brief vom 16. 8. 1882).

[3] Vgl. Minor-Brief 108.

[4] Minor-Brief 105.

[5] Innsbruck und Czernowitz tauchen in Minors Überlegungen nicht auf; nach Wien ist Erich Schmidt zum Nachfolger Karl Tomascheks berufen worden.

[6] Vgl. *Castle: Schmidt-Briefe; 1955*; S. 77 (Brief vom 20. 1. 1882).

[7] Zu den Motiven dieser Besetzung vgl. *Egglmaier: Entwicklungslinien Literaturwissenschaft; 1994*; S. 230 f.

[8] *Castle: Schmidt-Briefe; 1955*; S. 80 (Brief vom 29. 1. 1884).

> Lieber August, in aller Eile bitte ich Dich, falls Du nicht bald nach Wien kommst, mir die österreichischen Dichter (wenigstens die beiden Ausgaben Ayrenhoffs u. Gabler, Riedel hätte Zeit) zu schicken. [...] Scherer Heft 6 ist meisterhaft; Gottsched Wieland Lessing (weniger Klopstock) gehören zum schönsten was man lesen kann. [...]
> Wer macht die Ahnfrau unseres Hauses?[1]

Daneben versucht Minor, im Ministerium zu intervenieren, wo man ihn allerdings hinhält und vertröstet. Man verschweigt ihm offenbar auch die nach wie vor geltende Weisung an die philosophische Fakultät der Prager Universität, bei Vorschlägen für die Nachfolge des bereits 1877 nach Straßburg abgewanderten Ernst Martin „in erster Linie auf Persönlichkeiten Bedacht zu nehmen, die gleichzeitig mit der Leitung des englischen Seminars betraut werden könnten".[2] Seit Martins Abgang sperrt man sich in Prag aber gegen die weitere Betreuung der beiden Fächer durch eine einzige Lehrkanzel und beantragt stets aufs Neue die Trennung der englischen Philologie von der zweiten germanistischen Professur. Im Wissen darum beschwichtigt Minor nun also den Freund, der seiner – zwar beschämend gering, aber immerhin bezahlten – Supplenten-Stelle in Lemberg[3] mehr als überdrüssig ist:

> Lieber Pepi, [...] Ich habe neulich einen Brief von Dir bei Hartel gelesen, der nicht ohne Grund verzweifelt war; habe aber inzwischen im Ministerium tröstlicheres erfahren. Die alte Hoffnung P...g ist noch nicht verloren.[4]

Obwohl nach wie vor keine konkrete Chance auf eine Berufung besteht, heiratet Minor im Spätsommer dieses Jahres. Des Wartens und der Vertröstungen im Ministerium müde, macht er sich nach einigen wenigen Tagen Urlaub auf den Instanzenweg durch die Universitätsbürokratie. Am 7. Oktober richtet er an „das hochlöbliche Professorencollegium der philosophischen Facultät in Wien" die Mitteilung, „daß er in diesem Wintersemester keine Vorlesungen halten wird", mit der Begründung, daß „an der philosophischen Facultät der deutschen Hoch-

---

[1] Minor spielt an auf das gemeinsame Vorhaben der *Beiträge zur Geschichte der deutschen Literatur und des geistigen Lebens in Österreich.* – Minor-Brief 107.
[2] UAP, Akten der philosophischen Fakultät der deutschen Universität, Seminar für deutsche Philologie, No 470/1878.
[3] Vgl. *Brandl: Lebensbeobachtungen; 1936*; S. 201: „[Baronin Lempruch] brachte die Rede darauf, daß neulich ein außerordentlicher Professor (Sauer) mit einer bloßen Remuneration von 800 Gulden jährlich an die Universität Graz geschickt wurde; auf dem Dorfe ihres Vetters bekomme ein Hilfsschullehrer 600 Gulden jährliches Gehalt samt freier Wohnung, frei Licht, frei Holz und zehn Star Erdäpfel."
[4] Minor-Brief 107.

schule in Prag ein Gesuch um Transferierung seiner hiesigen Habilitation an die Prager Hochschule eingebracht"[1] habe. Dieses Gesuch „behufs Uebertragung seiner Habilitation an die Prager Hochschule" übermittelt er zugleich mit der Absage seiner Vorlesungen und bittet das Dekanat,

> [...] die amtliche Bestätigung daß er sich im Jahre 1880 an der Wiener Universität rite habilitirt habe gütigst beizulegen und das Gesuch auf amtlichem Wege an die philosophische Facultät der deutschen Hochschule in Prag befördern zu wollen.
> Eines hohen Decanates ehrfurchtsvoll ergebener
> Dr. J. Minor
> Privatdocent an der Universität Wien,
> dz Wien IV Carolinengasse 16a[2]

Die Motive für diesen Schritt sind unschwer nachzuvollziehen: Einerseits fürchtet Minor, dass man ihm in Wien seine Abwanderung nach Mailand doch übelgenommen hat, auch wenn man zuvor das Gegenteil versichert hatte, und dass man ihn jetzt nicht gerade mit offenen Armen empfängt. Andererseits ist auf den durch Karl Tomascheks Tod 1878 freigewordenen zweiten germanistischen Lehrstuhl 1880 Erich Schmidt berufen worden, mit dem er zwar seit seinem Berliner Aufenthalt freundschaftlich verkehrt – dennoch ist ihm klar, dass er als junger Privatdozent neben dem souveränen, hochgeachteten und auch in der Studentenschaft überaus beliebten Professor nur schwer reüssieren und über die zu erwartenden Kollegiengelder[3] kaum zu einem ausreichenden Verdienst kommen würde.

Seine Erkundigungen und einige Überlegungen dazu sowie den weiteren Ablauf der Ereignisse, nachdem er überraschend ins Unterrichtsministerium zu Sektionschef Benno von David bestellt worden war, schildert Minor in einem ausführlichen Brief, den er an Sauer Mitte November bereits aus Prag abschickt – hier hat er auch schon mit seiner jungen Frau in der dritten Etage des Hauses Stefansgasse 3 Wohnung bezogen,[4] nahe dem Prager Stadtzentrum und zehn bis fünf-

---

[1] UAW, Personalakt Minor, 24; Phil. Dek. Akt 37 aus 1882/83.

[2] UAW, Personalakt Minor, 21; Phil. Dek. Akt 37 aus 1882/83.

[3] „Collegiengelder" waren mit der Neuorganisation der österreichischen Universitäten 1850 eingeführt worden und betrugen in der Regel für jeden Hörer soviel Gulden pro Semester als das betreffende Colleg (Vorlesung) Wochenstunden zählte. „Würdigen und dürftigen Studenten" wurde eine Befreiung zugestanden. Nach Abzug von 5% Verwaltungsaufwand zahlte die Quästur Kollegiengelder an den jeweiligen Vortragenden aus. Einige Professoren der Wiener Universität erreichten auf diese Weise ein jährliches Zusatzeinkommen bis zu 9000 Gulden. – Vgl. *Lemayer: Hochschulverwaltung; 1878*; S. 55.

[4] Stefansgasse, heute Štěpánská.

zehn Minuten Fußweg von den Universitätsgebäuden des Carolinums und des Clementinums[1] entfernt:

> Lieber Pepi, daß ich Dir aus Prag schreibe, kommt folgendermaßen: Einige Tage vor meiner Hochzeit läßt mich David rufen und fragt, ob ich geneigt wäre eine Berufung nach Krakau annehmen würde. Dich wollten sie nicht, weil Du aus Lemberg kämest; auf eine Berufung aus dem Ausland aber werde der Minister keinesfalls eingehen. Ich sagte natürlich zu, gab meine Mailänder Stellung bald darauf auf die mir ohnedies nicht genug convenirte und erwartete die Dinge die kommen würden. Es vergeht Tag auf Tag, ich erfahre nichts; endlich am 29. Okt. gehe ich zu David, der mir sagt daß sich der Statthalter im letzten Augenblick noch gegen meine Ernennung ausgesprochen habe. Ratlos, was nun anzufangen, sage ich, ich möchte mich an einer anderen österreichischen Universität habilitiren, um doch in der Carrière zu bleiben. David meint, ich sollte mich in Krakau habilitiren: dann könne er mir gutstehen daß kein anderer hinkommt. Ich hatte aber bald überlegt daß wenn sich ein Pole findet auch diese harte Nuß umsonst geknackt wäre; daß ein Leben auf eigene Kosten in Krakau ein unverantwortlicher Schritt wäre. Ich sagte das auch David, der nichts erwidern konnte. Und weil ein Onkel meiner Frau bei der Staatsbahn ist, ließ ich mir eine Freikarte hieher verschaffen, suchte hier die Verhältnisse kennen zu lernen, und ließ meine Habilitation hieher übertragen.[2]

Das Professoren-Kollegium der philosophischen Fakultät der deutschen Universität hat Minor innerhalb weniger Tage nach seinem Antrag die *Venia legendi* erteilt und die entsprechende Meldung zusammen mit der Bitte um Bestätigung am 22. Oktober an das Ministerium geschickt.[3]

Die Prager Germanistik bis zur Bestellung Minors

Das Ordinariat für deutsche Sprache und Literatur an der Prager Universität war 1849 begründet und als sein erster Leiter Karl August Hahn (* 1807, † 1857) aus Heidelberg in die böhmische Metropole berufen worden. Schon zwei Jahre später übersiedelte Hahn nach Wien, um die Nachfolge Theodor Georg von Karajans (* 1810, † 1873) anzutreten, der dort als erster Inhaber der gleichen, kurz nach Prag eingerichteten Lehrkanzel resigniert hatte. Nach dem Abgang Hahns

---

[1] Das Carolinum, das aus 1366 stammende Gebäude der 1348 gegründeten Prager Universität, beherbergte neben der rechts- und staatswissenschaftlichen Fakultät das Rektorat; in dem durch die Jesuiten 1556 für den Universitätsbetrieb adaptierten einstigen Dominikanerkloster St. Clemens war neben der theologischen und der philosophischen Fakultät auch die Universitätsbibliothek untergebracht.
[2] Minor-Brief 111.
[3] AVA, MCU, 18173/1882.

war der Prager Lehrstuhl dann von 1851 bis zur Ernennung des aus Würzburg kommenden Johann von Kelle (* 1828, † 1909) im Jahre 1857 vakant.[1] Kelle erreichte 1874, nach mehreren vergeblichen Anläufen, dass „einer zweiten Professur als specielles Gebiet die neuere deutsche Literatur zugewiesen und [...] ein Seminar für deutsche Philologie in zwei Abtheilungen errichtet"[2] wurde. Diese zweite germanistische Professur erhielt der aus Jena kommende Ernst Martin (* 1841, † 1910) zugleich „mit der Verpflichtung, auch englische Philologie zu vertreten".[3] 1877 folgte Martin einem Ruf nach Straßburg, von wo Wilhelm Scherer soeben nach Berlin übersiedelt war.

Danach blieb die zweite Prager Lehrkanzel längere Zeit unbesetzt. Einerseits erachtete das Kollegium der philosophischen Fakultät die vom Ministerium gewünschte gleichzeitige Vertretung von neuerer deutscher und englischer Philologie als unzweckmäßig, andererseits beharrte das Ministerium auf der Doppelvertretung und wies mehrere Besetzungswünsche der Fakultät mit wechselnden Begründungen zurück. Ein dreigeteilter Besetzungsvorschlag, den das dafür eingesetzte Professoren-Komitee im Februar 1878 entwickelte und den Dekan Johann Kvicala „dem hohen Ministerium zu unterbreiten" sich beehrte, macht die kollidierenden Interessen deutlich:

> 1. Zuerst wird [...] mit Rücksicht darauf, dass das hohe Ministerium [...] dem Professorencollegium die Weisung gab „in erster Reihe auf Persönlichkeiten Bedacht zu nehmen, die gleichzeitig mit der Leitung des englischen Seminars betraut werden könnten", Dr. Anton Schönbach, derzeit Professor der deutschen Sprache und Literatur an der Universität Graz, zur Berufung an Stelle des Professor Martin vorgeschlagen.
> 2. Für den Fall, dass das hohe Ministerium Professor Schönbach an die Prager Hochschule zu versetzen geneigt wäre, stellte das Comité den Antrag, es sei an das hohe k. k. Ministerium die Bitte zu richten, dass Prof. Schönbach ausdrücklich verpflichtet werden möge, mindestens jedes zweite Semester ein Collegium über neuere Literatur oder einzelne Theile und Hauptwerke desselben zu lesen, sowie die neuere Literatur dem entsprechend im Seminar zu berücksichtigen.
> 3. Für den Fall, dass das hohe Ministerium geneigt wäre einen vor Jahren von der Facultät gestellten Antrag auf Berufung eines speciellen Vertreters der neueren deutschen Literatur zu berücksichtigen (in welchem Falle die Nothwendigkeit entstünde, für das Englische eine selbständige Vertretung zu schaffen) und namentlich für den Fall, als sich der Berufung des Prof. Schönbach Schwierigkeiten entge-

---

[1] Vorlesungen zur deutschen Grammatik hielt während dieser Jahre der a. o. Prof. für vergleichende Sprachwissenschaft und Sanskrit, August Schleicher, zur deutschen Literaturgeschichte der o. Prof. der Geschichte Constantin Höfler. – Vgl. *Karl-Ferdinands-Universität; 1899*; S. 459.

[2] *Karl-Ferdinands-Universität; 1899*; S. 459.

[3] *Karl-Ferdinands-Universität; 1899*; S. 459.

genstellen sollten, schlug das Comité dem Professorencollegium vor, eine gesonderte Vertretung der Geschichte der neueren deutschen Literatur und des Englischen beim hohen Ministerium zu befürworten, und zwar derart, dass zur Bekleidung dieser beiden Lehrkanzeln ausserordentliche Professoren berufen würden. Das Comité erklärte nämlich, dass es für den Fall nicht in der Lage wäre, Männer namhaft zu machen, die sofort für eine ordentliche Professur in Vorschlag gebracht werden könnten. Das Comité schlug für diesen Fall dem Collegium für eine ausserordentliche Professur der neueren deutschen Literatur vor
entweder Dr. Erich Schmidt, ausserordentlichen Professor in Strassburg
oder Dr. Hans Lambel, Gymnasialprofessor u. Privatdocent in Prag
ferner für eine ausserordentliche Professur des Englischen
Dr. Theodor Wihsmann, derzeit Probe-Candidat am Strassburger Lyceum.[1]

Die weiteren Bemühungen um die Neubestellung eines Vertreters des neueren Faches an die Seite Johann Kelles zogen sich danach über Jahre hin.

Dass noch im Oktober 1883 ein Vorschlag vom Juli 1881 verworfen wurde, weil der darin „an erster Stelle in Vorschlag gebrachte Privatdocent Dr. Sauer mittlerweile zum Professor in Graz ernannt worden"[2] war, den Kelle gerne in Prag gesehen hätte,[3] deutet darauf hin, dass man sich im Ministerium nicht gerade um Beschleunigung des Besetzungsverfahrens bemüht hat. Aber auch für die Versuche der Prager Fakultät, den seit 1875 in Prag habilitierten Privatdozenten Hans Lambel besonders zu fördern – was aus wiederkehrenden Nachsätzen zu den Berichten ans Ministerium zu schließen war –, zeigte man wenig Verständnis.[4]

Wenn nicht hervorgerufen, so doch massiv beeinflusst und verstärkt waren diese Prager Besetzungs-Querelen durch die lange schon angestrebte[5] und unter der Regierung Eduard von Taaffee schließlich genehmigte Zweiteilung der Karl-Ferdinands-Universität; die Teilung in „je eine Universität mit deutscher und mit böhmischer Unterrichtssprache" wurde mit Beginn des Wintersemesters 1882/83 praktisch vollzogen.[6] Im Herbst 1882, also unmittelbar vor Beginn des Winter-

---

[1] UAP; Seminar für deutsche Philologie; No 470/1878.

[2] UAP; Seminar für deutsche Philologie; Concept ad Nro. 50 d. d. 10. Oct. 1883.

[3] Vgl. Brief Scherers an Schmidt vom 29. 5. 1881 in *Richter: Briefwechsel Scherer–Schmidt, 1963*; S. 167.

[4] Für Lambel wurde auch von Seiten der Fürsten Fürstenberg interveniert. – Vgl. *Castle: Schmidt-Briefe; 1955*; S. 86 (18. Brief).

[5] Am 16. März 1848 hatte das Gros der Studenten an der Karl-Ferdinands-Universität eine Petition an den akademischen Senat gerichtet, in der Vorlesungen in beiden Landessprachen verlangt wurden; vom Senat mit Wohlwollen weitergeleitet, wurde dem Ansuchen am 31. März 1848 vom Ministerium entsprochen. – Vgl. *Karl-Ferdinands-Universität; 1899*; S. 22.

[6] 1866 beschäftigte sich der böhmische Landtag erstmals mit der Frage, „die vollständige Utraquisierung der Universität durchzuführen". Danach schlug die deutsche Seite zur Lösung der Universitätsfrage wiederholt die Errichtung einer selbstständigen deut-

semesters, mit dem die nunmehr eigenständige Prager Universität mit deutscher Vortragssprache ihren Betrieb aufnahm, bewarb sich Jakob Minor um Zulassung als Privatdozent, die ihm umgehend erteilt wurde.

Gegenüber Sauer vermutet Minor, dass man ihm die Übertragung seiner Habilitation „nur deshalb so leicht gemacht" habe, weil „an mir nichts zu befürchten ist" und „weil im andern Fall Brandl in zwei Semestern hier als ordinarius gewirtschaftet hätte". – Das Ministerium hatte Erich Schmidt in Wien schon um seine Beurteilung gebeten, „ob er Brandl für reif halte beide Stellen (englisch u. deutsch) zu versehen", und gleichzeitig Minor dezidiert wissen lassen, dass für ihn in Prag wenig Hoffnung bestehe.[1] – Seine nunmehrige Zulassung hat allerdings mit der Person des Innsbrucker Anglisten Alois Brandl (* 1855, † 1940) nichts zu tun;[2] man erteilt vielmehr dem jung verheirateten Germanisten Minor die Befugnis, Vorlesungen und Übungen zu halten,[3] um so lieber, als damit die ungeliebte Doppelvertretung von deutscher und englischer Philologie vorerst abgewehrt und zugleich ein ausgewiesener Vertreter der neueren deutschen Literatur[4] für Prag gewonnen ist.

Vom Privatdozent zum a. o. Professor

Seinem Gesuch vom 7. Oktober 1882 nach Übertragung der *Venia legendi* von Wien nach Prag hat Minor bereits ein „Verzeichnis der geplanten Vorlesungen" beigelegt:

1) Geschichte der deutschen Literatur im 17. Jahrhundert.
2) Von Klopstock bis Schiller.
3) Die Klassische Periode 1775–1805.

---

schen und einer tschechischen Universität vor, was von tschechischer Seite anfangs abgelehnt wurde; stattdessen wünschte man sprachliche Gleichberechtigung. Ab 1875 allerdings forderten vor allem jungtschechische Abgeordneten im Landtag „die Errichtung einer tschechischen Universität zur Erzielung des nationalen Friedens im Lande". Am 11. April 1881 genehmigte der Kaiser die Teilung und sanktionierte sie am 28. Februar 1882; wirksam wurde sie mit Beginn des Wintersemesters 1882/83 nach der Gesetzesveröffentlichung im Reichsgesetzblatt vom 3. März 1882. – Vgl. *Karl-Ferdinands-Universität; 1899*; S. 22 ff.

[1] Minor-Brief 111.
[2] Alois Brandl wird im 1884 nach Prag berufen und zum a. o. Professor für englische Philologie ernannt.
[3] Die Bestätigung durch Erlaß des Ministeriums erfolgte am 29. Oktober 1882.
[4] Vgl. UAP, Personalakt Sauer, I. ad 23823 85.

4) Die ältere Romantik.
5) Die jüngere Romantik.
6) Von 1805 bis zu Goethe's Tod.

7) Deutsche Stilübungen.
8) Exegetisch-kritische Uebungen.
9) Uebungen auf dem Gebiet der Poetik und Rhetorik.[1]

Ob Minor schon im laufenden Wintersemester 1882/83 gelesen hat, lässt sich nicht feststellen, es ist aber anzunehmen; die in den Vorlesungsverzeichnissen der folgenden Semester ihm zugeordneten Lehrveranstaltungen entsprechen – bis auf die geplanten Übungen zur Poetik und Rhetorik, zu denen ihn Scherer in einem Brief von Anfang 1881 nachdrücklich ermuntert hatte – weitgehend seiner vorgelegten Ankündigung:[2]

SS 83	Geschichte der deutschen Literatur in der Zeit der gemeinsamen Wirksamkeit Schiller's und Goethe's (1794–1805). Mo, Mi, Sa 8–9. Uebungen auf dem Gebiete der neueren deutschen Literatur. 1 St. n. Ü.
WS 83/84	Die deutsche Romantik. 2 St. n. Ü. Deutsche Stilübungen. 1 St. n. Ü.
SS 84	Grundriss der deutschen Literaturgeschichte im 17. und 18. Jahrhunderte. (Von Opitz bis Schiller). Mo, Mi, Fr, Sa 9–10, Do 11–12. Deutsche Stilübungen. 2 St. n. Ü.
WS 84/85	Geschichte der deutschen Literatur von 1750 bis 1794. 5 St. n. Ü. Uebungen auf dem Gebiete der neueren deutschen Literatur. 2 St. n. Ü.
SS 85	Geschichte der deutschen Literatur im 16. Jahrhunderte. Mo, Di, Mi, Do, Fr 9–10. Uebungen auf dem Gebiete der neueren Litteratur. Sa 10–12.
WS 85/86	Geschichte der deutschen Dichtung seit 1750. Di, Do 10–11. Metrik. Mo, Mi, Fr 10–11.[3]

---

[1] Beilage zu AVA, MCU, 18173/1882.

[2] Das Vorlesungsverzeichnis der Wiener Universität nennt für das Sommersemester 1882 *Die Blüthezeit der deutschen Romantik* (3st) und für das Wintersemester 1882/83 *Schiller's Leben und Werke* (2st); beide Lehrveranstaltungen sind entfallen, von Minor aber offenbar vorbereitet worden. – Vgl. *Öffentliche Vorlesungen an der k. k. Universität zu Wien* für die genannten Semester und *Vorlesungen, Seminare und Übungen Minors* im Anhang.

[3] Die für das Wintersemester 1885/86 angekündigten Lehrveranstaltungen Minors entfallen, da er ab 1. Oktober an die Universität Wien berufen ist. – *Ordnung der Vorlesungen an der k. k. deutschen Karl-Ferdinands-Universität zu Prag;* Wintersemester 1882–83 bis einschließlich Wintersemester 1885–86.

Den Winter 1882/83 über richtet sich Minor in Prag ein und intensiviert seine publizistische Arbeit; seinem Freund klagt er zwischendurch:

> [...] einige Kisten Bücher ruhen noch in Wien u. Vöslau, weil der Umzug zu viel gekostet hat. [...] – Ich habe schrecklich viel zu thun. Erfährst Du von Kürschner nicht u. ob die Sache geht? ich brauche das Geld, das ich da verdiene, nothwendig. Leider fürchte ich.[1]

Schon 1882 hat er zwei Bücher herausgebracht und 39 Artikel verfasst – in der Mehrzahl Rezensionen, von denen die meisten in der *Neuen Freien Presse*, in der *Deutschen Literaturzeitung* und in dem von Wilhelm Scherer und Elias Steinmeyer betreuten *Anzeiger für deutsches Altertum*[2] erscheinen.

In der Korrespondenz zwischen Scherer und Steinmeyer betreffend die Herausgabe des *Anzeigers* findet sich gegen Ende 1882 wieder Kritisches zu Minors Art des Rezensierens, diesmal von seinem einstigen Lehrer Scherer:

> Übrigens hat Minor eine Neigung, unbedeutende, aber ehrliche und fleißige Arbeiten, welche der Wissenschaft einen beschränkten Nutzen bringen, herunterzureißen und an unbedeutende aber nicht ehrliche und nicht fleißige, sondern litteratenhaft zusammengesetzte Arbeiten, welche der Wissenschaft gar nichts nutzen, wohlwollende Complimente zu verschwenden. Beispiel ad 1) seine Rec. über Waldberg; ad 2) seine Rec. über Bulthaupt. Da er gänzlich aufgehört hat mir zu schreiben, seit er nach Mailand ging, so bin ich nicht in der Lage, ihm selbst diese Ansicht auszusprechen.
> Ich vermute auch daß E. Schmidt ihn durch ungemeßenes und uneingeschränktes Lob verwöhnt hat u. daß ihn daher mein Tadel nur ärgern, aber gar nicht bessern würde.[3]

Spätestens zu Beginn des folgenden Jahres 1883 scheint der Vielschreiber Minor zu ahnen, dass er das nunmehr erreichte Pensum an Veröffentlichungen auf Dauer nur schwer mit der erforderlichen Qualität erbringen wird können. In einem Brief an Sauer deutet er derlei an, verknüpft seine Ahnung allerdings mit einem Seitenhieb auf Erich Schmidt und gibt ihm quasi die Schuld dafür, dass er die Stellung in Mailand vielleicht doch etwas übereilt verlassen habe:

---

[1] Minor-Brief 112.

[2] Als Rezensionsorgan ab 1876 der von Moritz Haupt 1841 gegründeten *Zeitschrift für deutsches Altertum* beigegeben.

[3] Brunner: *Briefwechsel Scherer–Steinmeyer; 1982*; S. 231 f. – Die genannten Rezensionen betreffen Max Waldberg: *Studien zu Lessings Stil in der Hamburgischen Dramaturgie*, Berlin, 1882; in: *Anzeiger für deutsches Altertum*, VIII., S. 346–349, und Heinrich Bulthaupt: *Dramaturgie der Klassiker*, 1. Bd., Oldenburg, 1882; in *Anzeiger für deutsches Altertum*, VIII., S. 349 f.

Der polnische College soll leben! Hätte ich das vor 4 Monaten gewußt, – ! oder lieber der Zeitung sogleich geglaubt! Aber da kam ein Brieflein von E. Sch. nach Italien: „Lieber Freund – wie geht es Ihnen – wie gefällt es Ihnen in Mailand – vielleicht lässt sich etwas machen" usw. Ich bin jährlich um 3500 Lire ärmer und muß 1000 fl erschreiben.[1]

Schmidt seinerseits registriert die Verstimmung Minors in einem Brief an Wilhelm Scherer: „Las eben im ‚Anzeiger' Minor über Waldberg. Seit Minor in Prag sitzt, ignoriert er mich völlig."[2] Und Scherer erwidert ähnlich, wie er kurz zuvor gegenüber Steinmeyer gemeint hatte: „Minor ignoriert mich schon seit er nach Mailand ging."[3]

Allein im Jahre 1883 bringt Minor vier Bücher heraus, verfasst sieben Aufsätze und 38 Rezensionen. Doch trotz der Nebeneinkünfte daraus und trotz der vorerst noch laufenden Unterstützung durch seinen Vater thematisiert er nun immer häufiger auch Geldangelegenheiten in seinen Briefen. Er bezieht für seine Tätigkeit an der Prager Universität als Privatdozent vorerst kein Gehalt, sondern erhält lediglich seinen Teil der für Vorlesungen und Übungen vorgeschriebenen Kollegiengelder,[4] mit denen er aber selbst als Junggeselle kaum seinen Lebensunterhalt bestreiten könnte. Noch dazu wird diese Verdienstmöglichkeit dadurch erschwert, dass der für ihn unmittelbar ansprechbare Studentenkreis drastisch kleiner wird:
• Mit der Teilung der Prager Universität reduziert sich zwischen den Wintersemestern 1882/83 und 1883/84 die Zahl der Hörer an der philosophischen Fakultät von 311 (vor der Teilung) auf 97 (an der deutschen Universität allein);
• die Zahl der letzteren nimmt bis zum Jahre 1885, in dem Minor von Prag nach Wien berufen wird, noch weiter auf 86 ab.[5]

Dem Willen des Kaisers folgend, hätte es nach der Trennung in eine deutsche und eine böhmische weiterhin nur eine einheitliche Prager Universität mit zwei

---

[1] Minor-Brief 113. – Worauf Minor den „polnischen Collegen" bezieht, ist nicht klar; es könnte sich um den nach Krakau berufenen Wilhelm Creizenach handeln. Minor war für die Berufung vorgesehen und auch von Richard Heinzel empfohlen, doch sprach sich der galizische Statthalter nach der Ernennung eines österreichischen Medizin-Professors gegen die Berufung eines weiteren Österreichers aus, und das Ministerium entschied sich bedauernd für den Kompromisskandidaten Creizenach. – Vgl. *Egglmaier: Entwicklungslinien Literaturwissenschaft; 1994*; S. 231, Fußnote 141.

[2] *Richter: Briefwechsel Scherer–Schmidt, 1963*; S. 182 (Brief vom 27. 2. 1883).

[3] *Richter: Briefwechsel Scherer–Schmidt, 1963*; S. 183 (Brief vom 2. 3. 1883).

[4] In Prag mussten vollzahlende Studenten für Collegien (Vorlesungen) und Übungen pro Wochenstunde im Semester knapp einen Gulden bezahlen; Seminarstunden waren laut Statut frei. – Über die Zahl der Hörer Minors in Prag existieren keine Aufzeichnungen; er selbst nennt einmal „25 Zuhörer". – Vgl. Minor-Brief 128.

[5] *Karl-Ferdinands-Universität; 1899;* S. 40.

Vortragssprachen geben sollen, weshalb auch die Universitätskomplexe im Carolinum und im Clementinum jeweils geteilt worden waren. Tatsächlich aber beschränkt sich der Kontakt zwischen den beiden Universitätshälften darauf, „daß der neugewählte Rektor der Tschechen dem der Deutschen einen Antrittsbesuch machte, der am nächsten Tag erwidert wurde; nicht mehr".[1] – Unter diesen Bedingungen ist Minor während seiner Prager Tätigkeit mit Alltagserscheinungen jener Risse konfrontiert, die sich zwanzig Jahre später als Bruchstellen der übernationalen österreichischen Monarchie öffnen, doch scheint er sich diesem vorerst gesitteten, wenn auch allgegenwärtigen Krieg[2] völlig zu verschließen. Da die deutsche Sprachgruppe[3] im Sprachenstreit überdies enger zusammenrückt, dürfte er sich auch „auf der luftigen Höhe der Stefansstraße"[4] kaum berührt finden vom gelegentlich durchbrechenden Fremdenhass. In Minors Briefen aus diesen Tagen findet sich jedenfalls kein Hinweis darauf.[5]

Während er sich auf das Sommersemester 1883 vorbereitet, hat Minor einige der angekündigten Bücher und Aufsätze schon abgeschlossen, noch mehr aber in Arbeit. Im Vorjahr hat er *Friedrich Schlegel, 1794 bis 1802. Seine prosaischen Jugendschriften*[6] herausgegeben; diese zwei Bände – *Zur griechischen Literaturgeschichte* und *Zur deutschen Literatur und Philosophie* – begründen seinen Ruf als profunder Kenner der deutschen Romantik und werden 1906 neu aufgelegt. Diese erste Herausgeber-Arbeit hat ihm jedoch große Mühe bereitet, wie er in einem Brief an Sauer gesteht:

> Mensch, wie kannst Du nur kritische Ausgaben machen? Friedrich Schlegel meine erste und letzte.[7] Diese langweiligen Arbeiten des trostlosen Textvergleichens, wo man nicht weiter kommt und nichts Schönes, Wahres erfährt u. s. f. Das ist ein Elend u Jammer. Besonders bei mir, da ich die Varianten schockweise über Bord werfen muß. Und diese heidnische Zeit die aufgeht! Nur ein Glück daß der Autor den Herausgeber und das Buch macht, und man nur Hebammendienst hat.

---

[1] *Brandl: Lebensbeobachtungen; 1936*; S. 203 f.

[2] Vgl. *Brandl: Lebensbeobachtungen; 1936*; S. 204.

[3] Noch nach der Jahrhundertwende zählte Prag „mindestens 50.000" deutschsprachige Einwohner. – Vgl. *Prag als deutsche Hochschulstadt; 1909*; S. 3. – In *Brandl: Lebensbeobachtungen; 1936*; S. 208, heißt es, dass „nur 45 000 Köpfe unter 300 000 Bewohnern sich bei Abstimmungen noch als Deutsche bekannten."

[4] *Brandl: Lebensbeobachtungen; 1936*; S. 204.

[5] Minors Kollege Brandl schreibt allerdings ausführlich über den Sprachenstreit und seine Auswirkungen zu genau jener Zeit. – Vgl. *Brandl: Lebensbeobachtungen; 1936*; S. 202 ff.

[6] *Minor: Schlegel-Jugendschriften; 1882.*

[7] *Minor: Schlegel-Jugendschriften; 1882.*

Da bin ich eben doch lieber Vater, habe Freude daran, Brautnacht usw. (dh geistige Befruchtung).[1]

Dennoch sind drei der vier Bücher, die 1883 alle in deutschen Verlagen herauskommen, wiederum kommentierte Editionen – allerdings von poetischen Werken:
- *Hollins Liebeleben. Ein Roman von L. Achim von Arnim*[2] erscheint „Neu herausgegeben und mit einer Einleitung versehen" bei Mohr (Paul Siebeck) in Freiburg/Tübingen;
- *Lessings Jugendfreunde*[3] ist als 72. Band von *Kürschners National-Litteratur*, die bei Spemann in Stuttgart verlegt wird, eine historisch-kritische Ausgabe[4] ausgewählter Werke von Christian Felix Weiße, Johann Friedrich von Cronegk, Joachim Wilhelm von Brawe und Friedrich Nicolai. Die Auswahl[5] ist bestimmt durch die Teilnahme der vier Genannten an der Nicolaischen Preisausschreibung vom Frühjahr 1756, die aus Anlass der Ankündigung der *Bibliothek der schönen Wissenschaften und freien Künste* 50 Taler „für das beste Trauerspiel über eine beliebige Geschichte" geboten hatte.[6]
- Eine Ausgabe der Farçe *Gustav Wasa. Von C. Brentano*[7] besorgt Minor für die von Bernhard Seuffert in Heilbronn betreuten *Deutschen Literaturdenkmale des 18. und 19. Jahrhunderts in Neudrucken*. Der Neffe des Dichters, Professor Franz Brentano, bei dem Minor in Wien Vorlesungen aus Philosophie gehört hatte, hat ihm dazu ein Exemplar des Leipziger Erstdruckes aus 1800 zur Verfügung gestellt.
- Bei Rütten & Loening in Frankfurt erscheint schließlich *Die Schicksalstragödie in ihren Hauptvertretern*.[8] Minor beschäftigt sich in der Monographie, die er sei-

---

[1] Minor-Brief 95.

[2] *Minor: Hollin; 1883.*

[3] *Minor: Lessings Jugendfreunde; 1883.*

[4] Die großen Verdienste von Kürschners Reihe *Deutsche National-Litteratur* liegen darin, dass sie auch kaum erreichbare Texte verfügbar macht; ihr historisch-kritischer Anspruch ist mitunter zweifelhaft. – Dass sich Minor dessen bewusst ist, beweist seine Klage über Erich Schmidts spöttische Bemerkung zur „Kürschnerei". – Vgl. Minor-Brief 111.

[5] Über *Christian Felix Weiße und seine Beziehungen zur deutschen Literatur des 18. Jahrhunderts* hat Minor bereits 1880 seine erste wissenschaftliche Arbeit in Buchform veröffentlicht, die als Habilitationsschrift angenommen wurde.

[6] Der Wettbewerb endete nach einer von Lessing erbetenen Verschiebung 1758 mit der Preisvergabe an den Freiherrn von Cronegk, der unmittelbar zuvor gestorben war.

[7] *Minor: Gustav Wasa; 1883.*

[8] *Minor: Schicksalstragödie; 1883.* – Minor hat die Arbeit zuvor vergeblich dem Berliner Verleger Wilhelm Hertz angeboten. – Vgl. Kapitel *Zusammenarbeit mit Cotta*.

nen „lieben Eltern Jacob und Friederike Minor in dankbarer Erinnerung" widmet, mit Dichtungen von Zacharias Werner, Adolf Müllner und Christoph Houwald. Von diesen Büchern, dem gemeinsamen Vorhaben der *Österreichischen Studien* und von manchen eigenen Projekten, in die er gelegentlich auch seine Studenten einbeziehen möchte, ist in den folgenden Mitteilungen an Sauer immer wieder die Rede:

> Ich habe für Kürschner einen Band Weiße – Cronegk [–] Brawe – Nikolai gemacht; mit einer höchst ausführlichen Arbeit über Nikolai.[1] Dann einen Band Werner – Müllner – Houwald, ebenso;[2] den ich ihm gar nicht gönne, weil die Edition so elend ist und der Esel zwischen seinen Mitarbeitern keinen Unterschied zu machen versteht. [...] Einen Entwurf zu den öst Studien kann ich jetzt nicht machen; warum habt Ihr ihn denn nicht während des Zusammenseins fertig gebracht.[3]

Zwei Wochen später ergänzt er und schreibt:

> In Betreff Deiner Aufforderung mache ich Dir einen Vorschlag, den Du nach Gutdünken annehmen oder abschlagen kannst. Ich würde sehr gerne das West'sche Sonntagsblatt herausgeben, weil es in meine Studien einschlägt. Ich habe es in Italien gelesen, resp. das was in den Schriften steht und gefunden daß es voll Bezügen auf die Romantik, offener und versteckter Polemik und Anspielungen ist. [...]
> An Seuffert habe ich gleichfalls geschrieben; ich hatte freilich selber eine „Romantische Bibliothek["] projektirt. Aber Redakteur will ich nicht viel sein, ich habe so viel zu lernen.
> Meine Romantiker-Arbeiten, welche ich ad vocem Kürschners fortsetzen muß, gehen ins Grundlose. Ich trage ein großes, großes Werk darüber im Herzen. [...] Ein Aufsatz über Wilhelm Schlegel 1804-45, über diese Zeit weiß man bekanntlich bis jetzt fast gar nichts, ist druckfertig, [ich] möchte ihn gerne in die Preuß. Jahrbücher schicken. Ueber die Schicksalstragödie habe ich heute ein Buch an Kürschner geschickt[4]: Im Sommer lasse ich hier arbeiten darüber; das Gerippe ist bei mir fertig, aber Fleisch sollen die Studenten, die freilich für mich nicht viel taugen, noch etwas nachtragen.
> Schiller – Romantik – Geschichte des Dramas – Stilistik – Biographie beider Schlegel – Das junge Deutschland – Die schwäbische Dichterschule: sollte alles in hundert Jahren fertig sein. [...]
> NB. Wieder ein bloßer Vorschlag: würdest Du vielleicht ein[en] Artikel von etlichen Seiten über das Verhältnis der Ahnfrau zur Schicksalstragödie in Dein Ahnfrau-Heft[5] von mir aufnehmen?[1]

---

[1] *Minor: Lessings Jugendfreunde; 1883.*
[2] *Minor: Schicksalsdrama; 1884.*
[3] Minor-Brief 114.
[4] *Minor: Schicksalsdrama; 1884.*
[5] Vgl. *Minor: Ahnfrau; 1898.*

Sauer reserviert seit langem das erste Heft der *Beiträge* für Grillparzers *Ahnfrau* und geht auf Minors Angebot offenbar sofort ein; doch der antwortet nur wenige Tage nach seinem vorigen Brief: „Mit dem Ahnfrau-Aufsatz[2] könnte ich wol vor Sommer nicht herausrücken."[3]

Dass es ihm wenig Mühe macht, publizistische Plattformen für sich zu erschließen, hat Minor schon mehrmals bewiesen. Doch trotz des Geldmangels, über den er gelegentlich klagt, orientiert er seine einschlägigen Bemühungen weiterhin auf Buchverlage in Deutschland und veröffentlicht während seines Aufenthalts in Prag auch in keiner der hier erscheinenden deutschsprachigen Zeitungen und Zeitschriften.[4] – Nebenbei verdächtigt er aber Erich Schmidt, ihm seine Kontakte zur Wiener Presse zu hintertreiben, und ärgert sich auch, dass er im Vorjahr seinen Mailänder Aufenthalt einigermaßen spontan beendet hat:

> Ich könnte mir den Kopf abreißen daß ich die Schicksalstragödie nicht als Buch publiziert u. Kürschner einen Auszug gestattet habe.[5] – Fast hätte das M.[inisterium] die letzte Gelegenheit zu zeigen, daß es mit uns allen es gut meint: W.[erner] in Lemberg, Sauer in Graz, M[inor] in Prag. Was soll ich vom „Stuhl" sagen, den man aus Mailand abgelockt hat, der noch nie einen Kreuzer für seine Thätigkeit bezogen hat? [...] Ein Heft öst. Studien über West als Kritiker ist von mir sicher zu erwarten u. bald; [...] man bringt meine Sachen in der Wiener Presse jetzt bedächtiger. Vielleicht daß Erich irgendwie dahinter steckt. Man weiß ja – ein Wort, nebenbei, usw. usf.[6]

Die Osterferien nutzt Minor zu einem Aufenthalt in Wien. Ihn beunruhigt, dass man im Unterrichtsministerium nach wie vor auf einer Doppelvertretung der neueren deutschen und der englischen Philologie für Prag durch Alois Brandl besteht – hofft er doch inzwischen ernsthaft auf eine Anstellung in Prag. Seinem Freund in Lemberg rät er, die Aussichten auf eine Berufung nach Graz unbedingt zu verfolgen:

> Werner soll den nächsten Herbst nach Lemberg kommen. Brandl will man in Prag von Seite des Ministeriums durchsetzen; vor der Hand heißt es freilich, man werde den Gehalt Martins auf Subventionen für mich <u>und</u> Brandl verwenden. Ich

---

[1] Minor-Brief 115.
[2] Vgl. *Zu Grillparzers „Ahnfrau"*, Beilage zur *Allgemeinen Zeitung*, München, 12. 3. 1885, Nr. 71.
[3] Minor-Brief 116.
[4] Jahre später liefert Minor jeweils einen Beitrag für die *Bohemia* (am 22. 11. 1899: *Prags deutsche Studenten zum Goethe-Kommers*) und für das *Prager Tagblatt* (am 21. 11. 1911: *Heinrich von Kleist. Zu seinem 100. Todestage*).
[5] Vgl. *Minor: Schicksalstragödie; 1883*, bei Rütten und Loening.
[6] Minor-Brief 117.

> bin im Ministerium gewesen und habe darauf hingewiesen, daß, wenn man mich zwingt in einem Jahr ein 2tes Mal zu übersiedeln, man mich ruinirt, denn 600 fl für Umzug kann sich niemand erschreiben; daß man mir ferner bei meiner Abreise nach Mailand Berücksichtigung bei Gelegenheit zugesichert hat und daß man mich mit Krakau so unverzeihlich hinausgezogen hat u. schließlich doch dumm hat fehl gehen lassen. [...] Wir dürfen uns nicht verhehlen, daß wir, wenn es gelingt in Prag u Graz, wenn auch vor der Hand unter bescheidenen Bedingungen, festen Fuß zu fassen, nichts verloren haben und Werner sowie Creizenach in Krakau u. Lemberg festgenagelt sind. Ohnedies ist [es] wie ich weiß [für] jede deutsche Facultät schwierig einen Docenten von einer polnischen zu übernehmen. Kannst Du also den Verlust von einigen hundert Gulden durch ein Jahr oder zwei verschmerzen, so ergib Dich darein, halte aber Graz mit beiden Händen fest, wie es Werner gemacht hat.[1]

Nach wie vor ist Minor der Meinung, dass Kelle vehementer Gegner einer Besetzung des immer noch verwaisten zweiten germanistischen Lehrstuhls in Prag sei. Bei all seinen Anstrengungen, in Prag seine Berufung und damit eine systemisierte Anstellung zu erreichen, betrachtet er die Karl-Ferdinands-Universität aber insgeheim nur als Zwischenstation seiner Laufbahn, an deren Ende – wie für viele seiner deutschsprachigen Kollegen auch – letztlich Wien stehen soll. Auch den nächsten Wiener Aufenthalt nutzt er wieder zu einer Nachfrage im Unterrichtsministerium und meint anschließend mit neidischem Blick auf Kollegen aus Deutschland: „Gegen uns ist alles erlaubt; aber Schmidt, Creizenach – das ist etwas anderes."[2] Nachdem aber Richard Maria Werners Berufung nach Lemberg nun fixiert sei, stehe Sauer die Berufung an dessen Stelle nach Graz unmittelbar bevor:

> Für Graz die besten Wünsche: unter uns kannst Du wol eingestehen, daß Du vorwärts geschritten bist. Denn der Gehalt ist nur eine Frage der Zeit und zwar einer kurzen Zeit. Möchte es mir hier mit der Zeit, die wol eine längere sein wird, ebenso gelingen.[3]

Das Ministerium hat Alois Brandl inzwischen zu einer Bewerbung auf einen Lehrstuhl ohne Angabe einer bestimmten Universität ermuntert und Ende März 1883 die philosophische Fakultät der deutschen Universität in Prag von dieser Bewerbung verständigt und gleichzeitig beauftragt, „bei der Frage der Vertretung der englischen Philologie an der hiesigen Universität das Ansuchen des Dr. Brandl

---

[1] Minor-Brief 118.
[2] Minor-Brief 121.
[3] Minor-Brief 122.

um Verleihung einer Lehrkanzel an einer österreichischen Universität zu würdigen".[1] – Minor erfährt davon Ende April und schildert seine Verunsicherung:

> Brandl hat eine Eingabe ans Ministerium gemacht, worin er seine Dienste für die Provinz anbietet. Sie ist hier in der Fakultätssitzung vorgelegt worden, fragt sich nun, ob man darauf eingehen wird. Mir zittern alle Glieder. Hörst Du nichts aus dem Ministerium und kann man bald gratulieren? Bei uns überlegen sie sichs länger als bei E. S. oder einem andern Ausländer.[2]

Bei Sauers Berufung nach Graz kommt es offenbar zu Verzögerungen, und Minor reagiert auf die Ungewissheit über das eigene Fortkommen, die ihn stark bedrückt, mit Zweifeln an der Redlichkeit seiner Kollegen:

> Man hätte W.[erner] nicht ernennen sollen, ehe Du ernannt warst. [...] Ich habe neulich an Schönbach geschrieben, ob Du in Graz sicher seist; er bestätigt es. Hier hat Brandl ein Gesuch eingereicht, das vom Ministerium befürwortet wird, er schnappt mir am Ende noch alles weg. Dabei hat sich eine Correspondenz mit E Schmidt entsponnen, über die ich im Sommer mündlich referiren werde u. wobei auch Du in Betracht kommst, weil ich Dich verdächtigt haben soll. Ich schreibe über Niemand an Niemand mehr ein Wort, lauter alte Weiber.[3]

Etwas weniger kryptisch äußert sich Schmidt, obwohl auch er in einem Brief an Scherer nicht eigentlich anspricht, woraus sich der Zwist mit Minor entwickelt hat:

> Mit Minor, dessen mißtrauisches Wesen und Überhebung nicht auszuhalten war, bin ich brieflich aneinander – und auseinander gerannt, wünsche ihm aber alles Gute in Prag.[4]

Die ständige Gereiztheit Minors beginnt sich um diese Zeit, zur Jahresmitte 1883, auch auf das Verhältnis zu seinen Verlegern zu übertragen:

> Ich habe jetzt 3 Manuscripte bei Kürschner: Schlegel – Tieck – Schicksalsdichter: keines aber wird gedruckt. Ich habe mich mit dem Menschen einmal zertragen und er läßt es mich entgelten. [...] Was ist mit Graz?[5]

Sauers Bestellung nach Graz scheint nun endgültig gesichert. Noch aus Prag gratuliert Minor dem Freund, lädt ihn – wie in gemeinsamen Studententagen – zu

---

[1] UAP, Akten der philosophischen Fakultät der deutschen Universität, Concept ad Nro. 50 d. d. 10. Oct. 1883.
[2] Minor-Brief 123.
[3] Minor-Brief 125.
[4] *Richter: Briefwechsel Scherer–Schmidt, 1963*; S. 184 (Brief vom 7. 6. 1883).
[5] Minor-Brief 126.

sich in den elterlichen Florahof ein und gibt zu verstehen, dass seiner Frau Daisy ebenfalls ein freudiges Ereignis bevorstehe:

> Glück auf zur Heimkehr! Ich sehe voraus: Du reisest sogleich ab und besuchst uns in Vöslau, wo Dich Frau Daisy, die Du sonderbar verändert finden wirst, aber nicht unerklärlich, willkommen heißen wird.[1]

Am Beginn der Ferien meldet sich Minor aus Vöslau und rügt Sauer, der vor der Übersiedlung nach Graz den Sommer über noch in Lemberg arbeiten möchte. Seine Stimmung hat sich gebessert – offenbar weil ihm eine Unterstützungszahlung über seine ärgsten finanziellen Nöte hinweghelfen soll. Er berichtet zum erstenmal und mit erkennbarer Genugtuung von seiner erfolgreichen Vorlesungstätigkeit, missdeutet aber neuerlich die Vorgangsweise seines Ordinarius' Johann Kelle; die Interpretation scheint dadurch beeinflusst zu sein, dass Kelle im Kollegium zwar geachtet, aber nicht beliebt ist.

> Ich habe in Prag unter 92 an der ganzen Facultät inscribirten 25 Zuhörer[2] gehabt und bin nach dieser Seite völlig zufrieden; die Facultät hat denn auch – trotzdem Kelle einen Vorschlag mich zum Extraordinarius zu befördern in einer solchen Form eingebracht hat, daß die Facultät es ablehnen mußte u. ebenso Brandls Gesuch (leider hat er hinterher selber bekämpft) – auf eine Subvention von 800 fl für mich angesucht. Kelle hat sich damit ungemein bei der Facultät geschadet, ist auch früher schon zum zweiten Male bei der Rectorswahl übergangen worden u. wüthig gegen alle, kurz, ohne hier zu sein und ihm den Fuß auf den Nacken zu setzen, ist hier nichts auszurichten und ich habe allen Muth verloren, daß es so geht, denn man fürchtet ihn wie den schwarzen Tod. Nun denke Dir, einen Ordinarius von 52 Jahren mit eisenhafter Gesundheit, über den man nicht hinaus kommt – eine sichere Existenz ist, wenn nicht durch das Ministerium, kaum zu erwarten.[3]

Minor widmet die Ferien seinen Büchern, Rezensionen und Aufsätzen, erledigt Korrekturarbeiten zu seiner dreibändigen Ausgabe der Vorlesungen August Wilhelm Schlegels *Über schöne Litteratur und Kunst, 1801 bis 1804*.[4] Auch erinnert er Sauer an die versprochenen Manuskripte zum immer noch im Planungsstadium steckenden *Ahnfrau*-Heft der *Beiträge*, doch der kommt mit dem *Ahnfrau*-Vorhaben entweder nicht voran oder verfolgt inzwischen andere Absichten: Statt mit

---

[1] Minor-Brief 127.

[2] Im SS 1883 werden für die gesamte deutsche Universität 1464, für die philosophische Fakultät 93 Studierende gezählt. – Vgl. *Karl-Ferdinands-Universität; 1899*; S. 40. – Minors „25 Zuhörer" dürften insgesamt (für eine dreistündige Vorlesung und eine einstündige Übung) gemeint sein, womit sich bei voll zahlenden Studenten in diesem Semester ein Zusatzverdienst von knapp 100 Gulden ergeben hätte.

[3] Minor-Brief 128

[4] *Minor: Schlegel-Vorlesungen; 1884.*

Manuskripten zur *Ahnfrau* überrascht er Minor mit dem Vorschlag, noch im Juli um Audienz beim Kaiser zu ersuchen; er will um eine Subvention einkommen, und Minor glaubt, sie solle den *Beiträgen* gelten. – Innerhalb weniger Tage entwickelt sich nun zwischen den beiden Briefpartnern eine Meinungsverschiedenheit über die Zuteilung der Themen zu dem noch immer nicht erledigten *Ahnfrau*-Heft der *Beiträge*. Anfang August 1883 schreibt Minor nach Lemberg:

> Wenn Du ohnedies einen Aufsatz hast „Einfluß der gleichzeitigen Schicksalsdichter" und herübernehmen willst was sich darauf bezieht, so bleibt ja von mir nichts übrig, weil ich dasselbe Thema „Zusammenhang mit der Schicksalstragödie" behandle. Mein Manuscript wird etwa 2 – 2 1/2 Bogen geben. Ich denke, die Scheidung der Arbeiten ist leichter möglich als bei Götz [...]. Wir können übrigens auch ganz gut jeder selbständig für sich in einem Hefte neben einander auftreten und sagen, daß in Folge räumlicher Trennung ein solches Zusammenarbeiten wie bei Goethe nicht möglich war. – Der verfluchte Schreyvogel hat mir meine schönste Parallele mit Macbeth vorweggenommen.[1]

Der Ärger über die Entdeckung bei Schreyvogel ist vorgeschoben und in Wahrheit auf Sauer gemünzt, der die Lösung des Zwistes durch einen in Minors Augen untauglichen Themenwechsel versuchen möchte. Minors Gegenvorschlag nach der ersten Lektüre von Sauers Manuskripten bedeutet im Grunde eine Aufkündigung der Zusammenarbeit an diesem Vorhaben:

> Du hast mich aufgefordert die Beziehungen Grillparzers zur Schicksalstragödie in einem Aufsatz zu behandeln und nun, nachdem ich Dir mein Buch über die Schicksalstragödie geschickt habe und Du die Sache allein machen zu können glaubst, hast Du selber, doppelt unterstrichen, ein solches Capitel. Ich kann dagegen nichts einwenden, und mache mir weiter nichts daraus; bitte aber mir mitzutheilen, ob Du das Thema wirklich selbst behandelst, damit ich nicht Zeit und Muße verliere, indem ich zur Ausarbeitung gehe. Das Material wird deshalb nicht verloren sein und ich kann es vielleicht auf andere Weise verwerthen. [...]
> Was sagst Du zu zwei verschiedenen Heften?[2]

Dann versucht Minor einen in seiner Spitzfindigkeit ungewöhnlichen Weg aus dem *Ahnfrau*-Dilemma und berichtet nebenbei von einer neuerlichen Nachfrage im Unterrichtsministerium:

> Ueber unsere Schicksalstragödien wäre die Einigung, wie ich neuerdings überlegt habe, nicht schwer [...]. Uebrigens aber arbeiten wir beide selbständig, ohne einer des anderen Manuscript vorauszusetzen oder sich auf dasselbe zu beziehen. An einem von beiden festzusetzenden Tage schließen wir gleichzeitig die Manu-

---
[1] Minor-Brief 132.
[2] Minor-Brief 133.

scripte von einander u. keiner begutachtet das Ms. des andern als Redakteur, ohne aus dem andern etwas herauszunehmen oder zu streichen. Ich denke, das ist billig u. recht und geht wohl an. [...] David ist nicht in Wien, deshalb stockt wol auch Deine Ernennung.[1]

Nach einwöchiger Pause haben sich die erhitzten Gemüter wieder abgekühlt. Minor folgt nun seiner Frau, die sich bei ihrer Freundin in Maria Schutz aufhält, in die Sommerfrische und kündigt die Zusendung der eigenen Beiträge für das *Ahnfrau*-Heft anschließend an seine Rückkehr an. Knapp zwei Wochen danach löst er sein Versprechen ein und bestätigt seinerseits nach seiner Rückkehr nach Prag den Empfang des inzwischen erschienenen zweiten Heftes der *Beiträge*;[2] das erste, das *Ahnfrau*-Heft, fehlt noch immer. Darauf nur noch ironisch anspielend, erkundigt er sich drei Wochen nach Beginn des Wintersemesters 1883/84 über Sauers erste Eindrücke als unbesoldeter Extraordinarius[3] am neuen Arbeitsort an der Seite des Ordinarius' Anton Emanuel Schönbach:

> Woge auf Woge zerrinnet und Welle auf Welle zerrinnet – aber von Jaromir und Bertha hört man nichts! [...] Wie geht es Dir in Graz, was ist der Erfolg Deiner Vorlesungen, wie gefällt es Dir? [...] Grüße an Schönbach; mir geht es hier übel genug.[4]

Vorerst zum letztenmal versucht Minor Anfang November, das verfahrene *Ahnfrau*-Projekt in Gang zu bringen, und weist vergrämt und neidvoll auf den in Lemberg ernannten Rainer Maria Werner:

> Was wird es aber nun mit unserer Ahnfrau? Erzeugnisse meiner Feder ruhen nun in Kürschners, Schnorrs, Geigers, Seufferts, O. Sievers, Speidels, Sauers Pult[5] und ich muß endlich nach allen Seiten zu drängen anfangen, wenn ich einmal ein Honorar ins Haus bekommen soll. Bitte, trachte doch, daß wir das Manuscript noch im Laufe November fertig gestellt haben und die Approbation unseres Col-

---

[1] Minor-Brief 134.
[2] Robert Keil: *Wiener Freunde*. Bd. 2 der *Beiträge zur Geschichte der deutschen Literatur und des geistigen Lebens in Österreich*.
[3] Vgl. Egglmaier: *Entwicklungslinien Literaturwissenschaft; 1994*; S. 224, und Brandl: *Lebensbeobachtungen; 1936*; S. 201.
[4] Minor-Brief 139.
[5] Joseph Kürschner: Herausgeber der *Deutschen National-Litteratur*; Franz Schnorr von Carolsfeld: Herausgeber des *Archivs für Literaturgeschichte* (Schnorrs Archiv); Ludwig Geiger: Herausgeber des *Goethe-Jahrbuchs*; Bernhard Seuffert: Herausgeber der *Deutschen Literaturdenkmale des 18. und 19. Jahrhunderts*; Eduard Sievers: Herausgeber der *Beiträge zur Geschichte der deutschen Sprache und Literatur*; Ludwig Speidel: Feuilleton-Redakteur der *Neuen Freien Presse*.

legen, der es nicht mehr ist, erhalten – denn er ist Prof. a. o. und ich werde es nie – damit wir doch im December drucken können![1]

Das Jahr 1883 endet dann gleich mit zwei erfreulichen Ereignissen: Als junger Vater berichtet Minor kurz vor Weihnachten vom Beschluß der Prager philosophischen Fakultät, ihn auf den zweiten Lehrstuhl für deutsche Philologie vorzuschlagen:

> Lieber Sauer, hiermit melde ich Dir die Geburt eines Töchterchens, welches heute (Sonntag) Nachts um 1 1/2 Uhr das Licht der Welt erblickt hat. [...] Hier hat man mich in einer Sitzung, welche ich mir selbst noch nicht erklären kann, primo loco vorgeschlagen, Lambel secundo, Seuffert 3. Es war bei einem Haar daran, so hätte Lambel alles davongetragen; da stellt sich Kelle doch auf meine Seite. Er und Fournier gewannen mir den Sieg. Laß bald etwas von Dir hören, ich habe nicht schreiben können, weil ich zu sehr in Arbeiten und doppelten Sorgen erfaßt war.[2]

Minor bezieht sich in seiner Nachricht auf das Ergebnis einer Fakultätssitzung vom 6. Dezember, das Dekan Ferdinand Lippich am 15. Dezember dem Unterrichtsministerium übermittelt hat. Möglicherweise ahnt er jetzt zum erstenmal, dass Johann Kelle keineswegs „eher gegen als für eine 2te Docentur" an seiner Seite eingestellt ist, wie Erich Schmidt dargestellt hat. – Sicherlich hatte Kelle stets gegen die neuerliche Aufteilung dieser zweiten Lehrkanzel argumentiert; schon den zitierten Dreier-Vorschlag zur Neubesetzung hatte aber ein vom Kollegium der philosophischen Fakultät gewähltes Komitee, bestehend aus den Professoren Kelle, Alwin Schultz und Julius Cornu, in der Fakultätssitzung vom 6. Dezember vorgelegt und mit einem „prinzipiellen Antrag" verknüpft:

> Von der Überzeugung geleitet, daß jetzt ebensowenig wie im Jahre 1881 eine Persönlichkeit namhaft gemacht werden kann, die sich auf dem Gebiete der deutschen und englischen Philologie als Forscher so hervorgethan hat, daß sie zur Vertretung der beiden Fächer in Vorschlag gebracht werden könnte, stellt das Comité den prinzipiellen Antrag:
> Das Professoren-Collegium wolle für die beiden erledigten Professuren gesonderte Vorschläge erstatten.
> Hinsichtlich der Wiederbesetzung der Professur für deutsche Philologie waren zunächst sämtliche Comitémitglieder der Ansicht, daß es sich nur um ein Extraordinariat handle und daß Dr. Hans Lambel sowie Dr. Bernhard Seuffert, welche mit dem Berichte vom 23. Juni 1881 an zweiter Stelle ex aequo genannt worden waren, neuerdings in Vorschlag gebracht werden sollen. Und auch darin stimmten sie überein, daß außer diesen beiden Dr. Minor zu nennen sei, der seit dem Wintersemester 1882/83 unserer Facultät als Privatdocent angehört. Aber darüber gingen

---

[1] Minor-Brief 140.
[2] Minor-Brief 141.

die Ansichten auseinander, in welcher Reihenfolge die Candidaten vorzuschlagen seien.
Prof. Kelle beantragte, die Facultät zu ersuchen, Dr. Minor I° loco zu nennen, an zweiter Stelle Dr. Lambel, an dritter Dr. Seuffert.
Prof. Cornu und Schultz beschlossen diesem Antrag gegenüber die Candidaten in folgender Weise zu ordnen:
Primo loco ex aequo: Dr. Lambel Dr. Minor
Secundo loco: Dr. Seuffert.[1]

Unter Kelles Vorsitz hat das Komitee zwar zwei Besetzungsvorschläge für die „Professur für deutsche Philologie" formuliert, aber zugleich einstimmig beschlossen, der Fakultät „gesonderte Vorschläge" für „die beiden erledigten Professuren", nämlich die zweite deutsche und die englische Philologie, nahezulegen. Man ist also nach wie vor nicht einverstanden damit, die beiden Professuren neuerlich in eine zu vereinigen. Zur Berufung auf den Lehrstuhl der englischen Philologie empfiehlt man einzig Alois Brandl.[2]

Dass Johann Kelle bereits im Komitee den erst „seit dem Wintersemester 1882/83" in Prag tätigen Dr. Minor vor den schon 1875 hier habilitierten Dr. Lambel an die erste Stelle reiht, ist alles andere als ein Indiz dafür, dass er – wie Erich Schmidt ihm nachsagt und Minor lange Zeit vermutet – einen zweiten germanistischen Lehrstuhl ablehnt, sondern deutet eher darauf hin, dass er Lambel von der Professur an seiner Seite aus fachlichen Gründen ausschließen möchte. Dieses Motiv wird erhärtet durch einen Nachsatz, den Dekan Ferdinand Lippich seinem Bericht an das Unterrichtsministerium anfügt:

---

[1] UAP, Akten der philosophischen Fakultät der deutschen Universität, Concept ad Nro. 50 d. d. 10. Oct. 1883.

[2] „Was die Wiederbestellung der Professur für englische Philologie anbelangt, so war das Comité zunächst der begründeten Überzeugung, daß es unmöglich sein würde, einen von den ordentlichen oder außerordentlichen Professoren zu gewinnen, welche an den deutschen Universitäten wirken; z. B. Zupitza in Berlin, ten Brink in Straßburg, Kölbing in Breslau, Konrath in Greifswalde. In Österreich befindet sich überhaupt nur in Wien ein Vertreter der englischen Philologie. Die Unterzeichneten haben daher auch darauf verzichtet, der Facultät einen von denselben in Vorschlag zu bringen. Sie haben vielmehr ihr Augenmerk auf die jüngeren Kräfte gerichtet, indem sie zugleich ihr eigenes Urtheil durch das competenter Fachmänner wie Zupitza, Schipper, ten Brink bestärkten und ergänzten. Unter den jüngeren englischen Philologen befindet sich aber keiner, welcher, was wissenschaftliche Leistungen und Lehramtliche Thätigkeit angelangt, auch nur annähernd dem Privatdocenten in Wien Dr. Alois Brandl gleichgestellt werden könnte. Sie ersuchen daher die Facultät ausnahmsweise von einem Ternavorschlag abzusehen und unter Hinweis auf die erwähnte Sachlage den Dr. Brandl dem hohen Unterrichts Ministerium allein zur Berufung als Extraordinarius vorzuschlagen." – UAP, Akten der philosophischen Fakultät der deutschen Universität, Concept ad Nro. 50 d. d. 10. Oct. 1883.

> Der ergebenst gef. Decan erlaubt sich zum Schlusse zu bemerken, daß er seinerseits mit der von der Majorität des Comités vorgeschlagenen Reihenfolge, nach welcher Dr. Lambel u. Dr. Minor primo loco ex aequo genannt wurden, einverstanden war. Er will damit natürlich nicht die Ansicht vertreten, daß die wissenschaftlichen Arbeiten der Genannten, insbesondere die neuere deutsche Litteratur anlangend, auf gleicher Stufe stehen, möchte aber doch auf die langjährige u. ersprießliche Docententhätigkeit Dr. Lambel's an der hiesigen Facultät [...], ausdrücklich hingewiesen haben.[1]

Lippichs Formulierungen bedeuten nichts anderes, als dass auch er Minor auf diesen Lehrstuhl für höher qualifiziert hält als Lambel.

Nach den Weihnachtsferien zeigt sich Minor Mitte Jänner 1884 bereits ganz verzagt. Geldsorgen plagen ihn; Verdruss bereitet ihm auch, dass er mit den Arbeiten zu seiner Schiller-Monographie nicht so vorankommt, wie er dem Inhaber der berühmten Weidmannschen Verlagsbuchhandlung in Berlin, Hans Reimer, noch im Vorjahr in Aussicht gestellt hat.[2]

Ende Jänner schreibt Erich Schmidt aus Wien und lässt Minor begeistert wissen, dass er „die Aushängebogen des Schlegel heißhungrig verschlungen"[3] habe. Er fügt aber auch hinzu: „Ihre Professur wird, wie es scheint, etwas auf die lange Bank geschoben, u. ich kann Ihnen nur rathen, rasch um eine Subvention einzuschreiten." Dann ergänzt er vage:

> Und thun Sie ja nie einen jähen Schritt, der auch für die Zukunft schlimm sein könnte. Denn, s o l l t e [4] ich Gelegenheit haben fortzugehn u. diese Gelegenheit ergreifen – beides weiß ich nicht – so würde ich mich hier mit aller Kraft für Sie einsetzen. Das ist mir so ein Gedanke ohne reale Grundlage, aber es ist kein flüchtiger Einfall.[5]

Gegenüber Scherer in Berlin meint Schmidt:

> Der arme Minor ist in Prag übel dran. Ich war bei Conrad,[6] um ihn zu bearbeiten. Hoffentlich hilfts! Minor verdient doch nach Talent und Leistung vor andern vorwärts zu kommen, und wenn er manchmal mißtrauisch oder hochfahrend ist, so muß man mit seinem Gehörleiden rechnen.[7]

---

[1] UAP, Akten der philosophischen Fakultät der deutschen Universität; 15. 12. 1883.
[2] Vgl. Minor-Brief 142.
[3] *Castle: Schmidt-Briefe; 1955*; S. 80 (Brief vom 29. 1. 1884).
[4] In der Vorlage gesperrt.
[5] *Castle: Schmidt-Briefe; 1955*; S. 80 f. (Brief vom 29. 1. 1884).
[6] Minister für Cultus und Unterricht Freiherr Conrad von Eybesfeld.
[7] *Richter: Briefwechsel Scherer–Schmidt, 1963*; S. 188 (Brief vom 13. 1. 1884).

Zu Lichtmess 1884 ist Minors Stimmung auf einen neuen Tiefpunkt gesunken. Heftige Geldsorgen und die schleppend vorangehende Arbeit an der Schiller-Monographie irritieren ihn; daneben beschäftigen ihn die Diskussionen um seine Berufung und die *Beiträge*, die nicht mehr voranzukommen scheinen. Seinem Freund in Lemberg vertraut er an:

> Überhaupt schlafen die „Beiträge"[1] jetzt wol bei uns allen; ich gestehe daß ich das so glücklich angefangene Werk gerne fortgesetzt sähe. Aber freilich kann ich in meinen Verhältnissen am wenigsten etwas dafür thun. Ich bin von Sorgen umringt, von Reue verzehrt und das Wasser beginnt mir in den Mund zu rinnen. Schmidt schreibt, die Ernennung werde sich wol bis Sommer hinausziehen d. h. wie die Deinige bis Herbst. Ich habe deshalb an David geschrieben wegen des noch unerledigten Subventionsgesuches, durch welches ich noch keinen Kreuzer erhalten habe. Was ich im Sommer machen werde, weiß ich nicht; jedenfalls bin ich zu Ostern, am Ende gar auch in den Ferien hier.
> [...] Ich bin jetzt am Schiller und hoffe zu Ostern 85 einen Band zu liefern – aber allerfrühestens, wenn ich bis dahin nicht sammt meiner Familie am Ende Steinklopfer bin. [...]
> Die Schlacht, welche zwischen Lambel und mir hier gefochten worden ist, war eine Denkwürdigkeit in den Annalen der Prager Facultät. In dem Comitè hatten sich zwei Mitglieder für Lambel und gegen mich erklärt, Kelle allein für mich. Er ließ es auf die Sitzung ankommen, in welcher er sich wie ein Löwe ins Zeug warf und die Facultät mehr einschüchterte als überzeugte: wodurch ich mit 17 Stimmen gegen 3 Oberhand behielt. Lambel hat hier alle Mittel angewendet, dem Kelle ein Manuscript mit neuerer Literatur vorgelesen etc. etc. Lambel hat leider auch im Ministerium Protection, wie David und der Minister selbst gesagt haben. Ich sitze auf Posten![2]

Minor hat also nach und nach Näheres über die Umstände erfahren, unter denen im Komitee und im Professoren-Kollegium der Fakultät die Entscheidung gefallen ist, ihn auf die zweite germanistische Lehrkanzel vorzuschlagen. Da der als nicht sonderlich zugänglich geltende Altgermanist Kelle ihm quasi die Berufung gerettet hat, hat er bei Minor wieder an Wertschätzung gewonnen. – Diese Schilderung schickt Minor am 2. Februar an Sauer, tags darauf wird er von der Entschließung benachrichtigt, mit der ihn „Seine k. u. k. Apostolische Majestät" am 30. Jänner zum außerordentlichen Professor der deutschen Sprache und Literatur „mit dem Jahresgehalt von [...] Ein Tausend zweihundert Gulden[3] u. der

---

[1] Von den *Beiträgen zur Geschichte der deutschen Literatur und des geistigen Lebens in Österreich* sind nur die Nummern 2, 3 und 4 erschienen.

[2] Minor-Brief 143.

[3] Außerordentliche Professoren waren an österreichischen Universitäten entweder ohne Gehalt oder mit einem von Fall zu Fall bestimmten Gehalt angestellt; sie hatten keinen Anspruch auf Vorrückung und Alterszulagen, wohl aber auf Aktivitätszulage. – *Lemayer: Hochschulverwaltung; 1878*; S. 53.

systemmäßigen Aktivitätszulage mit der Rechtswirksamkeit vom 1. April 1884 allergnädigst zu ernennen geruht" habe.[1] Die Zulage beträgt 420 Gulden jährlich;[2] Minors gesichertes Jahreseinkommen erreicht somit 1620 Gulden, die „in monatlichen Antizipatraten" von 135 Gulden „gegen klassenmässig gestempelte Quittungen"[3] ausbezahlt werden[4] (womit die väterliche Unterstützung von 1200 Gulden pro Jahr endet). Im Ernennungsdekret vom 5. Februar wird Minor auch zum Mitdirektor des germanistischen Seminars ernannt „mit der Verpflichtung zur unentgeltlichen Abhaltung von Uebungen".[5]

Als einer der ersten Gratulanten hat sich Erich Schmidt aus Wien gemeldet:

Lieber Freund
Von Minoriten komm ich her
Und bring Euch gute Mähr:
Sie sind mit 1600 fl ernannt.[6]

Zugleich mit Minor wird Alois Brandl zum a. o. Professor ernannt und auf den Lehrstuhl für englische Philologie von Wien nach Prag berufen; Hans Lambel wird der Titel eines a. o. Universitätsprofessors „in Anerkennung seiner verdienstlichen Wirksamkeit" verliehen.[7] Die Prager deutsche Universität hat sich also auf allen Linien gegen die Absicht des Ministeriums durchgesetzt und eine neuerliche Zusammenlegung des zweiten Lehrstuhls der deutschen mit dem der englischen Philologie verhindert. Zwar ergibt sich damit keine formelle Trennung

---

[1] UAP, Akten der philosophischen Fakultät der deutschen Universität; K. k. Statthalterei in Böhmen Nr. 10276 (Abschrift); 21. 2. 1884. – Vgl. AVA, MCU, 1992/1884.

[2] Die „gesetzliche Zulage für die Zeit ihrer Activität, welche wie bei den anderen Staatsdienern je nach dem ihnen zukommenden Range und dem Domicil verschieden" war, erhielten alle ordentlichen und außerordentlichen Professoren. Für ordentliche Professoren betrug sie in Wien 800, in Prag, Graz, Krakau und Lemberg 480, in Innsbruck, Salzburg, Olmütz und Czernowitz 400 Gulden; für außerordentliche Professoren in Wien 700, in Prag, Graz, Krakau und Lemberg 420 und an den übrigen Universitätsstandorten 350 Gulden. – *Lemayer: Hochschulverwaltung; 1878*; S. 52f.

[3] UAP, Akten der philosophischen Fakultät der deutschen Universität; Anweisung der k. k. Statthalterei in Böhmen an die Landeshauptkassa in Prag, Nr. 10276, vom 21. 2. 1884.

[4] UAP, Akten der philosophischen Fakultät der deutschen Universität; K. k. Statthalterei in Böhmen Nr. 10276 (Abschrift); 21. 2. 1884.

[5] UAP, Akten der philosophischen Fakultät der deutschen Universität; Personalakt Minor; Ministerium für Cultus und Unterricht Z. 1992.

[6] *Castle: Schmidt-Briefe; 1955*; S. 81 (Brief vom 6. 2. 1884). – Am Minoritenplatz befand sich das Ministerium für Cultus und Unterricht.

[7] AVA, MCU, 1992/1884. – Lambel erhielt zehn Jahre später einen Lehrauftrag für mittelhochdeutsche Sprache und Literatur. – Vgl. *Karl-Ferdinands-Universität; 1899*; S. 460.

der Arbeitsgebiete in älteres und neueres Fach, doch sieht sich die philosophische Fakultät in ihren Bemühungen bestätigt, denn sie hat

> [...] bereits nach Abgang des Prof. Dr. E. Martin in dem unterm 27. Febr. 1879 an das hohe Unterrichtsministerium geleiteten Berichte ausführlich begründet, daß bei Besetzung der zweiten germanistischen Professur namentlich auf selbständige Vertretung der neueren deutschen Literatur Rücksicht genommen werden müsse.
> [...]
> Schließlich ist auch diese Anschauung der Facultät dadurch als richtig anerkannt worden, daß auf Grund eines Vorschlages derselben mit allerhöchster Entschließung vom 5. Febr. 1884 Dr. Jac. Minor zum a. o. Professor für deutsche Sprache und Literatur ernannt wurde, dessen Arbeiten sich seit seiner Habilitationsschrift auf die neuere deutsche Literatur beschränkten.[1]

Auch Sauer hat von Minors Berufung erfahren; an den Dank für dessen Gratulation knüpft Minor gleich wieder die Aufforderung, die *Beiträge* jetzt doch noch fortzusetzen:

> Einen Tag nachdem ich Dir geschrieben hatte und nachdem Schmidt uns kurz zuvor das Hinausziehen auf die lange Bank in Aussicht gestellt hatte, erhalte ich unverhofft aber schließlich erwartet die Ankündigung. Einen weiteren Tag später ist das Dokument hier und heute liegt es in meinem Schreibpulte. Es enthält die normalen Bedingungen. [...]. Ich darf sagen: ich habe nicht Carrière gemacht, sondern ich bin gerettet. – Laßt die Studien wieder weiter gehen und schicke etwas ordentliches an Manuscript.[2]

Zwei Wochen später muss Minor den Freund beschwichtigen, der an der Seite Schönbachs in Graz noch immer mit einer außerordentlichen Remuneration von 800 Gulden jährlich vorlieb nehmen muss;[3] er versucht ihn zu trösten, indem er ihm die eigenen hohen Lebenshaltungskosten in Prag vorrechnet.

> Was mich betrifft, so lebe ich in Prag, welches die theuerste Stadt in Österreich nach Wien ist, dem es nur an Zins u. Dienerlohn u. Bierpreisen nachsteht. 1600 fl für einen verheiratheten Mann sind eine unschätzbare Unterstützung, aber alles sind sie nicht. Man muß auch bedenken, daß ich weder als Student noch als Docent irgendwelche Stipendien oder Gehalt bezogen und entschieden von uns allen seit den Achziger Jahren [das] eingezogenste und enthaltsamste Leben geführt habe. [...]
> Mach doch um Himmelswillen die Ahnfrau flott. Wie lange soll das währen? [...]

---

[1] UAP, Akten der philosophischen Fakultät der deutschen Universität; Personalakt Sauer; I. ad 23823 85. – Die kaiserliche Entschließung erfolgte nicht am 5. 2., sondern bereits am 30. 1.
[2] Minor-Brief 144.
[3] Vgl. *Brandl: Lebensbeobachtungen; 1936*; S. 201.

Aus der Zeitung erfahre ich daß ich Prüfungscomissär geworden bin, ohne Anfrage u. Ernennung.
Schmidt hat sich im letzten Winter gegen mich sehr zuverlässig und treu gezeigt. An seiner Abberufung von Wien ist kein wahres Wort.[1]

Die Tätigkeit in der Prüfungskommission für Lehramtskandidaten wird Minor durch eine „specielle Remuneration"[2] abgegolten. – Geldangelegenheiten bleiben vorerst ein Dauerthema zwischen Minor und Sauer, der wieder einmal erinnert wird an die längst schon ausständigen *Ahnfrau*-Manuskripte:

Gehst Du nach Wien? Zu S Majestät? Will Schönbach Dir nicht das systemmäßige herausbringen? Vor allem aber wegen unserer Studien: Was soll denn aus der Ahnfrau werden? Du sagst nur, Du bist fertig und wir sehen und hören nichts. [...] Wollen wir das Gesuch jetzt einreichen u früher in Ordnung bringen u. willst Du, falls Du nach Wien ins Ministerium kommst, es thun? Ohne Heft 1 + 2 + 3 + 4 vorlegen zu können, wird nicht viel heraus kommen. [...] Sei nicht widerspenstig, Alter![3]

In diesen Tagen nimmt Minor wieder Kontakt zu Wilhelm Scherer auf; die Korrespondenz mit dem ehemaligen Lehrer war seit der Tätigkeit in Mailand abgebrochen. – Und Scherer antwortet mit einem Anflug von Väterlichkeit:

Ihr Brief vom 25. Februar hat mir als eine Wiederanknüpfung alter, einst so enger Beziehungen große Freude gemacht. Möchten Sie sich wieder daran gewöhnen, Ihre Sorgen und Freuden mir nahe zu bringen. Ich werde es an der alten Theilnahme so wenig fehlen lassen, wie in der Zeit Ihres Schweigens, in der ich keineswegs aufgehört habe, mich um Sie zu bekümmern – was Ihnen des nähern mitzutheilen aber nicht meine Sache ist.
Ihrer endlichen Ernennung zum E. o. habe ich mich sehr gefreut.[4]

Die Osterferien verbringt Minor wieder in Wien, Erich Schmidt weiß in einem Brief an Scherer davon zu berichten:

Schönbach war lang hier, täglich in 2–3 Gesellschaften, mit einer fabelhaften Ausdauer. Dazu hielt er noch einigen Damen Vorträge über Shakespeare. Auch Minor kam, sehr verstimmt und behandelte bei uns den glücklicheren Richard Maria gar nicht hübsch; aber im Fachgespräch imponierte er.[5]

---

[1] Minor-Brief 145.
[2] *Lemayer: Hochschulverwaltung; 1878*; S. 56, nennt keine Höhe; für den Kandidaten betrug die eingehobene Prüfungstaxe 8 fl 40 kr.
[3] Minor-Brief 147.
[4] UAW, Nachlass Minor, 153.2, 23, 29-30.
[5] *Richter: Briefwechsel Scherer–Schmidt, 1963*; S. 190 (Brief vom 25. 4. 1884).

Die fachliche Kompetenz Minors dürfte auch in der Umgebung des Wiener Hofes zur Kenntnis genommen worden sein, denn Joseph Weil Ritter von Weilen (* 1828, † 1889), der mit der Redaktionsleitung der „Kronprinzenwerks"[1] allerhöchlichst betraut ist, hat ihn um einen Beitrag zur österreichischen Literaturgeschichte ersuchen lassen. Mitte April 1884 holt Minor bei Schmidt kurz Rat ein zu der „seltsamen, unmöglichen Disposition"[2] dieses Werkes, das „Auf Anregung und unter Mitwirkung Seiner kaiserlichen und königlichen Hoheit des durchlauchtigsten Kronprinzen Erzherzog Rudolf"[3] entstehen soll.

Gegenüber Sauer thematisiert Minor bald danach zum erstenmal die Belastungen durch seine Lehrtätigkeit.[4] Vor allem die Ausarbeitung seiner Vorlesungen kostet ihn offenbar mehr Anstrengung und Zeit als erwartet – mit der Konsequenz, dass seine schriftstellerischen Arbeiten sich verzögern.

Das Lamento, das er mit Ratschlägen an den Freund in Graz verknüpft, macht ein charakteristisches Verhaltensmuster Minors deutlich: Unter starker Belastung kompensiert er seinen Unmut über tatsächliche oder befürchtete eigene Misserfolge gelegentlich dadurch, dass er Erfolge anderer auf deren Unredlichkeiten zurückführt. Wohlgesonnen war er Alois Brandl, seinem Studienkollegen in Wien und Berlin, nie sonderlich; nun verknüpft er an ihm Umtriebigkeit, Zielstrebigkeit und Kontaktfreude à priori zu negativen Eigenschaften und versucht ihn so ins schlechte Licht zu setzen:

> Ich lese zum ersten Male in meinem Leben 5 Stunden der Woche, 2 Seminare. Außer Colleg kann ich gar nichts arbeiten und erledige mit Mühe und Noth die Correcturen eines Bandes von Kürschner, auf dessen Druck ich nicht vorbereitet war und der mir jetzt recht ungelegen kommt.[5] Schlegel[6] ist Gottlob seit Anfang des Monats ausgedruckt und nur noch die Vorrede im Druck zu besorgen. [...]

---

[1] Siehe *Minor: Deutsche Literatur in Wien und NÖ; 1886*.

[2] *Castle: Schmidt-Briefe; 1955*; S. 82 (Brief vom 12. 4. 1884).

[3] Das monumentale Sammelwerk *Die österreichisch-ungarische Monarchie in Wort und Bild* erschien zwischen 1886 bis 1902 in 24 Bänden. Die Vielzahl von Dokumenten, Zeugnissen und Stimmen wurde von zwei Redaktionen – in Wien unter der Leitung von Joseph Weil von Weilen, in Budapest unter der Leitung von Maurus Jókai – in insgesamt 587 ausführlichen Artikeln enzyklopädisch vereinigt und widerspiegelte schließlich Vielfalt und Zerrissenheit des Vielvölkerstaates am Beginn der Moderne. Minors Beitrag *Die deutsche Literatur in Wien und Niederösterreich* ist im ersten Band enthalten: *Wien und Niederösterreich. 1. Abteilung: Wien*. Alfred Hölder, Wien, 1886.

[4] Minor-Brief 148.

[5] 1884 erschienen zwei Arbeiten Minors bei Speemann (Kürschner): *Minor: Fabeldichter; 1884*, und *Minor: Schicksalsdrama; 1884*.

[6] *Minor: Schlegel-Vorlesungen; 1884*.

Eines sage ich Dir hier. Brandl bringt mich darauf, der ganz Weltmann geworden ist, in Wien mit allen Professoren in Gesellschaft war u. gekneipt hat, im Collegium der Studentenstellvertreter saß, hier bereits mit Jedermann auf gutem Fuße steht, wie er Müllenhoff u. Scherer herumgekriegt hat – ich sage das alles ohne Groll, denn er hat sich wirklich ganz merkwürdig gemacht – ich sage es blos um zu zeigen, daß alles Arbeiten nicht hilft, man muß sich Freunde schaffen.[1]

Mit diesem Brief vom 22. Mai 1884 endet die durchgehende Korrespondenz mit Sauer vorerst, der aber zumindest zweimal versucht, den Kontakt nicht abreißen zu lassen. Die nächste erhaltene Mitteilung Minors datiert vom 5. Oktober 1891, also nach einer Unterbrechung von fast siebeneinhalb Jahren. Sie ist bereits nach Prag adressiert, wohin Sauer mittlerweile zum Nachfolger Minors berufen worden ist.[2]

Neben anderen Projekten hat Minor das *Ahnfrau*-Vorhaben vorerst alleine weiter betrieben und hat sich auch an den von ihm nicht besonders geschätzten Michael Bernays („Dr. Bombastus") in München[3] gewendet. Einen kurzen Briefwechsel dazu beschließt er am 13. März 1885 noch von Prag aus:

Sehr geehrter Herr,
für Ihre eben so gütigen als prompten Nachweise bin ich sehr dankbar. Ich schrieb unmittelbar, nachdem ich die Geschichte des schwarzen Fritz gelesen hatte, an Sauer, er möge die Memoiren der Pichler, welche mir nicht zugänglich sind, nachschlagen, aber er ist jetzt bedauerlich schweigsam. Die Stellen über Grillparzers Person und Ahnfrau waren mir wohl bekannt, den schwarzen Fritz hatte ich nicht beachtet. Die ganze Sache gehört in Sauers Ressort und mein Artikel hat seinen Zweck durch Ihre Mittheilung des ersten Druckes erreicht. So schnelle Hülfe war nöthig, denn wir haben die Bogen der Sauer'schen Abhandlung gedruckt und das ganze wäre ins Stocken geraten. Mit Hülfe österreichischer Bibliotheken und Bibliothekare lässt sich dergleichen erst in Monaten ausfindig machen.
Auch der Beitrag oder vielmehr die Verbesserung meiner Vermuthung zu Schlegels Vorlesungen war mir sehr willkommen. In beiden Fällen habe ich die

---

[1] Minor-Brief 149.

[2] Zwischen 1995 und 1998 erschien im Prager Universitätsverlag Karolinum eine vierbändige Geschichte der Karlsuniversität Prag; im Band 3 der *Dejiny Univerzity Karlovy, 1802–1918*, herausgegeben 1997 von Jan Havranek, wird August Sauer eingehend, Jakob Minor nicht erwähnt.

[3] Auch Bernays beurteilte den Wiener Kollegen nicht gerade überschwänglich; in seinem Tagebuch war vermerkt: „Minor. Eindruck des Unbedeutenden" (29. 8. 1888) und „Minor zeigte mir eine noch geringfügigere Persönlichkeit als ich ihm zugestanden hatte." (30. 8. 1888). - *Bernays-Nachlass* im UK: *Auszüge aus Tagebüchern und Briefen*.

angenehme Gelegenheit gehabt, die viel gerühmte Vielseitigkeit und Sicherheit Ihrer Kenntnisse zu meinem Nutzen kennen zu lernen.
In Hochachtung und Ergebenheit
J. Minor.[1]

Inzwischen wird die Komplettierung der dreibändigen Ausgabe *August Wilhelm Schlegels Vorlesungen über Schöne Litteratur und Kunst* auch von der Kollegenschaft wohlwollend registriert. Der Münchener Bernays-Schüler Franz Muncker verfasst gleich zwei Anzeigen – für das *Heidelberger Literaturblatt* und für die *Akademischen Blätter* – und weist in einem Brief von Ende Oktober 1884 auch anerkennend auf die Gründlichkeit, mit der Minor seine Rezensionen verfasse:

> Hochgeehrter Herr College!
> Ich weiß nicht, ob ich Ihnen schon für die Zusendung des 3. Teils der A. W. Schlegel'schen Vorlesungen gedankt habe. Jedenfalls habe ich Ihnen aber noch nicht meine Erkenntlichkeit für Ihre Rec. meines Lavaterbüchleins bei Sievers bezeigt. Ich bekam den Aufsatz erst heute zu Gesicht u. bin herzlich dadurch erfreut worden. Die Bedenken, die Sie gegen meine Arbeit vorbringen, gebe ich als unbedingt berechtigt zu, u. würde dies auch tun, wenn Sie schärfer gegen mich polemisiert hätten. Nun haben Sie Ihre Rec. aber eher zu einer Apologie meines Büchleins gemacht u. dieselbe zugleich auf Grundsätze gestützt, die jeder Freund unserer Studien zugeben wird. Denn daß wir über dem Detail das Ganze oft aus dem Auge verlieren, wer möchte das bezweifeln? Ich glaube, daß trotzdem Sie sowenig wie ich die Detailfrage geringer achten, weil wir der zusammenfassenden Arbeit auch ihr Recht einräumen. Also nochmals schönen Dank u. Gruß.
> Ihr aufrichtig ergebener Muncker[2]

Von Prag nach Wien

Noch gegen Ende 1883 hat Minor versucht, mit dem Klassiker-Verleger Cotta, dem damals bedeutendsten Verlagshaus im deutschen Sprachraum, in Kontakt zu treten (der Geschichte dieser Zusammenarbeit ist ein eigener Abschnitt gewidmet). In diesem Jahr hat Minor auch drei Buch-Manuskripte an den Verlag Spemann nach Stuttgart geliefert; 1884 erscheinen nun zwei davon gedruckt:
• *Fabeldichter, Satiriker und Pupularphilosophen des 18. Jahrhunderts,*[3] eine knapp über 500 Seiten starke Auswahl aus Werken von Magnus Gottfried Licht-

---

[1] *Bernays-Nachlass* im UK.
[2] UAW, Nachlass Minor, UA 152.2, 8, 29.
[3] *Minor: Fabeldichter; 1884.*

wer, Gottlieb Konrad Pfeffel, Abraham Gotthelf Kästner, Friedrich Leopold Günther Göckingk, Moses Mendelssohn und Johann Georg Zimmermann in historisch-kritischer Ausgabe als 73. Band der *Deutschen National-Litteratur* Joseph Kürschners.

• *Das Schicksalsdrama*,[1] eine ebenfalls historisch-kritisch besorgte Auswahl aus den Werken von Friedrich Ludwig Zacharias Werner, Amadeus Gottfried Adolf Müllner und Christoph Ernst Freiherr von Houwald.

Auch in den von Bernhard Seuffert betreuten *Neudrucken deutscher Literaturdenkmale des 18. und 19. Jahrhunderts* kommen August Wilhelm Schlegels *Vorlesungen über Schöne Litteratur und Kunst*[2] in drei Bänden[3] heraus, die Minor wiederum viel Mühe bereitet haben. Über Schlegels Bruder Friedrich, dessen *Jugendschriften* Minor schon zwei Jahre zuvor herausgebracht hat, hat er in den *Grenzboten*[4] bereits einen dreiteiligen Aufsatz veröffentlicht, nun liefert er an das renommierte Journal zwei weitere Beiträge, beide zu Werken Goethes.[5]

Für die fünfstündige Vorlesung über deutsche Literaturgeschichte des 17. und 18. Jahrhunderts, die er in diesem Sommersemester 1884 angesetzt hat, kann Minor zwar über weite Strecken aus denselben Materialien schöpfen, die er für seine Bücher durchgearbeitet hat, dennoch macht sich die wachsende Belastung aus der Lehrtätigkeit verstärkt bemerkbar: Die Zahl der Titel all seiner Veröffentlichungen geht von 49 im Vorjahr auf 24 zurück. – Ein Vorschlag Erich Schmidts aus Wien kurz vor Semesterende muß Minor also wie gerufen kommen:

> Eigentlich könnten wir uns ein bischen unter die Arme greifen bei der Collegfabrication und Glaukos u. Diomed[6] spielen. Der Diomed mit der plumperen, minderwerthigen Rüstung wäre ich. Ich muß nächsten Sommer 4st. Romantik

---

[1] *Minor: Schicksalsdrama; 1884.*

[2] *Minor: Schlegel-Vorlesungen; 1884.*

[3] *Erster Teil (1801–1802) Die Kunstlehre* schließt Minor am 15. Oktober 1883; *Zweiter Teil (1802–1803) Geschichte der klassischen Litteratur* schließt er am 28. Februar 1884 und *Dritter Teil (1803–1804) Geschichte der romantischen Litteratur (nebst Personenregister zu den drei Teilen)* schließt er am 15. Mai 1884.

[4] Die Grenzboten, 1841 von Ignaz Kuranda (* 1811, † 1884) nach dem Vorbild französischer Revuen gegründet, widmeten sich Fragen der Kultur, der Politik, der Literatur, der Kunst und des öffentlichen Lebens. 1848 war die Redaktion von Julian Schmidt (* 1818, † 1886) und Gustav Freytag (* 1816, † 1895) übernommen worden, die das liberale Blatt auf Oppositionslinie gegen Bismarck führten. Nach ihrem Ausscheiden 1870 wurden *Die Grenzboten* von Moritz Busch (* 1821, † 1899) auf offiziösen Bismarck-Kurs gebracht. – Vgl. *Kirchner: Zeitschriftenwesen*, Bd. 2, 1962; S. 137.

[5] *Zu Goethes Kunstgedichten* und *Ein unbekannter Aufsatz Goethes.*

[6] Im 6. Gesang der *Ilias* tauscht Glaukos als väterlicher Gastfreund mit Diomedes „die Rüstungen, goldne mit ehrnen" (Voss-Übersetzung 6, 236).

lesen, und zwar das ganze Gebiet [...]. Es wäre mir eine rechte Hilfe, wenn Sie mir zu Ostern Ihr Heft auf 14 Tage liehen. Dafür steht Ihnen mein 16. Jhrh. zur Verfügung; allerdings nur mit hieroglyphischen Abbreviaturen, Nachträgen in Diamantschrift und vielen nur mir geläufigen stillen Vorbehalten.[1]

Der Tausch der Colleg-Unterlagen kommt zustande. Minor ändert seine Vorlesungspläne und setzt für das Sommersemester des folgenden Jahres „Geschichte der deutschen Literatur im 16. Jahrhunderte"[2] auf das Programm. In der Einleitung zur kurz vorher erschienenen Ausgabe der *Schicksalstragödie* hat er sich auf Schmidt berufen, was dieser gegenüber Scherer abfällig erwähnt,[3] gegenüber Minor offenbar aber nicht anspricht. Minor schickt an Schmidt nach Wien die Unterlagen seiner zweistündigen Vorlesung „Die deutsche Romantik" aus dem vorigen Wintersemester 1883/84, und Schmidt schreibt noch im Mai 1885 zurück nach Prag:

> Täglich gedenke ich Ihrer in meinem romantischen Cirkel, auch wenn ich nicht Ihr unglaublich sauberes Heft nachschlage. Eine solche Ausarbeitung brächte ich beim besten Willen nicht zu Stande, obwol ich den großen Vortheil nicht verkenne. Meine skizzenhafte Manier nöthigt bei jeder Wiederholung eine Reihe Dinge sich durch erneutes Nachlesen aufzufrischen, und mein Gedächtnis ist gar nicht das beste. Um nicht zu sehr von Ihrer Tafel zu speisen, bediene ich mich Ihres Heftes erst zu einer Revision meiner Blätter u. lese die ganze Litteratur durch, freilich oft sehr im Fluge. Ganz famos ist Ihre Darstellung des Recensenten W. Schlegel. Ich habe gestern die Berliner Vorlesungen excerpiert – Haym reichte doch nicht aus[4], wie sorgsam sein Auszug auch ist [...].[5]

Unter demselben Datum – 7. Mai 1885 – berichtet Schmidt seinem Berliner Mentor freudig von einem „hübschen Fund von Briefen aus Niethammers Nach-

---

[1] *Castle: Schmidt-Briefe; 1955*; S. 83 (Brief vom 29. 6. 1884).

[2] Vgl. *Ordnung der Vorlesungen an der k. k. deutschen Karl-Ferdinands-Universität zu Prag* im Sommer-Semester 1885.

[3] „Minor beruft sich in seiner neuesten Kürschner-Vorrede auf mich und hat sich gar nicht gemerkt, was ich ihm sagte." – *Richter: Briefwechsel Scherer–Schmidt, 1963*; S. 195 (Brief vom 4. 11. 1884). – Die Stelle in *Minor: Schicksalsdrama; 1884*; S. III, bezieht sich auf stoffliche Motive bei Zacharias Werner und lautet: „Der Mord des aus der Fremde zurückgekehrten Sohnes bildet, worauf mich Erich Schmidt aufmerksam macht, bereits den Inhalt einer älteren englischen Ballade und dieses oftmalige Hervortreten desselben Motives, welches eine direkte Abhängigkeit nirgends mit Sicherheit erkennen läßt, zeigt zur Genüge, wie roh und unveredelt seine Züge sind."

[4] Rudolf Hayms Grundlagenwek *Die romantische Schule*. Gaertner, Berlin, 1870.

[5] *Castle: Schmidt-Briefe; 1955*; S. 84 (Brief vom 7. 5. 1885).

laß",[1] unter denen sich auch „eine Reihe umfangreicher Briefe Fr. Schlegels, größtenteils über Recensierprojekte" befunden haben,

> [...] die wohl auch Addenda für Minors Ausgabe zu Tage bringen. Minor, mit dem ich vortrefflich stehe, war sehr interessiert und überrascht. Vielleicht läßt er die Briefe mit einem Commentar drucken, denn ich komme jetzt nicht dazu.[2]

Inzwischen hat Scherer gegenüber Schmidt „Grundsätze für eine Goethe-Ausgabe"[3] erwähnt, die er – „wenn ich nach Wien komme" – „notwendig" diskutieren möchte; auch dieser Besuch hat mittlerweile stattgefunden. Schmidt berichtet Minor im Frühjahr 1885 dann von Scherers gesundheitlichen Problemen[4] und rügt den emsigen Prager Kollegen im gleichen Atemzug: „Sie arbeiten, glaub ich, auch zu viel und [greifen] das Capital Ihrer Kraft an statt hübsch von den reichlichen Zinsen zu leben. Ihre Frau soll das ja nicht erlauben."

Nun scheint Minor tatsächlich eine Zeitlang etwas Atem zu schöpfen. Neben 22 Rezensionen und zwei Aufsätzen, von denen die meisten wieder in der *Deutschen Literaturzeitung* und im *Anzeiger für deutsches Altertum* herauskommen, trägt in diesem Jahr nur ein Buch seinen Namen: Bei Spemann erscheint als Band 144 von Kürschners *Deutscher National-Litteratur* eine zweiteilige historisch-kritische Ausgabe *Tiecks Werke*, in der allerdings – laut einer Minor-Notiz – nur die beiden Novellen *Die Gemälde* und *Die Verlobung* von ihm selbst editorisch betreut worden sind.[5]

Ende Mai erreicht Schmidt ein ausführlicher Brief von Wilhelm Scherer aus Berlin, datiert vom 21. Mai 1885:

---

[1] Immanuel Friedrich Niethammer, * 1766 Beilstein/Heilbronn, † 1848 München; evangelischer Theologe und Pädagoge; verkehrte mit Goethe, Schiller und Hegel, gab 1795–98 zusammen mit Johann Gottlieb Fichte das *Philosophische Journal einer Gesellschaft deutscher Gelehrter* heraus.

[2] *Richter: Briefwechsel Scherer–Schmidt, 1963*; S. 201 (Brief vom 7. 5. 1885). – Minor bezieht sich in seiner Mitteilung *Briefe von Friedrich Schlegel an Windischmann* in *Schnorrs Archiv für Literaturgeschichte* auch auf diese Funde Schmidts. – Vgl. Nr. 249 im *Verzeichnis der Schriften Minors; 1914*.

[3] *Richter: Briefwechsel Scherer–Schmidt, 1963*; S. 193 (Brief vom 5. 10. 1884).

[4] *Castle: Schmidt-Briefe; 1955*; S. 84 (Brief vom 7. 5. 1885). – Scherer erlitt im Sommer 1885 einen ersten Schlaganfall.

[5] *Verzeichnis der Schriften Minors; 1914*, weist unter Nr. 182 *Tiecks Werke* aus: „Nach einer handschriftlichen Notiz n u r : Die Gemälde und die Verlobung. S. 1–121." [Sperrung im Original.] Die beiden zitierten Novellen befinden sich im 2. Teil. Auf den Titelblättern beider Teile wird „Dr. J. Minor" als Herausgeber genannt, die 24-seitige Einleitung im ersten Teil ist mit „Jakob Minor" gezeichnet.

> Das Folgende bitte ich Sie, vorläufig noch als streng vertrauliche Mitteilung anzusehen. Sie geschieht mit Vorwissen des Herrn von Loeper. Herr von Loeper ist der Vertrauensmann der Großherzogin. Am 24. Juni, (Geburtstag des Großherzogs) soll eine Goethe-Gesellschaft mit dem Sitz in Weimar gestiftet werden. Ein alter Plan des Großherzogs! Das Archiv wird unter Herrn von Loepers Leitung geordnet. Die Großherzogin wünscht, daß eine Biographie Goethes von mehreren geschrieben werde. Es wird versucht werden, ihr diesen Wunsch zu erfüllen. Es soll ferner eine neue kritische Ausgabe Goethes unter vollständiger Benutzung des Archivs veranstaltet werden. (Ein Corpus der Briefe soll später in Angriff genommen werden.) Die Großherzogin wird, so denken wir uns, ein Redaktionscomité für die Ausgabe ernennen: Herr von Loeper an der Spitze, welcher ihr als 2. und 3. Mitglied mich und Sie vorzuschlagen gedenkt.[1]

Gegen Ende seines Schreibens, in dem er die von Sophie Luise, der Frau des Großherzogs Karl August von Sachsen-Weimar-Eisenach, nunmehr auf den Weg gebrachten Vorhaben des Goethe-Archivs und der Weimarer Ausgabe erläutert, meint Scherer: „Wir wollen, wenn sich unsere Projekte verwirklichen, alles junge Volk anstellen: Seuffert, Minor, Sauer, Waldberg,[2] Weilen, Burdach, Schröder etc."[3] In seinem intensiven Gedankenaustausch mit Scherer – „Strenges Silentium ist selbstverständlich"[4] – bringt Schmidt neben den Genannten auch Richard Maria Werner ins Gespräch und schreibt gegen Ende des Sommersemesters schließlich an Minor:

> Ich gehe definitiv im October nach Weimar u. lege mein Scepter in Ihre Hände. Das unterliegt gar keinem Zweifel; habs auch David heut früh (gleich nach meiner Rückkehr) gesagt u. er billigt die Wahl, die in der Comm. ganz sicher auf Sie primo wenn nicht unico loco fällt. Sie würden schon zum Herbst herberufen werden; zunächst als Eo. wie ich 1880.[5]

Diese Frohbotschaft aus Wien trifft für Minor neuerlich mit familiären Freuden zusammen: Er wird zum zweitenmal Vater einer Tochter. Schmidts Entschluss, Wien zu verlassen, hält er vorerst für unbegreiflich, doch der bestätigt bereits zwei Tage darauf die Unwiderruflichkeit seines Vorhabens, bietet seinem präsumtiven

---

[1] *Richter: Briefwechsel Scherer–Schmidt, 1963*; S. 202 (Brief vom 21. 5. 1885).
[2] Max von Waldberg, * 1858, † 1938; Schüler Scherers; laut *Richter: Briefwechsel Scherer–Schmidt, 1963*; S. 307, ab 1889 a. o. Prof. in Czernowitz, ab 1907 o. Hon. Prof. in Heidelberg.
[3] *Richter: Briefwechsel Scherer–Schmidt, 1963*; S. 203 (Brief vom 21. 5. 1885).
[4] *Richter: Briefwechsel Scherer–Schmidt, 1963*; S. 205 (Brief vom 23. 5. 1885).
[5] *Castle: Schmidt-Briefe; 1955*; S. 84 (Brief vom 24. 6. 1885).

Nachfolger passende Unterkunft an – „Unsere Wohnung (800 fl) kann ich sehr empfehlen."[1] – und schreibt:

> Vivat Sequens! Das sind Sie. Die Commission ist schon eingesetzt. Ich denke mir den Vorschlag: I. loco Sie, dann für die terna aequo: Sauer u. Seuffert. Für letzteren, der hoffentlich Prag oder Graz kriegt, muß Werner zurückstehen.[2]

Die erste Sitzung der Berufungskommission ist bereits für 6. Juli anberaumt; kurz vorher bespricht Schmidt mit Richard Heinzel seinen Vorschlag. Beide sind über die weitere Vorgangsweise einig; beide sind offenbar auch der Zustimmung des Kollegiums der Wiener philosophischen Fakultät völlig sicher, denn schon am 16. Juli bestätigt der Kaiser die erbetene „allergnädigste Dienstentlassung des Professors Dr. Erich Schmidt", womit „die II. ordentliche Lehrkanzel für deutsche Sprache und Literatur an der Wiener Universität in Erledigung gekommen"[3] ist und das Berufungsverfahren offiziell aufgenommen wird. Zuvor noch meldet sich Schmidt bei Minor und meint aufmunternd:

> Sind Sie erst in der Facultät durch, so werde ich bei David wegen eines die Normalsumme übersteigenden Gehaltes für Sie anklopfen. Fischers[4], die trefflichsten Wirthe von der Welt, würden sich sehr freuen, Sie als unsere Wohnungsnachfolger zu begrüßen. Die Entfernung von der Univ. hat mich nie gestört; im Gegentheil. Selbst jetzt fahre ich höchstens 1mal. Die Nähe des Praters ist für die Sommerabende sehr viel werth. Gartenbenutzung, für kleine Kinder unbezahlbar, werden F.[ischer]s Ihnen gewiß nächstes Jahr anbieten.[5]

Die Gewissheit über die Berufung Minors, die Schmidt in seinen Briefen erkennen lässt, bestätigt sich in jeder Hinsicht. Das Verfahren läuft nicht nur ohne jede Quertreiberei, sondern auch äußerst rasch und teilweise sogar rückwirkend ab; Dekan Theodor Gomperz begründet dies in seinem Bericht an das Ministerium:

> Angesichts der außerordentlichen Dringlichkeit der Wiederbesetzung dieser wichtigen Lehrkanzel sind die dieselbe vorbereitenden Schritte – im Hinblick auf die

---

[1] *Castle: Schmidt-Briefe; 1955*; S. 85 (Brief vom 26. 6. 1885). – Es handelt sich um die Sechszimmerwohnung im 2. Stock des Hauses Wien-Landstraße, Hauptstraße 88, in der nacheinander die Familien Scherer, Schmidt und Minor wohnen. – Vgl. auch *Castle: Schmidt-Briefe; 1955*; S. 85 (Brief vom 4. 7. 1885).
[2] *Castle: Schmidt-Briefe; 1955*; S. 85 (Brief vom 26. 6. 1885).
[3] AVA, MCU, 15.832/1885.
[4] Der Wiener Fabrikant Felix Fischer, den Schmidt gelegentlich auch „Seifensieder" nennt, ist Besitzer des Hauses in der Landstraßer Hauptstraße 88. – Vgl. *Ziegengeist: Briefe Burdach – Schmidt; 1998*; S. 214.
[5] *Castle: Schmidt-Briefe; 1955*; S. 85 (Brief vom 4. 7. 1885).

jetzt eingetretene Eventualität – bereits vor dem seither eingetretenen Schlusse des Schuljahrs vom ehrerbietigst gefertigten Decanat und dem k. k. Professoren-Collegium ins Werk gesetzt worden.[1]

Noch aus seinem Urlaubsdomizil antwortet Erich Schmidt auf Minors Nachfrage:

> Kappelrodern bei Achern, Baden 2 VIII 85.
> Lieber Freund Nicht nur habe ich Ihren Brief hier vorgefunden, sondern ich habe auch unter genauer Adresse eine ausführliche Antwort an Sie abgehen lassen, die leider verloren gegangen zu sein scheint u. nun, da ich täglich ein gewisses Quantum Lessing abarbeiten muß, nur eilig ersetzt werden kann. Meine Entlassung ist perfect. Sie können ganz wol eine Anfrage an David richten, ob Ihre Berufung zum October zu erwarten sei, da Sie in diesem Falle eine Wohnung in Wien aufnehmen u. andere Vorbereitungen treffen müßten. Fischer wird Sie sehr gern als Mieter begrüßen. Ich habe die Wohnung bis zum 1. Nov. bezahlt, räume sie aber am 25. Sept. – Seiffert ist kathol. Baier u. als solcher meiner Ansicht nach unschwer nach Öst. zu bringen. David u. Fidler sind der Combination geneigt. Ersteren habe ich nicht mehr, also auch über Ihr Gehalt nicht mehr, gesprochen, da er bereits auf Urlaub gegangen war. Fidler sprach sich für Sie aus. Das beste wäre: Sauer fest angestellt u. normal befördert in Graz, Sie in Prag; au pis aller[2]: Sa. nach Prag, wohin er nicht paßt, Se. zunächst mit Remuneration in Graz, wo nach Davids Mittheilungen kein Geld flüssig ist. Richard Maria schrieb mir jüngst, er werde alles aufbieten um nach Prag zu kommen; ich habe ihm ganz offen geantwortet, auch geltend gemacht, daß das Minist. nicht jedes Jahr in Lemberg mit 1 neuen deutschen Germanisten argumentieren kann u. sein Vorschlag eine Preisgebung der Lemb. Professur an die Polen bedeuten würde. Ob er nun das Vorrecht Sas u. Ses anerkennt, weiß ich nicht.
> Die Lessingbogen werde ich Ihnen im Sept. schicken, da ich die Aushängebogen dort gelassen habe u. die Correcturbogen jetzt nicht weggeben kann 1) wegen gelegentlichen Nachschlagens 2) wegen eines nöthigen Cartons 3) für einen Jahresbericht. […]
> Herzl. Grüße von Haus zu Haus Ihr ergeben. Erich Schmidt.[3]

Die „allerhöchste Entschließung", mit der Schmidts Entlassungsgesuch zur Kenntnis genommen worden ist, datiert unter 16. Juli 1885, doch die Berufungskommission, die mit Gomperz als Vorsitzendem und den Professoren Max Büdinger, Wilhelm von Hartel, Richard Heinzel, Adolf Mussafia, Jakob Schipper, Erich Schmidt und Robert Zimmermann beschickt war, tagte schon zehn Tage vorher, was nur mit Wissen und Zustimmung des Ministeriums möglich gewesen sein kann. – Die Kommission

---

[1] AVA, MCU, Minor Z. 825.
[2] *au pis aller*: fr. schlimmstenfalls
[3] UAW, Nachlass Minor, 152.2, 1, 17.

[...] trat am 6. d. zu einer Beratung (unter dem Vorsitz des Decans) zusammen und faßte mit Einstimmigkeit die folgenden Beschlüsse:
Erstens, es solle die – voraussichtlich – zur Erledigung gelangende Lehrkanzel wie bisher vorzugsweise für neuere deutsche Literatur bestimmt sein und somit die Arbeitstheilung, welche auf diesem Gebiete von der philos. Facultät unserer Universität bisher üblich war, auch fernerhin festgehalten werden.
Zweitens, es sei – da nur jüngere Kräfte zu diesem Zwecke zur Verfügung stehen – von der Ernennung eines Ordinarius für jene Stelle vorläufig abzusehen. Hingegen seien als Extra-Ordinarien in Vorschlag zu bringen: primo loco Dr. Jacob Minor, außerordentlichen Professor an der Prager Universität; secundo et tertio loco ex aequo Dr. Bernhard Seuffert, Privatdocent an der Universität zu Würzburg und Dr. August Sauer, außerordentlicher Professor an der Universität zu Graz.
Professor Heinzel ward mit der Ausarbeitung des Referates betraut, welches die eingehende Motivierung der prinzipiellen sowohl als Personal-Vorschläge enthält und welches diesem ergebenen Berichte beigelegen ist.[1]

Die Kommissionsbeschlüsse entsprechen exakt den Anregungen Erich Schmidts, der umgehend nach Prag schreibt:

Brennen Sie die ersten Böller ab!
Eben aus der Sitzung.
Heinzels Antrag: neuere Litteratur (also nicht Schönbach etc) 1 stimmig angenommen
Meine Terna: Minor I.° Seuffert, Sauer aequo. 1. einst. angen.
Der Facultät sind wir nun sicher.
Erbitte umgehend: Lebensdata und Schriftenliste. Ich stelle das Material für Heinzel zusammen, den ich aus Opportunitätsgründen gebeten habe das Referat zu übernehmen.[2]

Der Beschluss vom 6. Juli wird von Richard Heinzel vor dem Kollegium der philosophischen Fakultät am 11. Juli begründet, hier einstimmig bestätigt und am 31. Juli von Dekan Gomperz an das Ministerium weitergeleitet. Gleich am Tag nach der Fakultätssitzung berichtet Schmidt dem jüngeren Kollegen wiederum nach Prag:

Es ist prächtig, wie glatt gestern unsere Wünsche erfüllt worden sind. Ohne jede Debatte wurden die Commissionsanträge einstimmig angenommen. Jetzt, wo mir Studenten u. Collegen durch Abschiedsfeiern und einzelne Kundgebungen das Herz schwer machen, könnte ich Sie fast beneiden. Morgen Mittag gehe ich ins Ministerium, will mich nach Ihrem Gehalt erkundigen u. für Sauer u. Seuffert zu wirken suchen. Sie bekommen 400 fl. Seminarremuneration; das Normalgehalt für Eo.

---
[1] AVA, MCU, Minor Z. 825. – Das Referat Heinzels ist nicht erhalten; vgl. jedoch das „Protokoll der Commissions-Sitzung" in Kapitel Berufung.
[2] Castle: Schmidt-Briefe; 1955; S. 87 (Brief vom 6. ... [!] 85). – Der Brief ist mit 6. 7. 1885 zu datieren und somit bei Castle falsch gereiht. – Vgl. Protokoll der Commissions-Sitzung, AVA, MCU, Minor Z. 825.

ist (inclus. Personalzulage) 2200; hoffentlich giebt man Ihnen 400 mehr, so daß Sie alles in allem 3000 hätten. Da unsre Frequenz sehr abnimmt, ist vor der Hand auch das Collegiengeld schwindsüchtig. Ich hatte jährlich 600–700 fl. Rigorosen u. Staatsprüfungsgelder ergaben auch ein Sümmchen. Heinzel ist der beste College der Welt.[1]

Wien – Ab WS 1885/86
Berufung

Wie schon bei seiner Berufung nach Prag an die Seite Johann Kelles ist Minor nun auch bei der Berufung nach Wien an die Seite Richard Heinzels alleine an die erste Stelle gereiht. Beide Male gilt der Ruf dem Privatdozenten respektive außerordentlichen Professor „für deutsche Sprache und Literatur", gilt somit für das gesamte, ungeteilte Fach. In der Motivierung der Berufungen allerdings verstärkt sich zwischen Herbst 1883 und Sommer 1885 der Wunsch nach besonderer Berücksichtigung der neueren deutschen Literatur:

• 1883 spricht Dekan Ferdinand Lippich in Prag diesen Wunsch nur indirekt und lediglich im Zusatz zu seinem Bericht ans Ministerium an, indem er Arbeiten der Kandidaten zitiert, „insbesondere die neuere deutsche Literatur anlangend", zugleich aber auf „wissenschaftliche Tüchtigkeit" hinweist, „die sich auch auf andere Theile der deutschen Philologie u. nicht blos auf die neuhochdeutsche erstreckt".[2]

• 1885 hingegen hält der Wiener Dekan Theodor Gomperz in seinem Schreiben an das Ministerium bereits dezidiert fest, die zu besetzende Lehrkanzel solle „vorzugsweise für neuere deutsche Literatur bestimmt sein".[3]

Minor traut dem so reibungslos auf ihn zukommenden Ruf nach Wien noch immer nicht und befürchtet offenbar Interventionen zu seinen Ungunsten, denn Erich Schmidt schreibt ihm Ende Juli noch einmal beruhigend, wie das Berufungsverfahren seinem Wissensstand nach ausgehen werde:

> Facultät (Heinzel voran) u. Minist. wünschen die Wiener Stelle zum Herbst zu besetzen. Meine officielle Entlassung muß jeden Tag kommen. Zieht die Sache sich hin, so könnten Sie meiner Ansicht nach ganz wol etwa Ende August privatim

---

[1] Castle: Schmidt-Briefe; 1955; S. 85 (Brief vom 12. 7. 1885).
[2] UAP, Dekanatsakten der philosophischen Fakultät der deutschen Universität, Brief vom 15. Dec. 1883.
[3] AVA, MCU, Minor Z. 825. – Unterstreichung im Original.

> bei David anfragen oder Heinzel (Traunkirchen) um diesen Dienst bitten. Meine Wohnung wird in der vorletzten Septemberwoche geräumt; sie gehört mir bis 1 XI, u. wir würden uns leicht verständigen.
> Lambel fürchte ich nicht, denn der Kerl hat trotz der Fürstin Fürstenberg blutwenig Credit im Minist. u. wird auch diesmal nicht an einen aristokrat. cul de Paris geklammert in die Professur schlüpfen. [...] Mein Standpunkt war u. ist: [1)] Sie kommen nach Wien; 2) Sauer muß fest angestellt u. besser besoldet werden, u. zwar lieber in Graz als in Prag; auch hat er auf slawischem Boden kein Glück; 3) Seuffert Prag, oder wenn Sauer nur durch eine „Übersetzung" poussirt werden kann, vorläufig mit Remuneration nach Graz 4) Richard Maria muß die Vorrechte von S. u. S. anerkennen u. sich sagen, daß das Minist. nicht jedes Jahr in L[emberg] mit 1 neuen Germanisten experimentiren kann.[1]

Minors Bedenken sind tatsächlich unbegründet; am 18. August trägt Unterrichtsminister Conrad von Eybesfeld dem Kaiser den Berufungsvorschlag vor, und eine Woche später erfolgt die „A. h. Entschließung":

> Ich ernenne den außerordentlichen Professor an der Universität mit deutscher Vortragssprache in Prag, Dr. Jakob Minor, zum außerordentlichen Professor der deutschen Sprache und Literatur an der Universität in Wien mit dem Jahresgehalte von eintausendfünfhundert Gulden und den systemmäßigen Aktivitätszulagen, und zwar mit der Rechtswirksamkeit vom 1. Oktober 1885.
> Schönbrunn, 23. August 1885.
> Franz Joseph m. p.[2]

Am 24. Juni hat Erich Schmidt seinen Prager Kollegen von seinem Entschluss unterrichtet, der Einladung nach Weimar zu folgen. Von der Genehmigung seines Entlassungsgesuchs durch den Kaiser am 16. Juli bis zur definitiven Berufung Minors zu seinem Nachfolger am 23. August sind nicht einmal sechs Wochen vergangen. Am 29. August verständigt das Ministerium das Dekanat der Universität Prag von Minors Berufung nach Wien, übermittelt zugleich das Berufungsdekret[3] – und schon am 6. September gratuliert Wilhelm Scherer aus Berlin:

> Ich höre, Ihre Ernennung hat schon in der Zeitung gestanden (ich selbst lese ja keine Zeitungen). Sie haben nun trotz Schwierigkeiten am Anfang eine rasche Carriere gemacht und werden gewiß mit dem Schicksal zufrieden sein.[4]

Die für Winter 1885/86 vorgesehenen Lehrveranstaltungen Minors entfallen,[1] denn der eröffnet seine Kollegien und Seminare mit Semesterbeginn 1. Oktober

---

[1] *Castle: Schmidt-Briefe; 1955*; S. 86 (Brief vom 28. 7. 1885).
[2] AVA, MCU, 15.832/1885.
[3] UAP, Dekanatsakten der philosophischen Fakultät der deutschen Universität, Brief des Ministeriums für Cultus und Unterricht Z. 15832 vom 29. August 1885.
[4] UAW, Nachlass Minor, 152.1, 10, 10-11.

bereits in Wien; als sein Nachfolger übersiedelt August Sauer bald darauf aus Graz nach Prag.

Vorrangiges Motiv für die prompte Abwicklung durch das Ministerium ist wohl, dass man auf den Abgang Schmidts, eines ebenso geachteten wie geschätzten Lehrers, von der führenden Universität des Landes nach Deutschland umgehend reagieren will. Dass Minor der eigenen Lehrkanzel nun so überraschend schnell nahe kommt, hängt aber auch mit persönlichen Konstellationen zusammen:

• In seinem einstigen Lehrer Richard Heinzel als einer gerne zu Rate gezogenen „grauen Eminenz" besitzt Minor einen besonders wirkungsvollen Fürsprecher. – Heinzel war 1877 aufgefordert worden, die Nachfolge Wilhelm Scherers in Straßburg anzutreten, doch in Wien geblieben, ohne irgendwelche Begünstigungen zu fordern. Dieser Loyalitätsbeweis verschaffte ihm in der Folge im Unterrichtsministerium zusätzliche Wertschätzung; sein Urteil und seine Empfehlung haben seither besonderes Gewicht.[2]

• Erich Schmidt erhöht seine Chancen auf wohlwollendes Verständnis seitens der österreichischen Unterrichtsbehörden für seine Übersiedlungspläne dadurch, dass er einen attraktiven, sofort verfügbaren und noch dazu österreichischen Nachfolger empfehlen kann. Schmidt setzt also auf den ehrgeizigen, fleißigen und bereits im engeren Blickfeld des Ministeriums um Karriere bemühten jüngeren Kollegen und interveniert im Einverständnis mit Heinzel äußerst geschickt für ihn.

• Schließlich hat Minor selbst sowohl in der wissenschaftlichen Öffentlichkeit als auch bei Ministerialen hinreichend auf sich aufmerksam gemacht, wie ein „Allerunterthänigster Vortrag des treugehorsamsten Ministers für Cultus und Unterricht" vor dem Kaiser vom 18. August 1885 belegt; Conrad von Eybesfeld[3] meint darin:

> Was die Leistungen Minor's auf dem Gebiete des Lehramtes und der Wissenschaft anlangt, so glaube ich mich diesfalls auf den erst im verflossenen Jahre erstatteten [...] Vortrag vom 25. Jänner 1884 [...] beziehen zu können und gestatte mir, nur ehrfurchtsvollst zu bemerken, daß Minor den Erwartungen die an seine Ernennung zum Universitätsprofessor damals geknüpft wurden in jeder Beziehung entsprochen hat.

---

[1] Angekündigt waren eine zweistündige Vorlesung „Geschichte der deutschen Dichtung seit 1750" und eine dreistündige Metrik-Vorlesung. – *Ordnung der Vorlesungen an der k. k. deutschen Karl-Ferdinands-Universität zu Prag*; Wintersemester 1885–86.

[2] Vgl. *Egglmaier: Entwicklungslinien Literaturwissenschaft; 1994*; S. 232, Fußnote 138.

[3] Erich Schmidt an Wilhelm Scherer: „... die Wiener kalauern: von Eibischtee". – Vgl. *Richter: Briefwechsel Scherer–Schmidt, 1963*; S. 164 (Brief vom 24. 4. 1881).

In dieser Richtung erlaube ich mir auf die erfolgreiche Wirksamkeit Minor's, die derselbe im abgelaufenen Studienjahre insbesondere als Leiter der Übungen im germanistischen Seminare entfaltet hat, hinzuweisen und noch zu erwähnen, daß Minor auch seit seiner Beförderung zum Extraordinarius ein umfangreiches Werk, die Ausgabe der „Vorlesungen August Wilhelm Schlegel's" in drei Bänden der Öffentlichkeit übergeben hat und daß diese Arbeit vom Professoren-Collegium der Wiener philosophischen Facultät gleich den früheren Publicationen desselben in sehr günstiger Weise besprochen wurde.

Nach den bisherigen Leistungen Minor's zweifle ich nicht, daß in demselben der philosophischen Facultät der Universität Wien eine vorzügliche, zu den besten Hoffnungen berechtigende Lehrkraft zugeführt werden wird.[1]

Mit 30 Jahren besetzt Minor als außerordentlicher Professor nun eine der beiden Lehrkanzeln für deutsche Sprache und Literatur an der größten und bedeutendsten Universität Österreichs. Er ist verheiratet, hat zwei Töchter, ist unter Kollegen und innerhalb der Unterrichtsbürokratie geschätzt. Als fleißigem und kompetentem Literaturhistoriker, der sich im jüngeren Fachbereich profiliert hat, steht ihm und seinem weiteren Berufsweg im Zentrum des Wissenschaftsbetriebes Österreichs und nahe den Schaltstellen des zuständigen Ministeriums kaum etwas im Wege.

Minors systemmäßiges Einkommen beträgt jetzt jährlich 1500 fl Gehalt plus 700 fl Aktivitätszulage;[2] dazu erhält er pro Semester vorerst 200 fl Seminarremuneration, etwa 300 bis 350 fl an Kollegeldern sowie Staats- und Prüfungstaxen für die Tätigkeit in der Prüfungskommission für Gymnasien und Realschulen. Neben diesen regelmäßigen Einkünften von knapp 3300 Gulden jährlich bezieht Minor auch weiterhin Honorare für seine publizistischen Arbeiten. Er zieht mit seiner Familie in die von Erich Schmidt angetragene Wohnung auf der Landstraßer Hauptstraße im 3. Wiener Bezirk und kehrt damit zurück in jene Gegend, wo er seine Jugend verbracht hat.

Die Übersiedlung nach Wien bremst ihn wieder in seinem publizistischen Eifer; dass in diesem Jahr nur 22 Rezensionen, zwei Aufsätze und die zweibändige Tieck-Ausgabe unter seinem Namen erscheinen, hat sicherlich damit zu tun. Bei Erich Schmidt hat er sich über dessen bisherigen „Vorlesungsturnus" erkundigt und von ihm bereitwillig Auskunft erhalten:

WS. 82/83	Klopstock bis Schiller (Jugend inclus.) 4st.
SS. 83	Poetik 4st.
	Göttinger Dichterbund 1st.

---

[1] Beilage zu AVA, MCU, 15.832/1885.
[2] Zum Vergleich: 1998/99 beträgt der Brutto-Jahresbezug eines außerordentlichen Professors knapp 500.000 Schilling.

WS. 83/84	Goethe u. Schiller 4st.
	Faustsage u. Faustdichtung 1st.
SS. 84	16. Jahrhundert 5st.
WS. 84/85	1600–1750. 4st.
	Deutsches Drama seit Schiller 1st.
SS. 85	Romantik 4st.
	Lessings Theologie u. Nathan 1st.[1]

Der einstige Vorschlag zur arbeitsteiligen „Collegfabrication" ist also realisiert worden: Unterlagen zu Minors „Romantik"-Vorlesung haben in Schmidts letztem Wiener Sommersemester Verwendung gefunden, und Minor setzt nun in Wien fort, wo er in Prag mit Hilfe von Schmidts Unterlagen – bei der „Geschichte der deutschen Literatur im 16. Jahrhunderte"[2] – geendet hat. Dem Dekanat der Wiener philosophischen Fakultät meldet er:

> Im Wintersemester 1885/6 werde ich lesen:
> Geschichte der deutschen Literatur von 1750 ab, fünf Stunden in der Woche, Montag Dienstag Donnerstag Freitag Samstag von 12–1 Uhr.
> Hörsaal Nr 34.
> Seminar für deutsche Philologie, moderne Abteilung,[3] zwei Stunden wöchentlich, Mittwoch von 11–1 Uhr. Im Seminarlokal.
>   Minor.
> (III Hauptstr. 88. Sprechstunden Dienstag und Donnerstag von 3–4 Uhr.)[4]

Die Wiener Germanistik bis zur Berufung Minors[5]

Auch an der Wiener Universität werden – wie in Prag und an allen übrigen österreichischen Universitäten – die nötigen Voraussetzungen zur Errichtung von Lehrkanzeln für deutsche Sprache und Literatur erst im Zusammenhang mit den Ereignissen von 1848 in der Neuorganisation des öffentlichen Unterrichtswesens und durch eine Reihe vorerst provisorischer Vorschriften und Gesetze[6] geschaf-

---

[1] *Castle: Schmidt-Briefe; 1955*; S. 85 (Brief vom 12. 7. 1885).
[2] Vgl. *Ordnung der Vorlesungen an der k. k. deutschen Karl-Ferdinands-Universität zu Prag*; Sommersemester 1885.
[3] Die korrekte Bezeichnung gemäß § 2 des Seminar-Statuts lautet „Abteilung für Neuhochdeutsch".
[4] UAW, Beiblatt zu Phil 108-1885/86. – Die Notiz in Klammer deutet darauf hin, dass Minor Sprechstunden bei sich zu Hause hält.
[5] Vgl. zu diesem Kapitel *Wiesinger: Wiener Germanistik; 1999*.
[6] Grundlagen der österreichischen Universitätsverfassung bildeten bis zum Ende der Monarchie das provisorische, ab 1873 definitive Gesetz über die Organisation der akademischen Behörden, die Studien- und Disziplinarordnung sowie das Gesetz über

fen. 1849 bringt Leo Graf zu Thun-Hohenstein, soeben zum ersten Minister des im Vorjahr geschaffenen und nunmehr neu geordneten Ministerium des öffentlichen Unterrichtes[1] ernannt, diese tiefgreifenden Reformen in Gang. Bei den hohen Schulen sind sie wesentlich bestimmt durch
• Neuordnung der akademischen Behörden (Wahl der Repräsentanten und Bildung des Senats aus dem Professorenkollegium, Berufung und Stellenbesetzung durch das Kollegium, Selbstverwaltung durch gewählte Organe usw.),
• Neuordnung des Studien- und Disziplinarwesens (Lehr- und Lernfreiheit, Prüfungsordnungen, bürgerliche und akademische Gerichtsbarkeit) und
• Einführung des Kollegiengeldes (mit der Absicht, Lehr- und Lernfreiheit und die Verknüpfung von Forschung und Lehre in Österreich auch ökonomisch zu unterfüttern).[2]

Die entsprechenden gesetzlichen Maßnahmen werden nach und nach bis zur Mitte der 70er-Jahre des 19. Jahrhunderts wirksam.

Vor den Thunschen Reformen ist deutsche Philologie im Lehrangebot der Wiener philosophischen Fakultät nicht oder nur marginal vertreten und bleibt „zu einer Vorschule für die anderen, sogenannten ‚oberen' Facultäten herabgedrückt".[3] Im dritten der damals vorgeschriebenen drei Studienjahre ist lediglich „Theorie der schönen Wissenschaften und Künste" Pflichtfach; sie wird am Ende des 18. und zu Beginn des 19. Jahrhunderts vorgetragen nach Lehr- und Regelbüchern in der Art der neunbändigen *Beispielsammlung zu Theorie und Literatur*

---

die Kollegiengelder. Besondere Bestimmungen traf man an den Universitätsstandorten Wien und Prag für die hier (noch) bestehenden Doktorkollegien. – Vgl. *Geschichte der Wiener Universität; 1898*; S. 30–42, hier 32 ff.

[1] Errichtet als Ministerium des öffentlichen Unterrichtes; bis dem Ministerium auch die Kultusangelegenheiten zugewiesen wurden, stand es unter der Ägide des Justiz- oder des Innenministers. 1860 aufgehoben, bildete das Ministerium die Abteilung K.U. im Staatsministerium, bis es 1867 als Ministerium für Kultus und Unterricht wiedererrichtet wurde. – Vgl. *Jahrbuch des höheren Unterrichtswesens in Österreich*. 19. Jg., Tempsky, Wien, 1906; S. 1.

[2] Vortrag des Ministers Thun vor dem Kaiser, Reichsgesetzblatt 1849, Nr. 416: „Eine wirksame Lernfreiheit ist nicht trennbar von dem Institute der Privatdocenten; dies aber ist zum voraus zu einem steten Siechthum verurteilt, ja es wird geradezu unmöglich, wenn dadurch, dass alle wichtigeren Collegien von den angestellten ordentlichen und außerordentlichen Professoren unentgeltlich gelesen werden, den Privatdocenten die Bedingungen ihrer Existenz entzogen sind. [...] Aber auch für die Lehrer sind Collegiengelder ein geeignetes Mittel, sie zu gesteigerter Thätigkeit zu bestimmen, und der Vortheil, welchen sie den Professoren an nicht österreichischen Universitäten bieten, würde Berufungen ausgezeichneter Männer, darunter auch hervorragender, auswärts wirkender Österreicher, an einheimische Universitäten sehr im Wege stehen [...]." – *Geschichte der Wiener Universität; 1898*; S. 39 f.

[3] *Geschichte der Wiener Universität; 1898*; S. 263.

der schönen Wissenschaften, herausgebracht zwischen 1788 und 1795 von Johann Joachim Eschenburg.[1] Nur unter den freien Vorlesungen werden zuletzt deutsche Sprachwissenschaft (5-stündig), deutsche Stilistik (5-stündig), altdeutsche Philologie (4-stündig), deutsche Literatur (3-stündig) und Geschichte der schönen Literatur und Kunst für Zweitsemestrige (2-stündig) angeboten.[2]

Noch kurz vor Thuns Amtsantritt beruft im Herbst 1848 Innenminister Freiherr von Doblhoff den in Basel lehrenden Berliner Germanistik-Professor Wilhelm Wackernagel (* 1806, † 1868) auf den neuerrichteten Lehrstuhl für deutsche Sprache und Literatur. Zuvor hat der Wiener Hofbibliothekar Theodor Georg von Karajan (* 1810, † 1873) die eigene Berufung abgelehnt und einer Anregung Karl Lachmanns und Moritz Haupts folgend Wackernagel empfohlen,[3] der kurz nach der kaiserlichen Bestätigung seiner Ernennung den bereits übernommenen Lehrauftrag wieder zurücklegt. Der mittlerweile amtierende Graf Thun erneuert daraufhin den Ruf an Karajan, der sich nun der an ihn herangetragenen Aufgabe stellt und als Autodidakt und erster ordentlicher Professor für deutsche Sprache und Literatur an der Wiener Universität dieses Lehramt ausübt. Die Schwerpunkte in Karajans Lehrveranstaltungen und Übungen bilden Sprache und Literaturdenkmale des Mittelhochdeutschen; innerhalb der Fakultät bemüht er sich um Errichtung eines Lehrstuhls für vergleichende Sprachwissenschaft.[4]

Karajan liest nur drei Semester. Nach der vom katholisch-theologischen Professorenkollegium aus konfessionellen Motiven betriebenen Aufhebung der Wahl eines Dekans evangelischer Konfession[5] ersucht er als Angehöriger der nichtunierten griechisch-orthodoxen Kirche im Spätsommer 1851 um Entlassung; zu seinem Nachfolger wird Karl August Hahn im Oktober aus Prag nach Wien berufen.

---

[1] Johann Joachim Eschenburg; * 1743, † 1820; deutscher Literaturtheoretiker, Kritiker und Shakespeare-Übersetzer. – Vgl. *Geschichte der Wiener Universität; 1898*; S. 348.
– Als Vortragende werden der Jesuit und Lyriker Karl Mastalier (* 1731, † 1795), der Schriftsteller und Professor für Ästhetik und Philologie Ignaz Liebel (* 1754, † 1820) und der klassische Philolog, Ästhetiker und Literaturhistoriker Franz Ficker (* 1782, † 1849) verzeichnet.

[2] Als Vortragende werden Dozent Hermann Suttner (* 1815, † ?) für Sprachwissenschaft, Stilistik und Literatur sowie Dozent A. Adolph Schmidl (* 1802, † 1863) für Literatur und Kunst verzeichnet; Schmidl las parallel auch „Methode der Erdkunde" für Erstsemestrige. – *Geschichte der Wiener Universität; 1898*; S. 265 und 348.

[3] Vgl. Haupt-Brief vom 3. Juni 1849 in *Faerber: Karajan-Monographie*; 1997, S. 52 f.

[4] UAW, Sitzungsprotokoll phil. Fak., 1. Juli 1850.

[5] Die Wahl war auf den Altphilolog Hermann Bonitz (* 1805, † 1868) gefallen; er war neben dem ins Ministerium berufenen Philosophen Franz Serafin Exner (* 1802, † 1853) die treibende Kraft der Thunschen Unterrichtsreformen.

In den Ereignissen um Karajans Resignation ist die von Minister Thun verfolgte Idee, innerhalb der Universitätsreform besonders die deutsche Philologie für eine katholische Restauration zu instrumentalisieren,[1] nicht unmittelbar erkennbar. Deutlich wird sie 1852 im Fall des aus fränkischem Adel stammenden Dichters Oskar Freiherr von Redwitz-Schmölz (* 1823, † 1891), der auf Thuns nachdrückliche Empfehlung zum außerordentlichen Professor neben Hahn auf einen Lehrstuhl für allgemeine Literaturgeschichte und Ästhetik ernannt wird. Redwitz ist mit religiösen Versepen, Romanen und Gedichten hervorgetreten und gilt den einen als „Retter der Christen",[2] den anderen als Symbolfigur einer „katholischen Reaktion".[3] Da ihm Kollegium und Studentenschaft in Wien überwiegend reserviert bis offen ablehnend gegenüberstehen und auch seine fachliche Kompetenz zur Diskussion gestellt wird, zieht sich Redwitz nach einem Semester von seiner Lehrverpflichtung zurück.[4] Kurz danach wird das Gesuch des Schriftstellers, Bibliothekars und Lexikographen Constant von Wurzbach (* 1818, † 1893) um Bewilligung einer Privatdozentur für deutsche Literaturgeschichte abgelehnt.[5]

Unter Karl August Hahn, der sich in seinen Kollegien und Übungen[6] ausschließlich mit gotischer, alt- und mittelhochdeutscher Grammatik, Sprach- und Literaturgeschichte beschäftigt, habilitiert sich Karl Tomaschek (* 1828, † 1878) mit einer Arbeit über *Die Einheit in Schillers Wallenstein* und einem *Versuch einer Darstellung der allgemeinsten Probleme und Methoden der antiken Kunstforschung.*[7] Sein Ernennungsdekret vom 2. April 1855 lautet:

> Da es dringendes Bedürfnis ist, daß an der Wiener Universität besondere Vorträge über deutsche Literatur abgehalten werden, so erscheint das Anerbieten des Gymnasiallehrers Karl Tomaschek zu Vorträgen <u>über deutsche neuere Literatur aus ästhetischen Gesichtspunkten</u> in der sofort zu erlangenden Eigenschaft eines Privatdozenten an der gedachten Hochschule in hohem Grade willkommen.
> Demnach wird bei den mit Bericht vom 18. l. Mts ohne Zahl dargestellten Verhältnissen die beantragte Zulassung desselben zur Privatdocentur für die bezeich-

---

[1] Vgl. *Egglmaier: Entwicklungslinien Literaturwissenschaft; 1994;* S. 207.
[2] *Fuchs: Wiener Germanistik; 1967;* S. 24.
[3] *Killy: Literatur Lexikon; Bd. 9, 1991,* S. 330.
[4] Redwitz' Kolleg zur „Entwicklung der griechischen Tragödie" etwa wurde von sechs Hörern besucht. – Vgl. *Fuchs: Wiener Germanistik; 1967;* S. 26, und *Egglmaier: Entwicklungslinien Literaturwissenschaft; 1994;* S. 211 f.
[5] *Leitner: Anfänge österreichischer Germanistik; 1972;* S. 381.
[6] Hahns Übungen werden gelegentlich auch als Grundstein des germanistischen Seminars in Wien angesehen. – Vgl. *Fuchs: Wiener Germanistik; 1967;* S. 223.
[7] *Minor: Tomaschek-Biographie; 1894;* S. 434.

neten Vorträge, und zwar in der Art bestättigt, daß mit Rücksicht auf das vorwaltende Bedürfnis dieser Vorträge in diesem besonderen Falle von der Vorlage des Doktordiploms Umgang genommen werde, welche Ausnahme in diesem Falle um so mehr geboten erscheint, als widrigens unvermeidlich ein für die Unterrichtsbedürfnisse abträglicher Aufschub im Beginne dieser Vorträge herbeigeführt würde.[1]

Tomaschek liest danach als Privatdozent an der Seite Hahns. Nach dessen Tod wird 1857 der Schweizer Pivatgelehrte, Herausgeber, Bibliothekar an der Königlichen Bibliothek in Stuttgart und Begründer der *Germania* (1856) Franz Pfeiffer (* 1815, † 1868) nach Wien berufen; er hätte schon nach Redwitz' Abgang verpflichtet werden sollen, war aber aus konfessionellen Motiven von Thun abgelehnt worden. Seine tatsächliche Berufung bedeutet nach Abschluss des Konkordats und nach Sanktionierung der Universitätsreformen das Ende der Thunschen Vorstellungen von der „Heranbildung einer christlichen Intelligenz römischkatholischer Prägung"[2] mit dem Ziel, „eine konservative Intelligenz zu schaffen und damit den Siegeszug des Liberalismus aufzuhalten".[3] Im Universitäts-Jubiläumsjahr 1865 wird dies deutlich in einer Adresse von 58 Wiener Professoren an den Unterrichtsminister, mit der „der ausschließlich katholische Charakter der Universität als nicht mehr zu Recht bestehend" deklariert wird.[4]

1862 veröffentlicht Tomaschek seine Arbeit *Schiller in seinem Verhältnisse zur Wissenschaft*;[5] bis zu diesem Jahr teilt er sich mit Pfeiffer, der ihn nun für eine Professur vorschlägt, die Kollegien sowohl im älteren als auch im neueren Fachbereich. Pfeiffers Vorschlag zur Errichtung einer zweiten Lehrkanzel wird vom Finanzministerium abgelehnt, Tomaschek übersiedelt nach Graz, wo er ein Extraordinariat erhält und ein Jahr später mit dem Ehrendoktorat ausgezeichnet wird.[6]

1863 sucht Wilhelm Scherer (* 1841, † 1886) um Zulassung als Privatdozent für deutsche Sprache und Literatur an, wird von Pfeiffer abgelehnt, im Jahr darauf

---

[1] UAW, Personalakt Tomaschek, 4204/305 (Unterstreichung im Original). – Dass Tomaschek „Privatdozent für neuere deutsche Literatur aus ästhetischen Gesichtspunkten" geworden sei, wie *Fuchs: Wiener Germanistik; 1967*; S. 22, schreibt, ist somit nicht ganz korrekt.

[2] *Egglmaier: Entwicklungslinien Literaturwissenschaft; 1994*; S. 211.

[3] *Lentze: Thun und die Wissenschaft 1959*; S. 197. – Vgl. *Egglmaier: Lehrkanzeln; 1981*; S. 371.

[4] *Geschichte der Wiener Universität; 1898*; S. 46.

[5] Die Arbeit erschien als eine der ganz wenigen Publikationen Tomascheks bei Gerold, Wien, 1862, und basierte auf einer von der kaiserlichen Akademie preisgekrönten Arbeit, die in Zusammenarbeit mit dem Historiker Ottokar Lorenz entstanden war.

[6] *Minor: Tomaschek-Biographie; 1894*; S. 434.

erteilt man ihm die *Venia legendi* schließlich mit der Einschränkung auf Grammatik und Interpretation des Gotischen, Alt- und Mittelhochdeutschen; erst 1866 wird diese Einschränkung aufgehoben.

Auf Betreiben Pfeiffers erfolgt 1868 die Berufung Karl Tomascheks zum nunmehr ordentlichen Professor für deutsche Sprache und Literatur zurück nach Wien; damit ist die Wiener Germanistik erstmals, während weniger Monate bis Pfeiffers Tod, mit zwei Ordinarien vertreten. Unmittelbar nach Pfeiffers Tod erfolgt die Ernennung Scherers zum ordentlichen Professor,[1] der damit das Ordinariat seines einstigen erbitterten fachlichen Gegners übernimmt. Tomaschek teilt sich jetzt mit Scherer die Vorlesungen und Übungen[2] im älteren wie im neueren Bereich des Faches genauso wie früher mit dessen Vorgänger.[3]

Als Scherer 1872 einem Ruf nach Straßburg folgt, wechselt Richard Heinzel, zehn Jahre zuvor Nachfolger Tomascheks in Graz, von dort nach Wien. Heinzel konzentriert sich von Beginn seiner Wiener Tätigkeit an – jedenfalls in seinen Lehrveranstaltungen – nahezu völlig auf die ältere, Tomaschek beschränkt sich nun fast ausschließlich auf die jüngere deutsche Philologie. Die Teilung des Arbeitsgebietes, die sich auf diese Weise ankündigt, erfolgt in Übereinkunft der beiden Ordinarien; sowohl ihrer Lehrbefugnis als auch ihrer Berufung entsprechend sind sie als Professoren für deutsche Sprache und Literatur für das gesamte Fach ernannt und gleich ausgestattet.

Die gemeinsamen Bemühungen Tomascheks und Heinzels um Verankerung und Ausbau des Bereiches der jüngeren deutschen Philologie finden im Ministerium vorerst wenig bis keine Unterstützung. So verschleppt man den von Tomaschek schon 1873 vorgetragenen Wunsch nach Aufwertung des Übungsbetriebes jahrelang; erst 1878 wird eine Zuwendung für den Aufbau einer Handbibliothek in Aussicht gestellt;[4] Tomaschek stirbt allerdings schon im September dieses Jahres.

---

[1] Scherer wurde entgegen aller Gepflogenheit unmittelbar vom Privatdozenten zum ordentlichen Professor ernannt. – Vgl. *Geschichte der Wiener Universität; 1898*; S. 349.

[2] Die Übungen wurden gelegentlich schon als Seminare angekündigt. – Vgl. *Fuchs: Wiener Germanistik; 1967*; S. 58.

[3] „[...] ohne daß die Teilung allzustreng durchgeführt worden wäre", so *Körner: Deutsche Phiollogie; 1930*; S. 66. – Vgl. *Fuchs: Wiener Germanistik; 1967*; S. 53, *Jungwirth: Philosophische Fakultät Wien; 1982.*, S. 205, und *Vorlesungsverzeichnisse der Wiener Universität* 1868–1872; demzufolge las Tomaschek auch altnordische und angelsächsische Grammatik, beschäftigte sich mit „Lektüre in altnordischer und angelsächsischer Sprache" und hielt dazu Übungen ab; im Wintersemester 1870 hielt er eine Vorlesung zur deutschen Literaturgeschichte vom 14. bis zum 17. Jahrhundert.

[4] Vgl. *Fuchs: Wiener Germanistik; 1967*; S. 223 f.

Unmittelbar nach Beginn des Jahres 1879 erhalten Tomaschek – posthum – und Heinzel für ihre Initiativen prominente Schützenhilfe. Zweifellos mit der Absicht verknüpft, seinen Schüler Erich Schmidt auf die vakante Lehrkanzel zu hieven, lanciert Wilhelm Scherer – mittlerweile an der Universität Berlin tätig – einen ungezeichneten Beitrag in der *Neuen Freien Presse*, in dem er das Angebot von germanistischen Lehrveranstaltungen an österreichischen Universitäten kritisch durchleuchtet, massiv auf die Einrichtung von Lehrkanzeln für neuere deutsche Literatur drängt und gleich auch ein Anforderungsprofil der künftigen Ordinarien definiert:

> Wir verlangten also von einem Professor der neueren deutschen Literatur, daß er die Geschichte derselben von der Reformation bis ins neunzehnte Jahrhundert systematisch Schritt für Schritt betrachtete, daß er neuhochdeutsche Grammatik mit historischem Hintergrunde vorführe, daß er exegetische Collegien über bedeutende Werke, Special-Collegien über hervorragende Dichter Deutschlands und Deutsch-Oesterreichs, ferner über Poetik und Metrik, hauptsächlich über Stylistik läse, daß er endlich Uebungen im Anschlusse an seine Vorlesungen hielte, welche nicht nur eine Vertiefung des Wissens, sondern eine gründliche Behandlung des Gegenstandes von Seiten der Studenten anbahnen sollen. Dadurch würde besser erreicht, was die Errichtung pädagogischer Seminare bezweckt, aber gewiß nie durchsetzen wird.[1]

Referent der Berufungskommission, die Vorschläge für die Nachfolge Tomascheks vorlegen soll, ist Richard Heinzel, der sich zwar selbst Scherers „ältesten und ersten Schüler"[2] nennt, aber sicher nicht als Adressat des Zurufs aus Berlin versteht. In seinem ausführlichen „Bericht der Commission über die Besetzung der erledigten Lehrkanzel für deutsche Sprache und Literatur"[3] vom 15. März 1879 an das Kollegium der philosophischen Fakultät bemüht er sich allerdings nachdrücklich um die selbstständige Vertretung der neueren deutschen Literatur an der Wiener Universität an der zweiten Lehrkanzel:

> Die Nothwendigkeit die durch den Tod des Hofraths Tomascheks erledigte Lehrkanzel neu zu besetzen, zwingt uns Umschau zu halten unter den oesterreichischen und deutschen Forschern auf dem Gebiet der neudeutschen Sprache und Literatur und zu erwägen welche unter ihnen nicht nur sich wissenschaftliche Verdienste um Probleme dieses Forschungsgebietes erworben, sondern auch die Stu-

---

[1] *Die deutsche Literatur an den österreichischen Universitäten* in: *Neue Freie Presse*, 10. 1. 1879.
[2] *Heinzel: Rede auf Scherer; 1886*; S. 4.
[3] Der Bericht ist in *Fuchs: Wiener Germanistik; 1967*; S. 74–77 nur stark gekürzt und teilweise sinnentstellt wiedergegeben; er ist nicht datiert, seine zeitliche Einordnung ist aus dem Sitzungsprotokoll der philosophischen Fakultät zu erschließen.

dien über neuere deutsche Sprache und Litteratur entweder schon gegenwärtig in den Vordergrund ihrer wissenschaftlichen Thätigkeit gestellt haben, oder doch erwarten lassen, daß sie dies mit Lust und Erfolg in Zukunft thun werden, und deren Befähigung zum akademischen Lehramt zugleich außer Zweifel steht.

Die Auswahl ist nicht groß, wenn man den eigentümlichen Charakter der in Rede stehenden Disciplin berücksichtigt.

Zunächst ist der Zusammenhang zwischen der wissenschaftlichen Behandlung der neudeutschen Sprache und neudeutschen Literatur nicht so innig wie zwischen der altdeutschen oder einer anderen altgermanischen Sprache und den entsprechenden Literaturen. Mit einem Gramatiker, der nur die moderne deutsche Sprache ohne Rücksicht auf ältere Perioden und Dialekte und ohne linguistische Grundlage behandelte wäre uns wenig gedient.

Deutsche Gramatik in ihrem weitesten Umfang ist die Domäne des Germanisten, der natürlich von den ältesten Denkmälern der verschiedenen germanischen Stäme auszugehen hat, und dazu eine Vertrautheit mit der Litteratur dieser älteren Sprachen und Dialekte bedarf, welche ihm auch zu litterarhistorischen Studien über dieselben das nöthige Rüstzeug liefert. Das Gebiet des Forschers, welcher sich vorwiegend mit neuerer deutscher Litteratur beschäftigt, ist trotzdem kaum ein kleinerer als das des Germanisten, der neben der Sprache auch der Litteratur der älteren germanischen Dialekte seine Aufmerksamkeit zuwendet, wenn man den gewaltigen Umfang der neudeutschen Litteratur seit dem 16. Jahrhunderte und die Wichtigkeit der Denkmäler erwägt, welche sie in sich schließt. Natürlich ist es sehr wünschenswerth wenn der Litterarhistoriker der neueren Perioden zugleich in Geschichte der Sprache und der älteren Litteratur zu Hause ist und Proben seiner wissenschaftlichen Beschäftigung auch mit diesen Disciplinen geliefert hat.

Es ist vor allem deshalb wünschenswert, weil er dann, und dies führt auf die zweite Eigenthümlichkeit des in Rede stehenden Forschungsgebietes, in der strengen Schule altdeutscher Philologie sich jene Methode der Forschung angeeignet hat, welche erst seit einigen Jahrzehnten auf die Behandlung der neueren Litteratur Anwendung gefunden und zu den Anfängen einer jungen Wissenschaft, der neudeutschen Philologie geführt hat. Und nur ein Gelehrter der als ein Philologe auf dem Gebiet der neueren deutschen Litteratur bezeichnet werden kann, scheint sich für unsere Lehrkanzel zu eignen.

Die Ziele dieser neudeutschen Philologie sind die gewöhnlichen philologischen. Es handelt sich darum einmal die poetischen u prosaischen Kunstwerke der letzten Jahrhunderte in ihrer ursprünglichen Fassung herzustellen, die Entstellungen zu beseitigen welche sie auf dem Wege von der Hand des Schriftstellers bis zu unsern Handausgaben durch Fahrlässigkeit oder vermeintliche Besserungen erlitten haben. Aber so viel auch für die sichere Herstellung neudeutscher Texte in den letzten Jahrzehnten geleistet wurde, so wichtige Arbeiten auf diesem Gebiete auch noch zu erwarten sind, so ist das kritische Geschäft bei Texten, welche zum größten Teil in von den Schriftstellern selbst besorgten Drucken, Ausgaben und Bearbeitungen vorliegen, doch einerseits bedeutend einfacher als bei der Handschriftlichen Ueberlieferung mittelalterlicher, antiker oder orientalischer Litteratur, und andererseits viel umständlicher und weitläufiger da Ausgaben mit Variantenapparat fast durchaus fehlen, ja in den meisten Fällen gar nicht zu erwarten sind. Der akademische Unterricht in neudeutscher Philologie wird nur ausnahmsweise und gelegentlich sich auf kritische Behandlung neuhochdeutscher Texte erstrecken können.

Eine weitere Aufgabe ist die sogenannte höhere Kritik. Es gilt die Werke vieler Autoren zu säubern von fremdartigen oft umfänglichen Bestandteilen, mit welchen sie die Urkunde oder bewußter Täuschung der ersten Herausgeber vereinigt hat, und andererseits für das anonym oder unter falschem Namen Überlieferte den wirklichen Verfassernamen zu finden. Verwickelter wird das Geschäft des Kritikers wenn die verschiedenen Hände, welche sich gemeinschaftlich an der Herstellung eines litterarischen Produktes beteiligt haben, erkannt und gesondert werden sollen.

Die niedere wie die höhere Kritik erfordert natürlich die genaueste Kenntniß des Sprach- und Kunstgebrauches des in Frage stehenden Schriftstellers. Diese Kenntniß, die nach einem statistischen Kanon ausgeführte Beschreibung eines litterarischen Kunstwerkes, ist aber auch ohne Hinblick auf ihre Verwertung für die Kritik, eines der höchsten Ziele philologischer Wissenschaft. Der ästhetische Eindruck, der ein poetisches oder prosaisches Denkmal auf den Leser macht, muß in seine Teile zerlegt, den Gründen des Gefallens oder Mißfallens bis ins Kleinste nachgegangen werden, natürlich nicht nur im Hinblick auf die gegenwärtigen Leser, sondern vor allem auf die Zeitgenossen des Schriftstellers. Es handelt sich also darum die Eigentümlichkeiten der neueren deutschen Autoren nach Composition, Darstellung des Einzelnen, Gebrauch der rhetorischen und poetischen Mittel, nach Sprache und Metrik, bis ins Feinste zu bestimmen, und daraus eine Charakteristik der einzelnen Werke oder einer schriftstellerischen Persönlichkeit aufzubauen, welche für ihr Objekt ähnliches leistet wie die wissenschaftliche Beschreibung eines Naturkörpers.

Daran schließen sich Arbeiten, welche von der Frage ausgehen, wie die Entstehung eines litterarischen Kunstwerks möglich war, wie sie zu begreifen, zu erklären ist, also wieviel von den litterarischen Formen desselben auf Tradition beruht, in heimischer oder fremder, was daran gleichzeitig bei verschiedenen Schriftstellern als neu verwendet wurde, was von dem Verfasser des in Rede stehenden Werkes hinzugebracht wurde, wie ferner die Persönlichkeit des Schriftstellers, seine Erziehung, seine Schicksale, seine religiösen, philosophischen, politischen Ueberzeugungen bestimmend für seine künstlerische Eigenart geworden sind. Eine Reihe von solchen Einzeluntersuchungen würde es dann ermöglichen durch Zusammenfassung des Gleichartigen Schilderungen von der Kunstrichtung einer gewissen Periode, einer gewissen Landschaft, einer gewissen Gesellschaftsklasse und so fortschreitend allmälich Darstellungen des ganzen litterarischen Kunstbetriebs größerer Epochen zu geben.

Die Forschung auf dem Gebiete der neueren Litteraturgeschichte in diesem Sinne hat jedenfalls den Vortheil lehr- und lernbar zu sein und eignet sich vortrefflich für den akademischen Unterricht, während man bei jener älteren Weise Litteraturgeschichte zu betreiben die am glänzendsten durch Gervinus vertreten wurde und auch gegenwärtig von zahlreichen und oft sehr verdienstvollen österreichischen und deutschen Gelehrten geübt wird, nicht wol begreift wie sie auch durch den geistvollsten und beredtesten Lehrer vom Katheder aus den Studenten beigebracht werden solle. Natürlich liegt hiebei die Voraussetzung zu Grunde daß der Professor für neuere deutsche Litteraturgeschichte nicht bloß Thatsachen mitzutheilen, und ursächlich zu erklären habe, sondern daß von ihm auch wie von jedem andern Belehrung über die Methode jene Thatsachen in ihrem Zusammenhang zu finden erwartet werden müsse.

Es ist demnach natürlich, daß gerade nach Ausbildung der neuen philologischen Methode der Betrieb der in Rede stehenden Disciplin auf deutschen Universitäten durch Creirung neuer oder Umformung älterer Lehrkanzeln durch Berufungen, durch Errichtung von Seminarien für neuere deutsche Litteratur einen früher nicht geahnten Aufschwung genommen hat.

Aber es ist eine junge Wissenschaft, die Zahl ihrer Vertreter ist beschränkt, noch geringer die Zahl klingender Namen, welche auch außerhalb des Kreises ihrer germanistischen Fachgenossen bekannt geworden sind, und der Berufung des einen oder andern stellen sich unüberwindliche Schwierigkeiten entgegen.

Unter diesen Umständen haben sich die Unterzeichneten entschlossen der Facultät die Herren Dr. Erich Schmidt a. o. Professor an der Universität Straßburg und Dr. Anton Schönbach o. Professor an der Universität Graz ex aequo zu Ordinarius vorzuschlagen. [...]

Heinzel[1]

Die Abstimmung in der Fakultätssitzung ergibt trotz Heinzels vehementem Plädoyer für die „junge Wissenschaft" nur 12 Stimmen für Erich Schmidt, hingegen 14 für Anton Emanuel Schönbach (bei einer Stimmenthaltung). Das Ergebnis lässt vermuten, dass die Einrichtung einer Lehrkanzel für neuere deutsche Literatur im Professorenkollegium nicht nur Zustimmung findet – Schönbach (* 1848, † 1911) vertritt doch vorwiegend das alte Fach, dem sich Heinzel ohnehin fast ausschließlich widmet. Heinzels Ansicht hat aber im Ministerium besonderes Gewicht und gibt schließlich den Ausschlag vor der Reserviertheit, mit der manche Kollegen dem Jenenser Erich Schmidt gegenüberstehen.

Noch vor Beginn des Wintersemesters 1880/81 wird Schmidt als außerordentlicher Professor nach Wien berufen. Mit ihm an der Seite Heinzels wird die Arbeitsteilung zwischen älterem und jüngerem Fach noch strikter als bisher gehandhabt, wenngleich sie formell nach wie vor nicht existiert. Schmidt setzt im Einvernehmen mit Heinzel auch die Bemühungen um die Gründung eines germanistischen Seminars fort und hat Erfolg.[2] – Vorbilder gibt es mittlerweile genug: 1858 wird das 1839 geschaffene philosophisch-ästhetische Seminar der Universität Rostock zu einem deutsch-philologischen Seminar ausgebaut, das seither als das erste seiner Art gilt; Wilhelm Scherer eröffnet 1873 das germanistische Seminar an der Universität Straßburg, im selben Jahr gründet man in Graz, 1874 dann auch in Prag Seminare für deutsche Philologie.[3]

---

[1] UAW, Personalakt Schmidt, ad 4347/79.
[2] Vgl. Brief Erich Schmidts an Scherer vom 21. 9. 1880 in: *Richter: Briefwechsel Scherer–Schmidt, 1963*; S. 148: „Im Ernennungsdekret ist ausgesprochen, ich möge mich mit Heinzel über ein neu zu gründendes Seminar verständigen. Von Heinzels Indiosyncrasie gegen Seminare hatte mir Hartel erzählt. Ich fragte bei Heinzel an, wie er sich dazu stellen würde, worauf er schrieb, ein Seminar wäre ihm ganz angenehm, wenn er darin Übungen halten könnte, ohne sich mit der Direction abzugeben."
[3] Vgl. *Leitner: Anfänge österreichischer Germanistik; 1972*, S. 383 f.

Hinter diesen Einrichtungen steht die Forderung – die ähnlich auch Scherer in seinem Artikel in der *Neuen Freien Presse* erhoben hat – nach methodischer Differenzierung des universitären Lehrbetriebs, der nicht mehr allein die Lehrerausbildung im Auge haben soll. Die Intentionen der österreichischen Unterrichtsverwaltung, wie sie der Sektionschef im k. k. Ministerium für Cultus und Unterricht, Karl Lemayer, zur selben Zeit formuliert, stehen dazu in keinem Widerspruch:

> Die Form, in welcher diese Art des akademischen Unterrichtes bisher gepflegt worden ist, das S e m i n a r, soll erweitert, insbesondere an Stelle der vereinzelten, auf wenige Stunden und Theilnehmer beschränkten Gratis-Collegien ein förmliches System von Uebungs-Collegien gesetzt werden, welches unter gleichzeitiger Beibehaltung der theoretischen Vorlesungen die gleichberechtigte andere Hälfte der akademischen Einrichtungen zu repräsentiren hätte. Die besonderen mit diesen Seminaren angestrebten Zwecke werden in verschiedener Weise bezeichnet; gewissermassen als höchster, der allerdings nur mit einem kleinen Theile der Seminar-Collegien und Seminaristen verfolgt werden könnte, wird die Einführung in die Methode selbständiger Forschung und die Anleitung zu eigener Production hervorgehoben, so dass also hier zunächst die Aspiranten der akademischen Laufbahn sich auszubilden hätten.[1]

Für die Universität Wien bewilligt das Ministerium die Errichtung des Seminars für deutsche Philologie mit Beginn des Sommersemesters 1881, bestellt Heinzel und Schmidt zu dessen Direktoren und garantiert die Dotierung auf vorerst drei Jahre.[2] Als Zweck des Seminars wird festgehalten, „die Studirenden durch praktische Uebungen im Bereich der deutschen Sprache und Literatur zu methodischer wissenschaftlicher Arbeit und Lehrthätigkeit anzuleiten".[3] Aus der Formulierung des Seminar-Statuts, das vom Ministerium Ende November 1880 erlassen wird, ergibt sich eine erste indirekte Anerkennung der angestrebten Teilung des Faches; § 2 des Statuts lautet nämlich:

> Das Seminar zerfällt in zwei Abtheilungen, eine für Altdeutsch u.s.w. und eine für Neuhochdeutsch u.s.w. Leiter sind zwei Professoren der deutschen Philologie, von denen einer zugleich die Geschäfte führt.[4]

Ende Mai 1885 erfährt Schmidt durch Scherer erstmals von Plänen der Großherzogin Sophie, in Weimar ein Goethe-Archiv zu schaffen, wird zum Leiter des

---

[1] *Lemayer: Hochschulverwaltung; 1878*; S. 18.
[2] UAW, Dekanatsakt Nr. 15/1880/81.
[3] § 1 des Seminar-Statuts, in: *Schweickhardt: Universitäts-Gesetze; 1885;* S. 988.
[4] *Schweickhardt: Universitäts-Gesetze; 1885;* S. 988.

künftigen Archivs vorgeschlagen und entschließt sich, nach Weimar zu übersiedeln. Mit Scherer berät er sich über die Nachfolgefrage:

> Wir haben schon in acht Tagen Commissionssitzung. Ich denke: Minor 1., dann Sauer und Seuffert aequo loco zur Ausfüllung der Terna. Sauer kann dann E.o. in Prag werden, Seuffert mit 800 fl. in Graz anfangen. David ist einverstanden damit. An Werner werde ich schreiben, daß er zu Gunsten Sauers klaglos zurücktreten muß.[1]

Gemeinsam mit Heinzel legt Schmidt im folgenden Berufungsverfahren dann selbst die Weichen für seine Nachfolge. – Zeugnis davon gibt das

> Protocoll der Commissions-Sitzung,
> welche Montag den 6. Juli 1885, 4 Uhr N. M., in Gegenwart der Unterzeichneten in Betreff der Neubesetzung der durch Prof. Erich Schmidt's Abgang erledigten Lehrkanzel abgehalten wurde.
> Heinzel wirft die prinzipielle Frage auf, ob die eine der zwei germanistischen Professuren vorzugsweise für neuere Literatur bestimmt sein soll; er spricht sich dafür aus.
> v. Hartel stimmt Heinzel zu. Außer anderem Grunde spreche auch die Einrichtung der Lehramtsprüfungen und der Seminare dafür.
> Schmidt schließt sich dem Gesagten an u. schildert die bezügliche Einrichtung der Seminare.
> Heinzel's Antrag wird einstimmig angenommen.
> Schmidt spricht für Aufstellung einer Terna, welche nicht ausschließlich Österreicher zu bezeichnen braucht. Er denkt in erster Linie unter Österreichern an Prof. Minor in Prag, dann an Priv. Doc. Seuffert in Würzburg (der schon zweimal zum Professor vorgeschlagen war & nur auf Grund der bayer. Partei-Verhältnisse nicht befördert worden ist); zunächst komme in Österreich Prof. Sauer in Graz in Frage.
> v. Hartel bemerkt, daß die Vorschläge nicht nothwendig auf ein Ordinariat gehen müssen, da alle noch verhältnismäßig jung u. Extra-Ordinarien sind (Prof. Minor & Sauer), Seuffert ist Priv. Docent. Fragt, ob nicht in Deutschland noch eine namhafte Kraft zu finden sei.
> Schmidt fände in diesem Falle eine gewisse Härte darin, die inländischen jüngeren Kräfte zu übergehen. Im deutschen Reich sei Rud. Hildebrand u. Mich. Bernays fast allein zu nennen, neben Scherer, an welchen aber nicht gedacht werden könne.
> Büdinger weist darauf hin, daß Minor eine ganz vorzügliche Lehrkraft sei.
> Zimmermann weist auf die große Bedeutung hin, welche die Lehrkanzel für deutsche Sprache u. Literatur jetzt mehr als jemals an österr. Universität besitze. Auf sie gehöre ein bedeutender Mann u. ein klingender Name. Diesen Anforderungen scheinen die angesetzten Namen nicht vollauf zu genügen. Beklagt er aufs Lebhafteste, daß Scherer verloren sei u. möchte nicht jeden Versuch aufgeben, diese hervorragende Kraft wieder zu gewinnen.

---

[1] Schmidts Brief an Scherer vom 28. 6. 1885 in *Richter: Briefwechsel Scherer–Schmidt, 1963*; S. 212.

> Heinzel erklärt auf eine private Anfrage eine abschlägige motivierte Antwort von Scherer erhalten zu haben.
> Mussafia ist erstaunt darüber, daß eine so geringe Zahl von hervorragenden Kräften auf diesem Gebiet verfügbar sei. Er bedauert, daß nur jüngere u. hoffnungsvolle Kräfte zur Disposition stehen.
> Schmidt bespricht die Leistungen von Mich. Bernays, die keineswegs jene von Minor & Sauer so sehr überragen.[1] Allerdings besitze er eine bedeutende Rednergabe u. würde anregend wirken. Doch erschiene ihm seine Berufung als große Unbilligkeit gegen die jüngeren Österreicher, unter welchen Minor große Reife u. sehr scharfes Urtheil besitze. Verbreitet sich über Seuffert's Leistungen, die er warm rühmt, nicht minder seine Lehrbegabung.
> Der Antrag, die Hrn. Minor primo loco, Seuffert u. Sauer secundo loco ex aequo zu Extra-Ordinarien vorzuschlagen, wird einstimmig angenommen.
> Das Referat übernimmt Prof. Heinzel.
>
> [Unterschriften:]
> Mussafia, Heinzel, Robert Zimmermann, Hartel, Schipper, Büdinger, Erich Schmidt, Gomperz[2]

Am 12. Juli hält Heinzel sein Referat vor dem Fakultätskollegium, das den Besetzungsvorschlag ebenfalls einstimmig annimmt, und am 23. August unterzeichnet der Kaiser das Ernennungsdekret, mit dem Jakob Minor per 1. Oktober 1885 zum Extraordinarius für deutsche Sprache und Literatur an der Universität Wien bestellt wird.[3]

Wien bis zur Ernennung zum o. Professor

Am 11. Oktober 1884 ist das neue Universitätsgebäude an der Wiener Ringstraße offiziell eröffnet worden. Schon im Jahr zuvor haben die juridische und Teile der philosophischen Fakultät den Neubau bezogen, während des Wintersemesters 1884/85 sind auch die Germanisten samt ihrem Seminar hierher übersiedelt. Minor bezieht bei seinem Dienstantritt in Wien am 1. Oktober 1885 moderne, den damaligen universitären Bedürfnissen entsprechende Räumlichkeiten. Ins Zentrum seiner Antrittsvorlesung stellt der junge Extraordinarius *Die deutsche Literatur in Wien und Niederösterreich*. Schon zu Beginn des Vorjahres hat er mit Joseph von Weilen, einem der leitenden Redakteure des „Kronprinzenwerks", einen ausführlichen Beitrag zu diesem Thema vereinbart,[4] das er nun auch an den

---

[1] Vgl. *Castle: Schmidt-Briefe; 1955*; S. 88 (Brief vom 6. 4. 1886).
[2] UAW, Personalakt Schmidt, 6. Juli 1885 Zl 768. – Unterstreichungen im Original.
[3] AVA, MCU, 15.832/1885: A. h. Entschließung vom 23. August 1885.
[4] *Minor: Deutsche Literatur in Wien und NÖ; 1886*.

Beginn seiner Wiener Kollegien stellt. Er leistet damit Pionierarbeit, da er regionale Literaturgeschichtsschreibung als kulturpolitische Manifestation, wie sie Wilhelm Scherer in seiner *Geschichte des Elsasses von den ältesten Zeiten bis auf die Gegenwart* 1871 begründet hat, nun auch für österreichische Regionen betreibt und ins Blickfeld rückt – auch wenn ihm erst Joseph von Weilen einzelne Aspekte dazu nahegebracht haben dürfte.[1]

In einer fünfstündigen Vorlesung dieses ersten Semesters in Wien beschäftigt sich Minor mit der *Geschichte der deutschen Literatur von 1750 ab*, eine Stunde davon findet jeweils öffentlich zugänglich am Samstag statt; das zweistündige Seminar widmet er nicht näher bezeichneten *Übungen*. Zu Beginn des Jahres 1886 teilt er dem Dekanat seine Absicht mit,

---

[1] Josef von Weilen ist Vater des späteren Minor-Schülers und Literarhistorikers Alexander von Weilen. – Zwei der Briefe Weilens sen. hat Minor als Notizzettel für seine Schiller-Monographie verwendet und aufbewahrt (DLA; Nachlass J. Minor, Karton 2); sie tragen beide den gedruckten Briefkopf *Die österreichisch-ungarische Monarchie in Wort und Bild. Redaction: Stallburg Nr. 2.* und lauten:

Wien, 31/1 1885
Hochverehrter Herr College!
In der gestrigen Sitzung des Künstler-Comites wurden die Illustrationen für den literar. Theil N. Ö, welchen Sie bearbeiten, bestimmt. Ich theile Ihnen dieselben mit. Nibelungenhandschrift. Walther v. d. Vogelweide. Blatt aus Wieskunig mit der Widmung des Teuerdank. Portraits: Grillparzer, Abraham a. S. Clara, Sonnenfels, Blumauer, Raimund, Lenau, Anast. Grün.
Es wäre mir sehr lieb, Ihr Manuscript recht bald kennen zu lernen. Vielleicht komme ich im März über einen Sonntag nach Prag u. Sie lesen mir es vor, und wir besprechen die nothwendigen Aenderungen, was sich besser als schriftlich machen läßt.
Mit besten Grüßen hochachtgv ergebenst
Ihr Weilen

Wien, 9. Februar 1885
Hochgeehrter Herr Professor.
Dank für Ihren herzlichen Brief und für die erfreuliche Aussicht Ihr Manuscript bald in Händen zu haben. Ihre Bemerkungen über Blumauer's und Sonnenfels' Portraits nötigen mich zu einigen Bemerkungen, die Ihnen vielleicht bei Ihrer Arbeit noch von Nutzen sein können, damit sich dieselbe im Einklang mit dem ganzen Werke gestaltet. Das Werk soll ein ethnographisches sein und jeder einzelne Artikel, diesem Grundprincipe Rechnung tragen. Wie unbedeutend auch Blumauer und Sonnenfels für die deutsche Literatur im Allgemeinen sein mögen, als Ausdruck des Culturlebens in Wien und Niederösterreich im 18. Jahrhundert, sind sie bedeutsam.
Mit dem herzlichen Gruße
Ihr ergebener
Jos. Weil.

[...] an Stelle eines vierstündigen Hauptcollegiums und eines einstündigen Publicums wegen der kurzen Dauer des Semesters ein fünfstündiges Collegium gegen das Honorar eines vierstündigen Collegiums zu lesen.[1]

Das Ministerium genehmigt den geplanten Tausch. Einschließlich einer Stunde am Samstag widmet Minor das „Hauptcollegium" im folgenden Sommersemester der *Geschichte der deutschen Literatur in der Sturm- und Drangperiode*, im Seminar behandelt er *J. Elias Schlegel's Dramen und dramaturgische Schriften*.

In diesem Jahr bringt Minor *Tieck und Wackenroder*[2] in einer historisch-kritischen Ausgabe als Band 145 von Kürschners *Deutscher National-Litteratur* heraus; der Band enthält neben *Franz Sternbalds Wanderungen* allerdings nur die *Phantasien über die Kunst I* und *II*. Anfang April erreicht ihn aus Weimar ein freundlicher und ausführlicher Brief von Erich Schmidt, in dem von der geplanten Sophien-Ausgabe die Rede ist:

> In Berlin ist ein Programm für Ausgabe u. Biographie (Loeper etc) skizziert worden. Sie kriegen es im Mai mit der Bitte um Betheiligung an der Ausgabe. Die Vertheilung macht Scherer; ich rede ihm nicht drein, da er jetzt gegen Widerspruch sehr reizbar ist. Ich selbst will den Faust übernehmen, der die längste Arbeit im Archiv fordert. Die Mitarbeiterliste ist groß. Unmöglich schien uns nur Düntzer. Bernays hat schroff abgelehnt. Von seinen Intriguen, hinter meinem Rücken sich hier einzunisten, will ich schweigen. Walzel kann natürlich jetzt noch nicht herangezogen werden, bevor er etwas veröffentlicht hat; ich notiere ihn aber für später.[3]

Noch im selben Jahr erscheint – nach insgesamt 22 Aufsätzen und Rezensionen von literarischen und literarhistorischen Texten – in „Abtheilung 1" des zweiten Bandes des „Kronprinzenwerks" Minors Arbeit über *Die deutsche Literatur in Wien und Niederösterreich*.[4] In unmittelbarer Verbindung dazu gibt Minor in der

---

[1] UAW, Beiblatt zu Phil 108-1, für Sommer 1886. – Das „Collegium publicum", eine frei zugängliche, kostenlose und meist einstündige Vorlesung, fand üblicherweise an Samstagen statt. Veranstaltungen dieser Art bildeten ein Element der in Österreich ab 1885 einsetzenden Volksbildungsbewegung. Der Wiener Volksbildungsverein veranstaltete ab 1887 Sonntagsvorträge, die zu einem Gutteil von Universitätsprofessoren gehalten wurden. Sonntagsvorträge und öffentlich zugängliche Vorlesungen wurden zwischen 1893 und 1895 nach dem Muster der englischen *University extensions* zu volkstümlichen Universitätsvorträgen zusammengeführt, die aus Staatsmitteln dotiert wurden. Neben dem volksbildnerischen Ziel bildeten sie eine wichtige Verdienstmöglichkeit für Privatdozenten. – Vgl. *Geschichte der Wiener Universität; 1898*; S. 54 f., und *Czeike: Lexikon Wien; Bd. 5, 1997*, S. 551.

[2] *Minor: Tieck und Wackenroder; 1886*.

[3] *Castle: Schmidt-Briefe; 1955*; S. 88 (Brief vom 6. 4. 1886).

[4] *Minor: Deutsche Literatur in Wien und NÖ; 1886*. – An dem Band arbeiteten neben anderen mit die Kunsthistoriker Albert Ilg, Karl Lind und Carl von Lützow, der Musik-

Zeitschrift für die österreichischen Gymnasien eine 24-seitige, wegweisende *Bibliographie und Quellenkunde der österreichischen Literaturgeschichte* heraus und schreibt dort einleitend:

> Im zweiten Bande des Werkes „Die österreichisch-ungarische Monarchie in Wort und Bild" habe ich den, so viel ich weiß, ersten Versuch einer historischen Darstellung der Entwicklung der deutschen Literatur in Österreich von den ältesten Zeiten bis auf die Gegenwart gemacht, insoweit sich dieselbe in Niederösterreich und Wien als dem Centrum der Monarchie vollzogen hat.
>
> Ich beabsichtige auf den folgenden Seiten, die arg zerstreute und verzettelte Literatur über dieses Thema im Anschluss an meinen Aufsatz zusammenzustellen. Bis zum Erscheinen eines Grundrisses der deutschen Literatur in Österreich, den wir alle sehnlichst erwarten, wird noch geraume Zeit vergehen; inzwischen können vielleicht meine Aufzeichnungen denen, die sich als Lehrer oder Schriftsteller mit diesem Gegenstande beschäftigen, einen geringen Ersatz bieten.[1]

Im Schlussabsatz beschreibt Minor sein Anliegen noch aus anderer Perspektive:

> Meine Hauptaufgabe war und musste sein, für die neuere Zeit, das 18. und 19. Jahrhundert, das zu thun, was für die älteren Perioden längst gethan war: Literaturrichtungen aufzuzeigen, die zerstreuten und zersplitterten Erscheinungen zu gruppieren, die Perioden im ganzen zu charakterisieren […]; wie wenig mir hierin vorgearbeitet war, weiß nur der, welcher es einmal versucht hat, etwa die Dichter der romantischen Zeit nebeneinander zu stellen: im einzelnen lauter wenig bedeutende Namen, im ganzen aber, wie ich gezeigt zu haben glaube, eine Verkörperung aller Tendenzen der romantischen Zeit.[2]

Auch Erich Schmidt meldet sich in dieser Sache zu Wort, hat zu Minors Beitrag allerdings auch Vorbehalte:

> Ihr Résumé über die österr. Litteratur war sehr schwierig, u. Sie haben sehr disparate Massen zum 1. Mal klar gegliedert. Die Ausblicke auf die Gegenwart konnten Sie wol nicht ablehnen. Nur damit bin ich nicht einverstanden, daß Sie die paar großen Talente, wie Raimund, Grillparzer, so kurz abthun. Sie stehen nicht breit u. hoch genug da. Speidel wollte mir seinen Abschnitt schicken,[3] hats aber wie vorauszusehen vergessen. Wie kommts daß Sie gar nicht kneiplich mit ihm verkehren?[4]

---

historiker und -kritiker Eduard Hanslick, der Theaterkritiker Ludwig Speidel und der Technologe Franz Exner. – Vgl. Kapitel „*Ich bin ein Chinese*".

[1] *Minor: Quellenkunde österreichische Literaturgeschichte; 1886*; S. 561.
[2] *Minor: Quellenkunde österreichische Literaturgeschichte; 1886*; S. 584.
[3] Ludwig Speidel, der Theaterkritiker der *Neuen Freien Presse*, verfasste den Beitrag über *Das Wiener Schauspiel* (S. 169–204).
[4] *Castle: Schmidt-Briefe; 1955*; S. 88 f. (Brief vom 13. 7. 1886).

Bald danach, am 6. August 1886, stirbt Scherer nach seinem zweiten Schlaganfall. Schmidt soll auf dessen Lehrstuhl nach Berlin gerufen werden. Er erklärt Minor seine Absicht, Weimar zu verlassen[1] – „Entgeht mir B[erlin], so bin ich wahrscheinlich für immer hier festgenagelt" – und liefert zugleich aufmunternde Hinweise nach Wien, um Minor bei der mühsamen Arbeit an seiner Schiller-Biographie zu unterstützen:

> Baron Gleichen-Rußwurm,[2] den ich sehr gern habe, sagte mir neulich, er möchte sehr gern sein Hausarchiv in Greifenstein einmal durch einen kundigen u. absolut zuverlässigen Gelehrten ordnen lassen. Ich dachte gleich an Sie u. sagte das auch. Es könnte einmal im August oder Sept. geschehen. Sie wären sein Gast; alles andere würde sich sehr leicht arrangieren.[3]

In diesem August versucht Minor neuerlich vergeblich, mit Cotta in Kontakt zu treten;[4] ebenso vergeblich empfiehlt er den Stuttgartern im November einen „der begabtesten unter meinen hiesigen Seminaristen", der über die Sage von Hero und Leander „bis auf Grillparzers Drama herauf"[5] eine Arbeit verfasst hat. – Der Anregung Schmidts, sich bei Ludwig Gleichen-Rußwurm nützlich zu machen, folgt Minor zwei Jahre später; der Schiller-Nachfahr bedankt sich danach auf besondere Weise im September 1888:

> Geschätzter Herr Professor!
> Sie haben herrliche Ordnung geschaffen und mir dadurch meinen schönen Besitz gewiß um so werther gemacht. Haben Sie nochmals tausend Dank für dieselbe, für alle Ihre gütigen Bemühungen, die es mir zur Freude machen, Ihnen als Andenken an Ihre Arbeitszeit im Schiller-Archiv den Plan des Don Carlos zu übersenden, den ich bei Ihnen in den besten Händen weiß. Hoffentlich hat meine Verpackung das Autograph vor jedem Schaden bewahrt und es kommt wohlverschlossen zu Ihnen.[6]

Unmittelbar vor Jahresende meldet sich Erich Schmidt noch einmal, wünscht zum Neujahr „vor allem eine freie Stimmung für das Schillerbuch" und schildert

---

[1] Die Berufung erfolgt und Schmidt übersiedelt nach Berlin; seine Nachfolge als Leiter des Weimarer Goethe-Archivs tritt Bernhard Suphan an.
[2] Ludwig Freiherr von Gleichen-Rußwurm (* 1836, † 1901), ein Enkel Schillers, lebte in Greifenstein ob Bonnland, Unterfranken.
[3] *Castle: Schmidt-Briefe; 1955*; S. 89 f. (Brief vom 14. 10. 1886).
[4] Minor möchte eine Novalis-Ausgabe bei Cotta verlegen lassen.
[5] CA; Minor-Brief vom 16. 11. 1886.
[6] DLA, Schiller Fam. von Gleichen-Rußwurm; Br. von G.-R., Ludwig von; Fiche-Nr. 009507.

nebenbei: „Am 4. soll ich nach Dresden fahren um den hsl. Nachlaß des Frl. v. Göchhausen durchzugucken, der viel Schönes bergen kann."[1]

In diesem Wintersemester 1886/87 liest Minor vierstündig *Geschichte der deutschen Literatur in der Zeit der gemeinsamen Wirksamkeit Goethe's und Schiller's* und jeden Samstag eine Stunde *Schiller's Jugendwerke*; im zweistündigen Seminar leitet er *Übungen auf dem Gebiete der Literatur des Sturms und Dranges* und macht damit die Arbeit, die er in seine Schiller-Monographie investiert, auch für die Lehrtätigkeit fruchtbar.

Unter den Veröffentlichungen des Jahres 1887 – insgesamt 36 Aufsätze und Rezensionen – sind einige hinsichtlich ihrer Publikationsorte bemerkenswert:
• Gleich im ersten Jahr seiner Mitgliedschaft liefert Minor für die *Chronik des Wiener Goethe-Vereins* fünf Beiträge, darunter *Gefunden [Ein Gedicht Goethes aus den Bremer Beiträgen]*.
• Vier Beiträge schreibt er für das *Goethe-Jahrbuch*, das Ludwig Geiger (eigentl. Abraham Lazarus, * 1848, † 1919) seit 1880 in Berlin herausgibt, darunter *Goethes Gedicht an den Kuchenbäcker Hendel*.[2]
• Für die 1886 von Karl Emil Franzos (* 1848, † 1904) gegründete und redigierte Literaturzeitschrift *Deutsche Dichtung* liefert er eine dreiteilige Arbeit *Zum Jubiläum des Faustbuches*; im Dezember des Vorjahrs hat er für Franzos bereits einen Nachruf auf Wilhelm Scherer[3] verfasst.

Im Sommersemester 1887 bietet Minor wieder zwei Vorlesungen: Vierstündig *Geschichte der deutschen Literatur im XVI. Jahrhundert* und als einstündige, frei zugängliche Vorlesung an Samstagen *Ausgewählte Capitel aus der neueren deutschen Sagengeschichte*; im Seminar hält er zweistündige *Übungen auf dem Gebiete der Literatur der classischen Periode*.

Zu dieser Zeit beschäftigt sich Minor intensiv mit Novalis und dessen Werk (bereits Ende 1883 hat er der Cotta'schen Buchhandlung *Gedichte u. Fragmente von Novalis* zum Verlag angeboten, ist aber abschlägig beschieden worden).[4] Noch im Frühjahr 1887 kommt es auch zu einer argen Verstimmung zwischen Minor und der Cotta'schen Buchhandlung in Stuttgart. Der Zwist beginnt mit

---

[1] *Castle: Schmidt-Briefe; 1955*; S. 90 (Brief vom 28. 12. 1886). – Im Nachlass der Louise von Göchhausen (* 1752, † 1807) entdeckt Schmidt den von ihm so benannten „Urfaust".
[2] Minors Vater, der zu diesem Zeitpunkt noch lebt, ist Kuchenbäcker.
[3] *Minor: Scherer-Nachruf; 1886*. – Die WStLB bewahrt einige Mitteilungen Franzos' zu Minor-Beiträgen.
[4] CA, Minor-Brief vom 10. 12. 1883.

einer kurzen Notiz in der Morgenausgabe der Wiener *Neuen Freien Presse* vom 13. April:

> [G r i l l p a r z e r ' s   N a c h l a ß .] Auf Ansuchen eines Universitäts-Studenten, Einsicht in den Grillparzer'schen Nachlaß nehmen zu dürfen, wurde von der Bibliotheks-Commission beschlossen, die Benützung dieses Nachlasses für Schülerarbeiten n i c h t zu gestatten; dagegen wurde der Archivdirector ermächtigt, im vorliegenden Falle jene Quellen namhaft zu machen, welche im handschriftlichen Nachlasse Grillparzer's als Vorstudien für das Drama „Des Meeres und der Liebe Wellen" angeführt sind.[1]

Noch am selben Tag schreibt Minor einen Leserbrief an die *Neue Freie Presse*, der zwei Tage später ins Blatt eingerückt wird:

> V ö s l a u , 13. April 1887.
> H o c h g e e h r t e   R e d a c t i o n ! Gestatten Sie mir, als dem Director der modernen Abtheilung des Seminars für deutsche Philologie in Wien,[2] mein öffentliches Bedauern über den in Ihrem heutigen Morgenblatte gemeldeten Beschluß der Bibliotheks-Commission des Wiener Gemeinderathes auszusprechen, welcher einem Mitgliede unseres Seminars die Einsicht in den Nachlaß Grillparzer's verweigert. Durch diesen engherzigen Beschluß wird dem Seminar die wissenschaftliche, d. h. quellenmäßige Beschäftigung mit dem größten Dichter Oesterreichs überhaupt unmöglich gemacht.
> Zur Illustrirung stelle ich die Thatsache daneben, daß die königliche öffentliche Bibliothek in D r e s d e n einem andern unserer Seminaristen den Einblick in den Briefwechsel Friedrich S c h l e g e l ' s für eine Schülerarbeit nicht nur bereitwilligst gestattet, sondern die Manuscripte zweimal auf mehrere Monate v o n Dresden nach Wien geschickt hat, wo sie im Seminar-Locale aufbewahrt werden.
> So fördert man im Auslande die Arbeiten österreichischer Schüler, welche Mitglieder unseres Seminars sind. So unterstützen uns Andere, sowol Wiener als auswärtige Anstalten auf das bloße Ansuchen mit Büchern und Handschriften. Wie mein College und mein Vorgänger, habe ich es stets als meine Pflicht betrachtet, unsern jugendlichen Arbeitern den Weg zu den letzten Quellen zu eröffnen, und bin bisher nur einmal enttäuscht worden durch die Bibliotheks-Commission des Gemeinderathes der Stadt W i e n, in welcher unsere Studenten leben und studiren.
> Vielleicht läßt sich für diese ablehnende Haltung der Commission eine andere Erklärung finden. Die Frage, inwieweit die Benützung der Grillparzer'schen Papiere von dem Gemeinderathe, inwieweit sie von dem Verleger abhängt, ist nicht völlig ins Klare gebracht. Man weiß nicht, ob die Stadtbibliothek blos die Autographen Grillparzer's verwahrt, oder ob sie auch auf den geistigen Inhalt eines Theiles des Nachlasses ein Anrecht hat. Um unliebsame Collisionen zu vermeiden, ertheilt dann der Gemeinderath den Schützlingen des Verlegers die Bewilligung zur Benützung, während das Ansuchen Anderer einer gewissen Verlegenheit begegnet. Eine Unterscheidung der Rechte des Gemeinderathes und des Verlegers wäre eine

---

[1] *Neue Freie Presse*, 13. April 1887.
[2] Minor nennt die neuere Abteilung des Seminars gelegentlich „moderne Abteilung".

dringende Pflicht der Bibliotheks-Commission, und die Oeffentlichkeit sollte nicht darüber in Ungewißheit bleiben, ob und wem die Benützung des Grillparzer'schen Nachlasses erlaubt ist und von wem die Erlaubniß abhängt. Solche Papiere darf an deutschen Bibliotheken Jedermann unter den Augen des Bibliothekars benützen, und am allerwenigsten würde man dort die Studenten davon ausschließen. Hochachtungsvoll
    Professor Dr. J. Minor,
    Director der neueren Abtheilung des Seminars für
    deutsche Philologie an der Universität Wien.[1]

Minor hält in seinem Brief zumindest zweierlei im Auge:
- Ihn verbittert die Merkwürdigkeit, dass ausgerechnet ein Wiener Archiv einem Studenten der Wiener Universität das Arbeiten erschwert, während die Zusammenarbeit mit ausländischen Archiven auf derselben Ebene reibungslos funktioniert.
- Er weist aber auch hin auf Unsicherheiten, die in Fragen des Urheberrechts bestehen; unter anderem wohl auch deshalb betreiben heimische Bibliotheken und Archive nicht nur eine äußerst prohibitive, sondern auch willkürliche und inkonsistente Entlehnpolitik (erst ein paar Monate zuvor ist in der Berner Übereinkunft der Schutz von geistigem Eigentum in Werken der Literatur und Kunst nicht bloß bilateral, sondern erstmals auch international verankert worden, doch Österreich ist der Konvention nicht beigetreten).[2]

Zugleich weiß Minor zweifellos, dass August Sauer, sein Schul- und Studienfreund, Kollege und nunmehriger Nachfolger in Prag, mit der Bearbeitung bisher unveröffentlichter und in der Wiener Stadtbibliothek verwahrter Grillparzer-Texte betraut ist. Erst im November des Vorjahres hat er außerdem Cotta das – vorhin erwähnte – Manuskript eines seiner Seminaristen zur Veröffentlichung angetragen[3] und ist abschlägig beschieden worden. Beides deckt sich und verstärkt vermutlich seinen Ärger.

Im Verlagshaus Cotta verursacht Minors Leserbrief einigen Rumor;[4] knapp drei Wochen nach seinem Erscheinen kommen die Stuttgarter mit einer „Erklä-

---

[1] *Neue Freie Presse*, 15. April 1887.
[2] Berner Übereinkunft vom 9. September 1886. – Das österreichische Urheberrecht bot österreichischen Autoren kaum Schutz vor Übersetzungen und Nachdrucken im Ausland, was in der Regel dazu führte, dass nahezu alle bedeutenden österreichischen Autoren ihre Werke deutschen Verlegern anvertrauten. Österreich trat der Berner Konvention erst 1918, nach Ende der Monarchie, bei.
[3] CA – Minor, Minor-Brief vom 16. November 1886.
[4] Ein Ausschnitt aus der *Neuen Freien Presse* vom 15. April 1887 wird im CA aufbewahrt.

rung" heraus, die Anfang Mai in der Münchener *Allgemeinen Zeitung*[1] veröffentlicht und von der Wiener *Neuen Freien Presse*[2] prompt nachgedruckt wird. – Cotta hat um Reaktion auf den Minor-Leserbrief ersucht und Sauer hat prompt geantwortet:

> Ihrem Wunsche augenblicklich Folge leistend, erlaube ich mir Ihnen beifolgend den Entwurf einer Erklärung zu übersenden, welche Sie am besten mit der Firmen-Unterschrift zum Abdruck bringen, da mein Name in Herrn Minors Erklärung nicht genannt war und dieselbe direct gegen die Firma gerichtet gewesen zu sein scheint.
>
> Ich bitte Sie nur, falls Sie größere Änderungen in dem Aufsatze anzubringen für nöthig finden sollten, mir denselben mit Ihren Anmerkungen retournieren zu wollen, während Sie wol kleinere Änderungen, Weglassungen oder Zusätze nach eigenem Gutdünken vorzunehmen die Güte haben werden.
>
> Was die Sache selbst anlangt, so müssen wir gewärtig sein, daß der Gemeinderath selbst der sogenannten Rechtsfrage nahe tritt und ein Gutachten veranlasst. Ob dieses Gutachten ganz mit meiner Auffassung übereinstimmt, kann ich selbstverständlich nicht verbürgen; will aber hinzufügen, daß ich die Frage mit dem berufenen Vertreter, Dr. Glossy oftmals durchgesprochen habe und daß diese Erklärung mit der privaten Ansicht jenes Herren sich völlig deckt.
>
> Ich habe noch zu erwähnen, daß Herrn Prof. Minors Vorgehen mich ebenso empörte als kränkte, da eine langjährige Arbeitsgemeinschaft und Freundschaft etwas mehr Rücksicht auf den „Schützling" des Verlegers hätte verlangen dürfen. Ich möchte daher den Schluß meiner Erklärung ungern abgeschwächt wissen.[3]

In der von Sauer formulierten „Erklärung" Cottas wird die Begründung der Ablehnung zur Einsichtnahme in den Grillparzer-Nachlass durch die Wiener Bibliotheks-Kommission ausdrücklich gutgeheißen und der rechtliche Status der Grillparzer-Autographen und -Archivalien aus der Stuttgarter Perspektive dargelegt:

Nach Grillparzers Tod am 21. Jänner 1872 habe die Verlagsbuchhandlung Cotta durch einen Vertrag mit Grillparzers Verlobter Katharina Fröhlich sämtliche Verlagsrechte um insgesamt 44.000 Gulden erworben. Frau Katharina Fröhlich habe für die danach geplante zehnbändige Oktav-Ausgabe den ehemaligen Burgtheater-Direktor Heinrich Laube[4] und den Scriptor der Hofbibliothek, Joseph von

---

[1] *Allgemeine Zeitung München*, Nr. 125, Beilage; 6. Mai 1887. – Rosenbaum: *Sauer-Bibliographie; 1925*, S. 19, vermerkt dazu: „[...] wohl von Sauer verf[aßt]?"

[2] *Neue Freie Presse*, 12. Mai 1887.

[3] CA, Sauer-Brief vom 2. 5. 1887.

[4] Heinrich Laube (* 1806, † 1884) war als Burgtheater-Direktor (1849–1867) prominenter Förderer Grillparzers.

Weilen,[1] zur Herausgabe des bereits veröffentlichten und großer Teile des unveröffentlichten Werkes Grillparzers berufen; alle Originalmanuskripte Grillparzers aber habe sie der Gemeinde Wien vermacht,

> [...] welche mit Rücksicht auf den mit der Verlagsbuchhandlung geschlossenen Contract von allen in demselben aufgeführten Werken des Dichters bis zum Ablaufe der gesetzlichen Frist in der That nur die Autographen Grillparzer's verwahrt, auf den geistigen Inhalt des weitaus größeren Theiles jener Papiere aber vorläufig kein Anrecht hat.

Zur dieser Zeit, da Minor und Cotta miteinander in Leserbriefen und Erklärungen via Tagespresse verkehren, hält die Wiener Stadtbibliothek aber auch Teile aus dem Nachlass Grillparzers verwahrt, an denen sie tatsächlich „das volle Eigenthums- und Verlagsrecht" besitzt, nämlich:
• Vier frühe Grillparzer-Dramen, die in der Abmachung zwischen Cotta und Katharina Fröhlich nicht festgehalten sind,
• alle losen, also nicht in sich geschlossenen Teile des Grillparzer-Tagebuchs und
• *sämtliche Konzepte oder Originale der Briefe, Gesuche und sonstiger Dokumente aus Grillparzers Nachlass.*
Und eben zu dieser Zeit bereitet die Verlagsbuchhandlung Cotta

> [...] in vollem Einverständnisse des Wiener Gemeinderathes [...] eine vierte, verbesserte und vermehrte Ausgabe von Grillparzer's Werken in 16 Bänden vor, deren Besorgung der Professor der deutschen Sprache und Literaturgeschichte an der deutschen Universität zu Prag, Dr. August Sauer, übernommen hat.

Dass also der Wiener Gemeinderat für die neue Ausgabe sein Rechtseigentum am Grillparzer-Nachlass einerseits „der Firma Cotta in liberalster Weise [...] zur Verfügung gestellt" hat und zugleich andererseits einen didaktisch und forscherisch motivierten Zugang verwehrt – dieses Messen mit zweierlei Maß ärgert Minor; seinen öffentlichen Protest formuliert er im vorhin zitierten Leserbrief an die *Neue Freie Presse*.

Zusätzlich dürfte Minor aber verärgert sein durch die abschließende Begründung der Cotta'schen „Erklärung", in der es heißt,

> [...] daß die Bibliotheks-Commission des Wiener Gemeinderathes nur die mit großen Opfern erworbenen Rechte der unterzeichneten Verlagsbuchhandlung achtet und wahrt, wenn sie die Benützung der Grillparzer'schen Manuscripte dem großen Publicum und insbesondere unberufenen, übel berathenen Anfängern ohne Bewilligung der Verlagsbuchhandlung bis auf Weiteres nicht gestattet, wie dieses

---

[1] Der schon mehrfach zitierte spätere Redaktionsleiter des „Kronprinzenwerkes", an dem auch Minor mitarbeitete. – Vgl. Minor: *Deutsche Literatur in Wien und NÖ; 1886.*

Vorgehen andererseits auch nur dem Willen der Erblasserin entspricht, welche die Verwerthung des kostbaren Schatzes ausdrücklich namhaften Gelehrten vorbehalten wünschte.[1]

Noch am selben Tag, da die *Neue Freie Presse* die Cotta-Erklärung aus der *Münchener Allgemeinen Zeitung* verbreitet, schreibt Minor nach Stuttgart und verwahrt sich gegen die Respektlosigkeit, die dieser Text aus seiner Sicht impliziert:

> [Diese Worte] könnten mit Rücksicht auf einen frühern Anfänger von meiner Seite leicht auf die Studierenden der Stadt Wien bezogen werden und würden dann auch eine Beleidigung meiner Person mit sich führen, insofern wenn ich mich unter denjenige[m] verstehen könnte, welcher sie übel beraten hat.
> Ich erlaube mir deshalb die Anfrage, ob diese Ausdeutung Ihrer Meinung entspricht, oder ob dieser Bezug nicht obwaltet. [...]
> Hochachtend
> Prof Dr. J Minor / III Hauptstr 88 in Wien[2]

Eine Antwort ist – wenn sie überhaupt erfolgt ist – nicht erhalten. Sauer hat den Minor-Brief von Cotta jedenfalls zugeschickt bekommen und umgehend eine Antwort konzipiert:

> Ich erlaube mir beifolgend den Brief Prof. Minors zu retourniren, indem ich für die Mitteilung des höchst absonderlichen Schriftstückes ergebenst danke. Es ist mir gar nicht zweifelhaft, dass er auf diese Weise hofft, meinen Namen in die Discussion verflechten und dann über mich herfallen zu können. Ich würde bei dieser Sachlage am liebsten vorschlagen den Brief gänzlich unbeantwortet zu lassen. Da er aber zugleich wieder die Bibliotheks Commission des Gemeinderathes hereinzieht, so erlaube ich mir eine Antwort beiläufig folgendermassen zu skizziren, die ich der Bequemlichkeit halber in directer Rede belasse.
> „Auf die Anfrage vom 12. l. M. erlauben wir uns Ihnen mitzutheilen dass wir nach unserer Gewohnheit in allen unsere Firma betreffenden Angelegenheiten selbständig vorzugehen auch die Erklärung über Grillparzers Nachlass keineswegs im Einverständnisse mit der löblichen Bibliotheks Commission des Wiener Gemeinderathes abgefasst haben. Im übrigen sehen wir durchaus keine Veranlassung, zu einem öffentlichen Schriftstücke, dessen Wortlaut klar und deutlich für sich selbst spricht, irgendwelche private Commentare abzugeben."

---

[1] Im Zusammenhang mit der Grillparzer-Ausgabe hatte Sauer ersucht, „daß bis zur Vollendung dieser Arbeit die Cottasche Buchhandlung – soweit es an ihr liegt – niemandem andern das Recht zur Benutzung der Wiener Papiere gewährt; nicht als ob ich einzelne Studien [...] zu scheuen hätte, sondern weil nach meiner Kenntnis der Papiere eine Absonderung des Materials sehr schwer sich vornehmen läßt, weil neben unwichtigen Dingen oft die wertvollsten biographischen Notizen sich vorfinden und so eine Verzettelung des Materials zu fürchten ist [...]." – CA, Sauer-Brief vom 14. 10. 1886.

[2] CA, Minor-Brief vom 12. 5. 1887.

> Die grössere oder geringere Höflichkeit der Fassung dieser Antwort muss ich freilich Ihrem Eigenen Ermessen anheim geben. Für mich bedeutet die Angelegenheit nichts weniger als einen Bruch mit einem alten Freunde, den freilich dieser selbst in unqualific[ie]rbarer [Weise] herbeigeführt hat.[1]

Abseits dieses Zwistes und nachdem sich Minor von einer seiner seelischen Krisen offenbar wieder erholt hat,[2] stellt Richard Heinzel unmittelbar nach Beginn des Wintersemesters 1887/88 in der Fakultät den Antrag, dem Ministerium die Ernennung Minors zum ordentlichen Professor vorzuschlagen. In der am 15. Oktober unter Vorsitz des Dekans Albrecht Schrauf abgehaltenen Kommissionssitzung – Mitglieder der Kommission sind die Professoren Berndorf, von Hartel, Heinzel, Schenkl und Schipper – wird der Antrag nach kurzer Debatte angenommen und Heinzel mit der Berichterstattung beauftragt. Sein Referat lautet:

> Der in der Commission berathene Antrag zerfällt in zwei Theile 1) in den Antrag den Lehrstuhl für neuere deutsche Sprache und Litteratur durch einen Ordinarius zu besetzen und 2) in den andern zu diesem Ordinariat dem h. Ministerium den Professor extr. Dr. J. Minor vorzuschlagen.
> 1) Was den ersten Punct anbelangt, so hat die Commission hiebei die Wichtigkeit des Faches als wissenschaftliche Disciplin, ausser dem Beispiel anderer Universitäten und unsrer eigenen, welche durch lange Jahre die ordentl. Professoren Tomaschek und Erich Schmidt als Vertreter des gesamten Faches zu ihren Mitgliedern gezählt hat auch noch den Umstand ins Auge gefasst, dass nach den neuen Prüfungsvorschriften für Lehramtscandidaten des Gymnasiums und der Realschule, eine sehr grosse Anzahl unserer Studenten genöthigt sind sich auf unserer Facultät zu einer Prüfung aus deutscher Sprache und Litteratur vorzubereiten, bei welcher der Natur der Sache gemäß, das Hauptgewicht auf neuere deutsche Litteratur gelegt wird.
> 2) In Bezug auf die Person des zu ernennenden war die Commission in der angenehmen Lage constatieren zu können, dass sie nach demselben nicht weit zu suchen brauche, dass derjenige, welcher bisher den fraglichen Lehrstuhl als Professor extraord. innegehabt habe, zugleich derjenige sei, der am füglichsten dem h. Ministerium zur ordentlichen Professur des gesamten Faches vorgeschlagen werden könne.
> Die wissenschaftliche Behandlung der neueren deutschen Litteraturgeschichte ist eine junge Disciplin und die Zahl der namhaften Gelehrten, welche sich dieselbe zur Lebensaufgabe gestellt haben, eine geringe. Sie wird, wenn wir sie im Bezug auf die Bedürfnisse unserer Facultät durchmustern, noch beträchtlich geschmälert, wenn wir von jenen Gelehrten absehen, deren Alter oder Lebensstellung es verbietet, sie für eine Berufung an unsere Universität in Betracht zu ziehen. So kömmt außer Minor eigentlich nur M Bernays in München in Betracht. Seine wissenschaft-

---

[1] CA, Sauer-Brief vom 2. 5. 1887.
[2] Am 11. 3. 1888 schreibt Minor an Ferdinand von Saar: „Ich war im vorigen Frühjahr und Sommer, an den Nerven leidend, zur Arbeit fast unfähig." – Saar-Nachlass in der WStLB, H.I.N. 18.104.

lichen Leistungen und die Minors dürften sich ungefähr die Wage halten, so dass der Ausschlag für Minor durch seine in Österreich geübte und gekonnte Lehrthätigkeit, so wie durch seine Beschäftigung mit österreichischer Litteratur gegeben würde.

Über die Persönlichkeit und schriftstellerische Thätigkeit des von der Commission vorgeschlagenen Prof. Minor glaubt Referent sich kurz fassen zu können, da dem Collegium der Bericht über dessen Berufung von Prag nach Wien als Extraordinarius noch in Erinnerung sein dürfte. [...][1]

Wohl von allen diesen Schriften kann man sagen, daß sie durch scharfe Beobachtung, durch glückliche und und überzeugende Combinationen und Generalisationen unsre Kenntniss von der Litteraturentwicklung, besonders des 18. und 19. Jahrhunderts erweitert und vertieft haben. Dabei muß hervorgehoben werden, daß Minor in einigen der genannten Werke sich auch als sorgsamer Editor gezeigt hat, der mit der Technik dieses Zweiges der Philologie vollkommen vertraut ist, und zwar sowohl auf dem Gebiete des der altdeutschen wie der neueren Litteratur.

Referent kann schliesslich nicht umhin, dem Collegium mitzutheilen, was ihm aus seinem persönlichen Verkehr mit Prof. Minor bekannt geworden ist, daß die gedruckten Bücher und Aufsätze desselben durchaus nicht die Summe seiner wissenschaftlichen Arbeit von 1880 bis jetzt darstellen. Minor ist schon seit einer Reihe von Jahren mit einem grösseren biographischen Werke über Schiller beschäftigt, dem das meiste seiner Musse zu Gute kommt.

Was Minors Lehrerfolg anbelangt, so ist der Commission nur bekannt geworden, dass seine Collegien häufig belegt und eifrig besucht werden, Referent kann noch mittheilen daß nach seiner eigenen Erfahrung Minors Einfluss auf die germanistische Jugend unsrer Universität ebenso intensiv als erspriesslich ist.

Wien 22 October 1887[2]

Während der abgelaufenen acht Jahre hat sich Heinzels Argumentation deutlich zugunsten einer eigenständigen Vertretung des neueren Fachbereichs verschoben:

• 1879, als die Nachfolge des verstorbenen Karl Tomaschek zu regeln ist, hält man Umschau unter Germanisten, die sich nicht nur

[...] wissenschaftliche Verdienste um Probleme dieses Forschungsgebietes erworben, sondern auch die Studien über neuere deutsche Sprache und Litteratur entweder schon gegenwärtig in den Vordergrund ihrer wissenschaftlichen Thätigkeit gestellt haben, oder doch erwarten lassen, daß sie dies mit Lust und Erfolg in Zukunft thun werden.[3]

Auch definiert der Berichterstatter Heinzel zu dieser Zeit die Ziele der „neudeutschen Philologie" als „die gewöhnlichen philologischen" und begründet die Besetzung des zweiten germanistischen Lehrstuhls im wesentlichen mit der „Ausbil-

---

[1] Kurzbeschreibungen der wichtigsten Veröffentlichungen Minors.
[2] AVA, MCU, Beilage zu 4388/1888.
[3] UAW, Personalakt Erich Schmidt, ad 4347/79.

dung der neuen philologischen Methode" und deren Besonderheiten der Textkritik. – Zum Nachfolger Tomascheks wird Erich Schmidt bestellt.
• 1885, als die Nachfolge Schmidts geregelt werden muss, wirft Heinzel „die prinzipielle Frage auf, ob die eine der zwei germanistischen Professuren vorzugsweise für neuere Literatur bestimmt sein soll",[1] und wird darin durch die Berufungskommission einstimmig bestärkt. – Nachfolger Schmidts wird Jakob Minor.
• 1887 soll nun Jakob Minor als amtierender außerordentlicher Professor für deutsche Sprache und Literatur zum ordentlichen Professor für neuere deutsche Sprache und Literatur ernannt werden; Heinzel und mit ihm die Wiener philosophische Fakultät fordern implizit, den zweiten Lehrstuhl für deutsche Sprache und Literatur in einen Lehrstuhl für neuere deutsche Sprache und Literatur umzuwandeln. Die Notwendigkeit eines eigenständigen Ordinariats für das neuere Fach wird auch nicht mehr allein aus der Differenzierung der Fachbereiche, sondern zusätzlich mit jenem Bedarf begründet, den das Ministerium selbst ausgelöst hat: Aus den neuen Prüfungsvorschriften für Lehramtskandidaten des Gymnasiums und der Realschule ergibt sich, dass „der Natur der Sache gemäß das Hauptgewicht auf neuere deutsche Litteratur gelegt wird".

Am 26. Oktober 1887 übermittelt Dekan Albrecht Schrauf dem Ministerium ein entsprechendes Schreiben des Professoren-Kollegiums der philosophischen Fakultät; mit dem weiteren Ernennungsverfahren hat man dort diesmal aber keine besondere Eile.

Minor bestreitet das Wintersemester 1887/88 mit einem fünfstündigen Kolleg zur *Geschichte der deutschen Literatur von Opitz bis Klopstock*, in seinem zweistündigen Seminar befasst er sich mit *Interpretationsübungen* und mit *Übungen auf dem Gebiete der Literatur des XVI. Jahrhunderts*.

Sicherlich nicht unaufgefordert erlaubt sich der k. k. niederösterreichische Statthalter dem Ministerium dann am 12. Februar 1888

> [...] ergebenst zu berichten, daß Dr. Jacob Minor, über welchen bereits in Folge hohen Erlasses [...] berichtet wurde, katholisch, verheiratet und Vater von zwei Kindern ist, in geordneten Verhältnissen lebt und auch seither eine correcte sittliche und staatsbürgerliche Haltung beobachtet hat, daher in dieser Richtung gegen dessen eventuelle Ernennung zum ordentlichen Professor kein Anstand obwaltet.[2]

---

[1] UAW, Personalakt Erich Schmidt, 6. Juli 1885 Zl 768.
[2] AVA, MCU, Beilage zu 4388/1888, Zl 955/Pr.

Zehn Tage später, am 22. Februar 1888, trägt Unterrichtsminister Paul Gautsch von Frankenthurn dem Kaiser das Ernennungsgesuch vor,[1] und eine Woche darauf erfolgt die „Allerhöchste Entschließung":

> Ich ernenne den außerordentlichen Professor Dr. Jacob Minor zum ordentlichen Professor der deutschen Sprache und Literatur an der Universität in Wien mit den systemmäßigen Bezügen.
> Budapest, den 1. März 1888
> Franz Joseph m. p.[2]

Auf die nachdrückliche Forderung des Kollegiums der philosophischen Fakultät, eine Lehrkanzel für neuere deutsche Sprache und Literatur zu systemisieren, reagiert das Ministerium allerdings nicht, und Minors Ernennung erfolgt gemäß dem Antrag zum Ordinarius für das gesamte Fach. Im Diskurs der k. k. Bürokratie hat sich jedoch Wesentliches geändert. Immerhin meint Minister Frankenthurn in seinem an Kaiser Franz Joseph gerichteten „allerunterthänigsten Vortrag" vom 22. Februar 1888, in dem er Minors Ernennung zum Ordinarius empfiehlt:

> Wie mein Vorgänger im Amte in dem ehrerbietigst wieder vorgelegten allerunterthänigsten Vortrage vom 19. August 1885 [...] in Übereinstimmung mit dem Antrage des Professoren-Collegiums hervorgehoben hat, erschien es angemessen, den Professor Minor nicht sofort zum Ordinarius, sondern vorläufig nur zum Extraordinarius für die in Rede stehende Lehrkanzel in Vorschlag zu bringen und die Beförderung desselben von dem Erfolge seiner Thätigkeit an der Wiener Universität abhängig zu machen.[3]
>
> Seither hat Professor Minor bereits mehr als zwei Studienjahre an der Wiener Universität gewirkt und während dieser Zeit den Beweis erbracht, daß die seinerzeit von seiner wissenschaftlichen Begabung und lehramtlichen Thätigkeit gehegten Erwartungen in vollem Maße gerechtfertigt waren.
>
> Ich glaube daher den vorliegenden Antrag des Professoren-Collegiums auf Beförderung Minor's zum Ordinarius umsomehr der allergnädigsten Genehmigung Eurer Majestät empfehlen zu sollen, als der Genannte dermalen einen selbständigen Theil der in Rede stehenden Disciplin, nämlich die neuere deutsche Sprache und Literatur ausschließlich zu vertreten hat.[4]

Der Unterrichtsminister argumentiert bereits wie Heinzel und das Kollegium der philosophischen Fakultät und nimmt als gegeben, dass die Arbeitsteilung zwi-

---

[1] AVA, MCU, Beilage zu 4388/1888, 22119/87.
[2] AVA, MCU, 4388/1888.
[3] Von dieser Gepflogenheit wurde lediglich 1868 im Falle der Ernennung Wilhelm Scherers abgewichen, der außerdem als Privatdozent zum ordentlichen Professor ernannt wurde.
[4] AVA, MCU, Beilage zu 4388/1888, 22119/87.

schen älterem und neuerem Fachbereich faktisch besteht und Minors Tätigkeit „einen selbständigen Theil der in Rede stehenden Disciplin" betrifft. Mit seiner Ernennung zum ordentlichen Professor für deutsche Sprache und Literatur erreicht Minor als 32-jähriger die höchste Sprosse in seiner Universitätslaufbahn. Damit wird er nur ein wenig früher Ordinarius als es dem Altersdurchschnitt in diesem Fach an der Wiener Universität zu seiner Zeit entspricht.[1] Seine systemisierten Einkünfte steigen um 800 auf 3000 Gulden pro Jahr, statt 1500 beträgt sein Gehalt nunmehr 2200 Gulden und wird ab nun nach jeweils fünf Jahren um weitere 200 Gulden erhöht, die Aktivitätszulage steigt von 700 auf 800 Gulden.[2]

Bis zu seiner Ernennung ist Minor mit insgesamt 253 Veröffentlichungen hervorgetreten, unter denen die 176 Rezensionen das Gros ausmachen. Sie bestimmen zusammen mit weiteren 56 fachlich orientierten Arbeiten und acht biographischen Texten für die *Allgemeine Deutsche Biographie* seine bisherige wissenschaftliche Publikationsarbeit, die ergänzt und abgerundet wird durch sechs Theaterkritiken, zwei Artikel zu allgemeinen Themen und fünf weitere Texte (Prospekte usw.). Nach ihrer Publikationsform geordnet ergeben sich die 253 Veröffentlichungen aus 14 Büchern, sieben Aufsätzen für Sammelwerke, 191 Arbeiten für wissenschaftliche Periodika, 37 Zeitungsartikeln und vier Beiträgen für Magazine.

Thematisch sind die Arbeiten Minors in der Periode bis 1888 von Anbeginn deutlich orientiert sowohl auf bestimmende Autoren im Zeitraum zwischen Aufklärung, Sturm und Drang, Klassik und Romantik, als auch auf deren Umfeld. Sein Interesse für zeitgenössische Literatur richtet sich vorerst fast ausschließlich auf deutschsprachige österreichische Autoren.

Minors wichtigste und wirkungsmächtigste Arbeit bis zu diesem Zeitpunkt ist gewiss die zweibändige Ausgabe von *Friedrich Schlegel 1794–1802 Seine prosaischen Jugendschriften* aus dem Jahre 1882; von wesentlicher Bedeutung für die Entwicklung einer eigenständigen österreichischen Literaturgeschichtsschreibung sind sein Beitrag für das „Kronprinzenwerk" über *Die deutsche Literatur in Wien und Niederösterreich* und die ergänzende Bibliographie dazu aus dem Jahre 1886.

---

[1] Minors Vorgänger Erich Schmidt wird 28-jährig, sein Nachfolger Walter Brecht (* 1876, † 1950) 37-jährig zum ordentlichen Professor ernannt, Minors Lehrer Karl Tomaschek wird als 34-jähriger und sein gleichaltriger Kollege August Sauer mit 36 Jahren ordentlicher Professor; das Durchschnittsalter der Genannten beträgt 33,75 Jahre.

[2] Vgl. *Lemayer: Hochschulverwaltung; 1878*; S. 52 f.

Die Hauptlinien in Minors Vorlesungen,[1] in denen er sich bisher auf deutsche Literaturgeschichte beschränkt, liegen parallel zu denen seiner Veröffentlichungen; der zeitliche und thematische Bogen reicht allerdings nur bis in die Reformationszeit zurück:

VORLESUNGEN MINORS BIS WS 1887/88[2]

WIEN
SS 1881   Geschichte der deutschen Literatur im letzten Viertel des vorigen Jahrhunderts (Goethe und Schiller 1794–1805).
WS 1881/82 Die ältere Romantik.

MAILAND
SS 1882   Goethe 1796–1805.[3]

PRAG
WS 1882/83 Schiller's Leben und Werke.
SS 1883   Geschichte der deutschen Literatur in der Zeit der gemeinsamen Wirksamkeit Schiller's und Goethe's (1794–1805).
WS 1883/84 Die deutsche Romantik.
SS 1884   Grundriss der deutschen Literaturgeschichte im 17. und 18. Jahrhunderte. (Von Opitz bis Schiller).
WS 1884/85 Geschichte der deutschen Literatur von 1750 bis 1794.
SS 1885   Geschichte der deutschen Literatur im 16. Jahrhunderte.

WIEN
WS 1885/86 Geschichte der deutschen Literatur von 1750 ab.
SS 1886   Geschichte der deutschen Literatur in der Sturm- und Drangperiode.
WS 1886/87 Geschichte der deutschen Literatur in der Zeit der gemeinsamen Wirksamkeit Goethe's und Schiller's.
            Schiller's Jugendwerke.
SS 1887   Geschichte der deutschen Literatur im XVI. Jahrhundert. Ausgewählte Capitel aus der neueren deutschen Sagengeschichte.
WS 1887/88 Geschichte der deutschen Literatur von Opitz bis Klopstock.
SS 1888   Die ältere Romantik.
            Die jüngere Romantik.

Für seine Übungen und Seminare[4] gibt Minor anfangs entweder gar kein oder ein gesondertes Thema vor, ab dem Wintersemester 1886/87 knüpft er im Seminar

---

[1] Vgl. *Vorlesungen, Seminare und Übungen Minors* im Anhang.
[2] Zugrunde liegen die gedruckten Vorlesungsverzeichnisse bzw. Minors schriftliche Ankündigungen an die jeweiligen Dekanate im UAW und im UAP.
[3] Vgl. WStLB, 132/69, Z.P. Nr. 402, Minor-Brief 103 und *Curriculum vitae* Minors im Anhang.
[4] Vgl. *Vorlesungen, Seminare und Übungen Minors* im Anhang.

thematisch jeweils an eines der Kollegien des vorigen Semesters an, außerdem erweitert er den Arbeitsbereich um deutsche Stilistik:

ÜBUNGEN/SEMINARE MINORS BIS SS 1888

PRAG
SS 83	Uebungen auf dem Gebiete der neueren deutschen Literatur.
WS 83/84	Deutsche Stilübungen.
SS 84	Deutsche Stilübungen.
WS 84/85	Uebungen auf dem Gebiete der neueren deutschen Literatur.
SS 85	Uebungen auf dem Gebiete der neueren Litteratur.

WIEN
WS 1885/86	Übungen[1]
SS 1886	J. Elias Schlegel's Dramen und dramaturgische Schriften
WS 1886/87	Übungen auf dem Gebiete der Literatur des Sturms und Dranges.
SS 1887	Übungen auf dem Gebiete der Literatur der classischen Periode.
WS 1887/88	1. Interpretationsübungen, 2. Übungen auf dem Gebiete der Literatur des XVI. Jahrhunderts.
SS 1888	Übungen auf dem Gebiete der Literatur des XVII. Jahrhunderts.

Dissertationen und Habilitationen
Dissertationen

Von seiner Berufung nach Wien im Oktober 1885 an bis zu seiner krankheitsbedingten Beurlaubung Ende April 1912 beurteilt Minor insgesamt 361 Doktorarbeiten als Referent. Damit vergibt respektive beurteilt er durchschnittlich 14 Dissertationen pro Jahr, also sieben pro Semester. Etwa gleich groß ist die Zahl jener Arbeiten, die er jeweils als Koreferent begutachtet.

Bis 1901 – während der ersten sechzehn Jahre seiner Tätigkeit in Wien – bewegen sich die Zahlen der jährlich bei ihm eingereichten Arbeiten zwischen null und acht. 1903 erhält er als Referent zehn Arbeiten vorgelegt, 1904 sind es 13, ein Jahr darauf sind es 22 und 1906 bereits 40 Arbeiten; 1910 erreicht er den Spitzenwert von 54 approbierten Dissertationen. 1911 muss Minor erstmals um Krankenurlaub ersuchen; die Zahl der Approbationen verringert sich auf 48; in den ersten vier Monaten seines letzten Lebensjahrs 1912 beurteilt er noch elf Dissertationen.

---

[1] UAW, Phil 108-1885/86; in Prag hatte Minor für das Wintersemester „Metrik" angekündigt.

Unter jenen Studenten, die bei Minor das Doktorat erwerben, schlagen danach eine akademische Laufbahn ein: Oskar Franz Walzel (Promotion 1887 mit *Friedrich Schlegel's Abhandlung „Über das Studium der griechischen Poesie"*), Eduard Castle (1897 mit *Nikolaus Lenaus „Savonarola"*), Stefan Hock (1899 mit *Zur Geschichte des Vampyr-Motivs in der deutschen Literatur*), Christine Touaillon, geb. Auspitz, (1905 mit *Zacharias Werners Attila, König der Hunnen*) und Josef Körner (1910 mit *Nibelungen-Hypothesen der Romantiker*); sie alle arbeiten und lehren später ausschließlich im neueren Fachbereich.

Minors Koreferenten bei den Begutachtungen sind zumeist die jeweils zweiten Ordinarien für deutsche Sprache und Literatur: In der Anfangszeit ist es also Richard Heinzel (bis zu dessen Freitod im Jahre 1905), danach Heinzels Nachfolger Joseph Seemüller. Umgekehrt fungiert auch Minor überwiegend bei Heinzel und Seemüller als Koreferent. In dieser Funktion des zweiten Referenten begutachtet er relativ häufig auch Arbeiten, die bei dem Anglisten Jakob Schipper eingereicht werden. Gelegentlich steht er außerdem dem Musikwissenschafter Guido Adler[1] und dem Philosophen Robert Zimmermann als zweiter Referent zur Seite,[2] was im ersten Fall seiner intensiven Beschäftigung mit Theater, Bühne und Metrik entspringen dürfte und im zweiten mit seinem starken Interesse an Schiller und dessen philosophischen Arbeiten korrespondiert; bei Zimmermann hatte er selbst seine philosophischen Rigorosen absolviert.[3]

Neben anderen beurteilt Minor als Koreferent auch die Arbeiten der bald darauf als habilitierte Altgermanisten tätigen Konrad Zwierzina (Promotion 1886 mit: *Die Synaloephe in den Versen Otfried's. Eine metrische Untersuchung*) und Carl von Kraus (1889 mit: *Vom Rechte und die Hochzeit. Zwei geistliche Gedichte des 12ten Jahrhunderts*). Ebenso approbiert er die Doktorarbeiten des zur Zeit seiner Dissertation bereits schriftstellerisch hervortretenden Max Mell[4] (1905 mit: *Wilhelm Waiblinger und seine Stellung in der schwäbischen Dichtkunst*) und des

---

[1] Guido Adler, * 1855 Eibenschitz/Mähren, † 1941 Wien; gründete als o. Prof. und Nachfolger Eduard Hanslicks an der Wiener Universität das musikwissenschaftliche Institut und gab 1894–1938 die *Denkmäler der Tonkunst in Österreich* in 83 Bänden heraus; Schöpfer einer modernen, nach Vorbild der Geisteswissenschaften organisierten Musikwissenschaft.

[2] UAW, Rigorosenprotokolle.

[3] Gemeinsam mit Zimmermann, der als einer der Promotoren der Grillparzer-Gesellschaft auftrat, war Minor auch eines deren Gründungsmitglieder. – Vgl. Kapitel *Grillparzer-Gesellschaft*.

[4] Max (Maximilian) Mell (* 10. 11. 1882, † 12. 12. 1971): *Das Apostelspiel, Die Sieben gegen Theben*. – Mell unterzeichnet als einer der „dankbaren Schüler" die Gratulationsadresse zum 50. Geburtstag Minors.

späteren Operettenkomponisten Rudolf (Ralph) Benatzky[1] (1911 mit: *Rosa Maria Assing*). In einem Nebenrigorosum ist 1903 Stefan Zweig Prüfungskandidat Minors.[2]

Soweit den Titeln der von Minor betreuten Dissertationen zu entnehmen ist, sind nicht einmal zehn Prozent all dieser Arbeiten Themen der Gattungs-, Stoff-, Figuren- und Motivgeschichte, der Stilistik und Metrik, also allgemein literaturwissenschaftlichen Themen gewidmet. Die meisten der Doktorarbeiten beschäftigen sich mit definierten Zeitabschnitten der jüngeren deutschen Literaturgeschichte, mit bestimmten Autoren und/oder bestimmten Werken, untersuchen Beziehungen zwischen solchen Autoren respektive Werken oder betreiben Quellenstudien zu bestimmten Werken.

Die thematischen Schwerpunkte unter diesen – also zumeist literarhistorisch ausgerichteten – Arbeiten decken sich deutlich mit Minors Interessensfeldern. Die Arbeiten zielen überwiegend in die Perioden der Vorklassik, Klassik und Romantik mit Lessing, Wieland, Goethe, Schiller, den Brüdern Schlegel, Tieck und Brentano als den bevorzugt untersuchten Autoren. Parallel dazu ist österreichische Literatur neben Cornelius Hermann von Ayrenhoff, Joseph Franz Ratschky und dem weitaus am häufigsten behandelten Franz Grillparzer dann auch bis in die zeitgenössischen literarischen Strömungen des Realismus' und Impressionismus' mehrfach vertreten mit Ludwig Anzengruber, Ferdinand von Saar und Hugo von Hofmannsthal.

Unmittelbare Zusammenhänge zwischen den von Minor vergebenen Dissertationsthemen und seinen eigenen Publikationen sind nicht auszumachen; thematische und stoffliche Parallelen ergeben sich zwangsläufig.

Habilitationen

Minors eigene Habilitation im Jahre 1880 ist die letzte für deutsche Sprache und Literatur an der Wiener philosophischen Fakultät, ehe er 1887 zum erstenmal als Berichterstatter in ein Habilitationsverfahren eingebunden ist und dem Profes-

---

[1] Rudolf Josef Frantisek (Ralph) Benatzky (* 5. 6. 1884, † 16. 10. 1957): *Im Weißen Rößl, Bezauberndes Fräulein.*

[2] Stefan Zweig (* 28. 11. 1881, † 23. 2. 1941) dissertiert über *Die Philosophie des Hippolyte Taine.* – Referenten und Prüfer im Hauptrigorosum sind Friedrich Jodl (ausgezeichnet) und Laurenz Müllner (ausgezeichnet), im Nebenrigorosum Richard Heinzel (genügend) und Jakob Minor (ausgezeichnet).

soren-Kollegium sein „Referat über das Habilitationsgesuch des Dr. A.[lexander] v. Weilen" vorträgt:

> In Betreff des Habilitationsgesuches des Herrn Dr A. von Weilen hielt die aus den Herren Heinzel, von Hartel, von Zeissberg und Minor bestehende Commission unter dem Vorsitz des Dekans am 22. Juni 1887 eine Sitzung ab. Es wurde beschlossen dem Collegium die Zustimmung des Gesuchstellers zu den weiteren Stadien der Habilitation für deutsche Literaturgeschichte zu empfehlen.
> Dr Alexander von Weilen ist im Jahre 1863 zu Wien geboren und hat seine philologischen Studien an unserer Universität absolviert. Nach erlangtem Doctortitel begab er sich mit staatlicher Unterstützung zum Zwecke weiterer wissenschaftlicher Ausbildung an die Universität Berlin. Seit dem Mai 1885 ist er an der k. k. Hofbibliothek angestellt.
> Von Dr von Weilen liegen drei wissenschaftliche Arbeiten gedruckt vor: [...][1]
> Alle diese Arbeiten bewegen sich, wie nicht zu läugnen ist, auf demselben, etwas eng begrenzten Gebiete der Geschichte des Drama im XVI. Jahrhundert. Aber der Verfasser zieht nicht bloß wiederholt Dramen und Dramatiker aus späteren Jahrhunderten in die Betrachtung ein, sondern erweitert seinen Gegenstand auch wieder dadurch, daß er nach dem Vorgange Bolte's den Ausblick auf die fremdländischen Literaturen stets offen hält. Seine Arbeiten zeugen von guten Kenntnissen in der Geschichte des deutschen Drama; von einer sicheren Methode; und von der Befähigung den Inhalt und Eindruck literarischer Producte durch Reproduction und Analyse schriftlich zu fixieren.
> Der Gesuchsteller scheint demnach die erforderlichen Eigenschaften zu besitzen, um im akademischen Unterrichte erfolgreich zu wirken.
> Wien, 2. Juli 1887.
> Referent: Prof. Dr Jacob Minor.[2]

In diesem Referat vom 2. Juli 1887 spricht Minor noch ausdrücklich von einer „Habilitation für deutsche Literaturgeschichte", also für das gesamte Fach. Bereits am 13. September bestätigt das Ministerium jedoch den

> [...] Entschluß des Professoren-Collegiums der philosophischen Facultät der k. k. Universität Wien auf Zulassung des Dr. Alexander von Weilen als Privatdocent für neuere deutsche Literaturgeschichte.[3]

Mit der ersten Ernennung eines Dozenten für „neuere deutsche Literaturgeschichte" in Wien beginnt sich die Spezialisierung der beiden Wiener Germanistik-Lehrstühle aus der konventionalisierten Arbeitsteilung nach älterem und

---

[1] Vorstellung der drei Weilen-Arbeiten über das Wortspiel in Der Widerspenstigen Zähmung, über die Dramen vom Grafen von Gleichen und über den ägyptischen Josef im Drama des 16. Jahrhunderts.
[2] UAW, Personalakt Alexander von Weilen; 2. Juli 1887.
[3] Drei weitere Unterschriften. – UAW, Personalakt Alexander von Weilen; MCU, Z. 18328 vom 13. September 1887.

neuerem Fachgebiet seit der gemeinsamen Tätigkeit Karl Tomascheks[1] und Richard Heinzels auch de jure – zumindest über die erteilte *Venia legendi* – zu vollziehen.[2] An den nächsten Eckpunkten der Laufbahn Weilens ist die weitere Entwicklung dieser formellen, vom Ministerium nach und nach sanktionierten Teilung des Faches sichtbar; Minor ist in die wesentlichen Entwicklungsschritte jedesmal eingebunden:

1900, drei Jahre nach seiner Ernennung zum Privatdozenten, wird Weilen – vorgeschlagen „zum außerordentlichen Professor für neuere Litteraturgeschichte" – zum Extraordinarius dem Titel nach ernannt.[3] 1902 empfiehlt ihn das Kollegieum der philosophischen Fakultät „zum wirklichen außerordentlichen Professor mit Gehalt"; Minor, dem neuerlich das Referat übertragen worden ist, korrigiert bei dieser Gelegenheit das Bild von der Vorreiterposition Wiens bei der Einrichtung von Ordinariaten für neuere deutsche Philologie, wie sie vier Jahre zuvor – höchstwahrscheinlich von ihm selbst – anlässlich des Regierungsjubiläums Kaiser Franz Josephs I. beschrieben worden ist,[4] und untermauert seine Empfehlung mit Beispielen aus dem benachbarten Deutschland:

> Hochlöbliches Professorencollegium,
> in seiner Sitzung vom 8. Juli 1899 hat das löbliche Collegium den damaligen Privatdocenten Dr. Alexander von <u>Weilen</u> zum außerordentlichen Professor für neuere Litteraturgeschichte vorgeschlagen. Diesem Vorschlag ist, wie es damals nicht anders zu hoffen und zu erwarten stand, von dem hohen Ministerium mit Erlaß vom 27. Dezember 1899 Z. 35517 in der Weise entsprochen worden, daß dem Vorgeschlagenen der Titel eines außerordentlichen Professors verliehen wurde.
> Die Unterzeichneten stellen den Antrag: Der damalige Vorschlag möge dem hohen Ministerium neuerdings in Erinnerung gebracht und die Ernennung des a. o. Professors von Weilen zum wirklichen außerordentlichen Professor mit Gehalt befürwortet werden. Zudem sie sich dabei auf das damals erstattete ausführliche Gutachten berufen, machen sie noch das folgende zur Unterstützung ihres Antrages geltend:
> Die Litteratur des XIX. Jahrhunderts, die nun bereits in die historische Perspektive getreten ist, wird in Zukunft auch an den Universitäten gebieterisch eine stärkere Beachtung verlangen, als ihr bisher zutheil werden konnte. Die deutschen Universitäten beginnen diesem unbestreitbaren Bedürfnis bereits seit längerer Zeit Rechnung zu tragen; wer die in den letzten Jahren in den Universitäten Berlin, Leipzig, Marburg, Heidelberg gedruckten Dissertationen in Betracht zieht, wird fin-

---

[1] Tomaschek war „zu Vorträgen über deutsche neuere Literatur aus ästhetischen Gesichtspunkten in der sofort zu erlangenden Eigenschaft eines Privatdozenten" zugelassen. – Vgl. die Kapitel *Karl Tomaschek und Richard Heinzel.* und *Die Wiener Germanistik bis zur Berufung Minors.*

[2] Vgl. *Egglmaier: Entwicklungslinien Literaturwissenschaft; 1994*; S. 227.

[3] Vgl. UAW, Personalakt Alexander von Weilen; 17. Juli 1899.

[4] Siehe Kapitel „... *der erste ordentliche Professor für neuere Litteratur*".

den, daß das XIX. Jahrhundert darin stärker vertreten ist als die übrigen Jahrhunderte der Neuzeit zusammengenommen. Das Litteraturgebiet des XIX. Jahrhunderts ist aber ein so großes und umfangreiches, daß schon die physische Zeit es künftig unmöglich machen muß, daß Einer damit die ganze Litteratur von Luther bis etwa 1870 in einem vierjährigen Turnus umspannen könnte. Auch das haben die deutschen Universitäten längst eingesehen: in Berlin wirkt neben dem Ordinarius ein Extraordinarius, und der neuberufene Ordinarius für ältere Litteratur sowie das Akademiemitglied Dr. Burdach haben sich das Recht vorbehalten, über neuere deutsche Litteratur Vorlesungen zu halten; in Leipzig wirkt neben dem Ordinarius ein Extraordinarius, außerdem liest ein Professor der Geschichte über neuere Litteratur; in München ein Ordinarius und ein Extraordinarius usw.

Diese Sachlage dem Collegium vor Augen zu halten, hat der unterzeichnete Referent als Pflicht gegenüber seinem Fach betrachtet. Und da er in Zukunft in seinen Vorlesungen der Literatur des XIX. Jahrhunderts die volle Beachtung zu widmen gedenkt, die sie erfordert und verdient, dürfte ihn kein Vorwurf treffen, wenn die früheren Jahrhunderte von nun an nicht mehr im Laufe eines vierjährigen Turnus zur ihrem Recht kommen sollten und dadurch auch für eine oder die andere Generation von Studenten der Zusammenhang der neueren Litteratur mit der mittelalterlichen unterbrochen werden sollte.

Aus diesem Grunde scheint es dem Unterzeichneten wünschenswerth, den Vorschlag Weilen dem Ministerium neuerdings in Erinnerung zu bringen. Weilen hat inzwischen seine treffliche Geschichte des Wiener Theaters fortgesetzt, die allenthalben Beifall gefunden hat, und sich an der Universität durch ein starkbesuchtes Litteraturkolleg für Lehramtskandidaten nützlich gemacht. Die unentbehrlichen Specialkollegien zu lesen, wäre er aber begreiflicher Weise erst dann in der Lage, wenn eine definitive Anstellung ihn in die Lage versetzte, seine Zeit ganz der Universität zu widmen.

Wien, 8. November 1902.

J. Minor[1]

Im Gegensatz zu den Darstellungen in der Universitätsgeschichte aus dem Jahre 1898 sieht Minor nur vier Jahre danach die Wiener Germanistik im Hintertreffen gegenüber Deutschland, wo man vermehrt Ordinariate und Extraordinariate für neuere Literatur einrichtet. – Der Empfehlung, Weilen zum wirklichen außerordentlichen Professor zu ernennen, wird entsprochen. Sieben Jahre später, 1909, erhält Weilen schließlich seine Ernennung zum ordentlichen Professor nach Titel und Charakter; Minor hat zuvor wieder den Antrag dazu in der Kommission vertreten und vor dem Kollegium begründet:

> Professor Dr. Alexander Weil Ritter von Weilen (geb. 1863) steht heute im 46. Lebensjahr und gehört unserer Universität seit 22 Jahren an. Seine akademischen Studien hat er in Wien und in Berlin absolvirt und sich 1887 an unserer Universität habilitirt, an der er 1900 den Titel und im Oktober 1904 auch den Gehalt eines Extraordinarius erhalten hat. Seit dieser Zeit ist er ununterbrochen und fast aus-

---

[1] Sieben weitere Unterschriften. – UAW, Personalakt Alexander von Weilen; 8. November 1902.

schließlich auf dem Gebiet der deutschen Theatergeschichte thätig gewesen. Er hat sein großes Werk über die Geschichte des Burgtheaters, von dessen Anfängen und Fortgang in den Referaten von 1900 und 1904 die Rede war, inzwischen zum Abschluß gebracht, und es hat als eine der umfänglichsten und stoffreichsten unter den localen Theatergeschichten allgemeine Anerkennung gefunden. Aus neuerer Zeit (1908) liegt auch eine Arbeit über den Hamlet auf den deutschen Bühnen vor, die von der deutschen Shakespeare-Gesellschaft mit einem Preise ausgezeichnet wurde, und eine fleißige Sammlung von Szenarien und Charakterstilen der berühmtesten Hamletdarsteller enthält.

Bei der Beurteilung der lehramtlichen Thätigkeit Prof. v. Weilens wolle sich das geehrte Kollegium vor Augen halten, daß er nur zum dritten Theile unserer Universität angehört. Denn seit dem Jahre 1885 ist er auch an der Hofbibliothek, derzeit schon in verantwortlicher Stellung bedienstet; und sein Lehrauftrag wurde 1904 zwischen unserer Universität und der technischen Hochschule geteilt. Trotzdem hat er sich auch an der Universität namentlich durch ein kursorisches Kolleg über die neuere Literaturgeschichte, das der Vorbereitung der Lehramtskandidaten für Deutsch als Nebenfach dient, nützlich erwiesen.

Die Kommission stellt daher den <u>einstimmigen</u> Antrag: den a. o. Professor von Weilen dem hohen Ministerium zur Verleihung des Titels und Charakters eines <u>ordentlichen</u> Professors vorzuschlagen.[1]

Nach Weilens Ernennung sind 1909 erstmals zwei ordentliche Professoren im neueren Fach tätig, wobei Weilen als der jüngere von beiden die Lehrbefugnis zwar nur für den neueren Fachbereich besitzt, entsprechend bisheriger Usance aber für den gesamten Fachbereich berufen worden ist. – Er findet 1918 bei einem Bergunfall den Tod.

Erst sieben Jahre nach der Bestätigung Weilens als Privatdozent wird 1893 in Wien das nächste Habilitationsverfahren für den neueren Fachbereich der deutschen Philologie eingeleitet. Das Ansuchen stellt Oskar Franz Walzel, der erste Dissertant Minors[2] und zugleich auch der erste unter ihnen, der eine akademische Laufbahn anstrebt. Minor befürwortet als Referent das Gesuch seines Schülers zwar differnziert, im wesentlichen jedoch sehr nachdrücklich:

Hochlöbliches Professoren Collegium!
In Betreff des Habilitationsgesuches des Herrn Dr O. F. Walzel ist eine aus den Herren Heinzel, Schipper und Minor bestehende Commission eingesetzt worden, die am 8. Juni unter dem Vorsitz des Herrn Dekans den einstimmigen Beschluß fasste, den Gesuchsteller dem hochlöblichen Professoren Collegium <u>zur Zulassung zu den weiteren Stadien der Habilitation zu empfehlen</u>.
Herr Dr Oskar Walzel ist zu Wien am 28. Oktober 1864 geboren und am k. k. Franz-Josefs-Gymnasium vorgebildet worden. Auf Grund eines Zeugnisses der Reife mit Auszeichnung bezog er im Jahre 1883 die Wiener Universität, an welcher

---

[1] UAW, Personalakt Alexander von Weilen; 30. Jänner 1909.
[2] UAW, Phil. Rigorosen-Protokolle.

er sich hauptsächlich den literaturgeschichtlichen Studien widmete und auf Grund einer Dissertation über Friedrich Schlegels Jugendschrift „Über das Studium der griechischen Poesie" den Doktorgrad 1887 erwarb. Im folgenden Wintersemester vollendete er seine wissenschaftliche Ausbildung in Berlin unter der Leitung Erich Schmidts, Diltheys und Vahlens. Seitdem ist er als wissenschaftlicher Schriftsteller und als Privatlehrer ununterbrochen und mit gutem Erfolg wirksam gewesen. Seit dem Februar dieses Jahres ist er auch an die k. k. Hofbibliothek zur Dienstleistung berufen.

Läßt dieser Bildungsgang von den wissenschaftlichen Fähigkeiten des Gesuchstellers nur das Beste hoffen, so werden die guten Erwartungen auch durch die dem Gesuche beigelegten wissenschaftlichen Arbeiten bestätigt. Es liegen nahezu ein Dutzend größerer und kleinerer Publikationen von dem Petenten vor, ungleich an Umfang, Bedeutung und Werth. Es sei dem Berichterstatter vergönnt, sich auf die beiden umfangreicheren und bedeutenderen Arbeiten zu beschränken, die alleine genügend erscheinen dem Gesuchsteller die akademische Laufbahn zu eröffnen und die zugleich zeitlich den Ausgangspunkt und Endpunkt seiner bisherigen wissenschaftlichen Thätigkeit darstellen. [...][1]

Wollte man nun geltend machen, daß sich die beiden größeren Arbeiten des Verfassers beide auf demselben Gebiete, dem der Romantik, bewegen, welchem auch eine dritte Publikation des Verfassers (Auswahl aus den Werken der Schlegel, nebst kurzen textkritischen Einleitungen) angehört: dann dürfte zunächst erwidert werden, daß das literaturgeschichtliche Material bei jedem Schritt in das neunzehnte Jahrhundert hinein so ungeheuer in die Breite geht, daß die Erforschung eines Zeitraumes wie der der romantischen Schule für einen jungen Gelehrten noch immer keine zu unterschätzende Kleinigkeit ist. Es muß aber weiter auch darauf aufmerksam gemacht werden, daß sich unter den kleineren Beilagen Beweise genug finden, die erkennen lassen, daß der Gesuchsteller auch in den älteren Bereichen und auf anderen Gebieten, wie z. B. dem der Poetik, an der Forschung theilgenommen hat, und daß es ihm hier wenigstens in Einzelheiten geglückt ist, die Forschung zu fördern.

Darum hat die unterzeichnete Commission einstimmig den Beschluß gefasst, <u>Herrn Doctor Walzel dem hochlöblichen Professorencollegium zur Zulassung zu den weiteren Stadien der Habilitation zu empfehlen.</u>

Minor als Referent.[2]

Walzels Ernennung zum Privatdozenten der „neueren deutschen Literaturgeschichte" erfolgt – nach einem neu angesetzten, zweiten Kolloquium[3] – im April 1894, drei Jahre später folgt er einem Ruf als ordentlicher Professor für deutsche Sprache und Literatur nach Bern.[4] Die Aufstiegschancen neben dem Ordinarius Minor und dem bereits seit elf Jahren als Privatdozent lesenden Weilen

---

[1] Vorstellung von Walzels Ausgabe der Briefe Friedrich Schlegels an seinen Bruder August und der Ausgabe von Chamissios Werken.
[2] Zwei weitere Unterschriften. – UAW, Personalakt Oskar F. Walzel [8. Juni 1894].
[3] Walzel schreibt über sein Missgeschick in *Walzel: Wachstum und Wandel; 1956*, S. 60 ff.
[4] Vgl. *Fuchs: Wiener Germanistik; 1967*; S. 110 f.

sind für Walzel denkbar gering – neben Minor sind erstmals zwei Dozenten im neueren Fachbereich tätig –, Walzels Übersiedlung nach Bern ist also ähnlich motiviert wie Minors einstige Übersiedlung von Wien nach Mailand, da er neben Schmidt wenig Entfaltungsmöglichkeiten sah.

1899 ersucht Robert Franz Arnold, der ebenfalls bei Minor dissertiert hat,[1] um die Erteilung der Lehrbefugnis. In seinem Referat begründet Minor die positive Stellungnahme zum Habilitationsansuchen:

> Der Gesuchsteller ist 1872 in Wien geboren, hat an der Wiener und der Berliner Universität germanische und classische Philologie mit sehr gutem Erfolg studirt, und ist seit 1896 an der k. k. Hofbibliothek als wissenschaftlicher Hilfsarbeiter thätig.
>
> Es liegen von ihm der unterzeichneten Commission zwei größere Arbeiten vor, deren gemeinsamer Charakter ist, daß sie die Spiegelung der politischen Verhältnisse in den Werken der schönen und der publizistischen Literatur zum Gegenstand haben, den öffentlichen Vorgängen und Zuständen eine größere Beachtung zuwenden als dies in literaturgeschichtlichen Werken gemeiniglich der Fall zu sein pflegt und daher auch zwischen der Literatur und der Geschichte Brücken zu schlagen bestrebt sind. [...][2]
>
> Neben einer nicht gewöhnlichen Arbeitskraft verrathen diese beiden Arbeiten auch eine bemerkenswerthe Begabung, die Stimmen des Tages über öffentliche Zustände aufzufangen und kritisch darzustellen, in großen Stoffmassen sich rasch zu orientieren und sie darstellend zu beherrschen. Namentlich die letztere Eigenschaft, die den jüngeren Litteraturhistorikern sehr selten mehr eigen und doch für die Litteraturgeschichte so unentbehrlich ist, verdient an dem Gesuchsteller hervorgehoben zu werden, der im Detail doch nur selten etwas zu wünschen übrig läßt. Er vereinigt die historische Methode mit der philologischen, die er nach dem Zeugnis Heinzels auch auf dem Gebiete der älteren Litteratur zu handhaben suchte. Nimmt man ferner dazu, daß der junge Mann eine ganz ungewöhnliche Sprachenkenntnis besitzt, die ihn in den Stand gesetzt hat, als Übersetzer mit einem vollen Dutzend europäischer Sprachen aufzutreten (Europäische Lyrik, Leipzig 1899; Jacobsens Gedichte, Berlin 1899), so kann es keinem Zweifel unterliegen, daß die Habilitation des Dr. Arnold unserer Universität nicht zur Unehre, bei gesunder und gerader Entwicklung des Gesuchstellers aber zu großem Nutzen gereichen kann.
>
> Darum stellen die Unterzeichneten einstimmig den Antrag, das löbl. Professorenkollegium möge dem Herrn Dr. Arnold die venia legendi für neuere deutsche Litteraturgeschichte ertheilen.
> 8. Dezember 99.
> Minor, als Referent[3]

---

[1] Im Rigorosen-Protokoll der Universität Wien ist die Dissertation vom Mai 1895 noch unter Arnolds ursprünglichem Namen Roland Levissohn verzeichnet.

[2] Ausführliche Vorstellung der beiden Arbeiten: 1. *Über den deutschen Philhellenismus*, Bayreuth 1896, 2. *Die deutsche Polenliteratur*, Halle 1900.

[3] UAW, Personalakt Robert Franz Arnold; 8. Dezember [18]99.

Im April 1900 wird Arnolds Ernennung zum Privatdozenten „für neuere deutsche Literaturgeschichte" bestätigt.[1] Bereits 1901 erwägt Edward Schröder in Marburg, Arnold für ein neu geschaffenes Extraordinariat vorzuschlagen und schreibt diesbezüglich an Minor um dessen Einschätzung. Schröder erhält eine „sehr vorteilhafte Schilderung von A[rnold]s Wesen", die auch „sehr günstig würkte, obwol Minor nicht verschwieg, dass auch Arnold – aus einer jüdischen Familie herzustammen scheine; es liege freilich schon einige Generationen zurück [und] Arnold selbst sei gar nichts anzusehen, aber in seiner Familie spuke der Name Levissohn." Ähnlich stellten sich die Verhältnisse „bei dem Katholiken Walzel" dar, „der eine Jüdin zur Frau hat."[2]

Erst 1906 wird Arnold von der Wiener Fakultät zur Verleihung des Titels eines außerordentlichen Professors vorgeschlagen; Minor schließt aber in seinem Referat unmittelbar an die Argumentation im einstigen Habilitationsverfahren an und meint, die Erwartung,

> [...] daß die Habilitation Arnold's unserer Universität zu wirklichem Nutzen gereichen könnte, hat sich inzwischen vollauf erfüllt. Denn die Vorlesungen Arnold's gehören derzeit zu den besuchtesten unserer Fakultät und sie bilden, indem sie sich auf das XIX. Jahrhundert beschränken, das in einem großen, vierjährigen Turnus nicht zur vollen Geltung gelangen kann, eine sehr willkommene Ergänzung, die an einer großen Universität geradezu als ein Bedürfnis bezeichnet werden darf. Und nicht nur den Studierenden kommen diese Vorlesungen zu gute, sondern auch den ausstudierten Gymnasialprofessoren, die sich neuerdings vor die Aufgabe gestellt sehen, auch in der Schule die alten Schlagbäume von Goethes Tod auf ein neueres Datum vorzurücken. Dem Referenten ist es aus eigener Erfahrung bekannt, daß gerade die fortschrittlichsten unter den Wiener Gymnasiallehrern, die nur die Nachmittagsstunden frei haben, die Vorlesungen Arnold's gern und mit großem Nutzen besuchen. Der Erfolg kommt auch hier nicht bloß der Mittelschule, sondern indirekt wieder der Universität zugute, die auf ein fortschrittlich vorgebildetes Schülermaterial Gewicht legen muß. Mit dem gleichen Beifall und Erfolg war Arnold auch an den volkstümlichen Universitätskursen und an den Ferialkursen für Lehrer thätig; nach dem Urteil Becke's sind seine Kurse überhaupt die besuchtesten unter allen.
> Auf diese Lehrthätigkeit Arnold's legt der Referent bei der Begründung unseres Vorschlages das Hauptgewicht; und er glaubt es vom Standpunkt der Universität aus nur mit Freuden begrüßen zu können, wenn ein nicht gewöhnliches Lehrtalent seine Zeit und Kraft mehr der Lehrthätigkeit als eigenen wissenschaftlichen Arbeiten widmet. [...][3]
> Wir Fachgenossen haben bei der Einbringung des Vorschlages noch ein anderes Moment im Auge. Wir haben nämlich das Ansuchen um Errichtung eines Pro-

---

[1] UAW, Personalakt Robert Franz Arnold; K. U. M. Erl. vom 12. April 1900, Z 9221.
[2] *Ruprecht/Stackmann: Briefe Roethe – Schröder; Bd.2; 2000,* S. 104.
[3] Kurze Vorstellung der wichtigsten Arbeiten Arnolds.

seminars an das hohe Ministerium gerichtet und dürfen erwarten, daß diesem Ansuchen, wenn auch nicht sofort, so doch in absehbarer Zeit entsprochen wird. Für die Leitung der neueren Abteilung des Proseminars haben wir Herrn Arnold, der schon seit dem Sommersemester 1905 von dem hohen Ministerium mit der Abhaltung von Parallelübungen beauftragt ist, in Vorschlag gebracht. Es wäre nicht bloß eine verdiente Anerkennung für seine bisherige Mühewaltung, sondern auch eine Kräftigung seines Ansehens als künftigen Proseminarleiter, wenn das geehrte Kollegium unserem Vorschlag seine Zustimmung nicht vorenthalten wollte. Denn die Leiter der Proseminare sind bisher stets Professoren gewesen. [...]
Wien, den 17. Februar 1906.
Minor als Referent[1]

Die Errichtung des germanistischen Proseminars wird genehmigt,[2] offiziell beginnt es seinen Betrieb im Sommersemester 1907; die Leitung der Abteilung für neuere Sprache und Literatur wird Arnold übertragen,[3] dessen Ernennung zum Extraordinarius dem Titel nach schon im Mai des Vorjahres erfolgt ist.[4] – Mit der Installierung einer neueren und einer älteren Proseminar-Abteilung ist die fortschreitende Teilung des Faches auch de jure in einem weiteren Bereich vollzogen.

1911, im Jahr vor seinem Tod, bringt Minor noch einen „Vorschlag auf Ernennung des Privatdozenten tit. Prof. Dr. Robert Franz Arnold zum wirklichen Extraordinarius" ein. Das Protokoll der Kommissionssitzung vom 16. Juni hält Minors Begründung fest:

[...] Es handelt sich nicht um eine Personal-, sondern um eine Bedürfnisfrage. Die Zahl der Hörer hat 700 überschritten. Es bedarf einer jüngeren Kraft, die ganz der Universität angehört, und einen bestimmten Lehrauftrag erhält (16. – 19. Jahrh., ausserdem Parallelvorlesungen zu denen des Ordinarius). Eine dazu geeignete Kraft wäre Arnold, der sich verpflichtet hat, im Fall seiner Ernennung das Amt an der Hofbibliothek aufzugeben und an der Universität einen 4jährigen Cyclus zu halten. [Wichtigste Daten und Arbeiten Arnolds.] Vor allem aber hat A. eine ausserordentliche Lehrbegabung. Seit 1906 Leiter des Proseminars. Allerdings bewegt er

---

[1] Sieben weitere Unterschriften. – UAW, Personalakt Robert Franz Arnold; 17. Februar 1906.
[2] Zweck des Proseminars war laut § 1 der vom Ministerium genehmigten Statuten, „die Studierenden in die wissenschaftliche Behandlung grammatischer, stilistischer, metrischer und literarhistorischer Fragen aus dem Gebiete der älteren und neueren Sprache und Literatur einzuführen". Der Vorbereitung auf das Lehramt maß man besonderes Augenmerk zu. – Vgl. AVA, MCU, 45236/1905 und *Fuchs: Wiener Germanistik; 1967;* S. 268.
[3] Vgl. AVA, MCU, 49965/1906 und *Fuchs: Wiener Germanistik; 1967;* S. 115.
[4] Arnold veröffentlicht 1908 bei Trübner in Straßburg zwölf Vorlesungen unter dem Titel *Das Moderne Drama* mit der Widmung „Jakob Minor zu eigen".

sich fast ausschließlich auf dem Boden des 19. Jahrh. Aber er würde wohl weiter ausgreifen, wenn er sich ganz der Lehrtätigkeit widmen könnte.[1]

Dieser Antrag Minors, „Arnold zum wirkl. Extraordinarius mit Gehalt vorzuschlagen", wird zwar einstimmig angenommen und weitergeleitet, die Genehmigung durch das Ministerium erlebt der Antragsteller aber nicht mehr.

1905 kommt es zum vierten Habilitationsverfahren, das Minor als Berichterstatter begleitet; um Zulassung als Privatdozent ersucht Stefan Hock – seine Dissertation war fünf Jahre zuvor ebenfalls von Minor approbiert worden:

> Herr Dr. Stefan Hock, geboren zu Wien 1877 als Sohn des Abteilungsvorstandes der Allgemeinen Poliklinik und Privatdozenten für Augenheilkunde Dr. Josef Hock, hat seine Studien an der Wiener Universität zurückgelegt und 1900 den Doktorgrad mit einstimmiger Auszeichnung erworben. Der Genuß eines Reisestipendiums hat ihn darauf in die Lage gesetzt, nach erfolgter Promotion die Universitäten München und Berlin zu besuchen, wo ihm namentlich Erich Schmidts Vorlesungen und Übungen förderlich wurden. Seit seiner Rückkehr ist der Gesuchsteller ununterbrochen auf wissenschaftlichem Gebiet schriftstellerisch tätig gewesen und hat auch den Grund zu einer ersprießlichen Lehrtätigkeit gelegt, indem er seit dem Jahre 1901 sowol in einer angesehenen Privatrealschule mit Öffentlichkeitsrecht, als auch in den wissenschaftlichen Fortbildungskursen des Wiener Frauenerwerbvereins Vorträge über deutsche und französische Sprache und Literatur hielt. Die hierüber vorliegenden Zeugnisse rühmen in eindringlichen Worten den Eifer und die Berufsfreudigkeit, den klaren und anregenden Vortrag, die gute Lehrmethode und das taktvolle Auftreten des Gesuchstellers, dem die schönsten Lehrerfolge zugestanden werden. [...][2]
> Gibt sonach die Persönlichkeit des Gesuchstellers zu keinem Bedenken Anlaß, so muß schließlich hervorgehoben werden, daß die Habilitation des Dr Hock, dessen Arbeitsgebiet die Literatur des XIX. Jahrhunderts, besonders in Österreich ist, auch im Interesse der Universität wünschenswert ist, die gerade in dieser unübersehbaren Literaturperiode nie genug Arbeitskräfte besitzen kann. [...]
> 18. III. 05 Wien.
> Minor als Berichterstatter[3]

Noch im Juli 1905 erhält Stefan Hock die Lehrbefugnis als Privatdozent für neuere deutsche Literaturgeschichte.[4]

1907 wird das fünfte und letzte Habilitationsverfahren eingeleitet, an dem Minor beteiligt ist; Eduard Castle ersucht „um Erteilung der venia legendi für neuere deutsche Literaturgeschichte". Das Protokoll der ersten Kommissionssitzung, in der Minor mit dem Referat beauftragt wird, enthält seine Erwähnung von

---

[1] UAW, Personalakt Robert Franz Arnold; 16. Juni 1911.
[2] Kurze Charakteristiken der Arbeiten Hocks.
[3] Weitere vier Unterschriften. – UAW, Personalakt Stefan Hock; 18. März 1905.
[4] UAW, Personalakt Stefan Hock; MCU vom 22. Juli 1905. Z 27.240.

„früheren Schriften" Castles und daran anknüpfend die Formulierung, „daß d. Arbeiten keinen eigentl. wissensch. Charakter haben; die neue Habilit. Schr. (Briefw. Lenau mit Löwenthal) sei wertvoll". Insofern sei „d. Habilit. zu begrüßen; die Interpret. v. Dichtern würde ersprießlich sein u. gut auf d. Lehramtskand. wirken. Auch seien immer noch Bedürfnisse vorh."[1] Wenige Tage später weist Minor in seinem Referat dann besonders auf Castles Tätigkeit als Gymnasialprofessor hin:

> Muß eine Vermehrung der Dozenten auf dem ungeheuren Gebiete der neueren und neuesten deutschen Literatur schon an und für sich mit Freuden begrüßt werden, so ist dies noch mehr auf dem der österreichischen Literatur der Fall, die, von den großen Erscheinungen abgesehen, gegenwärtig fast ganz den Privatdozenten überlassen ist. Der Gesuchsteller beabsichtigt aber weiter auch regelmäßige Interpretationen von Texten der klassischen Literatur abzuhalten, die an den Mittelschulen gelesen werden. Es ist keine Frage, daß er auf diese Weise den Lehramtskandidaten sehr nützlich werden könnte, auf deren unmittelbare Bedürfnisse ein wissenschaftliches Seminar nicht in dem Umfange und in dem Grade Rücksicht nehmen kann, wie es nicht bloß wünschenswert sondern auch notwendig ist. Seine Erfahrungen als praktischer Schulmann würden ihm dabei gut zu Statten kommen und es verdient Beachtung, daß von den Dozenten der neueren Literaturwissenschaft keiner der Mittelschule angehört hat. Daß er auch die wissenschaftliche Seite dabei nicht vernachlässigen würde, dafür bürgen seine Schulausgaben von Schillers Wallenstein und Goethes Tasso (Wien 1904 und 1905). [...]
> Wien, den 4. Mai 1907
> Die Mitglieder der Kommission:
> Minor als Referent[2]

Knapp zwei Monate später wird Castle als Privatdozent für neuere deutsche Literaturgeschichte bestätigt.[3] Damit sind ab diesem Zeitpunkt neben Minor an dessen Lehrkanzel ein Extraordinarius und drei Privatdozenten im neueren Fachbereich tätig – nicht immer unter besonders ersprießlichen Voraussetzungen, wie ein Brief Castles vom 14. März 1911 an seinen Ordinarius erkennen lässt:

> Ich möchte Sie, verehrter Herr Hofrat, noch einmal bitten, daß Sie sich gütigst für meine Berufung nach Freiburg verwendeten. Es ist mir völliger Ernst, gegebenen Falls einem solchen Rufe Folge zu leisten. Die Dienstverhältnisse an der Mittelschule gestalten sich in einer Zeit, wo das Schlagwort von der „körperlichen Erziehung" von oben ausgegeben wird, jede wissenschaftliche Betätigung auf ein – freilich hinter schönen Worten verhohlenes – Mißwollen stößt, die Arbeitskraft des einzelnen im Dienste bis zum letzten Rest ausgepreßt werden soll, geradezu unleidlich. Ein Privatdozent, der gleichzeitig Gymnasiallehrer ist, gerät bei uns in die

---
[1] UAW, Personalakt Eduard Castle; 29. April 1907.
[2] Weitere vier Unterschriften. – UAW, Personalakt Eduard Castle; 4. Mai 1907.
[3] Vgl. UAW, Personalakt Eduard Castle; MKUE vom 1. Juli 1907, Z. 29. 667.

Gefahr, hier und dort nichts zu erreichen und schließlich zwischen zwei Stühlen auf der Erde zu sitzen. Unseren Landesschulinspektoren ist der habilitierte Gymnasiallehrer schon aus dem Grunde verhaßt, weil sie es nicht ertragen können, einen Untergebenen zu haben, der nicht mehr ganz in ihre Hand gegeben ist und – wann es ihnen paßt – mit Zuckerbrot oder Peitsche zu kirren ist. Auch unter Opfern würde ich dafür eine Befreiung von diesem Dienstverhältnis annehmen; es liegt mir völlig ferne, durch einen Ruf nur hier meine Stellung verbessern zu wollen.

Sollte es sich in Freiburg, mit Rücksicht auf die mögliche Berufung Lesjacks nach Wien, darum handeln, daß der Vertreter des neueren Faches auch das alte übernehmen könnte, so würde ich mir wohl zutrauen, da ich die Fühlung mit der Altgermanistik nie ganz verloren habe, auch diese Aufgabe einigermaßen lösen zu können.

Die Förderung der Angelegenheit ganz Ihrem Wohlwollen anheimstellend, zeichne ich, die besten Empfehlungen meiner Frau übermittelnd,
in vorzüglicher Hochachtung
ergebenst E. Castle.[1]

Zwei weitere Dissertanten Minors erwerben noch nach dessen Tod die Lehrbefugnis: 1921 habilitiert sich Christine Touaillon (geb. Auspitz) in Wien;[2] 1930 erhält Josef Körner an der Universität Prag als Titularprofessor die *Venia legendi*.[3] Touaillon ist die erste habilitierte Germanistin Österreichs, sie stirbt bereits 1928; Körner macht sich – ähnlich wie Walzel – mit Forschungen auf dem Gebiet der Romantik verdient.

Spiegel der Trennung des Faches

Die fünf Habilitationsverfahren, die Minor begleitet, und die weiteren Karriereschritte der jeweils Habilitierten machen einige wesentliche Etappen der formellen Trennung der beiden Wiener Lehrkanzeln für deutsche Sprache und Literatur und der Entwicklung des Lehrkörpers sichtbar. – Die Legalisierung dieser Trennung in den neueren und den älteren Fachbereich setzt bereits unter Minors unmittelbarem Vorgänger Erich Schmidt ein:
• 1880 genehmigt das Ministerium das Statut des neu errichteten Seminars für deutsche Philologie, das 1881 den Betrieb aufnimmt und in eine altdeutsche und eine neuhochdeutsche Abteilung geteilt ist.
• 1887 wird Alexander von Weilen als erstem Privatdozenten in Wien die *Venia legendi* für neuere deutsche Literaturgeschichte zuerkannt.

---

[1] UAW, Nachlass Minor, 152.1, 9, 66.
[2] UAW, Personalakt Christine Touaillon; BluU vom 10. Juli 1921, Z: 14978/I-Abt. 2.
[3] *Killy: Literatur Lexikon; Bd. 6, 1990;* S. 443.

• 1894 erhält auch Oskar Franz Walzel eine Lehrbefugnis explizit für den neueren Fachbereich; Walzel verlässt die Wiener Universität 1897, um einem Ruf nach Bern zu folgen.
• 1900 habilitiert sich Robert Arnold für neuere deutsche Literaturgeschichte.
• 1902 erfolgt von Weilens Ernennung zum wirklichen a. o. Professor; den Antrag dazu hat Minor mit dem Hinweis auf eine wachsende Zahl von Lehrkanzeln für das neuere Fach an den deutschen Universitäten untermauert.
• 1905 erhält Stefan Hock die *Venia legendi* als Privatdozent für neuere deutsche Literaturgeschichte.
• 1906 wird Robert Arnold zum a. o. Professor dem Titel nach ernannt.
• 1907 beginnt der Betrieb der neuerrichteten Proseminare für deutsche Philologie; die Abteilung für neuere Sprache und Literatur leitet Robert Arnold.
• 1907 habilitiert sich Eduard Castle für neuere deutsche Literaturgeschichte.
• 1909 wird Alexander von Weilen zum ordentlichen Professor ernannt; mit ihm ist erstmals ein Ordinarius in Wien tätig, der entsprechend seiner *Venia legendi* auf den neueren Fachbereich der deutschen Philologie spezialisiert ist.
• 1911 begründet Minor den Antrag, Robert Arnold zum wirklichen a. o. Professor mit voller Lehrverpflichtung zu ernennen, mit den bereits über 700 Studenten im neueren Fachbereich.

Lässt man die einsemestrige Episode Redwitz-Schmölz unberücksichtigt, so setzt die etappenweise Trennung des Faches in den älteren und neueren Bereich während der gemeinsamen Tätigkeit Heinzels und Tomaschaks ein, wird in der Arbeitsteilung zwischen Heinzel und Schmidt annähernd lückenlos praktiziert und mit der Teilung des neugegründeten Seminars auch erstmals – zumindest teilweise – legalisiert. Von einer einzigen Approbation abgesehen, bei der Heinzel als Erstgutachter im jüngeren Fach fungiert,[1] wird der Arbeitsbereich zwischen Heinzel und Minor und ab 1905 zwischen Minor und Heinzels Nachfolger Seemüller faktisch endgültig aufgeteilt. Die fünf Habilitationsverfahren, die Minor begleitet, und die nachfolgenden Berufungen machen auch die weiteren Etappen der formellen Trennung sichtbar.

---

[1] Leo Langer: *Der Venusnarr im 16. Jhd. und seine Entwicklung* (März 1891); UAW, Rigorosenprotokoll.

„... der erste ordentliche Professor für neuere Litteratur"

1898 wird zum Regierungsjubiläum Kaiser Franz Josephs I. vom Akademischen Senat der Wiener Universität eine *Geschichte der Wiener Universität* herausgegeben. Sie befasst sich vorwiegend mit der Entwicklung während der 50-jährigen Regierungszeit Franz Josephs; der Hauptteil beschreibt, „nach den vier Facultäten gegliedert, das Resultat der Thätigkeit der Universität während dieser Periode mit Hinweis auf den Zustand vor 1848 in den einzelnen Wissensgebieten".[1] Die „Huldigungsfestschrift" ist Produkt einer Teamarbeit. Besonders die Verschiedenheit der Wissenszweige an der philosophischen Fakultät habe es – so bemerkt der ungenannte Autor des Vorworts – notwendig gemacht, „die Vertreter der verschiedenen Lehrkanzeln und einzelne Lehrer um ihre Mitwirkung zu ersuchen."[2]

Beim Erscheinen der Schrift ist Jakob Minor bereits seit zehn Jahren Inhaber einer der beiden Lehrkanzeln für deutsche Sprache und Literatur an der Wiener Universität. Die Idiosynkrasie seines älteren Amtskollegen Richard Heinzel gegen Nebentätigkeiten, die nicht unmittelbar mit seiner wissenschaftlichen Arbeit zu tun haben, ist belegt.[3] Mit größter Wahrscheinlichkeit hat also Minor jenes Kapitel der „Huldigungsfestschrift" verfaßt, das die „Deutsche Philologie"[4] behandelt, mit Sicherheit aber zumindest die Abschnitte darin autorisiert, die dem neueren Fachbereich gewidmet sind. Das Kapitel ist argumentativ und in der Reihung der aufgezählten Ereignisse auf seinen Schlussabsatz hin entwickelt:

> Als eigenthümlich für unsere Universität kann unter anderem gelten, dass die thatsächliche und officielle Theilung des Faches in eine Lehrkanzel für ältere und eine für neuere deutsche Sprache und Literatur sich hier früher vollzogen hat als an anderen Universitäten Österreichs und Deutschlands.

Die vom Autor offensichtlich gewollte Folgerung aus diesem Absatz, dass nämlich die angesprochene Teilung des Faches zumindest in Wien auch schon de

---

[1] *Geschichte der Wiener Universität; 1898;* S. IV.
[2] *Geschichte der Wiener Universität; 1898;* S. IV f.
[3] Vgl. etwa *Richter: Briefwechsel Scherer–Schmidt, 1963;* S. 155 (Brief vom 30. 10. 1880), mit der Mitteilung Erich Schmidts: „Heinzel hat sich mit der Errichtung eines Seminars einverstanden erklärt, doch soll ich allein die Geschäfte führen und die Mitgliedschaft nicht an die Einreichung einer größeren schriftlichen Arbeit geknüpft sein."
[4] *Geschichte der Wiener Universität; 1898;* S. 348–351.

jure erfolgt sei, trifft allerdings nicht zu.[1] Nach wie vor sind zu diesem Zeitpunkt die germanistischen Lehrkanzeln als Professuren für das gesamte Fach der deutschen Sprache und Literatur definiert; die Spezialisierung ist auch nicht aus den Berufungsdekreten der beiden Ordinarien oder aus der jeweiligen *Venia legendi* zu begründen, denn sowohl Heinzel als auch Minor ist die Lehrbefugnis ausdrücklich für das ganze Fach erteilt.

Eine Weiche in die Richtung der falschen Schlussfolgerung legt der Autor bereits in der Mitte des Kapitels, wo er vorerst – pragmatisch annähernd zurecht – von der „Theilung der Arbeitsgebiete" während der gemeinsamen Tätigkeit Karl Tomascheks und Richard Heinzels schreibt, dann allerdings feststellt:

> Auch das neubegründete Seminar für deutsche Philologie und die Übungscollegien im ganzen trugen dieser Abgrenzung des Arbeitsfeldes Rechnung, so dass bei Heinzel meist grammatische und kritische Interpretation altdeutscher, zum Theile auch gothischer, altnordischer und angelsächsischer Texte getrieben wurde, während Tomaschek und seine Nachfolger den Studenten Anleitung zur wissenschaftlichen Behandlung der neueren Literaturgeschichte, Kritik und Metrik gaben [...].[2]

Implizite Voraussetzung dieser Passage ist, dass ein „Seminar für deutsche Philologie" bereits während der Zusammenarbeit Tomaschek – Heinzel existiert habe. Doch auch diese Annahme ist nicht richtig. Das Seminar wird erst zwei Jahre nach Tomascheks Tod mit Beginn des Sommersemesters 1881 nach Antrag „von Professor Dr. Erich Schmidt im Einvernehmen mit dem Professor Dr. Richard Heinzel" eingerichtet;[3] dabei wird es – dem eingereichten und vom Ministerium genehmigten Statut enstprechend – geteilt „in zwei Abtheilungen, eine für Altdeutsch u. s. w. und eine für Neuhochdeutsch u. s. w."[4]

An welcher der Universitäten Österreichs und Deutschlands „die thatsächliche und officielle Theilung des Faches" nun „früher vollzogen" wird, wie dies der Autor für Wien reklamiert, lässt sich in der angesprochenen Schärfe kaum feststellen, da dem Fluss der Entwicklung entsprechend die jeweiligen Kriterien und Stadien einer solchen Teilung stark differieren. Um so auffälliger ist also einerseits die Dezision, mit der die Teilung der Wiener Lehrkanzel „in eine Abtheilung

---

[1] Vgl. die Feststellungen Heinzels vom 22. 10. 1887 im Verfahren für die Ernennung Minors zum ordentlichen Professor in Kapitel *Wien bis zur Ernennung zum o. Professor*.
[2] *Geschichte der Wiener Universität; 1898;* S. 350.
[3] UAW, Dekanatsakt Nr. 15/1880/81.
[4] *Schweickhardt: Universitäts-Gesetze; 1885;* S. 988. – Vgl. Kapitel *Die Wiener Germanistik bis zur Berufung Minors*.

für ältere und eine andere für neuere deutsche Philologie"[1] vom Autor festgestellt wird, und andererseits die eklatante Unschärfe ihrer Datierung – die aber auch gar nicht möglich wäre, da zu dieser Zeit lediglich Arbeitsteilung in Übereinkunft der beiden Lehrstuhlinhaber besteht.

Erklärbar und motivierbar ist dieser Widerspruch zweifach:
- Aus dem panegyrischen Grundton der Textsorte „Huldigungsfestschrift", in dem eine Darstellung des Vorsprungs, also einer Überlegenheit gegenüber anderen, konstitutiv wird und im vorliegenden Fall auch hortative Züge entwickelt, und
- durch den Anspruch eines Autors, selbst der gegenwärtig „thatsächliche und officielle" Inhaber des nach wie vor nicht existierenden Lehrstuhls für neuere deutsche Sprache und Literatur zu sein. Seinen Anspruch knüpft dieser Autor – wohl Minor selbst – nicht unmittelbar an die eigene Person, sondern er legitimiert ihn mit der Person eines Vorgängers und eigenen Lehrers: Karl Tomaschek, so schreibt Minor schon 1894 in seinem Artikel für die *Allgemeine Deutsche Biographie*, sei „der erste ordentliche Professor für neuere Litteratur an einer deutschen Universität"[2] gewesen.

Lebenswerk in Kollegien

Gegen Jahresende 1902 tritt Minor an die Cotta'sche Buchhandlung heran mit einem Vorhaben, das ihn zwar bis an sein Lebensende beschäftigen, das er aber nicht realisieren wird:[3]

---

[1] *Geschichte der Wiener Universität; 1898;* S. 349.

[2] *Minor: Tomaschek-Biographie; 1894;* S. 436. – Laut *Egglmaier: Entwicklungslinien Literaturwissenschaft;* 1994; S. 227 und 229, erfolgte die erste Habilitation für neuere deutsche Sprache und Literatur in Österreich 1884 durch Max von Waldberg in Czernowitz, wo 1910 auch der erste Lehrstuhl für neuere deutsche Sprache und Literatur an einer österreichischen Universität eingerichtet und 1911 mit Wilhelm Kosch besetzt wurde. – Der Minor-Schüler Joseph Körner meint in *Körner: Deutsche Philologie; 1930,* S. 63 f., Tomaschek habe „die Ablösung der neueren deutschen Literaturgeschichte von der reinen Sprachforschung an den österreichischen und, da Österreich hier vorangig, an den deutschen Universitäten überhaupt begründet". Tomaschek hielt allerdings bis zur Berufung Heinzels im Jahre 1873 nicht nur Lehrveranstaltungen aus dem älteren Fachbereich, sondern auch sprachwissenschaftliche Vorlesungen und Übungen; vgl. *Fuchs: Wiener Germanistik; 1967;* S. 53, die Vorlesungsverzeichnisse der Wiener Universität 1868–1872 und das Kapitel *Die Wiener Germanistik bis zur Berufung Minors.*

[3] Vgl. Kapitel *Zusammenarbeit mit Cotta.*

Hochgeehrte Herren,
  bei dem großen Zudrang, der neuerdings an unserer Universität herrscht, hat sich seit etlichen Jahren der Übelstand eingebürgert, daß unsere Collegienhefte lithografiert und um theures Geld in entstellter Form verkauft werden. Das hat den längst erwogenen Gedanken in mir zum Entschluß gereift, meine Lebensarbeit in einer Literaturgeschichte von Opitz bis 1870 zusammenzufassen. Sie soll ein darstellendes, lesbares Buch werden, auf Grund des gesamten Materials und der neuesten Forschung. Ein solches Werk besitzen wir, da die älteren Werke veraltet sind und Scherer zu knapp ist, heute nicht. Es soll nicht in Lieferungen, sondern in kleinen, inhaltlich völlig abgeschlossenen Bänden erscheinen, die auch, für den Fall als mir kein so langes Leben geschenkt wäre, das Werk zu vollenden, ihren Wert behalten würden.[1]
  Ich denke erst in ein paar Jahren zu beginnen und dieser Brief hat nur den Zweck, bei Ihnen anzufragen, ob Sie sich für die Sache interessieren. Denn ohne einen guten Verleger und sehr gute Bedingungen würde ich ein solches Werk, das mich für immer in Pflicht nimmt, nicht auf mich nehmen. Der gute Absatz wäre allein durch die Zuhörer gesichert, die für ein lithographiertes Colleg 20 Kronen zahlen, das sie als Buch um 6 bis 8 Mark kaufen könnten.[2]

Minor hat zu diesem Zeitpunkt eine chronologisch geschlossene, nach dem jeweils aktuellen Stand der Forschung fortwährend überarbeitete Sammlung von Kollegienheften vorliegen;[3] Erich Schmidt und August Sauer haben davon mehrfach dankbar und respektvoll Gebrauch machen können.

Ein paar der von ihm wenig geschätzten Kollegienskripten, darunter die vom Wiener *Germanisten-Verein*[4] besorgte autographische Vervielfältigung einer Mitschrift seiner Vorlesung über die *Romantische Schule*, schickt Minor nun nach Stuttgart. Zwar könnten sie „nur ein ungefähres Bild des geplanten Werkes" geben, erklärt er – „es sind eben Nachschriften und, wie ich mich bei Stichproben überzeugt habe, nicht immer gute Nachschriften" –, doch sei „das Gerippe, das mit Fleisch und Sehnen überzogen werden muß",[5] erkennbar. „Wir haben ja Literaturgeschichten genug, die sich über dem Material halten und auf die Dinge nicht näher einlassen", meint er weiter und schildert danach einige Überlegungen zu seinem Vorhaben:

---

[1] Wilhelm Scherers *Geschichte der Deutschen Litteratur* „von den ältesten Zeiten bis auf Goethes Tod" erschien zwischen 1880 und 1883 in neun Lieferungen.
[2] CA – Minor, Faszikel-Band 1, Brief vom 18. 1. 1900.
[3] Vgl. *Vorlesungen, Seminare und Übungen Minors* im Anhang.
[4] *Akademischer Verein der Germanisten in Wien*; vgl. Kapitel *Sonstige Mitgliedschaften*.
[5] CA – Minor, Faszikel-Band 1, Brief vom 6. 1. 1903, und Faszikel-Verzeichnis 67/69 (6. 1. 1903).

> Ich will das Material, wie seinerzeit Gervinus, Koberstein, Hettner[1] u.s.w., aber von einem anderen Gesichtspunkt aus betrachtet und in künstlerischer Verarbeitung geben. Ich denke mir das Erscheinen nicht in Lieferungen, sondern in kleinen Oktavbänden, die einen separaten Titel erhalten sollen und in sich abgerundet sind, so daß das Buch, auch wenn ich vor der Vollendung von ihm abgerufen werden sollte, immer als Theil seinen Werth behielte.[2]

In der Cotta'schen Buchhandlung ist man „sehr gerne bereit, schon jetzt in Verhandlungen" einzutreten.[3] Zur Jahresmitte 1903 erklärt man bereits prinzipielles Interesse am Verlag einer Literaturgeschichte, beziffert erste Vorstellungen zur Honorierung und unterbreitet Überlegungen zu Ausstattung, Auflage und Erscheinungsweise der einzelnen Bände. Minor schreibt zurück aus seinem Sommerurlaub, den er – wie inzwischen fast jedes Jahr – in Tirol verbringt, entschuldigt die verspätete Antwort mit den vielen Prüfungsverpflichtungen zu Semesterschluss und nimmt die Herstellung betreffende und kommerzielle Vorschläge der Stuttgarter gerne an. Dann fügt er allerdings hinzu:

> Was Sie aber sonst wünschen, trifft nicht ganz mit meinen Absichten zusammen. Die einzelnen Bände sollen nur in der Darstellung selbständig sein; die leitenden Gedanken, die Entwicklung der Motive, der Darstellungsmittel, der Formen, des Stiles usw. soll ohne Sprung und stetig verfolgt werden. Das große Kunstwerk soll eine ausführliche aesthetische Analyse finden; das kleine Werk und der kleine Dichter im historischen Zusammenhang seine Stelle finden. Daraus ergibt sich auch, daß eine freie Reihenfolge unmöglich ist; bei einer solchen Arbeit hat man, trotz aller Vorbereitung, doch erst bei der letzten Durcharbeitung und wenn man ganz in dem Gegenstand steckt, alle Fäden in der Hand. Die freie Reihenfolge würde nur zu beständigem Vor- und Zurückgreifen nötigen, unaufhörliche Berichtigungen und Nachträge nötig machen und dadurch nicht blos die Form schädigen, sondern auch bei dem Leser Unruhe und Mangel an Vertrauen erzeugen.[4]

Im Jänner 1904 schickt Minor weitere Vorlesungsskripten, die mit Teilen der geplanten Literaturgeschichte korrespondieren sollen – darunter *Von Gottsched bis Lessing* –, und ersucht Cotta um definitive Entscheidung bis Ostern 1904. In Stuttgart wartet man nicht lange, sondern nennt postwendend die Konditionen, unter denen man die Literaturgeschichte ins Programm übernehmen möchte. Noch

---

[1] Georg Gottfried Gervinus (* 1805, † 1871), Germanist und Publizist, verfasste die *Geschichte der poetischen Nationalliteratur der Deutschen* (5 Bde., 1835–42); August Koberstein (* 1797, † 1870), Germanist, verfasste den *Grundriß der deutschen Nationalliteratur* (1827); Hermann Hettner (* 1821, † 1882), Kunst- und Literarhistoriker, verfasste die *Literaturgeschichte des 18. Jahrhunderts* (6 Bde., 1856–70).

[2] CA – Minor, Faszikel-Band 1, Brief vom 6. 1. 1903.

[3] CA – Minor, Faszikel-Verzeichnis 65/66 (22. 11. 1902).

[4] CA – Minor, Faszikel-Band 1, Brief vom 18. 7. 1903 aus Ötz im Ötztal.

im Februar wird man mit Minor handelseins und tauscht die unterzeichneten Verlagsverträge betreffend eine *Deutsche Literaturgeschichte von Opitz bis 1870.* Ende April 1906 erreicht Minor eine Anfrage Cottas, „ob Band I seiner Literaturgeschichte im Herbst erscheinen soll",[1] und Minor erwidert Mitte Mai,

> [...] daß er durch übergroße Beschäftigung infolge enormer Frequenz der Universität an der Vollendung des I. Bandes verhindert werde; wenn die Verhältnisse in den nächsten Jahren nicht anders würden, müsse er Urlaub nehmen.[2]

Cotta registriert Minors Klage verbunden mit der Hoffnung „auf baldige Beseitigung der Hindernisse".[3] Doch die berufsnahen wie die außerberuflichen Belastungen werden für Minor keineswegs geringer, wie sich aus vielerlei Anliegen schließen läßt, die an den mittlerweile Scheidungs-Junggesellen brieflich herangetragen werden. – Das als verspäteter Dank verkleidete Ersuchen zu Rezensionen vom Dezember 1905 ist kein Sonderfall:

> Berlin, den 25. 12. 05.
> Sehr verehrter Herr College, Sie erhalten mit diesem Briefe Aufsätze von mir, die ich freundlichst anzunehmen bitte. Fast allen Gegenständen, von denen ich in denselben spreche, haben Sie eindringende Arbeit gewidmet. Ergebnisse von Ihnen inbezug auf die Romantiker mußte ich mir versagen aufzunehmen, um die Einheit des alten Aufsatzes über Novalis wie er nun einmal war nicht zu zerreißen.
> Indem ich die Aufsätze Ihnen übersende, zahle ich ein wenig von einer alten Schuld ab, die mich die ganzen Jahre gedrückt hat, sobald ich Ihrer gedachte. Es ist jetzt über fünfzehn Jahre her, daß Sie mir den ersten Band Ihres Schiller freundlich zusandten. Ich brauche nicht zu sagen, wie stark der Eindruck des Buches auf mich gewesen ist mit dem gewiß wenig Biographisches in seiner Gründlichkeit und seinem tiefen Eindringen in die ersten Anfänge seines Helden verglichen werden kann. Ich weiß nicht mehr, was damals mich ganz in Beschlag nahm, so daß ich die richtige Zeit Ihnen zu danken versäumt habe. Wie sollte ich das aber nachträglich gut machen? Heute endlich, nach so vielen Jahren, bietet sich mir dazu die Höflichkeit.
> Am meisten Interesse hat vielleicht für Sie das was ich ab einem zweiten Teil der Aesthetik, der dem allgemeinen Teil folgt, im Verlauf von No. 4 des Aufsatzes über Goethe gesagt und vielleicht das eine und andere Allgemeine über Lyrik, das bei Gelegenheit des Gedichts Hölderlins nur halb gesagt ist.
> In größter Hochachtung
> der Ihrige
> Wilhelm Dilthey[4]

---

[1] CA – Minor, Faszikel-Verzeichnis 149 (30. 4. 1906).
[2] CA – Minor, Faszikel-Verzeichnis 150/151 (13. 5. 1906).
[3] CA – Minor, Faszikel-Verzeichnis 152 (14. 5. 1906).
[4] UAW, Nachlass Minor, 152.1, 7, 37.

Bald nach Diltheys höflicher Zusendung erscheint Minors Besprechung von *Das Erlebnis und die Dichtung* in der *Neuen Freien Presse*. – Durchaus die Regel sind auch Anliegen wie:

> Hochverehrter Herr Professor!
> Gestatten Sie mir dem Wunsche Ausdruck zu geben, dass Sie Zeuge bei der Erstaufführung meines Dramas „Ein letzter Wille" sein mögen; ich möchte daran die Bitte anschließen, Sie für Samstag den 15. d zur Premiere einladen zu dürfen. Für ein Wort der Zusage wäre Ihnen sehr dankbar
> Ihr Sie hochschätzender
> Siegfried Trebitsch[1]

Anfang Jänner 1908 erreicht den mittlerweile weithin bekannten Literarhistoriker spezielle Post aus einem der führenden Verlagshäuser Berlins:

> Hochgeehrter Herr Hofrath,
> ich weiß nicht, ob Sie schon die gerichtliche Vorladung erhalten haben, dass Sie in einem Rechtstreite, den ich leider gegen die Redaktion der „Zeit" zu führen gezwungen bin, als Sachverständiger vernommen werden sollen. Leider sind mir Wiener Preßverhältnisse völlig unbekannt, u. so kam ich in die Nothlage, Sie, dem Amt, Stellung u. Ruf besser als irgend einen Anderen qualifizieren, benennen zu müssen. Das möchte ich als Entschuldigung anführen, wenn ich Ihre knapp bemessene Zeit, die Sie anderweitig gewiß besser verwenden könnten, in meiner Privatangelegenheit in Anspruch nehme. Ich verbleibe in größter Hochachtung
> Ihr
> sehr ergebener
> Dr. Wolff[2]

Auch Bitten um Fürsprache und Intervention wie jene eines prominenten Wiener Kollegen vom Mai 1911 sind nicht ungewöhnlich:

> Hochgeehrter Herr Kollege
> Nachdem die Unternehmung unserer Grillparzer Abende gescheitert ist, habe ich mir letzten Mittwoch gestattet, Herrn Schönherr für unser Jahres Diner am 31. d. M. 4 Uhr einzuladen. Er hat noch nicht geantwortet. Wollten Sie wohl die Güte haben, meine Einladung durch eine Zeile von Ihrer Hand zu unterstützen? Alle unsere Kollegen würden sich so sehr freuen, ihn in ihrer Mitte zu sehen und besonders ich selbst würde gar zu gerne ihm die Hand drücken.
> In aufrichtiger
> Hochachtung
> E Sueß[3]

---

[1] UAW, Nachlass Minor, 152. 1, 7, 37.
[2] UAW, Nachlass Minor, 153.2, 31, 85.
[3] UAW, Nachlass Minor, 152.1, 11,3.

Dass Minor schließlich auch eigene publizistische Interessen verfolgt, bezeugt eine Zusage zur Veröffentlichung des *Deutsche Rundschau*-Herausgebers vom Juni 1911:

> Hochverehrter Herr Hofrath!
> Sie haben mich aufrichtig durch Ihr Anerbieten erfreut, u. mit dem verbindlichsten Dank nehme ich Ihren interessanten Aufsatz „Freimaurer in Sicht" für die „Rundschau" an, der nach so langer Unterbrechung Ihrer Mitarbeit dieser Beitrag doppelt willkommen ist. Nur muß ich Sie bitten, für den Abdruck mir einige Zeit zu gewähren, da gerade jetzt die Verpflichtungen sich ungewöhnlich gehäuft haben; doch dürfen Sie versichert sein, dass ich zur Beschleunigung thun werde, was ich vermag.
> Noch habe ich Ihnen auch herzlich zu danken für die Botschaft aus Weimar. Wie schmerzlich es mir ist, dass mein schwankendes Befinden mir nicht mehr gestattet, an den Goethetagen persönlich theilzunehmen, kann ich Ihnen nicht sagen. Umso wohlthuender berührte es mich, dass man meiner in Freundlichkeit gedenkt.
> Genehmigen Sie mit dem Ausdruck meiner Hochachtung den Gruß
> Ihres ergebenen
> Dr. Julius Rodenberg[1]

Minors „übergroße Beschäftigung" ist also nachvollziehbar. – In der Angelegenheit *Deutsche Literaturgeschichte von Opitz bis 1870* meldet er sich erst wieder am Weihnachtstag des Jahres 1911 bei Cotta:

> Sehr geehrte Herren,
> hiemit erlaube ich mir Ihnen anzuzeigen, daß ich in dem verlaufenen Jahr ganz ernstlich an unsere Literaturgeschichte gedacht habe. Ich habe sogar eine Schreibmaschine angeschafft und kurz vor Beginn des Schuljahres zu schreiben begonnen. Gleich darauf aber haben mich die Semester- und Prüfungsarbeiten unterbrochen und ich habe eingesehen, daß, solange ich jährlich über 10.000 Seiten Prüfungsarbeiten zu sehen habe, die Literaturgeschichte nicht weiter gehen kann.
> Meine Absicht ist nun die: sobald die Professur meines in Pension gehenden Kollegen Seemüller besetzt ist, werde ich alle Prüfungsgeschäfte zurücklegen und im Jahre 1914, wo ich meine Dienstjahre habe, werde ich in Pension gehen und nur meine vielbesuchten Vorlesungen als prof. emeritus fortsetzen, aber mich schriftstellerisch ganz der Literaturgeschichte widmen.
> Bis 1914 werde ich trachten, soviel als möglich fertigzubringen. Meine Frage ist nun die, wie es sich mit der Gelegenheit des Druckes verhalten würde? Irgend ein bestimmtes Versprechen der Manuskript-Lieferung kann ich unter den jetzigen Verhältnissen nicht eingehen, und daher auch von Ihnen eine bestimmte Zusicherung der Drucklegung nicht verlangen.
> Auf der anderen Seite aber wäre es mir doch wünschenswert, das Fertige bald gedruckt zu sehen; da sich, bei den massenhaften Erscheinungen in neuerer Lite-

---

[1] UAW, Nachlass Minor, 153.2, 31, 93. – Die letzte große eigenständige Arbeit Minors erscheint in Heft 4 des 38. Jahrgangs der *Deutschen Rundschau*.

ratur, sonst immer wieder Nachträge und Berichtigungen ergäben, so daß das Fertige wie das Gewebe der Penelope immer wieder aufgetrennt werden müßte. Wäre eine zwanglose Lieferung des Manuskriptes und von Ihrer Seite bei Zeit und Gelegenheit ein ebenso zwangloser Satz möglich, wobei man wie bei den Thesaurus linguae latinae etwa auf jedem Bogen bei dem Kustoden das Datum des Imprimatur angeben könnte: Und hielten Sie eine Erscheinung in Lieferungen (wie bei Scherers Literaturgeschichte) für wünschenswert?

Ich bitte, an diese Anfrage keine übereilte Hoffnung zu knüpfen, sondern ihr nur die Tatsache zu entnehmen, daß ich seit dem Abschluß unseres Kontraktes das Werk nicht nur nicht aus den Augen verloren, sondern ihm alle Kräfte gewidmet habe, wie meine 800 Studenten bezeugen können, und die Überzeugung gewonnen habe, daß das Werk 30jähriger Arbeit bestehen kann. Es wäre mir lieb, zu hören, daß auch Sie noch an unsere Vereinbarung denken. Ein schlechter Zeitpunkt wird es um 1915 nicht sein, die neueren Literaturgeschichten sind kaum wissenschaftlich ernst zu nehmen.[1]

Mit diesem Brief endet die Korrespondenz Minors mit Cotta.[2] Die vereinbarte Buchausgabe seiner Vorlesungen zur deutschen Literaturgeschichte, die „zum Besten, weil Lebensvollsten ihrer Art gehörten, und die ein großartiges Werk ergeben hätten",[3] findet nicht statt.

Von den gewiss mehr als 30 Kollegienheften, die Minor in den Jahren seiner Tätigkeit in Wien, Prag und Mailand erarbeitet, ergänzt und immer wieder aufs neue aktualisiert hat, sind nicht einmal ein halbes Dutzend erhalten.[4] Sie sind dicht mit Notizen, Stichwörtern, Gedankensplittern und Halbsätzen gefüllt, die er mit Feder oder Bleistift meist in Kürzel-Form, mit zahllosen Streichungen und Hinzufügungen, an vielen Stellen auch auf nachträglich eingehefteten Blättern oder losen Einlagen eingetragen hat. Diese kleinformatigen und zum Teil recht umfangreichen Hefte enthielten das Gerüst und sicherten zugleich die Detailfülle der Vorlesungen, die Minor im Hörsaal dann jedesmal frei ausformulierte.

An das knappe Ritual, mit dem „der hohe, starke Mann mit dem wallenden Vollbart"[5] seine Kollegien zu eröffnen pflegte, erinnerte sich einer von Minors früheren Studenten im *Fremden-Blatt*: „Mit umständlichem Gebaren öffnete er

---

[1] CA – Minor, Faszikel-Band 1, Brief vom 24. 12. 1911.
[2] Vgl. auch Kapitel *Zusammenarbeit mit Cotta*.
[3] *Fontana: Minor-Jubiläum; 1955.*
[4] Die Handschriftenabteilung der WStLB bewahrt einen Karton (Sig. 132/69, Z.P. Nr. 402), der neben Minor-Notizen zur Schiller-Monographie und zu mehreren Autoren der deutschen Romantik auch einige Kollegienhefte enthält.
[5] Oskar Walzel fühlte sich durch Minors „machtvolle Erscheinung" gelegentlich geängstigt und empfand ihn „ähnlich dem Moses des Michelangelo". – *Walzel: Wachstum und Wandel; 1956;* S. 17.

seine Aktentasche, zog seine Notizen hervor und begann zu lesen."[1] – Diesen Vorlesungen, „auch wenn sie nicht den populären Charakter des ‚Publikums' an sich trugen, wohnten Juristen und Mediziner regelmäßig und mit dem gleichen Interesse bei wie die eigentlichen Schüler, die jungen Germanisten von Beruf", hielt die *Neue Freie Presse* rückblickend fest.[2] Mehr als ein Vierteljahrhundert später hieß es in einem Gedenkartikel des *Neuen Wiener Tagblatts*: „Er sprach nicht eigentlich zu seinen Hörern, und dennoch fehlte nicht der Kontakt."[3] Ebenfalls zu seinem 25. Todestag erinnerte sich in der *Reichspost* eine der einstigen Hörerinnen Minors an „seine überfüllten Vorlesungen" und schilderte, „da oben auf dem Katheder saß kein erstarrter Wissenschaftsbonze, sondern ein lebendiger Mensch, der alles, was er vortrug, miterlebte und miterlitt. Wenn er von den Leiden Schillers erzählte und von Lessings einsamem Sterben, dann stützte er den Kopf in die Hand und weinte und die Hörerinnen weinten mit."[4] Ähnlich schrieb auch Max Lederer[5] im *Neuen Wiener Tagblatt*: „Sprach er etwa von Lessing, so konnte er seinem spröden, aber modulationsfähigen Organ Töne von Erz entlocken, wenn er den Kämpfer schilderte, und wiederum vibrierte seine Stimme in mühsam verhaltener innerer Erregung, wenn er Lessings Ende berührte."[6]

Dabei war Minors Vortrag „nicht das, was man landläufig fesselnd nennt", wie Robert Franz Arnold registrierte; Minor besaß auch – trotz gelegentlicher volksbildnerischer Ambitionen – nicht „die Gabe, Resultate der Wissenschaft zu popularisieren". Unter seinen vielen Eindrücken, die er aus den Vorlesungen Minors bezogen habe, so Arnold weiter, seien „die zwei die stärksten" gewesen, „die lauschende Menge zu seinen Füßen und der unantastbare Ernst seines Gehabens".[7] – Für Minors Kollegien konnte „die Wiener Universität in den letzten Jahren keine

---

[1] *Hohlbaum: Jakob Minor; 1912.*
[2] *Anonym: † Minor; NFP, 1912.*
[3] *Lederer: Minor; 1937.*
[4] *W.[...]: Erinnerung an Minor; 1937.*
[5] Max Lederer, * 1874, † 1942, Jurist und Sozialpolitiker, später Sektionschef im Sozialministerium, unterzeichnete 1905 als einer der „dankbaren Schüler" eine Gratulationsadresse zu Minors 50. Geburtstag.
[6] *Lederer: Minor; 1937.*
[7] *Arnold: Minor; NÖB; 1929*; S. 80. – Arnold zitiert den Minor-Nachruf des namentlich nicht genannten Minor-Hörers Friedrich Rosenthal in *Der Merker*. Rosenthal schreibt dort weiter über Minor: „Man kann ruhig behaupten, daß er ethisch immer auf der Höhe des behandelten Gegenstandes stand, mit ihm stieg, von ihm im Innersten ergriffen wurde. Dann wurde alles an ihm groß und erhaben, fast apostolarisch und diese dünne, dissonierende Stimme ein erlauchtes Instrument." – *Rosenthal: Jakob Minor; 1912*; S. 792.

zureichenden Räume mehr" bereitstellen; zu seinen Samstags-Vorlesungen (Collegium publicum / „Publikum") musste man zuletzt wegen des großen Zuspruchs Platzkarten ausgeben.[1]

Dass Minor trotz seiner „schrillen Kinderstimme",[2] die gelegentlich in den Diskant umschlug, allein durch die „Intensität des Wortes zu bannen verstand",[3] sagte man ihm schon am Beginn seiner Vorlesungstätigkeit als Privatdozent nach. Konzessionen, „auch nicht an Schöngeister", seien aber nicht seine Sache, hieß es wiederholt: „Immer steuerte er gerade auf sein Ziel zu, immer nannte er das Kind beim rechten Namen"[4] und hatte sich „von Anfang an zum Ziel gesetzt", das „Wesen der künstlerischen Form zu ergründen."[5] Und bei diesem Bemühen wurde ihm immer wieder ein „warmfühlendes, aufrichtiger Empfindung volles Herz"[6] in Verbindung mit „einem fast unbegrenzten Gedächtnis"[7] attestiert.

Wie er „seine erschöpfenden Einzelkenntnisse zu einem großzügigen Ganzen zuletzt zu vereinigen verstand, das wissen allerdings nur die Hörer seiner letzten Jahre". – Oskar Walzel verweist so in seinem Nachruf auf die „Plastik der Rede Minors" und bringt sie in Verbindung mit dem großen Vorhaben seines Lehrers, der zuletzt schon geahnt haben müsse, „dass er nicht mehr werde als Schriftsteller leisten können, was er sich vorgenommen hatte. Und er war sich bewußt, daß das Uebermaß an Amtsgeschäften ihn gehindert, seine Lebensarbeit in geschriebene und gedruckte Worte umzusetzen."[8]

---

[1] Das CA bewahrt einen mit „Margarete Minor | Wien III/4 | Hauptstr. 136." beschrifteten, undatierten und nicht bezeichneten Zeitungsausschnitt mit dem Titel „Wiener Neuigkeiten. Mißstände an der Universität" auf, in dem unter anderem vom „Raumverhältniß während des Collegs" die Rede ist, „das Professor Minor im Hörsaal 41 – dem größten der philosophischen Fakultät – am Samstag abhält. Zu diesem Vortrag über die deutsche Literatur des 19. Jahrhunderts finden sich Hörer aus allen Facultäten ein. Dazu gesellen sich noch außerordentliche Hörer und eine nicht geringe Anzahl von Hospitantinnen. Der Saal ist nur für 252 Hörer bemessen, es drängen sich jedoch jede Woche etwa 400 Personen hinein. In jüngster Zeit hat man für diese Ueberfüllung in der Weise Abhilfe zu schaffen gesucht, daß man die Saalplätze numerirte und vom Samstag an Platzkarten ausgeben wird, die in erster Linie an Hörer der philosophischen Facultät vergeben werden. Selbstverständlich sind dadurch die anderen Studirenden in empfindlicher Weise um ihr gutes Recht gebracht worden, einem Collegium publicum beizuwohnen." – Vgl. auch *Fränkel: Jakob Minor; 1912.*

[2] *Hohlbaum: Jakob Minor; 1912.*

[3] Vgl. *Anonym: † Minor; NFP, 1912.*

[4] *Lederer: Minor; 1937.*

[5] *Walzel: Jacob Minor; 1912.*

[6] *Lederer: Minor; 1937.*

[7] *Arnold: Minor; 1913.*

[8] *Walzel: Jacob Minor; 1912.*

Eduard Castle, ebenso Minor-Schüler wie Walzel und Arnold, resümiert das unvollendete Projekt der „Gesamtdarstellung"[1] schließlich in einem Gedenkartikel vom Oktober 1937:

> Während die Nachfahren Scherers über Beiträge, Bausteine, Bibliographien usw. nicht hinauskamen, hatte er das große Gebäude aufgerichtet, das alle Einzelforschungen unter ein Dach brachte, es fehlte nur an dem Verputz, an der äußeren Zier. Ewig schade, daß eine der größten wissenschaftlichen Leistungen deutscher Literaturforschung nicht vor das Publikum gelangt ist. Sie hätte ebensowohl von der Vollendung wie von der Überwindung der positivistischen Richtung Zeugnis abgelegt. Denn, wie sich auf dem Gebiet der Altgermanistik Heinzel in seinen letzten Jahren immer mehr von den Scheidekünsten der Berliner Schule, die in Scherer auf ihre volle Höhe kam, entfernte, so hatte auch Minor schon lange Haym und Dilthey auf sich wirken lassen, ehe das neue Schlagwort von der „geisteswissenschaftlichen" Betrachtung große Mode wurde.[2]

Wirken in der Akademie der Wissenschaften

Ein zeitgenössisches Gemälde – es hält *Eine Sitzung der Kaiserlichen Akademie in Wien 1912*[3] idealisierend fest – zeigt am äußersten linken Rand im Hintergrund der knapp fünf Dutzend Angehörigen der Akademie auch den nachdenklich in die Runde blickenden Jakob Minor. Das Bild schildert offenbar eine Situation kurz vor Sitzungsbeginn; die meisten der Porträtierten sind ins Gespräch miteinander verwickelt, inmitten des Präsidiums und im optischen Zentrum residiert Erzherzog Rainer als kaiserlicher Kurator. Obwohl Minor weitab vom eigentlichen Geschehen zu stehen scheint, wird der Blick des Betrachters unauffällig auf ihn gelenkt: Struktur und Aufbau der Darstellung entwickeln sich unter anderem an zwei gegenläufigen perspektivischen Achsen, und Minors Kopf befindet sich gleichsam in deren Schnittpunkt; gefördert wird die sanfte Hinlenkung des Blickes auf ihn überdies durch den Lichteinfall, den das Gemälde nachzeichnet. Ob Minor noch am Leben war, als das Bild entstanden ist, lässt sich nicht feststellen.

---

[1] *Sauer: Jakob Minor; 1913.*
[2] *Castle: Minors 25. Todestag; 1937.*
[3] Das Gemälde, signiert mit *Olga Prager, 1912.*, hängt in einem der Säle des Akademiegebäudes am Wiener Ignaz-Seipel-Platz; es ist auch abgebildet auf Seite 2 der unpaginierten Broschüre *Die Österreichische Akademie der Wissenschaften*; 1990.

Minor war sehr gerne,[1] wenn auch kein sonderlich reges Mitglied der kaiserlichen Akademie, was den wissenschaftlichen Betrieb anlangt; zu ihren Publikationen hat er nicht sehr viel beigetragen:
- 1905 erscheint ein Nachruf auf seinen Lehrer, Kollegen und Förderer Richard Heinzel,[2]
- 1910 eine Gratulationsadresse an Marie Ebner von Eschenbach zu ihrem 80. Geburtstag – schon 1900 hatte er die Verleihung des Ehrendoktorats der Universität Wien an sie betrieben und als Promotor fungiert,
- 1911 der ersten Teil der *Studien zu Novalis: Zur Textkritik der Gedichte*[3] und
- 1912 erscheinen als gekürzter Nachdruck aus der *Germanisch-Romanischen Monatsschrift* einige wenige Zeilen *Zum französischen und zum deutschen Amadis*.[4]
- Posthum wird im Jahrgang 1913 des Akademie-Almanachs sein Schriftenverzeichnis veröffentlicht, das ab 1914 auch als Sonderdruck zur Verfügung steht.[5]

Den ersten „Antrag auf Ernennung des Professors Dr. Jacob Minor Zum correspondierenden Mitglied der k. Akademie d. W." formuliert Minors einstiger Lehrer und mittlerweile Kollege an der Universität, Richard Heinzel, im Mai 1896:

> Minor zählt zu den hervorragendsten Litterarhistorikern Deutschlands. Sein Werk über Schiller reiht sich würdig den monumentalen Arbeiten über Lessing und Herder an, welche wir von Danzel, Haym, E. Schmidt besitzen. Aber Minor hat ausserdem den verschiedensten Gebieten der deutschen Litteraturgeschichte vom 16. Jahrhundert bis in die neueste Zeit seine Thätigkeit gewidmet und überall Ordnung und Klarheit geschaffen. Ausser litterarhistorischen Arbeiten verdanken wir ihm eine neuhochdeutsche Metrik, welche unbestritten der erste Versuch einer wissenschaftlichen Behandlung dieses schwierigen Themas ist.[6]

Zweimal wird der Antrag erneuert; 1898 erfolgt Minors Ernennung zum korrespondierenden Mitglied. – Einige Zeit danach steht in der Göttinger Königlichen Gesellschaft der Wissenschaften anläßlich ihres 150jährigen Bestehens die Wahl neuer korrespondierender Mitglieder bevor und Gustav Roethe ersucht seinen

---

[1] *Arnold: Minor; Euphorion; 1913;* S. 793.
[2] *Minor: Heinzel-Nekrolog; 1905;*
[3] *Minor: Novalis-Studien; 1911.* – Es handelt sich um den Kommentar-Teil für den ersten Band der von Minor in vier Bänden bei Eugen Diederichs 1907 herausgegebenen *Novalis Schriften (Minor: Novalis Schriften; 1907).*
[4] *Minor: Amadis-Mitteilung; 1912.*
[5] *Minor: Schriftenverzeichnis; 1914.*
[6] AAW, Nr. 423/10 ex 1896, praes: 13. Mai.

Marburger Kollegen Edward Schröder um Rat. Schröder meint zu den Erwägungen Roethes, österreichische Philologen zu berücksichtigen:

> „Du kannst weder [Carl von] Kraus noch [Konrad] Zwierzina dem [Konrad] Burdach vorziehen. Gib Dir also einen Stoß! – Neuere Litteraturhistorie? Minor – nein! Der Kerl ist so geschwollen hochmütig, u. die Wiener (er ist auch Akademiker seit 3 Jahren) haben in den letzten Jahren sich so mit Leipzig gehätschelt: Sievers, Paul, Brugmann gewählt – es hat keinen Sinn."[1]

1902 bringt wiederum Richard Heinzel den Vorschlag ein, Minor zum wirklichen Mitglied der kaiserlichen Akademie in Wien zu wählen. – Gleich im selben Jahr überträgt man Minor die Vertretung Österreichs und Süddeutschlands im Preisgericht der Grillparzer-Preisstiftung, die von der Akademie verwaltet wird; ab 1908 übernimmt Minor den Vorsitz des Preisgerichts.[2] Zu diesem Zeitpunkt ist er bereits wirkliches Mitglied der Akademie, denn in einer außerordentlicher Sitzung ist Ende Mai 1905 – im April hat Richard Heinzel Selbstmord begangen – die Wahl Minors in „die für die Stelle eines wirklichen Mitglieds zu bildende Terne 1mo loco"[3] erfolgt; die Bestätigung der Wahl und Minors Ernennung „mit Allerhöchster Entschließung vom 3. August 1905" ist Anfang September vom Kurator-Stellvertreter Dr. Ernest von Koerberer mitgeteilt worden.[4]

Für das auf seine Anregung hin gegründete Phonogrammarchiv der Akademie[5] besorgte Minor die literarische Leitung; mehrere Mitglieder des Burgheaters – unter ihnen Adolf Sonnenthal, Josef Lewinsky und Bernhard Baumeister – konnte er dazu bewegen, sich für Tonaufnahmen in ihren bedeutendsten Rollen zur Verfügung zu stellen. Minors wesentliche Tat für die Akademie sollte aber erst nach seinem Tod wirksam werden: Testamentarisch verfügte er die Einrichtung eines alle fünf Jahre zu vergebenden Preises für literarhistorische Arbeiten[6] und stellte der Akademie dafür einen Betrag von 10.000 Kronen zur Verfügung, aus dessen Zinsertrag der Preis zu dotieren war. Als Preisrichter bestimmte er „die Vertreter der neueren deutschen Literatur an den Universitäten Wien, Berlin, München, Leipzig, Prag und Graz", die den Preis ausschließlich an Arbeiten zu vergeben

---

[1] *Ruprecht/Stackmann: Briefe Roethe – Schröder; Bd. 2; 2000,* S. 90.
[2] Vgl. Kapitel *Grillparzer-Preisstiftung.*
[3] AAW, Nr. 647/1905, praes. 14. Juni 1905.
[4] AAW, Nr. 869/1905 pr. 7. Sept. 05.
[5] Vgl. *Schroeder: Jakob Minor †; 1912,* und Minors Zuschrift *Über Phonographen im Dienste der Theatergeschichte* an die *Neue Freie Presse* vom 10. Juni 1900 und Kapitel *Jakob Minor und Karl Kraus.*
[6] Vgl. *Testament des Jakob Minor* im Anhang.

hatten, „die ganz oder teilweise die neuere deutsche Literatur zum Gegenstande haben und sich kleinlicher Parallelen- und Motivenjagd fernhalten"; ebenso statthaft war die Vergabe an Arbeiten, „die bar tiefgehender Forschung und kritischer Untersuchung auch als darstellende Werke Anerkennung verdienen", in Ausnahmefällen an „ein nützliches und unentbehrliches Handbuch".[1]

Der Jakob-Minor-Preis der Akademie der Wissenschaften konnte nur zweimal verliehen werden. 1919 wurde Friedrich Gundolf (eigentlich Friedrich Leopold Gundelfinger) für seinen *Goethe*[2] ausgezeichnet, was in der heftigen Diskussion um diese entschieden geistesgeschichtlich orientierte Monographie unter anderem dazu führte, dass zwei Jahre darauf ein Sonderheft des *Euphorion* allein mit Beiträgen zu diesem Buch erschien. Schon nach der zweiten Vergabe im Jahre 1924 an Adolf Hauffen für eine Arbeit über *Johann Fischart*[3] endete der Jakob-Minor-Preis; das dafür gestiftete Kapital hatte seinen Wert durch Inflation und Währungsreform verloren.

Publizist und Schriftsteller
Beiträge zu Periodika

Im Dezember 1875 schreibt der 20-jährige Minor aus Italien an seinen Freund Sauer. Er hat sein Studium – nicht nur aus gesundheitlichen Gründen – auf ein halbes Jahr unterbrochen, schildert seinen Hader mit sich und der Welt, sieht sich als „wissenschaftlicher Schauspieler" weder im Elternhaus noch auf der Universität auf dem rechten Platz und kennt vorerst nur das vage Ziel, seinen „Lieblingsstudien nachzugehen" und „in einem Meere von Kunst zu leben". Was er nach der Reise machen werde, weiß er nicht: „Auf die Universität werde ich kaum zurückkehren. Möglich daß ich suche, in der Journalistik mich weiter zu bringen, wenn mir das Glück hold ist."[4]

Zu dieser Zeit hält er sich in Catania auf; noch von hier aus liefert er seine erste publizistische Arbeit für das im ersten Jahrgang erscheinende *Illustrierte Musik-*

---

[1] Für diesen Fall nennt Minor in seinem Testament beispielhaft den Sauer-Schüler Alfred Rosenbaum, der ihm mehrmals hilfreich zur Hand gegangen war.

[2] Friedrich Gundolf: *Goethe*. Bondi, Berlin, 1916.

[3] Adolf Hauffen: *Johann Fischart. Ein Literaturbild aus der Zeit der Gegenreformation.* In: *Schriften des Wissenschaftlichen Instituts der Elsaß-Lothringer im Reich.* Berlin, 1921 und 1922.

[4] Minor-Brief 3.

und Theaterjournal, das die k. k. Hof-Musikalienhandlung des Adolf Bösendorfer als *Wochenschrift für das gesammte musikalische, literarische und Bühnenleben der Gegenwart* in Wien herausbringt (Chefredaktion: Otto Reinsdorf). Der Artikel – eine Verknüpfung von Erlebnisbericht und Theaterrezension – wird unter dem Titel *Eine volkstümliche Vorstellung auf Sizilien*[1] in der Ausgabe vom 23. Februar 1876 veröffentlicht, ist mit „J. Minor" gezeichnet und mit „Catania im Februar" datiert.[2] Mit diesem Nebenprodukt seiner Italienreise macht Minor sein Interesse für Drama und Theater erstmals publizistisch fruchtbar. Anstelle aber eine journalistische Laufbahn einzuschlagen, die er ins Auge gefasst hat, nimmt er das Studium wieder auf.

In seiner zweiten Veröffentlichung widmet er sich im Jahr darauf bereits jenem Autor, der als Person wie als Leitfigur der deutschen Literatur einen wesentlichen Teil seiner späteren wissenschaftlichen Arbeit bestimmt: Friedrich Schiller. Das Podium für diesen Aufsatz liefert der aus Salzburg stammende Wiener Verlagsbuchhändler und Publizist Anton Edlinger (* 1854, † 1919) mit seinem gerade erst gegründeten *Literaturblatt*, das sich als populäres Rezensions- und Literaturjournal versteht.[3] Hier erscheint in zwei Folgen auf zusammen knapp über drei Quart-

---

[1] *Minor: Sizilien; 1876.*
[2] Wie die Eintragungen in seinem Reisetagebuch belegen, hält sich Minor vom 28. November 1875 bis zum 6. Jänner 1867 in Catantia auf.
[3] Das Vorwort im 1. Heft von Edlingers wöchentlich erscheinenden *Literaturblatt* lautet:

Das ‚Literaturblatt' hat es sich zur Aufgabe gestellt, vor Allem den neuen Erscheinungen des deutschen Büchermarktes freimüthige Besprechungen zu widmen, mit Ausschließung nur jener Werke streng fachwissenschaftlichen Charakters, deren Inhalt kein allgemeines Interesse besitzt.

Selbstständige Aufsätze, soweit sie literarische Fragen und Interessen berühren oder von solchen ausgehen, gehören ebenfalls mit in das Programm unseres Blattes, ebenso auch Besprechungen hervorragender Werke fremder Literaturen.

Vollständig unbeeinflußt und unabhängig nach jeder Richtung, wird das ‚Literaturblatt' von allem Anbeginne an nur das Eine Ziel im Auge haben, durch möglichst positive Kritik nach besten Kräften zur Förderung unserer Literatur, und zur Hebung des Interesses an ihr beizutragen.

Das Blatt erlebte nur zweieinhalb Jahrgänge. – In einem Nachruf auf Edlinger schreibt Max Kalbeck im *Neuen Wiener Tagblatt*, Nr. 200, 23. Juli 1919: „Edlinger hatte das Zeug zu einem literarischen Unternehmer großen Stils, der den Traum seiner Jugend, in Wien einen Sammelplatz produktiver Geister in Form einer Monatsschrift zu schaffen und das Lesepublikum der Wirtshäuser und Leihbibliotheken für höhere geistige Nahrung zu gewinnen, mit einer Reihe schwerer Enttäuschungen bezahlte. Die von ihm herausgegebene und redigierte ‚Oesterreichische Rundschau' hätte ein Seitenstück zu Rodenbergs ‚Deutscher Rundschau' werden können, wenn das buntbewimpelte Schiff nicht auf der Sandbank der Wiener Teilnahmslosigkeit sitzengeblieben wäre."

seiten *Schiller's Entwurf zu „Elfride"* und *Klinger's Schauspiel.*[1] Minor bezieht sich darin auf eine Arbeit seines Lehrers Karl Tomaschek, die er mit einem rhetorischen Kunstgriff herabwertet – indem er sie nämlich auffällig in einigen Nebensächlichkeiten bestätigt; offen formuliert er seine Vorbehalte gegenüber den Ansichten Tomascheks in einem Brief an Sauer:

> Vorigen Dienstag habe ich über den Plan der Elfride gelesen und die Quelle dazu in Klingers Schauspiel gefunden. Ein paar Ausfälle gegen Tomaschek, der den Plan gar nicht verstanden hat, weil er ohne Klingers Stück nicht zu verstehen ist, würzten den Vortrag. Im letzten Augenblick kommt Tomaschek herein und ich sehe mich genötigt, einiges zu unterdrücken, obwohl die Tendenz des Ganzen nicht zu verkennen war. Was thut er? Er stellt die eben vorgetragene Meinung als die seinige hin, und fragt mich, ob ich ihm denn dadurch beistimme? Einige Neue und ein paar Freunde von mir, die keine Germanisten sind, auch die anderen Vereinsmitglieder haben ihn dann auch dieserthalb recht tüchtig ausgelacht.[2]

Der Aufsatz zu Schiller ist also die Druckfassung eines Referates, das Minor offenbar im Deutsch-österreichischen Leseverein gehalten hat[3] und das in direktem Zusammenhang mit seiner Dissertation steht, an der er gerade arbeitet.

1877 erscheint noch eine zweite, kleinere Arbeit, in der Minor drei Briefe Schillers zitiert, der die Adressaten jeweils um Besorgung einiger Ellen Tuch bittet bzw. seinen Wunsch begründet. Der Artikel ist nicht gezeichnet und unter dem Titel *Schiller's Kleiderluxus*[4] in die *Kleine Chronik* auf der Titelseite der Abendausgabe der *Neuen Freien Presse* vom 19. Juni eingerückt. – Entriert und gefördert wird Minors langjährige Beziehung zu dem bürgerlich-liberalen Blatt offenbar durch den späteren Chefredakteur und Herausgeber Moriz Benedikt.[5]

Neben dem Abschluss seines Studiums in Wien und während seines Aufenthaltes in Berlin sammelt Minor 1878 weitere schriftstellerische Erfahrung. Von den sieben in diesem Jahr veröffentlichten Arbeiten liefert er fünf für Edlingers *Literaturblatt*. Den Anfang machen zwei Buch-Rezensionen, in denen neuerlich

---

[1] *Minor: Schiller-Entwurf; 1877.*

[2] Minor-Brief 13.

[3] Vgl. die Widmung zu dem „Poetischen Album" *Am engen Kreise*, in dem Minors Erzählung *Idyll auf Capri* veröffentlicht ist. – Der antinationale Deutsch-österreichische Leseverein wurde im November 1876 nach der Enthüllung des Schillerdenkmals gegründet, die von Teilen der Studentenschaft zu einer deutschnationalen Demonstration umfunktioniert worden war; vgl. auch *Quidam: Lesevereine; 1895*; S. 5.

[4] *Minor: Schillers Kleiderluxus; 1877.* – Die Autorschaft ist nachgewiesen in: *Minor: Schriftenverzeichnis; 1914.*

[5] Moriz Benedikt, * 1849 Kwassitz, † 1920 Wien, und Minor kennen einander aus gemeinsamer Schulzeit im Schottengymnasium.

Schiller im Zentrum steht: *Briefe an Schiller* von Karl Ludwig Urlichs[1] und *Otto Ludwig und seine Schiller-Kritik*.[2] Beide Texte sind wieder Nebenprodukte – im Resümee der Otto-Ludwig-Rezension verhüllt Minor allerdings, dass er sich mit seinem Urteil diesmal auf die eigene Dissertation stützt, die er mittlerweile abgeschlossen hat:

> Eine quellenmäßige, geordnete Zusammenstellung von Schiller's Aeußerungen über die Tragödie, mit Berücksichtigung der verschiedenen Epochen seiner Erkenntniß wäre überhaupt zu wünschen. Man würde darin wohl mehr Consequenz und Uebereinstimmung mit Anderen finden, als man glaubt. Und geschrieben ist Schiller's „Theorie des Dramas" bereits. Ich habe das Manuscript in Händen gehabt und daraus auf O. Ludwig geantwortet. Nur daß der arme Autor keinen Verleger findet! Und doch wäre es vielleicht das Klügste, wenn man Schiller selbst dem Buche Ludwig's entgegenstellte.[3]

Seine Dissertation, auf die er sich verschlüsselt bezieht, bleibt ungedruckt und ist nicht erhalten. Aus welchen Gründen Minor sich über entsprechende Anordnungen hinwegsetzt, läßt sich nicht nachvollziehen; offenbar glückt es ihm nicht, einen Verleger zu finden und die Arbeit damit unmittelbar publizistisch zu verwerten.[4]

Wie sehr ihn aber Schillers Ästhetik und Poetologie schon angesprochen und beschäftigt haben, belegt eine Maxime, die er in seiner Rezension argumentativ einsetzt und die sich auch schon am Schluss des Tagebuchs seiner Italienreise und im Nachwort zu seiner – unveröffentlichten – Novelle *Künstlerträume*[5] findet, das er im Jänner 1876 während seiner Italienreise verfasst hat: „Erst schön – dann wahr!" Er bezieht sich damit auf eine Passage aus einem Brief Schillers an Körner vom 28. Dezember 1788, die er ebenfalls zitiert:

> Der Dichter, der sich nur Schönheit zum Zweck setzt, aber dieser heilig folgt, wird am Ende alle Rücksichten, die er zu vernachlässigen schien, ohne daß er's will oder nicht, gleichsam zur Zugabe mit erreicht haben; aber im Gegentheil der, der zwischen Schönheit und Moralität, oder was es sonst sei, unstät flattert oder um beide buhlt, leicht es mit jeder verdirbt.[6]

---

[1] *Minor: Rezension Schiller-Briefe; 1878.*
[2] *Minor: Ludwigs Schiller-Kritik; 1878.*
[3] *Minor: Ludwigs Schiller-Kritik; 1878*; S. 115.
[4] Im PS zu einem Brief an Sauer schreibt er im April 1878: „Ich habe den Revers unterzeichnet, bis in den December 3 gedruckte Exemplare vorzulegen. Kann das böse Folgen haben, wenn es nicht gedruckt wird?" – Minor-Brief 22.
[5] UAW, Nachlass Minor, 152.1, Mappe 13.
[6] Zitat in *Minor: Künstlerträume; 1876.*

Indirekt bezieht er sich auch auf seinen erst kurz zuvor verstorbenen Lehrer Karl Tomaschek, über den er soeben in seinem Nachruf geschrieben hat:

> Wie oft hat er noch in seinen letzten Wochen den Unterschied zwischen Schön und Wahr auf Basis der Schiller'schen Unterscheidung in immer wiederkehrenden Variationen auseinandergesetzt![1]

Nun hält er Otto Ludwig das Schiller-Zitat entgegen und meint abschließend: „Das Schöne und die Kunst halten sich frei von jedem Extrem. Man wird auch im allein seligmachenden Glauben an Shakespeare Schiller nicht zu verdammen brauchen."[2]

Anknüpfend an diese Rezension und neuerlich in unmittelbarem Zusammenhang mit seiner Dissertation folgt kurz danach Minors erste selbstständige philologische Arbeit: *Schiller über die Tragödie*.[3] In zwei Folgen, wieder gezeichnet mit „J. Minor", beschäftigt er sich auf gut acht Druckseiten des *Literaturblatts* mit „Schiller'schen Ansichten über die Tragödie", bei deren Kritik zweierlei „bisher immer übersehen worden" sei:

> Erstens sein Verhältniß zu seinen Vorgängern; zweitens der beständige Fortentwicklungsprozeß, in dem sich seine Anlagen befanden und nach welchem er, um mit Goethe zu reden, jeden Tag ein Vollendeterer, Gereifterer schien.[4]

Als unmittelbare Vorgänger mit großem Einfluß auf Schiller hebt Minor neben Lessing vor allen anderen den Philosophen Moses Mendelssohn (* 1729, † 1786) und Johann Georg Sulzer (* 1720, † 1779) mit seiner *Theorie der schönen Künste*[5] hervor und bestätigt damit neuerlich seinen – diesmal ungenannten – Lehrer Tomaschek, der ihn zur Auseinandersetzung mit Schillers philosophischen Ansichten angeregt hat. An Beispielen erläutert er, wie Schiller sich in fortwährender Beschäftigung mit der poetologischen Begründung seiner Dichtkunst von den einstigen Gewährsmännern emanzipierte. Am Ende kritisiert er auch den politi-

---

[1] *Minor: Tomaschek-Nekrolog; 1878*, S. 279.
[2] *Minor: Ludwigs Schiller-Kritik; 1878*; S. 116. – 1889, zehn Jahre später veröffentlichte Minor im 2. Band der von Bernhard Seuffert herausgegebenen *Vierteljahrschrift für Litteraturgeschichte* den 48-seitigen Aufsatz *Der junge Schiller als Journalist. Ein Beitrag zur Geschichte des deutschen Zeitungswesens*.
[3] *Minor: Schiller über die Tragödie; 1878.*
[4] *Minor: Schiller über die Tragödie; 1878*; S. 257.
[5] *Allgemeine Theorie der Schönen Künste in einzeln, nach alphabetischer Ordnung der Kunstwörter auf einander folgenden, Artikeln abgehandelt. Zwei Teile; Leipzig, 1771 und 1774.*

schen Missbrauch, der mit Schiller-Zitaten getrieben werde; in seiner Abhandlung über die Schaubühne[1] habe Schiller wohl

> [...] den nationalen Stoffen das Wort geredet: „Wenn wir es erlebten, eine Nationalbühne zu haben, so würden wir auch eine Nation. Was kettete Griechenland so fest an einander? Was zog das Volk so unwiderstehlich nach seiner Bühne? – Nichts anderes als der vaterländische Inhalt der Stücke [...]." Eine oft citirte, vielfach dem reifen Schiller zugeschriebene Stelle! Was aber sagt der reife Schiller zu seiner eigenen Jugendansicht? [...] Wehe dem griechischen Kunstgenie, wenn es vor dem Genius des Neueren nichts weiter als diesen zufälligen Vortheil voraus hätte und wehe dem griechischen Kunstgeschmack, wenn er durch diese historischen Beziehungen in den Werken seiner Dichter erst hätte gewonnen werden müssen! Nur ein barbarischer Geschmack braucht den Stachel des Privatinteresses, um zu der Schönheit hingelockt zu werden. Die Poesie soll nicht auf den Staatsbürger in dem Menschen, sondern auf den Menschen in dem Staatsbürger zielen.[2]

Wenige Wochen später rezensiert Minor die aus dem Englischen übersetzte Untersuchung *Ueber Schauspieler und Schauspielkunst*, lobt die Arbeit und bemerkt dazu, dass „von den deutschen Gelehrten für das Theater nichts mehr zu erwarten" wäre, da ihnen der „Genuß des Theaters" fremd sei; „sie genießen die Stücke beim Lesen und controliren nachher voreingenommen das Theater".[3]

Der fünfte Beitrag, den Minor für das *Literaturblatt* liefert, ist die ausführliche Anzeige einer Arbeit über Joachim Wilhelm Brawe, die sein Freund Sauer in der von Wilhelm Scherer betreuten Reihe *Quellen und Forschungen* veröffentlicht hat.[4] In dem fünfseitigen, voll gezeichneten Text entwickelt Minor beinahe das Grundgerüst einer neuen Arbeit über Brawe und muß am Ende gestehen: „Ich bin in dieser Anzeige vielleicht zu sehr meinen eigenen Weg gegangen, als daß ich den Inhalt des Sauer'schen Buches hätte erschöpfen können."[5] – In einem Brief an Sauer von Mitte Oktober 1878 bezieht er sich darauf und schildert auch sein gespanntes Verhältnis zu Edlinger und seinen Unmut über die dürftigen Publikationsmöglichkeiten in Österreich:

---

[1] *Was kann eine gute stehende Schaubühne wirken;* 1784.
[2] *Minor: Schiller über die Tragödie;* 1878; S. 261.
[3] *Minor: Über Schauspieler;* 1878, S. 472 und 473.
[4] *Minor: Sauers Brawe;* 1878, ist die Rezension von August Sauer: *Joachim Wilhelm von Brawe, der Schüler Lessing's.* In: Quellen und Forschungen zur Sprach- und Culturgeschichte der germanischen Völker. Bd. 30. Trübner, Straßburg, 1878. – Vgl. *Minor: Sauers Brawe;* 1879, und *Minor: Lessings Jugendfreunde;* 1883.
[5] Minor platziert die Anzeige ein zweitesmal im *Anzeiger für deutsches Alterthum und deutsche Litteratur.* 5. Bd. [1879]; S. 380–395.

[...] ich glaube Dir durch meine nichtswürdige Anzeige Deines hochwürdigen Buches in Edlingers „Kaspapierlblatt" ein Lebenszeichen gegeben zu haben. Es stehen zwar grimmige Dummheiten und haarsträubende Unrichtigkeiten drin, aber die Absicht ist zu loben. Ueber den Occupations- ich wollte sagen Kriegsstandpunkt, auf dem ich mit Edlinger stehe, habe ich Dir schon geschrieben. Seiner Eselhaftigkeit schreibe außer ein paar störenden Druckfehlern auch die Anregung Zeile 7 und 8 von unten auf der letzten Seite zu; welche bei mir ganz anders und durch ein „vielleicht" problematischer waren. Auch der letzte und vorletzte Satz, mit Ausnahme des Gedankens, kommen aus seiner Feder, deren S̲eichtigkeit (S – nicht L̲)[1] Du aus S. 564 f (der mit A. E. unterzeichneten Recension) entnehmen magst. Ich streiche hiermit Oesterreich feierlich aus meiner literarischen Thätigkeit aus; für dieses Gesindel von Literaten ist meine literarische Diarrhöe noch zu gut!

Von einem Herrn A. Edlinger soll sich ein Mensch, der Philologie studieren „kann und will" (s. Laubes Essex I. Akt, ? Scene ?), schulmeistern lassen! Horribile dictu! Ein anderer Redakteur, der ein Theaterblatt herausgeben will, hat mich zum Berliner Theaterkritikus machen wollen. Ich habe für die Ehre gedankt.[2]

1878 kommen noch zwei weitere Minor-Texte heraus: Für die Hochschulzeitung *Alma Mater* schreibt er Anfang Oktober als erste biographische Arbeit den Nachruf auf seinen während der Ferien verstorbenen Lehrer Karl Tomaschek,[3] dem er nun in gewogenen Worten gerecht zu werden sucht. Und ein „Poetisches Album" mit Titel *Am engen Kreise*, dessen „Reinerträgnis dem juridischen Unterstützungs- und dem deutsch-österreichischen Lesevereine der Wiener Hochschulen" zufließt, enthält auf zehn Kleinoktav-Seiten die Erzählung *Idyll auf Capri*,[4] in der Minor – er zeichnet diesmal als M...r – jene Begegnung mit einer jungen Capresin ins Zentrum rückt, der er auch im Tagebuch seiner Italienreise einen Abschnitt gewidmet hat.

Im folgenden Jahr 1879 liefert Minor insgesamt zwölf Texte, davon erscheinen elf allein in Edlingers „Kaspapierl"-*Literaturblatt*. Sechs Beiträge nennt er *Berliner Briefe* – vermischte Korrespondenten-Berichte über den Berliner Theaterbetrieb, die er während seiner Studienzeit bei Scherer und Müllenhoff unter dem Pseudonym *Junius*[5] verfasst und bei denen er offenbar Lichtenbergs Londoner Briefe[6] zum Vorbild nehmen will. Dabei missrät ihm der Konversationston, den er

---

[1] Das S in Seichtigkeit und das L in der Klammer sind doppelt unterstrichen.

[2] Minor-Brief 32.

[3] *Minor: Tomaschek-Nekrolog; 1878.* – Vgl. auch: *Minor: Tomaschek-Biographie; 1894.*

[4] *Minor: Idyll auf Capri; 1878.*

[5] Minor bezieht sich zweifellos auf The letters of Junius, 69 polemisch-kritische Briefe, die zwischen 1768 und 1772 im Londoner *Public Advertiser* erschienen; das Pseudonym des Autors dieser Briefe ist nach wie vor nicht entschlüsselt.

[6] *Briefe aus England an Heinrich Christian Boie.* – Georg Christoph Lichtenberg schreibt die drei Briefe zwischen 1. Oktober und 2. Dezember 1755 und schildert darin unter

anzuschlagen versucht, meist ebenso wie es ihm kaum gelingt, seine (weitgehend zufälligen) Eindrücke von der literarischen Sphäre mit dem sozialen und kulturellen Umfeld der Stadt so in Verbindung zu bringen, wie sein Vorbild Lichtenberg.[1] Über eine Aufführung von Grillparzers *Traum ein Leben* am Berliner Königlichen Schauspielhaus schreibt er:

> Die Kritiken der Localblätter, so lobend auch im Allgemeinen, beweisen doch im Einzelnen, daß ihren Berichterstattern für das Verständniß dieser zarten Dichtung jedes Organ fehlt. [...] Eine naive Freude an bunten Bildern, welche freilich rasch und lebhaft auf einander folgen müssen wie die Farbconstellationen im Kaleidoskop, nicht gedehnt und zagend wie im königl. Schauspielhause, gehört gleichfalls dazu. Alle diese Eigenschaften hat das Berliner Publicum nicht.[2]

Zu Beginn des Jahres 1879 berichtet Minor aus Berlin von einer Aufführung des *Fräulein von Belle-Isle* am Residenztheater, „einer der pikantesten Productionen von Dumas père, welche den Wienern aus dem Burgtheater noch in Erinnerung sein dürfte". – Das Stück muss schon den jungen Gymnasiasten Minor stark beeindruckt haben;[3] es ist in Wien von 1840 an unter dem Titel *Leichtsinn und seine Folgen*, ab 1851 dann unter dem Titel *Das Fräulein von Belle-Isle* bis April 1869 auf dem Spielplan gestanden.[4]

Mit der Rezension einer Arbeit über Pompeji und die dort stattfindenden Ausgrabungen[5] beendet Minor 1879 seine Mitarbeit am *Literaturblatt*, das im Jahr darauf sein Erscheinen einstellt.

Die letzte Veröffentlichung in diesem Jahr ist dann zugleich Minors erster Beitrag für eine philologische Fachzeitschrift: Im *Anzeiger für deutsches Alterthum und deutsche Litteratur*, der von Scherer 1876 begründet worden ist und von Elias Steinmeyer herausgegeben wird, erscheint nun die 15-seitige, gründliche und detailreiche Rezension der im Vorjahr angezeigten Sauer-Arbeit *Joachim Wilhelm von Brawe der Schüler Lessings*.

---

anderem ausführlich das aktuelle Londoner Theatergeschehen. Auf dieses Vorbild greift Minor auch bei seinen späteren Schauspielerporträts zurück.

[1] Dass sich Minor zu dieser Zeit schon mit Lichtenberg befasst hat, belegt sein Brief aus Berlin vom 9. Februar 1879: „[...] Hat Gerold noch Exemplare der Lichtenbergschen Schriften zu 1.50, wie Du sie gekauft hast. [...] sonst schaffe ich mir hier einen Lichtenberg à bon marché an." – Vgl. Minor-Brief 36.

[2] *Minor-Junius: Berliner Brief 2; 1879.*

[3] Erhalten ist eine komplette, allerdings nicht datierte Abschrift des Stückes durch den – der Handschrift nach zu schließen – jungen Minor. – NB HS Cod. Ser. n. 9990-9991.

[4] *Rub: Burgtheater; 1913;* S. 69.

[5] *Minor: Pompeji; 1879.*

Damit hat Minor jene drei Typen periodischer Publikationsorgane vollzählig für sich erschlossen, die er sein ganzes Leben lang nutzen wird: Tageszeitung, Journal und wissenschaftliche Fachzeitschrift. Von den 883 Arbeiten, die Minor in seinem Werkverzeichnis nennt, erscheinen rund 850 – von denen manche wiederum den Umfang ganzer Monographien erreichen – in Periodika dieser Typen. Mehr als die Hälfte davon veröffentlicht er allein in jenen fünf Zeitschriften und Zeitungen, die er am häufigsten mit Beiträgen beliefert:

Neue Freie Presse	143
Deutsche Literaturzeitung	138
Österreichische Rundschau	103
Zeitschrift für österreichische Gymnasien	63
Göttingische Gelehrte Anzeigen	38
Summe	485

Mit der *Neuen Freien Presse*, der bedeutendsten und einflußreichsten österreichischen Tageszeitung zum Ende des 19. und am Anfang des 20. Jahrhunderts, steht Minor von Beginn seiner publizistischen Tätigkeit an in Verbindung; seine langjährige Bekanntschaft mit dem späteren Chefredakteur und Herausgeber Moriz Benedikt dürfte dafür mit ausschlaggebend gewesen sein.

Für die *Österreichische Rundschau*[1] schreibt Minor ab 1905 regelmäßig Rezensionen von Aufführungen des Burgtheaters.

In der *Deutschen Literaturzeitung*, in der *Zeitschrift für österreichische Gymnasien* und in den *Göttingischen Gelehrten Anzeigen* veröffentlicht Minor mit zusammen 239 den weitaus größten Teil seiner insgesamt 436 Rezensionen.

An den Beiträgen zu jedem dieser Periodika bestätigt sich eine signifikante Tendenz in Minors schriftstellerischer Tätigkeit: die Reduzierung der wissenschaftlich-fachlich orientierten Arbeiten bei gleichzeitiger Zunahme von Theaterkritiken und Texten allgemeiner Thematik oder: Die Reduzierung der Beiträge zu Fachzeitschriften bei relativ stärkerer Zunahme der Veröffentlichungen in Publikumsmedien.[2]

---

[1] Erster Herausgeber der 1883 von Alfred von Berger mitbegründeten *Österreichischen Rundschau* war Anton Edlinger, für dessen *Literaturblatt* Minor seine ersten Theaterkritiken verfasst hat.
[2] Vgl. die einschlägigen Passagen im *Curriculum vitae* Minors im Anhang.

Programmatisches

Seine selbstständigen Arbeiten entwickelt Minor in aller Regel betont pragmatisch und zunehmend empiristisch; in zweien erläutert er darüber hinaus seine Vorstellungen zu methodologischen und ideologischen Aspekten der neueren deutschen Sprach- und Literaturwissenschaft und schildert sie anhand einiger Probleme seiner forscherischen Tätigkeit. Dass beide Texte in direktem Zusammenhang mit seinem Freund und Fachkollegen August Sauer stehen, ist sicher kein Zufall:
* *Centralanstalten für literaturgeschichtliche Hilfsarbeiten*[1] erscheint 1894 im ersten Heft des von Sauer herausgegebenen *Euphorion*. Minor liefert mehrere Beiträge, den Aufsatz über die *Centralanstalten* stellt Sauer an die Spitze des Heftes, unmittelbar nach einem Ausschnitt aus der Mitschrift einer Scherer-Vorlesung zum Thema *Wissenschaftliche Pflichten*, die Erich Schmidt beisteuert.
* *Die Aufgaben und Methoden der neueren Literaturgeschichte*[2] erscheint 1904 in der *Neuen Freien Presse* als Abdruck eines Vortrags, den Minor einige Wochen zuvor auf dem *Congress of Arts and Science* in St. Louis in den USA gehalten hat; August Sauer hat ihn dorthin begleitet und auf dem Kongress ebenfalls ein Referat[3] gehalten.

Zu Hilfswissenschaften

In seinem Aufsatz *Centralanstalten für literaturgeschichtliche Hilfsarbeiten* knüpft Minor an Wilhelm Dilthey an, der fünf Jahre zuvor, im Jänner 1889, in einem Vortrag anlässlich der Eröffnung der Berliner „Gesellschaft für deutsche Literatur" die Gründung und Pflege spezieller „Archive für Literatur" gefordert hat. Mit dem im Entstehen begriffenen Weimarischen Goethe-Archiv sei es nicht getan, hatte Dilthey gemeint, denn allgemein wäre der Umgang mit literarischen Hinterlassenschaften höchst unbefriedigend geregelt:

> Was in Familienarchiven vorhanden ist, was sich auf Bibliotheken gerettet hat und was Sammler besitzen: von diesem allen muß soviel als möglich in großen Archiven der Literatur gesammelt werden, deren Charakter dem der Staatsarchive

---

[1] *Minor: Centralanstalten; 1894.*
[2] *Minor: Neuere Literaturgeschichte; 1904.*
[3] *Über den Einfluß der nordamerikanischen Literatur auf die deutsche. – In: Jahrbuch der Grillparzer-Gesellschaft, 16. Jg., 1906, S. 21–54.*

> ähnlich ist. Wieder muß sich auf diesem literarischen Gebiet derselbe Vorgang vollziehen, den wir auf dem politischen beobachten: Zusammenlegen des Zusammengehörigen, Ordnen und mit Vorsicht Aufschließen. Die Entwicklung drängt zu solchen selbständigen, von den Bibliotheken getrennten Anstalten hin. Wie aus der Natur der politischen Papiere das Staatsarchiv seinen Charakter und den besonderen in ihm wirkenden Geist erhielt, so wird in diesen neuen Räumen gleichsam ein genius loci sich ausbilden; aus der Natur des Nachlasses bedeutender Schriftsteller wird der Charakter und das Gesetz der Archive sich entwickeln, die ihnen gewidmet sind.[1]

Abgesehen vom zeitlichen und finanziellen Aufwand, den so große Vorhaben erfordern mussten,[2] hatte Dilthey handfeste Probleme darin erkannt, wie die Arbeitsteilung unter den bestehenden und künftigen Instituten zu ordnen sei: Das Was war ihm klar, das Wie bereitete ihm Kopfzerbrechen. Gleichwohl war er überzeugt von der Notwendigkeit dieser neuen Literaturarchive und begründete sie aus der Analogie mit den Geschichtswissenschaften:

> Wer hätte [...] ahnen können, durch welche Methoden der Befragung von Archiven der große Tocqueville, der Schöpfer einer Zergliederung des politischen Körpers, das Funktionieren der einzelnen Organe dieses Körpers während des ancien régime feststellen würde! Wie er so gleichsam in pathologisch-anatomischen Präparaten die wahren Ursachen der Krankheitsgeschichte vorzeigen würde, die Französische Revolution heißt! [...] Auch wir möchten die analytische Kunst Tocquevilles üben."[3]

Hier setzt Minor mit seinem Aufsatz über *Centralanstalten für die literarischen Hilfsarbeiten* an, bestätigt Notwendigkeit und Nützlichkeit der von Dilthey geforderten Literaturarchive und gibt dann zu bedenken:

> Aber wenn solche Institute nicht bloß Stapelplätze eines toten und unfruchtbaren Materials werden sollen, dann müssen sich endlich auch die verarbeitenden Kräfte mehr und besser regen, als es bisher der Fall war.[4]

---

[1] *Dilthey: Archive für Literatur; 1889.*

[2] So dachte Dilthey im Zusammenhang mit Dokumenten des deutschen Humanismus' an die Heidelberger Bibliothek; Schriften der Aufklärung und des Sturm und Drang sollten in die Obhut der Berliner Akademie der Wissenschaften gegeben werden; für die Klassik konnte er sich als Handschriften-Mittelpunkt nur Weimar und sein Goethe-Archiv vorstellen, und im Zusammenhang mit österreichischer Literatur dachte er natürlich an Wien. – Vgl. *Dilthey: Archive für Literatur; 1970;* S. 13–15. – Diltheys Anregung greifen 1903 auch die Gründer des Wiener Literarischen Vereins auf, allerdings ohne Erfolg.

[3] *Dilthey: Archive für Literatur; 1889;* S. 6–7.

[4] *Minor: Centralanstalten; 1894;* S. 17.

Allein die Mengen an Memoiren, Tagebüchern und Briefwechsel des 19. Jahrhunderts seien wissenschaftlicher Nutzung nicht oder nur ungenügend erschlossen, denn:

> Der Zeit und Kraft eines Einzelnen und selbst des Fleißigsten spotten die Riesenmassen gedruckten und ungedruckten Materiales, denen wir gegenüberstehen. Jeder von uns hat eine Unmasse von Zeit und Mühe an Zettelkästen und Notizbücher gewendet, nur um sich zuletzt sagen zu müssen, daß unser Leben kurz ist und daß ein armer Teufel über den Anfängen dieser Arbeit sterben muß.[1]

Minor fordert also, dass vorerst das vorhandene Material „durch Hilfsarbeiten der gelehrten Forschung in wünschenswerter Vollständigkeit zugeführt" werden solle, „ehe sich neue Stoffmassen in den Literaturarchiven ansammeln, die vergebens ihrer Verarbeitung harren". Und dazu sei ausreichendes und geschultes Personal nötig, „nicht bloß um die Papiere in Empfang zu nehmen und zu hüten, sondern auch um sie zum wissenschaftlichen Gebrauch bereit zu machen." Als einige jener Aufgaben, die künftigen *Centralanstalten für die literaturgeschichtlichen Hilfsarbeiten* zugewiesen sein sollten, nennt er:

> Register zu den sämtlichen Werken der Dichter. Chronologische Verzeichnisse der Werke. Verzeichnisse der Briefe von und an. Regesten zu den Briefwechseln und Memoirenwerken. Zeugnisse und erläuternde Exkurse zu der Entstehungsgeschichte der einzelnen Dichtungen. Sammlung der Urteile von Zeitgenossen über Dichter und Dichtungen. Verzeichnisse der historischen und sagenhaften Stoffe (Lexikon der dichterischen Stoffe). Verzeichnis der metrischen Formen. Verzeichnis des Wortschatzes u. s. w.[2]

Diese Hilfsarbeiten müssten, so Minor, nicht nur Literarhistorikern, sondern allen historischen Wissenschaften zugute kommen; für eine fruchtbare Arbeitsteilung seien einheitliche Prinzipien nötig. Nur auf dem Gebiet der literarhistorischen Hilfsarbeiten sei jene Spezialisierung sinnvoll und nützlich, die sich „auf dem Gebiet der neueren Literaturgeschichte als schädlich nicht bloß für die Wissenschaft, sondern noch mehr als gefährlich für die Universitäten erwiesen"[3] habe:

> Jeder akademische Lehrer hat Gelegenheit zu beobachten, wie dem Seminaristen, sobald er selber das Wort ergreift, jedes geringfügigste Detail, das er irgendwo aufgestöbert hat, ungemein wichtig vorkommt; soll er aber bei den wichtigsten Dingen einen Zuhörer abgeben, so erscheinen sie ihm von vornherein als sehr unwichtig und überflüssig. [...] Ich will sagen, daß bei einem gewissen Grad

---

[1] *Minor: Centralanstalten; 1894;* S. 18.
[2] *Minor: Centralanstalten; 1894;* S. 20.
[3] *Minor: Centralanstalten; 1894;* S. 22.

von Spezialisierung und bei zu früher Spezialisierung ein universeller Unterricht unmöglich ist.[1]

Minor sieht ein „ungeheures Banausentum" nicht erst im Entstehen, „sondern schon zur Blüte gediehen"; dem universellen Charakter der akademischen Bildung drohe aus falsch verstandener Spezialisierung größte Gefahr. Je spezieller der Professor, um so spezieller der Schüler, lautet Minors Schlussfolgerung, aus der er ein unerfreuliches Zukunftsbild entwickelt:

> Man habilitiert sich heute auf Goethes Leipziger Liederbuch[2] oder auf den Urfaust; dazu braucht man nur ein bischen Methode und die Belesenheit, die sich in ein paar Wochen erwerben läßt. Es wird aber bald ein Schüler kommen, der das Neujahrslied besser kennt als wir alle: auch Er ist ein Fachmann und wir werden nicht so unhöflich sein ihn warten zu lassen. Auch dieser wird Schule machen. Auf einen Professor ein halbes Dutzend Docenten und so fort in der Potenz, mit immer mehr verengertem Arbeitsfeld. Welchen unmöglichen wissenschaftlichen Zuständen steuern wir zu! [...] Ich kann nur wiederholen: unsere besten Spezialisten sind die, welche mit dem Detail anfangen und mit dem Ganzen aufhören, denn man darf sich nicht einbilden, daß nur die ihren Gegenstand bis ins kleinste kennen, die sich immer nur mit Kleinigkeiten abgegeben haben.[3]

Doppelt förderlich und notwendig sei hingegen die Spezialisierung des Bereichs der Hilfswissenschaften gegenüber dem akademischen Unterricht; diese völlige Trennung sollte nicht allein der Wissenschaft und der Universität gleichermaßen nützen, sondern auch einen Ausweg vor der drohenden Entstehung eines gelehrten Proletariats weisen:

> Anstatt massenhafter Docenten würden wir dann tüchtige Archivare und Hilfsarbeiter besitzen, die nicht an den Spitzen und Schnörkeln, sondern an den Fundamenten unserer Wissenschaften arbeiten würden, die von ihrer Thätigkeit nicht nur einen materiellen Erfolg, sondern auch eine größere innere Befriedigung hoffen dürften.[4]

---

[1] *Minor: Centralanstalten; 1894;* S. 24.
[2] Gemeint ist Siegmar Schultzes Habilitationsschrift *Der junge Goethe. Ein Bild seiner inneren Entwicklung (1749–1775).* 3 Bde. Kaemmerer, Halle an der Saale, 1893–1994.
[3] *Minor: Centralanstalten; 1894;* S. 24.
[4] *Minor: Centralanstalten; 1894;* S. 25.

Zu Aufgaben und Methoden

In dem Vortrag über *Die Aufgaben und Methoden der neueren Literaturgeschichte*, den Minor 1904 auf dem *Congress of Arts and Science* im amerikanischen St. Louis hält und anschließend in der *Neuen Freien Presse* veröffentlicht,[1] erläutert er ausführlich und anhand mehrerer Beispiele, wie und zu welchem Ende seiner Überzeugung nach Literaturwissenschaft betrieben werden müsse. – August Sauer, der ihn zum Kongress begleitet hat, schreibt dazu in seinem Nachruf auf Minor:

> An den philologischen Grundlagen der Literaturgeschichte hielt er fest, auch als er sich gegen die wirklichen oder vermeintlichen Auswüchse dieser Methode immer schärfer zu wenden pflegte, und verteidigte sie noch aufs lebhafteste in seiner St. Louiser Rede, die man wohl als den Höhepunkt seines äußeren Lebens bezeichnen darf.[2]

Minor bekennt sich also zur philologischen Methode, die von Karl Lachmann in der neueren Literatur eingeführt und später von Wilhelm Scherer konsequent ausgebaut worden ist und deren „unerhörte Exaktheit und Akribie der wissenschaftlichen Arbeit" für ihn entscheidend sei. Die philologische Methode habe sich behauptet und werde sich – „wenn auch nicht unangefochten und unerschüttert" – weiterhin behaupten, meint er,

> [...] vorausgesetzt, daß ihre Vertreter die Engherzigkeit der Schulbegriffe und die Einseitigkeit der Methode zu vermeiden verstehen, die zu allen Zeiten in der Philologie die gefährlichsten Klippen gebildet haben.[3]

Minor sieht Gefahren, die „jeden Literarhistoriker, wenn auch nicht im abstrakten Denken, so doch praktisch in den konkreten Fällen seiner täglich Arbeit" betreffen. Zweifelhaft und oft gefährlich erscheint ihm in der Geisteswissenschaft vor allem, womit in den Naturwissenschaften zuletzt Großes geleistet worden sei: Übertragung der Methode von einer auf eine andere Disziplin (etwa von der Chemie auf die Medizin). In den Geisteswissenschaften komme es „zuletzt doch weniger auf die typischen Übereinstimmungen als auf die individuellen Unterscheidungen" an. Für besonders bedenklich hält er also, wenn solche Übertragungen „aus dem Unsicheren und Ungewissen auf das Gebiet des Sichereren und Gewisseren" erfolgen. – Minors Beispiel:

---

[1] Vgl. Kapitel *Die Reise nach Amerika*.
[2] *Sauer: Jakob Minor; 1913;* S. 470.
[3] *Minor: Neuere Literaturgeschichte; 1904.*

Wie sich der Dichter der „Bakchen" als Mensch zu dem Dionysos-Kult gestellt hat, wird immer nur hypothetisch auszumachen sein; daß aber der Dichter des zweiten Teils des „Faust" trotz der katholischen Mythologie sich nicht zum Katholizismus bekannt hat, ist eine Tatsache, die ihr Licht eher auf Euripides zurückwerfen als von ihm empfangen kann.[1]

Seine Erfahrung bestätige jedenfalls zweierlei: Dass die Wahl der richtigen Methode stets vom Gegenstand abhänge, genauso wie die Wahl des geeigneten Werkzeugs vom jeweiligen Werkstoff; dass also „die Methode, die doch nur Mittel zum Zweck ist, nicht unbemerkt Selbstzweck werden" dürfe. Analog dazu verurteilt er die unbesonnene Verwendung von Parallelstellen, die ihm zu einem „blinden Kultus" auszuarten scheine; ebenso warnt er vor allzu kühnen Hypothesebildungen:

Wie oft haben unsere philologischen Arbeiter in den letzten Jahrzehnten das Gerüst für das Gebäude gehalten! Wie oft haben sie sich durch Ausscheiden oder durch Kombinieren logisch widersprechender und zusammengehöriger Elemente ein Gerüst zurechtgezimmert, an dem sie dann ihre Untersuchung vornahmen, deren Resultat natürlich auch wieder nur von diesem Gerüst, aber nicht von dem Gebäude selbst Giltigkeit hatte.[2]

Seine Genugtuung darüber, dass in den Hilfswissenschaften, „namentlich auf dem Gebiete der kritischen Ausgaben", viel Positives geleistet worden sei, verknüpft Minor mit der Anregung, dass „eine größere Einheitlichkeit in der Anlage, Anordnung und Druckeinrichtung" nötig wäre, „wodurch die Brauchbarkeit und Benützbarkeit unserer kritischen Ausgaben wesentlich erleichtert würde". Und seiner Befriedigung, dass „neuerdings wieder der Kunst des Interpretierens" mehr Beachtung geschenkt werde, stellt er bekümmert gegenüber:

Durchgängig fehlt es uns allen, den älteren noch mehr als den jüngeren, an der Zeit und Muße für die ausgedehnte und gesammelte Lektüre der großen Schriftsteller und ganzer Literaturperioden. Durchgängig wird zu viel ad hoc, zu einem bestimmten Zweck und oft genug auf ein im voraus bestimmtes Resultat hin gelesen; und es fehlen die unbefangenen und unmittelbaren Eindrücke, die die eigentliche Grundlage jeder fruchtbringenden Untersuchung bilden sollen. Durchgängig wird auch zu viel und zu voreilig untersucht und zu wenig bloß beschrieben; ja, die Fähigkeit, zu beschreiben, die Kunst der Analyse ist bei den Jüngeren in einer bedenklichen Abnahme begriffen.[3]

---

[1] *Minor: Neuere Literaturgeschichte; 1904.*
[2] *Minor: Neuere Literaturgeschichte; 1904.*
[3] *Minor: Neuere Literaturgeschichte; 1904.*

Zuletzt bedauert er in einem neuerlichen Vergleich mit den Naturwissenschaften, dass die „Lehre von unseren Maßen und Gewichten" – „von Rechts wegen in der Stilistik, Metrik und Poetik enthalten" – im Verhältnis zur literaturgeschichtlichen Forschung nur geringes Interesse finde. Mehr oder weniger zufällig gewonnene Erkenntnisse blieben ungesichtet und ungeordnet; besonders die Stilistik sei nahezu unbearbeitet. Nicht viel besser stehe es um die Metrik. Lediglich „auf dem Gebiete der Poetik sind in den letzten Jahrzehnten wiederholt Versuche gemacht worden, die induktive Methode anstatt der deduktiven zur Geltung zu bringen". Insgesamt sei es dringend nötig, „das reiche Material an Beobachtungen, das in kritischen Ausgaben und in Monographien verstreut ist, auf Prinzipien zurückzuführen".

Es fehle somit nicht an Zielen, es fehle auch nicht an Mitteln und Wegen und noch weniger an Arbeit, resümiert Minor die Perspektiven seines Faches. Mehrfach deutet er dabei auch den Gegensatz an, in dem er sich zu Wilhelm Scherer sieht. – In seinem *Curriculum vitae*, das er 1898 an die Akademie der Wissenschaften übergibt, hat er den Widerspruch zu seinem einstigen Berliner Lehrer schon deutlich gemacht:

> Ganz entgegen war mir vor allem die geschäftige Propaganda und das Schulemachen, in der wissenschaftlichen Arbeit aber das künstliche Combinieren aus dem Zusammenhang gerissener oder zufällig zusammengeraffter Details, auf denen sich dann ein ganzer Eiffelthurm der kühnsten Hypothesen erhob. Mir war es mehr Bedürfnis, aus dem Vollen zu schaffen; die Probleme nicht in den Gegenstand künstlich hineinzutragen, sondern durch unbefangene Betrachtung des Stoffes und ohne Heraustreten zu suchen; ich glaube auch nicht an den absoluten Werth einer „Methode", sondern daß jeder Stoff seine eigene Behandlung fordert, daß man also zwar von der Methode eines andern lernen könne, sich aber hüten müsse, diese Methode unbesehen auf den nächstbesten Stoff anzuwenden.[1]

Buch-Veröffentlichungen

Im selbst angelegten und penibel geführten Verzeichnis seiner Schriften,[2] das nach seinem Tod im Almanach der Kaiserlichen Akademie der Wissenschaften abgedruckt wird, bezeichnet Minor 35 der insgesamt 883 aufgezählten Veröffentlichungen als „in Buchform erschienen".

---

[1] *Curriculum vitae*, Personalakt Minor, AAW; 1135/1898.
[2] *Verzeichnis der Schriften Minors;* 1914.

Bei diesen 35 Titeln, die zwischen 1880 und 1912 herauskommen, handelt es sich um Monographien, Studien, Reden, Einleitungen und Editionen, mit denen Minor als Autor, als Herausgeber oder in beiden Funktionen zugleich auftritt. Nach ihrem Umfang streuen die jeweils selbstständigen Arbeiten zwischen zwei Druckseiten – so die *Einleitung zu Saars Tambi*[1] – und 1220 Druckseiten – wie die auf vier Bände ausgelegte, aber nur als zweibändiger Torso erschienene Monographie *Schiller. Sein Leben und seine Werke.*[2]

Zusammen erreichen alle 35 Buch-Veröffentlichungen Minors einen Umfang von rund 15.100 Druckseiten – im Durchschnitt füllt bzw. autorisiert er also knapp über 430 Druckseiten pro Titel. Auf die 32 Jahre seiner Publikationstätigkeit umgelegt, erscheint zu seinen Lebzeiten etwa alle zehn Monate ein neues Werk, das seinen Namen trägt; Minor bewältigt damit eine durchschnittliche Tagesleistung von über 1,3 Druckseiten; nicht berücksichtigt sind dabei seine wissenschaftlichen und journalistischen Beiträge für Sammelwerke, Zeitschriften und Zeitungen.

Im Laufe seiner schriftstellerischen Tätigkeit arbeitet Minor mit 17 Buchverlagen zusammen, von denen am Ende des 20. Jahrhunderts noch acht dem Namen nach auf dem Markt präsent sind; zwei davon firmieren allerdings nur noch als hundertprozentige Tochterunternehmen. – Die noch aktiven Verlage sind:
- J. C. B. Mohr (Paul Siebeck), Tübingen;
- Hermann Böhlaus Nachfolger, Weimar;
- Klett-Cotta, J. G. Cotta'sche Nachfolger, Stuttgart (100% bei Klett);
- Deutsche Verlags-Anstalt, Stuttgart;
- Eugen Diederichs, München;
- Niemeyer, Tübingen;
- Rütten & Loening, Berlin (100% bei Aufbau-Verlag);
- Weidmannsche Buchhandlung, Hildesheim.

Drei seiner in Buchform herausgebrachten Arbeiten besorgt Minor zusammen mit Vereinen oder im Selbstverlag. – So erscheint seine *Rede auf Grillparzer*[3] schon 1891 im Selbstverlag der k. k. Universität Wien, für den Volksbildungsverein Wiesbaden verfasst er 1903 die bereits zitierte Einleitung zu Saars *Tambi* und kurz vor seinem Tod bringt die Gesellschaft der Bibliophilen in Weimar die von

---

[1] *Minor: „Tambi"-Einleitung; 1903.*
[2] *Minor: Schiller-Monographie; 1890.*
[3] *Minor: Rede auf Grillparzer; 1891.*

ihm besorgte Ausgabe von *Ariel's Offenbarungen*[1] des Ludwig Achim von Arnim heraus.

Den Sachgebieten nach bildet das in Buchdeckel gefasste Minor-Œvre seine Schwerpunkte[2] mit
* deutscher Klassik und Romantik,
* österreichischer Literaturgeschichte und
* neuhochdeutscher Metrik.

Der Zahl nach liegen die Schwerpunkte dieser Veröffentlichungen bei den Verlagen Carl Konegen in Wien mit fünf und Spemann in Berlin/Stuttgart mit vier Titeln – beide Verlage existieren nicht mehr; ebenfalls vier Titel bringt Minor in der Cotta'schen Buchhandlung heraus.

Minor und Cotta

Cotta verlegt vier Arbeiten Minors:
* *Allerhand Sprachgrobheiten*, 1892 erschienen. – Das 34-seitige Bändchen nennt sich im Untertitel *Eine höfliche Entgegnung* und bezieht sich auf *Allerhand Sprachdummheiten. Kleine deutsche Grammatik des Zweifelhaften, des Falschen und des Häßlichen. Ein Hülfsbuch für alle, die sich öffentlich der deutschen Sprache bedienen*, das der Leipziger Stadtbibliothekar und Direktor des Stadtarchivs, Dr. Gustav Wustmann, im Jahr zuvor veröffentlicht hat. Minor widerspricht dem Sprachkonservativismus Wustmanns und hält ihm Gellerts Grundsatz „Schreib', wie du redest" entgegen. Er argumentiert dabei mit bemerkenswerter Modernität für die „Freiheit des individuellen Ausdrucks" und fordert, „das Sprachgefühl anderer" nicht geringschätzig zu behandeln. – Minors *Entgegnung* ist schon im April 1892 in drei Folgen in der *Wiener Zeitung* abgedruckt worden.
* *Goethes Faust. Entstehungsgeschichte und Erklärung*, erschienen 1901. – Die ersten beiden Bände mit zusammen 668 Druckseiten beschäftigen sich mit *Urfaust*, *Faust-Fragment* und *Faust I*; Band drei und vier sollten nach ursprünglicher Absicht des Verlages *Faust II* gewidmet sein.
* *Goethes Fragmente vom ewigen Juden und vom wiederkehrenden Heiland*, 1905. – Minor nennt die 224-seitige Arbeit einen „Beitrag zur Geschichte der religiösen Fragen in der Zeit Goethes", gibt ihr das Motto *Venio iterum crucifigi* und

---

[1] Minor: Ariel's Offenbarungen; 1912.
[2] Vgl. auch Kapitel *Dissertationen*.

weist damit hin auf die eschatologische Sage von der Wiederkunft des Herrn. Die Arbeit belegt beispielhaft Minors stetes Anliegen, das literarische Werk unter Beachtung seines zeitgenössischen Kontextes zu interpretieren; gewidmet ist sie „August Sauer, dem Freunde in der alten und in der neuen Welt, in Treue".[1]
• Für die 16-bändige Säkular-Ausgabe von Schillers sämtlichen Werken, die Cotta 1905 zum 100. Todestag des Dichters veranstaltet, besorgt Minor den 5. Band mit einer ausführlich erläuterten und kommentierten Ausgabe des *Wallenstein*.

Die Cotta'sche Buchhandlung

Benannt nach ihrem Gründer Johann Georg Cotta, etabliert sich die J. G. Cotta'sche Buchhandlung[2] 1659 in der Universitätsstadt Tübingen zugleich als wissenschaftlicher Verlag, anfangs überwiegend in den Fächern Jus und Theologie. In fünfter Generation übernimmt Johann Friedrich Cotta 1787 das mittlerweile in Stuttgart niedergelassene Unternehmen – sein verlegerisches Engagement für die Klassik prägt die Politik und das weitere Erscheinungsbild des Hauses. Durch seine Verbindung mit Schiller gewinnt er als Verleger der *Horen* wichtige Autoren für den Buchverlag. 1805, noch mit Schillers Betreiben, wird die erste Ausgabe von *Goethe's Werken* vereinbart, die 1806 erscheint. Neben Schiller und Goethe stehen in diesen Jahren Hebel, Herder, Alexander von Humboldt, Kleist, Jean Paul, August Wilhelm Schlegel und Voss auf Cottas Honorarlisten, bald danach Platen und Lenau; durch den Erwerb Göschens kommen später auch die Verlagsrechte an Klopstock, Lessing und Wieland hinzu.

Von 1807 an erscheint bei Cotta – fast über 60 Jahre hindurch – das *Morgenblatt für gebildete Stände*, das sich an eine breite Leserschaft wendet, zugleich aber hohes Niveau und starken Einfluss auf den deutschsprachigen Literaturbetrieb entwickelt. In den Seiten des *Morgenblatts* und in anderen Journalen Cottas tauchen die Namen von Börne und Heine auf, später stoßen Freiligrath, Gutzkow, Laube, Wienbarg hinzu, ebenso wie Hebbel, Droste-Hülshoff, Mörike, Stifter – und bis auf den Letzten kommen sie auch alle in den Buchverlag, in den posthum auch Grillparzer aufgenommen wird.

Der ungemein rührige und vielfältig engagierte Johann Friedrich Cotta – mit dessen Tod 1832 die literarisch fruchtbarste, wenngleich nicht unbedingt kom-

---

[1] Sauer und Minor haben im Jahr zuvor zusammen eine Reise in die USA unternommen. – Vgl. Kapitel *Die Reise nach Amerika*.

[2] Vgl. *Lohrer: Cotta-Geschichte; 1959*, und *Kuhn: Cotta-Ausstellung; 1980*.

merziell erfolgreichste Ära des Verlags zu Ende geht –, sein Sohn Georg als konsolidierender Nachfolger – er leitet den Verlag während der schwierigen Zeit nach dem Klassiker-Jahr 1867 – und sein Enkel Carl als konservativer Bewahrer führen den Verlag aus dem engeren süddeutschen Wirkungsbereich heraus und verschaffen ihm über den deutschen Sprachraum hinaus Weltgeltung. Am Ende des 19. Jahrhunderts übernimmt Adolf Kröner das verlegerische Erbe, in dem die wissenschaftliche Literatur stets mehr als die Hälfte der Titel ausgemacht hat, und gibt gängiger Belletristik und zeitbezogener Verbrauchsliteratur nach und nach mehr Gewicht.

Seit 1977 firmiert das Nachfolgeunternehmen der Verlegerfamilie Cotta als Division des Klett-Verlages.[1]

Zusammenarbeit mit Cotta

Die erste dokumentierbare, allerdings noch mittelbare Begegnung Minors mit dem Verlag Cotta findet schon 1878 statt in der – insgesamt sehr positiven – Rezension einer Ausgabe von 434 Schiller-Briefen aus dem Besitz des Freiherrn von Gleichen-Rußwurm, die 1877 bei Cotta erschienen ist.[2] – Die Rezension ist abgedruckt in Anton Edlingers *Literaturblatt*, das Minors erste journalistische Arbeiten veröffentlicht.

1883 bietet Minor – mittlerweile Privatdozent in Prag – dem einflussreichen Berliner Verlagsbuchhändler Wilhelm Hertz *Die Schicksals-Tragödie in ihren Hauptvertretern* zum Verlag an[3] (Hertz betreut neben anderen Paul Heyse, Theodor Fontane, Emanuel Geibel, Gottfried Keller, Julian Schmidt und Herman Grimm; nach seinem Tod wird der Verlag 1901 an die Cotta'sche Buchhandlung verkauft,[4] die sich zu dieser Zeit bereits im Besitz der Familie Kröner befindet).

---

[1] Das Verlagsarchiv der J. G. Cotta'schen Buchhandlung – als Stiftung der *Stuttgarter Zeitung* Teil des Schiller-Nationalmuseums in Marbach – bewahrt vor allem Autorenbriefe und Geschäftspapiere überwiegend aus der Zeit von 1790 bis 1914; manches davon ist in einer ständigen Ausstellung zugänglich.

[2] Betreut ist die Edition von [Karl] L.[udwig] Urlichs. – Vgl. *Minor: Rezension Schiller-Briefe; 1878.*

[3] CA – Minor, Brief vom 2. 4. 1883. – Wilhelm Ludwig Hertz (* 1822, † 1901), unehelicher Sohn des Adalbert von Chamisso, führte neben seinem 1847 gegründeten Verlag die Bessersche Buchhandlung.

[4] Dies ist auch der Grund, weshalb Minors Briefe an Hertz im CA aufbewahrt sind.

Minors Angebot wird zwar abgelehnt,[1] doch schlägt ihm Hertz selbst ein paar Monate später vor, eine Geschichte des deutschen Dramas zu verfassen – nun aber muss Minor absagen und vertrösten, da er zuerst Verpflichtungen gegenüber der Weidemann'schen Verlagsbuchhandlung betreffend die Schiller-Monographie zu erfüllen habe.

Gegen Ende 1883, noch ehe der kurze Briefwechsel mit Hertz beendet ist, tritt Minor zum erstenmal an Cotta heran

> Sehr geehrter Herr,
> mit gegenwärtigem erlaube ich mir Ihnen den Verlag einer Ausgabe von:
> Gedichte u. Fragmente von Novalis
> anzubieten. Dieselbe enthält zunächst die erste vollständige Ausgabe aller lyrischen Gedichte von Novalis, darunter ein halbes Dutzend ungedruckter und mehr als ein Dutzend in keiner der Ausgaben befindlichen Gedichte. Von den Fragmenten aber die zur Verherrlichung des preußischen Königs und der Königin Luise geschriebenen „Glauben und Liebe" und „Bl[üten]-fragmente" aus dem Athenäum, welche in allen Ausgaben fehlen. [...]
> Das ganze dürfte etwa 8–9 Bogen Octav geben. Das Manuskript ist bis auf die Anmerkungen, bei welchen es der Bezug auf den Text unmöglich macht, sie früher abzuschließen, fertig und kann zu jeder Zeit geliefert werden.
> Indem ich Sie bitte mir, im Falle daß Sie an der Sache ein Interesse nehmen könnten, auch zugleich Ihre Bedingungen bekannt zu geben, zeichne ich in Hochachtung
> als Ihr ergebener
> Dr. J Minor,
> Docent a. d. Universität Prag[2]:

Minors Bemühungen um Zusammenarbeit mit dem führenden Verlagshaus des deutschen Sprachraums bleiben vorerst vergeblich.

Der nächste erhaltene Brief bezieht sich ebenfalls auf die Novalis-Ausgabe, datiert aber bereits drei Jahre später; ebenso wie sechs weitere Korrespondenzkarten vom Sommer und vom Herbst 1886. Danach ist längere Zeit nicht mehr die Rede von Novalis in den Briefen zwischen Minor und Cotta. – Eine vierbändige Novalis-Ausgabe[3] Minors erscheint dann über 20 Jahre später, 1907, bei Eugen Diederichs in Jena; sie wird bis nach dem Zweiten Weltkrieg eine maßgebliche Ausgabe der Werke des Friedrich Leopold Freiherrn von Hardenberg bleiben.

Im November 1886 empfiehlt Minor den Stuttgartern – ebenso vergeblich – noch eine Studie eines seiner Schüler. Im Frühjahr danach kommt es zu der bösen

---

[1] Minors Arbeit über die *Schicksals-Tragödie* erscheint noch im selben Jahr 1883 bei Rütten & Loening in Frankfurt am Main.

[2] CA – Minor, Brief vom 10. 12. 1883. – Der Brief ist nicht vollständig erhalten.

[3] *Minor: Novalis Schriften; 1907.*

Verstimmung zwischen ihm und Cotta, von der bereits die Rede war.[1] Erst fünf Jahre danach ergibt sich wieder ein Kontakt zwischen dem Wiener Literaturprofessor und dem Stuttgarter Verlagshaus – auf welche Weise er zustande kommt, lässt sich nicht nachvollziehen. Erhalten sind lediglich fünf rasch nacheinander abgesandte Schriftstücke Minors, von denen das früheste vom 20. April 1892 lautet:

> Sie finden beiliegend ein Exemplar der Sprachdummheiten für den Druck zubereitet, damit Sie nicht die Katze im Sack kaufen. [...][2]

Erhalten ist auch die den kurzen Briefwechsel abschließende Bestätigung:

> Den Betrag von einhundert und neunundfünfzig Mark und 38 Pfenning als Honorar für die erste Ausgabe von Allerhand Sprachgrobheiten erhalten zu haben, bestätigt dankend
> Jakob Minor
> Vöslau 29. Juni 1892.[3]

Die Auflage des 34-seitigen Bändchens dürfte 2000 Exemplare betragen haben und auf das überaus erfolgreiche, bereits zitierte Wustmann-Buch abgestimmt gewesen sein. – Knapp 160 Mark für zwei ganze und einen achtel Bogen entsprechen zwar dem bei Cotta üblichen Honorarsatz für nichtliterarische Texte,[4] liegen aber dennoch über dem Durchschnitt in Anbetracht der Tatsache, dass es sich bei dem Minor-Büchlein um den Nachdruck eines dreiteiligen Zeitungsbeitrags handelt.

Anfang 1898, also bereits sechs Jahre später, sucht die Cotta'sche Buchhandlung ihrerseits das Gespräch mit dem mittlerweile hochgeachteten Germanisten, der sich auch als Theaterpublizist etabliert hat. – Minors Antwort ist datiert mit 3. April 1898:

> Die Arbeiten zum Semesterbeginn haben mich leider nicht früher dazu kommen lassen, Ihr freundliches Anerbieten zu beantworten.
> Meine Schauspielerporträts bilden noch keine geschlossene Reihe und enthalten viele Lücken. Sie in einem abgeschlossenen Buche zu sammeln, wäre erst möglich, wenn im Lauf der Zeit die Galerie der Burgschauspieler von 1867–97, von

---

[1] Vgl. Kapitel *Wien bis zur Ernennung zum o. Professor*.
[2] CA – Minor, Faszikel-Band 1, Brief vom 20. 4. 1892.
[3] CA – Minor, Faszikel-Band 1, Beilage zum Brief vom 29. 6. 1892.
[4] Vgl. *Lohrer: Cotta-Geschichte; 1959*; S. 119: Für eine Nationalökonomie wurden beispielsweise 22 fl per Bogen bei 1000 Exemplaren bezahlt, für das rechtswissenschaftliche Werk „Die Mündlichkeit, das Anklageprinzip, die Öffentlichkeit und das Geschworenengericht" 45 fl per Bogen bei 2000 Exemplaren.

> Laube bis Schlenther,[1] vollständig ist. Ein anderer Weg wäre, sie in zwanglosen numerierten Heften erscheinen zu lassen und nach und nach zu ergänzen; besonders bei aktuellen Fällen, das heißt leider: durch Nekrologe. Solche Hefte hätten einen kleinen Umfang, müßten aber notwendig illustriert sein, denn die äußere Erscheinung des Schauspielers gehört zu seinem Talent, Rollenbilder versinnlichen seine Kunst und die moderne Reproduktionstechnik muß dem Werk zu Hilfe kommen. Ich zweifle nicht, daß solche Hefte, die nicht so theuer würden als ein großes illustriertes Werk, einen guten Absatz finden würden, besonders in Wien. [...].
>
> Ich überlasse es Ihnen mir Bedingungen zu stellen; bemerke aber, daß ich die Arbeiten, die auf gründlichen Studien beruhen und geschichtlichen Wert haben, nur gegen gute Bedingungen vergeben würde. Auch müßte zwischen den neugedruckten und den künftigen ungedruckten, aktuellen Heften in Bezug auf das Honorar unterschieden werden; oder mir ein früherer Abdruck in der Allg. Zeitung gesichert werden.[2]

Offenbar hat der Vielbeschäftigte vergessen, worüber er mit den Stuttgartern bereits korrespondiert hat, denn nun ergänzt er seinen Brief auch um ein Offert, das er vor 15 Jahren schon einmal gemacht hat:

> Es trifft sich eigentümlich, daß ich Ihnen meinerseits auch ein Verlagsanerbieten machen wollte, als Ihr Brief eintraf. In Ihrer Bibliothek der Weltlitteratur fehlt meines Wissens Novalis, den ich seit langer Zeit neu herausgeben wollte. Die Arbeit ist vor 10 Jahren schon fast fertig geworden, mir aber inzwischen aus dem Gesicht gekommen, und ich muß mich nun neu hineinarbeiten. Ich besitze die Handschriften, die zeigen, daß der Tieck'sche Text, der allen späteren Ausgaben zu Grunde liegt, sehr schlecht ist! Die Hymnen an die Nacht sind in Versen geschrieben, bei Schlegel und Tieck als Prosa gedruckt, das berührende Tagebuch nach Sophies Tode[3] hat einen ganz anderen Charakter, weil Tieck alle sinnlichen Stellen gestrichen hat. Also eine Ausgabe wäre dringendes Bedürfnis. Ich denke mir sie etwa wie Leitzmann's Hölderlin – im Anfang schon zahlreiche ungedruckte Sachen. Einen Termin der Ablieferung könnte ich nicht eingehen, glaube aber im Herbst fertig werden zu können. Nothwendig wäre es, daß wir sofort bei der Familie Hardenberg darum einschritten, daß sie bis zum Erscheinen unserer Ausgabe die Benützung des Nachlasses niemand anderm gestattete. Das würde sie gerne thun, so wie ich die alten Damen kenne.
> Mit der Bitte, mir mitzutheilen, unter welchen Bedingungen Sie etwa den Verlag des Novalis unternehmen würden, zeichne ich in Hochachtung ergeben
> J. Minor[4]

---

[1] Minors Formulierung ist nicht ganz eindeutig: Heinrich Laube (* 1806, † 1884) war bis 1867, Paul Schlenther (* 1845, † 1916) war ab 1898 Burgtheaterdirektor.

[2] CA – Minor, Faszikel-Band 1, Brief vom 3. 4. 1898.

[3] Sophie von Kühn, mit der sich Georg Friedrich von Hardenberg 1795 ohne Wissen seiner Eltern verlobt hatte, starb 1797 im Alter von vierzehn Jahren.

[4] CA – Minor, Briefe von ihm an Cotta, Brief vom 3. 4. 1898.

Das Anerbieten betreffend Novalis wird nicht realisiert, wohl aber zeigt man nachdrückliches Interesse an den Schauspielerporträts, und Minor registriert dies auch in seiner nächsten Antwort vom 24. April 1898:

> Die Honorarforderung kann ich nicht nach dem Umfang stellen, weil die Ausstattung hier entscheidet. Ich sage also: 100 Mark und 20 Freiexemplare bei 1000 Exemplaren Auflage für jeden Aufsatz, der schon gedruckt ist. Für einen ungedruckten 200 Mark und 30 Exemplare, bei 1000 Exemplaren. Bei jeder folgenden Auflage gelten die gleichen Bedingungen. Ich lege Werth darauf, daß die Hefte nicht zu theuer werden, bei niedrigem Preise glaube ich für einen guten Absatz hier in Wien gutsagen zu können.
> Bitte alles reiflich zu überlegen und mir die Materialien in nicht zu ferner Zeit zurückzuschicken, denn die Druckvorlagen bedürfen noch einer Revision.
> Mit den besten Empfehlungen
> Ihr ergebener J. Minor.[1]

Das Vorhaben kommt nicht zustande. 1920, also acht Jahre nach Minors Tod, bringt sein einstiger Schüler Stefan Hock diese Schauspielerporträts unter dem Titel *Aus dem alten und neuen Burgtheater*[2] im Amalthea-Verlag heraus; Hugo Thimig schreibt dazu ein sehr persönlich gefasstes Geleitwort.

Knapp nach der Jahrhundertwende tritt wieder Minor an Cotta heran. Erhalten ist die Abschrift seines Briefes vom 18. Jänner 1900, in dem er einen Kommentar zu Goethes Faust anbietet. Er verfolgt darin die Absicht,

> [...] nicht eine bloße Wort- und Sacherklärung zu geben, sondern einen zusammenhängenden lesbaren Text, der sich an schwierigen oder bisher mißverstandenen Stellen näher an das Original anschließt, an anderen sich weiter von ihm entfernt, und der es sich in erster Linie zur Aufgabe macht, den Zusammenhang und die künstlerischen Fragen aufzuwerfen und zu erledigen.[3]

Im Gegensatz zur „modernen Richtung der Faustliteratur" – Minor zielt damit wieder auf die Vertreter der Scherer'schen Faust-Philologie – stehe er

> [...] auf dem Standpunkt, daß in Goethes Faust nicht ein Haufen von Widersprüchen und Parallelstellen, sondern eine im großen und ganzen einheitliche Dichtung vorliegt. [Er suche zu] zeigen, daß manche, den Zusammenhang sprengenden Widersprüche auf Mißverständnis des Textes beruhen; daß in anderen Fällen der Dichter die Widersprüche natürlich auch bemerkt, sie aber unter einem höheren Gesichtspunkte hat bestehen lassen; daß endlich eine Reihe kleinerer Widersprü-

---
[1] CA – Minor, Faszikel-Band 1, Brief vom 24. 4. 1892.
[2] *Hock: Minors Schauspieler-Porträts; 1920.*
[3] CA – Minor, Faszikel-Band 1, Beilage zum Brief vom 18. 1. 1900.

che sich auf Nebensachen beziehen, die der Dichtung als einem Ganzen nicht schaden.[1]

Minor gibt sich im weiteren erfolgssicher und meint,

> [...] daß ich die Arbeit, die ich für meine beste halte und von der ich mir auch einen guten Absatz verspreche, nur zu guten Bedingungen gebe. Es stünde mir als Mitglied die hiesige Akademie zu Gebote gegen hohes Honorar.[2] Ich habe aber auf einen weiteren Leserkreis gerechnet, und glaube mit der Arbeit einem Bedürfnis entgegenzukommen.[3]

Dr. Otto Rommel, der Leiter des Archivs der J. G. Cotta'schen Buchhandlung in Stuttgart, wird umgehend beauftragt, die ersten Teile des Minor-Manuskripts zu prüfen; seinem Gutachten folgend, erklärt man sich zur Verlagsübernahme bereit. – Die folgende Korrespondenz handelt über Manuskript-Manipulation, Korrekturen, Belegexemplare, Klagen Minors über Verschleppung der Drucklegung, seine Bitte um Erlaubnis zur abschnittweisen Veröffentlichung in Zeitschriften, über Prospektentwürfe, schließlich über die mögliche künftige Behandlung des *Faust II*, über das Honorar in Höhe von 2.087,50 Mark,[4] über eine Empfehlung Minors, das Werk am Tag der Enthüllung des Wiener Goethe-Denkmals (15. Dezember 1900) in der *Neuen Freien Presse* anzuzeigen, über Rezensionsexemplare und schließlich über Minors Bitte, seinen Seminaristen den Faust-Kommentar zum Nettopreis zu überlassen.

Knapp ein Jahr nach dem Erscheinen, am 11. Oktober 1901, erkundigt sich Minor nach dem Absatz des Faust-Kommentars. Das Korrespondenzverzeichnis, in dem ab Beginn des Jahres 1900 alle Schriftstücke von und an Minor penibel registriert sind, enthält dazu die Antwort: „... bis jetzt etwas über 500 Exemplare verkauft"; das Ergebnis sei „ganz zufriedenstellend".[5]

Wiederum ein Jahr später, am 15. November 1902, meldet sich Minor bei den Stuttgartern mit seinem Projekt einer Deutschen Literaturgeschichte von Opitz bis 1870, von dem bereits die Rede war. Vom Faust-Kommentar sind mittlerweile 700 Exemplare abgesetzt, und bei Cotta hofft man, „daß sich bei günstig bleiben-

---

[1] CA – Minor, Faszikel-Band 1, Beilage zum Brief vom 18. 1. 1900.
[2] Minor blufft; er war zwar seit 1898 korrespondierendes Mitglied der kais. Akademie der Wissenschaften, doch heißt es in § 34 der damals geltenden Geschäftsordnung von 1847, dass nur für „Abhandlungen wirklicher Mitglieder" Honorare entrichtet würden, „welche von der Classe in Antrag zu bringen sind".
[3] CA – Minor, Faszikel-Band 1, Brief vom 18. 1. 1900.
[4] Für 41 3/4 Bogen zu M 50,-; die Auflage dürfte somit 1000 Exermplare betragen haben.
[5] CA – Minor, Faszikel-Verzeichnis 61 (16. 1. 1901).

dem Verkauf, auch ein materieller Gewinn für die Verlagshandlung ergeben werde".[1]

Zur Jahresmitte 1903 – zwischendurch hat Minor die *Bakchen*-Übersetzung eines Kollegen empfohlen, die Besprechung einer bei Cotta erschienenen Mörike-Biographie bestätigt, Goethe-Publikationen erbeten und seinem Ärger über die Redaktion der Wiener *Zeit* Luft gemacht – erklärt die Cotta'sche Buchhandlung sich zum Verlag der Literaturgeschichte bereit und ersucht Minor außerdem, als Herausgeber des *Wallenstein* an der Schiller-Säkularausgabe mitzuarbeiten. Dieser Einladung will Minor jedoch nur dann folgen, wenn der geplante Erscheinungstermin von Anfang 1904 auf Anfang 1905 erstreckt wird; seine bedingte Zusage ergänzt er um „eine offene Meinungsäußerung" zum Wesen der Editionstätigkeit:

> Ich glaube, daß solche Ausgaben am besten geraten, wenn sie von wenigen Händen nach einem festen und einheitlichen Plan durchgeführt werden. Wer ein Werk Schillers bearbeitet, muß von Rechtswegen ebenso die ganze Literatur durchackern, wie einer, der alle behandelt. Von dem ersten ist das aber nur selten zu erwarten; der letztere kann es bei einer so einträglichen Arbeit auch wirklich leisten. Ein paar tüchtige Kräfte, an denen es Ihnen ja nicht fehlt, besonders aber jüngere Leute, die dabei zugleich lernen, würden solche Arbeiten besser machen, als eine bunte Gesellschaft von vielbeschäftigten großen Gelehrten, die sich schnell das Material zusammenraffen.

Anschließend daran spendet er Cotta noch Lob für dessen wohlfeile Ausgaben – mit deutlicher Kompensation des einstigen Zwists zum Grillparzer-Nachlass:

> Vor meiner Abreise habe ich noch die Briefe und Tagebücher Grillparzers gekauft; wie ist es nur möglich, solche Bücher in dieser Ausstattung um dieses Geld zu liefern! Mir war, als ob mir einer einen Dukaten geschenkt hätte! Ehre dem deutschen Buchhandel und den großen Firmen, die ihren größten Ruhm darein setzen, für das Volk zu arbeiten! Uns Österreicher freilich wird der verderbliche Bücherzoll künftig mehr von den Deutschen trennen, als jede politische Schranke. Man wird ja sehen, was daraus entsteht![2]

In rascher Folge wird in den nächsten Briefen die Herausgabe des *Wallenstein* erörtert und vertraglich fixiert; daneben wird auch die Diskussion um das Projekt der Literaturgeschichte eingehender. Optimistisch meint Minor im August 1903 bereits:

> Für den Absatz von 2000 Exemplaren ist mir gar nicht bange; denn bei dem gegenwärtigen Zudrang zu den Vorlesungen wird er von den Lehramtskandidaten in

---

[1] CA – Minor, Faszikel-Verzeichnis 63/64a (15. 11. 1902).
[2] CA – Minor, Faszikel-Verzeichnis 77/78 (18.7.1903).

ein paar Jahren verbraucht, die froh sein werden, nicht für ein schlechtes Autogramm 12 Gulden bezahlen zu müssen. Ich habe übrigens jetzt das Autografieren verboten, seitdem ich an den Druck denke. Meine Metrik, die zehn Jahre ignoriert wurde ist im elften so rasch abgesetzt worden, daß ich nicht einmal für mein Seminar Exemplare mehr haben konnte. Und mit der zweiten Auflage, 2000 Ex., ist Täubner sehr zufrieden. Ebenso wird es mit dem Faust sein.[1]

Anfang 1904 verknüpft Minor mit seiner Bitte um definitive Entscheidung, den Verlag der geplanten Literaturgeschichte betreffend, die Anfrage,

[...] ob Sie sich für eine Arbeit interessieren, die ich eben unter der Feder habe: nämlich eine Ausgabe von Goethes Ewigem Juden samt Kommentar. Die Fragmente sind nirgends richtig gedruckt; die Principien der Weimarischen Ausgabe haben es auch in dieser mir unmöglich gemacht, sie klar darzustellen. Eines Commentars aber bedürfen diese schwer verständlichen Bruchstücke durchaus; ich denke zu zeigen, daß sich die Fragmente nicht auf die Kirchengeschichte, sondern auf die kirchlichen Zustände zu Goethes Zeit beziehen. Die Arbeit würde also aus einem populär geschriebenen Vortrag bestehen, in den die Fragmente aufgenommen sind; und aus Anmerkungen zu den einzelnen Versen des Textes. Ich stelle mir vor, daß das Ganze in der Ausstattung meines Faustkommentars etwa 4 bis 5 Bogen stark würde.[2]

Cotta nennt umgehend die Konditionen, unter denen man den Verlag der Literaturgeschichte übernehmen will:

Umfang pro Band 20 bis 30 Bogen im Format des Faust, 2000 Ex. pro Auflage, M: 50.– Bogenhonorar, 30 Freiexemplare, chronologische Folge (Beginn mit „Opitz und seine Schule"). Empfehlen neben dem allgemeinen Titel Untertitel; hoffen auf baldiges Erscheinen von Band 1 und rasche Folge der Bände. Verpflichten uns vorläufig nur auf Band 1 bis 3, haben aber Anspruch auf Durchführung des Plans zu den obigen Bedingungen. Bei erhöhter Auflage entsprechende Erhöhung des Honorars.

Zugleich erklärt sich Cotta auch

[...] zum Verlage von Goethes Ewigem Juden bereit: Umfang 4 bis 5 Bogen, 1000 Ex. pro Auflage, 200 M Pauschalhonorar u. 30 Freiex. pro Auflage.[3]

Innerhalb weniger Tage des Februar 1904
• erbittet sich Minor dann einen Vertrag über die *Deutsche Literaturgeschichte von Opitz bis 1870*, da nun alles klar sei,

---

[1] CA – Minor, Faszikel-Band 1, Brief vom 14. 8. 1903.
[2] CA – Minor, Faszikel-Band 1, Brief vom 13. 1. 1904.
[3] CA – Minor, Faszikel-Verzeichnis 93/95 (2. 2. 1904).

- übermittelt Cotta den entsprechenden Verlagsvertrag und
- schickt Minor die Vertragskopie unterzeichnet zurück.

Dazwischen gratulieren die Stuttgarter dem Wiener Universitätsprofessor zu seiner Ernennung zum Hofrat und berichten über den befriedigenden Absatz des Faust-Kommentars. Minor seinerseits verwendet sich bei Cotta wieder für seinen Schüler Stefan Hock, der „eine sehr ergebnisreiche Arbeit über Traum ein Leben vollendet hat".[1]

Anfang April hat Minor das erheblich angeschwollene Manuskript des *Ewigen Juden* abgeschlossen. Da er in die USA nach St. Louis fahre, schreibt er an Cotta, „sei ihm baldige, vorherige Drucklegung sehr erwünscht".[2] – Cottas umgehenden Vorschlag für den Verlag der 14 Bogen starken Arbeit, „1/2 Gewinn oder 400 M Pauschalhonorar pro 1000 Aufl.",[3] akzeptiert Minor.

Dann vermerkt Ende April 1904 das Cotta'sche Korrespondenzverzeichnis knapp: „Teilt mit, daß er die Wohnung gewechselt habe."[4] – Die Scheidung des Ehepaares Minor steht bevor.

Nachdem der Verlagsvertrag über *Goethes Fragmente vom ewigen Juden und vom wiederkehrenden Heiland* unterzeichnet ist, enthalten die nächsten Briefe, Karten und Billets vorerst wieder nur Korrekturanweisungen – zu denen Minor auch seinen einstigen Hörer und nunmehrigen Schriftführer des Wiener Goethe-Vereins, Richard Payer von Thurn,[5] heranzieht –, Mitteilungen zu Beleg- und Rezensionsstücken und Fragen der Honorarabwicklung. Gelegentlich lässt Minor wissen, dass er anschließend an seinen Besuch in Weimar – er ist zum Vorstandsmitglied der Weimarer Goethe-Gesellschaft vorgeschlagen – den August in Warnemünde an der Ostsee verbringen werde.[6]

---

[1] CA – Minor, Faszikel-Band 1, Brief vom 2. 4. 1904.
[2] CA – Minor, Faszikel-Verzeichnis 104/105 (2. 4. 1904).
[3] CA – Minor, Faszikel-Verzeichnis 107/108 (20. 4. 1904).
[4] CA – Minor, Faszikel-Verzeichnis 109 (20. 4. 1904).
[5] Rudolf Payer von Thurn (* 1867 Groß-Becserek/Banat, † 1932 Wien) studierte in Wien Germanistik (unter anderem Hörer bei Minor), klassische Philologie und Orientalistik, trat 1888 ins Unterrichtsministerium ein und wechselte 1896 in die Kabinettskanzlei des Kaisers, wo er mit der Verwaltung des Archivs betraut war. 1905 promovierte er an der Universität Prag, 1921 habilitierte er sich an der Universität Wien für neuere deutsche Literaturgeschichte. Payer von Thurn war unter anderem auch für den Wiener Goethe-Verein, für die Grillparzer-Gesellschaft und den Literarischen Verein tätig. – Vgl. UAW, Personalakt Payer von Thurn; Personalakt Minor; AAW (*Curriculum vitae*); und *Czeike: Lexikon Wien; Bd. 4, 1995;* S. 510.
[6] CA – Minor, Faszikel-Verzeichnis 122/123c (13. 7. 1904) und 127 (6. 8. 1904).

Aus dem Ostsee-Urlaub offeriert er den Stuttgartern bisher ungedruckte Briefe an Schiller, die er mit Einleitung und Kommentar als Jubiläumsausgabe herausbringen möchte; die Briefe könnten noch während seiner geplanten Amerika-Reise gesetzt werden. Da Cotta aber nur zu einer Veröffentlichung auf Gewinnbeteiligungsbasis bereit ist, will er sich die Angelegenheit überlegen und erwägt die Herausgabe der Briefe in einer Zeitschrift.[1]

Im März 1905 ersucht Minor, ihm einen Brief Schillers an seinen Verleger Johann Friedrich Cotta als Ausstellungsstück für die Wiener Schiller-Feiern zur Verfügung zu stellen, was man schließlich unter der Auflage gestattet, dass der Brief mit 400 Mark gegen Feuersgefahr versichert wird.[2] – Die anschließende Korrespondenz hat wiederum nur Bestellungen, Zusendung von Belegen usw. zum Inhalt. Ende April des folgenden Jahres ersucht Minor um Verständnis für die Verzögerung der Arbeiten an seiner Literaturgeschichte und nennt als Begründung seine „übergroße Beschäftigung."[3] Zu Beginn des Jahres 1907 leitet Cotta dann eine Bitte um Auskunft betreffend einen Kommentar zu Faust II an Minor weiter und knüpft daran die Frage, „ob Aussicht besteht, daß ein solcher in unserem Verlage erscheinen werde".[4] – Dazu kann Minor erst recht keine Zusage machen, da er die Arbeit zur Literaturgeschichte an erste Stelle reiht.[5]

Während der folgenden Jahre reduzieren sich die Kontakte wieder auf gelegentliche Bitten Minors um Zusendung einzelner Werke aus dem Verlagsprogramm; er ersucht etwa um *Faust I* aus der Jubiläumsausgabe apart, um ein Exemplar des Neudrucks von *Wallenstein* aus der Säkularausgabe, um eine Ausgabe der Grimm'schen Märchen, um einzelne Werke Paul Heyses oder um Neuerscheinungen zu Goethe und bittet, ihm Ferdinand von Saars Beiträge zu *Musenalmanach* und *Gartenlaube* nachzuweisen, was in Stuttgart jeweils auch prompt besorgt oder erledigt wird.

Zu Weihnachten des Jahres 1911 schließlich kündigt Minor in einem ausführlichen Brief an, dass er sich ab 1914 nach seiner Pensionierung „ganz der Literatur-

---

[1] CA – Minor, Faszikel-Verzeichnis 128/129 (15. 8. 1904), 130 (24. 8. 1904) und 131/132 (27. 8. 1904). – Die Briefe erscheinen im Jahr darauf unter dem Titel *Wiener Briefe an Schiller und seine Witwe* in der *Österreichischen Rundschau*, Bd. 2, S. 599–609.

[2] CA – Minor, Faszikel-Verzeichnis 136/137 (11. 3. 1905) bis 144/145 (28. 4. 1905). – Die Ausstellung veranstaltet der Wiener Zweigverein der deutschen Schillerstiftung; vgl. Kapitel *Wiener Zweigverein der deutschen Schillerstiftung*.

[3] CA – Minor, Faszikel-Verzeichnis 150/151 (13. 5. 1906).

[4] CA – Minor, Faszikel-Verzeichnis 157 (28. 1. 1907).

[5] CA – Minor, Faszikel-Verzeichnis 158/159 (30. 1. 1907).

geschichte widmen" werde.[1] Es ist dies der letzte Brief, den Minor an Cotta richtet. – Das Korrespondenzverzeichnis des Verlages weist aber dennoch weitere sechs Schriftstücke unter „Minor" aus:
• Zwei Antwortschreiben Cottas auf diesen letzten Minor-Brief, in denen erklärt wird, warum an dem im Vertrag vorgesehenen Modus des Erscheinens der Literaturgeschichte in Bänden festgehalten werden sollte;
• zuletzt zwei Briefe der Minor-Tochter Rita und die jeweiligen Antworten dazu aus dem Hause Cotta.

Am 15. Juni 1913, also neun Monate nach dem Tod Minors, schreibt Dr. Rita Minor, daß sie die Kollegienhefte veröffentlichen möchte, in denen die Arbeit ihres Vaters zu der geplanten Literaturgeschichte begründet liege. Zuerst sollen aber die kleineren Schriften Minors herausgegeben werden. Zur Literaturgeschichte selbst möchte sie sich mit Fachkollegen und Schülern ihres Vaters beraten. Bei Cotta nimmt man von der Mitteilung mit Interesse Kenntnis. In ihrem zweiten Schreiben fragt Rita Minor, ob Cotta vielleicht die „Kleineren Schriften" verlegen möchte. Die Antwort, die im Korrespondenzverzeichnis festgehalten ist, lautet lapidar: „Müssen hievon absehen. Günstigen Mitteilungen über die ‚Literaturgeschichte' sehen wir entgegen."[2]

Hauptwerke

Dass Minor in seiner schriftstellerischen Arbeit „einer gewissen Breite zuneigte", trifft nicht nur für seine literarhistorischen Untersuchungen, biographischen Darstellungen oder kommentierenden Texte im Einzelnen zu; schon den – publizistisch selbst äußerst emsigen – Zeitgenossen galt er als einer der „fruchtbarsten Schriftsteller" überhaupt. Seine 35 Buchveröffentlichungen ergeben zusammen rund 15.100 Druckseiten,[3] die wissenschaftlichen und journalistischen Arbeiten für Sammelwerke, Zeitschriften und Zeitungen erreichen in vielen Fällen den Umfang ganzer Monographien und machen insgesamt zumindest noch einmal soviel Seiten aus.

Viele von Minors Rezensionen, Anzeigen, Abhandlungen, Aufsätzen, Reden und Kritiken finden sich mittlerweile nur noch an entlegenen Stellen und sind schwer zugänglich. Eine abschließende Würdigung seines schriftstellerischen

---
[1] Vgl. Kapitel *Lebenswerk in Kollegien*.
[2] CA – Minor, Faszikel-Verzeichnis 176 (27. 12. 1911) bis 184/185 (11. 7. 1913).
[3] Vgl. Kapitel *Lebenswerk in Kollegien*.

Schaffens, wie sie auch sein Freund und Fachkollege August Sauer nicht bieten konnte, ist kaum zu erwarten; einsichtige Gründe dafür machte schon Minors Schüler Robert F. Arnold geltend:

> Nicht die Quantität des Vorhandenen allein macht diese Aufgabe so schwierig, noch mehr die Tatsache, daß Minor wichtigste historische und methodische Erkenntnisse in Einleitungen, Buchanzeigen, in Feuilletons schnell verwehter Tagesblätter niedergelegt und ferner unter unzähligen Zeilen wohl manche unbedachte und ungeglättete, aber, das kann man getrost sagen, nie eine inhalts- oder belanglose geschrieben hat.[1]

Allein die rund 450 Besprechungen Minors bergen wesentliche Aussagen, ohne deren Kenntnis ein abschließendes Urteil über sein Mammutwerk nicht seriös ausfallen wird können. Diese „Rezensionen, durch welche er zumeist die besprochenen Bücher gewissermaßen nochmals und besser schrieb",[2] nahmen „oft außerordentliche Dimensionen" an, weil Minor sich jeweils nicht scheute, „dem Autor auf allen seinen Gängen zu folgen und das ganze Geäste seiner Arbeit bloßzulegen".[3]

Sein „gelehrtes Lebenswerk"[4] ist in seinem beeindruckenden Umfang also nach wie vor schwer zu überblicken: Im eigenen, penibel geführten Schriftenverzeichnis zählte Minor 883 Titel; die von ihm erbetene und durch sein Testament finanziell dotierte Herausgabe seiner Schriften und Vorlesungen kam nicht zustande. – Im März 1920 schrieb Dr. Heinrich Studer, der Chef des Amalthea-Verlags, im Nachwort zu *Aus dem alten und neuen Burgtheater*, der in seinem Haus erschienenen Sammlung von Minors Schauspielerporträts:

> Jacob Minors testamentarischer Wunsch, es möge eine Sammlung seiner zerstreuten Aufsätze und Rezensionen veranstaltet werden, stand unmittelbar vor der Erfüllung, als der Weltkrieg ausbrach. Das große Unternehmen wurde während des Krieges nicht gewagt und ist dem deutschen Buchhandel auch heute noch nicht zuzumuten.[5]

Praktikabel, wenn auch nicht endgültig aussagekräftig ist eine chronologische Übersicht von wissenschaftlichen Arbeiten, die von Minors Fachkollegen und Schülern als seine wichtigsten genannt[6] und die auch in Artikeln von Handbü-

---

[1] *Arnold: Minor; 1913;* S. 798.
[2] *Arnold: Minor; 1913;* S. 798.
[3] Vgl. *Fränkel: Jakob Minor; 1912.*
[4] Vgl. *Sauer: Jakob Minor; 1913;* S. 469 ff.
[5] *Hock: Minors Schauspieler-Porträts; 1920;* S. 257.
[6] Die ausführlichste Titel-Liste bietet Alexander von Weilen in *Weilen: Jakob Minor; 1913.*

chern und Lexika zitiert wurden; an einer solchen Liste sind jedenfalls Präsenz und Beachtung ablesbar, die Minor als Autor über einen Zeitraum von gut 30 Jahren hinweg erzielen konnte:

Die wichtigsten Schriften Jakob Minors

1880 Christian Felix Weiße und seine Beziehungen zur deutschen Literatur des achtzehnten Jahrhunderts (Wagner'sche Universitäts-Buchhandlung, Innsbruck)
Studien zur Goethe-Philologie (Carl Konegen, Wien)
1881 Johann Georg Hamann in seiner Bedeutung für die Sturm- und Drangperiode (Rütten & Loening, Frankfurt am Main)
1882 Die Leiche und Lieder des Schenken Ulrich von Winterstetten (Carl Konegen, Wien)
1883 Hollins Liebeleben von Achim v. Arnim (J. C. B. Mohr/Paul Siebeck, Freiburg und Tübingen)
Lessings Jugendfreunde. Chr. Felix Weiße, Joh. Friedr. v. Cronegk, Joach. Wilh. v. Brawe, Friedrich Nicolai (Deutsche National-Litteratur, Bd. 78; Spemann, Berlin und Stuttgart)
Die Schicksals-Tragödie in ihren Hauptvertretern (Rütten & Loening, Frankfurt am Main)
Gustav Wasa von Clemens Brentano (Deutsche Literaturdenkmale 15; Henninger, Heilbronn)
1884 A. W. Schlegels Vorlesungen über schöne Literatur und Kunst (Deutsche Literaturdenkmale, 17–19; Henninger, Heilbronn)
Fabeldichter, Satiriker und Popularphilosophen des 18. Jahrhunderts (Deutsche Literaturdenkmale 73; Henninger, Heilbronn)
Das Schicksalsdrama (Deutsche National-Litteratur, Bd. 151; Spemann, Berlin und Stuttgart)
1886 Tieck und Wackenroder (Deutsche National-Litteratur, Bd. 145; Spemann, Berlin und Stuttgart)
Die deutsche Literatur in Wien und Niederösterreich („Kronprinzenwerk"; K. k. Hof- und Staatsdruckerei, Wien)
Zur Bibliographie und Quellenkunde der österreichischen Literaturgeschichte (Zeitschrift für österreichische Gymnasien, 37)
1889 Speculum vitae humanae. Ein Drama von Erzherzog Ferdinand II. von Tirol. 1584. Nebst einer Einleitung in das Drama des XVI. Jahrhunderts (Niemeyer, Halle an der Saale)
Egmont (Sophien-Ausgabe, Bd. 8; Böhlau, Weimar)
1890 Schiller. Sein Leben und seine Werke. Erster und zweiter Band (Weidmannsche Buchhandlung, Berlin)
1891 Rede auf Grillparzer (Selbstverlag der k. k. Universität Wien, 1891)
1892 Allerhand Sprachgrobheiten. Eine höfliche Entgegnung (Cotta, Stuttgart)

1893 Neuhochdeutsche Metrik (Trübner, Strassburg)

Grillparzer als Lustspieldichter und „Weh' dem, der lügt" (Jahrbuch der Grillparzer-Gesellschaft, 3. Jg.)

1894 Centralanstalten für die literaturgeschichtlichen Hilfsarbeiten (Euphorion 1)

Zum Jubiläum des Bundes zwischen Goethe und Schiller (Preußische Jahrbücher, Bd. 77)

1896 Wahrheit und Lüge auf dem Theater und in der Literatur (Euphorion 3)

1897 Der ewige Jude (Sophien-Ausgabe, Bd. 38; Böhlau, Weimar)

1898 Ferdinand Saar. Eine Studie (Fromme, Leipzig/Wien)

1899 Zur Geschichte der deutschen Schicksalstragödie und zu Grillparzers „Ahnfrau" (Jahrbuch der Grillparzer-Gesellschaft, 9. Jg.)

1901 J. N. Bachmayr – Documente zur Literatur des Nachmärzes (Jahrbuch der Grillparzer-Gesellschaft, 11. Jg.)

Goethes Faust. Entstehungsgeschichte und Erklärung (Cotta, Stuttgart)

1904 Die Aufgaben und Methoden der neueren Literaturgeschichte (Vortrag auf dem Congress of arts and science in St. Louis)

Goethes Fragmente vom ewigen Juden und vom wiederkehrenden Heiland. Ein Beitrag zur Geschichte der religiösen Fragen in der Zeit Goethes (Cotta, Stuttgart)

1905 Wallenstein. Mit Einleitung und Anmerkungen (Cotta, Stuttgart/Berlin)

1907 Goethes Mahomet. Ein Vortrag (Eugen Diederichs, Jena)

Novalis Schriften (Eugen Diederichs, Jena)

1908 Ferdinand von Saars sämtliche Werke in zwölf Bänden (Max Hesse, Leipzig)

1909 Die Luftfahrten in der deutschen Literatur (Zeitschrift für Bücherfreunde, 1909–1910)

1911 Studien zu Novalis. I. Zur Textkritik der Gedichte (Sitzungsberichte der Kaiserlichen Akademie der Wissenschaften in Wien)

1912 Freimaurer in Sicht (Deutsche Rundschau, 38. Jg., Heft 4)

Ludwig Achim von Arnim: Ariel's Offenbarungen (Gesellschaft der Bibliophilen, Weimar)

Mit drei seiner Werkausgaben, die im zeitlichen Abstand von nahezu einem Vierteljahrhundert sein editorisches Œvre gleichsam einrahmen, konnte Minor richtungsweisend wirken:

- 1884 erschienen *August Wilhelm Schlegels Vorlesungen über schöne Literatur und Kunst* in einer dreibändigen Ausgabe der *Deutschen Literaturdenkmale*,
- 1907 besorgte er vier Bände der *Novalis Schriften* und
- 1908 schließlich brachte er *Ferdinand von Saars sämtliche Werke in zwölf Bänden* heraus.

Die Gesamtausgabe der Werke Saars, mit dem Minor befreundet gewesen war und dem er zehn Jahre zuvor schon eine eingehende Studie[1] gewidmet hatte, bedeutete eine Würdigung, wie sie bis zu diesem Zeitpunkt „ähnlich kein anderer neuerer Dichter erfahren"[2] hatte. Mit *Novalis Schriften* legte Minor eine textkritische Edition vor, die von den Zeitgenossen als vorbildhaft angesehen wurde; schon 1883 hatte er Cotta – allerdings erfolglos – eine erste Ausgabe von *Gedichten und Fragmenten* vorgeschlagen[3] und sich danach weiterhin intensiv mit Novalis beschäftigt. Zum Dank für die Öffnung des Nachlasses übersandte er Baron von Hardenberg ein Exemplar der bei Diederichs erschienenen vierbändigen Ausgabe und schrieb anschließend:

Wien 3.Juni 1907
Hochverehrter Herr Baron,
Mit Ihrer warmen und herzlichen Zuschrift haben Sie mir eine überaus große Freude gemacht. Es kann mir nur zur Ehre gereichen, wenn die Familie des Dichters mit meiner Arbeit zufrieden ist. Ich darf ja sagen, dass sie mir mehr Zeit und Mühe gekostet hat als man ihr vielleicht ansieht und als ich selber erwartet habe. Es ist doch mehr als ein Vierteljahrhundert vergangen, seit ich mich zuerst mit Novalis beschäftigt habe. Es bedurfte eines genauen Vergleichs mit den früheren Ausgaben, um zu erkennen, von welchen eingewurzelten Lese-und Druckfehlern ich den Text des Dichters auf Schritt und Tritt gereinigt habe. Einer der ärgsten, von dem man gar nicht glauben sollte, daß er sich ein halbes Jahrhundert hindurch hatte erhalten können, ist in der ‚Weinlese' das unsinnige ‚Taube' anstatt ‚Traube'. Dabei bin ich mir freilich bewußt, wie viel in Bezug auf die Fragmente künftig noch zu tun übrig bleibt. Es bedarf einer jahrelangen Vertrautheit mit den Handschriften, um hier das letzte Ziel zu erreichen. Bei meinem schweren Amte wäre mir diese Arbeit auch dann nicht möglich, wenn ich den Handschriften näher wäre.
Ich hoffe, dass der begabte und liebenswürdige junge Mann[4], den ich vor 3 Jahren in Ihrem Hause kennen zu lernen das Vergnügen hatte, uns hier noch ein Stück weiter bringen wird und dass ich seine Resultate vielleicht für eine folgende Auflage benutzen kann. An einer solchen wird es kaum fehlen, da der Verleger, dem ein gut Teil Ihres Dankes gebührt, wirklich um einen mäßigen Preis außerordentliches geleistet hat.
Auch ich habe bei dem Abschluss der Arbeit der alten Damen mit Rührung gedacht, die mir einst das Archiv eröffnet haben und auch so geistreiche Gesellschafterinnen waren. Der Frau Baronin bitte ich mich bestens in Erinnerung zu rufen.

---

[1] *Minor: Saar-Studie; 1898.*
[2] *Fränkel: Jakob Minor; 1954;* S. 248.
[3] Vgl. Kapitel *Zusammenarbeit mit Cotta.*
[4] Wahrscheinlich der junge Philologe Eduard von Havenstein, der 1909 über *Friedrich von Hardenbergs ästhetische Anschauungen. Verbunden mit einer Chronologie seiner Fragmente* dissertierte. Hardenberg fiel im Ersten Weltkrieg, seine Arbeit wurde im selben Jahr in *Palaestra*, 84, veröffentlicht und 1967 bei Johnson, New York et al., als Reprint herausgegeben.

Mit dem Ausdruck wiederholten Dankes verbleibe ich in größter Hochachtung
Ihr ergebenster
J. Minor[1]

In den *Studien zu Novalis*[2] erarbeitete er noch 1911 Lesarten und Kommentar zu den lyrischen Gedichten im ersten Band der Ausgabe, während der Arbeiten an den weiteren Teilen des Kommentars starb er. Zwei Jahre nach Erscheinen einer zweibändigen Ausgabe der frühen Arbeiten Friedrich Schlegels,[3] mit der Minor dessen zentrale Bedeutung innerhalb der älteren Romantik aufzeigen konnte, brachte er auch *August Wilhelm Schlegels Vorlesungen über schöne Literatur und Kunst* heraus; vor allem diese dreibändige Ausgabe begründete ein Wiedererwachen des literarhistorischen Interesses an Werken der Romantik, das danach auch die Minor-Schüler Oskar Walzel und Joseph Körner besonders pflegten.

Breite Beachtung auch über den deutschen Sprachraum hinaus erzielte Minor mit drei eigenständigen Arbeiten, die zwischen 1890 und 1901 herauskamen und die auch als seine Hauptwerke galten:
• *Schiller. Sein Leben und seine Werke*, 1890 in der Weidmannschen Buchhandlung in Berlin,
• *Neuhochdeutsche Metrik*, 1893 bei Trübner in Straßburg und
• *Goethes Faust. Entstehungsgeschichte und Erklärung*, 1901 bei Cotta in Stuttgart erschienen.

Die *Neuhochdeutsche Metrik*, eines jener Bücher Minors, die eine Neuauflage erlebten,[4] findet sich auch heute noch in der einschlägigen Literatur zitiert. Die Arbeit beruht ursprünglich auf Vorlesungen Minors an der Wiener Universität aus 1892 und ist bestimmt von seiner Überzeugung, dass die Gesetzmäßigkeit des Verses unmittelbar mit Logik und Geist der Sprache verbunden sei.

Zum Zeitpunkt ihres Erscheinens galt Minors *Metrik* insofern als revolutionär – und wurde von manchen deshalb auch heftig kritisiert[5] –, als sie einige strukturbildende Bereiche der gebundenen Rede, vor allem solche der Prosodie, völlig neu fasste und offene Probleme zum Teil verblüffend einfach lösen konnte. Zuvor

---

[1] Landeshauptarchiv Sachsen-Anhalt/Wernigerode; Sign.: Rep H Obw. No. 432. – Zit. nach: Gabriele Rommel: *Novalis. Das Werk und seine Editoren.* Forschungsstätte für Frühromantik und Novalis-Museum Schloß Oberwiederstedt, [Ausstellungskatalog] 2002; S. 230–233.

[2] *Minor: Novalis-Studien; 1911.*

[3] *Minor: Schlegel-Jugendschriften; 1882.* Eine zweite Auflage folgte 1906.

[4] Während der vorbereitenden Arbeiten zur dritten Auflage starb Minor.

[5] Sauer nennt in seinem Minor-Nachruf „die Grundlagen dieses Werkes umstritten"; *Sauer: Jakob Minor; 1913;* S. 475. – Vgl. auch Kapitel *Der Streit mit Max Herrmann.*

hatte man den Systematiken der Verslehre das einzelne, schriftlich fixierte Wort zugrunde gelegt. Minor setzte die gesprochene an die Stelle der verschriftlichten Sprache, löste sie von der engen Grenze des Wortes und fundierte seine metrischen Prinzipien auf dem gesprochenen Satz und dem gesprochenen Vers im jeweiligen Kontext. Seine von Jugend an intensive Beschäftigung mit dem Schauspiel und der schauspielerischen Rede hatte ihn angeregt, „die Uebereinstimmung oder Nichtübereinstimmung der natürlichen Quantität und Betonung mit den künstlichen Anforderungen des Rhythmus in Bezug auf die Dauer und den Accent"[1] zu untersuchen – mit dem an zahlreichen Belegen nachvollziehbaren Ergebnis, dass die in metrischen Systematiken bis dahin als unverrückbar geltende Betonung, der für absolut und unveränderlich erachtete Akzent, so nicht haltbar sei.[2] An seine Stelle setzte Minor die Prinzipien der Relativität der Betonung – aus dem wechselseitigen Einfluss der stärker und schwächer betonten benachbarten Silben – und der Abhängigkeit von Tonstärke und Tempo der Rede.

Andreas Heusler meldete im wesentlichen zwei Vorbehalte gegen Minors *Metrik* an, die aus seiner – traditionell geleiteten – Sicht „mehr den charakter der untersuchung als des lehrbuches" hätte. Der eine galt Minors zu eng gefasster Definition von Verslehre, die Heusler in „lehre von den rhythmischen formen" und „lehre von der sprachbehandlung" geteilt haben wollte; der andere betraf Inkonsequenzen, die er in den Vorwurf kleidete, „der beschreibende, nicht gesetzgebende metriker hat doch nicht danach zu fragen, welche vortragsart uns und unsern schauspielern am besten gefalle, sondern welche von dem schöpfer des verses beabsichtigt sei".[3] Insgesamt aber urteilte er:

> M. zahlt uns nicht mit münzen von abgegriffener prägung; keiner rhythmischen oder sprachlichen Regel, keinem terminus technicus vergönnt er einlass, ohne sie scharf auf ihren gehalt geprüft zu haben. wer die litteratur über den neudeutschen vers kennt, weiss, wie hoch diese eigenschaften zu schätzen sind. die gefahr lag nahe, alle die begriffe mit den wohlbekannten namen und dem unklaren inhalt noch einmal vorzuführen und einen bau von trügerischer sicherheit zu errichten. M. hat diese gefahr – man kann wol sagen: von anfang bis zu ende seines buches – siegreich bestanden.[4]

Stefan Hock meinte zu Minors neugefaßten metrischen Prinzipien:

---

[1] Minor: *Metrik*; 1893; S. V.
[2] Minor beruft sich unter anderem auf Tagebucheintragungen Grillparzers und gibt als eines seiner Beispiele: „[...] wir werden uns wohl hüten zu lesen *warté nur bálde, ruhést du aúch!*"
[3] Heusler: *Metrik-Rezension*; 1895; S. 189.
[4] Heusler: *Metrik-Rezension*; 1895; S. 169.

> Wer es weiß, wie sehr selbst bedeutende Dichter unter der Tyrannei der alten Schulmetrik gelitten haben, wie sehr diese ihr Schaffen schädlich beeinflußt hat, der muß in Minors Metrik nicht nur eine wertvolle und vielfach zu neuer Forschung anregende wissenschaftliche Arbeit, sondern auch ein wichtiges Hilfsmittel für die dichterische Produktion unserer und künftiger Zeiten erblicken.[1]

Im Vorwort zur Erstauflage der *Metrik* – das er mit dem Tag seines Namenspatrons (25. Juli) datierte[2] – kündigte Minor auch die Herausgabe einer Poetik und einer Stilistik der deutschen Sprache „in ähnlicher Form" an; beide Vorhaben verfolgte er zwar bis an sein Lebensende, konnte sie aber nicht mehr verwirklichen.

An den zwei anderen Arbeiten zu Leben und Werk Schillers sowie über Goethes *Faust* – beide wurden nicht abgeschlossen und sind monumentale Torsi geblieben – zeigte sich Minors eigenständige Entwicklung innerhalb der deutschen Literaturwissenschaften besonders deutlich; an ihnen erwies sich auch seine Abkehr von Scherer'scher Methodik, wie sie durch dessen Epigonen umgesetzt und verbreitet wurde:

1880 noch war in Minors drei Aufsätzen der *Studien zur Goethe-Philologie* an der Kommentierung und am üppigen Einsatz von Parallelstellen aus Stücken Shakespeares und aus Texten der deutschen Anakreontik eine nahezu vorbehaltlose Gefolgschaft zu Wilhelm Scherer und dessen Methode erkennbar. – Auch in den ersten beiden, über 1200 Druckseiten schweren *Schiller*-Bänden zeigte sich noch der starke Einfluss des einstigen Lehrers, vor allem an den ausführlichen Milieubeschreibungen der biographischen Passagen und am nach wie vor reichlichen Gebrauch von Parallelstellen.[3]

Innerhalb von Kollegenschaft und *res publica literaria* waren die Reaktionen auf Minors *Schiller* in der großen Mehrzahl geradezu überwältigend positiv. Schon am 6. Dezember 1889 meldete sich – eine bereits viele Monate lange Pause der Korrespondenz mit einem eingeschriebenen Brief unterbrechend – August Sauer aus Prag, dankte für das zugesandte Exemplar und meinte, ihm habe

> [...] die Ruhe und Abgeklärtheit in Deinem Buche am meisten imponirt, da ich an die Richtigkeit Deines Urtheils und an Deine Liebe zur Sache ja seitjeher fest geglaubt habe. Daß es ein ernstes Buch für ernste Leser, daß es ein schweres Buch für denkende Leser geworden ist, das ist in der Absicht gleichfalls vom Anfang an

---

[1] *Hock: Jakob Minor; 1912.*
[2] Vgl. auch Brief 206, den Minor als „Jakobus der Jüngere, Lieblingsjünger des Herrn" unterzeichnet.
[3] Vgl. *Weilen: Jakob Minor; 1913*, S. 172: „Die literarhistorischen Abschnitte leiden an einer starken Hypertrophie stoffgeschichtlicher Parallelen."

gelegen gewesen; die Bewunderer des Brahmischen Buches brauchst Du nicht erst von Dir zu weisen, diese Duodezmenschen werden an den großen Band sich gar nicht heranwagen; sie haben an <u>Ihrem</u> Schiller zweifellos genug.[1]

Aus Weimar übermittelte Bernhard Suphan den Dank der Großherzogin für die beiden Bände und ergänzte in eigenem Namen:

> Sie haben den Glauben Schillers, der den Widerstand der stumpfen Welt besingt, indem Sie der sogenannten Gebildeten zutrauen, daß sie, mit Ihnen und nach Ihnen, ihr Interesse an dem Dichter vergründlichen werden. Möge ihr Glaube recht behalten [...]![2]

Nach längerer Unterbrechung meldete sich auch ein tief in Arbeit steckender Rudolf Haym wieder mit einem ausführlichen Brief:

> Halle, 16. Decb. 89
> Hochverehrter Herr College!
> Nicht ohne Gewissensbisse habe ich Ihr so überaus werthvolles Geschenk, den ersten Band Ihrer Schillerbiographie entgegen genommen. Denn ich war mir bewußt, eine Anzahl anderer, stets inhaltreicher und willkommener Zusendungen unbedankt u. unbeantwortet gelassen zu haben. Besonders habe ich mir vorzuwerfen, daß Ihren Brief vom 7. Januar v. J. zu erwidern ich mir nicht die Zeit genommen. Zum Glück liegen bis auf den nun fertig gewordenen Anfang des Schiller so viele Zeugnisse Ihrer wieder zurückgekehrten Arbeitskraft vor, daß die Klagen über Ihr Befinden, die damals mein aufrichtigstes Mitgefühl in Anspruch nahmen, hoffentlich gegenstandslos geworden sind, wie sie ja damals schon einem frischerem Muthe wieder gewichen waren. Die meisten unseres Handwerks haben solche Perioden – die Folgen jugendlichen Übereifers, in dem man sich Alles glaubt zutrauen zu dürfen, – zu überwinden. Möchten Sie nicht bloß unversehrt daraus hervorgegangen sein, sondern sich auch die Regel weisen Maßhaltens daraus entnommen haben. Heut möchte ich nur zuerst mit Ihnen die freudige Genugthuung theilen, daß das lange vorbereitete Werk – nur ein halb Jahr später als Sie es mir ankündigten – so recht zur Weihnachtsgabe für die deutsche Schillergemeinde – zu erscheinen hat anfangen können. Das Zweite, was ich aussprechen möchte, ist die bewundernde Anerkennung, ja das Staunen über den umfänglichen Fleiß u. die weitausgreifende Belesenheit, wovon die biographischen u. namentl. die litterarhistorischen Abschnitte Zeugniß ablegen. Die letzten Wochen haben einen so reichen Segen in die neuere deutsche Litteratur einschlagender Werke gebracht, daß ich in dem Reichthum fast ersticke u. neben meinen Berufspflichten, die doch in erster Linie der Philosophie gelten, neben Vorlesungen u. endlosen Examinibus (namentlich, da Stumpf nach München gegangen u. in diesem Semester noch nicht ersetzt ist) – noch nicht im Stande gewesen bin, mich durchzuarbeiten. Ein neuer Band Jul. Schmidt, neue Briefe von Frau Aja, ein dritter Band der von Ihrem Schüler Walzel herausgegebenen Schlegelbriefe, Lambels Herderband u. Anderes liegt vor mir! Da bin ich bis jetzt außer Stande gewesen, ihre Schillerbiographie anders als fragmentarisch, hie u. da verweilend, hie u. da hüpfend u. fliegend zu lesen. Mir u. Ihnen daher würde ich mit einem Urtheil Unrecht thun. Ich habe den Eindruck, mich

---

[1] DLA - A: Minor; 52.223; vgl. Brief 149 S-2.
[2] DLA - A: Minor; 52.231.

in einem zu einem Park umgeschaffenen Walde zu bewegen, in welchem man dankbar die Mühe des Ausholzens u. Urgebahnens bei jedem Schritt anerkennt. Sie haben sich die unendlich schwierige Aufgabe gestellt, zugleich ein für alle Gebildeten ansprechend lesbares u. zugleich ein alle Forderungen der Kritik u. der litterarhistorischen Wißbegierde befriedigendes Buch zu schreiben. Eine solche Aufgabe wird sich immer nur annähernd lösen lassen. Es wird nicht fehlen können, daß der gewöhnliche Leser sich bei den litterarhistorischen Partien, den vielen ausführlich dargelegten Zusammenhängen der Schillerschen Dichtung mit verwandten, bei der Analyse der Motive, dem Nachweis v. Parallelen u. Anklängen gelangweilt finden wird, und ebensowenig kann es ausbleiben, daß der Kenner das Bekannte, namentlich in den biographischen Partien, zu breit ausgeführt findet. Bei der Durchführung durch vier starke Bände dürfte sich das Bedenken noch mehr aufdrängen, u. ich möchte daher unmaßgebl. zu erwägen geben, ob Sie nicht in Zukunft – da besonders, wo die Lebensgeschichte einfacher wird – die Methode in sofern ändern sollten, daß Sie das Neue – neue Ermittlungen u. neue Gesichtspunkte – stärker hervortreten ließen, um das Bekannte compendiöser u. etwa mit Verweisung auf andere Darstellungen zu behandeln. Salvo metiori! Ich sage das nur, weil ich Ähnliches mir selbst gesagt habe u. weil ich Ihnen den schönsten und ausgebreitetsten Erfolg wünsche. – Die Schillerartikel in den Pr. Jahrbb., nach denen Sie in Ihrem vorjährigen Briefe fragten, waren allerdings von mir, aber nur ein jugendliches αγωνυγια ες το παρα χρημα, wie Journalartikel, hervorgegangen aus einer Schillerrede. Mit dem Wunsche, daß Sie im neuen Jahr rüstig vorwärts kommen u. Freude an Ihrer Arbeit erleben, bin ich
Ihr dankbarer – nicht Robert, sondern – Rud. Haym.[1]

Noch zu den Weihnachtsfeiertagen schrieb neben vielen anderen auch der Präsident der kaiserlichen Akademie der Wissenschaften in Wien:

Wien, 25. Decemb. 1889
Sehr geehrter Herr College
Nachdem es mir in den letzten Tagen nicht geglückt ist, Sie anzutreffen, bitte ich um die Erlaubnis, Ihnen in diesen Zeilen herzlich zu danken für die freudige Ueberraschung, welche Sie mir durch die Zusendung Ihres ersten Bandes über Schiller bereitet haben. Je tiefer man mit den Jahren in das Gefüge der Gesellschaft zu blicken lernt, um so glücklicher fühlt man sich, wenn einmal ein seltener Faden zu Schiller, zum Schiller unserer Jugend, zurückführt. Denn Göthe entzückt, aber nur Schiller verjüngt. Er führt uns weiter ab von der Wirklichkeit, und während wir bei Göthe immer noch zu lernen suchen, folgen wir hier willig hingerissen und ganz den Träumen des Dichters. Er hebt uns völlig heraus aus dem Tage und der Rhythmus seiner Verse selbst ist uns ein Echo unserer schönsten Knabenjahre. Ihr schönes Buch hat mich veranlaßt, nach langer Zeit wieder einmal einen Band Schillers vom Schranke herabzuholen; ich habe mich erquickt, u. mir gedacht, Sie würden mir es nicht verübeln, wenn ich Ihnen schriebe.
Mit erneutem Dank, sehr geehrter Herr College
Ihr ergebener E Suess.[2]

---

[1] DLA - A: Minor; 52.212.
[2] DLA - A: Minor; 52.229.

Und kurz vor Jahreswechsel gratulierte noch Edward Schröder, einst Kollege in Scherers Berliner Seminar, mittlerweile selbst Professor in Marburg:

> Meinen schönsten Dank, verehrter Freund, für die Übersendung der verschiedenen Schilleriana, in denen ja allerhand interessantes steckte. Vor allem aber meinen herzlichen Glückwunsch zum Hervortreten Ihres Schiller. Man kann Ihnen wirklich von ganzem Herzen gratulieren, und Ihre Freunde werden höchstens bedauern, dass der Ton des Prospects etwas herausforderndes hat und die Neider nicht eben freundlich stimmen wird. Aber ich gebe Ihnen ohne Rückhalt zu, dass Sie Ihr Buch unbedingt neben Hayms Herder stellen dürfen: nur ist es weit lebendiger und plastischer. Der erste Band ist das Weihnachtsgeschenk, das ich mir selbst beschert habe und ich freue mich auf die Stunde, wo ich zur reinen Lectüre zurückkehre, wie seit langem bei keinem Buche.[1]

Auf die Zusendung des zweiten Bandes der Schiller-Biographie reagierte im Oktober 1890 neben anderen auch Johann von Kelle, in Prag einst Minors wenig geliebter Ordinarius, dem er mittlerweile freundschaftlich zugetan war:

> Ich wurde bei meiner Zurückkunft durch den 2. Band: Schiller auf das angenehmste überrascht. Ich habe nicht gedacht, ein so schönes Geschenk vorzufinden, noch weniger hätte ich freilich geglaubt, daß der 2. Band so rasch folgen würde. Empfangen Sie meinen herzlichsten Dank für die werthvolle Gabe und meinen aufrichtigsten Glückwunsch. Mit stets steigendem Interesse bin ich Ihren Ausführungen gefolgt. Sie haben ein ungeheures Material in geradezu überraschender Weise bewältigt. Überall begegnen neue Gesichtspunkte, überall Ausblicke auf die gesammte neuere Litteratur, weit über den Rahmen einer Biographie, wie sich das Buch betitelt, hinaus. Man freut sich, daß endlich einmal mit der bisherigen Art, Lebensbeschreibungen großer Schriftsteller zu schreiben, gründlich aufgeräumt ist. Dabei ist es Ihnen gelungen, mit der größten Gründlichkeit eine solche Lebensfrische [und] Wärme der Darstellung zu verbinden, wie sie mir noch nirgends begegnet ist. Ein großer Wurf ist Ihnen gelungen, und Ihr Buch, dessen können Sie versichert sein, wird lange nachwirken. Drum nochmals herzlichsten Glückwunsch![2]

Dass dem zweiten kein weiterer der ursprünglich vier geplanten *Schiller*-Bände folgte, dass also die Lebens- und Werkbeschreibung ausgerechnet um 1787 mit *Don Carlos* endete, wo „aus dem mehr unbewußt und im genialischen Drange schaffenden Dichter der bewußte Künstler wird, der sich auf dem dornenvollen Umwege der Theorie den Zutritt zur Poesie bahnt",[3] provozierte Fachkollegen ebenso wie Schüler nach Minors Tod zu Erklärungsversuchen. Einig wusste man

---

[1] DLA - A: Minor; 52.227.
[2] DLA; A: Minor, 52.220.
[3] *Fränkel: Jakob Minor; 1954;* S. 243.

sich darin, dass Minors „überstrenge Gewissenhaftigkeit"[1] im Verbund mit seiner „Absicht, völlig abzuschließen und zu erschöpfen",[2] dazu geführt hatte, dass auch diese Arbeit weit umfangreicher wurde als geplant.[3] Weitere Interpretationen bewegten sich in zwei Richtungen: Gemäß der einen empfand es Minor „als seine Pflicht, selber sich in das uferlose Meer der ästhetischen Literatur zu stürzen",[4] um seinem Protagonisten zu folgen, doch habe er schließlich „die Lust an seinem Schiller" verloren, da er „sich inzwischen mit begeisterter Hingabe in Goethe versenkt"[5] hätte. Der anderen zufolge sei Minor selber während der jahrelangen Arbeit „so ganz ein anderer geworden, daß auch sein Schiller ein anderer hätte werden müssen".[6] – Diese zweite Deutung dürfte der tatsächlichen Entwicklung eher entsprechen, denn sie kommt auch Aussagen in drei Briefen nahe, die Minor an Wilhelm Fröhner richtete, den „ehemaligen Direktor der Museen des Louvre". Die kurze Korrespondenz mit Fröhner kreiste um Schiller-Autographen, daneben erwähnte Minor am 2. Juli 1891 Probleme mit seinem abgebrochenen Werk:

> Es thut wohl, bei einer Arbeit, welche man mit jugendlicher Begeisterung unternommen, und langjähriger Vorarbeit gezeitigt hat, da man die besten Mannesjahre und leider auch einen Theil seiner Gesundheit geopfert hat, der besonnenen Anerkennung nicht zu entbehren. Mir ist die Arbeit augenblicklich leider ganz verdorben und ich fühle kaum mehr einen stimulus zu ihr. Die naturalistische Dichtung dieser Tage, die kleinliche Detailforschung in unserer Wissenschaft welche gar nicht das Bedürfnis kennt zum Ganzen zu dringen, der Schiller feindliche nüchterne Geist der Zeit locken mich nicht mehr zur Arbeit, mit welcher ich die persönliche Empfindung einer Krankheit verbinde. Vielleicht meldet sich die Lust später einmal wieder, und dann ist mir Ihre Zustimmung neben der Hagens gewiß in erster Linie wie Sporn und Stachel.[7]

Am 10. November, „An Schillers Geburtstag 1891," meinte Minor dann:

> „Schiller" ruht jetzt, denn ich habe mit Collegienarbeiten vollauf zu thun. Doch regt sich ab und zu eine Lust zu dem begonnenen Werke, und es macht mir

---

[1] *Fränkel: Jakob Minor; 1954;* S. 244.
[2] *Sauer: Jakob Minor; 1913;* S. 471.
[3] Theodor Gomperz, mit dem Minor gelegentlich in Vöslau zusammentraf, meinte scherzhaft über die Schiller-Monographie, „wenn sie in gleicher Ausführlichkeit zu Ende geführt werde, so werde sie mehr Raum einnehmen als Schillers Sämtliche Werke". – *Gomperz: Gelehrtenleben; 1974;* S. 319.
[4] *Fränkel: Jakob Minor; 1954;* S. 244.
[5] *Fränkel: Jakob Minor; 1954;* S. 244.
[6] *Weilen: Jakob Minor; 1913,* S. 174.
[7] GSA 107/500.

Freude zu sehen, wie die ersten Bände sich doch allmählich Ihren Weg bahnen. Sie haben sich neuerdings in Amerika und in Rußland Freunde erworben, und in Deutschland und Österreich, wo sie anfangs sehr unfreundlich aufgenommen wurden, überwiegen jetzt auch die anerkennenden Stimmen.[1]

Noch am 5. Dezember desselben Jahres gestand Minor gegenüber Fröhner auch Zweifel, ob er bei seiner Arbeit an der Schiller-Monographie die Aspekte der Rezeption sinnvoll gewichtet und berücksichtigt habe:

Was am meisten lähmend auf mich wirkt, ist der folgende Gedanke: ich habe aus öffentlichen und privaten Urtheilen keine Vorstellung erhalten, welche Klasse von Lesern ich denn eigentlich zufrieden gestellt habe; für wen ich schreibe und wie ich weiter schreiben soll. Ich brauche Ihnen nicht zu sagen, daß das bei einer solchen Arbeit ein sehr wesentlicher Punkt ist. Man stellt sich doch einen Leser vor, wenn man zu ihm redet. Als ich an den beiden ersten Bänden schrieb, da waren mir noch keine Urtheile und Wünsche bekannt; jetzt, wo ich sie kenne, werden sie mich leider nur verwirren. Ich habe an dem Buch mit Begeisterung, in Fieberhitze geschrieben und mich dann krank geschrieben. Man hat das Buch hinterher als eine kalte, nüchterne Arbeit bezeichnet. Getadelt werden, das erträgt man leicht; das fördert entweder oder man schüttelt es ab. Aber misverstanden werden, das geht hinein und raubt die Zuversicht. Wenn ich wieder an die Arbeit komme, dann schreibe ich nur noch für mich und für Sie; und für wenig Andere, die ich mir nicht vorstellen kann. Es ist nicht die Zeit für solche Arbeiten: Miscellen! Miscellen![2]

Unmittelbar vor Beginn seines kurzen Briefwechsels mit Fröhner hatte Minor auf Rudolf Hayms Brief vom Ende des Vorjahres geantwortet und bei dieser Gelegenheit über Probleme und Zweifel mit der Fortführung dieser Arbeit geklagt. Haym hatte am 15. Juni 1891 erwidert:

Hochverehrter Herr College!
Auf Ihr freundliches Schreiben von vorgestern muß ich sogleich und in Eile zwei Zeilen erwidern. Zuerst um meiner Freude Ausdruck zu geben, daß Sie meiner Biographie so viel Theilnahme u. ein mich beschämendes Lob geschenkt haben. Sodann um Sie zu bitten, mir den zweiten Band Ihres Schillers nicht zugehen zu lassen. Ich besitze ihn bereits, habe ihn vor wenigen Tagen vom Buchbinder zurückerhalten u. bin nun, mit anderer Arbeit beschäftigt, noch nicht dazu gekommen, ihn mehr als bloß anzulesen. Vor Allem aber drängt es mich, Ihnen zu schreiben, weil aus Ihrem Brief ein so entmuthigter oder doch unfroher Ton herausklingt. Daß Sie die Vollend[un]g Ihrer unendlich mühseligen Arbeit hinausschieben, finde ich begreiflich: aber tief beklagen würde ich es doch, wenn Sie durch die nicht ausreichende Theilnahme des großen Publicums, von der auch ich ein Lied singen könnte, von der Vollendung ganz zurückträten. Auch ich muß eben jetzt erleben, daß die rohe Neugierde des Publicums u. der „freisinnige" Parteigeist aus meinem Duncker[3] die Stellen herauspickt, die nur im Zusammenhang genommen u. ins

---
[1] GSA 107/500.
[2] GSA 107/500.
[3] *Das Leben Max Dunckers*, 1851.

rechte Licht gestellt werden dürften. Man muß sich durch herrschende Strömungen auch in der Wissenschaft nicht irren und mitreißen lassen, sondern, um durchzudringen, das, was man für recht hält, auch gegen die Vorurtheile u. modernen Üblichkeiten zur Geltung zu bringen trachten. Sie haben wahrlich gezeigt, daß Sie auch den minutiösesten Anforderungen gerecht zu werden wissen. Vielleicht werfen Sie künftig manches Zuviel (wozu ich namentlich die vielen Parallelstellen in den Dramen rechne) über Bord u. schreiten dann um so decidirter dem Ziele zu. Ihr Schiller wird Ihnen u. dem Dichter immer ein Ehrendenkmal bleiben. Er darf umso weniger unvollendet bleiben, da auch Weltrich, u. dieser noch mehr, stecken zu bleiben scheint. Ich bitte Sie, ihre Kraft zu schonen u. zu sammeln u. hoffe – wenn ich es noch erlebe – Ihnen zum Abschluß der schönen Arbeit einst Glück wünschen zu können. Ihr
Dankbar ergebener
R. Haym.[1]

Die Arbeit an *Goethes Faust*, der von der J. G. Cotta'schen Buchhandlung auf vier Bände ausgelegt war, bereitete Minor dann weniger Zweifel als sie im Rückblick auf seine – trotz aller kollegialer Ermunterungen – abgebrochene *Schiller*-Monographie offenkundig geworden waren. Zu Beginn des Jahres 1900 schrieb er nach Stuttgart:

Bei dem Vertrauen, das mir die deutschen Schauspieler entgegenbringen, darf ich hoffen, daß das Buch auch in diesen Kreisen Absatz finden wird. In meinem Seminar und in unserer University-Extension,[2] wo ich eben vor 300 Personen über Faust lese, war ich bisher genötigt, die älteren Arbeiten zu empfehlen, künftig werde ich mich auf mein Buch beziehen, so daß an einem günstigen Absatz kaum zu zweifeln ist.[3]

Zwar endete auch das *Faust*-Vorhaben 1901 schon nach Erscheinen des zweiten Bandes, doch hatte Minor dies vor Beginn angekündigt:

Mein Absehen geht nur auf den ersten Teil, für den zweiten ist wenig Neues vorhanden, das hindert nicht, daß bei einem guten Erfolge später einmal der zweite Teil hinzukommen kann.[4]

Im Urteil der Zeitgenossen galten die beiden *Faust*-Bände Minors gleichwohl als nicht abgeschlossen. – Befürchtungen in diese Richtung hatte Dr. Otto Rom-

---

[1] DLA; A: Minor; 52.213.
[2] Gemeint sind die öffentlich zugänglichen Vorlesungen am Samstag („Publikum") und „volksthümliche Universitätsvorträge". – Die im anglo-amerikanischen Bildungswesen entwickelten *University extensions* waren innerhalb der „Bewegung für die ‚Ausbreitung des akademischen Unterrichts'" Vorläufer der Volkshochschulen und maßgeblich für das Volksbildungswesen und das Frauenstudium auf dem europäischen Kontinent. – Vgl. Schultz: *Volkshochschulen; 1897*, S. 32 ff., und Bauer: *University-Extension und Frauenstudium; 1908*.
[3] CA, Abschrift, Faszikel-Band 1, 4.
[4] CA, Abschrift, Faszikel-Band 1, 4.

mel[1] in seinem von Cotta in Auftrag gegebenem Lektorats-Gutachten sogar zum ersten Abschnitt der Arbeit festgehalten, auch wenn sein Gesamturteil über das geplante Werk überaus positiv ausgefallen war:

> Prof. Minor (Wien)
> Goethes Faust (Erster Teil)
> Entstehungsgeschichte und Erklärung
> Das Buch soll, nach Minors Begleitschreiben, in zwei Halbbänden zu 10–12 Bogen erscheinen, wobei Sorge zu tragen sein wird, daß Minor nicht, wie bei der Schiller-Biographie, stecken bleibt. Die Befürchtung fällt zwar weniger ins Gewicht, da das Buch auf einem Kollegheft beruht, das naturgemäß bis zu Ende geführt ist. Immerhin wird die rechtzeitige Lieferung des M. S. scharf im Auge zu behalten sein, da bei einer solchen minutiösen Arbeit die Gefahr nahe liegt, daß die nachbessernde Hand keinen Abschluß finde.
> Der Titel „Entstehungsgeschichte und Erklärung" ist etwas irreführend. Man könnte meinen, das Buch zerfalle in zwei Teile: 1) Entstehungsgeschichte, 2) Erklärung[.] Dies ist – glücklicherweise – nicht der Fall. Die Entstehungsgeschichte ist vielmehr identisch mit der nur 21 Seiten umfassenden „Einleitung", die mit löblicher Kürze die Entstehung der Faustdichtung in den verschiedenen Lebzeiten Goethes, das Verhältnis des Goethe'schen Faust zu den Puppenspielen und Faustbüchern und die Beziehungen der Dichtung auf Goethe'sche Lebensverhältnisse (Herder, Behrisch[2], Merck[3], das Frankfurter Gretchchen, Sesenheim etc.) behandelt.
> Dann geht das Buch gleich weiter zur „Erklärung", zum Kommentar, der allerdings, sofern er im 1. Halbband nur den „Urfaust"[4] behandelt, noch als ein Stück „Entstehungsgeschichte" gelten kann.
> Unter dem Ganzen, insbesondere auch dem Kommentar, darf man sich, wie die vorliegenden Proben (Hälfte des 1. Halbbandes) erweisen, keineswegs ein eigentlich populäres Werk vorstellen. Es sezt eine ziemliche Bekanntschaft mit der Goethe-Literatur voraus und ist somit nur für akademisch gebildete Kreise berechnet. Man muß auch einige Goethe-Literatur selbst besizen, z. B. den „Urfaust" neben sich haben, wenn man Minors Kommentar genießen will. Doch bleibt auch so dem Buch ein weites Feld, da insbesondere die Studentenwelt gerne nach einem erschöpfenden Faust-Kommentar aus der Hand Minors gerufen wird, zumal Minor zuzugeben ist, daß die bisherigen Faust-Kommentare „nach dem heutigen Stand

---

[1] Dr. phil. Otto Rommel war Leiter des Archivs der J. G. Cotta'schen Buchhandlung in Stuttgart; er verfaßte 1885 *Aus dem politischen Tagebuche eines Süddeutschen*. – Vgl. *Kürschners Literatur-Kalender; 1900*.

[2] Ernst Wilhelm Behrisch (* 1738, † 1809) aus Dresden, Goethes Leipziger Freund, gilt – ebenso wie Merck – als Modell für den Mephisto; vgl. *Minor: Goethes Faust; 1901, Bd. 1;* S. 24 f.

[3] Johann Heinrich Merck (* 1741, † 1791), Kriegsrat, Schriftsteller in Darmstadt, brachte zusammen mit Goethe dessen *Götz* im Selbstverlag heraus und gilt – wie Behrisch – als Modell für den Mephisto. – Vgl. *Minor: Goethes Faust; 1901, Bd. 1;* S. 25 f.

[4] Erich Schmidt hatte der von ihm 1887 entdeckten und veröffentlichten *Faust*-Niederschrift des Weimarer Hoffräuleins Luise von Göchhausen (* 1752, † 1807) diesen Titel gegeben.

der Wissenschaft veraltet" seien. Dazu hat namentlich das Hinzutreten des „Urfaust" beigetragen, von dem aus auf Vieles ein ganz neues Licht gefallen ist.

Auch verspricht Minor sein Buch für den Theatergebrauch praktisch zu gestalten, was dem Absatz zu gute kommen wird.[1]

Es ist Minor zu glauben, daß er dieses Faustbuch für „seine beste Arbeit" hält. Denn es ist bei dem eingehendsten Fleiß, womit das Detail behandelt ist, flüssig und lesbar geschrieben.

Die Art des Kommentierens, wie sie Minor verwendet, mikroskopisch genau, in der Erklärung hauptsächlich durch Heranziehung von Parallelen wirkend – himmelweit verschieden von Fr.[iedrich] Vischers[2] philosophischer Erleuchtung der Gegenstände – ist nun einmal die heute hergebrachte, in der Minor einer der ersten Meister ist.

31. Jan. 1900.

O.[tto] R.[ommel][3]

Die beiden Bände, die mit zusammen 668 Druckseiten den ersten Teil des *Faust*-Projektes bilden, handeln von *Urfaust, Faust-Fragment* und *Faust I* und sind „Den Philologen des XX. Jahrhunderts gewidmet" – eine massive Schmähung der von den damaligen Scherer-Schülern vertretenen sogenannten Faust-Philologie. Minor wendet sich vor allem gegen die in seinen Augen zum Selbstzweck verkommene „Parallelen- und Motivenjagd"[4] und gegen eine vorschnelle Analyse des dichterischen Werks, die eben „nicht auf der entsprechenden intimen Kenntnis, sondern auf mechanisch zusammengerafften Citaten und Parallelen beruht".[5] Dem geschmähten Scherer-Gefolge hält er vor Augen:

Nicht bloß wiederholte Lektüre des Textes, ein völliges Einleben in den Text wird verlangt, bis man das Gefühl hat, daß man in ihm zu Hause ist. Auch das Gedächtnis, freilich nicht das gedankenlose, spielt dabei eine Rolle; und die Philologen haben am wenigsten Grund, auf diese schätzbare Hilfskraft mit Verachtung herunterzusehen. Wörterbücher und Reimwörterbücher sind gewiß wertvolle, aber doch

---

[1] CA, Minor; undatierte Abschrift im Faszikel-Band 1. – In dem von Rommel zitierten Begleitschreiben Minors heißt es: „Besondere Rücksicht wird daher auch auf alles, was die sichtbare Verkörperung betrifft genommen – es wird bei jeder Scene genau festgestellt, wo und wann sie spielt, wie der Schauplatz gedacht ist. Daher wird meine Arbeit auch für die Leute vom Theater unentbehrlich sein und nicht nur genaue Angaben über die Inscenierung, sondern auch eine durchgehende Analyse aller Rollen, bei schwierigen Stellen sogar die Heraushebung der betonten Worte enthalten."

[2] Friedrich Theodor von Vischer (* 1807, † 1887), Schriftsteller und Professor für Philosophie und Ästhetik; verfasste unter dem Pseudonym Deutobold Symbolizetti Allegoriowitsch Mystifizinsky die Parodie *Faust. Der Tragödie dritter Theil.*

[3] CA; Faszikel-Verzeichnis 10–11, Dr. O. Rommel's Gutachten.

[4] Vgl. das Kapitel „*Ich bin ein Chinese*" und das *Testament des Jakob Minor* im Anhang.

[5] *Minor: Goethes Faust; 1901, Bd. 1;* S. IX.

nur mechanische Hilfsmittel. Die schlagende Parallelstelle, die nicht immer an das gleiche Wort gebunden ist, überliefert nur das Gedächtnis dem Scharfsinn.[1]

Auf Scherer und seine Epigonen ist auch der allgemein formulierte Hinweis gemünzt:

> Auch in der wissenschaftlichen Interpretation führt der Weg nicht, wie man wohl glaubt, von einem Detail zum andern und zuletzt zum Ganzen, sondern auch hier geht der Weg, wie Goethe gesagt hat, von dem Ganzen in die Teile.[2]

Minors besonderer Vorwurf an die Faust-Philologie, die er dem abgelaufenen 19. Jahrhundert zuordnet, lautet also:

> Ich glaube nachweisen zu können, daß von den großen Widersprüchen, die sich im Faust finden sollen, die meisten nur von den Faustforschern hineingetragen worden sind, die auf ihrem Wege das Verständnis des Textes verfehlt haben."[3]

Dass Minor mit den Ansichten, die er in *Goethes Faust* vertrat, schon seinerzeit Zustimmung fand, belegt die Mitteilung des Bonner Germanisten Franz Schultz, der für die deutsche *Dramatische Gesellschaft* meinte:

> Je öfter und eindringlicher ich das Werk gelesen habe, desto mehr bewundere ich es. Auch ist der Einfluß, den es geübt hat, schon zu merken gewesen.[4]

Mit Goethe und dessen Werk beschäftigte sich Minor unmittelbar oder innerhalb von Rezensionen in knapp über hundert seiner Arbeiten. Für die Sophien-Ausgabe besorgte er den *Egmont* und den *Ewigen Juden*,[5] für die von Georg Witkowski betreute Reihe *Meisterwerke der deutschen Bühne* gab er *Die Laune des Verliebten* und *Die Geschwister*[6] einschließlich ausführlicher Einleitungen heraus. Wie im Falle des *Ewigen Juden* kompensierte Minor als unangemessen erachtete editorische Vorgaben und Eingriffe[7] gelegentlich durch eigene Publikationen – die Monographie *Goethes Fragmente vom ewigen Juden und vom wiederkehrenden*

---

[1] *Minor: Goethes Faust; 1901, Bd. 1;* S. VIII.
[2] *Minor: Goethes Faust; 1901, Bd. 1;* S. VIII.
[3] *Minor: Goethes Faust; 1901, Bd. 1;* S. VI f.
[4] UAW, Nachlass Minor, 153.2, 36.
[5] *Minor: Egmont; 1889,* und *Minor: Der ewige Jude; 1897.*
[6] *Minor: Laune und Geschwister; 1903.* – Der Band erschien bei Max Hesse in Leipzig, der fünf Jahre später Minors 12-bändige Saar-Ausgabe betreute.
[7] Die Ausgabe habe, schreibt Minor in seinem *Curriculum vitae* (siehe Anhang), „leider unter willkürlichen Eingriffen der Redaction gelitten." – Vgl. Minor-Brief 211.

Heiland[1] regte ihn sogar noch zu einer weiteren Arbeit an: Zwei Jahre nach den *Fragmenten* erschien bei Diederichs in Jena der 119-seitige Text *Goethes Mahomet*, aus dem er auch als Festredner vor der Weimarer Goethe-Gesellschaft vorgetragen hatte.

Der Streit mit Max Herrmann

Die 1893 bei Trübner in Straßburg erschienene und 1902 zum zweiten Mal aufgelegte *Neuhochdeutsche Metrik* Minors gilt noch rund 100 Jahre danach als das „umfangreichste und materialhaltigste Handbuch dieser Art".[2] 1896 liefert das Werk den Anlass zu einer äußerst heftigen Auseinandersetzung zwischen Minor und dem Literarhistoriker und Theaterwissenschaftler Max Herrmann, damals in Berlin Privatdozent für Theatergeschichte. Herrmann sucht in einem Aufsatz über den *Stichreim und Dreireim bei Hans Sachs*[3] einige Beobachtungen und Thesen Minors zu widerlegen und zitiert dabei fehlerhaft. Nach außen spielt sich der Streit zwischen Juni und Dezember 1896 in zwei Durchgängen von „Erklärungen" und „Entgegnungen" ab; er mündet in einen zweiteiligen, insgesamt 54 Druckseiten umfassenden Aufsatz, den Minor ebenfalls unter dem Titel *Stichreim und Dreireim bei Hans Sachs* im Herbst 1896 und Anfang 1897 im *Euphorion*[4] veröffentlicht. Für Minor ist der Angriff Herrmanns danach Anlass für seinen vergrämten, mehrjährigen Rückzug aus der literaturwissenschaftlichen Publizistik; überdies ist der Streit auch mittelbare Ursache für eine schwere Verstimmung zwischen Minor und Erich Schmidt.

Ende Mai 1896 erwähnt Minor die Arbeit Herrmanns und den sich ankündigenden Schlagabtausch gegenüber seinem Kollegen Sauer, der inzwischen den *Euphorion* im dritten Jahrgang herausgibt, zum erstenmal:

> [...] das Beiliegende für den Euphorion. Ich möchte es aber gern bald gedruckt sehen, weil ich leider den Aufsatz von Herrmann, der meine Worte durch Umstellun-

---

[1] *Minor: Fragmente vom Ewigen Juden; 1904.*
[2] *Wagenknecht: Deutsche Metrik; 1993;* S. 116. – In der zweiten Auflage des *Reallexikons der deutschen Literaturgeschichte* finden sich mehr als drei Dutzend Verweise auf die Minor-*Metrik*.
[3] *Herrmann: Hans-Sachs-Forschung; 1894.*
[4] *Minor: Hans Sachs I.; 1896,* und *Minor: Hans Sachs II–V; 1897.*

gen in das genaue Gegentheil verkehrt hat, erst jetzt kennen gelernt habe. Diese Leute sind doch zu unverschämt.[1]

Sauer misst der Sache offenbar nicht jene Dringlichkeit bei, die Minor ihr gibt, denn der meint in seinem nächsten Brief von Anfang Juni:

> [...] meinerseits lege ich kein besonderes Gewicht auf noch rascheren Druck und bin mit October – December recht einverstanden. Nur über das Jahr möchte ich den Artikel nicht zurückgelegt sehen, da ich ohnedies erst spät auf den perfiden Angriff H's aufmerksam geworden bin.[2]

Der Aufsatz Herrmanns ist als Beitrag zu einer Festschrift erschienen, die im Auftrag der Stadt Nürnberg zur vierhundertsten „Geburtsfeier" des Hans Sachs 1894 herausgebracht worden ist. Einleitend schreibt Herrmann dort, dass ihn die Einladung des Herausgebers zur Mitarbeit gerade erreicht habe,

> [...] als ich in litterarhistorischen Uebungen Hans Sachs behandelte. In einigen Teilnehmern, den Herren C. Alt, E. Cassirer, F. Düsel, R. Klahre und H. Stockhausen, fand ich wackere Helfer bei der Sichtung und Prüfung des riesigen Materials [...] und das „Wir" der folgenden Darstellung ist daher mitunter wirklich als Pluralis aufzufassen. Da indessen fast sämtliche Angaben mehrfach nachgeprüft sind, kann ich für ihre Genauigkeit mit gutem Gewissen die Bürgschaft übernehmen.[3]

Im Aufsatz bezieht er sich dann mehrmals auf Minor, zitiert dessen *Metrik* und kommentiert sie mit ironischen und abfälligen Anspielungen. Minors Deutung des Verzichts auf Dreireim am Ende der Dramen des Hans Sachs sei seiner Ansicht nach allerdings

> [...] so bedenklicher Art, daß sie nicht ohne Widerspruch bleiben darf. „Die Zuschauer des Hans Sachs waren gewiß gegen das Ende der Vorstellung nicht weniger unruhig als die unsrigen, und es erschien rätlich, die Aufmerksamkeit auf den leicht zu vergessenden Epilog hinüberzulenken." Man sieht, daß Minor, der sich seines fleißigen Burgtheaterbesuches mit Recht rühmt, stets im Parkett seinen Platz hat. Er sollte sich hin und wieder aber auch auf die Galerie hinaufsetzen: dort würde er die Erfahrung machen, daß unser allernaivstes Publikum – und nur dieses darf man belauschen, wenn man sich einen Ersatz für die Stimmung der Hans Sachsischen Hörer verschaffen will – im Gegenteil über die Eile, mit der unsere Dramatiker dem verwöhnten Publikum zuliebe die Lösungsscenen behandeln, oft sehr verdrossen ist: es möchte die Versöhnungen und die Verlobungen vielmehr recht breit ausgemalt haben.[4]

---

[1] Minor-Brief 185.
[2] Minor-Brief 186.
[3] *Herrmann: Hans Sachs-Forschung; 1894;* Fußnote S. 407.
[4] *Herrmann: Hans Sachs-Forschung; 1894;* S. 438 f.

Minor reagiert auf Herrmanns Kritik Mitte Juni 1896 im *Oesterreichischen Litteraturblatt*[1] in einer *Erklärung*, die er mit *Unehrliche Fehde* betitelt; er geht noch mit keinem Wort auf die Stichreim-Sticheleien ein, notiert aber den tatsächlichen Irrtum:

> In seinem Aufsatz [...] legt mir Herr M. Herrmann, Privatdocent an der Universität in Berlin, die folg. Worte über den Stichreim in den Mund (pag. 436): „N u r am Schluss der ganzen Stücke ist er regelmäßig durchgeführt". Ich constatiere, dass in meiner Metrik (S. 378) das gerade Gegentheil steht: „Nur am Schluss der ganzen Stücke ist er n i c h t regelmäßig durchgeführt"; und dass ich diesen Satz ausdrücklich damit motiviert habe, daß es Hans Sachs, der seine Dichtungen bekanntlich immer mit seinem Namen schließt, an Dreireimen auf *Sachs* gefehlt habe. – Ich überlasse es dem Urteil der Leser, ob sie eine absichtliche Entstellung oder eine bodenlose Oberflächlichkeit annehmen wollen.[2]

Minor verwahrt sich „im Interesse von Recht und Redlichkeit" gegen die Entstellungen und kündigt an, „auf das Meritorische der Arbeit von Herrmann" zurückzukommen. Am 13. Juni schickt er dann zweimal Post an Sauer. Noch ehe er seine *Erklärung* gedruckt sieht, schreibt er:

> In einigen Tagen wird eine Gegenerklärung von mir erscheinen, in der ich zeigen werde, daß Herrmann nur, wenn er meine Aufstellungen an 3 Punkten entstellte, das Recht gehabt hat, sie für falsch zu erklären. Daß er also gelogen hat, wenn er sagt, die Satzstellung des Werkautors sei für den Sinn gleichgültig.[3]

Im zweiten Brief vom selben Tag erinnert er Sauer noch einmal an das Ende Mai übersandte Manuskript und drängt nun:

> Bitte, laß den Artikel recht bald in Druck gehen und stelle ihn recht weit vorn! er wird Aufsehen machen. [...] Einer unserer Collegen sagte: „Geben Sie dem Schweinehund einen Fußtritt, wie er es verdient." Ich gebe ihm keinen, aber ich zeichne ihn so, wie er es verdient.[4]

Herrmann reagiert auf Minors Wortmeldung prompt mit einer *Erklärung* in der Berliner *Deutschen Litteraturzeitung*: Anschließend an den Abdruck von Minors

---

[1] Das *Oesterreichische Litteraturblatt* wurde nach dem Vorbild der *Deutschen Litteraturzeitung* 1892–1921 von der Wiener Leo-Gesellschaft herausgegeben, einem katholischen Verein zur Förderung wissenschaftlicher Forschung und Publizistik und zur Wahrung christlicher Grundsätze in allen Wissensgebieten. – Vgl. *Kirchner: Zeitschriftenwesen, Bd. 2, 1962,* S. 242, und *Czeike: Lexikon Wien; Bd. 4., 1995,* S. 24.
[2] *Minor: Erklärung vs. Herrmann; 1896.*
[3] Minor-Brief 187.
[4] Minor-Brief 188.

Erklärung versucht er ausführlich, seinen Irrtum als „bedauerlichen, aber wohl verzeihlichen Schreib- oder Druckfehler" zu entschuldigen, erneuert im übrigen aber seine abfällige Kritik und meint zuletzt, „Herr M." habe schon „zu oft gezeigt",

> [...] dass er ausser Stande ist, eine Berichtigung seiner wissenschaftlichen Ansichten anders als mit ganz unbegreiflichen Invektiven zu beantworten. Dieser neueste, schwerste Fall hat nur noch pathologisches Interesse.[1]

Minor hat inzwischen die Bürstenabzüge seines Aufsatzes für den *Euphorion* erhalten und schickt sie an Sauer zurück mit der Bemerkung:

> [...] die Correctur ist bunt geworden. Daran ist die Zeit der Fehde und Hs Entgegnung Schuld.[2]

Anfang Juli übernimmt das *Oesterreichische Litteraturblatt* Herrmanns Erklärung aus der *Deutschen Litteraturzeitung* und fügt daran eine Entgegnung Minors:

> Herr Max Herrmann, Privatdocent in Berlin, hat es natürlich nicht in Abrede stellen können, ein Citat aus meiner Metrik ins Gegentheil entstellt zu haben. Aus der leicht begreiflichen Verlegenheit hilft er sich durch eine ebenso unerhörte Dreistigkeit, indem er zuerst ohnmächtige Drohungen ausstößt und dann, sehr naiv, meiner schweren Anklage nur ein „pathologisches Interesse" entgegenbringen will. Auf meinem Schreibtisch liegt, kaum zwölf Stunden nach dem Eintreffen der Berliner Sendung, ein hübscher Stoß von Zuschriften, die dem Fall ein ganz anderes Interesse entgegenbringen und in denen sich eine ehrliche, männliche Entrüstung, derer sich keiner zu schämen hat, in einer für meinen Gegner so wenig schmeichelhaften Weise ausspricht, dass ich leider keinen öffentlichen Gebrauch davon machen kann.[3]

Schon die Heftigkeit, mit der Minor und Herrmann ihre Auseinandersetzung begonnen haben, deutet darauf hin, dass neben der Empörung über die Angriffe auf die eigene fachliche und persönliche Reputation noch weitere Motive im Spiel sind (von einiger Bedeutung dürfte etwa sein, daß der junge Berliner Privatdozent ein geschätzter Schüler Erich Schmidts ist). – Die *Hans Sachs Forschungen* sind im *Euphorion* angezeigt und rezensiert worden, nun ist auch der erste Teil des Aufsatzes *Stichreim und Dreireim bei Hans Sachs* erschienen, in dem sich Minor ausschließlich der Arbeit Herrmanns widmet. Zwar diskutiert er deutsche Metrik,

---

[1] *Herrmann: Erklärung vs. Minor; 1896.*
[2] Minor-Brief 189.
[3] *Minor: Entgegnung vs. Herrmann; 1896.*

doch zwischendurch macht er deutlich, dass sein Anliegen tiefer zielt, weil er Fundamente seines Faches bedroht sieht:

> Leider hat sich Karl Drescher in der aufschlußreichen Anzeige der „Hans Sachs Forschungen" (Euphorion 2, 399 ff. und 830 ff.) darauf beschränkt, an den philologischen Grundlagen des Artikels von M. Herrmann Kritik zu üben; auf die metrischen Probleme selbst ist er nicht eingegangen. Ich ergänze seine Arbeit von dieser Seite und hoffe zu zeigen, daß es mit den metrischen Resultaten nicht viel besser bestellt ist, als mit den philologischen.[1]

Minor geht in diesem ersten Teil seines Aufsatzes detailliert auf die Kritik Herrmanns ein, befasst sich dabei vorwiegend mit methodologischen Fragen und meint schließlich, in all diesen Belangen bereits

> [...] die Resultate der Herrmannischen Untersuchungen auf ihren bescheidenen Wert zurückgeführt zu haben. Methodologisch und prinzipiell fördern sie nicht, sondern sie verwirren nur, weil die psychologischen Voraussetzungen verkehrt und die Folgerungen zum größten Teil gesucht und ohne Ueberzeugungskraft sind. Wie so viele jüngere Gelehrte, die noch nicht zur Klarheit durchgedrungen sind, lockt auch unseren Autor auf dem Gebiete der Poetik blos die Ausnahme, nicht die Regel. Sie vergessen dabei nur, daß einer scharfen Untersuchung nur das Allgemeine, also die Regel, zugänglich ist, die Ausnahme aber mehr oder weniger immer in das Gebiet der individuellen Charakteristik fällt, die unsere Wissenschaft zu ihrem Schaden schon seit längerer Zeit ganz vernachlässigt.
>
> Manchen, vielleicht sogar allen Freunden des Verfassers werde ich mit meinen Ausführungen überhaupt noch nichts bewiesen haben. Sie werden Zahlen und Widerlegung der Zahlen erwarten. Und sie sollen auch ihre Zahlen haben!
>
> Denn auch für mich haben natürlich Zahlen volle Beweiskraft, wenn sie nemlich sich mit zweifelloser Sicherheit erheben und rubriciren lassen, und wenn sie – nicht falsch, sondern richtig sind. Zahlen, die ich nicht nachgeprüft habe oder nicht nachzuprüfen in der Lage bin, imponieren mir nirgends; am allerwenigsten in der Metrik, wo ich ihre Unzuverlässigkeit mehr als einmal erfahren habe. Mir will überhaupt scheinen, als ob in neuerer Zeit mit der sogenannten exakten Methode Mißbrauch getrieben würde. Man hält eine Arbeit von vornherein für gut, wenn sie recht viele Citate und statistische Belege bringt; und man hält eine andere für unwissenschaftlich, die davon nichts oder nur wenig zur Schau trägt. Ein so äußerlicher Maßstab ist nicht der meinige.[2]

Bisher habe er also „blos von den Ideen geredet"; um auch „von den Zahlen" reden zu können, müsse er noch etwas Zeit erbitten, „denn ich arbeite und zähle

---

[1] Minor: Hans Sachs I.; 1896; S. 692.
[2] Minor: Hans Sachs I.; 1896; S. 703 f.

wie immer ganz allein".[1] Für ihn stehe allerdings jetzt schon fest, dass seine *Neuhochdeutsche Metrik* „doch noch auf einer sicherern Grundlage" beruhe

> [...] als die Spezialstudie von Herrmann, die, wo man sie genauer ansieht, nicht blos thönerne Füße, sondern den Pferdefuß des Lügengeistes zeigt. Man wird ihr und ihrem Verfasser sehr bald nur mehr ein pathologisches Interesse entgegen bringen.[2]

Nach Erscheinen des Textes im *Euphorion* berichtet Sauer wohl von heftigen Reaktionen Herrmanns, denn Minor meint Ende November beschwichtigend:

> Fürchte nicht, daß ich irgend etwas, was dabei heraus käme, Dir übel aufnäme. Ich weiß recht gut, daß gegen diese Bande keiner etwas ausrichten kann.[3]

Ein paar Tage später schreibt Minor an Sauer von einer Umfrage, in der er bei Fachkollegen die Kernthesen und statistische Angaben aus Herrmanns Arbeit zur Diskussion stellen werde. In der Zwischenzeit schickt er das Manuskript des zweiten Teils seiner Arbeit zum *Stichreim und Dreireim bei Hans Sachs* nach Prag:

> [...] beiliegend der Schluß des Artikels gegen Hermann. Ich würde es Dir recht sehr danken, wenn Du ihn bald in Druck geben könntest [...]. Über die Enquête berichte ich in anderem Zusammenhange oder einem späteren Heft, sie zieht sich zu lange hinaus.[4]

Wiederum nur zwei Tage darauf empört er sich:

> Diese Ratte muß zertreten werden. Ich weiß recht gut, daß er mir, wenn er darniederliegt, ans Leben gehen wird. Aber seis drum! Diese Bande muß einmal ihre Lehre finden.[5]

In Minors Augen nimmt der Zwist mit Herrmann die Dimension eines neuen Nibelungenstreits an, der offenbar in einen Zusammenprall münden und zwischen Wien und Berlin ausgetragen werden müsse. Kollegen in Deutschland urteilen

---

[1] Minor schließt die statistische Behandlung des Problems, wie sie Herrmann betreibt, von vornherein aus, weil es sich „nicht um eine metrische Regel, sondern um die individuellsten Wechselbeziehungen zwischen Inhalt und Form" handle. Dass Herrmann dort, wo die Qualität der Beispiele entscheide und nicht die Quantität, in Verfolgung seiner Methode gar „sechs Hände an der Arbeit" eingesetzt habe, sei erst recht unsinnig. – Vgl. *Minor: Hans Sachs I.; 1896;* S. 695.
[2] *Minor: Hans Sachs I.; 1896;* S. 704.
[3] Minor-Brief 193.
[4] Minor-Brief 195.
[5] Minor-Brief 196.

über das Vorgehen des Österreichers eher gespalten; Gustav Roethe aus Göttingen etwa sieht in einem Brief an Edward Schröder, den Herausgeber der *Zeitschrift für deutsches Altertum und deutsche Literatur* in Marburg, die „Anklage" Minors

> nicht bloß als persönlich pathologisch an: in Verbindung mit den Erfahrungen [...] bei der Muthe-Sache[1] [...] seh ich in diesem Trieb, den wissenschaftl. Gegner (oder Nachbar) zum Schuft zu machen, doch ein recht unbehagliches Gesamtsymptom [...]. Es hört doch Alles auf, wenn jedes Versehen einem den pathologischen Vorwurf der Lüge eintragen kann.[2]

Minor hatte im Streit mit Herrmann von Schröder[3] vergeblich Unterstützung erwartet und daraufhin seine Mitarbeit bei der *Zeitschrift* aufgekündigt, was Roethe gegenüber Schröder wieder sehr bedauert, „um so mehr, als ich mir doch nicht verhehlen kann, daß er ein wirklich gescheiter u. leistungsfähiger Mensch ist."[4]

Auf Minors Umfrage gehen mitlerweile die ersten Antworten ein, und sie scheinen seine Position zu bestätigen. Aus Leipzig hat sich außerdem der angesehene Germanist und Sprachwissenschafter Eduard Sievers gemeldet, selbst Verfasser einer – allerdings altgermanischen – Metrik, und hat Minor einen Aufsatz vorgelegt, „worin er Herrmann ganz dieselben Entstellungen nachweist wie ich".[5]

Gegen Jahresende wendet sich Minor mit seiner Antwort auf Herrmanns Reaktion vom vergangenen Juni schließlich an die *Deutsche Litteraturzeitung* und zitiert Sievers' Begleitschreiben:

> Da aber Herr Herrmann einmal damit angefangen hat, dritte und vierte Personen in diese zwar unerfreuliche, aber die Luft reinigende Affaire zu verwickeln, so ist es auch mir erlaubt, die folgende Stelle aus einem vom 5. Juni 1896 datirten Brief von Prof. Sievers in Leipzig, unter Zustimmung des Verfassers, anzuführen:
>
> „Mich wundert die ... des Herrn Herrmann garnicht: hat er mich doch vor Jahren in derselben ... Weise behandelt. Ich habe damals ein ziemlich langes Manuskript begonnen zur Aufdeckung des ganzen Gewebes von Unwahrheiten und mala fides, aber schliesslich wurde mir die Sache zu viel, und so habe ich das Ganze liegen lassen."

---

[1] Der Kunsthistoriker R. Muther war des Plagiats bezichtigt worden; der Vorwurf stellte sich zwar als unberechtigt heraus, doch wurde Muther aufgrund der Affäre nicht wie erwartet zum Nachfolger Hermann Grimms nach Berlin berufen.

[2] *Ruprecht/Stackmann: Briefe Roethe – Schröder; Bd.1; 2000,* S. 781.

[3] Schröder und Minor hatten sich im Seminar Scherers in Berlin kennengelernt und danach losen Kontakt gehalten.

[4] *Ruprecht/Stackmann: Briefe Roethe – Schröder; Bd.1; 2000,* S. 822.

[5] Minor-Brief 198.

Sollte der Verfasser sich bestimmen lassen, das hier angeführte Manuskript zu veröffentlichen, so wird man darin genau denselben Geist finden, wie in Herrmanns Polemik gegen mich.[1]

Da seine Zuschrift nicht sofort abgedruckt wird, fürchtet Minor, dass jetzt die *Deutsche Litteraturzeitung* gegen ihn Stellung bezogen habe, und meint gegenüber Sauer: „Wir haben es mit einem bösen Feind zu thun!"[2] – Er schickt mehrere Ergänzungen seines Manuskripts, in das er bereits die Antworten auf seine Umfrage einarbeitet, doch zwischendurch erscheinen ihm seine Anstrengungen, Herrmann zu widerlegen, letztlich vergeblich und fruchtlos; sich selbst und seinen Briefpartner tröstet er:

> Jedenfalls haben wir einmal ein bissel aufgemischt und zwar gehörig! Sehr bald, wenn sie nichts ausrichten, werden sie freundlich kriechend, als ob sie nie etwas arges im Schild geführt hätten, wiederkommen. Aber trau ihnen nicht, so lang Du etwas leisten kannst – wenn Du nichts zu leisten im Stande bist, dann erst sind sie Deine wahren Freunde, Hinc illae lacrymae! Lange bevor Herrmann gekommen ist, habe ich gewußt, daß, wenn ich jetzt noch ein Buch mache, sie mich auf offener Straße totschlagen.[3]
> [...] ich werde an den Schluß einfach die Homerischen Worte setzen:
> καὶ ὡς ἀπολοιτυ καὶ αλλος οστις τοιαυτα γερεζοι[4]

Ein paar Tage später meint er verdrossen:

> Ich wäre glücklich, wenn diese schwierige Geburt überstanden wäre! Es ist freilich der Mühe Werth, dieses Wespennest kennen zu lernen! Jetzt weiß ich erst, daß sich diese Polemik wirklich verlohnt![5]

Gelegentlich erwägt Minor, seine Mitarbeit am *Euphorion* einzustellen; um der in finanziellen Problemen steckenden Zeitschrift[6] nicht zusätzlich zu schaden, verwirft den Gedanken aber vorerst und meint:

---

[1] Minor: Unehrliche Fehde II; 1896. – Das Sievers-Zitat ist im Original fett gedruckt.
[2] Minor-Brief 201.
[3] Minor-Brief 202.
[4] Richtig: ὡς ἀπολοιτο καὶ αλλος οστις τοιαυτα γερεζοι – Odyssee 1, 47. – Vers 46 beginnt mit καὶ; Minor ist also ein Zeilensprung unterlaufen, mit dem er den Hexameter zerstört. – In der Übersetzung durch Johann Heinrich Voß lautet Vers 47: *Möchte doch jeder so fallen, wer solche Taten beginnt!*
[5] Minor-Brief 206.
[6] Sauer musste im Herbst den Vorjahres „schon wieder den Verleger wechseln". – Vgl. Minor-Brief 190.

> Wenn ich dem Euphorion irgend nützen könnte, würde mich die Dankbarkeit zu allem vermögen. Aber sie wollen mich ja blos los sein; und wenn ich abtrete, kommen sie Dir alle wieder. Wenn nicht, so werden sie den Euphorion erst recht ruinieren, wenn ich dabei bin, um mich matt zu setzen.
> Ich denke übrigens gar nicht daran, die schriftstellerische Thätigkeit aufzugeben und finde überall Aufnahme, vielleicht noch eher als bisher. Aber für Gelehrte, <u>blos</u> für sie, schreibe ich nicht mehr, bis die Zeiten anders geworden sind. [...]
> Sollte der Euphorion das Opfer sein, so würde ich das wol beklagen, aber im Interesse Deiner Arbeiten, Grillparzer Biographie etc, doch auch wieder weniger bedauern. Es gehen ja alle unsere Zeitschriften zu Grunde, und es kann gar nicht anders sein.
> Es thut mir leid, daß Du in diese Affaire bis[t] mitverwickelt worden, aber ich habe ein reines Gewissen. Und ich werde doch Recht behalten. Ich habe es jetzt schon; es handelt sich nur noch darum, zu verblüffen, recht viel Staub aufzuwirbeln, – aber sie wissen recht gut, wie es steht. So haben sie es immer gemacht.[1]

Schließlich entscheidet sich Minor tatsächlich für einen radikalen Schnitt und begründet ihn mit den schwerwiegenden Differenzen, in denen er sich dem zeitgenössischen Wissenschaftsbetrieb gegenübersieht und die er für unüberbrückbar hält; sein gespanntes Verhältnis zu den Epigonen Wilhelm Scherers spielt dabei die wesentliche Rolle:

> Aus Deiner Karte glaube ich entnehmen zu dürfen, daß Du mir ohne Groll zustimmst, und mit mir der Meinung bist, daß auch dem Euphorion gedient ist, wenn ich eine Zeit lang zurücktrete. [...]
> Was bleibt, ist der Ekel vor der Gemeinheit und Niedertracht, der in unserer dem braven Streberthum verfallenen Wissenschaft herrscht. Das ist wohl keine neue Entdeckung, aber was sich sonst unter der Erde abspielt, ist dieses Mal recht deutlich ans Licht getreten. Diese Dinge werden eine Zeitlang seltener werden, aber nie ganz aufhören. Es besteht ein fundamentaler Gegensatz der Meinungen unter uns. Die einen halten nur das für Wissenschaft, was sich mit sog. philologischen Problemen befasst. Die andern erkennen die philologische Methode nur so weit an, als sie für die Literaturgeschichte Resultate zu erzielen vermag. Was die ersten für Philologie halten, ist es für die andern nicht; und umgekehrt. [...]
> Im XX. Jahrhundert ist diese Afterphilologie, die nur noch durch die künstlich conservierte Mumie Scherers und durch ein altes Weib, das sich als Papst spreizt und an sich selbst nicht mehr glaubt, tot; dann werden Deine und meine Arbeiten leben, und dann wird man uns zwar nicht fetiren[2] (das ist gar nicht nothwendig), aber ungestört arbeiten lassen.[3]

---

[1] Minor-Brief 207.
[2] fetiren: feiern, schmeicheln.
[3] Minor-Brief 210.

Die Beendigung seiner Mitarbeit am *Euphorion* und die Begründung dafür macht Minor am Ende des zweiten Teils seiner kritischen Analyse der Herrmann-Arbeit dann öffentlich. In diesen Teil bezieht er die Stellungnahmen von neun Fachkollegen ein (unter ihnen Franz Muncker aus München, Albert Leitzmann aus Jena, Carl von Kraus aus Wien und August Sauer aus Prag) und unterstreicht damit das prinzipielle Anliegen, das er in der Auseinandersetzung verfolgt hat:

> Die Untersuchung von Herrmann ist eine Arbeit, die in unserer Wissenschaft gottlob vereinzelt dasteht. Aber wenn auch nicht dem Grade nach, so hat sie doch der Methode nach mehr Verwandte, als jedem, dem es um die Sache zu thun ist, lieb sein kann. Philologie ist für viele eine Wissenschaft, die auf einem leeren Spiel mit Zahlen beruht und durch ein findiges Arrangement von Ziffern Scheinresultate erzielt. Aber die Thatsachen, die unserer Wissenschaft zu Grunde liegen, sind nicht die Zahlen und nicht die Ziffern, auch nicht die Citate und die Parallelstellen. Die kann man sich für jede Behauptung verschaffen, besonders wenn man viele gute Freunde hat, die einem nicht scharf auf die Finger sehen! Die echte Philologie beruht auf der richtigen Gestaltung und dem richtigen Verständnis des Textes und auf der Empfindlichkeit gegenüber dem Inhalt und der Form.[1]

Von diesen Fundamenten habe sich die Literaturwissenschaft entfernt, klagt Minor; die „neuere Faustlitteratur" sei das abschreckendste Produkt dieser aktuellen „Pseudophilologie" und ihrer Repräsentanten:

> Die fliegenden Brücken der Hypothesen schlagen sie nicht über die Thatsachen hinüber, sondern auf die Hypothesen legen sie die Thatsachen darauf, um ihre luftige Ware etwas zu beschweren. Auf diese Weise haben sie die Philologie zu einer Wissenschaft gemacht, die den Thatsachen scheu aus dem Wege geht, und ein Cliquenwesen großgezogen, wie es in der Geschichte des geistigen Lebens in Deutschland noch nicht dagewesen ist. Denn unter vier Augen glaubt ja keiner, was der andere bewiesen hat; aber vor der Öffentlichkeit stehen sie wie Ein Mann vor dem Banner ihrer „Methode", die für sie immer und überall dieselbe ist und an der man nicht rühren darf, auch wenn die Thatsachen auf Schritt und Tritt sich dagegen aufbäumen. Gebt uns Ziffern und Citate, wo sie hingehören und etwas beweisen können! An unfruchtbaren Sammlungen von Zahlen, Citaten, Parallelstellen, Quellenbenutzungen haben wir so viel, daß es nicht weniger Zeit kosten wird, diesen Schutt hinweg zu räumen, als die Sache gleich von vornherein neu zu machen. Auf dieser Brandstatt werden wir nicht ernten![2]

Mit dieser eher resignativen als kämpferischen Anklage nimmt Minor „für längere Zeit Abschied von meinen gelehrten Lesern". Weder der Boden noch die Mittel, auf dem und mit denen zur Zeit gearbeitet werde, könnten ihn zu weiterer Mitarbeit und wissenschaftlichem Publizieren veranlassen. Er werde seinen

---

[1] Minor: *Hans Sachs II–V; 1897*; S. 249 f.
[2] Minor: *Hans Sachs II–V; 1897*; S. 250.

[...] eigenen Weg gehen, der, wie mir scheint, kürzer ist und, was mir augenblicklich das nächste Bedürfnis ist, in reiner Luft Bewegung gestattet.[1]

Alle Notizen, Manuskripte und Materialien, die er im Zusammenhang mit seinem Streit gesammelt hat, verschnürt und versiegelt Minor später in einen Karton, der die Aufschrift trägt:

> Donatores has litteras vivo Maximilianus Herrmann, Prof. Berolin., patefieri vetuerunt.[2]

Der inzwischen erbrochene Karton enthält 179 lose Blätter in Einschlagpapier, Material aus den Jahren 1894 bis 1900 – also bis drei Jahre nach dem eigentlichen Ende des Streites. Das Einschlagpapier ist auch deutsch beschriftet: „Metrisches Material gesammelt von Jakob Minor während der Fehde mit Herrmann. Bis zum Tode von Max Herrmann, Univ. Prof. in Berlin, zu secretieren!"

Kritiker und Preisrichter
Theaterrezensionen und Schauspielerporträts

Im *Curriculum vitae*, das er 1898 anlässlich seiner Ernennung zum korrespondierenden Mitglied der Akademie der Wissenschaften liefert, schreibt Minor:

> Eine angenehme Beschäftigung in den Ferien waren mir die Porträts bekannter Schauspieler, besonders des Burgtheaters von 1868–1898, die ich als Spezialität auszubilden bemüht war und mit denen ich einer zukünftigen Theatergeschichte ein zuverlässiges und reiches Material an Beobachtungen zuführen wollte.[3]

In den Schauspielerporträts hat sich Minors Beschäftigung mit dem Wiener Burgtheater aus forcierter Gymnasiastenliebhaberei – schon als Zwölfjähriger ist er „Stammgast der vierten Galerie des alten Hauses am Michaelerplatz"[4] – zu systematischer Arbeit entwickelt, die ihm auch in der breiten Öffentlichkeit Anerkennung einträgt und die er bis an sein Lebensende fortführt, ohne sie als Last zu

---

[1] *Minor: Hans Sachs II–V; 1897;* S. 251.
[2] UBW, Sig. II-528.366.
[3] *Curriculum vitae*: Personalakt Minor, AAW; 1135/1898. – In *Castle: Minors 25. Todestag; 1937,* heißt es dazu: „Die Sammlung dieser Aufsätze [...] besitzt bleibenden Wert für die Geschichte des deutschen Theaters in der Epoche vor dem Phonogramm- und Filmarchiv."
[4] *Bettelheim: Minor-Nekrolog; 1912;* S. 123.

empfinden. Seine Sympathie zu dieser Bühne und ihrem Ensemble zeigt er bereits in der 35-seitigen Flugschrift *Das neue Burgtheater*,[1] die er nach dessen Übersiedlung ins neue Haus am Ring unter dem Pseudonym *J. Löw*, dem Mädchennamen seiner Mutter Friederike, 1888 herausbringt.

Die Reihe der Biographien beginnt Minor mit der Rezension eines Buches über Adolf Sonnenthal, die er 1896 in der *Deutschen Literaturzeitung* veröffentlicht und erst danach in den von Anton Bettelheim herausgegebenen *Biographischen Blättern* zu einem eigenen Porträt erweitert.[2] Bis 1912 entstehen dann in loser Folge 13 weitere solcher Studien über Bernhard Baumeister, Ludwig Gabillon, Ernst und Helene Hartmann, Josef Kainz, Fritz Krastel, Josef Lewinsky, Friedrich Mitterwurzer, Wilhelmine Mitterwurzer, Alexander Römpler, Ernesto Rossi, Josef Wagner und Charlotte Wolter.

Das Gerüst dieser Porträts, um deren gesammelte Herausgabe sich die Cotta'sche Verlagsbuchhandlung bemüht hat,[3] entwickelt Minor meist in einem Raster von persönlichkeitsbezogenen und persönlichkeitsunabhängigen Elementen. So fügt er neben die Biographie, neben die Schilderung der Bühnenlaufbahn und neben die Definition des jeweiligen Rollenfaches auch die Konzepte der wichtigsten Rollen – sowohl im Verhältnis zur Interpretation der zugrunde liegenden Texte als auch im mehrfachen Vergleich
• der Darstellungskonzepte verschiedener Rollen,
• der Darstellungskonzepte derselben Rollen im zeitlichen Abstand und in verschiedenen Inszenierungen,
• von Darstellungskonzepten anderer Darsteller in denselben Rollen und
• des Zusammenspiels mit unterschiedlichen Partnern.

Auf diese Weise versucht er in der Verknüpfung der objektiven Daten mit den eigenen Analysen und Interpretationen das darstellerische Potenzial sowie die schauspielerische Eigenart und Entwicklung des oder der Porträtierten quasi rekonstruierbar vorzuführen.

Schon 1877/78, während der Fortsetzung seines Studiums in Berlin, hat er als Korrespondent für Anton Edlingers *Literaturblatt* mit Berichten aus der lokalen Theaterwelt einschlägige publizistische Erfahrungen gesammelt;[4] theaterliterari-

---

[1] *Minor-Löw: Das neue Burgtheater; 1888.*
[2] Rezension von *Ludwig Eisenberg: Adolf Sonnenthal* in: *Deutsche Literaturzeitung*, 7. 11. 1896, Nr. 45, Sp. 1424–1426. Danach Porträt: *Adolf Sonnenthal* in: Biographische Blätter, Bd. 2, S. 441–462; denselben Text kürzt und aktualisiert Minor 1906 für *Fünfzig Jahre Sonnenthal* in der *Österreichischen Rundschau*, Bd. 7, S. 158 f.
[3] Vgl. Kapitel *Zusammenarbeit mit Cotta.*
[4] Vgl. Kapitel *Beiträge zu Periodika.*

sche Arbeiten publiziert er danach immer wieder; 1898 schreibt er in der Wiener Wochenschrift *Die Zeit* über *Ibsen und die moderne Schauspielkunst*. 1911 schließlich verfasst er für die ebenfalls in Wien erscheinende populärwissenschaftliche Zeitschrift *Der Merker* eine dreiteilige Arbeit *Zur Geschichte der Schauspielkunst*.

Reguläre Theaterkritiken veröffentlicht Minor erstmals 1894/95 im Berliner *Magazin für Literatur*; er bespricht dort zwei Aufführungen des Wiener Volkstheaters von Stücken Jakob Julius Davids, *Hagars Sohn* und *Ein Regentag*.[1] Anfang 1905 übertragen ihm die beiden Herausgeber der *Österreichischen Rundschau* – Alfred von Berger, zu dieser Zeit noch Direktor des Deutschen Schauspielhauses in Hamburg, und Karl Glossy, der soeben pensionierte Leiter von Archiv, Bibliothek und Museum der Stadt Wien – das Burgtheater-Referat ihres Blattes. Noch im selben Jahr verfasst Minor 19 zumeist mehrseitige Besprechungen, darunter jene der Uraufführungen von Arthur Schnitzlers *Zwischenspiel* und von Karl Schönherrs *Familie*;[2] insgesamt liefert er für die *Österreichische Rundschau* 103 Beiträge, davon 81 Kritiken, mehrere Aufsätze zu Regie und Spielplangestaltung sowie einige Jubiläumsartikel und Nachrufe auf Mitglieder des Ensembles.

Seine Anmerkungen zu Inszenierung und Darstellung ergänzt Minor in der Regel um Hinweise auf die Entstehungs- und Aufführungsgeschichte des Stücks, die er umgekehrt wieder als Marksteine seiner kritischen Hinweise nutzt und die ihm dann nicht selten zum eigentlichen Hauptteil der Besprechung geraten. – In der Kritik einer Aufführung des *Don Carlos* heißt es etwa:

> Als Großinquisitor ist Herr Lewinsky wieder in sein Recht getreten; er hält sich, gewiß im Sinne Schillers, von dem Grotesken weiter entfernt als sein unmittelbarer Vorgänger, Herr Schmidt, und ist auch sparsamer in den Gebärden, wie Schiller gegenüber Schröder ausdrücklich verlangt hat: „Der Großinquisitor darf fast keine Mimik haben, seine ganze Sache ist Deklamation, deutliche starke Vorlegung des Textes."[3]

In derselben Kritik schildert Minor – die Inszenierung des Burgtheater-Direktors Paul Schlenther dauert gut sechs Stunden – als „Präzedenzfall aus der Theatergeschichte" die erste Aufführung der Bühnenbearbeitung des *Götz von Berlichingen* am Weimarer Theater unter der Direktion Goethes im Jahre 1804, denn auch diese Vorstellung habe über sechs Stunden gedauert. Sie sei auf Anregung

---

[1] *Das Magazin für Literatur*, 1895, Nr. 21, Sp. 668 f. und Nr. 43, Sp. 1397–99.
[2] Vgl. Kapitel *Grillparzer-Preisstiftung*.
[3] *Österreichische Rundschau*, 1905, Bd. 2, S. 286.

Schillers zwar an einem Abend, gegen dessen eindringliche Empfehlung aber ohne Kürzungen erfolgt. Zwar habe Goethe danach die Aufführung auf zwei Abende gestreckt, doch erwies sich die Zweiteilung als unbrauchbar. Schiller indessen hätte seinen *Don Carlos* „unbarmherzig genug zusammengestrichen" und damit „gegenüber Goethe Recht behalten".[1] – Eine ähnlich aufwändige Form der indirekten und impliziten Kritik gebraucht Minor in vielen seiner Rezensionen; in diesem Fall gilt sie dem Regiekonzept Schlenthers.

In den Besprechungen von Uraufführungen geht Minor bei seiner Argumentation oft auch von Autorenzitaten oder von Analogien der Aufführungsgeschichte vergleichbarer Werke aus und beweist dabei sein außerordentliches Gedächtnis sowohl für Text- als auch für Inszenierungsdetails. Zugleich mit seinem Bemühen um Lebendigkeit, um Anschaulichkeit und populäre Ausdrucksweise gerät er aber auch mehr und mehr ins Klischee und in jene Phrasenhaftigkeit, die ihm Karl Kraus in der *Fackel* schließlich ankreidet, am heftigsten nach einer Rezension der Schnitzler-Komödie *Das weite Land*, die 1911 in der *Österreichischen Rundschau* erscheint.[2]

Die Rezensionen und Texte, die Minor über Spielpläne, Aufführungen, Heroen und Heroinen des Burgtheaters veröffentlicht, sind alle zumindest von einem „Hauch jenes altväterlichen sittlichen Ernstes" geprägt, den er „aus Kunstehrfurcht, aus Takt und Geschmack"[3] auch in seinen an das breite Publikum gerichteten Arbeiten nicht ablegt. Und ebenso wie die Schauspielerporträts sind auch sie über den Tag hinaus konzipiert. Minor hält sich damit an das eigene Postulat, dass nicht das Urteil des Rezensenten zähle, sondern

> [...] eine Beschreibung, eine ganz einfache und schmucklose Wiedergabe seiner Eindrücke im Zuschauerraum und seiner Beobachtungen bei den Proben und auf der Szene.[4]

„Authentische Urteile", meint er,

> [...] haben wir genug und als Urteile stimmen sie ja auch im Ganzen so ziemlich überein, nur in den Beobachtungen, auf die sich das Urteil gründet, widersprechen sie sich. Uns aber kommt es gerade auf diese an; denn nicht ob ein Schauspieler

---

[1] *Österreichische Rundschau*, 1905, Bd. 2, S. 286 f.
[2] Vgl. Kapitel *Jakob Minor und Karl Kraus*.
[3] Hugo Thimig im Vorwort zu *Hock: Minors Schauspieler-Porträts; 1920*; S. VI.
[4] *Minor: Schauspielkunst; 1911*; S. 248.

gut oder schlecht gespielt hat, interessiert uns nach 100 Jahren, sondern wie er gespielt hat.[1]

Minors letzte Arbeit, ein kritischer Aufsatz über *Die Zukunft des Burgtheaters*, den er noch „auf dem Zahlstock des Franz-Joseph-Spitals"[2] schreibt, wird zwei Tage nach seinem Tod und zu seinem Andenken auf Seite eins der Morgenausgabe der *Neuen Freien Presse*[3] eingerückt. Minor hat Alfred von Berger, der 1910 die Direktion des Burgtheaters übernommen hatte, nur um wenige Wochen überlebt; sein geheimer Lebenswunsch, selbst Leiter des neuen Hauses am Ring zu werden,[4] bleibt unerfüllt.

Vereinigungen und Preisgerichte[5]

Neben seiner Tätigkeit an der Universität und an der Akademie und neben seiner schriftstellerischen und journalistischen Arbeit ist Minors Engagement in gleich mehreren wissenschaftlichen und populärwissenschaftlichen Vereinigungen kennzeichnend für sein Wirken. Ihrem Typus und ihrer Selbstbestimmung nach sind die Vereine und Stiftungen, in denen er in unterschiedlicher Funktion und Intensität mitarbeitet, nicht scharf zu trennen; Wissenschaft und wissenschaftliches Dilettieren mischen sich in diesen Organisationen ebenso wie sachliche oder ideologische Orientierung, literarische oder wohltätige Interessen. Typisch für die Mehrzahl dieser Vereinigungen – jedenfalls an den österreichischen – sind jedoch zwei Gemeinsamkeiten:
• die weitgehende personelle Vernetzung und wechselseitige Ergänzung der Vereinsorgane bis hin zur Personalunion, die auch manche Konkurrenzierungen und Rivalitäten überdeckt;
• eine zumindest im Hintergrund wirksame soziale Komponente.[6]

---

[1] *Minor: Schauspielkunst; 1911;* S. 254.
[2] *Bettelheim: Minor-Nekrolog; 1912;* S. 124.
[3] *Neue Freie Presse,* 9. Oktober 1912.
[4] Vgl. *Sauer: Jakob Minor; 1913;* S. 468.
[5] Vgl. zu diesem Kapitel *Knöfler: Bauernfeldpreiskrönung; 2000.*
[6] Der soziale Aspekt ist allgemein bestimmend für das österreichische Vereinswesen zur Jahrhundertwende: Unter den 1890 in Wien bestehenden 222 Vereinen waren 186 (83 Prozent) Krankenunterstützungs-, Bestattungs-, Altersversorgungs-, Pensions- und Wohltätigkeitsvereine. – Vgl. *Hye: Vereinsmeier; 1992;* S. 292.

Diese seinerzeit durchaus schichtspezifische Art der Teilnahme an öffentlichem Leben betreibt Minor von seinem Studium an das ganze Leben während mit dem deklarierten Ziel, „Auf die zeitgenössische schöne Litteratur Einfluß zu üben";[1] einen Großteil seines Vermögens überträgt er testamentarisch der kaiserlichen Akademie der Wissenschaften für eine literarhistorische Preisstiftung.[2]

Schiller-Verein Die Glocke

Im November 1876 wird in Wien das auf Initiative eines Denkmalkomitees realisierte Schiller-Denkmal nach einem Entwurf von Johannes Schilling eingeweiht;[3] um die Jahresmitte schreibt Minor an seinen Studienkollegen Sauer:

> Bist Du Comité-Mitglied der Schillerfeier? Ich habe Dich dazu in Vorschlag gebracht.[4]

Um diese Zeit dürfte der 22-jährige also selbst bereits Mitglied des 1863 gegründeten Schiller-Vereins „Die Glocke" sein. – Fünf Jahre zuvor hat sich das Denkmalkomitee konstituiert, dessen Mitglieder bald danach korporativ der „Glocke" beigetreten sind. – Der Verein

> [...] hat den Zweck, jährlich Friedrich Schillers Geburtstag in feierlicher Weise zu begehen und bei der lernenden Jugend die Liebe zu seinen Dichtungen zu wecken und rege zu erhalten, zu welchem Zweck alljährlich brave Schüler und Schülerinnen verschiedener Religion, welche das 12. Lebensjahr bereits zurückgelegt haben, mit Schillers Werken und mittellose überdies mit einer Geldgabe beteilt werden.[5]

Zu den jährlichen Feiern versammelt man sich bis 1897 in der Aula der Akademie der Wissenschaften, danach in der Volkshalle des Wiener Rathauses. 1894 tritt Minor als Festredner auf[6] – die Druckfassung seines Vortrags erscheint da-

---

[1] *Curriculum vitae* im Anhang.
[2] Vgl. Kapitel *Wirken in der Akademie der Wissenschaften*.
[3] Das Schiller-Denkmal befindet sich am Schillerplatz, Wien I; jenseits des Opernrings steht das Goethe-Denkmal.
[4] Minor-Brief 5.
[5] § 1 der Vereinssatzungen. – Vgl. *Schiller-Verein „Die Glocke"; 1913;* S. 14.
[6] Das Verzeichnis der Festvortragenden nennt auch Robert Franz Arnold, Alfred von Berger, Eduard Castle, Oskar Walzel und Alexander von Weilen. – Vgl. *Schiller-Verein „Die Glocke"; 1913;* S. 22.

nach in den *Preußischen Jahrbüchern*[1] –, 1896 wird er zum Ehrenmitglied des Vereins ernannt.[2]

Wiener Zweigverein der deutschen Schillerstiftung

1859, im Jahr der hundertsten Wiederkehr von Schillers Geburtstag, konstituiert sich der Wiener Zweigverein der deutschen Schillerstiftung. Als Vereinsvorsteher fungiert Eligius Freiherr von Münch-Bellinghausen;[3] prominentestes Mitglied von Beginn an ist Franz Grillparzer. Vereinszweck ist,

> [...] deutsche Schriftsteller und Schriftstellerinnen, welche für die Nationalliteratur (mit Ausschluß der strengen Fachwissenschaften) verdienstlich gewirkt, vorzugsweise solche, welche sich dichterischer Formen bedient haben, dadurch zu ehren, daß ihnen oder ihren nächst angehörigen Hinterlassenen in Fällen über sie verhängter schwerer Lebenssorge Hilfe und Beistand geboten wird.[4]

1866, im Jahr der Schlacht von Königgrätz, hält der *Bericht über den Stand und die Wirksamkeit des Wiener Zweigvereines der deutschen Schillerstiftung* fest:

> Es wurde und wird allseitig anerkannt, daß die deutsche Schiller-Stiftung im eminentesten Sinne des Wortes ein nationales Institut sei, zu dem Zwecke gegründet, um fern von politischen Constellationen und Gestaltungen all' Jenen, die auf dem Felde der schöngeistigen Literatur dem deutschen Volke geistige Genüsse bereiten, im Falle schwerer Lebenssorge ein hilfreiches Asyl bereit zu halten.
> Daß der deutsch-österreichische Schriftsteller voll und ebenbürtig in jenen Kreis gehört, der so mächtig in dem gesammten Culturleben des deutschen Volkes sich bemerkbar macht, wer könnte dies auch nur einen Augenblick lang in Abrede stellen? In dem Streben, nicht der Letzte zu sein in dem großen Wettkampfe der Geister, mit beizutragen zur Verherrlichung des deutschen Namens und aus der Fülle des Gemüthes zu schaffen, was zur Erhebung der Nation beitragen kann, steht der

---

[1] *Zum Jubiläum des Bundes zwischen Goethe und Schiller. Geschichte ihrer Beziehungen bis 1794.* – Vgl. Minor: *Goethe und Schiller; 1894.*

[2] *Schiller-Verein „Die Glocke"; 1913;* S. 9.

[3] Pseudonym: Friedrich Halm; * 1896 Krakau, † 1871 Wien; österreichischer Dramatiker, Lyriker und Erzähler; Präfekt der Wiener Hofbibliothek und Generalintendant des Hofburgtheaters und der Hofoper; Vorstand des Verwaltungsrates der Deutschen Schillergesellschaft.

[4] § 2 der Vereinsstatuten. – Vgl. *Bericht über den Stand und die Wirksamkeit des Wiener Zweigvereines der deutschen Schillerstiftung im Jahre 1892,* S. 13; AStW, Schillerstiftung.

Schriftsteller des deutsch-österreichischen Stammes gewiß keinem seiner Brüder nach.[1]

Grillparzer bringt 1871 die Hälfte einer 20.000-Gulden-Festgabe anlässlich seines 80. Geburtstags als Grillparzer-Stiftung ein,[2] daneben verwaltet der Verein zu diesem Zeitpunkt bereits einen ebenfalls von Grillparzer gewidmeten Fonds (Grillparzer-Fond 5000 Gulden) und eine Bauernfeld-Stiftung.[3] Ende 1892 beträgt das Stammkapital des Vereins bereits 91.800 Gulden, aus deren Zinsertrag bisher Jakob Julius David, Ferdinand von Saar,[4] Leopold von Sacher-Masoch, Ludwig Anzengrubers Witwe Adelinde, Franz Stelzhamers Witwe Therese, Franz Grillparzers Nichte Lina Löwenthal und Nikolaus Lenaus Nichte Pauline Neumann-Schurz mit Legaten, Pensionen oder mehrjährigen Verwilligungen (Zuwendungen) unterstützt worden sind.

Zu den Mitgliedern zählen zahlreiche Vertreter des Adels, der Politik, der Industrie und der Wirtschaft, mittlerweile auch Eduard Bauernfeld, Moritz Benedikt, Alfred von Berger, Marie von Ebner-Eschenbach, Ludwig Frankl, Carl Emil Franzos, Theodor Gomperz, Ernst Hartmann, Josef Lewinsky, Erich Schmidt, Josef von Weilen und Adolf Wilbrandt.

1891 tritt Minor dem Wiener Zweigverein bei, 1895 wird er in den Vorstand gewählt, am 7. und 8. Oktober 1897 vertritt er den Verein erstmals im Verwaltungsrat der Deutschen Schillerstiftung an deren Sitz in Weimar. Nach und nach werden Anton Bettelheim, Karl Glossy und Hugo Thimig in den Vereinsvorstand delegiert. Im Schiller-Gedenkjahr 1905 organisiert Minor zusammen mit Glossy und Payer von Thurn die Schiller-Ausstellung im Wiener Museum für Kunst und Industrie, daneben initiiert er Gedenktafeln am Schiller-Haus in Weimar und am Schiller-Museum in Marbach zum Andenken an den Klavierbauer

Andreas Streicher
(Stuttgart 1761 – Wien 1833),
dem Helfer in der Not, dem auf jeder Probe ausharrenden treuen Freunde Schillers –
der Wiener Zweigverein der Deutschen Schillerstiftung 1905.[5]

---

[1] AStW, Schillerstiftung.
[2] Die zweite Hälfte der Schenkung wird in die Grillparzer-Preisstiftung eingebracht.
[3] Unabhängig davon wird 1894, vier Jahre nach dem Tode Bauernfelds, die Bauernfeld'sche Prämienstiftung errichtet, aus der ab 1896 der Bauernfeldpreis dotiert wird.
[4] Saar erhält später auch ein „Ehrengeschenk von 1000 Kronen", zu dessen Erhalt ihm Minor gratuliert. – Vgl. Minor-Brief im Saar-Nachlass, WStLB, H.I.N. 50927.
[5] *Bericht über den Stand und die Wirksamkeit des Wiener Zweigvereines der deutschen Schillerstiftung im Jahre 1905*; AStW, Schillerstiftung.

1906 stirbt Ferdinand von Saar.[1] 1907 reist Minor wieder zur Verwaltungsratssitzung der Deutschen Schillerstiftung und kann danach

> [...] die erfreuliche Mitteilung machen, daß uns die geplante Veranstaltung einer Gesamtausgabe der Werke unseres großen vaterländischen Dichters Ferdinand von Saar glücklich gelungen ist. [...] Die Schwierigkeiten, die sich unserem Plan insbesondere durch den Umstand entgegenstellten, daß Ferdinand von Saar mit verschiedenen Verlegern Verträge abgeschlossen hatte, auf Grund deren diesen Rechte zukamen, die erst noch abgelöst werden mußten, sind überwunden, und es ist mit der hervorragenden deutschen Buchhandlungsfirma Max Hesses Verlag in Leipzig einen Vertrag abgeschlossen, der das baldige Erscheinen der Gesamtausgabe der Werke Ferdinand von Saars auf dem deutschen Büchermarkte sichert.[2]

1908 wird Minor zum stellvertretenden Obmann gewählt. Kurz vor Weihnachten dieses Jahres ist es dem Zweigverein der Schillerstiftung

> [...] vergönnt, im Klassikerverlag von Max Hesse zu Leipzig Ferdinand von Saars Sämtliche Werke in zwölf Bänden mit einer Biographie des Dichters von Anton Bettelheim durch Jakob Minor herausgegeben zu sehen. Ferdinand von Saar hatte hochherzig unserem Zweigvereine die Urheberrechte seiner Dichtungen letztwillig zugedacht. Wir wußten für dieses großmütige Vermächtnis des edlen Dichters nicht würdiger zu danken, als durch die Veranstaltung einer allen Ansprüchen der Wissenschaft genügenden und zugleich durch mäßigen Preisansatz zur Massenverbreitung geeigneten monumentalen Gesamtausgabe seiner gedruckten und nachgelassenen Werke.[3]

Honorare und Erlöse aus dem Verkauf der Saar-Ausgabe fließen zusammen mit den Tantiemen aus den Aufführungsrechten der Dramen Saars einem Saar-Fonds zu, der das Kapital des Vereins stärkt und „dessen Zinsen Ehrengaben für heimische Lyriker, Novellisten und Dramatiker bilden" sollen; einer der Nutznießer

---

[1] Im Vorjahr hat Saar noch die Gratulationsadresse zum 50. Geburtstag Minors mit unterzeichnet.

[2] *Bericht über den Stand und die Wirksamkeit des Wiener Zweigvereines der deutschen Schillerstiftung im Jahre 1907*; AStW, Schillerstiftung. – 1940 erhebt Max von Millenkovich-Morhold, dessen Vater mit Saar befreundet gewesen ist und der auch mit Minor korrespondiert hat, in seinem Buch *Vom Abend zum Morgen. Aus dem alten Österreich ins neue Deutschland* ebenso heftige wie unqualifizierte Vorwürfe gegen den Vorstand des Zweigvereins: Er, Millenkovich, sei vom „Literaturbischof der Wiener Universität Jakob Minor" und dem „behäbig-wichtigtuerischen Anton Bettelheim, den man den Totengräber nannte", überhaupt von der ganzen Schillerstiftung, um das von Saar ursprünglich ihm zugedachte Erbe gebracht worden: „Die Juden haben nicht nur mir die Ehre und den Vorteil mißgönnt, die ich als Erbe Saars hätte genießen können, auch der Vorteil und der Ruhm Saars waren ihnen gleichgültig oder zuwider." – Vgl. Millenkovich-Morold: *Vom Abend zum Morgen; 1940;* S. 240 und 243.

[3] *Bericht über den Stand und die Wirksamkeit des Wiener Zweigvereines der deutschen Schillerstiftung im Jahre 1908*; AStW, Schillerstiftung.

solcher Ehrengaben wird Peter Altenberg. Bis zum Todesjahr Minors, 1912, überweist der Verlag Hesse jeweils 1000 Mark Honorarraten – insgesamt also 4000 Mark – an den Fonds.

Schillerpreis und Volks-Schillerpreis

Stifter des 1859 in Berlin begründeten Schillerpreises ist Wilhelm Prinz von Preußen, der spätere Wilhelm I.; ab 1888 ist Kaiser Wilhelm II. Träger des Preises. Der Preis wird der Satzung gemäß verliehen an

> [...] in Deutscher Sprache verfaßte neue Originalwerke der dramatischen Literatur, welche zur Aufführung auf der Bühne sich vorzugsweise eignen, ohne doch dem vorübergehenden Geschmack des Tages zu huldigen.[1]

Zweimal lädt der deutsche Minister für geistliche, Unterrichts- und Medizinalangelegenheiten Minor in die neunköpfige Preiskommission ein, die „theils aus ordentlichen Mitgliedern der Königlichen Akademie der Wissenschaften, theils aus anderen dazu einzuladenden Notabilitäten Deutschlands"[2] gebildet wird: Für die Konkurrenz des Jahres 1893 schlägt die Jury, in die neben Minor und anderen Gustav Freytag, Paul Heyse, Wilhelm Dilthey, Erich Schmidt, Heinrich von Treitschke und Karl Weinhold entsandt sind, Ludwig Fulda für sein dramatisches Märchen *Der Talisman* vor. Das Stück ist ein großer Publikumserfolg, Fulda wird aber nach Intervention Wilhelms II. die Auszeichnung verweigert. In einem Brief an Paul Heyse kommentiert Erich Schmidt, der auch als Kommissions-Sekretär fungiert:

> Majestät haben gesprochen. Haben das Stück zwar mit Interesse gelesen, aber gefunden, der Verfasser sei für so große Auszeichnungen doch noch ‚zu jung', und man müse seine weitere Entwicklung abwarten. Also ein forscher Zwanziger kann die Kaiserkrone tragen, aber ein Dichter von 31 Jahren ist ihm ‚zu jung'!
> Übrigens halte ich das nach Andeutungen für bloße Ausrede und glaube, daß dem J u d e n F . der Preis nicht werden sollte.[3]

1896 kommt es nach längerer Diskussion in der Jury zum gemeinsamen Beschluss, Gerhart Hauptmann für *Hanneles Himmelfahrt* und Ernst von Wildenbruch für *Heinrich und Heinrichs Geschlecht* auszuzeichnen. Kaiser Wilhelm

---

[1] Zit. nach: *Dambacher: Literaturpreise; 1996;* S. 212.
[2] Zit. nach: *Dambacher: Literaturpreise; 1996;* S. 212.
[3] Zit. Nach: *Sowa: Schillerpreis; 1988;* S. 248.

fordert die Streichung Hauptmanns[1], den Preis erhält Ernst von Wildenbruch.[2] Unmitelbar danach erklärt Erich Schmidt in einem knapp gehaltenen Rundschreiben an die Jury-Mitglieder seine Sicht dazu:

> Den verehrten Herren Collegen von der verflossenen Schillerpreis-Commission theile ich ergebenst mit, daß ich mein bis 1899 laufendes Amt als ständiger Secretär am 10. November niedergelegt habe, dem Herrn Minister meldend: es sei mir unmöglich, länger in einer Jury zu wirken, deren Anträge jedesmal ganz oder halb von allerhöchster Stelle abgelehnt würden.
> Berlin 18/11 96.
> Erich Schmidt.[3]

Als Oppositionspreis gegen den staatlichen Schillerpreis und gegen die äußerst konservativen Verleihungsgrundsätze Kaiser Wilhelms II. gedacht, wird vom Berliner Goethe-Bund nach einem Gründungsaufruf im Jahre 1902 der Volks-Schillerpreis ins Leben gerufen und 1905 erstmals verliehen; Träger sind die deutschen Goethe-Bünde mit Sitz in Bremen. In dem Aufruf von 1902 heißt es:

> Schiller, der Heros des deutschen Dramas, der Volksdichter im edelsten Sinn, das stolze Vorbild für jene Selbstherrlichkeit des Schaffens, die allein von dem eigenen Künstlergewissen Recht und Gesetz empfängt, wird in wenigen Jahren das erste Jahrhundert seiner Unsterblichkeit vollendet haben. [...] Wir glauben seinen nahen hundertsten Todestag nicht besser feiern und zugleich dem Gedanken, der unsern Bund ins Leben gerufen hat, nicht erspriesslicher dienen zu können, als indem wir alle kunstliebenden deutschen Männer und Frauen aufrufen, einen Deutschen Volks-Schillerpreis zu gründen [...]. Dieser Volkspreis sei ein Wahrzeichen dafür, dass seit den Tagen unserer Klassiker die selbstbewusste Unabhängigkeit des deutschen Geistes ungemindert fortlebt; er sei Ehrenmal am Wege der freien deutschen Kunst![4]

Das Preisgericht zum Volks-Schillerpreis wird gebildet aus einer Sachverständigenkommission, einer Delegiertenkommission der deutschen Goethe-Bünde und aus preisgekrönten Autoren. Minor wird als einer der ersten vertraulich gebeten,[5] sich für die Delegiertenkommission zur Verfügung zu stellen; er antwortet am 5. Februar:

---

[1] *Sowa: Schillerpreis; 1988;* S. 252ff.
[2] *Dambacher: Literaturpreise; 1996;* S. 213.
[3] UAW, Nachlass Minor, 152.1, 42.
[4] Faksimile des Aufrufs in *Dambacher: Literaturpreise; 1996;* S. 239.
[5] UAW, Nachlass Minor, 152.1, 14/41.

Ihrer Einladung werde ich mit großem Vergnügen Folge leisten.

Nehmen Sie es nicht ungütig auf, wenn ich mir erlaube, Sie auf einen Punct aufmerksam zu machen, der bei Preisgerichten eine entscheidende Rolle spielt und ihnen oft die Hände bindet.

Es wird nemlich gesagt: „ein Stück in dem Zeitraum von 3 oder 6 Jahren." Bitte, beachten Sie, daß diese unheilvolle Bestimmung bei Ihnen nicht vorkommt: Anzengrubers Viertes Gebot, ein zu spät verstandenes Werk, hätte nie einen unserer Preise erhalten können, blos weil es das Publikum der siebziger Jahre hat durchfallen lassen. Wenn er heute noch lebte, könnte er keinen Preis dafür erhalten und sämtliche Preisgerichte wären außer Stande, den Fehler des Publikums wieder gut zu machen!!

Sagen Sie: „Dem Werk eines lebenden Dichters" – das ist genug.

Auch jede Beschränkung in den Gattungen ist oft von Übel; Gattungen, die heute gering geschätzt werden, werden 50 Jahre später hochgehalten.

Unser Grillparzerpreis laborirt an dem Zusatz, daß das Werk noch nicht von anderer Seite gekrönt sein darf. Aber ein Preis ist oft nicht wie der andere, und die Cumulirung der Preise hat weit mehr für sich als gegen sich.

Sogar der Zusatz: daß ein Werk aufgeführt sein muß, macht das Preisgericht von den Zufälligkeiten des Theaterbetriebes abhängig! Nicht einmal den Druck sollte man voraus setzen: Die edelste Aufgabe einer Jury wäre es, einem verborgenen Talent zum Durchbruch zu helfen.

Bei einiger Gewissenhaftigkeit werden die Mitglieder eines Preisgerichtes, deren Unparteilichkeit und Unabhängigkeit natürlich ebenso sehr in Betracht kommt als Ihre Sachverständigkeit, das Richtige umso besser treffen, je freier sie sich bewegen dürfen.

Ich leugne nicht, daß mir die mannigfachen Ehrenpflichten dieser Art die schwersten sind, die ich zu erfüllen habe; und daß ihre gewissenhafte Erfüllung durch die Stiftungsbriefe oft geradezu unmöglich, oder besser gesagt: zu einer blos formalen, in juristischem Sinne richtigen Buchstabenerfüllung wird. Aus diesem Gefühl heraus habe ich mir erlaubt Ihnen meine Erfahrungen ans Herz zu legen und bin überzeugt, daß Sie sie auch in diesem Sinne auffassen werden.[1]

Dreimal lädt man ihn danach in die Sachverständigenkommission, in der auch Alfred von Berger und Paul Schlenther vertreten sind: 1905 wird der Preis dreigeteilt vergeben an Richard Beer-Hofmann für *Der Graf von Charolais*, an Carl Hauptmann für *Bergschmiede* und an Gerhart Hauptmann für *Rose Bernd*. Der Preisträger von 1908 ist Ernst Hardt für *Tantris der Narr*; 1912 wird Herbert Eulenberg für *Belinde* ausgezeichnet.[2]

---

[1] CA, Nachl. Sudermann, XXV.1 Bl. 99.
[2] *Dambacher: Literaturpreise; 1996;* S. 238 ff.

Goethe-Verein

1886 tritt Minor dem Wiener Goethe-Verein bei, der im Februar 1878 gegründeten und ältesten Dichter-Gesellschaft Österreichs. Der Verein hat laut § 1 seiner Grundbestimmungen

> [...] den Zweck des Zusammentretens und des Sichtbarwerdens der Goethe Gemeinde in Wien. Er wird durch jährliche Veranstaltung einer Goethefeier, durch Anlegung einer Goethe-Bibliothek, Veranstaltungen von Vorlesungen, Veranlassung der Schüler zu Goethefeiern, Beschenkung von Schulen mit zweckmäßigen Ausgaben Goethescher Schriften, zur Förderung des Verständnisses des Dichters beitragen, und endlich die Errichtung eines Goethe-Standbildes in Wien anstreben.[1]

Minor hat schon als junger Dozent Ende 1881 einen Vortrag im Goethe-Verein gehalten;[2] von seinem Eintritt an leitet er das Vortragswesen und bestimmt damit einen wesentlichen Teil der statutengemäßen Agenden des Vereins,[3] dessen wichtigstes Anliegen vorerst die Errichtung eines Goethe-Denkmals in Wien ist; das Standbild wird nach einem Wettbewerb 1895 im Modell vorgestellt – der Entwurf stammt von Edmund Hellmer – und am 15. Dezember 1900 enthüllt.[4] Schon 1894 aber legt der Promotor und Mitbegründer des Vereins, Karl Julius Schröer, Extraordinarius für deutsche Literatur an der Technischen Universität Wien, seine Funktion als Vereinsobmann zurück. Minor sorgt in dieser schwierigen Phase als zweiter Obmannstellvertreter für die Fortführung der von Schröer seit Anbeginn herausgegebenen *Chronik des Wiener Goethe-Vereins*, indem er Rudolf Payer von Thurn zum Schriftführer und Redakteur der *Chronik* empfiehlt, ihm an die Hand geht, Beiträge anregt und auch selbst schreibt. Insgesamt liefert Minor 48 – meist kürzere – Beiträge für die *Chronik*, überwiegend Rezensionen und Miszellen, gelegentlich auch Druckfassungen seiner Festansprachen.

Im November 1911 verleiht man Minor in Anerkennung seiner „fünfundzwanzigjährigen, von den besten Intentionen getragenen und von den schönsten Erfol-

---

[1] *Chronik des Wiener Goethe-Vereins*, 2. Jg., Nr. 4; 19. Jänner 1887. – Vgl. auch Renate Krippel: Goethe und kein Ende – Von der Rezeption zur Restauration. Der Wiener Goethe-Verein von 1878–1998 / Das Autographenarchiv des Wiener Goethe-Vereins. Diss. phil., Wien, 1999.

[2] Vgl. Minor-Brief 101.

[3] Archiv des Wiener Goethe-Vereins.

[4] Das Denkmal befindet sich in Wien 1, am Opernring zwischen dem Palais Friedrich Schey von Koromla (Opernring 10) und Burggarten. – Jenseits des Opernrings steht am Schillerplatz das Schiller-Denkmal.

gen gekrönten Tätigkeit"[1] die Ehrenmitgliedschaft. Und anlässlich der 100. Wiederkehr seines Geburtstages bringt Eduard Castle 1955 in der *Chronik des Wiener Goethe-Vereins* drei Dutzend Briefe Erich Schmidts aus dem Nachlass Minors heraus.[2]

Goethe-Gesellschaft

1904 wird im Vorstand der Weimarer Goethe-Gesellschaft jener Sitz vakant, auf den der acht Jahre ältere Wiener Goethe-Verein traditionsgemäß einen Vertreter kooptiert. Um Nachbesetzung gebeten, meldet sich Payer von Thurn am 19. November in Weimar:

> Nach dem Ableben Stremayrs[3] hatten Sie die Güte, mich im vertraulichem Wege aufzufordern, Ihnen einige Persönlichkeiten aus Österreich zu nennen, die allenfalls für die Wahl in den Vorstand der Goethe-Gesellschaft in Betracht kommen könnten. Damals konnte ich nichts anderes thun, als Sie zu bitten, die Entscheidung dieser Frage wenn irgend möglich bis zur Wahl des Obmannes des Wiener Goethe-Vereins zu verschieben.
> Gestern wurden nun die Wahlen vorgenommen, und es wurden gewählt:
> Zum Obmanne (an Stelle Stremayrs): Se. Excellenz
> Dr. Wilhelm Ritter von Hartel, k. k. Minister für Cultus und Unterricht und Vizepräsident der kais. Akademie der Wissenschaften.
> Zum 1. Obmann-Stellvertreter: Hofrat Prof. Dr. J. Minor
> Zum 2. Obmann-Stellv. Dr. Victor Russ.
> Ohne Ihrer Entscheidung irgendwie vorgreifen zu wollen, müsste ich es von unserem Standpunkte aus besonders freudig begrüßen, wenn unser Obmann Mitglied des Vorstandes der Goethe-Gesellschaft würde, und auf diese Weise die bisherige persönliche Verbindung mit der Goethe-Gesellschaft aufrecht erhalten bliebe.[4]

Unter den Mitgliedern des geschäftsführenden Ausschusses wird daraufhin brieflich Rat gehalten. Erich Schmidt, der auch nach seiner Übersiedlung von Wien nach Weimar kollegialen Kontakt mit Minor pflegt,[5] teilt auf einer Korrespondenzkarte aus Berlin seine Ansicht mit und zugleich Seitenhiebe aus:

---

[1] *Chronik des Wiener Goethe-Vereins*, 26. Bd., Nr. 3–4; 20. November 1912.
[2] *Castle: Schmidt-Briefe; 1955;* die Briefe befanden sich im Besitz von Minors Tochter Dr. Margarete Zoebl-Minor.
[3] Karl von Stremayr, * 1823 Graz, † 1904 Pottschach/NÖ; von Februar bis Oktober 1871 Unterrichtsminister und danach Justizminister.
[4] GSA 149/135, 193. – Payer von Thurn zeichnet seine Briefe nach Weimar als „Redakteur der Chronik des Wiener Goethe-Vereins".
[5] Vgl. *Castle: Schmidt-Briefe; 1955.*

W. F. Besten Dank! Natürlich stimme ich der Wahl Minors zu. Bin auch der Schillerstiftung gegenüber ganz Ihrer Ansicht, daß wir uns von dieser Wohlfahrts- und Pensions-Gesellschaft nicht die Butter vom Brote nehmen lassen dürfen.[1]

Nicht der klassische Philologe und nunmehrige Unterrichtsminister Hartel, sondern Minor wird also – neben anderen unterstützt durch Erich Schmidt, Bernhard Suphan und Paul Heyse – zum Vorstandsmitglied vorgeschlagen in der Überzeugung,

> [...] daß die Wahl dieses ausgezeichneten Forschers und Literarhistorikers sowohl in Deutschland wie in Oesterreich seitens der Mitglieder unserer Gesellschaft lebhaft willkommen geheißen werden wird.
> Für diesen Antrag ist jede Begründung überflüssig; nur eins möchte ich beifügen: daß die Wahl des Herrn Minor unsere Beziehungen zu dem Wiener Goethe-Verein auf demselben freundschaftlichen Fuße erhalten wird, auf dem sie sich, so lange Eug. Stremayr lebte, stets befunden haben.[2]

Minor ist innerhalb der Weimarer Vereinigung kein Unbekannter; er hat für die Sophien-Ausgabe bisher *Egmont* und *Der ewige Jude* bearbeitet. Seine Wahl erfolgt kurz nach Jahreswechsel; davon verständigt, schreibt er am 28. Februar 1905 zurück nach Weimar:

> [...] die Wahl in den Vorstand der Goethe-Gesellschaft empfinde ich als eine besondere Ehre und nehme sie mit dem Ausdruck vollen Dankes für das mir bewiesene Vertrauen an. Einen Namen von so weithin sichtbarem Glanze, wie den meines Vorgängers, haben Sie in mir freilich nicht gesucht und gefunden; was aber in meinen bescheidenen Kräften steht, werde ich voll und ganz einsetzen, um Ihrem Vertrauen zu entsprechen.[3]

Bald danach ersucht Julius Rodenberg, Mitglied des Vorstandes der Goethe-Gesellschaft, als Gründer und Herausgeber der einflussreichen *Deutschen Rundschau*[4] Minor erstmals um einen Beitrag – er soll von Anastasius Grün handeln – und erhält zur Antwort:

> Verehrter Herr Professor, leider kann ich auf Ihre freundliche Einladung nicht zusagen. Ich leide unter der schrecklichen Überfüllung unserer Universität so stark, daß ich kaum die Zeit aufbringe, die kontraktliche Verpflichtung gegenüber dem Verleger meiner Novalis-Ausgabe einzuhalten. A. Grün ist mir seit meinen jungen

---

[1] GSA 149/135, 194. – Der Werte Freund und Empfänger ist Paul v. Bojanowsi.
[2] GSA 149/135, 97-109. – Verfasser dieser Antrags-Bestätigung ist vermutlich Geheimrat C. Ruland.
[3] GSA 149/135, 93. – Minors Adresse lautet bereits Wien, IV/2, Johann Straussg. 36.
[4] Julius Rodenberg (eigentl. J. Levy, * 1831 Rodenberg, † 1914 Berlin); gründete 1874 die *Deutsche Rundschau*.

Jahren etwas in die Ferne gerückt und ich müßte ihn ganz neu studieren, wozu ich nicht die Zeit aufbringe. Ein junger Privatdozent hier, Herr Dr Stefan Hock, der über Grillparzer sehr hübsch geschrieben hat und sich besonders mit österreichischer Literatur beschäftigt, wäre wol sehr geschickt zu der Aufgabe. Er schreibt sehr gut.[1]

An einer Vorstandssitzung der Weimarer Goethe-Gesellschaft nimmt Minor dann zum erstenmal am 8. Juni 1906 teil. Das Protokoll der Generalversammlung vom Tag danach verzeichnet unter anderem den „Antrag Dr. J. Kastan aus Berlin":

„Die Generalversammlung der Goethe-Gesellschaft wolle beschließen, den Vorstand zu ersuchen, die Vorbereitungen zur Veranstaltung einer historisch-kritischen Ausgabe der Werke Schillers, seiner Briefe und seines gesamten literarischen Nachlasses zu treffen."
Die Herren Dr. Dr. Schmidt und Minor brachten die Stellung des Vorstandes zur Geltung, dahingehend, dem Antrage jetzt keine Folge zu geben, aber später, wenn erst die Verpflichtungen gegen Goethe erfüllt seien, zusammen mit dem Schwäbischen Schiller-Verein an die Herausgabe einer monumentalen Schiller-Ausgabe heranzutreten.[2]

Bei dieser Gelegenheit erklärt sich Minor gegenüber seinen Vorstandskollegen bereit, am Beginn der Generalversammlung im folgenden Jahr die traditionelle Festrede zu halten.[3] Aus seinem Tiroler Urlaub wendet er sich deshalb dann an Paul von Bojanowski im geschäftsführenden Ausschuss der Gesellschaft und ersucht um Auskünfte:

[...] mich interessirt vor allem zu wissen, was die Bibliothek aus der Zeit vor 1832 an Koran-Ausgaben, Koran-Übersetzungen und an biographischen Werken über Mahomet besitzt, wobei auch die verschiedenen Auflagen in Betracht kommen. Ist Ihnen die Mühe nicht zu groß, die in den Anmerkungen verzeichnete Mahometliteratur (nicht die Literatur über Goethe u. andere) nachschlagen zu lassen und mir zu schreiben, was vorhanden ist (wobei die Angabe der Nummer der Anmerkung genügen würde), so wären alle meine Wünsche erfüllt.[4]

Kurz vor Jahresende 1906 meldet sich Minor noch einmal bei Bojanowski:

---

[1] GSA, Rodenberg VIII, Nr 632. – Minor liefert für die *Deutsche Rundschau*, Heft 4, Jänner 1912, den Aufsatz *Freimaurer in Sicht*.
[2] GSA 149/135, 241.
[3] GSA 149/135, 194.
[4] GSA, Paul v. Bojanowsi, 104/110.

[...] nehmen Sie den herzlichen Dank für Ihre freundlichen Mittheilungen und die große Mühe, die Sie sich damit gegeben haben.
Hoffentlich haben Sie an dem neuen Theater[1] große Freude, zu dessen Eröffnung ich leider nicht abkommen kann.
Ihnen und den Ihrigen ein frohes Neujahr wünschend verbleibe ich in Hochachtung Ihr ergebenster
J. Minor.[2]

Auf eine besorgte Anfrage aus Weimar antwortet er Anfang März 1907:

[...] durch Unwohlsein und die Arbeiten des Semester-Schlusses verhindert, kann ich erst heute Ihre freundliche Anfrage beantworten. Das Thema meines Vortrages ist:
Goethes Mahomet. Das Manuskript hoffe ich bis spätestens am 1. Mai 1907 an Ihre Adresse absenden zu können.[3]

Im Mai 1907 kommt Minor wieder nach Weimar – er logiert auch wieder im Hotel Elefant – und nimmt an der Vorstandssitzung und an der Generalversammlung der Gesellschaft teil.[4] Eines der wesentlichen Themen der Vorstandssitzung ist der „Volks-Goethe", den die Gesellschaft soeben in sechs Bänden herausgibt. Per Rundschreiben hat man im abgelaufenen Jahr eine Reihe von Vorstandsbeschlüssen erledigt; unter anderem sollen die gesammelten Werke des aus dem Leben geschiedenen Vorstandsmitglieds Bernhard Suphan[5] veröffentlicht und eine Herder-Stiftung[6] eingerichtet werden.

Die gedruckte Tagesordnung der Generalversammlung kündigt an:

1. Erstattung des Jahresberichtes.
2. Festvortrag des Herrn Hofrats Professor Dr. JACOB MINOR aus Wien über Goethes Mahomet. [...]
Am Abend der GV Vortrag mit Lichtbildern:
a. Die Stadt Weimar zur Zeit Goethes [...].
b. Rezitationen von Balladen Goethes und Schillers (Herr Hofschauspieler KAINZ vom k. k. Hofburgtheater in Wien).
c. Liedvorträge [...][7]

---

[1] Vgl. dazu Minors Bericht in der *Neuen Freien Presse* vom 22. März 1907 und den erweiterten Abdruck in der *Chronik des Wiener Goethe-Vereins*, 20. Bd., S. 38–41: *Das „alte" Weimarer Theater.*
[2] GSA Weimar, Paul v. Bojanowsi, 104/110.
[3] GSA 149/743/92. – Vgl. *Minor: Goethes Mahomet; 1907.*
[4] GSA 149/136.
[5] GSA 149/137, 206.
[6] GSA 149/137, 280.
[7] GSA 149/743/99.

In den Versammlungsprotokollen finden sich danach Vermerke, dass „der Festvortrag des Herrn Hofrat Dr. Minor – Wien über Goethes Mahomet [...] sehr beifällig aufgenommen" und „M 400,– Auslagenvergütung des H. Hofschauspieler Kainz" verbucht worden seien.[1]

Ende Mai meldet sich bei Paul von Bojanowski der Jenenser Verleger Eugen Diederichs – bei Diederichs erscheint während dieser Tage Minors vierbändige *Novalis*-Ausgabe:[2]

> Ich sende Ihnen heute im Auftrag des Herrn Hofrat Minor seinen Vortrag zur letzten Tagung der Goethegesellschaft.
> Zugleich gestatte ich mir die ergebene Anfrage, ob Sie gestatten würden, dem Goethejahrbuch einen Prospekt beizulegen, in welchem auf diesen Vortrag hingewiesen wird. Um für mich die entstehenden Kosten zu verringern, würde ich dann zugleich noch einige andere Verlagswerke ähnlicher Richtung, zumal die von Herrn Professor Minor, mit anzeigen.[3]

In den folgenden Jahren 1908 und 1909 reist Minor wieder zu den Vorstandssitzungen und Generalversammlungen, dazwischen beschränkt er seine unmittelbare Mitarbeit allerdings auf jeweils zustimmende Antworten in den Beschlussfassungen per Rundschreiben. So meint er etwa gegen Jahresende 1909, nachdem ihm Vorschläge zu den Vorbereitungen der Feiern des 25-jährigen Bestandes der Goethe-Gesellschaft, zur Goethe-Bibliothek und zum Goethe-Archiv sowie Berichte über das projektierte Goethe-Nationalmuseum voliegen:

> Sehr geehrte Herren, Ihre Vorschläge leuchten mir sehr ein und ich bin ganz damit einverstanden.[4]

Im Juni 1910 meldet sich der Schriftführer des Wiener Goethe-Vereins, Rudolf Payer von Thurn, wieder mit einer Anfrage beim „verehrlichen Geschäftsführenden Ausschuss der Goethe-Gesellschaft in Weimar":

> Der Wiener Goethe-Verein hat den Beschluss gefasst, den am 17. d. M. zur Feier des 25jähr. Bestandes der Goethe-Gesellschaft versammelten Festgästen einen Sonder-Druck der „Chronik des Wiener Goethe-Vereins" zu widmen, der in einer Auflage von 300 Exemplaren bereits fertig gedruckt vorliegt.

---

[1] GSA 149/743/173 und GSA 149/743/189.
[2] *Minor: Novalis Schriften; 1907.* – Da das *Goethe-Jahrbuch* bereits erschienen ist, versendet Diederichs kurz darauf eine Anzeige der Novalis-Ausgabe direkt an die Mitglieder der Goethe-Gesellschaft. – Vgl. GSA 149/967.
[3] GSA 149/967.
[4] GSA 149/744/113.

Im Auftrage des Herrn Präsidenten des Wiener Goethe-Vereins, Hofrates Prof. Dr J. Minor erlaube ich mir die ergebene Anfrage, wer von den Herren des Geschäftsführenden Ausschusses die besondere Güte haben will, die Verleihung unserer kleinen Festgabe – etwa während des Festessens – zu veranlassen und wohin wir die Auflage zu senden haben.[1]

Die Weimarer Jubiläums-Zusammenkunft von Mitte Juni 1910 dürfte die letzte gewesen sein, an der Minor teilgenommen hat. 1911 scheint er nicht im Verzeichnis der angemeldeten Teilnehmer an der Generalversammlung auf, und 1912, nachdem er zum Vizepräsidenten gewählt worden war, schreibt er an den geschäftsführenden Ausschuss der Goethe-Gesellschaft:

> Sehr geehrte Herren, mit schwerem Herzen muß ich leider meine Anmeldung für die Pfingsttage zurücknehmen. Ich bin seit 1. Mai erkrankt und in dem Franz Josefs Spital glücklich untergebracht; aber die Ärzte geben mir keine Hoffnung, daß ich in 2–3 Wochen zu einer so weiten Reise tüchtig sein könnte. So leid es mir tut und so sehr ich mich auf die Pfingsttage gefreut habe, muß ich doch leider heuer darauf verzichten.[2]

In den Aufzeichnungen des geschäftsführenden Ausschusses findet sich danach neben einem Telegramm, in dem Erich Schmidt aus Berlin Nachricht vom Tod Minors gibt, und neben einigen Zeitungsausschnitten mit den Todesmeldungen auch die Kopie eines Briefes vom 30. Oktober 1912 an den Wiener Goethe-Verein:

> Hochgeehrte Herren!
> Aus Anlaß des betrüblichen Hinscheidens des Herrn Hofrats Professor Dr. Minor baten wir mittelst Telegramm vom 10. d. M. um Niederlegung eines Kranzes namens der Goethe-Ges. In der Annahme, daß unserer Bitte noch hat entsprochen werden können, danken wir verbindlichst für den uns erwiesenen Freundschaftsdienst und ersuchen ergebenst, uns gefälligst mitteilen zu wollen, welcher Kostenaufwand erwachsen ist.[3]

Erich Schmidt überlebt seinen Kollegen Minor nur wenige Monate; er stirbt am 30. April 1913 in Berlin. Unter dem Datum vom 5. Mai 1913 enthält das Sitzungsprotokoll des geschäftsführenden Ausschusses der Weimarer Goethe-Gesell-

---

[1] GSA 149/744. – Bei dem Sonderdruck aus der *Chronik des Wiener Goethe-Vereins*, Bd. 24, Nr. 1–2, handelt es sich um *Aus J. H. Mercks Frühzeit. Von Dr. Leo Grünstein. Den zur Feier des 25jährigen Bestandes der Weimarer Goethe-Gesellschaft am 17. Juni 1910 versammelten Festgästen gewidmet vom Wiener Goethe-Verein.*
[2] GSA 149/746. – Undatierte Korrespondenzkarte, Poststempel unlesbar.
[3] GSA 149/137, 283.

schaft dann als Punkt 10 die Eintragung: „Ergänzung des Vorstandes (Ersatz für die Herren Schmidt und Minor)."[1]

Grillparzer-Preisstiftung

Anlässlich der Feiern zu Franz Grillparzers 80. Geburtstag am 15. Jänner 1871 werden dem Jubilar von einem Frauenfestkomitee 20.000 Gulden „zur Verwendung für künstlerische und humanitäte Zwecke" zur Verfügung gestellt;[2] das Ehrengeschenk ist mit der Anregung verknüpft, „daß ein Teil dieser Summe einer den Namen Grillparzer's führenden Stiftung gewidmet werden möge." Grillparzer kommt dem Wunsch nach, widmet die eine Hälfte der Festgabe einer Grillparzer-Stiftung, die vom Wiener Zweigverein der deutschen Schillerstiftung verwaltet wird, und entwirft außerdem die Statuten für „eine zur Hebung der deutschen dramatischen Produktion bestimmte Stiftung",[3] aus deren Vermögen alle drei Jahre ein Preis von 1500 Gulden verliehen werden soll

> [...] für das relativ beste deutsche dramatische Werk (ohne Unterschied der Gattung) [...], welches im Laufe des letzten Trienniums auf einer namhaften deutschen Bühne zur Aufführung gelangt und nicht schon von anderer Seite durch einen Preis ausgezeichnet worden ist.[4]

Knapp nach seinem 81. Geburtstag stirbt Grillparzer am 21. Jänner 1872. Seinem Willen folgend, errichtet seine langjährige Begleiterin und Alleinerbin Katharina Fröhlich zusammen mit einigen seiner Vertrauten noch im selben Jahr die Grillparzer-Preisstiftung, die von der kaiserlichen Akademie der Wissenschaften verwaltet wird, wie es die Statuten vorsehen. Den Kern des fünfköpfigen Preisgerichts bilden ein Vertreter der philosophisch-historischen Klasse der Akademie, der den Vorsitz führt, und ein Vertreter der Schriftstellergesellschaft „Concordia"; sie beide wählen im Verein mit dem Burgtheaterdirektor noch zwei „namhafte

---

[1] GSA 149/137, 246.

[2] Beteiligt sind Christine Hebbel, Iduna Laube, Mathilde Lippitt, Gabriele von Neuwall, Sophie von Todesco, Josephine von Wertheimstein und Gräfin Wickenburg-Almásy. – Vgl. *Grillparzer-Preisstiftung; 1908;* S. 3; Initiatorin ist Josephine von Wertheimstein, die Grillparzer auch veranlasst, die Statuten der Stiftung selbst zu formulieren; vgl. Suchy: *Grillparzer-Gesellschaft; 1992;* S. 48.

[3] *Grillparzer-Preisstiftung; 1908;* S. 3.

[4] *Grillparzer-Preisstiftung; 1908;* S. 4.

deutsche Schriftsteller" – den einen aus Süddeutschland oder Österreich, den anderen aus Norddeutschland – zu Mitgliedern.[1]

1902 wird Minor erstmals ins Preisgericht eingeladen, dem von Beginn an der Philosoph und Ästhetiker Robert Zimmermann und nach dessen Tod, ab 1896, der klassische Philologe Wilhelm Ritter von Hartel vorsteht. Minor ist seit 1895 korrespondierendes und erst ab 1905 wirkliches Akademiemitglied; 1902 und 1905 erhält er sein Mandat im Preisgericht also nicht direkt; erst 1908 vertritt er die Akademie und übernimmt, den Statuten entsprechend, den Vorsitz. Preisträger sind bis zu Minors Eintritt in die Jury:

1875	Adolf Wilbrandt	Gracchus, der Volkstribun
1878	(nicht vergeben)	–
1881	(nicht vergeben)	–
1884	Ernst v. Wildenbruch	Harold
1887	Ludwig Anzengruber	Heimg'funden
1890	Adolf Wilbrandt	Meister von Palmyra
1893	(nicht vergeben]	–
1896	Gerhart Hauptmann	Hannele
1899	Gerhart Hauptmann	Fuhrmann Henschel[2]

Unter Mitwirkung Minors wird 1902 Otto Erich Hartleben (für *Rosenmontag*) ausgezeichnet, 1905 erhält Gerhart Hauptmann (für *Der arme Heinrich*) zum drittenmal den Grillparzer-Preis. Hauptmanns Dankschreiben ist erhalten:

> Zum dritten Male erweisen Sie mir die besondere Würdigung, mein Schaffen unter die Manen Grillparzers zu stellen. Es ist mir diesmal gewesen, als tauche sein ehrwürdiges Haupt, wie das eines lieben Schutzgeistes, aus dem Verborgenen, ganz unerwartet und um so beglückender: und ich empfinde, in tiefer Seele, etwas, wie seine traulich waltende Hand.
> Dem Kreise von Männern aber, die als edle Verweser eines hohen Vermächtnisses, mit so herzlicher Wärme und Freude wirken, sage ich frohbewegten Dank.
> Agnetendorf d 16 Januar 1905.
> Gerhart Hauptmann.[3]

Im Jänner 1908 tagt das Preisgericht zum erstenmal unter dem Vorsitz Minors.[4] Von 97 vorliegenden Nennungen müssen zwei aus statutarischen Grün-

---

[1] Vgl. *Grillparzer-Preisstiftung; 1908;* S. 5.
[2] Vgl. *Krestan: Mitglieder und Institutionen; 1972;* 8.3.2 Grillparzer-Preis (1872).
[3] AAW, Grillparzerpreis, ad Nro 42/1905 prs. 18. Jänner 1905.
[4] Juroren sind neben Minor: Burgtheaterdirektor Paul Schlenther, Erich Schmidt als Vertreter für Norddeutschland, Max Burckhard als Vertreter für Süddeutschland und Ludwig Hevesi von der Wiener Concordia.

den abgewiesen werden, den weiteren Vorgang zur Ermittlung des Preisträgers beschreibt Minor in seinem Referat:

> Aus dieser großen Menge wurden bald die Dramen von Eulenburg, Hofmannsthal, Schnitzler, Schönherr, Stucken und Wedekind genauer ins Auge gefasst.
> Direktor Schlenther tritt entschieden für die „Familie" des hochbegabten Schönherr ein, ohne zu verkennen, daß der Dichter hier nicht sein bestes gegeben habe. Hevesi und Minor halten, bei aller Anerkennung des Talentes, die Leistung für schwach; und der letzere macht geltend, daß von Schönherr zwei neue Stücke vor der Aufführung stehen, die ein klareres Urtheil über den Dichter gestatten werden.
> Herr Hevesi schlägt Wedekinds Hidalla vor, findet aber weder bei Schlenther noch bei Minor Zustimmung.
> Herr Minor erklärt sich für Schnitzlers Zwischenspiel und Hevesi ist geneigt, sich ihm anzuschließen. Herr Schmidt und Herr Bur[c]khar[d]t, der letztere noch ohne Verbindlichkeit, stimmen brieflich zu. In den Motiven nicht immer ganz überzeugend und in den Hauptcharakteren vielfach unklar, ist dieses Werk doch ein Muster- und Meisterstück der echt Schnitzlerischen Kunst des Dialoges. Den Anforderungen des Stiftbriefes an eigenthümliche Erfindung und an Gediegenheit in Gedanken und Form scheint es völlig zu entsprechen. Und wenn das Preisgericht auch heute so gut wie vor drei Jahren auf dem Standpunkt steht, daß der Preis in erster Linie dem Werke und erst in zweiter der Persönlichkeit des Dichters gelte, so darf doch als unterstützendes Moment geltend gemacht werden, daß Schnitzler auch der Dichter der „Liebelei", eines noch heute oft und mit Erfolg gespielten Wiener Stückes ist, dem der Preis nur in Folge ungünstiger Konjunktur entgangen ist.
> Bei der Schlußsitzung am 15. Jänner 1908 waren alle Herren mit Ausnahme des Herrn Erich Schmidt (Berlin) anwesend. Herr Schlenther gab die folgende Erklärung ab; auf deren Aufnahme in das Referat er besonderen Werth legt:
> „Er halte für das relativ beste Drama in diesem Zeitraum Karl Schönherrs „Familie" und würde diesem seine Stimme geben, wenn er nicht einer geschlossenen Mehrheit von 4 Stimmen gegenüber stünde, die sich für Schnitzlers „Zwischenspiel" entschieden habe. Da er auch dieses Stück für wertvoll, wenn auch erst in zweiter Linie für preiswert halte, so wolle er der Einstimmigkeit nicht im Wege stehen und sich ebenfalls für das „Zwischenspiel" entscheiden.["] Es wird auf Grund dieser Erklärung und des schriftlich abgegebenen Gutachtens des Herrn Erich Schmidt der einstimmige Beschluß gefasst, den Preis von 5000 Kronen dem Herrn Arthur Schnitzler für sein Drama: „Das Zwischenspiel" zu ertheilen.[1]

Der Preisträger wird sofort verständigt, ist selbst erstaunt über die Auszeichnung und schreibt noch am selben 15. Jänner in sein Tagebuch:

> Nm. mach ich eben Notizen zu einer „Kritikerschule" (satir. Einakter) – als ein Herr eintritt, Werkmann Red. der Zeit, mich beglückwünscht – „Wozu?" – Grillparzerpreis. War sehr erstaunt, da von mir diesmal keine Rede war und vor 2 Tagen Wildenbruchs „Rabensteinerin" als sicher überallhintelegrafirt wurde.– Da ich den Grillp. Preis für das Zwischenspiel bekommen, das ihn wahrhaftig nicht verdient,

---

[1] AAW, Grillparzerpreis, Zl 47, 17. Jänner 1908.

konnt ich leicht bescheiden sein und dem Herrn von der Zeit manches andre Stück nennen, das in Betracht gekommen wäre.–[1]

Am folgenden Tag notiert Schnitzler auch die vielen Glückwünsche, die ihn erreichen, und gesteht:

> Es freut mich, dass ich den Preis erhielt, trotz aller Frondeurstellung; trotz der Kakadusache, der Beatrice Affaire, des Ltnt. Gustl, des Reigen. Die Blätter sind im ganzen freundlich. Die antisemitischen pfauchen.[2]

Die Empörung in der – nicht nur deutschnational orientierten – Tagespresse gilt dem Preisträger wie dem Preisrichter gleichermaßen:

> Verdient der Autor des gemeinen Buches „Reigen" überhaupt einen D i c h - t e r preis? – Armer Grillparzer, daß du dich nicht wehren kannst![3]

> Es gibt nur eine Erklärung für die Zuerkennung des Grillparzerpreises an den „Dichter" des Pornographenwerkes „Der Reigen". Sie liegt in dem Tiefstand der literarischen Verhältnisse in Oesterreich und insbesondere in Wien, und in der erbärmlichen Abhängigkeit der Führenden von der Macht und dem Geiste des Judentums, die sich mit zähester Ausdauer der Herrschaft über das literarische und geistige Leben der Reichsmetropole zu bemächtigen suchen. Wie weit wir in dieser Beziehung schon gekommen, wird bezeichnend durch den Umstand bewiesen, daß der Wiener Hofrat und Universitätsprofessor Jakob Minor es war, der die Preiszuerkennung an Schnitzler anregte.[4]

> Die Preiszuerkennung bedeutet einen neuerlichen Sieg der jüdischen Literaturclique, und zwar einen in jeder Hinsicht unrühmlichen. Den Satzungen gemäß muß der Preis verliehen werden an das „relativ beste deutsche Drama, das im Laufe der letzten drei Jahre an einer namhaften Bühne mit Erfolg aufgeführt wurde". Daß das „Zwischenspiel" Schnitzlers dieses beste Stück wirklich sei, wird im Ernst niemand behaupten wollen. [...] Was nun den angeblichen Erfolg des „Zwischenspiels" anbelangt, so war dieser zunächst ein erkünstelter, dann aber überhaupt nur möglich durch das Interesse, das gewisse Kreise des Publikums dem Darsteller der Hauptrolle, Kainz, entgegenbringen. [...] Niemand dachte bei der Kandidatur um den Grillparzer-Preis an das „Zwischenspiel", Herrn Hofrat Minor, dem fanatischen Förderer alles Jüdischen, blieb dies vorbehalten. [...]
> Daß aber der Verfasser des obszönen Buches „Reigen" mit dem Ehrenmann Grillparzer, mit dem Ruhme und der Würde von Österreichs größtem Dichter nicht in Zusammenhang gebracht werden sollte, das hätte gerade ein Professor der deutschen Literaturgeschichte an der Universität Wien in erster Linie erwägen sol-

---

[1] *Schnitzler: Tagebuch 1903–1908;1991;* S. 311 f. – Schnitzler hat 1905 die Gratulationsadresse zum 50. Geburtstag Minors mit unterzeichnet.
[2] *Schnitzler: Tagebuch 1903–1908;1991;* S. 312.
[3] *Vaterland*, 16. Jänner 1908.
[4] *Reichspost*, 16. Jänner 1908.

len. Seine Pflicht wäre es gewesen, wenn Schnitzler genannt wird, dagegen als Wahrer der deutschen Literatur Österreichs energisch zu opponieren.[1]

Neue Freie Presse und *Arbeiter-Zeitung* berichten lapidar über die Auszeichnung und stellen einerseits die Schwierigkeiten der Preisrichter, zu einem einstimmigen Urteil zu kommen, in den Vordergrund[2] und sehen andererseits das Gerücht widerlegt, demzufolge Ernst von Wildenbruchs *Rabensteinerin* ausgezeichnet werden sollte.[3]

Nachdem Schnitzler die Einladung des Akademie-Präsidenten Eduard Suess zu einem Bankett anlässlich der Verleihung freundlich aber bestimmt ausschlägt, fühlt sich Minor zweifach brüskiert und schreibt verschnupft an den soeben Preisgekrönten:

5. II. 1908

Sehr geehrter Herr Doktor,
es thut mir leid, dass ich Sie in der nächsten Zeit nicht treffe; und ich wünsche nur, dass sich Ihre Frau Gemahlin auf der Reise voll und ganz erholen möge.
Noch mehr leid thut es mir freilich, dass Sie auch der freundlichen und ehrenvollen Einladung des Präsidenten nicht Folge leisten, während G. Hauptmann die weite Reise nicht gescheut hat, um sich von der Akademie, der Verwalterin des Preises, warm und herzlich begrüßen zu lassen. Ich beklage das nicht um des besonderen Falles wegen, sondern um der modernen Literatur überhaupt willen. Die Wiener Akademie ist die einzige unter den großen europäischen Gelehrtenvereinen, die der zeitgenössischen Literatur nicht blos Theilnahme, sondern auch Förderung hat zutheil werden lassen. Die Berliner Akademie kümmert sich gar nicht um sie und der deutsche Kaiser streicht den Preis einfach, wenn ihm der Vorgeschlagene nicht gefällt. Die schwedische Akademie verwaltet den Nobelpreis nach durchaus veralteten Gesichtspunkten, während von Wien aus alljährlich mit der Unterschrift von einem halben Dutzend Akademikern Vorschläge für moderne Schriftsteller nach Stockholm gehen – d.h. bisher gegangen sind, denn künftig wird es mir nicht mehr so leicht sein, Unterschriften zu erhalten. Die Wiener Akademie dagegen hat den Grillparzerpreis bisher frei von allen konfessionellen, unwissenschaftlichen und antimodernen Vorurtheilen in der weitherzigsten Weise verwaltet, trotzdem die Statuten den Preis ganz von den Theaterdirektoren abhängig machen. Es würde mich gar nicht wundern, wenn sie, bei so vornehmer Zurückhaltung von Seiten der Preiserwerber, künftig auch ihrerseits die Zurückhaltende spielte, was die Schriftsteller jedenfalls unangenehmer empfinden würden als die Akademie. Jedenfalls war der, der Ihnen die steife Gesellschaft geschildert und Sie berathen hat, weder Ihr Freund, noch der der Schriftsteller überhaupt. Ebenso wie der, der Ihnen vielleicht erzählt hat, dass Ihr Preis von Berlin aus in Vorschlag gebracht worden sei, nicht die Wahrheit gewusst oder gesagt hat. Ich kann nicht leugnen, dass mir Ihr Verhalten dieser ehrenvollen Einladung gegenüber reichlichen Verdruß

---

[1] *Deutsches Volksblatt*, 16. Januar 1908.
[2] *Neue Freie Presse*, 16. Januar 1908.
[3] *Arbeiter-Zeitung*, 16. Jänner 1908.

gemacht hat. Am Ende sagt man ja auch sonst Leuten, deren Einladung man ausschlägt, nicht direkt ins Gesicht, dass man sich zu langweilen fürchtet.

Ich möchte mir wünschen, dass der Abend nicht doch noch zustande kommt; er würde, falls der Präsident auch noch anderen erzählt hat, für beide Theile ein peinlicher sein. Wenn es aber doch dazu kommen sollte, dann wäre es wol am besten, wenn Sie den Präsidenten bald davon in Kenntnis setzten, dass Sie wenigstens die dem Schriftstellerstand in Ihrer Person erwiesene Ehre nicht so einfach abschütteln wollen. Zur Entschuldigung würde ja am Ende auch andauernde Unpässlichkeit genügen.

Ich bitte Sie, diese meine Meinung als im Interesse des Schriftstellerstandes gesagt zu betrachten. Mich selber betrifft die Sache nur so weit, als sie mir wieder zeigt, wie viel Verdruß man mit der Literatur erntet, auch wenn man ihr am uneigennützigsten zu dienen bestrebt ist. Das bin ich aber so gewohnt und kann es am Ende auch ertragen.
Mit den besten Grüßen
Ihr ergebener
J. Minor[1]

In einer ausführlichen Antwort verwahrt sich Schnitzler gegen Missinterpretationen seiner Haltung und meint am Ende:

So bliebe als einzige Schuld übrig, Ihnen gezeigt zu haben, ich zitiere Ihre Worte, „wieviel Verdruss man mit der Literatur erntet, auch wenn man ihr am uneigennützigsten zu dienen bestrebt ist." Da dies nun einmal Ihre Empfindung ist, verehrtester H.[err] H.[ofrat], und mir gegen jede Art von Empfindung ein Einspruch zwecklos erscheint, kann ich zur Erwiderung nur die Hoffnung aussprechen, dass Ihnen in Ihrem erfahrungsreichen und gesegneten literarischen Leben, nie vorher ein Verdruss begegnet sei und niemals einer begegnen möge, als der, zu dem ich so unvermutet der Anlass gewesen bin.[2]

Drei Jahre danach, 1911, wird der Grillparzer-Preis – zum letztenmal unter Minors Vorsitz – an Karl Schönherr für *Glaube und Heimat* verliehen.[3] In seinem Brief an Schönherr zitiert Minor die Begründung der Preisrichter für die Wahl des Stücks:

Es verbindet mit gewaltiger, durch die Aufführung im Deutschen Volkstheater bewährter dramatischer Kraft die mächtigste und zugleich tiefste und feinste Charakteristik und stellt als Ganzes, der vom Dichter gewählten Bezeichnung gemäss, die Tragödie eines Volkes in so grossartiger Weise dar, dass ihm in dieser Hinsicht gewiss nur wenige dramatische Schöpfungen in der modernen deutschen Literatur gleich oder auch nur nahe kommen.[4]

---

[1] DLA; A: Schnitzler 85.1.4104/7.
[2] DLA; A: Schnitzler 85.1.1435; aus dem maschinschriftlichen Durchschlag. – In voller Länge ist der Brief wiedergegeben in: *Schnitzler: Briefwechsel; 1992.*; S. 570–573.
[3] Letzter Träger des Grillparzer-Preises ist 1971 Thomas Bernhard; 1975 wird die Grillparzer-Preisstiftung aufgelöst.
[4] AAW, Grillparzerpreis, ad Num. 68 ex 1911.

Grillparzer-Gesellschaft

1890, achtzehn Jahre nach Grillparzers Tod, wird in Wien die Grillparzer-Gesellschaft gegründet; Initiatoren sind der Philosophieprofessor und Volksbildner Emil Reich[1] und sein Bruder Julius. Bereits im Herbst das Vorjahres hat das Brüderpaar den Philosophieprofessor Robert Zimmermann, den Schriftsteller Ludwig August Frankl, den Burgschauspieler Josef Lewinsky und den Dramaturgen und späteren Direktor des Burgtheaters, Alfred von Berger, für die Idee begeistert – am 17. November 1889 trifft ein vorbereitendes Komitee zusammen,

> [...] welches die Satzungen der neuen Vereinigung entwarf. In nur vier Sitzungen konnte von den Komitee-Mitgliedern Ludwig August Frankl, Josef Lewinsky, Alfred von Berger, Karl Glossy, Jakob Minor, Karl von Thaler, August Sauer und Emil Reich unter dem Vorsitz Robert Zimmermanns alles beraten werden, was für die Konstituierung der Gesellschaft in der ersten Jahresversammlung nötig war.[2]

Minor ist also schon von Beginn an in die Entwicklung der Gesellschaft eingebunden, desgleichen sein Kollege Sauer aus Prag.[3] Noch vor Jahreswechsel wird ein *Aufruf zur Gründung einer Grillparzer-Gesellschaft* formuliert, in dem es heißt:

---

[1] Emil Reich, * 1864 Koritschan/Mähren, † 1940 Wien, zu seiner Zeit der einzige Sozialdemokrat an einer österreichischen Universität, ist einer der bedeutenden Exponenten der Arbeiter-Bildungsbewegung; „er war einer der ersten, die neben Ludo Hartmann die Geschichtsphilosophie des Marxismus und seine Beziehungen zur Ethik kritisch behandelt haben – und er behandelte in seinen regelmäßig wiederkehrenden Vorlesungen über *Praktische Philosophie unter besonderer Berücksichtigung der sozialen Probleme* die Fragen einer „Gemeinschaftsethik", die der Zeit neue Antworten abverlangte." – *Suchy: Grillparzer-Gesellschaft; 1992*; S. 6 f. – Vgl. *Czeike: Lexikon Wien; Bd. 4; 1995*; S. 647.

[2] *Suchy: Grillparzer-Gesellschaft; 1992*; S. 12.

[3] Zwei Tage nach der Zusammenkunft des Gründungs-Komitees wird im Wiener Gemeinderat beschlossen (19. November 1889, Prot. Nr. 91):
1. Der 100. Gedenktag der Geburt Franz Grillparzer's ist durch Herausgabe einer Biographie des Dichters zu feiern.
2. Auf Grund des Präliminarvertrages dd̃o. Stuttgart 1. November 1889 wird die Verfassung dieser Biographie dem Universitäts Professor Dr. August Sauer in Prag, der Druck und Verlag aber der Firma J. G. Cotta's Nachfolger in Stuttgart übertragen.
3. Das Werk, dessen Umfang 50–60 Druckbogen betragen soll, ist mit künstlerisch ausgeführten Illustrationen zu versehen.
4. Für die Durchführung dieser Angelegenheit wird ein Betrag von 5500 fl. bewilligt, welcher in das Budget pro 1890 einzusetzen ist.
Sauers Grillparzer-Biographie ist nicht erschienen; vgl. *Suchy: Grillparzer-Gesellschaft; 1992*; S. 57 f., und Minor-Brief 203.

> Getragen von der Ueberzeugung, daß es jedes Deutschen Pflicht, jedem Oesterreicher Herzenssache ist, Grillparzers Andenken zu ehren, treten wir hervor; an alle Freunde seiner Muse ergeht unser Ruf. In der Grillparzer-Gesellschaft soll ein Mittelpunkt geschaffen werden, für alle Bestrebungen, die darauf abzielen, die Werke dieses großen Genius zu verbreiten, sie wissenschaftlich zu erforschen, durch die lebendige Rede, wie durch das gedruckte Wort für die Vertiefung ihrer Volksthümlichkeit einzutreten, das Andenken an den Stolz unseres Landes wach zu erhalten, seinen Ruhm zu mehren. [...][1]

Der Aufruf wird in allen Wiener Tageszeitungen veröffentlicht und trägt neben vielen anderen die Unterschriften von Eduard von Bauernfeld, Alfred von Berger, Benno von David, Nicolaus Dumba, Marie von Ebner-Eschenbach, Eduard Hanslick, Richard Heinzel, Josef Lewinsky, Jakob Minor, Betty Paoli, Peter Rosegger, Ferdinand von Saar, August Sauer, Adolf Wilbrandt, Charlotte Wolter und Robert Zimmermann.[2]

In der Gründungsversammlung am 21. Jänner 1890 meldet sich als einer der Ersten August Sauer zu Wort:

> Er spricht zunächst den Dank der Vereins-Mitglieder für die vielfachen Bemühungen des Comités aus, sodann erklärt er jedoch mit den Vorschlägen desselben nicht einverstanden zu sein. Er wünscht, daß sich das Arbeitsgebiet auf die ganze deutsch-österreichische Literatur seit dem 16. Jahrhundert erstrecke, und daß statt des Jahrbuchs eine „Zeitschrift zur Geschichte der neueren deutschen Literatur in Oesterreich" herausgegeben werde. Diesen von Professor Zeidler unterstützten Antrag bekämpft Dr. Reich mit aller Entschiedenheit. Er bitte um en bloc-Annahme der Satzungen, so wie sie sind. Die Gesellschaft soll eine volksthümliche bleiben, keine streng wissenschaftliche werden.[3]

Die vorgelegten Satzungen werden mit großer Mehrheit angenommen, Sauers Antrag unterliegt deutlich. Zum Obmann wird Robert Zimmermann gewählt, in den 16-köpfigen Vorstand werden unter anderen Alfred von Berger, Benno von David, Karl Glossy, Josef Lewinsky, Adam Müller-Guttenbrunn, Emil Reich, August Sauer, Anton Schönbach und Adolf Wilbrandt entsandt.[4] Minor wird 1895 in den Vorstand kooptiert und ab 1896 alle drei Jahre in dieser Funktion bestätigt.[5]

---

[1] Zitiert nach: *Suchy: Grillparzer-Gesellschaft; 1992*; S. 2.
[2] Vgl. *Suchy: Grillparzer-Gesellschaft; 1992*; S. 2 f.
[3] Bericht Emil Reichs, zit. nach *Suchy: Grillparzer-Gesellschaft; 1992*; S. 17.
[4] Vgl. *Suchy: Grillparzer-Gesellschaft; 1992*; S. 17 f.
[5] Vgl. Jahresberichte im *Jahrbuch der Grillparzer-Gesellschaft,* Bd. 6, 7, 10, 13, 16, 19 und 21.

Mit dem Jahrbuch und seiner von Emil Reich nachdrücklich geforderten Breitenwirkung hofft die Grillparzer-Gesellschaft

> [...] das leisten zu können, was sie erstrebt: eine Heimstätte und ein Mittelpunkt zu werden für alle Bestrebungen zur Förderung, Verbreitung und Würdigung der poetischen Hervorbringungen Deutschösterreichs. [...] Die Deutschen in Oesterreich haben den schweren Fehler allzugroßer Bescheidenheit, mangelnden Vertrauens in die eigene Kraft, der Selbstunterschätzung, wir haben ihn bitter genug – und nicht nur auf literarischem Gebiete – büßen müssen.[1]

Zum dritten Erscheinen des Jahrbuchs, dessen Redaktion Karl Glossy besorgt, schreibt Reich 1893 mit Genugtuung, dass dieses Jahrbuch tatsächlich jenen Charakter zeige,

> [...] welcher dem Werke eigentlich von vornherein zugedacht war, indem es neben neuen, bisher ungedruckten Quellen zur genaueren Kenntnis des Dichters kritische Essays über einzelne seiner Dramen und über hervorragende Namen der deutsch-österreichischen Literatur, zumal über Persönlichkeiten aus dem Freundeskreis Grillparzers zu bringen bestimmt erschien. Getreu diesem Programm eröffnen die beiden berufenen Vertreter der modernen deutschen Literaturgeschichte an den Universitäten zu Wien und Prag, die Professoren Minor und Sauer, den dritten Jahrgang mit tiefdringenden Abhandlungen über zwei vielfach mißverstandene Werke unseres Poeten, über *Weh dem, der lügt* und den *Treuen Diener seines Herrn* [...].[2]

Minor liefert vier ausführliche Beiträge für das Jahrbuch. Neben dem von Reich zitierten Aufsatz *Grillparzer als Lustspieldichter und „Weh dem, der lügt"*, 1893, verfasst er:
* *Charlotte Wolter*,[3] 1898;
* *Zur Geschichte der deutschen Schicksalstragödie und zu Grillparzers „Ahnfrau"*, 1899;
* *J[ohann] N[epomuk] Bachmayr. Dokumente zur Literatur des Nachmärzes*, 1901.

Außerdem hält Minor vor der Grillparzer-Gesellschaft mehrere Vorträge – so über *Wahrheit und Lüge auf dem Theater und in der Literatur* im Dezember 1894 oder Gedenkreden wie die zum Tode Ferdinand Saars im Dezember 1906[4] – und stellt sich im Namen der Gesellschaft dem Wiener Volksbildungsverein zu zwei

---
[1] Bericht Emil Reichs, zit. nach *Suchy: Grillparzer-Gesellschaft; 1992*; S. 18 f.
[2] Vgl. *Suchy: Grillparzer-Gesellschaft; 1992*; S. 40 f.
[3] Vgl. Kapitel *Theaterrezensionen und Schauspielerporträts*.
[4] Vgl. Jahresberichte im *Jahrbuch der Grillparzer-Gesellschaft*, Bd. 14 und 17.

Sonntagsvorträgen über Grillparzer zur Verfügung.[1] – Das Manuskript zu *Wahrheit und Lüge* bietet er auch Sauer, mit dem er mittlerweile wieder freundschaftlich und intensiv korrespondiert, für dessen *Euphorion* an:

> Es sind über 50 Stücke, aus allen europäischen Litteraturen. Große Namen darunter: H. Sachs[,] Alarcon, Lope, Corneille, Goldoni, Steele, Foote, Kant, Goethe, Kotzebue, Tieck, Immermann, Grillparzer, Schopenhauer, Nordau, Ibsen und seine Gegner, P Heyse, Lothar etc. Das Manuscript des Vortrags hat 24 Quartseiten, aber es kommen an 40 Seiten Anmerkungen dazu, die nicht bloß Werke, sondern Untersuchungen und Analysen enthalten von Stücken, die im Text nicht berührt werden konnten.
> Meine erste Absicht war zuvor, den Vortrag bei der Rundschau einzuschicken. Zweierlei hat mich davon abgehalten:
> 1) muß ich ein paar Monate warten,
> 2) kann ich die Anmerkungen dort nicht verwerthen.
> Meine Frage ist nun, ob Du mir nicht für dieses aktuelle und nicht nur wissenschaftliche Thema im Euphorion besondere Bedingungen auswirken könntest. Du weißt, daß ich sonst keine Umstände mache; aber auf dieses Zeug habe ich drei Monate angestrengter Lectüre verwendet und möchte es nun auch ordentlich verwerthen. Wenn Du mir also bei Deinem Verlage für den Text pro Bogen 50 Mark, für die kleiner gedruckten Anmerkungen pro Bogen 40 Mark und von dem Heft 30 Freiexemplare verschaffen kannst, so würde ich Dir die Arbeit gerne zur Verfügung stellen.[2]

Nach mehreren Urgenzen Minors erscheint der Text, mit ausführlichen Kommentaren versehen, 1896 dann im *Euphorion*.[3]

1907 berichtet Emil Reich über den erfolgreichen Start des aufwändigsten und ehrgeizigsten Vorhabens, das die Gesellschaft seit ihrem Bestehen betreibt:

> Die Stadt Wien, deren getreuer Sohn unser genialster Poet war, hat beschlossen, eine kritische Gesamtausgabe seiner Werke zu veranstalten, der die reichen Schätze des Grillparzer-Archivs in unserer Stadtbibliothek dienstbar gemacht werden. Bis längstens 1917 muß diese Monumental-Ausgabe der Werke Grillparzers, für die 80.000 Kronen bewilligt wurden, vollendet sein, und es steht zu hoffen, daß sie, ohne die wissenschaftliche Gründlichkeit der Arbeit zu schädigen, schon früher beendet sein möge.[4]

---

[1] Jahresbericht im *Jahrbuch der Grillparzer-Gesellschaft*, Bd. 8.

[2] Minor-Brief 176.

[3] *Minor: Wahrheit und Lüge; 1896.*

[4] *Suchy: Grillparzer-Gesellschaft; 1992*; S. 58 f. – Der mit der Herausgabe betraute August Sauer stirbt 1926, ohne die Aufgabe abschließen zu können; für den Verlag Cotta bearbeitet er eine 20-bändige Gesamtausgabe, eine 4-bändige Werkauswahl, eine 6-bändige Ausgabe der Dramen und eine 2-bändige Ausgabe von Briefen und Tagebüchern Grillparzers.

Zum Tode Minors veröffentlicht das *Jahrbuch der Grillparzer-Gesellschaft* einen 23-seitigen Nachruf, verfasst von dem einstigen Minor-Schüler und mittlerweile ordentlichen Professor für neuere deutsche Literaturgeschichte, Alexander von Weilen.[1] – Emil Reich erinnert im selben Band auch an

> [...] Hofrat Jakob Minors Leben, das in rastloser, stiller, früchteschwerer Arbeit im Dienste der deutschen Literaturgeschichte verrann. Als Professor unserer Universität, als Mitglied der Akademie der Wissenschaften, als Beurteiler des Theaters und als Richter in mehreren Preiskollegien nahm Minor eine zu große Arbeitslast auf sich, die seine Gesundheit vorzeitig untergrub. Als Mitbegründer stand er uns nahe; im Ausschuß sich lebhafter zu betätigen, gestattete seine karg bemessene Zeit leider nicht, doch dreimal bot er uns in tiefgründigen Vorträgen ebensowie in mehreren Aufsätzen unseres Jahrbuches über den Tag weit hinauswährende reiche Gaben und der Grillparzerforschung neue Antriebe. Für Schiller der begeisterte Biograph, gab Minor den Goethekennern das beste Buch über Faust, Leistungen von bleibendem hohen Werte.[2]

Bauernfeld-Preis

In seinem Testament vom 25. Mai 1889 bestimmt Eduard von Bauernfeld zu seinem Universalerben

> [...] eine zu errichtende Stiftung, deren Erträgnisse zu Preisen für gute literarische Arbeiten mit besonderer Berücksichtigung von Bühnenwerken zu verwenden sind.[3]

Bauernfeld stirbt am 9. August 1890 und hinterlässt ein Vermögen von rund 90.000 Gulden. Am 13. Jänner 1894 unterzeichnen „als Mitglieder des ersten Curatoriums der Eduard von Bauernfeld'schen Prämienstiftung"[4] Wilhelm von Hartel, Jakob Minor, Alfred von Berger, Josef Lewinsky und Edmund Weissel in Erfüllung des Testaments den von der niederösterreichischen Statthalterei genehmigten Stiftbrief und verpflichten sich in den Statuten, „zur Hebung der literarischen Produktion und zur Förderung hervorragender Talente auf dem Gebiete der

---

[1] *Weilen: Jakob Minor; 1913/2.*
[2] *Jahrbuch der Grillparzer-Gesellschaft*, Bd. 24; S. 303.
[3] Stiftbrief der Eduard von Bauernfeld'schen Prämienstiftung; NöLA, Allgemeine Stiftbriefsammlung, Kart. 14 Bauernfeld.
[4] Die vom Wiener Zweigverein der deutschen Schillerstiftung verwaltete Bauernfeld-Stiftung besteht zu diesem Zeitpunkt seit über 20 Jahren; sie hat mit dem Bauernfeld-Preis nichts zu tun.

Literatur beizutragen".[1] Noch im selben Jahr richten sie ein Preisausschreiben „für das beste deutsche Drama, womöglich ein Lustspiel, von literarischem Werte"[2] aus, vergeben die Preise 1896 dann aber an Leo Ebermann für sein Drama *Die Athenerin* und Georg Hirschfeld für sein Schauspiel *Die Mütter*.[3]

In der Ausschreibung des ersten Preiswettbewerbs wird auch eine Auszeichnung für die beste literarhistorische Arbeit angekündigt, „welche die Bedeutung Bauernfelds für die Entwicklung der deutschen Lustspiel-Dichtung und speziell für die Repertoire des Hofburgtheaters behandelt".[4] – Dieser zweite Teil des Bauernfeld-Preises wird dieses Mal aber nicht und offenbar überhaupt nur ein einziges Mal vergeben; Empfänger ist im Jahre 1900 Emil Horner, der bei Minor dissertiert hat[5] und von ihm gedrängt worden ist, mit einer Arbeit über Bauernfeld um die Auszeichnung einzureichen.

Daß 1899 Preise zuerkannt werden, ohne dass ein Preisausschreiben erfolgt – neben anderen wird Ferdinand Saar für seine *Novellen aus Österreich* ausgezeichnet –, führt erstmals zu heftiger Kritik an der Arbeit des Kuratoriums. Obwohl diese Vorgangsweise in den Statuten gedeckt ist,[6] entschließt man sich zu einer Neuformulierung, bei der auch ein Passus eingefügt wird, demzufolge der Preis nicht allein für ein bestimmtes Werk, sondern auch für ein Gesamtwerk vergeben werden kann.[7]

1901 attackiert Karl Kraus die Preisrichter und mit ihnen einen der Ausgezeichneten, dessen Drama[8] in Manuskript- – also noch nicht in Druckfassung beurteilt worden ist. Unterrichtsminister Hartel muss sich als Mitglied des Kuratoriums der Bauernfeld-Stiftung auch im Parlament gegen den – hier überdies antisemitisch motivierten – Vorwurf der Protektion zur Wehr setzen. Minor verteidigt in zwei Zeitungsinterviews die Vorgangsweise des Preisgerichts. Besonders

---

[1] Statuten der Eduard von Bauernfeld'schen Prämienstiftung; NöLA, Allgemeine Stiftbriefsammlung, Kart. 14 Bauernfeld.
[2] *Neue Freie Presse*, 29. Jänner 1938.
[3] *Rauscher: Bauernfeld-Preis; 1937,* S. 82.
[4] *Euphorion;* 1. Bd., 1894; S. 233.
[5] Emil Horner: *Cornelis Hermann von Ayrenhoff. Ein Beitrag zur Geschichte der österreichischen Litteratur in der 2. Hälfte des 18. Jahrhunderts,* 1894. – Vgl. UAW, Phil. Rigorosen Protokoll.
[6] In § 14 heißt es: „Das Curatorium ist auch befugt, ohne Ausschreibung einer Concurrenz dem Verfasser einer literarischen Arbeit einen Preis zuzuwenden, doch bedarf ein solcher Beschluß der Stimmeneinhelligkeit sämmtlicher Curatoren." – NöLA, Allgemeine Stiftbriefsammlung, Kart. 14 Bauernfeld.
[7] *Rauscher: Bauernfeld-Preis; 1937,* S. 84.
[8] Felix Dörmanns *Der Herr von Abadessa.* – Fackel 85, November 1901; S. 17 f.

weist er darauf hin, dass die Würdigung von ungedruckten Manuskripten korrekt sei; soeben lese er Schönherrs *Bildschnitzer* und werde dieses Stück zur Auszeichnung vorschlagen: „Es steht uns frei, alle jenen literarischen Werke in Betracht zu ziehen, zu deren Kenntniß wir überhaupt auf irgendeine Weise gelangen."[1] Ihm sei die Aufregung unverständlich, meint Minor sinngemäß und erklärt spitzfindig, es handle sich hier um Ehrengaben und nicht um Preise, die nach einer Wettbewerbsausschreibung zuerkannt worden seien; man sei der Öffentlichkeit somit keine Rechenschaft schuldig.

Dass 1903 Arthur Schnitzler für seine vier Einakter *Lebendige Stunden* den Bauernfeld-Preis zugesprochen erhält, führt neuerlich zu antisemitischen Kundgebungen in Teilen der Tagespresse; neuerlich muss auch Unterrichtsminister Hartel eine kaum verhüllt rassistisch formulierte Anfrage eines christlich-sozialen Abgeordneten im Parlament[2] beantworten und weist bei dieser Gelegenheit darauf hin, dass

> [...] Gerechte und Sünder, Christen und Juden, Ausländer und Inländer, durch Ehrengaben und Preise ausgezeichnet wurden, indem nach dem Wortlaut und dem Geiste des Stiftsbriefes hiebei nicht der Taufschein, sondern literarische Leistungen maßgebend waren.[3]

1904 erfolgt die Vergabe der Auszeichnung – von weiteren Preiswettbewerben hat man inzwischen völlig Abstand genommen – an Hermann Bahr für die Komödie *Der Meister*, an Josef Werkmann für das Drama *Liebessünden*, an Karl Spitteler für sein Epos *Olympischer Frühling*, an Thomas Mann für seinen Roman *Buddenbrooks*, an Hermann Hesse für den Roman *Peter Camenzind*, an Wilhelm Hegeler für den Roman *Pastor Klinghammer* und an Marie Herzfeld für ihr Gesamtwerk. – Die Preisträger und Preisträgerinnen der Folgejahre sind:

> 1905 Jakob Julius David, Alexander von Weilen (für seine *Geschichte des Burgtheaters*) und Josef Viktor Widmann;
> 1906 Enrika von Handel-Mazzetti, Friedrich Werner von Oestéren, Traugott Tamm, Hugo Salus, Stefan Zweig, Franz Karl Ginzkey, Karl Rößler und Paul Wilhelm;
> 1907 Wilhelm Raabe und Kurt Laßwitz;
> 1908 Karl Schönherr – mit seinem Drama *Erde* wird zum letztenmal in der Periode, da Jakob Minor für das Urteil der Preisrichter mitverantwortlich ist, ein bestimmtes Werk ausgezeichnet;

---

[1] *Ilustriertes Wiener Extrablatt*, 3. 12. 1901.
[2] Die Anfrage formuliert der Abgeordnete Pattai; er führt Beschwerde darüber, „daß der Bauernfeld-Preis in den letzten Jahren schon fünfmal an Juden verliehen worden sei". – Vgl. Dambacher: Literaturpreise; 1996; S. 19.
[3] Zit. nach *Rauscher: Bauernfeld-Preis; 1937*, S. 88.

1909 Rainer Maria Rilke, Hans Bartsch, Emil Ertl, Karl Hans Strobl und Karl Adolph;
1910 Hermann Stehr, Vinzenz Chiavacci, Eduard Pötzl, Fritz Stüber-Günther;
1911 Ottomar Enking, Erwin Guido Kolbenheyer, Hans Müller und Adam Müller-Guttenbrunn;
1912 Paul Apel, Felix Salten, Jakob Wassermann, Friedrich Adler und Siegfried Trebitsch (für seine Novelle *Des Feldherrn erster Traum*).[1]

In einem Ehrenbeleidigungsprozess gegen Siegfried Trebitsch und gegen den Burgschauspieler Karl Ferdinand Gregori, der im Jahr zuvor ins Preisrichterkollegium gewählt worden ist, wirft Trebitschs Neffe Arthur dem Juror Gregori vor, für die Auszeichnung der Novelle *Des Feldherrn Traum* gestimmt, ohne sie gekannt zu haben. Gregori bestreitet gar nicht und meint gegenüber Journalisten, auch andere Kuratoriumsmitglieder hätten den Text nicht gelesen.[2]

Die Wiener Tagespresse ignoriert den Fall nahezu völlig, Karl Kraus allerdings sieht sich bestätigt in seinen „Zweifeln an der Zurechnungsfähigkeit jener Individuen, denen die Verteilung des Bauernfeld-Preises obliegt",[3] und die niederösterreichische Statthalterei fordert das Kuratorium auf, die aktenkundig gewordenen Vorgänge zu erläutern. Edmund Weissel als Administrator der Stiftung erklärt vor der Aufsichtsbehörde, dass Minor – er liegt zu dieser Zeit bereits todkrank im Wiener Franz-Josephs-Spital – seit langem eine Liste auszeichnungswürdiger Autoren und Werken führe und laufend ergänze; diese Liste werde im Kuratorium immer wieder diskutiert. Ein Kurator, so Weissel weiter, müsse das bestimmte Werk eines Autors also gar nicht kennen, wenn er in dessen Gesamtwerk überschaue und ihm das einzelne Werk von seinen Preisrichterkollegen empfohlen werde.[4]

Im Herbst 1912 stirbt Minor. Die peinliche Affäre, mit der er unmittelbar nichts zu tun hat, schwächt das Ansehen des Bauernfeld-Preises beträchtlich. 1913 kann man sich zu keiner Preisverleihung entschließen. 1914 wird Walter Brecht, Minors Nachfolger auf dessen Lehrstuhl an der Universität Wien, auch sein Nachfolger im Kuratorium; in diesem Jahr geht der Preis an Ricarda Huch, Arno Holz und Paul Ernst, Alfons Petzold und Max Mell. Danach werden unter anderen noch Anton Wildgans und Franz Theodor Czokor (1916), Franz Werfel und Felix Braun (1918), Paul Wertheimer und Richard von Schaukal (1919), Ernst Lothar

---

[1] Vgl. *Rauscher: Bauernfeld-Preis; 1937,* S. 88 ff.
[2] Arthur Trebitsch gibt über den Fall und den Prozess sogar ein Buch heraus: *Der Fall Ferdinand Gregori und Siegfried Trebitsch. Ein Beitrag zur deutschen Literaturgeschichte unserer Zeit.* Bachmaier, München, 1914.
[3] Fackel 354/355/356, August 1912; S. 60.
[4] Vgl. *Rauscher: Bauernfeld-Preis; 1937,* S. 91.

(1920), Franz Nabl (1921) und als letzter Preisträger Franz Karl Ginzkey zum zweitenmal ausgezeichnet. Ginzkey erhält als Preisgeld 5000 Kronen, mit denen er im Inflationsjahr 1922 kaum eine Straßenbahnfahrt bezahlen kann. Der Bauernfeld-Preis endet mit der völligen Entwertung des Stiftungskapitals.

Raimundpreis

Da das Wiener Raimundtheater nach seiner Eröffnung im Jahre 1893 nicht die erwartete Anziehungskraft auf das Publikum entwickeln kann, sucht Direktor Adam Müller-Guttenbrunn durch Stiftung von Preisen seinem Theater „zum Durchbruch zu verhelfen und die deutschen Autoren anzulocken". Ihm schweben gleich drei solche Preise vor:

> Ich verlangte von der Stadt Wien die Stiftung eines Raimundpreises für das Wiener Volksstück, regte bei der Schillerstiftung die Errichtung eines Bauernfeldpreises für das Lustspiel an und überreichte im Unterrichtsministerium eine Denkschrift über die Stiftung eines Kaiserpreises für das vaterländische, das geschichtliche Drama. Wurden diese drei Preise an unser Haus gebunden, hatten wir allein sie zu vergeben, dann, dachte ich, soll wer konkurrieren mit uns. Es würden sich dem Raimundtheater die besten und volkstümlichsten Dichter zuneigen, und es mußte möglich sein, dieser Bühne dauernd einen gewissen idealen Inhalt zu sichern.[1]

Ein Kaiserpreis kommt nicht zustande, und der Bauernfeld-Preis entwickelt sich – völlig unabhängig vom Raimundtheater – aus der testamentarisch verfügten Bauernfeld-Preisstiftung. Der Wiener Stadtrat erklärt sich allerdings bereit zur Dotierung eines Preises für den „Dichter des relativ besten Volksstückes aus dem Wiener Leben", das während der letzten drei Jahre im Raimundtheater zum erstenmal zur Darstellung gelangt ist.[2]

Empfänger dieses 1895 erstmals vergebenen Raimundpreises ist Karl Weiss (Pseudonym Carl Karlweis). Von Beginn an aber sind die Juroren – je ein Vertreter der Schriftstellervereinigung Concordia, des Wiener Zweigvereins der Deutschen Schiller-Stiftung, des Raimund-Theatervereines und der Direktion des Raimundtheaters – mit der „Umwandlung des Raimundtheater in ein hauptsächlich der Pflege der Operette gewidmetes Theater"[3] konfrontiert.

---

[1] *Neues Wiener Tagblatt*, 21. Mai 1913.
[2] *Neues Wiener Tagblatt*, 18. Februar 1911.
[3] *Neues Wiener Tagblatt*, 5. Juni 1910.

1908 wird der Preis noch an den jungen Autor Kurt Frieberger für seine Wiener Bürgerkomödie „Das Glück der Vernünftigen" verliehen, zwei Jahre darauf sehen sich Minor als Vertreter des Wiener Zweigvereins der Deutschen Schiller-Stiftung und die Mehrzahl seiner Preisrichterkollegen „mangels einer preiswürdigen Dichtung in diesem Jahre"[1] bereits außerstande, den Raimundpreis wieder zu vergeben. Minor widersetzt sich vehement dem Antrag des Präsidenten des Raimund-Theatervereins, Alfred von Straßer, den Preis auch an Verfasser von Operetten-Librettos zu vergeben; Minor ist überzeugt, dass es

> [...] angesichts des harten Kampfes, den das Wiener Volksstück auf den meisten Wiener Bühnen mit der Operette zu bestehen hat, dem Preisgericht nicht zukomme, der letzteren zu Hilfe zu kommen.[2]

Auch 1911 wird die Verleihung ausgesetzt; man überlegt, den Preis in die Verwaltung „der kaiserlichen Akademie der Wissenschaften zu übergeben".[3] Im Mai 1912 überträgt der schwer erkrankte Minor sein Stimmrecht an Karl Glossy. Die Zuerkennung eines Preises wird durch das Preisgericht neuerlich abgelehnt, damit ist die Auflage des Stiftbriefs, wonach der Preis „unter allen Umständen jedes dritte Jahr vergeben werden muß",[4] bereits zum zweitenmal nicht erfüllt, der Raimundpreis hört in dieser Form zu existieren auf.

Literarischer Verein

Im April 1903 wird in Wien der Literarische Verein gegründet, der sich gemäß § 1 seiner Statuten vor allem zwei Ziele setzt:

> a) die Herausgabe von Handschriften und selten vorkommenden Druckwerken deutscher, insbesondere deutsch-österreichischer Dichter und Schriftsteller;
> b) die Errichtung eines Literaturarchives zur Aufnahme und Benutzung von Handschriften, Briefen und Dokumenten deutscher, insbesondere deutsch-österreichischer Dichter und Schriftsteller.[5]

Erster und einziger Ehrenpräsident des Vereines ist bis zu seinem Tod im Jänner 1907 der klassische Philologe, Unterrichtsminister und Vizepräsident der kai-

---

[1] *Neues Wiener Tagblatt*, 5. Juni 1910.
[2] *Neues Wiener Tagblatt*, 18. Mai 1913.
[3] *Neues Wiener Tagblatt*, 18. Februar 1911.
[4] *Neue Freie Presse*, 31. Mai 1912, und *Neues Wiener Tagblatt*, 31. Mai 1912.
[5] *Literarischer Verein; 1917*; S. 9. – Vgl. auch *Minor: Centralanstalten; 1894*.

serlichen Akademie der Wissenschaften Wilhelm von Hartel; 1908 übernimmt Erzherzog Rainer das Protektorat über den Verein. Obmann des 20-köpfigen Vorstandes ist der Bibliothekar und Heraugeber der *Österreichischen Rundschau* Karl Glossy, als Obmann-Stellvertreter fungiert neben Jakob Minor der Schriftsteller und Leiter der *Allgemeinen deutschen Biographie* Anton Bettelheim; Schriftführer ist Rudolf Payer von Thurn, Schatzmeister der Hof- und Gerichtsadvokat Edmund Weissel.[1]

Zu Minors Bedauern beschränkt der Verein die „Pflege des deutschen, insbesondere des deutschösterreichischen Schrifttums" auf die Zeit nach Maria Theresia. Dass die erste der zwei Blüteperioden der deutschsprachigen österreichischen Literatur „durch einen starren Paragraph so rundweg ausgeschlossen wird, kann ich nicht billigen", meint er. Er entwirft ein umfangreiches Programm[2] und stellt sich vor, dass die geplante Sammlung von Literaturdenkmälern „ein Seitenstück" zu Guido Adlers *Denkmälern der Tonkunst in Österreich* darstellen sollte, die „trotz ihrer streng wissenschaftlichen Auswahl und Haltung doch auch einen weiteren Kreis von Kennern und Liebhabern [...] zu interessieren verstanden" hätten.[3]

Von 1904 an bietet der Literarische Verein seinen Mitgliedern – 1909 zählt man sechs Stifter, sechs Mitglieder auf Lebenszeit und 145 ordentliche Mitglieder, darunter vier amerikanische Bibliotheken – „jährlich zwei stattliche Bände seiner Schriften von meist 500 bis 600 Seiten Umfang in solider geschmackvoller Ausstattung",[4] die gemäß § 11 der Vereinssatzung „nicht im Buchhandel" erscheinen.

Während der Jahre von Minors Mitarbeit betreibt der Verein unter anderem die Herausgabe von:

---

[1] Vorstandsmitglieder sind neben anderen Theodor Gomperz, Max Kalbeck, August Sauer, Anton Schönbach, Alexander von Weilen und Richard Maria Werner. – Vgl. *Literarischer Verein; 1917.*; S. 14.

[2] Minor nennt unter anderem Laurentius von Schnüffis (* 1633, † 1702), Catharina Regina von Greiffenberg (* 1633, † 1694), Johann Wilhelm von Stubenberg (* 1619, † 1663), Franz Christoph von Scheyb (* 1704, † 1777), Franz Xaver Riedel (* 1730, † 1773), die Lieder der Minnesänger über Rudolf von Habsburg in der Bearbeitung von Wilhelm Schlegel, österreichische Faust-Dichtungen sowie Neudrucke des von Joseph Schreyvogel herausgegebenen *Westischen Sonntagsblattes* und der *Rezensionen* des Fürsten Czartoryski; als „eine der nächsten Pflichten des Vereines" bezeichnet er die Sammlung der Briefe von und an Lenau. – Vgl. *Neue Freie Presse*, 20. September 1903.

[3] *Neue Freie Presse*, 20. September 1903.

[4] *Literarischer Verein in Wien.* In: *Germanisch-Romanische Monatsschrift*; 1. Jg., 1909, Heft 11; S. 708.

Vier Bände Grillparzers Gespräche und die Charakteristiken seiner Persönlichkeit durch die Zeitgenossen. Gesammelt und herausgegeben von August Sauer, 1904 ff.;
Eduard von Bauernfelds Gesammelte Aufsätze. In Auswahl herausgegeben und eingeleitet von Stefan Hock, 1905;
Anastasius Grüns Politische Reden und Denkschriften. Gesammelt und herausgegeben von Stefan Hock, 1906;
Betty Paolis Gesammelte Aufsätze. Eingeleitet und herausgegeben von Helene Bettelheim-Gabillon, 1908;
Wiener Haupt- und Staatsaktionen I. Eingeleitet und herausgegeben von Rudolf Payer von Thurn, 1908;
1809. Politische Dichtungen. Gesammelt und herausgegeben von Robert Franz Arnold und Karl Wagner, 1909.

Das von Minor eingeleitete Vorhaben einer Edition *Prometheus. Eine Zeitschrift, herausgegeben von Leo von Seckendorff und Jos. Ludw. Stoll. Wien 1808*[1] wird nach seinem Tod abgebrochen und kommt nicht mehr zustande. Nicht realisiert wird auch das nach den Vorbildern Stuttgarts, Weimars und Berlins projektierte Literaturarchiv, zu dem Minor schon 1894 in seinem Aufsatz *Centralanstalten für die literaturgeschichtlichen Hilfsarbeiten*[2] die wesentlichen Erfordernisse formuliert und Arbeitsfelder definiert hatte.[3]

Sonstige Mitgliedschaften

In einigen seiner Mitteilungen erwähnt Minor weitere Vereine und Gesellschaften,[4] wobei in manchen Fällen unklar bleibt, ob er selbst jeweils Mitglied war:
• Der „Germanistenverein", von dem in Briefen an Sauer vom November und Dezember 1879 die Rede ist,[5] dürfte ident sein mit dem „Akademischen Verein der Germanisten in Wien", der Vortrags- und Diskussionsabende veranstaltete und lithographierte Vorlesungsmitschriften herausgab.[6]

---

[1] *Literarischer Verein; 1917*; S. 8.
[2] *Minor: Centralanstalten; 1894*; vgl. Kapitel *Programmatisches*.
[3] Vgl. Kap. *Programmatisches*.
[4] Die systematische Suche nach diesen Vereinigungen ist erschwert dadurch, daß Vereine, die nach 1970 nicht mehr existierten, aus dem Wiener Vereinskataster skartiert wurden.
[5] Minor-Briefe 49 und 52.
[6] Beispielsweise die Mitschriften der Minor-Vorlesungen *Geschichte der deutschen Litteratur in der klassischen Periode*, Sig. 759773-C der ÖNB, und *Romantik*, Sig. 510/4 der Bibliothek des Germanistischen Instituts der Universität Wien. – Das UAW

- Im November 1880 soll Minor im „Verein der Literaturfreunde" auf Ersuchen des Joseph Ritter von Weilen einen Vortrag halten, doch – so schreibt er an Sauer – „da ich zu faul und müd bin einen neuen zu machen, werde ich aus meinem Collegienheft über Goethe in Weimar 1775–1786 zusammenglauben, was Interesse hat".[1] Der „Verein der Literaturfreunde", 1874 in Wien gegründet, hatte sich die Förderung der Literatur zum Ziel gesetzt und veranstaltete regelmäßig Lesungen und Vortragsabende. Im Verzeichnis von 1884/85 erscheinen neben Minor und anderen auch der Literarhistoriker Georg Brandes, der Schriftsteller Vinzenz Chiavacci und der Schauspieler Ludwig Gabillon als Vortragende.[2]
- Eine „Litterarische Gesellschaft", die Minor Anfang 1894 gegenüber Sauer zweimal in Verbindung mit dem Anglisten Jakob Schipper erwähnt[3] – und der er angehört habe, wie er Marie von Ebner-Eschenbach mitteilt[4], – ist nicht mehr auszumachen;
- ebenso nicht ein „Verein für das Studium der neueren Sprachen und Literaturen", der Minors Schilderung zufolge[5] 1893 an der Wiener Universität eingerichtet wurde und der möglicherweise ident ist mit dem „Wiener neuphilologischen Verein",[6] den er in seinem *Curriculum vitae* erwähnt.
- Minor war auch Mitglied der deutschen „Gesellschaft der Bibliophilen", einem 1899 gegründeten „Zusammenschluß aller Bücherfreunde zu gegenseitiger Förderung ihrer Interessen".[7] Seine letzte große Veröffentlichung, eine Neuausgabe von Achim von Arnims *Ariel's Offenbarungen*,[8] wurde 1912 durch diese Gesellschaft ermöglicht; kurz vor seinem Tod traf er noch mit deren Repräsentanten zusammen, die sich zum Bibliophilentag in Wien aufhielten.

---

bewahrt zwei Fassungen von Satzungen des „Akademischen Vereins der Germanisten in Wien", allerdings erst aus den Jahren 1895 und 1931.
[1] Minor-Brief 84.
[2] *Kürschners Literatur-Kalender; 1886;* S. 85.
[3] Minor-Briefe 152 und 153.
[4] Minor schreibt am 31. 3. 1894: „Hochverehrte Frau Baronin, der Wiener Litterarischen Gesellschaft gehöre ich in der verantwortungsvollen Stellung eines Vicepräsidenten und Ausschussmitglieds nicht mehr an, sondern nur als zahlendes Mitglied." – WStLB, H.I.N. 58811/1.
[5] Minor-Brief 152 und Fußnote.
[6] Keine Eintragungen in der Kartei der universitätsnahen Vereinigungen im UAW.
[7] *Kürschners Literatur-Kalender; 1900;* S. 24.
[8] *Minor: Ariel's Offenbarungen; 1912.*

Ende 1903 erkundigt sich Minor nach der Höhe des Mitgliedsbeitrages der „Gesellschaft für Theatergeschichte"[1] in Berlin, ungewiss bleibt aber, ob er tatsächlich beigetreten ist.

Für den Philologentag in Wien 1893[2] leistet er vorbereitende Arbeiten – er lädt neben anderen Erich Schmidt[3] ein und versucht, auch seinen Freund Sauer[4] sowie seinen einstigen Ordinarius in Prag, Johann Kelle, für Vorträge zu gewinnen[5] – und hält die Begrüßungsansprache. Zum Wiener Neuphilologentag 1898 liefert er einen Festschrift-Beitrag, und wenige Monate vor seinem Tod unterzeichnet er im Frühjahr 1912 noch einen Aufruf zur Gründung des deutschen Germanisten-Verbandes (DGV), kann an der Gründungsversammlung am 29. Mai 1912 allerdings nicht mehr teilnehmen.[6]

Vorschläge an das Nobelpreis-Komitee

Anfang Februar 1908 kommt es zwischen Jakob Minor und Arthur Schnitzler zu einer Verstimmung, nachdem Schnitzler eine Einladung zu einem Bankett der Wiener Akademie der Wissenschaften anlässlich der Verleihung des Grillparzer-Preises an ihn ausgeschlagen hat. Pikiert schreibt Minor an Schnitzler, dass er „von Wien aus alljährlich mit der Unterschrift von einem halben Dutzend Akademikern Vorschläge für moderne Schriftsteller nach Stockholm gehen" habe lassen und fügt hinzu: „künftig wird es mir nicht mehr so leicht sein, Unterschriften zu erhalten".[7]

Bis zu diesem Zeitpunkt hat Minor dem Nobel-Komitee zwei Nominierungen übermittelt. Im Jänner 1904 schreibt er:

---

[1] Minor-Brief 217.
[2] 42. Versammlung deutscher Philologen und Schulmänner vom 24.–27. Mai 1893. – Vgl. *Verhandlungen des Philologentages in Wien 1893. Sektion für germanistische Philologie*, Leipzig 1894, S. 360 f., – der Text ist von Minor redigiert – und UAW, Nachlass Minor, 152.1, 7/21.
[3] Erich Schmidt referiert über die Xenien-Handschriften aus dem Weimarer Goethe- und Schiller-Archiv.
[4] Vgl. Sauer-Briefe 150S-1 bis 150S-3.
[5] Vgl. Kelles ausführliches Antwortschreiben, UAW, Nachlass Minor, 152.1, 12, 14–17.
[6] *Germanisten-Verband: Gründungsverhandlungen; 1912;* S. 5 f.
[7] Aus DLA; A: Schnitzler 85.1.4104/7; vgl. Kapitel *Grillparzer-Preisstiftung*.

> Für den Nobelpreis 1904 erlaube ich mir <u>Henrik Jbsen</u> in Erinnerung zu bringen, der in der Gesinnung wenigstens Jdealist ist. Er hat erst dann das Recht den Preis auszuschlagen, wenn er ihm verliehen ist; wird es aber sicher nicht thun. Das ist <u>seine</u> Sache.
> Prof. Dr. Jacob Minor,
> Professor der Literaturgeschichte an der Universität Wien,
> Korr. Mitglied der Kais. Akademie der Wissenschaften in Wien.[1]

Mit dem Werk Ibsens hatte sich Minor mehrfach und intensiv auseinandergesetzt, unter anderem in *Wahrheit und Lüge auf dem Theater und in der Literatur* – 1894 als Vortrag vor der Grillparzer-Gesellschaft und 1896 als 70-seitiger Beitrag zu August Sauers *Euphorion* – und 1898 in *Ibsen und die moderne Schauspielkunst*, einem Aufsatz für die Wiener *Zeit*.

1906 schickt Minor an die Svenska Akademien wieder einen, diesmal zusammen mit vier Kollegen formulierten, Vorschlag:

> Die Unterzeichneten erlauben sich dem Nobel-Comitee der schwedischen Akademie in Stockholm den deutschen Dichter und Schriftsteller Josef Victor <u>Widmann</u> in Bern in der Schweiz für den literarischen Preis der Nobel-Stiftung in Vorschlag zu bringen. Sie stützen sich nicht bloss auf den Wortlaut, sondern auch auf den Sinn der Statuten, indes sie geltend machen, dass die von dem Genannten herrührende Versdichtung <u>Der Heilige und die Tiere</u> das „vorzüglichste Werk in idealischer Richtung ist, das im verflossenen Jahre im Gebiete der Literatur erschienen" ist. Indem sie dieses Werk ihrem Vorschlage beilegen, damit es für sich selbst spreche, begnügen sie sich damit, auf die Tiefe der Gedanken; auf die weihevolle, wahrhaft religiöse Stimmung; auf das eminent moderne Problem des Mitleids mit der unvernünftigen Kreatur; und auf den Adel der äusseren Form aufmerksam zu machen. Der Verfasser hat eine reiche und ehrenvolle dichterische und schriftstellerische Laufbahn hinter sich: es liegen ungefähr ein Dutzend Werke, in Prosa und in Versen, in epischer und dramatischer Form, von ihm vor, von denen mehrere in wiederholten Auflagen erschienen sind. Von diesen älteren Werken, unter denen eine antike Tragödie (<u>Oenone</u>) und ein reizendes antikes Lustspiel (<u>Lysanders Mädchen</u>) besondere Beachtung verdienen, legen die Unterzeichneten nur die höchst originelle „<u>Maikäferkomödie</u>" bei, die den Dichter von einer anderen Seite zeigt und im Verein mit der oben genannten Dichtung von dem Umfang seines Talentes eine richtige Vorstellung geben kann.
> Wien, im Januar 1906.
>
> pro Dr Erich Schmidt   Hartl
> in Berlin, s. Beilage[2]   Vicepräsident der Akademie

---

[1] SAS Box 2118, No 13; Förslag till Nobel-Pris 1904.

[2] Das beigelegte Schreiben Erich Schmidts lautet:
Dr. J. V. Widmann in Bern scheint mir besonders auf Grund seiner Maikäferkomödie und seines letzten ebenso tiefsinnigen wie formschönen Werkes Der Heilige und die Tiere des Nobel-Preises durchaus würdig zu sein.
Berlin 4. Januar 1906.
Dr. Erich Schmidt

Dr. Jacob Minor
Professor der deutschen
Literatur an der Universität Wien, wirkl.
Mitglied der K. Akademie in Wien.

Th. Gomperz
w. Mitglied der Akademie in Wien

Otto Berndorf
w. Mitglied der Akademie d. W.[1]

Keiner der beiden Nominierten – weder der norwegische Bahnbrecher des Naturalismus', Henrik Ibsen (*1828, † 1906), noch der aus Mähren stammende Josef Victor Widmann (*1842, † 1911)[2] – wird mit dem Nobelpreis für Literatur bedacht; 1904 erhalten der Franzose Frédéric Mistral (*1830, † 1914) und der Spanier José Echegaray (* 1832, † 1916), 1906 erhält der Italiener Giosuè Carducci (* 1835, † 1907), die Auszeichnung. Minor hat keine weiteren Nominierungen vorgenommen oder veranlasst.

Jakob Minor und Karl Kraus

Seine Abneigung gegen die „Kathederreporter"[3] in „unserem Literaturgetriebe",[4] gegen die „feierliche Clique" der Preisverleiher und gegen die „literarhistorischen Schmocks"[5] – unter ihnen auch der „unvermeidliche Professor Minor"[6] – äußert Karl Kraus in der *Fackel* ebenso kompromisslos wie unerbittlich. Selbst wenn er aus der „Clique" einmal Ansichten vernimmt, die er für gewöhnlich gutheißt, höhnt er sie als absurde Anomalien, die den einmal diagnostizierten Ungeist erst recht bestätigen:

> Als ich aber neulich von der Lektüre der ‚Österreichischen Rundschau' erwachte und das Blatt eben zuklappen wollte, gewahrte ich etwas Seltsames. Mein Blick fiel zufällig auf eine Notiz, in der der Name P e t e r A l t e n b e r g stand. Wie hatte sich dieser wunderliche Heilige in das Nachtasyl der Herren Minor und Glossy verirrt? Und ward mit achtungsvoller Liebe empfangen! [...] Peter Altenberg den Lesern der ‚Österreichischen Rundschau' empfohlen, und nicht nur das: die Kuratorien der vaterländischen „Preisstiftungen" getadelt, weil sie diesen Dichter bisher

---

Prof. der deutschen Literatur an der Universität, Mitglied d. Ak. der Wissenschaften.
[1] SAS Box 2118, No 13; Förslag till Nobel-Pris 1906.
[2] Widmann hatte 1905 den Bauernfeld-Preis erhalten; vgl. Kapitel *Bauernfeld-Preis*.
[3] Fackel 321/322, 29. April 1911, S. 16.
[4] Fackel 85, Anfang November 1901, S. 16 f.
[5] Fackel 321/322, 29. April 1911, S. 16.
[6] Fackel 217, 23. Jänner 1907, S. 23.

übergangen haben. Es ist also klar, daß die ‚Österreichische Rundschau' von niemandem redigiert wird.[1]

Das sarkastische Resumée des Karl Kraus lautet in diesem Fall:

> [...] in einem Blatt, an dem ausschließlich Leute mitarbeiten, die Juroren bei den unterschiedlichen Grillparzer- und Bauernfeldpreisen sind, in einem Blatt, das von Berger und Glossy herausgegeben, von Glossy und Minor geschrieben wird, über dem der Geist der Bettelheim und Weilen schwebt, wird darüber Klage geführt, daß die Preisgerichte „immer angstvoll um sich blicken". Es ist grotesk. Vor zwei Wochen kränzten sie Herrn Alexander v. Weilen. Und heute fragen sie erstaunt, warum sie Peter Altenberg nicht prämiiert haben.[2]

Minor gerät nicht erst als Mitglied der „Clique" und ständiger Rezensent der *Österreichischen Rundschau* in die *Fackel*, er wird von Kraus auch als Mitarbeiter der *Neuen Freien Presse* attackiert und zugleich gegen sie instrumentalisiert. Schon in einer der frühen *Fackel*-Ausgaben findet sich Minor so auf doppelt ironische Weise zitiert:

> Der Einfluß, den die ‚Neue Freie Presse' auf jeden, der mit ihr nur in flüchtige Berührung kommt, ausübt, zeigt sich am besten an dem Literarhistoriker Prof. Jacob Minor, der neulich eine Zuschrift an das Blatt, in der er sich über die Idee des phonographischen Archivs ausließ,[3] mit den Worten schloß: „Vielleicht flicht dann auch die Z u k u n f t den Mimen ihre Kränze!"[4]

Ebenso zitiert wird Minor als Mitglied gleich mehrerer literarischer „Preisstiftungen" und Vereine, als Mitarbeiter gleich mehrerer Zeitungen und Zeitschriften, in denen Kraus jeweils Inkarnationen der Phrase erkennt,[5] und zitiert wird er schließlich auch als Germanist und als einer jener Professoren der Literaturgeschichte, „die in keinem Zusammenhange mit der Literatur stehen und darum nur Literarhistoriker heißen".[6]

---

[1] Fackel 191, 21. Dezember 1905, S. 20.

[2] Fackel 191, 21. Dezember 1905, S. 21.

[3] *Über Phonographen im Dienste der Theatergeschichte* (Zuschrift an die Redaktion); *Neue Freie Presse*, 10. Juni 1900 und

[4] Fackel 44, Mitte Juni 1900, S. 31. – Von den insgesamt 35 Beiträgen, die Minor bis zu diesem Zeitpunkt in der bürgerlich-liberalen *Neuen Freien Presse* veröffentlicht hat, sind zwar sieben mit Kürzel und zwei anonym erschienen, doch sind die übrigen Kraus kaum alle entgangen.

[5] Minor hatte Beiträge unter anderem in der von Hermann Bahr mitredigierten fortschrittlich-liberalen Wochenschrift *Die Zeit* und in der von Heinrich Friedjung herausgegebenen radikalliberalen *Deutschen Wochenschrift* veröffentlicht.

[6] Fackel 341/342, 27. Jänner 1912, S. 29.

Der in der gelehrten wie in der allgemeinen Öffentlichkeit angesehene und geachtete Jakob Minor wird also gleich mehrfach und auf nahezu allen seinen Wirkungsfeldern zum Objekt der Aufmerksamkeit des Polemikers und Satirikers Karl Kraus – als Forscher und Lehrer, als Publizist und Schriftsteller, als Kritiker und Preisrichter:

- Mit dem Schriftsteller Minor, über den er bloß vom Hörensagen Bescheid zu wissen meint, beschäftigt sich Kraus betont nebenbei: „Jakob Minor soll eine lesbare Schiller-Biographie geschrieben haben. Ich glaube es nicht, aber es ist möglich."[1]
- Mit dem Forscher und Lehrer Minor beschäftigt sich Kraus mehrmals und über dessen Tod hinaus. – Er kennt Minor aus seiner eigenen Studienzeit an der Wiener Universität; 1892 hatte er Jus inskribiert und nach dem Wechsel an die philosophische Fakultät ab dem Wintersemester 1894 drei Semester lang Germanistik belegt, neben anderem auch Kollegien und Seminare bei Minor:

> 1894: 4st, Deutsche Philologie Goethe – Schiller.
> 1894/95: 3st Deutsche Dichtung 16. Jh. (Hans Sachs); 1st Goethes Faust; 1st Das junge Deutschland (19. Jh.); 2st Seminar für deutsche Philologie (Goethe – Lenau).
> 1895: 4st Geschichte der deutschen Dichtung von Opitz bis Klopstock; 2st Übungen im Seminar für deutsche Philologie; 1st Ausgewählte Capitel aus der Literaturgeschichte des 19. Jhs.[2]

Noch im Mai 1909 schreibt Kraus über Minor als jenen

> [...] Mann, der die Literaturgeschichte macht und dessen Vorlesungen ich eine Abneigung gegen den „Schüller" und den Goethe verdanke, die diese wahrscheinlich gar nicht verdienen, mit einem Wort ein Germanist [...].[3]

- Zugleich mit dem Germanisten und meist ebenso aufmerksam wie ihm widmet sich Karl Kraus schließlich dem Theaterkritiker und Preisrichter Minor. Selbst Kritiker und Richter seiner Zeitgenossen, betreibt Kraus zwischen April 1911 und

---

[1] Fackel 336/337, 23. November 1911, S. 21
[2] UAW, Phil. Fak. Nationalien, Karl Kraus. – Ab WS 1895/96 bis einschließlich SS 1897 hat Kraus noch Vorlesungen zumeist bei Robert Zimmermann und Friedrich Jodl (Philosophie), bei Gomperz (klassische Philologie) und bei Ernst Mach (Geschichte und Theorie der induktiven Wissenschaften) belegt.
[3] Fackel 279/280, 13. Mai 1909, S. 33.

September 1913 in loser Folge eine *Razzia auf Literarhistoriker*[1], in der auch Jakob Minor mehrmals „exemplarisch blamiert"[2] wird.

In einem Nebensatz einer Glosse über *Deutsche Dichter* und ihre Vermarkter schreibt Kraus im Februar 1910 zum erstenmal von seiner Idee, diese „eigene Razzia auf Literarhistoriker zu veranstalten".[3] Ende April 1911 meldet er die *Bevorstehende Razzia auf Professoren der Literaturgeschichte*. Ihr Ziel seien zwar generell die „Kathederreporter, die da in die Nachwelt hineinstinken",[4] doch nimmt Kraus hier bereits Minor aufs Korn, ohne ihn zu nennen:

> Wenn Journalisten Leute sind, die einen Beruf verfehlt haben, so haben sie immerhin einen Beruf erreicht, den die Historiker verfehlt haben. Vollends jene unter diesen, die an der literarischen Entwicklung schmarotzen, führen ein unnützes und ärgerliches Dasein. [...] Literaturgeschichte ist die Unfähigkeit zum Journalismus, aber wenn der Mensch Glück hat, kann er es auch in einem schweren Beruf zu etwas bringen. Der geübteste Literarhistoriker, dem ein Theaterreferat anvertraut ist, wird sich im Anfang etwas unsicher benehmen. Er kann noch von Glück sagen, wenn es sich um „Elga" von Hauptmann handelt. Da hilft eine unzerreißbare Assoziation: Grillparzer, Kloster von Sendomir. Hauptmann hat nämlich nur deshalb an Grillparzer „angeknüpft", damit man auch an Grillparzer anknüpfen kann. Wieso und warum hat er aber ausgerechnet an Grillparzer angeknüpft? Er wurde von der Wiener Akademie der Wissenschaften mit dem Grillparzerpreis gekrönt, und ist dies ein für sich und in seinem Erlebnis, so fühlte sich Hauptmann verpflichtet, daraufhin „gewissermaßen zur Huldigung für den großen Wiener Tragiker", sein Trauerspiel „Elga" zu schreiben. Das gehört sich. Daß er um den Schillerpreis nicht sofort zur Huldigung für Schiller gedichtet hat und für den Bauernfeldpreis nicht an Bauernfeld angeknüpft hat, ist eine bedauerliche Tatsache, die den Literarhistorikern noch Kopfschütteln verursachen wird.[5]

Für die *Österreichische Rundschau*[6] schreibt Minor von 1905 an regelmäßig Theaterkritiken, zumeist von Aufführungen des Burgtheaters. In diesem Jahr erscheint Gerhart Hauptmanns Drama *Elga*, und Hauptmann erhält zum drittenmal den Grillparzer-Preis; einer der Preisrichter ist Minor, der von Beginn an auch im Kuratorium des Bauernfeld-Preises gutachtet und in diesen Jahren überdies die

---

[1] Fackel 321/322, 29. April 1911, bis Fackel 381/382/383, 19. September 1913; mit dem Thema beschäftigt sich Kraus natürlich weiterhin. Vgl. auch: *Razzia auf Literarhistoriker* in: Kraus: Literatur und Lüge, 1987; S. 246–262.
[2] Fackel 336/337, 23. November 1911, S. 21.
[3] Fackel 296–297, 18. Februar 1910; S. 43.
[4] Fackel 321–322, 29. April 1911; S. 16.
[5] Fackel 321–322, 29. April 1911; S. 16 f.
[6] Erster Herausgeber der 1883 von Alfred von Berger mitbegründeten *Österreichischen Rundschau* war Anton Edlinger, für dessen *Literaturblatt* Minor seine ersten Theaterkritiken verfasste.

Vergabe des Schiller-Preises bzw. des Volks-Schillerpreises mitbestimmt. 1905 wird dieser Volks-Schillerpreis erstmals vergeben; Hauptmann erhält ihn für *Rose Bernd*, zuvor hat Wilhelm II. die Verleihung des Schillerpreises an Hauptmann abgelehnt.[1] – Das Beziehungspuzzle aus Andeutungen und Anspielungen, offenen und Pseudo-Zitaten fügt sich und passt fugenlos auf Minor.

Anfangs bloß als „Minordomus der deutsch-österreichischen Literatur"[2] registriert, ist „Rädelsführer Minor"[3] später das erste konkrete und danach häufigste Ziel der Kraus'schen Fahndungsaktionen. Minors Rezension der Burgtheater-Inszenierung von Arthur Schnitzlers Tragikomödie *Das weite Land* für die Oktober-Ausgabe 1911 der *Österreichischen Rundschau* liefert Kraus im November-Heft der *Fackel* den Anlass für die Glosse *Bergführer und Hopf oder Beginn einer Razzia auf Literarhistoriker*.[4] Akribisch macht er sich auf sechseinhalb *Fackel*-Seiten über diese Rezension und ihren Autor her; in einem demonstriert er „das elende Deutsch" und die tratschhafte Weitschweifigkeit, mit der Minor sich in Nebensächlichkeiten verliert, führt ihn als „alten Phrasenkletterer" und alle „dii minores" zugleich mit ihm vor. Auf diese Weise will Kraus

> [...] zeigen, mit welcher Gründlichkeit das Publikum belogen wird und mit welcher Frechheit dieselbe Clique, die die Literaturwerte des Tages kotiert, an der Börse des Nachruhms ihre Geschäfte macht. Die Leute, die den Blick über die großen Zusammenhänge und das Talent für die guten Verbindungen haben, vom Katheder zu stoßen und den Historiker als rückwärts gekehrten Schapsl zu entlarven, ist nachgerade eine unabweisliche Pflicht geworden.[5]

Um also dieser selbst auferlegten Pflicht nachzukommen, benutzt Kraus „Herrn Minor" als willkommenes Demonstrationsexemplar jener „Typen", die „bloß die Kruste der Phrase" sind – zu solchen Demonstrationsobjekten werden neben einigen anderen bald auch August Sauer und Oskar Franz Walzel:[6]

> „Und so etwas verleiht Dichterpreise, sitzt in allen Ausschüssen der Unsterblichkeit und ist, sooft die Literatur das Bedürfnis hat, sich aufs hohe Roß zu setzen, zur Stelle."[7]

---

[1] Vgl. Kapitel *Schillerpreis und Volks-Schillerpreis*.
[2] Fackel 87, Ende November 1901; S. 25.
[3] Fackel 343–344, 29. Februar 1912; S. 43.
[4] Fackel 336–337, 23. November 1911; S. 15–21.
[5] Fackel 336–337, 23. November 1911; S. 21.
[6] Fackel 341–342, 27. Jänner 1912; S. 40.
[7] Fackel 336–337, 23. November 1911; S. 21.

In einer alle Zweifel ausschließenden Hyperbolik macht Kraus auch die Absicht deutlich, mit der er seine „Razzia auf Literarhistoriker" betreibt: „Was soll ich mit den Leuten anfangen? Ich will die, die es schon sind, verstümmeln und darum die nachfolgenden verhindern. Ich will das Handwerk verächtlich machen."[1]

Und schließlich: „Ich will jeden Literarhistoriker beachten und wäre er ein so offenbarer Analphabet, daß er selbst dem Herrn Professor Sauer in Prag auffällt."[2]

Es ist zwar kaum anzunehmen, dass Minor die Kraus'sche Polemik nicht wahrgenommen hat, doch dass er darauf öffentlich reagiert hätte, ist ebenso unwahrscheinlich. Ab Mai 1912 ist Minor überdies krankheitshalber beurlaubt und verbringt seine Tage zumeist schon im Spital.

Die letzte so betitelte Folge der „Razzia" veröffentlicht Kraus im März 1912; er erwähnt Minor darin nicht einmal indirekt.[3] Außer in den seit 1900 an ihn gerichteten wiederholten Zitierungen, Verspottungen und Invektiven wird Minor aber auch nach seinem Tod noch viermal in der *Fackel* genannt: In der Glosse über den Ehrenbeleidigungsprozess gegen Siegfried Trebitsch (Bauernfeld-Preis);[4] im Zusammenhang mit der Neubesetzung der Wiener Lehrkanzel für deutsche Sprache und Literatur durch Walter Brecht im März 1914;[5] dann in einer spöttisch-rhetorischen Frage, ob die *Neue Freie Presse* den Wiener Leihbibliotheksinhaber Ludwig Last oder Jakob Minor „für den eigentlichen Führer der Literatur"[6] gehalten habe, und schließlich erinnert der einst selbst mit schauspielerischen Ambitionen geplagte Kraus 1935 in einer der letzten Ausgaben der *Fackel*[7] an die hundertste Wiederkehr des Geburtstages der Burgschauspielerin Zerline Gabillon unter anderem mit zwei Zitaten aus einem von Minor verfassten Schauspielerporträt – es sind dies die beiden einzigen Erwähnungen Minors in der *Fackel* in neutralem Ton und mit positiver Intention.

---

[1] Fackel 341–342, 27. Jänner 1912; S. 29.
[2] Fackel 343–344, 29. Februar 1912; S. 23.
[3] Fackel 345–346, 31. März 1912; S. 30–43; in einem größeren Abschnitt der Glosse befasst sich Kraus kritisch mit Anmerkungen Heinrich Friedjungs zu Johann Nestroy.
[4] Fackel 376–377, 30. Mai 1913; S. 31.
[5] Fackel 393, 7. März 1914; S. 18 ff.; Fackel 395–397, 28. März 1914; S. 60; und Fackel 399, 18. Mai 1914; S. 24 ff.
[6] Fackel 395–397, 28. März 1914; S. 59.
[7] Fackel 912–915, August 1935; S. 23 f.

Reise in die Neue Welt

Fast 30 Jahre nach der Italien-Reise, die er als junger Student unternommen hat, taucht in einem der Briefe Minors an Sauer der Plan einer Fahrt in die USA auf. Am 27. Dezember 1903 meint er knapp: „Ich gehe mit dem Gedanken um, im Herbst 1904 nach Amerika zu gehen, wo ich um 500 Dollars einen Vortrag halten soll."[1]

Minor ist 1885 von Prag zurück nach Wien berufen worden, Sauer 1883 von Lemberg nach Graz und von hier als Minors Nachfolger nach Prag übersiedelt. Beide sind mittlerweile in Fachkreisen und in der Öffentlichkeit hochangesehen, haben sich mit zahlreichen Editionen und selbstständigen Publikationen hervorgetan und sind trotz Arbeitsüberlastung, einiger Zwistigkeiten und mancher ideologischer Differenzen in freundschaftlich-kollegialem Kontakt geblieben.

Minor hat bereits die Eltern verloren; schon 1896 hat er nach dem Tod des Vaters den väterlichen „Florahof" in Bad Vöslau verkauft, und 1900 ist die Mutter gestorben. Noch wohnt er mit seiner Familie zusammen, schon seit 1894 aber tragen seine Poststücke – zuerst gelegentlich, dann immer öfter – eine neue Absender-Adresse.[2] Das Ehepaar Minor steht vor seiner Scheidung.

Minor organisiert schon seit einigen Jahren sein Leben fast ausschließlich um den Beruf herum und nutzt auch das Reisen schicht- und zeittypischerweise als – wie die Sozialwissenschaft sie nennt – „eine Form des privilegierten Umgangs mit der konfliktgeladenen Beziehung zwischen Schreiben und sexuellen und affektiven Trieben".[3] Seine Absicht, „im Herbst 1904 nach Amerika zu gehen" und einer Einladung zum *Congress of Arts and Science* zu folgen, entspricht also nicht nur den zu Beginn geschilderten Intentionen, die mit verschiedenen Entwicklungsformen des Reisens verbunden sind. In einem wesentlichen Aspekt seiner USA-Reise

---

[1] Minor-Brief 221. – Zum Krone-US-Dollar-Kurs gibt es aus dieser Zeit keine Notiz an der Wiener Börse. Die Oesterreichische Nationalbank errechnet die Kursrelation über die Goldparitäten der beiden Währungen und nennt als Gegenwert: 100 US-Dollar (1904) = 493,49 Kronen. – 500 Dollar wären demnach rund 2500 Kronen.

[2] Ab 1894 sind die Mitteilungen Minors mit neuem Adreß-Stempel versehen: „Wien 3, Strohgasse 1".

Minors bisherige Adressen: Wien-Landstraße, Landstraßer Hauptstraße 8; ab 1870 Wien-Mariahilf, Magdalenenstraße 3; 1878: Wien-Innere Stadt, Bartensteingasse 2; ab 1880: Wien-Wieden, Heumühlgasse 6; Sommersemester 1882 Mailand; Sommer 1882 Wien-Wieden, Carolinengasse 16a; ab Herbst 1882 Prag, Stefansgasse 3; ab 1885 Wien-Landstraße, Landstraßer Hauptstraße 88.

Minors Adressen ab 1894: Wien-Landstraße, Strohgasse 1; ab 1895: Wien-Landstraße, Strohgasse 11; ab 1904: Wien-Wieden, Johann-Strauß-Gasse 36.

[3] Vgl. *Pollak: Wien 1900; 1997;* S. 226 f.

spielt Minor nun auch mit demselben Verhaltensmuster, das Hugo von Hofmannsthal seinem Freund Richard Beer-Hofmann 1902 in einem zeitgeistig-ironischen Gedicht unverblümt nahelegt:

> Ist Weib und Kind nur weit genug,
> Gleich nimmt der Pegasus den Flug,
> Und hüpft mit auserlesnem Tact,
> von Vers zu Vers, von Act zu Act.
> Drum Dichter, laß dir dieses künden:
> Wohl sollst du einen Herd dir gründen,
> Doch *wenn* er dann gegründet ist,
> so laß ihn stehn nach kurzer Frist,
> laß von der Muse dich begleiten
> und schätze Weib und Kind –
> von weitem.[1]

Der *Congress of Arts and Science*

Der internationale *Congress of Arts and Science*, der im Herbst 1904 in Saint Louis in Missouri stattfand, war unmittelbar verbunden mit den Olympischen Spielen und der Weltausstellung dieses Jahres. Das Olympische Komitee hatte ursprünglich Chicago zum Veranstaltungsort gewählt; nach Intervention Präsident Roosevelts mussten die Spiele aber nach Saint Louis verlegt werden,[2] wo „die Hundertjahrfeier der Abtretung Louisianas durch den Ersten Konsul Bonaparte an die Republik der Vereinigten Staaten"[3] zugleich als Weltausstellung begangen werden sollte. Bereits das Programm der Spiele bot neben den sportlichen auch literarische und künstlerische Veranstaltungen[4], nun gaben die Ausstellungsverantwortlichen dem gesamten Ereignis zusätzliche Dimensionen, indem sie den Kongress unter das Thema stellten: „The Progress of Man since the Louisiana Purchase"[5].

Idee des Kongresses war, die führenden Köpfe der Welt aus allgemeinen und angewandten Wissenschaften, aus Philosophie, Politik und Religion zu versam-

---

[1] *Weber: Hofmannsthal-Briefwechsel; 1972;* S. 115.
[2] Eine erste Verknüpfung von Olympischen Spielen und Weltausstellung war 1900 in Paris erfolgt: „Noch zweimal – 1904 und 1908 – mußten wir aus Budgetgründen die Bindung an Ausstellungen ertragen." – *de Coubertin: Erinnerungen; 1931;* S. 66.
[3] *de Coubertin: Erinnerungen; 1931;* S. 70.
[4] Vgl. *de Coubertin: Erinnerungen; 1931;* S. 70.
[5] *Rogers: Kongreß St. Louis; Vol. 1, 1905;* S. 6.

meln und im Versuch einer fachüberschreitenden Standortbestimmung den Weg zum gemeinsamen Fortschritt zu ebnen.[1] Dahinter stand die Vermutung, dass bei der zunehmenden Spezialisierung der Wissenschaften Zusammenschau und Überblick den Forschern und der Forschung nicht nur Anregungen, sondern auch praktischen Nutzen brächte. Als konkretes Ziel der Zusammenkunft formulierte man die Koordinierung des verfügbaren Wissens („unification of knowledge").[2]

Während der sechs Kongresstage vom 19. bis einschließlich 24. September wurden aus 127 Fachgebieten (= 127 Sektionen innerhalb von sieben Divisions des Kongresses) jeweils zwei 45-minütige Referate über deren Entwicklung während der vergangenen hundert Jahre und über deren aktuelle Probleme gehalten. Alle Referate wurden gegen ein Honorar von 150 Dollar[3] erworben und anschließend veröffentlicht[4] – „thus constituting a comprehensive work exhibiting the unity, progress, and present state of knowledge".[5]

In dieser idealistischen Haltung war es den Veranstaltern gelungen, eine beeindruckende Zahl wissenschaftlicher Kapazitäten zu Anreise und Beiträgen zu motivieren. Vom Frühjahr 1903 an waren Einladungen erfolgt, die zum Teil persönlich überbracht, ansonsten im Schneeballsystem nach Empfehlung weitergereicht wurden. – Im Kongressbericht heißt es dazu allerdings auch:

> The public and even the Exposition authorities have probably never realized the delicacy and the extremely careful adjustment exercised by the Organizing Committee in their summer's campaign. Scientists are as a class sensitive, jealous of their reputations, and loath to undertake long journeys to a distant country for congress purposes.[6]

Bis Ende September 1903 hatten die Mitglieder des Organisationskomitees allein in Europa mehr als 150 Einladungen ausgesprochen, von denen 117 angenommen wurden.[7] – Eine dieser Einladungen erreichte Jakob Minor, der seinerseits August Sauer auf die Einladungsliste reklamierte. Gegen Ende Frühjahr 1904

---

[1] *Rogers: Kongreß St. Louis; Vol. 1, 1905;* S. 6.
[2] *Rogers: Kongreß St. Louis; Vol. 1, 1905;* S. 51.
[3] 150 Dollar entsprachen rund 750 Kronen.
[4] *Rogers: Kongreß St. Louis; Vol. 1–8, 1905.* – Minors Belegexemplare der Kongressdokumentation samt einem Begleitbrief des Präsidenten der Weltausstellung, David R. Francis, befinden sich in der Universitätsbibliothek Wien.
[5] Vgl. *Rogers: Kongreß St. Louis; Vol. 1, 1905;* S. 9.
[6] *Rogers: Kongreß St. Louis; Vol. 1, 1905;* S. 17.
[7] An Reisespesen erhielten Teilnehmer aus den USA jeweils 100 und Teilnehmer aus Übersee jeweils 400 Dollar (400 Dollar entsprachen rund 2000 Kronen). – *Rogers: Kongreß St. Louis; Vol. 1, 1905;* S. 9.

war die angepeilte Gesamtzahl von rund 500 Referenten praktisch komplett; ein gutes Viertel davon kam aus dem Ausland, der überwiegende Teil davon wiederum aus Europa.[1] – Minor und Sauer bestritten die beiden Programmpunkte in der Sektion E (Germanic Literature) des Department 6 (History of Literature) aus Division B (Historical Science). Sauer beschäftigte sich in seinem Beitrag mit dem „Einfluß der nordamerikanischen auf die deutschsprachige Literatur",[2] Minor referierte „Die Aufgaben und Methoden der moderneren Literaturgeschichte".[3]

Im Rahmenprogramm zum Kongress wurden den rund 800 Teilnehmern Exkursionen und Bankette geboten, Vortragende wurden von Präsident Roosevelt zu einem Empfang gebeten. Das Abschlussbankett mit nahezu 700 Gästen fand im Hotel *Tyrolian Alps* in Saint Louis statt; als Ehren-Vizepräsident des Kongresses und für die österreichische Delegation sprach Theodor Escherich.

Während Olympische Spiele und Weltausstellung von Saint Louis 1904 im Rückblick eher negativ beurteilt wurden,[4] meinten die Kongressverantwortlichen überschwänglich: „The immediate results of the Congress are highly satisfactory, and fully repay the work and the cost both from a scientific and an exposition standpoint." Und sie resümierten: „In organization, guidance, and results the Congress was the most notable of its kind in history."[5]

---

[1] Aus Österreich waren zu Vorträgen eingeladen die Universitätsprofessoren Ludwig Boltzmann (Angewandte Mathematik), Theodor Escherich (Kinderheilkunde), Jakob Minor (Deutschsprachige Literatur), Albrecht Penck (Physikalische Geographie), Eugen Philippovich von Philippsberg (Logistik) und Julius Wiesner (Physiologische Botanik) sowie Feldmarschallleutnant i. P. Gustav Ratzenhofer (Soziologie), alle aus Wien, und Universitätsprofessor August Sauer (Deutschsprachige Literatur) aus Prag. Professor Escherich war überdies zu einem der sieben Ehren-Vizepräsidenten des Kongresses ernannt worden. Am parallel stattfindenden geographischen Kongress nahm Dr. Emil von Tietze., Direktor der k. k. geologischen Reichsanstalt, aus Wien teil. – Fischer: *Rückblick Weltausstellung 1904*.

[2] *The Influence of North American Literature on German Literature.* In: *Rogers: Kongreß St. Louis; Vol. 3, 1905;* S. 477–497.

[3] *The Problems and Methods of Modern History of Literature.* In: *Rogers: Kongreß St. Louis; Vol. 3, 1905;* S. 498–508. – Vgl. Kapitel *Zu Aufgaben und Methoden.*

[4] Vgl. *de Coubertin: Erinnerungen; 1931;* S. 76, und *Fischer: Rückblick Weltausstellung 1904.*

[5] *Rogers: Kongreß St. Louis; Vol. 1, 1905;* S. 42 und S. 44.

Die Reise nach Amerika

Nachdem Minor seinem Freund Sauer gegenüber am 27. Dezember 1903 den Plan einer Reise in die USA zum erstenmal kurz erwähnt hat, vermittelt er nur einen Tag später den Eindruck, als hätte er ihn bereits gebeten mitzukommen:

> Lieber Sauer, in aller Eile eine große Frage. Ich soll mich entscheiden, ob ich im Herbst nach St Louis gehe und dort einen 3/4 stündigen Vortrag halte. Auch Muncker ist geladen, aber <...> bedenklich geworden. Von uns gehen Philippovich, Escherich, Penck u. a. Man erhält 500 Dollars für die Reise. Ich frage wieder an, ob Du, falls Muncker nicht geht, Lust hättest? Wir beide, das denke ich mir herrlich! Es ist aber nur eine private Anfrage vor der Hand, die ich geheim zu halten hätte. Ebenso würde Deine Antwort vorläufig nur im Prinzip gelten, für Dich nicht bindend sein. Wir hätten vom 16. bis 23. September dort zu sein und einmal vorzutragen. Überleg Dirs u. sag' im Prinzip ja, aber bald![1]

Sauer antwortet offenbar überrascht und reserviert, denn im folgenden (nicht datierten) Billet schreibt Minor:

> Ich melde nach Amerika: allein komme ich nicht, wenn ich aber einen Reisegenossen finde, komme ich. Und ich lasse einfließen, daß Du, wie ich gelegentlich erfahren hätte, bereit wärst zu folgen, wenn eine Einladung an Dich ergine. Auf gleiche Weise ist ja auch die Einladung der übrigen erfolgt: man hat immer erst gefragt, ob der Einzuladende auch Lust hätte.
> Ich bitte also um umgehende Antwort: 1) ob Du bei offizieller Einladung gingest. 2) ob Du auch allein, ohne mich, gingest oder (wie ich) von einem Reisegenossen abhängig bist.[2]

Minor ist bereits vom Reisefieber gepackt, doch plagen ihn auch Zweifel. Am Heiligedreikönigstag 1904 schickt er, ohne Sauers Antwort abzuwarten, die nächste Anfrage. Es ist die vierte innerhalb von zehn Tagen:

> Muncker hat definitiv abgesagt und ich bin in schwerem Zwiespalt. Unmöglich wäre es mir <...> mit einem fremden Menschen 1 Woche lang zusammen zu sein, auch wenn er nicht seekrank ist. Auch hört und liest man über das Clima von Louisiana nicht viel Gutes; im Sommer enorme Hitze, wie Siedhaus, und gelbes Fieber. Schlechte Kost in ganz Amerika, wie Lorenz sagt. Muß mirs überlegen und in der nächsten Woche zu- oder absagen. Wahrscheinlich werde ich die Bedingung machen: daß ich mit einem Collegen (A S) komme oder nicht. Zu zweien lässt sich die Sache viel freundlicher an; sie hat doch auch viele gute Seiten.[3]

---

[1] Minor-Brief 222.
[2] Minor-Brief 223.
[3] Minor-Brief 224.

Ende Jänner meldet Minor zwischen Ankündigungen und Details zu Beiträgen für den *Euphorion*: „Nach Amerika habe ich geschrieben: beide – oder ich auch nicht."[1] Zwei Wochen später streift er das Thema nur noch beiläufig: „[...] ich erwarte täglich Nachricht aus Amerika, bis heute habe ich nur zahllose Offerten und Einladungen erhalten."[2] Danach ist in der Korrespondenz vorerst keine Rede mehr von dem Reiseprojekt. Doch in der Zwischenzeit holt Sauer selbst Auskünfte ein – offenbar erkundigt er sich auch bei Muncker in München – und stellt schließlich Fragen, die Minor Anfang April so beantwortet:

> Dein freundliches Schreiben lässt mir freilich wenig Hoffnung; denn die Bedenken, die Du nicht mit Unrecht geltend machst, wären ebenso gut vor 2 Monaten in Betracht gekommen. Ich mache aber doch den Versuch sie zu beantworten:
> 1) Muncker rechnet die Karte mit dem Schnell-Dampfer, was mindestens 500 Mark[3] Unterschied macht. Zur Reise nach St Louis und zurück reichen 500 Dollar; ob wir eine weitere Vergnügungsreise damit verbinden wollen und wie weit, steht bei uns. Das würden wir drüben noch einrichten können. Nicht zu übersehen ist, daß wir die Zeit über von dem Gelde leben.
> Du hast die Papiere wol nicht genau angesehen: Das Geld wird sofort beim Eintreffen in St Louis ausgezahlt, wo auch die Wohnung frei ist. Die Ausstellung ist kein Privatunternehmen, sondern steht unter der Bürgschaft der U. S. A. Eine andere Abmachung als die offizielle Einladung hat Escherich nicht für nötig gehalten, auch keiner der anderen Herren.
> 2) Das Thema ist frei; wähle und telegraphire, daß Du nur über XY vortragen würdest. Übrigens kannst Du ohne Unkosten dem Wortlaut entsprechen: Grillparzer und Beethoven.
> 3) Um den 20 Oktober muß ich auch zuhause sein, habe Staatsprüfungen (da ich hier alleine Prüfer für Hauptfach bin) und muß wie Du zu lesen beginnen. Das gilt von allen andern Collegen auch: Penck, Philippovich, Bolzmann.
> Eine telegraphische Antwort ist von mir nicht verlangt worden; am besten würden wir gemeinsam zusagen.
> Die Reise ist heute, wie vor 2 Monaten, ein Risiko, keine Spazierfahrt. Sie kann herrlich und sie kann ungemütlich werden, wie alles außergewöhnliche. Ich bin nicht der Einzige, der dafür ist, und wir sind nicht die Einzigen, die das Risiko auf sich nehmen. Eine Verantwortung lehne ich ab und überlasse es Deiner freien Entscheidung. Nur besonders lege ich Dir nahe Ja zu sagen, als ich begreiflicher Weise jetzt in einer schwierigen Lage bin. Und wenn Du mit Nein antwortest, dann wäre ich Dir freilich verbunden, wenn Du mir etwas souflieren könntest, was ich mit Anstand zur Absage benutzen kann.
> Sei versichert, daß ich Deine freie Entscheidung nicht behindern will und sage nur Ja, wenn Du noch so viel Lust hast wie früher.

---

[1] Minor-Brief 225.
[2] Minor-Brief 226.
[3] Die Kursblätter der Wiener Börse weisen für 1904 einen Mittelkurs von 117,4 Kronen für 100 Mark aus. – 500 Mark entsprachen also rund 590 Kronen.

> Der Krieg¹ macht natürlich vor der Hand nichts. [...]
> NB Ich werde wol, um mein Wort zu halten, allein gehen.²

Minor und Sauer beschließen, am Kongress teilzunehmen, melden die erbetenen Vorschläge ihrer Beiträge und diskutieren danach finanzielle und organisatorische Details: Angefangen bei der Frage, wieviel Bargeld mitzunehmen sei, über die günstigste Lage der Kabinen für die Überfahrt und die Maße der Koffer bis hin zur Entscheidung, ob die englische der deutschen USA-Ausgabe des Baedeker vorzuziehen sei. Zu Geldangelegenheiten erbittet Minor zwischendurch Ratschläge bei Moriz Benedikt, dem Herausgeber der *Neuen Freien Presse*, und gibt sie an Sauer weiter. Ab April erschwert sich die Korrespondenz mit dritten vorübergehend, da Minor aus der ehelichen Wohnung in Wien-Landstraße ausgezogen und nach Wien-Wieden übersiedelt ist.

Die Reisevorbereitungen konkretisieren sich bis zum Beginn der Sommerferien: Um 500 Mark³ wird bei der Hamburg-Amerika-Linie eine Doppelkabine für die neuntägige Überfahrt auf der „Hamburg" gebucht; die nötigen Anzahlungen werden geleistet, Kreditbriefe beantragt und Konten eröffnet – auf seinem Kreditkonto deponiert Minor 2500 Kronen und rät dem Reisegefährten, dasselbe zu tun.

Ende Mai schreibt Minor nach Prag, dass an der Wiener Universität der übliche Termin der Lehramtsprüfungen „uns Amerikanern zu Liebe um 3 Wochen hinausgerückt" worden sei und empfiehlt: „Thut desgleichen, damit es keine Hetze wird."⁴ Mitte Juni ergänzt er: „Ich nehme Urlaub bis 9. November für alle Fälle. Reise aber mit Dir zurück." Außerdem klagt er über ehelichen Zank:

> Was ich durchmache, ist nicht zu beschreiben. [...] Mir bleiben, wenn ich jetzt in Pension gehen müsste, nach ihrer Forderung 800 Kronen jährlich [...]. Sie setzt mir kaltblütig das Messer an die Kehle. Die bringt mich ins Grab, so oder so!⁵

In diesen Tagen trifft noch eine Einladung der „alten deutschen Studenten in Amerika" ein; sie wollen zu Ehren der deutschsprachigen Kongressteilnehmer in New York einen festlichen Abend ausrichten.⁶ Sauer hat offenbar mit seinen Referatevorschlägen Probleme, und Minor beruhigt:

---

[1] Minor meint den Rosenkrieg, den er mit seiner Frau führt, also die eigenen Eheprobleme.
[2] Minor-Brief 231.
[3] 500 Mark entsprachen rund 590 Kronen.
[4] Minor-Brief 238.
[5] Minor-Brief 243.
[6] Minor-Brief 247.

> Wegen des Thema[s] solltest Du nicht so energisch [...] den Sack vor die Thür werfen. Ich bin bereit, über den gegenwärtigen Stand der Dinge und die Probleme in unserer Wissenschaft zu reden. [...] Ich bringe also <u>zwei</u> Vorträge mit: Über die Hauptprobleme und über den Ewigen Juden.[1]

Anfang August berichtet Minor dann vom ebenso überraschenden wie erfreulichen Offert des Reiseunternehmers Cook,

> [...] der sich anbietet, uns in der sog. Professorentour um 146 Dollars sammt Gepäck, Verpflegung während der Reise, Fahrkosten erster Klasse und Hotels ersten Ranges nach Niagara, St. Louis, Washington, Boston etc. zu bringen bis zurück nach New York. Keine Frage, daß wir das annehmen müssen.[2]

Aus den Urlaubsorten – Minor in Warnemünde, Sauer im Ostseebad Zinnowitz – vereinbart man prompt, diese Rundreise zu buchen. Sie führt

> [...] von Newyork an den Niagara, von da durch Kanada nach Chicago und zum Kongreß nach St. Louis, dann über Washington, Philadelphia und (um Newyork zu Schiff herum) nach Boston, und endlich wieder zurück nach Newyork [...];[3]

die erforderlichen Formalitäten erledigt Sauer; Minor schickt die mittlerweile eingetroffenen Passage-Tickets, erinnert den Reisekollegen eindringlich an die „rigorosen Vorschriften für das Eintreffen und das Reisegepäck"[4] und schildert, wie er die eigenen Geldangelegenheiten geregelt habe: „Ich habe mir für alle Fälle einen Kreditbrief von $ 400[5] nach Amerika, u. von M. 800[6] nach Hamburg u. Bremen ausstellen lassen."[7] Danach vereinbart Minor noch das Zusammentreffen in Hamburg: „Es bleibt also dabei, daß ich Dich am 30. zwischen 9 und 10, vielleicht auch früher, im Hotel Waterloo abhole."[8]

Unmittelbar darauf, am 1. September, gehen die beiden „im Cuxhaven mittelst eines kleinen Dampfbootes unter den Klängen der deutschen Bundeshymne an Bord des Dampfers ‚Hamburg'."[9] – In einem Beitrag für die *Neue Freie Presse* schildert Minor ein Jahr später seine Eindrücke von der Seereise:

---

[1] Minor-Brief 248.
[2] Minor-Brief 250. – Die angebotene Tour kostete exakt 148 Dollar, was rund 730 Kronen entsprach.
[3] *Neue Freie Presse*, 5. Okt. 1905.
[4] Minor-Brief 253.
[5] 400 Dollar entsprachen rund 2000 Kronen.
[6] 800 Mark entsprachen rund 940 Kronen.
[7] Minor-Brief 254.
[8] Minor-Brief 256.
[9] *Neue Freie Presse*, 7. Sept. 1905.

> Wir haben auf der Hinfahrt und auf der Rückfahrt alles mitgemacht, vom Sturm bis zum Nebel. [...]
> Bei ruhiger Fahrt das Spiel der delphinartigen Begleiter [...] oder in weiter Entfernung der Springbrunnen, der den Wal anzeigt [...]. Bei sternenheller Nacht dann das Meeresleuchten, [...] dem meines Wissens noch kein Dichter jenen elementaren Ausdruck gegeben hat, den Goethe für die Anziehungskraft des Wassers gefunden hat.
> [Auf der Heimfahrt] sind wir 24 Stunden verspätet, in Cuxhaven eingelaufen und konnten in der „Nationalzeitung" mit vollem Behagen die Meldung aus Dover lesen, daß der Dampfer „Prätoria" seit 24 Stunden vermißt werde. [...].
> Bei mir, einem schwachen Esser, hat sich die Seekrankheit in der milden Form eines unstillbaren Hungers gezeigt. [...] Die Hamburg-Amerika-Linie wird durch mich nicht reich geworden sein, wenigstens nicht auf der Rückfahrt, da wir bei den billigeren Preisen der Wintersaison und der langen Fahrt in der besten Kajüte kaum mehr als zwanzig Mark für den Tag zahlten. [...]
> Seekrankheit ist eine Kopfkrankheit [...]; und ich mußte immer an Exners sechsten Sinn, den Sinn für die Gleichgewichtserscheinungen, denken und fühlte mich in mancher Hinsicht an das Radfahren erinnert. [...] Nach und nach bildete sich auch beim Stehen ein energisches Spiel der Muskeln heraus [...]. Von da an fühlt man sich auf dem Schiffe erst sicher und genießt die Vorteile dieses bequemsten und freiesten aller Kommunikationsmittel. Man stelle sich nur einmal eine Eisenbahnfahrt von zwölf Tagen und ohne jede Unterbrechung vor! [...]
> Als wir in Hamburg den Dampfer betraten, bot das Elend der Auswanderer auf dem Zwischendeck ein so grausiges Bild, daß einem jeden die Tränen in die Augen traten. [...] Und drei Tage später ruft uns der Lärm von Trommeln und Pfeifen auf das Deck. [...] Und so jubeln sie aus der alten in die neue Welt hinüber, von der sie sich das Paradies versprechen. [...][1]

In zwei weiteren Artikeln für das Feuilleton der *Neuen Freien Presse*[2] berichtet Minor auch von seiner Rundreise durch die USA. In die überaus positive Schilderung seiner Eindrücke von Land und Leuten[3] fügt er zwar auch Beobachtungen aus der Perspektive des fachlich interessierten Literaturwissenschafters, Bemerkungen oder Urteile zum Kongress finden sich allerdings keine:

> Der richtige europäische Staatsbürger, wenn er im Begriffe steht, eine Reise zu tun, versieht sich zunächst mit einem Paß, seiner gehörigen Legitimation. [...] Ich bin aber nicht in die Lage gekommen, von dem Dokumente Gebrauch zu machen.

---

[1] *Neue Freie Presse*, 7. Sept. 1905.

[2] *Neue Freie Presse*, 5. und 7. Okt. 1905.

[3] Zur Relativierung eine Passage aus H. G. Wells: *Die Zukunft in Amerika* (*The Future in Amerika,* 1907). Diederichs, Jena, 1911: „Mangel an Disziplin! Das ganze Chicago ist ein heiserer Schrei nach Disziplin! Der Gestank und die Anstößigkeit der Schlachtviehhöfe ist eigentlich nur eine ins ungeheure gesteigerte Variation jener selben Eigentümlichkeit des amerikanischen Lebens überhaupt, der wir in kleinerem Maßstab im Schmutze der Trottoirs der großen Städte begegnen."

Auch nach Stand, Titel und Würden hat mich niemand befragt; ich war und blieb in Amerika Mr. Minor (sprich Meinor) schlechtweg. [...]

Was das Straßenleben betrifft, so habe ich [...] nirgends ein öffentliches Aergernis, keine Unanständigkeit und keine Gewalttat, kein Einschreiten der Polizei, keinen Betrunkenen und auch keinen Bettler gesehen. [...] Gleich als ich in Pilsen zum erstenmal wieder den Fuß auf vaterländischen Boden setzte, war der erste, der mich begrüßte, ein bettelnder Krüppel mit einer Menge von Ehrenzeichen und Medaillen, der entweder diese nicht verdient oder es nicht verdient hatte, sein Brot erbetteln zu müssen. [...]

Ein Gefühl der Unsicherheit, ja der Gefahr habe ich [...] nur einmal gehabt, nämlich als wir auf einem Automobil durch die City von Newyork fuhren. Hier drängt und schiebt sich alles hinter- und durcheinander. [...]

Das Straßenleben ist ja auch in den Städten des amerikanischen Ostens bunter und vielfarbiger als bei uns [...]. Nur eines vermißt das Auge des europäischen Festländers: das bunte Tuch der militärischen Uniformen. [...] Wie wenig aber der Amerikaner im allgemeinen für Militärisches hat, das zeigte sich gleich bei unserer Ankunft in St. Louis. Es war gemeldet worden, daß sich in unserer Reisegesellschaft auch ein österreichischer Feldmarschallieutenant befinde, und das uns erwartende Comitté hatte bei unserem Aussteigen alsbald meine so ganz unmilitärische Erscheinung aufs Korn genommen. [...][1]

Chicago und St. Louis sind gewiß amerikanische Städte von dem echten Typus, der sich zuerst in Newyork zeigt. Aber wie Newyork seinen Hafen, so hat Chicago seinen Michigansee und St. Louis hatte wenigstens in unseren Tagen seine Ausstellung mit den märchenhaften Wasser- und Lichtwirkungen. Philadelphia hat seine eigentümlich gebauten und gefärbten Häuser und seinen Park. Washington aber, der Sitz der Regierungsgewalten, präsentiert sich als eine ganz europäische Stadt von wohltuender Stille, Würde und Feierlichkeit, ein amerikanisches Weimar in der entsprechenden Vergrößerung. In Boston könnte ein deutscher Gelehrter ebenso gut wie in Wien oder Berlin leben, falls es nicht vorzieht, in das noch ruhigere Cottage von Cambridge zu übersiedeln und der berühmten Harvard-Universität, der ersten Hochschule des Landes, nahe zu sein. [...]

Es ist begreiflich, daß uns Gelehrte besonders die vortrefflichen Bibliothekseinrichtungen interessiert haben, und zwar nicht bloß die der großartigen Nationalbibliotheken, wie zum Beispiel der in Washington, sondern auch die der kleinen Seminarbibliotheken in den Colleges. Wer einmal in der Mitte der Rotunde des Lesesaales in Washington ein Buch verlangt und gesehen hat, wie der diensthabende Beamte den Zettel einfach der Maschine anvertraut und durch einen Druck auf den Knopf bewirkt, daß das Buch nach zwei Minuten auf maschinellem Wege wie auf eigenen Füßen heraufspaziert; wer die ungeheuren, lokomotivähnlichen Dampfmaschinen in den Kellerräumen gesehen hat, welche diese Maschinen in Bewegung setzen, der begreift, daß die bloße Verwaltung dieser Bibliothek mehr kostet, als die ganze Dotation irgend einer deutschen oder österreichischen Bibliothek ausmacht. Aber auch die Zettelkataloge meiner Seminarbibliothek in so sauberer Ausstattung und in so schmucken Kästen anzulegen, wie das zum Beispiel in Evanston (bei Chicago) geschieht, würden die schmalen Mittel, die uns zu Gebote stehen, nicht erlauben. [...]

---

[1] *Neue Freie Presse*, 5. Okt. 1905.

> Von den amerikanischen Frauen auch ein Wort zu sagen, so bin ich dem Typus der überspannten und exzentrischen Amerikanerin, von dem in Europa so viel die Rede ist, nirgends begegnet [...]. Ich habe nur zwei andere Typen angetroffen: liebenswürdige Weltdamen und ganze Legionen hart arbeitender Frauen. [...] Dazu kommt nun eine für den Europäer ganz unglaubliche Liebenswürdigkeit und Unbefangenheit im Verkehr. Damen reden die Herren an, auch vollkommen fremde [...]. Die amerikanische Frau ist für die Gesellschaft geboren; ich wünschte nur, daß sie auch eine andere Form der Geselligkeit ausfindig machte, als die entsetzlichen Rezeptions. Man lädt so viele Menschen, als stehend in den Räumen Platz haben, auf einen Abend ein, und stundenlang wird nun die Unterhaltung stehend geführt. [...][1]

Diese USA-Berichte abschließend, bietet Minor – inzwischen von seiner Frau geschieden – auch einen Blick auf seine Befindlichkeit:

> Ich wäre nicht mehr jung genug, um mich in Amerika einzugewöhnen, und möchte nicht drüben leben. Ich habe es aber mit dem größten Interesse kennen gelernt und bin mit dem tiefsten Respekt von ihm geschieden. Die vier Wochen, die ich nach starken Seelenstürmen auf dem amerikanischen Festlande zugebracht habe, waren für mich eine unvergleichliche Zerstreuung, vielleicht sogar noch etwas mehr.[2]

Gute 25 Jahre zuvor hatte er mit dem Gedanken gespielt, nach Amerika auszuwandern, und hatte Sauer gestanden, er „hätte Lust hinzugehen".[3] Nun, als 50-jähriger, gesteht er im Artikel über seine Erinnerungen an die Schiffsreise wehmütig:

> Niemand wird sich wundern, wenn ich sage, daß ich in den fünfundzwanzig Jahren, seitdem ich Professor bin, nur ein einzigesmal zehn Tage lang keine Zeile gelesen habe: das war auf der Fahrt nach Amerika. Sie gehört zu den frohesten und glücklichsten Tagen, die ich erlebt habe.[4]

„Weg von hier – das ist mein Ziel"

Neben den Absichten, die Minor mit seinen beiden großen Reisen nach Italien und in die USA bekundet und verknüpft, neben den mehr oder weniger vordergründigen Intentionen, die er dabei erkennen lässt, verfolgt er zumindest zwei weitere Motive, die trivial erscheinen, solange man jedes isoliert betrachtet.

---

[1] *Neue Freie Presse*, 7. Okt. 1905.
[2] *Neue Freie Presse*, 7. Okt. 1905.
[3] Minor-Brief 100.
[4] *Neue Freie Presse*, 7. Sept. 1905.

In einem Brief aus Italien schreibt Minor beispielsweise: „Gewiß ist, daß kein Lebender eine richtige Vorstellung der Antike hat, der Rom unbesehen lassen mußte."[1] Ohne sie zu nennen, ruft er damit Goethe, Herder, Seume und andere berühmte literarische Köpfe zu Zeugen. – Was Minor damals so bewusst oder unbewusst betreibt, bezeichnen die Verhaltenswissenschaften heute als „standesgemäßes Reisen":

> Standesgemäßes Reisen hebt [...] ab und setzt gleich: Es hebt ab vom gemeinen Volk, das an den tristen Alltag heimischer Arbeitsplätze gekettet ist, und es setzt [...] gleich mit [...] illustren [...] Reisenden. Künstler, Manager, Politiker – man ist sich eins im Bewußtsein, daß solche Reisen Auszeichnung und Kriterium von Wichtigkeit sind.[2]

Anschließend an die Teilnahme am *Congress of Arts and Science* hält Minor in seinem USA-Bericht fest: „Mich begrüßte der Präsident mit den zwar mit fremdem Akzent, aber in tadellos korrektem Deutsch gesprochenen Worten: ‚Ich spreche zwar kein Wort Deutsch, aber ich lese sehr viel Deutsch, und ich liebe vor allem die deutsche Poesie'."[3] – Evident wird an dieser Stelle:

> Standesgemäße Reisen schmücken auch, sie nähren den Ruf und das Prestige des Reisenden. Besonders dort, wo Einladungen vorliegen und Reisen durch Veranstalter oder Geldgeber finanziert sind, wo man gebeten wird, doch zu kommen und selbst vorzutragen, wird standesgemäßes Reisen zum Ausdruck des eigenen Kurswertes [...] und als solcher genutzt und gehandelt.[4]

Die Auszeichnung aber, die Minor aus diesem „standesgemäßen Reisen" lukriert, dient ihm offenbar auch zur Kompensation, zumindest in Form von Beschwichtigung und Trost:

Er bezieht Beschwichtigung darüber, dass die Problemflucht, die er mit den beiden großen Reisen verbindet, die eigentliche Lösung seiner Probleme keineswegs fördert, und Trost darüber, dass er ahnt oder erkennt, wie er in seinem unbedingten Drang nach Individualität und Unabhängigkeit sich zunehmend isoliert: 1875 erwartet er noch optimistisch, dass mit der Fahrt durch Italien „das lebendigste Dasein die vollste Wirkung üben soll". Im Juni 1905 – wohl auch unter dem Eindruck des Selbstmordes seines Lehrers und langjährigen Kollegen Heinzel – fragt er seinen ehemaligen Reisebegleiter in die USA, Sauer, der im Nachruf auf

---

[1] Minor-Brief 4.
[2] *Gingrich: Reisen zu anderen Kulturen; 1992;* S. 155.
[3] *Neue Freie Presse,* 7. Okt. 1905.
[4] *Gingrich: Reisen zu anderen Kulturen; 1992;* S. 155.

Minor von dessen Einsamkeit und Verbitterung schreiben wird, nur noch kummervoll und verzagt: „Gehen wir nicht wieder nach Amerika?"[1]

Franz Kafka zeichnet in der kurzen Skizze *Der Aufbruch* einen Charakter in ähnlich eigentümlicher Kombination von Disparatheit und Unrast, die auch Minor – nicht nur bei seinen beiden großen Reisen – erkennen lässt:

> Ich befahl mein Pferd aus dem Stall zu holen. Der Diener verstand mich nicht. Ich ging selbst in den Stall, sattelte mein Pferd und bestieg es. In der Ferne hörte ich eine Trompete blasen, ich fragte ihn, was das bedeutete. Er wußte nichts und hatte nichts gehört. Beim Tore hielt er mich auf und fragte: „Wohin reitet der Herr?" „Ich weiß es nicht", sagte ich, „nur weg von hier, nur weg von hier. Immerfort weg von hier, nur so kann ich mein Ziel erreichen." „Du kennst also dein Ziel", fragte er. „Ja", antwortete ich, „ich sagte es doch. Weg von hier – das ist mein Ziel."[2]

„Ich bin ein Chinese"

Zu seinem 50. Geburtstag am 15. April 1905 wurde Jakob Minor mit einer Dank- und Gratulationsadresse[3] bedacht, in die sich an die 300 „Freunde und Schüler" eingetragen hatten; „zum Gedächtnis dieses Tages" erhielt er das eigene Porträt überreicht, eine Radierung von Ludwig Michalek. Minor soll bei dieser Gelegenheit „pessimistisch" gewirkt und von der Überlegung gesprochen haben, „seinen Platz zu räumen".[4]

Überhaupt, so erinnerten sich manche, sollen „die letzten Lebensjahre des alternden und kränkelnden" Mannes „von trüben Ahnungen umschattet"[5] gewesen sein. Doch kurz vor seinem Tod vermittelte derselbe Jakob Minor noch den Eindruck, als wisse er nichts von der Schwere seiner Erkrankung und der lebensbedrohlichen Situation, in der er sich befand. Seit dem Frühjahr 1911 hatte er zwar wegen seines Nierenleidens mehrmals schon Urlaub nehmen müssen, im Spital arbeitete er aber zuletzt noch am Kommentar zu seiner Novalis-Ausgabe, ließ sich die neuen Nummern der Fachzeitschriften ans Bett bringen, empfing Gäste aus Deutschland, die sich anlässlich einer Bibliophilen-Tagung in Wien aufhielten,

---

[1] Minor-Brief 265.
[2] *Kafka: Beschreibung eines Kampfes; 1996;* S. 86.
[3] *Anonym: Gratulationsadresse, 1905.*
[4] *Castle: Schmidt-Briefe; 1955;* S. 77.
[5] *W.[...]: Erinnerung an Minor; 1937.*

klagte über wachsende Arbeitsbelastung und besprach seine Vorlesungspläne für das folgende Wintersemester. Für die *Österreichische Rundschau* verfasste er auch, nachdem wenige Tage zuvor Burgtheaterdirektor Alfred von Berger gestorben war, eine Analyse zur *Zukunft des Burgtheaters*. *Rundschau*-Herausgeber Anton Bettelheim stellte den Text der *Neuen Freien Presse* zur Verfügung, wo er in Erinnerung an Minor am 9. Oktober 1912, zwei Tage nach seinem Tod, auf Seite eins eingerückt wurde.[1] Freunde, so hieß es in den ersten Gedenkartikeln, seien über den Ernst seines Gesundheitszustands nicht im Zweifel gewesen.

Viele Freunde hatte Minor zu dieser Zeit allerdings nicht mehr. August Sauer deutete einige Gründe dafür an:

> Trotz persönlicher Gutherzigkeit, die oft bis zur Weichmütigkeit ging, konnte er schroff bis zur Grausamkeit sein, daran an Müllenhoff gemahnend, und mit einem Federstrich eine literarische Existenz vernichten. So war er in zahlreiche literarische Streitigkeiten verwickelt. Die höchsten Anforderungen, die er an sich stellte, stellte er auch an andere.[2]

Alexander von Weilen meinte unverblümter: „Es gab keinen Verkehr mit ihm, außer auf der Basis vollständiger Unterwerfung, wo er in einem Widerspruche bereits einen Verrat sah."[3] Auch Oskar Walzel bemerkte, „leicht machte Minor es seinen Vertrauten nicht", und vermutete die tiefen Ursachen dafür in Abstammung und Herkunft Minors: „Aus Nassau waren unseres Minor Vorfahren in Österreich eingewandert. Einen steifen Nacken hatte auch er."[4]

Gemeinsam registrierten Sauer, Walzel und Weilen an ihrem verstorbenen Freund und Lehrer freilich das

> [...] Ethos seiner Persönlichkeit, der alles menschliche Wirken zunächst in der Form der Sittlichkeit aufging. Die ungemeine Schärfe seiner Polemik deutet auf diesen Grundzug seines Wesens. Leicht witterte er hinter wissenschaftlicher Unzulänglichkeit unredliche Absichten.[5]

Aus demselben Ethos seiner Persönlichkeit war auch Minors Arbeitswut, samt all seiner Überkorrektheit, Pedanterie und Rechthaberei hergeleitet; eine bloße Erfüllung bürgerlichen Tugenden wie Fleiß, Sorgfalt oder Zielstrebigkeit hätte

---

[1] *Minor: Zukunft des Burgtheaters; 1912.*
[2] *Sauer: Jakob Minor; 1913;* S. 475 f.
[3] *Weilen: Jakob Minor; 1913;* S. 184.
[4] *Walzel: Jacob Minor; 1912.*
[5] *Walzel: Jacob Minor; 1912.*

seinem Naturell nicht entsprochen.[1] Die den Wienern nachgesagte Beweglichkeit und Anpassungsfähigkeit war nicht seine Art, auch „nicht der Wiener Humor, der mit einem Scherzwort über schwierige Augenblicke hinweghüpft".[2] Er war bereits „von Natur aus und durch seine Schwerhörigkeit ganz besonders ein Schwieriger".[3] Unter seiner leicht gereizten und streitbaren Natur litt – vor allem während der letzten Lebensjahre nach der Scheidung von seiner Frau – nicht seine Umgebung, sondern er selbst am stärksten: „Späte unerwartete Geständnisse Minors verrieten", schrieb Walzel Jahre danach in seinen Lebenserinnerungen über den einstigen Lehrer, „daß er selbst das fühlte und darunter litt."[4] Respekt wurde ihm also „nie versagt, wohl aber wahre Liebe".[5]

Wie Minor Außenstehenden erschien, lässt sich der Schilderung entnehmen, die ein späterer Dissertant von seiner Begegnung in einem Gasthaus nahe der Universität lieferte:

> Genau um Punkt ein Viertel nach 1 Uhr kam er gemessenen Schrittes ins Lokal, dankte versonnen-unfreundlich den Verbeugungen der Kellner und jener Hörer, die den Frühschoppen seiner Vorlesung vorgezogen hatten, trank und aß mit Genuß, rauchte seine Zigarre, verließ, einsam, wie er gekommen, den Saal und ging der Arbeit nach.[6]

Jenen, die ihm näher standen, galt Minor als der geborene Idealist; ihnen war allerdings bekannt, dass er „schwere Enttäuschungen erlebt und darum mit Willen sich zum Realismus beschieden hatte".[7] Deutlich wurde diese idealistische Grundströmung, verbunden mit unerschütterlicher Gewissenhaftigkeit, immer wieder in seiner Lehrtätigkeit: „Im Umgang mit seinen Studenten ging er aus sich heraus, blühte er auf";[8] ihnen war er „mit lebendigem Interesse und liebevoller Fürsorge verbunden"; vielen „verhalf er zu Stipendien, hunderten stellte er Themen zur Dissertation", bei aller Überbürdung „interessierte er sich für jede einzelne Ar-

---

[1] Vgl. den Nachruf des Dekans der philosophischen Fakultät der Universität Wien: *Schroeder: Jakob Minor †; 1912*, mit der Formulierung: „All diese Arbeit war um so größer und schwerer, als Minor zu gewissenhaft war, um sich irgend etwas zu ersparen, was er um der Sache willen für nötig hielt."
[2] *Walzel: Jacob Minor; 1912.*
[3] *Fontana: Minor-Jubiläum; 1955;* S. 50.
[4] *Walzel: Wachstum und Wandel; 1956;* S. 17.
[5] *Weilen: Jakob Minor; 1913;* S. 185.
[6] *Hohlbaum: Jakob Minor; 1912.* – Robert Hohlbaum dissertierte bei Minor 1910 mit *Die Marienburg im Drama.*
[7] *Walzel: Jacob Minor; 1912.*
[8] *Fontana: Minor-Jubiläum; 1955;* S. 50.

beit" und „duldete keine Flüchtigkeit".[1] Seine Seminaristen zog er zur Mitarbeit an seinen Publikationen heran[2] – „immer unter ihrer namentlichen Verantwortung", für die man, wie er meinte, „das Gefühl nicht früh genug in den jungen Leuten erwecken"[3] könnte.

Während er erfolglos vor universitärem „Massenbetrieb" warnte, „unter dem die Ausbildung des Einzelnen, aber auch die Arbeitskraft der Lehrer schwer zu leiden habe",[4] übertraf zur gleichen Zeit der rasante Zuwachs seiner Hörerschar sogar die überdurchschnittliche Zunahme der Studentenzahlen an der philosophischen Fakultät in Wien um die Jahrhundertwende.[5] So groß aber die „Wirkung auf seine Schüler, so groß deren Anhänglichkeit an seine Person, deren Bewunderung seines Wissens und seiner Leistungen auch war, er hat nie im eigentlichen Sinne Schule gemacht".[6] „Schulemachen" galt ihm in der philologischen Arbeit als Verfehlung; selbst wollte er also keinesfalls einer bestimmte Schule zugeordnet werden,[7] und wiederholt betonte er, er habe seine Studenten stets „angelernt, das Heil nicht auf dem Boden Einer Schule zu suchen und nicht auf die Worte Eines Meisters zu schwören, sondern die Wahrheit zu nehmen, wo sie zu finden ist".[8] – Dennoch berichteten nicht nur Oskar Walzel[9], Josef Körner und Eduard Castle noch Jahre danach vom prägenden Vorbild ihres Lehrers.

Die radikale Abkehr von Wilhelm Scherer und dessen Arbeitsweise, die er in Berlin studiert und vorerst auch eifrig praktiziert hatte, illustriert deutlich und beispielhaft das prägende Element in Minors Persönlichkeit, das sich von Jugend an im unbedingten Streben nach Eigenständigkeit und individuellem Ausdruck manifestierte. Er selbst nutzte die Methode der wechselseitigen Erhellung, die Scherer aus der älteren in die neuere Literaturgeschichte übernommen hatte, behutsam und bis zuletzt. Was an ihr zu einer selbstzweckhaften „Parallelen- und Motiven-Jagd"[10] zu verkommen drohte, bekämpfte er vehement. Sein Augenmerk zielte vorrangig auf das Verstehen und die Analyse eines Werkes „von dem Gan-

---

[1] W.[...]: Erinnerung an Minor; 1937.
[2] Vgl. Minor-Briefe 157 und 267.
[3] Weilen: Jakob Minor; 1913; S. 186.
[4] Hock: Jakob Minor; 1912.
[5] Vgl. Cohen: Middle-Class-Education; 1996; S. 62, und Engelbrecht: Österreichs Bildungswesen; 1986, S. 235 ff.
[6] Hock: Jakob Minor; 1912.
[7] Vgl. Sauer: Jakob Minor; 1913; S. 470.
[8] Curriculum vitae: Personalakt Minor, AAW, 1135/1898.
[9] Vgl. dazu die Kapitel Dissertationen und Habilitationen.
[10] Vgl. Testament des Jakob Minor im Anhang.

zen in die Teile".[1] Das Ererbte, Erlebte und Erlernte nach der Methodologie Scherers aufzuspüren erschien ihm, wenngleich wichtig, nur sekundär. Er missachtete keineswegs die biographischen Zusammenhänge, mit denen sich dichterische Werke in die Entwicklung der Literatur einfügten, doch betonte er stets, dass das Wesen jeder Dichtung gerade im Individuellen, Einzigartigen und Unverwechselbaren zu suchen sei, das auch die eigentliche Attraktion des zu Entdeckenden ausmache – und traf sich darin neuerlich mit seinem einstigen Lehrer. In seiner Rezension der posthum erschienenen *Poetik*[2] Scherers wies er implizit darauf hin:

> [...] den Terminus „Innere Form", welchen er in die Poetik einführt, hat er nicht bloß bei Wilhelm v. Humboldt, sondern auch bei Goethe gelesen (Der junge Goethe 3, 686 f.): „Es ist endlich einmal Zeit, dass man aufgehört hat, über die Form dramatischer Stücke zu reden, über ihre Länge und Kürze, ihre Einheiten, ihren Anfang, ihr Mittel und ihr Ende, und wie das Zeug alles hieß. Auch geht unser Verfasser ziemlich stracks auf den Inhalt los, der sich sonst von selbst zu geben schien ... Deßwegen giebts doch eine Form, die sich von jener unterscheidet, wie der innere Sinn vom äußern, die nicht mit Händen gegriffen, die gefühlt sein will. Unser Kopf muss übersehen, was ein anderer Kopf fassen kann, unser Herz muss empfinden, was ein anderes fühlen mag. Das Zusammenwerfen der Regeln giebt keine Ungebundenheit, und wenn ja das Beispiel gefährlich werden sollte, so ists doch im Grunde besser ein verworrenes Stück machen, als ein kaltes. Freylich wenn mehrere das Gefühl dieser i n n e r n F o r m hätten, die alle Formen in sich begreift, würden wir weniger verschobene Geburten des Geists aneckeln. Man würde sich nicht einfallen lassen, jede tragische Begebenheit zum Drama zu strecken, nicht jeden Roman zum Schauspiel zu zerstückeln!"[3]

Bedeutende Anregungen für die eigene, zunehmend empiristisch geprägte und geisteswissenschaftlich orientierte Methode, in der er seine literarhistorischen Arbeiten betrieb, dürfte Minor bezogen haben vor allem auch durch Wilhelm Dilthey (* 1833, † 1911) und seine nachvollziehende Hermeneutik, und durch Rudolf Haym (* 1821, † 1901), den eigentlichen Begründer der Romantik-Forschung. David Hume (* 1711, † 1776), der seine Theorie der Erfahrungen auf das Prinzip der Assoziation gegründet hatte, war ihm schon seit der Studentenzeit geläufig – dass er dann „auch im Leben stets der alte Aufklärer"[4] geblieben sei, wie ihm August Sauer nachsagte, mochte damit zu tun gehabt haben.

---

[1] *Minor: Goethes Faust; 1901, Bd. 1;* S. VIII.
[2] Wilhelm Scherer: *Poetik*. Weidmann, Berlin, 1888. - Scherer hatte im Sommersemester 1885 eine vierstündige Vorlesung über Poetik gehalten; der Inhalt des Colleg-Heftes wurde mit anderen Aufzeichnungen Scherers von dessen Schüler Richard M. Meyer kompiliert und herausgegeben.
[3] *Minor: Scherer-Poetik; 1889;* S. 156.
[4] *Sauer: Jakob Minor; 1913;* S. 473.

Die Meriten Minors, der „alle Kunst, die nicht mit dem Wort arbeitet, links liegen"[1] gelassen hatte, bestanden nicht in erster Linie darin, die Ideen- und Methodengeschichte der Germanistik mit konzis ausformulierten Thesen und Programmen bereichert zu haben. Zwar hatte er sich früh schon darüber amüsieren können, dass die Philologie „für Spekulation so wenig Sinn" hätte und oft „unter dem Unkraut des wissenschaftlichen Details"[2] erstickte, zwar beschäftigte ihn das „System aus den Ideen, die Schiller in seinen philosophischen Schriften niedergelegt hat",[3] immer wieder aufs Neue, zwar lockte ihn lange Zeit gerade jene Periode der deutschen Literaturgeschichte, in der „die Vereinigung von Dichtung und Philosophie am deutlichsten und unabweisbarsten zutage tritt: der Romantik",[4] zwar glänzte er auch selbst in Diskussionen gelegentlich mit feiner Logik und findiger Argumentation, alles abstrakte Theoretisieren aber war ihm ein Greuel. – Wie er sich systematische Darstellung innerhalb seines Fachgebietes dachte, demonstrierte er 1893 an seiner *Neuhochdeutschen Metrik*, die noch über ein Jahrhundert nach ihrem Entstehen als das „umfangreichste und materialhaltigste Handbuch dieser Art"[5] gilt. Die Vorübung zu einer geplanten deutschen Stilistik mag sein Bändchen *Allerhand Sprachgrobheiten* gewesen sein, in dem er 1892 das individuelle Sprachgefühl betonte und als eine muttersprachliche Kompetenz akzeptierte.

Wesentliches und bleibendes Verdienst Minors war, dass er – nahezu analog zu seiner Suche nach dem Typischen und Individuellen in der Dichtung – die vordringlichste Aufgabe der neueren Literaturwissenschaft „in der Ergründung und Feststellung ihrer eigenen, nur ihr eigentümlichen Mittel und Wege"[6] erkannt und hervorgehoben hatte. Dass die Methodendiskussion im neueren Fachbereich aber erst unmittelbar nach seinem und Erich Schmidts Tod – dann allerdings mit zuvor kaum gekannter Heftigkeit – einsetzte, mag mit der Heftigkeit seiner eigenen Angriffe auf die Epigonen Scherers zu tun gehabt haben, mit der sich viele Kollegen nicht identifizieren mochten. Posthum nahm er auf die Debatte dann noch Einfluss durch einen testamentarisch gestifteten Preis für literarhistorische Arbeiten,[7] mit dem er sein literarisches Engagement, das er als Theaterkritiker, als Juror

---

[1] *Walzel: Wachstum und Wandel; 1956;* S. 14.
[2] *Minor-Brief 9.*
[3] *Minor-Brief 2.*
[4] *Hock: Jakob Minor; 1912.*
[5] *Wagenknecht: Deutsche Metrik; 1993.*
[6] *Walzel: Jacob Minor; 1912.*
[7] Vgl. *Testament des Jakob Minor* im Anhang.

in mehreren Preiskommissionen und auch mit Vorschlägen zum Literatur-Nobelpreis an die Schwedische Akademie zuvor bewiesen und zur Wirkung gebracht hatte, auf eigene Weise und auf anderer Ebene zu perpetuieren suchte.

Minor war Mitinitiator und Gründungsfunktionär des Wiener *Literarischen Vereins*, der sich 1903 in seinen Statuten die „Errichtung eines Literaturarchives" zum Ziel setzte. Mit theaterliterarischen Arbeiten und seinen Schauspielerporträts lieferte er erste Grundsteine für die Arbeit des viele Jahre später erst errichteten Instituts für Theaterwissenschaft an der Wiener Universität. Anzurechnen war ihm ebenso, dass er 1886 mit seinem Beitrag zum „Kronprinzenwerk" und der ergänzenden Bibliographie[1] eine wissenschaftlich betriebene Literaturgeschichtsschreibung Österreichs begonnen hatte. Vor allem aber waren Einfluss und Wirkung seiner Kollegien und öffentlichen Vorlesungen auf die vielen hundert Studenten und Hörer, die später als Gymnasialprofessoren an den österreichischen Mittelschulen unterrichteten, nachhaltig. Damit und mit dem großen sittlichen Ernst seiner Persönlichkeit dürfte zu tun gehabt haben, dass Geringschätzung und teilweise Ablehnung, die dem Wissenschaftsbetrieb der neueren Literaturgeschichte an Universitäten in Deutschland noch lange Zeit entgegenstanden, in Wien und in ganz Österreich relativ rasch geendet hatten.[2]

Mit seiner ausgeprägten „Fähigkeit, stark zu erleben, eine fremde Dichtung in plastischer Greifbarkeit vor sich zu sehen",[3] erwies sich Minor imstande, nach jeder Richtung und in jeder Hinsicht „Begeisterung für das Werk und seinen Schöpfer" glaubhaft zu vermitteln. Krankheit, wachsende Verbitterung und zunehmende Isolation konnten ihn daran nicht hindern, und selbstbewusst meinte er:

> Der Vertreter der neueren deutschen Literatur, wenn er seines Gegenstandes und des Wortes mächtig ist, versammelt den andächtigsten und begabtesten Teil der Studentenschaft um seinen Katheder; und auf keinem andern Gebiete herrscht in den Seminaren ein so reges wissenschaftliches Leben wie auf dem unsrigen.[4]

Dabei scharte Minor eine „Studentenschaft der buntesten politischen Richtungen, ja der mannigfachsten, sonst gesonderten fachwissenschaftlichen Bestrebun-

---

[1] *Minor: Deutsche Literatur in Wien und NÖ; 1886*, und *Minor: Quellenkunde österreichische Literaturgeschichte; 1886*.

[2] Minors Klage von 1910, „daß die neuere deutsche Literaturgeschichte auch heute noch in den akademischen Kreisen nicht jene Stellung einnimmt, die ihr gebührt", schloss Österreich nicht aus, war aber in erster Linie auf die Situation in Deutschland bezogen. – Vgl. *Minor: Erich Schmidt; 1910*, Sp. 39; und vgl. *Walzel: Wachstum und Wandel; 1956*, S. 24.

[3] *Hock: Jakob Minor; 1912*.

[4] *Minor: Erich Schmidt; 1910*, Sp. 39.

gen in der Liebe für die deutsche Literatur um sich".[1] In tagespolitischen Belangen exponierte er sich nicht; gelegentlich deutete er seine Abneigung gegen den „deutschen Michel"[2] an und trat etwa auch gegen die Vereinnahmung Schillers durch deutschnationale Ideologien auf.[3] Doch die akademische Freiheit und Unabhängigkeit galt ihm als uneinschränkbar; als im Herbst 1897 während der Badeni-Krawalle die Polizei die Wiener Universität stürmte, sistierte er „als einer der ersten unter den Professoren, bebend vor innerer Erregung, mit kraftvollem Protest seine Vorlesungen" und stellte sich damit „offen auf die Seite der akademischen Jugend".[4]

Journalistische Arbeiten lieferte er für Zeitungen, Zeitschriften und Journale nahezu aller politischer und gesellschaftlicher Prägungen: Er veröffentlichte in der *Deutschen Wochenschrift* des prononcierten Wiener National-Liberalen Heinrich Friedjung ebenso wie in der links-liberal orientierten, wöchentlich erscheinenden *Die Zeit*, deren Kulturteil von Hermann Bahr redigiert wurde; er schrieb für das von der katholischen Leo-Gesellschaft herausgegebene *Österreichische Litteraturblatt* ebenso wie für die weltoffene und kritisch-intellektuelle *Deutsche Rundschau* des Julius Rodenberg oder für das in Deutschland ursprünglich oppositionell, später ganz in den „Bahnen der Bismarckschen Politik"[5] auftretende Magazin *Die Grenzboten*. An die 150 Beiträge lieferte er allein für die bürgerlich-liberale Wiener *Neue Freie Presse*, mit deren Herausgeber Moriz Benedikt er schon früh in Kontakt stand; den meisten galt er deshalb als freisinniger, österreichischer Alt-Liberaler,[6] selbst wenn er sich – etwa im Verein mit Emil Reich – auch mit volksbildnerischen Anliegen der frühen Sozialdemokratie identifizieren mochte.[7]

Kritisch beobachtet wurde Minor eine Zeitlang von Karl Kraus, der in ihm den zum Gärtner ernannten Bock des heimischen Literaturbetriebs erblickte; einige christlichsozial und national orientierte Wiener Blätter führten im Zusammenhang mit seiner Jurorentätigkeit in Preisgerichten antisemitisch getönte Angriffe.[8]

---

[1] *Anonym: † Minor; NFP, 1912.*
[2] Vgl. etwa Minor-Brief 36.
[3] Vgl. *Minor: Schiller über die Tragödie; 1878*; S. 261.
[4] *Castle: Minor-Nachruf; 1912,* S. 404.
[5] *Kirchner: Zeitschriftenwesen, Bd. 2, 1962;* S. 137.
[6] Vgl. etwa *Lederer: Minor; 1937,* und *Arnold: Minor; NÖB; 1929,* S. 76.
[7] In diesem Zusammenhang weist Sebastian Meissl auf Parallelen zu Ideen hin, die von Mitgliedern der englischen *Fabian Society* vertreten wurden.
[8] Diese Attacken erhielten rückwirkend einen doppelt sonderbaren Aspekt: Nach Vergabe des Grillparzer-Preises an Arthur Schnitzler erregte sich etwa die christlich-soziale *Reichspost* am 16. Jänner 1908 über „einen neuerlichen Sieg der jüdischen Literaturclique", den sie „Herrn Hofrat Minor, dem fanatischen Förderer alles Jüdischen" zu-

Minor reagierte auf keine dieser Polemiken mehr. – Dass „sein ganzes Dasein" sich zuletzt nur noch „in der engen Welt der Bücher"[1] abgespielt hätte, wie Alexander von Weilen später meinte, trifft in dieser Ausschließlichkeit gewiss nicht zu, doch dürfte Minor diesen Eindruck durch sein Verhalten selbst gefördert haben. Auch Robert Arnold sah in ihm zuletzt einen Stubengelehrten „im guten wie im schlechten Sinn des Wortes";[2] er beobachtete an Minor:

> Je älter er wurde, desto tiefer geriet er in den Bann seiner Wissenschaft. Was außerhalb ihrer Grenzen lag – zuletzt nur das Theater noch ausgenommen –, wurde immer fremder und fremder.[3]

Doch Minor war sich oft genug selbst fremd erschienen. Schon bei seinen vergeblichen Bemühungen um Anstellung an einer österreichischen Universität hatte er sich darüber geärgert, dass man ihm offenbar einen anderen Bewerber vorziehen wollte, und im Zusammenhang damit erbost räsoniert:

> Jeder Staat verdient das was ihm über kurz oder lang bevorsteht. Oesterreich hat aufgehört mein Vaterland und Wien meine Vaterstadt zu sein. Ich bin ein Chinese.[4]

Ähnlich hatte er schon argumentiert, nachdem er zu Beginn seiner publizistischen Arbeit mit *Literaturblatt*-Herausgeber Anton Edlinger in Streit geraten war:

> Ich streiche hiermit Oesterreich feierlich aus meiner literarischen Thätigkeit aus; für dieses Gesindel von Literaten ist meine literarische Diarrhöe noch zu gut![5]

Gewollt oder ungewollt hatte Minor dabei jeweils auf den Verlust des Zusammenhangs mit der Umwelt gezeigt, der seinen Lebensweg mehr und mehr bestimmen sollte.

Mittlerweile rückt sein sarkastischer Vergleich, er sei ein Chinese, in Verbindung mit der Feststellung Alexander von Weilens, dass sich Minor zuletzt nur

---

schrieb; am 10. Oktober 1937 veröffentlichte dieselbe *Reichspost* einen hymnischen Gedenkartikel „Zur Erinnerung an Jakob Minor". – In frühen Auflagen von *Wininger: Jüdische National-Biographie* war Minor jeweils eine Eintragung gewidmet gewesen; der letzte Eintrag in der Ausgabe von 1936 hatte gelautet: „Minor, Jakob (IV. 393), Nichtjude, streichen." Vgl. dazu auch die Eintragung in *Kosch: Das Katholische Deutschland*; [o. J.], Sp. 3013 f.

[1] *Weilen: Jakob Minor; 1913*; S. 164.
[2] *Arnold: Minor; NÖB; 1929*; S. 76.
[3] *Arnold: Minor; NÖB; 1929*; S. 77.
[4] Minor-Brief 102.
[5] Minor-Brief 32.

noch in einer Bücherwelt bewegt habe, einen sonderbaren Zufall ins Blickfeld: Ein Vierteljahrhundert nach Minors Tod entwickelte Elias Canetti in dem Roman *Die Blendung* an der Hauptfigur des in seinen Tausenden Büchern umkommenden Sinologen Peter Kien die Struktur einer Persönlichkeit, wie Zeitgenossen sie an Jakob Minor erkennen mochten: als „Ein Kopf ohne Welt" mit der eigenen „Welt im Kopf".[1]

Die *Neue Freie Presse* meldet drei Tage nach Minors Tod am 10. Oktober 1912:

> Aus P r a g wird uns berichtet: In den hiesigen literarischen Kreisen berichtet man es als eine feststehende Tatsache, daß der Professor an der hiesigen deutschen Universität, Hofrat August S a u e r, als Nachfolger Jakob M i n o r s nach Wien berufen werden wird. Hofrat Sauer ist gegenwärtig der hervorragendste Repräsentant der literarhistorischen Germanistik in Oesterreich. Er hat seinerzeit im Vereine mit Minor die „Studien zur Goethe-Philologie" verfaßt und sich durch seine gelehrten Forschungen, wie zum Beispiel durch seine Arbeiten über Adalbert S t i f t e r, sowie durch seine im Auftrage der Stadt Wien veranstaltete monumentale G r i l l p a r z e r -Ausgabe große Verdienste um die österreichische Literatur erworben. Wenn Hofrat Sauer einem an ihn ergehenden Rufe nach Wien Folge leistet, verliert das Prager Deutschtum eine seiner markantesten Persönlichkeiten.[2]

Die Mitteilung erweist sich als unzutreffend; zum Nachfolger Minors wird erst eineinhalb Jahre nach dessen Tod, am 9. März 1914, Walter Brecht aus Posen nach Wien berufen.[3]

Weitere sechs Jahre danach bringt 1920 der Minor-Schüler Stefan Hock, der sich 1905 für Neuere deutsche Literaturgeschichte habilitiert hat und später dann als Dramaturg unter Max Reinhardt am Josefstädter Theater arbeitet, einen Großteil der von Minor verfaßten Schauspielerporträts unter dem Titel *Aus dem alten und neuen Burgtheater*[4] heraus. Die Pläne zur Herausgabe von Minors gesammelten Schriften und Vorlesungen haben sich noch im und vollends dann nach dem Ersten Weltkrieg zerschlagen.

Am 2. April 1930 beschließt der Wiener Gemeinderat die Benennung einer Gasse[5] im 14. Wiener Gemeindebezirk (Hütteldorf, Baumgarten) nach Jakob Minor.

---

[1] Vgl. die Überschriften des ersten und dritten Teils des Romans *Die Blendung*.
[2] *Neue Freie Presse*, 10. Oktober 1912.
[3] AVA, MCU, 11998/651 vom 16. März 1914.
[4] Hock: *Minors Schauspieler-Porträts; 1920*.
[5] 2. 4. 1930 GRA. – Vgl. Czeike: *Lexikon Wien*; Bd. 3; 1994; S. 674–678.

Briefe Jakob Minors an August Sauer

Zu Edition und Transkription

Die erhaltene Hälfte des Briefwechsels zwischen Jakob Minor und August Sauer umfasst einen Zeitraum von knapp 35 Jahren, ihre Überlieferungslage entspricht der archivarischen Sorgfalt des Minor-Briefpartners. Die Briefe stammen aus dem Nachlass Sauers und werden (vorsortiert) in der Handschriftensammlung der Österreichischen Nationalbibliothek aufbewahrt. Wie zwei mehrjährige Unterbrechungen der Korrespondenz – von Mitte 1884 bis Herbst 1891 und von Frühjahr 1897 bis Winter 1902 – motiviert sind, lässt sich ebensowenig einwandfrei feststellen wie die Ursache für das Enden der Briefe im Jahre 1909.[1]

Die Schriftstücke sind überwiegend gut erhalten, nur wenige durch Risse leicht beschädigt; zu einigen Briefen ist das jeweils adressierte Kuvert überliefert. Formate und Farbtöne des Briefpapiers (weiß, grau, hellblau, beige) wechseln. Während kurzer Perioden der Korrespondenz sind Papierbögen und Billets mit Monogramm (J mit M verschränkt), gelegentlich auch mit Schmuckrand bedruckt. Mit zunehmender Dauer nimmt auch der Anteil der Korrespondenzkarten zu; die mangelhafte Papierqualität dieser Karten ist meist der wesentliche Grund für besonders schlechte Lesbarkeit (Tinte zerronnen).

Auf den folgenden Seiten sind Minors Briefe chronologisch, also abweichend von der Reihung der NB-Signatur, wiedergegeben, die wenigen erhalten gebliebenen Gegenbriefe Sauers[2] – Minor hat an ihn gerichtete Briefe[3] vielfach vernichtet,[4] oft nur sporadisch aufbewahrt und gelegentlich als Notizpapier benutzt[5] – nach dem jeweiligen Datum einsortiert und durch Kursivierung abgehoben. Der angeschlossene Personenindex und die „Erläuterungen und Anmerkungen"

---

[1] Vgl. aber Kapitel *Freundschaft mit August Sauer*.
[2] Eine Signatur aus der Handschriftensammlung der Österreichischen Nationalbibliothek, 16 Signaturen aus dem Archiv der Universität Wien.
[3] Die Schriftstücke – Briefe, Korrespondenz-, Ansichts- und Visitenkarten, Billets, Manuskriptteile usw. – bezeichne ich der Einfachheit halber alle als Briefe.
[4] Vgl. PS im Minor-Brief 13.
[5] Vgl. zwei Weilen-Briefe im DLA, Nachlass J. Minor, Karton 2, die Minor für Notizen zu seiner Schiller-Biographie genutzt hat; siehe Kapitel *Wien bis zur Ernennung zum o. Professor*.

berücksichtigen die Sauer-Briefe; der Index nennt auch indirekt genannte Personen (so weit sie erkannt wurden) und übernimmt teilweise die Funktion von Kommentaren und Querverweisen, die ansonsten auf ein Minimum beschränkt bleiben. Die rund 600 in den Briefen genannten Personen sind leider nur zu etwa drei Viertel identifiziert.

Die Wiedergabe jedes Briefes wird eingeleitet durch eine Siglen-Zeile, die aus sechs Elementen besteht:

- Signatur [Handschriftensammlung der ÖNB, resp. Archiv der Universität Wien];
- B = Brief / Billet, K = Korrespondenzkarte, V = Visitenkarte, S = Sonstiges;
- Absendeort;
- Datum des Schreibens oder Datum des Poststempels oder Blockade, wenn sonst nicht datierbar;
- Zielort.
- Nummer des Briefes [chronologische Reihung mit Ausnahme von nicht datierbaren Schriftstücken, Beilagen und Sonstigem am Ende der Transkriptionen]; eingereihte Sauer-Briefe tragen die Nummer des vorangehenden Minor-Briefs, die um ein S ergänzt ist.

Die Transkription der ausnahmslos handgeschriebenen Briefe erfolgte prinzipiell diplomatisch getreu, also einschließlich aller Verschreibungen, Rechtschreibfehler, grammatischer Auffälligkeiten, Auslassungen und anakoluthischer Formulierungen (z. B. „Brfträger" oder „ich bin mir keines Uebels wüßte"). Schreibung und Interpunktion folgen auch den wechselnden Vorlagen (z. B. „Göthe" / „Goethe", „wohl" / „wol" oder „Correktur" / „Korrektur" und stark schwankende Interpunktion innerhalb eines Briefes); Unterschiede zwischen (überwiegend) deutscher, (teilweise) lateinischer und (selten) Sütterlin-Schrift wurden aus der Vorlage aber nicht übernommen.[1]

Bindestriche werden immer nur „-" und nicht „=" geschrieben; Abteilungen sind nicht nachvollzogen.

Einfache und doppelte Unterstreichungen in der Vorlage sind durch einfache Unterstreichungen ausgezeichnet, durchgestrichene Wörter, Wortteile, Sätze oder Satzteile sind gar nicht markiert.[2] Die wenigen Einfügungen des Briefautors

---

[1] Analog der Argumentation in *Behrens: Kommentierte Briefedition; 1987.* – Beispiel: Dass Minor keinen Unterschied macht zwischen I und J (kurzes = lateinisches und langes = deutsches I), ist sinnvoll am ehesten dadurch wiederzugeben, dass die Transkription keinen Unterschied zeigt. – Dem Schriftwechsel zwischen Kurrent, Latein und Sütterlin hätte im Druck möglicherweise ein Wechsel von Fraktur, Antiqua und serifenloser Schrift entsprochen.

[2] Ausnahme ist das Testament Minors, das einschließlich aller Durchstreichungen transkribiert ist.

Minor sind nur dann besonders gekennzeichnet, wenn sie entweder die Grammatikalität stören und an unpassender Stelle hinzugefügt oder durch Fußnote in der Vorlage angezeigt sind. Minors Unterschrift ist auf die jeweils naheliegende Weise angegeben – „Jakob" oder „Jacob" oder „Jacques" oder „Jack".

Zweifelsfrei große Zwischenräume zwischen Sätzen sind in der Transkription als Absätze kenntlich gemacht, nicht entzifferte Wörter und Wortteile durch <spitze Klammer und ... Punkte pro Wort / Wortteil> blockiert, Geminationszeichen immer aufgelöst, ebenso die gelegentlich hochgestellten Genitiv-s; der sächsische Genitiv wird samt Apostroph wiedergegeben.

Die anschließenden „Erläuterungen und Anmerkungen"[1] versuchen einerseits Kontext herzustellen und somit jene Leerstellen auszufüllen, die einem späteren und außenstehenden Dritten die Brieflektüre erschweren, und andrerseits dem heutigen Leser sprachliche, historische und lokale Eigenheiten zu erläutern – trotz vieler Mühen bleibt dennoch manches unkommentiert und wird als nicht ermittelt ausgewiesen; die nicht aufgelösten Abkürzungen sind in einer kurzen Liste aufgezählt.

Sowohl „Erläuterungen und Anmerkungen" als auch Personenindex verweisen in das abschließende Literaturverzeichnis; falsch geschriebene Namen werden im Index unter der falschen und unter der korrekten Schreibung geführt.

---

[1] Vgl. Brigitte Leuschner: *Kommentierende und kommentierte Briefe* in Martens: *Kommentare; 1993*; S. 182–187; hier: S. 182.

Aus dem Nachlass August Sauers, aufbewahrt in der Handschriftensammlung der Österreichischen Nationalbibliothek. – 19 Antwortbriefe Sauers aus dem Archiv der Universität Wien sind chronologisch eingeordnet.

413/4-10; K; Bad Ischl; 29. 7. 1875; Leobendorf. 1

Lieber Sauer!
„Ich bitte Dich um 8 Tage Zeit"; ich sitze über einer brennheißen Arbeit, die ich nicht für einen Augenblick lassen möchte. Sie würde sonst kalt werden. Nach 8 Tagen erhältst Du sicher einen Brief. Meine Adresse ist: Ischl, bei Heuschober. Wenn Du mir schreibst, erkläre Dich deutlicher, was Tomaschek macht: Aus Werthers Briefen a. d. Schweiz eine Monographie??!! Sei ja nicht böse; sobald ich Athem holen kann, ohne mit der Luft meine Ideen zu verhauchen, gehöre ich auf 1 1/2 Stunde Dir. Ich schreibe Dir gleich einen ganzen Briefwechsel mit Antworten.
Dein
Minor

413/4-2; B; Bad Ischl; 10. 8. 1875; [Wien]. 2

10/8 75. Ischl.
Lieber Sauer!
Verzeihung, daß ich Dich so lange auf Antwort habe warten lassen. Ich war von einer Arbeit in Anspruch genommen, während derer ich mir nicht die geringste Nebenbeschäftigung gestattete; nicht einmal meinen Eltern habe ich durch zehn Tage geschrieben. Ich habe ein Kauderwelsch von Romantheorie zu Papier gebracht, das Du, sobald es mir möglich ist, zu Gesicht bekommen sollst. Angeregt wurde die Idee natürlich durch die aufgestellte Preisfrage, aber ich konnte natürlich nicht daran denken, um den Preis zu ringen. Gleichwohl habe ich viel darüber nachgedacht und schließlich auf Schiller-Kant'scher Basis eine ganz artige Zusammenstellung der Grundregel des Romanes geliefert. Wenn das Ganze auch kein System ist, so kann ich doch sagen, daß es systematisch gearbeitet ist. Fast hätte ich Lust, die Sache doch einzureichen; aber erstens ist mit einer Theorie die Frage zu unpraktisch beantwortet, und zweitens fehlt mir die Kenntnis der neuesten Romanerzeugnisse zu sehr, als daß ich mich an Beantwortung der historischen Frage wagen könnte.
Außerdem arbeite ich fleißig italienisch, lese mit Begeisterung Manzoni (den ich Dir zur Lektüre höchlichst empfehle) und zeichne Plane von Stadttheilen aus Rom und Neapel, um mich schon vorher in der Orientirung zu üben. Und so komme ich im Geiste über den Corso, die Piazza di Venezia nach dem Forum und bleibe sinnend vor dem Hause stehen, wo Göthe seinerzeit residirt hat. Ich denke meine Reise übrigens wie ein Amerikaner zu machen: Ich nehme nur Weißwäsche, kein Stück Gewand mit, außer was ich am Leibe trage. Den Kostenüberschlag habe ich mit etwa 1000 fl für 5 Monate geschlossen; doch habe ich zur Sicherheit 1300 fl festgesetzt, die mir mein Vater überläßt. Hoffentlich komme ich billiger weg.
Was Deinen Fehler des Lesens anbelangt, so kann ich Dir nur sagen: memorire manchesmal Stellen aus Schiller und Göthe und anderen Dichtern; oder lese öfter, wo Du gerade aufschlägst, eine schöne Stelle recht oft. Es ist gar nützlich: und ich schreibe eher

einen Aufsatz über ein Werk, von dem ich 100 Worte auswendig weiß, als über ein anderes, über das ich 50 Kritiken gelesen habe.
  Ueber Collin ließe sich füglich ziemlich hübsch arbeiten; vorausgesetzt, daß einer Glück hat, wie dem Werner sein Freund; ich weiß nicht, wie er heißt. Ueber die Romanschriftsteller des vorigen Jahrhunderts zu schreiben, halte ich für schwierig; Du müßtest notwendig eine Kenntnis des deutschen Romanes im 18. Jhd überhaupt haben; und das ist nicht leicht. Gerade die Massenromane, die an der Tagesordnung waren, sind verschwunden und man beurtheilt die Einflüsse falsch, wenn man nur die besten erhalten hat. Außerdem möchte ich mit den Romanschriftstellern nichts zu tun haben: es sind meist verkümmerte Poeten gewesen, die zu nichts anderem Talent hatten und ein Maßstab für die Romanbeurtheilung ist selbst mit dem jüngsten Werke des berühmten Minor nicht gegeben. Auch er faselt in den Tag hinein, ohne im Mindesten praktische Rathschläge auch nur für Afterkritiker ertheilen zu können. Im Ernste: Das Gefühl ist bei Beurtheilung, ob ein Roman poetisch sei oder nicht, die erste und letzte Instanz; eine Regel kann hier gar nichts thuen. Und die Frage, ob ein Roman auch wirklich poetisch sei, ist im Grunde doch die erste, bedeutendste, neben der von gar nichts anderem mehr gesprochen wird.
  Was Du mit einer Monographie aus Werthers Schweizerbriefen meinst, verstehe ich nicht. Erkläre Dich deutlicher!
  Was ist das für ein Buch „Charlotte und ihre Freunde"? ˈˈˈˈˈ Düntzers Briefe „an einen vertrauten Freund von Charlotte Schiller"? Wenn Du nach Wien kommst, bestelle mir Schillers Entwürfe und sein Tagebuch; falls die Geschichte zusammen nicht über 1 fl 50 kr kostet. All mein Geld wird für Italien gespart.
  Hugo's Arbeit habe ich nicht gelesen; wenn ich zurückkomme, werde ich ihn um ein Exemplar bitten. Du vergissest, daß das Ganze in einem Gymnasial-Programm steht, wo ein Auszug immer die beste Wirkung hat. Zu Grimmelshausen wünsche ich Glück und gute Laune. Nach meiner Rückkunft von Italien werde ich fleißig Mittel- und Altdeutsch betreiben. Jetzt werde ich einstweilen von Luther an Dichtung und Dichtungsgeschichte studieren. Vielleicht suche ich auch ein System aus den Ideen, die Schiller in seinen philosophischen Schriften niedergelegt hat, zu bereiten.
  Ich erwarte noch hier einen Brief von Dir und füge zu diesem Zwecke meine Adresse bei.
  Unterdessen grüßt Dich
  Dein
  Jacques Minor
  Adresse: Ischl bei Heuschober.

beantw 20/8 75.

413/4-3; B; Catania, 16. 12. 1875; [Wien].   **3**

Catania am Meer, 16. Dez. <u>75</u>.
Lieber Sauer!
  Verzeihung vor allem für meine Taktlosigkeit; aber es geht mir hier mit dem Wetter so gut, daß ich gar nicht zum Schreiben komme, den ganzen Tag über an und auf dem Meere, im Dufte unferner Orangengärten, unter den Strahlen der glühenden Mittagssonne: vergesse ich auf nichts, als auf das Schreiben. Ich denke oft und mehr, als Du wohl glaubst, an Wien und an die Wiener Freunde; aber kann es nicht leicht dazu bringen, mich hinzusetzen und die ganze Gedankenseligkeit auf das Papier zu vertinten. Genug, daß ich etwa an 30 Seiten vollgeschrieben habe mit Reiseerinnerungen, die Du zur rechten Zeit schon lesen sollst.
  Daß ich Dir in Wien abgehe, freut mich subiectiv eben so sehr, als es mir obiectiv leid tut. Du siehst aus dieser gelahrten Darstellung dieses meines psychologischen Vorganges, daß ich die Universitätssprache nicht so sehr verlernt habe, als Du vielleicht glauben

möchtest. Wenn man überhaupt etwas verlernen kann, was man nie gekannt hat! Weiß der gute Gott, ich bin in meinem Leben überall mehr zu Hause gewesen, als auf der Universität. Als ich das erste Mal hineinging, war mir's so bange zu Muthe und eine solche Energielosigkeit hat mich befallen, daß ich bei jedem Schritte und Tritte einen brauchte, der mich zurechtwies. Und ich habe dies Gefühl nie los werden können. Alles, was mir Ideal ist, fehlt dort; und die Gesellschaft war mir geradezu ein Greuel. Ich habe mir es nie verhehlt und Dir gegenüber oft dem Gedanken Ausdruck gegeben, daß ich zum Gelehrten nicht geboren bin. Und so tauge ich auch nicht in die Gesellschaft von Gelehrten; am allerwenigsten aber von solchen, die nur die Dünkelhaftigkeit ihres Standes, nicht aber den weiten Blick haben. Gleichwohl ist es nicht Leichtsinn, was mich davon abhält; im Gegentheile: ein empfindlicher Fehler von mir ist, alles schwerer zu nehmen, als es in Wirklichkeit ist. Ich habe auf meine Kraft immer und in jedem Fache mehr Mistrauen gehabt, als notwendig gewesen wäre. Wenn ich als Bube von 10 Jahren einen anderen ein Gedicht vorsagen hörte, ließ es mir keine Ruhe, wie doch der im Vortrage es viel weiter gebracht habe als ich. Und noch jetzt muß ich oft lachen, wenn ich denke, welche Tölpel ich mir vorgezogen habe. Auch bin ich nicht (wie man wohl geglaubt hat) im Glauben alt geworden, daß „mein Genie" mich über alles wegtrüge. Im Gegentheile: erst nachdem mir meine Lieblingsneigung, Schauspieler zu werden, versagt worden war, bildete sich die feste Ueberzeugung, daß ich dafür befähigt war, wie selten einer. Aber ich wußte auch, daß ich nur durch Fleiß und Ausdauer dieses Talent gehoben hatte und daß es mir nicht in solchem Umfange in die Wiege gelegt worden war. So bin ich ein Zwitterding zwischen Gelehrten und Schauspieler: ein wissenschaftlicher Schauspieler, wenn Dir der Unsinn gefällt. Diese Ueberzeugung aber ist in mir so lebhaft, daß sie zur Gewißheit wird; und ich habe während 12 Jahren Theaterbesuchens nach meinem Verständnisse kein Talent gekannt, das ich dem meinigen vorgezogen hätte.

Vor etwa 2 Jahren hat sich bei mir die Idee eines ästhetischen Lebens, in dem Sinne, wie es Göthe, Schiller und wenn Du willst, auch Sokrates verstanden, unbewußt entwickelt. Diese Idee kam meinem Körper, der anders durch Aufregung usw – in den Ohren sehr gelitten hätte, ebenso wie meiner Geistesanlage für's Gute. Und so habe ich instinktiv einem derartigen Ideale nachgetrachtet. Daß ich es darin für einen blutjungen Menschen weit gebracht hatte, darf ich wohl sagen. Die Entsagung, mit der ich wochenlange in Ischl und mit der ich endlich hier in Catania lebe, könnte allein dafür zeugen; und ich achte meine Kraft, die mich in mir selbst soviel Zufriedenheit finden lehrt. Daß aber alles das wieder nur geschieht, um womöglich mich zu dem zu retten, wozu ich eigentlich geboren bin, – ist mir wieder unbewußt durch die Finger gelaufen und erst, wenn ich nachdenke über Zweck und Ziel meiner Reise, wird es mir klar.

Was ich nach meiner Rückkunft machen werde, weiß ich noch nicht. Viele Ideen kommen und – verschwinden wieder in meinem Kopfe. Auf die Universität werde ich kaum zurückkehren. Am liebsten möchte ich einen Stand haben, wo ich Zeit hätte, meinen Lieblingsstudien nachzugehen. Mir ist es nun einmal Bedürfnis, in einem Meere von Kunst zu leben. Ich möchte alles lesen, was in der Welt geschrieben wurde: griechische, lateinische, italienische, deutsche Classiker, möchte Spanisch lernen u.sw. Daß aber das nicht möglich ist, wenn ich Sanscrit studiere und die Ausfahrtsegen des Mittelalters lese, begreifst Du wohl; da das Leben kurz ist. Mittelhochdeutsch dagegen möchte ich um alles fortsetzen. Bleibt mir in etwa 10 Jahren Rast genug, um eine altdeutsche u. gothische Grammatik ruhig zur Hand zu nehmen, ohne ewig davon weg und zu Dichtergestalten gedrängt zu werden, so will ich mich freuen und auch das nehmen. Möglich daß ich suche, in der Journalistik mich weiter zu bringen, wenn mir das Glück hold ist, möglich auch, daß ich zum Merkantilischen übertrete. Wenn mir dann auch die wissenschaftliche Tiefe fehlt, so habe ich doch eine allgemeine Verständlichkeit gewonnen, und vor vielen Herrn Gelehrten die Ehrlichkeit der Ueberzeugung voraus, die durch keinen Parteistandpunkt beengt wird. Und endlich: Die Dichtung und Kunst ist nicht blos für die Gelehrten da, sondern für jeden Menschen, der wirklich Mensch ist; und wer es am meisten ist, der versteht sie am besten, wenn er auch kein Professor ist.

Nun habe ich Dir aber abscheulich viel vorgeplaudert; aber ich weiß es, nur lauter Sachen, die Deine Zustimmung haben. Du bist der Einzige aus der Avantgarde der Wiener Germanisten, der das Herz am rechten Fleck hat, und neben dem ich höchstens noch Werner gelten lasse, der aber viel Professorenthum in sich hat, das leicht die Menschheit überwuchern kann. Was Du von einer unglücklichen Liebe sagst, ist dummes Zeug, nur Schwärmerei, die ohnehin mehr wohl als wehe thut, und nachdem man sie satt hat, von selbst vergeht.

Was Willbrandt mit dem Nero gemacht hat, verstehe ich nicht. Soviel ist sicher, daß er damit auf einen solchen Weg, den des Effektes um jeden Preis, gekommen ist, wozu ihn gewiß der Erfolg der Arria verleitet hat. Ueber den Iago Mitterwurzers habe ich ein paar Worte in der Wahrheit gelesen, lobenden Inhaltes, die mich aber in ein paar schonenden Ausdrüken errathen lassen, daß er gerade so zwitterhaft war, wie immer. Um Robert ist es mir leid, daß ich ihn nicht sehen kann, ich habe ihn außerordentlich gern, denn er ist die Verwirklichung meines Ideales vom ästhetischen Leben des Künstlers.

Nun wirst Du klagen, daß in dem ganzen Brief nichts aus Italien ist! Verzeih! Du kannst das auch später hören, ich aber muß von der Heimat mit einem reden, der mich versteht, mir ist das notwendig. Und nun zum Schluß die besten Neujahrswünsche
von Deinem
Jacques.

NB. Schreibe, bitt' ich!, bald. Denn ich reise am 8. von hier ab nach Neapel. Den Februar verlebe ich in Rom. März Florenz; dann sehen wir uns wieder!

413/4–6; B; Rom; 23. 2. 1876; [Wien].   4

Rom, 23/2 76.

Lieber Sauer!

Eben kehre [ich] von der tollen Carnevalsjagd, dem Blumenwerfen und Lorbeerrennen, nach Hause zurück, und siehe! – noch ist die Freude des Tages nicht erschöpft; ein liebes Briefchen wartet meiner. Ich will denn auch keinen Augenblick verlieren, da ich ohnehin hätte mit dem Schreiben den Anfang machen sollen, und Dir in 9 Seiten was aus Rom sagen.

Aufrichtig: zum Schreiben zu kommen, und sei es auch an liebe Personen, ist hier schwer. Ich habe mir in den 12 Tagen, die ich hier bin, nicht hyperbolisch, sondern wirklich die Füße wund gelaufen. Es ist möglich, daß ich morgen Vormittag in Folge dessen mit dem Ausgehen pausiren muß, denn heute habe ich gehinkt. Nun kommt zu all den weiten Märschen im abgelegenen Alten Rom noch der Carneval, den man doch auch sehen will, – und ich gestehe Dir, daß ich allabendlich matt und müde auf das Bette nur hinsinke. Denn die südliche Sonne ist dem vielen Gehen nicht hold; nur Hunde und Engländer gehen, wie die Italiener sagen, in der Sonne.

Was sagst Du zu meinem schmählichen Durchfall bei der Concurrenz? Und schreibst mir nicht ein Wort über die Arbeit meines glücklicheren Mitbewerbers? Aufrichtig: auf meine Geschichte habe ich nie was erwartet, aber daß eine Dichtungsart „erst wahr, dann schön" sein solle, leuchtet mir im Lande aller Kunst noch nicht ein. Dazu brauche ich wahrscheinlich eine nordischere Sphäre, um die Doktrin (denn Aesthetik ist das sicher nicht) zu verstehen. Wie aber die beiden andern etwa in Wohlfahrt die Sonne Homer's lächeln sehen wollen, geht mir dummen Burschen wieder nicht ein. Aber das sind Juden, die haben dergleichen aus dem Orient ererbt.

Ueber die Festtage des Burgtheaters habe ich mit Freuden die Zeitungen gelesen: es war das erste Mal, wo ich mich zu Hause gewünscht hätte. Sonst zögen mich nicht zehn Pferde von hier weg. Der Entschluß, mit der Zeit ganz nach Italien zu kommen, gewinnt bei mir immerhin jetzt schon eine gewisse Solidität. Hier in Rom glaube ich nun geradezu im Himmel zu sein. Du schreibst mir von einer Reise: laß sie nach Rom hieher geschehen. Es soll Dir sehr billig zu stehen kommen, wofern Du mich noch hier triffst. Die Rundreisebillets mit 50tägiger Giltigkeit gewähren 45° Nachlaß und das Leben hier ist gar zu billig. 1/2 Franken Frühstück, 2 Mittag und 2 Abends kann man leben. Ich selbst bin bis etwa 20ten März hier zu treffen; dann gehe ich nach Florenz bis Ende. Anfangs April komme ich über Ferrara, Padua, Görz, Laibach, Graz nach Hause, wo ich am Palmsonntag eintreffen will.

Was Du auf einer selbst kürzeren Reise hieher gewinnen könntest, brauche ich Dir nicht zu sagen. Gewiß ist, daß kein Lebender eine richtige Vorstellung der Antike hat, der Rom unbesehen lassen mußte. Der alten Stadt hat denn auch mein bisheriges Studieren ganz gegolten und ich mag heute wohl sagen, daß ich in ihr zu Hause bin. Nächste Woche geht es über Museen und Gallerien her, und so ein wenig Schweben und Weben in und um Kunst. Dazu scheint eine warme Sonne und alles Volk jauchzt vor Freude und Lust, daß einem selbst derlei zustoßen möchte.

Ein Arbeiter macht mir gestern das Buch zu und sagt: „Es ist Carneval, da wird nicht studiert!". Und ich ließ es geschlossen.

Was ich in Italien arbeiten wollte, ist mir hier nicht klar; vielleicht daß ich Dir ins Handwerk pfusche und Historie probiere. Denn hier gibt's so viele unbenützte Quellen: Gregorovius kann eben nicht alles thun und die Italiener wissen von derlei nichts. Aber davon auch abgesehen: kann ich von unsrem bischen hier leben, was oben nicht der Fall ist. Und wer weiß, daß hier das Leben ein Genuß ist, während oben erst der Beruf das Dasein zum Genusse macht, der wird es einem Verfehlten Berufler nicht verargen, wenn er das erste wählt.

Aus Italien werde ich ziemlich viel Geschreibsel mitbringen; meine Novelle ist hier (Gott sei Dank!) geendet, auch habe ich die Hauptpunkte meiner Wanderung skizzirt, und auch sonst soll manches herausfallen, das für den Papierkorb geschrieben ist.

Laß auch bald was Gutes von Dir hören!
Es grüßt Dich
Dein
Jacques Minor

NB. Entschuldige mein schlechtes Schreiben; aber ich bin todmüde.
Grüße an Maroicic, Hock und den kleinen, lieben Depris.

413/4-7; K; Vöslau; 1. 6. 1876; Wien. 5

Lieber Sauer!

Wenn es mit Deinem Straßburger Reiseprojekt nichts ist, lade ich Dich ein, während der Pfingstfeiertage mich in Vöslau zu besuchen. Zeit, Dauer des Aufenthaltes und alles sonstige bleibt Dir überlassen; nur bitte ich Dich, mir von Deinem Entschlusse Nachricht zu geben.

Bist Du Comité-Mitglied der Schillerfeier? Ich habe Dich dazu in Vorschlag gebracht.
J. Minor

NB. Meine hiesige Anschrift Florahof.

413/4-5; K; Vöslau; 22. 6. 1876; Wien. 6

Lieber Sauer!

Ich werde diese Woche wohl kaum nach Wien kommen. Vielleicht sehen wir uns Anfangs der nächsten. Ich schreibe Dir bis dahin noch.

Wenn Du zu unserem Buchhändler kommst (Antiquar – versteht sich) – sieh zu, ob er etwas aus der Schillerliteratur hat. Ich muß meine Quellen, Briefwechsel u. Memoiren etwas vervollständigen, da sonst meine ganze Arbeiterei nicht viel Wert ist. Ein alter Schiller-Körner Briefwechsel in der neuen Ausgabe, Schillers Calender, Briefe an Dalberg (Karlsruhe u. Baden), die Memoiren der Kalb u. anderes kämen mir sehr erwünscht.

Vielleicht ist auch Hendrichs Schillerwerk wo billig zu bekommen. Aber daß Du mir nicht das Beste vor der Nase wegnimmst!
„Grüßen Sie mir Ihre Frau."
(Du siehst, wie tief ich in den Quellen stecke.)
Dein Minor J.
NB. Jedenfalls warte mit dem Ankaufe, bis ich komme; damit Du mir nicht etwa was kaufst, das ich schon habe.

413/4-8; B; Vöslau; 25. 6. 1876; [Wien]. 7

Lieber Sauer! Vöslau, den 25 Juni 76.

Auf Deinen Vorschlag betreffs der Schillerausgabe bin ich gewillt einzugehen. Aber sind die 15 Bände auch alles bis jetzt Erschienene? Ist das Exemplar, das uns Kubasta verschaffen will, antiquarisch und gebunden oder neu und zu vernünftigem Preise? Wegen der anderen Bücher magst Du einstweilen Deine Mühe einstellen, denn wenn ich jetzt 30 fl ausgebe, bin ich mit den Finanzen dort, wo meine Stimme seit vorigem Sonntag ist: beim Hund.

Ich komme Mittwoch Nachmittag nach Wien, wo mein erstes sein wird, da ich von der Bahn mit Omnibus bis auf den Stefansplatz fahren kann, Dir Deine Bücher zurückzustellen. Wenn es Dir nicht möglich ist zu Hause zu sein, weil Mittwoch Dein verfluchter Tag ist, so laß Dich [durch] mein Kommen nicht aufhalten; sondern gib mir in einem Zettelchen Bescheid, wenn Du mich etwa Donnerstag früh (bitte vor 11 Uhr) besuchen willst.

Wir werden dann zusammen über Alles, was ich, damit der Brief zur rechten Zeit abgehe, hier ungesagt lassen muß.
Es grüßt Dich
Dein
Minor J.

413/4-9; K; Vöslau; 14. 7. 1876; Wien. 8

Lieber Sauer!

Für Deine Nachricht Dank. Von dem freundlichen Anerbieten kann ich für diesmal keinen Gebrauch machen, weil ich vor 6 Wochen wohl kaum nach Wien kommen werde. Stehe nur den Winter mit Deiner altdeutschen und gothischen Bibliothek zur Seite! Ich bin gerade dort, wo Schiller Professor in Jena wird. Auf die Kritische freue ich mich sehr. Steiskal behauptet, es seien keine Einleitungen oder Noten drinnen; was ich nicht glauben kann, da Palleske wiederholt auf Abhandlungen zu verweisen scheint. Wie dem auch sei, der complete Schiller soll mir ein willkommener Gast sein.

Sieh zu, daß Deine Zeit in Melk gut angewendet ist und ich bald ein Dr. vor Deinen Namen schreiben kannst. Sei aber auch so gut und vergiß nicht auf Essen und Trinken; denn ein hungriger Doktor ist eben so wenig recht als ein hungriger Schneider oder Schuster. Werner's Malheur ist ärgerlich; zeigt aber recht deutlich, wie dumm unsere Prüfungseintheilung ist.

Grüß' Dich und schreibe mir bald, daß Dein neuestes Trauerspiel über die Ottfriedsstrophe fertig ist.
Dein
J Minor.

413/4-11; B; Vöslau; 30. 7. 1876; Wien. 9

Vöslau, den 30. Juli 76

Lieber Sauer!

Die Schillerausgabe ist gut in meine Hände gekommen; aber eine Zahlungsbestätigung war nicht dabei. Da ich sie nicht bezahlt habe, so liegt mir an einer solchen nichts;

und Du wirst ja wohl wissen, ob Du sie notwendig hast oder nicht. Wenn es Dir also darum zu thun ist, so laß Dir von Kubasta eine geben. Es könnte am Ende noch nach längerer Zeit, wo man die Geschichte vergessen hat, sich ein Irrthum herausstellen.

Die Ausgabe gefällt mir außerordentlich; wenn ich gleich wenig Lust habe, auf die Textarten einzugehen. ?ABbc und !CDEFGH ist doch dem armen Schiller gar zu viel gethan. Auf die letzten Bände bin ich begierig. Ich werde sie mir sogleich kommen lassen.

Meine Arbeit habe ich da fortgesetzt, wo ich gestanden habe, als die Lieferung kam. Ich kann daher nicht viel mehr als den 10ten Band beurtheilen, allwo auf Tomaschek's „ausgezeichnetes" Werk verwiesen ist. Ihr thut doch alle dem Tomaschek Unrecht und es zeigt sich, daß seine Leistungen nicht zu unterschätzen sind.

Ich halte fest zu ihm und, seitdem ich wieder Kant studiert habe (freilich im Schiller'schen Schönheitsspiegel), bin ich mir der Berechtigung auch dieser Art der wissenschaftlichen Behandlung sehr bewußt geworden. Alles, was man Daten oder Detail nennt, ist doch nur Materiale für die Philosophie, und muß erst noch einmal durchgearbeitet werden. Gaverland, also freilich ein Schöngeist, hat letzthin ein paar Stellen aus meinem Geschreibsel angeführt und war davon ganz befriedigt. Besonders die Vorlesungen von 92–93 in der neuen Ausgabe haben mir ein großes Interesse abgewonnen.

Vielleicht wäre es Dir möglich, mir durch den akademischen Leseverein die Briefe an den Augustenburger in der Rundschau borgen zu lassen. Sie sind mir von ungemeiner Wichtigkeit, und durch einen Freund, der im guten Glauben bliebe, daß ich sie Dir überbrächte, könntest Du sie mir doch zuschmuggeln?

Ich habe oft lebhaft bedauert, daß Du für Spekulation so wenig Sinn hast. Ich kann es nicht läugnen, daß ich deshalb auch nicht an Deine dichterische Produktion glaube. Schon zur Produktion gehört bei einem, der wissenschaftlich thätig war, Spekulation, und wem sie fehlt, der wird es nie zur That bringen. Deine Plane ersticken alle unter dem Unkraut des wissenschaftlichen Details. Wie Du sie nur aufzählst, glaube ich eine Literaturgeschichte zu lesen, wo es heißt: Im Sommer 76 war Herr Sauer mit … … beschäftigt, aber die Vorbereitungen auf das Doktorat einerseits, … anderseits hinderten ihn an der Ausführung.

Dieser Abschnitt aber würde in jedem Jahr einzurücken sein, bis es einmal heißt: Das Studium Kants hat Herrn Sauer endlich vom Bandwurm befreit. Ich kann Dir nicht sagen, was für Freude mir die Kantischen Ideen machen. Daran hängt am Ende doch unser Leben, wenn auch an dem <…> eine unserer Kenntnisse hängt. Ich fühle mich nach jedem Kapitel neugestärkt wie nach der Kaltwasserkur. Thätigkeit! – ist mein großes Losungswort geworden; und so studire ich gegenwärtig schon 10 Stunden des Tages, und mit einer wissenschaftlichen Genauigkeit, die selbst vor Dir Gnade finden würde. Denn das muß ich Dir sagen: mir fehlt gegenwärtig nur mehr soviel zum Gelehrten (zum angehenden natürlich), als Du über den empfänglichen Geist (weil ich schon nicht Schöngeist sagen darf) hinaus bist. Mein Körner, rufe ich Dir zu: Schau, daß Du wieder produzirst, und nimm den Kindermeth der Spekulation ein, sonst bringt Dich die Verstopfung um die Wissenschaftslosigkeit, will sagen Humanität. Ich aber trachte immer mehr mich zu verstopfen und fluchte dieser Sache, als mir ein Benecke, Müller und Zarncke-Lexikon um 20 fl vor der Nase weggekauft wurde.

Von unserer Vorstellung weiß ich nichts, als daß die Rollen vertheilt sind. Ich habe natürlich keine genommen, oder besser bekommen, wenn ich auch keine genommen hätte. Daß ich jetzt mehr daran bin, die lumpige Theatergeschichte ganz zu vergessen, daß in mir kein Funke Schöngeisterei mehr Raum haben darf, daß ich statt zu deklamieren spekulire und nicht ohne zu Grundelegung quellenmäßiger Details hypothetisire, auch zur Abwechslung gelehrtenhaft stilisire, gute Freunde im lieblichen Landleben molestire und dem Düntzer hiemit keinen Neid hegend und ohne die jugendliche Selbstüberschätzung bei meinen Jahren eben so oft schädigende als auszeichnende Dünkelhaftigkeit

persiflire, – alles das hätte ich gerne in einem Nachsatze vereint, aber der Pegasus der Parodie hat mich über diese Dichtungsart hinausgeführt, deren Namen mir nicht gleich einfällt, aber wohl mit Priamel nicht ganz unrichtig bezeichnet sein dürfte. Ich hoffe daß Du die etwaigen brauchbaren Gedanken Deinem Gedächtnisse überlieferst.
Es grüßt Dich
Dein Freund
Jacques

413/4-12; B; Vöslau; 28. 8. 1876; [Wien].   **10**

Vöslau, 28/8 76.
Lieber Sauer!
    Heute bin ich mit meiner Durcharbeitung des Schillermaterials zu Ende gekommen. Ich darf sagen, daß ich die letzten 6 Wochen in geradezu aufopfernder Weise den Ideen des Genies gefolgt bin. Seit Anfang Juli war ich nicht in Wien (bei Werners Doktorat das letzte Mal!) und nicht einen Tag habe ich inzwischen gefeiert. Die letzte Zeit bin ich gründlich geworden, wie Du es mir vielleicht nicht zutraust. Ich habe mir schon vorigen Monat den Körner Briefwechsel kommen lassen, und mit seiner Hilfe, sowie mit den Göthe- und Humboldt-Correspondenzen habe ich manches Artige zu Stande gebracht. Vor allem habe ich die Chronologie der Plane revidiert und mir dieselbe genau zusammengestellt. Conjekturen über die Entstehungszeit habe ich auch mitunter angestellt und besonders den 2. Spruch des Confucius nach Angaben, die Du in der krit. Ausgabe unter den Schlußanmerkungen findest zu den „Worten des Glaubens", mit mancher Wahrscheinlichkeit 97 angesetzt. Gestern hat mir das Zusammenfassen und Datieren der Blüthen aus dem lyrischen Nachlasse viele Freude gemacht. Zu dem Titel: „Sürenen-Gespenst" findet man die Gedanken unter den Excerpten, die Schiller aus den Quellen des Tell angelegt hat u.s.w. Die Ideen, wo er zwischen deutscher nationaler Größe und Größe des Reiches unterscheidet (ich glaube es ist Blättchen VI) haben mir aus der Seele gesprochen. Ich habe einmal dergleichen zu Haberland erwähnt, als er mich zu den Preußen bekehren wollte. Ob das nicht gelegentlich der Eröffnung unseres Denkmales Stoff zu einem Feuilleton wäre? indem man zu beweisen suchte, daß Schiller sich auch lebend in unserer Mitte als Mitbürger wolbefunden hätte. Ohnehin hat sich mir Palleske dadurch verleidet, daß er Schiller zu einem der „Ihrigen" zu machen sucht, der die preußischen Schlachten mitkämpft. Uebrigens habe ich oft an die (Deine) Antipathie für das Schöngeisterische gedacht, und ich gestehe, daß Palleske der meinigen Schöngeisterei einen gewaltigen Stoß versetzt hat. So unleidlich hat mir nicht bald jemand irrlichteliert als er; wenn auch die Vorzüge seines Werkes nicht gering zu schätzen sind.

    Hoffmeisters Leben Schillers ist eine Biographie im großartigen Sinn. Ich kenne nicht leicht ein 2tes Werk, das so viel Spekulatives in sich enthielte. Seine Darstellung des Schillerschen Entwicklungsganges ist hinreißend, und bei alledem durchaus wissenschaftlich gehalten. Aber gerade bei Besprechung der philosophischen Periode ist er wie mit Blindheit geschlagen. Er wirft Schiller Dinge vor, die er ohnehin nicht verhehlt hat, und verlangt, wo Schiller vom Menschen redet, die Idee der Gottheit, und was dergleichen transcendentales Zeug mehr ist.

    Ich habe den Band mit den philosophischen Schriften und die Gedichte ganz genau durchgearbeitet. Die Einleitungen der folgenden Bände sind mir auch geläufig. Ein Eingehen in ihren Text aber hätte mir zu viel Zeit genommen. Daß Du die Vergleichung der Nachschillerschen Ausgaben wegwünschest und an den tz keinen Gefallen findest, ist auch meine Ansicht. Außerdem finde ich manche Druckfehler, besonders in Angabe von Daten und Zahlen, und mitunter eine gewisse Willkür in der Auswahl. In den Anmerkungen zb. finden sich Briefstellen, die jeder Gymnasiast aus Viehoffs Commentar holen kann; anderseits wird oft nicht ein Wort in der Einleitung über die zu Grunde liegenden Manuscripte usw. gesagt. Manches scheint einen Leser vorauszusetzen, der das ganze

Material ohnehin so kennt, wie der Herausgeber; anderes findet jeder, der auch nur ein paar Briefwechsel hat. Gleichwohl ist der Fleiß, mit dem das Ganze zusammengestellt ist, bewundernswerth. Ich freue mich auf die beiden letzten Bände, denn für die hinterlassenen Fragmente habe ich eine ungeheure Vorliebe. Demetrius ist mir, was Dir die Penthesilea.

Daß Du die philosophischen Schriften Schillers so perhorrescirst, ist mir unbegreiflich. Ich halte sie mehr als je zum Verständnis Schillers für unumgänglich notwendig. Es gibt nicht ein Gedicht, das auf einem andern Boden, als dem der Spekulation, erwachsen wäre. Epigramme, wie „Schön und Erhaben" u.sw. sind nur Wiedergabe philosophischer Gedanken. Da fällt mir auch beiläufig ein, daß Gödecke ein paar Gedanken über die Musik aus dem Briefwechsel mit Körner aufnimmt. Ebenso gut müßte Kallias aufgenommen sein, und besonders „Ueber epische und dramatische Dichtkunst" von Göthe und Schiller. Die letzten 2 Theile werden wohl jeder über 600 Seiten fassen müssen, wenn das Rückständige eingeholt werden soll. Ich habe sie im Voraus bei Kubasta bestellt und denke, daß sie bald meine Einsamkeit erfreuen sollen.

Eigentlich sollte ich nun meine Arbeit von vorne anfangen; aber, wie ich heute im ersten Band blätterte, habe ich eingesehen, daß der Sprung von 1805 auf 1776 gar zu groß ist. Ich würde mir die Jugendperiode verleiden. Außerdem gibt diese leichte Arbeit für den Winter eine unterhaltende Erholungsstunde ab. Ich werde daher das Material erst im Winter wieder vornehmen. Daß aus meinen Arbeiten mit der Zeit eine Biographie Schillers hervorgehen wird, drängt sich mir oft auf. Nur muß erst die nötige Muße sich finden. Es sollte mir aber leid thun, wenn Du bei der Revision nicht manches Anmerkungswerthe finden solltest.

Morgen gehe ich auf etwa 5 Tage nach Wien. Ich habe mir den Magen mit dem vielen Sitzen verdorben. Von 3/4 9 – 1/2 12 Uhr und von 2 – 6 Uhr war er jeden Tag thätig. Dann von 6 – 1/2 10 Uhr frei, und von da habe ich oft bis um zwölfe weitergearbeitet. Meine Korpulenz verlangt aber nach Bewegung, und so muß ich damit mit Magen geschadet haben. Alles stößt mich auf und was dergleichen Ekelhaftigkeiten mehr sind. In Wien will ich mir von Gaverland Kleist geben lassen. Ins Theater werde ich nicht kommen.

Was ist denn, daß Du die Prüfung nicht machen sollst? Du kannst in jedem Fall sicher sein zu bestehen. Es wäre Schade um das Jahr, und wer weiß, ob Du beim Militär nicht mehr Daten vergißt, als Du in 3 Monaten nachholen kannst. Leb wohl Tino! Daß Tina das Weibchen dazu ist, entspricht vollkommen der italienischen Grammatik und vielleicht auch Deinem deutschen Geschmacke.

Ich grüße Dich mit Wonnen! – wie der Dichter des Tatragebirges sagt. Ich würde nur in die Karpathen gehen, weil ich mich noch mit Entsetzen erinnere, wie ich die Ernstischen Vorträge über die Ungarischen Gebirge nicht habe behalten können.
Tschau!
Dein Freund
Jacques Minor

413/4-14; K; Vöslau; 13. 7. 1877. Wien. 11

Lieber Doktor! Gratuliere zu dem freudigen Ereignisse, das ich erst für Montag gehofft hätte.

Sagen der Romantiker wird wohl Zeit haben bis Oktober. Doch bitte ich Dich, die Hefte nicht aus der Hand zu geben. Wenn es Dich nicht genirt, mir dieselben bei dem Besuche in Vöslau zu übermitteln, so könnte ich vielleicht hier doch noch etwas profitiren. Jedes handle hier einmal ganz unwissenschaftlich d. i. nach Laune. Schon ein kleines Paquet wird bei einer Partie lästig. Ich habe den Winter über noch genug Zeit zum Vertinten.

Besten Gruß von Deinem
J. Minor

413/4-15; B; Vöslau; 12. 8. 1877; [Wien]. **12**

Vöslau, den 12/8 77.

Lieber Doktor!
Deinem Besuche sehe ich bereits seit einigen Sonntagen mit Erwartung entgegen. Um so weniger kann ich Dir verhehlen, daß mir Dein gewählter Zeitpunkt nicht ganz passend ist. Wir haben Mittwoch Militärmusik heraußen; da wird der Wald abgesperrt und andere Incommoditäten vorgenommen. Auch werde ich viele Vöslauer Sonntagsbekannte dort treffen, welche ich nach sonstigem langen Zusammensein nicht füglich ignoriren kann, die uns aber in unseren Betrachtungen nicht fördern werden. Um etwas gescheidtes zu werden, muß es aber sehr ruhig um mich sein, denn meine regen Lebensgeister machen sonst allerhand Männechen. Zum letzten macht uns das heutige schlechte Wetter Aussicht, einen für heute angekündigten Besuch (nach Tomascheks Ausdruck) „langweiligster Art" in breiter Weise entgegenzunehmen, der meine Geduld schon in gewöhnlichen Tagen mehr als billig auf die Probe setzt. Desgleichen ist für Dienstag eine Sauerei projektirt, bei der aber mein Erscheinen wenig notwendig ist.
Alles dies habe ich aus dem Grunde gesagt, weil ich (nach nunmehr fast einen Monat langer gänzlicher Vereinsamung) auf unsere Monarchenzusammenkunft große Stücke gebaut habe. Und wie ich denn manches Kleinliche von Grillparzer mein eigen nenne, so auch dies: daß ich bei jeder unerwarteten Freude ängstlich auf die sonstigen Constellationen sehe, welche ich nicht ohne Argwohn betrachten kann. Ich bin auch in derlei Sachen ein inniger Pechvogel oder besser Pech-Dumas (denn nach Laube ist Dumas der Nazi der Pariser).
Facit: Da ich leider aus Deinem Briefe zu ersehen glaube, daß es Dir nicht so leicht wieder glücken wird, einen Tag zu erobern, so versteht sich von selbst, daß in diesem Falle alles weitere schweigen muß. Ist es Dir aber einen anderen Tag möglich (habt Ihr an Kaisers Namenstag nicht frei?), so ziehe ich diesen zu ungestörtem Zusammensein vor.
Das Uebernachten ist keine Sorge. Die Romantiker bitte ich Dich, drinnen zu lassen. Es wird mir in Vöslau kaum möglich werden, sie zu studiren. Aber wenn Du Anschieber die Biographie Goethes hast, bitte ich Dich um den ersten Band, den ich unverzeihlicherweise in Wien zurückgelassen habe.
Ich bitte um näheren Bescheid!
Dein
J. Minor

UA 153/30/1-2; B; Berlin: 28. 10. 1877; [Vöslau]. **12S**

Berlin, 28 Oct 77

Lieber Jacques!
Du wirst Dich wol schon gewundert haben, von mir so lange ohne Nachricht geblieben zu sein; aber erst heute bin ich vollständig in Ordnung, daß ich an Correspondenz denken kann. Ich hielt mich auf der Reise etwas länger, als projectirt war, auf, und bin erst seit 23. hier, heute gleich am ersten Tage ein hübsches kleines Zimmer nicht weit von der Universität gefunden; jetzt sind meine Bücher schon ausgepackt u aufgestellt; ich fühle mich schon halb und halb heimisch in meinem Locale. Vorgestern war ich mit Werner bei Scherer. Der Eindruck war überwältigend – ich kenne keinen anderen Ausdruck; er war recht liebenswürdig mit mir u. erkundigte sich um meine Arbeiten. Man hat keine Idee, was der Mann weiß, wenn man ihn nicht kennt; dieser sprühende Geist, diese Lebhaftigkeit – enorm! Er liest „Einleitung in die deutsche Philologie", worin er eine kurze Grammatik, Metrik, Methodik geben wird; dann ein Publicum: „Der junge Goethe" endlich wird er auf Wunsch der Studenten Übungen über neuere Literatur halten, wo ich in den ersten Stunden über Brawe frei sprechen soll. Müllenhoff liest in den Übungen Parcifal.
Werner hat Scherer unendlich gern; er verkehrt mit ihm, wie mit einem jüngeren, sehr guten Freunde: ich hoffe es, doch ebenso weit zu bringen, denn wenn schon nicht weiter; so bin ich gebildeter und gründlicher als Werner, der mehr so obenhin alles nimmt. Wer-

ner scheint sich überdies sehr an mich anschließen zu wollen, wenigstens ist er die ganzen Tage bei mir gesteckt. Er ist wirklich mitten drinnen in der ganzen germanistischen Clique u. hat viele Arbeiten begonnen. Tomaschek soll sich ihm gegenüber über Deine Arbeit ausgesprochen haben mit der Bemerkung, daß Du keine philosophische Vorbildung besitzest u das alles nur Aneinanderreihung von Stellen ist; Du wirst mit T. schon Dein Elend haben. Komme hierher; da wird es gleich besser gehen. T. war übrigens das letzte Mal furchtbar freundlich mit mir, forderte mich sogar auf, Recensionen für die Gymnasialzeitschrift zu liefern.

Den Jahresbericht unseres Vereines habe ich erhalten und finde ich denselben ganz gelungen; wie kommt es daß Tomanetz Obmann wurde und nicht Hoffmann. Sei so freundlich meine germanistischen Bekannten, bes. Hoffmann u Röttinger von mir zu grüßen; ich finde natürlich jetzt nicht Zeit, ihnen zu schreiben. Meine Abende bringe ich zu Hause zu, koche mir Thee u esse etwas dazu; u arbeite; bis Ostern muss mein Buch gedruckt sein, müssen etliche Recensionen vom Stapel gelaufen u. muss eine andere grössere Arbeit über den Beginn hinaus sein. Berlin gefällt mir so obenhin, recht gut, grossartig; die langen, geraden Strassen wirken wol etwas ermüdend.

Theile mir nur recht viel von Deinen Arbeiten mit, Du weißt, daß es mich sehr interessirt; ich will Dir schreiben, was ich von den Arbeiten der Genien erfahre; denn hier bin ich im Centrum. Empfehlungen an Deine Mutter.

Mit Grüßen
Dein alter
Sauer.
Berlin, N. W. Karlstrasse 18. 2. Stock bei Gianelli.
Schreibe bald; in der ersten Zeit fühle ich mich ja so recht verlassen.

413/4-16; B; Wien; 30. 10. 1877; Berlin. **13**

Wien, 30. Oktober 1877.
Lieber Sauer!
Glückauf zu Deinem Einzuge in Berlin!
Daß Dir Scherer so außerordentlich gefallen hat, ist mir lieb zu hören. Auf Seemüller, Werner und ähnliche Leute gebe ich, wie Du weißt, nicht viel. Sie haften zu viel an der Germanistik, um einen Menschen beurtheilen zu können. Werner aber ist im Grunde der ärgste Schwindler, denn er schwindelt in der Wissenschaft, wo ers gerade am wenigsten sollte. Sonst mag ich ihn gut leiden, weil er wirklich ein vernünftiger und talentirter Mensch ist. Auch glaube ich, daß Scherer mehr auf Kopf und Genie, als auf Gelehrsamkeit und sonstigen Schulkram geben mag. Und da wirst Du Dein Plätzchen bei ihm recht gut finden.

Ich habe letzthin bei Werner in kurzen Andeutungen über Tomascheks Verhalten Dir gegenüber geklagt; und daß er gar nichts für Dich gethan habe. Darauf Werner: er könne nichts für Dich thun, als Dir einen Verleger verschaffen. Darauf ich: daß er nicht einmal das gethan habe. Werner aber zuckt (ich weiß nicht in welchem Sinne) die Achseln und: Vielleicht wird es in den Quellen & F. erscheinen.

Wie Tomanetz zum Präsidenten geworden ist, weiß ich selber nicht. Ich glaube aber indirekt. Hoffmann hielt als Vicepräsident im vorigen Jahre die Eröffnungsrede an die Vollversammlung, wobei er nach seiner Art immer zu Boden sieht, alle Augenblicke stockt und mit einem Worte: ganz zum Jungen wird. Das mag abgeschreckt haben. Tomanetz präsentirt sich gefälliger und macht vor jeder Vollversammlung und, so oft er in den Leseabenden und am Katheder tritt, sein Buckelchen und lächelt nach rechts und links, um nur ja die Sympathien zu behalten. Das taugt auch nicht, aber den Leuten ists recht, sie wollens so haben. Uebrigens habe ich mich dieses Mal hors concours gehalten, um dem unvermeidlichen Ersatzmann zu entgehen.

Was Tomaschek über meine Arbeit zu Werner gesagt hat, kostet mich nur ein Lächeln. Samstag war ich oben; er hat meinen ersten Theil gelesen, und sich sehr zufrieden (mir gegenüber!) geäußert. In „Makbeth" im Burgtheater habe er bei dem Realismus der jetzigen Darstellung an meine Arbeit gedacht; wenn das Material auch nicht erschöpft sei, so sei doch das Hauptsächlichste herausgegangen usw. Seine Ausstellungen, die er auf einem Pagina hatte, waren: 1. Ich hatte den Ausdruck gebraucht: „Schillers spätere kantische Philosophie." Darauf Bemerkung seinerseits, daß Schillers Philosophie gar nicht kantisch sei, daß sie sich im Wesentlichen, in der Lehre vom Schönen von Kant unterscheide und dergleichen Phrasenwerk mehr, das in jedem Schulbuch steht. Jeder Mensch, der meine Arbeit überhaupt verstehen soll, begreift, was „Schillers kant. Phil." sagen soll. Uebrigens kam er im Eifer so weit, daß Schiller überhaupt kein Philosoph gewesen sei, daß es also gar keine Schillersche Philosophie gebe. 2. Ich hatte die Worte geschrieben: „Damit scheint Schillern im Zusammenhang zu stehen, was Aristoteles die Gedankenbildung nennt." Das streitet er nun überlegen ab, trotzdem es Schillers höchsteigene Worte, nur daß statt „Schillern" im Briefwechsel „mir" steht. – Daraus magst Du entnehmen, wie viel thatsächliches Urtheile zu Grunde liegt. Philosophische Vorbildung brauche ich zu der Arbeit keine, weil Schiller selber keine hatte, und ich mich auf eine Kritik nicht einlasse. Aneinanderreihung von Stellen aber in einen künstlerischen und ideellen Zusammenhang pflegt man doch sonst schon als ein Verdienst gelten zu lassen, und Citate in einen historischen Zusammenhang zu bringen dürfte noch leichter sein als in einen durchaus idealen. Ich lerne überhaupt einsehen, daß ich mit dem Sohn der <...> sagen muß: „Sieh! ich lern es nicht, und werd' es niemals lernen!" Früher habe ich gerne eigene Gedanken entwickelt, die auch nicht gerade immer dumm waren; das gilt als unwissenschaftlich. Jetzt stelle ich fremde zusammen; dem fehlts an philosophischer Evidenz. Da weiß ich nicht, wie man es recht macht; und ob mans Leuten wie Tomaschek überhaupt recht machen kann. Vorigen Dienstag habe ich über den Plan der Elfride gelesen und die Quelle dazu in Klingers Schauspiel gefunden. Ein paar Ausfälle gegen Tomaschek, der den Plan gar nicht verstanden hat, weil er ohne Klingers Stück nicht zu verstehen ist, würzten den Vortrag. Im letzten Augenblick kommt Tomaschek herein und ich sehe mich genötigt, einiges zu unterdrücken, obwohl die Tendenz des Ganzen nicht zu verkennen war. Was thut er? Er stellt die eben vorgetragene Meinung als die seinige hin, und fragt mich, ob ich ihm denn dadurch beistimme? Einige Neue und ein paar Freunde von mir, die keine Germanisten sind, auch die anderen Vereinsmitglieder haben ihn dann auch dieserthalb recht tüchtig ausgelacht.

Uebrigens habe ich seit einigen Wochen einen Entschluß gefasst, der mich ziemlich gleichgültig gegen all das macht. Ich werde nach dem Doctorat sogleich die Lehramtsprüfung machen und eine Stelle an einem Gymnasium suchen. Ich bedarf einer bestimmten, abgegrenzten Thätigkeit und einer solchen, daß ich mir jeden Tag sagen kann, genug gethan zu haben. Ich habe nicht so viel Frische und Muth, um bei Scherer von vorn anzufangen, und hier wird doch nichts Rechtes aus einem. Nur bin ich froh, wenn ich nicht mehr den Schuljungen des Tomaschek abgeben muß. Meine ganze Selbsterziehung, die sich freilich wenig fachmäßig gestaltet und nach andern Zielen gerichtet hat, war auf Selbständigkeit gerichtet und Nachbeterei war nie meine Sache. In den Vorträgen Tomascheks schlafe ich fast ein. Und ich darf nicht einmal über ihn klagen: Denn er hat mich sehr gern, liest meine Sachen geschwind, hört meine Vorträge an u. dgl. Wie mag ers erst armen Lehramtskandidaten machen.

Ich war diese Nacht in einer Gesellschaft und da wirst mir den Katzenjammer anmerken. Ueberhaupt bin ich jetzt etwas laxer geworden und Abends viel außer Haus. Außer Heinzels und Tomascheks Vorträgen studire ich kaum etwas rechtes. In den Uebungen geht es bei Tomaschek bereits so zu: <u>Tomaschek</u>: Was gehört zu den Bremer Beiträgern? <u>Schüler</u>: Gellert, Rabener & ... <u>Tomaschek</u>: Nun und Za... Za... Zach... <u>Schüler</u>: Zachariä.
Bitte um Nachrichten von Berlin und den Heiligen Drei MS.
Dein
Jacques Minor

PS. Da Du die Unsitte hast, Briefe aufzuheben, bedeute ich Dir, daß meine durchaus nicht ewig leben sollen und bitte sie der Zeitlichkeit durch Verbrennen theilhaft werden zu lassen.
Schreibe mir doch ja über Müllenhoffs und Scheres äußere Erscheinung.

413/4-17; B; Wien; 25. 11. 1877; [Berlin]. 14
Lieber Sauer!
Beliebts, so sprechen wir vorerst von Staatsgeschäften!
Deinen Auftrag habe ich leider nicht ausführen können. Die Wiener Bibliotheken besitzen den gewünschten Einzeldruck nicht. In der Hofbibliothek hat Hoffmann für mich nachgesehen, da ich einestheils jetzt in der Zeit etwas knapp bemessen bin, anderseits aber in den Bibliotheken nicht leicht zum Verkehr geschickt bin. Man redet im Flüsterton und da bin ich nicht gehörtauglich dazu. Wenn Du also an Hoffmann schreibst, danke ihm für seine Mühe. In der Universitätsbibliothek hat man mir die Tafel durchstrichen zurückgegeben. Ich werde aber noch sehen, ob vielleicht Dr. Leithe, der Deinen Vortrag gehört hat, nicht genauere Revision halten lassen kann. Neulich hat man mir ein Werk als nicht vorhanden bezeichnet, das Tomanetz zwei Stunden später herausgenommen hat. Gewiß nur in Wien möglich. Vielleicht schreibst Du selbst ein paar Zeilen an Dr. Leithe, was er gewiß freundlich aufnehmen wird. Uebrigens glaube ich nicht, daß es zu haben ist, wenn es sogar in der Hofbibliothek fehlt.
Gestern hat uns Heinzel auf eine Abhandlung Wackernells in der Germania aufmerksam gemacht; mit dem Beisatze: „Der junge tirolische Gelehrte, der ein schönes Buch über Walther von der Vogelweide geschrieben hat und voriges Jahr hier war." Ist er denn nicht in Berlin?
Brandl schreibt mir letzthin – eine Correspondenzkarte hochkomischen Inhaltes. Er steht am Berg und die Welt sieht aus wie ein Sack; Deine Zukunft – wie ein Sack; Athenagorasens Theater – ein Sack. Ein elender Hamlet erinnert ihn an mich und das soll ein Compliment sein! Da ich nun zuerst von ihm einen Brief erhalten muß, bevor ich ihm einen schreibe, werde ich demnächst eine Correspondenzkarte sackähnlichen Inhaltes abgehen lassen; und etwa „Stück" zum Thema wählen. Man erzählt mir übrigens, daß Brandl bereits viel Materiale für Brockes aus Hamburg zugestellt erhalten habe. Am Ende ist das noch ein junger tirolischer Gelehrter! Gewiß ist, daß sich diese Leute viel leichter arbeiten und doch immer noch genug Reputation erhalten. Wackernell muß eben doch tieferen Gehalt haben.
Unser Tomanetz hat über die Evangelien „altd. Art" (wie Tomaschek sagt) geschrieben, und Heinzel hat die Sache scharfsinnig gefunden. Ich weiß nicht, wie viel das ist und ob es genug ist. Morgen wird er darüber vortragen; wir tagen nemlich jetzt Montags, da aber Heinzel an diesem Tage Reitschule hat, wird die Geschichte wieder verlegt. Neulich fragt Tomanetz: von wem denn Wigalois sei, er wisse sich nicht schnell zu besinnen? Was soll man dazu sagen? Er hat mich so perplex gemacht, daß ich es auch nicht zu sagen vermochte, obwohl mir viel auf der Zunge lag.
Hofmann ist noch immer ernster, gravitätischer Natur oder besser „Art"; auf der Gasse läuft er schrecklich daher. Sonst ist er aber sehr gescheidt und wol der tüchtigste unter uns. Nur im alten leistet er nicht genug. Zeidler hat letzthin einen Vortrag über „Das Idyllische in Grillparzer" gehalten, wobei ich ihn arg mitgenommen habe. Er wird aber sogleich grob, wenn man ihm nicht zustimmt. Bei einem derartigen Thema zeigt sich deutlich, wie wenig aesthetische Durchbildung diese Leute haben. Auf ein paar Stellen in Scherers Aufsatze und auf Laubes Einleitung, beide falsch citirt hat, beruft er sich bei den unpassendsten Sachen. Ich habe ihm denn auch gesagt, daß Grillparzer nur soweit idyllisch ist als jeder Dichter die Sehnsucht zum Naiven hat; was er es mehr ist, kommt eben auf die Intensität seiner dichterischen Anlage; daß ich aber Grillparzers unzufriedenes, selbstgrüblerisches Wesen nur für elegisch, nicht idyllisch halten kann. Dabei nennt er allenthalben „den <…>" aus Scherers Aufsatz, und begreift nicht, daß er damit allem idyl-

lischen ins Gesicht schlägt. Vom Schöngeistigen sollen die Leute ums Himmels willen weg bleiben. Sonst arbeitet Zeidler über Haller und übt sich im Hochdeutschen; was oft possirlich bis zum Exceß wird. Letzthin machte er im Vortrag folgenden geistreichen Uebergang: „Sie werden vielleicht lachen, meine Herren, wenn ich eine 2te Frage beantworte, ehe ich die erste aufgeworfen habe." Das hat Hugo Mareta unter „ausgezeichnetem" Stil verstanden!

Als gemeinsames Werk für uns beide hat mir Tomaschek letzthin Brawe, Schlegel, Weisse, Cronegk vorgeschlagen. Du würdest Dich aber für Deinen Aliirten bald bedanken.

Bald weiteres über den Finnenbana (alte! nach Tafeisbana) und GDS-Herausgeber!
Es grüßt Dich
Dein Freund
Jacques Minor

413/4-18; R/K; Wien; 20. 12. 1877; Berlin. 15
Lieber Sauer!

Nach dem Sturm, den die Studentenvorstellung über uns heraufbeschworen hat und von dem Dir Dein Bruder, ein Hauptcomparse, erzählen wird, bin ich wieder bei wissenschaftlicher Ruhe angelangt. Brandl bittet mich eben um Deine Vorträge; ich habe aber kein Recht sie ohne Dein Vorwissen aus den Händen zu geben. Auch habe ich sie selbst noch nicht durchgenommen, was aber bald geschehen soll. Jedenfalls aber brauchts dazu längere Zeit, bis ich mich einlese. Anderseits möchte ich dem Brandl, der April das Doktorat machen will (auf welcher Grundlage ?!?!), nicht gern etwas verderben. Sprich Dich daher deutlich aus, was Deine Meinung von der Sache ist. Schreibe auch was Neues aus dem Reiche der Geister. Ts Uebungen gehen bereits ins Bornirte über. Er liest die Literaturbriefe, dazu liest er die Noten aus Heinzel heraus und paraphrasirt das andere recht albern. Letzthin waren 12 im ganzen Saal; keiner wollte die <...> nehmen, worauf er sie mir übertrug. Bald etwas Neues!
Dein Freund
Jacques
NB. Als Ausflucht könntest Du nehmen, Du habest sie einem andern als Stejskal versprochen. –

UA 153/30/3-5; B; Berlin; 29. 12. 1877; [Wien]. 15S
Berlin, am 29. XII 77
Mein lieber Schillerforscher Jacques!

Recht angenehm störte mich Deine kleine Sendung aus meinen textkritischen Kleist-Studien auf u Dein Vortrag hat mich wieder in das Reich des Schönen zurück geführt. Es ist ganz unglaublich, wie wenig die Leute ältere Dramen lesen, sonst hätte dieser hübsche Vergleich schon längst gemacht werden müssen. Des Chamäleons Recensionen sind recht nett; ich fühle mich ganz beschämt, dass von mir noch keine Zeile gedruckt ist u ich muß mir doch auch eine derartige Zeitschrift für solche Ableger auswählen.

Es interessirt Dich wol, von meinen Arbeiten zu hören. Ich hielt bis jetzt 2 Vorträge über Brawe, denen nach Weihnachten noch ein dritter u letzter nachfolgen soll. Das erste Mal war ich sehr befangen, sprach zu schnell u undeutlich u da ich frei sprechen wollte, überschlug ich im Eifer manches wichtige. Das 2te Mal gieng es sehr gut; ich fühlte mich am Katheder heimischer u alles hatte Freude. Überdies wird mir meine Arbeit unter den Händen eine ganz andere u das Buch dürfte von Brawe selbst nicht einmal den Namen bekommen, wenn er auch eine Hauptrolle darinnen spielen wird. Indem ich nemlich anfieng, die gleichzeitigen bürgerlichen Trauerspiele zu lesen u zu vergleichen, stellte sich das Verhältnis zur Miss Sara überall so schön dar u ließ sich alles so schön gruppiren, dass ich dessen Einfluss in die weitesten Kreise verfolgen will u dass Brawe nur ein Glied in der ganzen Kette von Dramen sich darstellt. Eine Gruppe ist besonders interessant durch den Vatermord u ich beschwöre Dich, wenn Du etwa ein obscures Drama kennst oder kennen lernst, worin die Väter vergiftet oder gerädert werden, mich telegraphisch davon zu verständigen; das nähere wirst Du im Sommer in einem Hefte QF., für welche Scherer meine Arbeit bestimmt hat, lesen u kritisiren.

Daneben habe ich mir zum Hausgebrauch eine historisch kritische E. Ch. v. Kleist Ausgabe gesucht, deren Resultate ich in einem Aufsatze – wenigstens über den Frühling – zusammen fassen werde; es war aber eine verfluchte Arbeit, die ich ohne Verleger nicht mehr unternehme.

v. Löper ist zum Ehrendoctor in Berlin ernannt worden. Das Diplom ist von Geheimrat Müllenhoff's Hand geschrieben, von ihm, Grimm, Scherer unterzeichnet. Wenn Haupt dies erlebt hätte, oder wenn M. dies vor 10 Jahren hätte tun sollen, sie wären in Ohnmacht gefallen, bei der Idee einen Nichtphilologen, einen Mann, der die got. Paradigmata nicht hersagen kann, zum german. Ehrendoctor zu machen. In Graz hat man diese Art schon früher verstanden, videas Ehrendoctor K. Tomaschek.

Hier ergötzten wir uns etliche Zeit an Zarncke's Heptaden-Aufsatz u an dem Gegenwort von Henning, welche Erwiederung aber im Druck bedeutend abgeschwächt wurde. Auch E. Schmidts Ausdruck „Kritischer Walfisch" (Neues Reich: O-Fernl) u Scherers Meisterbezeichnung: Der literarische Centralprofessor Gotsched (Über den Hiatus in der Festschrift für Mommsen) werden nicht verfehlen, in Leipzig neue Wut hervorzubringen. Während Müllenhoff an Herrn von Bartsch, wie er erstaunt sagt, sich reibt, donnert Scherer gegen Sievers neue Aufsätze in den Beiträgen oder er sagt fein-ironisierend über ihn, dass gewisse Leute den Kiel gar nicht in die Hand nehmen, wenn sie nicht gleich weltbewegendes niederschreiben können.

Er hat uns aber die verwendbaren Resultate dieser Aufsätze bei den Auslautgesetzen bereits vorgetragen, wie er überhaupt alles brauchbare und neue darinnen anerkennt.

Hayms Herder habe ich gelesen u halte es für sehr schön; sonst nur älteres, z. B. Anton Reiser, Nic. Götz, Ewald, etc.

Die Weihnachtsfeiertage habe ich grösstentheils im Kreise unserer österr. Mittagsgesellschaft, Werner, d. jur. Hanausek, Wlassak, Störk; d. mec. Adler, Opernsänger Oberhauser (letztere zwei, sowie Hanausek alte Schottner) u dem Berichterstatter d. N. Fr. Pr. Schiff (einem witzigen lustigen Saujuden) zugebracht. An Kalauern war kein Mangel u sie waren gut genug, um die düstere heimats-ferne Stimmung nicht aufkommen zu lassen. Mit meinen Aeltern bin ich noch immer auf gespanntem Fuss, mit meinem Kopf habe ich immer zu kämpfen – mein altes Leiden an Migräne macht sich wieder geltend – u die Geldverhältnisse sind die wenigst günstigen; es ist sehr teuer hier u ich muss gewaltig sparsam leben; überdieß ist mir mein Stipendium als ganz bestimmt zugesagt.

Nun eine Idee; wenn Du im April den Doctor machtest, (wie man hier sich auszudrücken pflegt) u dann auf einige Monate nach Berlin kämest, ohne Dich zu immatriculiren, Scherer u M. hören u die reiche Bibl. ausnützen würdest. Ich würde Dir eine Wohnung nach der meinigen suchen u wir könnten durch gegenseitige Aneiferung recht schöne Dinge leisten. Mit 200 Mark kommst Du sehr gut aus, weil ich mit 100 auskommen muss u nur wenig mehr mir verschaffen kann; vom halben April bis Mitte Juli; Du hättest Scherer kennen gelernt u brauchtest nicht gerade sein Schüler zu sein, nicht bei ihm von vorne anzufangen, wie Du befürchtest.

Schreibe mir, wie es mit Deinem Doctorat steht? Sahest Du Heinzels neue Schrift über die altnordischen Endsilben?

Tomaschek versprach mir einige Bücher zur Recension für seine Zs. zu schicken, aber noch keine Spur davon; Werner recensirt hingegen sehr viel u meistens gut.

Die Lessing Briefe sind bei Hempel im Druck; ich freue mich sehr darüber; die Briefe an die La Roche nach der Handschrift sind bereits gedruckt; Löper gibt sie heraus, im Anschluss daran die echten Briefe G's an die Bettina! Hosianna! Es sollen aber nur 10 sein; Goethes Geschäftsbriefwechsel mit Cotta wird auch schon gedruckt; was sagst Du aber zu dem schändlichen Commentar Düntzers zur ital. Reise; 3 u 4 Seiten lange Briefe

geradezu abdrucken zu lassen; der Kerl schmiert seit 40 Jahren, er soll aufhören. Von der Hauptischen Zs. erscheint im Mai ein Doppelheft, das schon gedruckt ist; darin folgen Werners Recension über Seiffert u Seifferts Recension über Werner unmittelbar aufeinander; eine grosse Tactlosigkeit von Steinmeyer, 2 Anfänger sich gegenseitig critisiren zu lassen. Auch für das 4 Heft von 78 ist schon gesorgt; alle, auch Scherer ist mit dieser Art, die Zs zu redigiren nicht einverstanden, weil alles 1 Jahr später erst erscheint; aber Steinmeyer lässt sich gar nichts einreden.
Kennst Du Etlinger, oder sonst jemanden bei dem Lit. Blatt; kann man etwas einsenden? Recht herzliches neues Jahr, auch an Deine Mutter die besten Empfehlungen; ich glaube heute ist unsere Ernennung zu Officiren erfolgt; das Jahr hat aber für mich nichts gutes gebracht u hoffe ich vom nächsten bedeutend mehr. Wir bleiben die Alten, offen, wahr, treu u gediegen u wollen der Welt unsere Thaten gegenseitig vorführen; Hofmann ersuche ich heute um einige Gefälligkeiten; ich glaube, dass es Dir nur angenehm sein wird, wenn ich Dich u Dein Gehör von Bibliotheks-Laufereien verschone. Nicht wahr?
Ich erwarte bald eine lange Epistel über alles, was mich interessirt; ein jeder Brief von Dir gibt mir eine köstliche Stunde, in der ich mich nach Wien denke; ich bin nicht glücklich hier u die Gründe sind gar mannigfaltig. Vor allem habe ich zu wenig mir vollkommen sympathische Ansprache.
Mit Grüßen
Dein
Sauer

413/4-19; B; Wien, 2. 1. 1878; Berlin. **16**

Wien, am 2. Jänner 1878.
Lieber Sauer!

Oben steht „Jänner"; das ist eine falsche Form, die Tomaschek nämlich bei Lessing getadelt hat. Das einzig positive einer zwei Stunden langen Erläuterung, bei der ich die Folie zur Demonstration seiner Weisheit abgegeben habe! Also nochmals: „Jänner!" und prost Neujahr!

Daß Du mit unsern Ablegern zufrieden bist, danke ich in Hofmanns und meinem Namen. Aber Wellenhoffs Recensionen würden mir wenig Spaß machen, wenn ich sie schreiben müßte. Ich glaube, ich ließe alsdann wol das Buch ungelesen und brächte den Index in eine geniesbare Form; denn eigentlich schreibt er doch immer nur die gewohnten Phrasen. Bleibt ihm auch nicht viel anderes übrig bei einem Journal, das keinen gelehrten Leserkreis hat, weil es eben überhaupt keiner liest. Laß Dich also damit nicht ein; was hilfts, wenn <u>Du</u> Deine Sachen gedruckt liesest und sonst Niemand. Ich habe damit, offen gestanden, einen Erpressungsversuch auf das Schnorrsche Archiv ausüben wollen; und die Artikel auch bereits dem Konberger abgeschickt. Aber alles stumm, wie das Grab. Glücklicherweise hab ich mir das längst gedacht, daß er mich fallen gelassen hat; und ich kann gerade nicht sagen, daß ich mir viel daraus gemacht hätte. Dieses Jahr hat mich ohnehin aus allen eigentlichen Studien herausgerissen. Ich arbeite gar nichts, als daß ich Heinzels und Tomascheks Vorträge studire; und was „ihn" anbelangt, so kann das doch nicht studiren heißen. Seitdem ich seine Vorträge wieder gelesen habe, sehe ich erst ein, daß meine Doktorarbeit ein Bedürfnis ist, wenn auch nur für Schwach- und Hohlköpfe. Du hast leider ganz Recht: zum geduldigen Anfänger habe ich wenig Talent mehr. Ich habe als Bub bereits Goethe und Schiller auswendig gekonnt, im Gymnasium den halben Düntzer durchstudirt (eine Lebensaufgabe!), bin mit 18 Jahren für ein Fach somit ausgebildet gewesen, daß ich nun hätte hervortreten dürfen, wenns meine Organisation erlaubt hätte, habe ein halbes Jahr in Italien gelebt und für 5 Jahre Stoff heraufgebracht, und nun - - - soll ich dem Tomaschek einen Schildknappen machen, einem Kerl, der nicht wert ist - - - s. Clavigo IV. 1. – Mein Lieber, das ist zu viel. Die Rolle, die wir Universitäts-Esel, Hörer, will ich sagen, in den Uebungen spielen, könnte ein Lamm, das kein Schaf ist, zur Verzweiflung treiben. Ich bin allerdings ziemlich in mattem Zustande zur Germanistik übergetreten, aber ich hätte nur der Förderung (nicht: Verhätschelung) bedurft, um immer noch ein bischen was abzugeben. Aber der Heinzel zeigt mir zu wenig seine guten Eigenschaften, als daß sie mich fesseln könnten, und Tomaschek zeigt nur den Leerkopf, Querkopf, Schafskopf! Ein Mensch, der niemals einen Funken Trieb zur Wahrheit verspürt hat; ein Affe seiner Eitelkeit. Und ich soll mit 23 Jahren nicht weiter gekommen sein, als die Armseligkeiten dieses Menschen in mich aufzunehmen und darüber Prüfung zu machen? Muß ich mir nicht selber sagen: es ist am besten, wenn du nichts studirst als sein Kauderwelsch. Denn entweder kannst du alles andere nicht verwerthen; oder du bringst es an, und der Kerl weiß nichts davon, und fühlt sich noch geistig darüber. Einer, der mir letzthin abstreitet, daß der Freund Lessings (Weisse) Christian Felix geheissen habe. Apropos was Köstliches! Es kommt das Wort „Schick" vor. Tomaschek hält eine lange Rede, daß dieses Wort in der klassischen Zeit nicht belegt sei, obwohl er sich Mühe gegeben habe, es aufzutreiben. – Minor (mit blöd-dummen Gesicht): In Wallensteins Lager heißt es: „Das Tempo macht ihn (den Soldaten), der Sinn und der Schick." – Tomaschek (Glättet den Bart): So, so ... nun, ja; das wäre allerdings - - - dann freilich ... man müßte aber die Stelle näher untersuchen."

Wenn wir Ferien haben, bin ich, wie Du weißt, immer so fleißig, als ein Mensch auf dieser Welt sein kann. Warum? weil ich da arbeiten kann, ohne dem Gecken nachzutreten. Ists aber Schulzeit, so bin ich die ganze Zeit über so ärgerlich und gallig gestimmt, daß an eine ordentliche Arbeit nicht zu denken ist. Leider haben mich Tomascheks Vorträge diesmal auch in den Fluchtwinkel der Weihnachtsfeiertage verfolgt; denn ich muß ja diesen aufgeschütteten Blödsinn massenhaft studiren.

Bücher einkaufen macht mir noch den einzigen Spaß und ich freue mich, wenn ich sie werde benützen können. Allerdings fehlt bis dahin noch Zeit; denn ich werde nächstes Jahr die Lehramtsprüfung machen. Dann aber hat die Geschichte ein Ende und ich will mirs besser gehen lassen, als daß ich ein Buch schreibe. Ich habe keinen Ehrgeiz, am allerwenigsten einen auf Bücher schreiben. – Sei so gut, und schicke mir doch einmal einen Antiquariats-Catalog aus Berlin. Vielleicht kannst Du mir ein Offert auf die Allg. deutsche Biblioth. verschaffen. Ich zahle Dir, wenn ich die Bestellung mache, sogleich was sie kostet, und Du darfst nicht fürchten, durch mich in Verlegenheit zu kommen. Ich denke, inzwischen Du fort warst, einiges schöne eingehandelt zu haben.

Mit der Bibliothek hast Du's recht getroffen. Es gibt für mich nichts peinlicheres als wenn ich dort was zu suchen habe. Und da ohnehin nichts zu erhalten ist, habe ich sie jetzt ganz aufgegeben. Fast nie komme ich hinein. Ich habe mein ganzes Wissen zwischen 12 und 1 Uhr stenographirt.

Mit diesem Plan wirds wol nichts werden. Im April werde ich kaum den Doctor machen können. Denn ich werde die 2 Prüfungen trennen und mit dem 2stündigen etwa Anfang Mai loslegen. Wie lange reicht man denn die schriftliche früher ein? Anmerkungen, welche mir Tomaschek schriftlich zu einem Theile derselben gemacht hat, stehen Dir seiner Zeit zu Diensten und Du wirst über ihre Naivetät staunen. Mit meiner Arbeit haben sie gar nichts zu thun, und ich habe nach ihnen gar nichts zu ändern. Neulich aber sagte er mir: „Sie werden dann das Ganze zusammenfassen" – meint er: „für den Druck", so kann er mir kreuzweis ..., denn darauf reflektire ich gar nicht. Schlimm aber wärs, wenn das fürs Doktorat geschehen sollte, denn ich habe schon umfängliche Stücke als Ausgabe letzter Hand redigirt. Nachdem er über keinen Theil etwas zu sagen geruht, soll ich am Ende das Ganze umarbeiten und auch das ohne Grund. Wir wollen eine Klage beim jüngsten Gericht gegen Tomaschek einbringen; er hat jedem von uns, denn Dir auch!, die Universitätszeit und das Collegiengeld gestohlen. Diesen Brief kannst Du auch mitbringen zum jüngsten Gericht und ich wills vertreten, daß ich über meinen (Taferlklasslehrer) so rede. - - Brandl schreibt mir um Deine Vorträge über die Romantiker. Darf ich sie ihm schicken? Können sie nicht verlorengehen? Ich werde mich nicht mehr durch ein Jahr tomaschek'schen Wustes durchschlagen und kann sie daher entbehren. Schon vorige Woche habe ich Dir deshalb eine Karte geschrieben, die Du aber nicht erhalten zu haben scheinst. Antworte mir darauf in Kurzem. Sag mir, worauf will denn der Brandl den Doc-

torhut erwerben? Auf seinem Hohlkopf? - - - Gütiger Himmel, beschere uns bald einen gegen gelehrte Zöpfe und Glatzen! Denn bis 96 habe ich keine Zeit mehr zu warten. – Azinzanowski (oder wie er sich schreibt) hat mich letzthin wegen meines Themas ausgelacht, Seemüller aber vertheidigt. Ganz égal; – Schnuppe, wie die Berliner sagen; Kreuzweis, wie es oben heißt und Mitterwurzer letztlich sagte. Ich fürchte mich, daß der Brandl durchfällt; und habe doch keinen Grund, denn es kann mir auch passiren.
Es dünkt sich Dein Freund
Minor

UA 153/30/6-7; B; Berlin; 23. 1. 1878; [Wien]. 16S
Lieber Jacques! 23. I. 78
Mea culpa, mea culpa, mea maxima culpa; 2. Jänner (sic) ist das Datum Deines Briefes und heute erst antworte ich. Ich bin schuldlos. Meine Arbeiten nehmen mich derart in Anspruch, dass ich mir zu gar nichts, kaum zum Essen Zeit nehme. Heute habe ich aber 150 Seiten Manuscript an Scherer hoffentlich zur letzten Durchsicht gegeben, in wenigen Tagen dürfte der Rest folgen und Mitte Februar, wenns gut geht, könnte der ganze Quark nach Strassburg wandern; denn ein Heft QF soll daraus werden.

Scherer ist unwol, da ist Vormittag kein Colleg, da kann man arbeiten, dass die Funken sprühen; ich war in meinem Leben noch nie so intensiv fleissig und glaube mir auch ein gut Stück Wissens in den 3 Berliner Monaten, denn gerade so lange bin ich heute hier, angeeignet zu haben. Beginn des nächsten Monates dürfte ich das ganze Halberstädter Material für eine Kleist-Ausgabe hieher bekommen, auch die Briefe, die ich denn besser verwerten will, als der arme Heinrich, wie man Dr. Pröhle hier nennt, der übrigens diese Geschichte für mich vermittelt u die Erlaubnis erwirkt hat, dass mir das Zeug hieher geschickt werde. Ich hoffe auf recht schöne Resultate. Freilich muss ich jetzt mhd. Arbeiten; Scherer wünscht es u. ich halte es selbst für notwendig; aber im Sommer will ich eine hübsche Arbeit über die Bremer Beiträge liefern, die mir so notwendig scheint, wie ein Bissen Brod.

Wenn Du glaubst, mir allein Tomaschekiana liefern zu können, so irrst Du Dich. Onkel Karl, wie ihn Werner u Scherer u ich hier nennen spukt auch in Berlin. Man erfährt hier, dass er bei Frau Rose Gerold einem edelen rine von wîben Vorträge über 16 u 17 Jahrhundert hält mit Proben aus den Dichtern, jetzt ist er bei der ersten schlesischen Dichterschule. Auch die wahre Historie, auf welche weise Heinzel u Tomaschek Bruderschaft geschlossen haben, ist ganz nett. Beide giengen aus einer Gesellschaft. Tomaschek sagt, ich muss schiffen u beginnt, Heinzel sagt: Ich auch u tut desgleichen. Diese rührende Übereinstimmung ihrer inneren Constitution scheint Tomaschek zu wunderbar vorgekommen zu sein, denn er sagt jetzt: Wissen Sie was, wir könnten von jetzt ab Du zu einander sagen. Ob vielleicht Heinzel aus Freude darüber oder über den Jupiterkopf des kleinen Männchens strahlte, weiss ich nicht. Dass nur Heinzel aber als Antwort einen kraft- und saftlosen Brief geschrieben hat, mit dem man nichts anfangen kann, als sich darüber ärgern, das weiß ich.

Dass sie in Wien noch immer überlegen, ob sie mir die lumpigen 800 fl geben sollen, oder nicht, weiss ich auch. Dass Scherer im 2ten Semester ein 4stündiges Goethe Colleg u 3 Stunden Literaturgeschichte des 16. Jahrhunderts liest, weiß ich wol u. dass es daher von enormen Schaden für mich wäre, wenn ich in Wien werken müsste, um mich zu ärgern, dass auf den Bibliotheken alles das fehlt, was man zu seiner Arbeit notwendig hätte.

Scherer hat reizend über Frl. v. Klettenberg u. sehr schön über Friderike gesprochen; die 2 Goethestunden sind fast die einzige angenehme Zeit, die ich hier verbringe, denn sonst habe ich in letzter Zeit wenig gelesen; Du wolltest denn Salomon David von Onkel Klopstock zur Unterhaltungslectüre rechnen, zumal wenn Du sie scandiren musst.

Viel Freude macht mir der Verkehr mit Müllenhoff. Werner u ich begleiten ihn manchmal nach der Vorlesung den weiten Weg nach Hause, den er sonst immer allein gehen muss. Da hat er denn eine riesige Freude und erzählt uns alles mögliche, wissenschaftli-

ches u. erlebtes. Das hätte ich mir nie träumen lassen, dass ich an der Seite dieses literarischen Wauwau harmlos u. furchtlos einhergehen u. mit ihm gemütlich über gewöhnliche Dinge sprechen werde. Auch mit Scherer gehen wir manchmal, bes. Freitag nach den Übungen, mit längeren Umwegen durch den Thiergarten, oder ich begleite ihn Abends von der Kneipe nach Hause. Einem Norddeutschen fiele das nie u. nimmer ein, einen Professor zu begleiten oder ihm eine Gefälligkeit zu erweisen; darum hat man uns aber auch recht gerne.

Heute sagt Müllenhoff im Colleg, das habe ich in der Zs. so erklärt, aber ganz unbedachter Weise; seine eigenen Ansichten nennt er manchmal absurd, daher darf man es ihm nicht übel nehmen, wenn er Ansichten von J. u W. Grimm so behandelt.

Scherer hat vor 3 u 4 Band Grammatik herauszugeben, an die Ausarbeitung des 5ten denkt er wol zeitweilig. Hoffentlich kommt er aber bald dazu seine Literaturgeschichte zu veröffentlichen, die ein Prachtwerk wird.

Mitte Februar kommt E. Schmidt, dann ist alles beisammen, ich hoffe recht viel von ihm zu profitieren. Wie gefällt Dir Suphans Recension im letzten Heft der Zs; wie man sich derart in den Stil eines Schriftstellers hineinarbeiten kann, ist ganz unglaublich; das Gleichnis mit den Kirschen ist magnifique. Dr Wackernell ist seit einiger Zeit hier, man findet sein Tirolertum ungeschliffen, über seine geistigen Sachen kann man noch nicht urteilen; er schwärmt von Bernays und Carriere.

Ich habe mit meinem Kopf viel zu tun, mit meinen Aeltern bin ich gleich gespannt u meine Geldverhältnisse sind unter aller Kritik; lauter Ursachen, dass ich mich nicht wol fühle; wenn nur der Sommer bessere Dinge bringt. Weißt Du, dass ich bei Regiment 44. Lieutenant geworden bin. Lasse mich nicht so lange auf einen Brief warten, als ich Dich.
Mit Gruss Dein
Sauer

413/4-20; B; Wien; 27. 1. 1878; Berlin. **17**
Lieber Sauer! Wien, 27/1 78
Kein Aergernis, mein Prinz! Du antwortest nur, wenn Du Zeit und Lust hast; und wenn MS (nicht Minnesinger v. Bodmer oder Hagen) sondern MS(D); wenn also Dir Muße geben.
Zuerst aber muß ich von Staatsgeschäften mit Dir unterhandeln und bitte Dich, mir den Modus des Doctorates, so viel Dir einfällt, einmal bei Muße genau aufzuschreiben; insonders aber folgende Fragen zu beantworten:
Wie viel früher vor der mündlichen Prüfung reicht man die schriftliche Arbeit ein?
Muß ich nicht jetzt schon mit den Professoren über Prüfungsthemen mich unterreden?
Wie verkehrt man in diesem Punkte mit Onkel Karl und wie mit Heinzelin? Kann man Heinzel direkt fragen, was er aus altnordisch, gotisch und deutschen Alterthümern verlangt? Kann ich Tomaschek zb. sagen, daß ich seine Vorträge über die Romantiker nicht gehört habe, i. e. nichts daraus weiß, u. ihn etwa bitten, mir ein Buch darüber anzugeben? So daß er mich daraus nicht prüft.
Wie muß das Gesuch beschaffen sein und wie viel früher (vor der schriftlichen Arbeit) reicht man es ein? An wen richtet es sich, Decanat oder Rectorat? Wie tituliert man das Decanat Rectorat? Hast Du die Formel des Gesuchs vielleicht im Gedächtnisse? Braucht das Gesuch einen Stempel?
Hast Du denn etwas in Philosophie gearbeitet und was? Wann erfährt man denn, welchen Professor man erhält?
Wann stellt man sich denn den Philosophen vor? Wie gibt man sich ihnen gegenüber? Etwa wie Krazinasowsky: d. i. als Gelehrter, auch wo man nichts versteht? Oder spannt man ihre Erwartungen möglichst niedrig?
Die Beilagen zum Gesuche weiß ich aus dem Gesetze, die brauchst Du mir nicht zu schreiben.

Laß es Dich nicht verdrießen, mir auf all das dumme Gefrage zu antworten. Zum Officier gratulire; hast mir das neulich schon angezeigt. Über das müssen wir dann einmal mündlich mit einander reden. Weiß Gott, ich kann mir von keinem von beiden eine Vorstellung machen, was mir doch sonst nicht leicht passirt, wenn ich von Leuten immer so viel erfahren habe als von ihnen.

Hoffmann hat mich diese Woche ausgelacht, als ich die 2te Auflage des Briefwechsels Goethes mit K. August blos deshalb kaufen wollte, weil sie 2 Porträts drin hat. Aber doch ist das Gesicht eines Menschen mehr wert, als ein chronicum mit allen Tauf- und Begräbnisdaten über ihn. Das sehe ich bei MS. Aus Deinen Briefen weht einem eine gesunde Luft entgegen. Es ist so viel Wechsel und Bewegung in den Gedanken, wie Getriebe an Vorstellungen, das Verkehr mit guten Köpfen verursacht. Sei so gut und sag' mir den guten Kopf an der Wiener Universität unter Docenten und Discenten, von denen man dann etwas profitiren kann. Wir drehen uns immer wie die Säue jeder im eigenen Stroh herum, von einer Seite auf die andere, bis endlich das Stroh ganz zu Dreck wird. Verkehr unter uns ist ein nicht belegtes Wort und mit den Professoren gehört es zu den langweiligsten Begriffen. Herunterwürdigung seiner Menschheit ist die conditio sine qua non alles Conversierens mit Tomaschek; denn wenn man wirklich einmal zu einem Worte kommt, so muß man dem Unrath, Hofrath will ich sagen, sein Complimentel machen. Heinzel aber, wie mir Dein Brief neuerdings zeigt, hat gar keine Art sich zu geben. Das muß der Fehler vergangener Jahre sein, denn jetzt hat er neue Intensität des Interesses, welche bei Onkel Karl unerhört wäre. Letzthin habe ich mit ihm über die Günderode geredet.

Neulich habe ich einen Vortrag in unserem Verein über Merck frei gehalten. Leider war die Elite des Vereins abwesend und im Ganzen nur 5 Personen anwesend. Vormittag war ich bei Tomaschek und lud ihn ein. Pünktlich war er um 7 1/4 auf seinem Platze; wo er dann, wie ich bemerkte, sich vor Langeweile von einer Seite auf die andere drehte. Denk Dir aber auch: Tomaschek muß einen andern 3/4 Stunden reden lassen und selber das Maul halten. Qualvolle Situation! Und nun am Ende noch über das Gesagte wieder nichts sagen zu können – da greift man wol zum letzten Mittel und streitet dem andern ab, daß Merck auf Goethe mäßigend eingewirkt habe. Auch sonst ist unser Vereinsleben flau. Die Leitung (nicht der Präsident) taugt nicht. Verlangt man vom Bibliothekar ein Buch, so ist es nicht da; hält man sich nach 4 Wochen, wenn ers noch nicht hat, darüber auf, so gilt es als Friedensstörung. Kurz, noch immer derselbe Schlendrian, warum ich voriges Jahr aus dem Comitè getreten bin. Jeder hält den andern für einen Biedermayer, damit er auch dafür gehalten werde, und in diesem edlen Begriff ist das schöne Ebenmaß der Bescheidenheit: einer so gescheidt wie der andere, erreicht. Man redet von einem neu erschienenen Buch, das man nach der Vorrede kennt, und glaubt damit Wissenschaft im großen Stil zu treiben. Die Häupter der Germanistik in Wien: Tomanetz Hofmann Zeidler, ein fleißiger Seyffert, ein Maulheld Röttinger, der nächstens ein Buch gegen K. Ragen herausgeben will. Dein Freund Minor, der, obschon nicht viel besser, doch wenigstens so ehrlich ist, und den Leuten zu verstehen gibt, daß ihm die ganze Geschichte nicht gefällt, verliert alle Tage an Beliebtheit, worum er sich aber blutwenig kümmert. Vor Galle blau zu werden – ist mein Leopold mein Sohn; ich wollte sagen, meine einzige Passion.

Dein Freund
Jacques

UA 153/30/8-11; B; Berlin; 12. 2. 1878; [Wien]. 17S

Lieber Jacques!   *Berlin 12/2 78*

Von den Tagesereignissen zuerst! Also gestern u. heute habe ich eines hochgelehrten Herrn Brandls im Fluge entstandenes Buch durchgelesen; obwohl ich mit sehr starkem Mistrauen daran gieng, muss ich gestehen, dass es mir im ganzen nicht misfallen hat; es liest sich trotz vieler stilistischer Ungeschicklichkeiten recht glatt weg und ist sonst ganz harmlos u. unschädlich; das interessanteste sind die angehängten Briefe, die aber Brandl Gott sei Dank nicht zum Verfasser haben. Also mein Gesamturteil ist recht günstig und ich muss dem H. Verfasser, der Euch in Wien mit seiner Gegenwart beglückt, doch die Freude machen, ein paar Worte der Anerkennung zu schreiben.

Von einem Innsbrucker ist nicht weit zu einem andern und so kann ich Dir nur im Vertrauen gestehen, dass des Herrn Hofrat Tomaschek's Schoskind, Dr Wackernell hier allgemeines Misfallen erregt; Scherer hat dasselbe bereits brieflich an Onkel Karl kundgeben; Werner u ich machen uns gegenseitig in Klagen Luft; der Mensch ist total ungebildet, u ungeschliffen, in seinem färbigen Flanellhemd machte er seine ersten Visiten, die wir im Frack absolvierten; Du hörst ihn nie von ‚arbeiten', sondern nur vom ‚schreiben' reden und da liest er die Bücher nur soweit, als er darüber schreibt; hat ein Buch über Walther geschrieben u. kennt Minnesangs Frühling nicht etc. Natürlich kommen wir ihm auf Heinzel u Tomascheks Wunsch freundlich entgegen, aber im Herzen schlummert die Freude gar fest.

Mit einer jenen ungezwungenen Wendungen, wie sie Scherer in Wahrheit u. Dichtung immer hervorhebt, springe ich auf mich selber über. Da will ich Dir denn erzählen, was ich heute getan. Von ½ 11 – ½ 2 bei Scherer. Er lag am Sopha und las meine 75 Seiten starke Versabhandlung in ihrer Schluss-Redaction durch u. touchirte noch hie u da und ich sass an seinem Schreibtisch u wurde mit allerlei neuen Sächelgen tractiret. Da las ich zuerst Pietschens Rezension des Seemüllerschen Buches, die wir dann an diesen selbst absendeten; dann aber nahm Scherer aus seiner Lade 10-12 Seiten blauen Manuscriptes (Du kennst das Papier von Heinzel her) u. reichte mir zum Nachlesen den 1. u. 2. Band D j. G. u. da las ich denn eine in den letzten Tagen niedergeschriebene Abhandlung über das Concerto dramatico, jenes Gedicht, das vielleicht bis jetzt neben Faust II als das unerklärlichste galt; und Schritt vor Schritt bekömmt es Sinn und Leben; es ist eine Antwort auf einen Collectivbrief der Darmstädter Freunde; die einzelnen Absätze beziehen sich teils auf Goethes Frankf. teils auf seine Darmstädter Erlebnisse u. der Schluss bezieht sich auf sein Heft von Deutscher Baukunst. Ich sass dort, glücklich, strahlenden Antlitzes, weil es mir ein Beweis war, dass Scherer mich schon recht lieb gewonnen hat.

Nicht genug; noch etwas marschirte auf; eine Gratulationsschrift von Redlich an Röpe mit höchst interessantem Inhalt; ein Brief Goethes an Gerstenberg aus dem Jahre 1773 u. des letzteren Antwort; beide überströmend von kraftgenialischer Art; ferner einen langen Brief Schönborns über seine erste Bekanntschaft mit ‚Göde'; auch spätere Briefe von Gerstenberg, dessen Nachlass Redlich nach einigen Äusserungen entdeckt zu haben scheint.

¾ meines Buches oder etwas mehr ist fertig; es fehlt noch das 4. Capitel, für das ich zunächst einen Brief von Hofmann u dann Bücher aus einer fremden Bibliothek erwarte; bis in 10 Tagen hoffe ich es expedieren zu können. Q. F. 30. Joach. Wilh. v. Brawe, der Schüler Lessings. Scherer will nun ferner auf den Titel setzen: Ein Beitrag zur Geschichte der Anglomanie in Deutschland. Mir gefällt Anglomanie nicht, es könnte Anlass zu vielem Spott geben, was meist Du darüber. Den relativ grössten Wert wird bei mir der Anhang über den Iambus haben; darinen habe ich schöne Entdeckungen über Lessing niedergelegt.

Wie sehr Scherer sich der Arbeit annimmt, wie er sie bis ins einzelne durchsieht u. mir das Manuscript druckfertig zurückgibt, habe ich Dir wol schon geschrieben; ich werde Dir einstens einige Plätze zeigen, damit Du seine staunenswerte Sorgfalt ermessen kannst.

In den nächsten Tagen dürfte das handschriftliche Material für meine Kleistausgabe von Halberstadt ankommen; Hempel verlegt dieselbe; ich muss mich freilich dem äusseren der ganzen Sammlung fügen; aber im wesentlichen wird es eine historisch kritische Ausgabe mit Varianten; ich habe sehr viele Vorarbeiten u. es dürfte rasch vorwärtsgehen; hoffentlich ergibt der Briefwechsel zwischen Gleim u. Kleist, den ich herbekomme nach Körte, Danzel u. Pröhle noch eine hübsche literarhistorische Nachlese; die ich für die Kleist Biographie vor der Ausgabe u für sonstige Arbeiten verwenden kann.

Wenn ich so im Arbeiten u. im Plänemachen bin, vergesse ich ganz auf mein sonstiges Elend u. meine noch unsichere nächste Zukunft; denn knapp geht es mir zusammen in jeder Beziehung u ein halbwegs voller Beutel gehört bei mir zu den Raritäten; dabei das

gespannte, unerquickliche Verhältnis mit Hause; das stete Kopfleiden u. die alten Buchhändlerrechnungen vom Vorjahr. Dazu kömmt Schweigen vom Ministerium; manchmal bin ich wol in einer Stimmung, wenn ich so bis 2 Uhr in der Nacht arbeite u. am Morgen wieder ohne neue Aussichten erwache, in jener Stimmung, in der man bedauert, ein so freudloses Dasein noch fortführen zu müssen; doch zerreissen können sie mich nicht u. ein wenig Entbehrung u Sorge wird mich nicht caput machen. Nur, wenn ich im nächsten Monate von hier weg müsste, diese Grausamkeit des Schicksales könnte mich der Verzweiflung nahe bringen.
Doch zu Dir und Deinen Plänen!
Über das Doctorat kann ich Dir wenig schreiben; alles darauf bezügliche Formelle ist wie verwischt aus meinem Gedächtnisse; Du erfährst das alles bei dem alten Beamten im Decanat, mit dem Du Dich ohnehin für diese Periode auf guten, freundschaftlichen Fuss stellen musst. So viel weiss ich: Das Gesuch u. die Arbeit müssen zusammen eingereicht werden; wie lang die Professoren zum durchlesen brauchen, hängt nur von ihrem guten Willen ab, 4 Wochen musst Du ihnen aber mitsammen doch lassen; wenn das Urteil abgegeben ist, kannst Du gleich rigorosiren;
Von Tomaschek kannst Du alles herauskriegen, nur mit geschickten Wendungen u. dass er Dich nicht Romantiker prüfe, kannst Du ihn direct bitten; Heinzel ist auch hierin unzugänglich u. bewegt sich in allgemeinen Phrasen. Wer Dich aus Philologie u. Philos. prüft, wirst Du im Decanat bald nach dem Einreichen erfahren; da musst Du dann hingehen u. die geringsten Hoffnungen erwecken; sage, Du habest Tacitus u Homer gelesen, das einfachste, oder Sallust; was hast Du für einen Philosophen? Sonst weiss ich nichts über diese mir nicht angenehmen Geschichten.
Werner arbeitet an einem Buche, Die Aufnahme von Goethes ersten Werken bei seinen Zeitgenossen; er hat sämtliche hier vorhandenen, gleichzeitigen Zeitschriften durchgearbeitet u. Riesen-Material für Goetz, Werther, Stella u. die Singspiele gefunden; er hält jetzt im Seminar Vorträge darüber. Du willst doch einmal diese Arbeit für Schiller liefern; hast Du überdiess das kleine Schriftstückchen von Au. <u>Schlossberger</u> Archivalische Nachlese zur Schillerliteratur Stuttgart. Krabbe 77 nicht übersehen? Es enthält Documente aus der Jugendzeit. 20. Febr. kommt Erich Schmidt für 2 Monate hieher; ich bin neugierig, ob ich auch mit diesem gut bekannt werde. Gestern war ich mit einer Karte Scherers bei Suphan, von dem ich eine Auskunft über Herders Iambus haben wollte. Er war recht freundlich, trotzdem er sonst nicht der bereitwilligste sein soll; u. konnte mir zwar nicht das verlangte, aber ähnliches brauchbares zur Verfügung stellen. Er sucht einen Mitarbeiter an seiner Ausgabe, wenn man nicht den Bummerl spielen müsste, wäre ich sehr bereit.
Apropos; mein Buch wird sich ganz anders ausnehmen als das Brandls auf dem schlechten Papier u. mit den grässlichen Lettern. 25 Freiexemplare ist immerhin auch eine splendide Bezahlung für eine Erstlingsarbeit. Was meist Du dazu, mein Buch Tomaschek für seine Anregung zu widmen; oder meinen Aeltern?
Leb wol; 8 Seiten ist viel; hoffe baldige Antwort; nimm Freudiges und Trauriges aus meinem Briefe mit gleicher Geduld hin u. verzeihe mir meine Aufrichtigkeit u. Offenheit; jeder delicate Inhalt bleibt unter uns.
Dein
August

413/4-22; B; Wien; 3. 3. 1878; [Berlin]. 18

Lieber Sauer! Wien, 3/3 78
Zuerst wieder eine Bitte! Sei so gut u. schreibe mir auf einer Postkarte, aber <u>sobald</u> Du diesen Brief empfängst, welche Werke Du über Hume bereits hast, ebenso über die Geschichte der Philosophie u.sw. Ueberhaupt was Du zu wissen für notwendig hältst, betreffs des philosophischen Doctorats nemlich. Ich habe seit gestern eingereicht. Vorigen Montag war ich bei Tomaschek; ich habe fest geglaubt, er werde mir abraten und

mich hinausschieben. Inzwischen sagt er, das sei zwischen uns nur eine Formalität u. ich sollte mir doch ja nicht viel Zeit damit nehmen, die Sache bald abthun. Es ist wirklich unglaublich, wie sehr sich Tomaschek verplempert. In seinen Uebungen, wo er seit Monaten „Ehrlich's" (statt Redlich's) Commentar zu Lessing benützt, zählen die Hörer kaum noch an 10; und ich kann jedem Recht geben, der ausbleibt. Die Elite, Gehenau, Zeidler u. a. Querköpfe bleiben denn auch, aber wol nur des Aufsehens wegen, fort. Brandl und ich, wir sitzen zum Schein da und denken ans Doctorat. Brandls Buch hat mir auch nicht übel gefallen und ich kann, da ich in der Periode nicht über die Schule (=Tomaschek) hinaus zu Hause bin, noch heute nichts dagegen einwenden. Aber aus persönlichen Gründen habe ich Mistrauen dagegen. Ich weiß wie Brandl arbeitet, daß er ein Buch aufschlägt und nach „Brockes" (dem Worte) sucht u. was er da findet heraus schreibt. So hat er mir auch gestanden, daß er Weise u. ähnliche Dichter nur aus Goedecke's Büchern kenne. Tomaschek aber muß wüthend auf ihn sein. Er hat mir das Buch, das er eben liest, gezeigt u. auf den 30 Seiten, die er gelesen hat, ist fast jedes Wort in jeder Zeile unterstrichen. Es lässt sich nicht leugnen, daß Tomaschek Brandls schriftstellerische Art, wie ich sie eben charakterisiert habe, ganz durchschaut. Er ist sehr mistrauisch gegen ihn und schikaniert ihn wie jeden andern. Aber sicher hätte Brandl auf einer Seite mehr ändern müssen, als ich in einem Abschnitt. Ich bin sehr gut darausgekommen. 5 Zettel auf 30 Seiten, die er eingelegt hat, haben mir wenig Mühe gemacht: höchstens ein Citat abkürzen. Aber Tomascheks Beurtheilungsgabe ist in eminentem Maße kurzsichtig; und seine Bewertungen kann man gar nicht beachten. Das zeigt sich denn auch bei Wackernell. Den Leuten fehlt es an Gabe zu lernen. Wackernell und Brandl haben ihre eigene, mein, naive Persönlichkeit so lieb und sehen die andre Welt <...> in solchem Contrast zu ihr, daß sie mit 100 Jahren noch nicht gescheidt werden. So fehlt es Ihnen auch an Lebensart. Man braucht aber nicht aus Tirol zu kommen, um an dem bäurischen Dünkel zu leiden, sondern es geht auch geborenen Wienerkindern so. Da man Dir schon mein Verhältnis zu Hofmann gesteckt hat, so muß ich Dir doch auch die Geschichte erzählen. Der Junge hat gegen mich seit meinen Vorträgen im vorigen Jahr, mit denen ich er freilich mehr gemacht habe als er mit seinen langweiligen Datirungen der Sesenheimer Lieder, eine eigene Galle gegen mich. Nachdem er sich längere Zeit damit begnügt hatte, mich auf meine Äußerlichkeit hin unter Controle zu stellen (als da ist: „Sie haben sich ja die Haare schneiden lassen", „Sie haben ja gern einen schwarzen Kaffee") geht er auf meine Sprache ein und korrigirt mich da. Ich sage ihm einmal trocken, daß er da bei sich selber noch viel zu thun hätte. Neulich nun sitzen wir in traulichem Gespräche. Stöttinger trägt vor und fragt: „Was werden Sie denn über meinen Vortrag sagen?" Ich sage: „Wenn niemand anderer was besseres sagt, so werde ich schon was finden." Daraufhin stellt mich der Bube zur Rede; ich soll mich nicht für einen Märtyrer ausgeben; wenn ich still wäre, so würde er schon selber reden, u. gibt mir eine förmliche Lection. Für den Augenblick war ich wie verblüfft; als ich aber sah, wo das hinaus will, gewinne ich meine Heiterkeit und sage ruhig: „Lieber H., von einem Gelbschnabel wie Sie lasse ich mir keine Lection geben, dafür sind Sie zu jung," Das hat dem Kerl fast das Herz abgefressen vor Galle. Ich aber will mit diesen Jungens und den Verein, wo man Grobheiten einstecken muß, wenn man den gewissenlosen Kerls an den Leib geht, nichts zu schaffen haben. Solchen in Neid und Dreck erstickenden Seelen gegenüber, Würmern, die bereits dem Goethe in den Arsch zu schlüpfen beginnen, kann man sich nur gegenüber-, nicht aber an die Seite stellen. Und wenn ich ein schlechterer Germanist wäre als diese Schulbuben, hätte ich noch ein drei Viertel meiner Persönlichkeit in die Wagschale zu werfen. So eben können Sie mirs nicht einmal im Schulfach gleich thun, denn denen gegenüber bin ich noch immer ein sehr guter Germanist. Nun das Schönste! Den nächsten Tag nach der Stunde, natürlich in meiner Abwesenheit, läßt sich Herr Zeidler laut aus (vermuthlich damit mich ja alle kennen lernen) über meine Unverträglichkeit, daß ich Hofmann einen Gelbschnabel (wie freut mich das geflügelte Wort!) nenne, und der Haupttrumpf: daß ich bei der Kneipe im Oktober, als alle Bruderschaft tranken, nicht mitgetrunken habe. Höre zu! Ich soll mit 18 Personen nach einander, mit den neu eintretenden Mitgliedern, die ich zum ersten Mal

sehe, mit Herrn Zeidler, Hofmann & Consorten, welche mich (wie ich schon damals wusste) nicht leiden können, noch Bruderschaft trinken. - - - So siehst Du wol, daß ich hier allen Anhang verloren habe, vielleicht mit Ausnahme Seyfferts, der über Hofmanns Benehmen mir gegenüber entrüstet war. Ich bin aber doch froh, das „schlechte Geschlüpfe" los zu sein. Nichts desto weniger macht Herr Zeidler noch immer seine freundlich lächelnden Grüße:
     Sind dieses Männer? ja! dieses Augenpaar bejahts.
     Sind dieses Männer? nein! dies Ohrenpaar verneints.
 Gibts denn solchen Dreck, noch besser: Geschmus in Berlin auch? – Das ist nun genug. Nun sollst Du auch nie wieder etwas über diese Sippschaft hören. Ich ärgere mich, daß ich mich auch nur einmal eine Stunde lang mit Ihnen eingelassen habe. Das kommt von der Biedermeierei. Hofmann verbittert übrigens immer mehr; er ist das leibhaftige Konterfei des Homerischen Schelblickers ($\upsilon\pi o\delta\rho\alpha\ \iota\delta\iota\omega\nu$); wird immer unfreundlicher und hässlicher. Seine Aufsätze (Anzeigen von 6–8 Zeilen) im Literaturblatt suchen an Albernheit ihres Gleichen. Dabei ist er auch Hofmeister des Brandl, dem er seine Fehler vorwirft; u. vor Galle über dessen Bücher stirbt. Weh, weh, zu viel schon, zu viel!
 Gratulire zum Reisestipendium. Tomaschek spricht öfter sehr gut von Dir. Ich bitte Dich laß mich diesmal nicht auf Antwort warten.
 Dein Freund
 Jacques
NB. Findest Du wo etwas über Weisse, so bitte um Mittheilung!

UA 153/30/12-13; B; Berlin; 18. 3. 1878; [Wien].   18S

Lieber Jacques!   *Berlin 18/3 78*

Sei nicht böse, wenn ich mit einer kleinen Bitte komme, deren Erfüllung aber große Eile hat; ich mag Hoffmann nicht ersuchen, er hat mir auf meinen letzten Brief noch nicht geantwortet und ich brauche keine Gnaden von jemandem, der mir die Erweisung derselben fühlen lässt. Also zur Sache.

Scherer glaubt sich zu erinnern, dass die ‚Theatralischen Belustigungen nach franz. Mustern' I-V Sausb. Frkf u Lpzg 1765-74 von G K Pfeffel an der Wiener Universitätsbibl. Vorhanden sei. Darin soll nun im 2ten Bande die Übersetzung der Zelnire stehen u. in der Vorrede soll ein Bruchstück des sterbenden Socrates von Savigny in 5füss Iamben übersetzt stehen, in denen auch Amphibrachys eingemischt ist. Ich bitte Dich mir diese Thatsache zu constattiren u. mir jamben zu beschreiben; ferner bitte ich Dich die anderen Dramen dieser Sammlung anzusehen, ob etwa eines in 5f. Iamben übersetzt ist u. endlich mir jene Stellen der Vorreden auszuziehen, in denen von dieser Versart die rede ist. Bei dieser Gelegenheit suche mir Trauerreden und Gedichte auf Franz den ersten Wien 1736 auf; darinn steht ein Gedicht von Sonnenfels in reimlosen Fünffüsslern, dessen genauen Titel u Umfang; allenfalls auch eine kurze Verscharakteristik ich benötige. Belohnung das Werk in seiner ganzen Totalität. Der Text ist ganz fertig, liegt bei Scherer u. wird nach letzter Revision noch diese Woche in die Druckerei wandern. Am Anhange arbeite ich noch. Ich entdecke alle Tage neue Werke in Iamben vor 78, habe schon um 30 Nummern mehr als Zarncke, über dessen Resultate ich weit hinaus komme. Erst heute bekam ich von Basel eine Sammlung von neun sage neun jambischen Übersetzungen aus dem Jahre 1758 u. freue ich mich auf diese unerquickliche Lectüre.

Scherer arbeitet Goethe. Er hat den Satyros vor. Er deutet denselben mit glänzenden Gründen auf Herder; Zug weist er die ganzen Reden aus Herders Schriften nach u. es lassen sich auch andere Zeugnisse dafür aufstellen. Bei dieser Gelegenheit hat er auch den Weisen *aus dem Faust gefunden; ebenfalls Herder, fast wörtliche Citate aus gleichzeitig entstandenen Herderschen Schriften. Auch die Personen im Jahrmarktsfest hat er sehr schön gedeutet, zB. das Milchmädchen auf Caroline Flachsland den Puppenspieler auf Chr. H. Schmid, den er auch in Hanswursts Hochzeit widerfinden will; dass er das Concerto dramatico erklärt hat als Antwort auf eine Collectivepistel der Darmstädter u. dass vieles darinnen auf Caroline u Chr. H. Schmid geht, glaube ich Dir schon geschrieben zu haben. Scherer liest im Sommersemester vierstündig Goethe von 8-9, da ist er frisch u. munter, hat einen längeren Spaziergang durch den Thiergarten gemacht u. da wirds herrliche Dinge geben. Mit Erich Schmidt bin ich schon sehr gut bekannt; er speist täglich mit uns, auch einige Abende waren wir mit ihm u Rödiger beisammen. Erich ist sehr freundlich u liebenswürdig, literarhistorisches haben wir eigentlich noch wenig gesprochen.*

Heinrich Proehle hat Samstag vor 8 Tagen einen Schauderartikel über Friederike in der Vossischen Ztg veröffentlicht, in welchem er alle alten, längst aufgegebenen Ansichten über die zwei Kinder etc, alles Gewäsch u Geklatsche mit der sichtlichen behaglichen Freude am Scandal wieder aufwärmte. Erich S. hat eine furchtbar grobe Entgegnung ins Neue Reich eingesendet; am Schlusse derselben heisst es, wenn er vor 100 Jahren gelebt hätte, hätte ihn H. L. Wagner wahrscheinlich in seine Göttermenagerie aufgenommen.

Meine Kleistarbeiten stocken, dürften aber von nächster Woche ab wieder in Gang kommen; ich habe seine Briefe an Bodmer in Zürich entdeckt u. werde sie hieherbekommen, u. bin dabei eine Verwandte Gessners wegen der Mittheilung von Kleists Briefen an diesen anzugehen. Im Kleist Gleim Briefwechsel steckt sehr viel interessantes.

Stejskal hat ja promovirt? Wie war sein Rigorosum? Schreibe mir doch bald und viel; Du bist ja im Rückstand gegen mich. Beginn April kommt Heinzel hieher; ich bin sehr begierig, wie er sich gegen uns, seine alten Schüler benehmen wird. Tomaschek schweigt u. das Stipendium schläft. Manchmal bin ich doch in Sorge, dass die Kerle die Sache wieder rückgängig machen. Bis ich es nicht schwarz auf weiss sehe, glaube ich es nicht. Ein Dr. Fresenius hier hat sehr schön über den jungen Wieland gearbeitet, ein Theil dieser Arbeiten wird im Sommer in QF. erscheinen; dies Gebiet ist ganz erstaunlich fruchtbar.

Wenn Du sonst eine verschollene Iambentragödie entdeckst, theile sie mir mit.
Mit bestem Dank für Deine erbetenen Bemühungen
Dein August

413/4-23; K; Wien; 24. 3. 1878; Berlin.   **19**

Lieber Sauer! Keines der gewünschten Werke habe ich in der Bibliothek auftreiben können. Ich glaube es dürfte ein Irrthum Scherers sein. Uebrigens werde ich Dir nach einer Woche ausführlich schreiben; jetzt habe ich Rigorosums halber viel zu thun. Diese Woche noch solls losgehen, das Hauptrigorosum nemlich. Brandl hat Freitag das seinige gemacht; recht gut. Ein verflucht schlauer Tiroler! Keinen von uns hat er was wissen lassen davon, sondern jedem den Samstag angegeben. Glücklicherweise hat mir Tomaschek schon vor 8 Tagen das Richtige gesagt. Ich habe ihn nun die ganze Woche gefoppt: „Nun Brandl, aber am Samstag" – und der Schlaumeyer lacht in sich hinein, als ob er mich zum Besten hätte. Als ich am Freitag in den Prüfungssaal kam: „Minor, haben Sie meine Einladung erhalten?" – „Nein." Richtig erhalte ich Samstag früh eine Karte, darauf steht: „7 Uhr früh, Freitag" und „ich theile Ihnen noch rechtzeitig mit"; der Poststempel zeigt natürlich „1 Uhr" und um 2 Uhr ist das Doktorat. Und damit glaubt die liebe Einfalt mich gefoppt zu haben. Auch wieder ein Beitrag zur Sittengeschichte unserer Universität, diesmal ein heiterer!
    Addio!
    J Minor

413/4-24; B; Wien; 30. 3. 1878; Berlin.   **20**
                                                                                             Wien, 30/3 78.

Lieber Sauer!
    Zuvörderst muß ich Dir wiederholen, daß von den verlangten Büchern keines in der Bibliothek zu haben war. Da mich zur Zeit Deiner Anfrage die Vorstudien fürs Doktorat

beschäftigten, habe ich dem erprobten Seyffert den Auftrag gegeben, der alle Minen springen ließ und mit der Bekanntschaft Scherers herumwarf, ohne indes etwas auszurichten. Heute beim durchstöbern meiner Bibliothek glaube ich aber etwas gefunden zu haben, das für Dich Interesse hat. In Eschenburgs Shacespeare-Uebersetzg ist der Richard III. (im 8. Bande 1776) in 5füßigen Jamben übersetzt, ferner der Prolog zu Heinrich V und auch der Sommernachtstraum mit Ausnahme der Rülpelscenen.

Auf Scherers Goethestudien bin ich sehr begierig; wenn einmal etwas im Drucke erscheint, mache mich ja sogleich darauf aufmerksam. Pröhles Einleitung zu „Lessing Wieland Heinse" ist das albernste Geschwätz, was ich seit langem gelesen habe. Ueberhaupt ist eine Einleitung meines Erachtens schwer zu schreiben, wenn man nicht faseln, sondern nur orientiren will. Plauscht aber ein Kerl so unsinnig alles daher, was ihm in die Feder kommt und was er sich bei seiner Arbeit gedacht haben mag, so ist das für mich ein Brechmittel. Nachdem mein Magen sich davon wieder erholt hat, werde ich suchen, das Buch selber zu lesen.

Stejskal hat Ende Februar, am 28., seine Rigorosen gemacht. Sehr gut. Aber für einen eigentlichen Arbeiter halte ich ihn nicht. Das ganze hat bei ihm zu viel Phlegma, wie er denn auch immer im: „No jo!"ton redet. Aber ein sehr lieber, freundlicher Mensch, jetzt Gymnasiallehrer in Znaim. – Meinetwegen brauchst Du mit Hofmann nicht zu brechen; obwohl ihr so nicht lange mit einander auskommen werdet. Brandls Schlauheit habe ich schon neulich illustrirt. Heute einen zweiten Beweis: Brandl meint Seyfert gegenüber, ich bände ja auch nicht jedem alles auf die Nase, also brauche er (Brandl) das auch nicht. Ich sei fest entschlossen nach Berlin zu gehen und thäte nur so nichts dergleichen. Nun habe ich allerdings im Geheimen einmal flüchtig daran gedacht; da aber die Vorlesungen in unserer Universität kommendes Halbjahr ziemlich lehrreich für mich sind, und bei Euch doch nur Fortsetzungen zu hören sind, so habe ich den Gedanken bald abgewiesen. 2 Monate sind eine kurze Zeit und das Berliner Geld gar zu weit. Vielleicht nächstes Jahr! Aber Du siehst wie tief Brandl Herzen und Nieren zu prüfen vermag. Ihr bekommt ihn im Mai hin und seht Euch vor, er hat Euch gleich alle weg. Gegen Scherer beobachtet Brandl dieselbe Reserve wie Wackernell. Sonst ist er ein guter Junge, ich habe nichts gegen ihn.

Tomaschek geht heute nach Italien. Ich habe ihn durch mein Doktorat einen Tag aufgehalten. Er war schon entschlossen am Dienstag, gar nicht zu reisen, da er so viel zu thun habe und da auch der Minor ärgerlich sein würde. Und nun schob er nach Art kleinlicher Geister alles auf mich; den Tag vor der Prüfung konnte er mir nicht in die Augen sehen und redete nichts gescheites, kurz: machte einen recht deprimierenden Eindruck. Beim Examen war es Anfangs ebenso, und einige Zuhörer haben mich später befragt, was denn da vorgefallen sei, da er sonst immer so liebenswürdig mir gegenüber war. Erst als ich eine Stelle aus Schillers Briefen an Körner falsch auslegte wie er (vgl Urlichs' Schillerbriefe; der erste aus dem J. 1791) war das Eis gebrochen und ich wurde mit Lobsprüchen überhäuft. Ueber mein Doktorat, Glück und Unglück, wird Dir wol auf Befragen Heinzel erzählen. Tomaschek hat nämlich in den Uebungen bei Erwähnung Brawes in den Literaturbriefen die Arbeit „unseres verehrten Doktors Sauer" bombastisch angekündigt, und es wird Deine Stipendiumsache vielleicht fördern, wenn Du Dich dafür bei ihm bedankst. Ueberhaupt, da er Deiner immer mit solcher Schöne erwähnt, muß er von Scherer Gutes gehört haben. Selber kann er sich keine gute Meinung von einem bilden.

Die Anzeige Deines Buches im Literaturblatt ist von Brandl-Böttiger. So müssen die Leute überall geschäftig sein. Was meine Versteckenspielerei im Aufsatze über Ludwig betrifft, ist da weiter gar nichts dahinter. Ich habe nicht einmal angefragt, ob es jemand drucken will. Ich habe nur das Thema meines Buches angeben wollen und konnte freilich nicht sagen: ich habe ein Buch geschrieben, aber noch keinen Drucker dafür. Da nun das Blatt ohnehin mehr auf Unterhaltung als Gründlichkeit geht, so habe ich damit dem Leser zum Schlusse noch einmal die Ohren gespitzt. Das ist alles!

Jetzt werde ich dran gehen meine Dissertation umzuarbeiten und Mendelsohn und Sulzers Theorie, die ich aufgetrieben habe, in den Kreis meiner Betrachtungen ziehen. Meine Bibliothek hat sich im Laufe dieses Jahres bedeutend vergrößert und einige werthvolle Stücke sind angeschafft worden. Nebenbei studire ich Descartes für das philosophische Rigorosum und arbeite an einem Aufsatze, Herders Sonderstellung am Weimarischen Hofe betreffend.

Laß bald etwas von Dir und Scherer (MSD) hören. Wie stehts denn mit Deinen altdeutschen Studien? Was macht Werner? Er schreibt, scheint es, mehr als er studirt. Wackernell, der brave Tiroler, durchschaut Euch natürlich alle ebenso wie uns Brandl. Ich liebe den Patriotismus, aber die Tiroler haben schon fast Nepotismus. Halb Raffinierte und halb Bauern!

Es grüßt Dich
Dein Freund
Jacques

413/4-25; K; Wien; 30. 3. 1878; Berlin.   **21**

Lieber Sauer!

Eben habe ich das zweistündige mit einstündigem Erfolge bestanden. Bei Tomaschek und Heinzel gings flott; aber bei Hofmann in der ars poetica des Horaz haperte es gewaltig, indem mich unser lieber Dr auf eine nicht mehr menschenmögliche Weise, wie einst Freund Wermann sekierte. Dennoch hat er mich approbirt. Wörter wie tignum, faex, lima hätte ich aus dem Finger zuzeln sollen. Gruß und bald auch ein längerer Brief.

Dein Freund
J Minor

UA 153/30/14-15; B; Berlin; 1. 4. 1878; [Wien].   **21S**

Berlin 1/IV 78

Lieber Jacques!

Der heutige Brief, eine Antwort auf Deinen soeben erhaltenen, ist ein Tendenzbrief. Bei uns ist im Sommersemester, das 3 Monate Mai, Jui, Juli (bis Anfang August) dauert, sehr viel zu holen. Scherer liest 3 Stunden Literaturgeschichte des 16 Jahrh. Von Luther bis Opitz, ein ganz neues Colleg, das er selbst erst arbeiten muss u. was Du gar nirgends in Deutschland so gut hören kannst, ausser in Strassbrg, wo E. Schmidt es lesen wird, der hier dazu Studien macht. Nirgend wo anders, als in Berlin, ist es dann möglich, etwas für dieses Colleg mitzulesen u da Du Dich doch entschieden für neuere Literatur qualificiren willst, so gehört 16. Jahr. noch in Dein Gebiet. Also in diesem Colleg ist mehr zu holen, als von der ganzen Wiener Universität aufs Quadrat erhoben. Mein Brief ist in der schönen Figur der Gradatio geschrieben; jetzt muss also Müllenhoff daran kommen: er liest 5stündig Grammatik, was wir beide, ich u Du, nicht hören werden; dann aber Beowulf, 4st von 6-7 Uhr Abends zu seiner gewöhnlichen Stunde. Das wird gewiss recht schön u. lehrreich werden; ich höre es; weil ich etwas bei ihm hören muss; Du kannst es auch lassen. Nun das beste. 4 Stunden von 8-9 Uhr Früh Scherer über Goethe von 1775-32; wol eine Fortsetzung des Publicums; aber ganz ohne Zusammenhang mit demselben: auch wird die Art der Darstellung ganz natürlich eine andere, als für ein grosses, gemischtes Publicum; auch dies Colleg muss Scherer erst neu arbeiten u. wenn er dann früh durch den Thiergarten geht, da kommen ihm die guten Gedanken u. wir hören dann aus einem Guss ächten ganzen, grossen Scherer. Ich kann Dich versichern, dass dies ganz unglaublich schön werden wird. Scherer selbst freut sich sehr darauf; er rechnet auf einen kleinen, aber dankbaren Kreis. Statt, dass Du diese 3 Monate in Vöslau sitzest, komme hieher, mit 100 fl. im Monate kommst Do wol aus, wenn Du nicht zu sehr Allotria treibst, wir suchen eine Wohnung in meiner Nähe, Werner ist fort, um Brandl, Wackernell u Cp. kümmern wir uns nicht u. wenn uns der Sommer nicht ewig im Gedächtnis bleibt, so will ich Schulze heissen. Wässere Dir die Zähne schon! Ha! Nun! Lese Deinen Aeltern das vor u. sie werden Dir selbst zureden. Ich habe 500 fl vom Ministerium bekommen u Wackernell auch; so werden wir also einander gleichgesetzt. Was hat denn W. über mich u Werner geschrieben? Werner war den Winter über stets fleissig, wenn auch nicht so sehr als ich, weil ich gar Niemanden hier kannte u keine Gesellschaften mitmachte, während er oft jeden Tag einer Woche geladen war. Dafür hat er wieder vielmehr in der Nacht gearbeitet, als ich. Seinen Alexander zur Habilitation hat er beinahe fertig. Er hat eine Unzahl von Zeitschriften, alle hier vorhanden, durchgearbeitet für seine Goethe-Arbeit. Jetzt ist ihm der ganze Nicolaische Nachlass zur Veröffentlichung überlassen worden; 90 <...> Man., heute ist er mit Scherer bei Parthey, um denselben genauer anzusehen. Mehr altdeutsch als Wack. kann ich auch; er, der über Walther gearbeitet u. Minnesangs Frühling nicht gelesen, der über Wolfram geschrieben u. ein Buch des Parcifal datirte u denselben nie zu Ende gelesen; der über Hugo v. Montfort arbeitet, ohne sich Mühe zu geben, die Neumen seiner Handschrift verstehen zu lernen; der auf der ersten Seite dieser Handschrift mit der Textherstellung beginnt u einen ganzen Vormittag an 15 Zeilen arbeitet, ohne sich nur einen Überblick über die Handschrift selbst, ihren Wert u ihre Anordnung verschafft zu haben ... er, der wegen seiner Ungeschliffenheit von allen ignorirt wird, wagt es über uns zu schimpfen. Gewiss hat er es gemerkt, wie er allen, auch mir u Werner zuwider ist; Werner ist mir keineswegs sympathisch; ich erwarte mir auch gar nichts von ihm; doch eifriges aufrichtiges Streben um der Sache selbst willen kann ich ihm nicht absprechen, das Wackernell ganz u gar fehlt. Gegen Brandl werde ich mich gewiss sehr reservirt verhalten, ihm u. Hofman will ich heute einige Zeilen schreiben, weil Correspondenztag bei mir ist. Stejskal schrieb vor weigen Tagen einen recht freundlichen Brief, den ich bereits erwiderte. Ich mag ihn recht gut leiden.

Die Eschenburgsche Shakespeare-Übersetzung kannte ich bereits; es sind noch in anderen Stücken jambische Bruchstücke zerstreut, als in den von Dir genannten. Auf Deine Bibliothek freue ich mich sehr; Du hast mich bereits überflügelt; ich habe fast gar nichts neues u noch weniger etwas wertvolles bekommen. Was besitzest Du denn für Ausgaben v. E. Chr. V. Kleist?
Mit Gruss u Hoffnung auf angenehme Antwort
Sauer

413/4-26; B; Wien; 6. 4. 1878; Berlin.   **22**

Wien, 6/4 1878.
Lieber Sauer!
Eigentlich müßte ich sagen: „lieber Doktor August", da Du mir diesen Titel unverdientermaßen beigelegt hast. Oder noch lieber: „Doktor Anton", wie ich neulich in Folge des alten Spaßes verschrieben habe.

Dein Brief hat mich sehr erfreut, und daß Du mich nach Berlin ziehen willst, ist ein guter Wille, den Dir Gott lohnen möge. Das ist einmal sicher, daß ein Mensch von eben so großer Begabung für die Germanistik, als ich sie nicht habe, hier zu Lande nichts werden könnte. Und so ganz ohne Wirkung ist Dein Schreiben nicht geblieben. Ich will nicht zu viel sagen, aber wahrscheinlicher ist es, daß ich nach dort komme, als daß ich hier sitze und an den Nägeln kaue, wie es meine Art ist. Gib mir also gelegentlich einmal Nachricht, wie es mit der Bibliothek aussieht, und was ich mitzubringen hätte, auf daß wir uns gegenseitig ergänzten. Ich glaube, Du hast keinen Hempel-Goethe mit und das wäre doch für diesen Sommer das notwendigste. Wann beginnen denn die Vorlesungen? Du mußt nicht vergessen, daß ich noch ein Rigorosum vorher machen muß und zwar ein nicht gerade leichtes, da man doch von den philosophischen nichts versteht. Uebrigens habe ich Descartes zu meinem Leibphilosophen gemacht.

Heute war ich in einer ärgerlichen Stimmung. Ich wollte meine Doktoratsarbeit umarbeiten nach historischen Prinzipien, wie Tomaschek es verlangt. Ich habe Sulzer und Mendelssohn in meine Betrachtung einbezogen und manche interessante Bemerkung gemacht. (Nebenbei gesagt übersetzt auch Mendelssohn den Monolog: „Sein oder Nichtsein" – in den „Empfindungen" in 5füßigen Jamben; vgl. Mendelssohns ausgew.

Werke (1849) I Bd.) Aber das Zeug will sich einmal zu keinem ordentlichen Buche machen, wie man es heut zu tage verlangt. Es sind interessante Sachen drin, neben manchen sehr langweiligen; und das Schlimmste ist, daß sich auch um das Interessante nicht leicht Jemand in der Gelehrtenwelt kümmert. Das ganze Materiale, das ich mühsam aufgearbeitet habe, ist zum Belege von theils veralteten, theils unrichtigen, und theils durch Schillers Praxis weit überholten Ansichten verwendet. Facit: Verlorene Zeit, Müh und besonders Ausdauer! Du kannst Dir aber leicht denken, wie ich vor 2 Jahren den Plan zu einer solchen Arbeit fassen konnte. Wäre Tomaschek nicht ein Phantast, so hätte er abgerathen.

Ich will mich nun ernstlich an Chr. Fel. Weisse machen und an eine Arbeit im älteren Fach über Ulrich von Winterstetten, welche mir Heinzel gerathen hat. Kannst Du mir denn nicht vielleicht bei einem Berliner Antiquar die Selbstbiographie Weisses oder Ipphofen oder Bauer über ihn verschaffen? Du scheinst mit dem Berliner Buchhandel auf üblem Fuß zu stehen, da Du nicht über ihn schimpfst. Wie wird denn Werner den Nachlaß Nicolais verwerthen?

Dein Brief wimmelt von Berlinismen, wenn man so sagt. „Janz unjloblich schön", „Schulje" u. dgl. Willst Du die Teufel Austriacismen durch Beelzebub austreiben. Diesen orginellen Vergleich hat mir Brandl im jüngsten Heft des Literaturblattes an die Hand gegeben. Lies doch ebendaselbst die Anzeige von Baiers Buch mit Wellenhof unterzeichnet. Das ist eine alberne Art zu schreiben und eine Stillosigkeit, daß es einem kalt über den Rücken läuft. Wie geistreich er „Goetheliteratur" und „Friederiken-Literatur" confrontirt; als ob das nicht ohnehin schon jeder wüßte. Herr Hofmann, wenn ich ihm einen guten Rat geben wollte, was ich aber nicht will, würde ich sagen: „Lassen Sie die Glanzperiode bei Seite! Da schaut nichts heraus!" Am allerwenigsten für Leute, die dem Goethe nur vom Hintern aus beikommen können, wenn sie ihm überhaupt beikommen können. Das würde ich ihm aber nicht sagen.

Mache doch den Scherer aufmerksam auf die Vorlesung des Professor Strakosch, der nächste Woche nach Berlin kommt und dort Faust liest. Er hat ihn mir neulich vorgelesen und man wird nicht leicht etwas ähnliches hören. Besonders in Berlin, wo ein gewisser Wauer, wie man sagt, erschrecklich wauwauern soll.

Wackernell hat meines Wissens über Euch gar nichts Schlimmes geschrieben. Nur aus Brandls reservirten Ausdrücken entnehme ich, daß er nicht ganz zu Scherer schwört. Ich kann nicht sagen, daß ich den Brandl gemütlich ungern habe, aber meinem Kopfe ist er in der That eine zuwidere Erscheinung. Ich kann mir nicht vorstellen, wie Jemand ein Buch geschrieben haben kann und so wenig geordnete Begriffe haben. Mir geht es umgekehrt: ich wüßte schon was ich wollte, aber wenn ich etwas weiß, verliere ich das Interesse daran, und es ist mir zuwider es für andere aufzuschreiben.

Wenn mir etwa bei der neuen Arbeit die Geduld wieder ausginge, müßte ich auch zum Lehramt greifen. Es ist kein Wunder. Ich habe einen energischen, eisernen Willen, der sich aber niemals im Guten hat äußern können. Blos wo es meiner Neigung zuwider war, habe ich ihn erproben können. Jahrelang nicht ins Theater gehen (außer zu Satorini), wenn man früher im Monat Juni 24mal gieng, das kostet Willen. Ich kann eben nicht sagen, daß ich jetzt entbehre. Ich entbehre aber auch sonst nichts mehr schwer; und das zeigt von einer gewissen Stumpfsinnigkeit, die mehr schadet als nützt. Kein Theater, kein Ball, kein Concert, keine Gesellschaft, kein Ideal (männliches noch weibliches), keine Aussichten und an dem Doktorat wenig Freude, daß ich Tags darauf schon wieder als guldenfängerischer Brummbär durch die Stadt lief: das sind in der That Gründe zu übler Laune. Und wenn es nur nicht wie im Hamlet heißt: Das Schlimmere nahet sich. Ich wills doch mit Berlin noch versuchen und damit Lebwol!

Dein Freund
Jacob M.

NB. Ich habe den Revers unterzeichnet, bis in den December 3 gedruckte Exemplare vorzulegen. Kann das böse Folgen haben, wenn es nicht gedruckt wird?

UA 153/30/16-17; B; Berlin; 14. 4. 1878; [Wien]. 22S

Berlin 15/4 78

Verzeihung, mein Lieber, dass ich so lange mit der Antwort gewartet: meine unbeschreibliche, fast närrische Freude über Dein Kommen; erste Correctur, Heinzels kurzer Aufenthalt, Werners bevorstehende Abreise und der ewig sich fortspinnende Iambus, dazu die ersten schönen Frühlingstage und einige Gratulationsbriefe erheischende Geburtstage meiner Bekanntschaft: endlich die Eskimos im zoologischen Garten und Sonnenthals Risler: diese ganze Beschäftigung der letzten 8 Tage liess mich nicht dazu kommen, Dir zu schreiben. Heinzel hat mir von Deinem Doctorat erzählt und mir u. Scherer Deine unglaublich sichere Schillerkenntnis im schönsten Lichte gezeigt, so dass Scherer schon der Mund nach Dir wässert. Die Vorlesungen beginnen am 6. Mai, bis dahin kannst Du Dein Rigorosum bequem machen. Hier wird Dir Deine üble Laune gewiss vergehen. Wir wollen fest zusammenhalten gegenüber den Tirolern. Es wäre recht schön, wenn Du in meine Nähe ziehen möchtest; ich wohne 10 Minuten von der Universität entfernt, in einer Seitengasse der belebtesten Strasse, der Friedrichstrasse, im 2. Stocke, Hofzimmer, sehr nett u. rein, hoch, licht u. bequem u zahle mit Bedienung 27 Mark. Leider hat meine Hausfrau ein zweites schöneres Zimmer an einen Lieutenant mit Beginn dieses Monats vermiethet. Vielleicht treibe ich in demselben oder in den nächst anliegenden Häusern eine Wohnung auf, wenn Du mir Deine Ansprüche u. Auslagen dafür kurz mittheilen wolltest.

Ich habe alles notwendige für die ältere Literatur bei mir, alle Lexica u Litteraturgeschichten; ferner die ganze Hempelausgabe bis auf Schiller, von dem ich nur die Hefte der Boxbergischen Ausgabe hier habe u. 2 Bde Goedeke; ferner habe ich alles für Lessing hier, Claudius, Voss; Weinhold Boie; Bürgerbriefe; von Goethe und Schiller keine Briefe; nur den jungen Goethe: überdiess will ich Dir an einem der nächsten Feiertage ein Verzeichnis einschicken; Du wirst ganz wenig mitzunehmen brauchen.

Heinzel hat auch Deine Arbeit sehr gelobt, nur zu wenig historische Sichtung darinnen gefunden; auch über Brandls Doctorat u. Arbeit sprach er sich sehr anerkennend aus – natürlich bis auf den Stil. Tomanetz' Arbeit lobte er sehr, Ullsperger, dann einen Herrn, den er ein syntactisches Genie nannte; nur Hofmann erwähnte er gar nicht; er scheint nichts älteres zu arbeiten.

Ich stehe mit den Berliner Antiquaren auf gar keinem Fuß, weil ich mir den ganzen Winter nichts kaufte, als vor 8 Tagen einige Kleistausgaben. Ich werde mich aber umsehen.

Werner hat jetzt aus dem Nicol. Nachlass nur einige Briefe über Nicolais Werther abgeschrieben, die er als Gratulationsschrift zum 50. Geburtstage seines Vaters in Salzburg drucken lassen will. Das übrige wird er erst in einigen Jahren benützen können. Er wird eine Monographie über Nicolai liefern u. das übrige Material in Regestenform veröffentlichen.

Brandl schrieb mir einen köstlich-naiv-einfältigen Brief, worin er, der überlegene Schriftsteller, mich als Erstlingsautor titulirte u was so verschiedene Spompanaden mehr sind. Scherer nimmt sich aber vor, ihn in die stilistische Cur zu nehmen. Hofmans Recension, mit dem Dichterfürsten u. dem andern abgedroschenen Unsinn habe ich gelesen u. mich höchlich daran erbaut.

Soeben kommt Werner. Damit der Brief noch fort kann, schliesse ich.
Mit Grüssen
Dein Sauer

413/4-27; K; Wien; 17. 4. 1878; Berlin. 23

Lieber Sauer!

Die „Wahl des Herkules" ist sicher von Bertuch. Merkur V. S. 327 ff steht ein Aufsatz über Don Estevan Manuel de Villegas mit B-ch unterzeichnet und Bertuchs Beschäftigung mit den Spaniern ist bekannt. Dagegen ist mir Q. ein Rätsel; in den ersten 7 Bänden fin-

det sich diese Chiffre sonst nirgends. Manchmal kommt mir wieder vor, als ob die Palengra schon gelesen hätte. Also nichts Gewisses. Brief nächstens.
Dein J Minor

413/4–28; B; Wien; 27. 4. 1878; Berlin.   **24**
Lieber Sauer!   Wien, 27/4 78
Soeben habe ich das philos. Rigorosum glücklich überstanden. Es ist sonach fast zweifellos, daß ich nächste Woche nach Berlin komme, wenn nicht hier der Himmel einstürzt und die Bahnen überschwemmt werden. Aller Wahrscheinlichkeit nach werde ich Freitag promovieren und Samstag abreisen. Sei nunmehr so gut und besorge mir in einem Schreiben mit umgehender Post folgende Sachen:
1. Wann geht der Zug von Wien nach Berlin? Welche Route? Was kostet die Fahrt? Welche Classe bist Du gefahren?
2. Nenne mir ein anständiges und billiges Hotel in Berlin, wo ich im Notfalle einen Tag bleiben könnte. Da ich es übrigens so eintheilen will, daß ich früh in Berlin ankomme, könnte ich wol meinen Koffer auf ein paar Stunden bei Dir einstellen oder auf der Bahn lassen.
3. Sieh Dich ein bißchen in der Nähe um, wo ein passendes Zimmer zu vermiethen ist. Je näher bei Dir, desto besser. Nur soll es auch einen mäßigen Preis, das nöthige Ameublement, besonders zum Schreiben u. Arbeiten, haben und gesund situiert sein. Ob in den Hof oder auf die Gasse ist Schnuppe! Lächelst Du über den neuen Berliner.
4. Schicke mir, wenn Dirs nichts macht, Deinen Bädeker oder sonstiges Reisehandbuch, ich werde über die Post schon mit Dir abrechnen.
5. Schreibe mir, ob Du mich etwa am Bahnhof erwarten magst. Ich weiß nicht, wie weit Du hin hast, nenne mich also nicht unverschämt.
Da ich wahrscheinlich Sonntag ankomme, kannst Du Dir vielleicht ein paar Stunden frei machen.
Von Bibliothek werde ich bescheiden viel, aber brauchbares Zeug mitbringen. Deinethalb bringe ich extra ein Werk mit, das für Dich sehr viel Interesse haben wird, das ich aber Tomaschek geliehen habe und noch nicht weiß, ob ich es bis dahin zurück habe, da Onkel Karl derzeit noch in Italien weilt. Von Hempel werde ich mich selbst ein bischen versorgen. Mit meiner Weisse-Arbeit geht es bis jetzt flott; nur brauche ich noch einige Bücher, die ich hier nicht haben kann. Ich denke bis im Sommer tief in den Quellen zu stecken und vielleicht schon Neujahr was brauchbares zu liefern. Aber ein so gelehriger Schüler Tomascheks wie ich es bin, darf nichts versprechen.
Berlin soll mir in vielem eine Schule sein. Besonders aber auch im Diät-halten; denn Du glaubst nicht wie ich hier von meiner Mutter wider meinen Willen angestopft werde. Du sollst mich leben sehen, wie ich in Italien gelebt habe, in der Kost so einfach und selbstquälerisch, daß Du Dich staunen wirst, woher meine Dicke kommt. Hoffentlich verliere ich auch an ihr ein paar Zoll.
In Wien ist überhaupt gar nichts, was mich irgendwie halten könnte. Ich werde um nichts besonders Leid haben, wenn ich fort muß. Meine Eltern habe ich unsinnig gern, aber ich muß sagen, daß Sie in vielem an dem Narr Schuld sind, der ich geworden bin. Meine Mutter besonders hat nur Sinn für Leben und Lebenlassen und den Bratspieß am Herd, aber geistige Anregung finde ich nicht die mindeste zu Hause. Sobald ich davon ein Wort verlauten lasse, heißt es, ich bin zänkisch und „fange schon wieder an". Und darum muß ich fort. Die lieben Collegen, Du kannst Dir meine rot geweinten Augen um sie vorstellen!
Also gut Glück aufs Wiedersehen!
Schreibe mir recht bald, denn ich passe an Haftelmacher!
Dein
J. Minor
NB. Was heißt denn N.W. Karlstrasse, wenn ich danach fragen muß?

UA 153/30/18-19; B; Berlin; 29. 4. 1878; [Wien]. **24S**
Berlin 29/4 78
Lieber Minor!
Noch einmal meinen herzlichen Glückwunsch für das abgelegte Rigorosum u. den Ausdruck meiner Freude, Dich hier so bald zu sehen. Und somit umgehende Beantwortung der 5 Punkte.
1. Die Route, die Du wählen wirst hängt von Dir ab, ich fuhr über Breslau, weil ich mich in dieser Richtung aufhalten wollte; über Dresden soll es etwas näher sein; auch der Preis wird wenig Unterschied machen; ich zahlte bis Wdenburg 10 fl; von dort ab musste ich aber p. Schnellzug fahren u. das kostete glaube ich gegen 40 Mark; da ich beide Male in der Nacht fuhr, musste ich in der 2ten Classe untergebracht werden. Wann die Züge von Wien abgehen, kannst Du am leichtesten aus einem beliebigen Fahrplan, der Nord oder Nordwestbahn erfahren; wenn Du Früh ankommen willst, wirst Du Mittag wegfahren müssen. Es gibt directe Schnellzüge p. 16 Stunden.
5. Dass ich Dich am Bahnhof erwarte, versteht sich von selbst: Bitte also um genaue Angabe, von welcher Seite u. wann Du ankommst; wir fahren dann mit Deinem Gepäck sogleich zu mir, wo Du Dich waschen u. umziehen kannst etc. etc. etc.; gehen dann im Laufe des Tages Wohnung machen u. fändest Du keine, so ist ganz in meiner Nähe
2. ein anständiges u billiges Hotel, ‚Schmidts Hotel Karlstrasse', wo Du für eine Nacht wohnen kannst. N. W. bedeutet überdies Nordwest; da Berlin in Reviere nach den Weltgegenden eingetheilt ist u. kommt unseren Bezirken gleich.
4. Ich habe nur einen von meinem Onkel entliehenen uralten Baedecker, den ich selber nicht mehr brauchen konnte, als ich hieher fuhr, weil die Sachen, die darin standen, nicht mehr wahr sind. Du brauchst aber gar keinen, wenn Du direct fährst.
3. Endlich; ich sah mir schon einige Wohnungen in der Nähe an, war aber von keiner befriedigt u. will lieber warten, bis Du mit eigenen Augen sehen kannst.
Da Wackernell vor wenigen Tagen auf drei Wochen nach Frankfurt gereist ist, habe ich Brandl angetragen, eventuell ihn zu erwarten, wenn er mir anzeigte, Tag u Stunde seines Eintreffens. Ich will im Anfang wenigstens höflich gegen ihn sein, Heinzel zu Liebe. Er will Freitag abreisen, sich in Prag aufhalten u. über Dresden hieher kommen. Wie ich Dich kenne, wirst Du nicht mit ihm fahren; ist auch besser.
Was für ein Buch Du für mich speziell mitbringen wirst, bin ich sehr begierig; vielleicht findest Du in den letzten Tagen noch irgendwelche Chr. V. Kleistausgaben, die Du mir kaufen könntest, oder wenn Du eine hast, bringe sie mit; ferner wenn Du irgend ein Werk der Bremer Beiträger, eine Gedichtsammlung eines derselben hast. Für Weisse wirst Du hier alles auf der Bibliothek beisammen finden; nur ein oder zwei Bände des Beitrages z d Th. Fehlen in der ersten Ausgabe, sind aber in späteren Ausgaben vorhanden.
Meine letzte Karte wirst Du erhalten und wahrscheinlich schon beantwortet haben, wenn Du diesen Brief empfängst.
Mit besten Grüssen
Dein
Aug Sauer

413/4-47; B; [Wien]; undatiert; [Berlin]. **25**
Lieber Sauer!
Deine Kleistsachen hat Lederer ganz gewiß noch. Ich konnte sie nicht kaufen, weil ich nicht wußte was Dir fehlt, und auch nach Ankauf Mansos und ADBiogr. gänzlich blank war. Bestelle Dir aus dem Catalog 3 (den Du nicht mitgenommen hast) auch Theater der Deutschen 7. Theil Berlin u. Leipzig 1768, worin Brutus von Brawe. Er kostet 1 Mark 20 kr. Sei so gut und lege auch den beiliegenden Bestellzettel bei. Ich werde die Transportkosten u. den Betrag für meinen Theil bezahlen. In meine Wohnung mag ich es nicht kommen lassen, damit meine Leute nicht sogleich wieder mit Büchern überrascht wer-

den. Wenn Du mehr bestellst, so sieht Lederer auch sorgfältiger nach, daß möglichst alles zu Stande kommt. Du wirst gut thun, Dich auf mich zu berufen.
In der Hoffnung, daß Du meine Bitte erfüllen wirst,
Dein J Minor.

413/4–29; B; Wien; 1. 8. 1878; Berlin.   **26**
Lieber Sauer!   Wien, 1/8 78
    Mit Berlin hat es seine Richtigkeit. Freitag habe ich meine Promotion, und Samstag, so Gott will, um 1 U. 40 M. setze ich mich auf die Bahn und fahre bis Berlin, wo ich 6 U. 26 M. ankommen soll. Sobald Du also keinen Brief oder Telegramm erhältst, halte immerhin an dem hier kundgegebenen fest.
    Mit Brandl reise ich nicht und wäre mirs lieb, wenn ich Berlin nicht mit seinen Augen kennen lernte. Samstag will er mit mir zum Pedell gehen, ich begleite ihn deshalb in die Quästur, er sollte mich nach der Verabredung ins Dekanat begleiten. Aber nachdem ich in der Quästur auf ihn eine halbe Stunde gewartet, nimmt er Abschied und fahrt ab. Ich denke mir: Adieu! – aber ein andermal laufe allein. Der größte Egoist, der überall schnüffelt und spürt. Wir wollen sehen, ihn bald los zu sein.
    Beiliegend die Antwort auf Deine Fragen. Du wirst sehen, daß die Verse nicht so schlecht sind. Aber die Gedanken und der sprachliche Ausdruck sind so platt, wie man sie nur in Wien vor 100 Jahren machen konnte.
    Alles weitere mündlich!
    Dein J. Minor.
Ich fahre mit der Nord u. Staatsbahn. An welchem Bahnhofe ich ankomme, weiß ich nicht. Es steht nichts davon in meinem Courier.

413/4–30; K; Wien; 8. 8. 1878; Wien.   **27**
Lieber Sauer!
    Lustspiele fehlen mir nicht, Goethe auch nicht; nachdem Du also nichts findest, müssen es doch nur 5 Bücher gewesen sein. Sei doch so gut und schreibe mir Steinmeyers Adresse, daß ich mich melden kann. Ich habe gestern einen Kauf für Dich gethan. Die Goethe-Briefe an Frese um 75 kr. Wenn Du sie um das Geld willst, kannst Du sie haben. Wo nicht, so ist mirs auch nicht zuwider, daß ich 2 Exemplare um 5 fl gekauft habe, daß auf eines auch nur 250 kommt . Daß ich aber für eines 4.30 gezahlt habe, zerrüttet mein schwaches Gehirn. Ich habe mich gestern noch in der vorauszusehenden Weise belustigt, es ist aber schlimm gegangen, wobey die Schuld weniger an mir, als an dem andern Theile lag.
    Dein J Minor

413/4–31; K; Vöslau; 12. 8. 1878; Wien.   **28**
Lieber Pepi! Scherer hat mir aus Franzensbad geschrieben, daß unsere beiden Recensionen von Steinmeyer acceptirt sind. Die Stella habe ich vorgestern an Scherer abgeschickt, leider noch nach Berlin. Für Dein Exemplar des Brawe mit der schönen geschriebenen Widmung (die gedruckte richtet sich an einen größeren Geist) den besten Dank. Ich will nun noch Steinmeyern eines abzupressen suchen. Sei so gut und schicke, wenn es möglich ist, die Exemplare an die „Mitarbeiter" des Lit.bl. etwas später ab; ich muß am Ende doch für beide Recensionen zugleich arbeiten, und dann sollten, wenn schon die eine oder die andere passt. Da vergehen immer 10–14 Tage. Laß also den andern erst später etwas zukommen, oder schreibe mir, daß ich mich mit der einen Anzeige beeilen muß. Bis jetzt habe ich nichts machen können, weil ich ja Dein Buch nicht hatte.
    Dein
    Jacques.

413/4–32; K; Vöslau; 14. 9. 1878; Wien. 29

Scherer schreibt: „Die fahrenden Schüler werden mir am Montag 15. d. M. willkommen sein, wenn sie so gut sein wollen, mich erst um 1 Uhr Mittags aufzusuchen, da ich Vormittag nothwendig regelmäßig arbeiten muß." Danach wirst Du wol um 9,30 in Wien abfahren und mich in Vöslau 10.43 mitnehmen? Aber Montag, Dienstag, Mittwoch! ich habe Dich ausdrücklich für 2 Tage ausgebeten. Du kannst Vormittags noch arbeiten! Beileid zum Todesfall.
Ade! Ade! gedenke mich!
Sauer.
Was ist denn bei üblem Wetter!

413/4-33; K; Vöslau; 22. 9. 1878; Militärpost. 30

Lieber Sauer! Pepi! Deinen Geldbrief habe ich erhalten, auch bereits die Empfangsbestätigung von Mittler. Meinen letzten Brief mußt Du nicht erhalten haben, worin ich über Pleonasm. u. dgl. geschwatzt habe. Von der Müllenhoff-Frau habe ich auch schon alles erhalten. Müllenhoff hat eine wunderschöne Rede zu Papier gebracht. etc. Du wirst selbst sehen. Die Anzeige des Brawe verspätet sich leider. Der Schuft von E... ...! von Redacteur! Der Schuft hat mir ein paar Sätze, welche lobten, gestrichen! Darauf ein grober Brief meinerseits: ich stehe nur für meinen Text, nicht für Druckers Text. Die Wortstellung sei undeutsch, wie er sie gestellt habe. Ich hatte nemlich schon die Correctur besorgt. Nun hat er es aus dem letzten Heft weggelassen. Darauf ein Brief meinerseits: Bitte das Ms zurück! - - Alles still; ich erhielt keine Antwort. Wer in das Blatt schreibt, geht von nun an meiner Freundschaft verlustig.
Dein Jacques.

413/4-34; K; Vöslau; 28. 9. 1878; Kossitz. 31

Lieber Gusti! Statt meiner Briefe, die Dir unmöglich erquicklich sein können, wie sie es mir selber auch nicht sind, bitte ich Dich mir Deine Ankunft in Wien, soweit sie voraussichtlich ist, per Korr. K. mitzutheilen. (Oder noch besser per longam epistolam). Ich nehme an daß Du bei der kritischen Lage, in der ich mich befinde, mich auf ein paar Tage nach Deiner Rückkunft in Wien hier in Vöslau im Glauben wieder befestigen wirst. Sobald Du kommst, werde ich auf einige Tage nach Wien gehen, wo wir alles weitere besprechen. Gelobt sei Jesus Christus!
Jacques

413/4-35; B; Wien; 16. 10. 1878; [Kossitz]. 32

Wien, 16. Oktober 1878.

Lieber Sauer!
Zuerst die allerneuste Neuigkeit! Scherer hat sich mit einem Fräulein Leeder, einer geborenen Wienerin und Sängerin, verlobt! - - - - Ich habe ein großes Wort gelassen ausgesprochen und schöpfe Athem zu dem Nekrolog auf Tomaschek, den ich Dir unter Kreuzband sende und den Du hier einschalten magst.
Bekanntlich bin ich ein schlechter Briefschreiber. Um so übler, daß ein Brief von mir noch dazu verloren gehen mußte. Aber ich glaube Dir durch meine nichtswürdige Anzeige Deines hochwürdigen Buches in Edlingers „Kas-papierl-blatt" ein Lebenszeichen gegeben zu haben. Es stehen zwar grimmige Dummheiten und haarsträubende Unrichtigkeiten drin, aber die Absicht ist zu loben. Ueber den Occupations- ich wollte sagen Kriegsstandpunkt, auf dem ich mit Edlinger stehe, habe ich Dir schon geschrieben. Seiner Eselhaftigkeit schreibe außer ein paar störenden Druckfehlern auch die Anregung Zeile 7 und 8 von unten auf der letzten Seite zu; welche bei mir ganz anders und durch ein „vielleicht" problematischer waren. Auch der letzte und vorletzte Satz, mit Ausnahme des Gedankens,

kommen aus seiner Feder, deren S̲eichtigkeit (S – nicht L̲) Du aus S. 564 f (der mit A. E. unterzeichneten Recension) entnehmen magst. Ich streiche hiermit Oesterreich feierlich aus meiner literarischen Thätigkeit aus; für dieses Gesindel von Literaten ist meine literarische Diarrhöe noch zu gut!
 Von einem Herrn A. Edlinger soll sich ein Mensch, der Philologie studieren „kann und will" (s. Laubes Essex I. Akt, ? Scene ?), schulmeistern lassen! Horribile dictu! Ein anderer Redakteur, der ein Theaterblatt herausgeben will, hat mich zum Berliner Theaterkritikus machen wollen. Ich habe für die Ehre gedankt.
 Also auch Scherer! Ehe! Hafen der Ehe! Eingelaufen! Schrecklich, kaum hat man Worte! Scherer und einlaufen! Ich dachte, und Du dachtest, wir alle dachten, er wolle erst auslaufen. Vielleicht wäre ihm das besser gewesen! Du kennst meine Ansichten über diesen Punkt, welche dadurch, daß Elise seit 3 Wochen aus der Sommerfrische in Graz zurückgekehrt ist, sicher an Saxität noch gewonnen haben. Da ich Berlin sehr genau kenne, so versorge ich mich die paar Wochen, die ich in Wien bin – leider schon bald g̲e̲w̲e̲s̲e̲n̲ bin, mit genügenden <...>. Im Ernste aber thut mirs um Scherer leid. Ich aber gefaßt, nach Deiner Rückkehr auch von Deinem Verlöbnis was zu hören. Dann sind alle versorgt; und ich stehe als letzter – <...>, wenn man so sagen darf, in der germanistischen Welt da, wie einer unter Säulen. Eben fällt mir ein, daß mir Werner einstweilen Gesellschaft leisten kann. Aber ein Weib, das seinem Genie schmeichelt, hat ihn in 5 Minuten unter der Haube, also zählt er nicht mit. „Es ist (laß uns mit Tomaschek reden) als ob statt des Coniunctivus der Indicativ gesetzt würde" – so sicher. Setzt man nun nicht den Coniunctiv, sondern behält den Indicativ bei, so ist die Sache noch um ein Gran sicherer, als etwas, das ganz unsicher ist. - - - Geistreich, wie actore Brandelo!
 Ueber „delikatem" Geschwätz hätte ich bald „wichtiges" vergessen. Mein Weisse ist – Du wirst die Hände über dem Kopf zusammenschlagen und Dir leicht denken können: wie? – in 4 Hauptcapiteln schon ausgearbeitet. Weisse als Lyriker – Lustspieldichter – Operndichter – Tragiker. Fehlt noch: Weisses Leben bis 1770; (hier folgen die eben genannten Capitel); Weisse im Mittelpunkte der literarischen Polemik; Jugendschriftstellerei und weiteres Leben bis zum Tode. Mehr als die Hälfte ist also vertintet; und nicht einmal so schlecht, als ich geglaubt hätte. Scherer wird mir aber eine gehörige Portion über Bord schmeißen. – Seit Beginn des akademischen Lebens in Wien habe ich ein paar Mal mit Wiener Studenten verkehrt; die Kerle sind aber urdumm. Die Zeidler u. dgl. stehen obenan und verpesten die Luft mit ihren Platitüden. Du wirst von Deiner Absicht, Dich des Vereins usw. anzunehmen, sehr zurück kommen müssen, am allermeisten wenn Du an Docentur in Wien denkst. Die Kerle sehen Dich sonst als ihres gleichen an. Mit Lessing habe ich nur einen Zug gemein: daß mir kein Mittel, keine <...> oder Zauserei zu klein ist, um der Mittelmäßigkeit eine hinters Ohr zu versetzen. Ich besitze seit 24. v. M. Danzels Lessing, den ich um 2.40 eingehandelt, Lentz's Metrik um denselben Preis, die Herren um 4.50, Fr. H. Jacobis Werke um 5 fl u. dgl. mehr, was ich mit Stolz und Freude anführe.
 Indem ich mich besinne, wie ich wol am kürzesten meine Ideen über <... ...> könnte, da sie mir (bereits zum dritten Mal zu Papier gebracht) bereits unstehlich sind, muß ich zuerst an den Plan des Codus erinnern. Lessing will republicanische Tugend darstellen: Codrus, Seneka, Virginia. Aus diesem letzten Stoff entwickelt sich ein neues Motiv: die Opferung der Tochter ihrer Ehre zu Liebe. Aus diesem nun bietet sich Lessing der <...> an, in dem er anfangs nur die Geschichte herausnimmt, in welcher Austodem seiner Tochter den Bauch aufschlitzt, um ihre Unschuld zu beweisen. Erst später, als er ausarbeitet, tritt die Figur des knabenhaften Helden, (auf den Lessing zuerst im Giangir gekommen zu sein scheint) in den Vorgrund. – Ich weiß nicht, ob das ohne beiliegenden Text der Entwurf klar ist. Da aber das Motiv der Opferung der Tochter für ihre Ehre in Virginia erst Anfang 58 hervortritt, wäre damit ein terminus a qu für den Kleonnis gewinnen. Nur müsste der Brutus von Brawe dann Anfangs 58 fallen. Daß er ein ganzes Jahr daran gearbeitet hat, ist in diesen Jahren der Jugend nicht leicht denkbar. Was mir die Sache gewiß macht, ist, daß Lessing im Kleonnis, im P̲lane, außer den historischen <...> nichts aufzeichnet, als die Geschichte des Aristodemus.

Berlin sieht mir lange nicht mehr so freundlich entgegen, seitdem ich den Pepi vergebens dort suche. Wem trage ich nur meine Philosophie nach Schlaraffius vor; wem mein faustisches Krötchen (Kalauer dümmster Sorte, wie J. Minor am 16. Okt. an Sauer schreibt); mit wem kepple ich, wenn ich übler Laune bin, über Berliner germanistische Industrie und Henning'sche Bescheidenheit; wem werde ich über Modelle klagen und lehren, Tomascheksche Mitleidsideen <...> und den Schiller ehren, wenn die blöde Spree mich fast verschlingt? Lebe wol, ich reise Sonntag nach Berlin auf baldig Wiedersehn in Wien! Ade! Ade! Ade!

pour longtemps, mais pas! pour jamais!
Französische Verse! Dazu hast Du mich gebracht!

Dein Freund Schak.
Ich wohne in Berlin in Deiner Stube.

413/4–36; B; Berlin; 16. Nov. 1878; [Wien].   33
Berlin, 16. Nov. 1878.
Lieber Pepi!
Besten Dank für Deinen schönen Brief! Es drängt mich, ohne Einleitung in medias res zu kommen. Die ersten Tage nach meiner Ankunft hier war eine große Abendgesellschaft bei Müllenhoff; eine Wiederholung des 60. Geburtstages, aber nicht der 120ste. Du verstehst mich! Also kurz und gut, weil am 8. Sept. Niemand da war, auch Scherer nicht, so wurde am 25. Oktober alles, was zu erreichen war, versammelt. Müllenhoff brachte den ersten Toast aus, eigentlich auf gar Niemand; eine philologische Erklärung für eines minne trinken, die Du schon kennst. Dann brachte Scherer einen solchen auf die Hausfrau aus. Er ging, da von heidnischen Göttern in Müllenhoffs Toast die Rede gewesen war, von Gott *Vaílô* aus, den M. in den nordelbing'schen Studien wollte entdeckt haben; ein Gott des Reichthums. „Und nun denken Sie sich, meine Damen und meine Herren, Müllenhoff eines Morgens erwacht und als – Millionär." Nun wurde er ernst: M. habe uns seinen Reichthum gegeben, aber etwas, was mehr als Reichthum ist, hat er uns ins Leben mitgegeben ... Er ist noch jung trotz seiner 60 Jahre, das beweist - -" (er meinte den kleinen Jungen; Frau Müllenhoff erröthet.) Scherer trinkt auf die Gesundheit der Frau Müllenhoff. Darauf spricht Frau Müllenhoff einen Trinkspruch auf die Braut Scherers. Endlich Henning auf den Künstler. Im ganzen war es sehr hübsch; auch alles da, was von Germanisten in Berlin war.

Scherers GDS[2] ist heraus; Ms Sprachproben, Nibelungen[4] gleichfalls. Henning druckt, hat 11 Bogen fertig; Fresenius, der mir unter den hiesigen der liebste ist, ist nicht fertig, natürlich nicht. Er wird gar niemals fertig werden. Er trägt jetzt über Frau Rowe vor. Niemals ist er mit seinem Vortrag bis zur Stunde der Vorlesg fertig geworden, niemals in der Vorlesung mit dem was er fertig hatte. Meistens kommt er auch noch zu spät. Ein sonderbarer Typus der Langsamkeit. Müllenhoff ist in den Uebungen sehr ungeduldig; mit Dörscher einmal sehr grantig, mit Josef fast grob geworden. Bei aller meiner Geltenlasserei, die Du mir oft vorgeworfen hast, muß ich doch darin Dir Recht geben, daß Josef und Dörscher zb. eigentlich gar nichts arbeiten, und daß beide eigentlich nur das wissen, was sie vom Hörensagen wissen. Henning liest Mythologie vor circa 100 Hörern, das bestbesuchte germanistische Colleg. Scherer hat ihn neulich bei der Kneipe aufgezogen darüber, und ich müßte mich sehr irren, wenn das nicht in Henning üble Gedanken gemacht hätte.

Brandl ist wieder da. Ein neuer Tiroler: der junge Zingerle. Er hat eben einen solchen Stierkopf wie Brandl und ... Nell (das Wacker kann man von ihm unmöglich sagen), nemlich physisch; wie es drinnen aussieht, weiß ich nicht. Ein Böhme ist auch da: Dr. Toischer aus Prag, Schüler Martins. Schröder dagegen ist nicht hier. Er war sehr krank, ist jetzt reconvalescent und man hält ihn von Woche zu Woche hinaus, ich glaube aber er wird gar nicht kommen dürfen den Winter über.

Scherer hat neulich über Schiller losgelegt. Nachdem er die ganze Stunde frei gesprochen, las er, sobald von Schiller die Rede war, aus dem Concept. Jedes Wort abgewogen! Schiller wird als verunglücktes Genie behandelt. Seine aesthetischen Aufsätze (also das, was Scherer sicher nicht öfter als einmal gelesen hat) sind seine größten Werke; hier hätten sich die Schlegels u. selbst Kant beugen sollen. Von seinen Dramen gefällt Scherer nichts, als Wallensteins Lager und die Exposition der Stuart. Besonders in der Jungfrau seien die Charaktere verfehlt: nur Leute _für_ und _wider_ die Jungfrau etc. Schiller habe nie wahres Leben dargestellt, nie ein Modell benutzt etc.
 Mein Weiße! ja nun ja! Den habe ich bis an den Hals satt. Der ganze Mensch und die ganze Arbeit ist mir zuwider. Ich habe eigentlich, bis auf das was Scherer hinaus wirft, das ganze Buch mit Ausnahme der Biographie fertig. Die Biographie wird aber sehr kurz. Dadurch sind die beiden letzten Aufsätze über Weisse im Mittelpunkt der Kritik u. über die Bibliothek mit sichtlichem Misvergnügen und ziemlich schluderisch gemacht. 3 Theile liegen bei Scherer seit 4 Wochen, er hat aber noch nichts gelesen; das hält mich natürlich sehr auf. Deine Recension ist noch nicht geschrieben, aber das Material gesammelt und einige Punkte skizzirt. Nach genauerer Prüfung muß ich Dir betreffs der Bekanntwerdung von Cronegks Autorschaft Recht geben. Aber eine Frage werde ich aufwerfen: ob Cronegk und Brawe sich denn, (wozu alle Wahrscheinlichkeit ist) gekannt haben? Ferner will ich die Freigeisterei aus französischem Einfluß herleiten.
 Daß ich mich „sonst" hier entsetzlich langeweile, kannst Du Dir denken. Ins Theater mag ich nicht gehen, weil, wenn ich einmal dort war, ich öfter hin gehen wollte; und dazu das Geld mangelt. Gesellschaft habe ich selbstverständlich sehr wenig, besonders da Pepi auch am Abend zu faul ist, zu mir zu kommen, obwohl ich bei Gianelli wohne, im ersten Zimmer rechts. Frauenzimmer - - ! Ich muß Dir sagen (aber geheim!), daß ich gestern mit einer sehr hübschen Ungarin angebandelt habe. Leider hat das unglückselige Weib 3 Kinder und einen Mann, den sie aber gar nicht mag. Sie ist mit ihm in ziemlich mislichen Umständen und hat mir derartige Avancen gemacht, daß ich sie gestern Nachmittag in den Thiergarten begleitet habe. Aber ich will der Geschichte, bevor noch was daraus wird, den Garaus machen. Das kostete ein Heidengeld, außerdem kenne ich die Leute nicht, wer weiß, was die hier vorhaben, und dann - - weiß Gott, was alles! Aber leid thut mirs um das fesche Weib. Ich bitte Dich betrachte Dir die Türkinnen doch unter dem Schleier, und krabble immer tiefer, tiefer etc. An Rainer schreibe ich heute wegen der Müllenhoff-Feier.
 Nun hätte ich nichts mehr auf der Erde – Dir zu schreiben nemlich, obwol ich auch sonst nicht mehr viel auf der Erde zu schaffen habe. Bei Jakobi, der ein niedliches Weibchen hat, waren wir (Fresenius u. ich) neulich geladen. Haben uns gut amüsirt. - - - Daß Scherer ein Philister ist? Weissest Du es?

   Er sagte neulich mir, als ich bei ihm
   besuchend war und ihm davon erzählte,
   wie Fräulein Böska mit 'nem hohen Herrn
   das kindisch schöne Spiel der _Liebe_ _triebe_.
   Wies denn der Bube vor nun vielen Jahren?
   (Ich sagte siebzehn, ob er gleich schon zwanzig)
   Was also denn der Bub von siebzehn Jahren
   Schon mit den Weibchens anzufangen habe.
   Erröthend dacht ich mir die Sache von der Fabel:
   Wer schon an vierzig ist, wenn er zum Weibchen kriecht,
   Verflucht den jungen Fant, ders früher schon gethan.
   Und wer mit siebzehn Jahren schon mit Weibern ficht,
   der sieht den anderen als alten Hagstolz an.
   - - -
Ich scheide nun von Dir, mein lieber alter Freund,
Ich hoffe daß gar bald das Schicksal uns vereint.

Bist Du in Moskau auch und ich jetzt in Berlin,
So sehen wir uns doch – ich hoffe bald in Wien.
Mein Dichtergenius beginnt sich jetzt zu regen,
Jedoch ich hemm ihn, um des Papieres wegen.

Leb wol und küsse mir die schönste der Gatinnen,
Könnt' ich doch anstatt Dir an ihrem Busen minnen!!!
Adieu! Adieu! Ade! Gedenke mein!
J. Minor.

413/4-37; B; Berlin; 26. 12. 1878; [Wien].   **34**
Bei der Bowle wurde ein Hoch auf Sauer ausgebracht, das ich zu übermitteln habe!
                                            Berlin, den 26. Dec. 1878.
Lieber Pepi!
    Heute, als am 2ten Feiertage, erlaubst Du mir wol die eine oder andere Frage. Zunächst aber die ob Du denn mein Schreiben von etwa 20. Nov. nicht erhalten hast? Ich erwarte stündlich Antwort. Wie dem aber sei, heute habe ich gute epistolanische Vorsätze, wie Du aus dem Format ersiehst.
    Dieser Tage über war tolles Leben: Bowle, Schnaken, Theater, Circus, Frauenzimmer etc. etc. etc. Ich bin sehr froh gewesen, ein wenig aus dem Dahinbrüten herauszukommen, dem ich mich hingegeben hatte. Meine Arbeiten wollten trotzdem nicht vorwärts. Die fertigen Theile meiner Weisse-Arbeit liegen bei Scherer; der nichts davon gelesen hat. Oder vielmehr: er hat darin geblättert, und die Sache so en passant „recht hübsch" gefunden. Ich sollte das ganze in Vorträgen behandeln. Nun hat aber Fresenius über 2 Monate einen höchst langweiligen Vortrag über Frau Rowe gehalten, über den sich alles moquirt hat. Darüber ist natürlich meine Umarbeitung verzögert. Seit 2 Stunden habe ich in möglichster, von mir selbst auferlegter Kürze: Weisse und die komische Oper behandelt, und denke noch eine halbe Stunde Geschichte der kom. Oper zu lesen. – Wie schnell oder langsam es dann weiter geht wird von Scherer abhängen. An dem, was ich vorgetragen habe, sagt er mir, hätte ich nichts zu ändern. Wir waren vor einigen Wochen bei ihm geladen: Henning, Fresenius, ich. Mit Henning, der viel zurückhaltender geworden ist, habe ich mich schon einige Male recht gut gesprochen. Ich bin so quasi, so viel es möglich ist, an Deine Stelle getreten, und letzthin habe ich sogar mit ihm in seiner Wohnung zu Nacht gegessen. Fresenius liest seit 3 Wochen an Deinem Buche; er hat mir Recensions-halber einiges darüber mitgetheilt, aber von dem, was er sagte, kann ich wenig brauchen. Haarspalterei in großem Stil! Nur einige Bemerkungen über „Pomp" (das aus Clodius stammt) sind brauchbar. Obwohl ich täglich beim Mittagessen mit Fresenius streite, habe ich ihn doch recht gern. Fresenius und Minor, Himmel und Hölle, Nordpol – Südpol; dabei bin ich aber ganz überzeugt, daß jeder, der etwas werden will, auf die nemliche Weise das erbauliche Erblied seiner Väter gackern muß. Ich habe überhaupt nur mehr eine Arroganz: zu glauben, daß nicht alles, was ich in meinem Leben gedacht und gethan habe, dumm war. Daß ich aber mehr dummes gethan und gedacht habe, bin ich mir vollständig bewußt; und da ich mich wieder nicht gescheit genug halte, zu entscheiden, was das dumme und was das gescheite ist, so muß ich nach aller Philologie immer bei jeder Einzelheit annehmen, daß sie zum dummen gehöre; und wenn einmal ein Gymnasiast kommt und mich einen Esel heißt, ich kann nicht sagen: nein. – Du weißt, daß ich das Briefschreiben hasse, so wie alle ernste Conversation. Ich kann unmöglich eine Schilderung Deiner jetzigen Zustände entwerfen, da ich ein wahrer Dichter bin, also nur selbsterlebtes darzustellen vermag. Will ich aber, wozu nichts anderes übrig bleibt, von mir selber reden, so kann ich nur entweder toll sein (in Versen) oder klagen. Da beim toll sein nichts gescheites heraus kommt, weil Du nichts neues damit erfährst; und das Klagen Dir langweilig sein wird; – so will ich eine Halbierung vornehmen: erst schimpfen (möglichst

kurz), dann will ich Dir doch auch etwas von meinen Versen zukommen lassen. – Nebenbei schreibe ich Dir, daß ich itzo Deinen Brief erhalte, bestens danke; und bemerke, daß Werners Noten zu Deiner Arbeit bei Josef wenigstens, der die Sache gekauft hat, viel Unwillen erregt haben. Sie sollen sehr arrogant sein. Ich habe die Anzeige <...> Haupt. Bitte also um ein Exemplar!

I. Capitel. Klagen. – Lieber Pepi! Mein Weisse langweilt mich. Scherer liest nicht, wie er Dir auch nichts schreibt. Laß Dich um Gottes Willen von meiner galligen Persönlichkeit nicht anstecken, aber das mußt Du glauben, daß Scherer an mir ebenso wenig, wie an andern, ein mehr als egoistisches Interesse hat, insofern Du zur Schule gehörst. Eine Minute Zeit darfst Du von ihm nicht verlangen; denn in jeder Minute producirt er so und so viel, und die Nachwelt kommt darum, wenn er es nicht thut. Dieser Schluß ist allerdings ganz richtig, und gar nichts dagegen einzuwenden. - - - Ich habe nur mehr die Biographie zu schreiben, das langweiligste. Seit 8 Tagen setze ich mich immer wieder hin, und es kommt nichts heraus. Auch gehe ich fast alle Tage durch auf die Gaude. Und den nächsten Tag habe ich Katzenjammer. Aber besser ist es auch vor 3 Wochen nicht gegangen, wo ich zu Hause blieb. Ich langweile mich!!! - !!! - !!! - Schade, daß Du nicht da bist; und doch auch wieder gut, ich würde Dich sonst mitlangweilen. Ich mag kein Professor werden; wenn ich nur was anderes werden könnte. Gibts denn gar kan Weg, gibts denn gar kan Steg etc. – Intermezzo der Unzufriedenen: Scherer sagte neulich in der Vorlesung: „Die Ironie der Romantiker, von der soviel die Rede ist, ist gar nicht so weit her." D. h. er wollte sagen: weil so viel von ihr die Rede ist, muß ich von etwas andrem reden. – Aber halt: die Ironie der Romantiker ist sehr viel, und ich glaube nur, daß Scherer hier nicht mehr mit thut, wo die Ironie anfängt. Ich will meine Gedanken durch Dich auf die Nachwelt fortpflanzen: Ich halte diese Ironie für das großartigste, was es geben kann. Es ist ein Zerstören seiner eigenen Kunst, seiner eigenen Fähigkeit, seiner eigenen Leistung. Zb ich wie Brentano; habe den Helden eines Romans im Kopfe, die Handlung steht vor mir, sie soll sich loslösen und plastisch aus meinem Kopfe treten. Minerva will aus dem Haupte Jupiters, und Gottvater spritzt ihr sein Gehirn über die reinliche Toilette, was heißt: Brentano läßt seinen Helden mit dem Schriftsteller (mit sich selber, mit Brentano) spatziren gehen und ihm die Geschichte erzählen: zb. hier ist der Teich, siehst du, lieber Dichter, wo ich hineingesprungen bin etc. So ein Dichten war auch Trug; und die Romantiker knüpfen nur an ihn an. Solche Momente hatten auch Schiller und Goethe. Es muß Kraft verderben auf der Welt, und jeder soll dem Glück seine Schuld durch einen Polycrates-Krieg von Kraft bezahlen, die er freiwillig opfert. Mancher hat Anlagen nach verschiedener Richtung, die nicht nebeneinander bestehen können; da muß ein Theil geopfert werden, er darf nur selten Früchte tragen oder gar keine. Ein solcher Mann ist Scherer und bei ihm ist der Conflict so kleinlich entschieden, wie es nur möglich ist. Scherer ist eine Wetterfahne, die sich überall hin dreht: den Gelehrten gegenüber Journalist, den Journalisten gegenüber Philologe, den Gönnern gegenüber Künstler, den Künstlern (Keller!) gegenüber Gönner, den einfachen Leuten gegenüber (dem Publikum zb.) feiner Mann, feinen Leuten gegenüber einfach etc etc. Letzthin schrieb er ein Feuilleton in die N. Fr. Presse; da heißt es: „ich trinke lieber aus einer Schale, aus der schon mein Vater getrunken hat, ich sitze lieber auf einem Stuhle, den schon mein Vater gebraucht hat." Und wie nun? wenn man den wahren Scherer kennen lernt oder eigentlich, wo steckt da der wahre Scherer? Im Feuilleton oder in dem von der Hauptstraße? Das kommt davon, wenn man Kunst und Wahrheit durcheinander wirft. Der Künstler redet sich viel ein, weil er nicht nachdenkt; denkt er nach, so weiß er, daß ers nicht mehr ist, er lässt es aber als Kunst bestehen. Hier aber besteht dies – das, das – und das Gegentheil, alles nebeneinander und bald so – bald so. Die ganze Vielfältigkeit Scherers in der Wissenschaft concentrirt sich in keiner Persönlichkeit, keinem Charakter. Alles lose – fliegende Blätter aus Goethes sämtlichen Werken. Renaissance-Größe, Nachahmung, Copie, Lücken. Wenig Empfindung, oder gar keine; mehr combinirende, als eigentlich schaffende Phantasie. Scherer hätte mehr Person, wenn er mehr verderben ließe. Man muß nicht überall, wo geredet wird, weiterreden, auch wenn man etwas weiß. Freund Ubique, hätten Schiller und Goethe sicher auch von ihm gesagt. - - - Hier hast Du ein Musterstück romantischer Ironie aus meinem zersetzenden Schädel, der sich selber bereits Stück für Stück auflöst; und nur mehr auf die Extrapost wartet. Sei so gut und schreibe mir gleich einen derben Brief zurück, etwa so: „Dein Weisse hat Dich angesteckt, auf alles was groß ist zu schimpfen;" ich möchte nur wissen und überzeugt sein, daß Du nichts von den allen glaubst, was ich geschrieben habe. Es ist eine Botschaft der Hölle! Aber viel, sehr viel Consequenz drin, und wer eines zugibt, muß alles glauben. Freilich ist es nichts für Leute, die mit dem Luftballon in die Höhe fahren; eher für solche, die sich begraben lassen wollen. Ich habe nur noch eine Aussicht, die ich abwarte. Ob ich vielleicht, wie Scherer meint, eine Bibliothekstelle haben kann, wenn ich zurückkomme. Dann sage ich der Brotwissenschaft Valet. –

II. Capitel. Verse. –
O Pepi, Pepi, Pez! was waren das für Dinge,
Die ich Dir eben jetzt – zu Deinem Halbmond bringe.
Sey heiter, gutes Muths und lasse – will ich hoffen –
Die Arme doch recht bald für Deinen Minor offen.
Wir sehen uns in Wien der lieben Vaterstadt,
Hab' ich sie auch schon jetzt wie jede andre satt.
Wir wollen dann einmal Consilium ab<u>halten,</u>
Du wirst den reichen Schatz der Wissenschaft ver<u>walten.</u>
Ich aber werde mich in Wien recht unter<u>halten,</u>
So gut es eben geht, mit meinen Tagen <u>schalten.</u>
Jetzt aber bin ich schon vom vielen Schreiben matt;
Ich hoffe daß der Brief <u>nicht</u> Deinen Beifall hat.
Auf einen Brief von Dir will ich für nächstens hoffen;
Ich glaub' es fehlt Dir nicht in der Türkei an Stoffen.
Leb heiter und sei stets wie damals guter Dinge,
Als wir zuletzt uns sahn; auf daß Dir viel gelinge.

<u>Abgesang</u>:

Ich wünschte doch recht gern, daß Du in der Türkei schreibst neu Demetrius als Fortsetzung von Schiller,
Ich hab es selbst versucht, Du weißt es ja; es war nichts wert. Allein bei Dir ist es noch stiller,
Und in der Stille reift so manches, was sonst nicht gedeiht und auch nicht wächst als im Getreibhaus,
Leb wohl mein Freund, im Kaiser Josephs-Garten wartet man auf mich zu einem Festschmaus.

Lieber Pepi! zu Neujahr 1879 die besten Feiertagswünsche. Ich glaube gar nicht, daß Du's noch vor Neujahr erhältst, aber abgeschickt sind sie pünktlich. Wir wollen hoffen, daß wir das alte Jahr trotz allen Ungemaches fröhlich beschließen, und das neue Jahr 1879 gut anfangen, wol aushalten, und glücklich endigen. Unsere Kameradschaft steht auf so guten Füßen, daß ich keine Petition um Fortsetzung einzureichen brauche. Lieber

Pepi, wir sind halt doch Wiener und die Berliner können mir sammt aller Germanistik - - -
Die Berliner müssen freilich recht viel lernen, denn wenn sie nichts lernten, von Natur
besäßens ja gar nichts.
    Adi, Adi, Adi, Gedenke mein!
    Dein Jacques

413/4–39; K; Berlin; 1. 2. 1879; Wien.   **35**
Lieber Pepi! Dein Brief habe ich erhalten, schon gestern und sage den besten Dank. In
kurzem will ich Dir näheres schreiben. Das Motto passt nicht! Brandl wohnt Rosenthaler-
erstraße No 31; Kahne u. Dörscher Johannesstraße (N.W) No 23, 2 Treppen. Supphan
oder wie er sich schnell schreibt, werde ich im Adressbuch nachschlagen und dann unten
am Ende dieser Karte mit Bleistift hinzu mahlen. – Du bist nun doppelter Autor. Aus meiner Recension von Jambus wird wol nichts werden und Dir kann es lieber sein, wenn es
ein anderer thut. Warum, wieso, wozu, weswegen und aus welcher Ursache sage ich Dir
nächstens. „Ach in Wien da ist mein Hoffen Und in Berlin ist es nicht!" Es macht auch
immer kalt Wetter und bei Tisch wird Lexikon vervollständigt. Scherer hat neulich brillant
über Heinrich von Kleist vorgetragen. Groß! Groß vorgetragen! Aber auferstanden ist er
deshalb doch nicht mehr! Adieu! Ich will heute noch eine Abschlachtung vornehmen. Dein
    Fritz.
Sumpfhahn wohnt Krausnickstr. 19. N

413/4-21; B; Berlin; 9. 2. 1879; Wien.   **36**
                                                                      Berlin, den 9. Februar 1878
Lieber Pepi!
    Beifolgend kommt Dein Brief mit den gewünschten Ergänzungen zurück. Dieser Bod-
mer schreibt eine so elende Handschrift, daß er sich noch im Grabe schämen sollte. Es
ist als ob er es anderen Leuten zu Fleiß gethan hätte. Ich habe an 2 Stunden darüber
gesessen und, wie Du sehen wirst, doch nicht alles heraus gebracht. Der Adressat ist
genannt und, da ich nach Deinem Briefe schließen muß es sei Dir blos um ihn zu thun,
habe ich das weitere Entziffern aufgegeben. Uebrigens ist dieser Brief noch Gold gegen
den, welchen ich in Leipzig aufzulösen hatte. Wegen der Literatur-Zeitung mußt Du noch
warten. Da ich im Lesezimmer der Bibliothek nicht gewesen bin und mich deshalb wegen
Unbekanntseins nicht mehr hineinwage, habe ich bei Bauern und in anderen Lokalen ein
Exemplar dieser Zs. gesucht, um den Preis zu wissen, den ich für die Nummer einsenden
muß. Bis jetzt habe ich aber nirgends eines gefunden. Es ist übrigens übel, daß Dir
Schmidt keinen Abzug davon geschickt hat. Dr. Meiszner hat mir davon erzählt. Edlinger
bezahlt mich allerdings für die Theaterberichte, weil ich da Auslagen habe; ob er aber bei
der jetzigen Lage des Blattes, wo das Moderne die Hauptrolle spielt, für Collin einen
Fünfer flüssig hat, weiß ich nicht; Du kannst es aber ja probiren.
    Zwei Fragen: Kennst Du aus den Jahren 1754 und 1755 oder auch früher ein Stück:
„Der argwöhnische". Cronegk schreibt davon an Weiße. – Hat Gerold noch Exemplare
der Lichtenbergschen Schriften zu 1.50, wie Du sie gekauft hast. Erklär mir, Graf Oerindur, diesen Zwiespalt der Fragen; denn sonst schaffe ich mir hier einen Lichtenberg à bon
marché an.
    Ich beschäftige mich itzo mit der Fertigmachung der Briefe, welche ich mit Anmerkun-
gen von Lachmannscher Kürze in das Archiv einsenden will. Meine Unternehmungen
geschehen alle auf eigene Faust. Ich habe die Recension Deines Buches an Steinmeyer
geschickt, im tiefsten Incognito; kein Mensch wußte davon. Auch habe ich ihm meine
Schillerarbeiten übersendet, welche gleichfalls 23. XXIII. 4. Heft erscheinen werden.
Sonst stehe ich noch auf dem alten status quo und wenn einmal meine Laune noch übler
wird, als sie es gemeiniglich ist, verbrenn ich das Manuscript meines weltbewegenden

Werkes oder mich selber. Diese Woche werde ich an Wagner nach Innsbruck schreiben, ob er es in Verlag nimmt. Die österreichischen Buchhändler statten wohl sehr übel aus (s. Collin), zahlen aber doch ein Honorar – voraus gesetzt, daß sie das Buch überhaupt in den Dreck schmeißen. In 3 oder 4 Wochen werden die Vorlesungen wol aus sein; Ende März oder Anfang April komme ich nach Wien. Habt Ihr denn noch keine Burgabende arrangirt: Seemüller, Sauer, die Privatdozenten oder besser Procentdivaten, Laban, Dr. v. Hofmann, Dr. Tomanetz, Dr. Krzinasowsky – das ist ja Publikum genug. Wenn ich nach Wien komme, wollen wir alle Woche so ein Ding arrangiren an einem bestimmten Tage. Dr. Seemüller = Kenning, der Arrangeur. Nebenbei gesagt, habe ich mir den Spaß gemacht, das Wort arrangiren in Deinem Buche zu tadeln, weil ich sonst nichts gehabt habe. Die Recension von Deinem Jambus werde ich nicht machen; Steinmeyer weiß nichts davon, und weil ich von der Sache so gar nichts verstehe, wäre es doch eine Impertinenz, in der Zs. damit aufzutreten. Wenn Du Dich übrigens in der Fleischselcherei üben willst, so bestelle Dir bei Steinmeyer ein bei Kaiser in München von Dr. Max Koch erschienenes Buch über Sturz; sage, Du hättest Dich für diesen Schriftsteller interessiert und wolltest es anzeigen. Dieser Sudelkoch bringt außer vielem Unsinn urköstliche Dinge zum Lachen vor. Ich werde ihm bei Edlinger eine Prise antragen. Sonst habe ich in letzter Zeit sehr viel gelesen; besonders Schmidts Sachen, aber in 2 Monaten ist es noch nicht zu spät davon zu reden. Wir wollen in Wien alles neu erscheinende lesen und unser Urtheil austauschen; auch sonst manches gedeihliche in germanisticis leisten. Neulich haben Sie mich hier so böse gemacht, daß ich ein paar Tage nicht aus dem Hause gegangen bin, als zu essen, und in der Stube mit dem Schädel gegen die Wand lief. Auf der Kneipe war ich auch nicht, und wenn ich meinen Willen habe, gehe ich auch sobald nicht mehr hin. Ich behauptete, es gäbe einen Unterschied zwischen Verse nach dem Rhythmus lesen und Verse nach dem Sinn lesen, das war den Eseln zu einfach. Fresenius muß sich schon als Scherers Nachfolger sehen, zu welchem er so sehr geeignet ist. Ein junger Franzose ißt mit uns zu Mittag, der behauptet: Fresenius schiene ihm der talentloseste unter allen; und ärgert sich, daß er, wenn ich nur den Mund aufmache, mich schon anfährt. Fresenius' Gesicht, wenn ich es frage, ist zum totlachen. Der lauernde Blick nach der Seite, was der wieder zu berichtigen sagen wird! Scherers Vorlesungen über Goethe, das einzige was er über Goethe weiß, hör ich immer zum 2. u. 3. Male. – Ich komme mir hier vor, wie ein räudiger Hund, der mit siedheißem Wasser begossen wird und die letzten Haare verliert. Der deutsche Michel ist der dümmste Michel von allen; weil er nicht um ein Haar aus sich heraus kann, und doch alles beschnüffelt, als ob die Welt nur um seiner gestankbedürftigen Nase wegen da wär. Adieu, Bua, es ist schon spät und morgen auch noch ein Tag. Wenn wir über diese 4 Wochen draußen wären, gäb' ich einen Thaler in die Armenkasse von Berlin. Seit vorgestern habe ich mit keinem Menschen geredet, als mit dem Kellnerbuben bei den 3 Raben, und wenn ich mir den Diskurs denk', den ich morgen hinunterschlucken und herausdrucken muß, weiß ich nicht, obs mir heut und gestern nicht besser gegangen ist. Jakobi ist auch auf mich bös. Er hat mich vor 3 Wochen einladen wollen – hat aber vergessen. Adieu, Pepi, und ruhe auf Deinen literarischen und unliturischen Lorbeern aus.
    Dein
    Fritz
Wiener – Pepi.   Berliner – Fritz.

413/4-38; B; [Berlin]; undatiert; [Wien]. 37

Lieber Pepi; der Lump von Antiquar in der Malerstraße verkauft mir einen Achim von Arnim mit XIX Bden, statt 22 Bänden. Sei so gut und sieh' gelegentlich nach, ob er etwa zufällig 3 Bde zurückbehalten hat oder was es mit den übrigen ist. Ich würde an ihn selbst schreiben, aber weiß keinen Namen. Wenn er sonst nichts thut, so mache ihm wenigstens Angst; wir kaufen dann ein ander Mal billiger.
    Das Exemplar war übrigens im Besitz Hammerlings, der sich eingeschrieben hat.

Vielleicht läßt er vom Preise etwas nach; oder schreibe mir die Adresse und ich wende mich brieflich an ihn.
Gruß und Handschlag von Deinem
Fritz,
Chef der Firma Fritzi und Peppi.

413/4–40; B; Berlin; 9. 3. 1879; [Wien].   **38**

Berlin, 9. März 1879.

Lieber Pepi!
Anbei das verlangte Gedicht auf Oskar Blumenthal. Die beiden anderen Charteken sind nicht zu haben gewesen.
Kannst Du mir nicht einen Catalog der Kubastaschen Sammlung schicken?
Scherer wirst Du hoffentlich in Wien sehen, wohin er gestern gereist ist und 3 Tage bleiben wird; worauf „in der stade" die Hochgezîte sein werden. Er wird Dir vielleicht auch in seiner kurzen, prägnanten Weise über mich mitgetheilt haben.
Berlin wird brav! Bils zog ab, Kochendörffer zieht dieser Tage, Schröder war den ganzen Winter krank und nur ein paar Wochen in Berlin, Henning reist dieser Tage, Josef im April nach Straßburg, Brandel in 8 Tagen – Wien, Schröer jun. detto mit Oberskrême; dagegen wird Rödiger erwartet, und Lichtenstein schwankt zwischen Berlin und Wien. Hoffentlich das letztere. Dann sind wir in Wien stärker als die Berliner, fehlt leider nur Scherer: das geistige Band.
Heute bin ich mit Fresenius bei Jacobi gewesen. Eine sehr liebe Frau ist seine Gefährtin auf dem Lebensanger geworden und auf dem schlechten Berliner Pflaster. Gut gespeisen, gut unterhalten, gut gibiberlt, gut geschwätzt. Mon cuor, che vuoi tu <...> prié? wie der Engländer sagt, wenn er deutsch redet. ADB = Allg. deutsche Biographie; wenn Jacoby mitarbeitet, angesehen. Du könntest mir eigentlich einen Gefallen thun. Bei Lang und Einsle, Singerstraße, war einmal etwas von der ADB zu kaufen. Wenn Du fragtest, ob es noch da ist, wie viel Hefte, wie hoch der Preis und mir eine Karte schriebest. Wenn Du bei der Schwarzenberggasse hinausgehst und über den Ring, zum Burgthor hinein, durch die Rahlgasse, über den Graben, Singerstraße: so machst Du bei dieser Gelegenheit auch zugleich einen Spaziergang.

Müllenhoffs Medaille ist nicht so schlecht als Pepitschku es macht. Kochendörfer und Joseph haben sich mit Müllenhoff zertragen. Wenn Sie hier bleiben, könnte das leicht eine Spaltung der Schule zum Grunde oder zur Folge haben. Aber dazu sind die Herren Kolifichets zu <...> (= jung. vgl. Eneit 12387.) Ich arbeite auf hdm. MS. Will aus C und B ein X construiren. Zuerst aber wol die Lieder Konrads behandeln. Habe schon manches gefunden, das die Wissenschaft fördern kann. Scherer hat mir seine Goethe-Studien, will sagen: Deutsche Studien I. II. III. geschenkt. Die Goethe-Fragmente erscheinen bald. Sind schon corrigirt; auch mein Stella-Aufsatz. Scherer hat kein Wort geändert; ich habe selbst die 2. Correctur 2er Bogen besorgt. Wir haben jetzt hintereinander 2 sehr schöne Tage gehabt; die mich sehr ermattet haben, weil ich über Gewohnheit auf den Fersen war. Wegen Seemüller: Liest er Goethe oder Lessing, wie ich sagen will, oder Otfrids Evangelien-Harmonie. Oder übt er sich in dmh? Er ist ein sehr tüchtiger Mensch. Sag an! usw.

Sag an, mein Ritter Pep', was ist mit unserm Freunde?
Jedoch mir besser schreibs, ich sagte: mit dem <u>Feinde</u>?
Ich meine Czinasarsky oder wie er heißet?
Der Kerl, der daran litt, daß er zu viel geschießet?
Ein wackrer Radoteur, in Wissenschaft ein Helde,

Besonders in dem Par – Cival war er zu Felde,
Ein wenig ahd. ...war auch sein ganzer Stolz,
Ein Kerl von Leder und noch mehr – ein Kerl von Holz.
In Karlsbad wohnt er, allwo die Scheißer wohnen,
In einem Haus, das heißt, ich glaub: Die sieben Kronen.
Was ist mit Wellenhoff, der einen Schnitzer neulich
Verbesserte bei E-   dlinger das war erfreulich.
Berief auf Geiger sich; ein Schaf sich auf das andre.
Daß er so lang ich hier, nun nicht nach Bérlin wandre.
Die Herren sind wol gar des Werthes sich bewußt?
Auf Stolz hat immerdar die Arroganz gefußt.
Herr Zeidler sagte einst, er hätte manches Mädel
bezaubert schon – mit was? – mit seinem kahlen Schädel.
Wär' er doch kahl allein, doch hohl ist er auch innen;
Und öffnet man ihn auch, so ist nur Wasser drinnen.
Gehirn hat er ja keins – jedoch ich will noch reden
von Röttinger, dem Max, –

Er schreibt noch viele buoch. Je nun, so dann. Ich lese jetzt die Droste. Aber ich habe noch nicht mehr als 1 Gedicht gelesen. Sonst befinde ich mich so wol, als sich ein Schuft im 96. Vierteljahr befinden kann. Mit Hoffnung auf baldiges Wiedersehen
Dein
Fritz.

413/4-41; K; Berlin; 14. 3. 1879; Wien.   **39**
Lieber schwarzer Pepi! Gleichzeitig mit d. geht auch der Catalog ab, wofür ich bestens danke. Es ist viel Schönes drin, daß ich mich gar nicht entschließen kann, etwas zu kaufen. In welcher unternehmenden Stimmung Du bist, zeigen deutlich die rothen Striche darin. Wenn Du 1/12 davon kaufst, erhält Deine Bibl einen enormen Zuwachs. Deine Revelations, wie Railland sagte, haben mich erfreut; gut Glück und Gedeihen auf dem Weg, und besonders, daß Dir ihn die Neider (ich sehe sie im Geiste alle vor mir) denselben nicht verstümmeln. Weißt Du schon, daß Zanetz im Centralblatt eigenhändig Deinen Jambus höchst anerkennend angezeigt hat? Müllenhoff war sehr erfreut darüber. Dem verfluchten Essiggessler laß seine Theorie noch 15 Jahre stehen; 12 fl = 24 Mark, ein Heidengeld. Der Lump verkauft überhaupt alles alte theuerer als das neue. Ich glaube, ich habe das ganze um 4 fl oder sonst etwas bezahlt. Hier wird jetzt nicht viel zu kaufen sein; weil die Kataloge schon alle ausgekauft sind; Fresen sucht Gleim und ich Thümmel, beides unglaublicher Weiße ohne Erfolg. UnglaublicherWeiße! – ja wohl! Vom ersten Augenblick an habe ich an ihn, der sich hier ungerufen in diese freundlichen Zeilen stiehlt, nicht geglaubt. Falls Du beim Licitiren ein wenig über die Schnur haust und etwas à bon marché los werden willst, da nehme ich im Notfall auch etwas ab. Hier zu Lande will man wissen, daß Du nach Berlin coquettirst!? Kortendörfer geht morgen, Ries ist fort u. sw. (s. meinen Brief vom   dieses). Rödiger kam vorgestern; Liechtenstein wird Anfangs nächster Woche erwartet; Martin Anfangs April. Du bist keinen Augenblick sicher von mir in abgemagerter figura überfallen zu werden. Die einen sagen, ich reise erst am Ende, die andern nächsten Donnerstag; und bei diesen widersprechenden Gerüchten kann ich selbst zu keinem gescheiten Entschluß kommen. Also Dein
fliegender Holländer

413/4-42; K; Wien; 13. 4. 1879. Wien.   **40**
Lieber Pepi! Ein chronischer Katarrh wird mich diese Woche an das Zimmer fesseln. Mit unserm verabredeten Zusammenkommen ist es also nichts. Wenn Du aber vielleicht

morgen (Montag) oder heute eine halbe Stunde für mich frei hast, möchte ich Dich in wichtigen Angelegenheiten um Deine Hilfe bitten. Da ich keinen Ton im Halse habe, bist Du sicher, durch meinen Diskurs nicht lange aufgehalten zu werden. Sollte etwas aus Berlin gekommen sein, so sei so gut und bringe es bei geringerem Gewichte mit. Sonst lasse ich es abholen.
Dein
Minor.

413/4-43; K; Wien; 14. 4. 1879; Wien.   **41**

Lieber Pepi! Noch habe ich vergessen, Dich zu bitten, auch bei Heinzelin die Ueberreichung des Gesuches zu melden. Vergiß nicht auf Beitr., und die 15 M., besonders die letzten.
Dein Freund
Fritz.
„Ich lasse Heinzel um seine Empfehlung des Gesuches bei seinen Bekannten bitten, sein Einfluß würde gewiß etwas vermögen" etc. etc. etc.

413/4-49; [Berlin]; 19. 4. 1879; [Wien].   **42**

Wien, 19/4 79.
Lieber Pepi!
    Ein Schurke will ich sein und ein Lump obendrein, wenn ich den Schreibfehler beim Datum oben (Wien statt Berlin) wissentlich und willentlich gemacht habe. – Willkommen in Wien! Heil dem Sieger! Dem Eroberer! Heil! Heil! Heil!
    Es thut mir leid, daß Du die Comparsen nicht hören kannst, welche ich zu den obigen Exclamationen abgerichtet habe, nach Weise Cronegks, aber nicht des <u>Alexandrinerstückedichters</u>, sondern des <u>Meiningerhoftheaterregisseurs</u>. „Mir sagt's mein Herz, er ist von Gott geschenkt!" d. h. aus dem Schiller ins germanistische Deutsch übersetzt: Ich schreib seit voriger Woche an der Recension eines in Deiner Abwesenheit erschienenen Buches über Brawe. Leider ist die Recension, für welche Du mir schon die Hand küssen musst, durch Anschwellung Weiße'scher Exsudate ein wenig umfangreicher geworden als mir lieb ist. Ich will aber probiren, ob er (Steinmeyer) es thut. Ich unterdrücke nicht gerne die geistigen Winde, die in mir aufsteigen, weil die Wissenschaft dabei zu viel verlieren möchte. Uebrigens könntest Du mir aus der Verlegenheit sehr leicht helfen. Da nemlich, wie mir Scherer vorführte, die übrige Germanistik von dem 5füßigen I am bus(sel) eben so wenig weiß als meine Wenigkeit, so könnte ich (meint Scherer) auch Deine andere Arbeit anzeigen. Viel hätte ich darüber nicht zu sagen, ich könnte also ein paar Worte in die Brawe-Cerension einschieben und hätte dann auf demselben Platze zwei Werke angezeigt. Für Dich wäre es auch thorfeilhaft (vortheilhaft wollte ich sagen), gleich mit 2 Werken, welche der berühmte Junius des Literaturblattes, worin Du meine Recensionen über das Berliner Schauspielhaus findest, anzeigt, in die Zs. f. d. a. u. Völkerliteratur einzuspringen. Wenn Du mir also (dies ist der langen Sch<...> kurzer Stil) ein Exemplar Deiner Arbeit „über den deutschen Jambusserl, und seinen schwelgenden Ausgang" zuschicken wolltest, solltest Du Dein Probestück als Freund schon gemacht haben. (vgl. Literaturblatt II. S. 555.) Kerl, ich bin in so fideler Laune, daß ich, wenn ich das Geld hätte, augenblicklich nach Wien käme. Türkenhunde hast Du gehetzt! ich - - Kennst Du das Kreuz am Stege? Das ist keine Kunst. Ich kenne ein anderes Kreuz, mit Respekt zu sagen, am Hintern. Nemlich: Kreuzweis! Du begreifst nun leicht was ich damit sagen will, wenn ich Dir das aus Berlin schreibe. – Nemlich: Da Du es am Ende doch nicht verstehen könntest, muß ich deutlich werden: Die studierende Jugend von Berlin kann mich Xweis ... götz von berlichingisieren. – Man redet hier noch immer von dem, was man gesagt hat als Du da warst. Es dreht sich der Kisdurs (Diskurs) noch immer um dieselben Collegienhefte. Denn Dinge, über welche keine Vorlesungen gehalten werden, wie Schil-

ler etc., gehen die Berliner Herren nichts an. Fresenius (unter uns!!!!! Zum Teufel, Du wirst doch nichts tratschen, schämst dich net!) fand neulich durch seine gründliche Methode heraus, Du hättest in Deinem GF unbegreiflicher Weise die Worte „Pomp! Triumph!" bei Brawe nicht zu erklären gewusst, während doch schon der dumme Goethe dieselben bei Clodius herausgefunden hätte. Als ich dann heraus fand, daß Clodius eben zu der Zeit zu dichten begann, als Brawe seine edle Seele dem Helden zu hauchte, – bewies das allerdings nichts gegen seine Gründlichkeit. Wir assen mit einem Franzosen zu Mittag. Der sagte mir heute, er müsse iemer mêre lachen, swenne Fresenius in mîn antlütze schowete, swenne ich einen gedanken sagete. Er sehe mich so voll Mistrauen an, als ob er sehr fürchtete, daß ich die Welt aus den Angeln heben wollte. Si fractus illabatur orbis impavidum me ... Ich kann sagen, was ich will, so ist es falsch. Auch wenn ich zufällig einen Gedanken Goethes einschmuggle, ist er in dem Zusammenhang unrichtig. – Fresenius (unter uns!) will sich stabilitare. Nun hat er noch nicht den Wechselbrief (change-lettre) zwischen G-Sbr. (diese Chiffre wollen wir beibehalten) gelesen. Aber sehr genau ist er, das muß man ihm nachsagen; besonders nimmt ers mit der Professor genau. Ich wünsche, daß er nicht so eine ehrliche Haut wäre, so könnt ich mich über ihn ärgern. Aber er ist wirklich ein lieber Mensch, und wenn er mich für gar so dumm hält, ist das weniger seine als meine Schuld. Warum habe ich mich so oft dumm gestellt. Berlin hat mir meinen Rest von Selbstvertrauen und Menschenwürde noch genommen; und ich bin so zufrieden und heiter und vergnügt (beachte das Polysyndeton), seitdem ich mich als cadaver und Canaille behandle, wie schon lange nicht. Stöpselversöhnlich (Selbstverständlich) wirst Du Dich jetzt auch um einen Posten als Procent-Divat umsehen, und es thut mir nur leid, daß ich nicht in Wien bin und Dir den Vortrag der ersten Lectionen einstudiren kann. An Themen kann es Dir nicht fehlen: im Notfalle kannst Du Dir meine Die Literatur des vorigen Jh. in innersten aufwühlenden Weisse-Forschungen für diesen oder einen andern Zweck (s. d. Lesarten) ausborgen. Ich habe schon öfter daran gedacht, ein Capitel als Fidibus zu benützen, aber ich fürchte, daß der Rauch zu viel stinkt. Ich habe neulich über die komische Oper einen Vortrag gehalten. Mein Publikum, auch Scherer, der zu meinen aufmerksamsten Zuhörern gehört (der Schreiber wollte hier ein Spielwort machen: natürlich muß man zu Zuhörern gehören), war sehr sîfrieden. Aber die angstmachenden Beurtheiler sagten nichts; warum? ich hatte zu Tresen und Bock bei Tische gesagt: mein Vortrag sei mir langweilig, wie es denn auch war; und ich hätte keine Freude Stroh zu dreschen. Um 3 gingen wir aus dem Restaurant und um 5 bei Müllenhoff war mein Vordreck fertig. Ich zeigte ihn zu allgemeiner Belustigung. Wenn ich so viel Millionen hätte, als hier gute Freunde, so wär ich noch nicht reicher als ich bin. Aber in Wien habe ich außer Dir und noch ein paar andere auch nicht mehr gehabt, und ich ducke mich im Bewusstsein meiner Unausstehlichkeit unter, besonders wenn ich so heiter und seelenvergnügt bin als heute, wo der Pepi ham kommen is! Leb wohl mon chère, schreibe mir bald, grüße den Erzherzog Karl bei der Brucken, und wenn Du Maroicic siehst, sag ihm, daß er ein ehrlicher Freund ist und auch Seyffert wenn Du ihn siehst, grüße und Netzamot den Altdeutschen. Seemüller liest wol? Was macht Heinzel? Unter uns, ich glaube fast, er wird es so machen wie Sievers!!! Will ihm nächstens schreiben, dem langweiligen Knaben, wenn ich schlecht aufgelegt bin. Lebe wol und schreibe bald, so lange es gehen und stehen mag,
    Deinem chère ami
    Jacques.
Meine Mutter heißt Fritzi, nenne mich also Fritz.

413/4-44; K; Wien; 27. 6. 1879; Wien.   **43**
Lieber Pepi!
    Ganz richtig. Werde auf der Bahn erscheinen um 1/2 1 Uhr, wenn der Zug von 11.15 ankommt. Spät ist es freilich, – aber – Möchtest Du nicht die Güte haben, und mir das Morgenblatt der N. f. Presse vom 15. Juni und von heute (Donnerstag 26) kaufen. Ich bin

darum gebeten worden. Auf der Fahrt kannst Du vielleicht nachdenken, wie der Vers MS SC I 80^a, der 3. (dich lieben, dich reinen) herzustellen ist.
Dein
Fritz Jacoby

413/4–45; K; Wien; 27. 6. 1879; Wien. 44

Lieber Sauer! Beste Glückwünsche! Aus Lemberg noch nichts erhalten? - - Zwei Bitten: 1. Sage gefälligst dem Herrn Engel, in Heinzels Colleg, er möge die Lithographirten Vorlesungen jetzt nicht an mich absenden; ich sei ins Salzkammergut u. s. w. Im Herbste werde ich sie bei ihm holen; er soll mir seine Adresse geben. (In facto: ich habe kein Geld dafür). 2. Sei so gut und suche in den Wiener Bibliotheken, ob sie die Iris haben und was von Jacobi J G da ist. Wenn die Iris oder anderes da ist, müßte ich ein paar Tage nach Wien; und das kostet viele Vorbereitungen; und wenn ich auf Risiko hineinfahre und selber nachsehe, kostet es mich eine doppelte Fahrt.
Dein
Fritz.

413/4–46; Vöslau; 18. 8. 1879; [Wien]. 45

Lieber Pepi!

Du wirst böse sein, daß ich Dir so lange nicht geschrieben habe. Aber ich bin in der letzten Zeit in so böser Stimmung gewesen daß ich mich nicht einmal zum briefschreiben entschließen konnte, obwol ich sonst nichts zu thun und auch thatsächlich seit 10 Tagen kein Buch in der Hand gehabt habe. Oder besser: ich habe meine ganze Bibliothek in die Hand genommen, aber Stück für Stück wieder aus der Hand geworfen. Seit dieser Zeit rüttelts mit solcher Macht an mir, daß ich schon einige Male dem Wahnsinn nahe war und mich im Walde im Grase gewälzt habe. Ich will Dich nicht erzählen solcher jammervoller Dinge aufhalten, sondern Dir nur kurze Nachricht von mir geben. Die Germanistik ist für den Augenblick todt für mich. Scherer habe ich gestern in Wien besucht, wo er durchreiste, habe mich wol mit ihm unterhalten, aber aus meiner Grabesstimmung hat er mich auch nur für 5 Stunden herausgerissen. Der fünfte Akt meines Trauerspiels hat scheint mir schon begonnen. Wenn ich wieder ein bischen einig mit mir selber geworden bin, werde ich wieder mühselig aufzubauen haben, was diese Tage verheert haben. Eine solche Revolte habe ich bis jetzt noch nicht erlebt und bete für meine Freunde, daß sie der Himmel damit verschonen möge. Wenn einen etwas an der Wurzel des Haares faßt, braucht man einen Archimedespunkt in seiner Existenz, an welchem man sich wieder hinaufwickeln kann. Wo ist denn mein Archimedespunkt? wo denn ein schwacher, kleiner Stern an meinem Himmel? wo ein Strohhalm von Trost?! Wenn ich nur einen baldigen Abschluß ohne Gewalt sehen könnte, sonst kannst Du mich vielleicht einmal in Hernals besuchen. Ein kurzer Schritt vorigen Sonntag noch und es wäre dahin gekommen. Mittwoch vor 8 Tagen lief ich in strömendem Regen durch Baden nach Gumpoldskirchen und Vöslaus zurück. Wenn ich an mich selber oder die Zukunft denke, wird mir so kalt von oben bis unten. Immer habe ich noch meine Last, mit Knurren zwar, aber doch mit Galgenhumor weiter getragen, jetzt aber fürchte ich stecken zu bleiben.

Du kommst wol erst im September zurück. Vielleicht schreibst Du mir noch früher, oder recht bald. Bist Du schon ernannt? Siehst Du, ich habe noch keinen Bogen Correctur meines Buches zu Gesicht bekommen. Wenn ich einmal toll bin, begehre ich mein Manuskript ganz zurück. Was ich in den letzten Tagen gethan habe, wäre es wenigstens kein Wunder. Das Bad hätte ich fast angezündet, in Wien habe ich die Wohnung zu versperren vergessen. So läuft der ganze Dank unserem lieben Herrgott gegenüber darauf hinaus, daß er mich in der letzten Zeit gütigst vor Selbstmord, Brand und Diebstahl bewahrt hat. Das alles wäre aber auch nicht geschehen, wenn er mich nicht hätte in die Welt gesetzt. Unterdessen vertreibe ich mir die Zeit mit Schlafen und Wein, laufe in der Gegend

herum. Wenn nur schon Donnerstag vorbei wäre, oder der August vorüber, oder noch besser: dieses verfluchte Jahr, am allerbesten: das Jahrtausend. ‚Wirf die Philosophie den Hunden vor!' Macbeth. Lebe recht wol und glücklich.
Dein
Jacques

413/4-48; K; Vöslau; 8. 9. 1879; Wien. 46

Lieber Pepi! Ich komme heute Nachts (Montag) nach Wien. Es steht Dir also frei, je nachdem Du das Schlachtfeld auf freundliches oder feindliches Gebiet verlegen willst, mich entweder Dienstag bis 9 1/2 Uhr zu besuchen oder bis 10 1/2 meinen Besuch bei Dir zu erwarten.
Dein
Jacques.

413/4–50; B; Vöslau; 19. 9. 1879; Wien. 47

Vöslau, 19. Sept. 1879.
Lieber Pepi.
Meine Hamletvorlesung findet nun definitiv am Montag den 21. im Rittersaale des Hotels zur Hl. Dreifaltigkeit, Soos, Judengasse, um 7 1/2 Uhr Abends statt. Ich hoffe daß der Pepi, um dessentwillen ich die Sache beschleunigt habe, mich nicht im Stiche lassen wird.

Weil es mir in der letzten Zeit so gut gegangen ist, hat das Schicksal Sorge getragen, daß ich nicht übermüthig werde. Auch meine rege Schaffenslust hat einen Dämpfer gebraucht. Scherer hat mir geschrieben. Meine Bogen haben zwar (vgl. Julian Schmidt) denselben günstigen Eindruck auf ihn gemacht wie das Manuskript. Aber –: „Die Form des Vortrages, derer ich mich bediene, ist eine etwas bequeme. Daraus entspringt Unbequemlichkeit für den Leser; während eine Form, welche durch mühselige Sorgfalt schließlich zur Klarheit und glatten Entwicklung geführt wurde, dem Leser ein reines Vergnügen gewährt." (Ich muß bekennen, daß ich das nicht verstehe; ich merke aber die Absicht.) „Die Witze mit denen Sie Ihren Helden beehren, sind nicht immer fein, so S. 40", wo ein Witz citirt wird, den Weiße selber gemacht hat. „Mangel an Sorgfalt zeigt auch die Correktur;" Wovon ich Dich ein paar Fälle noch werde sichern lassen. Mitten drin: „Ist es sachlich richtig daß Lessing die neu entstandenen Gedichte nicht mehr abdrucken ließ??" Also Zweifel in thatsächliche Behauptungen; als ob man seine Aussagen aus dem Aermel beutelte. Von den citirten Druckfehlern fällt die Hälfte auf Sachen, die nach alterthümlicher Weise geschrieben sind, die Hälfte auf französische Accente. Der Refrain am Ende lautet: „Lassen Sie Sorgfalt walten; sonst behält am Ende Fresenius recht." „Das erste Capitel interessirt mich an sich nicht stark." Schluß: „Jedenfalls habe ich Freude an dem Buch (obwohl es nichts taugt?). Das mag Sie für allen Tadel trösten." Dazu vgl. Veyssier an Minor, Berlin 21. Mai 1879:

„A la dernière réunion du mercredi on a parlé de vous devant Monsieur Scherer. Il a dit qu'il avait reçu de vos nouvelles et c'est immédiatement répondu en éloges sur votre livre, disant qu'il avait rarement lu quelque chose etc mieux écrit. Les qualités qu'il a le plus louées sont la solidité du fond et la concision du style." Das war, bevor ich einen Verleger hatte. Gestern war ich schon halb entschlossen, dem Wagner die gedruckten 8 Bogen abzukaufen und den Dreck liegen zu lassen. Indeß möcht ich mir um alles in der Welt nicht den Spaß verderben, das Lied zu Ende singen zu hören; denn der Ton wird sich wahrscheinlich noch einmal ändern. Aber jetzt bin ich der alte frei geborene Gimpel nicht mehr, der ins Netz geht.

Montags komme ich nach Wien; Abends, denk ich, sehen wir uns und machen dann eine letzte Zusammenkunft vor Deiner Abreise aus. Vielleicht kommst Du aus Lemberg und findest Deinen ehemaligen Collegen hinter dem Ladentisch.
Dein
J Minor

413/4–51; B; Wien; 24. 10. 1879; [Lemberg]. **48**

Wien, 24. Okt. 79.
Lieber Herr Professor Pepi!

Heute sind Kataloge und Manuscript an Dich abgegangen; bitte mir das letztere nach Benützung retour zu schicken. Die Verzögerung wurde verursacht: <u>1</u>. durch Umzug, <u>2</u>. durch Neuordnung der Bibliothek, <u>3</u>. durch den Abschluß des erst wenig fertigen Manuscriptes, welches ohne diese Aufforderung zur <u>umgehenden</u> Uebersendung wol niemals abgeschlossen worden wäre. Schreibe mir Dein wahres Urtheil nebst Meinung, wie ich das etwa veröffentlichen soll. Im Archiv, Zs? oder, was mir das gescheidteste scheint, als Broschüre von 2 1/2 Bogen.

Scherer habe ich in Wien noch einmal gesprochen. Die Berufung auf Fresenius soll nur Scherz gewesen sein, er glaube nicht, daß ich oberflächlich sei, habe mir nur zeigen wollen daß die Correctur streng genommen und wie sie gemacht werden müsse. Ueber die Fortsetzung (Bog 4–8) hat er mir schon wieder einmal geschrieben, was gewiß sehr freundlich ist. Aber leider hat er wieder nur die Correctur getadelt, welche schon gemacht war, bevor wir nach Stixenstein gingen. Im ganzen aber hat er mich noch immer nichts gesagt, als: ob ich das Buch auch dem Andenken Tomascheks widmen wollte. Fängst an zu merken? – Ei, was bist Du klug. Vielleicht überlege ich mirs noch, und widme es ihm wirklich.

Daß Deine Colloquien wol besucht sind, kann ich nur beglückwünschen. Heinzel sagt, Du würdest in den Prüfungen viel zu thun bekommen, also auch viele Taxen einnehmen. Bei Seemüller bin ich gewesen; Bondi, Loewys, Tomanetz waren auch da. So sehr ich Seemüller achte, so eigenthümlich ist, daß er immer eine Menge Dinge braucht, sich interessant zu machen. Jetzt liest er wieder spiritualistische Schriften und die Loewys mit ihm.

Aus der Wagnerschen Bibliothek habe ich einiges Schöne erworben: Archiv I–VIII, Wienerisches Jahrbuch, Literaturbriefe, Schnorr: Grimm, Hertz: Lachmann, Sammlung von Theatergedichten (darin von Goethe über die Schulz). Seitdem ich gar nichts mehr lese, und gar nichts mehr arbeite, habe ich mich aufs blättern verlegt und nehme so jeden Tag gewiß die Hälfte meiner Bibliothek in die Hand. Angefangen zu lesen habe ich folgende Dichter: Droste (bis S. 36), Chamisso (bis S. 67), Renner (bis S. 19), Zs. XXIII bis S. 5. Aber immer nehme ich wieder was anderes in die Hand und so kommts, daß ich gar nichts lese. Es erscheint aber auch gar nichts neues, das man lesen müsste.

Es grüßt Dich und wünscht guten Verlauf Deiner akademischen Thätigkeit
Dein
Fritz.

413/4–52; B; Wien; 12. 11. 1879; [Lemberg]. **49**

Wien, 12. Nov. 79.
Lieber Professor Pepi!

Dein Brief ist meiner Antwort zuvorgekommen. Obwol ich jetzt schon fast nichts mehr thue als fressen, saufen und schnarchen, habe ich doch nicht Zeit genommen einem meiner Freunde zu schreiben, von denen Jakoby seit 7 Monaten einen Brief erwartet. Ich bin es schon müde, meine Freunde zum Objekt meiner üblen Laune zu machen, und Sie glauben es doch nicht, wenn ich sage, daß die Augenblicke des Schimpfens meine tröstlicheren sind und ich mich selber noch schlimmer behandle. Alles Wetter, das die Götter in den Wolken haben, fall auf den Monat August; der Juli war der letzte Monat, den ich erlebt habe, seit dieser Zeit krieche ich in niederträchtiger Weise herum, und wenn ich nicht alle Achtung vor mir selber verloren hätte, könntest Du schon einen Todtenartikel über mich schreiben. Denn das verlangte ich eigentlich – und dann auch wieder nicht. Zu viel, zu viel.

Deine Anmerkungen waren erwünscht! Aber den Blödsinn „ein Lustspiel" habe ich schon vor 3 Jahren in dem Germanistenverein als Muster gelehrter Borniertheit an den Pranger gestellt. Götz – Shakespeare kann aufwarten, wenn Du willst, und MS ist also möglich. Aber ich rathe nicht zu GF, weil wir anderwärts Honorar herausschlagen. Wagner, glaube ich, würde gut zahlen. Das Thema ist auch einträglich. Scherer hat mir den Antrag gemacht, ein Thema Goethe – Shakespeare in Angriff zu nehmen. Aber leider arbeite ich Shakespeare u. Sturm u. Drang, was Du vorgeschlagen hast. Denn: 1. hängt das mit GddTh(eaters) zusammen; 2. hat Goethe nur in Sturm u. Dr. den Shakespeare verstanden, später lästerlich verläugnet. Das hindert nicht, daß Goetz – Shakespeare mit diesem Götz u. Miscellen von Dir und meinem Goethe – Anakreontikern erscheine. Aude sapere! oder wie es heißt.

Daß Du in Lemberg nicht aushalten willst, ärgert mich. Finde Dich ein bischen hinein. Wie lange hat Seume in Rußland ausgehalten u. die Polen für treffliche Leute geschildert. Der Grund, ipso facto betreffend, der die Billigung Deiner Freunde nicht erlangen dürfte, könnte vielleicht bei diesen auf mildere Gesinnungen stoßen. Ich wenigstens bin gefasst, das ärgste und auf ärgstem Weg zu wissen, und sage mit dem Heil. Paulus: quis capere potest, capiat!

Die Merckschen Briefwechsel sind nicht mehr zu haben. Was ist denn Falck über Lenz? Gehört habe ich p(er) t. a. Hoffmann, aber nicht gesehen. Dein Antrag der Jenaer Lit. zeitg. ist sehr schmeichelhaft, und weil Du ihn so zutrauensvoll machst, gehe ich morgen zu Gittlbauer, obwol ich gar nichts hoffe. In der Auction von …? wurden neulich sämmtliche Originalmanuscripte Raimunds erstanden von der Bibliothek der Stadt Wien; es ergibt sich daß Vogel (der erste Editeur) vieles verändert hat. Gib also nicht heraus, Du blamierst Dich! Wer soll verlegen? Fresenius' Mörike ist <u>ausgezeichnet</u> und ich unterstreiche. In neuester Literatur habe ich so etwas noch selten gelesen.

Du wirst staunen wenn Du meinen Brief (wol in Wien) in die Hand kriegst. Mehr sage ich nicht.

Gestern war ich bei Leithe. Keine Ahnung, daß eine Stelle frei wird. Es sieht noch so aus, als ob man ein ungeheures Glück machte, ein Jahr umsonst zu praktizieren. Dann glaube ich, wird meiner Ohren wegen nicht einmal Platz für mich sein und ich weiß nicht was anfangen.

Lichtenstein habe ich einmal Sonnabend Abends im Gasthaus nach der Oper mit Seemüller und Loewy getroffen. Er versprach mich Sonntags zu besuchen, kam aber nicht, reiste Montags – fort ist er.

Deine Recension hat mir 11 fl eingetragen und ich finde es nicht freundlich von Dir, daß Du nicht etwa die ganze Besprechung des Brutus ausgelassen hast, wo ich leicht 35 fl hätte einnehmen können. Auf alle Fälle lasse ich meine Recensenten genug verdienen.

Von Arbeiten kann bei mir nicht die Rede sein. Im besten Falle sitze ich alle Tage 3 Stunden lang beim Schreibtisch, ohne was gescheidtes zu machen; und nicht einmal so alle Tage. Wie das so fortgehen soll, und wo hinaus, ist mir nicht mehr klar.

> Ich lebte lang genug. Mein Lebensweg
> Geräth nun schon in dünnes welkes Laub.
> Und was das hohe Alter schmücken sollte.
> Gehorsam, Liebe, Ehre –
> darauf darf ich nicht hoffen.
> Was ist das Leben? Ein flüchtger Schatten nur,

ein Komödiant, der auf der Bühne sich ein Stündlein spreizt,
und quält und dann nicht mehr vernommen wird.
Ein Märchen, das ein Thor uns vorerzählt,
Voll Schwulst und Wortschwall, aber inhaltsleer.
Wie gefallen Dir diese Verse? Schreibe mir das und Deine Lemberger Situation.
Dein
Jacques.
NB. Da ich Deine Lemberger Adresse nicht schreiben kann, adressire ich an die Universität.

413/4-53; K; Wien; 26. 11. 1879; Lemberg. 50

Lieber Professor! Ich hoffe, Du hast meinen Brief vor 10 Tagen erhalten. Da ich Deine Adresse in merkwürdiger Verkettung der Umstände verloren habe, muß ich an die Universität schreiben. Buchhändler K. gibt das Blatt gar nicht heraus; ist über G. so böse, daß er mit der Sache nichts mehr zu schaffen haben will. Du hast mir einen baldigen Brief versprochen, aber nicht Wort gehalten. Bitte um Jakobys Adresse (in Berlin).
Es grüßt Dich
Dein
J Minor.
NB. Eben erhalte Deinen Brief. Nächstens mehr. Bitte schreibe mir sogleich per Koresp. Karte den vollständigen Titel von Falcks Buch über Lenz, das Meier & Müller nicht finden können.

413/4-54; B; Wien; 28. 11. 1879; [Lemberg]. 51

Lieber Augustin!
Beliebts, so reden wir von Staatsgeschäften.
Scherer scheint die Akademie als Blitzableiter zu benützen, und hätte doch so klug sein sollen, nachdem er mich hat aufsitzen lassen, Dir das nicht gleich wieder auf die Nase zu binden, obwol auf Deiner Nase auch ein großer Stiefel Platz hätte, wenn ich anders Deine Nase richtig im Gedächtnisse habe. Mit Wagner möchte ich doch noch warten, bis mein Buch draußen ist. Ich bin beim drittletzten Bogen, mache Dich also immer auf das ärgste gefaßt. Dann weiß ich auch nicht ob es anständig ist, ehe die Recensionen einlaufen von dem Manne zu verlangen daß er noch etwas verlegt. Vielleicht möchtest Du als professor extraordinarius suppletorius, Verfasser zweier weltbewegender, und mit Wagner noch nicht in Berührung gekommener die Initiative oder Offensive ergreifen; dich auf meine Beleibtheit stützend, und Scherers wolmeinende Worte in GF 34 anführend. Ich glaube sogar daß in diesem Falle das Honorararrr hurra ho! hurra ho! etwas klingender, lobesamer und breiter ausfallen würde. Jedenfalls erwarte ich eine lettre du Mr Sauer au diable (vgl. Minor, Chr. Weisse S. 147 Anm.) bevor ich den Mann hinterrücks mit dem zweiten Schlage aufs kahle Haupt beglücke. Wenn die Buchhandlung, welche in einem Jahre 2 Schriften von mir verlegt, lange besteht, hört sich alles auf. Uebrigens ist von meinem Goetz erst die Hälfte nieder geschrieben, ich lese noch den ganzen Shakespeare durch und dann kanns, in 1 1/2 Monat etwa durchgehen.
Ich bitte Dich mir Jakobis Adresse in Berlin bekannt zu geben. In einer Korrespondenzkarte habe ich Dich ersucht, mir den genauen Titel von Falcks Lenzianum bekannt zu geben. Hast Dus noch nicht gethan, so bitte, schreibe lieber gleich eine Karte an Mayer und Müller, Berlin, W. Französische Straße 21; damit ich es mit der Sendung nächste Woche noch bekommen kann. Ich habe in letzter Zeit Klingers Stücke, welche von großem Interesse sind, wenn man das Theater von 1786 hat, gelesen. Ohne dieses kann man gar nichts anfangen. Alle Ausgaben der Werke taugen nichts. In der Cottaschen Volksbibliothek wird jetzt eine Auswahl herausgegeben, wol von W. Vollmer, dem

Leiter des Cotta'schen Geschäftes; aber eben so dumm. Hugo besitzt das Theater von 86 und 90, und hat mir beide geliehen. Ich habe über jedes Stück sogleich nach der Lektüre meine Notizzen niedergeschrieben, und sie jetzt mit E Schmidt, Erdmann und Werner verglichen, mit denen ich in vielem zusammengetroffen bin. Ich beobachte dabei zugleich Schiller, Shakespeare und Geschichte des deutschen Drama. Die letztere würde ich, wenn wir eine Bibliothek wie Berlin hätten, schon begonnen haben. Aber gib mir einen Rath, wie soll man es denn hier anfangen? Wie weiß man, was von Dramen des 17. 18. 19. Jh. da ist? Wie bekommt man anonym erschienene Sachen? Ich gehe gar nie auf die Bibliothek. Die Schrift von Erdmann ist übrigens ein ganz gewöhnlich gemachtes Heftchen, über welches Freund RMW nicht so in Hitze hätte kommen sollen, besonders da seine Recension nicht besser ist. Diesen Ton (ohne die Hitze natürlich, nur die Grobheit) soll man auf die literarischen Taschendiebe, nicht auf die Mittelmäßigkeit, anwenden, sonst verwirrt man wieder den Unterschied im Ton. Uebrigens will Werner immer das gemacht sehen, was er macht; und dieses finden die meisten Leute ziemlich überflüssig. Wenn aber einer das machte, was er macht, dann wäre es erst recht schlimm. Der junge Mann überschätzt sich wie andere junge Männer in Graz. Herrn Zeidler habe ich neulich gesprochen; sag mir, da Du schon Prof. bist, von was der Mensch die Glatze hat? von was sind ihm die Haare ausgegangen?

Neulich habe ich eine Vorr. begonnen, welche aber so komisch ausgefallen ist, daß mein Zwerchfell durch 5 Minuten gar nicht zur Ruhe kommen wollte, als ich sie später las. Ich bin nicht, wie Du glauben mögest, in guter Laune; werde aber bald so höflich sein, meine üble Laune nicht in Briefen an gute Freunde auszulassen. Ein verbissener, galliger, grämlicher, menschenhassender Hypochondrist: das wird bald meine Charakteristik sein. In Dir scheint etwas von Liebe zu stecken. Ich sage Dir, nimm Dich in Acht! sehr in Acht! - - - Ich sage Dir, ich könnte mich für einen König halten, wenn ich eine Erfahrung im August dieses Jahres nicht gemacht hätte. Seit der Zeit aber wills nicht mehr gerad werden.

Dein
Jacques
NB. Oder doch nicht NB.

413/4-55; B; Wien; 18. 12. 1879; [Lemberg]. 52

Wien, 18/12 79.
Lieber Augustus!

Jeden Tag habe ich schon auf Deinen Besuch gewartet und gemeint, Du müßtest nach Wien kommen, da Du gar nichts von Dir hören lässest. Aber Deine Ferien beginnen ja erst am 19. und ich wage deshalb morgen Früh noch einen Brief an Dich abgehen zu lassen. Kommst Du selber, so kann ich Dir das geschriebene mündlich wiederholen.

Ich arbeite jetzt fast nur auf Goethe – Anakreontiker und Goethe – Shakespeare los. Aber das Material wächst. Ich lese erstens den ganzen Shakespeare, jeden Tag ein Stück, Du kannst denken daß darüber Zeit vergeht. Ich habe aber schon so manches brauchbare entdeckt. Ferner lese ich Herder, aus dessen Fragmenten für beide Aufsätze gleichfalls manches zu entnehmen war. Ich möchte aber des Shakespeare wegen die ganze Sturm- und Drangzeit (mit gleichzeitiger Beobachtung auf Schiller u. Geschichte des Drama) durcharbeiten, also auch Herders Lebensbild, die Briefwechsel u.s.w. u.s.w. Das würde also Zeit nehmen. Nichts desto weniger empfehle ich Dir mit dem Schreiben an Wagner nur so lang zu warten, bis ich weiß wie er sich gegen mich benimmt; ob Honorar und Exemplare richtig ausgefolgt werden, nicht wie bei Edlinger u.s.f. Ist das, so rathe ich Dir mit ihm in Verbindung zu treten, auf daß wir uns auf neue Termine zur Manuscriptlieferung verpflichten, er aber dann auch druckt; nicht wie bei mir das Ms. 3/4 Jahre in Händen hat, wo einem die Sache fremd und die Correctur zuwider wird.

Ich habe seit 14 Tagen wieder keinen Bogen gesehen. Du darfst also nicht fürchten, die Weihnachtsfeiertage unangenehme Lectüre zu haben. Wenn auf dem Titel des Bu-

ches 1880 steht, so ist das allem Anschein nach eine Lüge; denn wenn es so fortgeht, kommt es erst 1890 heraus.
Von Deinem Kleist soll ja schon was da sein. Schreibe mir ob ich ein Exemplar bekomme, sonst lasse ich es kommen. In den Fragmenten von Herder ist von Kleist öfter die Rede; damit Du die Stellen ansehen kannst Suphan I. 7. 165. 175. 200. 337. 482. 487. 547.
Seemüller habe ich neulich geschrieben. Stud. Schrammel, den Du an mich empfohlen hast, war bei mir. Ich versprach ihn zu Dr. Seemüller zu führen; und bitte den letzteren mir Zeit und Ort zu bestimmen, wo ich Schrammel mit ihm zusammenbringen könnte. Nach ein paar Tagen erhalte ich eine Karte, Schrammel sei auch an ihn empfohlen worden, aber noch nicht gekommen. Er (Seemüller) mir schon seit Oktober eine Visite schuldig, die er jeden Tag vorhabe und nicht dazu komme; werde aber nächstens kommen, weil er sonst ja auch keine Hoffnung habe mich bei sich zu sehen. Mir scheint, Seemüller ist ein bischen gar zu hoch gespannt, und es ist besser sich 2 Schritte seitwärts in die Büsche zu ziehen. Wenn er es seinen Schülern nur proportionirt so macht, wie seinen Schulcollegen, begreife ich daß er wenig beliebt ist.
Neulich war ich im Germanistenverein. Wurde Gudrun und Goethes lyrische Gedichte (jG, 1 ff) erklärt. Heinzel disputirt mit, hat sogar Präparationen auf Goethe!!! „Schaudert Ihr, ah! Es ist darnach!"
Deine Vorlesungen stiften, hoffe ich, viel Gutes unter den edlen Polen. Mündliches hierüber wäre erwünscht. Da ich Falck, Lenz noch immer nicht habe, bitte ich auch mir gelegentlich den vollen Titel zu schreiben.
Es grüßt Dich
Dein Vetter
Minor.

413/4-56; B; Wien; 23. 12. 1879; [Lemberg]. **53**

Wien, 23 Dec. 1879

Lieber August-Pepi!
Zu Deiner Verlobung wünsche ich Dir hiemit schon im Voraus eine glückliche Ehe und kurzen Brautstand. Ueberrascht hat es mich gar nicht; weil ich seit Deinen mysteriösen Andeutungen, sowie einem ziemlich klaren Ausdruck Scherers (im October) keine Zweifel mehr hatte und auf alles gefasst war. Vor Scherer habe ich mich allerdings sehr blamirt, indem ich ihm rundweg abstritt und mir auf die Rolle des Vertrauten viel zu Gute that. Als es dann hieß: ein Entschluß, der nicht von allen Freunden gebilligt werden dürfte, war kein Zweifel mehr, daß Pepi den frommen Lehren seines Freundes Fritz untreu geworden war. Ich will übrigens Langmuth üben und es soll dir noch alles verziehen werden. Ich habe poco fà selbst erfahren, daß Grundsätze nicht immer Stich halten, und bin deshalb auch gegen andere milder geworden. Also: ich erhebe die segnende Hand zum Himmel und sage mit dem Apostel: „Kinder, liebet Euch und seyd glücklich!" Hoffentlich wirst Du mir eine Photographie Deiner Fräulein Braut, wenn Du nach Wien kommst, sehen lassen. Sobald ich die Karte habe, schreibe ich an die Neue Freie Presse.
Hoffentlich bist Du gegen Geschichtssachen nicht eingenommen bei dem Hochfluge Deines Herzens. Also: Schaffe Dir ja die Volksbibliothek nicht an, da man einzelne Hefte davon wol nicht bekommt aber einzelne Autoren in Originalbänden jetzt schon billig verkauft werden. Die Wagnerschen Briefe habe ich jetzt alle; sind nicht mehr beim Verleger, aber antiquarisch leicht aufzutreiben. Auch Böttiger Lit. Zeits u Zeitgen sind, bei geänderten Verlagen, noch zu haben.
Wann kommst Du denn also nach Wien? Februar doch hoffentlich? Du wirst mich etwas gealtert finden; mehr sage ich nicht, aus Grundsatz. Lache aber nicht, und denke nicht etwa: ich hätte nur den Bart wachsen lassen und das sei alles.
„Da ich noch jünger war, liebt ich zu klagen ..." Seemüller war noch nicht bei mir. Du kennst meine Art mich wegzuwerfen, die ich seit ein paar Jahren auf kavallöse Weise

betrieben oder vielmehr erduldet habe, mich weg werfen zu lassen. Jetzt regt sich soetwas von stupidem Obstinatism in mir und ich zeige meinen Dickschädl. So wills ich auch bei Seemüller machen.

Meine Tageseintheilung fängt um 12 Uhr Mittags mit dem Frühstück an und hört um 4 Uhr Morgens mit Heine auf. Für die Musen sehr günstig, aber scheu und sonderlich machend.

Jakoby und <...> habe ich noch nichts geschrieben. Ich weiß nicht was ich schreiben soll. Wenn ich klagen soll, komme ich mir vor wie eine Sau, die sich in ihrem eigenen Dreck wälzt.

Leb wohl Bräutigam! Also bis jetzt habe ich geglaubt, nach Scherer und Mukhoff etwa der erste auf dem Thron Deiner Herzensfreunde zu sein; jetzt stellt er ein Goldbild hinein und die falschen Propheten gestürzt!

Gut Neujahr!

Wenn Du von den Unruhen an der Technik gelesen hast, löse folgende Gleichung auf:
$$p R = 1 \, sec \, . \, s \, j$$
Morgen geh ich – oder nein!

Addio mio amatissimo è icordati sempre del tuo amico

Giacomo

NB Was Heine (Börne 1849) über Raumer sagt, – verzeih mirs Gott – geht auch auf Scherer. – Wenn Du nicht Bräutigam wärst, hätte ich Dir ein paar Kalauer über die spanische Heirath gesagt; aber so –

Körner ist ein secantes Vieh.

413/4-58; K; Wien; 5. 1. 1880; Lemberg. 54

Lieber Pepi! Die Belustigungen habe heute nebst einigen Doubletten (die andern sind in Vöslau) auf die Post gegeben; wiewol nicht leichten Herzens, da die Naumannschen Belustigungen vielleicht ein Unicum x 100, das ganze selten ist, und ich mich erinnere daß Erich Schmidt einmal durch die Post um ein Unicum gekommen ist. Behalte sie also bis Du nach Wien kommst, da ich sie hoffentlich nicht brauchen werde. Dagegen benötige ich die Literaturbriefe alle Augenblicke und konnte daher den Band nicht mitschicken. Der Brief ist übrigens bei Hempel ganz und genau abgedruckt. – Willst Du, da Wagner ein Trödler ist, etwa bei Konegen (Wien, I Heinrichshof) anfragen, ob wir dort verlegen können? Er soll sehr schön ausstatten und gut bezahlen.

Ergebenster

J Minor

NB. Bitte zu meiner Beruhigung mir die Ankunft des Paketes zu melden.

413/4-59; K; Wien; 11. 1. 1880; Lemberg. 55

Lieber August! Boxberger hat mir geschrieben, läßt Dich grüßen, hält Dich für Mitglied der Akademie in Wien etc. Meine Goethe-Sachen mögen zusammen auf etwa 6 Bogen zu stehen kommen. Schreibe sogleich an Konegen, damit wir ins Reine kommen und nicht wieder 6 Monate auf den Druck und dann 6 Monate auf das Erscheinen warten. Bis längstens Ende Februar kann ich bestimmt liefern. Was Wagner herumzögert, ist mir unbegreiflich, und schon sehr gleichgiltig. Boxberger gibt Danzel neu heraus; natürlich wäre es mir lieb gewesen, ihm mein Buch schicken zu können, das aber so Gott will 1890 eine Novität sein wird. Müllenhoff soll ein Töchterchen bekommen haben. Von Scherer höre ich, seitdem ich keine Druckfehler mache, weniger. Im ganzen habe ich aber doch 15 Briefe von ihm, wie ich neulich bei der Jahresmusterung sah. Auf zu Konegen! Sankt Georg und Sieg!

Dein

Jacques

413/4-60; K; Wien; 15. 1. 1880; Lemberg.   56

Lieber Pepi! Schon komme ich von unsrem neuen Verleger. Er wollte natürlich, wir sollten Bedingungen stellen; ich ging aber nicht darauf ein. Du wirst gut thun, wenn er Dir schreibt, mich auch dieselben wissen zu lassen; wir wollen dann etwas in die Höhe gehen. Aber es schien mir, als ob er etwas für einen größeren Kreis erwartete; ich weiß nicht, ob Du ihm geschrieben hast, daß unsere Sachen eigentlich doch rein philologisch sind. Ich habe also angegeben, daß Dir, als dem „Berühmten", die Entscheidung gebühre, u. damit wirklich die Sache auf dem Gebiet der persönlichen Unterredung in die Schreiberei hinübergespielt, was ohne Zweifel angenehmer für uns ist. Schröer hat ihm einen Faust Commentar angetragen, den er abgewiesen hat. Ich hätte Dir angetragen, Dich auch bei Wagner anzuhängen, aber da ich noch immer erst mein Exemplar, kein anderes habe, ist denn doch die Trödlerei schon zu arg. Conegen hat ein Buch von Prinlinger: Englische Verfassungsgeschichte (ca 20 Bogen) vom 8. Dec. 79 bis 14. Jänner 80 fertig gebracht. Laß mich weiteres hören. Die Bücher, die mir Conegen gezeigt hat, sind prachtvoll ausgestattet.
Dein
Fritz.

413/4-61; K; Wien; 21. 1. 1880; Lemberg.   57

Lieber Pepi! K.s Bedingungen gefallen mir sehr gut, nur wegen der Frei-Exemplare würde ich Dir rathen etwas festzusetzen. Wie wärs, wenn Du für den Bogen 15 fl begehrtest und wir jeder mit 10 Exemplaren vorlieb nähmen. Ich habe bei der Unterredung die ganze Abhandlung auf Dich geschoben, in der (richtigen!) Ueberzeugung, daß man derlei Dinge besser schriftlich als mündlich abmacht. Ein Verleger redet einem immer von seinem Absatz u. dgl. vor, wo man nicht widersprechen kann, weil man es nicht versteht, und nichts zugeben kann, weil man nichts erreicht. Also würde ich rathen, Du machst die Sache brieflich ab; Du wartest Wagners Antrag ab, wenn er nicht besonders glänzend ist, bleib bei Conegen. Was er mir gezeigt, war glänzend ausgestattet. Mein Buch wirst Du haben; Das Geld habe ich sogleich und richtig, aber statt 30 nur 25 Exemplare erhalten, habe die andern sogleich verschrieben. Ich weiß nicht, ob es Irrthum von W. oder Absicht ist. Gewiß ist aber, daß er ein Trödler ist. Trübners Honorar ist zu köstlich in Conegens Brief! Armer Pepi, davon hast Du keine Nuß kaufen können!
Dein
Jacques

413/4-62; K; 24. 1. 1880; Lemberg.   58

Lieber Pepi! Jesus Maria W. aus Graz schreibt mir nach Empfang meines Buches zwei Karten. 1. Wegen „Vorsicht" – des „Scherzen" werde ein „ganz kleines" Artikelchen im Archiv erscheinen etc. etc. also: ich auch über Weiße! ich auch! 2. Auf dem Gebiete der Anakreontik hätten wir uns seltsamer Weise begegnet; er werde demnächst einen Aufsatz drucken lasse. Ich auch Leipziger Liederbuch! ich auch! jG I 338. Du begreifst daß das unseren Studien empfindlich schadet und wir uns beeilen müssen. Können wir vor Ostern erscheinen, so schadet es nichts – denn bis dahin kann kein Artikel heraus sein. Früher aber doch nicht. Ich rathe also höchste Eile, sonst bleibt die Sache am Ende ganz liegen. Mein Manuskript kann, wenns sein muß, in 8 Tagen abgeschlossen sein; nemlich die Anakreontik; den Shakespeare kann ich in weiteren vierzehn Tagen liefern. Es würde mich ärgern, wenn ich die Sachen alle mit einer fremden Arbeit vergleichen und das, was dort gesagt ist, kann man doch nicht wiederholen und dann bleibt kein Ganzes, nur mehr Fetzen übrig. Also Eile!
Dein
Jacques

413/4-63; K; Wien; 27. 1. 1880; Lemberg.   59
Lieber Pepi! Dank für Deine Photographie. In Eile schicke ich wieder eine Karte; ich habe ohnehin einen Brief vor Dir voraus. Du wirst aus meiner Karte ersehen haben, daß Noth am Mann d. h. Werner mir an den Fersen ist. Sieh also zu daß wir bald mit den Verlegern ins reine kommen, ich will dann Conegen persönlich drängen, daß es rasch geht. Aber noch eines: Unter der Hand ist mir der erste Aufsatz ungeheuer angewachsen, ich habe eine Menge Dinge entdeckt und nun von dem ersten Aufsatz allein 80 Manuscriptseiten, was wol 4 1/2 Bogen ausmachen. Ich habe deshalb vor, diese lange Wurst zu zertheilen und eine Nummer „Herder und der junge Goethe" zu machen; wobei der Uebelstand ist, daß ich 3 und Du einen Aufsatz hättest, was Dir vielleicht nicht lieb ist. In der Honorarfrage würden wir 2 miteinander schon ins reine kommen; aber sonst ist Dirs vielleicht nicht angenehm. Nun wäre aber der zweite Aufsatz nur eine nothwendige Ergänzung des ersten, also nicht wol zu trennen; ich müsste also entweder die Anakreontiker und Herder fallen lassen, was dem Verleger wol Gelegenheit zu Abzug geben würde, oder doch die 80 Seiten lange Wurst abdrucken lassen, was noch weniger Verhältnis hätte. Ich weiß nicht, wie ich da herauskommen soll, aber froh wäre ich, wenn ich bald heraus käme u dem <...> in Graz die Nase abbisse.
Dein
Jacques

413/4-64; B; [Wien]; 6. 2. 1880; [Lemberg].   60
Wien, 6 Febr 80.
Lieber Pepi, mit Conegen, der Dir schreiben wird, bin ich heute auf 120 fl und 30 Exemplare handeleins geworden. Ausstattg = GF. Aber er druckt 700 Exemplare! Nun wenn er sie anbringt, ists ja gut. Für die zweite Auflage neue Bedingungen. Manuscript habe ich von meiner Seite bis 20. versprechen können; wenn es Dir bis dahin auch möglich ist, va bene. Er beginnt aber erst nach Empfang des vollständigen Ms. Spute Dich, Chronos.
Ich bin mit beiden Aufsätzen, dem Shakespeare nur bis zur Hälfte fertig. Ich habe eine Masse Beispiele gesammelt, Shakespearsche Bilder, welche Goethe in der 2ten Fassung des Götz gestrichen hat; dazu Parallelen aus Shacespeare und Herder. Ich denke, Du könntest diese viel besser verwerthen als ich, und würde Dein Aufsatz nicht der Ergänzung durch mich bedürfen. Wenn Du also sie benützen willst, schicke ich sie Dir. Ich bin eben mit der Sammlung und Zusammenfassung dieser Sachen beschäftigt und sende sie Dir auf Verlangen in etwa 8–10 Tagen zu. Noch muß ich einige Stücke Shakespeares daraufhin durchsehen; dann habe ich alle (in Eschenburgs Uebersetzung) damit verglichen.
Wegen des Anwachsens des Materials hätte ich nicht so sehr um Vergebung zu bitten, da Du ja auch von 4 auf 6 Bogen gewachsen bist. Ich habe dem ersten Artikel 3 Seiten über Entstehung des Liederbuchs vorausgestellt, welche vieles ergeben haben; dann Mercks Lila-Lieder mit den Goetheschen zusammengebracht, und endlich aus Herder vieles hinzugegeben. Der Artikel Herder : Goethe füllt die Lücke zwischen Bd I und II des jG aus und war nicht abzutrennen. Die beiden theologischen Briefe sind datirt, erklärt worden u. die fkfter Recension, welche Theologie und Römer betreffen, auf ihre Echtheit hin untersucht worden. Ich hätte gerne ausgeschieden, wenn es gegangen wäre. Mein Shakespeare dagegen ist viel verkürzt worden.
Wenn Du mein Buch recensirst, so möchte ich Dich bitten, zu betonen, daß ich gegen Weiße nicht ungerecht gewesen bin; und daß ich seinem Namen genützt habe. Daß man von seinen schlechten Eigenschaften früher sehr überzeugt gewesen (oder dgl!) und daß ich ihm zu seinen guten noch einige neue hinzugebracht habe. Die Schwestern Weiße haben mir nemlich noch nicht geschrieben; und ich vermuthe, daß sie (wie ich es gerade nicht unbegreiflich finde), daß sie manches verletzt hat. Aber ich bin ja kein Familienchronist. Da ich ihnen aber Dank schulde, ist es mir leid, daß ich sie verletzt habe. Also, wenn mich die Kritik unter ihre Flügelarme nimmt, bin ich gerettet! An Werner habe ich (mit

schwerem Herzen!) gleichfalls deshalb geschrieben. Scherer hat mir bis jetzt nur eine Karte zu 4 Zeilen geschrieben. Ich habe ihm mein Widmungs-Exemplar gebunden geschickt und gebeten, mir die Aushängebogen gelegentlich zurückzuschicken. Diese hat er mir geschickt; – aber die letzten Bogen unaufgeschnitten. Was mit dieser Grobheit wieder angedeutet werden sollte, weiß ich nicht. In der Vorrede habe ich die Flegelei begangen, ihn vor Hildebrand, der mit H beginnt zu nennen; was wol der Grund ist, warum dieser mir noch nicht geschrieben hat. Ich dachte freilich die Herren der Reihe nach, und schrieb Scherer voran, weil ich mich zuerst an ihn gewendet hatte. Ich habe ihm doppelt gedankt und ihm das Buch gewidmet. Wenn ihm also etwas nicht behagt hat, so kann es etwa S. 343 Anm 1. sein, oder auf S. 404 der Conjunctiv „hätte", welcher aber auf Uhde zu beziehen ist und nur eine Abkürzung: denn ich glaube es nicht, weil die Gedichte des Clodius deutlich vom Ballet reden. Nichts desto weniger werde ich mich nicht irre machen lassen, auch einmal etwas zu behaupten, was Scherer nicht glaubt, wenn es so kommt. Im Weiße und den Studien habe ich dazu keinen Anlaß gehabt. Auch Boxberger, dem ich ein paar Mal widerspreche, schreibt nicht mehr. Ich habe allerdings die Kunst zu wenig in der Gewalt, mich mit allen zu verstehen und mich doch für den gescheitesten zu halten. Ich werde aber auch künftighin meinen Bekannten widersprechen, wenn ich ihre Ansichten nicht theile; und Du kannst mir nicht nachsagen, daß ich Deine Verlobung jemals als meine Ansicht angenommen hätte. Aber ja! ja! Das ist doch ganz was anderes.

Dein ergebenster
Anton Fritz.

413/4-65; B; [Wien]; 11. 2. 1880; [Lemberg].   **61**

Wien, 11. Febr. 80.
Zu allererst, lieber Pepo, heiße ich nicht Pepi, sondern Du; ich bitte mir also aus daß Du Dir meinen Namen merkst. Das ist doch das wenigste, was man von einem alten Freunde verlangen kann. Aber freilich, wenn sich die Leute verlieben und verloben, dann vergessen sie auf alles; denn wenn Du nicht auch mich vergessen hättest, hättest Du Dich gar nicht verlobt. Du ersiehst aus diesem echt Shakespeareschen Calauer, daß ich tief in den Meister eingedrungen bin und meine Sache recht gut machen werde. Na na! sagt Müllenhoff.

Sie beginnen also zu drucken. Manuscript liefere ich Sonnabends ab. Bis ersten wirst Du aber wohl gewiß fertig sein. Uebrigens brauchen ja die Vorrichtungen gemeiniglich 7 Tage oder 14 Tage, und so kannst Du ja Manuscript geliefert haben, ehe er beginnt. Den Shakespeare-Aufsatz, der wirklich gut gelungen ist, kann ich nicht schicken, weil ich noch an ihm herumbastle. Ich lege also auf dem ersten Zettelchen die Resultate bei, welche ich in Bezug auf manche Stellen, welche in A B ungleich sind, gewonnen habe. Zugleich aber die 5 letzten Seiten desselben, worin die Sprache Götz : Shakespeare untersucht wird. Bei der Ausarbeitung hat sich aber ergeben, daß: wenn ich die Gruppe I wegnehme, welche auch in Deinem Aufsatze stehen könnte, eigentlich nichts mehr übrig bleibt. Ich mache Dir also den Vorschlag: entweder Seite 41 – 46 in Deinen Aufsatz aufzunehmen, wo Du die unter Gruppe II genannten Beispiele als Anmerkungen zu der ersten I Gruppe, immer a : a, b : b, d : d I II I II I II neben einander stellen könntest und die Gruppe III mir übrig zu lassen, oder wenn Du sie verwerthen kannst, gleichfalls mit Angabe des Facits: „Seht, so wenig ist übrig geblieben vom großen, großen, großen Shakespeare!" aufzunehmen; oder mir die ganze Rubrik mir zu lassen. Besser wäre es allerdings, wenn die Vergleichung der Fassungen vollständig wäre; aber das ist sie noch nicht, wenn Du etwa bei Liebetraut II 282 auf mich verweisen mußt. Und es ist doch auch gut, wenn sich beide Aufsätze ebenso ergänzen, wie meine Anakreontiker : Herder. (<u>Vorrede</u> wird köstlich, habe schon Schlager, welchen sie gemeinsam machen.) Mach es also wie Du willst. –

Werner hat mir 2 Karten geschrieben, welche in ihrer Art köstlich sind und die, wenn Du nach Wean kommst, viel Spassettl machen werden. In einem Punkte habe ich ihm aber sehr Unrecht gethan. Er schreibt mir keine Karte, ohne über mein Büchlein ein lobendes Wort zu sagen. Nun glaube ich, wirst Du nicht denken, daß das der Grund ist, warum ich ihn besser finde. Aber, da mir sonst außer Dir noch niemand freundlich geschrieben hat, was mich übrigens noch keinen Augenblick traurig gemacht hat, so ist es mir auffällig gewesen, daß gerade Werner, von dem ich am wenigsten erwartete, das Gegentheil thut. Wir wollen aller Hutschelei unter den Schriftstellern Krieg machen. Boxberger habe ich einmal widersprochen, das scheint ihn stumm zu machen; ich hätte so kommen müssen: „In dem vortrefflichen Werke von Boxberger finde ich eine Behauptung, welche ich leider nicht zu der meinigen machen kann. Der geistreiche Verfasser ... scheint ... ganz zu vergessen ... und übersieht ..." Kann mir den lecken, den Götz jG II 240 citirt. Was Du von Scherer sagst und den Jungfern Weiße ist Frevel! Ich hätte Scherer nicht genug gedankt: S. V f: Durch Vermittlung der Herrn Professoren W. Scherer etc. habe ich den Nachlaß erlangt ... Doppelten Dank schreibe ich ... S. VII: Ihnen gewidmet. Das ist nicht genug, daß er das Ms. durchgesehen, mich dreiviertel Jahr aufgehalten hat? Mich 2 Monate hat auf Antwort warten lassen? Was braucht es denn Stil, wenn ich jemand den gebührenden Dank abstatte? Sind Danksagungen captationes benevolentiae? Bei Gott, Scherer ist in dem Buche gewiß wenigstens einmal zu viel genannt. Und die Schwestern Weiße? Was kann man denn von ihnen anders sagen als daß sie mir den Nachlaß haben zur Verfügung gestellt? Sind Danksagungen Thatsachen oder Worte? Sei so gut, Pepi, und bemühe Dich einmal, den Artikel S. V f statt meiner zu machen. Wenn er gut ist und ich es so sagen kann, soll er in der 2ten Auflage (etwa 8/80) so stehen, wie Du ihn schreiben magst. Daimonie! Daimonie! ποιον επος εριπες! Und noch dazu wird ihnen in Schnorrs Archiv gedankt. Wahrheit ist: ich hätte mir den Dank an die Bibliotheken von Wien und Dresden, wo mir Schnorr ein Buch geliehen hat, und den Dank an die Verlagsbuchhandlung und Seite VII ersparen können.

Wegen des neuen Planes, der mir sehr gefällt, reden wir doch wohl mündlich. Werner kommt im März nach Wien auf der Durchreise nach Berlin. Da wollen wir kongressieren. Daß mich Seemüller nicht besucht, ertrage ich ohne Murren. Der Herr Löwy sagt, so oft ich ihn begegne: „wir (Seemüller und er) werden nächstens zu Ihnen kommen." Glaubt der Herr etwa, daß man ihm auch für einen Besuch zu Dank verpflichtet ist? Geht Seemüller die Woche 3mal zu Löwy, so wird er seine Füße bei mir auch nicht beschmutzen. Kommt er, auch gut. Gelten und gelten lassen ist es Sprüchelgen für Weiber.

Ergebenster Diener, Pepi,
Dein Fritz Studienmacher.

413/4-71; B; [Wien]; undatiert; [Lemberg]. 62

Lieber Pepi, beiliegend das Manuscript des Goetz-Aufsatzes. Schicke es aber nicht zurück, es hat ja Zeit, Du kannst es bequem selbst mitbringen. Der erste Theil hat schlechterdings mit Dir nichts zu schaffen.

Deine Entscheidung stimmt ja ohnedies mit der meinigen überein; nur stellst Du die Rubriken vertikal, ich horizontal. Für Deinen Zweck ist das erstere besser, für meinen das letztere. Es wäre aber nicht gut, wenn ich es nach Deinen Rubriken umschriebe. Dem Leser ist ja doch an unserer Klassifikation nichts gelegen, und er verliert auf diese Weise bei mir alle Übersicht. Auch scheint mir in dieser Klassifikation einiges willkürlich. Was soll sub V „aus Shakespeare", was hast Du dabei für einen Eintheilungsgrund? und warum nicht auch sub II und III „aus Shakespeare". Auf diese Weise wird niemand bei Dir die Shakespeariana finden können. Auch sehe ich, daß Du durchaus nicht alles verwerthen kannst, und wenn ich nicht eine Masse von Beispielen vorführe, muß ich mit Seite 41 abbrechen, sonst blamire ich mich. Mein Rath ist also folgender: Behalte Du bei, was Du von mir genommen hast; streiche aber alle Parallelstellen aus Shakespeare weg, sondern schreibe kurz hin: das sei wegen zu großen Einflusses Shakespeares gestrichen und füge hinzu: Der Beweis dafür im letzten Aufsatze. Auf diese Weise ist Dein Aufsatz vollständig, und die Belegstellen aus Shakespeare, welche doch offenbar in meinen gehören, stehen am richtigen Orte. Dabei wird freilich eine kleine Wiederholung nöthig. Da aber mein ganzer hieher gehöriger Artikel nur 3 Druckseiten gibt, außerdem davon mehr als dreiviertel neueres, die Belegstellen, enthält und überdies anders gruppirt ist, entsteht daraus nichts langweiliges oder überflüssiges. Ich verweise dann auf Deine Stellen und man kann sich sonach beide Aufsätze ganz ineinander einschachteln.

Meine drei Gruppen I II III entsprechen Deinem a b c d ja ohnehin genau, nur daß ich kein d habe, weil ich kein Beispiel dieser Art finde.

Daß Du die Anm. über den Aberglauben S. 43 nicht solltest brauchen können, ist mir unerklärlich. Du mußt Dich wenigstens darauf berufen, wenn Du die Anordnung des Monologes motiviren willst.

Ich citire immer jG, nicht mit Scherer djG, weil jG ganz genügend als Chiffre ist. Ferner immer den Band römisch II oder I oder III, weil bei Angabe der Verszahlen bei 2, 83, 55. doch leichter ein Irrthum entsteht, als wenn ich schreibe II. 83, 55, 77, 10. 99, 5 usf. Wenn ich nun einmal keine Verszahl angebe, weiß ja der Leser nicht, ob 2, 25 Seite 2 Zeile 25 oder Band 2 Seite 25 bedeutet. In Deinem Aufsatze thust Du recht nach A und B zu citiren; zb. A 46 = B 197 u.sw. (nicht etwa A jG II 46), weil Du bei Citaten aus andren Bänden jG dann die Bandzahl frei hast. In meinem Aufsatze handelt aber die erste Hälfte von Dingen, wo auch der erste Bd citirt wird, und weil das letzte Stück so kurz ist, will ich nicht auf S. 41–46 eine neue Eintheilung machen. Uebrigens kann eine letzte Revision dem abhelfen. Bei den Citaten aus Shakespeare konnte ich die Scenen nicht citiren, weil Eschenburg hierin eine gänzliche Confusion hat.

Bestätige mir den Empfang des Ms. durch eine Karte. Deine Berliner Recension geschieht wohl für Zupitza! Ich habe wol Steinmayers vertrauliche Mittheilung, aber von Zuspitzer noch nichts erhalten. Oder sollte Scherer Dich für die Rundschau gewonnen haben, damit er es selber los ist? Nach dem, was ein Steinmayer geschrieben hat, muß doch E Schmidt die Recension im Anzeiger übernommen haben und Wagner wollte gewiß ein Exemplar an die Zs. schicken. Nicht die Vossische, sondern die Norddeutsche Allgemeine hat ein Exemplar erhalten. Es wäre mir lieb, wenn Du mir wissen ließest wo Du recensirst. Schreibe Werner, er soll für Zupitza schreiben, wenn Du es nicht thust.

E. Schmidt könnte ich, falls er das Buch noch nicht hätte, ein Exemplar schicken, auch etwa Pirchle, wenn er recensirt. Schreibe doch ja Dörscher wegen des Ausschnittes meine Adresse. Fulda wird sich bedanken, wenn er die nächste Zeitschrift (was allerdings wenig wahrscheinlich ist) zu Gesicht bekommt, wo ich ihn einen literarischen Sansculotten nenne.

Mit allen den Leuten, welche glauben man mache sich eine besondere Ehre daraus von ihnen gelesen zu werden, werde ich den Austausch von Werken gänzlich aufgeben. Dazu gehören: Fresen, Scherer, Boxberger, Schnorr etc.

Ich möchte denn doch wissen, was ich gegen Deine Verlobung geschrieben habe? Wo denn? was denn? wann denn? Soll ein alter Junggeselle nicht mehr seine Meinung sagen dürfen, damit er euch weiche Herzen nicht im Dusel stört? Sehe ich nicht in jedem Deiner Briefe, die nur an mich gerichtet sind, also wo gar kein Grund vorhanden ist, wie Deine Liebe zu und Dein Gedächtnis abnimmt? Kennst Du nicht ehrliche Leute mit falschen Namen? Versteckst Du Dich nicht hinter Briefauszügen anderer Correspondenten, um selber unterducken zu dürfen? Bist Du nicht bereits unzüchtig genug, an Nachwuchs zu denken? Und das alles in einem Augenblicke, wo Dich nur die Studien beschäftigen sollten! Geh! geh! Du hast die Wissenschaft nie geliebt! (ab nach rechts).

Dein gnädiger
Jakob III.

N. M. Conegen hat meine Ms. der ersten Aufsätze seit 8 Tagen; es am selben Tage des Empfanges in die Druckerei gegeben. Correctur soll im Laufe der nächsten Woche begonnen. Pepi, Pepi! Wir zwei MS in GF!

413/4-66; K; Wien; 25. 3. 1880; Lemberg. 63

Lieber Pepi, bitte in größter Eile um Beantwortung folgender Fragen: woher weißt Du daß die Uebersetzgen in den Volksliedern aus 1769 stammen? 2. ebenso die aus der Adechtera. Da mir die Bücher fehlen, bitte ich Dich die bei mir S. 240 f <...> citirten Stellen aus Hamlet u. Makbeth mit Adechtera zu vergleichen u. zu sehen, ob es dasselbe ist. – Für das Vorwort, worin ich Deinen Götz glänzend rechtfertigen werde, erbitte ich mir folgende Stellen in Abschrift: 1. In Goethes „literarischem Sanskülottismus" steht etwas über einen Vergleich Wieland'scher Texte; die Stelle wird von Bernays „Goethes Text" in einer der ersten Anmerkungen herangezogen. 2. In den Litbriefen (Hempel XI) macht Lessing einmal bei Vergleichg verschiedener Stellen des Messias: „Die geringste Aenderung die ein Dichter wie Klopstock in seinen Werken vornimmt, wird zum Kunstgesetz" oder dgl. Du wirst die Stelle beim nachblättern leicht finden. Ich bitte um wortgetreue Abschrift beider Stellen, welche Deine Arbeit sehr vortheilhaft ins Licht stellen werden. – S. 232 unten (15^2) „stilisirter" statt „stilistischer".
Mit Bitte um schnelle Antwort
Dein
Fritz Mauthner.

413/4-67; K; Wien; 1. 5. 1880; Lemberg. 64

Lieber Pepi! Heute bei Heinzel gewesen, der meine Eröffnung über Habilitationem günstig aufgenommen hat. Werde also Anstalten machen, die Sache vom Fleck zu bringen. Die Druckfehler sind größtentheils nur auf der ersten Correctur stehen geblieben, weil ich da 3 Bogen zugleich zu corrigiren hatte, bei der zweiten waren sie schon getilgt. Was meinen Cometen anbelangt, so wird er vielleicht wieder schwankend werden. Aber nach S. 86 Anm. u. 97 Anm. der Goethestudien können die Ephemeriden auch (theilweise wenigstens) später abgefasst sein. Was daraus folgt, kann ich erst sehen, wenn ich alle Citate zur Hand habe; die Weiß'schen Daten mußt Du damit in Uebereinstimmung bringen.
Dein Fritzi.

413/4-68; K; Wien; 8. 5. 1880; Lemberg. 65

Lieber Pepi! Mit Conegen bin ich endlich grob geworden, sonst kommen wir gar nicht vom Flecke. Er hat eingezogen; einen seiner Leute zu mir geschickt, höflich beigelegt u. sogleich den Schluß meines Aufsatzes drucken lassen, den ich zum Gesuche brauche. Hast Du das Manuscript meiner Biedermannschen Goetheforschungen-Recension noch? So sei so gut u. schicke es mir; oder schreibe mir was Du damit gemacht hast.
Dein
Fritz

413/4-69; K; Wien; 25. 5. 1880; Lemberg. 66

Lieber Pepi! Meine Conjectur Definitio hättest Du nicht in Deinen Aufsatz aufnehmen sollen, denn Scherer hat mich eines besseren belehrt und ich werde selbst darauf in meinem letzten Aufsatze zu reden kommen. Ich habe sie deshalb in den 2ten Correctur streichen lassen. – Habilitationsgesuch ist eingereicht. Angf. Studien nehmen meine Zeit fast ganz in Anspruch.
Dein
A Sauer.

413/4-72; K; Vöslau; 7. 6. 1880; Lemberg. 67

Lieber Pepo, gestern war ich in Wien u. finde in meiner Wohnung Deine Karte betreffs des nach freier Erinnerung aufgeschrieben sein sollenden B. Der Esel von Brfträger hat

es durch die Thür geschoben. Natürlich war es zu spät. – Gestern große Kneipe des Germanisten-Vereins wobei Heinzel war u. Seemüller. Ich kam zufällig u. erst spät, nachdem Heinzel schon eine Rede gehalten hatte, wobei er auf seine trockene Art hinwies, die ihn weniger herzlich erscheinen ließe als er sei. Unsere Goethe-Studien hatte er gleichfalls sehr gelobt. Sonnabends ist Sitzg des ProfCollegiums über meine Arbeiten; Heinzel ist mit Winterstetten sehr zufrieden ... Hast Du Cataloge erhalten, so sei so gut und schreibe mir Adresse u. Firma derselben. Dränge gelegentlich einmal in Conegen daß die Studien vor Ablauf des Semesters fertig werden. Wie viel Bogen bekommst Du noch? Nach meiner Erinnerung geht es an den Schluß Deines Artikels. Mein Weiße ist von einem Schüler Bernays' in mancher Hinsicht vermobbelt worden.
Dein
Jacques.

413/4-73; K; Vöslau; 16. 6. 1880; Lemberg.   **68**

Da ich diesmal wenig Correcturen habe, schreibe ich lieber. S 197 Türken (Zeile 2); S 199 c) bitte ich nach „oben S. 103" zu verweisen, weil beide Beobachtungen sich bestätigen, daß in dieser Zeit Bibelcitate häufig sind; ich sehe aber oben daß ich „biblisch" für bildlich gelesen habe; also Unsinn! Zu S. 202 verweise ich Dich auf Haupts Anmerkungen zu Neidhart, wo denn die Rede ist, daß man Mäusen eine Schelle umhänge um andere zu vertreiben; ich habe das Buch nicht hier. In der Borstschen Anmerkg solltest Du doch sagen, daß unter „Fritz Held" der Büttel selber, nicht sein Stock, verstanden ist u. auf DWB s. u. Holz verweisen. S. 207 ist VI falsch (VII).

Sonntag wird über meine Habilitationsschriften zu Gericht gesessen. Ein Schüler Bernays' hat im „neuen Reich" an meinem Weiße höhere Kritik versucht, ihm aber doch nicht den Hals gebrochen.
Dein
J Minor

413/4-70; B; Vöslau; [23.] 6. 1880; [Lemberg].   **69**

Lieber Pepo,   Vöslau Juni 80
Deine letzten Correcturen habe ich „ohnmöglich" lesen können, weil ich Donnerstag (17.) Abends meine Colloquien und heute (Mittwoch) 12–1 Uhr (nicht Mitternachts) meine Probevorlesung überstanden habe. Thema: Vorbedingungen des St u Dr. Da ich noch viele Briefe zu schreiben habe, antworte ich auf Deine Karte. (Conegen war, nebenbei gesagt (wie die Klammer Dir als Philologen allein hätte sagen müssen) auch bei der Probelection.)

Die Vorrede will ich schreiben, erwarte aber von Deiner Seite ein Skizzo: was Du von Deinem Aufsatze gesagt haben willst. Dann werde ich Dir ein Probemanuscript schicken. Für Konegen habe ich einen Prospekt verfaßt, in dem ich die Studien als ein Ganzes dargestellt habe. Dasselbe wäre auch für die Vorrede günstig, wofern man in beiden dasselbe sagen könnte.

Da mir Muncker in seiner Recension vorwirft, Scherers Ratschläge zu intim befolgt zu haben, siehst Du deutlich daß Deine Klagen über kargen Dank grundlos waren. Mein Weiße ist übrigens vor ein paar Tagen in der Augsb Allg Ztg recensirt worden, habe aber das Schriftstück nicht zu Gesicht bekommen.

Finde ich bis morgen fünf etwas in Deinem Bogen 15, wozu ich eine Bemerkg habe, so setze ich es unten hin.
Unterdessen Dein
Jacques
Der Titel: „Studien zur Goethe-Philologie" würde uns manche schlimme Kritik in Blättern von allgemeinem Charakter vom Halse schaffen, die doch auch nicht angenehm sind. Er passt zudem besser. Nun habe ich schon vor 2 Wochen Konegen gesagt, ich wollte we-

gen eines passenden Titels mit Scherer korrespondiren. Wie wäre es, wenn Du brieflich ihm diesen Titel vorschlägst u. sagtest, es sei ein von Scherer erfundener Name „Goethe-Philologie", der Beifall gefunden hätte, populär geworden sei, der uns nie Kritik Scherers eintragen würde etc. Sage, Scherer hätte uns diesen Titel vorgeschlagen und wir könnten nicht gut ausweichen; u. daß es bereits zwei Bände Goethestudien von Düntzer gebe.

Dein Bogen 15 (Correctur 1) ist freilich kraus. Du hättest Varianten von unbedeutenden Worten zusammenstellen sollen. Oft bemerkt man die Absicht, eine große Anzahl einsilbiger Wörter nebeneinander zu reduciren S. 228: (wir), er wär ein; Und wir sind hier, (euch); (Zeile 3 von u. muß es „des dritten wir" heißen). 229 Und da will ich so lang. S. 232 Mitte: der „Rächer" wird auch in den Prosaszenen im Faust genannt. S. 233, 1. Absatz würde ich nicht „Tautologie" sondern „Pleonastisches" sagen. Ein anderes Princip scheint zu sein, daß Goethe in B dasjenige, was er in A gar zu eindringlich und auf den Effekt berechnet gesagt hat, in B ändert; also den verstandesmäßigen Hinweis durch „zugleich" „nun" (S. 234) „denn", wo die bloße Nebeneinanderstellung der Gedanken den Sinn ergibt. Umgekehrt müsste S. 234 der Sinn des „Ende" („Konnte gar nicht finden") deutlicher werden. Wenn Du Dir diesen Fall überlegst, wirst Du schon eine Formel dafür finden. Demonstratives, Conjunctional-Hinweis, Adverbial-Hinweis usw. (oder ähnlich) wurde getilgt.

Der Verfasser.

413/4-74; K; Vöslau; 29. 6. 80; Lemberg. 70

Lieber Pepo, mit einer von Konegen irrthümlich an mich geschickten Correctur übersende zugleich den Anfang unserer Studien; den ich mit Deinen Anmerkungen baldigst zurückerbitte, weil nur mehr 1/2 Bogen zu setzen ist. Schreibe nur auch an Konegen wegen der Goethe-Philologie. Ich glaube Du wirst mit der Vorr. zufrieden sein, wenigstens habe ich Deine Arbeit gehörig herausgestrichen und als Markstein einer neuen Zeit aufgestellt. – Bitte um gefällige Nachricht ob denn Aretin IX 4. noch nicht erschienen ist; ich habe von meinen Weiße-Büchern, die ich im April corrigirt habe, bis jetzt noch keine Abzüge u. möchte nicht die Reclamationsfrist versäumen. Von Bogen 8 besitze ich nur eine Correctur. – Daß die „Lieder" aus Shakespeare in den Volksliedern von Herder aus 1769 sind, wusste ich, führe sie aber nicht auf, weil das in ein anderes Capitel gehört; aber die Einleitenden Uebersetzungen einiger Stellen dazu sind sicher später gemacht. Danke übrigens für beide Abschriften. – Du wirst mich am 10. wol noch in Wien-Vöslau finden, wofern ich noch lebe; denn ich zünde schon wieder Bücher an und lasse Thüren offen stehen.

Ergebenst
J. Minor

J Minor413/4-75; K; Vöslau; 12. 7. 1880; Lemberg. 71

Lieber Pepi; Als gemeinsame Liste stellt sich für beide heraus:

Sauer, Minor, Heinzel, Scherer, Müllenhoff, Seemüller, Jakoby, Sedelmayer, Hartel, Longer, Senner, Suphan, Weiß, Mareta und vielleicht Hagen. 15 Exemplare. In die 15 übrigen müssen wir uns theilen; denn ich brauche für Bekannte, Verwandte u Prüfungskomission eben so viel wie Du; und habe die persönlichen Exemplare nur deshalb nicht aufgeführt, weil ich die beiden gemeinsamen Exemplare nicht berücksichtigt hatte. Fresenius, E Schmidt erkenne ich nicht an, weil der erste über meinen Weiße nicht gerade aufmerksam und der andere gar nicht gedankt hat. Ob mich das nicht abhält Fresenius in der Vorrede zu citiren, so schicke ich ihm doch kein Exemplar. Da Du dieselbe Erfahrung gemacht hast, kannst Du auch auslassen. Es kommen also 7 Exemplare auf jeden, und das eine getheilte, welches ich habe. Fragt sich, ob Konegen (wie wahrscheinlich) Aushängebogen für Exemplare rechnet. Ich habe 2 (f. Heinzel u. mich) bezogen.

J. Minor

413/4-76; K; Vöslau; 12. 7. 80. Lemberg. 72

Lieber Pepi, Siehst Du's – Gasse! Ein Exemplar meines Weisse wäre sehr erwünscht, womöglich sogleich mit Post, Kreuzband per 15kr-Marke; würde die Frankierung in Briefmarken vergüten. Daß Du erst 15. kommst, ist schlimm. Heinzel wird nicht mehr hier sein um diese Zeit. Mein Verzeichnis von Leuten, welche mit MGS behelligt werden sollten, besteht aus: Sauer Minor Heinzel Scherer Müllenhoff Jakobi Seemüller Schorr Boxberger Steinmayer Schaukal Schipper Hartel Sedelmayer (vgl S. 98 Anm) Suphan Werner. Zwei Exemplare erhalte ich: das eine gehört für Heinzel, welcher aber die Aushängebogen abliefern muß und dafür was feineres gebundenes erhält. Das andere habe ich behufs „Habititierung" (so meine Mutter) zertheilen müssen und du könntest also ein Exemplar Deiner Aufsätze allein haben, falls ein Exemplar zwischen uns beiden halbirt werden sollte. Sei so gut und gib mir an, welche von den genannten Du betheiligungswürdig und auch Deinerseits betheiligungsnothwendig erkennst und füge diejenigen hinzu, welche von Deiner Seite beschenkt werden müssen. Ich werde dann auch anerkennen und verwerfen wie unser Herrgott am jüngsten Tag. Und die von jedem verworfenen hat der andere aus dem Privatbesitz seiner Exemplare zu decken. <...> erbitte umgehend bestimmte Angabe Deiner Ankunft.
J Minor

413/4-77; B; Wien; 18. 7. 1880; [Wien]. 73

Wien 18. Jul 80
Lieber Pepi, ich bin gestern 2mal bei Dir gewesen, habe aber bei der Hausmeisterin immer erfahren, daß Du nicht zu Hause bist. Da ich nun bald wieder nach Vöslau muß und Donnerstag nach Reichenau fahre, so erbitte ich mir Deinen Besuch Montag Morgens bis 10 Uhr; d.h. so lange Du willst, aber bis 10 Uhr triffst Du mich zu Hause. Solltest Du nicht Zeit haben, so bitte ich um Bestimmung einer anderen Stunde, aber mittelst Expreß, denn die Post schickt alle Briefe an mich nach Vöslau.
Ergebenster
Minor

413/4-78; K; Reichenau; 24. 7. 1880; Wien. 74

Lieber Pepi, nimm es mir nicht übel daß ich Dir nur meine Adresse schreibe. Mein Kopf ist zu gar keiner Art Schreiberei aufgelegt. Ich wohne also Reichenau No 70 bei Fraihsl. Mache mit Deiner Braut eine Parthie hieher, kannst Mdme Scherer am Rückwege besuchen, machst sie glücklich, Deine Braut glücklich, gewiß ist frische Luft, kostet nicht viel, kannst Sonntag mit dem Vergnügungszug um 2 fl nach Payerbach hin und zurück fahren und um 20 kr hieher. Bei mir ist Sturm und Wetter zu Hause; Du kannst die Sonne machen. Sage doch Konegen, daß er nicht vergißt mir meine (respektive Deine) in Aushängebogen bezogenen 2 Exemplare zu ergänzen und Deines auch. Ich bekomme 2 Exemplare der Bogen 16-18 und Titel. Auf Weiße und Recensionen mußt Du bis Vöslau (respektive 6. August) warten. Exemplar habe ich noch nicht von GMS. - Sucht einen armen Kerl, ein armes Häufchen auf. Gib mir Erlaubnis eine rührende Epistel an Deine Braut zu schreiben, so wird Sie Dich nicht rufen lassen, bis Du die Wallfahrt unternimmst. Kann Dir auch nicht schaden die Reichenauer Luft.
Dein
Fritz der Nichtswürdige.
NB. Kluger – Rieger – Steinmeyer – scheint nicht viel los.

413/4-79; K; Vöslau; 6. 8. 1880; Rossitz. 75

Lieber Pepi; ich bin schon wieder von Reichenau zurück und frage an, wann Du nach Wien kommst; wir werden uns nächste Woche wol sehen. Loeper hat geschrieben; ich

werde den Brief mitbringen. Desgleichen Heinzel und Scherer (eine Karte). Ein Druckfehler Loete statt Loen in Deinem Aufsatze wurde mir zugeschrieben. Ich wünsche nicht daß es Dir so geht wie mir; in den Hundstagen werde ich immer verrückt.
Dein Fritz.

413/4-80; K; Vöslau; 18. 8. 1880; Wien. 76

Ew. Wohlgeboren
beehre ich mich hiermit meine Habilitation als Docent für deutsche Sprache und Literatur an der Universität Wien anzuzeigen.
Hochachtungsvoll
Dr. Jakob Minor.

413/4-81; K; Wien; 24. 8. 1880; Wien. 77

Lieber, lieber Pepi, ich bitte Dich inständig besuche mich morgen Sonntag Früh oder Vormittag in meiner Wohnung in Wien.
Ewig dankbar wird sein Dein
Jacques

413/4-82; K; Vöslau; 26. 8. 1880; Wien. 78

Lieber Pepo, nach Guttenstein fährt man mit der Südbahn; nimmt eine direkte Karte bis Gutenstein, fährt bis Leobersdorf, von da nach Guttenstein mit der Zweigbahn. Mein Vater war neulich dort, prachtvoll! Erwarte also Deine Bestimmungen, Abmachungen mit Jagermayers, Nachricht einige Tage vorher; oder wenigstens einen Tag vorher. Die „Nfreie Presse" vom Dienstag enthält eine Anzeige des Goethe Jahrbuches von mir (Morgenblatt). Schuld werde ich gelegentlich der Partie abtragen. Empfehlung an alles, was Sauer – Jagermayer heißt. Habe gestern 4 geschlachtet, nun noch einer; M Rieger muß auf bessere Zeiten warten. In Erwartung baldiger Abmachung
Dein
Friquet.

413/4-83; B; Vöslau; 3. 9. 1880 [Wien]. 79

Vöslau 3. Sept 1880.
Lieber Pepi, nach meinem gestrigen Ausfluge nach Maria Schutz muß ich Dir doch ein Lebenszeichen geben, weil ich weiß daß Du an meiner Sache Theil nimmst und selber in einer Lage bist, wo man Liebesleid – und Lust versteht. Wir waren nur einige Augenblicke allein zusammen und saßen im Gasthause. Ich fragte, was das Herz mache. Sie sagte darauf, es sei noch immer beim alten. Sie wisse auch gar nicht, ob es „der Mühe werth sei" es aufzuwecken, ob man nicht glücklicher ohne dasselbe sei; ob es „der Mühe Werth sei", mich besser kennen zu lernen, um sich endlich zu entscheiden. Auch hätte ich die Zeit unseres Auseinanderseins nicht gut angewendet und in übler Laune Fortschritte statt Rückschritte gemacht. Kurz, mir ist es wieder ganz deutlich geworden, daß das Mädchen kein Herz, wenigstens für mich keines hat. Dazu muß ich mich die ganze Zeit meistern lassen was an mir so sein sollte, was so. Es sieht bei Mutter und Tochter wie Gnade aus, daß man mich noch so behandelt; und ich komme mir die ganze Zeit über wie bornirt und blödsinnig vor. Ein Mädchen, die nicht ein freundliches Wort für einen Mann hat, der eine stundenlange, mühevolle Reise zu ihr macht, um ihr ein paar Stunden ins Gesicht zu schauen, kann ja kein Herz haben. Und so sehe ich eigentlich ein, daß ich das Opfer einer Kokette feineren und gefährlicheren Schlages geworden bin. Ich habe mich noch Abends hingesetzt und ihr einen Scheidebrief geschrieben, und bin nun wieder jammervoll allein, Zeit und Kraft fort, Lust und Liebe zur Arbeit hin, der Kopf dumpf, das Herz leer,

und nirgends, nirgends ein Trost woran ich mich halten könnte. Ich wünsche mir eine Krankheit, die aufzehrt; aber so etwas kommt nur zu denen, die noch leben wollen. Und selber Hand an sich legen ist so schauderhaft, setzt einen Grad stillen Wahnsinns voraus, vor dem ich bebe – – –

4. Sept 80

Hier hat mich gestern Liresch unterbrochen. Ich sollte mich eigentlich über niemand beklagen als mich selber, meine an Tölpischheit grenzende Naivetät. Hab' ich mir doch so viele Jahre gesagt, daß das nichts für mich ist und wenn dann wie ein Fant mit Netz hinein. Wenn ich nach Wien komme, werde ich für Ablauf des Zündschlosses sorgen und ob man da <...> liegt, ist endlich doch alles eines und wer weiß, was sich ergeben hätte, usf. Blatt No 20 meines Lebens kassirt; ich wollte ich könnte den Rest herunterfetzen wie die Tage an einem Blockkalender. Beistehendes Gedicht gefällt mir so gut, daß ich es abgeschrieben habe.

Der neue D<...>.

Nach reinem Herzen hab' ich gefragt
Herum in den weiten Landen.
Doch keiner hat mir die Antwort gesagt,
Wusst' keinen, wo Herzen sich fanden.

Und aufs neue setzt' ich weiter den Stab
Durch einen Gau nach dem andern.
Nicht Sturm nicht Regen gescheuet ich hab'
Unermüdlich im rastlosen Wandern.

Und kam ich ins Dorf, so ließ ich nicht ab
Zu pochen an alle Thüren.
Doch nirgends ein Herze mir Antwort gab,
Hört' nirgends die Angel sich rühren.

Und kam in die Stadt und fragte nun fort
Durch alle Straßen und Gassen.
Doch fand ich das Herzlein wieder nicht dort,
Wollt' nirgends sich finden lassen.

Und bin nun müde vom Wandern, bin alt,
Kann kaum den Fuß mehr bewegen.
Das Herze da drinnen ist worden kalt,
Will einsam zur Ruhe sich legen.

- - - - - - - - - -

Und ging aus dem Thor, an dem Kirchhof vorbei,
Drin fand ich das Herzlein begraben.
Und bricht auch das meine in Schmerz jetzt entzwei,
So soll man es nebenhin tragen.

Parallelstrophen.

Nach Gutenstein fahre ich nicht mit, werde aber wohl Donnerstag nach Wien kommen. Grüße an Deine Eltern; Deine Braut von einem alten Wittiner und von Pepi in aller Lieb und Treu, so lang es geht und steht.
Der ich wohl zu leben wünsche
J W. Goethe, od. Minor.

413/4-84; S; [Vöslau]; 24. 9. 1880; [Wien]. 80

EX!
Dr Jakob Minor
Dr August Sauer
legitimirt am 24. Sept. 80.

Endesgefertigter, als Sachverständiger in unglücklicher Liebe beigezogen, bestätigt nach Erkenntnis des Falles und bestehender Verhältnisse, daß ihm nach bestem Wissen und Gewissen, nach genauer Prüfung und nachsichtiger Beurtheilung eine Einrichtung des brautlichen Verhältnisses zwischen Maria Jagermayer und August Sauer unmöglich scheint und er selbst zum Bruche den Rath ertheilen muß, den er glaubt vor seinem Herzen und Gewissen vertreten zu können.

Dr. Jakob Minor,
Privatdocent an der Universität Wien
24. Sept. 1880.

413/4-85; K; Vöslau; 26. 9. 1880; Wien. 81

Lieber Pepo, erwarte vergebens eine briefliche Kundgebung in der bewussten Sache; nehme an, daß es gut geht, denn nur im Glück vergißt man seine Freunde. Willst Du nicht zu mir kommen? Vielleicht nächste Woche?
Dein
Friquet.

413/4-87; K; Wien; 1. 10. 1880; Lemberg. 82

Lieber Pepo, ich rathe die Werke alle bei Konegen zu bestellen und zurückzuschicken, dagegen aber auch ... * magisch das Brac. zurückzufordern. Hamann ist sicher gegangen, im Winterpaletot; da es noch nicht so kalt ist, hätte es auch ein Unterzieher aus leichtem Stoffe gethan. Daß Scherer recht hat, fühlt wol kein Mensch so tief als der Fritzi! Wenn ihm nicht zwei schwere Anhängsel am Arme hingen: D-y und Hypochondrie, dann gings schon auch vorwärts. Für etwas die klassische Formel zu finden, hat Sch. immer verstanden, und er wird sich auch diesmal nicht geirrt haben. Uebrigens habe ich jetzt 16 Hörer, es sitzen aber immer an 30 darin. Heute habe ich über die Stein, Lenz, Klinger, Kaufmann, Jakobi gesprochen. Ich habe, was ich nicht geglaubt hätte, das Talent zum frei sprechen an mir bemerkt. Ich rede fast ganz frei; aber sehr lebhaft und schnell; halte mich kaum die Hälfte an den Text des Manuscriptes.

Wünsche gute Feiertage! Gruß von
Fritzi.

NB. Möchtest Du mir nicht schreiben, wo Du das grüne Papier kaufst, worin Hermann eingewickelt war? Doch wol in Wien und wo?

413/4-86; K; Wien; 15. 10. 1880; Lemberg. 83

Lieber Pepi, Speidel will eine Recension der Studien z. G. Phil. bringen, wir sollten ihm einen Recensenten nennen. Vielleicht weißt Du einen, dem wir es auftragen. Im andern Falle würde auch eine bloß informierende Anzeige unsererseits Statt haben können, mit Benützung der Vorrede. Bitte um Antwort. Was ist es mit den öst. Studien?
Dein
Jacques,
Wien; 15 Okt 80

413/4-91; B; Wien; 9. 11. 1880; [Lemberg]. **84**

Wien 9. Nov 80.

Lieber August,

Verzeihung daß ich auf Deinen Entwurf erst heute zur Antwort komme. Aber es gehen bei uns böse Dinge vor. Mein Schwager hat die Aufsage von seinem Hausherrn bekommen; ist damit um ein Geschäft gekommen, worin 27000 fl stecken; und mit 5 Kindern eigentlich zu Grunde gerichtet, wenn auch nicht ganz ohne seine Schuld. Lamentos und Laufereien hin und her usw usw. machen einem alles zuwider; und so ist die Sache liegen geblieben.

Ich bin mit Deinem Entwurfe einverstanden; der die xte Auflage gar nicht berührt, also wol stillschweigend Konegen nachgibt. Leider habe ich noch über keinen Titel nachdenken können und unter der Hand nichts heraus gekriegt. Wir wollen also sehen daß die Sache in Gang kommt. Aber ich verspreche keine Hast; denn ich habe mit dem Colleg eine solche Arbeit, daß ich zu nichts komme. Außerdem muß ich msd. fertig bringen. Werde also vor der Hand nur als Redakteur wirken.

Daß Du mit der Bande fertig bist, sei froh. Begehre aber Dein <...> energisch zurück; warum ihr denn einen Profit lassen?

Mit Daisy geht es ganz im gewohnten Gleise weiter. Schon ein paar Mal wurde gerauft, Sonntag habe ich ihr die Briefe zurückgeschickt, Montags (gestern) wieder Versöhnung. Ich habe sie schon einmal für eine Kokotte erklärt, dann wieder eingesehen daß ich Unrecht habe usw usw. Gestern seelengut und fromm; mir einen Brief versprochen und mir einen Termin darin zu geben versichert. – Heute warte ich von Früh bis Nacht auf den Brief, aber er kommt nicht. Wenn sie um mich ist, ist alles gut; wenn sie wieder weg ist, alles schlimm. Das Steppenblut, das Zigeunerblut, wie sie sagt, ist an allem Schuld. Kurz, ich weiß nicht, wo mir in dieser Hinsicht und in anderer der Kopf steht. Müde, wie ich Dir schon einmal gesagt habe; es nützt alles nicht, müde! müde!

Wo meine Zeit hinkommt, weiß ich nicht. Ich habe seit 4 Monaten nichts gelesen; arbeite jetzt den ganzen Tag am Colleg, bin aber meistens wenig damit zufrieden. Mit dem Vortragen gehts besser; das macht mir einigen Spaß. Weilens Sohn, der bei mir hört, hat gut rapportirt und der alte Weilen hat mich aufgefordert im Verein der Literaturfreunde einen Vortrag zu halten; da ich zu faul und müd bin einen neuen zu machen, werde ich aus meinem Collegienheft über Goethe in Weimar 1775–1786 zusammenglauben, was Interesse hat.

Wenn nur aus der Periode Schiller – Goethe bei oberflächlicher Arbeit mehr heraus käme! Aber die Sachen sind einem so bekannt, daß man sich ärgert, noch ein Wort darüber zu sagen. Man ist so abgestumpft gegen sie, weil man sie schon als Schuljunge auswendig gekannt hat, und sie bereiten einem keine Kanten mehr, an denen man sie fassen kann. Ich hudele und schludere, daß ich mit der Sache hinaus komme. Wenn es aushält, wie ich glaube, so lese ich im Sommer Fortsetzung und alter Goethe bis 1832 und erst im Winter Romantiker. Für mich ist das Collegmachen mehr als ein Buch.

Schmidt habe ich seit dem Tage seiner Antrittsvorlesung, wo er bei uns war, nicht gesehen. Seemüller war heute bei mir, ist aber nichts dabei herausgekommen, obwol er weit liebenswürdiger war als sonst im Durchschnitt.

Lieber Pepi, sei fleißig, brav und vertreibe Dir die Heiratsgedanken, damit Du unseren Studien keine Schande machst.

Bei David bin ich gewesen; hat von Dir geredet, kennt einen doch wenigstens dem Namen nach. Was ist mit Deiner Außerordentlichkeit? Brauchst Du keinen Nachfolger? Schlage mich ja vor. Hat man denn überhaupt im Ministerium so viel Rücksicht, Jemanden nicht ohne Grund als Docenten sitzen zu lassen, ohne sich um ihn zu kümmern? Sonst sitzen wir hier 15 Jahre.

Lieber Pepi, mache mir und den Studien keine Schande, sondern gib den Raimund heraus und schicke mir ein Exemplar von ihm, sowie von Kleist. Denke mitunter an mich und lerne fleißig polnisch.
Dein
Jacques

413/4-88; B; Wien; 22. 11. 1880; [Lemberg].   85
Wien 22 Nov 80.
Lieber August,
Frau Prof. Schmidt hat mir erzählt, Du befändest Dich nicht wohl; Sie weiß es von Deinen Eltern. Ich frage deshalb an, was es mit Dir ist und was vorgeht? Bitte um baldige Antwort. Ich will nicht hoffen, daß Dir die Geschichte mit Jegermayers am Ende noch in den Kopf gestiegen ist. Da von Liebe doch, wie Du sagtest, nicht die Rede ist, so kann höchstens beleidigter Stolz vorhanden sein; und für den habe ich nur das eine Recept: Körnige Grobheit, ob ich schon bekennen muß, daß ich in gleicher Rolle auch nicht immer heraus kann.

Ich höre Du klagst auch über Lemberg. Laß Dich diese Verdrießlichkeit nicht bestimmen. Denke nur, daß es ein Glück war, daß Du nicht Privatdocent hast bleiben dürfen. Und denke nur, wie unangenehm Deine Stellung in Wien jetzt wäre! Du kannst Dir denken, daß ich es hier nicht besser habe als Du in Lemberg. E Schmidt macht ungeheures Aufsehen, steht alle 2 Tage etwas von ihm in der Zeitung; was habe ich für Mühe neben ihm mich zu halten! Und wer gibt auf mich Acht! Ich habe 30 Hörer (eigentlich 29); es ist immer gut besucht gewesen, außer heute, wo ich mit Schrecken kaum 20 gesehen habe. Vielleicht, weil ich neulich in der Neuen Fr Presse über die Themen was geschrieben habe! Wäre verflucht! Auch gibts immer einige Oppositionsmänner. Und doch ist mein Heft bis daher sehr gut; ich zittere davor, daß es bald schlechter wird. Heute habe ich an Egmont höhere Kritik geübt, aber (wie es scheint) keinen Anklang gefunden.

Bei uns im Hause geht es kläglich zu; ich glaube Dir schon neulich geschrieben zu haben, daß mein Schwager ruinirt ist, weil ihm sein Hausherr aufgesagt hat. Das Jahr 1881 wird bös; das seh ich voraus. Wäre es nur schon vorbei!

Mein Verhältnis mit Daisy ist noch immer so sonderbar. Ich habe ihr schon einmal die Briefe zurückgeschickt. Aber sie hat mir sie wieder zurückgegeben. Sie will sich, wie sie schrieb, bis Mai entscheiden. Ein paar Tage darauf begegne ich sie; da will sie wieder nichts davon wissen. Bei einem Rendezvous kann ich jedesmal sicher sein, daß etwas anderes dazwischen kommt, was stört und aufhält. Sie hat eben immer Gesellschaft oder dgl. Ruhige Stunden hat mir diese Liebe noch nicht eine verschafft; glückliche nicht viele. Ans Heirathen wird bei den neuen Ereignissen auch nicht zu denken sein. Also Du siehst, es geht andern Leuten auch nicht nach Wunsch.

Apropos, ich habe schon öfter daran gedacht, daß wir eigentlich unsere Collegienhefte miteinander theilen könnten, da wir uns doch keine Concurrenz machen. Mich kostet das Collegmachen enorme Zeit. Ich weiß nicht, was ich im Sommer lesen werde. Ich wollte Romantiker lesen. Aber dazu muß ich zuviel neu lesen. Es wäre mir lieb, wenn ich vielleicht im Winter nicht bis 1805 käme und im Sommer fortsetzen könnte und etwa Goethe bis 1832. Dann im Winter Romantiker. Wer nur seine Hefte alle fertig hätte! Das wäre ein Leben! Ich kann nichts schreiben, so lange ich diese Collegarbeitslast habe.

Du wirst wol zu Weihnachten Deinen Eltern und Freunden das Vergnügen eines Besuches machen?

Ist denn auf Krakau gar keine Aussicht? Neulich wurde in der Freien Presse der Gedanke angeregt, Prag Innsbruck mit Docenten für neuere Literatur zu besetzen! Das wäre ein Leben, wenn wir alle versorgt wären! Aber am Ende kommen die Ausländer!

Pepi, leb' wohl und schreibe mir! Was ist denn mit den Studien zur öst. Litgeschichte?
Es grüßt Dich Dein
Fritz.

413/4-89; B; Wien; 16. 12. 1880; [Lemberg].   86
                                                            Wien 16/12 80.
Lieber Pepi,
   Nur nicht so hastig! Hat man sich darum vergessen, weil man vor lauter Colleg nicht zum Schreiben kommt? Uebrigens bist Du der nachlässige. Du schreibst immer Karten, ich Briefe. Aber alles soll Dir verziehen sein um des munteren Gesellen willen, den Du mir durch Konegen hast schicken lassen und für den ich Dir bestens danke. Der Raimund ist wahrhaftig patent! Druck und Ausstattung schön; das Werk hat eine große Auflage, und Du hast auch einen schönen äußeren Erfolg daran, der Dich nicht zu viel Mühe gekostet hat. Daß auch ein bischen Aerger daran hängt, ist nicht anders möglich. Ist ja überall so! „Schau vorwärts, Werner (aber nicht Richard Maria, sondern im Tell) und nicht hinter Dich."
   Was die <...> Weiber anbetrifft, nimm sie, wies liegt und steht. Mir geht es auch nicht besser. Hoffentlich kommst Du zu Weihnachten nach Wien und wir wollen uns mit einander trösten. Zum Schreiben ist mir die Sache wirklich zu lang und zu toll. Kurz: Daisy hat mir erlaubt sie zu begleiten, dann hat es sie und ihre Mutter <...>. Und ohne mir zu sagen: das geht nicht, hat sie beim Nachhausegehn aus der Singschule (da war das Rendezvous) sich an Freundinnen angeschlossen und gethan als ob ich nicht da wäre. Als ich sie doch erwischte, Streit, Zank u dgl. Bald wieder Versöhnung. Am 1. Dec. habe ich im Verein der Litfreunde einen Vortrag gehalten, Goethe in den Weimarer Lehrjahren, worin sie als Lilli mitgenommen wurde. Sie schrieb mir darauf einen Brief voll Excentricitäten, aber schön. Indeß haben wir uns nicht gesehen, und es beginnt in meinem Kopf ruhiger zu werden. Ich sehe, daß sie kein Herz hat; nicht lieben kann, wenn sie auch will; daß sie niemand glücklich machen kann usw. Ich werde kälter und bestärke mich darin. Denke Du auch, was aus Eurer Heirath geworden wäre! Und schätze Dich glücklich; daß nichts daraus geworden ist. Wir werden beide noch glückliche, gute Ehemänner, wenn es schon nicht ohne Geweih abgehen soll: aber diese Wesen müssen büßen, so unschuldig sie vielleicht selbst sind, so sehr die Schuld an den Eltern liegt. Also abschütteln!
   Komm nach Wien, Spezibub! Wir wollen uns frei schwätzen und froh und fröhlich werden. Ich bin auf gutem Wege; wenn ich nur nicht stecke.
   Heute habe ich mein Colleg für 1880 geschlossen. In den Ferien wird Hamann fertig gemacht. Ich stehe mit der literarischen Anstalt in Fkfurt (ruhiger Verlag von Rütten und Loening) in Verbindung. Sie wollen zwar nicht viel zahlen, aber doch schöne Ausstattung geben.
   Komm, Kleist! komm, Raimund! komm, Sauer! komm, Pepi! komm, Leidensgefährte Schicksalsgenosse Freund! Laß Dich die paar Gulden nicht reuen.
   An Scherer habe ich heute geschrieben.
   E. Schmidt sehe ich fast gar nicht; spielt eine große Rolle in der hiesigen Gelehrtenwelt.
   Vale faveque!
   Dein Freund
   Ypsilanti.

413/4-90; B; Wien; 28. 12. 1880; [Lemberg].   87
                                                            Wien, 28. Dezember 1880
Lieber Pepi,
   Bei Conegen bin ich heute gewesen, um die Sache ins reine zu bringen. Sie ist indessen noch nicht entschieden, ehe er etwas zugibt, will er das fertige Ms. vor sich sehen. Ich rathe also zu schneller Ausfertigung desselben. Es soll, wie er sagt, nicht liegen bleiben; sondern rasch in Druck gehen. Meine Karte wirst Du erhalten haben; ich habe von dem ersten (besser ersten und zweiten Artikel) bereits 80 Blätter; der dritte wird sehr kurz gemacht. Da nun 96 Blätter 6 Bogen machen, so werde ich vielleicht 7 1/2 Bogen be-

kommen. Dem Conegen liegt daran nichts, und ich will nicht mehr als für 6 Bogen Honorar. Handelt es sich also nur, wie schon gesagt, ob Dir das Uebergewicht nicht zuwider ist. Wenn ich es recht betrachte, bist Du eigentlich der vornehmere, der, um das Buch in Lauf zu bringen, was zugibt. Aber anderseits kann ich nicht wissen, wie Du darüber denkst. Mein zweiter Aufsatz: Goethe + Herder füllt die Lücke, den Sprung zwischen Bd I und II jG aus; er ist also von der ersten Abhandlung nicht wol zu trennen. Außerdem habe ich in die erste Abhandlung manches neue aufgenommen: zb. Mercks Lila-Lieder charakterisirt, die Du wol gar nicht kennst; dann zu der Kritik der Fkf. gel. Anz. Es ist alles das beste, was ich gemacht habe. Also bitte um Ms!

Zu den <u>Nachträgen und Verbesserungen</u>:

ad I) Zur deutschen Literatur und Geschichte. Ungedruckte Briefe aus Knebels Nachlaß. Her. v. Düntzer Nürnberg. Raspe 1858.

ad II) Die Zeitschriften, die ich habe, enthalten keine Recension über Kleist; weder Litbr. noch NBibldWiss; sind auch alle später. Uebrigens sind Recensionen immer bei <...> angegeben.

ad III) In die Hofbibl. komme ich jetzt, Protections halber!, schwerlich! will aber sehen, wenn es sich findet.

ad IV) Ein martialischer Kerl! Tausend Dank!

Werner mit seiner Correktur ist ein Stiefelknecht; ich begreife wirklich nicht, wie man an dieser Arbeit eine Freude finden kann. Unzweifelhaft hätte er als Corrector in einer Druckerei bessere Dienste geleistet als am Leibstuhl in Graz (wollt sagen Lehrstuhl! all eines!) – Ich bitte. Er ist mir gleich ob er früher heraus kommt oder später. Aber ich will meinen Weg ohne Einvernemung gehen. Er wird sich beschäftigen; zu einem oder dem anderen Gedichte eine unpassende Quelle anzugeben, ich untersuche Wortschatz und Motive.

Ludwig Bork ist nicht eines ehrlichen Todes gestorben, oder vielmehr des ehrlichsten, den man haben kann! Er hat sich in Leipzig aufgehängt. Hagen hat es mir geschrieben, als ich ihm mein Buch schicken wollte. Er verließ im October Kasel, ging nach Leipzig und Ende November hat er sich aufgeknüpft. „Warum? weiß kein Mensch"; schreibt Hagen. Ich kann mirs aber denken. Denn mit mir ist er in Berlin fast allein noch verkehrt. Er kommt mir oft vor, als ob er mir, wie das Gespenst dem Hamlet, winken thäte.

In die Norddeutsche Allgemeine habe ich ein Exemplar schicken lassen. Vielleicht zeigt Pröhle an; komme ihm zuvor! Boxberger habe ich gebeten in der Augsb Allg zu recensiren, aber keine Antwort noch Urtheil bis heute. Wenn er es nicht thut, möchte ich E Schmidt darum ersuchen; weil die Augsb Allg. keine Recensions-Exemplare annimmt, sondern nur von ihren Mitarbeitern selber gewählte Werke recensirt. Dann aber würde Schmidt wohl nicht, wie ihm Steinmayer angetragen hat, in der Zs f d Alt. recensiren, und Steinmayer würde Dir es antragen. Aber das ist nicht angenehm, wegen des vice versa. Also geh nur stracks nach Berlin und verkündige den dortigen Ungläubigen Gott dem Herrn, den sie, als er in Menschengestalt unter ihnen wandelte, so schmählich verkannt haben, wenn er aber mit Ochsenhörnern auftritt, mit Jubel empfangen werden. Scherer wird in der Rundschau ein Artikelchen, ein ganz kleines, wie Werner sagt, schreiben. Ich habe bis heute nach Absendung von den letzten Druckbogen (er bekam die Bogen) erst eine dreizeilige oder sechszeilige (ich weiß nicht) Karte erhalten. Es scheint ihm entweder in der Vorr. S. IV oder auf der Widmung etwas nicht zu passen. Umgekehrt ärgert es mich, daß ich ... Kurz und gut, eines Abends war ich wild, dachte: wieder auf, setzte mich hin, suchte an, erhielt, widmete, druckte – und habe eigentlich nichts, als daß Schönbach mich für einen Esel halten wird.

Heinzel hat mir schön geschrieben; sich entschuldigt, daß er mich nicht besucht hätte! Seemüller eine Karte, sozusagen Gratulations Karte. Besucht hat er mich noch nicht, ich gehe auch nicht hin. Der Mann ist ein bischen zu stolz und zu sehr affektirt. Seine Gelehrsamkeit hoch! Sein Kunstsinn in einer Pfütze! Das Agio hinauftreiben muß er von den Juden gelernt haben.

Und nun, geehrter Herr Professor, leben Sie wohl. Denken Sie an
Ihren
ergebenen Hörer und Schüler
J Minor.
Zur Ansicht einstweilen

Goethe-Studien.

von
A. Sauer und J. Minor

Siebente Auflage

Wien, Verlag von Carl Conegen
1880.

413/4-92; K; Wien; 31. 12. 1880; Lemberg.   **88**

Lieber Pepi, noch vor Thorschluß des alten Jahres ein paar Zeilen. Dank für Deinen Kleist u Prodromus. Ich habe ihn vor Hamels Klopstock II und III gelesen und also erst empfunden, was eine solche kleine Studie gegen die Verworrenheit des anderen für gute Wirkung thut. Schmidt und ich sind einig, daß Du den Kleist-Orden bekommst; der Brawe-Orden ist zu wenig. Deine Furcht vor Privat-Docentur ist unnütz wie mir Schmidt sagt. Indeß soll der Verf. der Schrift über die Zss. nach Krakau Hoffnung haben, und Schmidt wäre selbst dafür ihn vorzuschlagen. Und Seemüller, Werner und ich? Sei froh, daß Du „Dein" bist, wer weiß ob noch ein anderer deutscher Privatdocent Professor wird. Dich können sie nicht aufhalten.
    Bestes Neujahr! Ich hoffe daß es für uns beide ein besseres wird.
Es grüßt Dich
Dein Fritz.

413/4-93; K; Wien; 1. 1. 1881; Lemberg.   **89**

Lieber Pepi, nach Empfang Deiner Freudenbotschaft wünsche Dir eine doppelte Auflage von Glück im neuen Jahr. Leider hängt für uns andere ein schlimmer Haken dran. Warum denn S. an 2ter Stelle? Warum nicht Seemüller? Auf diese Weise ist ja an Fortschritt nicht zu denken. Wahrscheinlich will E S seine Schüler nach sich hineinbringen. Das wäre des Teufels. Uebrigens: der Kapuziner bleibt einem noch immer.
    Gruß von
Fritzi.
Heute (31 Dec 1880) geht Hamann ab.

413/4-94; B; Wien; 22. 1. 1881; [Lemberg].   **90**

Wien, 22/1 81

Lieber Pepi, Verzeihung für die lange Verstummung, welche durch wichtige Angelegenheiten und Arbeiten nothwendig wurde. Und dennoch habe ich Dir dreifach zu danken: erstens für Raimund II, zweitens für Recension bei Rödiger, drittens für Recension in der Wiener Allgemeinen 14/1, Mittag. Deine Recensionen sind entschieden zu lobend; ich habe aber deshalb nur mehr Grund Dir dankbar zu sein. Du hast übrigens das Dutzend an Recensionen, das Weiße gefunden hat, vollgemacht.

Hamann erscheint bis längstens Ende März in Rütten und Loenings strebsamem Verlag.

Hat Dir Erich Schmidt seinen „Klopstock" geschickt, der sehr schön ist. Leider muß man jeden Satz konstruiren, jeden Abschnitt einrenken, um zu sehen was er will usw. Schreiben hat er ganz verlernt. Ich bitte jedoch, das nicht weiter zu sagen oder zu schreiben, wie Scherer es damals gethan hat.

Beiliegend das Gegenbrouillon von Mayer. Außer den unterstrichenen Stellen hat er den Passus, der ihn zu 6 Jahren Gefängnis verurtheilt, wenn gekündigt wird, gestrichen. Er sagt: Dieser § habe keinen Sinn, wenn nicht auch wir uns zu 6 Jahren verbänden, falls gekündigt wird. Es sei wahrscheinlicher, daß wir ihm kündigten, und er dann sein Geld hineingesteckt hätte, als daß er uns kündigte und 3 andere nähme: denn habe das Unternehmen Absatz, so werde er nicht die Herausgeber abschaffen; habe es keinen, so werde er nicht mit anderen noch einmal anfangen. Dagegen könnten wir, wenn das Unternehmen im Gange sei, einen Verleger finden, der mehr zahle, weil er nicht in den Anfang sein Geld zugesetzt hätte, also ihm leicht weiter gehen. Ich finde daß man dagegen nichts sagen kann.

Er will für ungleiche Hefte die Herausgeber ungleich bezahlen, weil wir sonst lauter kleine liefern könnten. Endlich § 3: er könne nicht zugeben, daß von höchstens 48 Bogen in beliebig viel Heften geredet würde, weil wir dann 16 Hefte daraus machen könnten und dafür das Herausgeberhonorar nehmen könnten, was ihm hoch zu stehen käme. Den letzten § hat er hinzugesetzt.

Deine Prager Hoffnungen sind meines Erachtens nicht so sicher als Du denkst. Ich glaube nicht daß sobald ein Deutscher nach Prag berufen werden dürfte. Ich wünsche es Dir übrigens von Herzen, und Du darfst nicht glauben daß es Neid auf Dich war, wenn ich mich über Seuffert geärgert habe. Daß Erich Schmidt seine Schüler wird hereinbringen wollen, ist ohne Zweifel; daß er sie bei dem Einfluß, den er jetzt schon hat, hereinbringen kann, ist wahrscheinlich. Soviel wie Seuffert aber haben Seemüller und ich auch geleistet. Uebrigens hat Schmidt vor den Verfasser der Schrift über die Zeitschriften, Deinen Privatdocenten, als Professor in Krakau vorzuschlagen. Er könne ganz gut vorgeschlagen werden. Du siehst daß Schmidt erstens sich dem österreichischen Nationalitätenprinzip anschließt, und zweitens daß er sich von den übrigen Lehrkanzeln Anhänger und Abhänger verschaffen will, die ihm entweder Unterricht oder Protektion danken. Von der Scherer'schen Schule, wo er doch mit anderen zusammen als Schüler steht, wird er sich immer mehr los machen und sich als selbständige Macht entwickeln. Daß dabei die Aussichten für uns wenig tröstlich sind, begreift sich.

Richard Werner war in Wien, hat aber für die öst Studien keine Zeit gehabt.

Leb' wohl!

Dein Pepi.

NB. Sei so gut und schreib mir, ob Dein Herz schon ganz gesund ist und Du wieder befreit bist von Liebesleid.

413/4-95; B; Wien; 26. 2. 1881; [Lemberg]. 91

Wien, 26/2 81.

Lieber Pepi, wie komme ich Dir denn vor? Accurat einen Monat nach Empfang Deines letzten Briefes die Antwort! Vergib, vergib! ich bekenne mich schuldig, grenzenlos schuldig. Das einzige was mich entschuldigen könnte, ist der gänzliche Mangel an Neuigkeiten, die ich Dir melden könnte. Einiges hätte ich wol zu erzählen, aber das geschieht besser mündlich. Du kommst doch wol zu Ostern, respektive im März hieher? Deine Berufung nach Prag scheint sicher zu sein, wenn nur die leidigen Politischen Verhältnisse nichts dazwischen legen. Dann erzähle ich Dir auch Liebesgeschichten. Ich schreibe alle Wochen 2 bis 3 Liebesbriefe und Du begreifst, daß damit auch Zeit weg geht.

Schmidt lobt Deinen Kleist außerordentlich. Laß doch bald etwas davon sehen. Hamann erscheint Mitte März. Werner und ich sind mit Conegens Vorschlägen gleichfalls zufrieden. Wir könnten also abschließen. Im Sommer wird sich aber schwerlich etwas ergeben.

E Schmidt hat eine schöne Rede zur Lessingfeier gehalten. Sie ist in der Augsburger Allgemeinen gedruckt; wird in Separatdruck erscheinen. Schmidts Wissen ist colossal, seine Begabung einzig, leider daß er sich mit Künstelei und Manirirtheit verdirbt. Sein Vortrag ist entschieden schöner, akademischer als der Scherers. Immer gleichmäßig, ohne Ermüdung, sicher im Ausdruck bis zur Unfehlbarkeit, schlagfertig und treffend. Er ist viel mehr Charakter als Scherer, politisch wie Scherer, aber viel nobler politisch. Er kann scharf und moquant sein, ist es sogar oft, spöttelt gern. Ein Verhältnis zwischen mir und ihm hat sich nicht ausgebildet; er hat mich durch eine Karte, welche er mir zugleich mit der Weisse-Recension, welche die beste ist die mein Buch erfahren hat, sehr verletzt. Aber die Hochachtung und Bewunderung, die ich für ihn habe, lasse ich mir durch Seemüller und Loewy, die über ihn losziehen, nicht nehmen. Er wird Scherer sehr überflügeln.

Mit Seemüller und Loewy und einigen Gymnasiallehrern wird in der Liesinger Bierhalle gekriegt. Nur schade, daß diese Geister der Verneinung nichts aufrecht stehen lassen, und selber nichts produciren. Man hört nur, daß alles schlecht sei und sieht nichts besseres. Besonders Seemüller ist voll Galle und Gift; er hat freilich nicht Unrecht, daß er lange warten muß. Dabei ist er jetzt so eigenthümlich nobel geworden: er kauft enorm Bücher, macht im Wirthshaus große Rechnung, und spottet über andere die einen ordinären Emmenthaler essen, kauft feine Weine und Cigarren, und sagt dann: er müsse eine Anstellung haben, er könne nicht leben. Wenn ich so leben wollte wie er, könnte ich auch von meinem Geld nicht leben. Er ist übrigens sonst viel liebenswürdiger geworden als früher; wir verkehren viel zusammen.

Du glaubst also daß Lemberg und auch Krakau verloren sind für uns Deutsche? Ich glaube, daß Werner nach Krakau will. In diesem Falle würde ich wol nach Graz gehen; denn neben dem unermüdlichen, fleißigen Schmidt ist ein Privatdocent unnöthig, und ich bin in 2 Jahren in meiner Entwicklung aufgehalten, weil ich kein großes Heft machen kann. Auch lebt man in Graz billiger; und ich habe Wien satt.

Schmidt hat unsere Studien zur Goethephilologie wochenlang jeden Tag hindurch citirt; besonders Deinen Aufsatz über Götz. Biedermanns Recension habe ich bei Schmidt gesehen aber noch nicht gelesen. Eine lobende Recension haben die preußischen Jahrbücher gebracht, ich weiß nicht von wem?

Ich arbeite jetzt in den Romantikern. Wenn Du vielleicht in Lemberg, oder in einem deutschen Katalog AW Schlegels Werke (Böcking ed) angezeigt findest, theile es mit; wenn Du an einen Buchhändler schreibst, frage darum an. Ich kann sie nicht auftreiben. 2 neu im December angetragene Exemplare zu 20 und 27 Mark habe ich knickerhafter Weise ausgeschlagen und finde sie jetzt gar nicht. Die Romantiker sind hübsch zu lesen aber viel; und es kommt gegenüber Hagens Darstellung nicht viel heraus.

Ein Hörer von mir (Schauerer) wird Dir einen Brief Grillparzers überschicken im Facsimile; wenn es Dich interessirt.

Komm doch ja zu Ostern nach Wien, Du kannst hier durch Schmidt und im Ministerium mehr für Prag thun als in Berlin, siehst Eltern und Freunde und schüttelst das Haupt.

Dein ungetreuer aber auf die Bahn zurück gekehrter Freund
Fritz

413/4-96; B; Wien; 21. 3. 1881; [Lemberg]. 92

Wien, 21/3 81.
Lieber Pepi,
Besten Dank für die reichlichen Buchspenden, die Du mir in letzter Zeit hast zu Theil werden lassen: dh. den ausgezeichneten Kleist (ich lobe den Herausgeber), Raimund III,

und – last and least – das Schandwerk von Grimm, für das ich Dir zwar danke, dem Verfasser aber nicht. Wo hast Du den Blödsinn aufgetrieben?

Ob ich Kleist anzeigen werde, weiß ich noch nicht. Ich habe für die Neue Freie Presse neulich einen Artikel geschrieben und soll nun noch das Goethe-Jahrbuch anzeigen. Zu viel aber darf man nicht dafür schreiben. Auch – gestehe ich – fehlt es mir an Zeit den Kleist jetzt näher durchzulesen. Indessen ist damit noch nichts abgesagt. Hamann wird von Nittmann recensirt in der NfrPresse. Möchtest Du nicht bei Rödiger anfragen? Sogleich aber; dieser Tage wird ein Exemplar hinkommen. E Schmidt wird Deinen Kleist, von dem er begeistert ist, anzeigen.

Das Aviso der Hamann-Exemplare habe ich schon. Morgen geht also Dein Exemplar ab. Der Schnupfer hat das Buch eher ausgegeben als ich Exemplare habe; offenbar um ein paar mehr abzusetzen, ehe ich meine Gratisexemplare abschicke. Ausstattung imposant.

Auf Deine Ankunft bin ich begierig. Wir müssen wegen der oest. Studien ins reine kommen; es muß etwas gemacht werden. Wir wollen uns in die Themen theilen. Mit Schmidt habe ich geredet; er wird uns etwas mitarbeiten, vielleicht kriegen wir ihn zum ersten Hefte herum. Ueber Harlekinaden hätte er etwas in petto.

Ich arbeite seit 2 Monaten in Romantikern, natürlich auf meine Weise, Tag und Nacht, ohne etwas anderes zu lesen, immer zu, ohne Rast und Ruh. So daß ich schon ganz müde von ihnen bin. Aber viel Interessantes steckt darin, und die Kritiken AW Schlegels (Böcking X. XItes) sollte kein Germanist ungelesen lassen. A propos, Schlegels AW Werke hat Reimer noch; ich habe sie um 18 Mark neu bezogen; antiquarisch sind sie mir um 27 angetragen worden.

Lieber, Du hast einmal gesagt, daß ich Dich beneide, weil Du auch einmal etwas erreicht hättest. Das war nicht wahr. Aber seit einiger Zeit beneide ich Dich wirklich. Nicht um die Prager Professur, die wol sicher ist. Sondern um Dein Lemberger Vikariat. Das Glück, nur Privatdocent gewesen zu sein, hast Du nicht richtig geschätzt. Du hast doch gleich eine Anstellung gehabt; man war Dir gegenüber verpflichtet, während man unsere Docentur als ein Privatvergnügen betrachtete. Und zuletzt: Du hast mit Collegium neben E Schmidt zu machen gebraucht, was ganz andere Zeit & Kraft kostet, als wenn man wo allein ist. Und wie ist die Entwicklg aufgehalten! Was kann ich lesen! Goethe – Schiller, Romantiker – was dann? mit Grausen seh' ich es von weitem. Meine Verhältnisse sind auch nicht mehr, wie sie einmal waren! Aber ich muß sagen, daß ich erst diesen Winter, wo mir soviel zusammen gekommen ist daß ich geglaubt habe ich müsste den Kopf verlieren, wieder zu mir selber gekommen bin, mehr männlichen Muth und gewisses Gehenlassen erworben habe, als mir gut thut. „Fortwursteln" wie der Wiener sagt, und wenn es einmal sein muß aber früher den Hobel weglegen und Adieu sagen: dabei bleibt man viel gesünder als bei der Raunzerei.

Auch darin bist Du gut daran daß Du Deine Liebe los bist. Ich weiß noch heute nicht ob ich glücklich oder unglücklich bin. Mündlich setzte ich Dir das auseinander. Aber so viel ist gewiß: ich wäre froh wenn ich an Deiner Stelle dh. so weit wie Du wäre; und ich fürchte nun daß ich auch dahin werde kommen müssen. Ich fürchte: denn das weiß ich, daß bei uns zwei Herzen getrennt sind die sich erst hätten verstehen können. Du wirst übrigens über gewisse äußere Analogien meiner Fehler mit den Deinigen die Hände über den Kopf zusammen schlagen. Sonderbar wie gleich wir beide und gleichzeitig hineingerathen sind.

Vale, amice! Ist Polen wirklich für uns verloren? Werner scheint nach Krakau zu neigen. Was wird mit Seemüller und mir? Es scheint man will auch Lichtenstein nach Oesterreich bringen, am Ende auch Seuffert. Je nun – so denn!

Schreibe mir nach Empfang meines Magus einen Brief. Es grüßt Dich
Dein
Fritz.

413/4-97; K; Wien; 7. 5. 1881; Wien. 93

Lieber Pepi, D. hat mir nichts bestimmtes sagen können. Ich werde erst morgen Nachmittag erfahren, ob ich mitgehen kann. Sei also so gut und theile mir mit, was Du zu besichtigen vorhast, damit wir uns, im Falle ich frei bin, treffen können. Du bist dabei vollständig ungezwungen; und wir können uns immer noch treffen. – Sogleich schreibe ich an Reimer.
Mit Grüßen Dein
Fritz Mauthner

413/4-98; K; Wien, 15. 5. 1881; Lemberg. 94

Lieber Pepi, Deinen Kleist habe ich nur durchgeblättert aber über die Gründlichkeit der Leistung gestaunt. Wenig ähnliche Ausgaben – fast wie Goethe bei Hempel. Besten Dank vor der Hand durch diese Zeilen. Ich rechne darauf daß Du nach Wien kommst und bald. Schreibe mir eine Karte, ob es recht ist; sonst schmiede ich einen längeren Brief. Mit P. wird es Ernst; man hat von E Schmidt schon ein politisches Gutachten verlangt über den Prof. Unterdessen dankbarst
Dein
Fritzi.

413/4-99; B; Vöslau; 5. 7. 1881. [Lemberg]. 95

Vöslauopolis 5. 7. 81.
Lieber Pepo,
  in unaussprechlicher Bedrängnis schreibe ich Dir dh. in Zeitbedrängnis; denn ich fange an mir selbst entfremdet zu werden dh. äußerlich, weil ich so viel zu thun habe; und weiß nicht wo ich mein Haupt hinlegen soll dh. ob ich in Wien oder Vöslau schlafen soll, weil ich nirgends ernst zu Hause bin. Ich sitze wöchentlich 3 Mal in der Bibliothek und schreibe den ganzen Tag ab, die übrigen Tage arbeite ich in Vöslau Colleg und Romantiker, auch das Colleg braucht noch bis Sonntag Aufmerksamkeit (ich habe nebenbei gesagt 27 Hörer!).
  Mensch, wie kannst Du nur kritische Ausgaben machen? Friedrich Schlegel meine erste und letzte. Diese langweiligen Arbeiten des trostlosen Textvergleichens, wo man nicht weiter kommt und nichts Schönes, Wahres erfährt u. s. f. Das ist ein Elend u Jammer. Besonders bei mir, da ich die Varianten schockweise über Bord werfen muß. Und diese heidnische Zeit die aufgeht! Nur ein Glück daß der Autor den Herausgeber und das Buch macht, und man nur Hebammendienst hat. Da bin ich eben doch lieber Vater, habe Freude daran, Brautnacht usw. (dh geistige Befruchtung).
  Ich kenn mich kaum noch selbst dh. ich ende immer in so schweren poetischen Worten, und habe doch nur simple Sachen zu sagen, daher muß ich immer zum Czechischen greifen dh. zum „das heißt."
  Lange schon habe ich mich nicht so wohl befunden als jetzt. Ich bin nur halb, nur ein Drittel mehr so hypochondrisch als früher. Zimmergymnastik, Schwimmen u. dgl. helfen mir sehr. Ich hätte mich den Sommer ganz gut unterhalten, wenn mir nicht mein ehemaliger „Gelbschnabel" ein Buch geschrieben hätte: der Denis ist so ein Ausbund an Langeweile und Fadigkeit, dabei „pedantisch breit", daß ich 3 Wochen daran, jede eine Seite gelesen habe. Die Recension bei Rödiger, die beste die ich je geschrieben und worin auch unseren österreichischen Studien Erwähnung geschieht, wird Dir alles weitere sagen. Herbst „Goethe in Wetzlar" ist vom Herbst und im Herbst geschrieben, ein sehr müdes Buch; ein alter junger Goethe.
  Prag wird nun wol kaum für Dich zu hoffen sein! Erich Schmidts sichere Zusagen bedeuten auch nicht viel. Daß Du mit den Eltern zertragen, ist Schade, aber wie ich weiß manchmal nicht zu vermeiden. Daß es unter den 10 Geboten nur eines von den Kindern zu den Eltern gibt u. nicht umgekehrt, ist sehr borniert. Ich lebe eigentlich auch nur neben

meinen Eltern, nicht mit ihnen; und es ist mir immer peinlich wenn jemand kommt, und das sieht. Aber es ist nicht zu ändern. Entweder so wie meine Mutter will – oder gar nicht: das ist auch ihre Art. Und so wie sie will, darf ich nicht wollen u.s.f. u.sw. u.dglm. „Aber an ordentlichen Weaner schenirt so was net." Er heirathet halt, wenn er a Geld hat. Aber breze – poizem poizem! Ich nicht kann czechisch, bin ich arme Teufel!

Vergiß nicht meinen Hölderlin! Jetzt brauch ich ihn nicht, aber später; gegen September. Behalt ihn also vor der Hand! Denk an die öst Studien. Ich bin neulich wieder in der NFr Presse von Pichle aufgefordert worden, eine Geschichte des Wiener Theaters zu schreiben; als „unser Herr Minor".

Mit Gruß und deutschem Handschlag
Dein
Fritz der Große.

NB. Hat man in Lemberg auch solche Postkastel wie hier? oder polnische?

413/4-100; B; Vöslau; 5. 9. 1881; [Lemberg]. 96

Vöslau 5. Sept 81.

Lieber Pepi, nachdem ich Deinen Brief vom 15. 7. 81 durch fast 2 Monate suche und nicht schreiben kann weil er keine Adresse enthält die ich nicht weiß, finde ich ihn heute zufällig unter der Daisy ihren Briefen und antworte sogleich. Ich bin den Sommer über riesig fleißig gewesen, wenigstens seit Anfang August. Die Romantiker sind ein zähes Thema, und haben mich bis 1. August beschäftigt, so daß ich gerade 7 Monate auf das Colleg vorgearbeitet habe. Da muß es doch gut werden! Ich freu mich darauf. Ich habe alles gelesen, was zu lesen ist. Jetzt arbeite ich zum Vergnügen weiter Brentano u. werde vielleicht auch ein Stück Arnim heraußen lesen.

Mit Friedrich Schlegel geht es langsam wie immer mit kritischen Ausgaben. An Winterstetten wird gedruckt. Ich habe aber ein schlechtes Gewissen, nicht im großen, sondern im kleinen; ich habe den Text so oft umgeschrieben, daß ich fast glaube, die Ziffern stimmen nicht mehr. D.h. ich bin mir keines Uebels wüsste, kann aber die Furcht, es könnte eines oder das andere mit untergelaufen sein, nicht loswerden. Uebrigens hat Heinzel die Sache noch einmal durchgesehen und bei seinen Anmerkungen ist mir recht deutlich geworden, wie wenig die altdeutschen mit sich selbst einig sind und wie viel Willkür da unterläuft. Gefördert haben sie mich nicht, aber guten Willen haben sie mir gezeigt.

Mein Verhältnis mit Daisy ist besser als je, fast. Glücklicher Weise ist uns vorige Woche unsere Köchin echappirt, so daß wir im Gasthause essen; das hat Gelegenheit gegeben die Familien einander näher zu bringen. Soweit wäre alles gut gegangen. Als ich aber mit dem Kostenpunkte herausrückte, war die Sache mit einmal anders bestellt. Du wirst Augen machen, wenn ich Dir den denkwürdigen Zettel zeige, wo mir mein Vater Rechnung über meine Mitgift ablegt. Uebrigens habe ich meine häusliche Taktik geändert: nicht biegen oder brechen, sondern einen modus vivendi suchen. Selbstverständlich daß ein inniges Verhältnis nicht nöthig ist, also doch wenigstens ein Kluges.

Laß mich hören wie es bei Dir ist?

Ans Heirathen ist nicht zu denken. Mein Vater sagt mir 1200 fl jährlich unter der Bedingung zu, daß ich sie verlire wenn ich eine Anstellung habe. Die Frage ob ich damit leben kann wenn ich heirathe, ist dabei gar nicht erörtert worden. Doch ich will Dich nicht mit meinen Sachen belästigen, Du hast eigenes genug.

Wie stehts um Prag?

Gibt es heuer keinen Congreß? Denke an die Schreckenstage, die Du vor einem Jahr um diese Zeit verlebt hast.

Mit Gruß und Handschlag
Dein alter
Friedrich der Kleinere.

413/4-106; B; Wien; 24. 10. 1881; [Lemberg]. **97**

Wien 24 Okt 81.

Liebster Augustin,
    zuerst soll ich von unserer musikalischen Collegin die besten Grüße ausrichten. Sie möchte gern heirathen, kann aber nicht weil ihr amoroso kein Geld hat. Neuerdings haben sich neue Schwierigkeiten ergeben, weil ihre Mama die Daisy keinesfalls in ein Nest wie Lemberg, Krakau etc. (Du verzeihst!) gehen lassen will, und also selbst die Hoffnung nach erfolgter Anstellung keine gute wäre. Die Universitäts Carrière, ohne anderswo sichere Anstellung zu finden, aufgeben, will ich nicht und so - - - -!
Warten! warten!
    Um Krakau werden Seemüller und ich ringen. Werner kommt in Graz an, wo er einen <u>kleinen</u> Gehalt als außerordentlicher erhalten wird. Erich Schmidt hat mir davon geredet aus freien Stücken. Wahrscheinlich aber wird Seemüller durchdringen, weil er länger Docent ist. Ich kann höchstens sagen daß ich <u>neuere</u> Lit. docire und dort einer für neuere hingehört; daß Seemüller selbst für geborene Polen zu langweilig ist, darf ich freilich nicht sagen. Er liest diesen Semester nicht, weil er eine Nachtragprüfung (Griechisch für Obergymnasium) zu machen hat.
    Die Pädagogstelle (600 fl) ist ausgeschrieben, habe eingereicht, vielleicht Hoffnung (wenigstens war der Direktor freundlich, hat mir alles gezeigt was zu thun wäre etc) – bis 16. sollten die Gesuche eingereicht werden, heute habe ich noch nicht.
    Heute habe ich begonnen; einen fulminanten Vortrag! es mögen etwa 25 dagewesen sein. E Schmidt will einmal in mein Colleg kommen; macht mich ängstlich ob und bis er kommt, und verdirbt mir die Vorlesung wenn er kommt! Wenn die Herren nur ihre Capricen lassen wollten!
    Neuestes Wort von C. n. d: „Ist denn die Familie Gompertz so <u>heruntergekommen</u>, daß es der Mann nothwendig hat Professor zu sein?"
    Was wird aus Oedenburg? laß mich etwas wissen.
    Von den Duplicaten bitte ich Dich um Platen, die Wienerdramensammlung, Ztg, Volkmann und die Franzel, von der ich nie etwas gehört habe, zu schicken – selbstverständlich auf meine Kosten. Herder 27 habe ich, Dein Anbieten hat mir aber des guten eingetragen daß ich sah daß ich 2 Exemplare davon hatte! Schickte eines retour! – Ist Band 26 von Herder erschienen? Auf einem der beiden 27 stand nemlich von Seite des Buchbinders <u>26</u>.
    Weißt Du daß Rödigers Frau gestorben ist und er nun mit einem Kinde allein sitzt?
Tschau Pepi!

    August Sauer   Daisy
    Betty Bauer   Jacques

Schlegel tragt mir 500 fl.
Herr Dr Jakob Minor,
Procentdivat an d. Univ. Brünn
Besitzer mehrerer Hausorden.

<u>NB</u> Hast Du die englischen Grammatiken erhalten? Sind es die rechten? Brandl hat schon um ein Stipendium <u>eingereicht</u>.

413/4-103; B; Wien; 25. 10. 1881; [Lemberg]. **98**

Wien, 25 Okt 81.

Lieber Pepi,
    heute habe ich das erste Mal gelesen, vor etwa 30 Stück, wovon mir 6 Belegscheine zugekommen sind, fast alle aus dem 7ten oder 5ten Semester. Ich habe also doch Hoffnung überhaupt lesen zu können und etwas mehr als ein Dutzend Hörer zu haben. Ich

habe frei gesprochen, sehr flüssig und schnell, nie gestockt und mit der Hervorhebung von Schillers Tod viel Wirkung gemacht. Prost Anfang! Leider habe ich noch vor Anfang der Vorlesung Saal wechseln müssen, was gewiß viele von mir abgehalten hat, die nicht wissen, was ich lese.

Apropos, bin neulich bei Dir gewesen, Dein Vater sagte, Du hättest ihm kein Manuscript über Hamann hinterlassen. Sei so gut und gib Order, wo es zu finden ist. Ich habe es Schmidt versprochen zu lesen. Wenn es sein kann umgehend.

Schmidt hat mich hier unterbrochen. Er läßt Dich grüßen. Sein Vortrag war sehr schön; er trägt auch schön vor, nur etwas trocken. Das historische darin war nicht sehr tief. Berufung von Opitz u.sw., den Poetiken des 17 jh, den Schweizer Verdiensten, Lessing, Goethe (DW) usf. Am Schlusse aber stellte er ein langes Programm auf, wie wir die Literaturgeschichte jetzt betrieben, d. h. wie er sie betreiben wollte. Hier gab er sehr schön im Zusammenhang alles, was den Dichter bildet usw. Etwa in dem Sinn: „Wir gehen auf das Vaterhaus des Dichters zurück, sehen welche religiöse Zustände hier war, ob er freiere oder engere Denkungsart eingesogen hat, wir begleiten ihn auf die Hochschule. Fragen, was dort für eine Richtung die herrschende war, welche Fächer besonders gelehrt und von wem sie gelehrt wurden. Wir fragen, ob der Dichter zu Hause blieb oder Reisen machte oder seinen Aufenthalt ganz veränderte? usf usf." – Dann natürlich würde der Zusammenhang verschiedener Dichter (Schulen), dann der Zusammenhang der Literaturen latent usf.

Nachdem ich in den vierzehn Tagen meines Hierseins Jerusalem und Jünger in die ADB geschlachtet habe, gehe ich heute Abends wieder an mein Colleg, das ich bei Schiller als Philosoph aufnehmen muß. Ich freue mich aber gar nicht und würde lieber gleich bei 1794 anfangen.

Diese Woche war ich Jüngers wegen in der Hofbibliothek, wo aber die Leute, Hofrath Birk an der Spitze eine derartige Grobheit entwickeln, daß man nicht verkehren kann. Ich gebe meine Menschenwürde, um ein lumpiges Buch auszuleihen, doch nicht einen Augenblick auf. Ich frage, was von ihm da ist und ob ich mir die Titel herausschreiben dürfe. Dazu müsse ich die Bewilligung des Hofrathes haben. Ich gehe zu ihm; bitte, ob ich den Zettelkatalog benützen könnte. Er: da könne jeder durcheinander werfen; und mit nach Hause nehmen dürften nur Professoren, nicht Privatdocenten. Ich müsse um jedes Buch, das ich mitnehme, erst zu ihm kommen und von jedem Fall zum anderen anfragen. Da dies alles auch nicht in höflicher Form gegeben wurde, war ich auch grob und wir schieden unverrichteter Dinge. Unter solchen Umständen sind die österreichischen Studien ein Utopien.

Grüß Dich Gott, Pepi! und denke an Hamann.
Es grüßt Dich Dein alter
Fritz.

413/4-104; K; Wien; 31. 10. 1881; Lemberg. 99

Lieber Pepi, meine Hanteln wiegen à 8 Kilo. – Samstag waren Heinzel, E Schmidt und Dr Hinrichs aus Berlin in meinem Colleg. Ich hatte den Tag vorher bei meinem Schwager in Champagner Namenstag gefeiert (so eingeschränkt müssen arme Geschäftsleute leben) und war schlecht vorbereitet, aber es ist doch gut gegangen. Mein Colleg ist das beste was ich je gemacht, aber weniger Hörer als im vorigen Jahr.

Dreimal seit Deiner Abreise ist man mir gekommen: „es würde doch gehen" – wenn es darauf ankommt, geht es wieder nicht. Man darf muß etwas in Bereitschaft haben, wenn andern der Champagner ausgeht. Schenkst Du mir die Bücher? Ich habe für Dich Landau, Quellen des Dekamerone.
Dein
Jack

413/4-105; B; Wien; 29. 11. 1881; [Lemberg]. 100
Wien 29 Nov 81.
Lieber Pepi,
Du wirst meinen ich sei gestorben weil ich gar nicht schreibe. Und Du hast nicht ganz Unrecht. In der That habe ich 8 Tage das Zimmer hüten müssen, in Folge eines bösen Halskatarrhs verbunden mit Wechselfieber und Rheumatismus. Ich habe die Zeit, während der ich produktionsunlustig war benutzt zu recipiren, und die seit einem Jahr auf meinem Tische liegenden Schriften aufgelesen. Darunter auch – jetzt erst! – Deine Recension von Lessing XX und gelegentlich einiger anderer Recensionen von Muncker und Seuffert habe ich in Deine Kleistausgabe einige eingehende Blicke gethan und über den Ernst und die Gründlichkeit derselben gestaunt. Mein Schlegel schreitet langsam aber sicher vor; ich drucke an Bogen 6 und habe noch manches während des Druckes eingeschaltet, was zwar Kenner nicht überraschen, den Laien aber befriedigen dürfte. (Da hast Du eines, Du Wächter meines Schlegel!)
Für Deine Bücher sage ich Dir den besten Dank. Habe vor der Hand blos eine Doublette: Landau, Quellen des Decamerone, die Dir reservirt bleibt; auch wie ich eben sehe ein Band von R<...>ts englischem Theater.
Erich Schmidt hat mir neulich ein Verzeichnis seiner Vorlesungen bis 1884 geschickt. Darunter: Sommer 83 Poetik. Es ist also nicht in seinem Interesse, daß ich etwas lese was er nicht liest und etwa, wenn ich hier bleiben muß, ein paar hundert Gulden Unterstützung erhalte. Er hat recht gut gewusst daß er mir damit einen Strich durch die Rechnung macht, denn er hat mir eine Karte geschrieben worin er mir anträgt den „Doctor" und den „Professor" im Verkehr fallen zu lassen u. die einfachen Namen an die Stelle zu setzen (rathe mir, wie soll ich da an ihn schreiben oder ihn ansprechen?) und hat mich eine Woche später mit ausnehmender Höflichkeit besucht.
Daß ich bei meiner Bewerbung im Pädagog zu kurz gekommen bin, daß die Stelle ein obskurer Realschullehrer für Geographie Renner erhalten hat, daß einige Zeitungen Lärm geschlagen haben – natürlich blos aus politischen Gründen, weil Renner sich an an den Gemeinderathswahlen etwas lärmend betheiligt hat – hast Du wol gelesen. Ich habe mir nichts daraus gemacht: 6 Stunden wöchentlich – 600 fl jährlich – keine Aussicht auf höheren Gehalt bei definitiver Anstellung, das war doch gar zu ärmlich, und das kann ich auch erschreiben. Heinzel und Hartel haben alles mögliche für mich, Hartel ungebeten, in Bewegung gesetzt und von Seite des Gemeinderathes ist es allerdings viel ein solches Gesuch zu Gunsten eines Unbekannten zu verwerfen. Aber was thuts? Erich Schmidt hat man die Beförderungstaxe geschenkt die 700 fl ausgemacht hätte, für uns hat man keine 100 fl flüssig. Das ist der österreichische Weltlauf. Schade daß die Universität in Amerika ein Schwindel ist; ich hätte Lust hinzugehen.
Daisy lässt Dich grüßen.
Und ich grüße Dich auch
als Dein alter
Fritz II der Große.

413/4-107; B; Wien; 25. 12. 1881; [Lemberg] 101
Wien 25/12 81.
Zunächst, lieber Pepi, herzlichen und besten Dank für das Telegramm zu Daisys Geburtstag, wofür ich Dir in ihrem und meinem Namen herzlich danke. Verlobung haben wir nicht gemacht; man will das von ihrer Seite nicht eher, bevor auch die Heirath gesichert ist. Ich muß Dir an Liebessachen anschließend und in der festen Ueberzeugung daß Du von dieser Seite sicher bist mittheilen, daß mich die hagermayrschen Mädchen in einer Vorlesung des Prof Strakosch angesprochen haben ich sollte sie doch ja besuchen und daß neulich sogar die Alte bei mir gewesen ist, während ich – Gott sei Dank! – nicht zu Hause war. Ich habe ihr einen Brief geschrieben, in dem ich jede Vermittlung ablehne und

ich sage daß sie auf Dich sich weiter keine Hoffnung machen soll, was jedenfalls in Deinem Sinn und Willen ist.

Daß Deine neue Liebe eben ein solches Ende nimmt, ist böse: ich hoffe aber daß Du noch nicht so weit darin warst wie in der ersten und leichter vergessen wirst. Unterdes kommst Du nach Prag und – das weitere findet sich.

Winterstetten wirst Du nun haben. Was ist Pröhle „Königslieder"? Schicke mir Sie doch. Hast Du von Raumer, Schiller gesehen: es folgt ein Concurrenzunternehmen mit Werner folgen. Seine Emilie habe ich nicht gelesen, erwarte aber nichts davon: Erich Schmidt gefällt es nicht.

Neuerdings haben sich neue Hoffnungen auf eine Stelle in Mailand aufgethan, die sich vielleicht realisiren dürften. Gewiß ist noch nichts. Ich müßte italienisch vortragen und – die Hauptsache: könnte heirathen, allerdings mit Sparsystem.

Deine 2 Bitten betreffend: ad 1) mußt Du mir zuerst schreiben, wann die Aufsätze in der Presse waren und wo? Denn man müßte sich doch darauf berufen u. citiren können; dann dürfte es doch nicht vor sehr langer Zeit gewesen sein. ad 2) in der Bibl Miss III 1, 118 ff ist eine Recension einer Uebersetzg der Vergilschen Hirtengedichte, mit J. unterzeichnet, was so viel ich weiß Mendelssohns Schrift ist oder Nikolais.

Neuerdings ist mit E Schmidt eine Spannung eingetreten. Ich habe im Goethe-Verein einen Vortrag gehalten und mich etwas geärgert, weil er nach dem Vortrage, wo noch Leute da waren, angefangen hat: „Sie haben rechte Fortschritte gemacht" us.f. als ob ich einer seiner Zöglinge wäre. Da mir nun der Goetheverein nicht gedankt hat, habe ich an denselben einen Brief geschrieben, worin ich ihn darauf aufmerksam machte daß er sich hätte bedanken sollen. Zugleich schrieb ich an E Schmidt um den Brief zu rechtfertigen. Er bekam aber, als Schriftführer des Vereins, alle beide Briefe u. bezog den Ausfall auf sich. Unglücklicher Weise lud er mich am selben Tage zu Mittag ein durch ein Telegramm, das ich nicht erhielt und er meinte ich wäre wegen des Verdrusses nicht gekommen. Auf diesem Punkte stehen wir jetzt und wollen sehen wie es weiter geht. Er ist sehr ungleich in seinem Verhalten und ich vertrage keine ungleiche Behandlung. Da wir schließlich doch beide einander nicht brauchen, liegt nicht so viel daran ob wir gut oder schlecht stehen.

Herzliche Wünsche zu Neujahr; ich wünsche Dir für 1882: Professur, große Mitgift, Brautnacht, weltbewegendes Opus. Deine Wiener und Preßburger Mädchen suche zu vergessen.

Vale faveque, amice!
Dein
Fritz.

413/4-108; B; [Wien]; 25. 1. 1882; [Lemberg]. 102

25 1/82

Lieber Pepi,
unmittelbar nach einander hast Du mich aus dem Füllhorn Deiner Gaben reich beschenkt. Ich kann nichts als stammelnd danken und bin so arm daß ich nicht einmal eine Kritik schreiben kann. Die Vorrede zu dem Neudruck ist ausgezeichnet und hat mir Staunen abgenöthigt. Du schreibst so hübsch und hast geistreiche Schlage und Blitze. Dagegen werde ich jetzt wol nicht dazu kommen den Kleist zu lesen. Gibt es noch so einen Band?

Ich habe eine Recension des Seufertschen Unternehmens für Behaghel geschrieben, aber leider nicht sehr lobend; diese ewige Stürmer- und Drängerei ist doch höchst borniert und einseitig, ich begreife nicht wie man so wenig Einsicht haben kann und sich bei einem solchen Unternehmen ewig im Kreise herumdrehen kann.

Wie geht es Dir und was Du machen? Ich kann es mir denken, was? Erich Schmidt war etwas böse, daß Du ihm wegen Seufert geschrieben; er scheint geglaubt zu haben daß ich Dir das soufflirt habe, wovon aber keine Ahnung ist. Unser Zwist ist beigelegt: er hat dann etwas kleiner aufgetragen, als er sah daß ich mir nicht alles wollte gefallen lassen und das war nur recht, weil ich ihn sonst sehr achte und auch sehr gern habe. Er ist nur zuweilen etwas keck: den Werner hat er vor den Wiener Studenten abscheulich behandelt, ihn in längerer Rede als Papierreisenden begrüßt etc., worauf Werner noch auf ihn als seinen Lehrer, dem er alles Wissen verdanke etc. etc. getrunken hat. Da kann man freilich nicht sagen daß es unverdient ist.

Mir hat man im Ministerium gratuliert daß ich Aussicht auf eine Stellung hätte. Mit wahrer Freude hat man mir Compliment gemacht: man würde es nicht als Expatriation auffassen, und wenn etwas frei würde, wäre ich gewiß es, auf den man dächte; ich sei der fleißigste und begabteste unter allen Menschen auf der Welt etc. etc. Jahmm! Ich hätte gerne gefragt: wenn jetzt für uns nichts zu haben ist, wann denn? jetzt ist ja alles leer: Sauer nach Prag, Werner in Graz, Minor nach Krakau, Seemüller nach Lemberg: alle wären wir zu versorgen. Aber Courage gehört dazu! Es wird kein Deutscher mehr angestellt!

Siehst Du was ich gesagt habe? Am ersten hätte Brandl Aussicht nach Prag (der, nebenbei, auch nach Göttingen Aussicht haben soll). Sie wollen einen für – Englisch hinsetzen, damit es nicht heißt es sei ein deutscher Professor hingekommen – und der soll dann Deutsch unterrichten. Jeder Staat verdient das was ihm über kurz oder lang bevorsteht. Oesterreich hat aufgehört mein Vaterland und Wien meine Vaterstadt zu sein. Ich bin ein Chinese.

Lieber Pepi, gieb mir von Deinen Nachrichten, liebe mich und schau daß Du bald a. o. wirst, was jetzt stark im Zeuge ist.
In Dankbarkeit und V e r e h r u n g
Dein
Friedrich der Große
der sich für die Ehre die Du ihm mit den Kriegsliedern erwiesen hast bedankt.
NB. Hast Du die beiden Bücher erhalten?

413/4-109; B; Mailand; 5. 6. 1882; [Lemberg].   103

Mailand, 5. 6. 82

Lieber Pepi,
ich schreibe Dir von hier aus im ganzen Gefühl der Nationaltrauer, welche wir Italiener über den Tod unseres einzigen Mannes, dell' illustre e prode generale Garibaldi empfinden. Per tutto nazionale haben wir auch heute keine Vorlesungen, oder besser keine Vorlesung, denn ich habe wöchentlich nur eine und zwei Conferencen (die Uebungen). Die Stelle ist so zu sagen eine sinecure, aber um den Preis eines bis jetzt vollständig elementaren Unterrichts und gänzlicher Verlassenheit von allen Hilfsmitteln (ich habe hier an öffentlichen und Privatbibliotheken keine Ausgabe Lessings auftreiben können!) etwas theuer erkauft. Außerdem sind die Schulzustände höchst unerquicklich in Italien. Und letztlich hat mir das Klima bis jetzt sehr schlecht bekommen. Ich bin die ersten 3 Wochen 3 Mal heftig erkrankt, ein böses Fieber und Rheumatismus haben mich hartnäckig verfolgt; so daß ich jetzt, wo die Akademie in 3 Wochen geschlossen wird, erst 2 Vorlesungen gehalten habe u. etwa 6 Uebungen.

Wohin hast Du denn Deinen Brief wegen Speemann an mich adressiert? Hieher u. unter welcher Adresse. Kürschner unterhandelt seit Mai mit mir. Er hat mir ein paar höchst unvernünftige u. ungeschickte Bände angetragen; ich mußte bedenklich sein, weil ich nicht wusste ob ich hier bleibe u. was ich hier an Hilfsmitteln finde; u. muß mich auch jetzt noch fadieren, weil ich hier wie gesagt nichts finde und auch nichts mit mir habe. Als ich ihm auch schrieb, das Thema wär mir doch etwas zu langweilig (Nikolai Weiße Lichtwer Pfeffel etc), schrieb er mir Wünsche zu äußern was ich herausgeben wollte. Ich antwortete Stürmer u Dränger, die Kunsthistoriker Winckelmann Moritz etc., oder Romantiker. Er hat mich nun aufgefordert ob ich von den letzteren ediren wollte, worauf ich zusagte. Er schlug nun einen Band: „Die beiden Schlegel" neben anderem vor. Es wäre eine Auswahl aus Fr Schlegel darin vorgekommen, die einige Stücke aus meiner Ausgabe, anderes aber aus späterer Zeit, im ganzen 14 Bogen u. Einleitung gebraucht hätte. Darüber fragte ich nun bei Konegen an; der zuerst sehr merkwürdig schrieb, dann als ich ihm den Kopf zurechtsetzte, sehr zahm und höflich; aber nichts wissen wollte. Ohne seine Einwilligung, obwohl ich sie nicht nöthig hätte, will ich dennoch den Band nicht übernehmen; sondern Kürschner blos die Vorrede zu Friedrich schreiben u AW Schlegel ediren. Würde Dir es Hempel übel nehmen, wenn Du bei Kürschner eine Auswahl aus Goethe, Kleist u A zu machen hättest, u. in diese etwa 3 Bogen Gedichte Kleists nähmest? Abgesehen davon, daß diese Ausgabe nun einmal gemacht wird u. wenn ich sie nicht mache, sie ein anderer machen wird, der unsere Ausgabe des jungen Schlegel noch weniger scheren wird, als es in meinem eigenen Interesse war es zu thun.

Mittlerweile erwarte ich von Kürschner vergebens Definitives. Ich schrieb ihm vor 8 Tagen, ich erwartete einen Brief, darauf er mir eine Karte: ein eingeschriebener Brief sei an mich abgegangen, aber ich habe bis heute nichts erhalten. Schreibe mir doch wenn möglich umgehend, was Du über diese Sache, so wie das ganze Spemannsche Unternehmen denkst. Von den von Dir gewünschten Sachen habe ich nichts; nur die Dir bekannten Ausgaben Klingers u. Müllers, auch keine Göttinger Almanache.

Mit Scherer u. Schmidt verschone mich gefälligst; dergleichen persisches Volk nenne man nur, wenn man muß. Ich habe für die DLitZtg angeschafft, obwol seine meine Recensionen ungedruckt läßt u. mir kein Honorar für 2 aus dem vorigen Jahrgang schickt, da man mir doch schrieb April sei die Abrechnung. Rödiger scheint nun in Gesellschaft „ordentlicher" arbeiten zu wollen, so daß der Herausgeber der einzige Privatdocent bei seinem Blatte ist. E Schmidts Recensionen in diesem Jahrgange sind wirklich erbärmlich. Eine so geschniegelte lächerliche Miene habe ich noch bei keinem Recensenten gefunden. Es sind lauter beiläufige Bemerkungen, die mit dem Verfasser u. seinem Sujet gar nichts zu thun haben.

Und nun leb' wohl, Pepchen, und vergiß nicht mir bald zu schreiben.
Es grüßt Dich, als Herausgeber der Grenadirbände,
Dein alter
Fritz

414/1-218; B; Vöslau; 18. 7. 1882; [Lemberg]. 104

Vöslau 18. 7. 82.

Lieber August,
Deine Karte ist ein Mahnruf. In der That fühle ich mich schuldig daß ich Dir so lange nicht geschrieben habe. Aber nachdem ich eingesehen hatte, daß ich kaum noch nach Mailand zurückkehren würde und da ich Zeit genug hatte größere Partien zu unternehmen, bin ich fast gar nicht mehr zur Ruhe gekommen: im Juni in Mailand u. Umgebung hin u. hergewandert, jetzt ruhelos zwischen Mailand, Vöslau, Wien, Maria Schutz hin und hergeworfen. Alle Arbeiten stocken, eine Masse kleinerer Geschäfte drängen u. lassen mich zu gar nichts kommen. Das sei meine Rechtfertigung.

Bernays' Artikel habe ich noch in Mailand gelesen. Hätte ihn, wenn ich ihm je mit seinem Goethetext auf den Leim gegangen wäre, hieraus kennen gelernt. Er wartet bis meine Ausgabe 14 Tage da ist: steht der Aufsatz nicht drin in 1. Fassung, so compromittiert er meine Ausgabe; steht es drin, so geht er sogleich heraus und schreibt sich die Priorität zu. Mir ist es gleich, weil das Verdienst – wenn es eines ist – den alten Druck gefunden zu haben, doch Scherer gebührt. Was soll man aber zu einem Gelehrten sagen, der sich einer großen Entdeckung rühmt, wo ein Bibliothekar auf Anfrage in 2 Tagen das richtige trifft? Meine Ausgabe ist von seinen Hirngespinsten doch wesentlich verschieden. Konegen habe ich sogleich dasselbe geschrieben wie Du, es scheint aber er will es sich nichts kosten lassen; doch soll etwas von ihm darin gestanden haben. Konegen hat mich sehr böse gemacht durch einen seiner cholerischen Briefe, die auf etwas antworten was man gar nicht gesagt hat. Er fühlt mitunter das Bedürfnis, seine Autoren wie seine Ladendiener zu behandeln. Du kommst doch in den Ferien nach Wien: dann erzähle ich Dir diese lange Geschichte, wie so manche andere, von Mailand usw. Durch eine Recension des Schlegel in der Allg. Ztg würdest Du mich verpflichten; halte Dich aber mehr an Schlegel als an Minor, damit die Sache mehr Interesse hat und Konegen nützt. Mit Werners Recension bin ich als Recensirter außerordentlich, als Leser der Zt. gar nicht zufrieden.

Ich bin in der unangenehmen Lage, keine oder nicht die rechten Bücher bei der Hand zu haben. Die Arbeiten, welche ich von Kürschner übernommen habe, erfordern Bücher, welche just durch alle 17 Koffer zerstreut sind und ich kann doch nicht alle auspacken lassen. Ich bossele also nur: recensire u. will anfangen Schillerexcerpte zu machen. Wenn Du die oesterr. Dichter, welche ich Dir geliehen habe, entbehren kannst, schicke sie mir; kommst Du aber bald hieher, so hat es bis dahin Zeit. Ein Heft Studien könnte wol fertig werden. In Mailand habe ich zufälliger Weise West in die Hände bekommen; vielleicht nehme ich mir <u>den</u> vor. Aber zuerst müsste man doch mehr gelesen haben. Ist denn die Ahnfrau noch nicht fertig? und was hört man über den Fortgang der Sache? liegen die Contracte noch immer bei Konegen? – Daisy ist lieb und gutherziger und leider auch dicker als je; ihre Mama ist sehr krank, an der Wassersucht.

Mit herzlichen Grüßen
Dein alter
Fritz.

413/4-110; B; Wien; 22. 7. 1882; [Lemberg]. 105

Wien, 22. 7. 82

Lieber August,

hoffentlich bist Du nun wieder von der bösartigen Krankheit frei und auch in Deinem Logis sauber installirt. Für Kleist III den besten Dank; sobald ich Gelegenheit habe und in „geordneten Verhältnissen" bin, studire ich alle 3 auf einmal und schreibe dann auch darüber. Du hast ja wieder Arbeit in Hülle und Fülle, wirst noch einmal genug eingleimen und einkleistern. Meine Oesterreicher werden wol eher in der N Freien Presse als in den Studien erscheinen. Einstweilen arbeite ich für die Stuttgarter; viel kann ich nicht machen, weil ich keine Bücher bei der Hand habe. Ich habe neulich über Cronegk und Brawe geschrieben und hoffe daß es Dir gefallen wird. Was befolgst Du für Grundsätze hinsichtlich des Textes: erste Drucke? letzte? Auswahl oder blos ganze Texte? was commentirst Du, was nicht?

Seufferts Aufsatz ist wenig werth, oft lächerlich <...> zb. „<...>" u. Kleinigkeiten auf allen Seiten so hoch aufgebauscht. Was er zu der Goethe-Philologie bemerkt, ist fast das beste und entschieden richtig; wenn ich auch auf das thatsächliche, was er bringen will, nichts gebe. Seine Einleitung zum Faustfragment aber ist niederträchtig; so unpassende Parallelstellen, welche nichts beweisen als daß eben jeder Dichter vor und nach Goethe seinen Faust geschrieben hat und welche gar keinen besonderen Bezug haben oder voraussetzen; der Teufel hol' diese kleinliche Citatenriecherei! Ich weiß nicht, ich finde Seuffert unglaublich talentlos bei allem guten Willen. Immer sucht er aus dem Maule einen Palast zu bauen! Unsinn, dazu gehören Grundsteine.

Die Krakauer haben einen Privatdocenten; was sich daraus für uns ergibt, weißt Du. Dich wollen sie nicht, wie es heißt; mich auch nicht; Kreizenach auch nur, weil ihn das Ministerium nicht will. Deine Aussichten auf Prag sind nach meiner Meinung sicher, können sich aber noch eine Weile hinausziehen. Wie Schmidt schreibt, ist Kelle ein Lügenmaul u. selber eher gegen als für eine 2te Docentur.

Mein Sohn, Du gehst doch noch nach Oedenburg, dem Zuge Deines erlauchten Herzens folgend. Halb zog sie ihn – halb sank er hin. O Betty Bauer, machst ihm's Leben schwer, dem Sauer! Brausekopf! Brausekopf! Wiedehopf, mit dem Schopf!
 Ohi! Ohi!
 Bartsch hat eine alberne Recension meines Winterstetten geschrieben, in der er sich und seine Grundsätze über innern Reim compromittirt hat. Ich habe mir nicht versagen können, fröhlich zu erwidern; weiß aber noch nicht, ob Bechtel die Erwiderung drucken wird.
 Daisy ist lieb, gut, teuer; aber unserem Brautstande fehlt es auch nicht an Kummer und Sorgen. Ihre Mama ist totkrank, wassersüchtig; sonst geht es uns gut.
 Schreibe bald wieder und bleib treu
 Deinem ollen
 Friedrich d Große

413/4-111; K; Vöslau; 30. 7. 1882; Lemberg.   **106**
Lieber August, in aller Eile bitte ich Dich, falls Du nicht bald nach Wien kommst, mir die österreichischen Dichter (wenigstens die beiden Ausgaben Ayrenhoffs u. Gabler, Riedel hätte Zeit) zu schicken. Ich habe meine Bücher in Kisten verpackt u. kann gar nichts machen; nun lägen 2 Bücher über Sonnenfels zur Recension da und ich möchte die Gelegenheit benützen, mich in die öst. Lit. etwas einzulesen u. die vorgehabten Themata wenigstens zu prüfen. Meinen Brief von der vorigen Woche wirst Du erhalten haben, antworte bald! Ich bin abwechselnd in Vöslau, Maria Schutz und Wien – habe niemals Ruhe und wenn ich Ruhe habe, kein rechtes Material. Gott besser's – ich bin seit Februar dieses Jahres außer der <...> Arbeit. Scherer Heft 6 ist meisterhaft; Gottsched Wieland Lessing (weniger Klopstock) gehören zum schönsten was man lsen kann.
 8 bis 10 Tage könnte ich warten; wenn es aber länger dauert, wär's mir lieber, Du schicktest mir sie. Wer macht die Ahnfrau unseres Hauses?
 Dein Fritz.

413/4-112; K; Vöslau; 11. 8. 1882; Lemberg.   **107**
Lieber Pepi, den richtigen Empfang Deiner Sendung bestätige ich, nachdem Dein Brief sich verzögert, mit dieser Karte. Besten Dank für die Doubletten, ich hoffe sobald ich wieder irgendwo seßhaft bin mit etlichem aufwarten zu können. Kleist III empfiehlt sich wie die beiden vorigen; ich denke davon eine Recension aller 3 Bände zu machen, falls mich meine Arbeiten diesen Winter in das Gebiet kommen lassen. Ueber Sonnenfels habe ich neulich ein Feuilleton in der NFPresse geschrieben, das Dir wol zu Gesicht gekommen ist. Nun eine Bitte noch: besitzest Du meine Recension Deines Brawe aus dem Edlinger-schen Literaturblatt noch? – So schicke sie mir gütigst auf einige Zeit unter Kreuzband, wenn es Dir möglich ist auch die Selbstbiographie Michaelis' aus dem Lausitz'schen Magazin – ich möchte sie abschreiben lassen. Beides folgt in Kürze zurück. – Ich habe neulich einen Brief von Dir bei Hartel gelesen, der nicht ohne Grund verzweifelt war; habe aber inzwischen im Ministerium tröstlicheres erfahren. Die alte Hoffnung P...g ist noch nicht verloren.
 Mit besten Grüßen
 Fritzi.

413/4-113; K; Vöslau; 16. 8. 1882; Lemberg.   **108**
Lieber Pepi, nimmst Du's krumm, wenn ich, ehe Dein lieber Brief beantwortet ist was nächstens geschieht, mit einer neuen Karte komme. Wenn Du mir Michaelis sendest, so sei so gut und lege noch H. Feuerbach, Utz u Cronegk, welches Du gewiß entbehren

kannst, bei. Ich arbeite für Kürschner in Cronegk u. Brawe. Beste Unterhaltung zum Sturm & Drang. Ich gehe auf einige Tage nach Wien; dann mehr. – Bartsch hat meinen Winterstetten vermobbelt, aber höchst ungeschickt. Wenn Du kommst, werde ich es Dir zeigen.
Herzlich grüßend
Friedrich d Große
m. p.
Die Unterschrift Dir zum Trotze, damit Deine Feinde noch mehr Gelegenheit haben Dich wegen Deiner Correspondenzen des Pg. anzuklagen.

413/4-114; B; Pottenstein; 17. 9. 1882; [Lemberg]. 109

Pottenstein, 17. 9. 82

Lieber Pepi, aus dem reizenden Pottenstein in dem wir vor einem Jahre die Gesundheit meiner geliebten Daisy gefunden habe, schreibe ich Dir jetzt, um Dir Nachricht zu geben, daß ich seit 5 Tagen mit meiner Freundin verheirathet bin. Mehr wirst Du von einem Flitterwöchner vor der Hand nicht verlangen, dem seine Frau zuruft daß der Kaffee – der erste den sie zu Rande bringt – fertig ist. Sie läßt Dich herzlich grüßen und ladet Dich zu dem Kaffee, den Sie Dir seit 21. December 1881 schuldig ist, nochmals ein.
Kürschner ist ein Esel; das sei alles an Staatsgeschäften.
Mit herzlichen Grüßen
Dein alter
Fritz der Große
oder besser der Selige.
NB. Bis zum 24. etwa in Pottenstein, 149 bei Hönigsberger später Vöslau Florahof.

413/4-115; K; Baden; 30. 9. 1882; Lemberg. 110

Lieber Pepi, besten Dank für Deine freundlichen Sendungen, welche ehemöglichst returnire. Ich lese Ayrenhoff (au!) und Gabler (weh!) und mache in <...> Preisausschreibung für Kürschner. Letzterer ist nebenbei ein sonderbarer Gesell. Wenn man an den Verleger um notwendige Drucke schreibt, antwortet er jedesmal: „Ich werde es verschaffen lassen; denn meine Exemplare brauche ich leider selbst zu einer unaufschiebbaren Arbeit". Wenn er das M... hielte, wüßte man nicht daß er's hat; aber so thut er groß u. lässt einen sitzen.
Mit herzlichen Grüßen
Dein
Fritz d. Große.

413/4-116; B; Prag; 14. 11. 1882; [Lemberg]. 111

Prag 14. Nov. 82

Lieber Pepi, daß ich Dir aus Prag schreibe, kommt folgendermaßen: Einige Tage vor meiner Hochzeit läßt mich David rufen und fragt, ob ich geneigt wäre eine Berufung nach Krakau annehmen würde. Dich wollten sie nicht, weil Du aus Lemberg kämest; auf eine Berufung aus dem Ausland aber werde der Minister keinesfalls eingehen. Ich sagte natürlich zu, gab meine Mailänder Stellung bald darauf auf die mir ohnedies nicht genug convenirte und erwartete die Dinge die kommen würden. Es vergeht Tag auf Tag, ich erfahre nichts; endlich am 29. Okt. gehe ich zu David, der mir sagt daß sich der Statthalter im letzten Augenblick noch gegen meine Ernennung ausgesprochen habe. Ratlos, was nun anzufangen, sage ich ich möchte mich an einer anderen österreichischen Universität habilitiren, um doch in der Carrière zu bleiben. David meint, ich sollte mich in Krakau habilitiren: dann könne er mir gutstehen daß kein anderer hinkommt. Ich hatte aber bald überlegt daß wenn sich ein Pole findet auch diese harte Nuß umsonst geknackt wäre; daß ein Leben auf eigene Kosten in Krakau ein unverantwortlicher Schritt wäre. Ich sagte das auch David, der nichts erwidern konnte. Und weil ein Onkel meiner Frau bei der Staatsbahn ist, ließ ich mir eine Freikarte hieher verschaffen, suchte hier die Verhältnisse kennen zu lernen, und ließ meine Habilitation hieher übertragen. Wenn Du nun etwa der Meinung bist, daß ich gemachter Mann bin oder Dich auf ewig überflügelt habe, so bist Du sehr im Irrthum. Man hat mir, wie ich von Anfang wußte, die Übertragung der Habilitation nur deshalb so leicht gemacht, weil man weiß daß an mir nichts zu befürchten ist und weil im andern Fall Brandl in zwei Semestern hier als ordinarius gewirtschaftet hätte. Im Ministerium hat man mir, als ich meine Uebertragung anmeldete, gar keine Hoffnung gemacht, und Erich Schmidt mir direct gesagt daß man ihn bereits einige Male interpellirt habe ob er Brandl für reif halte beide Stellen (englisch u. deutsch) zu versehen. So stehen die Dinge und zum Ueberdruß hat mir David das letzte Mal gesagt, daß er nun kaum noch Hoffnung sehe Krakau für uns zu bewahren und daß man den Polen endlich ihren Willen di. Creizenach werde lassen müssen. Facit: Daß für uns alle auf 10 Jahre hinaus, ehe nicht einer stirbt und zwei sich aufhängen, gar nichts zu hoffen ist, oder etwa eine Subvention von 800 fl, wie sie College Werner nun nach langem Harren glücklich erreicht hat. Erich Schmidt aber spottet über unsere Kürschnerei und ich habe ihm neulich offen ins Gesicht gesagt, daß diese paar Gulden für uns Oesterreicher leider sehr viel seien und mehr als wir für unsere Docentur je zu hoffen hätten.

Daß ich Dir so lange nicht geschrieben und nicht einmal für die Bücher gedankt habe die Du mir geliehen und nun gewiß richtig wieder erhalten hast, liegt in der unbeschreiblichen Hast des Umzuges, so wie einer Woche Krankheit und einer anderen Woche Egon Ebert-Lektion. Kann ich Dir mit etlichen Doubletten „Deutsches Museum" einen Gefallen erweisen?

Sei versichert, daß Daisy und ich uns sogleich freuen würden einige Tage oder Wochen mit Dir zusammen zu leben. Gleiches Leid verbrüdert.
Mit Gruß
Dein
Jacques
<u>NB</u> Auf Kisten geschrieben!
Prag, Stefansgasse 3. III

413/4-117; K; Prag; 9. 12. 1882; Lemberg. 112

Lieber Pepi, Devrient habe ich nicht mit; einige Kisten Bücher ruhen noch in Wien u. Vöslau, weil der Umzug zu viel gekostet hat. Den einzigen Band, den ich in Doublette besitze (Bd II), sende unter Kreuzband. – Sei so gut u. schreib mir gelegentlich, was alles bei Hempel in der Subscription von 1878 erschienen ist u. wie viel Hefte jeder Schriftsteller hat. Ferner, ob Platen in 17 Heften, 3 Bänden, Band III mit S. 271 Selbstbiographie schließend, vollständig ist oder nicht; ferner ob Du mir den Titel zu Band 3, der in einem andern Heft sein muß, geben kannst oder welches Heft das ist, damit ich es mir kommen lasse. – Das Ms werde nächstens an Konegen senden. Ich hielte es für besser, wenn Du als Autor auch Dein Ahnfrau-Heft corrigiren würdest u. ich Robert <...>. – Ich habe schrecklich viel zu thun. Erfährst Du von Kürschner nicht u. ob die Sache geht? ich brauche das Geld, das ich da verdiene, nothwendig. Leider fürchte ich.
Mit besten Grüßen
Fritzi.

413/4-118; K; Prag; 21. 1. 1883; Lemberg. 113

Lieber Pepi, besten Dank für Deine 3 Neudrucke, von denen ich schon durch andere gehört habe. Es wird vielleicht einen: „Beitrag zur deutsch-österreichischen Literaturgeschichte" geben (se in NFreien Presse); wenn nur nicht der holde Erich zuvorkommt. Schreibe mir doch bald, was Ihr in Wien mit einander besprochen habt? Der polnische College soll leben! Hätte ich das vor 4 Monaten gewußt, – ! oder lieber der Zeitung

sogleich geglaubt! Aber da kam ein Brieflein von E. Sch. nach Italien: „Lieber Freund – wie geht es Ihnen – wie gefällt es Ihnen in Mailand – vielleicht lässt sich etwas machen" usw. Ich bin jährlich um 3500 Lire ärmer und muß 1000 fl erschreiben. Euer Kärtchen habe ich 2 Stunde fertig. – Schreib bald, recht bald. Nochmals besten Dank für die schönen Hefte.
Mit besten Grüßen von Daisy und mir
Dein
Fritz.
Prag Stefansgasse 3. III

413/4-119; Prag; 8. 2. 1883; Lemberg.   **114**

Lieber Pepo, die Karte war allerdings von mir; ich erlangte die Biographie Müllners in Schutz, habe sie aber inzwischen gekauft. Ich glaubte, Du wärest inzwischen nach Wien u. ließ es deshalb bewenden. – Ich habe für Kürschner einen Band Weiße – Cronegk – Brawe – Nikolai gemacht; mit einer höchst ausführlichen Arbeit über Nikolai. Dann einen Band Werner – Müllner – Houwald, ebenso; den ich ihm gar nicht gönne, weil die Edition so elend ist und der Esel zwischen seinen Mitarbeitern keinen Unterschied zu machen versteht. Auf seine Briefe bekommt man immer eine Antwort, die nichts heißt, oder gar keine. Erich Schmidts Kleist in der öst. Rundschau II ist <...> durch und durch; eine gänzlich wertlose Durcheinanderwerfung aller möglichen geistreichen und dummen Sachen. – Einen Entwurf zu den öst Studien kann ich jetzt nicht machen; warum habt Ihr ihn denn nicht während des Zusammenseins fertig gebracht. Ueber die Neudrucke schwitze ich, aber sogleich war es nicht möglich, weil ich eben Tags zuvor einen Artikel über Neudrucke in der Presse gedruckt hatte.
Herzlich grüßend
Daisy u Jack Minor

413/4-120; B; Prag; 16. 2. 1883; [Lemberg].   **115**

Prag 16. 2. 83

Lieber Pepi,
    Besten Dank für Deine gütige Aufforderung zur Mitarbeit. Ich hatte eben Tags zuvor eine sehr lobende Recension Deiner Neudrucke an Hartel geschickt, welche hoffentlich nicht zu lange brauchen wird, bis sie im Druck erscheint. Auch privatim kann ich Dir mittheilen, daß ich mit Deiner Arbeit ganz außerordentlich zufrieden bin. Du schreibst einen ausgezeichneten Stil, der warm ist, einfach ohne simpel zu sein und sich von jeder Ziererei und abgeschmackter Geschraubtheit ferne hält, an welcher der Stil anderer Leute so ergötzliches leistet. Du weißt daß ich Dir einmal gesagt habe, wir sollten aufhören einander zu recensiren. Das war ein großer Irrthum; wir müssen anfangen einander zu recensiren. Die Deutschen tun es nicht, so wollen wir uns selbst zu Ehren bringen: die andern sind wahrlose auch nicht wählerischer in der Reclame. Besonders der gute Erich, der, wenn er einen ganz ausgezogen und allen Nimbus, alle Ehre und alles Geld für sich in Anspruch genommen hat, dann die Hand reicht und einen zum großen Mann d. h. zum Collegen macht. Ich werde vielleicht noch eine Recension der Neudrucke schreiben.
    In Betreff Deiner Aufforderung mache ich Dir einen Vorschlag, den Du nach Gutdünken annehmen oder abschlagen kannst. Ich würde sehr gerne das West'sche Sonntagsblatt herausgeben, weil es in meine Studien einschlägt. Ich habe es in Italien gelesen, resp. das was in den Schriften steht und gefunden daß es voll Bezügen auf die Romantik, offener und versteckter Polemik und Anspielungen ist. Ich weiß nun nicht, ob Dir diese Dinge geläufig sind und ob Du Lust hast Dich in sie so tief einzulassen. Willst Du mir es übertragen, so würde ich, falls ich zu Ostern nach Wien ginge, mir das Sonntagsblatt ansehen und Vorbereitungen machen. Sei also so gut und schreibe mir innerhalb 14 Tagen.

An Seuffert habe ich gleichfalls geschrieben; ich hatte freilich selber eine „Romantische Bibliothek" projektirt. Aber Redakteur will ich nicht viel sein, ich habe so viel zu lernen. Meine Romantiker-Arbeiten, welche ich ad vocem Kürschners fortsetzen muß, gehen ins Grundlose. Ich trage ein großes, großes Werk darüber im Herzen. Worin auch die Schüler der Romantiker, die Marioch, Wekendorf, Sophie St<...>di, Mahlmann usw. eingezogen werden sollen. Ein Aufsatz über Wilhelm Schlegel 1804–45, über diese Zeit weiß man bekanntlich bis jetzt fast gar nichts, ist druckfertig, möchte ihn gerne in die Preuß. Jahrbücher schicken. Ueber die Schicksalstragödie habe ich heute ein Buch an Kürschner geschickt: Im Sommer lasse ich hier arbeiten darüber; das Gerippe ist bei mir fertig, aber Fleisch sollen die Studenten, die freilich für mich nicht viel taugen, noch etwas nachtragen.

Schiller – Romantik – Geschichte des Dramas – Stilistik – Biographie beider Schlegel – Das junge Deutschland – Die schwäbische Dichterschule: sollte alles in hundert Jahren fertig sein.

Herzlich grüßt Daisy, welche einen kleinen Verdruß gehabt hat, weil sie durchaus rosenfarbes Papier für Dich haben wollte, und
Dein Mahner und Freund
Jack

NB Wir dürfen jetzt wol der Meinung sein, daß wir auch das geleistet haben, was E. Schmidt und andere.

<u>NB</u>. Wieder ein bloßer Vorschlag: würdest Du vielleicht ein Artikel von etlichen Seiten über das Verhältnis der Ahnfrau zur Schicksalstragödie in Dein Ahnfrau-Heft von mir aufnehmen?

413/4-122; K; Prag; 3. 3. 1883; Lemberg. 116

Lieber Pepi, schreib mir nächstens oder so bald als möglich, ob Du durch Prag kommst diese Ostern oder nicht. Es wäre leicht möglich daß wir frei bleiben. Ich erwarte noch die Entscheidung, ob wir Farkarten auf der Bahn erhalten können. Sonst reisen wir nicht. Wir könnten dann auch manches neuerlich besprechen. Mit dem Ahnfrau-Aufsatz könnte ich wol vor Sommer nicht herausrücken. Wie verhält es sich mit dem Ultimatum und bist Du endlich vorgeschlagen worden? Rette, schreibe mir bald.
Mit herzlichen Grüssen von uns beiden.
Dein
Friedrich d. Kleinere

413/4-124; K; Prag; 8. 3. 1883; Lemberg. 117

Lieber August, besten Dank für Hagedorn u. die Körner. Daß Du mit allen drei Studien fertig bist, erregt mein Erstaunen. Ich habe erst zwei geliefert, die andern werden freilich schneller gehen, denn solche Einleitungen wie zu Nikolai u. Zacharias Werner mache ich nicht mehr. Ich könnte mir den Kopf abreißen daß ich die Schicksalstragödie nicht als Buch publiziert u. Kürschner einen Auszug gestattet habe. – Fast hätte das M. die letzte Gelegenheit zu zeigen, daß es mit uns alles es gut meint: W. in Lemberg, Sauer in Graz, M in Prag. Was soll ich vom „Stuhl" sagen, den man aus Mailand abgelockt hat, der noch nie einen Kreuzer für seine Thätigkeit bezogen hat? Keil spanne, Spengler folge; das moderne voran, der Jünger Erichs hintendrein. Scherers Scholle ist gar nichts, weder gut noch schlecht, trivial und banal. Ich gehe nächstens an die Biographie Schillers. Ein Heft öst. Studien über West als Kritiker ist von mir sicher zu erwarten u. bald; schreibe mir gelegentlich, ob der Neudruck bald zu erwarten ist u. im Sommer etwa schon benützt werden kann? Ich weiß nicht, ob ich nach Wien gehen werde. Meine Anzeige Deiner Neudrucke ist noch immer nicht gedruckt; man bringt meine Sachen in der Wiener Presse

jetzt bedächtiger. Vielleicht daß Erich irgendwie dahinter steckt. Man weiß ja – ein Wort, nebenbei, usw. usf.
Mit besten Grüßen
Dein Jacques

413/4-121; B; [Wien]; undatiert; [Lemberg]. 118

Lieber Pepi,
in aller Eile das neueste. Werner soll den nächsten Herbst nach Lemberg kommen. Brandl will man in Prag von Seite des Ministeriums durchsetzen; vor der Hand heißt es freilich, man werde den Gehalt Martins auf Subventionen für mich und Brandl verwenden. Ich bin im Ministerium gewesen und habe darauf hingewiesen, daß, wenn man mich zwingt in einem Jahr ein 2tes Mal zu übersiedeln, man mich ruinirt, denn 600 fl für Umzug kann sich niemand erschreiben; daß man mir ferner bei meiner Abreise nach Mailand Berücksichtigung bei Gelegenheit zugesichert hat und daß man mich mit Krakau so unverzeihlich hinausgezogen hat u. schließlich doch dumm hat fehl gehen lassen. Da ich gar keine Lust habe Brandl nach Prag einwandern zu lassen, habe ich mich dort festgehalten u. ich empfehle Dir dasselbe für Graz. Gemeinsame Politik wäre erwünscht. Wir dürfen uns nicht verhehlen, daß wir, wenn es gelingt in Prag u Graz, wenn auch vor der Hand unter bescheidenen Bedingungen, festen Fuß zu fassen, nichts verloren haben und Werner sowie Creizenach in Krakau u. Lemberg festgenagelt sind. Ohnedies ist wie ich weiß jede deutsche Facultät schwierig einen Docenten von einer polnischen zu übernehmen. Kannst Du also den Verlust von einigen hundert Gulden durch ein Jahr oder zwei verschmerzen, so ergib Dich darein, halte aber Graz mit beiden Händen fest, wie es Werner gemacht hat. Werner aber, der am wenigsten fleißigste unter uns, der jede Ostern spazieren reist und während des Gehens gleichfalls nichts leistet, wird als Professor in Lemberg leben und sterben; was Du Dir gewiß auch nicht als letztes Ziel gewünscht hast. Suche Dich mit Schönbach in Verbindung zu setzen, der nach der Aussage aller Dir wol will und Dich in seinen Schoß, den einst Werner beherbergt hat, gewiß eben so günstig aufnehmen wird.
Erfahre ich neues, so lange ich noch hier bin, so schreibe ich. Laß mich gleichfalls wissen, was Du denkst und vorhast.
Mit herzlichen Grüßen
Dein
Jacques
Wien IV Carolinengasse 16 A
Von öst. Studien habe ich einen Bogen erhalten; weiß nicht, ob erste oder 2te Correctur.

413/4-123; B; Wien; 20. 3. 1883; [Lemberg]. 119

Wien 20. 3. 83.
Lieber August,
ich habe heute unter Kreuzband Hollins Liebeleben an Dich abgehen lassen, welches ich nachsichtiger Aufnahme empfehle. Ein wunderschönes Manuscript über die Schicksalstragödien schickt mir Kürschner zurück, weil es 13 Bogen zuviel sind u. es bleibt mir nichts übrig als ihm einen Auszug daraus zu geben. Schreibe mir nun, bitte ich, baldigst, bis wann der Aufsatz über die Ahnfrau zu liefern wäre, wie groß er sein dürfte und auch wann man das Sonntageblatt in Neudruck erhalten dürfte. Ich habe Schönbach wol hier gesehen, aber nichts von ihm erfahren können.
Mit Seuffert bin ich nun handeleins geworden und danke Dir bestens für Deine Empfehlung. Es thut mir auf der andern Seite freilich leid, Siebeck aufgeben zu müssen, weil er den Hollin so wunderschön ausgestattet hat. Aber ich tauge wol nichts dazu, eine solche Sammlung zu redigiren. Ich gebe bei Seufert Gustav Wasa u. W. Schlegels Berliner Vorlesungen nach dem Manuscript, das ich aus Dresden erhalte.

E. Schmidt und RM Werner stecken hier geheimnisvoll die Köpfe zusammen und brauen natürlich für uns einen Hexentrank. Schmidt, der an seinem Lessing nicht ein Haar weiter ist als zu Weihnachten, spottet über die Leute, welche Honorar verdienen, weil er selber keines mehr verdient. Er gehört unter die größten Neidhammel, die es gibt. Meine Recensionen ärgern ihn in die Seele hinein und mir geht es mit seinen ebenso. Er war die letzte Zeit über fast täglich als Mime beschäftigt und gilt auch in Prag für einen guten Katheder-Komödianten. Du siehst also wie billig manche Leute das Leben haben, das uns so theuer zu stehen kommt. Und was für ein Leben!

Hier heißt es allgemein daß Werner nach Lemberg kommen würde und Du nach Graz. Gestern war ich bei David, der mir sagte (Du darfst aber Werner nichts verrathen), man würde Dir vorläufig in Graz eine Subvention geben und vielleicht Titularprofessur (welches ich beantragte), denn man könne – um Werner nicht zu beleidigen, der blos nach Lemberg geht, weil man ihm in Graz alle Hoffnung abgesprochen hat – nicht sogleich nach seinem Abgang eine Professur errichten. In Prag, wo Brandl, der seine von Schmidt gerühmten Feuilletons nach Schönbach aus englischen Quellen übersetzt, noch immer im Herzen des Ministeriums seinen Platz behauptet, werde ich eine Unterstützung herausschlagen; ob sie aber von Jahr zu Jahr fortgeht, oder jedesmal neu erstattet werden muß, weiß ich nicht. Wenn ich noch in Wien wäre und ledig, hätte ich mich an Werners Stelle nach Graz begeben, aber in einem Jahr 600 fl Umzugskosten, das habe ich nicht. Ich mache Dich übrigens aufmerksam, wenn Du nach Graz kommen solltest, laß Dir, da Du vom Ministerium hierhin und dorthin versetzt wurdest, den Umzug vergüten.

Wegen der Ahnfrau u. des West erwarte ich bald Deine Antwort. Mit der Recension der Wiener Neudrucke lässt Speidel noch immer warten; ich denke, Du wirst damit zufrieden sein. Besten Dank für die Kürschnerschen u. Seuffertschen Sachen. Ich weiß nicht ob Kurz (Bernadon)sche Sachen selten sind; u. mache Dich deshalb aufmerksam daß der Lustspieldichter F. G. Triesch (Wien I Elisabethstraße 21) einen solchen Druck besitzt, den er Dir bei Bedarf jedesfalls leiht.

Mit herzlichen Ostergrüßen
Dein
J Minor.

413/4-125; K; Wien; 24. 3. 1883; Lemberg. 120

Lieber August, über Werners Ernennung erfahre ich gar nichts; E Schmidt hat meinen Besuch nicht zu der Stunde erwidert, in welcher ich ihm meine Anwesenheit zu Hause ankündigte, ich habe ihn also auch nicht wieder gesehen. Die Sache mit Werner ist nicht spruchreif noch, jedenfalls bist Du im Sommer noch in L. Alles in allem gerechnet, und in der Voraussicht daß Du Schönbach für Dich gewinnen kannst, kannst Du Dir fast nichts besseres wünschen als diesen „Tausch." Falls Du Dir durch Schriftstellerei so viel verdienst, um leben zu können, bist Du in einigen Jahren ord. in Graz oder Innsbruck, wovon auch wieder die Rede war. Ich wehre mich aus Leibeskräften in Prag zu bleiben, weil ich einen zweiten Umzug nicht bestreiten kann und nicht einem Engländer Platz machen will. Eine Professur in Prag ist wol, solange K. dort ist, nicht zu erreichen, aber Subvention. Wegen der Ahnfrau muß ich erst mit mir einig sein, was ich mit der Schicksalstragödie anfange: ich glaube ich werde ein Buch daraus machen.

Mit besten Grüßen in Eile
Dein
Jacques

413/4-126; K; Pottenstein; 6. 4. 1883; Lemberg. 121

Lieber Pepi, wir leben gegenwärtig an Dir weltbekanntem Orte
<u>Pottenstein an der Triesting</u> (Station der niederösterreichischen Staatsbahn) Nr 39 bei Prendinger.

Wenn Du nach Wien kommst, wirst Du uns wol besuchen? Wenn Du willst fahr ich Dir bis Vöslau oder Leobersdorf entgegen und wir gehen zu Fuß hieher. – Du kommst hoffentlich bald, da ich über das Manuscript nichts erfahre?! Wie steht es mit Deiner Grazer Angelegenheit? Mir steht der Verstand still <...>.
Gegen uns ist alles erlaubt; aber Schmidt, Creizenach – das ist etwas anderes.
Dein
Fritz der Große.

413/4-127; K; Prag; 10. 4. 1883; Lemberg.   122

Lieber Sauer, den Schmelzl schicke ich in einigen Tagen an Conegen ab. Von Heft I habe ich einen Bogen Correctur vor 10 Tagen erhalten als ich noch in Wien war, seitdem nichts. Ich weiß nicht, ob wir erste oder zweite Correctur zu lesen haben. Für Graz die besten Wünsche: unter uns kannst Du wol eingestehen, daß Du vorwärts geschritten bist. Denn der Gehalt ist nur eine Frage der Zeit und zwar einer kurzen Zeit. Möchte es mir hier mit der Zeit, die wol eine längere sein wird, ebenso gelingen. Werners Äußerung ist mir und Daisy unerklärlich; sie kann nur auf ein harmloses Wort über Papierreisende gehen; die Abfertigung ist jedenfalls verpufft, denn wir wissen leider nicht, was er gesagt hat. – Sind die beiden andern Bände Stürmer & Dränger schon heraus? Wir tauschen doch die Kürschneriana gegenseitig aus? Schreibe mir, wenn Du vom Ministerium näheres erfährst. Brandl hat eine Eingabe gemacht, ihn nach Prag zu setzen, die gewiß auch vollen Beifall finden wird. Er sieht noch immer jodl-mäßig aus.
Da ich bleibe
Dein alter
Jack, mit Grüßen von Daisy.

413/4-128; K; Prag; 29. 4. 1883; Lemberg.   123

Lieber August, die Correctur des Keil macht mir Herzeleid. Die Einleitung ist so elend geschrieben u. so fachunkundig, daß ich mich entsetzt habe u. an vielen Stellen bei der Correctur nachhelfen mußte. Man liest bei der Entscheidung über Aufnahme oder Nichtaufnahme offenbar nachsichtiger u. mehr auf den materiellen Gehalt hin prüfend. Leid thut mir nur, daß wir dem Manne das ganze Honorar haben zahlen lassen. Spengler betreffend, rathe ich zu versuchen, ob man diese Erstlingsarbeit ohne Honorar oder mit einer kleinen Abschlagszahlung haben kann – wir müssen uns, ehe wir nicht glänzende Manuscripte haben, entlasten – sonst gehen wir ein. Auch rathe ich entschieden, Spengler als Nummer 1 zu nehmen, Keil kann nicht beginnen. Das Ms. habe an Konegen geschickt; der Werner suchen soll.
Brandl hat eine Eingabe ans Ministerium gemacht, worin er seine Dienste für die Provinz anbietet. Sie ist hier in der Fakultätssitzung vorgelegt worden, fragt sich nun, ob man darauf eingehen wird. Mir zittern alle Glieder. Hörst Du nichts aus dem Ministerium und kann man bald gratuliren? Bei uns überlegen sie sichs länger als bei E. S. oder einem andern Ausländer.
Herzliche Grüße von Daisy und J Minor.

413/4-129; K; Prag; 2. 5. 1883; Lemberg.   124

Lieber Pepi, Das Manuscript des Spengler habe ich vor 10 Tagen an Konegen geschickt u. zugleich an E Schmidt geschrieben, daß wenn Werner bei ihm vorspräche er denselben aufmerksam mache. Nun schreibt mir heute Schmidt, er hätte selber von Werners Aufenthalt keine Kunde gehabt, aber eben d. h. 30. April von ihm ein S. A. aus Berlin erhalten. Er steckt also jetzt, wo wir fast mitten im Semester sind, noch in Berlin. – Deinen Hagedorn habe mit Vergnügen gelesen u. für Hartel recensirt; auch die Einleitungen zu Müller und Schubart habe ich genau und mit Nutzen gelesen, den Text konnte ich nur

durchblättern. Lenz u. Wagner sind in den Grenzboten in einer Note lobend erwähnt; ich bin sehr begierig darauf. Schickt denn Spemann die Freiexemplare so unpünktlich? Ich drucke jetzt an Weiße – Cronegk – Brawe – Nikolai; alle Tage 2 Bogen. Bei Rütten u. Loening erscheinen 4 Aufsätze über A W Schlegel – Müllner – Houwald – Z Werner. Brentano's Wasa habe an Seuffert abgeliefert. Die Mss. der Schlgelschen Vorlesungen sind aus der Dresdner Bibliothek in meinen Händen. – Ist Klinger auch schon gedruckt?
Mit Grüßen
Dein
Fritz

Auch Tieck u. die Schicksalstragödie habe ich an Kürschner abgeliefert.

413/4-130; K; Prag; 9. 6. 1883; Lemberg. 125

Lieber Sauer, ich möchte gerne über Schmelzl ein Feuilleton in die NFr Presse schicken u. zugleich den Neudruck u. die österr. G F II anzeigen. Nur weiß ich überhaupt nichts davon, ob die letzte Arbeit angenommen worden ist? ob mein Vorschag, kein Honorar zu zahlen, durchgedrungen ist? Wir müssen Konegen auf jede Weise entlasten u. man zahlt für solche Arbeiten nirgends Honorar; meine Schicksalsdichter haben 2 Buchhändler ohne Honorar in Verlag nehmen wollen, sonst nicht. Also kann ein Anfänger immer zufrieden sein, wir hätten nur Keil auch nicht honoriren sollen. Wird Schmelzl gedruckt, so wünschte ich Aushängebogen zu erhalten, um mit dem Feuilleton sogleich am Platze zu sein. In der sauren Gurkenzeit bringt man so etwas leichter an Mann, sonst bleibt es liegen. – L. Sauer, Daisy u. ich waren einig in der Verurtheilung der ... Handlungsweise, die man gegen Dich begangen hat. Ich habe auf meine Weise geflucht. Man hätte W. nicht ernennen sollen, ehe Du ernannt warst. Aber auf Werner hast Du meines Erachtens keinen Grund zu zürnen; jeder sucht zu erlangen was möglich ist u. unrechte Mittel hat er nicht angewendet. Sonst hättest Du nichts u. er auch nichts. Ich habe neulich an Schönbach geschrieben, ob Du in Graz sicher seist; er bestätigt es. Hier hat Brandl ein Gesuch eingereicht, das vom Ministerium befürwortet wird, er schnappt mir am Ende noch alles weg. Dabei hat sich eine Correspondenz mit E Schmidt entsponnen, über die ich im Sommer mündlich referiren werde u. wobei auch Du in Betracht kommst, weil ich Dich verdächtigt haben soll. Ich schreibe über Niemand an Niemand mehr ein Wort, lauter alte Weiber.
Dein Jack.

413/4-131; K; Prag; 18. 6. 1883; Lemberg. 126

Lieber Sauer, Prospekt ist beigefügt u. wird (hoff' ich) genügen. Unter Kreuzband sende ich heute die „Lessing'schen Jugendfreunde", so wie mir Kürschner meine Exemplare zugehen ließ.* Nach Deinem Briefe zu urtheilen, hast Du das Werk von Hartel erhalten, sonst bitte ich um Nachricht und ich lasse Dir auf meine Kosten ein vollständiges Exemplar kommen als Gegengabe für Deine drei ausgezeichneten Bände: Die Einleitung zu St & Dr ist ausgezeichnet. Ich habe jetzt 3 Manuscripte bei Kürschner: Schlegel – Tieck – Schicksalsdichter: keines aber wird gedruckt. Ich habe mich mit dem Menschen einmal zertragen und er läßt es mich entgelten. Prahlt in einem fort, verspricht in einem fort u. es geschieht nichts. Stehst Du besser mit ihm (was ich nach dem langen Ausbleiben Deiner Exemplare kaum vermuthe), so könntest Du so gut sein und gelegentlich meinen Band bei ihm recht, aber recht herausstreichen; als ein Weinen vor Gott u. Menschen – was doch ihm gegenüber nichts macht u. mir nützen könnte. Ich schreibe keinen Brief mehr, weil ich zuviel Stoff habe, an Dich; ich denke, wir sehen uns im Sommer. Was ist mit Graz?
Dein Jack.

* d. h. broschiren habe ich sie selbst lassen müssen.

413/4-134; K; Prag; 13. 7. 1883; Lemberg. 127

Lieber Sauer, auf Dein freundliches Schreiben erwidere ich nichts als: Glück auf zur Heimkehr! Ich sehe voraus: Du reisest sogleich ab und besuchst uns in Vöslau, wo Dich Frau Daisy, die Du sonderbar verändert finden wirst, aber nicht unerklärlich, willkommen heißen wird. Wir reisen morgen (Freitag) nach Vöslau. Frau Daisy findest Du bis 25. daselbst. Schreibe mir dahin, ob u. wann wir Dich erwarten können. Es muß ein Congreß der Herausgeber u. der Verleger der Beiträge in Scene gesetzt werden. Hier gehen Dinge mich betreffend vor – Du wärst hier in 20 Jahren nicht angekommen, u. wer Schuld ist – mündlich. D Museum ist in Kiste nach Vöslau gegangen. Wolltest Du mir eine Recension von Hosäus Behrisch u. Keyserling, Mendelssohn für Bechtel abnehmen? Schreib bald
Deinem
Jacques
NB. Mit dem Correcturpedanten bleib mir vom Halse!

413/4-132; B; Vöslau; 17. 7. 1883; [Lemberg]. 128

Vöslau 17. Juli 83

Lieber Pepi,

heute Montag, als ich mit Daisy von einem Spaziergange heimkehrte, auf welchem beschlossen wurde mit einer Partie nach Pottenstein bis auf Deine Ankunft zu warten, finde ich Deine Karte, welche alle Hoffnungen zerstört. Ich finde es unverzeihlich, wie Du in diesem Lemberg sitzen bleiben kannst, ohne Freund, Bekannten, ohne Land und Luft – bei so einem heißen Sommer. Siedle doch nach Graz über und arbeite dort, nachdem Du Dich etliche Wochen erholt hast. Wir haben von Dir oft geredet in letzter Zeit – was in Prag vorgegangen ist, ist eine riesig lange Geschichte, die ich blos mündlich erzählen werde. Ich sage nur was Dich betrifft: oft und oft haben Daisy und ich gesagt, daß Deine Hoffnung auf Prag der größte Irrstern Deines Lebens war, daß Du froh und freudig sein kannst daß sie Dir abgeschnitten wurde, daß Du zwanzig Jahre hättest vorgeschlagen sein können und ebenso wenig wie früher Erich Schmidt u. andere ernannt worden wärst. Von Lemberg aus hättest Du gar nichts ausgerichtet, da ich an Ort u. Stelle nichts ausrichte. Kelle ist der perfideste Kerl unter der Sonne. Ich bereue es, nicht an Deiner Stelle zu sein, denn Schönbach ist, wie ich von andern weiß, ein ganz anderer.

Unerklärlich ist mir aber das Vorgehen des Ministeriums gegen Dich. Man ernennt Werner an Deine Stelle, die doch besetzt ist und – läßt dich warten. Man kann doch nur an eine Stelle ernennen, die frei ist, aber dieses Versetzen heißt Dich an die Luft setzen. Du solltest dem Ministerium ohne Klagen (Du hast ewig zu viel lamentirt), in würdiger Weise die Meinung ordentlich sagen.

Die Aufklärungen, welche Du über meine Karten verlangst, gebe ich, sobald ich weiß, worauf sich dieselben beziehen sollen. Lieber aber mündlich, als schriftlich.

Schicksalstragödien, Mendelssohn (ich schreibe an Bechtel daß Du Hosäus u. Keyserling recensirst! bitte bald), Museum (die Doubletten konnte ich erst hier ausfindig machen) gehen heute unter Kreuzband an Dich ab.

Ich arbeite jetzt an Grillparzer-Ahnfrau. Einblick in das Manuscript (resp. Kopie desselben) wäre mir sehr nützlich, wenn Du mir Deine Collection zusenden wolltest. Wie weit ist Dein Manuscript gediehen u. wann tauschen wir dieselben zur Einsicht aus.

Die engl. Comödianten habe ich wie Du begutachtet. Wäre sehr dafür daß sie als Heft 4 zugleich mit 1–3 erschienen, denn es ist interessant. Was soll ich aber mit dem Ms. machen? es an Werner schicken oder Konegen. Wo ist Werner? Ist mein Vorschlag zum Prospekt angenommen? ich weiß gar nichts. Wie stehts mit dem Honorar für Herzler? Im Sept. könnten wir hier alle drei tagen; das ist höchst nothwendig.

Ich habe in Prag unter 92 in der ganzen Facultät inscribirten 25 Zuhörer gehabt und bin nach dieser Seite völlig zufrieden; die Facultät hat denn auch – trotzdem Kelle einen Vorschlag mich zum Extraordinarius zu befördern in einer solchen Form eingebracht hat, daß die Facultät es ablehnen mußte u. ebenso Brandls Gesuch (leider hat er hinterher selber bekämpft) – auf eine Subvention von 800 fl für mich angesucht. Kelle hat sich damit ungemein bei der Facultät geschadet, ist auch früher schon zum zweiten Male bei der Rectorswahl übergangen worden u. wüthig gegen alle, kurz, ohne hier zu sein und ihm den Fuß auf den Nacken zu setzen, ist hier nichts auszurichten und ich habe allen Muth verloren, daß es so geht, denn man fürchtet ihn wie den schwarzen Tod. Nun denke Dir, einen Ordinarius von 52 Jahren mit eisenhafter Gesundheit, über den man nicht hinaus kommt – eine sichere Existenz ist, wenn nicht durch das Ministerium, kaum zu erwarten. Mündlich, mündlich, mündlich!

Ueber Seuffert unter dem Siegel größter Verschwiegenheit: der geistloseste Pedant, den es gibt, wie ich Dir aus der Correctur von Brentano's „Wasa" nachweisen kann. Da er nichts anderes kann, verlegt er sich auf die Correctur der Literatur und beargwöhnt jeden, der nicht Er selbst ist. Seine Briefe sind drollig durch Bornirtheit: warum das so u. so sein soll, „sehe ich nicht ein" – und es sieht es jedes Kind ein! Macht Fragezeichen?? zu Sätzen wo das Subject fehlt – u. bloßes Anakoluth vorhanden ist usw. usw.

Lieber Pepi, Daisy grüßt herzlich und ersucht mit mir, daß Du früher kommst. Mache August Mitte Heimabend, bleibe 2 Wochen in Wien u. Umgegend u. beginne September die Arbeiten in Graz. – Schicke doch ein Exemplar der Neudrucke an den Krapinger, so bist Du gemachter Mann. Ich will es in Prag im Winter mit den Beiträgen dann so machen. – NB. Ueber Schicksalstragödie, falls Du recensiren wolltest, nicht *vor* Oktober, weil Du allein ein Exemplar hast! Prosit zur Korrectur Lessings.

Herzliche Grüße u. bitte um Brief
von Deinem
Jack

413/4-133; K; Vöslau; 23. 7. 1883; Lemberg.

Lieber Pepi, zwei Bitten nach einander. Erste: ich bedarf zu dem Neudruck der Schlegel'schen Vorlesungen ein Exemplar der Europa, welches dem Druck zu Grunde zu legen wäre. Ich brauche dazu aber blos S. 1–95 des zweiten Bandes 1. Heft. Wolltest Du mir diese gegen jede von Dir zu bestimmende Entschädigung abtreten u. sogleich schicken? Du könntest den zweiten Band nach Bogen zerlegen und mir die Bogen A–F überschicken, wodurch das Exemplar am wenigsten geschädigt würde. Nach dem Druck erhältst Du alles wieder zurück und etliche Doubletten obendrein. Auch lasse ich Dir das ganze wieder binden. – Zweitens: Kannst Du mir das Manuscript Deiner Ahnfrauarbeiten schicken, damit ich mich mit demselben in Rapport setzen kann. Und wann soll denn das Heft in Druck gehen? Ist es denn noch nöthig das Gutachten des Krauskopfes einzuholen? Sollte man nicht, um nicht hinausgeschoben zu werden, den Druck bei Konegen machen? Wie geht es mit Schmelzl? Prospekt? Werner läßt gar nichts hören. Ernennt man Dich jetzt, wo der Minister da ist, noch immer nicht? Der Würzburger Neudrucker ist ein sehr eingebildeter und ungehobelter Herr, dem ich neulich meine Meinung ordentlich sagen mußte.

Mündlich! mündlich! so vieles! vieles! Packe ein! pack ein!
Dein Jack

413/4-135; K; Vöslau; 23. 7. 1883; Lemberg.

Lieber Pepi, eine Postkarte von mir mit zwei Bitten ist heute eben abgegangen, als ich die Deine erhielt. Für Grillparzer habe ich mehr als ich dachte gefunden, jedoch blos das Material gesammelt und es eben wieder zurückgelegt (ich arbeite jetzt über Tiecks Novellen einen großen Aufsatz aus). Ich wollte nicht früher an die Ausarbeitung gehen, ehe ich nicht weiß, was aus dem ersten Manuscripte zu holen ist und auch dann möchte ich nicht etwa gerade das sagen, was in Deinem Aufsatz steht. Es wäre mir deshalb lieb, Du

schicktest mir Dein Ms., worauf ich sogleich an die Ausarbeitung gehen würde. Schreib mir gefälligst bald, wann es in Druck gehen soll. Das Ms. der Engl. Comödianten geht morgen an Zacharias ab. – Willst Du mir mit der Europa aushelfen? Du erleidest keinen anderen Schaden als daß das Exemplar eine Zeitlang getrennt wird und (so viel als beim Druck gewöhnlich) abgegriffen wird vom Setzer. Ich entschädige Dich gern, oder nehme Dir eventuell auch das ganze Exemplar ab, wenn Dir nicht das übrige mehr werth ist oder die paar Seiten, die Du dreifach gedruckt zurück erhältst.
Dein
Jack

413/4-136; K; Vöslau; [?]. 7. 1883; Lemberg. 131

Lieber Sauer, besten Dank für Manuscript u Collection. Ich muß aber nothwendig etwas über Deinen die Geschichte der Umarbeitungen behandelnden Aufsatz wissen, resp. das Ms. desselben sehen, ehe ich an die Ausarbeitung gehe. Meine Materialien beziehen sich einzig u. allein auf das Verhältnis des <u>fertigen Stückes</u> zu Werner, Müllner, Grunwald. Ich muß nun wissen, ob ich die durch dieses Verhältnis etwa hervorgerufenen Zusätze oder Weglassungen gegenüber dem ersten Manuscripte in meinem Aufsatze berücksichten soll wie das wol das beste wäre, oder ob Du eine solche Rubrik in Deinem Aufsatze hast. Ich habe ein ziemlich bedeutendes Material eigens zu diesem Zwecke gesammelt. Hast Du selbst eine solche Rubrik, so gib mir die Stellen an, welche u. wie Du sie auf die Schicksalsdren beziehst. Es handelt sich ferner, wessen Aufsatz zuerst gedruckt wird d. h. das Heft eröffnet, damit der andere seinen Aufsatz mit dem vorhergehenden in Uebereinstimmung bringen kann. – Wegen Seiner kaiserlichen Hoheit weiß ich den Tag auch nicht genauer, als daß eine Anfrage beim Obersthofmeisteramte vorher geschehen muß. Am besten würdest Du wol Deine Absicht dem Sekretariat des Kronprinzen mittheilen, u. um Auskunft bitten, in welcher Form das geschehen soll. – Wenn die Ahnfrau bis September gedruckt werden soll, heißt es fleißig sein. Bitte umgehend um Antwort.
Fritz.

413/4-137; K; Vöslau; 1. 8. 1883; Lemberg. 132

Lieber Pepi, in Eile vor der Abreise nach Wien beantworte Deine Karte. Wenn Du ohnedies einen Aufsatz hast „Einfluß der gleichzeitigen Schicksalsdichter" und herübernehmen willst was sich darauf bezieht, so bleibt ja von mir nichts übrig, wenn ich dasselbe Thema „Zusammenhang mit der Schicksalstragödie" behandle. Mein Manuscript wird etwa 2 – 2 1/2 Bogen geben. Ich denke, die Scheidung der Arbeiten ist leichter möglich als bei Götz: Dort war die Zurückdrängung des Shakespeare'schen Einflusses ein Motiv der Umarbeitung, also für Dich und mich zugleich Thema. Hier kommt das, soviel ich sehe, sehr selten vor daß Grillparzer, um der Schicksalstragödie auszuweichen, ändert. In solchen Fällen aber müsstest Du einfach mit Verweisung auf meinen Aufsatz, der die Begründung enthält, angeben, daß wegen dieses Grundes geändert wurde. Wir können übrigens auch ganz gut jeder selbstständig für sich in einem Hefte neben einander auftreten und sagen, daß in Folge räumlicher Trennung ein solches Zusammenarbeiten wie bei Goethe nicht möglich war. – Der verfluchte Schreyvogel hat mir meine schönste Parallele mit Macbeth vorweggenommen. Noch eins: bitte um Gottes Willen laß alles Ziffernwerk fallen, sonst gehen die Studien mit Heft <u>1</u> ein: bei der Collation des Ms. der Ahnfrau gib lieber die letzten Worte, nach welchen etwas geändert ist, als den Vers an und die Seite. Man kann bei Grillparzer keine bestimmte Ausgabe wie GG zu Grunde legen u. soll nicht gleich bei Lesung des ersten Heftes verlangen daß der Leser die Verse der Ahnfrau numerire. Bitte Antwort.
Dein
Jack
Der Prospekt hat leider noch Druckfehler, für Heft II möchte ich ihn corrigiren.

413/4-138; K; Vöslau; 1. 8. 1883; Lemberg. 133

Lieber Sauer, eben auf der Fahrt nach Wien überlege den Inhalt Deiner Karte. Du hast mich aufgefordert die Beziehungen Grillparzers zur Schicksalstragödie in einem Aufsatz zu behandeln und nun, nachdem ich Dir mein Buch über die Schicksalstragödie geschickt habe und Du die Sache allein machen zu können glaubst, hast Du selber, doppelt unterstrichen, ein solches Capitel. Ich kann dagegen nichts einwenden, und mache mir weiter nichts daraus; bitte aber mir mitzutheilen, ob Du das Thema wirklich selbst behandelst, damit ich nicht Zeit und Muße verliere, indem ich zur Ausarbeitung gehe. Das Material wird deshalb nicht verloren sein und ich kann es vielleicht auf andere Weise verwerthen. – Die Arbeitstheilung müsste folgende sein und wäre ganz leicht: Du ließest das Capitel über Schicksalstragödie weg u. verwerthetest entweder unter Deinem Namen als Noten zu meinem Aufsatze oder in einer Recension das gesammelte Material. Mein Aufsatz ist so: das steht in der letzten Fassung da und gehört der Schicksalstragödie an, das in der ersten (Entwicklung) u. gehört der Schicksalstragödie; Du hättest nun unter ausdrücklicher Berufung auf meinen, Dir mitgetheilten Aufsatz die lohnende Aufgabe zu entwickeln, inwieweit im Vorlauf der Umarbeitungen etwas besser oder schlechter geworden ist, wobei Du Dein Material am Ende auch verwerthen könntest und jeder sein Eigenthum behält. Auch Wiederholungen müssen beibehalten werden in der Vorrede gesagt sein, welcher der Aufsätze dem anderen früher vorgelegt wurde. Ich gehe nächste Woche auf 10 Tage auf den Semmering, es wäre mir lieb umgehend Antwort zu erhalten. Herzlich grüßend Dein
Fritz
Was sagst Du zu zwei verschiedenen Heften?

413/4-139; K; Vöslau; 2. 8. 1883; Lemberg. 134

Es bleibt uns nichts übrig als zuzustimmen: wir müssen mit vier Heften, à aus dem 16., 17., 18., 19. Jhdt auftreten, u. der Druck (unter dieser Bedingung bevollmächtige ich Dich für mich zuzustimmen) sogleich in Angriff genommen werden. Jedenfalls aber bitte ich Dich die Meinung abzuschaffen, als ob hier zwei Stimmen gegen zwei stünden: Conegen hat keine Stimme u. Du darfst diese Meinung nicht aufkommen lassen als ob er auch eine Entscheidung hätte. – Ebenso sei's mit Herzlers Honorar. – Ueber unsere Schicksalstragödien wäre die Einigung, wie ich neuerdings überlegt habe, nicht schwer: Ich behandle die Bezeichnungen zu den Schicksalsdichtern u. sage an Ort u. Stelle, der sei in der ersten Bearbeitung anders – ohne deshalb den Grund anzugeben, warum es so sei, oder aber, daß es aus diesem Grunde so sei. Du behandelst die Aenderungen, welche in dem Abweichen oder Anlehnen an die Schicksalstragödie ihren Grund haben. Uebrigens aber arbeiten wir beide selbständig, ohne einer des anderen Manuscript vorauszusetzen oder sich auf dasselbe zu beziehen. An einem von beiden festzusetzenden Tage schließen wir gleichzeitig die Manuscripte von einander u. keiner begutachtet das Ms. des andern als Redakteur, ohne aus dem andern etwas herauszunehmen oder zu streichen. Ich denke, das ist billig u. recht und geht wohl an. Laß mich Deine Meinung wissen. David ist nicht in Wien, deshalb stockt wol auch Deine Ernennung.
Sei gegrüßt vom Strohwitwer Fritzi.

413/4-140; K; Vöslau; 11. 8. 1883; Lemberg. 135

Lieber Sauer, nach meiner Rückkehr vom Semmering will ich meine Materialien zur Ahnfrau unterbreiten. Ich halte als Grundsatz fest: 1) Ich citire die erste oder frühere Fassung, so oft sich ein Motiv oder Argument, welches ich anführe, irgendwie in späterer Bearbeitung anders gestaltet hat. 2) Du wirst dadurch auf alle diese Aenderungen aufmerksam gemacht und arbeitest mit Zugrundelegung meines Aufsatzes ein Capitel über den Einfluß, den die Schicksalstragöden auf die Abänderung gehabt haben aus. Es ist selbstverständlich ein anderes, ob etwas auf Schicksalstragödie bezügliches hier oder dort fehlt,

oder (das ist Deine Aufgabe) daß es aus diesem Grunde eben geändert worden ist. 3) Ich vermeide alle Zifferei und citire die Stellen, von denen die Rede ist, sage auch, daß das Heft allgemein interessant u. lesbar wird. 4) Mein Manuscript, falls es Zulassung von Deiner u. Werners Seite findet, soll nicht alterirt, sondern das zu ändernde auf einem Beiblatte angezeigt werden. Nach Deiner freundlichen Karte bist Du damit einverstanden, im andern Falle bitte um Antwort. Wärst Du nur in Wien! Es muß aber Ernst werden, sonst sind wir nicht rechter Zeit fertig u. müssen am Ende die andern Hefte vorausgehen.
Beste Grüße von
J Minor

413/4-141; S; Vöslau; 22. 8. 1883; [Lemberg]. 136
Bitte um Bestätigung des Empfanges des Manuskriptes und baldige Erledigung.
Mit Grüßen Dein
Pepo.

413/4-142; K; Prag; 25. 8. 1883; Lemberg. 137
Lieber Sauer, es bleibt nichts übrig als zu allem und jedem „Ja" zu sagen; wenn wir aber das oft schon müssen, wird die Redaction keine Freude. Es scheint Konegen behandelt uns als beiläufig; und Professor Werner wächst uns de facto über den Kopf. Wollen sehen! Erledige die Ahnfrau, welche Du erhalten haben wirst, in Kürze, daß sie bald in Druck gehen kann. – Ich habe erst ein Heft „Wiener Freunde", das Exemplar welche Du mir schicktest, erhalten; von Herzler, der doch auch fertig sein muß, nichts als Deine eiligst übersandten Correcturbogen. – Sollte uns Konegen nicht je drei Exemplare schicken? und wäre es nicht artig, dasselbe sofort nach der Herstellung zu thun? Man möchte doch auch bei einem Hefte, dessen Verfasser der Redactor man nicht selbst ist, wissen ob es gedruckt ist oder was sich in puncto der „Beiträge" ereignet. Mündlich, mündlich, mündlich!!!!!!
Dein
Fritz

413/4-143; K; Vöslau; 20. 9. 1883; Wien. 138
Lieber Sauer, gestern sind wir von Pottenstein hieher zurückgelangt, wo wir mit jedem Zuge Deine Ankunft erwartet haben. Morgen (Mittwoch) ziehen wir nach Wien, Montag nach Prag. Von Mittwoch an können wir uns also in Wien sehen: Wieden Carolinengasse 16 A. 1 Stock; oder wo Du sonst willst. Fürs erste bleibe ich Mittwoch Nachmittag von 3 – 5 Uhr zu Hause; wenn Du Zeit hast, soll es ein solennes Wiedersehen werden. Schreibst Du mir, so füge der Adresse bei: „Adressat befindet sich derzeit in Wien", weil sonst alles unbesehen nach Vöslau geht.
Herzliche Grüße von
Fritz.

413/4-144; K; Prag; 23. 10. 1883; Graz. 139
Lieber Freund, und Woge auf Woge zerrinnet und Welle auf Welle zerrinnet – aber von Jaromir und Bertha hört man nichts! Willst Du denn nicht Ernst machen und unser Buch auf Frankl folgen lassen? Wie geht es Dir in Graz, was ist der Erfolg Deiner Vorlesungen, wie gefällt es Dir? Vergiß nicht mir auf kurze Zeit Stradtmanns Aufsatz über Göcking zu schicken. Grüße an Schönbach; mir geht es hier übel genug.
Bitte um Deine Adresse.
Herzliche Grüße
von Daisy u Jack

413/4-145; K; Prag; 9. 11. 1883; Graz. 140

Lieber Sauer, besten Dank für Stradtmann – Göckingk, den ich nach sofortiger Lectüre umgehend zurückgesendet habe u. den Du hoffentlich erhalten hast. Wegen des zwei-Schwestern-Verhältnisses habe ich aber daraus nicht mehr entnommen als ich selber in meinem Ms. vermuthungsweise geschrieben hatte u. weitere hs.liche Anhaltspunkte scheint auch Stradtmann nicht zu haben. Auch was ich über Bürgers Begegnung mit Goethe daraus entnommen habe, war mir bekannt und ich habe in meinem Nikolai-Aufsatze nur die <u>Gegentheilige Anschauungsweise</u> neu gebracht haben wollen: daß nemlich, wie Tieck berichtet, Bürger selber Schuld war. – Was wird es aber nun mit unserer Ahnfrau? Erzeugnisse meiner Feder ruhen nun in Kürschners, Schnorrs, Geigers, Seufferts, O. Sievers, Speidels, Sauers Pult und ich muß endlich nach allen Seiten zu drängen anfangen, wenn ich einmal ein Honorar ins Haus bekommen soll. Bitte, trachte doch, daß wir das Manuscript noch im Laufe November fertig gestellt haben und die Approbation unseres Collegen, der es nicht mehr ist, erhalten – denn er ist Prof. a. o. und ich werde es nie – damit wir doch im December drucken können!

    Mit besten Grüßen
    Dein
    Jack

413/4-146; K; Prag; 16. 12. 1883; Graz. 141

Lieber Sauer, hiermit melde ich Dir die Geburt eines Töchterchens, welches heute (Sonntag) Nachts um 1 1/2 Uhr das Licht der Welt erblickt hat. Leider hat meine Frau sehr gelitten, und musste der Beistand eines Professors angerufen werden, der wieder einen Spitalarzt herbeiholte. Daisy wird nach dem starken Blutverlust, den sie erlitten, das Kind nicht nähren können. Ich werde eine Amme nehmen müssen. Kurz, die Sorge ist zugleich mit diesem lieben Sonntagskinde, das sich laut bemerkbar macht, eingezogen. Hier hat man mich in einer Sitzung, welche ich mir selbst noch nicht erklären kann, primo loco vorgeschlagen, Brandl secundo, Seuffert 3. Es war bei einem Haar daran, so hätte Brandl alles davongetragen; da stellt sich Kelle doch auf meine Seite. Er und Fournier gewannen mir den Sieg. Laß bald etwas von Dir hören, ich habe nicht schreiben können, weil ich zu sehr in Arbeiten und doppelten Sorgen erfaßt war.

    Herzliche Grüße von Daisy und mir
    Dein
    Jack

413/4-147; K; Prag; 14. 1. 1884; Graz. 142

Lieber Sauer, Hartel schickt mir Brauns Lessing zur Anzeige, nachdem ich bereits eine solche für Bechtel geschrieben habe. Es wäre mir unangenehm, das Buch 2mal zu besprechen. Hast Du es noch nicht oder wolltest Du Dich damit befassen? Ein paar Zeilen darüber sind ja leicht gesagt, u. Dein Urtheil offenbar auch fertig. Ich sende es umgehend, sobald Du mir eine Karte schreibst. – Daisy hat sich langsam erholt und ist nun wieder auf den Beinen, ohne bis jetzt das Zimmer verlassen zu dürfen. Das Kleine macht uns viel Freude. – Mir stehen, wenn man sich nicht bald entschließt, für mich etwas zu thun, böse Dinge bevor. Von der Subvention ist nicht die Rede und ich will auch begreiflicher Weise jetzt nicht davon reden. Wenn sich die Sache aber bis nach Ostern hinauszieht, bin ich gezwungen etwas zu verlangen. Auf Reimers Vorschüsse kann ich nicht bauen, weil sich Schiller offenbar hinauszieht. Nach den Vorarbeiten zu urtheilen wird vor Ostern 1785 kein Band fertig.

    Mit herzlichen Grüßen
    Dein
    Jack.

413/4-148; B; Prag; 2. 2. 1884; [Graz]. **143**
Prag. 6. Febr. 884.
Lieber Sauer,
Du hättest triftigen Grund zu zürnen, daß ich den langen Winter über trotz so vielen Ereignissen nichts ausführliches von mir habe hören lassen. Aber ich war von Arbeiten und Sorgen und Familiengeschichten so in Anspruch genommen, daß ich nicht schreiben konnte. Seit Weihnachten hatte ich mir fest vorgenommen, meine Pflicht zu erfüllen, die mir ja auch eine Freude ist, aber ich erwartete immer Deine versprochene Sendung, welche sich mehr und mehr hinauszuziehen scheint. Überhaupt schlafen die „Beiträge" jetzt wol bei uns allen; ich gestehe daß ich das so glücklich angefangene Werk gerne fortgesetzt sähe. Aber freilich kann ich in meinen Verhältnissen am wenigsten etwas dafür thun. Ich bin von Sorgen umringt, von Reue verzehrt und das Wasser beginnt mir in den Mund zu rinnen. Schmidt schreibt, die Ernennung werde sich wol bis Sommer hinausziehen d. h. wie die Deinige bis Herbst. Ich habe deshalb an David geschrieben wegen des noch unerledigten Subventionsgesuches, durch welches ich noch keinen Kreuzer erhalten habe. Was ich im Sommer machen werde, weiß ich nicht; jedenfalls bin ich zu Ostern, am Ende gar auch in den Ferien hier.
Schmidts Lessing ist freilich ein tüchtiges Werk. Man sieht, was für einen Vorzug Arbeiten haben, welche man Jahre lang tragen kann. Ich bin jetzt am Schiller und hoffe zu Ostern 85 einen Band zu liefern – aber allerfrühestens, wenn ich bis dahin nicht sammt meiner Familie am Ende Steinklopfer bin.
An Schmidts Abreisen ist nicht ein wahres Wort. Ich glaube auch kaum daß er Gelegenheit fände, seine Lage so verbessern, daß er Wien aufgeben sollte. Im übrigen hat er sich in der letzten Zeit sehr freundlich gegen mich gezeigt und, was ich überhaupt von der Lage der Sachen erfahre, ist durch ihn.
Die Schlacht, welche zwischen Brandel und mir hier gefochten worden ist, war eine Denkwürdigkeit in den Annalen der Prager Facultät. In dem Comitè hatten sich zwei Mitglieder für Brandel und gegen mich erklärt, Kelle allein für mich. Er ließ es auf die Sitzung ankommen, in welcher er sich wie ein Löwe ins Zeug warf und die Facultät mehr einschüchterte als überzeugte; wodurch ich mit 17 Stimmen gegen 3 Oberhand behielt. Brandel hat hier alle Mittel angewendet, dem Kelle ein Manuscript mit neuerer Literatur vorgelesen etc. etc. Brandel hat leider auch im Ministerium Protection, wie David und der Minister selbst gesagt haben. Ich sitze auf Posten! Sei froh daß Du „dein" bist, es ist keine Kleinigkeit. Aber trachte jetzt auf große Werke, ich bin dieser Kürschnerei und Neudruckerei über und über satt. Es muß Schiller reden! Warum hast Du doch in Lemberg, wo die Subvention höher war, nicht an ein großes Werk gedacht! – Werner war schon wieder in Wien, vor 2 1/2 Wochen, als da wo wir uns mit Colleg geplagt haben. Ein Cavalier, ein polnischer. Gönn ihms von Herzen.
Laß doch von der Ahnfrau etwas hören! Den Artikel von Brandel in der Presse wirst Du gelesen haben am 15. Jan. Facia presto, presto, Signor! Ist denn Zingerle noch in Graz?
Mit besten Grüßen
Dein
Jack.
N.B. Grüsse an S c h ö n b a c h .

413/4-151; K; Prag; 10. 2. 1884; Graz. **144**
Lieber Sauer, herzlichen Dank für den Glückwunsch. Einen Tag nachdem ich Dir geschrieben hatte und nachdem Schmidt uns kurz zuvor das Hinausziehen auf die lange Bank in Aussicht gestellt hatte, erhalte ich unverhofft aber schießlich erwartet die Ankündigung. Einen weiteren Tag später ist das Dokument hier und hier liegt es in meinem Schreibpulte. Es enthält die normalen Bedingungen. Wie aber hast Du es denn heute schon erfahren? Ich habe das wichtige, die Auseinandersetzung zwischen L. und mir, erst vor einer Stunde in Casino erfahren.

Grüße Schönbach bestens und bitte ihn an meiner Freunde Antheil zu nehmen. Ich darf sagen: ich habe nicht Carrrière gemacht, sondern ich bin gerettet. – Laßt die Studien wieder weiter gehen und schicke etwas ordentliches an Manuscript.
Dein
Jack

413/4-149; B; Prag; 21. 2. 1884; [Graz]. 145

Prag 21. 2. 84.
Lieber Pepi,
herzlichen Dank für Deinen Glückwunsch. Deine Klagen haben allerdings Grund, Du mußt aber die Sachen nehmen wie sie sind und sie sind nicht so schlimm. Ich will Dir sagen, wie ich sie betrachte.

Es ist zunächst ein Glück daß Du mit Werner changirt hast. Er bleibt zeitlebens in Lemberg, wie Du zeitlebens dort geblieben wärst. Das Ministerium hat Dir nur deshalb die Stelle mit relativ hoher Besoldung zugetheilt, um Dich dort zu halten, weil sie wol wußten daß von Seiten der Polen nichts besseres nachkommt. Deshalb haben sie auch gar nicht vorgehabt Dich hieher nach Prag zu bringen, was sie vor 2 Jahren getrost thun konnten. Wenn nun Graz wie bekannt eine so viel billigere Stadt ist und ein deutsches Leben und deutsche Facultät, so ist der Tausch um so weniger zu beklagen, als Du in Lemberg ohnedies nie froh geworden wärst. Ich finde es ganz recht, daß Werner als am unangenehmsten Ort materiell von uns allen am angenehmsten gestellt ist.

Was mich betrifft, so lebe ich in Prag, welches die theuerste Stadt in Österreich nach Wien ist, dem es nur an Zins u. Dienerlohn u. Bierpreisen nachsteht. 1600 fl für einen verheiratheten Mann sind eine unschätzbare Unterstützung, aber alles sind sie nicht. Man muß auch bedenken, daß ich weder als Student noch als Docent irgendwelche Stipendien oder Gehalt bezogen und entschieden von uns allen seit den Achziger Jahren eingezogenste und enthaltsamste Leben geführt habe. Was ich dem Winter an Sorgen gelitten, sage ich niemand; wenn Brandel das Gehalt <... ...>, wäre ich fertig gewesen u. hätte nicht über August zu leben gehabt.

Was nun die Ordinarii anbetrifft, so sind sie überall gleich. Aber ich glaube nicht, daß es von Schubrich abhängt: das Ministerium kann Dir aus freien Stücken das Gehalt geben. Ich habe ja auch das kleinste, welches es gibt u. welches keinem für fast 21 Jahren ist ausgezahlt worden. Wir warten alle.

Wegen Deiner und unserer Arbeiten hast Du mich misverstanden: was Du gemacht hast, ist gut; aber wir hätten alle miteinander etwas anderes machen sollen und ich meinte, Du hättest in Lemberg Gelegenheit dazu gehabt.

Sei nicht verbittert und vergrämt. Es wird alles besser. Ich will Dir einen Vorschlag machen. Der duckmauserige Tiroler ist schon beim Kaiser gewesen. Er ist jetzt dafür, daß a. o. sich hinbegehen. Gehen wir zu Ostern zusammen. Dann sehen wir uns auch 8 Tage. Denn länger kann ich nicht. Ich komme allein u. ohne Familie, bin also frei.

Mach doch um Himmelswillen die Ahnfrau flott. Wie lange soll das währen? Bitte Dich, schau auch bei Rizy im Album nach, ob dort wirklich, wie Brandel citirte, steht daß Schreyvogel der Verfasser der Vorrede zur Ahnfrau sei. Nicht vergessen!

Endlich: Du stehst ja mit Maroicic in Correspondenz. Könntest Du bei ihm erfragen, an welchem Tage dieses Jahres die Zusammenkunft der 1874 absolvirten Schotten ist; u. wo man sich, falls man in Wien ist, zu melden hat. Schreibst Du ihm nicht, so theile mir seine Adresse mit.

Citire Frau Sauer nach Graz, so ist Euch beiden geholfen.

Bist Du wegen Sr Majestät einverstanden, so wollen wir uns an das Obersthofmeisteramt wenden.

Aus der Zeitung erfahre ich daß ich Prüfungscommissär geworden bin, ohne Anfrage u. Ernennung.

Schmidt hat sich im letzten Winter gegen mich sehr zuverlässig und treu gezeigt. An seiner Abberufung von Wien ist kein wahres Wort. Müllenhoff, dessen Sohn sich erschossen hat, ist vom Schmerze gezehrt. Hörst Du was von Scherer?
Mit der Bitte die Antwort wegen der angeregten Sache nicht bis über die ersten Märztage hinauszuschieben, bleiben wir
treulichst ergeben
Jack Baby Daisy

413/4-150; B; [Prag]; 7. 3. 1884; [Graz].   **146**
Lieber Sauer, 7. 3. 84
seit dem letzten Schreiben habe ich folgende Erkundigung eingezogen. Man meldet sich bei dem „hohen" Obersthofmeisteramt mit der Bitte um Audienz, mit diesem Grunde: Danken. Dann wird man 3 oder 4 Tage vorher telegraphisch verständigt. Man gibt die Zeit an in welcher es passend wäre: also 2. Hälfte März, oder erste Hälfte April. Ich würde zu ersterem rathen; da es Dir doch alles eins ist und die Osterwoche sicher keine Audienzen sind, auch die Abreise des Kronprinzen bevorsteht. Wir müssen uns also entschließen. Ich gestehe daß es mir schwer fällt u. peinlich ist; es könnte vielleicht auch zu den Ferien dh. im Herbst sein, wo freilich der Hof noch nicht zurück ist.
Am Ende macht es auch nichts wenn wir nicht können. Schreib also noch einmal ob Du Lust hast. Unser Zusammenkommen ist nicht das letzte, was mir die Reise nach Wien nahe legt. Denn sonst komme ich nicht.
Beiliegend Werners Gesuch mit meinen Anmerkungen und Werners Repliken und ebenso das Circular. Ihr solltet doch so weit Euch vertragen, daß ich nicht jeden Zettel zwischen Euch vermitteln muß. Was ist denn da für ein Arbeiten möglich. Kommt Werner zu Ostern nach Wien, so muß eine Zusammenkunft stattfinden.
Jetzt aber muß ich endlich um das Ms der Ahnfrau drängen. Ich bitte Dich, was machst Du denn nur! Es soll doch zu Ostern wenigstens gedruckt sein. Es muß endlich heraus. Mach doch fort und fertig, sonst dauert es bis übers Jahr. Zwing Dich ein bischen. Du schreibst Bände, jetzt bist Du fertig und schickst ewig nichts.
Das Gesuch bitte ich Dich zu lesen u. als unparteiischer Dritter zu entscheiden. Für das beste hielte ich, wir brächten es zu Ostern gemeinsam ins reine. Willst Du Dich jetzt schon daran versuchen, so thu's. Aber ohne Heft I können wir nichts machen. Wie überhaupt, wenn wir mit 4 Heften aus vier Jahrhunderten erschienen wären, die Sache pompös gewesen wäre.
Hast Du Dir die Übersiedlg bezahlen lassen? Du könntest jetzt noch einkommen, da das Geld nicht verausgabt ist. 300 fl dürftest Du für den weiten Weg getrost begehren u. da man Dir wol will, u nur einen Titel braucht Dir mehr zu geben, glaube ich daß David es durchsetzen würde.
Düntzer hat in den akad. Blättern 1. Heft die Goethestudien angegriffen, worauf ich an den Redacteur erwidert habe. Er hat sich in Folge Oberflächlichkeit geirrt. Kannst Du einsehen ob er in Heft 2 widerrufen oder geantwortet hat (in der Fortsetzg der Chronologie der Goetheschen Gedichte)? Ich kann hier nichts zu Gesichte bekommen.
Unser Kind ist – Gott sei Dank und mit einer <...> gesagt – sehr gesund, groß, stark und bildschön.
Überlegs! Ich führe freilich lieber zu einer bloßen <...> nach Wien. Ein paar lustige Stunden sinds. Aber sonst gestatte ich mir den Luxus nicht u. ich fahre allein, ohne Weib und Kind.
Grüße von Daisy, Baby
und Jack.
NB. Bitte bald um Antwort. Bis Mitte des Monats müssen wir im reinen sein unter einander.
NB. Dieser Brief ist über Nacht liegen geblieben. Inzwischen hat sich leider ergeben daß ich zu Ostern nicht nach Wien kann. Meine Einkünfte, welche sich kürzlich um etliche

hundert Gulden verringert haben, sind durch den bevorstehenden Tod meines Schwagers in noch größerem Maße unsicher gemacht. Wenn meine Schwester nicht das Geschäft behält, worüber die Bahn entscheidet, habe ich von meinen Eltern keine Unterstützung mehr. Ich will also jede irgend zu vermeidende Ausgabe vermeiden. Auch dem Lamento aus dem Wege gehen.
<u>Dritter Nachtrag.</u> Eben erhalte ich Eure Einladung, für welche ich bestens danke. Ich bin im Geiste anwesend, aber ohne Fausts Mantel kann ich in einer halben Stunde nicht in Graz sein. Schmidt hat einen schönen Nekrolog geschrieben.

413/4-152; K; Prag; 5. 4. 1884; Graz. 147

Lieber Sauer; besten Dank für Bürger. Ich habe die Einleitung gelesen, im Texte geblättert; es ist eine ausgezeichnete Leistung. Dasselbe könnte ich nicht von jedem Nekrolog auf Müllenhoff behaupten. Ich bitte Dich laß hören was Du zu Ostern vorhast. Gehst Du nach Wien? Zu S Majestät? Will Schönbach Dir nicht das systemmäßige herausbringen? Vor allem aber wegen unserer Studien: <u>Was</u> soll denn aus der Ahnfrau werden? Du sagst nur, Du bist fertig und wir sehen und hören nichts. Ich habe Dir das Manuscript im September nicht eilig genug schicken können und nun sind wir bei Ostern. Wollen wir das Gesuch jetzt einreichen u früher in Ordnung bringen u. willst Du, falls Du nach Wien ins Ministerium kommst, es thun? Ohne Heft 1 + 2 + 3 + 4 vorlegen zu können, wird nicht viel heraus kommen. Also laß Dir unser Heft 1 von Geyer bringen, unsere Hoffnungen ruhen darauf und Du wirst dieselben gewiß bald & herrlich erfüllen. Sei nicht widerspenstig, Alter!
  Es grüßen Daisy Jack
  Baby

413/4-153; K; Prag; 11. 5. 1884; Graz. 148

Lieber Pepi, in aller Eile, unter einer Last von Prüfungsarbeiten und Collegienheften, beantworte Deinen freundlichen Brief, näheres auf später versprechend. Mit Seuffert bin ich wieder versöhnt. Schlegel III ist fast fertig gedruckt. Die Reitinger-Frage rathe ich liegen zu lassen bis wir im Herbste, was diesmal unerläßlich ist, in Wien zusammenkommen. Es läßt sich auf dem Papier enger nicht auseinandersetzen. Gegen Aufnahme Görner bin ich entschieden. Der Jüngling, welcher beim Examen in klassischer Philologie gefallen ist, hat wiederholt mir gegenüber so geredet, als ob er aufgefordert werden wolle bei uns mitzuarbeiten. Das finde ich für einen Autor, der noch gar nichts geleistet hat, arrogant. Wollte er das Ms in die Beiträge bringen, so hätte er sich an mich, den er kennt, wenden sollen, nicht an den Verleger. Manuscripte sind uns vorzulegen, nicht dem Verleger. Die Arbeit enthält nichts, was über W. Müller u. Kopetzky hinausginge, ist also wissenschaftlich wertlos. Da ich nicht immer vermeiden kann, mit G. zusammenzutreffen, bitte ich diese meine Meinung nicht weiterzusagen. Du kannst allein daraus ablesen, daß das Ms uns nicht vorgelegt u. bestimmt war. – Aber die Ahnfrau???? nicht zu trüb! Es wird besser. Ich condolire wegen Todes der Frau Löwe u. nehme auch sonst Antheil an Deinem Zustande. Aber harre aus! Brandl wohnt einen Stock über mir; 4 Treppen hoch.
  Dein
  Jack

413/4-154; B; Prag; 22. 5. 1884; [Graz]. 149

22. Mai 84.
Prag
Liebwerthester Pepi,
  nach der kurzen Antwort, welche ich im Drange von Geschäften auf Deinen Brief durch Karte folgen ließ, hier eine längere. Etliche Ferialtage, welche der Tod der Kaiserin u. der <...>tag gebracht hat, haben mir Zeit gelassen mein Colleg, das mir schrecklich viel Mühe macht, weiter zu bringen. Ich lese zum ersten Male in meinem Leben 5 Stun-

den der Woche, 2 Seminare. Außer Colleg kann ich gar nichts arbeiten und erledige mit Mühe und Noth die Correcturen eines Bandes von Kürschner, auf dessen Druck ich nicht vorbereitet war und der mir jetzt recht ungelegen kommt. Schlegel ist Gottlob seit Anfang des Monats ausgedruckt und nur noch die Vorrede im Druck zu besorgen. Froh, froh daß die Mühe vorbei. Ich habe die drei Bände je sechsmal durchgearbeitet und bei den Notizen oft einen halben Tag geblättert, um ein Wort richtig zu stellen. Wer die Manuscripte dieses Theils nicht einsieht, wird meine Arbeit nicht schätzen, denn wer einmal das richtige vor sich gedruckt hat, für den ist allerdings das Lesen keine Schwierigkeit mehr.
Abends.
 Das Colleg macht mir, wie gesagt, unendliche Mühe. Und es genirt mich, im 17. Jahrhundert von so vielen Sachen zu reden, die ich nicht gelesen habe. Ich werde wol die nächsten zwei Jahre durchaus den Collegarbeiten widmen müssen und meinen Schiller hinausschieben. Darin bist Du mir voraus, daß Du mehr fertige Collegienhefte hast. Aber woher Du die Zeit genommen hast, neben 5stündigen Collegien noch etwas schriftstellerisch und noch dazu so viel und so gutes zu leisten, ist mir räthselhaft.

 Daß Du und Werner eure alten Plätze wieder eingenommen habt, wenigstens besuchweise, ist freilich sonderbar. Aber daß Du gegen ihn innerlich so unversöhnlich bist, gefällt mir nicht. Im Leben ist das häufig, daß eine einen Augenblick höher steht als der andere und es ist nur eine Frage der Zeit und gewiß keiner langen Zeit, daß Du als Professor in Graz über ihm als Professor in Lemberg stehst – das aber ist dauernd und sein Lemberg kriegt er sobald nicht los, hat auch keine Aussicht anders wohin zu kommen. Bedenkst Du weiter daß er älter und länger Docent ist als wir, so kann man ihm sein Bischen Glück wol gönnen.

 Wegen Konegen u. Beiträge müssen wir im Juli oder Oktober conferiren zu Dreien. Ich erwarte nur eine Zustimmung von Dir und schreibe dann an Werner, daß wir im Juni noch einig werden, wann und wo, damit Werner uns nicht wieder durchbrennt. Schreib also bald, zugleich auch was Du in den Ferien vor hast; ich bin Mitte Juli bis Anfang Oktober in der Nähe von Wien. Auch Konegen muß mit uns, aber später, conferiren. Daß ich Görner so abgewiesen, wirst Du wol billigen. Eingriffe des Verlegers in die Redaction sind Formfehler, welche keine Redaction dulden darf. Görner kennt die Adresse der Redaction genau und wollte sie nur übergehen; das kann ich auch nicht zugeben. Die Arbeit ist aber nach Mukna u. Kopetsky absolut wertlos, ich habe sie gelesen, weil Kelle sie mir gab als sie Doctordissertation war, und nichts neues daraus erfahren. Also wirst Du meine Ablehnung nicht misbilligen.

 Ich glaube es würde gut sein, wenn Du an Konegen schriebst, ob er die Kündigung bis Oktober in suspenso lassen will, bis wir uns verständigt haben. Sonst fängt er anderswo an. - - - An Deine Ahnfrau glaube ich nun nicht mehr. Ich wolltest Du sagtest mir aufrichtig, wie es damit ist, und ob sie vielleicht über unseren Vertrag mit Konegen hinausfallen wird. Ich habe auch schon gedacht, daß vielleicht mein Beitrag Dir die Sache verleidete; in diesem Falle solltest Du mir das gleichfalls offenherzig sagen.

 Ich freue mich, Dich im Sommer zu sehen und Deine berechtigten Klagen zu hören. Ich will Dir dann auch offen meine Meinung sagen, wie weit ich Dir Recht gebe. Eines sage ich Dir hier. Brandl bringt mich darauf, der ganz Weltmann geworden ist, in Wien mit allen Professoren in Gesellschaft war u. <...> hat, im Collegium der Studentenstellvertreter saß, hier bereits mit Jedermann auf gutem Fuße steht, wie er Müllenhoff u. Scherer herumgekriegt hat – ich sage das alles ohne Groll, denn er hat sich wirklich ganz merkwürdig gemacht – ich sage es blos um zu zeigen, daß alles Arbeiten nicht hilft, man muß sich Freunde schaffen. Ich meine, daß Dir das bei Schönbach leichter fallen sollte als es mir bei K. geworden ist. Schönbach soll nach Heller liebebedürftig sein und Du solltest ihn hätscheln. Die Grazer Professoren sind noch mehr als alle andern Weltkinder – sei also auch ein bischen Weltkind. Mit einmal pokuliren, nützt Dir mehr, als ein Buch um 20 Mark kaufen. Es macht auch leichteres Blut .... Ich rede von Dingen, die mir selber

mangeln, die aber gerade der erwägen muß, der sie nicht hat. Nur wer sie nicht hat, darf sie erstreben. Mündlich! mündlich! Hoffentlich sehen wir uns Juli. Könnte nicht Scherer oder Schmidt auf Schönbach einwirken, daß er Dich vorschlägt zu fixer Besoldung?
Treulichst Dein
Pepi.

UA 153/30/21-24; B; Westerland; 6. 9. 1885; [Wien]. 149S-1

Westerland-Sylt 6/9 85

Lieber Minor!
Es wird mir schwer, Deinen heute empfangenen Brief zu beantworten. Er hat die Ruhe, die ich wirklich hatte oder wenigstens zu haben meinte, wieder verscheucht und einen neuen Sturm in mir heraufbeschworen. Ein langer einsamer Spaziergang am Strande hat ihn nun soweit besänftigt, daß ich schreiben kann. Höre mich geduldig und ruhig an.

Du hättest mich vielleicht weniger hart angelassen, wenn Du die verschiedenen Stimmungen des vergangenen Jahres mit mir durchgemacht hättest. Ich kann es jetzt gestehen, dass mir oft vor dem Irrenhause bange wurde und ich mich auf den Weg dahin bereit machte. So groß war der Druck, der auf meiner Seele lag.

Was mich aufs tiefste in Deinem Briefe kränkt, ist die demselben stillschweigend zu Grunde liegende Voraussetzung, dass ich Dein Glück Dir nicht gönnte, Dich darin beneidete. Ich habe Dir immer treu und aufrichtig alles Gute gewünscht und wünsche es Dir auch jetzt, doppelt und dreifach.

Es kränkt mich ferner, dass Du Dich darin ganz auf die Seite meiner Feinde stellst, die mir wiederfahrene schmähliche Behandlung als rechtmäßig hinnimmst und alles als meine Schuld, alles als die Folgen meines Eigensinnes auffasst. Du hast nicht in Lemberg gelebt und Werner jammert vielmehr als ich.

Es ist ein Irrtum von Dir, dass ich 800 fl. Gehalt habe. Ich habe nur 600, die Hälfte von dem Einkommen, das ich in Lemberg bezog (1000 hatte man mir bei der Übersiedlung versprochen). Damit kann ich in einer Stadt, *noch dazu als sogenannter Professor nicht auskommen, auch wenn ich gar keine Bücher kaufe. In dem letzteren Punkte hast Du vollkommen Recht, wenn Du es mir auch nicht in Erich Schmidtischer Weise vorzuwerfen gebraucht hättest. Dadurch habe ich mir manchen Kummer bereitet; aber ich habe mich darin bereits sehr beschränkt und werde es den Verhältnissen entsprechend noch mehr thun müssen.*

Daß ich ein schwerlebiger Mensch bin, das fühle ich täglich und stündlich, an jedem Orte, bei jeder Umgebung. Mit Schönbach stehe ich übrigens doch in sehr gutem äußeren Einvernehmen.

Aber meine ganze Freude am akademischen Berufe ist mir geraubt und ich sehe nicht, wie ich sie wiederfinden soll. Die Vorlesungen dieses Sommers bereiteten mir unaussprechliche Qualen; jeden anderen Beruf hätte ich vielleicht doch versehen können. Der Verkehr mit den Studenten ekelt mich an, seitdem sie mich im vorigen Winter für einen Juden gehalten und bei einem Kommerse gröblich beleidigt haben. Was nützt die Entschuldigung, die mir in aller Form geleistet wurde! Während ich in Lemberg mit der akademischen Jugend vorzüglich auskam, ist auch hier meine Unbefangenheit und Freude dahin. Ich möchte am liebsten dem ganzen Getriebe entfliehen! Nenne es Schwäche, nenne es Träumerei; Aber das einsamste, zurückgezogenste Leben an dem ruhigsten, kleinsten Orte wäre mir lieber als dieses ewige Hoffen und Warten und ewige Enttäuschtwerden. „Die Hälfte ist mehr als Nichts" dieses Sprichwort ist ein Unsinn. In einigen Jahren fände ich vielleicht ein kleines Amt als Bibliothekar oder dergleichen, wozu ich besser tauge als zum Professor. So viel als ich auf diese Weise brauchte, könnte ich mir doch verdienen. Es wäre auch die einzige Möglichkeit für mich, aus Österreich hinauszukommen. Der Plan liegt mir seit langem am Herzen. Einmal in Lemberg war ich schon nahe daran ihn auszuführen; meine selige Freundin hielt mich damals zurück, wie ich glaubte, nicht zu meinem Vortheile. Die absolute Ruhe und Einsamkeit meines hiesigen Aufenthaltes („Das Bad in der Stille" würde Frau von Kalb sagen) hat mich von neuem darin bestärkt. Nun trittst Du dazwischen und ich will Dir folgen. Ich habe kaum Hoffnung in meinem 28jährigen Berufe etwas zu erreichen; aber ich gebe Dir Recht; man darf nicht zu früh die Schiffe hinter sich verbrennen.

Du sollst nicht sagen, dass ich eigensinnig, in diesem Punkte eigensinnig bin. Ich will noch einmal zurück ins verhaßte Joch und will noch ein Jahr ausharren. Ich will ohne Murren nach Prag gehen, wenn mich das Ministerium hinschickt, oder in Graz bleiben, wenn es den <...> meines Schicksals so gefällt. Nur Lieber, verlange nicht, dass ich wieder bitten und betteln und scharwenzeln soll; bei <u>niemandem</u> und <u>nirgends</u>. Gerne aber will ich Deinen Rat hören, auch über Italien. Wir wollen im November in Wien darüber reden.

Dann, mein Lieber, über Prag nach Hause zu reisen, ist mir jetzt nicht mehr möglich. Ich habe keinen Grund, Dir auszuweichen und weiche Dir nicht aus. Aber ich habe schon alles so eingerichtet, dass ich über Würzburg, Stuttgart und München, ohne Wien zu berühren, nach Pola gehe, wo am 3. Oktober meines jüngsten Bruders Hochzeit stattfindet. Seuffert wartet auf mich, Kürschner ist avisirt; auch Cotta, mit dem ich wegen Hölderlin unterhandeln will. Auch habe ich für einen Theil dieser Route schon ein Retourbillet hier gekauft. Also fasse es nicht falsch und feindlich auf; wir werden uns ja jetzt räumlich näher gerückt sein.

Bis zum 15. oder 16. bin ich hier; es trifft mich also ein Brief noch, wenn Du gleich schreibst; sonst eben am 22. unter Seufferts Adresse; später in Graz.

Mögest Du mit dieser Antwort zufrieden sein; ich bin Dir dankbar für alle Liebe und Sorge wegen meiner Zukunft. Aber ich fürchte: sie ist vergebens.

Grüße mir die Deinen und bleibe mir
Treulichst
Dein Sauer.

Ich will jetzt am Morgen noch etwas hinzufügen, was Dir beweisen mag, dass meine Verbitterung doch nicht ganz ohne Grund ist. Alle, die mit mir in Berlin waren, Du, Werner, Brandl, Hanausek, Wlassak sind versorgt; von meinen Collegen, der einzige, der sich der akademischen Carriere widmete, Wickhoff, gleichfalls. Und endlich Seemüller doch auch, weil er <u>rechtzeitig</u> den Rückweg ergriff. Liegt mir da die Frage nicht nahe: Und warum gerade ich nicht? Als <u>einziger</u> nicht? Bin ich so viel unbegabter, ungeschickter, unbrauchbarer als die andern alle? Habe ich einen moralischen Fehler oder was sonst? Gib mir Antwort darauf; aber ich bitte Dich, laß <u>Dich</u> dabei aus dem Spiele! Rede von den andern!!!

DLA A: Minor, 52.223; B; Prag; 6. 12. 1889; [Wien]. 149S-2

Prag. 6 Dec. 89.

Lieber Minor! Obwohl ich vielleicht am besten wissen müßte, wie ungerecht es ist sich Deines Werkes, das ein halbes Menschenalter in seiner Entstehung in sich schließt, in einem Zuge bemächtigen zu wollen, so habe ich mich doch vorgestern und gestern Abend bis die Nacht daran heiß gelesen und es heute beendet. Früher wollte ich Dir nicht danken, früher wollte ich Dir meinen Glückwunsch nicht senden. Du bist beneidenswerth, daß Du Dich einem Helden gewidmet hast, dessen Leben Du in solcher Breite und Ausführlichkeit darstellen darfst, der Theilnahme und Aufmerksamkeit Deiner Nation dafür sicher. Du bist beneidenswerth, daß Du in einer Fülle und Reichhaltigkeit des Stoffes Dich bewegen kannst, wie sie sich selten in gleicher Vollständigkeit wird zusammenbringen lassen. Du bist es aber erst recht, da Du diese Masse so großartig bewältigt und geordnet hast mit allem Verzicht auf äußerliche Kleinigkeiten, nicht strenge aus der Sache hervorgehende Effecte und Lichter, auf allen Wortprunk und alles Pathos, aber auch auf jede absichtlich zugespitzte blendende Pointe und Formel.

Soll ich es Dir nur gestehen, so hat mir die Ruhe und Abgeklärtheit in Deinem Buche am meisten imponirt, da ich an die Richtigkeit Deines Urtheils und an Deine Liebe zur Sache ja seitjeher fest geglaubt habe. Daß es ein ernstes Buch für ernste Leser, daß es ein schweres Buch für denkende Leser geworden ist, das ist in der Absicht gleichfalls vom Anfang an gelegen gewesen; die Bewunderer des Brahmischen Buches brauchst Du nicht erst von Dir zu weisen, diese Duodezmenschen werden an den großen Band sich gar nicht heranwagen; sie haben an Ihrem Schiller zweifellos genug.

Über Einzelheiten, in denen ich übrigens gar nicht competent bin, wirst Du ein Urtheil von mir gar nicht verlangen: ich weiß nur, daß mein Schillercolleg nach Erscheinen Deines Werkes anders aussehen wird müssen, als es vorher ausgesehen hat.

Du hast Dir und den Deinigen mit diesem ersten Bande das schönste Weihnachtsgeschenk gemacht; nicht zu dem abgeschlossenen, sondern zu dem erst abzuschließenden wünsche ich Dir Glück, Ausdauer, Kraft und Gesundheit als Dein
treu theilnehmender
Sauer.

UA 153/30/25-26; B; Prag; 3. 6. 1891; [Wien].   **149S-3**
Prag-Weinberge 450
3. Juni 91.
Lieber Minor!
Ich bin Deinen Anregungen wegen der Schillerischen Musenalmanache gefolgt und habe einen Bearbeiter zu gewinnen gesucht, der das Weimarische Material dabei benütze. Ich glaube einen solchen in Herrn Dr. Köster gefunden zu haben; dieser hatte die Absicht sich während der Goethetage in Weimar zu erkundigen ob ihm die Benützung des Archivs zu diesem Zwecke gestattet würde. Ich bin aber bis jetzt noch immer ohne Antwort, meinte aber Dir wenigstens diesen Thatbestand mittheilen zu sollen.

Deine übrigen Wünsche habe ich ad notam genommen. Sie werden sich nur langsam realisieren lassen, weil das Unternehmen bis jetzt passiv ist. Bringen wirs flott, dann soll der neue Kreis ein besserer werden als der alte war.

Von den Büchern, deren Du Dich entäussern willst, möchte ich gerne manches erwerben und ich werde Dir für die Mittheilung eines Verzeichnisses sehr dankbar sein. Aber es hängt für mich alles von dem Zeitpunkte ab, zu dem Du die Sachen losschlägst. Ich kaufe im allgemeinen weit weniger Bücher als früher. Heuer aber hat mich meine Krankheit und die damit verbundenen hohen Kosten sowie die bevorstehende theure Badereise so sehr zurückgeschlagen, daß für dergleichen Dinge leider nichts übrig bleibt.

Ich habe bei Kelle ein reizendes Bild von Deinen zwei Mäderln gesehen und mich an ihren herrlichen Gesichtern sehr erfreut. Empfiehl mich den Deinigen vielmals und sei selbst herzlich gegrüßt von Deinem
aufrichtig ergeb.
A Sauer.

414/1-156; B; Vöslau; 5. 10. 1891; [Prag].   **150**
Vöslau bei Wien
5. Oktober 1891.
Lieber Sauer,
zu der überraschenden und freudig begrüßten Nachricht von Deiner Verlobung, welche uns eben auf dem Umweg über Wien zukommt, sage ich Dir und Deiner Braut, zugleich im Namen meiner Eltern und meiner Frau, den herzlichsten Glückwunsch. Mögest Du das längst ersehnte Glück der Liebe und der Häuslichkeit, dessen Du bei tieferer Anlage und ernsteren Anforderungen vor vielen Andern würdig bist, in dem reichsten Maße finden.

Wie begierig wir sind, Deine Braut von Ansehen und Person kennen zu lernen, kannst Du Dir denken. Unsere Prager Erinnerungen reichen leider nicht so weit zurück; Deine Braut dürfte uns kaum je begegnet sein und war damals, unserer Schätzung nach, noch in den Kinderschuhen. Umso besser erinnere ich mich von manchem geselligen Abend im Stefans-Keller Deines Schwiegervaters und auch Deiner zukünftigen Schwiegermutter sind wir beide gelegentlich begegnet. Du bist nun von beiden Seiten in den Professorenkreisen fest eingewurzelt.

Die beiden jüngsten akademischen und germanistischen Ehemänner habe ich jüngst am Achensee zu Gast gehabt. Wackernell hat eine echte hübsche und nette Wienerin zur Frau; Brandl eine sehr vornehme und feine Pfälzerin, mütterlicherseits aus dem weltberühmten Bierhause Pschorr, väterlicherseits aus einer sehr bekannten Weinfirma, welche der Wassertrinker kaum zu schätzen weis. Im Äußern und im Wesen hat Sie manche Ähnlichkeit mit Netty Schmidt. Wir haben uns ihrer ein paar Stunden erfreut und den Tiroler Ehemännern Ihr junges Glück als altes neunjähriges Ehepaar von Herzem gegönnt.

Hoffentlich schreitet Dein Grillparzer jetzt von neuem fort. Laß mich gelegentlich hören, wie es mit Deiner Gesundheit steht; und hüte Dich vor Überarbeitung. Als Bräutigam und Ehemann hast Du doppelte Pflichten, und als Sohn einer Mutter. Grüße auch Deinen Vater bestens von uns und laß auch an ihn unsere Glückwünsche gelangen.
Mit herzlichen Grüßen treu ergeben
Dein
J. Minor.

UA 153/30/27; K; Prag; 30. 11. 1892; [Wien]. 150S-1

Lieber Minor!
Hier hast Du mein Thema auf Widerruf:
Wiener Musenalmanache von 1777-1848.
Die Grillparzerausgabe ist neu gedruckt u. neu geordnet (die I. nach den alten Stereotypplatten mühsam hergestellt), mit vielen neuen Datirungen, aber mit geringen Vermehrungen; viel <...> ist schon auszusondern u. wird nicht zusammen gedruckt. Sie wird bis zum Erlöschen des <...> die maßgebende Ausgabe bleiben. Du kannst die 4. eventuell weggeben.
Auf Werner komme ich diesmal weiter nicht zurück. Ich habe aus meiner Gesinnung gegen ihn nie ein Hehl gemacht; bisher aber auch keine Nöthigungen gefunden öffentlich gegen ihn aufzutreten. R. M. Meyer nimmt aber wohl Niemand ernst. –
Mit besten Grüßen
Dein AS
Prag, Smichow 586.
30. 11. 92.

UA 153/30/28; K; Prag; [18. 3. 1893]; [Wien]. 150S-2

Lieber Minor!
Ich muß Dich leider bitten, mich von dem Vortragsprogramm des Philologentages zu streichen, da ich keine Möglichkeit sehe, in den nächsten 2 Monaten neben dem allerdringendsten noch etwas zu arbeiten. Ein Ersatz wird sich leicht finden. So weiß ich, daß Kelle sehr gerne vortragen möchte, es aber angeblich nicht thut, weil ohnehin so viele Prager sprechen. Überdies ist auch nicht ganz sicher ob ich nach Wien komme und ich möchte Euch nicht gerne in letzter Stunde Verlegenheiten bereiten.
Daß Du noch keine weiteren Bände Grillparzer erhalten hast, daran bin ich nicht schuld. Ich habe selbst keine bekommen, trotzdem daß ich schon am 13. Band corrigire. Wahrscheinlich wollen sie mir erst alles zusammen schicken.
Fröhliche Feiertage wünschend u herzlich grüßend Dein
AS.
Smichow 586.

UA 153/30/29; K; Prag; [22. 3. 1893]; [Wien]. 150S-3

Leider, lieber Freund, muß ich bei meiner Demission beharren. Ohne gründliche Vorbereitung geht's bei solchen Dingen nicht ab, und dazu kann ich die Zeit nicht finden. Ich habe schon im Dec. Nur eine <u>vorläufige</u> Zusage gegeben. Nun ist die Betheiligung von allen Seiten eine so rege, daß man den Einzelnen nicht vermissen wird. Verzeih die Ungelegenheit, die es Dir macht. Ich hätte freilich etwas früher schreiben sollen. – Kelle dürfte inzwischen zugesagt haben. Er war wenigstens am Sonntag fest entschlossen es zu thun.
Mit freundlichen Ostergrüßen
Dein altergebener
AS.
Prag, Smichow 586

414/1-157; B; Wien; 24. 11. 1893; [Prag]. 151

Wien 24 11 93

Lieber Sauer,
beiligend lieber Freund was ich für dieses Jahr habe; anstatt des Ewigen Juden, den Suphan kaum vor dem Abdruck in der Weimarer Ausgabe freigeben wird, habe ich Kleistiana bearbeitet und die Quellenfrage des Guiskard wie ich glaube um ein gutes Stück vorwärts gebracht. Die Goetheana sollen nur dazu dienen, etwa eine kurze Seite oder Viertelseite auszufüllen. Das erste Blatt des frischen Manuscripts liegt bei.
Mit herzlichen Grüßen
Dein
J. Minor.

414/1-158; K; Wien; 10. 12. 1893; Prag. 152

Lieber Sauer, meinen besten Glückwunsch zu dem neuen Unternehmen. An meiner Theilnahme soll es nicht fehlen; wir wollen darüber reden, wenn zu Neujahr nach Wien kommst. Ich werde Dir vielleicht etwas Methodologisches geben können, das der neuen Zeitschrift selber von Nutzen werden kann. Mit einer meiner Recensionen wäre Dir wohl kaum gedient, weil sie Deinem Unternehmen bei der Presse nur Feinde machen würde. Der Litterarischen Gesellschaft gehör ich nicht mehr an, seitdem der Roman der S. angenommen ist. Wir haben aber an der Universität einen Verein für das Studium der neueren Sprachen und Literaturen gegründet, über dessen Lesungen berichtet werden könnte; L. Herrigs Archiv und die Berliner Gesellschaft f. n. L. Aus den Grillparzersachen bin ich etwas schnell herausgekommen; sobald ich Zeit habe, will ich aber wieder daran gehen. Alles weitere mündlich.
Dein
J Minor.

414/1-159; K; Wien; 4. 1. 1894; Prag. 153

Lieber Sauer, bisher habe ich immer noch gehofft, Dich in Wien zu sehen, aber nun sehe ich wohl, daß ich schriftlich antworten muß. Heussens Idee wird sicher den Beifall aller Doctoranden und Professoren in Oesterreich finden; ob auch den Beifall der Abonnenten, das ist schon schwerer zu sagen. Bisher haben gerade Anfängerarbeiten unseren Zeitschriften geschadet. Man will reife Arbeiten, keine Schülerarbeiten. Ich habe jetzt den Ewigen Juden für die Weimarer Ausgabe bearbeitet; <... ... ...> dem kritischen Text noch immer willkommen, und ich hätte auch zur <...> und <... ... ...> vieles liegen. Wenn Dir Suphan die Erlaubnis der Großherzogin verschafft, wäre das am leichtesten fertig zu stellen. In Betreff der Litterarischen Gesellschaft würdest Du Dich am besten an Schipper wenden, der die Seele des Unternehmens ist. Viel Glück zu Deinen Unternehmungen,

aber vergiß auch Deinen Grillparzer nicht, der uns wichtiger ist und sehnlichst erwartet wird. Herzliche Neujahrswünsche von Haus zu Haus!
Dein
J. Minor.

414/1-160; K; Wien; 8. 1. 1894; Prag. 154

L. Sauer, unter dieser vagen Angabe finde ich den Brief nicht, er scheint also ungedruckt zu sein. In der zweiten Hälfte des Jahres finde ich auch keinen vereinzelten Brief. Siehe aber die Briefe von Nöhden (bei Cotta) (d h Cotta Briefwechsel) Urlichs und Fischereich.

Du hast aber doch an Suphan geschrieben, daß der Facsimiledruck erst <u>nach</u> der Weimarer Ausgabe erscheint; vorher ist keine Aussicht. Ein Facsimiledruck wäre nach der Ausgabe immer noch wünschenswerth, weil ich der <...> halber, vieles in den Anhang von Lesarten verweisen mußte, die bekanntlich niemand liest.

Viel Glück zum Euphorion! der in der Zeit des Naturalism und Symbolism Aufsehen erregen wird.

Mit herzlichen Grüßen
Dein Minor.

414/1-155; B; Wien; undatiert; [Prag]. 155

Lieber Sauer,
beiliegend in aller Eile noch vor Thorschluß einen Beitrag zum ersten Heft. Es ist ein <...> Vorschlag; aber ohne ein bischen Falschheit geht es nicht ab, nicht aber der Autor sondern auch das Thema ist daran Schuld.

Bald hoffe ich einige Kleistiana schicken zu können, die dem gelehrten Leserkreis vielleicht willkommener sind.

Ich sende unrecommandirt, weil niemand mehr auf die Post geht und ich ohnedies das Concept habe.

Mit den besten Glückwünschen für Deine zahlreichen Unternehmungen, die ungeheure Anforderungen an Deine Zeit stellen, verbleibe ich in alter Treue
Dein
J. Minor.

414/1-161; K; Wien; 12. 1. 1894; Prag. 156

L. Fr., zu oberst die besten Wünsche für die Gesundheit Deines Vaters! auch der meinige ist schon im vorigen Jahr arg <...> worden und erholt sich eben langsam wieder. Möge beiden Herren noch ein recht langes, glückliches Alter beschieden sein.

Der ehrenvollen, aber gefährlichen Aufgabe, die Du mir zugedacht hast, kann ich mich leider nicht unterziehen, weil ich alles negative von Herzen satt habe und entschlossen bin, mit 40 Jahren, sobald meine <...> erledigt sind, die <...> schriftliche Kritik überhaupt aufzugeben. Der einzige Standpunkt in solchen Dingen ist der der höheren Kritik und die Nationalökonomie; wenn die Richtungen, die Du im Auge hast, die Oberhand und die Mehrzahl für sich haben, dann wird es ganz nutzlos sein gegen sie zu schreiben. Sind sie aber <...>, dann steht es wiederum nicht dafür. Es sind solche Brotfragen und Magenfragen, und man muß von dem Ochsen nicht verlangen, daß er Wilpret liefere.

Mit den besten Grüßen
Dein
J Minor.

414/1-162; K; Wien; 22. 1. 1894; Prag. 157

L. F, in meinem Manuscript muß die erste Seite der Neuen Schrift mit dem Concept verwechselt sein und es müßten im Schlußteil ein paar Zeilen doppelt vorkommen. Ich werde das Blatt nächstens mit einigen Bogen Kleistiana und Goethiana aus Cotta dann als Ms. zusenden.

Ich meine, Du solltest thun was Du vorhast, dh. in einer Anmerkung auffordern! Könntest Du nur einen bestimmen, den Auftrag zu machen, sonst würden eher zu viel als zu wenig kommen. Wie wärs, wenn Du Dich an Posorgi mit der Bitte um seinen Autographen Katalog wendest? Ich würde eventuell hingehen, er soll sehr freundlich sein.

Am besten wäre es aber, Du frügest selbst an! stelle einmal ein weiteres Buch, zb. den kurzen Briefwechsel zwischen Humboldt und Jakobi in Form von Regesten u Katalogen dar – auf 1 1/2 Buchseiten ist das möglich. Später wollen wir uns mit Glossy in Verbindung setzen und eine Staatsunterstützung zu gewinnen trachten. Ich glaube, daß wir in Österreich hier vorangehen können. Auch die Seminaristen können etwas leisten, wenn es Ernst wird. Wir haben jetzt täglich 20 Karten fürs Burgtheater ohne Vorverkaufsplätze in Reserve; wer sie haben will, muß etwas arbeiten.

Mit den besten Grüßen
Dein J. Minor.

414/1-163; B; Wien; 5. 2. 1894; [Prag]. 158

Lieber Sauer, 5. 2. 94 Wien

ich schreibe Dir für einen Nachtrag zu den Kleistiana. Die Briefe von Humboldt an Jacobi zu excerpieren ist mir unmöglich, weil ich sie schon gelesen habe, und meine Ökonomie nicht gestattet, ein Buch zweimal zu lesen. Es ist im vorigen Jahr, wegen der Arbeit an der Matura so viel liegen geblieben, daß ich kaum mitkommen kann. Wenn mir aber dafür ein anderes Buch in die Hand kommt, will ich es excerpieren; wo nicht, so lassen wir es bis auf die Ferien, wo zu einer solchen Arbeit sich am leichtesten Zeit findet.

Mit den besten Glückwünschen für weitere Jahre Euphorion und herzlichen Grüßen von Haus zu Haus
Dein
J. Minor.

Bei uns <...> Kinderball, en masque. Lilli als Hase, Robe als Laurin! D als <...>! Der Jubel! 22 Buben und Mädchen, einer lauter als der andere. Die armen Speidel ober uns, und wie erst die <...> unter uns sagen?

414/1-164; K; Wien; 19. 2. 1894; Prag. 159

Lieber Sauer, es war mir in dieser Woche vor Sitzungen, Theater, Bällen, Gesellschaften nicht möglich zu Posorgi zu kommen u nun sehe ich leider, daß es zu spät ist. Ich will aber doch noch hin.

Bings Nicolai habe ich in der DLZ abgelehnt und soeben an Walzel abgetreten. Das Recensieren gebe ich vor dem 40. Geburtstag auf; bis dahin hoffe ich nemlich gescheit zu werden.

Die Dissertation von P. enthält sehr geistreiche Details und <...>, wie ich sie nie in einer Dissertation gelesen habe. Aber über das Apperçu kommt er nie hinaus; läßt die Gedanken wieder fallen, führt sie nicht durch; und historischer Sinn fehlt ihm ganz, wie er als <...> moderner <... ...> von Literaturgeschichte denkt und in dem Wiener Neuen Journal über die Sterblichkeit der Unsterblichen recht albern gehandelt hat. Ich fürchte, von diesem hochbegabten Menschen wird für unsere Wissenschaft wenig zu erwarten sein, wenn er nicht andere Bahnen einschlägt. Ich würde Dir rathen, ihn im Auge zu behalten, aber mit viel Vorsicht. Dagegen habe ich jetzt eine vortreffliche Dissertation unter den Händen, die von <... ...> ausgehend sehr wertvolle Beitge zur Geschichte des Lustspiels u. der <...> enthält und noch mehr über öst. Zustände. Vielleicht willst Du die leider sehr umfangreiche Arbeit später ansehen.

Dein
Minor

414/1-165; K; Wien; 12. 3. 1894; Prag. 160
Wien, III/1 (veränderte Hausnummer) 11. Es war allerdings die Dissertation von Horner, und die drei Aufsätze sind alle drei wohlgerathen. Aber einiges war noch unfertig, einige Lücken auszufüllen, wie er mir sagte. Ich habe ihm gerathen, das auszuführen, was er eben am ersten völlig fertig bringt dh. wozu er die Bücher und Drucke haben kann.
 Aus Wien wirst Du gewiß immer Stoff angeboten erhalten, denn O. F. W., der noch gar nicht bestätigt ist, sucht schon die <...> zu protegieren und in seine Schule zu nehmen.
 Den Titel Euph. würde ich Dir heute noch zu ändern rathen. Jeder nennt ihn ruinös: hohes Streben und rascher Sturz. Deutsches Museum oder Deutscher Merkur wäre auch klassizistisch, aber wenigstens verständlicher. Deutsche Studien würde den Hauptaccent auf Untersuchung und Verarbeitung legen. Noch lieber würde ich die Zs Faust nennen als Euphorion.
 Ein Buch von T über <...> ist mir jüngst zugegangen, das einen sehr guten Eindruck macht und ein Ganzes vorstellt.
 Hast Du nicht Lust zu Ostern ein bischen frische Luft zu schöpfen? So gut man sie in Wien holen kann? Du hast viele und schwere Bürden auf Dich genommen, Gott segne und schütze Dich! Dein
J Minor.
Schreibe eben Tomaschek
für ADBg.

414/1-166; K; Wien; 22. 3. 1894; Prag. 161
Lieber Sauer, Creizenach gebe ich Semrer zur Anzeige. Kannst Du mir ein Exemplar des S A der <...> verschaffen, es sollen noch <...> Änderungen vorkommen. Shaftesbury liegt mir zu fern – laß ihn einfach abdrucken. Für Bürger solltest Du Dich doch an Dr Hönig wenden, der erst der beste Kenner ist. Eventuell ein Capitel aus seiner Monographie, (VII Spittelberggasse 12^{II}) – Die gelehrte Kritik gebe ich 15. April 1895 auf. Aber kannst Du mir neueste Litteratur ins Haus bringen. Z. B. ich hätte eine Liste theatergeschichtlicher Werke, oder moderne Selbstbiographien u. dgl. – zusammenfassende Partien, wobei es weniger auf Autoren als auf die Sachen ankommt, und wo man dem <...> der es so sehr nöthig hat nachhelfen könnte. So könnte man zb. von 3 zu 3 Jahren die Werke über Dramatik zusamenfassen u. darstellend verarbeiten. Interessierst Du Dich für das, so würde ich Dir Listen schicken, die ich mir selbst angelegt habe. Vielleicht kannst Du mir das neue Buch von Brandes zu einer kurzen Anzeige schicken. Man muß dem Mann der Gegenwart seine <...> lassen, aber dem Historiker gegenüber seinen Standpunkt nehmen.
 Paul hat mich für einen Grundriß über neuere Literaturgeschichte (2. Aufl.) gewinnen wollen. Ich habe aber leider absagen müssen, weil ich die Zeit für die ganze Periode seit Gottsched nicht aufbringe und er höchstens neue Zweitheilung gelten lassen will. Hättest Du vielleicht zu dieser Arbeit Lust?
Dein
J Minor

414/1-167; K; Wien; 9. 4. 1894; Prag. 162
L. Sauer, leider ist am Ostersonntag meine ältere Tochter an Scharlach erkrankt, so daß wir ganz abgeschnitten leben. Die Kleinere ist glücklicherweise zur Großmutter gerettet worden. Sicher geht es normal; aber diese tückische Krankheit ist in ihren Jahren schlimmer als an sich.
 Mir ist eingefallen, daß ich Dir, falls eine Bürgernummer zu Stande kommen sollte, die Recension W. Schlegels über das hohe Lied geben könnte, die ich vor Jahren abgeschrieben habe. Sie ist, wie Du weißt, ziemlich umfangreich. Bitte aber um baldige Nach-

richt, weil auch Franzos eine Bürgernummer vorhat, und ich bin ihm so lange einen Beitrag schuldig, daß ich mich auf diese Weise loskaufen könnte.
Listen sende ich gelegentlich.
Ich werde kaum vor dem 23. zu lesen beginnen.
Grüße Kelle schönstens und gib ihm gelegentlich Nachricht von uns.
Dein treufleißigster Mitarbeiter
Prof. Dr Jacob Minor,
Wien in Österreich.
Am Tage des heil. Dionysius, vielmehr in der Nacht, die auf den Tag folgt. usw.

414/1-168; K; Wien; 14. 5. 1894; Weimar. 163

Lieber Sauer, meinen schönen Gruß nach der Musenstadt! möge der heilige Geist auf Euch reich und voll herunterströmen. Grüße die Generalstäbler des Archives, Suphanen, Wahlen und van der Halleman. Dem großen Pfingstredner Paulus ein Hoch aus begeisterter Seele: er hat mich geliebt, so wird ihm auch seine Melusine vergeben werden.

Euphorionten habe ich noch nicht gesehen, aber bestellt, mit Begierde erwartet und sogar einmal von ihm geträumt, daß Daisyn bange ward, Ritan und (die deae minores im Zimmer) Zweifel an dem geistigen Wohlsein Ihres väterlichen Hauptes aufstiegen. Hinauf! Hinauf! rief ich im Schlafe, die zeitschriftlose Zeit muß überwunden werden!
Wenn Du Minori die Schrift über Batsch vom 22. d. schicken willst, so wirst Du ihn tief zu Dank verpflichten. Ich arbeite derzeit über die Studie der Eigennamen im XVIII. u. XIX. Jahrhundert und ergreife jede Gelegenheit, um einem flektirbaren Freunde, am liebsten aber Sauern dativische Grüße zu senden.
Gehorsamer Diener
J. Minor.
Meine Frau läßt Sau*er* grüßen! Sie hat keine Ahnung von flektiertem Accusativ, bestreitet die Möglichkeit, und ich habe schon 200 Beispiele für Euphorionten.

414/1-170; K; Wien; 22. 5. 1894; Prag. 164

Lieber Sauer, umgehend sende ich mit dem besten Danke das Buch auf demselben Weg zurück. Den Euphorion hat mir Konegen noch nicht geliefert, ich habe ihn erst heute im Seminar gesehen. Er sieht viel menschlicher aus, als die Vorgänger, und das wird ihm nicht schaden. Zwanglose Rubriken sind immer abwechslungsreicher. Beim Durchblättern und Naschen hat er mir einen sehr guten Eindruck gemacht; nur Erich Schmidt sollte stärker vertreten sein. Daß die alte <...> M S D in Weimar noch in Ehren gehalten wurde, ist nur billig; ich meine wenn wir unsere Sachen einmal zusammenlegen und Dein R M die Seinigen, so wird man uns nicht so leicht in die Höhe schnellen können. Schönbachs Aufsatz ist prächtig, wie alles was er seit 10 Jahren schreibt; er ist ein Schatz für einen Redacteur. Aber warum erhalten wir gar keine Abzüge? Das wird doch nicht System sein? Ich habe einen unsteten Sommer: unsere Kleinste soll nicht mehr in die Wohnung, meine Frau geht anfangs Juni aufs Land, ich tags über in Wien, Abends nach Vöslau, verfahre die Zeit, bin nirgends zu Haus, werde nervös und grantig. <...>
Dein
J M.

414/1-171; K; Vöslau; 24. 5. 1894; Prag. 165

Lieber Sauer, Deinem Verleger mußt Du einheizen, er ist nicht sehr geschickt. Bei Konegen habe ich von 3 Wochen den Euph. bestellt, den Heinzel von Gerold seit 10 Tagen hat. Konegen schreibt: „unsere nicht unbeträchtliche Bestellung hat der Verleger zur Kenntnis genommen, aber es ist noch nichts eingetroffen; Heinzels Angabe muß auf

Irrthum beruhen." Ich habe aber das Buch in Händen gehabt! Eine Zeitschrift, die in derselben Stadt ein Sortimenter um 3 Wochen später als der andere erhält, ist stark gefährdet.
Wenn Du Dein Gesuch entwirfst, schreib mir. Ich will zu Kleemann gehen, der sich seinerzeit <... ...> für die ZsfL sehr interessiert hat, aber freilich nicht verhindern konnte, daß der <...> die 200 fl der <...> für die Gründergesellschaft in Anspruch genommen hat.
Herzliche Glückwünsche! Dein
J M.

414/1-169; K; Wien; 26. 5. 1894; Prag. 166

Lieber Sauer, ich werde Anfang der nächsten Woche im Ministerium vorsprechen und trachten etwas auszurichten. Zwei sind immer mehr als einer.
An der Verzögerung der Zustellung liegt mir nur, soweit das Beste der Zs. davon abhängig ist. Ich selber bin sehr geduldig, weil ich außer den ersten Heften selten gleich zur Lecture komme.
Leider auch hier wieder Krieg! Wegen S. 24 Z. 15–18 stellt mich Herr Dr Strack zur Rede, ob das nach ihm ginge? Wenn nicht, so bittet er im nächsten Hefte um ausdrückliche Erklärung! Also eine Pression! Ich habe ihm geschrieben, daß mir allerdings seine Habilitationsschrift dabei vorgeschwebt habe als Beispiel. Da die Thatsache unbestreitbar ist, sein Name ja gar nicht genannt wird, so glaube ich ihm keinerlei Rechenschaft schuldig zu sein über meine Auffassung des Mehr. Für die Gött. Gel. Anzeigen habe ich schon im Dezember eine Recension (anerkennend) seines Buches geschrieben, und zuletzt den Bedenken Ausdruck gegeben, die solche Habilitationen im Gefolge haben müßten. Ich habe es Bechtel überlassen, ob er diese Zusätze drucken wolle oder nicht; er war damals entschlossen, sie zu bringen, hat aber bis heute die ganze Recension nicht gebracht.
Dein Minor.

414/1-172; K; Wien; 1. 6. 1894; Prag. 167

Lieber Sauer, bin heute bei Klemann gewesen, er sagte mir, wie Kelle, daß er 1895 in der Januarsitzung dafür eintreten wolle. In seiner kühlen Art, aber sehr bestimmt. Es wird gut sein, wenn Du zu Neujahr Dich bei ihm meldest; ich werde auch trachten hinzukommen.
Schon wieder eine Bitte! Möchtest Du die Bohemia 1864 nr 2/3 S. 677 einsehen, was da über J. N. Bachmayr steht? Bringst Du es auf eine Correspondenzkarte, so schreibe es ab. Im andern Fall berichte mir, ob das Zeug Dir quellenmäßig oder bloß abgeschrieben erscheint; ich lasse mir es kommen, wenn es der Mühe wert ist.
Heute ist es furchtbar heiß! Herzliche Grüße
Dein J. Minor.

414/1-173; K; Wien; 9. 6. 1894; Prag. 168

Lieber Sauer, ich möchte Dir doch lieber empfehlen, die Entgegnungen nicht aufzunehmen. Er berichtigt nichts Thatsächliches, denn 1) ist es wahr, daß er sich darauf habilitirt hat. 2) müßte er nachweisen, daß diese Werke nicht in einigen Wochen zu lesen sind. Da nun gar sein Name nicht genannt ist, hat er keinen Grund zur Klage, er schadet sich nur selbst. Diese Entgegnung <... ... – ...> bzw entstellt Deinen Euphorion, und hat 100 andere Entgegnungen im Gefolge. Schreib ihm, Du nähmest nur eine thatsächliche Berichtigung auf, wenn er sie geben kann; jede weitere Entgegnung auf den allgemeinen Inhalt des Aufsatzes nicht. <... ...> nichts davon, da ich ihn in den GgA doch wieder auf den Hals kriege.
Cum Colle: laß meine Kleistiana nicht zu lang liegen. Der Historiker Heinemann in seinem Buch über die Normannen hat auf die Memoiren der <...> als auf eine <...> der Ge-

schichte des <... ...> kürzlich aufmerksam gemacht und von da zu Kleist wäre es nur ein Schritt.
Dein J M

414/1-174; K; Wien; 23. 6. 1894; Prag. 169
Lieber Sauer, Collins hat sich nicht gemeldet, ich hätte ihm sonst natürlich dieselbe Antwort ertheilt wie Strack. Mein Aufsatz enthält gar kein Werthurtheil über seine Arbeit, sondern behauptet nur die Untauglichkeit zum Zwecke der Habilitation. Strack hätte ich nicht lassen antworten sollen, um alles weitere abzuschneiden. Er wirft mir vor, hinterlistig und feig verfahren zu sein, weil ich seinen Namen nicht nenne. Ich habe aber schon im Dezember eine Recension seiner Bücher für GGA geschrieben u. im Anschluß daran die Universitätsfrage erörtert. Ich habe es damals Bechtel anheim gestellt, ob er diese blos im Interesse der Universitäten gemachten Äußerungen drucken wolle. Er hat umgehend zugesagt und besteht nach Unterredung mit Kratha erst recht darauf. Ebenso haben mir Paul und Reichendstättner ausführlich, andere kurz zustimmend geschrieben. <...> Man wird sich aber doch künftig überlegen, Leute habilitieren zu lassen, die man nicht einmal dem Namen nach kennt.

Stroh erkenne! gelangweilt! A propos: wo gehst Du in den Ferien hin? vielleicht können wir uns treffen? Im Böhmer Wald oder beim Höritzer Passionsspiel? Oder am Attersee bei Kammer, <...> möchte <... ...>.
Dein
Minor

414/1-175; K; Wien; 10. 12. 1894; Prag. 170
Lieber Sauer, vor der Hand kann ich nichts liefern, denn ich habe noch einen ganzen Haufen Recensenda liegen, und werde mit diesem überhaupt ein Ende machen, weil ja doch nichts heraus kommt. Dagegen hoffe ich in den Weihnachtsfeiertagen Muße zu finden, um den Euphorion anzuzeigen; wo nicht, werde ich einer jüngeren Kraft den Auftrag geben. Mit den besten Wünschen zu den Feiertagen und zum Neujahr
Dein ergebener
J. Minor

414/1-176; B; Wien; 18. 4. 1895; [Prag]. 171
Wien 18. 4. 95.
Lieber Sauer,
eben von Vöslau in die Stadt zurück gekommen finde ich Deine freundlichen Glückwünsche auf dem Schreibtisch. Den herzlichsten Dank für Deine Aufmerksamkeit und Dein treues Gedächtnis.

Ich habe leider die Weihnachtsfeiertage wieder mit Collegienarbeiten verplempert, und da ich sah, daß ich selber nicht dazu kommen würde, bald über den Euphorion zu schreiben, so habe ich einem jüngeren Gelehrten, Dr Bauer, der von dem Lob der neuen Zeitschrift voll ist, das Referat abgegeben. Er hat die Recension auch schon vor langer Zeit abgeliefert und ich wundere mich nur, daß sie noch immer nicht erschienen ist. Wenn ich Hartel nach seiner Rückkehr sehe, werde ich ihm zusetzen.

Creizenach und Wackernell waren da, beide vergnügt und gesellig.

Laß uns auch in der absteigenden Hälfte, die bei mir viel kürzer ausfallen wird, zusammenhalten in dem, was wir für ernst und gut erkennen.

Mit den besten Grüßen von Haus zu Haus
treulichst Dein
J. Minor.

414/1-177; K; Wien; 5. 7. 1895; Prag. 172

Lieber Sauer, einer unserer begabtesten Wiener Germanisten, Herr Arnold, der über den Philhellenismus in der deutschen Literatur des XIX. Jahrhunderts eine sehr gute, auch von Treitschke unterstützte Arbeit geschrieben hat, wird sich in den nächsten Tagen an Dich wenden und ich kann seine Arbeit, die weite Perspektiven eröffnet, nur bestens empfehlen. Sie ist freilich umfangreich. Jedoch wäre er geneigt, auf das Honorar zu verzichten, wenn sie hübsch gedruckt würde und wenn ihm eine größere Anzahl von Separatabdrücken mit Buchtitel zur Verfügung gestellt würde (Also wie es Torinetti, Die spanische Dichtg in Deutschland bei Koch gehabt hat). Die Arbeit würde dem Euphorion gewiß nicht zur Unehre gereichen, wenn sie ausgeführt ist. Namentlich aber würde sie in weiteren Kreisen, auch bei Zt. Kritikern, Interesse erwecken.
Besten Dank für den Nachtrag. Ich gehe reisefertig in die Ostern.
Herzliche Grüße
J. Minor.

414/1-178; K; Wien; 8. 10. 1895; Prag. 173

Lieber Sauer, kannst Du mir vielleicht das <u>erste</u> Heft der Untersuchungen von Collin über den Faust auf kurze Zeit senden? Ich besitze nur das zweite Heft über die satirischen Scenen; das erste ist, wie mir Dr. Mörth nach meiner Bestellung hier mittheilte, vergriffen. Sei so gut und schreib darauf, wie lange Du das Heft eben entbehren kannst.
Du warst also nicht in Berlin? Von der germanistischen Section verlautet gar nichts.
Grüße an Euch alle von meiner Frau, auch von Keller.
Dein
J. Minor.

414/1-179; K; Wien; 10. 10. 1895; Prag. 174

Lieber Sauer, meines Wissens ist <...> von dem <...> gedruckt. Du solltest aber doch auch bei Jonas anfragen.
Einer meiner Zuhörer, Herr Castle, wird Dir nächstens eine Arbeit über Savonarola von Lenau schicken. Er hat die Quelle gefunden; was über die Composition gesagt ist, ist von mir. Ich glaube, die Arbeit wird dem Euphorion nicht zur Unehre gereichen. Ein kleines Honorar wäre diesem armen Teufel wohl zu gönnen, der aber weitere hübsche Sachen in Bereitschaft hat.
Und nun laß mich auch ein paar Pöller abfeuern zum Eintritt in das vierzigste!! Von meiner Frau und mir die herzlichsten Glückwünsche! Wir werden abends nach der Premiere von J. J. Davids Regenta eine Flasche auf Deine Gesundheit leeren! Wenn Du mit 80 doppelt so viel geleistet hast, bist Du der erste Literarhistoriker Deutschlds und wenn „Grillparzer" darunter ist, der Welt! Immer aber – Semper Augustus!
Dein J. Minor.

414/1-180; K; Wien; 19. 11. 1895; Prag. 175

Lieber Sauer, herzlichen Dank für Deine interessante Zusendung, die dem Jubilar gewiß viel Freude gemacht haben wird. Daß Du zur Vollendung des Lebenswerkes nun die sichere Hoffnung gibst, ist doppelt schön. Möge es Dir bald gelingen und viel Glück und Segen dazu.
Herzliche Grüße von Haus zu Haus.
Dein
J. Minor.

414/1-181; B; Wien; 26. 12. 1895; [Prag]. 176

Lieber Sauer,   Wien 26. 12. 95
noch vor Jahresschluß komme ich zu dem Redakteur des Euphorion, um ihm einen Vorschlag zu machen.

Ich habe einen Vortrag aus der Grillparzergesellschaft liegen, der Wahrheit und Lüge auf dem Theater und in der Literatur behandelt. Das heißt: Die Wahrheitforderung, Wahrheitsfanatismus, Lebenslüge etc. alles was man seit Ibsen darunter versteht, vom XV. Jahrhundert bis auf die modernen Stücke Ibsens 1892. Es sind über 50 Stücke, aus allen europäischen Litteraturen. Große Namen darunter: H. Sachs, Alarcon, Lope, Corneille, Goldoni, Steele, Foote, Kant, Goethe, Kotzebue, Tieck, Immermann, Grillparzer, Schopenhauer, Nordau, Ibsen und seine Gegner, P Heyse, Lothar etc. Das Manuscript des Vortrags hat 24 Quartseiten, aber es kommen an 40 Seiten Anmerkungen dazu, die nicht bloß Werke, sondern Untersuchungen und Analysen enthalten von Stücken, die im Text nicht berührt werden konnten.

Meine erste Absicht war zuvor, den Vortrag bei der Rundschau einzuschicken. Zweierlei hat mich davon abgehalten:
1) muß ich ein paar Monate warten,
2) kann ich die Anmerkungen dort nicht verwerthen.

Meine Frage ist nun, ob Du mir nicht für dieses aktuelle und nicht nur wissenschaftliche Thema im Euphorion besondere Bedingungen auswirken könntest. Du weißt, daß ich sonst keine Umstände mache; aber auf dieses Zeug habe ich drei Monate angestrengter Lectüre verwendet und möchte es nun auch ordentlich verwerthen. Wenn Du mir also bei Deinem Verlage für den Text pro Bogen 50 Mark, für die kleiner gedruckten Anmerkungen pro Bogen 40 Mark und von dem Heft 30 Freiexemplare verschaffen kannst, so würde ich Dir die Arbeit gerne zur Verfügung stellen. Ich bin auch bereit, Dir den Text zur etwaigen Einsicht vorher zuzuschicken, bitte Dich aber mir möglichst bald Nachricht zukommen zu lassen, damit ich nicht noch mehr hinausgezogen werde, falls ich doch an die Rundschau denken wollte.

Fröhliche Feiertage von Haus zu Haus! Ich vermisse das Eis in den Ferien sehr. Ich schließe, damit der Brief noch heute Nacht nach Prag geht!
Dein J. Minor.

414/1-182; K; Wien; 29. 12. 1895; Prag. 177

Lieber Freund, ich hatte keine Ahnung, daß es so steht. Nun ist es mir einigermaßen fatal, auch den Verleger zu drücken; denn meines Aufsatzes wegen wird er keinen besseren Absatz haben. Unter diesen Maßstäben ist es wirklich doch besser, an eine gesonderte Veröffentlichung zu denken. Die Anmerkungen, ordentl chronologisch geordnet, sind vollkommen lesbar für wissenschaftlich geübte Leser und stehen Dir jederzeit zu Diensten. Keinesfalls aber möchte ich, daß der Verleger eine saure Miene machte. Meine Forderungen sind für eine wissenschaftliche Zeitschrift freilich hoch, für eine belletristische Zeitschrift aber das gewöhnliche. Überlege das und laß Dich durch keine Rücksicht behindern.

Nochmals die besten Neujahrswünsche.
Dein J. M.

414/1-184; B; Wien; 6. 1. 1896; [Prag]. 178

Lieber Sauer,   Wien 6. 1. 96
  beiliegend in zwei Briefen das Manuscript sowohl des Vortrages als der Anmerkungen. Du würdest mich verbinden, wenn Du mir schreiben wolltest, wann ich ungefähr Correcturen zu erwarten habe und wie rasch gesetzt wird. Ich würde nemlich, wenn es nicht zu lang dauerte, etliche Bücher, die ich aus Bibliotheken habe kommen lassen, zur Richtigstellung der Citate im Hause behalten.

Mit den besten Grüßen von Haus zu Haus in Eile
treulichst Dein
J. Minor.
Womöglich in <u>Einem</u> Heft - ja?

414/1-185; K; Wien, 10. 1. 1896; Prag. 179
Lieber Sauer, der Grund warum ich die Gr. G. nicht genannt habe, ist der folgende. Ich habe, als ich meine Papire revidirte, bald gesehen, daß der Vortrag erstens zu lang wird und zweitens sich in der mittleren Partie (Ehelüge, Athenäumfragmente) vor einem Publikum wie das der G. G. nicht halten läßt. Beim Lesen merkt man das nicht, aber gesprochen sieht die Sache ganz anders aus. Die letzte Partie ist also gar nicht vorgetragen worden, ich habe mit Grillparzer geschlossen. Auf diesen Sachverhalt aufmerksam zu machen, habe ich keine Lust; und möchte anderseits auch nicht der Gr. G. in die Schuhe schieben, was mit ihr nichts zu thun hat. Die paar Wendungen: „in dessen Namen ..." und „unser Gr." am Anfang u. Schluß sagen dem, der sich dafür interessirte, deutlich genug, wo der Vortrag gehalten wurde, und sind ja den andern auch verständlich. Wenn Du aber glaubst, daß es nöthig ist, <... ...> sie geopfert werden. – Michels Recension wird Dir zu denken gegeben haben!
Dein
J. Minor.

414/1-186; K; Wien; 11. 1. 1896; Prag. 180
Lieber Sauer, von drei Seiten ist bei mir angefragt worden, wo und wann der Vortrag erscheine? Die Fragesteller sind mir fremd, aber offenbar Mitglieder der Gr. G., die ihn gehört haben. Das hat mich auf den folgenden Gedanken gebracht: Falls, wie es wahrscheinlich ist, Dein Verleger den Euphorion im Grillparzerbuch annoncirt, könnte vielleicht auch gesagt werden, daß mein Vortrag vom 17. 12. 95 darin enthalten sei.
Die Recension Michels wirst Du erhalten und Dir dabei manches gedacht haben. Ich betrachte dergleichen nur mehr mit Humor ...
Mit den besten Grüßen von Haus zu Haus
Dein Minor

414/1-187; K; Wien; 10. 2. 1896; Prag. 181
Lieber Sauer, wie steht es denn mit meinem Aufsatz? ich erwarte seit einem Monat täglich Correcturen.
Dein Ausfall gegen Koch hat mich fast vom Sessel geworfen! in meinem langen und kriegerischen Leben habe ich niemand so hart angesteckt. Wenn er das einsteckt, dann – Ich habe ihm alles verziehen, sogar daß er einmal Schill mit Schiller verwechselt hat, was sich sonst nur die Kaiserin Maria Ludovica erlauben durfte.
Herzliche Grüße von Haus zu Haus an Deine Dichterin und an ihren Herausgeber.
Dein
J. Minor.

Correcturen eben eingetroffen – aber in 3 Tagen unmöglich zu erledigen!

414/1-188; K; Wien; 20. 2. 1896; Prag. 182
Lieber Sauer, besten Dank! ich habe Stark durch Lobmayr in Kenntnis setzen lassen und ihn direkt an Dich verwiesen, damit Du in Betreff des Honorars etc mit ihm überein kommst, so viel ich weiß, hat er etwas wie Erinnerungen o. dgl. druckfertig liegen und sucht noch einen Verleger.
Wenn Du eine zweite Correctur für nothwendig hältst, bin ich natürlich bereit sie zu lesen, obwohl ich die erste dreimal gelesen habe. Nur würde sie in der nächsten Woche länger liegen bleiben, weil ich Prüfungen habe und den ganzen Tag über nicht zu Hause bin.
Mit den besten Grüßen
Dein J. Minor.

414/1-189; K; Wien; 1. 4. 1896; Prag. 183

Lieber Sauer, Castle, der seit etlichen Jahren Zedlitz-Briefe, namentlich für Österreich interessant, bei der Redaction des Grillparzerjahrbuchs liegen hat, bittet mich zu fragen, ob sie Dir eventuell für den Euphorion passend erscheinen. Er hat ferner gehört, daß Du an Zedlitz für die WiZg arbeitest. Er hat seit etlichen Jahren eine Monographie über ihn erarbeitet, und würde – vorausgesetzt Daß Du den Artikel bloß aus Pflichtgefühl und nicht aus Neigungen übernommen hast, ihm also ohne besondere Vorstudien gegenüberstehst – ihn gerne machen, falls Liliencron damit einverstanden ist.

Wir haben böse Ostern; Krankheit bei meiner Schwiegermutter; Sorgen für meine Mutter, die sich in ihre neue Lage nicht finden kann und jedem Versuch, sie bei der Verwaltung des Hauses zu unterstützen, Widerstand entgegensetzt.

Herzliche Grüße von Haus zu Haus und alles Gute zu Ostern!
Dein J Minor

414/1-190; K; Wien; 12. 5. 1896; Prag. 184

Lieber Sauer, was ist denn mit dem Euphorion und meinem Vortrag? den ich nun bald gern veröffentlicht sähe, ehe er Sauer wird. Mir ist übrigens in dem Reindruck ein Druckfehler aufgefallen, an dem ich unschuldig bin und den ich zu berichtigen bitte: S. 265 Z. 7 von oben muß es natürlich heißen Nicht mit dem sogenannten <u>Verismus</u> (nicht Veritismus), so steht auch in der Correctur.

Kannst Du Allwissender mir sagen, in welcher Zt. ein Aufsatz Hans Sachs im <...> Faustbuch erschienen ist? Ich erinnere mich an den Titel, weiß aber nicht mehr, wo? es muß an einem sehr nahe gelegenen Ort sein, denn wenn ich den Artikel nicht für künftige Lectüre zurückgelegt hätte, würde ich ihn verzeichnet haben.

Alles Gute zu Pfingsten
Dein J Minor.

414/1-191; B; Wien; 29. 5. 1896; [Prag]. 185

Wien 29. 5. 96.

Lieber Sauer,
das Beiliegende für den Euphorion. Ich möchte es aber gern bald gedruckt sehen, weil ich leider den Aufsatz von Herrmann, der meine Worte durch Umstellungen <u>nicht</u> in das genaue Gegentheil verkehrt hat, erst jetzt kennen gelernt habe. Diese Leute sind doch zu unverschämt.

Lüge und Wahrheit habe ich noch immer nicht erhalten.
Mit den besten Grüßen von Haus zu Haus
Dein
J Minor

414/1-192; K; Wien; 1. 6. 1896; Prag. 186

Lieber Sauer, meinerseits lege ich kein besonderes Gewicht auf noch rascheren Druck und bin mit October – December recht einverstanden. Nur über das Jahr möchte ich den Artikel nicht zurückgelegt sehen, da ich ohnedies erst spät auf den perfiden Angriff H's aufmerksam geworden bin.

Bestens grüßend
Dein
J Minor.

Solltest Du selber größere Freiheit wünschen, so wird Castle, glaub ich, gegen die Zurückstellung nichts einzuwenden haben. Sein Aufsatz kann doch eben nicht mehr viel ausmachen, so wie ich ihn kennen gelernt habe.

414/1-193; K; Wien; 13. 6. 1896; Prag. **187**

Lieber Sauer, daß ich auf Deinen Brief so lange nicht antworte, daran ist die rege Correspondenz Schuld, zu der mich die Angelegenheit Hs drängt. Das Wort Stabung wird geändert werden, so wahr es ist. Die Immermann-Festschrift habe ich leider schon für das MfL übernommen. Ich habe nur recensirt, was mir angeboten wurde, und wollte mich nicht vordrängen. Du siehst ja, wie es mir geht! Wenn Milchsacks Faustbuch erscheint, bin ich zur Recension bereit, falls Du keinen besseren Rec. hast.

In einigen Tagen wird eine Gegenerklärung von mir erscheinen, in der ich zeigen werde, daß Herrmann nur, wenn er meine Aufstellungen an 3 Punkten entstellte, das Recht gehabt hat, sie für falsch zu erklären. Daß er also gelogen hat, wenn er sagt, die Satzstellung des Werkautors sei für den Sinn gleichgültig. Ich bitte Dich recht sehr, die Stellen bei Herrmann u bei mir (es sind ja nur ein paar Worte) zu vergleichen, und mir Deine Meinung von der Sache zu schreiben.
Dein
Minor.

414/1-195; B; Wien; 13. 6. 1896; [Prag]. **188**

Wien 13. Juni 1896.

Lieber Sauer,
ich habe mich, da Hermann in seiner Erklärung das <u>meritorische</u> berührt hat, entschlossen, ehe ich an II gehe, eine Probe zu geben und bitte Dich, das beiliegende Blatt an den Schluß von I zu stellen. Es wird allein schon Aufsehen machen – und künftig steht Ungeheuerliches zur Überraschung bevor, auf 3 Seiten 27 falsche Zahlen!!

Aber <u>den Streichen des Lügengeistes</u> darfst Du mir nicht streichen. Denn wie ich in meiner <u>Erklärung</u> nachweisen werde, hat Herrmann in <u>Einer</u> Stelle meine Ansichten <u>drei Mal</u> entstellt.

Bitte, laß den Artikel recht bald in Druck gehen und stelle ihn recht weit vorn! er wird Aufsehen machen.

Wenn es nicht zu unbescheiden wäre, würde ich mir 30 Abzüge erbitten, weil Hermann seine Erklärung an die ganze Facultät geschickt hat. Ich bin gerne bereit, für die Mehrabzüge zu zahlen.

Ich habe den ganzen Schreibtisch voll von Condolenzen und Entwicklungsartikeln! Mit meiner weiteren Erklärung ist Hermann tot, wie er es verdient. Es ist doch unerhört, einen älteren Gelehrten, der sich auf eine <... ...> hin, sein Recht wahrt, einfach als unzurechnungsfähig zu erklären. Einer unserer Collegen sagte: „Geben Sie dem Schweinehund einen Fußtritt, wie er es verdient." Ich gebe ihm keinen, aber ich zeichne ihn so, wie er es verdient.

Unter allen Menschen, die sich mir gegenüber geäußert haben, ist alleine der <...> Tiroler <...> geblieben, Erich Schmidt stumm. Es ist ein Loch, das in die Buben-Koterie der jungen Berliner geschossen wird, und man wird bald eine andere Tonart von dort hören.
Herzliche Grüße von
Deinem
J Minor.

414/1-194; K; Wien; 18. 6. 1896; Prag. **189**

Lieber Sauer, die Correctur ist bunt geworden. Daran ist die Zeit der Fehde und Hs Entgegnung Schuld. Ebenso habe ich noch ein paar Zeilen direct an Ellinger geschickt, die an den Schluß kommen – nichts persönliches, sondern einer der ärgsten Schnitzer in den Zahlen, so daß nun anstatt <u>eines</u> Falles <u>zwei</u> zur Illustration dienen.

Kögel, Lyrik u. Wünschmann übernehme ich. Aber nicht Collins Sammelsurium unverdauter Parallelstellen, die den Faust zur Ablagerungsstätte der Frucht einer geistlosen Lectüre macht. Ich werde nächstens auch Fauststudien veröffentlichen.
Den beiliegenden Artikel der Vossischen Zeitung habe ich Dir doch noch nicht geschickt? Oder wenn ja, so schicke ihn, bitte ich, an Drescher weiter, dessen Adresse ich nicht weiß. Zusendungen an ihn nach München sind über die Schweiz zurückgekommen an mich als Absender. Weißt Du seine Adresse, so bitte ich gelegentlich darum.
Dein
Jakob I. von England

414/1-196; B; Wien; 20. 10. 1896; [Prag]. 190

Wien 20 Oktober 96.

Lieber Sauer, die beiliegenden Schiller für den Euphorion, den ich in dieser launigen Farcie zum ersten Mal zusammenhängend gelesen habe, während ich früher blos herausgriff, was mir aktuell war.

Ich will Dir hier meine Anschauungen und Wünsche mittheilen, denn es hat mich betrübt, daß der Euphorion schon wieder den Verleger wechseln muß.

Ich meine, Du solltest ruhiger und gleichmäßiger redigiren. So wie die Schrift jeden Augenblick wechselt, so hat auch jedes Heft einen anderen Charakter: bald gelehrt, bald garzu leer, bald Untersuchungen bald viele Schilderungen usw. Aber so trostlose Sachen wie die Schubartiana, oder Fränkels Frau Vienne, oder Röttekens Krawall und Collins alberne Gedanken über Faust und Götz (Adelheid in <...> widerstehend!) – hättest Du als weiser Mann nicht passieren lassen sollen. Die petit Schrift, die die Augen furchtbar anstrengt, solltest Du m. E. ganz aufgeben, oder nur in den Anmerkungen zulassen.

Unter allen Umständen aber das Register auch über die Bibliographie ausdehnen. Denn wozu hat man denn diese Titel? zum Lesen gewiß nicht, sondern zum Nachschlagen. Wenn Du also nicht wie Strauch – was ich vorziehen würde – die Titel nach Materien ordnen willst und die Materien nach dem Alphabet, so ist das Register dazu ein unentbehrliches Band. Sonst ist Deine Bibliographie gleich nach dem Erscheinen, nach einmaligem Durchblättern werthlos. Man könnte ja durch einen Zusatz oder durch kleinere Ziffern ausdrücken, daß sie auf die Bibliographie verweisen.

Endlich die Ergänzungshefte! Wie soll man die Bücher heften & verbinden? Die Bände sind so dick, daß kein Σ mehr Raum hat. Bitte, schreib mir gelegentlich, wie viele Σ zu erwarten sind und ob ich mir die beiden ersten mit dem zu erwartenden dritten zusammenbinden lassen kann.

Wie kommt es aber, daß ein neuer Verleger angekündigt wird, während noch das letzte Heft vom alten nicht ausgegeben ist? Das macht mich unruhig als Leser.

Herzliche Grüße von Haus zu Haus
Dein
J. Minor.

414/1-197; K; Wien; 28. 10. 1896; Prag. 191

Lieber Sauer, in Eile während des Prüfungstermines: Milchsack (mit dessen Besprechung ich E Ss unglückliches Fanal verbinden werde) und Penk sind mir willkommen. Leitzmann hat geschrieben und Zusage – aber für <...> Termin erhalten. Von Winter 97/8 ab stehe ich Dir für Collectivanzeigen zur Verfügung; nemlich so: ich werde Dir schreiben, was ich lese im Winter, und Du schreibst mir alle Recensenda, die Du auf diesem Gebiete liegen hast – lesen muß ich die Sachen doch, ein kurzes Referat kostet nicht viel Zeit. Wenn Du in Regesten blos die Dichter u <...> verzeichnest, dann wird es nicht so stark – ein Muster für abische Anordnung gibt Strauchs Bibliographie. Frag doch einmal den Börnebiographen Holtzmann von der Wiener Universitätsbibliothek ob er nicht die Bibliographie machen will – ob er es aber kann? Entsetzlich sind mir <...> die Tollitäten an Rub... Wenn

jeder jeden solchen Einfall <...> publicieren und in jedem Heft anzeigen will, wohin kämen wir da! Jodl ist prächtig.
Jacobus
der Lieblingsjünger des Herrn,
dixit et s. a. s.
<...>weiß kenne ich nicht.

414/1-198; B; Wien; 13. 11. 1896; [Prag]. 192

Wien 13. Nov 1896.

Lieber Sauer,
beiliegend ein kurzer Nachtrag zu „Amor und der Tod". Wenn ich noch länger lebe, hoffe ich noch etliches zu finden. Cotta laßt mich nicht mit den kleinen Lettern setzen!
Von Koch habe ich zwar Honorar, aber keine Separatabzüge erhalten, die Du mir hoffentlich noch verschaffen kannst. Das neue Heft habe ich heute nur ganz flüchtig gesehen.
Für Rank danke bestens.

Mit dem Schillerpreis hat unser gemeinsamer Freund in Berlin einmal die gebührende Lection tüchtig erhalten. Wildenbruch sollte der Sprott sein, um den R. für Hauptmann zu ködern. Ich wundere mich nur, wo er den Muth favorisirt, nun gegen den R. aufzutreten, der doch nur seinen Vorschlag (freilich nur zur Hälfte) bestätigt hat und die Mausefalle klug umgangen ist. Während wir uns geheimhalten gelobt haben, läßt er jetzt in allen Zeitungen drucken, daß es ihm nicht um Wildenbruch, sondern um Hauptmann zu thun war. Ich war zuerst der einzige, der gegen Wildenbruchs <...> gestimmt hat. Der berühmte Dichterwart im hohen Norden ärgert sich jetzt, Wildenbruch herausgestrichen und es mit den Hauptmännern verdorben zu haben. Meine Halbheit hat mir die rechten Früchte getragen.
Mit den besten Grüßen
Ihr
J. Minor.

414/1-199; B; Wien; 25. 11. 1896; Prag. 193

Wien III/3 Strohgasse 11.

Lieber Sauer,
unter folgender Bedingung bin ich einverstanden: daß Du als Redakteur erklärst, Herrmann habe Dir den Artikel unter den beiden Bedingungen ¥ 1) 2) zugestellt.
Auf 1) hättest Du nicht eingehen können. In betreff von 2) könntest Du nach einer früheren Mittheilung von mir erklären, daß <u>ich nach den zwei ersten Erfahrungen, nachdem ich Hermann in 20 Zeilen seines Buches fünf Entstellungen des Wortlautes, des Sinnes und der Thatsachen nachgewiesen hätte</u>, keine seiner Kundgebungen weder ungedruckt noch gedruckt lesen würde.
Mit herzlichen Grüßen
Dein
Minor

Fürchte nicht, daß ich, irgend etwas, was dabei heraus käme, <u>Dir</u> übel aufnäme. Ich weiß recht gut, daß gegen diese Bande keiner etwas ausrichten kann.

414/1-200; K; Wien; 28. 11. 1896; Prag. 194

Lieber Sauer, sei so gut und widme mir zu einer Enquête eine Viertelstunde. Nimm Götzes Fastnachtsspiele von H Sachs Nr 4 Böses Weib und vergleiche mit Herrmann in der Festschrift 427 f: ob Du die Angaben für richtig findest; die Methode erkennst; welche

Weise (bloße Zahlen) Du unter den 18 Silben verstehst wo nach Herrmann Stichreim fehlt; ob Dir diese Statistik Vertrauen einflößt. Auch andere werden befragt.
Kannst Du mir Riegers Klinger II und den Briefwechsel der dazugehört, zur Kopie schaffen? Ich habe über Klinger manches liegen, auch Platens Tagebücher und E. Planck, Die Lyriker des Schwäbischen Classicismus (Stuttgart 1896) <... ... ...>.
Mit den besten Grüßen
Dein
J. Minor

414/1-201; B; Wien; 8. 12. 1896; [Prag]. 195

Wien 8. Dez. 96

Lieber Sauer,
beiliegend der Schluß des Artikels gegen Hermann. Ich würde es Dir recht sehr danken, wenn Du ihn bald in Druck geben könntest – eventuell könnte vielleicht „Die innere Form" liegen bleiben. Über die Enquête berichte ich in anderem Zusammenhange oder einem späteren Heft, sie zieht sich zu lange hinaus.

Vielleicht bewilligt mir der Verleger gegen Verzicht auf das Honorar 100 Abzüge.

Ich weiß recht gut, was ich mir eingehandelt habe – aber auch, daß in 20 Jahren kein Mensch mehr anders darüber denken wird.

Bitte schreib mir, <u>wann</u> ich Correctur zu erwarten habe, da ich eine Menge Material (Bücher) herumliegen habe, die ich dazu brauche. Bitte, recht bald!
Dein
J Minor.

414/1-204; B; Wien; 10. 12. 1896; [Prag]. 196

Wien, 10. 12. 96

Lieber Sauer,
ein so einziges Dokument bei Seite zu legen, ohne es auszuweisen, könnte ich nicht empfehlen. Ich rathe Dir folgendes.

Du sagst, unmittelbar im Anschluß an meinen Aufsatz, in kleinerer Schrift, daß Dir in dieser Angelegenheit eine Zuschrift Herrmanns zugegangen sei, deren Aufnahme Du an die folgenden Bedingungen geknüpft hättest*): – Herrmann hätte dagegen verlangt Ɏ Darauf hättest Du nicht eingehen können u. darum zugesagt, einen Hinweis aufzunehmen. Dieser Hinweis sei Dir nun in folgender Form zugekommen: Vollinhaltlicher Abdruck des Wisches.

Du sagst aber nun weiter: Dieser Hinweis enthalte zweierlei: was Dir als Redakteur nicht ohne Bemerkung passe: 1) daß auf urkundliche Belege verwiesen werde, während doch nur Privatbriefe veröffentlicht seien, die bloße Vermuthungen enthalten und den inkriminirten Fall keineswegs klar stellten. 2) enthalte die „Abwehr" eine Stelle, die auf die Zukunft gehe und in der gesagt wird, daß auch gar noch nicht gedruckte, Herrn Herrmann also derzeit noch unbekannte Auslassungen durch sie als widerlegt gelten würden. Künftig im Euphorion erscheinende Artikel <...> sowie zu miskreditiren und die gelehrte Diskussion überhaupt unmöglich zu machen, dazu könntest Du nicht die Hand bieten, Du musstest <...> ja den ähnlichen Versuch im Interesse einer Freien Wissenschaft, in deren Dienst Du den Euphorion gestellt hättest, von vorn herein zurückweisen. Dafür, daß Du als künftige Erörterungen im Ton einer wissenschaftlichen Diskussion halten, siest Du als Redakteur der Mann; sie hätten sich auch bisher aus diesem Ton nicht mehr entfernt, als durch die keineswegs glimpflichen Angriffe Herrmanns wo nicht gefordert, so doch zu entschuldigen war. Auch könntest Du dem Berichtiger selbst mit der Abweisung aller ferneren Diskussionen den schlechtesten Dienst leisten, weil die unbesehene Zurückweisung aller Einwände leicht als schlechtes Gewissen ausgelegt werden könnte.

Bei dieser Sachlage habest Du Dich, da durch die anderwertige Veröffentlichung der Entgegnungen die seinerzeit für Dich maßgebenden Gründe entfallen seien, entschlossen, den beiden Parteien Gehör zu geben. Die Leser sollten selber entscheiden, wo nach ihrem Gefühl Unrecht und Recht, und auf welcher Seite der gehässigere Ton zu finden sei.

Fetzen Herrmanns u. meine Erwiderung, die in der neuesten Nummer DLZ erschienen sind.

Schreib also ruhig und kalt, seine Erklärung würde wörtlich im Euphorion erscheinen übersende ihm gar keine Correctur. Das Ms. habe ich gestern an Sievers geschickt mit einem befürwortenden Briefe.

Diese Ratte muß zertreten werden. Ich weiß recht gut, daß er mir, wenn er darniederliegt, ans Leben gehen wird. Aber seis drum! Diese Bande muß einmal ihre Lehre finden. Nur es thut mir zu Leid, daß Du dieses Schriftstück nicht unterdrückst!! es ist gewinnend, wenn dieses Gewissen redet.

Dein
Minor.

*) so sicherst Du Dich dagegen, daß ausgestreut wird,
Du hättest Herrmann unterdrückt!

414/1-202; K; Wien; 11. 12. 1896; Prag.   197

Lieber Sauer, eine Entgegnung ist natürlich überflüssig, die „Abwehr", ehe der Angriff noch zu Ende ist, wird ihre Heiterkeit nicht verfehlen. Ich weiß nicht einmal, ob die Herren über das „saubere" oder die „Gehülfen" so entrüstet sind. Das macht das schlechte Gewissen.

Natürlich warte ich auf Herrmann. Die Correctur ist mir ohne jeden fetten oder gesperrten Druck vorgelegt worden. Ich habe den ersten Satz sperren lassen, weil ich daran anknüpfte. Ebenso gut hätte ich ihn gesperrt wiederholen können.

Ich habe dann die Zustimmung Sievers' zu dem Abdruck eines Briefes eingeholt, in dem er erklärt, daß Herrmann es ihm ebenso gemacht habe. Ein Manuscript von 10 Seiten hat mir Sievers geschickt, in dem er seinen Lug und Trug zu widerlegen gesucht hat.

Ich werde nur Verdruß an dieser Sache haben, aber die Luft wird rein werden.

Dein
J Minor.

414/1-203; K; Wien; 11. 12. 1896; Prag.   198

Lieber Sauer, wie ich Dir schon geschrieben habe, hat mir Sievers einen 13 Seiten langen Aufsatz „Zu Kellers Verzeichnis altdeutscher Handschriften" geschickt, worin er Herrmann ganz dieselben Entstellungen nachweist wie ich. Es schiene mir, daß er nicht übel Lust hätte, ihn jetzt drucken zu lassen. Ich habe darüber natürlich nicht gedacht, ob es nicht für dasselbe Heft des Euphorion ein gutes Stück wäre? Vor meinem Aufsatz? Du hättest damit einen glänzenden Mitarbeiter gewonnen und der Aufsatz ist auch sachlich sehr interessant u. voll Material. Nun liegen Sievers freilich die Beiträge näher. Aber vielleicht gibt er ihn Dir. Wenn Du willst, so schreibe ich ihm, vielleicht schreibst Du ihm – falls Du darauf reflektirst – auch eine Karte.

Dieser Mensch ist wirklich ein gemeinschädliches Individuum, und wenn er jetzt Recht behält, so ist vor ihm und seinem Anhang niemand sicher.

Dein J.

414/1-205; B; Wien; 17. 12. 1896; [Prag].   199
                                                               Wien, 17. Dezember 1896
Lieber Sauer,
   wie ich Dir schon geschrieben habe, ist das Manuscript von Sievers gestern an ihn zurückgegangen.
   Ich meinerseits möchte ihn nicht gern weiter in diesen Handel ziehen als nöthig ist, darum will ich jetzt auch keine Pression mehr üben. Ich habe es mir lange genug überlegt, weil ich nicht gern andere vorschiebe. Erst nachdem H. sich auf Schaurer und auf Hatz berufen hat, bin ich darin gefolgt, eine dritte Person herein zu ziehen.
   Da Sievers Dir aber freie Hand gelassen hat, kannst Du ihm immer noch schreiben, Du bestehst als Redacteur auf seiner Bundesgenossenschaft u. nähmest ihm beim Wort.
   Das eine zweifle Du nicht; wie es jetzt steht, ist der Hieb die beste Parade. Denn es geht ans Leben, dem Euphorion und mir. Haust Du aber gleich stark drein, dann thun sie, als ob sie gar nichts Böses vorgehabt hätten. Das ist besser.
   Was Du wegen ihrem Zorn auf den Euphorion schreibst: Der Euphorion bestünde schon lange nicht mehr, wenn es nach ihnen ginge.*) Glaub Du nur nicht, daß sie Dir oder einem andern, der etwas geleistet hat, grüner sind als mir. Hinter ihnen steht der alte Kerl mit der Goethe-Macke, der selber gar nichts mehr leistet, weil er jeden Abend sich den Bauch mästet, und der daher mit fanatischem Grimm auf alle Leute sieht, die etwas fertig bringen. Ich weiß das seit meinem Schiller, ich hab' es erfahren. Sollte sich dieser falsche Freund einmal zu mir verirren, so werde ich ihm die Thüre weisen.
   Vielleicht kannst Du in dem Euphorion die folgende schließende Wendung brauchen: „Du könntest Herrmann wohl gestatten, das zu berichtigen, was im Euph schon gedruckt ist; aber eine Berichtigung gegen einen noch ungedruckten Artikel (dessen schlagender Wirkung ich mich, ganz offen gestanden, nicht habe entziehen können) sei eine so unerhörte Zumuthung für einen Redacteur, daß ..."
   Gestern ist Correctur gekommen. Ich hoffe Du wirst nichts einwenden, wenn ich alle zusammenkommen lasse, und dann den fertigen Artikel mit den Resultaten der Enquête nach Prag schicke.
   Eine Bitte: Sei so gut und lege Sievers' Brief samt allen auf diese Angelegenheit bezüglichen Briefen beiseite und schenke sie mir, sobald die Affaire zu Ende ist. Sie sind von historischem Werthe.
   Und nun leb wohl, Alter! Du weißt ja, daß ich immer das Malheur habe. Wars mit dem Zahlkellner am Attersee anders? H. ist nicht um ein Haar besser. Wenn ich die Correctur lese, bin ich immer wieder erstaunt über seine <...>! Der größte belletristische Phraseur ist nicht unwissenschaftlicher als er.
   Alles Gute zu Weihnachten und zu Neujahr, von Haus zu Haus.
   Dein
   Jakobus der Erlauchte,
   <...>.
*) Umgekehrt! Der Euphorion wird blühen und gedeihen, sobald er diese Gattung falscher Philologie, die Meyerschen unsinnigen Miscellen los ist! Den Leuten werden die Augen geöffnet werden!

414/1-206; K; Wien; 23. 12. 1896; Prag.   200
Lieber Freund, gleichzeitig der Rest der Correctur. Ausnahmsweise erhalte ich wohl eine zweite?
   Die DLZ scheint meine Entgegnung, die ich schon vor 12 Tagen eingeschickt habe, nicht drucken zu wollen. Ich habe freilich noch keine ablehnende Antwort. Muß mir überlegen, ob ich sie zwinge oder ins Centralblatt übergehen soll.
   Zu guter Letzt habe ich noch eine Entstellung des Sievers gefunden. Der Mensch besitzt eine Gabe, einem die Dinge unter der Hand zu verdrehen, daß man es selber kaum

merkt. Ich werde es mir Zeitlebens zum Ruhme machen, diesen gefährlichen Menschen entlarvt zu haben.

Alles Schöne, von Haus zu Haus, zu den Feiertagen und zum neuen Jahr. 1896 war mir in allem ein böses Jahr! Doch freue ich mich der lauteren Waffenbruderschaft mit Dir! M S wird blühen, M S H und M S D ebenso.
Dein
J. Minor.

414/1-207; K; Wien; 26. 12. 1896; Prag. 201

Lieber Sauer, die DLZ antwortet nicht, hat auf meine Einsendung gar nicht reagirt. Leider bekommen wir hier das Blatt spät zu Gesicht, noch später wegen Bibliotheksreinigung. Du siehst sie im Archiv früher. Darf ich Dich bitten, darauf zu achten, ob meine Entgegnung vielleicht schon gedruckt ist, und mir dann sogleich eine Karte zu schreiben. Die Nummern kommen, wie ich glaube, schon am Donnerstag vorher nach Prag, – Ich werde den Abdruck gesetzlich erzwingen. Ist Dir vielleicht in Berlin ein Advokat bekannt, der einen guten Namen hat u. in literarischen Dingen Erfahrung besitzt? Vielleicht weiß es in Prag Jemand.

Wie haben es mit einem bösen Feind zu thun!
Dein
J Minor.

414/1-208; B; Wien; 28. 12. 1896; [Prag]. 202

Wien, 28. 12. 96

Lieber Sauer,

besten Dank! ich habe leider inzwischen schon ein Ultimatum an die DLZ geschickt, das nun gegenstandslos geworden ist.

Aber ungleich behandelt uns die DLZ doch, wenn sie Herrmann Separatabzüge bewilligt hat und mir nicht; trotzdem ich erklärt habe, ich würde sie bezahlen. Ich lege deshalb das Ms. der Entgegnung bei und bitte Dich, mir 150 Abzüge davon machen zu lassen, aber früher als das Heft ausgegeben wird. Ich bin gerne bereit, die Kosten zu tragen. Die Entgegnung in den Euphorion zu setzen, möchte ich jetzt, wo ich Oberwasser habe, abrathen. Ebenso streichen wir die letzten Zeilen von der Verleumdung ganz und schließen mit: „auf dieser Brandstatt werden wir nicht ernten."*) Ich kann auch gnädig sein! Die beiden Artikel sollen stimmen und stillschweigend eine laute Sprache führen und diesen Schritt künftig unmöglich machen.

Sei also so gut und befördere die beiliegende Entgegnung sogleich an Fromme als Privatauftrag, unverzüglich zu setzen, mit den kleinen Lettern des Euphorion und 150 mal abzuziehen, sobald fertig an meine Adresse zu schicken und gegen das Honorar des Euphorion (für andere Beiträge als den gegen Herrmann) zu verrechnen.

Es freut mich und thut mir doch wieder leid, daß der Euphorion mein Kampfgenosse ist und möglicherweise meine Schuld entgelten muß. Sobald aber alle Aktenstücke beisammen**) sind, werde ich sie Hartel vorlegen, ruhig sagen daß die Berliner Bande dem Euphorion, einem österreichischen Unternehmen, nach dem Leben strebt, und eine Subvention urgieren. Ich glaube, sie wird uns nicht fehlen.

Nach Neujahr werde ich meine Studien über Goethes Faust zu Papier bringen, die dem Euphorion zukommen sollen; und ihm mindestens zum so viel Leser schaffen werden, als die Miscellen von Meyer. Auch die von Bachmayr, mit sehr interessanten Aktenstücken, werde ich Dir schicken, wenn Dir das alles nicht zu viel ist.

Es hat so kommen müssen! Scherer und Erich Schmidt haben uns Armen nur ein Gnadenbrot gereicht, wie allen Österreichern. Für sie fängt der Mensch erst beim Berliner an. Ein Berliner Student ist ihnen wichtiger als ein Professor in Prag oder Wien. Es ist wie

mit der polonischen Polizei: Die Hintermänner können wir nicht fassen, ohne die diese Lieben <...> den <...> gehabt hätten.
Jedenfalls haben wir einmal ein bissel aufgemischt und zwar gehörig! Sehr bald, wenn sie nichts ausrichten, werden sie freundlich kriechend, als ob sie nie etwas arges im Schild geführt hätten, wiederkommen. Aber trau ihnen nicht, so lang Du etwas leisten kannst – wenn Du nichts zu leisten im Stande bist, dann erst sind sie Deine wahren Freunde, Hinc illae lacrymae! Lange bevor Herrmann gekommen ist, habe ich gewußt, daß, wenn ich jetzt noch ein Buch mache, sie mich auf offener Straße totschlagen.
Alles Gute von Haus zu Haus für 1897.
Dein
Minor
*) So: ich werde an den Schluß einfach die Homerischen Worte setzen:
και ως απολοιτυ και αλλος οστις τοιαυτα γε ρεζοι
**) Vergiß ja nicht, mir vom Sieversaufsatz zwei Abzüge zu liefern: einen für Hartl, einen für mich zu den Akten. Noch lieber wäre mir freilich, wenn ich ohne Unbescheidenheit 100 Abzüge von beiden Aufsätzen haben könnte!

414/1-209; B; Wien; undatiert; [Prag]. 203

Lieber Sauer,
vielleicht kann es aber nützen, wenn Du an Sievers die Fahnen meines Aufsatzes, soweit die Correctur fertig ist, schickst. Damit er sieht, daß meine Entgegnung streng sachlich ist; und vielleicht auch Muth kriegt. Du brauchst ja nur zum Vorwand zu wählen, daß ich Dir aufgetragen hätte, seine Gutachten zu streichen und daß Du wissen möchtest, ob auch das in seiner Absicht gelegen sei. Mich aber bitte ich dabei aus dem Spiel zu lassen. Da er meine Lage nur verschlechtert hat durch seine zaghafte Haltung, mag ich ihn um nichts mehr bitten.
Ich glaube, er wird die Separatabdrucke der „Erklärung" noch mehr übel rechnen, aber ist mir nicht erlaubt, was Herrmann gethan hat? Die Abzüge meiner früheren Erklärungen habe ich heute noch liegen, und das mit dem „harmlosen Druckfehler" kommt mir jetzt freilich trefflich zu Statten, dieses Mal aber mußte ich sie verschicken, weil die letzte Nummer der DLZ nicht lange aufliegen bleibt und daher weniger gelesen wird.
In die Druckerei bin ich nur, weil ich glaubte daß die mise-en-page schon bevorstehe – und weil Dir ja doch die Sache und Correctur auf einmal vorgelegt wird. Ich werde aber künftig korrecter vorgehen; denn ich habe die Nachtheile der Unkorrektheit genau ken<...> gelernt.
<...>lche verlorene Zeit! Dir, der Du als Dritter beteiligt bist, muß es gar schrecklich sein! Wäre es nicht besser an den „Grillparzer" zu denken, als mit Herrmann fertig zu werden trachten.
Dein getreuer
J. Minor.

414/1-210; K; Wien; 4. 1. 1897; Prag. 204

Lieber Sauer, ich habe Hauffens Gutachten gleich in die Druckerei geschickt, mit dem Bemerken, wenn die mise-en-pages noch nicht erfolgt sei, es am rechten Ort einzuschieben. Wenn also die Fahnen in Deinen Händen sind, so behalte sie so lange, bis Dir die Druckerei den Zusatz zuschickt – damit er am rechten Ort eingereiht wird. – Rachers Gutachten war neu, ich habe es in natura, ohne Abschrift, in die Druckerei geschickt, damit es nicht noch einmal ein Nachtrag nothwendig würde, was durch Hauffen doch der Fall ist.
Wenn Dir die Druckerei Hauffen nicht von selbst schickt, so fordere es ein.
E S. schreibt seit 3 Tagen je ein Billet, den äußeren Anlaß bildet der Ewige Jude. I ohne Gruß. II mit Gruß für Freundin. III „Lieber Minor, er könne nicht anders. Altweiber-

phrasen: er wisse die statistische Richtigkeit von der Wirklichkeit" des Mannes zu unterscheiden, in die <...>prüfung von Wörner sich nicht zu finden – die thut nemlich besonders weh! Seit Jahren weiß ich, daß wenn diese Leute sagen „ich bedauere Ihr Betragen", ich etwas Gutes gethan und Recht behalten habe – das können sie unter keinen Umständen ertragen.
Dein
Minor.

414/1-211; B; Wien; 6. 1. 1897; [Prag]. 205
Wien 6. 1. 97.
Lieber Sauer,
O Du milder und Guter! Du entschuldigst Dich wegen täglicher Überfälle – und ich bin mir schon seit Wochen bewußt, Deine Zeit in sträflicher Weise für diese elende Geschichte in Anspruch zu nehmen!
Der Passus muß bleiben, aber das Datum geändert werden. Es stehen nemlich noch zwei Gutachten aus, die wohl nun eintreffen werden. Sollten Sie aber zu spät kommen, und für Herrmann günstig lauten, so könnte er sagen, man habe zurückgehalten, was für ihn günstig war. Darum Vorsicht!
Hauffens Gutachten ist nicht zuverlässig; um 57 herauszubringen, unterscheidet er zwischen eigentlichen und uneigentlichen Dialogstellen, die Herrmann wohl als Stichreim und Vollreim unterscheidet, aber unter „Dialogstellen" zusammenfaßt. Wieder eine neue Confusion in dieser exakten Methode.
Nach reiflicher und <...> Überlegung habe ich mich entschlossen, E S seinen letzten Brief mit „Lieber Minor" zurückzuschicken. Ich habe eine Karte beigelegt, in der ich sage, daß ich den Inhalt, so weit er den E Juden betreffe, dankend zur Kenntnis genommen habe. Denn antworte ich nicht, so kommt er das nächste Mal schon vertraulicher; zuletzt thut er als ob nichts vorgefallen wäre, und dann beginnt die alte Geschichte von vorn. Lieber gleich auszanken mit diesem falschen Freunde, den ich nun in einem Dutzend an Situationen durchschauen gelernt habe.
Gestern kommt auch Schröder gelegentlich einer <...> zur A f A. Er kann sich in meine Psychologie nicht finden, auch in die von Sievers nicht – obwohl er noch gar nicht weiß, was der vorzubringen hat! Die Angelegenheit ist für ihn von vornherein entschieden. Der Angriff Herrmanns hätte, auch wenn er besser <...> gewesen wäre, mir nichts schaden können – ich hätte mir ihn also gefallen lassen müssen! (So sieht das nemlich jetzt aus; hätte ich geschwiegen, so wäre H. im Recht geblieben!) Ich solle allein mein Temperament und meine, durch häusliche Krisen gereizten Nerven anklagen. Was sagst Du zu dieser Unverfrorenheit? Alles natürlich in dem hämischen Ton von oben herab, den Du kennst. – Ich habe ihm geantwortet, daß bei so divergierenden Ansichten ein gedeihliches Zusammenwirken nicht möglich sei, und daß ich ihm die für den A f A übernommenen Bücher zurückschicken werde. Es ist nicht momentane Aufwallung, sondern die Überzeugung, daß man diesen Leuten in dem, was Recht ist, nicht nachgeben darf. Es ist alles nur darauf berechnet, einen zu entblössen, matt zu setzen, an die Wand zu drücken. Sicher wissen sie recht gut, wie es mit Herrmann steht.
Beiliegend der Schluß des Artikels, <u>nach</u> „werden wir nicht <u>warten."</u> Ob sie nicht zugeben, daß Herrmann im Unrecht ist, wäre Schonung zu früh. Nur die „Verleumdung" lasse ich weg.
Mit herzlichen Grüßen
Dein
J Minor.

[Beilage:]
Wie der vorhergehende Aufsatz von Sievers zeigt, bin ich nicht der Erste, dem Herrmann auf diese Weise mitgespielt hat. Die Methode, die er an Sievers ungestraft erprobt hat,

hat er nun zu seinem doppelten Schaden auch auf mich angewendet. Natürlich hätten diese Leute nie den Muth gefunden, sich so weit herauszuwagen, wenn sie nicht bei allezeit geneigten Hintermännern Deckung gefunden hätten. Aber mit dem <...>: daß man keine Zeit habe, die Akten dieses leidigen Handels zu prüfen, oder: daß man sich in diese Psychologie nicht finden könne, oder: daß auch alles, was künftig gegen Herrn Herrmann vorgebracht würde, nicht werde überzeugen könne – mit solchen Altweibersprüchen wird man weder die von Sievers und mir vorgebrachten Thatsachen entkräften, noch den Anspruch auf das Recht einer unentstellten Wiedergabe der bekämpften Meinungen. Der Kupferring ist an sich selber zu Schanden geworden, und ich bin gewiß der Letzte, an dem Herr Herrmann seinen Übermuth gekühlt hat.

και ως απολοιτυ και αλλος οστις τοιαυτα γε ρεζοι

414/1-212; B; Wien; 7. 1. 1897; [Prag]. 206

Wien 7. 1. 97.

Lieber Sauer,
ich bedaure nur den Euphorion und seinen Redakteur! –
Es handelt sich um eine letzte Ausflucht, wie Du daraus ersehen kannst, daß meine Erklärung in der DLZ vom 26. Dezember erschienen ist und Sievers mir an diesem Tage von Leipzig aus die Nachricht sandte, daß das Ms an Dich abgehe. Ich hätte also, auch wenn ich dazu irgend einen Anlaß gehabt hätte, die Erklärung nicht ändern können. Da in beiden Fällen von dem selben Gegenstand die Rede ist, kann man Sievers' Eingreifen nicht ein doppeltes nennen.

Das ist nun so, und von einem Einlenken oder einer Bitte kann keine Rede sein. Es macht mir ein sonderliches Vergnügen, diesen ehrlichen Kampf, den ich allein begonnen habe, allein zu Ende zu führen, ohne mich hinter einem andern zu verkriechen. Freilich muß ich alle Minen springen lassen und mir zum letzten Mal Deine Hilfe erbitten. Nachgeben werde ich nicht – auch nicht unterliegen – nur etwas opfern, was mir schon seit längerer Zeit werthlos ist.

Ich bitte also: 1) das Gutachten von <u>Sievers</u> aus dem Text zu nehmen denn da er so ängstlich ist, und mir gegenüber sogar von dem „Anschein cliquenhafter Angriffe" auf Herrmann geredet hat, so verbietet es mein Stolz, ihn als Zeugen in Anspruch zu nehmen.

2) da der gestern eingeschickte Schluß schon heute wieder veraltet ist, bitte ich Dich den beiliegenden Schluß an die Stelle zu setzen.

3) wäre es mir lieb, wenn es möglich wäre, meine Wenigkeiten für den Euphorion noch in diesem Hefte unterzubringen; oder im künftigen mit der Notiz zu versehen: „Diese Aufsätze sind dem Redakteur vor der im vorigen Hefte gedruckten Polemik gegen Herrmann eingeschickt worden."

Ich wäre glücklich, wenn diese schwierige Geburt überstanden wäre! Es ist freilich der Mühe Werth, dieses Wespennest kennen zu lernen! Jetzt weiß ich erst, daß sich diese Polemik wirklich verlohnt!
Dein getreuer
Jakobus der Jüngere
Lieblingsjünger des Herrn.

414/1-213; B; Wien; 10. 1. 1897; [Prag]. 207

Wien 10. 1. 97

Lieber Sauer,
in Sievers stärker zu dringen, rathe ich Dir entschieden ab. Bei seiner Unentschiedenheit, von der ich schon im Sommer Proben gehabt habe, würden wir risquieren, daß er uns beschuldigt, eine Pression ausgeübt zu haben. In der That enthält sein heutiger Brief an mich eine solche Andeutung; ich habe ihm sehr milde geantwortet: daß er sich in

Betreff seiner Meinungsänderung weder zu rechtfertigen noch zu entschuldigen habe, daß er aber auf uns keinen Vorwurf machen dürfe. Und ich habe gesagt, wenn er uns einen ähnlichen Vorwurf öffentlich machen würde, würde ich auch mit den Gutachten antworten.

Auch das Gutachten von Sievers muß ich streichen, denn ich habe es ihm schon angekündigt und sie würden doch alle rufen: „Den hat er beim Frack gehalten, als er schon ausreißen wollte." Die Enquete ist auch sonst sehr gut besetzt und alles objectiv.

Endlich aber muß ich auch bei dem letzten Schluß bleiben. Wenn ich dem Euphorion irgend nützen könnte, würde mich die Dankbarkeit zu allem vermögen. Aber sie wollen mich ja blos los sein; und wenn ich abtrete, kommen sie Dir alle wieder. Wenn nicht, so werden sie den Euphorion erst recht ruinieren, wenn ich dabei bin, um mich matt zu setzen.

Ich denke übrigens gar nicht daran, die schriftstellerische Thätigkeit aufzugeben und finde überall Aufnahme, vielleicht noch eher als bisher. Aber für Gelehrte, blos für sie, schreibe ich nicht mehr, bis die Zeiten anders geworden sind.

Wenn Du einen Bürstenabzug von Sievers' Aufsatz retten und zu den Akten legen kannst, so wäre das recht zu wünschen.

Sollte der Euphorion das Opfer sein, so würde ich das wol beklagen, aber im Interesse Deiner Arbeiten, Grillparzer Biographie etc, doch auch wieder weniger bedauern. Es gehen ja alle unsere Zeitschriften zu Grunde, und es kann gar nicht anders sein.

Es thut mir leid, daß Du in diese Affaire bist mitverwickelt worden, aber ich habe ein reines Gewissen. Und ich werde doch Recht behalten. Ich habe es jetzt schon; es handelt sich nur noch darum, zu verblüffen, recht viel Staub aufzuwirbeln, – aber sie wissen recht gut, wie es steht. So haben sie es immer gemacht.

Habe Geduld und werde nicht irre an
Deinem
Jakobus.

414/1-302; S; [Wien]; undatiert; [Prag]. 208
zu den Gutachten, einzuschalten nach *Böser Weib*.

414/1-285; B; [Wien]; undatiert; [Prag]. 209
Lieber Sauer, heute früh trifft ein Gutachten Munckers ein, vielleicht kann es noch mit in Druck gehen. Es ist ein bischen lang, aber ich glaube diese Enquete wird für die Leser des Euphorion nicht uninteressant sein.
Dein
M.

414/1-214; B; Wien; 16. 1. 1897; [Prag]. 210
Wien 16. 1. 97
Lieber Sauer,
ich habe heute im Volksbildungsverein Grillparzer verkünden müssen, deshalb bin ich Dir so lang Antwort schuldig geblieben.

Besten Dank für Deine bis zuletzt bewährte Freundschaft und Dienstbereitschaft. Aus Deiner Karte glaube ich entnehmen zu dürfen, daß Du mir ohne Groll zustimmst, und mit mir der Meinung bist, daß auch dem Euphorion gedient ist, wenn ich eine Zeit lang zurücktrete. Was ich noch habe, werde ich anonym recensieren; es ist ja nicht viel. Aber <...> muß ich Dich bitten, einem andern zuzusenden. Da ich gegen die <...> Lamberg des ältesten Faustbuches begründete Bedenken habe, würde mich diese Anzeige mit Erich Schmidt und <...> zugleich in Conflict bringen, und was das schlimmste wäre, man würde mir auch den zwingenden Beweis augenblicklich nicht glauben, sondern ihm gehässige Motive unterschieben. Also auch im kommenden Euphorion lieber nicht.

Du wirst übrigens sehen, daß die ganze Sache ihre reinigende Wirkung nicht verfehlen wird und für Dich und den Euphorion keine schlimme Nachwirkung hat. Mir hat niemand die Freundschaft aufgekündigt und niemand sein Blatt entzogen; im Gegentheil habe ich bis in die letzten Tage Bücher zur Recension angeboten erhalten. Auch Sievers, der in seinen letzten Briefen von Cliquenwesen und „gedungener" Entschließung geredet hat, hat, nachdem ich ihm den Standpunkt ebenso höflich als bestimmt klar gemacht habe, in seinem letzten Briefe andere Saiten aufgezogen. Damit mag die Sache ihr Ende erreicht haben.

Was bleibt, ist der Ekel vor der Gemeinheit und Niedertracht, der in unserer dem braven Streberthum verfallenen Wissenschaft herrscht. Das ist wohl keine neue Entdeckung, aber was sich sonst unter der Erde abspielt, ist dieses Mal recht deutlich ans Licht getreten. Diese Dinge werden eine Zeitlang seltener werden, aber nie ganz aufhören. Es besteht ein fundamentaler Gegensatz der Meinungen unter uns. Die einen halten nur das für Wissenschaft, was sich mit sog. philologischen Problemen befasst. Die andern erkennen die philologische Methode nur so weit an, als sie für die Literaturgeschichte Resultate zu erzielen vermag. Was die ersten für Philologie halten, ist es für die andern nicht; und umgekehrt. So lange eine Abhandlung, wie die von Röthe über den Tell, als Muster gilt oder gar der Aufsatz über das M. von Oberkirch in einer internationalen Zeitschrift als höchster Triumph der Goethephilologie ausgespielt wird, wird jeder ordentliche Philolog und Litteraturhistoriker mit ehrlicher Überzeugung nicht mitthun können, denn da lässt sich der thatsächliche Beweis führen, daß Schiller keines dieser Stücke gekannt hat und daß die dreigliedrigen Ausdrücke bei der Gegenprobe auch im Egmont u. sogar im Götz zu finden sind. Bei solchem Gegensatz der Meinungen ist gemeinsames Arbeiten nicht möglich; daher trachten sie, wie Michels <...> deutlich erkennen ließ, dem Euphorion nach dem Leben. Nimmst Du aber alles <...> heraus und nur ihre pseudophilologischen Untersuchungen auf, so verlierst Du jeden weiteren Leserkreis, und die Zs. wird ein Sammelsurium von Citaten, Notizzen, Quellenverzeichnissen – die in der nächsten Nummer von einem andern überboten oder widerlegt werden.

Mein Artikel über Herrmann wird als unwiderlegliche Kritik dieser Methode seine Wirkung, wahrscheinlich freilich erst allmählig, thun. Herrmann versteht eben so wenig von Metrik als der Professor Heusler, der in seiner Anzeige meiner Metrik Schnitzer gemacht hat, die man einem Anfänger nicht zumuthen sollte und die ein schreckliches Licht auf seine Arbeiten über ältere Metrik werfen. Solang die Meinung besteht, daß Scherers Misverstehen der einfachsten Stellen im Faust ein Fortschritt der Methode war, der Irrthum also <...> als die Irrfahrt, läßt sich nicht arbeiten – bis das vorüber ist, arbeite ich wieder mit.

Ich fühle mich ordentlich frei und leicht, seitdem ich nicht mehr jeden Tag an eine andere Arbeit denken muß und Ruhe finde, auch einmal ein Buch langsam zu lesen. Pseudophilologisches werde ich künftig überschlagen, um mich nicht darüber zu ärgern, auch Collins und Jostes im Euphorion nicht lesen. „<...> sind der Vorläufer der <...>" – kann man von einem Esel, der so etwas schreibt, noch einen gesunden Gedanken erwarten? Ich werde, sobald ich mich ausgeruht habe, das XIX. Jahrhdt kräftig anfassen, denke zunächst an Sonnenfels und an Gutzkow, will sehen, ob sich was Größeres freiwillig gestaltet. Für Herrn Erich Schmidt, mit dem ich nie mehr ein Wort wechseln werde, auch wenn er – wozu es auch kommen wird, bei mir so gut wie bei Creizenach – mir auf offener Straße nachläuft, bin ich nicht mehr auf der Welt und für seine Troßbuben, wie ich <...> und <...> am eigenen Leibe empfunden habe, auch nicht mehr. Auf eine kritische Ausgabe des Egmont, steht noch mein <...>, nach gesünderen Grundsätzen, als den in Weimar geübten. Ich werde den Goetheschen Egmont aus den Herderschen, <...>-schen und sektirerischen Entstellungen wieder herausschälen – natürlich mittels der Hs.

Im XX. Jahrhundert ist diese Afterphilologie, die nur noch durch die künstlich conservierte Mumie Scherers und durch ein altes Weib, das sich als Papst spreizt und an sich selbst nicht mehr glaubt, tot; dann werden Deine und meine Arbeiten leben, und dann wird man uns zwar nicht fetiren (das ist gar nicht nothwendig), aber ungestört arbeiten lassen.

Und nun leb wohl, Alter; und laß, was auch noch kommen mag, nicht <...> hinterher einen Groll gegen den <...> aufkommen. Man wird Euphorion IV noch oft citieren! Staub werden sie noch genug aufwirbeln, werden sich nicht gleich verblüffen lassen (das ist ihre Devise!), aber dann werden sie, wie es sich für Hunde geziemt, gekrochen kommen. Nimm sie dann freundlich bei der Pfote, damit sie nicht beißen aber trau ihnen nicht! Erst wenn sie oben sind oder Du unten, ist ihre Freundlichkeit echt.

Dein dankbarer und treuer Freund
Jakobus.

414/1-215; B; Wien; 29. 1. 1897; [Prag]. 211

Wien 29. 1. 97.

Lieber Sauer,
es ist wieder eine Menge zusammen gekommen, ich kann Deine erste Karte erst heute beantworten.

Planck will ich, wenn es Dir Recht ist, anonym recensiren. Meine ursprüngliche Absicht war freilich, Lang und Müller zu widerlegen in Betreff der Andreä. Die beiden beachten nicht, daß Stäudlin mit Bodmer in genauester Correspondenz stand, daß Bodmer also genau unterrichtet war; während Reichert, der dreimal auf ein paar Tage nach Stuttgart kam, keiner wagt von allen Beziehungen das <...> Mädchens erfahren mussste. Jetzt aber lasse ich das lieber bei Seite.

Bogen 1 habe ich direkt an Dich, Bogen 2 auf dem Umweg über München geschickt, wo sich Muncker die Entscheidung, ob sein Name genannt werden darf, oder nur punktirt wird, vorbehalten hat. Verfüge nach seinen Angaben.

Von der einigenden Wirkung dieser Affaire und von dem äußerlichen Umschlag des allgemeinen Urtheils, der, nachdem innerlich die Sache bei jedem für mich entschieden ist, langsam und allmählich zu Tage tritt, kann Dir die beiliegende Karte von Zinneberg einen Beleg geben.

Die Karte von E S bedarf der Erklärung. Wie es zu gehen pflegt, so sind auch hier zwei Fälle à tempo eingetreten. Bei der letzten Correctur der Lesarten zum Ewigen Juden hat sich nemlich ergeben: daß Wahle in dem Text eine Änderung vorgenommen hat, ohne meine Lesarten und also auch ohne meine Absicht zu kennen; ohne mich vorher zu fragen; ohne mich von der vollzogenen Änderung in Kenntnis zu setzen und mir die Aushängebogen zu schicken. Ich erfuhr also erst vor dem Imprimatur der Lesarten, daß meine Lesarten zu dem Text gar nicht stimmten. Eine Eigenmächtigkeit, die sich nur ein Schüler E Schmidts gegen unser einen erlauben darf. Wie Du siehst, habe ich wenigstens eine Revision des Prozesses erwirkt, das ist schon sehr viel. Künftig wird man auch dort vorsichtiger mit andern umgehen. Wo wären wir hingekommen, wenn sich nicht einmal einer diesem Treiben widersetzt hätte!

Auch meine Selbstaufopferung wird dazu beitragen, den besseren Elementen die Augen zu öffnen; und die schlechteren Elemente und die talentlosen fernzuhalten, die in Berlin förmlich gezüchtet worden sind und sich alles heraus nehmen.

Erich Schmidt aber wird es noch tief bereuen, mir mit solchem Hochmuth entgegen getreten zu sein. Mir geschieht freilich nur recht; ich habe mich von ihm immer wieder fangen lassen.

Vergiß nicht auf meine 100 Abzüge!
Mit herzlichen Grüßen
Dein J. Minor.

Bitte, schick mir die beiden Karten zurück! leg sie einfach in <...> hinein.

414/1-216; K; Wien; 1. 3. 1897; Prag. 212

Lieber Sauer, ein solennes, fast von der ganzen Facultät unterzeichnetes Telegramm geht morgen an Kelle ab. Gleichzeitig mit dieser Karte erhältst Du meinen Artikel über Saar; sollte ich Dir die ersten vom vorigen Jahr schon geschickt haben, so bitte ich mir sie zurückzuschicken. Gelegentlich der Recension von B<...> Novalis bin ich auf diese Papiere wieder aufmerksam geworden. Ich habe sie bis auf einige zur Adjustierung nöthiger Kleinigkeiten druckfertig gefunden. Sobald ich wieder Lust und Zeit finde, will ich sehen, ob ich etwas dem Euphorion anonym schreiben kann. Es sind doch recht hübsche Sachen. Treulichst Dein
Jakobus.
Wenn Du mir gelegentlich schreibst, sag mir, wo der Euphorion bleibt?

414/1-219; K; Wien; 3. 12. 1902; Prag. 213

Lieber Sauer, schönen Dank für Deinen Sternberg, den ich in der Zeit besprechen werde. Zufällig habe ich eben erst mit Deinen Mörike-Gedichten zu thun gehabt, die ich sehr reichhaltig und zuverlässig gefunden habe. Wo nimmst Du nur die Zeit her, so große und stattliche Publikationen und so sauber aus dem Ärmel zu schütteln. Nächstens wirst Du einen Grillparzer in 1 Band erhalten, von dem aber nur die Einleitung auf meine Rechnung kommt, den Text habe ich gar nicht gesehen. Wie ich aus Fedurens Katalog ersehe, hast Du ja auch über die Fröhlich wieder geschrieben; selber gesehen habe ich die Aufsätze noch nicht. Von Deinem Stifter haben mir die GGA die Recension übertragen; leider ist Bd I ausständig, der doch längst erschienen sein soll. Vielleicht kannst Du machen, daß mir die Fortsetzung direct zugeschickt wird. Mit den besten Wünschen zu den Feiertagen für Dich u. Deine Frau
Dein alter J. Minor

414/1-220; K; Wien; 5. 3. 1903; Prag. 214

Lieber Sauer, hättest Du nicht Lust, eine Kundgebung der Prager Universität gegen den Zoll auf Bücher anzuregen? in Wien und anderswo thuts der Senat. Auch die Akademie hat einen ähnlichen Beschluß gefasst.

Vor ein paar Tagen habe ich Deinen Band Goetheschriften erhalten. Staunenswerth ist Deine Arbeitskraft; und was für Arbeiten! Darin thut es Dir niemand gleich.

Meine Ischias hat mich in diesem Winter Gott sei Dank nicht mehr heimgesucht. Aber ich muß täglich noch irgend eine <...> starke Bewegung machen, sonst spüre ich es gleich. Viel Zeit geht damit verloren, mehr noch mit Vertrauensgesten und <...>. Alles Gute vom Haus zu Haus.
Dein
J. Minor
5/3 1903

414/1-221; K; Wien; 12. 3. 1903; Prag. 215

Lieber Sauer, hier hat der Senat den Obmann der Bibliothekkommission aufgefordert, ein Referat auszuarbeiten (Hofrath Prof Dr Penckh). Er ist noch nicht mit sich im Reinen, ob er jetzt oder im Herbst (wo die Sache vors Parlament kommt) handeln soll. Am besten wäre es wohl, wenn die Universitäten sich miteinander in Verbindung setzten und, zwar jede für sich, aber in gleicher Weise vorgingen. Nicht für Dich, aber für andere bemerke ich, daß man dabei seinen Kopf nicht verlirt; ich habe zufällig am Tage des <...> bei H. zu thun gehabt u. keine Verstimmung bemerkt. Sie sind selber froh, wenn es nicht durchgeht. Aussicht ist freilich wenig und höchste Gefahr im Verzug.

Ich würde rathen, Dich (via Auftrag) mit Penckh in Beziehung zu setzen und den Standpunkt festzuhalten! – Den Zoll auf Bücher für undiskutabel zu erklären, daher sich

auch auf weiteres nicht einzulassen. Denn sobald es sich um Punktationen handelt, sind sie uns über.
Bald folgt ein Paket Recensionen!
Mit Gruß von Haus zu Haus
Dein J. M.
12. 3. 03.

414/1-222; K; Wien; 5. 10. 1903; Wien. 216

Lieber Sauer, schönen Dank für Deine Zusendung; ich habe die Arbeit schon vor den Ferien mit Bewunderung für die Leistung und den billigen Preis kennengelernt. Bei dieser Gelegenheit will ich Dir nur mittheilen, daß auch andere Wiener Freunde die Köpfe schütteln und sich fragen, ob sie Dir denn was in den Weg gelegt haben, daß Du sie gar nicht mehr aufsuchst. Wickhoff hat sich in diesem Sinn ganz betrübt geäußert.
Mit den besten Grüßen, auch an Deine Frau,
Dein stets getreuer
J. Minor
Wien, 5. 10. 03
Grüsse von Kelle und -r.

414/1-224; B; Wien; 23. 10. 1903; [Prag]. 217

Lieber Sauer, Wien 23. X. 03
beiliegend sende ich Dir das Verzeichnis zurück, das ich bei Deinem letzten Besuche vergessen habe: und lege eine Photographie bei, die mir aber durch die hochmüthige Kopfhaltung (Schraubstock im Hintergrund unsichtbar) nur Ärger bereitet.
Vom Euphorion habe ich mich rein absichtlich zurückgezogen; es hat sich mir nicht gemacht. Um meinen guten Willen zu zeigen, bin ich bereit, das eine oder das andere von den folgenden Sachen kürzer oder länger zu besprechen:
<...>, Hohenzollern
Diederichs, Gespenster
<...>, <...>
Mörike, Briefe! dieses am liebsten
Geiger, <...>
Rödiger, Rudolfo.
Vielleicht kannst Du mir bei Gelegenheit mittheilen, wie viel der Jahresbeitrag der Gesellschaft für Theatergeschichte beträgt und wo man sich eventuell anzumelden hätte.
Diese Woche war eine harte Prüfungswoche, leider hat sich auch gleich bei der ersten Vorlesung Schnupfen eingestellt. Die Frequenz ist wie im vorigen Jahre und die Unterschriften, die man jeden Tagen geben muß, fangen an eine ganz überflüssige Seccatur zu werden. Da man doch weiß, daß der Professor in allen diesen Dingen die Unterschrift nicht verweigern kann, ist es thöricht, immer neue Dinge zu erfinden, die wir zu unterschreiben haben.
Mit den besten Grüßen auch an Deine Frau,
Dein ergebener
J. Minor.

414/1-223; K; Wien; 27. 10. 03; Prag. 218

Lieber Sauer, Du hast mich mit Recensenda überschwemmt. Ich werde es so gut machen, als ich kann; denn Fachmann bin ich nicht in allen diesen Sachen. Auch mußt Du mir Zeit lassen, denn bis Weihnachten habe ich fürs Kolleg zu lesen. Nur das Eine Buch: Geschwind, Frühromantik bitte ich Dich zurückzusenden oder an Arnold weiter geben zu dürfen; ich würde, <u>falls</u> (! ich weiß es nemlich noch nicht, da ich keinen Blick hinein ge-

worfen habe) es mir nicht gefiele, Walzel verletzen, und das nimmt mir von vornherein die Unbefangenheit. Wenn Du also nicht antwortest, gebe ich es an Arnold weiter; im andern Fall bitte ich Dich, es mit Karte zurückzufordern. Mit Gruß von Haus zu Haus
Dein J. Minor
26/X 03

414/1-225; K; Wien; 5. 11. 1903. Prag. 219
Lieber Sauer, für Fischer stehe ich Dir zu Diensten, obwohl ich mir wenig von dem Buch verspreche.

Ich mache Dich aufmerksam, daß Deine Levitzowiana dem Inhalt nach, der mir gleich so bekannt vorkam, nicht neu sind. Vgl. Prem, 2. Auflage im Text, in den Anmerkungen wird das Feuilleton von Groß im Fremdenblatt citirt. In der Einleitung zu der Goetheausgabe von Hesse verspricht Prem eine Darstellung auf Grund neuer Quellen u der 3. Auflage seiner Biographie, die ich nicht bei der Hand habe. Mit Gruß, von Haus zu Haus,
Dein J. Minor
4. XI. 03

414/1-226; B; Wien; 21. 12. 1903; [Prag]. 220
Wien 21. XII. 03
Lieber Sauer,
ich komme mit einer Angelegenheit, die, wie ich glaube, nicht blos persönlich, sondern für unser Fach von allgemeiner Bedeutung ist.

Hartel hat den im vorigen Jahr um 200 fl erhöhten Betrag für den Bibliothekar trotz der steigenden Frequenz wieder um 100 fl herabgesetzt. Kurz vor Weihnachten erhalte ich eben ein 17 1/2 Kilogramm schweres Paket mit ungefähr 30 Büchern zur Begutachtung. Ich sende die Sachen mit dem Ausdruck des Bedauerns zurück daß es mir an Zeit fehle; und setzte Dich und Weilen davon in Kenntnis, damit Ihr vorbereitet seid, wenn man sich an Euch wenden sollte.

Man hat bei uns Lehrkanzeln, Unterstützungen, Ehrenstellen, Auszeichnungen nur für die Herren der älteren Literatur, die ihre Vormittage im Café Central zubringen. Die massenhaften Arbeiten aus neuerer Literatur, wo weit mehr Material und weit mehr Schüler sind, sollen 1 1/3 Personen (denn Weilen gehört nur zu einem Drittel der Universität an) erledigen; dem Ordinarius streicht man 100 fl von der Bibliothekarremuneration, wodurch ihm neue Schwierigkeiten erwachsen, und zum Dank dafür soll er 3 Wochen ganz unbekannte Schriftsteller fünften und sechsten Ranges lesen. Ich glaube, es ist an der Zeit, daß wir das Ministerium praktisch ad absurdum führen und uns nicht als Lesemaschinen ausnützen lassen, sondern durch die Not erkennen lassen, daß mehrere Kräfte nothwendig sind. Eine Ablehnung ist für Dich leichter als für mich, da ich die Staatsstipendien schon mehrere Jahre begutachtet habe, also den Weg zurück nehme.

In betreff des Lit. Vereins melde ich, daß Schönbach kurz vor Hartels Erkrankung in Wien war, in Angelegenheiten der Gesellschaft, wie er sagte. Wahrscheinlich hat Bettelheim dafür gewirkt, um das Gleichgewicht zwischen den Parteien herzustellen. Sei aber nur vorsichtig, daß Du nicht etwa die Arbeit und andere das Verdienst haben.

Mir ist eingefallen, ob nicht meine Schauspielerporträts aus dem alten Burgtheater: Wagner Wolter Sonnenthal Lewinsky etc. einen Band abgeben könnten; die Wolter ist öfter von mir verlangt worden. Bettelheim hat oft von der Sammlung der Sachen geredet; weiß aber nicht, ob es ernst gemeint war.

Alles Gute zu den Feiertagen Dir und Deiner Frau und ein gutes Neujahr. Gott erhalte Dir die rüstige Arbeitskraft und lasse Dich auch an alte Pläne, wie die Grillparzerbiographie, gelegentlich denken. Dies wünscht von Herzen
Dein ergebener
J. Minor

414/1-227; K; Wien; 27. 12. 1903; Prag. 221

Lieber Sauer, noch vor Jahresschluß antworte ich, daß mir Weber, Hamann und Spitzer, Hebbel willkommen sind, wie Du gedacht hast. R M W hat an Heinzel einen Brief geschrieben voll Klagen wegen Überbürdung und gegen Schlenther die Absicht auszusprechen in Pension zu gehen. Es wäre doch zu überlegen, ob wir nicht einmal einen Collektivschritt zu unserem Schutze thun sollten und uns gegen diese Art von Abnützung wehren. Ich gehe mit dem Gedanken um, im Herbst 1904 nach Amerika zu gehen, wo ich um 500 Dollars einen Vortrag halten soll. Deine freundlichen Zuwendungen erwidere ich von Herzen und verbleibe mit den besten Neujahrswünschen von Haus zu Haus Dein getreuer
Fritzi.
27/12 03

414/1-228; K; Wien; 28. 12. 1903; Prag. 222

Lieber Sauer, in aller Eile eine große Frage. Ich soll mich entscheiden, ob ich im Herbst nach St Louis gehe und dort einen 3/4stündigen Vortrag halte. Auch Muncker ist geladen, aber <...> bedenklich geworden. Von uns gehen Philipovich, Escherich, Penck u. a. Man erhält 500 Dollars für die Reise. Ich frage wieder an, ob Du, falls Muncker nicht geht, Lust hättest? Wir beide, das denke ich mir herrlich! Es ist aber nur eine private Anfrage vor der Hand, die ich geheim zu halten hätte. Ebenso würde Deine Antwort vorläufig nur im Prinzip gelten, für Dich nicht bindend sein. Wir hätten vom 16. bis 23. September dort zu sein und einmal vorzutragen. Überleg Dirs u. sag' im Prinzip ja, aber bald!
Dein Fritzi.
27/XII 03

414/1-229; B; [Wien]; undatiert; [Prag]. 223

Lieber Sauer, schönen Dank für Deine lehrreiche Mittheilung; der Brief folgt beiliegend zurück.

Ich melde nach Amerika: allein komme ich nicht, wenn ich aber einen Reisegenossen finde, komme ich. Und ich lasse einfließen, daß Du, wie ich gelegentlich erfahren hätte, bereit wärst zu folgen, wenn eine Einladung an Dich erginge. Auf gleiche Weise ist ja auch die Einladung der übrigen erfolgt: man hat immer erst gefragt, ob der Einzuladende auch Lust hätte.

Ich bitte also um umgehende Antwort: 1) ob Du bei offizieller Einladung gingest. 2) ob Du auch allein, ohne mich, gingest oder (wie ich) von einem Reisegenossen abhängig bist.
Lessings Brief bitte ich aufzuheben und mir, falls wir nicht zusammen wohnen, rückzuschicken vor der Reise.
Mit schönem Gruß von Haus zu Haus
Dein
J. Minor.

414/1-230; K; Wien; 7. 1. 1904; Prag. 224

Lieber Sauer, Muncker hat definitiv abgesagt und ich bin in schwerem Zwiespalt. Unmöglich wäre es mir (was i Cajüte das Gewöhnliche ist) mit einem fremden Menschen 1 Woche lang zusammen zu sein, auch wenn er nicht seekrank ist. Auch hört und liest man über das Clima von Louisiana nicht viel Gutes; im Sommer enorme Hitze, wie Siedhaus, und gelbes Fieber. Schlechte Kost in ganz Amerika, wie Lorenz sagt. Muß mirs überlegen

und in der nächsten Woche zu- oder absagen. Wahrscheinlich werde ich die Bedingung machen: daß ich mit einem Collegen (A S) komme oder nicht. Zu zweien lässt sich die Sache viel freundlicher an; sie hat doch auch viele gute Seiten. Einstweilen mit Gruß
Dein
J. Minor
6. I. 04.

414/1-231; K; Wien; 24. 1. 1904; Prag. 225

Lieber Sauer, zu dem Schillerheft erhältst Du sicher meinen Beitrag. Was, kann ich noch nicht sagen, da ich erst im Herbst dazu komme, meine Schillerpapiere zu lüften.
Nach Amerika habe ich geschrieben: beide – oder ich auch nicht.
Calbers Tod lese ich eben mit schmerzlichem Gesicht in der Zeitung. Überrascht hat er mich nicht; ich habe immer das Gefühl gehabt, daß der Mann nicht alt wird. Vielleicht kannst Du jetzt für Kraus etwas thun, der ein begabter und ein natürlich netter Mensch ist, auch seiner wissenschaftlichen Richtung nach am besten hinpasst. Mit herzlichem Gruß von Haus zu Haus
Dein J. Minor
24. I. 04.

414/1-232; K; Wien; 10. 2. 1904; Prag. 226

Lieber Sauer, ich erwarte täglich Nachricht aus Amerika, bis heute habe ich nur zahllose Offerten und Einladungen erhalten. Ich halte mein Schmiesel mit Deinem eng verbunden. Akute Fragen an Dr Lessing habe ich nicht; schreib mir aber gelegentlich, wie lang er in Prag bleibt oder wo man ihn später erreichen könnte. Vielen Dank für Levetzow! Deine Entgegnung an Kohm, die ich noch nicht gelesen habe, nennt Glossy kritisch und meint, daß sie Unannehmlichkeiten im Gefolge haben würde. Mich hat es gewundert, daß Du überhaupt geantwortet hast. Ich habe die Schrift nur angeschaut, nicht gelesen.
Dein
J. Minor
9/II 04

414/1-233; B; Wien; 20. 2. 1904; [Prag]. 227

Wien 20. II. 04.
Lieber Sauer, ich kann Dir in dieser strapazzenreichen Woche (außer dem Bekannten 16 Clausuren und 8 Hauptfächer) nur mit wenig Worten danken für den Glückwunsch zu dem unverhofften Aufstieg in die Höhe. Ich war wol selber am meisten überrascht; denn nachdem ich eine Zeitlang alle Bürden abgelehnt, hätte ich mich fürchten müssen, um alle Würden zu bekommen. In dieser merkwürdigsten aller Welten ist es aber umgekehrt; und es scheint, wenn man sich kostbar macht, gewinnt man an Wert, wie ja so viele Beispiele lehren.
Ich werde freilich von dem neuen Titel nur in den wenigsten Fällen Gebrauch machen; der schlichte Professorstitel paßt besser zu mir. Die Uniform ist zweifach theuer, aber auch sehr schön; leider ist sie schon wieder auf lange weggeräumt.
Ich habe die Gasse gebrochen, jetzt ist die Reihe an Dir u. so – vir est acquietus!
Mit den besten Grüßen, auch an Deine Frau,
Dein
J. Minor

Dein <...> ist ausgezeichnet! Herzlichen Dank dafür!

414/1-234; K; Wien; 1. 3. 1904; Prag. 228

Lieber Sauer, Speele habe ich schon für die ADA übernommen. Wenn Du aber vielleicht Waiblinger von Frey, Aarau 1904 frei hast, stehe ich zu Diensten. Leider aber muß ich im Mai ausziehen, und das wird einen Ruck in meine ganze Existenz bringen. Von Amerika habe ich nichts mehr gehört und über Wohnungsuchen, Prüfungen, Collegien und Audienzen ganz darauf vergessen. Wollen sehen was kommt und wird. Ich wäre sehr in der Stimmung hinzugehen. Denn Hofratsfreuden habe ich nicht gehabt, sondern im Gegentheil viel Leid erfahren. Mit Gruß auch an Deine Frau,
  Dein
  Fritzi.

Für Speele hast Du wol schon an O F Walzel gedacht?

414/1-235; K; Wien; 6. 3. 1904; Prag. 229

Lieber Sauer, die Nachricht von Deiner Ankunft erspart mir lange und schmerzhafte Briefe. Ich habe Dir sehr Wichtiges mitzutheilen, was mit dem Umzug in Zusammenhang steht. Suche mich also ja recht bald auf.
  Mit Gruß auch an Deine Frau,
  Dein
  J. M
6. III. 04.

414/1-236; K; Wien; 21. 3. 04; Wien. 230

Lieber Sauer, gerne hätte ich Dich gesehen, am besten wird es sein, wenn ich Dich bitte Donnerstag mit meinen Töchtern und mir zu essen. Wir gehen dann gemeinsam in die Sitzung.
  Mit den besten Grüßen
  Dein
  J. Minor

21. III. 04. <u>2 Uhr.</u>

414/1-237; B; Wien; 2. 4. 1904; [Prag]. 231

2. April 1904.

Lieber Sauer,
  Dein freundliches Schreiben lässt mir freilich wenig Hoffnung; denn die Bedenken, die Du nicht mit Unrecht geltend machst, wären ebenso gut vor 2 Monaten in Betracht gekommen. Ich mache aber doch den Versuch sie zu beantworten:
  1) Muncker rechnet die Karte mit dem Schnell-Dampfer, was mindestens 500 Mark Unterschied macht. Zur Reise nach St Louis und zurück reichen 500 Dollar; ob wir eine weitere Vergnügungsreise damit verbinden wollen und wie weit, steht bei uns. Das würden wir drüben noch einrichten können. Nicht zu übersehen ist, daß wir die Zeit über von dem Gelde leben.
  Du hast die Papiere wol nicht genau angesehen: Das Geld wird sofort beim Eintreffen in St Louis ausgezahlt, wo auch die Wohnung frei ist. Die Ausstellung ist kein Privatunternehmen, sondern steht unter der Bürgschaft der U. S. A. Eine andere Abmachung als die offizielle Einladung hat Escherich nicht für nötig gehalten, auch keiner der anderen Herren.
  2. Das Thema ist frei; wähle und telegraphire, daß Du nur über XY vortragen würdest. Übrigens kannst Du ohne Unkosten dem Wortlaut entsprechen: Grillparzer und Beethoven.

3) Um den 20 Oktober muß ich auch zuhause sein, habe Staatsprüfungen (da ich hier alleine Prüfer für Hauptfach bin) und muß wie Du zu lesen beginnen. Das gilt von allen andern Collegen auch: Penck, Philippovich, Bolzmann.
Eine telegraphische Antwort ist von mir nicht verlangt worden; am besten würden wir gemeinsam zusagen.
Die Reise ist heute, wie vor 2 Monaten, ein Risiko, keine Spazierfahrt. Sie kann herrlich und sie kann ungemütlich werden, wie alles außergewöhnliche. Ich bin nicht der Einzige, der dafür ist, und wir sind nicht die Einzigen, die das Risiko auf sich nehmen. Eine Verantwortung lehne ich ab und überlasse es Deiner freien Entscheidung. Nur besonders lege ich Dir nahe Ja zu sagen, als ich begreiflicher Weise jetzt in einer schwierigen Lage bin. Und wenn Du mit Nein antwortest, dann wäre ich Dir freilich auch verbunden, wenn Du mir etwas souflieren könntest, was ich mit Anstand zur Absage benutzen kann.
Sei versichert, daß ich Deine freie Entscheidung nicht behindern will und sage nur Ja, wenn Du noch so viel Lust hast wie früher.
Der Krieg macht natürlich vor der Hand nichts.
Mit schönen Grüßen, auch an Deine Frau
Dein
J Minor
NB Ich werde wol, um mein Wort zu halten, allein gehen – Abends 1 1/4 Uhr Letzte Nachricht, nach Schluß des Blattes

UA 153/30/32-33; B; Prag; [1. 4. 1904]; [Wien] 231S-1

Charfreitag
Lieber Minor! Die offizielle Einladung ist da und ich soll telegraphische Antwort geben. Meine Bedenken sind dreierlei Natur:
1) Pekuniäre. Die 500 Dollars reichen nicht*. Ich müsste also wissen, wie viel man ungefähr daraufzahlen müsste. Muncker meinte 500-1000 M. Das wäre für mich ein zu starker Ausfall. Aber ist überhaupt das Geld von dem Congress sicher? Wer bezahlt es, wie und wann? Darüber finde ich nichts in den Papieren. Kann die Weltausstellung nicht Konkurs machen? Ich habe kein Vermögen zum Zusetzen.*
2. Sachliche. Man verlangt in der Tat von mir einen Vortrag über die Beziehungen der Literaturgeschichte zu den Grenzgebieten, Geschichte, Kunstgeschichte, Musikgeschichte u. s. w. Das ist ein Thema, das mir absolut nicht liegt und mir große Mühe machen würde.
3. Habe ich zwar im Okt. keine Staatsprüfung; ich möchte aber bald nach dem 15. aus vielen Gründen zurück sein. Vorträge, die Geld einbringen, könnte man aber erst im Oktober halten. Punkt 3 collidiert also mit Punkt 1.
Kannst Du mich über diese 3 Punkte beruhigen, so sage ich sofort telegraphisch zu.
Ich danke Dir herzlich für die mir in Wien erwiesene Liebenswürdigkeit und verbleibe mit vielen Grüßen Dein
Ewiger Jude
AS.
Mörikes Briefe Bd. II sende ich dieser Tage. Du lässt die Rezensionen für den Euphorion nicht aus dem Auge.

UA 153/30/32-30-31; B; Prag; 7. 4. 1904; [Wien]. 231S-2

Prag 7/4 04
Smichow 586
Lieber Minor! Ich habe heute telegraphisch zugesagt, weil Münsterberg von mir dies ausdrücklich verlangt hat. Du brauchst wol nicht zu telegraphieren, weil man auf Dich mit Sicherheit rechnet, Dich auch in die Programme bereits aufgenommen hat. Wegen des

Themas habe ich um Aufklärung gebeten, habe gefragt, ob „Grillparzer u. Beethoven" möglich ist, arbeite aber auch, wenn es sein muss, einen andern Vortrag aus.

Ich bringe Dir nun aus Lessings Brief in Erinnerung, dass er uns von der Barbarossa Klasse des Lloyd die Dampfer: Bremen, Fr. Kurfürst, Königin Luise; von der „P."-Klasse der Hamburger Linie: Palatia, Pennsylvania, besonders aber Moltke und Blücher empfahl.

Professor Wolfgang Keller in Jena (Odo's Sohn) empfahl mir, wenn wir von Bremen aus fahren, dass wir uns am Herrn Dr. Wilhelm Hochstetter, Nordd. Lloyd, Bremen, wegen guter Plätze wenden sollen, mit Berufung auf ihn. H. ist übrigens von Haus aus Germanist und wird unsere Namen kennen.

Willst Du das rechtzeitig besorgen, so leg ich es mit Vertrauen in Deine Hände.
Über alles andere halten wir uns gegenseitig auf dem Laufenden.
Sei herzlich gegrüsst von Deinem
alten Lebens u. Reisegefährten
AS.

414/1-238; K; Wien; 8. 4. 1904; Prag. 232

Lieber Sauer, Glückwunsch und Heil! Gott gebe uns Glück und Segen auf die Reise in die Neue Welt! Heute ist auch eine neue Zuschrift von Münsterberg eingetroffen, die zur Orientierung dient. Hast Du sie nicht erhalten, so sende ich sie Dir. Alles Nähere später, so bald ich in Ordnung bin. Einstweilen Gruß dem Reisegefährten in die neue Welt
von Deinem
J. Minor
8/IV 904.

414/1-239; K; Wien; 12. 4. 1904; Prag. 233

Lieber Sauer,
ich zeige Dir an, daß ich in den nächsten Tagen übersiedle, genau bestimmen kann ich den Tag noch nicht. Schicke also, wenn es nicht sein <u>muß</u>, in dieser Zeit nichts an meine Adresse. Ich wohne künftig IV Johann Straußg. 36 II.
Mörikes Briefe II ist nicht eingetroffen.
Mit Gruß, auch an meine Frau, Dein getreuer
J. Minor
12. IV 04.

414/1-240; K; Wien; 3. 5. 1904; Prag. 234

Lieber Sauer, schönen Dank; Jacoby werde ich schreiben, wenn ich zum Lesen komme. Jetzt bin ich mit der Ordnung meiner Bibliothek beschäftigt; ich wünsche nicht, noch einen Umzug zu erleben, der ist nichts für unser einen. Ich mache Dich aufmerksam, daß ich ein bescheidenes Cabinet mit elektrischem Licht für meine Freunde frei habe; Du wirst hoffentlich künftig bei mir absteigen und wirklich ungeniert bei mir sein nach dem <...> gegenteiliger Freiheit. Mit Gruß auch an Deine Frau, Dein
J. Minor
3. 5. 04 IV Johann Straußg. 36

414/1-241; K; Wien; 8. 5. 1904; Prag. 235

Lieber Sauer, eben mit den Umzugsarbeiten fertig geworden, finde ich eine solche Menge ausfernder Geschäfte vor, daß ich eine Angelegenheit, die so viel Vorsicht u. Überlegung kostet, derzeit nicht führen kann. Willst Du sie nicht betreiben? Wir haben Ermäßigung beim Lloyd. Sonst würde ich vorschlagen, daß wir zu Pfingsten gemeinsam Schritte thun.

Fouqué's Sintram besitze ich nicht. Du kannst so oft nach Wien kommen als Du willst, wenn Du mit dem einfachsten vorlieb nimmst.
Einstweilen mit Gruß
Dein J. Minor
8. 5. 04 Wien

414/1-242; K; Wien; 14. 5. 1904; Prag. 236

Lieber Sauer, wenn Hamburg voll ist, wollen wir auf Bremen warten und auch bei der Hamburg-Amerika unsere Adresse lassen, falls dort etwas frei wird. Ich zweifle nicht, daß zur Ausstellung noch andere Dampfer nötig sein werden und außer dem Fahrplan verkehren. Auch unsere Collegen haben noch keine Billets. Den Brief lege ich zu den andren.
Einstweilen
Grüße
J M
14. 5. 904

414/1-243; K; Wien; 22. 5. 1904; Prag. 237

Lieber Sauer, wie steht es mit der Hamburg-Amerika-Linie? ich erwarte sehnlichst Nachrichten. Penck hat auch noch kein Billet, Wiesner, Boltzmann sind schon versehen. Hartel meinte, auch französische Schiffe seien ganz gut; er urtheilt aber wol nach Land <...>, der Scheuer nicht. Schade, daß Du nicht nach Wien kommst; wir hätten die Sache vielleicht in den hiesigen Bureaux der Gesellschaften gemeinsam ins Werk setzen können. Soll ich bei der Hamburg-Amerika-Linie fragen? Hast Du keine Antwort? Ich habe auch von niederländischen Gesellschaften Tarife. Soll ich sie schicken oder kommst Du und wir besprechen sie? Antworte bald Deinem
Ew Juden.

414/1-244; B; Wien; 23. 5. 1904; [Prag]. 238

Wien 23. 5. 04
Lieber Sauer,
Deinen Brief habe ich erst Pfingstsonntag Abends vorgefunden. In den Feiertagen ist nichts zu machen; und ich halte es für das beste, morgen (Dienstag) Früh sogleich zur Hamburg-Amerika-Linie, Filiale in der <...>straße, zu gehen und die Sache fest zu machen. Dort werde ich erfahren, welche Plätze die besten sind und wo wir zusammenkommen in Einer Kammer; wahrscheinlich haben sie auch Modelle. Ich nehme entweder Plätze zu 500 oder 600 Mark, nur im Notfall theurer. Ich gebe Angabe und sage, daß Deine direkt nach Hamburg geht; benachrichtige Dich sofort von dem, was geschehen ist.
Das Rundschreiben Newcombs habe ich nicht erhalten, es kommt wahrscheinlich auf dem Umweg über die Strohgasse später zu mir, antworte entweder in meinem Namen mit, oder schicke es mir.
Schreib mir auch gelegentlich, was Du für Sommerpläne hast. Ich gehe jedenfalls an die Ostsee; wahrscheinlich gleich nach Schluß der Vorlesungen nach Berlin auf ein paar Tage u. dann weiter, nach Rügen oder Kopenhagen. Wäre aber auch nicht abgeneigt, ein paar Wochen vor der Ostsee in einem böhmischen Dorf, wo es still und billig ist, auszuruhen. Vielleicht können wir uns an dem einen oder dem andern Ort treffen und gemeinsam die Vorbereitung für Amerika beginnen. Es wird auch gut sein, wenn wir uns über manches verständigen: ein <u>Bädeker</u> (deutsch soll er neu erscheinen), <u>ein</u> Wörterbuch genügt für uns beide. Wieviel Geld sollen wir uns mit Creditbrief anweisen lassen? Durch welche Bank?

Schipper hat den Termin der Lehramtsprüfungen uns Amerikanern zu Liebe um 3 Wochen hinausgerückt, auf 9. November. Thut desgleichen, damit es keine Hetze wird.
Mit herzlichen Grüßen, auch Deiner Frau,
Dein ergebener
J Minor.

UA 153/30/36-37; B; [Prag]; [undatiert]; [Wien]. **238S**
Lieber Minor!
Vielen Dank für die frankfurter milde Behandlung.
Ich sende Dir heute:

1) Newcombs Brief, den ich dahin beantwortet habe, dass wir beide am 27. Sept. in Washington zu sein die Absicht haben.

2) Eckelmanns (eines Schülers von mir) Brief. Dazu gehören die beiden Prospekte, die ich unter Kreuzband sende. Wie denkst Du über die Zimmerbestellung am Niagara? Dann bitte ich folgende Fragen zu beantworten; die erste noch vor Donnerstag!

1) Ich soll am Donnerstag in der Fakultät einen Antrag stellen wegen Vertretung unserer Fac. Beim Germanistischen Kongress in St. Louis am 16. und 17. Sept. Wenn wir schon an diesen Tagen unsere Wohnung in St. Louis beziehen könnten, so hätten wir vielleicht von diesem 1. Congress mehr als von dem zweiten. Am 17. könnten wir leicht in St. Louis sein. Übernimmst Du die Vertretung für Wien? Ich würde gern ein paar Worte auf diesem Kongreß über unsere litterarischen Vereine (bes. Bibliograph., Wiener Theatergeschichte etc.) sprechen und zum Beitritte auffordern.

2) Nimmst Du Urlaub? Lehramtsprüfungen haben wir erst im Dezember. Aber ich möchte aus vielen andern Gründen nicht zu spät zurückkommen.

3) Kaufst Du dir einen Kabinenkoffer? Es wird wol notwendig sein. Vielleicht am besten erst in Hamburg zu laufen.

In Erwiderung Deines letzten Briefes bemerke ich:

1) Baedeker habe ich mir schon früher bestellt, bekomme den neuen; bestelle also Du Dir ein Wörterbuch.

2) Ich kann durch die Eskomptebank mir das Geld anweisen lassen, wenn Du dieselbe Bank wählst, oder durch die österreich.-ungarische, wenn diese solche Geschäfte besorgt. Da wir 500 Dollars in St. Louis bekommen, die wol für die Rückreise reichen, so empfiehlt es sich vielleicht ebensoviel sich in New-York bei der Ankunft anweisen zu lassen. Sprich doch mit Benedikt oder einem anderen Finanzmann.

3) Was die Ferien betrifft, so bin ich vom 18.-31 Juli in Rumburg bei unserem Lehrerferialkurs. Wo wir dann hingehn, weiss ich noch nicht und überlasse es meiner Frau, die so grosse Toleranz in allem Übrigen bewiesen hat. Vielleicht mit Leitzmanns an die Nordsee, vielleicht an die Ostsee. Es hängt davon ab, wo meine Schwiegereltern sein werden, zu denen meine Frau nach meiner Abreise fährt. Jedenfalls treffen wir uns am 29. oder 30. Aug. in Hamburg. Sobald ich klarer sehe, schreib ich Dir darüber.

Aus Deinen Briefen an Kelle und Krauss ersehe ich, dass Dir neue Verwicklungen drohen. Es tut mir sehr leid, dass ich Dir in diesen schweren Tagen nicht mit Rat und Tat zur Seite stehen kann. Aber das eine möchte ich doch sagen: Denk bei allem doch auch an Dich selbst und gieb das Spiel nicht ganz aus der Hand.

*Es grüßt Dich herzlich
Dein alter Freund
AS.*

414/1-245; B; Wien; 24. 5. 1904; [Prag]. 239

Wien 24. 5. 04

Lieber Sauer, ich habe die Kammern 3 oder 4 zu 500 Mark genommen, die neben dem Staatszimmer liegen, also in bester Lage. Es muß aber in Hamburg angefragt werden, ob sie noch frei sind. Das erfahre ich morgen Mittag. Du hast hoffentlich das Handgeld 100 Mark gleich geschickt. Da ich mein Geld in der Postsparkasse habe und die Kosten der Uebersiedlung meinen Handbeutel jedesmal, wenn ich ihn vollmache wieder leeren, konnte ich die Angabe nicht sofort auch für Dich erlegen.

Es sind nur 2 Plätze in der Kammer, wir sind also allein.

Ich habe auch gefragt, ob uns, wenn wir am 1. September in Hamburg gleich auch für die Rückfahrt zahlen, die übliche Ermäßigung von 10 % gewährt würde. Der Beamte meint „ja". Wir hätten dann 20 %. Wenn alles klappt und ich morgen das Billet für 3 oder 4 erhalte, haben wir, denke ich, nichts verfehlt.

Zu den letzten Ferialnachrichten bemerke ich noch, daß ich nach Weimar geschrieben habe, ob mir die Kollation der Briefe an Schiller, die ich vor Jahren habe abschreiben lassen, gestattet würde. Ich würde in diesem Falle wol im Juli noch nach Weimar gehen und später an die Ostsee kommen.

Ich lese und rezensiere jetzt sehr zerstreut Deine Briefe der Österreicher I und II. Bin sehr müde und elend; die seelischen Leiden wirken nach. Mit Gruß, auch an Deine Frau,
Dein
J. Minor.
Der Dampfer fährt 8 bis 9 Tage.

414/1-246; K; Wien; 26. 5. 1904; Prag. 240

Lieber Sauer, abgemacht, wir haben Cabine Nr 4. Die Karten wollen sie in einigen Tagen schicken.
Grüße
J M.

414/1-247; K; Wien; 13. 6. 1904; Prag. 241

Lieber Sauer, ich antworte umgehend blos auf die dringenden Fragen, nächstens mehr. Von einer Vertretung unserer Facultät in St L ist <u>nicht</u> die Rede gewesen, ich werde auch keinen Antrag stellen. Bei dem germ. Kongreß anwesend sein würde ich sehr gern. Ich nehme für alle Fälle Urlaub bis 9. November, wo ich zurück sein muß. – Es ist doch aber sonderbar, daß wir zu dem germ. Kongreß nicht eingeladen sind, ich habe gar nichts von ihm gewußt. Ich glaube, wir werden noch eine Antwort über unser Vorträge u. Themen abwarten müssen.
Dein
J. Minor.
13. 6. 04.
Die Beiträge schicke ich noch

UA 153/30/34-35; B; Prag; 15. 6. 1904; [Wien] 241S

Prag 15/6 04
Smichonow 586

Lieber Minor!
In allen Zeitungen stand in diesen Wochen die Einladung zum Germanistischen Kongreß und an alle <u>Germanisten der Erde</u> ist sie ausdrücklich gerichtet. An unsere Univ. ist außerdem eine spezielle Einladung gekommen, die unserer Fakultät zum Antrag und mir zur Berichterstattung zugewiesen ist. Ich beantrage, die Univ. solle einen Vertreter entsenden und erkläre mich bereit, diese Vertretung zu übernehmen. An Eure Univ. ist gewiß

eine gleiche Einladung ergangen. Persönlich habe ich bisher auch keine bekommen. Aber, da ich den eigentlichen Einberufer des Kongresses Prof. Learned im vorigen Jahr kennen gelernt habe, so habe ich ihm heute geschrieben.
Das zweite, was ich sogleich erledigen will, ist dieses: Über den 9. oder 10. Oktober kann ich nicht leicht in Amerika bleiben; es war auch bisher nie von einem längeren Aufenthalt die Rede. Solltest Du also länger bleiben, so würden wir die Rückfahrt jeder alleine zu machen haben und ich teile Dir das jetzt schon mit, damit Du mir das später nicht als eine Art Freundschaftsbruch auslegst. Nur in dem einen Fall könnte ich mich zu einer Verlängerung des Aufenthaltes vielleicht entschließen, wenn ich zu gut bezahlten Vorträgen aufgefordert würde. Sonst reicht ohnehin mein Geld zu einem längeren Aufenthalt nicht.
Mit herzlichen Grüßen
Dein
aufrichtig erg.
AS.

414/1-248; Bi; Wien; undatiert; [Prag]. 242
Lieber Sauer, ich schreibe an Newcomb im eigenen Namen, recommandirt. Diesen beiliegenden Brief bitte ich Dich fortzusetzen und an
Mr Albion W. Small
University of Chicago
zu senden. Er hat mich zuerst eingeladen. Schreib, daß die Antwort an Etienne von mir für beide gilt.
J Minor.

UA 153/30/20; Bi; [Prag]; undatiert; [Wien]. 242S
Münsterberg hat mir auf meine Frage wegen genauerer Präcisierung des Themas keine Antwort gegeben. Ich bin deswegen in einer gelinden Verzweiflung. Hast Du Dich wegen des Themas schon entschieden und wie?

414/1-249; B; Wien; 19. 6. 1904; [Prag]. 243
19. 6. 04
Lieber Sauer, amerikanischer Depeschenstil.
Am <...> nicht bestellen, das thut noch Zeit sein, wenn der Reiseplan will sein fertig. Sonst nur Verwirrung bei nicht rechtzeitigem Eintreffen.
Ich nehme Urlaub bis 9. November für alle Fälle. Reise aber mit Dir zurück.
Kabinen Koffer muß haben: 33 Centimeter Höhe – nicht mehr! Länge 80 c. u etwas mehr, Breite 50 c u. mehr. Sonst kein Unterschied von anderem Koffer. In jeder Stadt erhältlich.
Wörterbuch bringe ich mit, ein kleines handliches. Aber auch Bädeker, da ich mich doch auch während der Ferien vorbereiten muß.
Geld: 500 Dollars scheint mir zu viel. Wir bezahlen ja die Fahrt in Mark in Hamburg. Ich denke tausend Kronen ist genug. Habe Benedikt nicht getroffen, werde mit ihm redet. Wird wol Creditanstalt empfehlen. Ich schreibe später noch einmal darüber.
Ich gehe nach Schluß der Vorlesungen nach Weimar, von da nach Berlin und dann an die Ostsee. Es wäre aber doch gut, wenn wir in Hamburg länger zusammen kämen, um den Reiseplan festzustellen. Überhaupt wird es nicht leicht sein, die vielen gemeinsamen Angelegenheiten mittels Korrespondenz ins Reine zu bringen.
In betreff des Vortrages scheint es doch nothwendig einen entscheidenden Schritt zu thun. Am besten, wenn wir beide gemeinsam in <u>rekommandirtem</u> Schreiben anfragen, ob unsere Vorschläge zur Kenntnis genommen und auf die Liste gesetzt seien. Ich habe die

Wahl zwischen Goethes Ewigem Juden und dem Schluß des Faust gelassen. Vielleicht bist Du so gut und schreibst in unser beider Namen noch einmal; oder Du schreibst in Deinem Namen und sendest mir den Brief, den ich in eigenem Namen fortsetze. Motivierung: wir müssen vor der Abreise in die Ferialorte wissen, was wir zur Vorbereitung mitzunehmen hätten. Du kannst ja ein Wort einfließen lassen, daß wir die weite und theure Reise doch nichts ins Ungewisse machen könnten. Wenn nur nicht unsere deutschen Kollegen <...> werden und uns diskreditiren, weil sie selber nicht hinüberkommen. Was ich durchmache, ist nicht zu beschreiben. Gestern hatte ich ein <...> von <...> zu redigieren, worin u. a. nachzuweisen war, daß meine Einkünfte von Schriftstellerei nicht 4000 Kronen jährlich ausmachen, wie sie <...> ausgesagt hat. Mir blieben, wenn ich jetzt in Pension gehen müsste, nach ihrer Forderung 800 Kronen jährlich, von 5980 Kronen hätte ich 7200 Kronen Alimente und die Steuer von 800 Kronen zu zahlen. Sie setzt mir kaltblütig das Messer an die Kehle. Die bringt mich ins Grab, so oder so!
Dein Freund
J Minor.
E Jude ist ausgedruckt.

414/1-250; K; Wien; 26. 6. 1904; Prag. 244

Lieber Sauer, Benedikt meint, wir sollten nur Creditbriefe durch die Credit-Anstalt anweisen lassen, ich hier, Du bei der Filiale in Prag. Er meint: auf 500 Dollars, damit wir nicht in Verlegenheit geraten; und da es doch alles eines ist, denn was wir nicht brauchen, erhalten wir zurück.
Wie steht es mit dem Paß? Brauchen wir einen? Auf dem Schiff jedenfalls nicht.
Ich gehe Montag Abends über die Woch in die Prein zu Benedikt. Hab' es nötig! recht sehr.
E J steht im Satz, habe selber keine Aushängebogen. Alles fertig.
Il dilei menitisorior Giacomo.

414/1-251; W; 29. 6. 1904; Prag. 245

Lieber Sauer, das Billet ist nun in meinen Händen; soll ich Dir Deines zuschicken oder, was mir einfacher scheint, es mitbringen?
Eine Einladung nach X (ich weiß nicht wo?) habe ich nicht erhalten. Hast Du auch in meinem Namen geantwortet? Sonst schreibe mir die Adresse mit, damit ich schreibe. An Münsterberg habe ich heute geschrieben und ihm unsere Ankunft und das Schiff definitiv angezeigt.
Mit Deinem Brief an <...> bin ich sehr unzufrieden. Trotzdem aber Dein armer Hans
J Minor
29. 6. 04.

414/1-252; K; Wien; 3. 7. 1904; Prag. 246

Lieber Sauer, ich glaube mit einem Creditbrief können wir in allen größeren Städten beheben, so viel wir brauchen. Kann es aber noch nicht sagen. Vor Rigorosen und Collegien komme ich nicht dazu, die Geldsache zu ordnen. Es hat ja auch noch Zeit. Ich werde mein Augustgehalt und die Augustinteressen meines Vermögens anweisen lassen.
Nachtvoll hat uns für 30 August 7 Uhr zu Gast gebeten in Hamburg. Nach Columbia können wir natürlich nur <u>bedingt</u> zusagen, für den Fall als es in unsere Tour passt. Mit Gruß
Dein
J Minor
2. 7. 04. Sollten wir nicht nach Columbia gemeinsam antworten?

414/1-291; B; Wien; 7. 7. 1904; [Prag].   247

Wien 7. 7. 04

Lieber Sauer, sei so gut und schreib nach Columbia, bedingt: wenn es in unsern Reiseplan passt! Inzwischen ist auch eine Einladung der alten deutschen Studenten in Amerika für 8. Okt New York eingetroffen, die ich, ebenso bedingt, in unser beider Namen beantworte.

Wohnung in New York habe ich nicht bestellen lassen, da ja das Schiff nicht zu sicherem Termin eintrifft und wir eventuell für 2 – 3 Tage mehr zahlen könnten. Unser Reiseplan ist doch noch nicht so sicher, daß wir auf den Tag Bestellungen machen könnten. Überhaupt glaube ich, daß das System der Vorherbestellungen für unsere Verhältnisse zu hoch ist. In einer großen Stadt finden wir beide wol ein gemeinsames Zimmer beim Eintreffen.

In Hamburg habe ich mir von Wackernell ein Hotel empfehlen lassen, aber noch keine Antwort.

Geld: ich habe mich mit der Creditanstalt in Verbindung gesetzt und verlangt, daß mir ein Conto eröffnet wird. Hier lasse ich alles einlegen, was während meiner Reise eingeht an Gehalt etc. Sie erteilen mir einen Creditbrief auf New York, Chicago, St. Louis und Boston, von dort werden uns die weiteren Adressen, wohin wir wollen, zur Verfügung gestellt. Die auswärtigen Provisionen und Spesen werden bei der Behebung direkt in Abzug gebracht. Als Gegenwert sind 2500 Kronen bei der Creditanstalt einzuzahlen.

So macht es auch Wiesner.

Für uns ist es nun wichtig, daß wir an dieselben Häuser empfohlen werden und bei denselben Firmen beheben können. Es wäre also gut, wenn Du bei der Einzahlung sagtest, daß man die Sache nach Wien weisen und gemeinschaftlich mit der meinigen ordnen könnte. So werde ich es auch hier machen, wenn Du mir umgehend schreibst, daß Du bis längstens 1. August die Summe bei der Filiale erlegst.

Ich füge hinzu, daß ich mein Augustgehalt und meine Augustinteressen nötig habe, um die Summe voll zu bekommen, daß ich also erst am 1. oder 2. August alles eingezahlt haben werde.

Sollte es übrigens nicht genügen, nur das Geld nach New York mittelst Chek anweisen zu lassen, da baares Geld nicht gefährlicher ist als ein kleiner Creditbrief und die Sache so viel billiger kommt?

Bitte um umgehende Antwort!
Der Ewige Jude wird bald kommen, aber nur Geduld!
Dein armer
J. Minor

414/1-253; B; Wien; 10. 7. 1904; [Prag].   248

10. 7. 04

Lieber Sauer,
den Studenten habe ich geschrieben, auch in Deinem Namen.

Es wird nöthig sein, daß Du die volle Summe schon im August erlegst. Denn wie soll man Dir eine Anweisung auf 500 Dollar in Händen mit hinüber geben, wenn Du nur 2000 Kronen einzahlst?

Wegen des Thema solltest Du nicht so energisch <...> den Sack vor die Thür werfen. Ich bin bereit, über den gegenwärtigen Stand der Dinge und die Probleme in unserer Wissenschaft zu reden. Bitte das Münsterberg zu schreiben. Selber kann ich ihm nicht schreiben, da er mir auf meine Anfrage gar nicht geantwortet hat. Ich bringe also zwei Vorträge mit: Über die Hauptprobleme und über den Ewigen Juden. Auf den letzteren kann ich eventuell <...>.

Du könntest den Herren in nicht schrofferer Form wol mitteilen, daß Sie uns über ihre Wünsche in Betreff der Vorträge und über die Natur des Kongresses besser und tiefer hätten unterrichten können.

Von der beiliegenden Karte halte ich gar nichts. Daß Schiller über Staatsrecht und Politik und gar noch 1799 geschrieben hat, ist mir unbekannt. Nachgehen kann man ja der Sache, herauskommen wird wieder nichts.
Ich gehe, wahrscheinlich Montag, nach Weimar, von da nach Oberriederstadt, Provinz Sachsen, zu Kammerherrn Anton Freih. von Hardenberg in Sachen Novalis! Vale <...>!
J. Minor
Solltest Du Münsterberg nicht schreiben, so müßte ich es thun. Bitte um Antwort!

414/1-254; K; Warnemünde; 2. 8. 1904; Ostseebad Zinnowitz. 249

Lieber Sauer, meine Adresse ist im August:
Warnemünde, Hotel Stavilla.
Gib mir Nachricht, daß diese Karte Dich erreicht hat und wo Du Dich aufhältst. Mit herzlichem Gruß
Dein
J. Minor.
2. Aug. 04.

414/1-255; K; Warnemünde; 5. 8. 1904; Ostseebad Zinnowitz. 250

Lieber Sauer, ich habe diese Woche schon einmal nach Rumburg geschrieben; da ich aber keine Antwort erhalten habe, lasse ich diese Karte nach Prag folgen. Inzwischen wirst Du die Offerte von Cook erhalten haben, der sich anbietet, uns in der sog. Professorentour um 146 Dollars sammt Gepäck, Verpflegung während der Reise, Fahrkosten erster Klasse und Hotels ersten Ranges nach Niagara, St. Louis, Washington, Boston etc. zu bringen bis zurück nach New York. Keine Frage, daß wir das annehmen müssen. So sind wir mit einem Mal sicher gestellt und aller Sorgen für <...> etc. los. Anmeldung vor dem 1. September. Bitte umgehend um Antwort.
Dein J Minor, Warnemünde, Hotel Stavilla

414/1-256; K; Warnemünde; 6. 8. 1904; Ostseebad Zinnowitz. 251

Lieber Sauer, ich habe gestern schon nach Prag geschrieben, daß wir die Offerte Cook unter allen Umständen annehmen müssen, nemlich die Professorentour zu 148 Dollar. Setze Dich, bitte, in unser beider Namen sogleich mit dem Berliner Bureau in Verbindung und frage, ob es genügt, wenn wir die $ 148 sogleich nach unserer Ankunft in New York baar erlegen, da wir deutsches Geld hier sehr viel nötig haben: Für Trinkgelder auf der Fahrt und eventuell für die Rückfahrt (10 % Nachlaß, wenn im Voraus bezahlt). Bädeker schreibt mir, daß „Amerika" am nächsten Donnerstag „voraussichtlich" erscheinen wird, verweist bis dahin auf die englische Ausgabe, die schon erschienen ist. Sollen wir nicht je eine kaufen, einer deutsch, der andere englisch? Ich wohne in Hamburg bei Frau Pospischill u. ihrem Mann. Dein
J. Minor.

414/1-257; B; Warnemünde; 11. 8. 1904; [Ostseebad Zinnowitz]. 252

Warnemünde
11. August 04.
Lieber Sauer, ich erwarte, daß Du mich von Cooks Antwort in Kenntnis setzest. Es wäre zu überlegen, ob wir nicht die 148 $ gleich in Wien durch die Creditanstalt erlegen sollten, wobei wir Provision und Spesen einsparen. Jedenfalls aber lasse ich die Angabe von $ 25 durch die Creditanstalt auszahlen.

Sollten wir nicht in Hamburg ein Rückfahrtsbillet nehmen, das 10 % Nachlaß hat? und die Preise in Amerika sind auch höher. Ich fürchte, daß ein run auf die Schiffe sein wird zu Anfang Oktober und daß wir dann am Ende drüben festgelegt sind. Anderseits kommt freilich in Betracht, daß für die Rückreise nicht mehr die Sommerpreise gelten. Es wäre doch gut, wenn wir so viel deutsches Geld in Hamburg hätten, um die Rückreise baar bezahlen zu können. Ich würde mir dann nur $ 400 nach Amerika anweisen lassen.

Beachte, daß das Gepäck (großes) ein paar Tage vor Abgang des Schiffes im Hafen sein muß. Ich habe keine großen Koffer, meinen Kabinenkoffer (den ich in New York bei meinem Neffen lassen werde) u eine große Handtasche. Cook empfiehlt nur ein Stück Handgepäck, da er dafür nicht sorgt.

Könntest Du nicht das Buch von Münsterberg über die Amerikaner aus der Prager Bibliothek durch einen Collegen beziehen? In Wien war es überall ausgeliehen.

Wie halten wir es mit Bädeker? jedenfalls nicht zwei deutsche, eher 1 deutsch + 1 amerikanisch.

Hat Dir Cotta den Ewigen Juden geschickt? ich habe ihn vor meiner Abreise gebeten ein Exemplar binden zu lassen und Dir zu schicken. Vielleicht liegt es in Prag.

Ich möchte gerne über die Briefe an Schiller, die ich in Weimar kollationirt habe und die ich zum Jubiläum herausgeben will, vor der Reise im Gewissen sein. Zahlt der Euphorion ein gutes Honorar für die Schillernummer? Es sind aber ziemlich viele Briefe, nach sehr ungefährer Schätzung 5 – 6 Bogen. Und mit so kleinen Augenpulverlettern, die ich schwer lese und noch schwerer korrigiere, möchte ich die Briefe nicht gedruckt sehen. Es sind Ergänzungen zu Urlichs; so ziemlich das Letzte, was aus dem Schiller-Archiv zu Tage treten wird.

Schreib mir genau, wann Du nach Hamburg kommst? Wir können uns die Stadt doch gemeinsam ansehen u. auch Gänge zum Schiffsbureau etc. gemeinsam machen. Ich möchte vorher auch Lübeck sehen; könnten wir uns nicht etwa dort treffen, wenn Du mit Deinen kontinentalen <...> nicht so zurückhaltend wärest, hätten wir auch in Hamburg zusammen sein können. Ohne triftigen Grund konnte ich die sehr herzliche Einladung nicht ablehnen.

Aus Columbia ist wieder ein Brief gekommen. Ich habe keine Ahnung, ob sich das mit unserer Tour vereinigen läßt und erspare mir vor der Hand die Antwort.

Mit herzlichem Gruß
Dein J Minor.

Wir müssen auch noch einmal <...> nach Amerika schreiben, daß wir mit der Hamburg am 1. 9. abreisen, damit man uns einholt und an unserem badge erkennt.
Bild der Hamburg sammt Kapitän hat mir Fr. Pospischill schon geschickt.
Eben trifft Dein Brief ein. Ich sende sogleich, da ich zu viel österr. Geld und zu wenig deutsches habe, 125 Kronen = 25 $ nach Wien, thue desgleichen.
Sollen wir uns nicht in Betreff der Rückfahrt an Cook halten? Bitte um Antwort!

414/1-258; B; Warnemünde; 13. 8. 1904; [Ostseebad Zinnowitz]. 253

Warnemünde
13. Aug. 04.

Lieber Sauer,
ich halte es für angezeigt, Dir Dein Billet zu schicken wegen der rigorosen Vorschriften für das Eintreffen und das Reisegepäck. Ich habe daraus erfahren, daß das Freigepäck keineswegs so groß ist als beim Lloyd (100 Kilos), sondern daß es nur 1/2 Cubikmeter ausmacht, und da ich also für meinen großen Koffer 50 m zahlen muß. Wie steht es mit Deinem Gepäck? Wäre nicht zu erwägen, ob wir unsere Parade- und Winter-Kleider gemeinsam in einem Koffer unterbringen können? Der meinige hat 3 Fächer und wäre vielleicht groß genug.

An Cook habe ich gestern noch 120 Kronen geschickt. Ich bin ordentlich froh, daß wir das Reiseplanmachen damit los sind und uns um Billete etc nicht mehr zu kümmern brauchen. Ich habe jetzt schon genug von dem ewigen Reisedispositioniren u. sw. Wir wären allein da drüben recht schlecht fortgekommen. Wenn sich nur eine größere Gesellschaft zusammenfindet, damit wir umso besser bedient werden.

Meinst Du, daß ich in New York, wo wir uns selbst verpflegen müssen, meinem Neffen schreiben soll, der im Hotelfach Erfahrung hat? oder wollen wir uns dem Comité anvertrauen, das für uns sorgen wird? Ist es nicht an der Zeit, nach Amerika zu melden, mit welchem Schiff wir kommen und daß wir Cooks Offerte angenommen haben? Wenn Du dieser Meinung bist, so schreib in unser beider Namen an Münsterberg, der vom 8. bis 14. Sept in New York, Manhattan Hotel, Forty-second Street anwesend ist.

Wenn uns nur der Bädeker nicht wieder im Stich läßt! wir sollten doch schon etwas vorbereitet haben und ich weiß so gut wie gar nichts über die Reisevorbereitungen. Frage bei ihm in Leipzig an, ob er schon erschienen ist und was die deutsche und was die englische Ausgabe kostet. Ich habe schon einmal gefragt. 2mal antwortet man mir nicht.

Hoffentlich legt sich der widerwärtige Wind endlich, der mir unerträglich ist!
Mit schönem Gruß
Dein
J. Minor

414/1-259; K; Warnemünde; 15. 8. 1904; Ostseebad Zinnowitz. 254

Lieber Sauer, Hapag sagt: „Auf den Antrag der Rückfahrt tritt eine Ermäßigung von 10 % ein, sofern der Gesamtbetrag für Hin- und Rückfahrt vor der Abreise bezahlt worden ist." Zahlung in New York ist also ausgeschlossen. Ebenso ist es fraglich, ob uns außerdem noch die 10 % gewährt werden. Endlich müsste doch das Schiff und die Kammer fest bestimmt sein; sonst ist der Nachlaß <...> Chimäre. Ich habe mir für alle Fälle einen Kreditbrief von $ 400 nach Amerika, u. von M. 800 nach Hamburg u. Bremen ausstellen lassen, den ich erwarte. Du kannst, auch wenn Du den Kreditbrief schon hast, ihn jederzeit ebenso umschreiben lassen. Das Billet wirst Du erhalten haben. An Münsterberg schreibe ich; an Cook auch weg Deiner Antwort. Gruß!
Minor

414/1-260; K; Warnemünde; 17. 8. 1904; Ostseebad Zinnowitz. 255

Lieber Sauer, mit dem Koffer ist es in Ordnung, meiner hat 85 x 57 x 65, also keinen halben Kubikmeter.

Ich kann an meinen Neffen nur schreiben, daß wir mit dem Dampfer H. eintreffen. Zimmer bestellen lasse ich nicht, weil wir sonst eventuell mehrere Tage zahlen müssen. Wenn ich ihm schreibe, dann bin ich mehr oder weniger gebunden, falls wir Gesellschaft von Fachkollegen finden. Ich denke wir gehen in das Manhattan-Hotel, wo Münsterberg wohnt.

Hättest Du nicht Lust. Lübeck zu sehen? Ich will mich auch den 29. über dort aufhalten. Jedenfalls hole ich Dich am 30. zwischen 9–10 in Waterloo ab. Wohne Parkallee 31.
Sind wir für 30. Abends bei Wohlvoll geladen?
Gruß!
Dein J Minor.

414/1-261; K; Warnemünde; 21. 8. 1904; Ostseebad Zinnowitz. 256

Lieber Sauer, Frau Pospischill, die mit ihrem Mann am 30. bei Wohlvoll mit uns geladen ist, hat für 31. eine kleine Gesellschaft geladen, zu der sie Dich auch einladen möchte. Sie wird Dir es am 30. mündlich sagen; ich schreibe es für alle Fälle im Voraus. Sie ist eine sehr nette Frau und lebt in einer geordneten und geachteten Häuslichkeit.

Es bleibt also dabei, daß ich Dich am 30. zwischen 9 und 10, vielleicht auch früher, im Hotel Waterloo abhole. Es ist nicht ausgeschlossen, daß ich mit demselben Zuge ein-

treffe. Ich reise 29. früh hier fort, halte mich ein paar Stunden in Lübeck auf und fahre entweder 3.25 oder 7.32 von Lübeck weiter.
Mit Gruß Dein J. Minor
21/8 04.

414/1-262; K; Wien; 5. 2. 1905; Prag. 257
Lieber Sauer, ich laborire so sehr unter Rückständen und Arbeitsüberlastung, daß ich in nächster Zeit wol kaum an die Briefe komme. Wenn es also nicht länger Zeit hat, so dürfte von mir kaum etwas zu erwarten sein.[1)]
Einen Studenten werde ich in der nächsten Seminarstunde erfragen und Dir zuweisen.
Mit den besten Grüßen
Dein J Minor.
Wien 5/2 05.

[1)] Anders läge der Fall, wenn Du den Text im Schillerheft und die (nicht sehr zahlreichen) Anmerkungen im folgenden bringen könntest. Der Text ist fertig u. könnte gedruckt werden.

414/1-263; B; Wien; 8. 2. 1905; [Prag]. 258
8 II 05
Lieber Sauer,
Herr von Payer bringt Dir die Schillerbriefe, die zwar keine Überraschungen enthalten, aber immer noch das Neueste enthalten, was bisher zum Jubiläum ans Licht getreten ist. Das Bedeutende in der Schillerliteratur ist nicht neu und das Neue nicht bedeutend; damit mußt Du rechnen. Heute hat mir Koch geschrieben und ich lasse die Antwort ausstehen, bis Du Dich entschieden hast. Ich bitte Dich die Briefe Herren von Payer wieder mit zu geben, wenn sie Dir nicht passen. Die Manuskripte würde ich im Laufe des Sommers von dem Seminar machen lassen; sie würden möglichst knapp gefaßt werden, aber auf die Einsendungen Rücksicht nehmen müssen, die für den Musenalmanach und die Horen gemacht wurden. Wenn die Briefe auch von Seiten der Adressanten mit wenigen Ausnahmen (zb. den ersten) unbedeutend sind, für Schiller selber, nicht blos als Redakteur des Musenalmanachs, sondern auch für sein Ansehen als Schriftsteller, sind sie als Chorus nicht ohne Bedeutung. Zum Jubiläum sind sie jedenfalls eine Posaune.
Der Umfang darf Dich nicht erschrecken. Es steht meistens nicht viel auf einer Seite.
Beiliegend auch die Rezensionen von Stahr und Rudolphi.
Mit Gruß
J. Minor.

Titel:
<u>Briefe an Schiller</u>
Herausgegeben von J. Minor.

Für den Setzer wäre zu bemerken, daß Bleistiftnotizen <u>unter</u> dem Brief unbeachtet bleiben.
Mit <u>Bleistift</u> unterstrichene Worte oder Silben werden nicht gesperrt! (mein Zeichen für sic!)

Für den <u>Leser</u> bedürfen die Briefe keines Kommentars.

Für den <u>Gelehrten</u> kann man den Kommentar im nächsten Hefte Euphorion versprechen. Vielleicht hätte der Verleger Lust, die Briefe mit Separattitel zum Jubiläum auch vollständig erscheinen zu lassen. Wir würden immer einige Käufer finden und Pulver zu Jubiläumsartikeln liefern.

414/1-264; K; Wien; 13. 2. 1905; Prag. 259

Lieber Sauer, mit den Nummern und Titeln bin ich ganz einverstanden, nur bitte ich die Vornamen wegzulassen, weil das nicht konsequent durchzuführen wäre. Die Einleitung schreibe ich zu den Anmerkungen. Bitte aber zu sagen: Briefe an Schiller, Aus (!) dem Schiller-Archiv mitgeteilt von J. Minor. Die Anmerkungen liefere ich vor den großen Ferien, früher unmöglich! es wäre kein Unglück, wenn sie im folgenden Band erschienen; ist aber wol ohnedies noch Zeit.
Mit Gruß
Dein ergebener
J. Minor.
12 II 05 Wien.

414/1-265; K; Wien; 8. 3. 1905; Prag. 260

Lieber Sauer, könntest Du mir sagen, wann ich von den Schillerbriefen Korrektur zu machen habe und wann das Heft erscheint? Ich möchte daraus beurteilen, ob ich die Anmerkungen im Lauf des Sommers mit dem Seminar machen kann oder nicht? Hältst Du die Schiller-Säkularausgabe? Sonst steht Dir mein Wallenstein zu Gebote, der mir viel Arbeit gemacht hat. Mit vielen Grüßen
Dein ergebener
J. Minor.
7 III 05

414/1-266; K; Wien; 12. 3. 1905; Prag. 261

Lieber Sauer, Fröberg-Sonette willkommen, da ich im Sommer Metrik lese. Wallenstein wird kommen. In Eile, mit Gruß
Dein
J. Minor
11 III 05

414/1-267; K; Wien; 18. 3. 1905; Prag. 262

Lieber Sauer, Collchen kenne ich nicht. Ich würde in <...> u. ihre Freunde, in den Briefen an <...> Freund und Heines <...> u. <...> nachlesen; selber kann ich das nicht, mitten unter Collegwirren u. Arbeiten des Semesterschlusses, verspreche auch wenig Erfolg, da in älteren Publikationen solche Personalia nicht mit abgedruckt werden (s. auch Cotta-Briefwechsel: Lotte in Weimar). Die Fahnen werde ich gerne ansehen u. konstatieren, ob gedruckt oder ungedruckt. Auch werde ich, was mir aus dem Gedächtnis auffällt, anmerken, den Dingen mit Nachschlagen, Blättern usw. nachgehen, kann ich freilich nicht. Ich habe den Kopf und den Tisch voll von Arbeiten. Hast Du etwas für eine Schiller-Ausstellung?
Mit Gruß Dein
J Minor.
18 III 05.

414/1-268; K; Wien; 22. 4. 1905; Prag. 263

Lieber Sauer, ich sende heute gleichzeitig beide Korrekturen; behalte aber das Ms. zurück, weil ich die Bleistiftnoten für die Anmerkungen brauche. Wenn ich zu Beginn des Sommersemesters nicht schon meine SAe haben kann, würde ich Dich bitten, die Fahnen ein paar Mal mit der Bürste abprüfen zu lassen, damit ich die Briefe an die Studenten verteilen kann. Eine Karte an Rosenbaum hast Du die Güte weiter zu befördern, mir fehlt die Adresse. Wallenstein hast Du wol erhalten? nur wenn es nicht der Fall ist, bitte um

Antwort; ich weiß aus meiner Erfahrung, daß man nicht gleich dazu kommt, die Sachen anzusehen. Alles Gute zu Ostern! Dein
J. Minor

414/1-269; K; Wien; 16. 5. 1905; Prag. 264
Lieber Sauer, von den mit Anmerkungen begleiteten Korrekturfahnen fehlen 104-121. 127. 136. 138. 142.
Die Sache hat nichts zu bedeuten, falls Du diese Fahnen nicht abgeschickt oder verlegt hast.
Daß Cotta den Wallenstein Dir in meinem Auftrag geschickt hat, habe ich schon geschrieben.
Ich beginne am Semesterbeginn todmüde durch Trauerfeste und eigene und Schillersche Jubiläen. Dein J M.
16 V 05

414/1-270; K; Wien; 4. 6. 1905; Prag. 265
Lieber Sauer, herzlichen Dank für Deine Glückwünsche. Ich sehne mich nach Ruhe, muß aber zu Pfingsten nach Weimar. Heute ist die Terne: 1) Seemüller, 2) Kraus 3) Zwierzina – ohne Debatte (ein fast unerhörter Fall) durchgegangen; hoffentlich kommt 1). Gehen wir nicht wieder nach Amerika? Ich bin dabei.
Mit Gruß
Dein J. Minor
4. VI. 05

414/1-271; K; Payerbach; 13. 6. 05; Prag. 266
Lieber Sauer, Gruß aus Prein, wo ich bei Benedikt kalte und regnerische Pfingstfeiertage verbringe, um morgen nachts, mit einem bösen Katarrh, nach Weimar zu reisen. Leider hat mir Fraue die SAe der Briefe immer noch nicht geschickt. Vielleicht kannst Du durchsetzen, daß ich sie nächste Woche nach der Heimkehr vorfinde. Die letzten Fahnen konnte ich wegen der Prüfungen – 16 mit 32 Klausuren – nicht durchsehen. Gruß!
Dein
J. Minor
Prein 12 VI 05

414/1-272; K; Oetz; 7. 8. 1905; Mondsee. 267
Lieber Sauer, die Hälfte der Briefe haben meine Seminaristen im Sommer sehr gut kommentiert und Behörden und Ämter in Deutschland unerhört belästigt, woraus sehr viel Neues in Bezug auf Leute 5ten Ranges sich ergeben hat. Achtzig Hunde leisten hier mehr als zwei. Bis Weihnachten wird die 2te Hälfte fertig sein u. ich werde in den Weihnachtsferien die Sache zusammendrängen u. knapp redigieren. Wie viel es gibt, kann ich freilich nicht sagen, weil noch zu viel aussteht. Es macht ja nichts, wenn das Heft später erscheint. Ich arbeite hier 3 Stunden täglich am Novalis. Grüße Dein junges Mädchen Fladde Sauer, u. Fr Prosse
Dein Minor
Sonntg 23 oder 30. Juli, Servals.

414/1-273; Bi; Wien; 11. 10. 1905; [Prag]. 268
Lieber Sauer, nicht blos still im Geiste und in einem feinen Herzen, sondern gegenwärtig und anwesend will ich Dir zu dem Fünfziger gratulieren, den Du in voller Rüstigkeit als ein

Mann von unerhörter Arbeitskraft begehst. Gott erhalte sie Dir ungeschwächt bis ins achtzigste und hundertste. Gib uns den echten Grillparzer anstatt seiner sogenannten „Gespräche" und nimm die erste Ausgabe von Grillparzers theatralischen Schriften, Köln 1823, als Erinnerung freundlich an.
Mit Gruß Dein
Minor
11 X 05

414/1-274; K; Wien; 12. 11. 1905; Prag. 269

Lieber Sauer, Prock hat mir die DLZ schon geschickt. Hast Du für den Schusters Schmlz u für die Dolo<...> von Heine (Kösters Schulausg) schon einen Rezensenten? sonst stünde ich zu Gebote und bitte um Rezensionsexemplare.
Mit Gruß Dein
J. Minor
12 XI 05

414/1-275; B; Wien; 2. 2. 1906; [Prag]. 270

2 II 06
Lieber Sauer,
beiliegend die Anmerkungen. Erschrick nicht über den Umfang: nur 1/4 des Papieres ist beschrieben und davon noch die Hälfte ausgestrichen. Wo der Kommentar mehr als eine halbe Druckseite ausmacht, liegen Werkschilderungen über Verkehr mit Schiller u. dgl. vor, die sich selbst rechtfertigen.

Schreib mir, bitte, wann wir etwa Correkturen erwarten dürfen. Die Korrekturen erbitte ich in Fahnen, und zwar in drei Abzügen, da sie durch mehrere Hände gehen.

Du wirst sehen, was ich für eine Heidenarbeit gehabt habe! Das Sammeln haben alle gut gemacht; bei der Verarbeitung aber hat es die Mehrzahl an Einsicht und Genauigkeit fehlen lassen, ich habe sie ordentlich geschübelt.

Ob ich aus dem Stoß von Papieren immer das Rechte herausgegriffen habe, ist mir, trotzdem ich die Briefe 2mal durchgenommen habe, mitunter zweifelhaft. Jedenfalls fehlt nichts Unentbehrliches, höchstens eine mehr oder weniger entbehrliche Zuthat.
Mit schönem Gruß, auch an Deine Frau, Dein ergebener
Minor

414/1-276; K; Wien; 26. 2. 1906; Prag. 271

Lieber Sauer, Dank für die übersandten Bücher.
Kannst Du mir Baberadt, Hans Sachs im Andenken der Nachwelt, Halle Niemeyer 1906 verschaffen? ich würde ihn mit <...> verbinden.
Ist die Staber Rezension schon gedruckt? Ich habe keine Abzüge erhalten.
Gruß
Minor

414/1-278; K; Wien; 15. 6. 1906; Prag. 272

Lieber Sauer, von den Recensenda lockt mich gar nichts; aber um meinen guten Willen zu zelgen, greife ich nach K. Fischer und Wünschmann: Weisse, wenn es mein alter lieber Ch. F. ist.

Sollte unser gemeinsamer Freund in dieser Sache nicht Partei ergreifen, in unzweideutiger Weise und rechtzeitig, dann werde ich sehr ruhig, aber auch sehr fest ihm zu

verstehen geben, daß ich mit den guten Freunden des Herrn H. nicht verkehren kann. Es ist noch immer der alte Sekten- und Cliquengeist. Sie probirens, weiß schwarz zu färben – aber sie pfeifen schon aus dem letzten Loch. Bei Herrmann finde ich jeden Tag skandalösere Dinge.
Mit den besten Grüßen
Dein
J. Minor.

414/1-279; K; Wien; 25. 9. 1906; Prag. 273

25. IX 906.
Lieber Sauer,
das Euphorion-Heft mit unseren Anmerkungen soll längst erschienen sein ich habe aber noch keine Separat-Abzüge erhalten. Manche von den neuen Mitarbeitern verlassen die Universität und möchten gerne ihren part in SA besitzen auch habe ich einigen Unkosten zu vergüten, die von den befragten Behörden materiell in Anspruch genommen worden sind. Wenn also das Heft wirklich schon heraus ist (Konegen hat es mir noch nicht geliefert) so wäre ich Dir dankbar, wenn Du mir die SA und das Honorar zuschicken lassen wolltest. Vielleicht kannst Du mir auch Castle, Lenau u. Löwenthal (Leipzig, Hesse) zur Anzeige schicken.
Mit herzlichem Gruß
J. Minor

414/1-277; K; Wien; 4. 10. 1906; Prag. 274
Lieber Sauer,
mir fällt nachträglich ein, dass der beste Rezensent für Castles Arbeit P. Friedrich Mayer in Kremsmünster wäre, der alle Lenau-Löwenthal-Briefe kollationiert und mir ein durchschossenes mit Varianten versehenes Exemplar von Frankls Ausgabe gelegentlich seiner Dissertation zur Verfügung gestellt hat. Er wäre der einzige, der Castle kontrollieren könnte; was mir lieb wäre, weil ich mich möglicher Weise ex offo mit der Publikation Castles zu beschäftigen haben werde und ohne Einblick in die Handschriften kein Urteil habe. Freilich dürftest Du das Rezensions-Exemplar nicht von Castle einfordern, sondern vom Verleger. Mit den besten Grüßen
J Minor

414/1-281; B; Wien; 8. 2. 1907; [Prag]. 275

Wien 8 II. 907
Lieber Sauer,
ich sende Dir zwei Berichtigungen zum Euphorion. Die zweite wäre überflüssig geworden, wenn Du mir, wie Fräulein Hug selber gebeten hat, die Handschrift vor dem Druck noch zugeschickt hättest. Dann wäre auch der Hinweis auf die Dessauerstraße als Aufbewahrungsort der Papiere, die sich längst wieder in Oberwiederstadt befinden, vermieden worden. Die Dame ist seit etlichen Jahren von der Universität fern und deshalb nicht auf dem Laufenden.
Ich lese im Winter 1907/8 Romantik und ich könnte Dir von den künftig erscheinenden Romanticis rasche Rezensionen liefern. Vorläufig weiß ich nur die Monographie von Hans Meyer über die Contessa, Berlin 1906.
Mit den besten Grüßen Dein ergebener
Minor

414/1-282; K; Wien; 18. 3. 1907; Prag. 276

Lieber Sauer,
von der Festschrift für Kelle hast Du mir nichts gesagt. Dein Brief ist das Erste, was ich davon erfahre. Natürlich werde ich gern daran Anteil nehmen trotz der üblen Erfahrungen, die nicht bloß wir bei der Heinzel-Festschrift, sondern auch andere bei ihren gemacht haben. Ich möchte wol wünschen, dass man auf eine andere Form der Jubelfeiern käme; denn meistens ist jeder Mitarbeiter in Verlegenheit um das richtige Thema. Über die Mitarbeiter wirst Du besser Bescheid wissen als ich, der in Prag nur wenige Fäden angesponnen hat. Jedenfalls aber werden sich alle unsere Universitäts-Dozenten freuen, dem alten Herrn eine Freude zu bereiten. – Nächstens gehen Dir zwei Exemplare von Novalis zu, einer für Dich, das andere für den Euphorion, den Kosch zu bedienen sich bereit erklärt hat.
Mit herzlichem Gruß Dein
J. Minor

Sollte eine Medaille oder ein Album von Photographien der Fachgenossen nicht willkommen sein?

414/1-283; K; Wien; 6. 4. 1907; Prag. 277

Lieber Sauer,
Vielen Dank für Deine Bemühung, wenn sie auch leider vergeblich war. Könntest Du mir nicht die bei Zeitler in Leipzig erscheinende von Franz Blei herausgegebene Sammlung von Pasquillen zur Anzeige schicken und auch die Fortsetzung für mich reservieren, da ich seit Jahrzehnten die Pasquille der romantischen Periode sammle u. das weitschichtige Material einmal verwenden möchte.
Mit den besten Grüßen Dein
J. Minor

414/1-284; K; Wien; 5. 7. 1907; Prag. 278

Lieber Sauer, Dank für die Zusendung, bes. den Vortrag Zanbic. Schlegel ist mir willkommen; die musikalischen Schriften von ETA H nur, wenn es nicht die Ausgabe von vom Ende ist, die ich schon vor Jahren gelesen habe. Die neue Ausgabe von ETA H ist doch nicht von Müller, sondern von Karl Georg von Maußen? Eine Rezension von Kaulfuß erhältst Du auch aus den Ferien sammt der Briefmarkenschuld; alle Romantica im Lauf des Winters. Mit Gruß
Dein ergebener
J. Minor
5 VII 07

414/1-286; B; Fulpmes; 3. 9. 1907; [Prag]. 279

Lieber Sauer, beiliegend eine größere Rezension über ein schon fast altes Buch. Bitte sie also nicht lang liegen zu lassen.
Ich fahre Montag von hier fort.
Mit Gruß Dein ergebener
J. Minor

Fulpmes 3. Sept. 07

414/1-287; K; Wien; 22. 12. 1907; Prag. 280

Lieber Sauer, Dank für Sengel; kannst Du mir weiter F. Rieser, Das Wunderhorn u s Quellen, Dortmund 1907, verschaffen? Rieser, Rieser.

Bitte besuche, wenn Du eine freie Stunde hast, Kelle oder sende einen andern hin. Er hat einen wüthenden Brief an Benedikt geschrieben, daß er seit Juli außer seiner Magd niemand gesehen hat und auch die <...> sich <...>, so daß er sehr traurig ist. Deinen Rosenbaum habe ich sehr lieb. Mit schönem Gruß
Dein
J. Minor

414/1-288; K; Wien; 2. 2. 1908; Prag. 281

Lieber Sauer, unsere Korrespondenz ist leider oder besser glücklicher weise durch eine harte Prüfungswoche unterbrochen worden; und ich halte es nicht für wünschenswert, dieses Thema wieder zu erörtern, da Du inzwischen ohnedies den Fall richtig beurtheilt hast. Nur Deine Bemerkung über Stefan H. muß ich aufgreifen: er kommt da ganz unschuldig dazu, da er gar nichts davon gewußt hat und von der Sache überhaupt seit dem Herbst zwischen uns nicht die Rede war. Neulich habe ich mich zwar Deinetwegen wieder geärgert, aber nur weil Du nicht unter denen im Abendblatt warst, vor R. M.! Dein
Pepi.
2 II 08

414/1-289; K; Wien; 6. 2. 1908; Prag. 282

Kannst Du mir die große Laube-Ausgabe zur Rezension senden, resp. Hesse Auftrag geben, mir sie in der Folge zu senden? Heute gehen die Grundrißanzeigen an Götze und E Herrmann gleichzeitig mit dieser Karte ab.
Bestens grüßend
Dein böswilliger
J M
5 I 08

414/1-290; K; Wien; 26. 2. 1908; Prag. 283

Lieber Sauer, in einer Sitzung des Saar Denkmal-Comités war gestern davon die Rede, daß Du die Einladung zur Unterzeichnung des Aufrufes unbeantwortet gelassen hättest. Ich rufe Dir die Sache für den Fall, als es sich um bloßes Verschieben oder ein Postversehen handelt, in Erinnerung und bitte Dich in diesem Fall Deine Zustimmung vor 10. März an Hofrat Maratsch (Rudolf M, I Stubenring 8) zu richten. Wenn es absichtlich unterblieben ist, will ich weiter keine Ueberredung aufbieten. Ich glaube aber, daß man Dich auf der Liste vermissen würde. Mit herzlichem Gruß Dein
J. Minor

414/1-292; K; Fulpmes; 15. 7. 1908; Prag. 284

Lieber Sauer, zu dem Abschluß Deines sorgenvollen akademischen Rektorates wünsche ich Dir herzlich Glück. Du hast Dir dabei die Hochachtung aller Parteien verdient; und wenn alle übrigen den gleichen Mut gehabt hätten zu sagen, was zu sagen war, wäre die Geschichte für uns weniger blamabel ausgegangen. Genieße Deine Ferien und erhole Dich von diesen Sorgen u. Mühen!

Ich habe der Sauer-Ausgabe wegen mein Colleg über jüngere Romantik auf den Winter verschoben u. stehe Dir als Referent auf diesem Gebiet für den Euphorion zu Gebote. Hast Du nicht die Flohdichtg von E T A Hoffmann erhalten? Bitte mir aber die Sachen nicht hieher zu schicken, sondern im Herbst nach Wien. Auch ist früherer Anfang rätlich, da ich manches von anderer Seite habe.
Mit Gruß
J Minor
15/7 08

414/1-294; K; Fulpmes; 8. 8. 1908; Prag. 285

Lieber Sauer, zu dem Tode Deines Bruders (des Kaufmannes? oder Bergmannes?) mein herzliches Beileid. Ich verstehe freilich nicht, in wiefern das mit Deiner Zukunft zusammenhängt? Dieses Hotel macht mir einen sehr verlockenden Eindruck. Wie kommt man dahin und wie ist es dort? Ich werde in einigen Tagen mit Sann im <...> fertig – eine entsetzliche Arbeit, von der ich keine Ahnung hatte. Er hat alles 12mal drucken lassen. Recensenda desiderata: Pallmann, Horn, Insel 1908. – Hofstätter, Deutsches Museum, Probe<...> XII, Leipzig 1908. – Lili Braun, Im Schatten der Titanen, Braunschweig 1908. – Leppmann Franz, Kater Murr u se Sippe, München 1908. – Ottfried Müller, <...> in Briefen, Weidmann 1908. – Konrad Lux, Manso; Lpzg 1908. – M. R. Hewelcke, Lorelei, Paderborn 1908. – usw. Aber erst im September nach Wien, was noch frei ist!
<...............>
Fulpmesie, 8 Agosto 08.

414/1-293; K/R; Fulpmes; [?] 8. 1908; Prag. 286

Lieber Sauer, Deine Karte hat mich noch hier angetroffen. Ich reise Montag nach Hause und bleibe den ganzen September in Wien.
Bestens grüßend
Dein ergebener
J. Minor

414/1-295; K; Wien; 22. 9. 1908; Wien. 287

Lieber Sauer, ich habe gestern meine Desideratenliste durch Rosenbaum an Dich gelangen lassen und sende diese auf dem Fuße nach. Das Buch von <u>Meister Floh</u> hast Du mir selbst schon zugesagt. Wäre nicht auch Kurt Holle, Das <... ...> (<...> Beiträge XII) noch zu haben? Palästra 47 (Hamann über KHM) und 41 (<...> über Bettina) sind wol vergeben. Aber auch <u>Günderrode</u>, Melete, Berlin 1906; M. <u>Büthing</u>, <...> der Gedichte der Günderrode, Berlin 1904; <u>Castelle</u>, Eichendorffs ungedr. Gedichte, München 1906; A. <u>Nowack</u>, Lubowitzer Tagebuchblätter von Eichendorff; <u>Schellberg</u> W, Brentanos Gockel, Münster 1904. – Ich schreibe auf Auswahl und frage ferner, ob Dir eine Anzeige von <u>Amelts</u> Theatergeschichtlicher Bibliographie mit Nachträgen willkommen wäre.
Du wirst froh sein, ein stilleres Jahr zu haben – aber Dein Nachfolger?!
Mit Gruß Dein
J. Minor.

414/1-296; K; Wien; 26. 9. 1908; Wien. 288

Lieber Sauer, ich freue mich sehr Dich Dienstag zu sehen. Von 4 ab bin ich sicher zu Hause; vielleicht passt es Dir gegen Abend zu kommen und mit mir in der Nähe zu Abend zu essen. Montag Abends bin ich jedesmal im Südbahnhotel zu treffen, falls es Dir das eine oder das andere mal Spaß macht.
Inzwischen mit herzlichen Grüßen
Dein
J. Minor.
Samstag.

414/1-297; K; Wien; 7. 12. 1908; Prag. 289

Lieber Sauer, bei den Berichten über die Prager Wirren ist mir bange, ob Du meine neuliche Karte mit der Bitte um einen Auszug aus Deinem Vortrag, handschriftlich oder 12mal

vervielfältigt, erhalten hast? Ich bitte nur nicht zu spät! Neurath, unser künftiger Schriftführer, wird am Samstag im Hotel Hammerand vorsprechen, nachmittags, falls Du es nicht früher an mich sendest. Ich will Mittwoch meinen Vortrag an die N Fr Presse schicken und auf Deinen Vortrag aufmerksam machen im voraus. Gott erhalte und beschütze Euch! es wird einem ganz bang, wenn man an Prag denkt.
Dein getreuer
J. Minor
Sonntag

414/1-298; K; Wien; 8. 12. 1908; Prag. 290

Lieber Sauer, Dein Vortrag ist
Mittwoch 16ter,
wir können den Saal nicht früher haben.
Herzlich
J. Minor
Dienstag.

414/1-299; K; Wien; 9. 12. 1908; Prag. 291

Lieber Sauer, ich hoffe, daß meine gestrige Karte, nach der Dein Vortrag erst am Mittwoch 16. stattfindet, ihn doch noch für uns retten wird. Ich wäre in echter Verlegenheit, da ich gestern die Karten an die Mitglieder habe versenden lassen. Vielleicht kannst Du Dir den Auszug auf der Bahn zurecht legen und Dr Neurath diktieren, der Dich nach Deiner Ankunft aufsuchen wird. Bitte, gib mir nur Nachricht, wenn auch auf Postkarte mit Bleistift, wann Du ankommst und im Hotel zu treffen bist. Für alle Fälle teile ich Dir Neuraths Adresse mit: IX Löblichg. 6, falls Du ihn direkt bescheiden willst und nicht auf dem Umweg über mich. Gern hätte ich der Zeitung früher ein Avertissement geschickt, aber das kann ich erst, wenn der Vortrag sicher ist. Mit Gruß
Dein
J. Minor

414/1-300; Bi; Wien; 6. 5. 1909; [Prag]. 292

6. Mai 1909
Lieber Sauer, Deiner Frau und Dir herzlichen Dank für die freundlichen Worte. Ich habe jedenfalls noch viel mehr Grund Euch zu danken, da ich sonst ganz einsam bin. – Die große Angelegenheit macht sehr gute Fortschritte; da es sich aber um keine <...>, sondern eine Fachfrage handelt, muß man nicht zu früh frohlocken. Das erste mal geht übrigens kaum je eine durch; so lang nicht ein Altdeutscher in die <... ...>, so ist nichts verloren. – Ich promovire am 15ten meine jüngere Tochter, hoffentlich <u>deutsch</u>. Spricht bei Euch der Promotor lateinisch? <u>Nur</u> wenn er <u>Deutsch</u> redet, wäre ich für umgehende Antwort dankbar!
Dein
Minor

414/1-301; K; Wien; 18. 5. 1909; Prag. 293

Lieber Sauer, es soll ein Buch von Rahmer über Kleist und ein anderes über Schleiermacher unterwegs sein. Kannst Du mir sie als Rezensenda verschaffen? Wenn <u>nicht</u>, bitte um Antwort. Dein zu Tod geplagter
Freund
Minor.
Grüße an Deine Frau!

624/84-3; B; [Prag]; [?] 10. 1909; [Wien]; 293S

Lieber Minor!
Ich weiss nicht, ob es durchaus nötig gewesen wäre, mir wegen dieser Sache wieder einmal den Stuhl vor die Türe zu setzen. Hättest Du mir die Rezension nicht geschickt, so hätte ich ja schweigen oder bis zu einer mündlichen Aussprache warten können. <...>
Was Du schreibst, dass ich Dich einschüchtern wollte, das glaubst Du selbst nicht.
Ich erinnere mich eines Gespräches mit Dir über einen Band aus der Sammlung Walzel. Als ich meinte: warum sagst Du das nicht öffentlich? antwortetest Du: Du wolltest Walzel nicht kränken. Das ist der Punkt. Mich öffentlich zu kränken, daraus machst Du Dir gar nichts. So oft ich in Betracht komme, hört jede persönliche Rücksicht bei Dir auf. Damit meine ich nur den Ton Deiner Äusserungen. Du hättest ganz dasselbe viel ruhiger und leidenschaftsloser sagen können und hättest doch ganz denselben sachlichen Zweck erreicht.
Es hat doch lange Zeit geschienen, als ob unsere Meinungen über das was Wissenschaft ist nicht gar so sehr auseinandergingen. Das tröstet mich. Dein
Ergebener AS.

Nicht Datiertes / Beilagen / Sonstiges

413/4-1; V/R; Wien; undatiert; [Wien]. 294

[Druckschrift:] Jacques Minor
[handgeschrieben:] I. Bartensteing. 2. III. 5

Vereinbarung eines Besuchstermins.

413/4-4; S; undatiert. 295

Zwei kurze, an Sauer gerichtete Rezensionen in Briefform, die sich mit zwei Bühnenstücken („Dramen") Sauers befassen, deren Titel nicht genannt werden; zitiert wird allerdings ein drittes Stück mit Titel „Riccio".

413/4-13; B; undatiert. 296

Eine an Sauer gerichtete Rezension in Briefform, die sich mit einem Bühnenstück Sauers befaßt („Lustspiel" ohne Titel-Nennung); das Schreiben ist unvollständig.

413/4-57; V; undatiert. 297

[Druckschrift:] Dr. Jakob Minor

Handgezeichnete Lageskizze zu einem geplanten Treffen und Text:

Stiege, 1 Gemach, 2 Gemach, Minor
Lieber Pepo! Ich gehe aujourd'hui den Abend ins Burgtheater; werde aber bis etwa 1/2 10 Uhr zum Dreher kommen; u. zwar in die unteren Localitäten (Eckhaus Ring und Operngasse). Ich bin immer in der hintersten Localität; Du gehst, wenn Du von der Stiege kommst, gerade aus, biegst Dich mit dem Wege und bist im dritten Gemache am rechten

Ort. Die Zeichnung auf der Rückseite. Da Première und letzte Vorstellung der Enger ist, könnte es vielleicht etwas länger dauern.
Dein
[ohne Unterschrift]

413/4-101; S; 2. 10. 1881. – Empf.: Margaretha Oberleitner 298
Fräulein Margaretha Oberleitner.
Wien Wieden Alleegasse 31.
Zwei Wanderer, welche in Pottenstein bei echtem Gumpoldskirchner ihrer Freundin Gesundheit getrunken haben, erlauben sich dieselbe von der feierlichen Handlung in Kenntnis zu setzen
M. S.
2. October 1881.

413/4-102; S; undatiert. 299
Konzept eines Telegramms mit der Bitte an Sauer, Geburtstagswünsche auszurichten (Empfänger ungenannt, wahrscheinlich Minors Verlobte); mit fröhlichen Weihnachtsgrüßen.
Dein treuer Pepi.

414/1-183; V; undatiert. 300
[Druckschrift:] Professor Minor
[handschriftlich:] empfiehlt wärmstens Herrn Professor Dr. S. Singer.

414/1-217; K 301
Korrespondenzkarte an Sauer aus Mondsee vom 8. 8. 1901 - Nicht von Minors Hand

414/1-280; V; Wien; undatiert; [Prag]. 302
[Druckschrift:] Professor Dr. Minor
IV/2, Johann Straussgasse 36.
[handschriftlich:] empfiehlt bestens Herrn stud. phil. Karl Thumfar, Bibliothekar des Seminars für deutsche Philologie in Wien.

414/1-303; S; undatiert. 303
[Erste Seite des Manuskripts zu:] *Minor: Centralanstalten; 1894.*

Beilage zu 414/1 304

[Druckschrift:]

†

Am 7. Oktober 1912 ist in Wien
Herr Dr. Jacob Minor,
k. k. Hofrat, o. ö. Professor der deutschen Sprache und Literatur an der Universität in Wien,
wirkl. Mitglied der kais. Akademie der Wissenschaften in Wien,
im 58. Jahre seines arbeitsreichen Lebens verschieden. Auf den innigen Herzenswunsch des Verstorbenen, der so einfach heimgehen will wie er gelebt hat, werden Kranzspenden und die Begleitung der Leiche von Seiten
Einzelner und ganzer Korporationen dankend verbeten.
Ehre seinem Andenken und Friede seiner Asche!

Dr. Rita Minor,	**Prof. Dr. Hans Hahn,**
Dr. Lilly Hahn,	als Schwiegersohn.
als Töchter.	

Wiedner Leichenbestattungs-Unternehmung J. Klammerth, IV., Favoritenstraße 50. Telefon 8466.
Druck von Karl Fischer, vorm. Ferd. Ullrich & Sohn, Wien IV.

Im Sauer-Nachlaß befinden sich auch zwei Visitenkarten, die offenbar von Minors Stiefbruder Georg, * 4. 11. 1852, † ?, stammen:

413/3-1 305

[Druckschrift:] Georg Minor
[handschriftlich:]
Mitfolgend sende ich Ihnen das mir geliehene Buch mit bestem Danke zurück.
Hochachtungsvoll
G M

Beilage zu 413/3 306

[Druckschrift:]
GEORG MINOR

Erläuterungen und Anmerkungen

1   *einer brennheißen Arbeit]* Minor berichtet von einer Romantheorie, die er zu entwickeln versucht; er erwähnt diesen Plan auch kurz in Brief 2.

aus Werthers Briefen a. d. Schweiz] Wahrscheinlich eine Verwechslung mit Goethes *Briefen aus der Schweiz*; vgl. Minors neuerliche Frage in und *Monographie aus Werthers Schweizerbriefen]* unter Brief 2.

2   *die aufgestellte Preisfrage]* Preisfragen bildeten seit der Aufklärung ein Instrument der Wissenssammlung akademischer und ökonomischer Gemeinschaften. – Im österreichischen Staatsbudget der Jahre 1872/73 waren „behufs Prämiierung wissenschaftlicher Arbeiten von Studirenden" 7000 fl dotiert. 1875 war das Institut der Preis-Aufgaben der philosophischen Fakultät der Universität Wien aktuell; vgl. dazu *Concurrenz]* unter Brief 4. 1878 wurden „Preis-Institutionen" nur noch „in Verbindung mit Seminaren" und nur noch in der Form betrieben, „dass die Preise für gelungene Arbeiten über freigewählte wissenschaftliche Themata ausgeschrieben werden." Vgl. *Lemayer: Hochschulverwaltung; 1878; S. 74 f.*

Meine Reise] Minors Reise nach Italien und Sizilien von November 1875 bis April 1976. – Vgl. Kapitel *Die Reise nach Italien* und *Reiseerinnerungen]* unter Brief 3.

Monographie aus Werthers Schweizerbriefen] Vgl. *einer brennheißen Arbeit]* unter Brief 1.

„Charlotte und ihre Freunde"] Karl Ludwig Urlichs: *Charlotte von Schiller und ihre Freunde.* 3 Bde. Cotta, Stuttgart, 1860–1865.

Hugo's Arbeit] Hugo Mareta, Deutschprofessor Minors und Sauers am Wiener Schottengymnasium. Vgl. Index-Eintragung.

Gymnasial-Programm] Gedruckter Jahresbericht eines Gymnasiums; in Gymnasial-Programmen wurden auch wissenschaftliche Arbeiten von Mitgliedern des Lehrkörpers und ehemaliger Schüler des Gymnasiums veröffentlicht.

Jacques Minor] Vgl. Kapitel *„Lieber Pepi!" – „Dein Jacques."*

beantw. 20/8 75.] Anmerkung in Sauers Handschrift.

3   *Reiseerinnerungen]* Minor verfasste ein 176 Seiten starkes, handschriftliches Reisetagebuch, das er „Meiner lieben Mutter Friederike" widmete. Das aufwendig in Holzdeckeln mit Intarsien gebundene Reisetagebuch im Oktav-Format trägt den Titel *Humanistisches aus Italien* und befindet sich im Besitz der Familie Zoebl, Wien (Urenkel Minors).

Nero] Adolf von Wilbrandts Trauerspiel *Nero* wurde im Dezember 1875 nach drei Vorstellungen am Wiener Burgtheater abgesetzt, im Februar 1876 wieder aufgenommen und nach weiteren sechs Aufführungen endgültig vom Spielplan gestrichen.

Arria] Adolf von Wilbrandts Trauerspiel *Arria und Messalina* hatte im Dezember 1874 am Wiener Burgtheater Premiere und wurde bis 1898 insgesamt 73mal gespielt.

4   *Concurrenz]* Vgl. *die aufgestellte Preisfrage]* unter Brief 2.

„erst wahr, dann schön"] Minor will damit hinweisen auf den Widerspruch zu Schillers Poetologie, die er als vorbildhaft ansieht und knapp mit „Erst schön – dann wahr!" charakterisiert Vgl. Kapitel *Beiträge zu Periodika.*

Festtage des Burgtheaters] Am 17. Februar 1876 wurde die „Säcularfeier des Burgtheaters" mit einer „Festvorstellung" begangen.

45°] 45 Prozent.

½ Franken] Das italienische Münzwesen war um 1876 noch nach französischem System geordnet; die Lira wurde daher auch noch *Franco* oder *Franc* genannt.

meine Novelle] Die unveröffentlichte Novelle Minors trägt den Titel *Künstlerträume*; vgl. Kapitel *Reisetagebuch und Künstlerträume*.

Für den Papierkorb] Die unmittelbar veröffentlichte Ausbeute von Minors Italienaufenthalt beschränkt sich auf den Beitrag *Eine volkstümliche Vorstellung auf Sizilien* im Wiener *Illustrierten Musik- und Theaterjournal* sowie auf einen mit *Idyll auf Capri* betitelten kurzen Aufsatz für ein „Poetisches Album", das 1878 zugunsten des juridischen Unterstützungs- und des deutsch-österreichischen Lesevereins der Wiener Hochschulen erscheint.

5   *Straßburger Reiseprojekt]* Der von Sauer überaus geschätzte Wilhelm Scherer lehrt im Jahr 1876 in Straßburg und ab 1877 in Berlin; Sauer geht im Herbst 1877 für ein Semester nach Berlin. Vgl. Briefe 13 ff.

Schillerfeier] Um in Wien die Errichtung eines Schillerdenkmals zu betreiben, konstituierte sich ein Komitee; das Bronce-Standbild Schillers nach einem Entwurf von Johannes Schilling wurde am 10. November 1876 auf dem Schillerplatz feierlich enthüllt.

6   *„Grüßen Sie mir Ihre Frau."]* Minor lässt scherzhaft Sauers Freundin grüßen. – Als Zitat nicht ermittelt.

7   *Schillerausgabe]* Die historisch-kritische Ausgabe in 16 Bänden, *Schillers sämmtliche Schriften*, die Karl Goedeke 1867–76 besorgte; vgl. *Die Schillerausgabe]* unter Brief 9.

8   *Zeit in Melk]* Zur Vorbereitung eines seiner bevorstehenden Rigorosen arbeitet Sauer in der Bibliothek des Benediktinerstiftes Melk, das eine große Zahl von Handschriften, Inkunabeln und alten Drucken besitzt.

Trauerspiel] Wie Minor versuchte sich auch Sauer als literarischer Autor. Vgl. die nicht datierten brieflichen Rezensionen Minors unter Nr. 295 und 296.

Ottfriedstrophe] Otfried von Weißenburg verfasste sein *Evangelienbuch* (Evangelienharmonie) in paarweise gereimten Langzeilen aus je zwei vierhebigen, binnengereimten Halbzeilen.

9   *Die Schillerausgabe]* Vgl. *Schillerausgabe]* unter Brief 7.

Textarten] Varianten und Lesarten.

Tomaschek's „ausgezeichnetes" Werk] Karl Tomaschek: *Schiller in seinem Verhältnisse zur Wissenschaft. Von der kaiserlichen Akademie zu Wien gekrönte Preisschrift.* Gerold, Wien 1862.

Akademischen Leseverein] Der *Akademische Leseverein* war am 1. Dezember 1870 in Wien gegründet, aber noch im selben Monat polizeilich aufgelöst worden; in seiner Nachfolge existierte dann bis 18. Dezember 1878 der – nicht weniger national orientierte – *Leseverein deutscher Studenten*, um den es sich hier wohl handelt.

Deine dichterische Produktion] Vgl. *Trauerspiel]* unter Brief 8 und die nicht datierten brieflichen Rezensionen Minors unter Nr. 295 und 296.

Benecke, Müller und Zarncke-Lexikon] Das *Mittelhochdeutsche Wörterbuch*, das Wilhelm Müller und Wilhelm Zarncke auf der Grundlage von Georg Friedrich Beneckes Materialsammlung 1854–66 herausgegeben haben.

molestiere] molestieren: belästigen.

Priamel] Das Priamel – aus lat. praeambulum –, ein kurzer, meist scherz- und lehrhafter, oft auch ironischer Spruch, bei dem mehrere Vordersätze in einen Nachsatz münden; es entstand aus der Stegreifdichtung und wurde von Hans Rosenplüt im 15. Jahrhundert zur literarischen Kleinform ausgebaut, danach in Spruchbüchlein gesammelt.

10   *Eröffnung unseres Denkmales]* Die Rede ist vom Wiener Schillerdenkmal; vgl. *Schillerfeier]* unter Brief 5.

Hoffmeisters Leben Schillers] Karl Hoffmeister: *Schillers Leben, Geistesentwicklung und Werke im Zusammenhang.* 5 Bde; Stuttgart, 1838–42.

Viehoffs Kommentar] Heinrich Viehoff: *Schillers Leben, Geistesentwicklung und Werke auf der Grundlage der Karl Hoffmeister'schen Schriften neu bearbeitet.* 3 Teile; Stuttgart, 1874–75.

perhorrescirst] perhorreszieren, veralt. für: verabscheuen, fürchten.

Biographie Schillers] Mit zusammen über 1200 Druckseiten erschienen zwei der von Minor ursprünglich auf vier Bände konzipierten Schiller-Biographie 1890, also erst 16 Jahre später; vgl. *Minor: Schiller-Monographie; 1890.*

Die Prüfung] Sauers abschließendes Rigorosum.

Leb wohl Tino!] Vgl. Kapitel „*Lieber Pepi!"* – „*Dein Jacques."*

11   *freudigen Ereignisse]* Sauer hat sein letztes Rigorosum bestanden.

Partie] Wienerisch für: Ausflug in die Umgebung (hier: in die Umgebung Vöslaus).

12   *machen sonst allerhand Männechen]* Misslungenes Berlinerisch für Wienerisch: *Manderl machen:* Schwierigkeiten bereiten, Umstände machen.

Nazi der Pariser] Nazi oder *Nazl:* Kurzformen für Ignaz; Wienerisch gelegentlich auch in aufmunternder Bedeutung für *Tolpatsch, Pechvogel* (z.B. beschwichtigt die Mutter ein Kind, das hingefallen ist, mit *Bumstinazl!).*

Anschieber] Wienerisch für: Streber, Ehrgeizling.

12S *Publicum]* Öffentliche, also auch für nicht immatrikulierte Hörer zugängliche Vorlesung.

Deine Arbeit] Minor hat seine Dissertation über *Schillers Theorie des Drama* begonnen; siehe auch *meine Arbeit]* unter Brief 13 und *gemeinsames Werk]* unter Brief 14.

Jahresbericht unseres Vereines] Gemeint ist der „Akademische Verein der Germanisten in Wien", der Vortrags- und Diskussionsabende veranstaltete und lithographisch vervielfältigte Vorlesungs-Mitschriften herausgab.

13   *Quellen & F]* Die von Bernhard ten Brink, Ernst Martin und Wilhelm Scherer herausgegebene Zeitschrift *Quellen und Forschungen zur Sprach- und Culturgeschichte der germanischen Völker;* die Redaktion besorgte – zumindest anfangs – Scherer, nach Scherers Tod Alois Brandl.

hors concours] Frz. *hors concours:* außerhalb der Konkurrenz.

meine Arbeit] Minors Dissertation; vgl. *Deine Arbeit]* unter Brief 12S.

„*Sieh! ich lern es nicht, und werd' es niemals lernen!"]* Als Zitat nicht ermittelt.

Klingers Schauspiel] Friedrich Maximilian Klingers historisches Drama *Elfride,* 1773–1781, wurde 1783 uraufgeführt.

auch die anderen Vereinsmitglieder] Vgl. *Jahresbericht unseres Vereines]* unter Brief 12S.

den Heiligen Drei MS] Gemeint sind nur Müllenhoff und Scherer. Vgl. Brief 17.

14 *Beliebts, so sprechen wir vorerst von Staatsgeschäften!]* Als Zitat nicht ermittelt. – Minor verwendet diese Phrase mehrmals.

In der Universitätsbibliothek hat man mir die Tafel durchstrichen zurückgegeben] Benützer der Wiener Universitätsbibliothek durften zu Minors Zeiten nicht selbst in den Katalogen recherchieren, sondern mussten ihre Bücherwünsche auf einer Tafel notieren; ein Bibliothekar führte anschließend die Katalogrecherche durch, schrieb die Signatur dazu, wenn das Werk vorhanden, oder strich die Notiz durch, wenn es nicht vorhanden war. Erst dann konnte der Benützer einen so genannten Begehrschein ausfüllen, um das vorhandene Werk zu erhalten.

Germania] Nicht die von Franz Pfeiffer, sondern die von Karl Bartsch 1869 gegründete und bei Gerold in Wien verlegte Zeitschrift *Germania*, die 1888 mit Bartschs Tod endete.

gemeinsames Werk] Sauers Dissertation handelte über Joachim Wilhelm v. *Brawe und seine Beziehung zu G. E. Lessing.*

Finnenbana (alte! nach Tafeisbana) und GDS-Herausgeber] Nicht ermittelt.

15S *Des Chamäleons Recensionen]* Wahrscheinlich sind Rezensionen Josef Wackernells gemeint.

QF] Siehe *Quellen & F]* unter Brief 13.

Zarncke's Heptaden-Aufsatz] Die *Heptaden* (7er-Gruppen), mit denen Karl Lachmann in seinen *Untersuchungen über das Nibelungenlied* 1854 die Konstruktion des Nibelungenliedes zu begründen suchte, bildeten einen der Ausgangspunkte des so genannten Nibelungenstreits.

in den Beiträgen] Gemeint sind die von Hermann Paul und Wilhelm Braune in Halle 1874 gegründeten *Beiträge zur Geschichte der deutschen Sprache und Literatur.*

Alte Schottner] Absolventen des Wiener Schottengymnasiums.

Von der Hauptischen Zs] Die von Moriz Haupt gegründete *Zeitschrift für deutsches Altertum und deutsche Litteratur* wurde zu dieser Zeit von Karl Müllenhoff und Wilhelm Scherer herausgegeben, Elias Steinmeyer besorgte die Redaktion.

Etlinger] Anton Edlinger, gab von 1877 bis 1879 das *Literaturblatt* heraus.

16 *Schnorrsche Archiv]* Die Zeitschrift *Archiv für Litteraturgeschichte*, herausgegeben von Franz Schnorr von Carolsfeld.

„ihn"] Gemeint ist Wilhelm Scherer.

Düntzer durchstudirt] Der deutsche Literarhistoriker Heinrich Düntzer gab in mehreren Auflagen zwischen 1855 und 1880 seine *Erläuterungen zu den deutschen Klassikern* heraus.

s. Clavigo IV. 1.] Die Stelle lautet: „Man soll sich für niemand interessieren als für sich selbst; die Menschen sind nicht wert – –"

Allg. deutsche Biblioth.] Die *Allgemeine deutsche Bibliothek* (ADB), wurde von Friedrich Nicolai von 1756 bis 1806 mit insgesamt 118 Bänden zu je zwei Stücken sowie 21 Supplementbänden herausgegeben; die ADB war das wichtigste Rezensionsorgan ihrer Zeit.

16S *ein Heft QF]* Siehe *Quellen & F]* unter Brief 13.

Halberstädter Material] Ewald Christian von Kleist hielt sich 1753 in Halberstadt bei Johann Wilhelm Gleim auf; Sauer bringt 1881–1882 eine kommentierte Ausgabe *Ewald von Kleist's Werke* in drei Bänden heraus.

die lumpigen 800 fl] Sauer war für seinen Berliner Aufenthalt ein Stipendium zugesichert worden. Vgl. *Gratuliere zum Reisestipendium]* unter Brief 18.

in der Zs.] Vgl. *Von der Hauptischen Zs]* unter Brief 15S.

Gleichnis mit den Kirschen] In seiner ebenso ausführlichen wie blumigen Rezension des *Herder als pädagog. von dr. Eduard Morres. Eisenach, Bacmeister, 1877,* schreibt Bernhard Suphan: „wer vermeint, dass der Sophron [...], dass richtiger gesagt, seine schulreden den kern seiner pädagogik enthielten, der hat das kräftigste gewürz noch nicht erspürt." Und damit im Zusammenhang kurz danach: „wer zu seinem heile und nicht zu seinem misbehagen Herders jünger sein will, lasse es sich nicht verdrießen, durch staub und sonnenbrand die ganze weite seiner schriftstellerbahn neben ihm, hinter ihm zu durchtraben. vor allem aber verstehe er sich auf die kunst, die kirschen, die der meister wie unversehens fallen lässt, flugs und säuberlich aufzulesen." – Vgl. Goethes *Legende vom Hufeisen.*

17 *Kein Aergernis, mein Prinz!]* Als Zitat nicht ermittelt.

MS] Hier: Müllenhoff und Scherer. Vgl. *den Heiligen Drei MS]* unter Brief 13.

Unrath, Hofrath] Professor Karl Tomaschek ist Hofrat.

Vortrag in unserem Verein] Vgl. unter *Jahresbericht unseres Vereines]* in Brief 12S.

mein Leopold mein Sohn] Kaiser Rudolf sagt in Franz Grillparzers *Ein Bruderzwist in Habsburg,* III, 3, zu Herzog Julius von Braunschweig: „Siehst du, da kommt er der Versucher, da! Mein Sohn, mein Leopold!"

17S *Brandls im Fluge entstandenes Buch]* Alois Brandl: *Barthold Heinrich Brockes. Nebst darauf bezüglichen Briefen von [Johann Ulrich] König an [Johann Jacob] Bodmer.* Innsbruck 1878.

Minnesangs Frühling] Ursprünglich von Karl Lachmann und Moriz Haupt herausgegebene und bis heute fortgesetzte Sammlung mittelhochdeutscher Minnedichtung.

Wahrheit u. Dichtung] Titel der Goetheschen Autobiographie in der Quartausgabe durch Friedrich Wilhelm Riemer; Goethe selbst hatte diese Form stets in Briefen und Gesprächen verwendet, nicht aber in gedruckten Ausgaben. Seit der Weimarer Ausgabe wird *Dichtung und Wahrheit* bevorzugt.

Seemüllerschen Buches] Joseph Seemüller: *Die Handschriften und Quellen von Willirams deutscher Paraphrase des hohen Liedes.* Strassburg 1877.

Concerto dramatico] Goethe schickte das satirische Briefgedicht *Concerto dramatico* Anfang 1773 aus Frankfurt zu seinen Darmstädter Freundinnen und Freunden; er machte sich damit über deren Sammelbrief lustig, in dem man spöttelte, ob er nicht allmählich ans Heiraten denke, und dem man eine Figur aus Papiermaschee beigelegt hatte.

‚Göde'] Goethe.

Q. F.] Siehe *Quellen & F]* unter Brief 13.

Schweigen vom Ministerium] Sauer wartet auf die Auszahlung seines Stipendiums. Vgl. *Gratulire zum Reisestipendium]* unter Brief 18.

18 *Commentar zu Lessing]* Neben seiner *Lessing-Bibliothek* gab der Hamburger Gymnasialdirektor Carl Christian Redlich 1878 ein *Verzeichniß derjenigen Drucke, welche die Grundlage der Lessing'schen Werke bilden* heraus.

Brandls Buch] Vgl. *Brandls im Fluge entstandenes Buch]* unter Brief 17S.

Weise und ähnliche Dichter] Minor meint sicher nicht den Zittauer Schulmann, Rhetoriker und Poetologen Christian Weise (* 1642, † 1708), sondern Christian Felix Weisse (* 1726, † 1804), über den er zu dieser Zeit arbeitet.

mein Verhältnis zu Hofmann] Minor muss den um drei Jahre jüngeren Paul Hofmann-Wellenhof schon aus der Schulzeit am Wiener Schottengymnasium gekannt haben.

Verein, wo man Grobheiten einstecken muß] Vgl. unter *Jahresbericht unseres Vereines]* in Brief 12S.

im Literaturblatt] 1877–1879 von Anton Edlinger herausgegeben; vgl. *Etlinger]* unter Brief 15S.

Weh, weh, zu viel schon, zu viel!] William Shakespeare, *König Lear*, V/3 – Edgar spricht zu Albany.

Gratulire zum Reisestipendium] Reisestipendien wurden an Studenten und Studienabsolventen für Auslandsaufenthalte unter der Bedingung vergeben, sich danach an einer österreichischen Universität zu habilitieren und sechs Jahre lang hier zu lehren; Sauer will damit seinen Berlin-Aufenthalt finanzieren. – Vgl. *die lumpigen 800 fl]* unter Brief 16S, *das Stipendium schläft]* unter Brief 18S und *Schweigen vom Ministerium]* unter Brief 17S.

18S *Theatralischen Belustigungen]* Der gesuchte Band von Conrad Gottlieb Pfeffels *Theatralische Belustigungen nach französischen Mustern* befindet sich nach wie vor in der Österreichischen Nationalbibliothek (ehem. Hofbibliothek).

Amphibrachys] Der Amphibrachys (griech. *beiderseits kurz*) mit seinem Rhythmus: kurz – lang – kurz, kommt als eigenständiger Versfuß nicht vor.

Jahrmarktsfest] Goethes satirisches Schönbartspiel *Jahrmarktsfest zu Plundersweilern* aus dem Jahre 1773. – „Schönbart" ist verderbt aus ursprünglich „schemebart", „schembart", was soviel wie „bärtige Maske" bedeutete. – Vgl. auch *Wenn ihm also etwas nicht behagt hat]* unter Brief 60.

das Stipendium schläft] Vgl. *Reisestipendium]* unter Brief 18 und *die lumpigen 800 fl]* unter Brief 16S.

QF] Siehe *Quellen & F]* unter Brief 13.

19 *Keines der gewünschten Werke]* Vgl. *Theatralische Belustigungen]* unter Brief 18S.

20 *alle Minen springen ließ]* Die Redewendung *Alle Minen springen lassen* meint: Alle Minen zünden; veraltet für: alles in Bewegung setzen.

in 5füßigen Jamben] Minor unterstützt Sauer bei der Belegsammlung für seine spätere Habilitations-Arbeit *Über den fünffüssigen Jambus vor Lessings Nathan*.

das Berliner Geld] Minor denkt bereits an die Möglichkeit, in Berlin neben dem Studium als Korrespondent zu arbeiten.

einen recht deprimierenden Eindruck] Zu Tomascheks Krankheit vgl. *Minor: Tomaschek-Nekrolog; 1878*.

Arbeit „unseres verehrten Doktors Sauer"] August Sauer: *Joachim Wilhelm von Brawe der Schüler Lessings*. Straßburg, 1878. – Vgl. die Rezension *Minor: Joachim Wilhelm von Brawe; 1879*.

meine Versteckenspielerei] In *Minor: Ludwigs Schiller-Kritik; 1878*, zitiert Minor als ungenannter Autor die eigene Dissertation: „Und geschrieben ist Schiller's ‚Theorie des Dramas' bereits. Ich habe das Manuscript in Händen gehabt und daraus auf O. Ludwig geantwortet. Nur daß der arme Autor keinen Verleger findet!"

21	*tignum, faex, lima]* Lat. *tignum* = Bauholz; *faex* = Weinhefe, Weinsatz; *lima* = Feile.
21S	*500 fl vom Ministerium]* Vgl. *Gratulire zum Reisestipendium]* unter Brief 18.
	Neumen] Tonschriftzeichen in der mittelalterlichen Musik.
22	*Hempel-Goethe]* Erste kommentierte Goethe-Ausgabe, herausgegeben innerhalb der *Nationalbibliothek sämmtlicher deutscher Classiker* des Verlagsbuchhändlers Gustav Hempel.
	Ipphofen] Lebensgeschichte Christian Felix Weiße'ns. Nach dessen eigenen Nachrichten erzählt von Carl Heinrich Iphofen. Freiberg, 1826.
	Wauer] Gemeint ist vermutlich Sauer.
	3 gedruckte Exemplare] Eine Dissertation musste an einer österreichischen Universität zu Minors Zeiten in zumindest drei gedruckten Exemplaren vorgelegt werden; von Minors Dissertation *Schillers Theorie des Drama* ist kein Exemplar erhalten (wahrscheinlich gar nicht gedruckt worden).
22S	*Boxbergischen Ausgabe]* Innerhalb von Kürschners *Deutscher National-Litteratur* besorgte Robert Boxberger die Schiller-Ausgabe.
	Spompanaden] Wienerisch, Pluraletantum, auch: *Spompanadel* = Unsinn, unangebrachte Widerrede, Aufschneiderei.
23	„*Wahl des Herkules"]* Das Motiv ist in der Musik und in der bildenden Kunst oft behandelt. So taucht in Christoph Martin Wielands *Der neue Amadis. Ein comisches Gedicht in Achtzehn Gesängen* (1771) im Dritten Gesang eine literarische *Wahl des Herkules auf*. Wieland erläutert in einer Fußnote dazu: „Das philosophische Mährchen von der Erscheinung, welche der junge Herkules auf einem Scheideweg gehabt, da ihm nehmlich die Tugend und die Wollust, in Gestalt zwoer Frauen, sichtbar geworden, und beyde sich in die Wette bemüht, ihn auf ihre Seite zu ziehen, ist aus *Xenophons Sokratischen Denkwürdigkeiten* aller Welt bekannt, oder sollte es doch seyn."
	Merkur] Deutscher Merkur / Der Teutsche Merkur / Der Neue Teutsche Merkur wurde zwischen 1773 und 1810 von C. W. Wieland nach dem Vorbild des *Mercure de France* als eine Art „Nationaljournal" herausgegeben.
	Palengra] Nicht ermittelt.
24	*Haftelmacher]* Korsette und Mieder wurden mit kleinen Hafteln (Hefteln oder Drahtspangen) geschlossen; der Erzeugerberuf lebt fort in der Wiener Redensart *aufpassen wie ein Haftelmacher* (besonders gut Acht geben).
24S	*Wdenburg]* Waldenburg nahe Chemnitz, ein Bahnknotenpunkt.
25	*ADBiogr]* Die *Allgemeine Deutsche Biographie* wurde von 1875 bis 1912 in 56 Bänden von der Historischen Kommission bei der Bayerischen Akademie der Wissenschaften herausgegeben. – Minor hat später mehrere Artikel für die ADB verfasst und war auf die ADB-Einzellieferungen abonniert.
26	*Beiliegend die Antwort]* Beilage nicht überliefert.
28	*Lieber Pepi!]* Pepi = Koseform von Josef; vgl. Kapitel „*Lieber Pepi!*" – „*Dein Jacques.*"
	unsere beiden Recensionen] Vgl. *Minor: Sauers Brawe; 1879*.
	Die Stella] Vgl. *Minor: Zur Stella; 1879*.
30	*Militärpost]* Sauers Adresse während seiner Waffenübung: Lieutenant im 44. Inf. Regiment. 5. Compagnie. 18. Truppendivision. 4. Gebirgsbrigade.

Schuft von E... ...!] Gemeint ist Anton Edlinger, der Herausgeber des *Literaturblatts*.

31   *Kossitz]* Sauers Adresse: bei Berg-Ingenieur Julius Sauer, Liebegottesgrube bei Zbeschau, Mähren, Post Kossitz.

32   *Nekrolog auf Tomaschek]* Vgl. Minor: *Tomaschek-Nekrolog; 1878.*

unter Kreuzband] Reduzierter Posttarif für Drucksachen, Zeitungen und Bücher, die nicht verschlossenen, sondern nur verschnürt verschickt wurden.

meine nichtswürdige Anzeige] Vgl. Minor: *Lessing-Schüler Brawe; 1878.*

Deines hochwürdigen Buches] August Sauer: *Joachim Wilhelm von Brawe, der Schüler Lessing's.* In: *Quellen und Forschungen zur Sprach- und Culturgeschichte der germanischen Völker.* Bd. 30, 1878.

Edlingers „Kas-papierl-blatt"] Anton Edlingers (Käse-Papier-Blatt) *Literaturblatt*.

Elise] Offenbar eine Freundin Minors.

Saxität] Saxität = Festigkeit, Gewissheit (zu lat. *saxum*: Felsen).

actore Brandelo] Minors Kollege Alois Brandl.

des Vereins usw. anzunehmen] Vgl. unter *Jahresbericht unseres Vereines]* in Brief 12S.

Codrus, Seneka, Virginia] Codrus, Seneca und Virginia sind Haupt- bzw. Titelfiguren von Tragödien-Fragmenten Lessings – nur Text-Teile zu *Virginia* finden sich im Lessing-Nachlass; die Fragmente von *Codrus* und *Seneca* sind nur mittelbar überliefert.

Aristodemus] Eine Figur im Lessing'schen Tragödienfragment *Kleonnis*; vgl. *Kleonnis]* unten.

Giangir] Giangir oder der verschmähte Thron. Versuch eines Trauerspiels ist ein weiteres Fragment aus dem Lessing-Nachlass.

Kleonnis] Das Lessing-Fragment *Kleonnis* war als *Trauerspiel in fünf Akten* konzipiert; erhalten sind vom Entwurf lediglich Reste einer Abschrift von fremder Hand.

Pepi] Vgl. Kapitel *„Lieber Pepi!" – „Dein Jacques."*

Schak.] Jacques. – Vgl. Kapitel *„Lieber Pepi!" – „Dein Jacques."*

33   *Er ist noch jung]* Karl Victor Müllenhoff hat als 57jähriger Witwer die junge Enkelin des Grammatikers Karl Ferdinand Becker, Ferdinande Helmsdörfer, geheiratet.

Braut Scherers] Die Sängerin Maria Leeder (* 1855 in Wien; † 1939 ebd.); Scherer hatte sie während ihres Engagements an der Straßburger Oper kennen gelernt, die Hochzeit fand im März 1879 statt; vgl. *Hochgezîte]* unter Brief 38.

GDS²] Wilhelm Scherer: *Zur Geschichte der deutschen Sprache*, 2. Auflage.

Ms] Müllenhoffs.

Sprachproben] Karl Victor Müllenhoff: *Altdeutsche Sprachproben*.

Nibelungen⁴] Karl Victor Müllenhoff: *Zur Geschichte der Nibelunge*, 4. Auflage.

Mit Josef] Gemeint ist Josef Wackernell.

... Nell] Gemeint ist Josef Wackernell.

34   *auf die Gaude]* Wienerisch: *Gaude* (Betonung auf der zweiten Silbe) = Vergnügen, Spaß; *auf Gaude gehen* = ausgehen.

von der Hauptstraße] Landstraßer Hauptstraße. – Die ehemalige Wiener Vorstadt Landstraße wurde erst Mitte des 19. Jahrhunderts eingemeindet. Scherer hatte hier vor seiner Übersiedlung nach Deutschland seine Wohnung, Minor ist auf Nummer 8 geboren und hier aufgewachsen.

II. Capitel. Verse. –] Die Zeilenenden des folgenden Gedichts sind mit bogenförmigen Strichen verbunden, die jeweils auf den Endreim zeigen: die ersten beiden mit den letzten beiden Zeilen, die dritte und vierte mit den vorletzten beiden Zeilen und schließlich die fünfte und sechste mit den vorvorletzten beiden Zeilen; neben die Mitte der Bögen schreibt Minor rechtwinkelig gedreht die Anmerkung: *4 Reime!*

Kaiser Josephs-Garten] Wiener Prater (ursprünglich kaiserlicher Jagd-Garten), der von Joseph II. für die Allgemeinheit geöffnet worden war.

35 *Recension von Jambus]* Sauers Habilitationsschrift *Über den fünffüßigen Jambus vor Lessings Nathan.* Vgl. *Recension von Deinem Jambus* unter Brief 36.

Sumpfhahn] Gemeint ist Bernhard Suphan.

36 *Wegen der Literatur-Zeitung]* Die von Elias von Steinmeyer herausgegebene *Deutsche Literaturzeitung.*

Theaterberichte] 1879 liefert Minor für Anton Edlingers *Literturblatt* unter dem Pseudonym *Junius* insgesamt sechs *Berliner Briefe,* die sich in der Hauptsache dem Berliner Bühnen-Geschehen widmen. Mit *Junius* bezieht sich Minor zweifellos auf *The letters of Junius,* 69 polemisch-kritische Briefe, die zwischen 1768 und 1772 im Londoner *Public Advertiser* erschienen. Das Pseudonym des Autors dieser Briefe ist nach wie vor nicht entschlüsselt.

„Der argwöhnische"] Vermutlich ein Lustspiel nach dem Engländer Benjamin Hoadly, das zwanzig Jahre danach noch einmal von Friedrich Wilhelm Gotter unter dem Titel *Der argwöhnische Ehemann* bearbeitet wurde.

Erklär mir, Graf Oerindur ...] Aus dem Schicksalsdrama *Die Schuld* (uraufgeführt 1813) von Adolf Müllner, * 1774, † 1829: „Erklärt mir, Graf Oerindur, diesen Zwiespalt der Natur." – Johann Nestroy hat 1844 das Zitat danach popularisiert: In *Der Zerrissene,* I/6 sagt Stifler zu Lips: „Erklär mir, o Örindur, diesen Zwiespalt der Natur!"

à bon marché] Frz. = wohlfeil, günstig, billig.

Fertigmachung der Briefe] Die *Briefe aus Christian Felix Weißes Nachlass.* In: *Schnorrs Archiv für Literaturgeschichte,* IX., S. 453–507.

Recension Deines Buches [...] meine Schillerarbeiten] Minors Rezension von Sauers *Joachim Wilhelm von Brawe der Schüler Lessings* ist im *Anzeiger für deutsches Altertum und deutsche Litteratur,* 5. Bd. S. 380–395 erschienen; die Schiller-Arbeiten erschienen dann im Bd. 6: *Minor: Charlotte von Schiller; 1880,* und *Minor: Charlotte von Kalb; 1880,* S. 181–186; *Minor: Schillers Vater; 1880, Minor: Elisabeth Dorothea Schiller; 1880,* und *Minor: Hauffs Schillerstudien; 1880,* S. 255–263.

ob er es in Verlag nimmt] Minor: *Christian Felix Weiße; 1880,* erscheint in der Wagner'schen Universitäts-Buchhandlung, Innsbruck.

Dr. v. Hofmann] Über das „v." setzt Minor ein Fragezeichen.

Recension von Deinem Jambus] Vgl. *Recension von Jambus* unter Brief 35.

in der Zs.] Vgl. *Von der Hauptischen Zs]* unter Brief 15S.

Ich werde ihm bei Edlinger eine Prise antragen] Die Rezension erscheint in Anton Edlingers *Literaturblatt;* siehe *Minor: Helferich Peter Sturz; 1879.*

37 *Firma Fritzi und Peppi]* Vgl. Kapitel *„Lieber Pepi!" – „Dein Jacques."*

38 *Charteken] Scharteke* = veraltet, abfällig für: wertloses, altes Buch; anspruchsloses Bühnenstück; unsympathische ältere Frau.

Hochgezîte] Heirat Scherers mit Maria Leeder; vgl. *Braut Scherers]* unter Brief 33.

Josef] Josef Wackernell.

gebiberlt] Wienerisch: *biberln* = (Alkoholisches) trinken.

Mon cuor, che vuoi tu <...> prié?] Ital. (veraltet) = Mein Herz, was willst du <...> gebeten?

Pepitschku] Tschechisch: diminuierender Vokativ von *Pepi* (Koseform von Josef).

Eneit] Eneasroman des Heinrich von Veldeke.

MS] Vgl. *MS]* unter Brief 16.

Stella-Aufsatz] Minor: Zur Stella; 1879; vgl. Brief 28.

Radoteur] Frz. = Schwätzer, Fasler.

39 *schwarzer Pepi]* Anspielend auf seinen dunklen Teint und seine schwarzen Haare lautet Sauers Spitzname „Schwarzer"; vgl. auch Kapitel *„Lieber Pepi!" – „Dein Jacques."*

Catalog] „Catalog der Kubastaschen Sammlung", den Minor in Brief 38 erbeten hat.

Revelations] révélation frz. = Enthüllung, Aufdeckung, Entdeckung.

Essiggessler] Nicht ermittelt.

à bon marché] Frz. = günstig, billig, wohlfeil.

Brief vom] Kein Datum in die Leerstelle eingesetzt.

41 *Ueberreichung des Gesuches]* Gesuch für die Zulassung zur Habilitation? – Vgl. Brief 64.

Heil dem Sieger! Dem Eroberer!] Sauer ist Reserveoffizier und hat wieder eine seiner Waffenübungen beendet.

42 *nicht des Alexandrinerstückedichters]* Johann Friedrich Reichsfreiherr von Cronegk, vgl. Personenindex.

Meiningerhoftheaterregisseurs] Ludwig Chronegk, vgl. Personenindex..

Mir sagt's mein Herz, er ist von Gott geschenkt!] Als Zitat nicht ermittelt.

die Recension, für welche Du mir schon die Hand küssen mußt] Siehe *Minor: Sauers Brawe; 1879.*

der berühmte Junius des Literaturblattes] Minor schreibt seine Berlin-Berichte für das *Literaturblatt* des Anton Edlinger unter dem Pseudonym Junius; vgl. *Theaterberichte]* unter Brief 36.

Zs. f. d. a. u. Völkerliteratur] Scherzhaft für die von Wilhelm Scherer herausgegebene Zeitschrift *Quellen und Forschungen zur Sprach- und Culturgeschichte der germanischen Völker.*

Arbeit „über den deutschen Jambusserl, und seinen schwelgenden Ausgang"] Scherzhaft für *Über den fünffüßigen Jambus vor Lessings Nathan,* die Habilitationsschrift Sauers.

Türkenhunde hast Du gehetzt!] Es könnte sich um eine Anspielung auf eine Szene aus Theodor Körners „Zriny" handeln, das in stark popularisierter Fassung gelegentlich noch auf Vorstadtbühnen auftauchte. – Zriny, der die Ungarn gegen die Türken führt, brüllt in einer Szene: „Wo ist der Türkenhund, von meiner Hand soll der Verruchte sterben!"

Kennst Du das Kreuz am Stege?] Während seiner Studienzeit wohnte Minor die Woche über in Wien-Mariahilf, Magdalenenstraße 3, also am linken Wien-Flussufer, gegenüber der heutigen Steggasse am rechten Wien-Ufer in Wien-Margarethen; die Steggasse erinnert an den vor der Flussregulierung hier bestehenden „Ratzenstadlsteg", der durch die Pilgrambrücke ersetzt wurde. – Ob an diesem Steg ein Kreuz stand, lässt sich nicht mehr ermitteln.

vgl. Literaturblatt II. S. 555] Minor: *Lessing-Schüler Brawe; 1878.*

in Deinem GF] Möglicherweise ein Vortrag oder Referat zu einem Goethe-Thema in Scherers Seminar in Berlin. – Vgl. dazu *MS in GF!]* unter Brief 62.

Si fractus illabatur orbis impavidum me ...] Selbst wenn der Weltbau krachend einstürzt, treffen die Trümmer noch einen Helden. – Horaz, Oden III, 3, 7 f.

ham kommen is] Mundartlich für: *nach Hause gekommen ist.*

43   *Vers MS SC I 80^a]* Nicht ermittelt.

Fritz Jacoby] Vgl. Kapitel „*Lieber Pepi!*" – „*Dein Jacques.*" und *Iris]* unter Brief 44.

44   *Aus Lemberg noch nichts erhalten?]* Sauer bemüht sich um eine Anstellung als Supplent an der Lemberger Universität.

Iris] Iris. *Vierteljahresschrift für Frauenzimmer.* Zwischen 1774 und 1776 von Johann Georg Jacobi herausgegeben.

45   *in Hernals besuchen]* Anspielung auf die *K. k. Irren Heil Anstalt,* die zwar noch im Bezirk Alsergrund, doch unmittelbar an Hernals grenzend, am Linienwall (Gürtel) lag.

Vöslaus] Richtig: Vöslau.

Correctur meines Buches] Wagner in Innsbruck druckt an Minors zweitem Buch; Minor: *Christian Felix Weiße; 1880.*

‚Wirf die Philosophie den Hunden vor!' Macbeth] Macbeth V/3, Z 47: *Throw physic to the dogs; I'll none of it.* – Im 13. Jhd. bedeutete *physic healing art, medicine,* im 14. Jhd. *natural science;* und ab dem 16. Jhd. *medicinal preparation, medicine* (*The Oxford Dictionary of English Etymology,* Oxford, 1983); Schlegel-Tieck übersetzen *physic* mit *Kunst* (ärztliche Kunst).

47   *Meine Hamletvorlesung]* Zu dieser Zeit hat Minor sein ursprüngliches Berufsziel Schauspieler offenbar noch nicht völlig aufgegeben.

Soos] Sooß: Weinbauern-Gemeinde unmittelbar südlich an Baden bei Wien grenzend.

Meine Bogen] Druck- und Korrekturbogen zu Minor: *Christian Felix Weiße; 1880* aus der Wagner'schen Universitäts-Buchhandlung in Innsbruck.

„A la dernière réunion [...] concision du style."] Frz. = „Beim letzten Treffen vom Mittwoch hat man vor Herrn Scherer von Ihnen gesprochen. Er sagte, dass er von Ihnen Neuigkeiten erhalten habe und das wurde sogleich mit Lobeshymnen über ihr Buch beantwortet, indem er sagte, dass er selten etwas besser Geschriebenes gelesen habe. Die Vorzüge, die am meisten gelobt wurden, sind die solide Basis und der konzise Stil."

Lemberg] Sauer hat eine Berufung als Dozent nach Lemberg erhalten, wo er bis 1883 arbeiten wird.

48   *Professor Pepi]* Sauer hat seine Dozenten-Stelle (später unbesoldeter Extraordinarius) angetreten. – Vgl. Kapitel „*Lieber Pepi!*" – „*Dein Jacques.*"

wie ich das etwa veröffentlichen soll] Der Absatz handelt von *Beiträge zur Schiller-Literatur*; der Aufsatz erscheint zu Beginn des folgenden Jahres in der *Zeitschrift für deutsches Altertum*, XXIV, S. 45–56, und ist datiert mit „Vöslau bei Wien, Mai 1877".

Im Archiv, Zs?] Archiv für Literaturgeschichte und Zeitschrift für deutsches Altertum.

Stixenstein] Schloss Stixenstein bei Ternitz in Niederöstereich; Minor und Sauer haben Scherer dort während der Sommerferien besucht; vgl. Brief 29.

hat er mich noch immer nichts gesagt] Scherzhafter Versuch eines Berolinismus.

widme es ihm wirklich] Minor widmet *Minor: Christian Felix Weiße; 1880* seinem Lehrer „Wilhelm Scherer verehrungsvoll".

49 *Germanistenverein]* Vgl. unter *Jahresbericht unseres Vereines]* in Brief 12S.

MS ist also möglich] Zusammenarbeit Minor und Sauer; vgl. *Aude sapere!]* unten.

ich rathe nicht zu GF] Wahrscheinlich die *Göthe-Forschungen*, die Woldemar Freiherr von Biedermann herausgibt; vgl. *Ausstattg = GF]* unter Brief 60.

GddTh(eaters)] Geschichte des deutschen Theaters.

Aude sapere!] Lat. Redewendung: *Wage es, weise zu sein! –* Die Diskussion in diesem Absatz handelt von *Minor: Goethe-Philologie; 1880*, eine Arbeit, die Minor und Sauer zusammen verfassen.

quis capere potest, capiat!] Wer es fassen kann, der fasse es! – Mt. 19, 12.

p(er) t. a. Hoffmann] Wahrscheinlich Minors Schulkollege Paul Hofmann-Wellenhoff.

Jenaer Lit. Ztg.] Die *Jenaer Literaturzeitung* erschien in Leipzig von 1874 bis Juni 1879, war also bereits ein halbes Jahr eingestellt, als hier die Sprache auf sie kam.

In der Auction von ...?] Ferdinand Raimunds Manuskripte kamen erst kurz nach dem Tod seiner Freundin Antonia Wagner im Herbst 1879 an die Öffentlichkeit und konnten vom Archivdirektor Karl Weiß für die Wiener Stadtbibliothek ersteigert werden.

Vogel (der erste Editeur)] Johann Nepomuk Vogl, der erste Herausgeber *Sämmtlicher Werke* Ferdinand Raimunds.

Gib also nicht heraus, Du blamierst Dich!] Sauer ist von Karl Glossy, dem späteren Direktor der Bibliothek und des Museums der Stadt Wien, zur Mitarbeit an der Herausgabe animiert worden, wovon Minor offensichtlich nichts weiß; *Ferdinand Raimund's sämmtliche Werke. Nebst den Original- und Theatermanuscripten nebst Nachlaß und Biographie* kommen 1880/81 in drei Bänden unter Mitarbeit Sauers bei Carl Konegen heraus. – Vgl. *Der Raimund ist wahrhaftig patent]* unter Brief 86.

50 *Buchhändler K.]* Der Wiener Verleger Carl Konegen.

51 *(vgl. Minor, Chr. Weisse S. 147 Anm.)]* Minor bezieht sich auf folgende Passagen aus seiner Arbeit: *Zu dieser Stelle nun macht Gottsched, der die lettre in seinem „Neuesten aus der anmuthigen Gelehrsamkeit" Hornung 1753 weitläufig anzeigt (S. 131), die Bemerkung unter dem Texte: „Wer bei uns seit einiger Zeit das englische Stück, der Teufel ist los, vorstellen gesehen hat, der wird dieses Urtheil nicht für zu hart halten. Und doch suchet man durch solche Vorstellungen den Geschmack zu verderben." Der Verfasser der lettre meint, die Unanständigkeit der Thaten und Worte mache die Comödie reizend; und Gottsched glossirt wieder: „Dahin zähle man immer auch bei uns die Stücke, wo immer etwas zu küssen vorkömmt. Wahrlich ein sehr leichter Kunstgriff für schlechte Dichter zu gefallen." [...] „Der Verfasser (der lettre) merket an, daß die Vorbereitungen zur Unzucht oft, durch Worte und Geberden, so weit getrieben werden, daß sehr wenig zur Vollziehung*

fehlt. Wenigstens zeiget man schon Bette und ausgekleidete Personen auf der Bühne." – Minor: *Christian Felix Weiße; 1880*, S. 147.

dann kanns, in 1 1/2 Monat etwa durchgehen.] Die Rede ist in diesem Absatz wieder von Minor: *Goethe-Philologie; 1880*.

Falcks Lenzianum] Paul-Theodor Falck: *Der Dichter J. H. R. Lenz in Livland. Eine Monographie nach neuem Material aus dem Lenz-Nachlasse*. J. Westfehling, Winterthur, 1870.

Freund RMW] Richard Maria Werner.

52 *kommt es erst 1890 heraus]* Gemeint ist Minor: *Christian Felix Weiße; 1880*; der damit in Zusammenhang stehende Absatz zuvor handelt von Minor: *Goethe-Philologie; 1880*.

In den Fragmenten von Herder] Abschnitt in der von Bernhard Suphan besorgten Ausgabe der *Sämtlichen Werke* Herders.

Germanistenverein] Vgl. unter *Jahresbericht unseres Vereines]* in Brief 12S.

„Schaudert Ihr, ah! Es ist darnach!"] Franz Grillparzer, *Ahnfrau*, III/1 – der Soldat spricht zu Berta. – Im Brief weist von hier einen Pfeil auf „Präparation" in der Zeile darüber.

53 *poco fà]* Ital. = vor kurzem.

„Da ich noch jünger war, liebt ich zu klagen ..."] Als Zitat nicht ermittelt.

Obstinatism] Obstination = Eigensinn, Halsstarrigkeit.

Unruhen an der Technik] In diesen Jahren kam es vor allem in Wien und in Prag wegen der Sprachenverordnung des Kabinetts Taffee zu Kundgebungen und Demonstrationen.

Addio mio amatissimo è icordati sempre del tuo amico] Ital = Adieu, mein geliebtester und erinnere dich immer an deinen Freund.

55 *Meine Goethe-Sachen]* Minors Anteil an Minor: *Goethe-Philologie; 1880*; vgl. *mit beiden Aufsätzen, dem Shakespeare nur bis zur Hälfte fertig]* unter Brief 60.

56 *von unsrem neuen Verleger]* Carl Konegen, Wien.

58 *Jesus Maria W.]* Richard Maria Werner.

unseren Studien] Sauers und Minors gemeinsame Arbeit Minor: *Goethe-Philologie; 1880*.

59 *Werner mir an den Fersen ist]* Vgl. Brief 58 bezüglich Minor: *Goethe-Philologie; 1880*.

60 *handeleins geworden]* Handelseins über die Druck- und Ausstattungsmodalitäten für Minor: *Goethe-Philologie; 1880*.

Ausstattg = GF] Als Ausstattungsbeispiel nennt Minor die *Göthe-Forschungen*, deren ersten Band Woldemar Freiherr von Biedermann 1879 herausgegeben hatte.

Ich bin mit beiden Aufsätzen, dem Shakespeare nur bis zur Hälfte fertig] Sauers und Minors gemeinsame Arbeit *Studien zur Goethe-Philologie* umfasst vier Aufsätze: *Goethes älteste Lyrik*, *Herder und der junge Goethe*, *Die zwei ältesten Bearbeitungen des Götz von Berlichingen* und *Götz und Shakespeare*; nur die *Götz*-Bearbeitungen stammen von Sauer.

Mercks Lila-Lieder] Minor belegt in Minor: *Goethe-Philologie; 1880* das anakreontische Wesen der frühen Lyrik Goethes unter anderem durch intertextuelle Bezüge der Freundschafts-*Oden an Psyche, Urania und Lila* zurück auf die der Lila (Karoline Flachsland, Herders späterer Frau) zugeeigneten Dichtungen des Goethe-Freundes Johann Heinrich Merck.

Herder : Goethe füllt die Lücke zwischen Bd I und II des jG aus] Siehe *Ich citire immer jG]* unter Brief 62.

die fkfter Recension] Seinen homerischen Studien in *Dichtung und Wahrheit* hat Goethe zwei Rezensionen aus den Frankfurter gelehrten Anzeigen zugrunde gelegt. – Vgl. auch Eckermann: *Gespräche mit Goethe*, Montag, den 16. Juni 1823: *Ich äußerte mich auch über seine Frankfurter Rezensionen, die ich Nachklänge seiner akademischen Jahre nannte, welcher Ausspruch ihm zu gefallen schien, indem er den Standpunkt bezeichne, aus welchem man jene jugendlichen Arbeiten zu betrachten habe.*

Wenn ihm also etwas nicht behagt hat] In der Anmerkung 1 auf Seite 343 seines *Christian Felix Weiße* schreibt Minor im Zusammenhang mit Goethes Jugenddichtungen: *Mit viel Wahrscheinlichkeit sieht Wilhelm Scherer in dem Nürnberger des Goethe'schen Jahrmarktsfestes zu Plundersweilern eine Verspottung Weiße's (Quellen und Forschungen XXXIV. S. 29 f.).* – Und auf Seite 404 in den „Nachträgen und Verbesserungen": *[...] macht mich Scherer auf die von Uhde in Raumer-Riels historischem Taschenbuche f. 1873 (S. 359 ff.) herausgegebenen Denkwürdigkeiten von Karoline Schulze aufmerksam, wonach sie das Theater verlassen hätte, um zu heiraten.*

Anton Fritz] Vgl. Kapitel „*Lieber Pepi!*" – „*Dein Jacques.*"

61 *Zu allererst, lieber Pepo]* Vgl. Kapitel „*Lieber Pepi!*" – „*Dein Jacques.*"

Sie beginnen also zu drucken] Konegen möchte mit der Produktion von *Minor: Goethe-Philologie; 1880* beginnen, in dem drei Beiträge Minors und ein Beitrag Sauers erscheinen; im ganzen folgenden Absatz geht es um die Beziehungen der vier Texte zueinander; vgl. *mit beiden Aufsätzen, dem Shakespeare nur bis zur Hälfte fertig]* unter Brief 60.

auf dem ersten Zettelchen] Die Beilagen sind nicht erhalten.

[Vorrede wird] Eckige Klammer im Original.

Spassettl] Wienerisch: Scherz, Neckerei, Belustigung.

Hutschelei] Wienerisch: Liebdienerei, schmeichlerische Gefälligkeit.

den Götz jG II 240 citirt] Siehe *Ich citire immer jG]* unter Brief 62.

Was Du von Scherer sagst] Die folgenden Zitate entnimmt Minor der Vorrede zu *Minor: Christian Felix Weiße; 1880.*

Daimonie! Daimonie! ποιον επος εριπες!] Hier ergibt sich sinngemäß: *Wehe! Wehe! Welchen Text zerstörst Du!*

Wegen des neuen Planes] Es handelt sich offenbar um jene „Studien" (Arbeitstitel), aus denen sich die *Beiträge zur Geschichte der deutschen Literatur und des geistigen Lebens in Österreich* entwickeln werden.

Sprüchelgen für Weiber] Minor zitiert aus *Götz von Berlichingen* und damit sich selbst: „Gelten und gelten lassen ist ein Sprüchelchen für Weiber, heißt es in der ersten Fassung des Götz [...]." – *Minor: Goethe-Philologie; 1880,* S. VI.

62 *undatiert]* Der Brief muss vor Minors Gesuch um „Zulassung als Privatdocent für deutsche Sprache und Literatur" vom 10. 5. 1880 verfasst worden sein; aus dem Kontext ist eine Datierung vor dem 25. 3. 1880 anzunehmen (vgl. Signatur 413/4-66 = Brief 63), wahrscheinlich wurde der Brief jedoch unmittelbar nach dem 11. 2. 1880 abgeschickt (vgl. Brief 61), wo Minor von einem geplanten Zusammentreffen in Wien schreibt und die Struktur der Beiträge zu *Minor: Goethe-Philologie; 1880,* diskutiert, auf die er sich nun neuerlich bezieht.

Manuscript des Goetz-Aufsatzes] Götz und Shakespeare in: *Goethe-Philologie; 1880.* – Die ersten fünf Absätze diskutieren das Verhältnis der fünf Beiträge Minors und Sauers zu *Minor: Goethe-Philologie; 1880,* vgl. *Sie beginnen also zu drucken]* unter Brief 61.

Ich citire immer jG] Minor und Scherer zitieren Salomon Hirzel [Hg.]: *Der junge Goethe. Seine Briefe und Dichtungen von 1764-1776. Mit einer Einleitung von Michael Bernays.* Hirzel, Leipzig 1875 (3 Bände).

Sansculotten] Frz.: „Die ohne Kniehosen"; im Gegensatz zu den Kniehosen (culottes) tragenden Aristokraten bevorzugten die Bürger der Französischen Revolution lange Hosen (pantalons). – Minor übernimmt die Formulierung vom „literarischen Sansculottismus" offenbar aus Hempels Goethe-Ausgabe 19. Bd., S. 240 (Horen 1775).

was ich gegen Deine Verlobung geschrieben habe?] Vgl. Briefe 53 und 60.

Dusel] Wienerisch: leichter Rausch.

MS in GF!] MS = Minor und Sauer in Goethe-Forschungen! (Nicht in den *Göthe-Forschungen* des Woldemar Freiherr von Biedermann, sondern in eigenen Goethe-Forschungen.)

63 *Beantwortung folgender Fragen]* Minors Fragen beziehen sich auf *Die zwei ältesten Bearbeitungen des Götz von Berlichingen,* Sauers Beitrag zu *Minor: Goethe-Philologie; 1880.*

über einen Vergleich Wieland'scher Texte] Vgl. *Minor: Goethe-Philologie; 1880,* S. VII.

macht Lessing einmal] Vgl. Minor: *Goethe-Philologie; 1880,* S. VII.

64 *Was meinen Cometen anbelangt]* Unklar, welchen Einfall – „Cometen" – Minor meint.

65 *den ich zum Gesuche brauche]* Seinem Gesuch um „Zulassung als Privatdocent für deutsche Sprache und Literatur" vom 10. Mai 1880 legt Minor bei: „[...] ein Exemplar seiner Monographie über Chr. F. Weisse *[Beilage IV],* das Manuscript einer Arbeit auf dem Gebiete der älteren Literatur *[Beilage V]",* und die Aushängebogen seiner eben erscheinenden ‚Studien zur Goethephilologie' *[Beilage VI].* Das letztere Werk bittet er als seine Habilitationsschrift betrachten zu wollen, da er den Bedürfnissen der hiesigen Universität entsprechend seine Thätigkeit als akademischer Lehrer zuerst hauptsächlich der neueren Literatur zuordnen würde." – Minor-Personal-Akt, UA Wien, 003 / Z. 489.

Goetheforschungen-Recension] Rezension von Woldemar Freiherr von Biedermanns *Göthe-Forschungen* [Bd. 1], Frankfurt am Main, 1879; in: *Minor: Goethe-Literatur; 1880.*

66 *Angf. Studien]* Vgl. *Wegen des neuen Planes]* unter Brief 61.

67 *Sitzg des ProfCollegiums]* Vgl. Personalakt Minor, UA Wien, 10. 6. 1880, Z 550.

Winterstetten] Minor: *Ulrich von Winterstetten; 1882;* vgl. *den ich zum Gesuche brauche]* unter Brief 65.

vermobbelt] Verballhornung des saloppen *vermöbelt,* also hier scherzhaft für *verprügelt.*

68 *Weiße höhere Kritik versucht]* Vgl. *vermobbelt]* unter Brief 67.

69 *Vöslau Juni 80]* Das genaue Datum ist aus den ersten Briefzeilen erschließbar. – Vgl. auch UAW, Personalakt Minor, 005 und 017.

Der Titel: „Studien zur Goethe-Philologie"] Unter diesem Titel erscheint *Minor: Goethe-Philologie; 1880.* – Die Arbeit ist „Unserm Lehrer Richard Heinzel in Dankbarkeit und Verehrung" gewidmet. Im Vorwort schreiben Minor und Sauer: „Im Übrigen haben wir unser Eigenthum nicht besonders unterscheiden wollen; weil einerseits trotzdem jeder Aufsatz seinen bestimmten Verfasser hat, an manchen Stellen dennoch der Gedanke dem einen, die Belegstellen dem andern angehören und umgekehrt; und weil wir anderseits im Allgemeinen für die Meinung des andern eintreten zu können vermeinen." – Vgl. *mit beiden Aufsätzen, dem Shakespeare nur bis zur Hälfte fertig]* unter Brief 60.

70	*Aretin IX 4]* Nicht ermittelt.
71	*gemeinsame Liste]* Diskussion der Adressaten, an die Freiexemplare (Teil des Honorars) von *Minor: Goethe-Philologie; 1880*, verschickt werden sollen.
	Jakoby, Sedelmayer] Der Name zwischen *Jacoby* und *Sedelmayer* – *Schorr* – ist gestrichen, in der analogen Aufzählung im folgenden Brief aber wieder enthalten.
	bezogen] Die Mitteilung (Korrespondenzkarte) ist nicht unterzeichnet.
72	*MGS]* Vermutlich: Minor – Goethe – Sauer.
73	*Reichenau]* Luftkurort nahe der Raxalpe südlich von Wien.
74	*Parthie]* Partie (wie in: Landpartie): Ausflug.
	Payerbach] Ausflugsort südlich von Wien, Ausgangspunkt für Bergwanderungen.
	GMS] Vermutlich: Goethe – Minor – Sauer.
75	*Hundstagen]* Die heiße Zeit im Hochsommer.
76	*Ew. Wohlgeboren]* Der Text dieses Billets ist in Akzidenzien gedruckt.
78	*Guttenstein]* Gutenstein an der Rax, Ausflugsort südlich von Wien.
	eine Anzeige des Goethe Jahrbuches] Anzeige für *Minor: Goethe-Literatur; 1880*.
	4 geschlachtet] Vier Rezensionen verfasst.
	Friquet] Frz. = Sperling, Spatz.
79	*Maria Schutz]* Kleiner Wallfahrtsort am Fuß des Semmerings; Minor wird in der Kirche Maria Schutz heiraten.
	Parallelstrophen] Die beiden letzten Strophen sind umklammert und als Parallelstrophen bezeichnet.
82	*D–y]* Daisy, Rufname von Minors zukünftiger Frau.
	16 Hörer, es sitzen aber immer an 30 darin] Zu Minors Zeiten mussten ordentliche Hörer für die belegte Vorlesung (Colleg) pro Semester Colleggeld bezahlen, das zu 95 Prozent dem Vortragenden zukam.
	worin Hermann eingewickelt war] Nicht ermittelt.
83	*Was ist es mit den öst. Studien?]* Minor meint die *Beiträge zur Geschichte der deutschen Literatur und des geistigen Lebens in Österreich*, die er zusammen mit August Sauer und Richard Maria Werner plant; vgl. *Wegen des neuen Planes]* unter Brief 61.
84	*Das Steppenblut, das Zigeunerblut, wie sie sagt]* Anspielung auf die Eröffnung Daisys, sie sei die Tochter eines Grafen Csáky, den ihre Mutter während ihrer Tätigkeit als Erzieherin in Ungarn kennen gelernt habe. – Die Familie Zoebel, Urenkel Minors, erinnert sich an Briefe eines Grafen Csáky die Vaterschaftsangelegenheit betreffend.
	arbeite jetzt den ganzen Tag am Colleg] Zu Minors Zeiten wird eine Vorlesung an österreichischen Universitäten als Colleg bezeichnet.
	zusammenglauben] zusammenklauben.
	Ich hudele und schludere] Wienerisch *hudeln, schludern* = sich unnötig beeilen, unordentlich arbeiten.
85	*über die Themen was geschrieben habe]* In *Minor: Goethes Apotheose des Künstlers; 1880*.
	daß mein Schwager ruinirt ist] Vgl. Brief 84.

Ist denn auf Krakau gar keine Aussicht?] Vgl. Briefe 88, 90, 91, 97, 102, 105, 111 und 118.

Studien zur öst. Litgeschichte] Beiträge zur Geschichte der deutschen Literatur und des geistigen Lebens in Österreich; vgl. Briefe 61 und 83.

86   *Der Raimund ist wahrhaftig patent]* Ferdinand Raimund's sämmtliche Werke. Nach den Original- und Theater-Manuscripten nebst Nachlaß und Biographie hg. von Dr. Carl Glossy und Dr. August Sauer. Carl Konegen, Wien, 1881. – Vgl. *Gib also nicht heraus, Du blamierst Dich!]* unter Brief 45.

im Verein der Litfreunde einen Vortrag] Der 1874 gegründete Wiener Verein der Literaturfreunde veranstaltete regelmäßig Lesungen und Vortragsabende. Vgl. Kapitel *Sonstige Mitgliedschaften*.

als Lilli mitgenommen] Anspielung auf Anna Elisabeth Schönemann, genannt Lili, mit der sich Goethe 1775 verlobt hatte – die Verlobung war allerdings noch im selben Jahr auf beiderseitigen Wunsch gelöst worden.

Spezibub] Wienerisch *Spezi* = enger Freund.

In den Ferien wird Hamann fertig gemacht.] Gemeint ist die Arbeit an *Minor: Hamann; 1881*.

Komm, Kleist] Minor spricht an Sauers Ausgabe von *Ewald von Kleist's Werke in drei Teilen*, die bei Hempel, Lemberg, 1880–1882, erscheint.

schreib ihm nichts von unserer Sache] Minor umschreibt die *Beiträge zur Geschichte der deutschen Literatur und des geistigen Lebens in Österreich*.

Vale faveque!] Lat.: Leb wohl und bleibe (mir) gewogen!

Dein Freund Ypsilanti.] Fürst Alexander Ypsilanti war einer der Führer des griechischen Aufstandes gegen die Türkenherrschaft, proklamierte am 8. 3. 1821 die griechische Unabhängigkeit, floh nach Österreich und wurde hier bis 1827 gefangen gehalten. Er starb am 1. 8. 1828 im Gasthaus *Zur goldenen Birne* in Wien, Landstraßer Hauptstraße 31 – Minor verbrachte seine Kindheit im Haus Landstraßer Hauptstraße 8. – Vgl. auch Kapitel „*Lieber Pepi!*" – „*Dein Jacques.*"

87   *Mercks Lila-Lieder]*

Fkf. gel. Anz.] Die *Frankfurter gelehrten Anzeigen*, vormals *Franckfurtische gelehrte Zeitungen*, erschienen 1772 bis 1790.

weder Litbr. noch NBibldWiss;] Weder Nicolais *Briefe, die neueste Literatur betreffend*, noch die *Neue Bibliothek der schönen Wissenschaften und der freyen Künste*.

Kasel] Kassel.

Zur Ansicht einstweilen] Minor entwirft das Titelblatt einer siebenten (!) Auflage.

88   *Verf. der Schrift über die Zss.]* Nicht ermittelt. – Siehe auch *Verfasser der Schrift über die Zeitschriften]* unter Brief 90.

89   *Freudenbotschaft]* Sauer meint, dass er Chancen auf eine Übersiedlung nach Prag hätte; vgl. „Deine Prager Hoffnungen" in Brief 90.

S.] Bernhard Seuffert. – Vgl. Brief 90.

der Kapuziner bleibt einem noch immer] Wahrscheinlich ein Wortspiel mit der *Kapitulazi* (Kapitulation), wie zu Minors Zeiten die freiwillige Dienstverlängerung in der k. u. k. Armee umgangssprachlich genannt wurde.

geht Hamann ab] Gemeint ist *Minor: Hamann; 1881*.

90 *Raimund II]* Der zweite der drei Bände von *Ferdinand Raimund's sämmtliche Werke*, bei deren Edition Sauer mitwirkte. – Vgl. *Der Raimund ist wahrhaftig patent]* unter Brief 86.

Recension bei Rödiger] Sauer rezensierte Minors *Christian Felix Weiße* in der *Deutschen Literaturzeitung*, 1881/1 Sp. 11–13 und signierte mit *P.* (= Pepi).

Recension in der Wiener Allgemeinen 14/1, Mittag] Weitere Rezension Sauers des *Christian Felix Weiße* in Nr. 314 der *Wiener Allgemeinen* vom 14. Jänner 1881.

Gegenbrouillon] Brouillon: Skizze, erster Entwurf. – Es geht offenbar um das Muster eines Verlagsvertrags für die geplanten *Beiträge zur Geschichte der deutschen Literatur und des geistigen Lebens in Österreich*.

Verfasser der Schrift über die Zeitschriften] Nicht ermittelt. – Siehe auch *Verf. der Schrift über die Zss.]* unter Brief 88.

91 *Deinen Kleist]* Der erste Band von Sauers dreibändiger Ausgabe von *Ewald von Kleist's Werke*, Berlin 1881–1882.

Hamann erscheint Mitte März] Minor: Hamann; *1881*.

mit Conegens Vorschlägen] Die Vorschläge des Verlegers Carl Konegen den Verlag der *Beiträge zur Geschichte der deutschen Literatur und des geistigen Lebens in Österreich* betreffend.

moquant] Frz. spöttelnd.

Liesinger Bierhalle] Gaststätte der Brauerei in Liesing, das damals noch am südlichen Stadtrand von Wien lag und noch nicht zu Wien gehörte.

kein großes Heft] Metonymisch für: Vorlesung / Colleg.

92 *einen Artikel geschrieben] Lessing und Goethe*. In: *Neue Freie Presse*; 5. 3. 1881. Nr. 5933.

Hamann] Minor: Hamann; *1881*.

Schnupfer] Wienerisch für einen, der Geld rupft.

oest. Studien] Beiträge zur Geschichte der deutschen Literatur und des geistigen Lebens in Österreich.

Prager Professor, die wol sicher ist] Um diese Zeit meint Minor noch, dass Sauers Aussichten auf Anstellung in Prag intakt seien. – Vgl. allerdings dazu *Prag wird nun wol kaum für Dich zu hoffen sein]* unter Brief 95.

Dein Lemberger Vikariat] Die Supplentenstelle Sauers an der Universität Lemberg.

„Fortwursteln"] Wienerisch für *im alten Trott bleiben*.

den Hobel weglegen] Verhüllende wienerische Redewendung für: Eine Arbeit abbrechen, eine Arbeit aufgeben.

meines Magus] Gemeint ist *Minor: Hamann; 1881*.

94 *Mit P. wird es Ernst]* Mit Prag wird es ernst.

über den Prof.] Minor meint Sauer selbst, den er gelegentlich schon „Professor Pepi" tituliert; vgl. Kapitel *„Lieber Pepi!"* – *„Dein Jacques."*

95 *Friedrich Schlegel meine erste und letzte]* Minor: Schlegel-Jugendschriften; *1882*.

mein ehemaliger „Gelbschnabel"] Paul Hofmann-Wellenhof.

der Denis] Vgl. die anonyme Rezension Minors: *Paul Hofmann-Wellenhof: Michael Denis; Innsbruck, 1881*; in: *Deutsche Literaturzeitung*; Nr. 44, Sp. 1699–1701.

unseren österreichischen Studien] Gemeint sind die *Beiträge zur Geschichte der deutschen Literatur und des geistigen Lebens in Österreich.*

Prag wird nun wol kaum für Dich zu hoffen sein] Vgl. dazu noch *Prager Professur, die wol sicher ist]* unter Brief 93.

Herbst „Goethe in Wetzlar"] Vgl. Rezension von Wilhelm Herbst: *Goethe in Wetzlar;* Gotha, *1881;* in: NFP; 9. 9. 1881, Nr. 6118.

schenirt so was net] Wienerisch *sich nicht genieren* = sich nicht kümmern.

breze – poizem poizem!] *breze – poizem poizem* (korrekt: breza – pocem, pocem); tschechisch veraltet, umgangssprachlich; *breza* = pejorative Bezeichnung für altes Weib; *pocem* = komm her, komm zu mir. – Also etwa: *Na, komm schon, Alte!*

96 *Mit Friedrich Schlegel]* Gemeint ist Minor: *Schlegel-Jugendschriften; 1882.*

An Winterstetten] Gemeint ist Minor: *Ulrich von Winterstetten; 1882.*

echappirt] Frz. = entfleucht, entwischt.

97 *Die Pädagogstelle]* Das Wiener Pädagogium war Ausbildungsstätte für Volks- und Bürgerschullehrer; im WS 1868/69 begann in der Hegelgasse der Lehrbetrieb in Verbindung mit einer Übungs-Volksschule; die Ausbildung dauerte vier bzw. sechs Jahre.

August Sauer Daisy Betty Bauer Jacques] Die vier Namen sind kreuzweise durch Linien verbunden: August Sauer und Jacques, Betty Bauer und Daisy.

Schlegel tragt mir 500 fl] Honorar für Minor: *Schlegel-Jugendschriften; 1882.*

um ein Stipendium eingereicht] Ansuchen um Reisestipendium für einen Englandaufenthalt.

98 *6 Belegscheine]* Belege für Kollegiengelder.

Jerusalem und Jünger in die ADB geschlachtet] Artikel Minor: *Jerusalem, 1881,* und Minor: *Jünger, 1881,* für die *Allgemeine Deutsche Biographie.*

100 *Deine Recension von Lessing XX]* Sauers Rezension der *Briefe von und an Lessing,* des 20. Bandes der von Carl Christian Redlich besorgten Lessing-Werkausgabe, im *Anzeiger für deutsches Alterthum und deutsche Litteratur* 6 (1880), S. 173–181.

Mein Schlegel] Minors *Schlegel-Jugendschriften; 1882.*

Bewerbung im Pädagog] vgl. *Die Pädagogstelle* in Brief 97.

Universität in Amerika] Diese theoretische Möglichkeit taucht in Minors Erinnerung viele Jahre später wieder auf, dann aber meint er – in einem Bericht für die *Neue Freie Presse* am 7. Okt. 1905 –, „Ich wäre nicht mehr jung genug, um mich in Amerika einzugewöhnen."

101 *Stelle in Mailand]* 1882 geht Minor über das Sommersemester als Lehrbeauftragter an die *Accademia scientifico-lettararia* nach Mailand und liest dort über Goethe und die deutsche Klassik; vgl. Brief 102 und Kapitel *Zwischenspiel Mailand.*

italienisch vortragen] Minor wird nicht in italienischer, sondern in deutscher Sprache lesen.

Vale faveque, amice!] Sei gegrüßt und bleibe mir gewogen, Freund!

102 *Füllhorn Deiner Gaben]* Band 4 der von Bernhard Seuffert herausgegebenen *Deutschen Literaturdenkmale des 18. und 19. Jahrhunderts* bestreitet Sauer mit einer Ausgabe von Gleims *Preussischen Kriegslieder in den Feldzügen 1756 und 1757 von einem Grenadier,* zu der er auch die Einleitung verfasst; Minor bedankt sich auch für die ersten beiden von Sauer bei Hempel herausgebrachten Bände von *Ewald von Kleists Werken.*

Recension des Seufertschen Unternehmens] Minor bespricht die Nr. 1–3 der von Bernhard Seuffert herausgegebenen *Deutschen Literaturdenkmale des 18. und 19. Jahrhunderts* (F. M. Klinger: *Otto*; H. L. Wagner: *Voltaire am Vorabend seiner Apotheose*; F. Müller: *Fausts Leben*) in Otto Behaghels *Literaturblatt für germanische und romanische Philologie*, 3. Jg. Nr. 3, S. 97–99.

Aussicht auf eine Stellung] Anstellung als Lehrbeauftragter an der *Accademia scientifico-lettararia* in Mailand; vgl. Brief 101.

Ehre die Du ihm mit den Kriegsliedern erwiesen hast] Siehe oben: Gleims *Preussische Kriegslieder in den Feldzügen 1756 und 1757 von einem Grenadier* unter *Füllhorn Deiner Gaben]*.

103 *dell' illustre e prode generale Garibaldi]* des erlauchten und tapferen Generals Garibaldi.

Per tutto nazionale] Eigentlich: *Per tutto nazione* = In der gesamten Nation.

Herausgeber der Grenadirbände] Vgl. *Füllhorn Deiner Gaben]* unter Brief 102.

104 *größere Partien]* Größere Ausflüge. – Vgl. *Parthie]* unter Brief 74.

Recension des Schlegel] Rezension von *Minor: Schlegel-Jugendschriften; 1882*.

Ein Heft Studien] Ein erstes Heft der *Beiträge zur Geschichte der deutschen Literatur und des geistigen Lebens in Österreich*.

die Ahnfrau noch nicht fertig?] Der von Sauer angekündigte Beitrag für das erste Heft der *Beiträge zur Geschichte der deutschen Literatur und des geistigen Lebens in Österreich*.

Fortgang der Sache? ... Contracte] Fortgang der *Beiträge zur Geschichte der deutschen Literatur und des geistigen Lebens in Österreich* und des Verlagsvertrags mit Carl Konegen.

105 *Kleist III]* Der dritte und letzte Band von Sauers *Ewald von Kleist's Werke*. Berlin 1881–1882.

für die Stuttgarter] Für Joseph Kürschners *Deutsche National-Litteratur*, die bei Spemann, Berlin und Stuttgart, erscheint.

über Cronegk und Brawe geschrieben] Minor: *Lessings Jugendfreunde; 1883*.

Die Krakauer haben einen Privatdocenten] Vgl. *Der polnische College]* unter Brief 113.

eher gegen als für eine 2te Docentur] Vgl. *Castle: Schmidt-Briefe; 1955*; S. 78 (3. Brief).

Recension meines Winterstetten] Rezension von *Minor: Ulrich von Winterstetten; 1882*; vgl. *Winterstetten]* unter Brief 108.

106 *Scherer Heft 6]* Heft 6 der von Scherer herausgegebenen Zeitschrift *Quellen und Forschungen zur Sprach- und Culturgeschichte der germanischen Völker*.

die Ahnfrau unseres Hauses?] Minor erinnert Sauer an seinen Beitrag für das erste Heft der *Beiträge zur Geschichte der deutschen Literatur und des geistigen Lebens in Österreich*.

107 *Feuilleton in der NFPresse]* Minors Aufsatz *Zur deutsch-österreichischen Literaturgeschichte: Joseph von Sonnenfels* erschien in der *Neuen Freien Presse* Nr. 6448 vom 6. 8. 1882.

meine Recension Deines Brawe] Vgl. *Minor: Sauers Brawe; 1879*.

aus dem Lausitz'schen Magazin] *Lausitzisches Magazin oder Sammlung verschiedener Abhandlungen und Nachrichten zum Behuf der Natur-, Kunst-, Welt- und Vaterlands-Geschichte, der Sitten und schönen Wissenschaften*. Görlitz 1768–1792.

Die alte Hoffnung P...g] Sauers Chancen, an die Prager Universität berufen zu werden, sind nach Minors Ansicht noch intakt.

108 *für Kürschner in Cronegk u. Brawe]* Minor: Lessings Jugendfreunde; 1883.

Beste Unterhaltung zum Sturm & Drang] Sauer wird für Kürschners *Deutsche National-Litteratur* insgesamt drei Bände *Stürmer und Dränger* herausgeben; vgl. *Bände Stürmer & Dränger]* unter Brief 122.

Winterstetten] Minor: *Ulrich von Winterstetten;* 1882; vgl. *Recension meines Winterstetten* unter Brief 105.

vermobbelt] Vgl. *vermobbelt]* unter Brief 67.

m. p.] Lat. *manu propria* = eigenhändig.

des Pg. anzuklagen] Vermutlich: *des Plagiats anzuklagen.*

109 *Pottenstein]* Ausflugs- und Erholungsort südlich von Wien.

111 *Kürschnerei]* Mitarbeit an Joseph Kürschners *Deutsche National-Litteratur.*

Egon-Ebert-Lektion] Wohl ein Irrtum Minors: *Egon-Ebert-Lektüre.*

Doubletten „Deutsches Museum"] Doppelt vorhandene Exemplare der von Friedrich von Schlegel herausgebenen Zeitschrift *Deutsches Museum,* Wien, 1812–1813. – Vgl. *Museum]* unter Brief 128.

112 *wie viel Hefte jeder Schriftsteller hat]* Bei Hempel erschienen insgesamt 246 Bände der *Nationalbibliothek sämmtlicher deutschen Classiker,* die in unterschiedlichen Vertriebsformen auf den Markt gebracht wurden; möglich waren auch Abonnements auf ungebundene Einzellieferungen.

Dein Ahnfrau-Heft corrigiren] Das erste Heft der *Beiträge zur Geschichte der deutschen Literatur und des geistigen Lebens in Österreich;* „*corrigieren"* durchgestrichen.

113 *Deine 3 Neudrucke]* Es handelt sich um die Nummern eins bis drei der bei Carl Konegen erscheinenden *Wiener Neudrucke* mit *Auf auf ihr Christen* von Abraham a Sancta Clara, *Prinzessin Pumphia* von Joseph Kurz und *Der Hausball,* der Erzählung eines anonymen Autors.

„Beitrag zur deutsch-österreichischen Literaturgeschichte"] Der Beitrag *Zur deutsch-österreichischen Literaturgeschichte* ist bereits am 7. November des Vorjahres in der *Neuen Freien Presse* Nr. 6538 erschienen; Minor hat ihn in Prag offenbar noch nicht zu Gesicht bekommen. – Drei Jahre später, 1886, wird mit Minors *Entwicklung der deutschen Literatur in Wien und Niederösterreich* die erste umfassende wissenschaftliche Arbeit zum Thema im *Kronprinzenwerk* veröffentlicht.

der holde Erich] Erich Schmidt.

Der polnische College] Worauf oder auf wen sich Minor bezieht, ist unklar; wahrscheinlich handelt es sich um die Ereignisse um die Berufung Wilhelm Creizenachs nach Krakau. Minor war für die Berufung vorgesehen und auch von Richard Heinzel empfohlen, doch sprach sich der galizische Statthalter nach der Ernennung eines österreichischen Medizin-Professors gegen die Berufung eines weiteren Österreichers aus, und das Ministerium entschied sich bedauernd für den Kompromisskandidaten Creizenach.

114 *Schutz]* Vgl. *Maria Schutz]* unter Brief 79.

Band Weiße – Cronegk – Brawe – Nikolai] Bd. 72 in Kürschners *Deutscher National-Litteratur – Minor: Lessings Jugendfreunde;* 1883.

Band Werner – Müllner – Houwald] Bd. 151 in Kürschners *Deutscher National-Litteratur – Minor: Schicksalsdrama;* 1884.

Entwurf zu den öst Studien] Entwurf des *Prospectus der Beiträge zur Geschichte der deutschen Literatur und des geistigen Lebens in Österreich,* der von Jakob Minor, August Sauer und Richard Maria Werner schließlich unterzeichnet und veröffentlicht wird.

Ueber die Neudrucke] Vgl. *Deine 3 Neudrucke]* unter Brief 113.

Tags zuvor einen Artikel über Neudrucke in der Presse] Am 20. Jänner erscheint Minors Bericht über Bernhard Seufferts *Deutsche Literaturdenkmale des 18. und 19. Jahrhunderts in Neudrucken* in der *Neuen Freien Presse.*

115 *Recension Deiner Neudrucke]* Die Rezension *Wiener Neudrucke* erscheint anonym am 11. Mai in der *Neuen Freien Presse;* vgl. *Deine 3 Neudrucke]* unter Brief 113.

das West'sche Sonntagsblatt] Das von Joseph Schreyvogel herausgegebenen *Westische Sonntagsblatt.* – 1903 regt Minor einen Neudruck an; vgl. Kapitel *Literarischer Verein.*

Aufsatz über Wilhelm Schlegel] Der Aufsatz erscheint nicht in der geplanten Form.

ein Buch an Kürschner geschickt] In Kürschners *Deutscher National-Litteratur* erscheint als Bd. 151 *Minor: Schicksalsdrama; 1884.*

ein Artikel [...] in Dein Ahnfrau-Heft] einen Artikel in das erste Heft der *Beiträge zur Geschichte der deutschen Literatur und des geistigen Lebens in Österreich* – vgl. *Minor: Ahnfrau; 1898.*

116 *Mit dem Ahnfrau-Aufsatz]* Vgl. *Zu Grillparzers „Ahnfrau",* Beilage zur *Allgemeinen Zeitung,* München, 12. 3. 1885, Nr. 71.

117 *Kürschner einen Auszug gestattet habe]* Vgl. *Minor: Schicksalstragödie; 1883,* bei Rütten und Loening.

das M.] das Ministerium.

W. in Lemberg] Richard Maria Werner in Lemberg.

M in Prag] Jakob Minor in Prag.

Keil beginne, Spengler folge] Robert Keil liefert den Beitrag *Wiener Freunde* für Heft 2 und Franz Spengler eine Arbeit über *Wolfgang Schmeltzl* für Heft 3 der *Beiträge zur Geschichte der deutschen Literatur und des geistigen Lebens in Österreich.*

der Jünger Erichs] Gemeint ist Franz Spengler, Schüler Erich Schmidts.

Ein Heft öst. Studien über West] Ein Beitrag oder ein Heft über West kommen nicht zustande; vgl. dazu *das West'sche Sonntagsblatt]* unter Brief 115.

Meine Anzeige Deiner Neudrucke] Siehe *Recension der Wiener Neudrucke]* unter Brief 119.

daß Erich irgendwie dahinter steckt] Gemeint ist Erich Schmidt.

119 *Hollins Liebeleben] Minor: Hollin; 1883.*

einen Auszug daraus zu geben] Vgl. *Kürschner einen Auszug gestattet habe]* unter Brief 117.

Aufsatz über die Ahnfrau] Vgl. *Mit dem Ahnfrau-Aufsatz]* unter Brief 116.

Sonntageblatt in Neudruck] Vgl. *das West'sche Sonntagsblatt]* unter Brief 115.

Ich gebe bei Seufert Gustav Wasa] Als 15. Band in der Reihe *Deutsche Literaturdenkmale des 18. und 19. Jahrhunderts in Neudrucken,* die Bernhard Seuffert herausgibt, erscheint *Minor: Gustav Wasa; 1883.*

Schlegels Berliner Vorlesungen] Als Bände 17–19 der Reihe *Deutsche Literaturdenkmale des 18. und 19. Jahrhunderts in Neudrucken* erscheinen Minor: *Schlegel-Vorlesungen;* 1884.

Wegen der Ahnfrau u. des West] Vgl. *Mit dem Ahnfrau-Aufsatz]* unter Brief 116 und *das West'sche Sonntagsblatt]* unter Brief 115.

Recension der Wiener Neudrucke] Die Rezension *Wiener Neudrucke* ist anonym erschienen in der *Neuen Freien Presse* am 11. Mai 1883.

120   *noch in L]* Noch in Lemberg.

einem Engländer] Gemeint ist der Anglist Alois Brandl.

solange K. dort ist] Gemeint ist der Germanist Johann von Kelle.

Wegen der Ahnfrau] Vgl. *Aufsatz über die Ahnfrau]* unter Brief 119.

ein Buch daraus machen] Minor: *Schicksalstragödie; 1883.*

121   *über das Manuscript]* Vgl. *Wegen der Ahnfrau u. des West]* unter Brief 119.

Schmidt, Creizenach] Berufungen der deutschen Literarhistoriker Erich Schmidt nach Wien und Wilhelm Creizenach nach Krakau; siehe auch *als bei E. S. oder einem andern Ausländer]* unter Brief 123.

122   *den Schmelzl]* Franz Spengler: *Wolfgang Schmeltzl. Zur Geschichte der deutschen Literatur im XVI. Jahrhundert.* In: *Beiträge zur Geschichte der deutschen Literatur und des geistigen Lebens in Österreich*; Bd. 3.

Wort über Papierreisende] Vgl. die im Brief 102 zitierte Äußerung Erich Schmidts über R. M. Werner.

Bände Stürmer & Dränger] Sauer gab für Kürschners *Deutsche National-Litteratur* insgesamt drei Bände *Stürmer und Dränger* heraus: Bd. 79 *Klinger und Leisewitz*, Bd. 80 *Lenz und Wagner* und Bd. 81 *Maler Müller und Schubart*, wobei die einzelnen Bände in umgekehrter Reihenfolge erschienen. – Vgl. *Einleitungen zu Müller und Schubart]* und *Lenz u. Wagner]* unter Brief 124 und *Einleitung zu St & Dr]* unter Brief 126.

Kürschneriana] Johann Kürschner betreute im Verlag Spemann die Herausgabe von 319 Bänden *Deutsche National-Litteratur*; Minor und Sauer besorgten jeweils einige Ausgaben; vgl. oben *Bände Stürmer & Dränger]*.

123   *Spengler als Nummer 1] Nummer 1* doppelt unterstrichen. – Vgl. *den Schmelzl]* unter Brief 122 und *Keil beginne, Spengler folge]* unter Brief 117.

als bei E. S. oder einem andern Ausländer] Vgl. *Schmidt, Creizenach]* unter Brief 121.

124   *Manuscript des Spengler]* Vgl. *den Schmelzl]* unter Brief 122 und *Keil beginne, Spengler folge]* unter Brief 117.

eben d. h. 30. April von ihm ein A. S. aus Berlin] Eben, das heißt 30. April, von ihm ein Antwortschreiben aus Berlin.

Deinen Hagedorn] Sauer gibt in der Reihe *Deutsche Literaturdenkmale des 18. und 19. Jahrhunderts in Neudrucken* als Band 10 den *Versuch einiger Gedichte von Friedrich von Hagedorn* heraus und verfasst die Einleitung.

Einleitungen zu Müller und Schubart] Innerhalb von Kürschners Deutscher National-Literatur erscheinen drei Bände *Die Sturm- und Drangperiode*; Sauer verfasst für den dritten Band (Band 81), der *Maler Müller und Schubart* gewidmet war, die Einleitungen. – Vgl. *Bände Stürmer & Dränger]* unter Brief 122.

Lenz u. Wagner] Innerhalb von Kürschners Deutscher National-Literatur erscheinen drei Bände *Die Sturm- und Drangperiode*; Sauer verfasst für den zweiten Band (Band 80), der *Lenz und Wagner* gewidmet war, die Einleitungen. – Vgl. *Bände Stürmer & Dränger]* unter Brief 122.

Weiße – Cronegk – Brawe – Nikolai] Vgl. Band *Weiße – Cronegk – Brawe – Nikolai]* unter Brief 114.

4 Aufsätze über A W Schlegel – Müllner – Houwald – Z Werner] Vgl. Band *Werner – Müllner – Houwald]* unter Brief 114.

Brentano's Wasa] Vgl. *Ich gebe bei Seufert Gustav Wasa]* unter Brief 119.

in den Grenzboten] Die *Grenzboten. Zeitschrift für Politik und Literatur.* 1841 nach dem Vorbild französischer Revuen gegründet, wurde nach 1848 von Julian Schmidt und Gustav Freytag redigiert, ab 1870 von Moritz Busch zum regierungstreuen Magazin umgeformt; 1922 eingestellt.

Auch Tieck u. die Schicksalstragödie] Auf der Vorderseite der Korrespondenzkarte, verkehrt stehend eingefügt; vgl. *Minor: Tiecks Werke; 1885,* und *Minor: Schicksalstragödie; 1883.*

125 *über Schmelzl ein Feuilleton in die NFr Presse]* In der *Neuen Freien Presse* erscheint kein Aufsatz über Schmeltzl.

den Neudruck u. die österr. G L II anzeigen] Beim *Neudruck* handelt es sich offenbar um Bd. 4 der soeben bei Carl Konegen erschienenen *Wiener Neudrucke* (*Der auf den Parnass versetzte gruene Hut,* ein dreiaktiges Lustspiel von Chr. G. Klemm aus dem Jahr 1767); die zweite Anzeige betrifft die *Beiträge zur Geschichte der deutschen Literatur und des geistigen Lebens in Österreich*; Bd. 2, mit den *Beiträgen zur Jugend-Geschichte der Deutsch-Österreichischen Literatur* von Robert Keil.

Wird Schmelzl gedruckt] Die Rede ist von Bd. 3 der *Beiträge zur Geschichte der deutschen Literatur und des geistigen Lebens in Österreich* mit Franz Spenglers *Wolfgang Schmeltzl. Zur Geschichte der deutschen Literatur im 16. Jh.*

Dein Jack] Letzte zwei Zeilen und Schlussformel auf der Vorderseite der Korrespondenzkarte.

126 *Prospekt ist beigefügt]* Minors Vorschlag für *Prospektus der Beiträge zur Geschichte der deutschen Literatur und des geistigen Lebens in Österreich*; Konegen, Wien, 1883.

die „Lessing'schen Jugendfreunde"] Minor: *Lessings Jugendfreunde; 1883.*

Einleitung zu St & Dr] Einleitung zu den drei Bänden *Die Sturm- und Drangperiode.* – Vgl. *Lenz u. Wagner]* unter Brief 124

Schlegel – Tieck – Schicksalsdichter] Vgl. *Minor: Schicksalstragödie; 1883,* und *Minor: Tiecks Werke; 1885*; die *4 Aufsätze über A W Schlegel ...]* (vgl. unter Brief 124) sind nicht in der geplanten Form erschienen.

Was ist mit Graz?] Sauers nach wie vor nicht erfolgte Berufung nach Graz.

127 *sonderbar verändert]* Minors Frau erwartet ihr erstes Kind.

D Museum] *Deutsches Museum*; vgl. Doubletten *„Deutsches Museum"]* unter Brief 111.

für Bechtel] Friedrich Bechtel redigiert das Rezensionsorgan *Göttingische Gelehrte Anzeigen.* – Vgl. *ich schreibe an Bechtel]* unter Brief 128.

Correcturpedanten] Richard Maria Werner.

128 *Schicksalstragödien]* Minor: *Schicksalstragödie; 1883.*

ich schreibe an Bechtel] Vgl. *für Bechtel]* unter Brief 127; die Rezensionen übernimmt Minor aber doch selbst und veröffentlicht *Wilhelm Hosäus: Ernst Wolfgang Behrisch, 1738–1890. Dessau, 1883* dann in *Deutsche Literaturzeitung;* 1883, 35, Sp. 1225; und *M. Kayserling: Moses Mendelsson. Leipzig, 1882* in *Deutsche Literaturzeitung* 1883, 39. Sp. 1258.

Museum] Vgl. Doubletten „*Deutsches Museum"]* unter Brief 111.

Grillparzer-Ahnfrau] Vgl. *Minor: Ahnfrau; 1898.*

Die engl. Comödianten] Johannes Meissner: *Die englischen Comoedianten zur Zeit Shakespeares in Oesterreich.* In: *Beiträge zur Geschichte der deutschen Literatur und des geistigen Lebens in Österreich,* Bd. 4; vgl. *Minor: Beiträge; 1884.*

mein Vorschlag zum Prospekt] Vgl. *Prospekt ist beigefügt]* unter Brief 126.

Honorar für Herzler] Honorar für einen Beitrag zum nicht mehr erschienenen Band 5 der *Beiträge zur Geschichte der deutschen Literatur und des geistigen Lebens in Österreich.*

Brentano's „Wasa"] Vgl. *Ich gebe bei Seufert Gustav Wasa]* unter Brief 119.

ein Exemplar der Neudrucke] Vgl. *den Neudruck u. die österr. G L II anzeigen]* unter Brief 125.

Korrectur Lessings] In den von Bernhard Seuffert begründeten und von August Sauer weitergeführten *Deutschen Literaturdenkmalen des 18. und 19. Jahrhunderts* gibt Erich Schmidt 1893 *Georg Goezes Streitschriften gegen Lessing* heraus – offenbar ein Nebenprodukt zu seiner Lessing-Biographie, deren erster Band im folgenden Jahr erscheint.

129 *Neudruck der Schlegel'schen Vorlesungen]* Vgl. *Schlegels Berliner Vorlesungen]* unter Brief 119.

ein Exemplar der Europa] Friedrich von Schlegels Zeitschrift *Europa,* die er 1803–1805 bei Willmanns in Frankfurt am Main herausbrachte; Schlegel versuchte darin eine teilweise Hereinnahme orientalischer Weisheit in eine neue europäische Kulturidentität.

wann soll denn das Heft] Es handelt sich um den nach wie vor noch nicht erschienenen Band 1 der *Beiträge zur Geschichte der deutschen Literatur und des geistigen Lebens in Österreich* mit der angekündigter Abhandlung Sauers zur *Ahnfrau.*

Gutachten des Krauskopfes] Vermutlich ist Richard Maria Werner gemeint, mit dem zusammen Minor und Sauer die *Beiträge zur Geschichte der deutschen Literatur und des geistigen Lebens in Österreich* herausbringen.

Wie geht es mit Schmelzl] Vgl. *den Schmelzl]* unter Brief 122.

Prospekt] Vgl. *Prospekt ist beigefügt]* unter Brief 126.

Der Würzburger Neudrucker] Bernhard Seuffert, der die Reihe *Deutsche Literaturdenkmale des 18. und 19. Jahrhunderts in Neudrucken* herausgibt.

130 *über Tiecks Novellen]* Vgl. *Minor: Tiecks Werke; 1885.*

wann es in Druck gehen soll] Vgl. *wann soll denn das Heft]* unter Brief 129.

Ms. der Engl. Comödianten] Vgl. *Die engl. Comödianten]* unter Brief 128.

an Zacharias] Minor verwechselt offenbar aus Zerstreutheit Zacharias (Werner) mit Richard Maria Werner, den Mitherausgeber der *Beiträge zur Geschichte der deutschen Literatur und des geistigen Lebens in Österreich.*

mit der Europa aushelfen] Vgl. *ein Exemplar der Europa]* unter Brief 129.

131 *Verhältnis des fertigen Stückes]* Gemeint ist Grillparzers *Ahnfrau.*

das Heft eröffnet] Vgl. *wann soll denn das Heft]* unter Brief 129.

Wegen Seiner kaiserlichen Hoheit] Audienz beim Kaiser, um für die Ernennung zum a. o. Prof. zu danken; siehe *Bitte um Audienz, mit diesem Grunde: Danken]* unter Brief 146.

Wenn die Ahnfrau] Bezug zu oben: *das Heft eröffnet]*.

132 *Scheidung der Arbeiten]* Minor diskutiert die Trennung seines *Ahnfrau*-Beitrages vom Beitrag Sauers zum ersten Band der *Beiträge zur Geschichte der deutschen Literatur und des geistigen Lebens in Österreich* und zitiert dazu das Beispiel der einstigen Zusammenarbeit zu *Minor: Goethe-Philologie; 1880.* – Vgl. *Manuscript des Goetz-Aufsatzes]* unter Brief 62.

133 *Die Arbeitsteilung müßte]* Weitere Diskussion der Beiträge zu Band 1 der *Beiträge zur Geschichte der deutschen Literatur und des geistigen Lebens in Österreich*; vgl. *Scheidung der Arbeiten]* unter Brief 132.

134 *mit vier Heften]* Vier Ausgaben der *Beiträge zur Geschichte der deutschen Literatur und des geistigen Lebens in Österreich.*

mit Henzlers Honorar] Vgl. *Honorar für Herzler]* unter Brief 128.

Ueber unsere Schicksalstragödien] Weitere Diskussion wie bei *Die Arbeitsteilung müßte]* unter Brief 133.

135 *meine Materialien zur Ahnfrau]* Weitere Diskussion wie bei *Ueber unsere Schicksalstragödien]* unter Brief 134.

136 *Empfanges des Manuskriptes]* Minors Beitrag zum ersten, nicht erschienenen Band der *Beiträge zur Geschichte der deutschen Literatur und des geistigen Lebens in Österreich.*

137 *ein Heft „Wiener Freunde"]* Robert Keil: *Wiener Freunde.* Bd. 2 der *Beiträge zur Geschichte der deutschen Literatur und des geistigen Lebens in Österreich.*

eiligst übersandten Correcturbogen] Korrekturbogen zum nicht mehr erschienenen Band 5 der *Beiträge zur Geschichte der deutschen Literatur und des geistigen Lebens in Österreich.*

139 *von Jaromir und Bertha hört man nichts]* Jaromir und Bertha sind die Hauptfiguren in Grillparzers *Ahnfrau*; das Stück sollte im Zentrum des 1. Bandes der *Beiträge zur Geschichte der deutschen Literatur und des geistigen Lebens in Österreich* stehen, der nicht erscheinen wird.

auf Frankl folgen] Minor verweist auf Ludwig August Frankls Arbeit *Zur Biographie Grillparzers*, die soeben bei Hartleben, Wien, erschienen ist.

Stradtmanns Aufsatz über Göcking] Aufsatz über Leopold Friedrich Günther von Göckingk; Stradtmann nicht ermittelt.

140 *mit unserer Ahnfrau?]* Vgl. *von Jaromir und Bertha hört man nichts]* unter Brief 139.

Approbation unseres Collegen] Einverständnis Richard Maria Werners, Mitherausgeber der *Beiträge zur Geschichte der deutschen Literatur und des geistigen Lebens in Österreich.*

141 *primo loco vorgeschlagen]* Das Berufungskomitee der philosophischen Fakultät der Prager Universität mit deutscher Vortragssprache hat Minor an die erste Stelle eines Dreiervorschlags für ein Extraordinariat gereiht (ex aequo mit Hans Lambel); vgl. Kapitel *Vom Privatdozent zum a. o. Professor.*

142 *Brauns Lessing]* Julius W. Braun: *Lessing im Urtheile seiner Zeitgenossen*, 3 Bde., Berlin, 1884–1897.

für Bechtel] Vgl. *für Bechtel]* unter Brief 127.

Auf Reimers Vorschüsse kann ich nicht bauen] Hans Reimer, dem Eigentümer der Weidmann'schen Verlagsbuchhandlung in Berlin, ist Minor mit der Lieferung des Manuskripts zu einer Schiller-Biographie im Wort.

vor Ostern 1785] Ironie oder Fehlleistung – gemeint ist Ostern 1885.

143   *Überhaupt schlafen die „Beiträge"]* Von den *Beiträgen zur Geschichte der deutschen Literatur und des geistigen Lebens in Österreich* erscheinen schließlich nur die Bände 2, 3 und 4.

Schmidts Lessing] Der erste Band von Erich Schmidts *Lessing. Geschichte seines Lebens und seiner Schriften,* Berlin, Weidemann, 1884; der zweite Band dieser Biographie, die als das Hauptwerk Schmidts gilt, erscheint 1892.

Schmidts Abreisen] Erich Schmidt soll die Leitung des Goethe-Archivs übernehmen. Minor weiß entweder nichts vom Ruf aus Weimar (eher) oder glaubt nicht an dessen positiven Ausgang (eher nicht).

von der Ahnfrau etwas hören!] Vgl. *mit unserer Ahnfrau?]* unter Brief 140.

Facia presto, presto, Signor!] Ital. = Macht schnell, schnell, Herr!

144   *Dank für den Glückwunsch]* Dank für Sauers Gratulation zur Ernenneung zum a. o. Professor; vgl. folgende Eintragung.

Es enthält die normalen Bedingungen] Minors Ernennungsdekret; es weist aus, dass er am 30. Jänner 1884 mit Wirksamkeit vom 1. April 1884 mit 1200 fl Jahresgehalt und der systemmäßigen Aktivitätszulage von 420 fl zum a. o. Prof. der deutschen Sprache und Literatur an der deutschen Universität Prag ernannt wurde.

Auseinandersetzung zwischen L. und mir] Diskussion im Berufungskomitee über Hans Lambel und Jakob Minor, die zum Vorschlag der ex-aequo-Erstreihung von Lambel und Minor führte.

Laßt die Studien wieder weiter gehen] Mit *Studien* meint Minor die *Beiträge zur Geschichte der deutschen Literatur und des geistigen Lebens in Österreich.*

145   *herzlichen Dank]* Vgl. Dank für den Glückwunsch] unter Brief 144.

Der duckmauserige Tiroler] Gemeint ist Alois Brandl.

beim Kaiser gewesen] Vgl. *Bitte um Audienz, mit diesem Grunde: Danken]* unter Brief 146.

Mach doch um Himmelswillen die Ahnfrau flott] Vgl. *von der Ahnfrau etwas hören!]* unter Brief 143.

schau auch bei Rizy im Album nach] Freiherr von Rizy, Cousin Grillparzers, verwaltete als erster dessen Nachlass.

Zusammenkunft der 1874 absolvirten Schotten] Treffen der Maturanten des Jahrganges 1874 des Wiener Schottengymnasiums.

Prüfungscommissär geworden bin] Minor ist in die Prüfungskommission für Lehramtskandidaten bestellt worden.

An seiner Abberufung von Wien] Siehe *Schmidts Abreisen]* unter Brief 143.

146   *Bitte um Audienz, mit diesem Grunde: Danken]* Sauer und Minor wollen sich – der Gepflogenheit entsprechend – beim Kaiser für ihre Ernennungen zu a. o. Professoren bedanken. – Vgl. *Wegen Seiner kaiserlichen Hoheit]* unter Brief 131.

Werners Gesuch] Wahrscheinlich ein Subventionsansuchen für die *Beiträge zur Geschichte der deutschen Literatur und des geistigen Lebens in Österreich.*

Ms der Ahnfrau] Vgl. *Mach doch um Himmelswillen die Ahnfrau flott]* unter Brief 145.

ohne Heft I können wir nichts machen] Vgl. oben *Werners Gesuch].*

Fausts Mantel] Faust wünscht sich: *Ja, wäre nur ein Zaubermantel mein Und trüg er mich in fremde Länder!* (Faust I 1122f); auf Mephistos Mantel wird der schlafende Faust in die Antike verfrachtet – Homunculus kann verfügen: *Den Mantel her, Und um den Ritter umgeschlagen!* (Faust II 6983f).

einen schönen Nekrolog geschrieben] Am 19. Februar ist Minors Berliner Lehrer, der Germanist und Altertumsforscher Karl Viktor Müllenhoff gestorben.

147 *besten Dank für Bürger]* Als Band 78 von Kürschners *Deutscher National-Litteratur* brachte Sauer 1884 *Gedichte von Gottfried August Bürger* heraus.

Zu S Majestät?] Vgl. *Bitte um Audienz, mit diesem Grunde: Danken]* unter Brief 146.

das systemmäßige] Als Beamte wurden Universitätsprofessoren üblicherweise „systemmäßig", also nach Gehaltsschema, entlohnt.

Was soll denn aus der Ahnfrau werden?] Vgl. *Ms der Ahnfrau]* unter Brief 146.

das Gesuch jetzt einreichen] Vgl. *Werners Gesuch]* unter Brief 146.

148 *Collegienheften]* Schriftlich ausgearbeitete Vorlesungen.

Schlegel III] Der 3. Band von *Minor: Schlegel-Vorlesungen; 1884.*

Die Reitinger-Frage] Offenbar als Mitarbeiter an den *Beiträgen zur Geschichte der deutschen Literatur und des geistigen Lebens in Österreich* vorgesehen.

Gegen Aufnahme Görner] Siehe oben *Die Reitinger-Frage]* und vgl. *Daß ich Görner so abgewiesen]* unter Brief 149.

Aber die Ahnfrau????] Vgl. *Was soll denn aus der Ahnfrau werden?]* unter Brief 147.

wegen Todes der Frau Löwe] Sauer arbeitet am Nachlass des 1871 gestorbenen Schauspielers, Lyrikers und Bühnenautors Ludwig Löwe; im Jahr darauf gibt er einen Teil davon „Als Handschrift gedruckt" heraus – *Aus Ludwig Löwes Nachlass.*

149 *Correcturen eines Bandes von Kürschner]* Die Korrekturen betreffen *Minor: Fabeldichter; 1884.*

Schlegel ist Gottlob seit Anfang des Monats ausgedruckt] *Minor: Schlegel-Vorlesungen; 1884.*

Wegen Konegen u. Beiträge] Verlags- und Herstellungsdinge betreffend *Beiträge zur Geschichte der deutschen Literatur und des geistigen Lebens in Österreich.*

Daß ich Görner so abgewiesen] Vgl. *Gegen Aufnahme Görner]* unter Brief 148.

An Deine Ahnfrau glaube ich nun nicht mehr.] Vgl. *Aber die Ahnfrau????]* unter Brief 148.

bei K.] Minors Prager Ordinarius Johann von Kelle.

pokuliren] Veraltet studentensprachlich für: bechern.

149S-2 Sauer hat diesen Brief eingeschrieben geschickt.

einem Helden gewidmet] Sauer liest den ersten Band von *Minor: Schiller-Monographie; 1890.*

des Brahmischen Buches] Otto Brahms: *Schiller* (2 Bde, 1888–1892); die Biographie blieb, wie *Minor: Schiller-Monographie; 1890,* unvollendet.

Die siebenjährige Lücke zwischen den Minor-Briefen vom Mai 1884 und vom Oktober 1891 ist nicht eindeutig motivierbar. Aussagen in erhalten gebliebenen Sauer-Briefen lassen jedenfalls vermuten, dass die wechselseitigen Kontakte nicht abgebrochen sind.

150   *Deiner Braut]* Die Braut Sauers ist Hedda Rzach, * 1875 Prag, † 1953 ebd., Tochter des Prager Ordinarius für klassische Philologie Alois Rzach und Nichte Friedrich Smetanas. Als erfolgreiche Publizistin führte Hedda Sauer später einen Salon, der im literarisch-akademischen Leben Prags eine wesentliche Rolle spielte und in dem neben anderen Bertha von Suttner und Rainer Maria Rilke häufig verkehrten. Hedda Sauer gab nach dem Tod ihres Mannes einen Teil seiner Schriften heraus.

am Achensee] Minor verbrachte diesen Sommerurlaub am Tiroler Achensee.

Dein Grillparzer] Die fünfte Ausgabe von Sauers *Grillparzers sämtliche Werke* wird bei Cotta soeben fertig gestellt; vgl. den folgenden Antwortbrief Sauers.

150S-1 *Die Grillparzerausgabe]* Sauers *Grillparzers sämtliche Werke. Fünfte Ausgabe* in 20 (Halb-)Bänden mit einem Nachwort von Heinrich Laube, kommen 1892/93 heraus.

150S-2 *Vortragsprogramm des Philologentages]* Minor ist eingebunden in die Vorbereitungen des Philologentages (Sektion für germanische Philologie), der zwei Jahre später, 1883, in Wien stattfinden wird.

Bände Grillparzer] Vgl. *Die Grillparzerausgabe]* unter Brief 150S-1.

150S-3 *bei meiner Demission beharren]* Vgl. *Vortragsprogramm des Philologentages]* unter Brief 150S-2.

151   *was ich für dieses Jahr habe]* Sauer sammelt Beiträge für die erste Nummer des *Euphorion*.

anstatt des Ewigen Juden] Minor bearbeitet für die Weimarer Ausgabe das Fragment *Der ewige Jude*, vgl. Minor: *Der ewige Jude; 1897*.

Quellenfrage des Guiskard] Minors Text *Robert Guiscard, Herzog der Normänner, Fragment eines Kleist-Trauerspiels, basierend auf der historischen Figur des Einigers Unteritaliens* erscheint im Bd. 1 des *Euphorion*.

Die Goetheana] Für den *Euphorion* liefert Minor *Zwei Goethische Lesarten: 1. Zum Faust II* und *2. Zum Heidenröslein.*

152   *besten Glückwunsch zu dem neuen Unternehmen]* Minors Wünsche gelten den *Euphorion*-Plänen Sauers.

etwas Methodologisches] Minor meint *Minor: Centralanstalten; 1894*; der Text erscheint als erster eigentlicher Beitrag in der ersten Ausgabe des *Euphorion*. – Vgl. Kapitel *Programmatisches*.

Der Litterarischen Gesellschaft] Vgl. Kapitel *Sonstige Mitgliedschaften*.

Verein für das Studium der neueren Sprachen und Literaturen] Ein Verein dieses Namens ist in den Vereinsakten der UAW nicht nachweisbar. Er stand möglicherweise in Zusammenhang mit dem *Archiv für das Studium der neueren Sprachen und Literaturen* – siehe unten *L. Herrigs Archiv]*. Denkbar ist auch, dass Minor den „Wiener neuphilologischen Verein" meint, den er in seinem Curriculum vitae erwähnt und der zu Pfingsten 1898 den *VIII. Allgemeinen Deutschen Neuphilologentag* in Wien ausrichtete; Minor war auch an dessen Vorbereitung beteiligt und hielt ein Referat über *Die Lesarten zu Goethes Bearbeitung von „Romeo und Julia"*. – Vgl. Kapitel *Sonstige Mitgliedschaften*.

L. Herrigs Archiv] Die Zeitschrift *Archiv für das Studium der neueren Sprachen,* 1846 von Ludwig Herrig und Heinrich Viehoff als Vierteljahreszeitschrift für Anglistik und Romanistik gegründet.

Berliner Gesellschaft f. n. L] Eine Gesellschaft für neue/re Literatur ist für diesen Zeitpunkt in Berlin nicht ermittelbar; vgl. aber *schon für das MfL übernommen]* mit der *Freien literarischen Gesellschaft zu Berlin* unter Brief 187.

153 *den Ewigen Juden für die Weimarer Ausgabe bearbeitet]* Vgl. *anstatt des Ewigen Juden]* unter Brief 151.

155 *noch vor Thorschluß einen Beitrag]* Noch vor Redaktionsschluss ein Beitrag für den *Euphorion*.

156 *Der ehrenvollen, aber gefährlichen Aufgabe]* Die Aufgabe, die Sauer seinem Freund übertragen wollte, lässt sich nicht ermitteln.

157 *Kleistiana und Goethiana aus Cotta]* Minor liefert unter dem Sammeltitel *Studien zu Heinrich von Kleist*: 1. *Robert Guiscard*, 2. *Die Ironie bei Heinrich von Kleist*, 3. *Lieblingsmotive des Dichters*, 4. *Zum Stil der Kleistischen Erzählungen* und 5. *Die Sosiasscenen im Amphitryon*. Desgleichen *Zwei Goethische Lesarten*: 1. *Zum Faust II* und 2. *Zum Heidenröslein*. – Vgl. *Quellenfrage des Guiskard]* und *Die Goetheana]* unter Brief 151.

Du solltest thun was Du vorhast] Nicht ermittelt.

20 Karten fürs Burgtheater] Minor honoriert die Mitarbeit seiner Seminaristen mit Freikarten für Vorstellungen des Burgtheaters; vgl. *die Briefe an Schiller]* unter Brief 252.

158 *Nachtrag zu den Kleistiana]* Vgl. *Kleistiana und Goethiana aus Cotta]* unter Brief 157.

Arbeit an der Matura] Minors Tätigkeit in der Prüfungskommission für Lehramtskandidaten; vgl. *Prüfungscomissär geworden bin]* unter Brief 145.

159 *DLZ]* *Deutsche Literaturzeitung,* herausgegeben von Elias von Steinmeyer.

160 *veränderte Hausnummer]* Minor hat schon vor mehreren Monaten in der Strohgasse im 3. Wiener Gemeindebezirk eine zweite, kleine Wohnung bezogen, deren Hausnummer offenbar von 1 auf 11 geändert wurde (am Adressstempel Minors ändert sich lediglich die Hausnummer).

Den Titel Euph.] Der altgriechische Name *Euphorion* hängt zusammen mit dem Verb *euphoreo* (Früchte tragen) und dem Adjektiv *euphoros* (leicht zu tragen, leicht dahin tragend, gewandt, kräftig). Der Euphorion der antiken Mythologie ist Sohn des Achilles und der Helena; Euphorion aus Eleusis war der Vater des Äschylos. – In Goethes Faust II heißt der Sohn der Helena und des Faust Euphorion; darauf spielt Minor mit *hohes Streben und rascher Sturz* an. Im Gegensatz dazu überträgt Sauer von der Figur des Euphorion die Verkörperung von Dichtung und heroischem Leben auf den Namen der von ihm geleiteten Zeitschrift.

Ein Buch von T] Nicht ermittelt.

161 *15. April 1895]* Am 15. April 1895 feiert Minor seinen 50. Geburtstag.

das neue Buch von Brandes] Gemeint ist wohl die von Georg Brandes herausgegebene Festschrift: *Ludvig Holberg,* Gyldendal, Kopenhagen 1884.

Grundriß über neuere Literaturgeschichte] Offenbar hat der Heidelberger Verleger Paul Siebeck (Verlagsbuchhandlung J. C. Mohr) Minor eine Bearbeitung vorgeschlagen.

162 *Franzos eine Bürgernummer vorhat]* Karl Emil Franzos gibt 1886–1904 die Zeitschrift *Deutsche Dichtung* heraus und plant zu Gottfried August Bürgers 100. Todestag einen thematischen Schwerpunkt. Minors *Zwei Rezensionen Bürgerischer Dichtungen von A. W.*

Schlegel erscheint allerdings nicht im *Euphorion*, sondern in der *Zeitschrift für die österreichischen Gymnasien* 45, S. 585–612.

Dein treufleißigster Mitarbeiter] Minor spielt auf seine Mitarbeit am *Euphorion* an.

Am Tage des heil. Dionysius] Dionysius von Korinth (2. Jh.), hat seinen Heiligentag am 8. April.

163 *Musenstadt]* Weimar.

Suphanen] Minor spielt mit den (veralteten) flektierten Formen von Eigennamen; hier also: Suphan statt *Suphanen*, Wahle statt *Wahlen*, in der Folge *Euphorion* statt *Euphorionten*, Daisy statt *Daisyn*, Minor statt *Minori* usw. bis *Sauern*.

Pfingstredner Paulus] Es dürfte sich um Paul Heyse handeln, mit dem sowohl Minor als auch Sauer bekannt waren.

Euphorionten] Vgl. *Suphanen]* oben.

164 *als die Vorgänger]* Mit dem *Euphorion* gelang Sauer eigentlich eine (österreichische) Neugründung der (deutschen) *Vierteljahrschrift für Litteraturgeschichte*, die Bernhard Seuffert 1888 begonnen und 1893 eingestellt hatte.

165 *Dein Gesuch]* Sauer bemüht sich offenbar um staatliche Subvention für den *Euphorion*.

zu Kleemann gehen] Minor will sich im Cultusministerium für die Sache Sauers verwenden; vgl. Brief 166.

166 *trachten etwas auszurichten]* Vgl. *zu Kleemann gehen]* unter Brief 165.

das Beste der Zs.] Minor kritisiert Mängel beim Vertrieb des *Euphorion*; vgl. Brief 165.

Wegen S. 24 Z. 15–18] Die fragliche Passage in *Minor: Centralanstalten; 1894*, Minors Beitrag zur ersten Ausgabe des *Euphorion*, lautet: „Man habilitiert sich heute auf Goethes Leipziger Liederbuch oder auf den Urfaust; dazu braucht man nur ein bischen Methode und die Belesenheit, die sich in ein paar Wochen erwerben läßt."

Gött. Gel. Anzeigen] Das Rezensionsorgan *Göttingische Gelehrte Anzeigen*, geleitet von Friedrich Bechtel.

die ganze Recension nicht gebracht] Minors Rezension von *Adolf Strack: Goethes Leipziger Liederbuch. Gießen, 1893*, ist etwas später in *Göttingische Gelehrte Anzeigen* 45, S. 651–59, erschienen; vgl. Brief 169.

167 *daß er 1895 in der Januarsitzung dafür eintreten wolle]* Vgl. dazu *trachten etwas auszurichten]* unter Brief 166.

die Bohemia] Deutschsprachige Prager Zeitung, die ursprünglich unter dem Titel *Bohemia oder Unterhaltungsblätter für gebildete Stände* erschienen war.

über J. N. Bachmayr] 1901 wird Minor im *Jahrbuch der Grillparzergesellschaft*, Bd. 10, S. 129–190, *J. N. Bachmayr – Dokumente zur Literatur des Nachmärzes* veröffentlichen.

168 *die Entgegnungen nicht aufzunehmen]* Vgl. *Wegen S. 24 Z. 15–18]* unter Brief 166 („Leider auch hier wieder Krieg") und Brief 169.

in den GgA] in den *Göttingischen Gelehrten Anzeigen*.

Cum Colle:] Nicht ermittelt.

Buch über die Normannen] Lothar von Heinemann: *Geschichte der Normannen in Unteritalien und Sizilien*. Leipzig, 1894.

	zu Kleist wäre es nur ein Schritt] Minors *Studien zu Heinrich von Kleist* erscheinen in *Euphorion*, Bd. 1. S. 564–590; vgl. auch *Quellenfrage des Guiskard]* unter Brief 151.
169	*dieselbe Antwort ertheilt wie Strack]* Vgl. *die ganze Recension nicht gebracht]* unter Brief 166.

Mein Aufsatz] Gemeint ist *Minor: Centralanstalten; 1894.*

schon im Dezember eine Recension seiner Bücher für GGA] Eine Minor-Rezension eines Werkes von Adolf Strack ist weder 1894 noch 1895 in den *Göttingischen Gelehrten Anzeigen* erschienen.

Höritzer Passionsspiel] Das Passionsspiel im südböhmischen Höritz (Horice nahe Cesky Krumlov/ Krumau) ist seit dem 13. Jahrhundert als „Mysterium Horicenze Bohemia" bekannt. Ab 1893 zeigte man das Spiel im neu errichteten Theatergebäude, das gut 1500 Sitzplätze bot und über elektrisches Licht verfügte. In diesem ersten Spieljahr wurde das Höritzer Theater von mehr als 40.000 Zuschauern besucht; die Aufführungen mit ihren rund 300 Darstellern dauerten über fünf Stunden. – 1948 wurde das Passionsspiel zum letzten Mal aufgeführt, das Theater danach abgerissen. Seit 1993 wird auf der Höritzer Naturbühne eine eineinhalbstündige Version des Spiels in tschechischer Sprache gezeigt.

172	*über den Philhellenismus in der deutschen Literatur des XIX. Jahrhunderts eine sehr gute, auch von Treitschke unterstützte Arbeit]* Die Arbeit des Franz Robert Arnold, *Der deutsche Philhellenismus. Kultur- und literarhistorische Untersuchungen*, erscheint erst 1896 im 2. Ergänzungsheft des *Euphorion*, S. 71-181.

bei Koch] *Zeitschrift für vergleichende Literaturgeschichte*, herausgegeben von Max Koch.

173	*das erste Heft der Untersuchungen von Collin über den Faust]* Joseph Collin: *Untersuchungen über Goethes Faust in seiner ältesten Gestalt. I. Der erste Monolog und die Erdgeistscene.* Keller, Gießen, 1892.

Von der germanistischen Section] Die Sektion für germanistische Philologie, Teil jener Organisation, welche die Philologentage ausrichtete (analog der heutigen internationalen Germanistenvereinigung IVG).

174	*Premiere von J. J. Davids Regentag]* Minors Rezension von Jakob Julius Davids *Ein Regentag* erschien im *Magazin für Literatur*, 1895, Nr. 43, Sp. 600ff.
175	*interessante Zusendung]* Nicht ermittelte Geburtstagsgabe für August Sauer.
176	*Vortrag aus der Grillparzergesellschaft]* Minor hatte den Vortrag am 17. Dezember 1895 gehalten; vgl. *Minor: Wahrheit und Lüge; 1896.*

falls ich doch an die Rundschau denken wollte] Minors *Wahrheit und Lüge auf dem Theater und in der Literatur* erscheint allerdings nicht in der *Deutschen Rundschau*, sondern im *Euphorion*; Bd. 3, S. 265–335.

177	*für eine wissenschaftliche Zeitschrift freilich hoch]* Vgl. *falls ich doch an die Rundschau denken wollte]* unter Brief 176.
178	*das Manuscript sowohl des Vortrages als der Anmerkungen]* Gemeint ist *Minor: Wahrheit und Lüge; 1896.*
179	*die Gr. G.]* Grillparzergesellschaft; vgl. *Vortrag aus der Grillparzergesellschaft]* unter Brief 176.

Michels Recension] Nicht ermittelt.

180	*Mitglieder der Gr. G]* Mitglieder der Grillparzergesellschaft.

Die Recension Michels] Vgl. *Michels Recension]* unter Brief 179.

181 *Dein Ausfall gegen Koch]* Sauer hatte in *Euphorion* 2 (1895) innerhalb der Sammelrezension *Alte und neue Literaturgeschichten* auch eine Arbeit des Herausgebers der *Zeitschrift für vergleichende Literaturgeschichte*, Max Koch, kritisch beleuchtet. Der hatte mit einer *Erwiderung* reagiert, auf die Sauer wiederum mit einer *Erklärung* in *Euphorion* 3, S. 264, antwortete.

Schill mit Schiller verwechselt] Die sprachpflegerischen Bemühungen des Johann Heinrich Schill (1615–1645) wurden gelegentlich Friedrich Schiller zugeschrieben.

Deine Dichterin und an ihren Herausgeber] Sauers Frau Hedda und Sauer selbst.

183 *für die WiZg]* Sauer gibt die Zedlitz-Arbeit an Castle ab und rezensiert seinerseits einen Castle-Aufsatz über *Grillparzers Goldenes Vließ* in der Monatsschrift Alt-Wien.

meine Mutter, die sich in ihre neue Lage nicht finden kann] Minors Vater ist vor wenigen Wochen gestorben; Minors Mutter ist also Witwe.

184 *meinem Vortrag?]* Vgl. *Vortrag aus der Grillparzergesellschaft]* unter Brief 176.

ehe er Sauer wird] Minor spielt mit dem Namen seines Freundes.

185 *Aufsatz von Herrmann]* Siehe Aufsatz *Herrmann: Hans-Sachs-Forschung; 1894*, in dem der Berliner Germanist und Privatdozent Max Herrmann die zweibändige *Neuhochdeutsche Metrik* Minors abfällig beurteilte. – Die folgende Korrespondenz wird thematisch bestimmt vom Streit zwischen Minor und Herrmann über den *Stichreim und den Dreireim bei Hans Sachs*. – Vgl. *Euphorion* Bd. 3, 1886, S. 692–705, und Bd. 4, 1886, S. 210–251; *Österreichisches Literaturblatt*, 5. Jg., 1896, Nr. 11, Sp. 350; Nr. 13, Sp. 414; Nr. 15, Sp. 479; und *Deutsche Literaturzeitung*, 17. Jg., 1896, Nr. 24, Sp 765 f; Nr. 52, Sp. 1659 f. – Die Universitätsbibliothek Wien bewahrt aus dem Nachlass Minors einen Karton mit den von Minor im Laufe dieses Streites gesammelten metrischen Materials. – Vgl. Kapitel *Der Streit mit Max Herrmann* und Index-Eintragung und *Erich Schmidt bleibt stumm]* unter Brief 188.

186 *den perfiden Angriff H's]* Im Aufsatz *Herrmann: Hans-Sachs-Forschung; 1894*, wird Minor gezielt oder irrtümlich, jedenfalls tatsächlich falsch zitiert. Vgl. *Aufsatz von Herrmann]* unter Brief 185 und Belege im Kapitel *Der Streit mit Max Herrmann*.

187 *Angelegenheit Hs]* Vgl. *Aufsatz von Herrmann]* unter Brief 185.

schon für das MfL übernommen] Für *Das Magazin für Litteratur*, das wöchentlich erscheinende Vereinsorgan der *Freien literarischen Gesellschaft zu Berlin*.

Milchsacks Faustbuch] Gustav Milchsack [Hg]: *Historia D. Johannis Fausti des Zauberers nach der Wolfenbütteler Handschrift*. Wolfenbüttel, 1892.

eine Gegenerklärung von mir] Minor: *Erklärung vs. Herrmann; 1896;* erscheint zugleich im *Oesterreichischen Literaturblatt*, 1896, 11, Sp. 404, und in der *Deutschen Literaturzeitung*, 1896, 24, 13/VI.

188 *da Hermann]* Minor schreibt den Herrmanns Namen gelegentlich mit nur einem r.

ehe ich an II gehe] Minor verfasst für *Euphorion* den fünfteiligen Aufsatz *Stichreim und Dreireim bei Hans Sachs;* Teil 1 und 2 erscheinen gemeinsam, im folgenden Heft Teil 3, 4 und 5 (*Euphorion*, Bd. 3, S. 692–705, und Bd. 4, S. 210–251).

wie ich in meiner Erklärung nachweisen werde] Vgl. *Minor: Erklärung vs. Herrmann; 1896*.

der <...> Tiroler] Josef Wackernell.

Erich Schmidt bleibt stumm] Maximilian Herrmann war Erich Schmidts Schüler in Berlin. Vgl. auch *entschlossen, E S seinen letzten Brief mit „Lieber Minor" zurückzuschicken]* unter Brief 205.

189 *Hs Entgegnung]* Als Antwort auf die Entgegnung Herrmanns schickt Minor an das *Österreichisches Literaturblatt* noch ein *Schlußwort* (Nr. 15, Sp. 479).

Collins Sammelsurium] Vgl. *das erste Heft der Untersuchungen von Collin über den Faust]* unter Brief 173.

nächstens auch Fauststudien] Vgl. *Minor: Goethes Faust; 1901.*

Den beiliegenden Artikel] Minor schreibt hier eine Korrespondenzkarte – ein Artikel kann also nicht beiliegen.

190 *die beiliegenden Schiller für den Euphorion]* Im *Euphorion* sind zu dieser Zeit keine Schiller betreffenden Beiträge erschienen.

in dieser launigen Farcie] In dieser launigen Füllung (Küchensprache).

trostlose Sachen wie die Schubartiana] Schubartiana. *Mitgeteilt von Adolf Wohlwill*; im Bd. 2 des *Euphorion*, S. 798–806.

Fränkels Frau Vienne] Ludwig Fränkel: *Neue Beiträge zur Literaturgeschichte der Faustfabel.* Im *Euphorion*, Bd. 2, S. 754–775.

Röttekens Krawall] Hubert Roettecken: *Einige Bemerkungen zur Methode der Literaturgeschichte. Mit besonderer Berücksichtigung der „Penthesilea"* im 4. Bd. des Euphorion.

Collins alberne Gedanken über Faust und Götz] Minor verwechselt Ursache und Wirkung: Johannes Niejahr rezensiert im *Euphorion* 4, S. 586–591, Collin, J., *Goethes Faust in seiner ältesten Gestalt. Frankfurt a. M., Litterarische Anstalt.* – Vgl. *das erste Heft der Untersuchungen von Collin über den Faust]* unter Brief 173.

petit Schrift] Schrift in 8 Pkt Schriftgröße (Schriftgrad).

kein Σ mehr Raum hat] Minor benützt hier ein Σ-ähnliches Kürzel offenbar für Ergänzungshefte, Separata oder Sonderhefte des *Euphorion.*

191 *Milchsack]* Vgl. *Milchsacks Faustbuch]* unter Brief 187.

Börnebiographen Holtzmann] Michael Holzmann: *Ludwig Börne. Sein Leben und sein Wirken.* Oppenheim, Berlin, 1888.

Rub...] Rubriken [?]

192 *zu „Amor und der Tod"]* Ergänzung zu dem Minor-Beitrag in *Euphorion*; Bd. 4; S. 333–336.

Mit dem Schillerpreis] Minor wird zweimal – 1893 und 1896 – in die Jury des Schillerpreises geladen; vgl. Kapitel *Schillerpreis und Volks-Schillerpreis.* Vgl. auch *Castle: Schmidt-Briefe; 1955*; Nr. 35, S. 94, *Dambacher: Literaturpreise; 1996*; S. 215, und *Sowa: Schillerpreis; 1988.*

unser gemeinsamer Freund] Erich Schmidt tritt als Mitglied der Jury und als Sekretär des Schillerpreises zurück; vgl. Kapitel *Schillerpreis und Volks-Schillerpreis.*

Wildenbruch sollte der Sprott sein] ... sollte der Köder sein (Sprotte als Köderfisch); Ernst von Wildenbruch erhält 1896 – gegen die Intention Erich Schmidts – den Schillerpreis für seine Tragödie *Heinrich und Heinrichs Geschlecht.* Gerhart Hauptmann, den die Jury für *Hanneles Himmelfahrt* ausgezeichnet wissen wollte, nachdem er kurz zuvor auch den Grillparzerpreis dafür erhalten hatte, musste nach Intervention Kaiser Wilhelms vom Wettbewerb ausgeschlossen werden.

um den R.] Jury-Mitglied Julius Rodenberg, Herausgeber der *Deutschen Rundschau.*

Der berühmte Dichterwart] Erich Schmidt.

193	*daß Du als Redakteur erklärst]* Eine derartige Erklärung Sauers findet sich nicht im *Euphorion*.
194	*zu einer Enquête]* Minor hält Umfrage unter Fachkollegen zu den Thesen, die Max Herrmann in seinem Aufsatz zu metrischen Problemen in den Dichtungen des Hans Sachs vertritt; die Antworten will er veröffentlichen.

Festschrift] Max Herrmanns Aufsatz *Stichreim und Dreireim bei Hans Sachs* war Beitrag zu einer Festschrift, die von der Stadt Nürnberg zur vierhundertsten Geburtsfeier des Hans Sache herausgegeben worden war.

195	*„Die innere Form"]* Der Text erscheint in *Euphorion*, Bd. 4, S. 205–210.

Über die Enquête berichte ich] Vgl. *ehe ich an II gehe]* unter Brief 188 und *zu einer Enquête]* unter Brief 194.

196	*unmittelbar im Anschluß an meinen Aufsatz]* Im Anschluss an *Minor: Hans Sachs I.; 1896.*

⩞] Einfügungszeichen Minors.

in der neuesten Nummer DLZ] *Deutsche Litteraturzeitung*; 17. Jg., 1896, Nr. 52, Sp. 1659 f.

197	*Zustimmung Sievers']* Vgl. Zitat aus dem Sievers-Brief vom 5. Juni 1896 im Kapitel *Der Streit mit Max Herrmann*.
198	*einen glänzenden Mitarbeiter gewonnen]* Der Sievers-Aufsatz erscheint nicht im *Euphorion*; vgl. *Manuscript von Sievers]* unter Brief 199.

die Beiträge] Gemeint sind die von Paul Braune herausgegebenen *Beiträge zur Geschichte der deutschen Sprache*.

199	*Manuscript von Sievers]* Vgl. *einen glänzenden Mitarbeiter gewonnen]* unter Brief 198.

der alte Kerl mit der Goethe-Macke] Vermutlich Erich Schmidt.

Du könntest Herrmann wohl gestatten] Eine Wendung wie die von Minor vorgeschlagene findet sich nicht im *Euphorion*.

den fertigen Artikel mit den Resultaten der Enquête] Den zweiten Teil des Minor-Aufsatzes *Stichreim und Dreireim bei Hans Sachs*. Vgl. *ehe ich an II gehe]* unter Brief 188

Sievers' Brief samt allen auf diese Angelegenheit] Minor sammelt Materialien, die seinen Streit mit Max Herrmann betreffen, und hinterlässt nach seinem Tod ein versiegeltes Paket mit der Aufschrift „Metrisches Material gesammelt von Jakob Minor während der Fehde mit Herrmann. Bis zum Tode von Max Herrmann, Univ. Prof. in Berlin, zu secretieren!" Das Paket befindet sich in der Wiener Universitätsbibliothek.

200	*keine ablehnende Antwort]* Minors Entgegnung auf Herrmanns Rechtfertigung wird erst in der *Deutschen Litterarzeitung*; 17. Jg., 1896, Nr. 52, Sp. 1659 ff. abgedruckt.

Centralblatt] Das *Literarische Centralblatt für Deutschland*, von Friedrich Zarncke in Leipzig herausgegeben.

Der Mensch] Max Herrmann.

MS wird blühen, MSH und MSD] *MS* = höchstwahrscheinlich Minor und Sauer. – *MSH* und *MSD* sind nicht entschlüsselt; nach *MSD* ein nicht lesbarer, hochgestellter kleiner Buchstabe. *MSH* könnte Minor, Sauer und Hedda bedeuten, *MSD* analog Minor, Sauer und Daisy, wobei der hochgestellte Buchstabe einen Hinweis auf die gelegentlich gespannte Situation in Minors Ehe bedeuten könnte.

201	*die DLZ antwortet nicht]* Vgl. *keine ablehnende Antwort]* unter Brief 200.
202	*schon ein Ultimatum an die DLZ]* Vgl. *keine ablehnende Antwort]* unter Brief 200.

An Fromme als Privatauftrag] Bei Carl Fromme in Wien wird zu dieser Zeit der *Euphorion* verlegt und hergestellt.

Hartel vorlegen] Der Altphilologe Wilhelm von Hartel hatte als Direktor der Hofbibliothek und ehemaliger Rektor der Wiener Universität gute Kontakte zu Ministerialen; 1900 bis 1905 war Hartel dann selbst Minister für Cultus und Unterricht.

meine Studien über Goethes Faust] Minor veröffentlicht in den nächsten Jahren bis zum Erscheinen von *Minor: Goethes Faust; 1901*, eine Reihe von Arbeiten, die sich mit Goethe und mit Faust-Themen befassen, nicht jedoch im *Euphorion*; der Kontakt zu Sauer bricht Anfang März 1897 ab und wird erst 1902 wieder aufgenommen.

die Miscellen von Meyer] Minor äußert sich mehrmals gegen „diese Gattung falscher Philologie" – vgl. Brief 199 – und lässt nur wenige Ausnahmen gelten.

Auch die von Bachmayr] Es gilt Ähnliches wie oben bei *meine Studien über Goethes Faust]* – 1900 veröffentlicht Minor im *Jahrbuch der Grillparzer-Gesellschaft*, Bd. 10, S. 129–190: *J. N. Bachmayr – Documente zur Literatur des Nachmärzes*.

Hinc illae lacrymae!] Daher diese Tränen!

και ως απολοιτυ και αλλος οστις τοιαυτα γε ρεζοι] Richtig: *ως απολοιτο και αλλος οστις τοιαυτα γε ρεζοι* – Odyssee 1, 47. – Vers 46 beginnt mit *και*; Minor dürfte also ein Zeilensprung unterlaufen sein, mit dem er hier den Hexameter zerstört. – In der Übersetzung durch Johann Heinrich Voß lautet der 47. Vers: *Möchte doch jeder so fallen, wer solche Taten beginnt!*

vom Sieversaufsatz zwei Abzüge] Vgl. *Sievers' Brief samt allen auf diese Angelegenheit]* unter Brief 199.

203 *undatiert]* Chronologisch eingeordnet (Bezug auf Brief 202).

das mit dem „harmlosen Druckfehler"] Verweis auf Herrmanns Reaktion gegenüber Minors Vorwurf, er habe ihn – Minor – falsch zitiert.

mise-en-page] Seitenumbruch.

DLZ] Deutsche Literaturzeitung, herausgegeben von Elias von Steinmeyer.

ken<...>] kennen [Wortteil überklebt].

<...>lche] Welche [Wortteil überklebt]

204 *Hauffens Gutachten]* Minor bezieht sich in diesem und dem folgenden Absatz auf die Abwicklung von Manuskriptteilen zu *Minor: Hans Sachs II–V; 1897*.

E S. schreibt] Vgl. *entschlossen, E S seinen letzten Brief mit „Lieber Minor" zurückzuschicken]* unter Brief 205.

der Ewige Jude] Minor ist für die Edition des *Ewigen Juden* in Bd. 38 der Sophien-Ausgabe (Goethes Werke, Bd. 38; Böhlau, Weimar 1897) verantwortlich und meint, Schmidt nehme dies bloß zum Vorwand, um seine Haltung zum Streit mit Herrmann zu interpretieren.

205 *diese elende Geschichte]* Vgl. Kapitel *Der Streit mit Max Herrmann*.

noch zwei Gutachten] Vgl. *den fertigen Artikel mit den Resultaten der Enquête]* unter Brief 199; der zweite Teil, *Minor: Hans Sachs II–V, 1897*, erscheint in *Euphorion*, Bd. 4., S. 210–251; in diesen Text sind Beiträge von Karl Drescher, Adolf Hauffen, M. H. Jellinek, Karl von Kraus, Albert Leitzmann, Franz Muncker, M. Rachel und August Sauer eingearbeitet.

entschlossen, E S seinen letzten Brief mit „Lieber Minor" zurückzuschicken] Erich Schmidt schildert in einem Brief vom 31. 3. 1897 an Edward Schröder: „Mit Minor bin ich ganz fertig.

Die Fragestellung, ob ich den H.[errmann] einen Schurken nennen oder auf seine Freundschaft verzichten wolle, lehnte ich ab; einen späteren Brief schickte er mir mit seiner Visitenkarte zurück." – Vgl. Ziegengeist Agnes [Hg.]: Konrad Burdach – Erich Schmidt, Briefwechsel 1884–1912. S. Hirzel, Stuttgart/Leipzig, 1998; S. 207 Fußnote.

so weit er den E Juden betreffe] Vgl. *der ewige Jude]* unter Brief 204.

A f A] Nicht ermittelt.

[Beilage:] Diese nachträgliche Ergänzung des Minor-Manuskriptes ist im Sauer-Nachlaß unter der Signatur des folgenden Briefes (414/1-212) abgelegt

206 *daß das Ms an Dich abgehe]* Vgl. den ersten Absatz in Brief 203.

vor der im vorigen Hefte gedruckten Polemik] Minor *Hans Sachs I, 1896.*

και ως απολοιτυ] Siehe Brief 202.

207 *Bürstenabzug von Sievers' Aufsatz]* Vgl. *Sievers' Brief samt allen auf diese Angelegenheit]* unter Brief 199.

208 *zu den Gutachten]* Manuskript-Ergänzung; obere, abgeschnittene Hälfte eines zweiseitig beschriebenen Blattes; Text unvollständig.

209 *ein Gutachten Munckers]* Ist in Minor: *Hans Sachs II–V; 1897,* enthalten.

210 *im Volksbildungsverein]* Vgl. dazu den Jahresbericht im *Jahrbuch der Grillparzer-Gesellschaft,* Bd. 8. – Der Wiener Volksbildungsverein veranstaltete von 1887 an Sonntagsvorträge, die zu einem Gutteil von Universitätsprofessoren gehalten wurden; Vorträge dieser Art bildeten ein wesentliches Element der in Österreich um 1885 einsetzenden Volksbildungsbewegung.

wenn ich eine Zeit lang zurücktrete] Minor liefert für *Euphorion*, Bd. 4, noch die Beiträge *Die innere Form, Amor und Tod* und *Zu Hoffmannswaldau*. Sein nächster Beitrag, *Briefe an Schiller*, erscheint dann erst acht Jahre später in *Euphorion*, Bd. 12, S. 282–376. Während dieser Zeit nennt sein Schriftenverzeichnis auch keine anonymen Rezensionen.

ein altes Weib, das sich als Papst spreizt] Erich Schmidt.

fetiren] feiern, schmeicheln.

Euphorion IV] Dieser Band enthält auf S. 210–251 den zweiten Teil von Minors *Stichreim und Dreireim bei Hans Sachs.*

211 *Die Karte von E S bedarf der Erklärung]* Der folgende Absatz handelt von Korrekturarbeiten zu Goethes Fragment *Der ewige Jude* in Band 38 der Sophien-Ausgabe.

meine Selbstaufopferung] Die Auseinandersetzung mit Max Herrmann.

meine 100 Abzüge] Siehe Minors zweite Fußnote im Brief 202.

212 *Telegramm geht morgen an Kelle ab]* Anlass: Emeritierung Kelles.

meinen Artikel über Saar] Minor hat 1897 in *Nord und Süd* 81, Heft 243, S 302–318 den Aufsatz *Ferdinand von Saar als Lyriker* verfasst; bereits Ende 1895 und Anfang 1896 hatte die *Vossische Zeitung* einen fünfteiligen Beitrag Minors über *Ferdinand von Saar* veröffentlicht. Beide Aufsätze überarbeitet Minor zu der 135seitigen Studie *Ferdinand von Saar,* die 1898 Carl Fromme, Wien-Leipzig, herausbringt; etwa zur gleichen Zeit erscheinen sie als unberechtigter, gekürzter Nachdruck in der *Theater-, Kunst- und Literaturzeitung,* 8. Jg. 30.IX.

B<...> Novalis] Just Bing: *Novalis (Friedrich v. Hardenberg). Eine biographische Charakteristik*. Hamburg u. Leipzig, 1893; Minors Rezension erscheint in der *Deutschen Literaturzeitung* 1897, Nr. 6, 13. Februar, Sp. 217–220.

etwas dem Euphorion anonym] Vgl. *wenn ich eine Zeit lang zurücktrete]* unter Brief 210.

Ob mit dem Brief vom 1. März 1897 die Korrespondenz mit Sauer für fast sechs Jahre unterbrochen wurde oder ob Minors Briefe bloß nicht erhalten sind, ist unklar.

213 *Deinen Sternberg]* Am 4. März 1901 hält Sauer vor der Gesellschaft zur Förderung deutscher Wissenschaft, Kunst und Literatur in Böhmen zur Feier ihres zehnjährigen Bestehens den Festvortrag *Graf Kaspar Sternberg und sein Einfluß auf das geistige Leben in Böhmen*, der an mehreren Orten abgedruckt wird (die Gesellschaft fördert wesentlich die von Sauer betreute kritische Stifter-Gesamtausgabe, die im Verlag der Gesellschaft erscheint; vgl. *Von Deinem Stifter]* unten). – Die angekündigte Rezension in der *Zeit* erscheint nicht.

mit Deinen Mörike-Gedichten] Alfred Rosenbaum verzeichnet in seiner *Sauer-Bibliographie; 1925*, zu Mörike lediglich eine Ausgabe Sauers von *Mozart auf der Reise nach Prag*.

Grillparzer in 1 Band] Minor: *Leben Grillparzers; 1903*.

über die Fröhlich] Alfred Rosenbaum verzeichnet in seiner *Sauer-Bibliographie; 1925*, nur einen Aufsatz Sauers, der für den Zeitraum 1897–1901 in Frage kommt: *Grillparzer's Kathy* in *Jugend*, 1902, Nr. 4.

Von Deinem Stifter] Für die *Göttingischen Gelehrten Anzeigen* rezensiert Minor *Adalbert Stifters Sämmtliche Werke. Kritische Ausgabe*, herausgegeben von August Sauer in der *Bibliothek Deutscher Schriftsteller aus Böhmen*, 1901ff.

214 *Zoll auf Bücher]* Mit der Anpassung der Statuten des Vereins der österreichischen Buchhändler und des Schweizerischen Buchhändler-Vereins an die Satzungen des Börsenvereins war auch eine ausnahmslose Abschaffung des Rabattunwesens verknüpft; erlaubt blieben allein 2,5 % Barzahlungsskonto und 5 % Behördenrabatt. Dagegen erhob sich im ganzen deutschen Sprachraum heftiger Widerstand, ein „akademischer Schutzverband" wurde gegründet, in dessen Auftrag der Nationalökonom Karl Bücher die Anklageschrift „Der deutsche Buchhandel und die Wissenschaft" verfasste und darin unter anderem die Preisbindung vehement angriff. Der so genannte „Bücher-Streit" von 1903 endete in Kompromissen; Wissenschafter mussten sich weiterhin der Vermittlung von Sortimentern bedienen, dafür wurde ihr „Bibliotheksrabatt" mit 7,5 % festgesetzt.

Deinen Band Goetheschriften erhalten] Es handelt sich um Teil 1 von Sauers *Goethe und Oesterreich*, der 1902 im Verlag der Goethe-Gesellschaft, Weimar, erscheint; Teil 2 folgt 1904.

215 *Obmann der Bibliothekkommission aufgefordert]* Vgl. *Zoll auf Bücher]* unter Brief 214.

bei H. zu thun gehabt] Bei Wilhelm von Hartel, der zu dieser Zeit das Ministerium für Cultus und Unterricht leitet und Vizepräsident der Akademie der Wissenschaften ist.

217 *das eine oder das andere]* Unter den Rezensionen Minors aus dem Jahr 1903 wurde keine im *Euphorion* veröffentlicht.

Gesellschaft für Theatergeschichte] Die Gesellschaft für Theatergeschichte, Berlin, gibt 1904–1905 das *Archiv für Theatergeschichte* heraus, das 1929 als *Neues Archiv für Theatergeschichte* wieder belebt wird.

218 *Nur das Eine Buch: Geschwind, Frühromantik]* Hermann Gschwind: *Die ethischen Neuerungen der Frü h-Romantik. Untersuchungen zur neueren Sprach- und Literaturgeschichte.* Heft 2; Bern 1903.

219 *für Fischer]* Karl Fischer: *Eduard Mörikes Leben und Werke.* Berlin 1901.

Deine Levitzowiana] Sauers *Ulrike von Levetzow und ihre Erinnerungen an Goethe. Zur hundertsten Wiederkehr ihres Geburtstages (4. Februar 1904);* in: *Deutsche Arbeit,* 3. Jg. 4. Heft, Januar 1904; S. 293–307.

Vgl. Prem, 2. Auflage im Text] Nicht ermittelt.

220 *In betreff des Lit. Vereins]* Siehe Kapitel *Vereinigungen und Preisgerichte – Literarischer Verein.*

in Angelegenheiten der Gesellschaft] Minor meint wiederum den *Literarischen Verein.*

meine Schauspielerporträts aus dem alten Burgtheater] Ein solches Heft (solcher Band) kommt nicht zustande. Schon 1898 hat Minor mit dem Verlag Cotta, Stuttgart, bezüglich eines Sammelbandes mit Schauspielerporträts ohne Ergebnis verhandelt; vgl. Kapitel *Zusammenarbeit mit Cotta.*

221 *Weber, Hamann und Spitzer, Hebbel willkommen]* Falls die Rezensionen erschienen sind, wurden sie anonym veröffentlicht.

im Herbst 1904 nach Amerika zu gehen] Minor ist eingeladen, auf dem *Congress of Arts and Science,* der aus Anlass der Weltausstellung veranstaltet wurde, einen Vortrag zu halten. Vgl. Kapitel *Der Congress of Arts and Science* und *Die Reise nach Amerika.*

222 *ob ich im Herbst nach St Louis gehe]* Vgl. *im Herbst 1904 nach Amerika zu gehen]* unter Brief 221.

223 *Lessings Brief]* Carl Robert Lessing war Haupteigentümer der Berliner *Vossischen Zeitung.*

224 *daß ich mit einem Collegen (A S) komme]* Mit August Sauer.

225 *meine Schillerpapiere]* Minors *Briefe an Schiller* erscheinen im *Euphorion,* Bd. 12, S. 282–376.

226 *mein Schmiesel]* Schmiesel: Wienerisch für: Vorhemd (von frz. *chemisette*).

Dank für Levetzow] Vgl. *Deine Levitzowiana]* unter Brief 219.

Entgegnung an Kohm] Sauer hatte sich in der *Zeit* 471/1903 innerhalb seines Aufsatzes *Grillparzers ‚Ahnfrau' und die kritische Gesamtausgabe seiner Werke* auch mit Joseph Kohms kurz zuvor erschienenen Buch *Grillparzers Tragödie ‚Die Ahnfrau' in ihrer gegenwärtigen und früheren Gestalt* kritisch auseinandergesetzt. Kohm replizierte darauf mit einer im Selbstverlag erschienenen „offenen Antwort", *Herr Universitätsprofessor Dr. August Sauer in Prag als Kritiker,* auf die Sauer seinerseits in der *Zeit* Nr. 487/1904 mit *Grillparzer-Tragödie und Grillparzer-Komödie* heftig antwortete.

227 *Aufstieg in die Höhe]* Minor wurde zum Hofrat ernannt.

vir est acquietus] Der Mann ist einverstanden / zufrieden.

228 *für die ADA]* Anzeiger (der Zeitschrift) *für deutsches Altertum.*

Waiblinger von Frey, Aarau 1904] Carl Frey: *Wilhelm Waiblinger. Sein Leben und seine Werke.* H.R. Sauerländer, Aarau, 1904.

Wohnungsuchen] Minor trennt sich von seiner Familie; vgl. *was mit dem Umzug in Zusammenhang steht]* unter Brief 229.

Audienzen] Offizielle Verleihung des Hofrats-Titels; vgl. *Aufstieg in die Höhe]* unter Brief 227.

Für Speele] Nicht ermittelt.

229 *was mit dem Umzug in Zusammenhang steht]* Minor deutet seine bevorstehende Scheidung an.

230 *gemeinsam in die Sitzung]* Vermutlich handelt es sich um eine Zusammenkunft der Grillparzer-Gesellschaft, in der auch Sauer Mitglied ist.

231 *Die Ausstellung]* Die Weltausstellung, die zugleich mit den Olympischen Spielen und einer Reihe anderer Veranstaltungen anlässlich der Hundertjahrfeier der Abtretung Louisianas durch Napoleon an die Vereinigten Staaten stattfindet. – Vgl. Kapitel *Der Congress of Arts and Science.*

Der Krieg] Der Russisch-Japanische Krieg.

231S-1 *von mir einen Vortrag]* Sauers Vortrag befasst sich mit dem *Einfluß der nordamerikanischen auf die deutschsprachige Literatur (The Influence of North American Literature on German Literature* – siehe *Rogers: Kongreß St. Louis; Vol 3. 1905*; S. 477–497).

Dein Ewiger Jude] Anspielung auf Minors soeben bei Cotta erscheinendes Buch *Goethes Fragmente vom ewigen Juden und vom wiederkehrenden Heiland.*

Rezensionen für den Euphorion] Minors nächster Beitrag, *Briefe an Schiller,* erscheint erst im folgenden Jahr (*Euphorion*, Bd. 12, S. 282–376); die nächste Rezension (Otto Rüdiger: *Karoline Rudolphi.* Hamburg-Leipzig, 1903) erst 1906 (*Euphorion*, Bd. 13, S. 154f.).

231S-2 *einen andern Vortrag]* Vgl. *von mir einen Vortrag]* unter Brief 231S-1.

235 *Fouqué's Sintram]* Friedrich Baron de La-Motte-Fouqué: *Sintram und seine Gefährten. Nordische Erzählung nach Albrecht Dürer.*

Angelegenheit, die so viel Vorsicht u. Überlegung kostet] Nicht ermittelt.

238 *uns Amerikanern zu Liebe]* Von der Wiener Universität nehmen die sechs Professoren Ludwig Boltzmann, Theodor Escherich, Jakob Minor, Albrecht Penck, Eugen Philippovich von Philippsberg und Julius Wiesner am *Congress of Arts and Science* in St. Louis teil.

238S *Beim Germanistischen Kongress in St. Louis]* Eine der vielen Veranstaltungen zur Hundertjahrfeier in St. Louis; vgl. *Die Ausstellung]* unter Brief 231.

Aus Deinen Briefen an Kelle und Krauss] Sauer hat von dritter Seite von den belastenden Seiten der bevorstehenden Scheidung Minors erfahren.

239 *nach Weimar geschrieben]* An das Weimarer Goethe- und Schiller-Archiv.

die seelischen Leiden] Leiden im Kontext zu Minors bevorstehender Scheidung.

243 *Geld: 500 Dollars]* Rund 2500 Kronen.

Ich habe die Wahl [...] gelassen] Minor hält dann tatsächlich den Vortrag *Die Aufgaben und Methoden der modernen Literaturgeschichte.*

Was ich durchmache] Minor bezieht sich auf Probleme seines Scheidungsverfahrens.

E Jude ist ausgedruckt] Minor: *Fragmente vom Ewigen Juden; 1904.*

244 *in die Prein]* Landschaftsstrich an der Rax, einem der Ausflugsberge im Süden Wiens.

E J steht im Satz] Vgl. *E Jude ist ausgedruckt]* unter Brief 243.

Il dilei menitisorior Giacomo] Ital = (wahrscheinlich) Der vergnügte Lügner Giacomo.

247	*Als Gegenwert]* Vgl *Geld: 500 Dollars]* unter Brief 243.
	Der Ewige Jude] Vgl. *E Jude ist ausgedruckt]* unter Brief 243.
248	*den Studenten habe ich geschrieben]* Siehe ersten Absatz in Brief 247.
	wenn Du nur 2000 Kronen einzahlst] Vgl. *Als Gegenwert]* unter Brief 247.
	Ich bringe also zwei Vorträge mit] Vgl. *Ich habe die Wahl [...] gelassen]* unter Brief 243.
	in Sachen Novalis] Minor gibt 1907 bei Diederichs *Novalis Schriften* in vier Bänden heraus.
249	*Ostseebad Zinnowitz]* Adressiert nach Rumburg, umgeleitet nach Ostseebad Zinnowitz.
250	*Ostseebad Zinnowitz]* Adressiert nach Prag, umgeleitet nach Ostseebad Zinnowitz.
252	*bei meinem Neffen]* Wahrscheinlich ein Sohn der Minor-Schwester Aloisia (vgl. zweiten Nachtrag im Brief 146). – Zu Minors Halbbruder Georg (Sohn aus der ersten Ehe des Vaters) sind keine Lebensumstände und kein Sterbedatum bekannt, es könnte sich also auch um einen Nachfahr dieses möglicherweise ausgewanderten Georg Minor handeln; im Sauer-Nachlass existieren eine kurze Mitteilung und eine Visitkarte des Georg Minor (siehe Briefe 305 und 306).
	das Buch von Münsterberg] Hugo Münsterberg: *Die Amerikaner.* Berlin, 1904.
	die Briefe an Schiller] *Briefe an Schiller. Aus dem Schillerarchiv mitgeteilt von J. Minor* erscheinen samt *Anmerkungen zu den Briefen an Schiller vom Seminar für deutsche Philologie in Wien* in *Euphorion,* Bd. 12, S. 735–786. – Minor veröffentlicht weitere Briefe in Teilen: *Deutsche Frauen an Schiller. Mit unveröffentlichten Briefen aus dem Schiller-Archiv.* In: *Der Zeitgeist, Beiblatt zum Berliner Tagblatt,* 1. Mai 1905, Nr. 18; *Briefe deutscher Studenten an Schiller.* In: *Vossische Zeitung,* 7. Mai 1905, Nr. 213, 13. Beilage; *Schiller als Wohltäter und als Triumphator. Mit ungedruckten Briefen aus dem Schiller-Archiv.* In: *Illustriertes Wiener Extrablatt,* 9. Mai 1905, Nr. 127.
	Ergänzungen zu Urlichs] Carl Ludwig von Urlichs: *Briefe an Schiller.* Stuttgart, 1877.
253	*meinem Neffen]* Vgl. *bei meinem Neffen]* unter Brief 252.
255	*an meinen Neffen]* Vgl. *bei meinem Neffen]* unter Brief 252.
	in Waterloo] Im Hotel Waterloo.
257	*an die Briefe]* Siehe *die Briefe an Schiller]* unter Brief 252.
258	*die Schillerbriefe]* Siehe *die Briefe an Schiller]* unter Brief 252.
	Rezensionen von Stahr und Rudolphi] *Aus Adolf Stahrs Nachlaß, hg. von Ludwig Geiger, Oldenburg, 1903,* in: *Euphorion,* Bd. 13, S. 252–256; *Karoline Rudolphi von Otto Rüdiger, Hamburg und Leipzig, 1903,* in: *Euphorion,* Bd. 13, S. 154 f.
259	*mit den Nummern und Titeln]* Siehe *die Briefe an Schiller]* unter Brief 252.
260	*Anmerkungen im Lauf des Sommers mit dem Seminar machen]* Siehe *die Briefe an Schiller]* unter Brief 252.
	mein Wallenstein] Für die 16bändige Säkular-Ausgabe von *Schillers sämtlichen Werken,* die Cotta 1905 zum 100. Todestag des Dichters veranstaltete, hat Minor den 5. Band mit einer ausführlich erläuterten und kommentierten Ausgabe des *Wallenstein* besorgt.
261	*Fröberg-Sonette]* Theodor Fröberg: *Beiträge zur Geschichte und Charakteristik. des Deutschen Sonetts im 19. Jahrhundert.* Eggers, St. Petersburg, 1904.
	Wallenstein] Siehe *mein Wallenstein]* unter Brief 260.

262	*etwas für eine Schiller-Ausstellung?]* Zum hundertsten Todestag Schillers organisiert Minor zusammen mit dem Direktor der Bibliothek und des Museums der Stadt Wien, Karl Glossy, und seinem Schüler Payer von Thurn eine Schiller-Ausstellung im Wiener Museum für Kunst und Industrie.
263	*beide Korrekturen]* Korrekturen der Schillerbriefe; siehe *die Briefe an Schiller]* unter Brief 252.
	SAe] Separat-Abzüge.
	Wallenstein hast Du wol erhalten?] Vgl. *mein Wallenstein]* unter Brief 260.
264	*Korrekturfahnen fehlen]* Korrekturfahnen zu den *Briefen an Schiller*; siehe *die Briefe an Schiller]* unter Brief 252.
	Cotta den Wallenstein] Vgl. *mein Wallenstein]* unter Brief 260.
	todmüde durch Trauerfeste und eigene und Schillersche Jubiläen] Richard Heinzel hat sich am 4. April erschossen, Schiller ist am 9. Mai vor 10 Jahren gestorben, Minor am 15. April vor 50 Jahren geboren.
265	*die Terne: 1) Seemüller, 2) Kraus 3) Zwierzina]* Das Berufungsverfahren zur Nachfolge Richard Heinzels hat begonnen.
	wieder nach Amerika?] Vgl. Kapitel *Die Reise nach Amerika*.
266	*Gruß aus Prein]* Siehe *in die Prein]* unter Brief 244.
	die SAe der Briefe] Separat-Abzüge der Briefe an Schiller; vgl. *SAe]* unter Brief 263.
267	*meine Seminaristen]* Vgl. *die Briefe an Schiller]* unter Brief 252.
	3 Stunden täglich am Novalis] Siehe *in Sachen Novalis]* unter Brief 248.
	Servals] Serfaus in Tirol.
269	*die DLZ]* Deutsche Literaturzeitung.
270	*die Anmerkungen]* Anmerkungen zu den *Briefen an Schiller*; vgl. *die Briefe an Schiller]* unter Brief 252.
	geschübelt] Wienerisch: schüb[b]eln = an den Haaren beuteln (ein Schüb[b]el Haare = ein Büschel Haare).
272	*unser gemeinsamer Freund]* Erich Schmidt.
	Freunden des Herrn H.] Freunden Max Herrmanns; vgl. Kapitel *Der Streit mit Max Herrmann*.

Die Briefe 273–277 sind von Minor-Tochter Rita geschrieben, von Minor unterschrieben.

273	*ihren part in SA]* Ihren Teil in Separat-Abdrucken – gemeint sind jene Seminaristen, die am Kommentar für *Briefe an Schiller* mitgearbeitet haben.
	Castle, Lenau u. Löwenthal] Eduard Castle: *Lenau und die Familie Löwenthal. Briefe und Gespräche, Gedichte und Entwürfe*. Hesse, Leipzig, 1906.
274	*Castles Arbeit]* Vgl. *Castle, Lenau u. Löwenthal]* unter Brief 273.
	ein durchschossenes [...] Exemplar] Zur Erleichterung der Korrekturarbeit wurden Korrekturabzüge mit Durchschuss versehen (der Zeilenabstand durch Leerzeilen vergrößert).

Frankls Ausgabe] Ludwig-August Frankl Ritter von Hochwart [Hg.]: *Lenau und Sophie Löwenthal. Tagebuch und Briefe des Dichters.* Cotta, Stuttgart, 1891.

275 *zwei Berichtigungen zum Euphorion]* Die erste Berichtigung betrifft *Briefe an Schiller*, die zweite einen kurzen Bericht, der in *Euphorion*, Bd. 13., S. 79 über *Fragmente von Novalis* erschienen war.

Monographie von Hans Meyer] Hans Meyer: *Die Brüder Contessa. Ihr Leben und ihre Werke. Ein Beitrag zur Kenntnis der Unterhaltungs-Literatur der klassischen Epoche.* Berlin 1906. – Eine Minor-Rezension der Arbeit erscheint nicht.

276 *Festschrift für Kelle]* Untersuchungen und Quellen zur Germanischen und Romanischen Philologie, Johann von Kelle dargebracht von seinen Kollegen und Schülern. Prag, 1908, mit dem Beitrag Sauers *Aus Jacob Grimms Briefwechsel mit slavischen Gelehrten.* – Minor veröffentlichte schon in der *Neuen Freie Presse* vom 15. 3., Nr. 15649, den Gratulations-Artikel *Der alte Kelle.* – Vgl. *bei K.]* unter Brief 149.

Heinzel-Festschrift] Forschungen zur neueren Litteraturgeschichte. Festgabe für Richard Heinzel. Emil Felber, Weimar 1898. – Mit Beiträgen Minors (*Die Ahnfrau und die Schicksalstragödie*) und Sauers (*Neue Beiträge zum Verständnis und zur Würdigung einiger Gedichte Grillparzers*).

zwei Exemplare von Novalis] Minor: *Novalis-Schriften; 1907.*

277 *Sammlung von Pasquillen]* Franz Blei [Hg.]: *Deutsche Literatur-Pasquille.* Zeitler, Leipzig, 1907. Minors Rezension erscheint in *Euphorion* Bd. 15, S. 251–266.

278 *Ausgabe von vom Ende]* Haubold vom Ende [Hg.]: *E.T.A. Hoffmanns musikalische Schriften mit Einschluss der nicht in die gesammelten Werke aufgenommenen Aufsätze über Beethoven, Kirchenmusik etc. nebst Biographie.* Köln, o. J.

279 *Fulpmes]* Minor verbringt seine Sommerferien mehrmals bei Familie Anton Stern in Fulpmes im Tiroler Stubaital.

eine größere Rezension] Rezension von Heinrich Weber: *Hamann und Kant*, München, 1904, im *Euphorion* XIV, S. 157–160.

280 *Dank für Sengel]* Nicht ermittelt.

F. Rieser, Das Wunderhorn u s Quellen] Ferdinand Rieser: *Des Knaben Wunderhorn und seine Quellen.* Ruhfus, Dortmund, 1908.

Deinen Rosenbaum] Sauers Schüler Alfred Rosenbaum, der 1925 anlässlich von Sauers 70. Geburtstag eine Bibliographie aller Publikationen seines Lehrers herausgeben wird.

281 *dieses Thema]* Wahrscheinlich Bezug auf Johann von Kelle.

Stefan H.] Minors Schüler Stefan Hock.

unter denen im Abendblatt] Nicht ermittelt.

vor R. M.] Richard Maria Werner.

282 *große Laube-Ausgabe]* Bei Max Hesse, Leipzig, gab Heinrich Hubert Houben 1908–1909 Heinrich Laubes *Gesammelte Werke* in 50 Bänden heraus; im Schriftenverzeichnis Minors scheint allerdings keine Rezension des umfangreichen Werkes auf.

Grundrißanzeigen] Minor meint entweder eine Anzeige für Sauers *Kleine Beiträge zu Goedekes Grundriß* im *Euphorion*, Bd. 15, oder für Sauers *Grundsätze für die Wiener Grillparzer-Ausgabe*.

283 *Sitzung des Saar Denkmal-Comités]* Neben der Herausgabe *Ferdinand von Saars Sämtlicher Werke in zwölf Bänden* widmet sich Minor auf mehrfache Weise dem Gedenken des

Dichters und veröffentlicht auch wiederholt Aufrufe zur Errichtung eines Saar-Denkmales in Wien, das später im Wertheimstein-Park (um die Villa der Familie Wertheimstein, die Saar besonders gefördert hatte) aufgestellt wurde.

284 *die Flohdichtg]* Meister Floh.

285 *Pallmann, Horn, Insel 1908]* Heinrich Pallmann [Hg.]: *Johann Adam Horn – Goethes Jugendfreund.* Insel-Verlag, Leipzig 1908.

Hofstätter, Deutsches Museum, Probe<...> XII, Leipzig 1908] Walther Hofstätter: *Das Deutsche Museum 1776–1788 und das Neue Deutsche Museum 1789–1791. Ein Beitrag zur Geschichte der deutschen Zeitschriften im 18. Jahrhundert.* Voigtländer, Leipzig, 1908.

Lili Braun, Im Schatten der Titanen, Braunschweig 1908] Lily Braun: *Im Schatten der Titanen. Ein Erinnerungsbuch an Baronin Jenny v. Gustedt.* Braunschweig, 1908.

Leppmann Franz, Kater Murr u se Sippe, München 1908] Franz Leppmann: *Kater Murr und seine Sippe von der Romantik bis zu Viktor Scheffel und Gottfried Keller.* München, 1908.

Ottfried Müller, <...> in Briefen, Weidmann 1908] O. und E. Kern [Hg.]: *Carl Ottfried Müller – Lebensbild in Briefen an seine Eltern mit dem Tagebuch seiner italienisch-griechischen Reise.* Weidmann, Berlin 1908.

Konrad Lux, Manso; Lpzg 1908] Conrad Lux: *Johann Kaspar Friedrich Manso der schlesische Schulmann, Dichter und Historiker.* Leipzig 1908.

M. R. Hewelcke, Lorelei, Paderborn 1908] Nicht ermittelt.

<... ... ...>] Vier – wahrscheinlich italienische – Wörter.

287 *Kurt Holle, Das <... ...> (<...> Beiträge XII)]* Nicht ermittelt.

Palästra 47 (Hamann über KHM) und 41 (<...> über Bettina)] Hermann Hamann: *Die literarischen Vorlagen der Kinder- und Hausmärchen und ihre Bearbeitung durch die Brüder Grimm* (Palaestra 47) und Waldemar Öhlke: *Bettina von Arnims Briefromane* (Palaestra 41).

Günderrode, Melete, Berlin 1906] Tian (Pseud. = Karoline von Günderrode): *Melete von John.* Berlin, 1906.

M. Büthing, <...> der Gedichte der Günderrode, Berlin 1904] Max Büsing: *Die Reihenfolge der Gedichte Karolinens von Günderrode. Mit einem Anhang.* Univ. Diss., Berlin, 1903.

Castelle, Eichendorffs ungedr. Gedichte, Münster 1906] Friedrich Castelle: *Ungedruckte Dichtungen Eichendorffs. Ein Beitrag zur Würdigung des romantischen Dramatikers.* Münster, 1907.

A. Nowack, Lubowitzer Tagebuchblätter von Eichendorff] Alfons Nowack [Hg.]: *Joseph Freiherr von Eichendorff. Lubowitzer Tagebuchblätter.* Wilpert, Groß-Streblitz, 1907.

Schellberg W, Brentanos Gockel, München 1904] Wilhelm Schellberg: *Untersuchung des Märchens „Gockel, Hinkel und Gackeleia" und des Tagebuchs der Ahnfrau" von Clemens Brentano.* Univ. Diss., Münster 1903.

Amelts Theatergeschichtlicher Bibliographie] Nicht ermittelt.

ein stilleres Jahr zu haben] Minor spielt auf Sauers wenige Wochen zuvor zu Ende gegangene Funktionsperiode als Rektor der deutschen Prager Universität an.

289 *Prager Wirren]* Am 2. Dezember 1908 wurde in Prag nach Ausschreitungen Deutscher gegen Tschechen das Standrecht verhängt; einen Monat zuvor waren die österreichisch-tschechischen Ausgleichsverhandlungen gescheitert.

Auszug aus Deinem Vortrag] Vgl. *Dein Vortrag]* unter Brief 291.

unser künftiger Schriftführer] Vermutlich Schriftführer des Literarischen Vereins.

meinen Vortrag an die N Fr Presse] Am 13. Dezember erscheint in der *Neuen Freien Presse* Minors *Romantik – und kein Ende.*

290 *Dein Vortrag]* Vgl. *Dein Vortrag]* unter Brief 291.

291 *Dein Vortrag]* Rosenbaums Sauer-Bibliographie verzeichnet keinen Vortrag um diese Zeit.

292 *Die große Angelegenheit]* Nicht ermittelt.

hoffentlich deutsch] Die Promotionsformel wurde weiterhin lateinisch gesprochen.

293 *ein Buch von Rahmer über Kleist]* Sigismund Rahmer: *Kleist als Mensch und Dichter. Nach neuen Quellenforschungen.* Berlin, 1909.

293S *wegen dieser Sache]* Nicht ermittelt.

295 Vgl. *Trauerspiel]* unter Brief 8.

296 Vgl. *Trauerspiel]* unter Brief 8.

297 *zum Dreher]* Filialbetrieb des seinerzeit prominenten Wiener Bierrestaurants, dessen Hauptlokal, das „Etablissement Dreher", auf der Landstraßer Hauptstraße 97 lag.

Vorstellung der Enger] Enger ist in Rub: *Burgtheater; 1913,* und in Österreichischer Bundestheaterverband [Hg.]: *Burgtheater 1776-1976. Aufführungen und Besetzungen von zweihundert Jahren. Wien, 1976,* weder als Gast noch als Ensemblemitglied des Burgtheaters verzeichnet.

298 *M S]* Minor Sauer.

304 Vgl. das *Testament des Jakob Minor* im Anhang.

305 *Georg Minor]* Im Sauer-Nachlaß befinden sich zwei Visitenkarten, die offenbar von Minors Stiefbruder Georg, * 4. 11. 1852, † ?, stammen. Sauer schreibt in seinem Nachruf – Sauer: *Jakob Minor; 1913* – allerdings vom „frühen Verlust eines Bruders".

306 *Georg Minor]* Siehe *Georg Minor]* unter Brief 305.

Personenindex

Adler. – 15S.

Alarcón – Ruiz de Alarcón y Mendoza, Juan; * 1581 (?) Tasco (Mexiko), † 1639 Madrid; span. Dramatiker, beeinflusste Corneille und Goldoni. – 176.

Amelt. – 287.

Andreä. – 211.

Aristoteles; * 384 Stagira/Makedonien, † 384 v. Chr. Chalkis/Euböa; griech. Philosoph und Naturforscher. – 13; 295.

Arnim, Achim von (eigentl. Ludwig Joachim von Arnim); * 1781 Berlin, † 1831 Wiepersdorf/Kreis Jüterbog; dt. Erzähler, Lyriker und Publizist; lebenslang befreundet mit Clemens Brentano, verheiratet mit dessen Schwester Bettina, gemeinsam mit ihm Herausgeber der Volksliedsammlung *Des Knaben Wunderhorn* – 37; 96.

Arnim, Bettine (Bettina) von (eigentl. Anna Elisabeth, geb. Brentano); * 1785 Frankfurt/Main, † 1859 Berlin; dt. Erzählerin; verheiratet mit Achim von Arnim. – 287. – 15S.

Arnold, Franz Robert (eigentl. Levisohn); * 1872 Wien, † 1938 ebd.; österr. Literarhistoriker; Schüler Minors; 1906 a. o. Prof. für neuere deutsche Literaturgeschichte in Wien. – 172; 218.

Augustenburger –> Friedrich Christian von Schleswig-Holstein-Augustenburg.

Ayrenhoff, Cornelius Hermann von; * 1733 Wien, † 1819 ebd.; österr. Militär (zuletzt Feldmarschallleutnant) und Dramatiker, orientiert am frz. Klassizismus. – 106; 110.

Azinzanowski –> Czinasarsky.

Baberadt, Karl Friedrich (Pseudonym Friedrich Karl B.); * 1880, † [?]; dt. Schriftsteller und Biograph. – 271.

Bachmayr, Johann Nepomuk; * 1819 Neusiedl/Burgenland, † 1864 Wien (wahrscheinlich Selbstmord); österr. Schriftsteller und Lyriker. – 167; 202.

Baier. – 22.

Bartsch, Karl; * 1832 Sprottau/Schlesien, † 1888 Heidelberg; dt. Germanist, Romanist und Übersetzer, gründete 1858 in Rostock das erste Seminar für dt. Philologie; Begründer und Herausgeber der Zeitschrift *Germania*, 1869–88. – 105; 108. – 15S.

Batsch, August Johann Georg Karl; * 1761 Jena, † 1802 ebd.; dt. Botaniker, o. Prof. der Medizin und der Philosophie in Jena; als Lyriker von Goethe gefördert. – 163.

Bauer. – Berliner Buchhändler [?]. – 36.

Bauer. – 22.

Bauer, Dr. – 171.

Bauer, Betty; Freundin August Sauers. – 97; 105.

Bechtel, Friedrich; * 1855 Durlach (heute Karlsruhe-Durlach), † 1924 Halle/Saale; dt. Indogermanist und Vergleichender Sprachwissenschafter, redigierte die *Göttingischen Gelehrten Anzeigen.* – 105; 127; 128; 142; 166; 169.

Beethoven, Ludwig van; * 1770 Bonn, † 1827 Wien; dt.-österr. Komponist, Vollender und Weiterführer der Wiener Klassik. – 231; 231S-2.

Behaghel, Otto; * 1854 Karlsruhe, † 1936 München; dt. Germanist und einer der führenden „Junggrammatiker"; Professor in Heidelberg, Basel und Gießen, arbeitete vor allem über deutsche Sprachgeschichte und gab unter anderem den *Heliand* heraus. Begründer und Mitherausgeber des *Literaturblatts für germanische und romanische Philologie.* – 102.

Behrisch, Ernst Wolfgang; * 1738 Naunhof bei Dresden, † 1809 Dessau; Mentor Goethes in Leipzig. – 127.

Benecke, Georg Friedrich; * 1762 Mönchsroth bei Oettingen, † 1844 Göttingen; klassischer Philologe, Germanist, Anglist und Lexikograph; Schüler Lichtenbergs; Prof. und Oberbibliothekar in Göttingen, Lehrer Lachmanns und zusammen mit ihm Herausgeber des *Wigalois*, 1819; lieferte Material und Grundlagen für das *Mittelhochdeutsche Wörterbuch*, 1854–66, das Wilhelm Müller und Friedrich Zarncke ausarbeiteten. – 9.

Benedikt, Moriz; * 1849 Kwassitz (CSFR), † 1920 Wien; österr. Journalist und Publizist; redigierte ab 1872 den Wirtschaftsteil, wurde 1881 Herausgeber, 1908 Alleininhaber der *Neuen Freien Presse.* – 243; 244; 266; 280.

Bernardon (Joseph Felix von Kurz); * 1715 (1717), † 1784; österr. Schauspieler Alt-Wiener Volkskomödien, „Erfinder" des Maschinentheaters. – 119.

Bernays, Michael; * 1834 Hamburg, † 1897 Karlsruhe; dt. Privatgelehrter, Philologe und Literarhistoriker; übernahm 1874 in München den ersten neuphilologischen Lehrstuhl Deutschlands; berühmt wegen seines Zitatengedächtnisses; von Erich Schmidt als „Dr. Bombastus" belächelt. – 63; 67; 68; 104. – 16S.

Bernhardon –> Bernardon.

Bertuch, Friedrich Justin; * 1747 Weimar, † 1822 ebd.; dt. Herausgeber, Verleger, Publizist und Übersetzer; als Vertreter des dt. Buchhandels Teilnehmer am Wiener Kongreß. – 23.

Bettelheim, Anton; * 1851 Wien, † 1930 ebd.; österr. Literarhistoriker, Schriftsteller und Journalist; Herausgeber der *Biographischen Blätter*, 1896, Leiter der *Allgemeinen Deutschen Biographie*, 1907–10 und Herausgeber der *Neuen Österreichischen Biographie*, 1923–31. – 220.

Bettina –> Arnim, Bettine von.

Biedermann, Woldemar Freiherr von; * 1858 Chemnitz, † 1934 Berlin; Buchhändler, Schriftsteller und Herausgeber, Mitarbeiter an der Sophien-Ausgabe; Sammler von Goethes Gesprächen, 1909–11. – 65; 91.

Bils. – 38.

Bing. – 159.

Birk, Ernst R. von; * 1810 Wien, † 1891 ebd.; Historiker und Bibliothekar, ab 1854 Kustos der Hofbibliothek. – 98.

Blei, Franz (Pseudonym u. a. Dr. Peregrinus Steinhövel) * 1871 Wien, † 1942 Westbury/ Long Island; österr. Erzähler, Dramatiker, Essayist, Kritiker, Übersetzer und Herausgeber. – 277.

Blumenthal, Oskar; * 1852 Berlin, † 1917 ebd.; dt. Journalist, Librettist und Lustspielautor (*Das weiße Rößl*, 1898). – 38.

Bock, Ludwig; * [?], † 1879; Studienkollege Minors in Berlin. – 42.

Bodgor. – 227.

Böcking, Eduard; * 1802 Trarbach/Mosel, † 1870 Bonn; dt. Jurist und Philologe; 1829 o. Prof. der Rechte in Berlin; befreundet mit A. W. Schlegel und Herausgeber dessen Werke. – 91; 92.

Bodmer, Johann Jacob; * 1698 Greifensee/Kt. Zürich, † 1783 Zürich; schweiz. Dichtungstheoretiker, Übersetzer und Herausgeber, Dramatiker und Epiker. – 17; 36; 42; 211. – 18S.

Börne, (Carl) Ludwig (eigentl. Juda Löw Baruch); * 1786 Frankfurt/Main, † 1837 Paris; dt. Publizist, Literatur- und Theaterkritiker, Essayist; Wegbereiter des kritischen Feuilletons. – 53; 191.

Böttiger, Karl August; * 1760 Reichenbach/Sachsen, † 1835 Dresden; dt. Publizist und Archäologe; redigierte 1797–1803 den *Teutschen Merkur*; von Goethe und Schiller als „Magister ubique" verspottet. – 53.

Böttiger. – 20.

Boie, Heinrich Christian; * 1744 Meldorf/Holstein, † 1806 ebd.; Herausgeber und Lyriker; Mitbegründer des *Musen Almanachs*, Mitglied des Göttinger Hainbunds. – 22S.

Boltzmann, Ludwig; * 1844 Wien, † 1906 Duino bei Triest (Selbstmord); österr. Mathematiker, Physiker und Naturphilosoph; ab 1873 o. Prof. für Mathematik in Wien; gilt als Pionier der Atomtheorie. – 231; 237.

Bolzmann –> Boltzmann.

Bondi, Emanuel; österr. Pädagoge und Lehrbuchautor. – 48.

Bork, Ludwig; Studienkollege Minors in Berlin? – 87.

Boxberger, Robert; * 1836 Gotha, † 1890 Stadt Salza/Thüringen; Lehrer, Herausgeber und Schillerforscher; Mitarbeiter an Gustav Hempels Klassikerausgaben und an Joseph Kürschners *Deutscher National-Litteratur*. – 55; 60; 61; 62; 72; 87. – 22S.

Brahm, Otto; *1856 Hamburg, † 1912 Berlin; dt. Literarhistoriker und Bühnenleiter; Schüler Wilhelm Scherers. Theaterkritiker der *Vossischen Zeitung*. Leitete von 1904 an das Berliner Lessingtheater und verfasste u. a. eine Schiller-Biographie (2 Bde, unvollendet). – 149S-2.

Brandel –> Brandl.

Brandes, Georg (eigentl. Morris Cohen); * 1842 Kopenhagen, † 1927 ebd.; dän. Literarhistoriker, Kritiker und Biograph (Shakespeare, Goethe, Voltaire, Michelangelo). – 161.

Brandl, Alois; * 1855 Innsbruck, † 1940 Berlin; österr. Anglist und Dialektforscher; 1888 o. Prof. in Göttingen, Vorsitzender der Deutschen Shakespeare-Gesellschaft; Mit-Herausgeber der Schlegel-Tieckschen Shakespeare-Übersetzungen; zusammen mit Erich Schmidt ab 1898 Herausgeber der *Palaestra*, danach auch der *Quellen und Forschungen*. – 14; 15; 16; 18; 19; 20; 22; 26; 32; 33; 35; 38; 97; 102; 111; 118; 119; 122; 123; 125; 128; 141; 143; 145; 148; 149; 150. – 17S; 21S; 22S; 24S; 149S-1.

Braun, Lily; * 1865 Halberstadt, † 1916 Berlin-Zehlendorf; dt. Romanautorin, Herausgeberin; Mitarbeiterin des Goethe-Jahrbuchs, Mitbegründerin der Zeitschrift *Die Frauenbewegung*. – 285.

Braun, Julius W.; * 1843 Eschwege/Werra, † 1895 Halensee b. Berlin; dt. Schriftsteller und Herausgeber (*Lessing im Urtheile seiner Zeitgenossen*, 3 Bde., Berlin 1884–97); ursprünglich Apotheker. – 142.

Brawe, Joachim Wilhelm von; * 1738 Weißenfels, † 1758 Dresden; dt. Bühnenschriftsteller (bürgerl. Trauerspiel *Der Freygeist*, 1758, histor. Trauerspiel *Brutus*, 1768), von Lessing gefördert. – 14; 20; 25; 28; 30; 32; 33; 42; 88; 105; 107; 108; 114; 124. – 12S; 15S; 17S.

Brentano, Clemens; * 1778 Ehrenbreitstein, † 1842 Aschaffenburg; dt. Lyriker, Erzähler und Dramatiker; prägte den vorherrschenden Ton der deutschen Lyrik des 19. Jhs. mit der Liedersammlung *Des Knaben Wunderhorn*, 1806–08 (zus. mit Achim von Arnim). – 34; 96; 124; 128; 287.

Brion, Friederike; * 1752 Niederrödern/Elsaß, † 1813 Meißenheim b. Lahr; Tochter des Pfarrers in Sesenheim, Jugendliebe Goethes. – 16S; 18S.

Brockes, Barthold Heinrich; * 1690 Hamburg, † 1747 ebd.; Jurist, dt. Lyriker und Übersetzer, Vertreter eines pretiösen Manierismus und einer Naturdichtung zur Ehre des Schöpfers; sein Passions-Oratorium *Der für die Sünde der Welt gemarterte und Sterbende Jesu* wurde u. a. von Händel, Matheson und Telemann vertont. – 14; 18.

Bürger, Gottfried August; 1747 Molmerswende bei Quedlinburg, † 1794 Göttingen; dt. Balladendichter und Lyriker; seine Versuche einer subjektiv bestimmten Dichtung wurden von Schiller massiv verurteilt. – 140; 147; 161; 162. – 22S.

Büsing, Max. – 287.

Büthing, M. –> Büsing.

Calber. – 225.

Castelle, Friedrich (Pseudonym Hans Dietmar); * 1879 Appelhülsen/Westfalen, † 1954 Rheine-Steinfurt; dt. Journalist und Herausgeber (*Ungedruckte Dichtungen Eichendorffs*, 1907). – 287.

Castle, Eduard; * 1875 Wien, † 1959 ebd.; österr. Literarhistoriker und Theaterwissenschaftler; Schüler Jakob Minors und Richard Heinzels; 1915 o. Prof. für neuere deutsche Sprache und Literatur an der Universität Wien und a. o. Prof. ad personam an der TU Wien. – 174; 183; 186; 273; 274.

Chamisso, Adelbert von (eigentl. Louis Charles Adélaide de C. de Boncourt); * 1781 Schloss Boncourt/Champagne, † 1838 Berlin; dt. Erzähler, Lyriker und Naturforscher; seine *Peter Schlemihls wundersame Geschichte*, 1814, war eine der populärsten deutschsprachigen Erzählungen des 19. Jhs. – 48.

Chronegk, Ludwig; * 1837 Brandenburg, † 1891 Meiningen; ursprünglich Charakterkomiker, setzte als Regisseur und Direktor des Hoftheaters Meiningen die von Herzog Georg II. von Sachsen Meiningen verfolgten Ideen eines Ensemble-Theaters um. – 42.

Claudius, Matthias (Asmus); * 1740 Reinfeld/Holstein, † 1815 Hamburg; dt. Publizist, Lyriker und Übersetzer. – 22S.

Clodius, Christian August; * 1737 Annaberg/Erzgebirge, † 1784 Leipzig; Professor der Philosophie und der Poesie in Leipzig; Anhänger Gottscheds; seine Dichtungen wurden von Goethe in *Dichtung und Wahrheit* aufs Korn genommen („majestätischer Pomp"). – 34; 42; 60.

Collchen. – 262.

Collin, Joseph, * 1864, † 1942 , dt. Literarhistoriker, Prof. in Gießen. – 173; 189; 190.

Collin, Matthäus (Kasimir) von; * 1779 Wien, † 1824 ebd.; österr. Literaturkritiker, Dramatiker und Lyriker, Bruder von Heinrich von Collin. Professor für Ästhetik und Philosophiegeschichte, Zensor und Erzieher des Herzogs von Reichstadt; gab 1816 die *Wiener Allgemeine Litteratur-Zeitung* und 1818–21 die *Wiener Jahrbücher der Litteratur* heraus. – 2; 36; siehe auch Collin, Heinrich Joseph von.

Collin, Heinrich Joseph von, * 1771 Wien, † 1811 ebd.; öster. Dramatiker, Lyriker, Publizist; Bruder von Matthäus von Collin. Entwickelte eine Tragödienkonzeption unter dem Einfluss von Metastasio, Klopstock und Goethes „Iphigenie"; verfasste vaterländische Lyrik und theoretische Aufsätze zur Ästhetik. – 2; 36; siehe auch Collin, Matthäus (Kasimir) von.

Collins. – 169, 210.

Conegen –> Konegen.

Corneille, Pierre; * 1606 Rouen, † 1684 Paris; frz. klassischer Dramatiker (*Le Cid*, 1637) aus der Autorengruppe um Kardinal Richelieu. – 176.

Cotta'sche Buchhandlung, begründet 1659 durch Johann Georg Cotta, * 1631, † 1692, in Tübingen; Blüte unter Johann Friedrich (ab 1822), * 1764, † 1832, der die Werke Goethes, Schillers, Hölderlins, Jean Pauls und Kleists herausbrachte; von Adolf Kröner 1889 übernommen, 1977 in den Klett-Verlag integriert. – 51; 154; 157; 192; 252; 262; 264. – 15S; 149S-1.

Creizenach, Wilhelm; * 1851 Frankfurt am Main, † 1919 Dresden; dt. Literarhistoriker, o. Prof. in Krakau; 151 (Kreizenach); 111; 118; 121; 161; 171; 210.

Cronegk, Johann Friedrich Reichsfreiherr von; * 1731 Ansbach, † 1758 Nürnberg; dt. Dramatiker und Lyriker; befreundet mit Christian Felix Weisse und den „Bremer Beiträgern". – 14; 36; 33; 42 (Chronegk); 105; 108; 114; 124.

Czinasarsky. – 16; 38.

D. –> Minor, Daisy.

Dalberg, Wolfgang Heribert Reichsfreiherr von; * 1750 Schloss Herrnsheim/Worms, † 1806 Mannheim; Theaterintendant, Bühnenschriftsteller und badischer Staatsminister; brachte *Die Räuber*, 1782, *Fiesco, Kabale und Liebe*, 1784 und *Don Karlos*, 1788, zur Aufführung. – 6.

Danzel, Theodor Wilhelm; * 1818 Hamburg, † 1850 Leipzig; dt. Philologe und Literarhistoriker; sein Hauptwerk, *Gotthold Ephraim Lessing, sein Leben und seine Werke*, 1850–54, blieb unvollendet. – 32; 55. – 17S.

David, Jakob Julius; * 1859 Mährisch-Weißkirchen, † 1906 Wien; österr. Novellist, Schriftsteller, Bühnendichter und Journalist; mit Erich Schmidt befreundet, der 1908/09 Davids *Gesammelte Werke* in sieben Bänden herausgibt. – 174.

David, Benno von; Sektionschef für das Hochschulwesen im Wiener Unterrichtsministerium. – 84; 111; 119; 134; 143; 146.

Daisy –> Minor, Daisy.

Denis, (Johann Nepomuk Cosmas) Michael; * 1729 Schärding, † 1800 Wien; Jesuit (bis zur Ordensaufhebung 1773), Bibliothekar und Lyriker; mit seiner Ossian-Übersetzung, 1767/69, und der Gedichtsammlung *Die Lieder Sineds des Barden* (*Sined* = Anagramm), 1772, wurde er wichtigster deutschsprachiger Vertreter der Bardenlyrik. – 95.

Depris [Depais]. – 4.

Descartes, René; * 1596 La Haye, † 1650 Stockholm; frz. Philosoph und Mathematiker. – 20; 22.

Devrient, Eduard Philipp; * 1801 Berlin, † 1877 Karlsruhe; dt. Schauspieler, Dramatiker und Verfasser bühnentheoretischer Schriften. – 112.

Diederichs, Eugen; * 1867 Löbitz bei Naumburg/Saale, † 1939 Jena; Verlagsbuchhändler und Publizist; begründete die *Sammlung Thule*. – 217.

Diesch, Karl (Pseudonym Kaulfuß-Diesch, Carl Hermann); * 1880 Sorau, † 1957 Leipzig; dt. Bibliothekar, Literarhistoriker und Herausgeber; Mitarbeiter an Goedekes *Grundriß zur Geschichte der deutschen Dichtung*. – 278.

Dörscher; Studienkollege Minors. – 33; 35; 62.

Drescher, Carl Maria; * 1864 Frankfurt am Main, † 1928 Breslau; dt. Germanist; wissenschaftlicher Leiter der historisch-kritischen Luther-Gesamtausgabe (Weimarer Ausgabe), 1883 ff. – 189.

Droste-Hülshoff, Annette (eigentl. Anna Elisabeth) Freiin von D.; * 1797 Schloss Hülshoff bei Münster, † 1848 Meersburg/Bodensee; dt. Erzählerin und Lyrikerin. – 38; 48.

Dumas, Alexandre d. J.; * 1824 Paris, † 1895 Marly-le-Roi bei Paris; frz. Schriftsteller, unehelicher Sohn von Alexandre Dumas d. Ä.; sein Roman *Die Kameliendame*, 1848, wurde auch als Drama, 1852, und in der Vertonung durch Giuseppe Verdi, *La Traviata*, 1853, erfolgreich. – 21.

Düntzer, Heinrich; * 1813 Köln, † 1901 ebd.; dt. Philologe und Literarhistoriker; veröffentlichte die mehrfach aufgelegten *Erläuterungen zu den deutschen Klassikern*, 1855–80. – 2; 9; 16; 69; 87; 146. – 15S.

D–y –> Minor, Daisy.

E... –> Edlinger.

Ebert, Karl Egon; * 1801, † 1882; österr. Erzähler und Dramatiker. – 111.

Eckelmann. – 238S.

Edlinger, Anton; * 1854 Salzburg; † 1919 Innsbruck; österr. Verlagsbuchhändler und Publizist; gab von 1877 bis 1879 das *Literaturblatt* heraus. – 30 (E...); 36; 32; 38; 52; 107. – 15S.

Ehrlich –> Redlich.

Eichendorff, Joseph (Karl Benedikt) Freiherr von; * 1788 Schloss Lubowitz bei Ratibor/Oberschlesien, † 1857 Neisse/Schlesien; dt. Lyriker, Erzähler, Dramatiker, Übersetzer und Literarhistoriker. – 287

Einsle –> Lang und Einsle.

Elise. – 32.

Ellinger, Georg; * 1859 Quedlinburg, † 1939 Berlin (Selbstmord); dt. Philologe und Herausgeber; Scherer-Schüler; Gymnasiallehrer und Mit-Herausgeber der *Berliner Neudrucke* 1887–91 und der Goethe-Ausgabe des Bibliographischen Instituts, 1910. – 189.

Engel, Eduard; österr. Literarhistoriker; Studienkollege Minors. – 44.

Enger; Schauspielerin. – 297.

Erdmann-Edler, Karl; * 1844 Podiebrad, Böhmen, † 1931 Wien; Professor für Poetik, Mythologie und Geschichte der Schauspielkunst am Wiener Konservatorium. – 51.

Erich [der holde Erich]; –> Erich Schmidt.

Ernst, Wenzel Karl; * 1830 Röhrsdorf/Böhmen, † 1910 Wien; Prof. für Geographie, Geschichte und Propädeutik am Wiener Schottengymnasium. – 10.

E S –> Erich Schmidt.

E Sch –> Erich Schmidt.

Eschenburg, Johann Joachim; * 1743 Hamburg, † 1920 Braunschweig; Lehrer, Übersetzer, Literaturtheoretiker; lieferte die erste vollständige deutsche Shakespeare-Übersetzung; rühriger Mitarbeiter der *Allgemeinen deutschen Bibliothek*. – 20; 60; 62.

Etienne. – 301.

Etlinger –> Edlinger.

Eschenburg, Johann Joachim; * 1743 Hamburg, † 1820 Braunschweig; dt. Literaturtheoretiker und Literaturkritiker, Übersetzer und Lehrer; überarbeitete und vervollständigte Wielands Shakespeare-Übersetzungen. – 21S.

Escherich, Theodor von; * 1857 Ansbach, † 1911 Wien; dt. Kinderarzt, ab 1902 o. Prof. für Kinderheilkunde in Wien. – 222; 231.

Falck –> Falk.

Falk, Johann(es) Daniel (Pseudonym: Johannes von der Ostsee); * 1768 Danzig, † 1826 Weimar; dt. Schriftsteller und Pädagoge; Verfasser der posthum erschienenen Erinnerungen *Goethe, aus näherem persönlichem Umgange dargestellt*, 1832. – 49; 50; 51; 52.

Fedure; 213.

Feuerbach, Henriette; geb. Heydenreich; * 1812 Ermetzhofen bei Uffenheim, † 1892 Ansbach; dt. Schriftstellerin und Verwalterin des Nachlasses ihres Stiefsohns Anselm. – 108.

Fischer, Kuno; * 1824 Groß-Sendewalde, † 1907 Heidelberg; dt. Philosoph und Literarhistoriker; Prof. in Jena und Heidelberg. – 219; 272;

Fischer, Karl; Drucker in Wien. – 304.

Fischereich. – 154.

Flachland, Caroline von; * 1750 Reichenweier/Elsaß, † 1809 Weimar; ab 1773 Ehefrau Johann Gottfried Herders. – 18S.

Foote, Samuel; * 1720 Truro, † 1777 Dover; engl. Dramatiker und Schauspieler. – 176.

Fouqué, Friedrich Baron de la Motte; * 1777 Brandenburg/Havel, † 1843 Berlin; dt. Romanschriftsteller, Erzähler, Lyriker, Dramatiker und Publizist. – 235.

Fournier, August; * 1850 Wien, † 1920 ebd.; österr. Historiker und Politiker, Archivleiter des Innenministeriums; Prof. für Allg. Geschichte an der deutschen Universität in Prag und an der TU Wien; Napoleon-Biograph. – 141.

Fränkel, Jonas; * 1879 Krakau, † 1965 Hünibach bei Thun; Schweizer Literarhistoriker und Herausgeber (Heinrich Heine, Gottfried Keller); studierte unter anderem in Wien bei Jakob Minor. – 190.

Fraihsl; – Sommerfrische-Adresse Minors in Reichenau. – 74.

Frankl, Ludwig August; * 1810 Chrast/Böhmen, † 1894 Wien; österr. Arzt, Journalist, Schriftsteller; Präsident der Schillerstiftung; veröffentlichte zahlreiche Dichterbiographien. – 139; 274.

Franzel. – 97.

Franzos, Karl Emil; * 1848 Czortkow/Galizien, † 1904 Berlin; österr. Erzähler, Reiseschriftsteller und Publizist; veröffentlichte erstmals *Büchners Sämmtliche Werke und handschriftlichen Nachlaß*, 1879, und gab die Zeitschrift *Deutsche Dichtung*, 1886–1904, heraus. – 162.

Frau Prof. – > Netty Schmidt.

Fraun – 266.

Fresen –> Fresenius.

Fresenius, August; * 1850 Wiesbaden, † 1924 ebd.; dt. klassischer Philologe und Goethe-Forscher, Mitherausgeber der *Deutschen Literatur Zeitung*; 33; 34; 36; 38; 39 (Fresen); 42; 47; 48; 49; 71; 82 (Fresen).

Frey, Adolf; * 1855 Aarau, † 1920 Zürich; Schweizer Germanist, Lyriker, Epiker und Dramatiker; edierte Gottfried Keller und C. F. Meyer. – 228.

Friderike –> Brion, Friederike.

Friederike –> Brion, Friederike.

Friedrich Christian, Herzog von Schleswig-Holstein-Augustenburg (1794–1814); * 1765 Augustenburg auf Alsen, † 1765 ebd.; unterstützte 1791–96 Schiller. – 9.

Fröberg. – 261.

Fröhlich, Katharina; * 1800 Wien, † 1878 ebd.; drittälteste der Fröhlich-Schwestern, „ewige Braut" Grillparzers; übergab seinen Nachlass der Stadt Wien. – 213.

Fromme; k. u. k. Hofbuchdruckerei und Verlagshandlung Carl Fromme, Leipzig und Wien. – 202.

Fulda, Ludwig Anton Salomon; * 1862 Frankfurt am Main, † 1939 (Selbstmord); dt. Schriftsteller und Übersetzer; befreundet mit Paul Heyse; 1923–28 erster Präsident des deutschen PEN. – 62.

Gabler, Wilhelm; * 1821 Wartenberg/Böhmen, † 1897 Prag; österr. Historiker, Schriftsteller und Publizist. – 106; 110.

Garibaldi, Giuseppe; * 1807 Nizza, † 1882 Caprera; ital. nationaler und republikanischer Freiheitskämpfer gegen die Österreicher. – 103.

Gaverland. – 9; 10.

Gehenau; Studienkollege Minors. – 18.

Geiger, Ludwig (eigentl. Lazarus, Abraham); * 1848 Breslau, † 1919 Berlin; dt. Historiker, Philologe und Herausgeber; 1880 o. Prof. in Berlin; Gründer und Herausgeber des *Goethe-Jahrbuchs* (1880–1913) und mehrerer Zeitschriften. – 38; 140; 217.

Gelbschnabel –> Hofmann(-Wellenhof).

Gellert, Christian Fürchtegott; * 1715 Hainichen/Erzgebirge, † 1769 Leipzig; Erzähler und Autor von Fabeln, geistlichen Liedern und Komödien; mit dem *Leben der Schwedischen Gräfin von G****, 1747, schrieb er den ersten bürgerlichen Roman, seine *Briefe, nebst einer Praktischen Abhandlung*, 1751, wurden für lange Zeit kanonbildend. – 13.

Gerold; Wiener Verlagsbuchhandlung, begründet von dem Buchhändler und Buchdrukker Josef Gerold, *1749 Wien, † 1800 ebd.; bei Gerold erschienen die *Germania* und die *Zeitschrift für die österreichischen Gymnasien*. – 36; 165.

Gerold, Rosa; * 1829 Waltershausen/Thüringen, † 1907 Wien; Schriftstellerin, verheiratet mit dem Wiener Verlagsbuchhändler Moritz Gerold, führte einen bedeutenden Salon. – 16S.

Gerstenberg, Heinrich Wilhelm von; * 1737 Tondern/Schleswig, † 1823 Altona; als Lyriker, Dramatiker (*Ugolino*) und Theoretiker Wegbereiter des Sturm und Drang. – 17S.

Geschwind. – 218.

Gessner, Salomon; * 1730 Zürich, † 1788 ebd.; Schweizer Verleger, Maler und Dichter von Idyllen. – 18S.

Geyer, Rudolf Eugen; * 1861 Wien, † 1929 ebd.; Orientalist, trat 1884 in die Hofbibliothek ein; 1915 o. Prof. der Semitistik. – 147.

Gianelli; Quartiergeber Minors in Berlin. – 33. – 12S.

Gitlbauer, Michael; * 1847 Leonding bei Linz, † 1903 Wien; Augustiner Chorherr; 1901 o. Prof. für klassische Philologie in Wien. – 49.

Gittlbauer –> Gitlbauer.

Gleim, Johann Wilhelm Ludwig; * 1719 Elmsleben/Ostharz, † 1803 Halberstadt; dt. Lyriker; verfaßte während des Siebenjährigen Krieges die *Preußischen Kriegslieder in den Feldzügen 1756 und 1757 von einem Grenadier.* – 39; 105. – 17S; 18S.

Glossy, Karl; * 1848 Wien, † 1937 ebd.; Direktor der Bibliothek und des Museums der Stadt Wien, Literatur- und Theaterforscher; brachte gemeinsam mit August Sauer *Ferdinand Raimunds sämtliche Werke*, 1879, heraus. – 157; 226.

Göckingk, Leopold Friedrich Günther von; * 1748 Gröningen (Landkreis Oschersleben), † 1828 Wartenberg (Schlesien); dt. Dichter, befreundet mit Gleim und Bürger. – 139; 140.

Goedecke, Karl Ludwig; * 1814 Celle, † 1887 Göttingen; dt. Literarhistoriker (*Grundriß zur Geschichte der deutschen Dichtung. Aus den Quellen*, 1857–81), Schüler Jakob Grimms. – 10; 18. – 22S.

Goethe, Johann Wolfgang von; * 1749 Frankfurt/Main, † 1832 Weimar. – 2; 3; 10; 12; 16; 18; 20; 22; 27; 34; 38; 42; 47; 49; 52; 55; 59; 60; 63; 64; 65; 67; 69; 70; 78; 79; 84; 85; 86; 87; 91; 92; 94; 95; 98; 101; 103; 104; 105; 132; 140; 146; 151; 157; 176; 199; 202; 210; 214; 219; 243. – 12S; 15S; 17S; 18S; 21S; 22S.

Görner, Karl von; Herausgeber von *Der Hanswurststreit in Wien und Joseph von Sonnenfels*, 1885 [*Castle: Schmidt-Briefe*; 1955, S. 84]. – 148; 149.

Götze –> Goetze.

Goetze, Edmund; * 1843 Dresden, † 1920 Loschwitz bei Dresden; dt. Philologe und Herausgeber (Hans Sachs); setzte 1884–1919 Goedekes *Grundriß zur Geschichte der deutschen Dichtung* fort. – 194; 282.

Goldoni, Carlo; * 1707 Venedig, † 1793 Paris; urspr. Advokat; ital. Dramatiker, Meister und Reformer der ital. Rokoko-Komödie. – 176.

Gompertz, Theodor; * 1832 Brünn, † 1912 Baden bei Wien; österr. Altphilologe, übersetzte u. a. die *Poetik* des Aristoteles und die Werke John Stuart Mills. – 97.

Gottsched, Johann Christoph; * Juditten/Ostpreußen, † 1766 Leipzig; dt. Dichtungstheoretiker, Dramatiker, Herausgeber und Übersetzer. – 106; 161. – 15S (Gotsched).

Gregorovius, Ferdinand; * 1821 Neidenburg/Ostpreußen, † 1891 München; dt. Lyriker, Erzähler und Dramatiker; verfasste eine Reihe historischer Landschafts- und Stadtbeschreibungen. – 4.

Grillparzer, Franz; * 1791 Wien, † 1872 ebd.; österr. Lyriker, Dramatiker und Prosaist. – 12; 91; 128; 130; 132; 133; 150; 152; 153; 174; 176; 179; 180; 183; 203; 207; 210; 213; 220; 231; 268; 150S-1; 150S-2; 231S-2.

Grimm, Jacob: * 1785 Hanau, † 1863 Berlin; dt. Sprach- und Literaturwissenschafter (*Kinder- und Hausmärchen*, 1812–15), Altgermanist und Philologe; begründete die *Deutsche Grammatik* (erstmals 1819) und zusammen mit seinem Bruder Wilhelm das *Deutsche Wörterbuch*. – 48. – 16S.

Grimm, Wilhelm: * 1786 Hanau, † 1859 Berlin; dt. Literaturwissenschafter, Märchen- und Sagenforscher Literaturwissenschafter (*Kinder- und Hausmärchen*, 1812–15); Mitherausgeber des *Deutschen Wörterbuchs*. – 48. – 16S.

Grimm, Hermann; * 1828 Kassel, † 1901 Berlin; älter Sohn Wilhelm Grimms; dt. Epiker, Dramatiker, Essayist, Literatur- und Kunsthistoriker, o. Prof. für Kunstgeschichte in Berlin; stand mit seinen philologischen Auffassungen und Editionsgrundsätzen gegen Wilhelm Scherer und Erich Schmidt. – 92. – 15S.

Groß, Ferdinand; * 1849 Wien, † 1900 ebd.; österr. Journalist, Essayist, Erzähler, Lyriker und Übersetzer. – 219.

Grunwald, Max; österr. historischer Schriftsteller [?]. – 131.

Günderrode, Karoline Friederike Luise Maximiliane von; * 1780 Karlsruhe, † 1806 Winkel/ Rhein (Selbstmord); dt. Lyrikerin, Prosaistin und Dramatikerin; 1797 Eintritt ins evangelische Damenstift in Frankfurt am Main. – 17, 287.

Gutzkow, Karl; * 1811 Berlin, † 1878 Frankfurt/Main; dt. Dramatiker, Erzähler, Journalist und Kritiker. – 210.

H, H. –> Herrmann, Maximilian.

H –> Hock, Stefan.

Haberland. – 10.

Hagedorn, Friedrich von; * 1708 Hamburg, † 1754 ebd.; dt. Lyriker, Epigrammatiker und Fabeldichter Ausgang des Barock. – 117; 124.

Hagen, Friedrich Heinrich von der; * 1780 Schmiedeberg/Uckermark, † 1856 Berlin; dt. Germanist und Literarhistoriker, Herausgeber mittelhochdeutscher Anthologien. – 17.

Hagen. – 71; 87; 91.

Hagermayr; Freundin August Sauers. – 101.

Hahn, Hans; * 1879 Wien, † 1934 ebd.; österr. Mathematiker; 1917 o. Prof., 1921 Ordinarius in Wien; spielte eine bedeutende Rolle im „Wiener Kreis"; Schwiegersohn Minors, verheiratet mit Lilly Minor. – 304.

Hahn, Lilly (eigentl. Eleonore), geb. Minor; * 1885 Prag, † 1934 Wien; Tochter Minors, verheiratet mit dem Mathematiker Hans Hahn; Mutter der Schauspielerin Nora Minor (Nora Hahn, verh. Lallinger). – 304.

Halleman, van der; Archivar in Weimar. – 163.

Haller, Albrecht von; * 1708 Bern, † 1777 ebd.; schwz. Arzt, Anatom, Botaniker, Übersetzer und Lehrdichter (*Die Alpen*, 1729); unter seiner Leitung wurden die *Göttingischen Gelehrten Anzeigen* zu einem führenden Rezensionsorgan. – 14.

Hamann, Johann Georg; * 1730 Königsberg, † 1788 Münster/Westfalen; dt. Philologe und philosophischer Schriftsteller. – 82; 86; 89; 90; 91; 92; 98; 221; 287.

Hamel, Richard; * 1853 Potsdam, † 1924 Oldenburg; dt. Schriftsteller und Theaterkritiker; Herausgeber der Werke Klopstocks. – 88.

Hamerling, Robert (eigentl. Rupert Johann Hammerling); * 1830 Kirchberg am Walde/Niederösterreich, † 1889 Graz; österr. Lyriker, Epiker, Dramatiker, Erzähler; bejahte den preußischen Hegemonieanspruch. – 37.

Hammerling –> Hamerling.

Hanausek. – 15S; 149S-1.

Hardenberg, Anton Freiherr von. – 248.

Hartel, Wilhelm Ritter von; * 1839 Hof/Mähren, † 1907 Wien; österr. Klassischer Philolog; 1874–76 Dekan, 1890–91 Rektor der Wiener Universität; Direktor der Hofbibliothek; 1900–05 Minister für Cultus und Unterricht, ab 1900 Vizepräsident der Akademie der Wissenschaften. – 71; 72; 100; 107; 115; 124; 126; 171; 202; 216; 220; 237.

Hatz. – 199.

Hauffen, Adolf; dt. Germanist; a. o. Prof. für deutsche Sprache und Literatur an der Karl Ferdinands-Universität in Prag. – 204; 205.

Haupt, Joseph von; * 1820, † 1881; österr. Bibliothekar (Skriptor der Hofbibliothek), Philologe und Herausgeber des Williram; Verfasser des Albungen-Lieds, einer epischen Dichtung aus der deutschen Sage. – 34.

Haupt, Moriz; * 1808 Zittau, † 1874 Berlin; dt. Klassischer Philologe und Germanist; Schüler Lachmanns, dessen *Minnesangs Frühling* er fortführte; begründete die *Zeitschrift für deutsches Altertum*. – 68. – 15S.

Hauptmann, Gerhart; 1862 Ober-Salzbrunn/Schlesien, † 1946 Agnetendorf/Riesengebirge; dt. Dramatiker, Erzähler, Lyriker; erhielt 1912 den Literatur-Nobelpreis. – 192.

Haym, Rudolf (Pseudonym: Peter Arbuez); * 1821 Grünberg/Schlesien, † 1901 St. Anton/Arlberg; dt. Literarhistoriker und Publizist; ab 1860 Prof. für Literaturgeschichte in Halle; verfasste 1877/1885 *Herder nach seinem Leben und seinen Werken* (2 Bde.) und 1870 *Die Romantische Schule*. – 15S.

Hebbel, (Christian) Friedrich; * 1813 Wesselburen, † 1863 Wien; dt. Dramatiker, Lyriker, Erzähler. – 221.

Heine, Heinrich (bis 1825: Harry); * 1797 Düsseldorf, † 1856 Paris; dt. Lyriker, Erzähler, Essayist, Dramatiker, Journalist; Metternich verfügte gegen ihn 1835 die verschärfte Zensur. – 53; 262; 269.

Heinemann, Lothar von; dt. Historiker. – 168.

Heinse, Johann Jakob Wilhelm; * 1746 Langenwiesen/Thüringer Wald, † 1803 Aschaffenburg; dt. Romanautor und Kunstschriftsteller; Autor des *Ardinghello*. – 20.

Heinzel, Richard; * 1838 Capo d'Istria (Koper), † 1905 Wien (Selbstmord); österr. Germanist; 1868 o. Prof. für deutsche Sprache und Literatur in Wien; Lehrer Minors im älteren Fach. – 13; 14; 15; 16; 17 (Heinzelin); 20; 21; 22; 41 (Heinzelin); 42; 44; 48; 52; 64; 67; 71; 72; 75; 87; 96; 99; 100; 165; 221; 276. – 15S; 17S; 18S; 22S; 24S.

Heinzelin [Heinzelin von Konstanz; Verfasser einiger mhd. Streitgedichte um 1320–1340] –> Heinzel.

Heller. – 149.

Hempel, Gustav; * 1819 Waltershausen, † 1877 Berlin; dt. Verlagsbuchhändler, gab ab 1867 die *Nationalbibliothek sämmtlicher deutschen Classiker* (246 Bände) heraus, darunter die von Minor benützte Herder-Ausgabe und die erste, von Gustav von Loeper initiierte, kommentierte Goethe-Ausgabe, 1869–1879. – 22; 24; 54; 63; 94; 103; 112. – 15S; 17S; 22S.

Hendrich. – 6.

Henning, Rudolf; * 1852, † 1930; dt. Germanist; Schüler Müllenhoffs und Scherers, später Professor in Straßburg; Studienkollege Minors in Berlin. – 32; 33; 34; 38. – 15S.

Henzler. – 134.

Herder, Johann Gottfried; * 1744 Mohrungen/Ostpreußen, † 1803 Weimar; dt. Kulturphilosoph, Theologe und Schriftsteller. – 52; 59; 60; 61; 70; 87; 108; 210. – 15S; 17S; 18S.

Herrig, Ludwig; gründete 1846 zusammen mit Heinrich Viehoff das *Archiv für das Studium der neueren Sprachen* als Vierteljahreszeitschrift für Anglistik und Romanistik. – 152.

Hermann. – 82.

Herrmann, Maximilian; * 1865 Berlin, † 1942 KZ Theresienstadt; dt. Literarhistoriker und Theaterwissenschafter, Schüler Erich Schmidts; Univ. Prof., Gründer und Direktor des Theaterwissenschaftlichen Instituts in Berlin; zur Zeit des Streits mit Minor Privatdozent für Theatergeschichte in Berlin. – 185; 186 (H); 187 (H); 188; 189 (H); 193; 194; 195; 196; 197; 198; 199 (H); 202; 203; 205 (H); 206; 210; 272.

Herrmann, E. – 282.

Hertz, Wilhelm Carl Heinrich von; * 1835 Stuttgart, † 1902 München; dt. Lyriker, Epiker, Übersetzer; ab 1878 Prof. für deutsche Sprache und Literatur am Polytechnikum in München. – 48.

Herzler. – 128; 137.

Hesse, Max; * 1858 Sondershausen, † 1907 Leipzig; gründete 1880 in Leipzig den Max Hesse Verlag. – 219; 282.

Heuschober; Sommerfrische-Adresse Minors in Bad Ischl. – 1; 2.

Heusler, Andreas; * 1865 Basel, † 1940 Arlesheim bei Basel; Germanist und Nordist; Verfasser einer dreibändigen *Deutschen Versgeschichte*, 1925–29. – 210.

Heuss. – 153.

Hewelcke, Mater Rosalia. – 285.

Heyse, Paul; * 1830 Berlin, † 1914 München; dt. Lyriker, Novellist, Dramatiker, Romanautor, Essayist, Übersetzer; eng verbunden mit König Maximilian II. und dem bayerischen Hof, Nobelpreisträger; konstituierender Vorstand der Goethe-Gesellschaft. – 176.

Hildebrand, Rudolf; * 1824 Leipzig, † 1894 ebd.; dt. Sprachwissenschafter, Germanist und Pädagoge, o. Prof. für neuere deutsche Sprache und Literatur in Leipzig; Mitarbeiter am *Grimmschen Wörterbuch* (Artikel Geist). – 60.

Hinrichs. – 99.

Hochstetter, Wilhelm. – 231S-2.

Hock, Stefan; * 1877 Wien, † 1947 London; österr. Literarhistoriker, Minor-Schüler; Sohn des Wilhelm Hock; unter Max Reinhardt Dramaturg am Wiener Josefstädter Theater. – 281 (H).

Hock, Wilhelm; * 1832 Lübeck, † 1904 Berlin; dt. Bühnenautor und als Schauspieler, Spielleiter, Technischer Leiter und Theaterdirektor an zahlreichen deutschsprachigen Bühnen; Vater von Stefan Hock. – 4.

Hölderlin, Friedrich; * 1770 Lauffen/Neckar, † 1843 Tübingen; dt. Lyriker, Dramatiker, Übersetzer, Romanautor. – 95; 149S-1.

Hönig. – 161.

Hönigsberger; Sommerfrische-Adresse Minors in Pottenstein, Niederösterreich. – 109.

Hoffmann, E(rnst) T(heodor) A(madeus) (urspr. Wilhelm); * 1776 Königsberg, † 1822 Berlin; dt. Erzähler, Journalist, Komponist. – 278; 284.

Hoffmann, Emanuel; * 1825 Neiße, † 1900 Wien; österr. Klassischer Philologe. – 13; 17; 21 (Hofmann); 36; 49. – 12S.

Hoffmeister, Karl; * 1796 Billigheim bei Bergzabern/Pfalz, † 1844 Köln; dt. Literarhistoriker (Schillerbiograph) und Schulmann. – 10.

Hofmann –> Hoffmann, Emanuel.

Hofmann, Hugo; * 1865 Mährisch Ostrau, † 1922 Wien; Bibliothekar in Wien. – 14; 16.

Hofmann(-Wellenhof), Paul; * 1858 Wien, † 1944 Graz; Gymnasialprofessor und Politiker (Deutsche Volkspartei); Absolvent des Wiener Schottengymnasiums. – 16; 17; 18; 20; 22; 38; 95 (Gelbschnabel). – 17S; 21S; 22S.

Holle, Kurt. – 287.

Holtzmann; Wiener Bibliothekar. – 191.

Homer; 2. Hälfte des 8. Jh. v. Chr., ion. Kleinasien; nach der Überlieferung ältester epischer Dichter des Abendlandes. – 4; 18; 202. – 17S.

Horaz (Quintus Horatius Flaccus); * 65 Venusia, † 8 v. Chr. Rom; römischer Lyriker. – 21.

Horn, Johann Adam; * 1749 Frankfurt am Main, † 1806 ebd.; dt. Gerichtsschreiber und Advokat; seit 1765 mit Goethe befreundet. – 285.

Horner. – 160.

Hosäus, Wilhelm; * 1827 Dessau, † 1900 ebd.; dt. Bibliothekar; Lyriker und Dramatiker. – 127; 128.

Houwald, Christoph Ernst Freiherr von; * 1778 Straupitz/Niederlausitz, † 1845 Neuhaus bei Lübben; dt. Dramatiker, Erzähler und Jugendschriftsteller. – 114; 124.

Hug. – 275.

Hugo –> Mareta.

Hugo von Montfort; * 1357, † 1423; österr. Landvogt, 1413-15 Landeshauptmann der Steiermark; Liederdichter. – 21S.

Humboldt, Wilhelm Freiherr von; * 1767 Potsdam, † 1835 Tegel bei Berlin; dt. Schriftsteller, Sprachwissenschafter, Philosoph und Staatsmann; Bruder des Naturforschers Alexander von H.; befreundet mit Goethe und mit Jacobi. – 10; 157; 158.

Hume, David; * 1711 Edinburgh, † 1776 ebd.; engl. Philosoph; seine *History of Great Britain*, 1754–62, stützte sich auf empirische Quellenforschung und wirkte auf Aufklärung und Positivismus. – 18.

Ibsen, Henrik; * 1828 Skien, † 1906 Kristiania (heute Oslo); norweg. Lyriker und Dramatiker. – 176.

Immermann, Karl; * 1796 Magdeburg, † 1840 Düsseldorf; dt. Lyriker, Erzähler, Dramatiker und Journalist. – 176.

Iphofen, Karl Heinrich. – 22.

Ipphofen –> Iphofen.

Jacobi, Friedrich Heinrich; * 1743 Düsseldorf, † 1819 München; dt. Schriftsteller u. Philosoph, Bruder von J. G. Jacobi, befreundet mit Goethe; 32; 158; 234.

Jacobi, Johann Georg; * 1740 Düsseldorf, † 1814 Freiburg im Breisgau; dt. Lyriker u. Erzähler, Prof. für Philosophie in Halle/Saale, Herausgeber der Zeitschrift Iris, Bruder von F. H. Jacobi. – 44; 234.

Jacoby, Leopold; * 1840 Lauenburg (Pommern), † 1895 Zürich; dt. Lyriker u. Literaturwissenschaftler, lehrte in den 80er Jahren an der *Accademia scientifico letteraria* in Mailand dt. Literaturgeschichte. – 38.

Jacoby –> Jakobi.

Jagermayer; Freundin August Sauers. – 78; 80; 83 (Jegermayer).

Jakobi [Berlin]; 33; 36; 38; 49 (Jakoby); 50 (Jakoby); 51; 53 (Jakoby); 71 (Jakoby); 72; 82; 157; 2334 (Jacoby).

Jakoby –> Jakobi.

Jegermayer –> Jagermayer.

Jerusalem, Karl Wilhelm; * 1747 Wolfenbüttel, † 1772 Wetzlar (Selbstmord); dt. philosophischer Schriftsteller; befreundet mit Lessing; Urbild von Goethes Werther. – 98.

Jesus Maria W –> Richard Maria Werner.

Jodl, Friedrich; *1849 München, † 1914 Wien; dt. Philosoph, 1896 o. Prof. für Philosophie in Wien. – 191.

Josef. – 33; 34; 38.

Joseph –> Josef.

Joseph (II.); * 1741 Wien, † 1790 ebd.; röm.-dt. König (1764) und Kaiser (1765–90), Mitregent seiner Mutter Maria Theresia in den habsburgischen Erbländern (1765–80). – 34.

Jostes, Franz; * 1858 Glandorf bei Osnabrück, † 1925 Münster; dt. Germanist, Volks- und Altertumskundler. – 210.

Jünger, Johann Friedrich; * 1759 (1755? 1756?) Leipzig, † 1797 Wien; dt. Roman- und Lustspielautor; befreundet mit Schiller und Göschen, nach der Übersiedlung nach Wien k. k. Hoftheaterdichter. – 98.

Junius; eines der Pseudonyme Minors; mit *Junius* zeichnete er seine Beiträge für Anton Edlingers *Literaturblatt* – 42.

K. –> Kelle.

K. –> Konegen.

Kahne; Studienkollege Minors in Berlin. – 35.

Kaiser; Münchener Verlagsbuchhandlung, 1845 gegründet von Christian Kaiser als Sammelpunkt protestantischer Wissenschaftler. – 36.

Kalb, Charlotte von, geb. Marschalk von Ostheim; * 1761 Waltershausen bei Königshofen, † 1843 Berlin; dt. Schriftstellerin, Verehrerin Schillers, später befreundet mit Hölderlin und Jean Paul; Memoiren unter dem Titel *Charlotte*, 1879. – 6; 149S-1.

Kant, Immanuel; * 1724 Königsberg, † 1804 ebd.; Philosoph; Professor für Logik und Metaphysik. – 2; 9; 13; 33; 176.

Karl (Carl), Erzherzog von Österreich; * 1771 Florenz, † 1847 Wien; besiegte 1809 Napoleon in der Schlacht bei Aspern. – 42.

Karl August; * 1757 Weimar, † 1828 Gradlitz bei Torgau; Herzog, ab 1815 Großherzog von Sachsen-Weimar-Eisenach. – 17.

Kaufmann, Christoph; * 1753 Winterthur, † 1795 Berthelsdorf bei Herrnhut; „Apostel der Geniezeit" und Lieblingsjünger Lavaters; fand für Klingers Drama *Wirrwarr* den Titel *Sturm und Drang*. – 82.

Kaulfuß –> Diesch.

Keil, Josef; *1878 Reichenberg, 1963 Wien; Altphilologe, viele Jahre Sekretär des Österr. Archäologischen Instituts, ab 1945 Generalsekretär der Österr. Akademie der Wissenschaften. – 117; 123; 125.

Kelle, Johann von; * 1828 Regensburg, † 1909 Prag; dt. Altgermanist, ab 1857 o. Prof. für deutsche Sprache und Literatur in Prag. – 105; 120 (K.); 128; 141; 143; 149; 162; 167; 173; 212; 216; 276; 280. – 149S-3; 150S-2; 150S-3; 238S.

Keller, Gottfried; * 1819 Zürich, † 1890 ebd.; Schweizer Schriftsteller. – 34.

Keller, Otto; altdeutscher Philologe. – 198; 216 (Kelle und –r).

Keller, Wolfgang. – 231S-2.

Keyserling, Eduard Graf von; * 1855 Schloss Paddern bei Hasenpoth in Kurland, † 1918 München; dt. Erzähler, Dramatiker, Essayist. – 127; 128.

Klammerth; Wiener Leichenbestattung. – 304.

Kleemann. – 165, 167.

Kleist, Ewald Christian von; * 1715 Köslin, † Frankfurt/Oder; preuß. Offizier, befreundet mit Lessing (Tellheim-Vorbild; Adressat der *Briefe, die neueste Literatur betreffend*), Autor von Natur- und patriotischer Lyrik. – 15S; 16S; 17S; 18S; 21S; 22S; 24S.

Kleist, Heinrich von; * 1777 Frankfurt/Oder, † 1811 Berlin; dt. Dramatiker, Erzähler und Publizist. – 35; 25; 52; 84; 86; 87; 88; 91; 92; 94; 100; 103; 105; 107; 114; 151; 155; 157; 158; 168; 200. – 15S.

Klemann –> Kleemann.

Klettenberg, Susanne Katharina von; * 1723 Frankfurt/Main, † 1774 ebd.; pietistische Schriftstellerin, Vorbild für die „schöne Seele" in Goethes *Wilhelm Meister*. – 16S.

Klinger, Friedrich Maximilian von; * 1752 Frankfurt/Main, † 1831 Dorpat; dt. Dramatiker, dessen ursprünglich *Wirrwarr* betiteltes Drama *Sturm und Drang*, 1776 (–> Kaufmann), die Epochenbezeichnung lieferte. – 13; 51; 82; 103; 124; 194.

Klopstock, Friedrich Gottlieb; * 1724 Quedlinburg, † 1803 Hamburg; dt. Epiker, Lyriker, Dramatiker und Literaturtheoretiker. – 63; 88; 90; 106. – 16S.

Kluger. – 74.

Knebel, Karl Ludwig von; * 1744 Schloss Wallstein/Franken, † 1834 Jena; dt. Offizier; Übersetzer, Lyriker und Epigrammatiker; verkehrte mit Gleim, Goethe, Mendelssohn, Nikolai, Ramler. – 87.

Koch, Max; * 1855 München, † 1931 Breslau; dt. Literarhistoriker, Begründer und Herausgeber der *Zeitschrift für vergleichende Literaturgeschichte*, 1897–1910, und der *Studien zur vergleichenden Literaturgeschichte*, 1901–09; verfasste eine *Geschichte der deutschen Literatur*, 1893. – 36; 181; 192; 258.

Kochendörfer –> Kochendörffer.

Kochendörffer, Karl; *1857, † 1910; dt. Bibliothekar und Herausgeber; Schüler Scherers und Studienkollege Minors. – 38.

Kögel –> Koegel.

Koegel, Rudolf Georg; * 1855 Leipzig, † 1899 Basel; dt. Germanist und klassischer Philologe; 1880 Herausgeber des *Simplicissimus*; ab 1888 o. Prof. für Germanistik in Basel; verfasste die *Geschichte der deutschen Literatur bis zum Ausgang des Mittelalters*, 1894–97. – 189.

Körner, Christian Gottfried; * 1756 Leipzig, † 1832 Berlin; Jurist, Verfasser ästhetischer, literaturkritischer und politischer Schriften, Förderer, Freund und Briefpartner Schillers (*Kallias-Briefe*, 1792/93). – 6; 9; 10; 20; 117.

Körner. – 53.

Körte, Wilhelm; * 1776 Aschersleben, † 1846 Halberstadt; dt. Literarhistoriker. – 17S.

Köster, Albert; * 1862 Hamburg, † 1924 Leipzig; dt. Literatur- und Theaterhistoriker, Schüler Erich Schmidts; 1892 o. Prof. für deutsche Literaturgeschichte in Marburg und ab 1899 in Leipzig. – 269; 149S-3.

Kohm, Josef. – 226.

Kolifichets; Studienkollege Minors. – 38.

Konberger. – 16.

Konegen, Carl; * [?] Braunsberg/Ostpreußen, † 1903 Wien; Buchhändler und Minors Verleger in Wien I., Heinrichshof. – 54; 55; 56; 57 (K.); 59; 60; 62; 65; 67; 69; 70; 71; 74; 82; 84; 86; 87; 91; 103; 104; 112; 122; 123; 124; 125; 128; 129; 134; 137; 149; 164; 165.

Konrad von Würzburg; * um 1235 Würzburg, † 1287 Basel; Autor mittelhochdeutscher Lied-, Lob- und Erzähldichtungen. – 38.

Kopetzky, Karl Libor; * 1812 Domstadtl/Mähren, † 1901 Brixlegg; österr. Altphilologe, o. Prof. an der Universität Innsbruck. – 148; 149.

Kopotsky –> Kopetzky.

Kortendörfer; Studienkollege Minors. – 39.

Kosch, Wilhelm; * 1879 Drahan/Südmähren, † 1960 Wien; österr. Literarhistoriker, Bibliothekar und Lexikograph (*Deutsches Literatur-Lexikon*, 2 Bde., 1927–29; 4 Bde. 1949–55); Schüler Sauers; 1911 auf die erste österreichische Lehrkanzel für neuere deutsche Sprache und Literatur in Czernowitz berufen. – 276.

Kotzebue, August Friedrich von; * 1761 Weimar, † 1819 Mannheim (ermordet); Journalist und einer der umstrittensten und populärsten Dramatiker seiner Zeit; 1798 Theaterdichter in Wien; seine Ermordung lieferte den äußeren Anlass für die Karlsbader Beschlüsse. – 176.

Krainz, Johann (Pseudonym Hans von der Sann); * Cilli/Slovenien, † 1907 Graz; österr. Lehrer, Schriftsteller, Volkskundler und Sagenforscher; Mitarbeiter an *Die österr.-ungar. Monarchie in Wort und Bild*. – 285.

Krapinger. – 128.

Kratha. – 169.

Kraus, Carl von; * 1868 Wien, † 1952 München; österr. Germanist und Sprachwissenschaftler; Schüler Heinzels und Minors, o. Prof. in Prag (1904), 1917 Nachfolger von Hermann Paul in München. – 225; 265.

Krauss. – 238S.

Krazinasowsky; Studienkollege Minors. – 30; 32.

Kreizenach –> Creizenach.

Kubasta; Wiener Buchhändler [?]. – 7; 9; 10; 38.

Kürschner, Joseph; * 1853 Gotha, † 1902 Windisch-Matrei/Osttirol; dt. Publizist und Redakteur; betreute im Verlag Spemann die *Deutsche National-Litteratur* (319 Bde), gab ab 1884 den *Deutschen Litteratur-Kalender* heraus. – 103; 104;108; 109; 110; 111; 112; 114; 115; 117; 119; 122; 124; 126; 140; 143; 149; 149S-1.

Laban, Ferdinand; *1856 Preßburg, † 1910 Berlin; österr. Bibliothekar und Schriftsteller; Studienkollege Minors in Wien. – 36.

Lachmann, Karl; * 1793 Braunschweig, † 1851 Berlin; dt. Germanist, Klassischer Philologe und Herausgeber; übertrug die Textkritik aus der klassischen in die deutsche Philologie; *Des Minnesangs Frühling*, 1857, *Gotthold Ephraim Lessings sämmtliche Schriften*, 1838–40. – 36; 48.

Landau, Marcus; * 1837 Brody/Galizien, † 1918 Wien; Schriftsteller und Literarhistoriker, galt als Fachmann für das italienische Schrifttum des 18. und 19. Jhs. – 99; 100.

Lang, Wilhelm; * 1832 Tuttlingen, † 1915 Stuttgart; dt. Schriftsteller, Biograph und Publizist *(Von und aus Schwaben, Geschichte, Biographie, Literatur*; 7 Bde., 1885–90); Mitarbeiter bei Gustav Freytags Wochenschrift *Im neuen Reich*, 1879–81. – 211.

Lang und Einsle; Wiener Buchhändler [?]. – 38.

Langer, Hermann; * 1818 Höckendorf bei Tharandt/Sachsen, † 1889 Dresden; Univ. Prof. in Leipzig. – 71.

La Roche, Sophie von; * 1731 Kaufbeuren, † Offenbach/Main; befreundet mit Goethe, Großmutter der Geschwister Brentano. – 15S.

Laube, Heinrich; * 1806 Sprottau/Schlesien, † 1884 Wien; österr. Dramatiker, Dramaturg, Prosaist, Journalist und Herausgeber; Intendant des Burgtheaters 1849–67, Förderer und Herausgeber der Werke Grillparzers. – 12; 14; 32; 282.

Learden. – 241S.

Lederer; Wiener Buchhändler [?]. – 25.

Leeder, Maria (Marie) –> Scherer, Maria.

Lehner, Leopold; Sommerfrische-Adresse August Sauers in Leobersdorf. – 1.

Leithe, Friedrich; * 1828 Fieberbrunn, † Innsbruck, 1896; Vorstand der Wiener Universitätsbibliothek, danach Direktor der Bibliothek der TU Wien. – 14; 49.

Leitzmann, Albert; * Magdeburg 1867, † Jena 1950; dt. Germanist und Herausgeber (*Schillers Briefwechsel mit Humboldt*, 1900; *Briefwechsel der Brüder Jacob und Wilhelm Grimm mit Karl Lachmann*, 1927). – 191; 238S.

Lenau, Nikolaus (eigentl. N. Franz Niembsch Edler von Strehlenau); * 1802 Csatát bei Temesvár, † 1850 Oberdöbling bei Wien; österr. Lyriker und Epiker. – 174; 273; 274.

Lentz. – 32.

Lenz, Jakob Michael Reinhold; * 1751 Seßwegen/Livland, † 1792 Moskau; dt. Dramatiker und Lyriker; Urbild der Büchner-Novelle Lenz, 1839. – 49; 50; 52; 82; 124.

Leppmann, Franz (Larry); * 1877 Berlin, † 1948 London; dt. Philologe, Lehrer und Verlagsmitarbeiter (Ullstein); Essayist, Übersetzer und Literarhistoriker. – 285.

Lessing, Gotthold Ephraim; * 1729 Kamenz/Sachsen, † 1781 Braunschweig; dt. Dramatiker, Literatur- und Bühnentheoretiker, Kritiker und Philosoph – 16; 18; 20; 32; 38; 47; 63; 91; 98; 100; 103; 106; 119; 126; 128; 142; 143. – 15S; 17S; 22S.

Lessing, Carl Robert; * 1827, † 1911, dt. Landgerichtsdirektor und Haupteigentümer der traditionsreichen Vossischen Zeitung, Berlin; 223; 226; 231S-2.

Levetzow, Ulrike Freiin von; * 1804 Leipzig, † 1899 Gut Triblitz/Böhmen; Goethes Angebetete in Marienbad 1821–23. – 219 (Levitzow); 226.

Levitzow –> Levetzow.

Lewinsky, Josef; * 1835 Wien, † 1907 ebd.; österr. Charakterdarsteller (Mephisto, Franz Moor) und Rezitator; Schauspieler und Regisseur am Burgtheater; verh. mit Olga Lewinsky, mit Erich Schmidt befreundet – 220.

Lewinsky, Olga; geb. Pecheisen; * 1853 Graz, † 1935 Wien; Schauspielerin; verh. mit Josef Lewinsky. – 220.

Lichtenberg, Georg Christoph; * 1742 Ober-Ramstadt bei Darmstadt, † 1799 Göttingen; dt. Physiker, Philosoph, Satiriker und Epigrammatiker; 1779 o. Prof. für Philosophie in Göttingen. – 36.

Lichtenstein, Franz; * 1852, † 1884; dt. Germanist; Schüler Scherers; 1884 a. o. Prof. in Breslau. – 38; 39; 49; 92.

Lichtwer, Magnus Gottfried; * 1719 Wurzen/Sachsen, † 1783 Halberstadt; dt. Fabeldichter. – 103.

Liechtenstein –> Lichtenstein.

Liliencron, Rochus Wilhelm Traugott Heinrich Ferdinand Freiherr von; * 1820 Plön (Schleswig-Holstein), † 1912 Koblenz; dt. Literarhistoriker, Volksliedersammler und Erzähler; Professor für nordische Sprachen in Kiel und Jena, ab 1869 Redakteur der *Allgemeinen Deutschen Biographie*. – 183.

Liresch. – 79.

Lobmayr, Ludwig; * 1829 Wien, † 1917 ebd.; österr. Glasindustrieller; Präsident des Österr. Zweigvereins der Deutschen Schillerstiftung und Vorstand der Schwestern-Fröhlich-Stiftung. – 182.

Loeper, Gustav von; * 1822 Wedderwill/Pommern, † 1891 Schönberg bei Berlin; dt. Jurist und Goetheforscher; Direktor des Königlichen Preußischen Geheimen Hausarchivs; Mitarbeiter der Hempelschen Goetheausgabe; von Sophie Großherzogin von Sachsen-Weimar-Eisenach mit der Bearbeitung des Goetheschen Nachlasses betraut; Mitherausgeber der Sophienausgabe; betrieb mit Scherer und Schmidt die Gründung der Goethe-Gesellschaft, deren Vizepräsident er wurde. – 75. – 15S (Löper).

Löwe, Ludwig; * 1795 Rinteln/Hessen, † 1871 Wien; dt. Schauspieler, Lyriker und Bühnenautor; ab 1826 Mitglied des Burgtheaters; August Sauer gab 1885 einen Teil seines literarischen Nachlasses heraus. – 148.

Löwenthal, Maximilian Freiherr von (Pseudonym Leo von Walthen); * 1799 Wien, † 1872 Traunkirchen/Niederösterreich; österr. Dramatiker, Lyriker und Erzähler; befreundet mit Lenau. – 273; 274.

Löwy –> Loewy.

Loewy. – 48; 49; 61; 91.

Lope –> Vega Carpio.

Lorenz, Ottokar; * 1832 Iglau/Mähren, † 1904 Jena; österr. Historiker und Genealoge; 1861 o. Prof. in Wien, 1865 als Mitarbeiter des Staatsarchivs aus polit. Gründen entlassen, 1880 Rektor; 1885 o. Prof. in Jena; befreundet mit Scherer, verfasste zusammen mit ihm *Geschichte des Elsaßes*, 2 Bde. 1871. – 224.

Lothar, Rudolf (eigentl. Rudolf Lothar Spitzer); * 1865 Budapest, † 1943 ebd.; österr. Publizist, Schriftsteller, Dramatiker und Kritiker, Opern- und Operettenlibrettist (*Tiefland* von Eugen d'Albert) und Theaterdirektor; befreundet mit Arthur Schnitzler. – 176; 221.

Ludwig, Otto; * 1813 Eisfeld/Werra, † 1865 Dresden; dt. Erzähler, Dramatiker und Literaturtheoretiker. – 20.

Lux, Konrad; [*Breslauer Beiträge*, Heft 14, 1908]. – 285.

Maaßen, Carl Georg (Heinrich) von (Pseudonym Jacobus Schnellpfeffer); * 1880 Hamburg, † 1940 München; dt. Privatgelehrter, Philologe, Essayist, Bibliophile, Antiquar und Herausgeber (u. a. E. T. A. Hoffmann). – 278.

Mahlmann, Siegfried August; * 1771 Leipzig, † 1826 ebd.; dt. Dramatiker, Erzähler, Lyriker, Publizist, Verleger; befreundet mit Christian Felix Weisse. – 115.

Maier –> Mayer und Müller.

Manso, Johann Kaspar Friedrich; * 1760 (1759?) Blasienzell/Thüringen, † 1826 Breslau; Philologe, Übersetzer, Verfasser von Lehrgedichten, Publizist; in den *Xenien* verhöhnt. – 25; 285.

Manzoni, Alessandro; * 1785 Mailand, † 1873 ebd.; ital. Lyriker, Dramatiker und Romanautor; mit *Die Verlobten* – drei Fassungen: 1821–1823 (unter dem Titel *Fermo e Bianca*), 1825–1826 und 1840–1842 – maßgeblich für die Entwicklung des Romans. – 2.

Maratsch, Rudolf. – 283.

Mareta, P. Hugo OB; * 1827 Baden bei Wien, † 1913 Wien; Kapitular des Wiener Schottenstiftes, Schulrat, Prof. am Gymnasium der Schotten (Deutsch und Latein); dort Lehrer Minors. – 2; 14; 51; 71.

Maria Ludovica von Este; * 1787, † 1816; dritte Frau des österr. Kaisers Franz II. – 181.

Marioch. – 115.

Martin, Ernst; * 1841 Jena, † 1910 Freiburg/Breisgau; dt. Germanist, Mundartforscher und Anglist; Schüler Müllenhoffs; 1874 o. Prof. in Prag, 1877 Nachfolger Scherers in Straßburg. – 33; 39; 118.

Maroicic di Madonna des Monte Ambros, Freiherr von (Pseud. Ambros del Monte); † 1912; Minor-Schulkollege im Schottengymnasium; k. k. Hofrat in Zara. – 4; 42; 145.

Mayer, P. Friedrich; * 1867 Altheim, † 1945 Kremsmünster; österr. Heimathistoriker und Biograph; Priester und Prof. an den Stiftsgymnasien Kremsmünster und Admont. – 274.

Mayer. – 90.

Mayer, Hans. – 275.

Mayer und Müller; Berliner Verlag [?] – 50; 51.

Meissner, Johannes Friedrich; * 1847 Rathsdamnitz/Pommern, † 1918 Wien; dt. Schriftsteller und Journalist; ab 1873 Redakteur der *Deutschen Zeitung* in Wien. – 36.

Mendelssohn, Moses; * 1729 Dessau, † 1786 Berlin; dt. Philosoph, Literaturkritiker, Übersetzer und Industrieller; in enger Beziehung mit Lessing und Nicolai, dessen *Bibliothek der schönen Wissenschaften und der freyen Künste* sowie die *Briefe die Neueste Litteratur betreffend* er entscheidend mitprägte. – 20; 22; 101; 128; 127.

Merck, Johann Heinrich (Ps. Johann Heinrich Reimhardt d. J.); * 1741 Darmstadt, † 1791 ebd.; dt. Schriftsteller, Kriegsrat; befreundet mit Goethe, verlegte auf eigene Kosten *Götz von Berlichingen*. – 17; 49; 60; 87.

Meyer, Richard Moritz; *1860 Berlin, † 1914 ebd.; dt. Philologe und Literarhistoriker; Schüler Scherers, Goethe-Biograph; gab nach Scheres Tod dessen *Poetik* heraus. – 199; 202; 150S-1.

Michaelis, Johann Benjamin; * 1746 Zittau, † 1772 Halberstadt; dt. Fabeldichter, Satiriker, Opern- und Operettenlibrettist. – 107; 108.

Michels, Viktor; * 1866 Straßfurt, † 1929 Jena; dt. Germanist; Scherer- und Schmidt-Schüler, ab 1895 Ordinarius für deutsche Philologie in Jena. – 234; 265.

Milchsack, Gustav. – 187; 191.

Minor, Daisy (eigentl. Margarete); geb. Pille (Oberleitner); * 1859 Wien, † 1927 ebd.; 1882 Heirat mit Minor, 1905 Scheidung. – 82 (D-y); 84; 85; 86; 96; 97; 100; 101; 104; 105; 109; 111; 113; 115; 122; 123; 125; 128; 127; 139; 141; 142; 145; 146; 147; 160; 163; 298 (Oberleitner).

Minor, Rita (eigentl. Margarete); * 1883 Prag, † 1958 Wien; Tochter Minors. – 304.

Mitterwurzer, Friedrich; * 1844 (1845?) Dresden, † 1897 Wien; dt. Schauspieler und Regisseur am Burg- und am Volkstheater; verh. mit Wilhelmine M. – 3; 16.

Mitterwurzer, Wilhelmine; geb. Renner; * 1848 Freiburg/Breisgau, † 1909 Wien; dt. Schauspielerin am Burgtheater; verh. mit Friedrich M. – 3; 16.

Mittler, Louis; Pächter des Wiener Varieté-Theaters Kolosseum. – 30.

Mörike, Eduard; * 1804 Ludwigsburg, † 1875 Stuttgart; dt. Lyriker und Erzähler. – 49; 213; 217; 233; 231S-1.

Mörth, Dr. – 173.

Mommsen, Theodor; * 1817 Garding, † 1903 Charlottenburg; dt. Historiker, Univ. Prof. in Berlin, erhielt 1902 für seine *Römische Geschichte* den Nobelpreis für Literatur. – 15S.

Moritz, Karl Philipp; * 1756 Hameln, † 1793 Berlin; dt. Romanschriftsteller (*Anton Reiser*, 1785–90, *Andreas Hartknopf*, 1786), Verfasser von Abhandlungen zur Kunsttheorie, Ästhetik, Sprachphilosophie, Poetik, Stilistik, Grammatik, Psychologie, Pädagogik und Altertumskunde; befreundet mit Goethe. – 103.

Müllenhoff, Karl Viktor; * 1818 Marne/Dithmarschen, † 1884 Berlin; Schüler Lachmanns; 1858 o. Prof. in Berlin; führender dt. Germanist seiner Zeit (älteres Fach); zusammen mit Elias v. Steinmeyer und Wilhelm Scherer Herausgeber der *Zeitschrift für deutsches Altertum*; Minors Lehrer in Berlin. – 13; 30; 33; 38; 39; 42; 55; 61; 71; 72; 147; 149. – 12S; 15S; 16S; 21S.

Müller, Nikolaus (Niklas); * 1770 Mainz, † 1851 ebd.; dt. Maler, Bühnenautor, Lyriker. – 103; 124.

Müller, Ottfried. – 285.

Müller, Wilhelm; * 1812, † 1890; dt. Germanist; Mit-Herausgeber des *Mittelhochdeutschen Wörterbuchs*, 1854–66, zusammen mit Friedrich Zarncke auf der Grundlage von Georg Friedrich Beneckes Materialsammlung. – 9.

Müller, W. – 148.

Müller. – 211; 278.

Müller –> Mayer und Müller.

Müllner, Amadeus Gottfried Adolph; * 1774 Langendorf bei Weißenfels/Sachsen, † 1829 Weißenfels; dt. Erzähler, Dramatiker und Journalist; seine Schicksalstragödien zählten zu den erfolgreichsten Bühnenwerken der Zeit. – 114; 124; 131.

Münsterberg, Hugo; * 1863 Danzig, † 1916 Cambridge/Massachusetts, USA; dt.-amerik. Philosoph, Psychologe und Schriftsteller; Vizepräsident des Congress of Arts and Science in St. Louis. – 232; 245 (Münsterburg); 248; 253; 254; 255; 257; 231S-2; 242S.

Mukhoff. – 53.

Mukna. – 149.

Muncker, Franz; * 1855 Bayreuth, † 1926 München; dt. Literarhistoriker und Herausgeber; Schüler und Nachfolger Bernays; betreute die Neugestaltung von Karl Lachmanns Lessing-Ausgabe. – 69; 100; 209; 211; 222; 224; 231; 231S-1.

Muth, Richard Friedrich von (Pseudonym Paul Wallner); * 1848 Prag, † 1902 Wien; österr. Germanist und Schriftsteller. – 192.

Nachtvoll. – 246.

Naumann, Christian Nikolaus; * 1720 Bautzen, † 1797 Görlitz; dt. Lyriker und Satiriker; Mitarbeiter mehrerer moralischer Zeitschriften. – 54.

Nestroy, Johann Nepomuk; * 1801 Wien, † 1862 Graz; österr. Schriftsteller und Schauspieler. – 296.

Netzamot der Altdeutsche –> Tomanetz.

Neurath, Otto; * 1882 Wien, † 1945 Oxford; österr. Philosoph, Soziologe und Bildungspolitiker. – 289; 291.

Newcomb, Simon; * 1835 Wallace/Nova Scotia, † 1909 Washington; amerikan. Mathematiker und Astronom; populärwissenschaftliche Veröffentlichungen; 1904 als Prof. emer. Präsident des Congress of Arts and Science in St. Louis/USA. – 238; 242; 238S.

Nicolai, (Christoph) Friedrich; * 1733 Berlin, † 1811 ebd.; dt. Schriftsteller und Verlagsbuchhändler; gründete zusammen mit Lessing und Mendelssohn die *Bibliothek der schönen Wissenschaften und der freyen Künste* und die *Briefe die Neueste Litteratur betreffend*, seine *Allgemeine Deutsche Bibliothek* war das wichtigste kritische Organ seiner Zeit. – 22; 103; 114; 117; 124; 140; 159. – 21S; 22S.

Nikolai –> Nicolai.

Nöhden. – 154.

Nordau, Max (eigentl. Simon Südfeld); * 1849 Pest, † 1923 Paris; österr. Journalist und Kulturkritiker; gilt als einer der Begründer des politischen Zionismus. – 176.

Novalis (eigentl. Friedrich Freiherr von Hardenberg); * 1772 Oberwiederstedt/Harz, † 1801 Weißenfels; dt. Lyriker, Erzähler, Essayist. – 212; 248; 276.

Nowack, Alphons; * 1868 Groß-Strehlitz, † 1940 Breslau; dt. Literarhistoriker, Archiv- und Museumsdirektor; Herausgeber der *Lubowitzer Tagebuchblätter* des Josef von Eichendorff, 1907. – 349.

Oberhauser. – 15S.

Oberkirch. – 210.

Oberleitner –> Minor, Daisy.

Onkel Karl –> Tomaschek.

Opitz, Martin; * 1597 Bunzlau, † 1639 Danzig; dt. Diplomat, Gelehrter, Dichter, Übersetzer; verfasste mit Blick auf Vorbilder der Antike und der Renaissance sein *Buch von der Deutschen Poeterey*, 1624. – 98.

Otfrid von Weissenburg; * um 800 (?), † um 870 Weißenburg/Elsaß; Mönch, Lehrer, Theologe; Verfasser einer *Evangelienharmonie*, zwischen 863 und 871. – 38.

Palleske, Emil; * 1823 Tempelburg/Pommern, † 1880 Thal bei Eisenach; dt. Dramatiker, Biograph; verfasste *Schillers Leben und Wirken*, 1858. – 8; 10.

Pallmann, Heinrich; dt. Philologe, Genealoge und Schriftsteller; Direktor der Königlichen graphischen Sammlung in München. – 285.

Parthey. – 21S.

Paul, Hermann; * 1846 Salbke bei Magdeburg, † 1912 München; dt. Germanist und Sprachwissenschaftler; zählte mit Friedrich Kluge und Eduard Sievers zu den Köpfen der „Junggrammatiker". – 161; 169.

Paulus; * Anfang des 1. Jhs. in Taurus/Kilikien, † zwischen 63 und 67 in Rom; christl. Apostel, Verfasser neutestamentarischer Schriften. – 49.

Paulus [Weimar]. – 163.

Payer von Thurn, Rudolf; * 1867 Groß-Becskerek/Banat, † 1932 Wien; österr. Germanist, Bibliothekar, Historiker; Hörer Minors; Leiter der *Chronik des Wiener Goethe-Vereins*; Redakteur des *Jahrbuchs der Grillparzergesellschaft*. – 258.

Penck, Albrecht; * 1858 Leipzig, † 1945 Prag; dt. Geologe und Geograph; 1885–1906 o. Prof. in Wien. – 191; 215; 222; 237; 237.

Penckh –> Penck.

Pfeffel, Gottlieb Konrad; * 1736 Colmar, † 1890 ebd.; dt. Fabeldichter, Lyriker, Dramatiker; von 1758 an erblindet; in enger Beziehung mit Lavater. – 103; 18S.

Philippovich, Eugen Ritter von Philippsberg; * 1858 Wien, † 1917 ebd.; österr. Nationalökonom, 1893 o. Prof. an der Universität Wien, 1895/96 und 1907/08 Dekan, 1905/06 Rektor. – 222; 231.

Pichle –> Pirchle.

Pirchle; Wiener Journalist; Mitarbeiter der *Neuen Freien Presse*. – 62; 95.

Pietsch. – 17S.

Planck, Ernst; * 1870 Fluern bei Oberndorf/Württemberg, † [?]; dt. Philologe, Lyriker und Journalist. – 194; 211.

Platen, August von (eigentl. Karl August Georg Maximilian Graf von Platen-Hallermünde); * 1796 Ansbach, † 1835 Syrakus; dt. Lyriker und Dramatiker. – 97; 112; 194.

Posorgi; Wiener Antiquar [?]. – 157.

Pospischill; Gastgeber Minors in Hamburg. – 251; 256.

Prem, Simon; * 1853 Niederau/Tirol, † 1920 Innsbruck; österr. Literarhistoriker und Reiseschriftsteller. – 219.

Prinlinger. – 56.

Prock. – 269.

Pröhle, Heinrich Christoph Ferdinand (Pseudonyme: Christoph Hobohm, Heinrich Roth); * 1822 Satuelle bei Neuhaldensleben, † 1895 Steglitz; dt. Gymnasiallehrer; Schriftsteller, Historiker und Literarhistoriker. – 87; 101. – 16S; 17S; 18S.

Prosse. – 267.

Pschorr Josef; * 1770 München, † 1841 ebd.; dt. Brauindustrieller; begründete mit der Übernahme des Hackerbräu 1793 ins Pschorrbräu das industrielle bayerische Brauwesen. – 150.

Rabener, Gottlieb Wilhelm; * 1714 Wachau bei Leipzig, † 1771 Dresden; dt. Satiriker; befreundet mit Christian Fürchtegott Gellert und Christian Felix Weisse. – 13.

Racher. – 204.

Ragen, K. – 17.

Rahmer, Sigismund; * 1866 Gleiwitz/Oberschlesien, † 1912 Berlin; dt. Arzt und Schriftsteller, Verfasser pathologischer Studien über Heine, Kleist und Strindberg. – 293.

Railland. – 39.

Raimund, Ferdinand; * 1790 Wien, † 1836 Pottenstein bei Wien; österr. Schauspieler und Verfasser von Zauberspielen. – 49; 84; 86; 90; 92.

Rainer. – 33.

Rank, Josef (Pseudonym J. K. Willibald); * 1816 Chalupy/Böhmen, † 1896 Wien; österr. Journalist, Dichter und Schriftsteller. – 191, 192.

Raspe, Rudolf Erich; * 1737 Hannover, † 1794 Muckross/Irland; dt. Geologe, Kunsthistoriker, Erzähler und Übersetzer; veröffentlichte anonym die Münchhausen-Geschichten. – 87.

Raumer, Rudolf von; * 1815 Breslau, † 1876 Erlangen; dt. Sprachwissenschaftler; wirkte mit seinem Hauptwerk *Geschichte der Germanischen Philologie vorzugsweise in Deutschland*, 1870, entscheidend auf Wilhelm Scherer. – 56; 101.

Redlich, Carl Christian; *1832, † 1900; Gymnasialdirektor in Hamburg; Lessing-Forscher und Herausgeber der *Lessing-Bibliothek*, 1878–1879. – 18. – 17S.

Reichard, Heinrich August Ottokar; * 1751 Gotha, † 1828 ebd.; dt. Schriftsteller, Publizist, Bibliothekar; Herausgeber der Berliner Zeitschrift *Olla Potrida*, 1778–1797, des ersten deutschen *Freimaurer-Almanachs*, 1776, und einer Bibliothek der Romane. – 211.

Reichendstättner. – 169.

Reichert –> Reichard.

Reimer, Verlagsbuchhandlung Georg R., Berlin; begründet durch Georg Andres Reimer (* 1776 Greifswald, † 1842 Berlin), der 1801 die Buchhandlung der Königlichen Realschule mit Druckerei übernahm und ihr 1819 seinen Namen gab; wichtigster Verleger der Romantiker; 1897 ging der Verlag an de Gruyter. – 92; 93 (siehe auch: Reimer, Hans).

Reimer, Hans; *1839, † 1887; dt. Verleger und seit 1865 Inhaber der Weidmannschen Verlagsbuchhandlung, Berlin, die schon sein Großvater neben dem eigenen Verlag übernommen hatte. – 142.

Reitinger. – 148.

Renner, Kaspar Friedrich; * 1692 Münden, † 1772 Bremen; dt. Fabeldichter und Sprachforscher, – 48

Renner, Viktor; * 1846 Kuchel/Ungarn, † 1943 Vöslau; Prof. am Gymnasium Wien II und am staatlichen Pädagogium (Ausbildungsstätte für Volks- und Bürgerschullehrer) in Wien. – 100.

Riedel, Friedrich Just; * 1742 Wisselbach bei Erfurt, † 1785 Wien; dt. Ästhetiker, Schriftsteller, Publizist; von Joseph Sonnenfels nach Wien eingeladen. – 111.

Rieger, Maximilian. – 74; 78; 194.

Ries, John; * 1857, † 1933; dt. Germanist; Schüler Erich Schmidts in Straßburg und Studienkollege Minors in Berlin; später Prof. in Freiburg i. Br. – 39.

Rieser, Ferdinand. – 280.

Rizy, Theobald Freiherr von; * 1807 Wien, † 1872 ebd.; 1. Senatspräsident des Obersten Gerichts- und Kassationshofes; Cousin Grillparzers; verwaltete dessen Nachlass. – 145.

R M; R M W –> Richard Maria Werner.

Robert, Emmerich (eigentlich Magyar); * 1847 Budapest, † 1899 Würzburg; österr. Schauspieler und Regisseur; 1878–99 Mitglied des Burgtheaters. – 3.

Rödiger, Max; * 1850 Berlin, † 1918 ebd.; Herausgeber der *Deutschen Litteraturzeitung*; ab 1887 führte er auch Müllenhoffs *Deutsche Altertumskunde* fort – 17; 38; 39; 90; 92; 95; 97; 103; 217. – 18S.

Rödinger –> Rödiger.

Röpe. – 17S.

Röthe, Gustav; * 1859 Graudenz, † 1926 Badgastein; Schüler Wilhelm Scherers; 1890 o. Prof. für deutsche Philologie in Göttingen; Mit-Herausgeber der *Zeitschrift für deutsches Altertum* und der *Palaestra*. – 210.

Rötteker. – 190.

Röttinger; Studienkollege Minors. – 17; 38. – 12S.

Rosenbaum, Alfred; * 1861 Prag, † 1942 KZ Theresienstadt; österr. Literarhistoriker und Bibliograph; Schüler Sauers; ab 1927 Herausgeber von *Goedekes Grundriß zur Geschichte der deutschen Dichtung*; Jahresbibliographie für *Euphorion*, 1902–22; Autor der Sauer-Bibliographie *August Sauer – Ein bibliographischer Versuch*. – 263; 280; 287.

Rudolphi, Karoline; * 1754 Magdeburg oder Berlin, † 1811 Heidelberg; dt. Lyrikerin. – 258.

Rütten & Loening; Verlagsbuchhandlung, Frankfurt/ Main; als Litterarische Anstalt 1844 gegründet. – 90; 124.

Saar, Ferdinand von; * 1833 Wien, † 1906 ebd. (Selbstmord); österr. Erzähler, Lyriker, Dramatiker. *Sämtliche Werke*, 1912, herausgegeben von Minor. – 212; 283.

Sachs, Hans; * 1494 Nürnberg, † 1576 ebd.; dt. Spruchdichter, Meistersinger und Dramatiker. – 176; 184; 194; 271.

Sallustius Crispius, Gaius; * 86 v. Chr., † 35 v. Chr.; röm. Historiker. – 17S.

Sann –> Krainz.

Satorini; Berliner Bühne [?] – 22.

Sauer, L. – 125.

Sauer, August; * 1855 Wiener Neustadt, † 1926 Prag; österr. Germanist; Schüler Heinzels und Scherers; 1886 o. Prof. für deutsche Sprache und Literatur, Nachfolger auf Minors Lehrstuhl an der deutschen Universität in Prag; Gründer des *Euphorion*, Mit-Herausgeber der *Palaestra*; regte mit seiner Rektoratsrede *Literaturgeschichte und Volkskunde*, 1907, eine stammesbezogene Literaturgeschichte und seinen Schüler Nadler zu dessen *Literaturgeschichte der deutschen Stämme und Landschaften* an. – 9; 36; 20; 22 (Wauer); 34; 54.

Savonarola, Girolamo; * 1452 Ferrara, † 1498 Florenz; ital. Dominikaner und Bußprediger. – 179.

Savigny, Friedrich Carl von; * 1779 Frankfurt/Main, † 1861 Berlin; dt. Rechtsgelehrter, mit Clemens Brentano verschwägert. – 18S.

Schallberg, W. – 287.

Schaukal. – 72.

Schaurer; Schüler Minors. – 91; 199.

Scherer, Wilhelm; * 1841 Schönborn/Niederösterreich, † 1886 Berlin; österr. Germanist; 1868 o. Prof. in Wien, 1872 in Straßburg, 1877 in Berlin; Begründer einer Philologie, die Kausalität und geistesgeschichtliche Aspekte systematisch zu integrieren suchte; Lehrer Minors in Berlin. – 13; 14; 19; 20; 22; 28; 29; 32; 33; 34; 38; 42; 45; 47; 48; 49; 51; 53; 55; 60; 61; 62; 66; 69; 71; 72; 75; 82; 86; 87; 90; 91; 103; 104; 106; 117; 145; 149; 202; 210. – 12S; 15S; 16S; 17S; 18S; 21S; 22S.

Scherer, Maria (Mimi); geb. Leeder; * 1855 Wien, † 1939 ebd.; österr. Sängerin, verh. mit Wilhelm Scherer. – 32; 74.

Scheuer. – 237.

Schiff. – 15S.

Schill, Johann Heinrich; * um 1615 Durlach/Baden, † 1645 Straßburg; Jurist und Sprachhistoriker, der sich im Gefolge Moscheroschs gegen den Alamode-Sprachgebrauch einsetzte (*Der Teutschen Sprach Ehren-Krantz*, 1644). – 181.

Schiller, Charlotte, geb. von Lengefeld; * 1766 Rudolfstadt, † 1826 Bonn; Schillers Frau. – 2.

Schiller, Johann Christoph Friedrich von; * 1759 Marbach am Neckar, † 1805 Weimar. – 2; 3; 5; 6; 7; 8; 9; 10; 13; 16; 36; 20; 22; 32; 33; 34; 42; 51; 52; 84; 92; 98; 101; 104; 115; 117; 142; 143; 181; 190; 198; 199; 210; 231; 239; 248; 252; 257; 258; 259; 260; 262; 264. – 17S; 22S; 149S-3.

Schipper, Jakob Markus; * 1842 Friedrich Augusten-Groden/Oldenburg, † 1915 Wien; dt. Anglist; 1871 o. Prof. für neuere Sprache in Königsberg, ab 1877 für engl. Philologie in Wien; Herausgeber der *Wiener Beiträge zur englischen Philologie*. – 42; 153; 238.

Schlegel, August Wilhelm von; * 1767 Hannover, † 145 Bonn; Kritiker, Philologe, Lyriker, Dramatiker und Übersetzer. – 14; 36; 91; 92; 97; 100; 103; 104; 115; 119; 124; 126; 129; 148; 149; 162; 278.

Schlegel, Friedrich von; * 1772 Hannover, † 1829 Dresden; Kritiker, Philosoph, Literaturtheoretiker, Aphoristiker, Erzähler, Dramatiker und Herausgeber. – 33; 95; 96; 103; 104; 126; 129; 148; 149; 278.

Schleiermacher, Friedrich Daniel; * 1768 Breslau, † 1834 Berlin; dt. Theologe und Philosoph; philologisch bedeutsam mit seiner Hermeneutik, 1834, und mit *Über die verschiedenen Methoden des* Übersetzens, 1813. – 293.

Schlenther, Paul; * 1845 Insterburg, † 1916 Berlin; dt. Publizist und Theatermann; Theaterkritiker der *Vossischen Zeitung*; Hauptmann-Biograph und Ibsen-Herausgeber; 1898–1910 Burgtheaterdirektor. – 221.

Schlossberger, August von. – 17S.

Schmeltzl, Wolfgang; * nach 1500 Kemnat, † 1561 Verfasser von Schuldramen, Pädagoge und Musiker; Schulmeister am Wiener Schottenstift. – 122; 125 (Schmelzl); 129; 269 (Schmlz).

Schmelzl –> Schmeltzl.

Schmid, Christian Heinrich; * 1776 Eisleben, † 1800 Gießen; Bibliothekar, Literaturkritiker und Übersetzer. – 18S.

Schmidt, Erich; * 1853 Jena, † 1913 Berlin; dt. Germanist; Scherer-Schüler und Minor-Kollege; ab 1880 a. o. Prof., ab 1881 o. Prof. in Wien; ab 1885 Direktor des Goethe-Archivs in Weimar, 1887 Nachfolger Scherers in Berlin. – 36; 51; 54; 62; 71; 84; 85; 86; 87; 88; 89 (E S); 90; 91; 92; 94; 95; 97; 98; 99; 100; 101; 102; 103; 107; 110; 111; 113 (der holde Erich; E Sch); 114; 115 (Erich); 117 (Erich); 119; 120; 121; 123 (E S); 124; 125; 128; 143; 144; 145; 146; 149; 164; 188; 191 (E S); 202; 204 (E S); 205 (E S); 210; 211 (E S). – 15S; 16S; 17S; 18S; 21S; 149S-1.

Schmidt, Julian; * 1818 Marienwerder/Ostpreußen, † 1886 Berlin; dt. Literarhistoriker (Geschichte der deutschen Nationalliteratur im 19. Jahrhundert, 1853), Kritiker und Publizist; zusammen mit Gustav Freytag Eigentümer und Redakteur des Grenzboten; Parolengeber des bürgerlichen Realismus. – 47.

Schmidt, Netty; Erich Schmidts Frau. – 85 (Frau Prof.); 150.

Schmlz –> Schmeltzl.

Schnorr von Carolsfeld, Franz; * 1842 München, † 1915 Dresden; dt. Literarhistoriker und Bibliothekar; ab 1887 Direktor der königlichen Bibliothek Dresden; Herausgeber der Bdd. 3–15 des *Archivs für Litteraturgeschichte* (Schnorrs Archiv), 1874–1887. – 16; 48; 61; 62; 72; 140.

Schönbach, Anton Emanuel; * 1848 Rumburg/Nordböhmen, † 1911 Schruns/Vorarlberg; österr. Altgermanist und Historiker; Schüler Scherers und Müllenhoffs; ab 1876 o. Prof. in Graz; mit Bernhard Seuffert Herausgeber der Grazer *Studien zur deutschen Philologie*. – 87; 118; 119; 120; 125; 128; 139; 143; 144; 147; 149; 170; 220.

Schönborn, Gottlob Friedrich Ernst; * 1737 Stolberg/Harz, † 1817 Emkendorf/Holstein; dt. Diplomat, Lyriker und Reiseschriftsteller. – 17S.

Schopenhauer, Arthur; * 1788 Danzig, † 1860 Frankfurt/Main; dt. Philosoph. – 176.

Schrammel. – 52.

Schreyvogel, Joseph; auch Thomas bzw. Karl August –> West; * 1768 Wien, † 1832 ebd.; österr. Dramatiker, Publizist, Erzähler, Dramaturg und k. k. Hoftheatersekretär. – 104; 115; 117; 119; 132; 145.

Schröder, Edward Karl W.; * 1858 Witzenhausen bei Kassel, † 1942 Göttingen; dt. Altgermanist, Namenskundler; Schüler Müllenhoffs und Scherers; Herausgeber der *Zeitschrift für deutsches Altertum und deutsche Literatur*. – 33; 38.

Schröder –> Schroeder.

Schroeder, Leopold Alexander von; * 1851 Dorpat, † 1920 Wien; österr. Sprachwissenschaftler, Philologe, Lyriker und Dramatiker; ab 1897 o. Prof. für Indologie in Innsbruck, ab 1898 in Wien; 1912 Dekan der philosophischen Fakultät der Wiener Universität. – 205 (Schröder).

Schröer, Karl Julius; * 1825, † 1900;. österr. Literarhistoriker und Goethe-Forscher; 1867 Prof. an der TH Wien; gründete 1878 den Wiener Goethe-Verein als ersten im deutschen Sprachgebiet. – 38; 56.

Schubart, Christian Friedrich Daniel; * 1739 Obersontheim, † 1791 Stuttgart; dt. Lyriker, Publizist und Komponist; Herausgeber der *Deutschen Chronik*, 1774–1790. – 124.

Schubrich. – 145.

Schulz –> Schulze

Schulze, Karoline („Demoiselle Schulz"); dt. Schauspielerin des 18. Jhs.; Mitglied der Koch'schen Gesellschaft, beeindruckte Goethe mit ihrem Spiel. – 48.

Schuster. – 269.

Sedelmayer. – 71; 72.

Seemüller, Joseph; * 1855 Wien, † 1920 St. Martin bei Klagenfurt; österr. Altgermanist und Mundartforscher; 1890 a. o. Prof. in Innsbruck, ab 1906 o. Prof. in Wien; Schulkollege Minors. – 13; 16; 36; 38; 42; 48; 49; 52; 53; 61; 67; 71; 72; 87; 84; 88; 89; 90; 91; 92; 97; 102; 265. – 17S; 149S-1.

Semrer. – 161.

Sengel. – 280.

Senner. – 71.

Seufert –> Seuffert.

Seuffert, Bernhard; * 1853 Würzburg, † 1938 Graz; dt. Philologe, Germanist und Herausgeber; Generalkorrektor der Weimarer Ausgabe (bis Sommer 1887); ab 1892 o. Prof. in Graz; Herausgeber der *Deutschen Literaturdenkmale des 18. und 19. Jahrhunderts* (1881–90) und der Grazer *Studien zur deutschen Philologie*, Redakteur der *Vierteljahrschrift für Literaturgeschichte* (1888–93). – 90; 92; 100; 102 (Seufert); 105; 115; 119 (Seufert); 129; 128; 140; 141; 148. – 15S (Seiffert); 149S-1.

Seume, Johann Gottfried; * 1763 Poserna/Sachsen, † 1810 Teplitz/Böhmen; dt. politischer und Reiseschriftsteller, Übersetzer und Lektor; befreundet mit Christian Felix Weisse. – 49.

Seyfert –> Seyffert.

Scyffert; Studienkollege Minors. – 17; 18; 20; 42.

Shakespeare, William; * 1564 Stratford-upon-Avon, † 1616 ebd.; engl. Dramatiker und Lyriker. – 49; 51; 52; 58; 60 (Shacespeare); 61; 62; 70; 132.

Siebeck, Paul; * 1855 Tübingen, † 1920 Heilbronn; dt. Buchhändler; baute die 1878 erworbene Verlagsbuchhandlung J. C. Mohr, Heidelberg, zu einem bedeutenden wissenschaftlichen Verlag aus. – 119.

Sievers, Eduard; * 1850 Lippoldsberg bei Kassel, † 1932 Leipzig; dt. Germanist und Sprachwissenschaftler (Junggrammatiker); Hauptarbeitsgebiete Phonetik und Schallanalyse für stil- und textkritische Analysen; Herausgeber der *Beiträge zur Geschichte der deutschen Sprache und Literatur*. – 42; 140; 196; 197; 198; 199; 200; 202; 203; 205; 206; 207; 210. – 15S.

Singer, Samuel; * 1860, † 1948; österr. Germanist; Schüler Heinzels und Erich Schmidts; Goetheforscher und Mitarbeiter an der Weimarer Ausgabe; ab 1904 o. Prof. in Bern. – 300.

Small, Albion W.; Professor der Soziologie, Universität Chicago. – 242.

Sokrates; * um 470 Athen, † 399 v. Chr. ebd.; griech. Philosoph. – 3.

Sonnenfels, Joseph von; * 1733 Nikolsburg/Mähren, † 1817 Wien; österr. Justiz- und Verwaltungsreformer, Kameralwissenschaftler, Publizist und Theatertheoretiker; Herausgeber der *Briefe über die wienerische Schaubühne*, 1768, in denen er die Figur des Hanswurst heftig kritisierte. – 106; 107; 210; 18S.

Sonnenthal, Adolf Richard von; * 1834 Pest, † 1909 Prag; österr. Schauspieler, 1856 ans Burgtheater engagiert, das er 1887–90 provisorisch leitete. – 220. – 22S.

Speele. – 228.

Speemann –> Spemann.

Speidel, Ludwig; * 1830 Ulm, † 1906 Wien; dt. Feuilletonist und Schriftsteller; ab 1853 Wien-Korrespondent für Cottas *Allgemeine Zeitung*, zunächst Musik-, ab 1864 Theaterkritiker der *Neuen Freien Presse*; deren Feuilleton er berühmt machte. – 83; 119; 140; 158.

Spemann; Stuttgarter Verlagsbuchhandlung; gegründet 1873 von Wilhelm Spemann; * 1844 Unna, † 1910 Stuttgart; 1890 von der Union Deutsche Verlagsgesellschaft übernommen; spezialisiert auf Kunst, Geschichte, Literatur- und Altertumswissenschaft; verlegte Kürschners *Deutsche National-Litteratur* (319 Bde) und gab den *Deutschen Litteratur-Kalender* heraus. – 103 (Speemann); 124.

Spengler, Franz; * 1861 Znaim, † (?); österr. Publizist und Prof. am Gymnasium in Znaim; Hg. von *Hollonius' Somnium vitae humanae*, 1891, und von Schmeltzls *Samuel und Saul*, 1883. – 117; 123; 124.

Spitzer –> Lothar, Rudolf.

Stahr, Adolf; * 1805 Prenzlau, † 1876 Wiesbaden; dt. Schriftsteller und Literarhistoriker. – 258; 271.

Stark. – 182.

Stäudlin, Gotthold * 1758 Stuttgart, † 1796 bei Straßburg (Selbstmord); dt. Lyriker und Publizist. – 211.

Steele, Sir Richard; * 1672 Dublin, † 1729 Carmarthen/Wales; engl.-irischer Schriftsteller; Gründer und Herausgeber des Tatler, 1709, des Spectator, 1713, und des Guardian, 1713. – 176.

Stein, Charlotte von, geb. von Schardt; * 1742 Eisenach, † 1827 Weimar; Weimarer Hofdame und Freundin Goethes. – 82.

Steinmeyer, (Ernst) Elias von; * 1848 Nowawes (heute Potsdam), † 1922 Erlangen; dt. Philologe und Herausgeber der *Deutschen Literaturzeitung*, des *Anzeigers für deutsches Alterthum und deutsche Litteratur* (unter Mitwirkung von Karl Müllenhoff und Wilhelm Scherer) und des *Neuen Archivs für ältere deutsche Geschichtskunde*. – 36; 27; 28; 42; 62; 72; 74; 87. – 15S.

Steiskal –> Stejskal.

Stejskal, Karl; * 1854 Znaim, † 1932 Leitmeritz; Studienkollege Minors; österr. Germanist, k. k. Landesschulinspektor. – 8; 15; 20. – 18S; 21S.

Sternberg. – 213.

Stifter, Adalbert; * 1805 Oberplan/Moldau, † 1868 Linz; k. k. Landesschulinspektor; österr. Epiker, Novellist, Maler, Pädagoge. – 213.

Störk. – 15S.

Stöttinger; Studienkollege Minors. – 34.

Strack, Adolf; dt. Literaturwissenschaftler und Herausgeber; Univ.-Doz. in Gießen. – 166; 169.

Stradtmann. – 139; 140.

Strakosch, Alexander; * 1845 (1847) Sebes bei Czeries/Ungarn, † 1909 Berlin; österr. Schauspieler und Rezitator. – 22; 101.

Strauch, Philipp; * 1852 Hamburg, † 1934 Halle/Saale; dt. Literarhistoriker; ab 1883 Prof. in Tübingen, ab 1893 in Halle; Begründer der Zeitschrift *Hermaea* und Herausgeber mittelhochdeutscher Texte. – 191.

Sulzer, Johann Georg; * 1720 Winterthur, † 1779 Berlin; dt.-schweizer. Philosoph und Ästhetiker; Schüler Bodmers und Breitingers. – 20; 22.

Sumpfhahn –> Suphan.

Suphan, Bernhard; * 1845 Nordhausen, † 1911 Weimar (Selbstmord); dt. Philologe und Literarhistoriker; Nachfolger Erich Schmidts als Direktor des Weimarer Goethe-Archivs, Herausgeber der von Minor benutzten Ausgabe von *Herders Sämtliche Werke*, 1877–1913, Mitherausgeber der Sophien-Ausgabe. – 35 (Supphan; Sumpfhahn); 52; 71; 72; 151; 153; 154; 163. – 16S; 17S.

Supphan –> Suphan.

Tacitus, Publius Cornelius; * um 55., † um 120; röm. Geschichtsschreiber. – 17S.

Thümmel, Moritz August von; * 1738 Schönefeld bei Leipzig, † 1817 Coburg; dt. Erzähler und Lyriker; befreundet mit Christian Felix Weisse; galt als Nachahmer Wielands. – 39.

Thumfar, Karl; Bibliothekar des Seminars für deutsche Philologie in Wien. – 302.

Tieck, Ludwig; * 1773 Berlin, † 1853 ebd.; dt. Erzähler, Dramatiker, Lyriker, Übersetzer, Kritiker, Philologe. – 124; 126; 130; 140; 176.

Toischer, Wendelin; * 1855 Pobit bei Tepl/Böhmen, † 1922 Prag; österr. Pädagoge, o. Prof. für Pädagogik an der Universität Prag. – 33.

Tomanetz, Karl; Studienkollege Minors; Gymnasialprofessor in Wien. – 13; 14; 17; 36; 42 (Netzamot); 48. – 12S; 22S.

Tomaschek, Karl T.; * 1828 Iglau, † 1878 Wetterhöft bei Iglau; österr. Germanist; 1855 Habilitation, 1868 als o. Prof. für deutsche Sprache und Literatur von Graz an die Universität Wien berufen; Lehrer Minors. – 1; 9; 12; 13; 14; 15 (T); 16; 17 (Onkel Karl); 18; 19; 20; 21; 22; 24 (Onkel Karl); 32; 48; 160. – 12S; 15S; 16S (Onkel Karl); 17S; 18S.

Torinetti. – 172.

Treitschke, Heinrich von; * 1834 Dresden, † 1896 Berlin; dt. Historiker und Publizist. – 172.

Tresen; Studienkollege Minors in Berlin. – 42.

Triesch, Friedrich Gustav; * 1845 Wien, † 1907 ebd.; österr. Lustspieldichter, Lyriker und Novellist; Präsident der Concordia. – 119.

Trübner, Karl; *1846 Heidelberg, † 1910 Straßburg; dt. Verlagsbuchhändler; veröffentlichte die *Quellen und Forschungen*, in denen vor allem Schüler Scherers zu Wort kamen. – 57.

Uhde, Hermann; * 1845, † 1879; dt. Schriftsteller, Herausgeber und Literarhistoriker. – 60.

Ullrich; Wiener Druckerei. – 304.

Ulrich von Winterstetten; Lied- und Leichdichter des 13. Jhs. aus Oberschwaben. – 22; 67; 96; 101; 105; 108.

Ullsperger; – 22S.

Urlichs, Karl Ludwig; * 1813, † 1889; dt. Philologe, Archäologe und Herausgeber (*Briefe an Schiller*, 1877); ab 1844 o. Prof. in Bonn. – 20; 160; 252.

Uz, Johann Peter; * 1720 Ansbach, † 1796 ebd.; dt. Jurist und Lyriker; Anakreontiker (auch Übersetzer Anakreons) und Odendichter. – 108.

Vega Carpio, Lope Félix de; * Madrid 1562, † 1635 ebd.; span. Lyriker, Epiker und Dramatiker; von seinen angeblich 1500 Schauspielen sind rund 500 erhalten. – 176.

Vergil (Publius Vergilius Maro); * 70 Andes bei Mantua, † 19 v. Chr. Brindisi; röm. Dichter. –101.

Veyssier. – 47.

Viehoff, Heinrich. – 10.

Villegas, Estevan Manuel de; † 1669, span. Dichter von hauptsächlich erotischer Literatur.

Vogl, Johann Nepomuk; * 1802 Wien, † 1866 ebd.; österr. Lyriker und Erzähler; erster Herausgeber *Sämmtlicher Werke Ferdinand Raimunds*. – 49.

Volkmann von Volkmar, Wilhelm Ritter; * 1820 (1822) Prag, † 1877 ebd.; österr. Philosoph; o. Prof. für Ästhetik und Philosophie in Prag. – 97.

Vollmer, Wilhelm; * 1828, † 1887; Literarhistoriker, Herausgeber und Journalist; führender Mitarbeiter bei Cotta („Leiter des Cotta'schen Geschäftes"); er bearbeitete Goedekes kritische Schiller-Ausgabe, 1867–70, gab den Schiller-Cotta-Briefwechsel, 1876, und den Goethe-Schiller-Briefwechsel, 1881, heraus. – 51.

Voss, Johann Heinrich; * 1751 Sommersdorf Mecklenburg, † 1826 Heidelberg; dt. Philologe, Übersetzer, Idyllendichter und Lyriker. – 22S.

W. –> Wagner; Verlag.

Wackernell, Josef Eduard; * 1850 Göflan bei Schlanders/Tirol, † 1920 Innsbruck; österr. Germanist, Schüler Wilhelm Scherers; Herausgeber, o. Prof. in Innsbruck. – 14; 22; 20; 22; 33; 150; 171; 247. – 16S; 17S; 21S; 24S.

Wagner; Verlag und Universitätsbibliothek in Innsbruck. – 36; 47; 48; 49; 51; 52; 53; 54; 55; 56; 57 (W.); 62.

Wagner, (Gottlob Heinrich) Adolf (auch: Ralph Nym); * 1774 Leipzig, † 1835 Großstädteln bei Leipzig; dt. Philologe, Übersetzer, Herausgeber und Schriftsteller. – 124.

Wagner, Heinrich Leopold; * 1747 Straßburg, † 1779 Frankfurt am Main; dt. Dramatiker, Publizist und Übersetzer (für Goethe: *Neue Versuche über die Schauspielkunst*). – 53.

Wagner, Joseph; * 1818 Wien, † 1870 ebd.; ab 1850 Hofschauspieler am Wiener Burgtheater. – 220.

Wahle, Julius; * 1861, † 1930; Archivar am Goethe-Archiv in Weimar, Schüler Richard Heinzels und Erich Schmidts. – 163; 211.

Waiblinger, Wilhelm Friedrich; * 1804 Heilbronn, † 1830 Rom; dt. Erzähler, Lyriker, Dramatiker und Reiseschriftsteller. – 228.

Walther von der Vogelweide; * um 1170, † um 1230; Minnesänger und Spruchdichter. – 14. – 21S.

Walzel, Oskar Franz; * 1864 Wien, † 1944 Bonn; österr. Literaturwissenschaftler, Schüler Minors und Erich Schmidts. – 159; 218; 228; 293S.

Wauer –>Sauer, August.

Weber. – 221.

Weilen, Weil von, Josef Ritter; * 1828 (1830) Tetin/Böhmen, † 1889 Wien; österr. Schriftsteller und Skriptor der Hofbibliothek; Freund Grillparzers, besorgte dessen erste Gesamtausgabe; Präsident der *Concordia*; Vater des Alexander Weil von Weilen. – 84.

Weilen, Weil von, Alexander Ritter; * 1863 Böckstein/Salzburg, † 1918 (verunglückt); österr. Literarhistoriker und Theaterwissenschafter; Kustos der Hofbibliothek; Sohn des Josef Weil von Weilen. – 84; 220.

Weinhold, Karl; * 1823 Reichenbach/Schlesien, † 1901 Bad Nauheim; dt. Germanist und Volkskundler; nach Ordinariaten in Krakau, Graz und Kiel 1889 auf den seit Müllenhoffs Tod (1884) vakanten Lehrstuhl für ältere deutsche Sprache und Literatur berufen; Schüler Lachmanns und der Brüder Grimm. – 22S.

Weise –> Weisse.

Weiße –> Weisse.

Weisse, Christian Felix; * 1726 Annaberg, † 1804 Leipzig; dt. Dramatiker, Lyriker, Librettist, Kinderbuchautor, Übersetzer und Journalist; Jugendfreund Lessings; Herausgeber der zumeist selbst verfassten Wochenschrift *Der Kinderfreund*, 1775–82. – 14; 16; 36; 18 (Weise); 22; 24; 32; 33; 34; 39; 42; 47; 51; 58; 60; 61; 64; 67; 68; 69; 70; 71; 72; 90; 91; 103; 114; 124; 272. – 24S.

Wekendorf. – 115.

Wellenhoff. –> Hofmann(-Wellenhof).

Wermann. – 21.

Werner, Richard Maria; * 1854 Iglau, † 1913 Wien; österr. Literarhistoriker und Hebbel-Herausgeber, Schüler Scherers, o. Prof. für deutsche Sprache und Literatur in Lemberg. – 2; 3; 8; 10; 13; 20; 22; 32; 34; 51 (R M W); 58 (Jesus Maria W); 59; 60; 61; 62; 72; 86; 87; 88; 90; 91; 92; 97; 101; 102; 104; 111; 114; 118; 119; 120; 122; 123; 124; 125; 128; 129; 131; 135; 137; 143; 145; 146; 149; 164 (R M); 221 (R M W); 281 (R. M.). – 12S; 15S; 16S; 17S; 21S; 22S; 149S-1; 150S-1.

Werner, Friedrich Ludwig Zacharias; * 1768 Königsberg, † 1823 Wien; dt. Dramatiker, Lyriker, ab 1814 katholischer Priester; Vorreiter im Genre des Schicksalsdramas. – 117; 124.

West, Thomas bzw. Karl August (Pseud.) –> Joseph Schreyvogel.

Wickhoff, Franz; * 1853 Steyr, † 1909 Venedig; 1889 o. Prof. für Kunstgeschichte an der Universität Wien. – 216; 149S-1.

Wieland, Christoph Martin; * 1733 Oberholzheim bei Biberach, † 1813 Weimar; dt. Philosoph, Schriftsteller, Übersetzer und Publizist. – 20; 63; 106.

Wiesner, Julius; * 1838 Tschechau/Mähren, † 1916 Wien; österr. Botaniker; ab 1873 o. Prof. an der Universität Wien, begründete hier das pflanzenphysiologische Institut. – 296; 345.

Wilbrandt, Adolf von; * 1837 Rostock, † 1911 ebd.; dt. Lyriker, Erzähler, Dramatiker und Shakespeare-Übersetzer; 1881–87 Burgtheaterdirektor. – 3.

Wildenbruch, Ernst von; * 1845 Beirut, † 1909 Berlin; dt. Dramatiker und Romancier, Jurist; Enkel des Prinzen Louis Ferdinand von Preußen, befreundet mit Wilhelm Dilthey. – 192.

Willbrandt –> Wilbrandt.

Winckelmann, Johann Joachim; * 1717 Stendal/Altmark, † 1768 Triest; dt. Philologe, Philologe, Archäologe und Ästhetiker. – 103.

Winterstetten –> Ulrich von Winterstetten.

Wittmann, Hugo; * 1839 Ulm, † 1923 Wien; dt. Publizist und Bühnenautor; ab 1869 Korrespondent, ab 1872 Redakteur und Feuilletonist der *Neuen Freien Presse*. – 92.

Wlassak. – 15S; 149S-1.

Wörner. – 204.

Wohlvoll; Gastgeber Minors in Hamburg. – 255; 256.

Wolfram von Eschenbach; um 1200; mittelalterlicher Epiker und Lyriker. – 21S.

Wolter, Charlotte (Mädchen- und Künstlername); verh. O'Sullivan de Grass; * 1834 (1831) Köln, † 1897 Wien; Schauspielerin, ab 1863 am Burgtheater. – 220.

Wünschmann, Max. – 189; 219; 272.

Ypsilanti, Alexander Fürst; * 1792 (?), † 1828 Wien; floh als Führer griechischer Aufständischer 1821 nach Österreich und war hier bis 1827 in Festungshaft. –122.

Zacharias. – 130.

Zachariä, Friedrich Wilhelm; * 1726 Frankenhausen am Kyffhäuser, † 1777 Braunschweig; dt. Verfasser von Kleinepen, Übersetzer, Herausgeber; stritt mit Gottsched, dessen Schüler er war; zählte zu den „Bremer Beiträgern". – 13.

Zanbic. – 278.

Zanetz. – 39.

Zarncke, Friedrich; * 1825 Zahrensdorf bei Schwerin, † 1891 Leipzig; dt. Germanist, Begründer des *Literarischen Centralblatts für Deutschlands*, 1850, und Herausgeber der *Mittelhochdeutschen Wörterbuchs*, 1854–66, auf der Grundlage von Georg Friedrich Beneckes Material zusammen mit Wilhelm Müller; ab 1858 o. Prof. in Leipzig. – 9. – 15S; 18S.

Zedlitz, Joseph Christian Freiherr von; * 1790 Schloss Johannisberg/Schlesien, † 1862 Wien; österr. Lyriker, Dramatiker, Übersetzer und Publizist; Freund Grillparzers. – 182.

Zeidler, Jakob; * 1855 Wien, † 1911 Mödling; Studienkollege Minors; österr. Literarhistoriker und Gymnasialprofessor. – 14; 17; 18; 32; 38; 51.

Zeitler; Verleger in Leipzig. – 277.

Zingerle, Oswald Edler von; * 1855 Innsbruck, † 1927 Ebd.; österr. Germanist; 1892 o. Prof. für deutsche Sprache und Literatur in Czernowitz. – 33; 143.

Zinneberg. – 211.

Zupitza, Julius; * 1844 Kerpen bei Oberglogau/Schlesien, † 1895 Berlin; dt. Anglist, ab 1872 a. o., ab 1874 o. Prof. für nordgermanische Sprachen an der Universität Wien, Begründer der Wiener Anglistik; ab 1876 in Berlin. – 101 (Zuspitzer); 62.

Zuspitzer –> Zupitza.
Zwierzina, Konrad; * 1864, † 1941; dt. Philologe. – 265.
Zwirzina –> Zwierzina.

Nicht entschlüsselte Abkürzungen/Anfangsbuchstaben

Namen

C. n. d – 97.
F. – 13.
G. – 49; 148.
G-Sbr. – 42.
H. – 215.
K. – 50.
L. – 144.
O. F. W. – 160.
P. – 94; 159.
Pg. – 108.
R. – 192.
R[...]t – 100.
S – 89.
S. [„die S."] – 152.
St[...] – 212.
St[...]di, Sophie – 115.
T[...] – 160.
W – 117.
W. – 125.

Sachen

A f A – 205.
dmh – 38.
GDS – 14.
GF – 18; 42; 51; 60; 62.
G-Sbr. – 42.
MGS – 72.
M S – 17; 38; 49; 62, 200.
M S D, M S(D), msd – 17; 84, 164, 200.
MSH – 200.
mtd. – 84.
tz – 49.

Anhang
Jakob Minor - Stammtafel

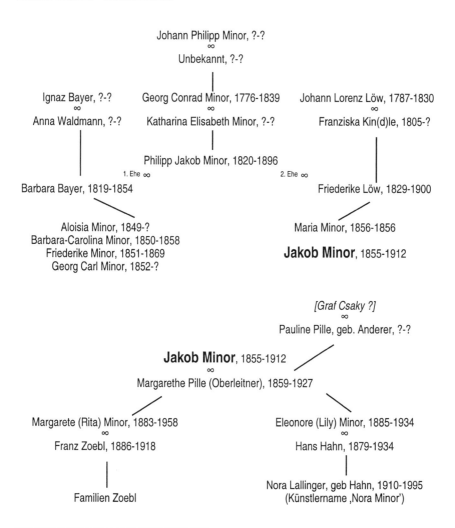

Quellen: Tauf-, Heirats- und Sterbe-Matriken der Pfarre St. Rochus und Sebastian, Wien 3; Tauf-Buch der Pfarre St. Josef, Wien 5; Trauungs-Buch der Pfarre Maria Schutz, Niederösterreich; *Arnold: Minor; NÖB; 1929,* sowie Angaben der Familien Zoebl, Wien.

Curriculum vitae Minors

Wien 23. Okt 98

Sehr geehrter Herr Hofrath,
beiliegend erlaubte ich mir das gewünschte Curriculum vitae zu übersenden. Es ist ein eigenes Ding, wenn man sich zum ersten Mal historisch und wichtig vorkommt.
In hochachtungsvoller Ergebenheit
Ihr J. Minor.

Curriculum vitae von <u>Jakob Minor</u>, korr. Mitglied der philos. hist. Klasse der kaiserlichen Akademie der Wissenschaften in Wien; geschrieben auf Aufforderung der kais. Akademie im Herbst 1898.

<u>Curriculum vitae.</u>

Geboren bin ich am 15. April 1855 zu Wien auf der Landstraße (III Hauptstraße 8). Mein Vater, ein Mann von eiserner Arbeitskraft, war als Bäckergeselle von Nassau nach Wien gewandert, wo er sich bald zur Selbständigkeit und zu einem bescheidenen Wohlstand empor arbeitete. Die Familie der Mutter, der Tochter eines angesehenen Shawlefabrikanten in Schottenfeld, eine geb. Löw, stammte aus Baiern. Bücher oder Anregung zu geistiger Arbeit habe ich im Vaterhause nicht vorgefunden, darin war ich von Jugend auf mir selbst überlassen. Aber den Sinn für ausdauernde und streng geregelte Arbeit habe ich von dort mitgebracht, trotzdem er bei mir nicht sogleich in der ersten Jugend, sondern erst später hervorgetreten ist. Denn sowohl in der Volksschule als auch in den unteren Klassen des Gymnasiums war ich ein wenig fleißiger Schüler; erst nachdem ich äußerer Umstände wegen das akademische Gymnasium mit dem Schottengymnasium vertauscht hatte und gerade am Beginn des Obergymnasiums durch eine gefährliche Krankheit zu einer einjährigen Pause verurtheilt wurde, habe ich an dem Lernen eigentliches Vergnügen gefunden, und von da ab bin ich stets obenan unter den Vorzugsschülern gesessen, ohne daß ich jemals unter Überbürdung oder Überanstrengung hätte zu leiden gehabt. Denn eine gleichmäßige, durch Ordnung geregelte Arbeit ist mir schon damals Bedürfnis gewesen und tumultuarisches oder gehetztes Aufnehmen zusammenhangloser und unverarbeiteter Kenntnisse war mir schon damals so wider die Natur, daß ich das ganze Obergymnasium hindurch eine ausnahmslose tägliche Arbeitszeit von 3 Stunden festsetzte und durchführte, die auch an Ferialtagen eingehalten, aber auch in den Zeiten der strengen Prüfungen nicht überschritten wurde und noch zu reicher Lektüre erwünschte Freiheit gab. Den Kern meiner Belesenheit in der schönen Litteratur, besonders in der dramatischen, verdanke ich der Gymnasialzeit. Im Jahre 1874 habe ich mich dem Studium der germanischen Philologie an der Universität Wien gewidmet, von Karl Tomaschek die ersten wissenschaftlichen Anregungen auf dem Gebiete der neuen Litteratur, besonders der klassischen Periode, erhalten, aber auch die ältere Sprache und Litteratur unter Heinzels Leitung fleißig betrieben. Auf diese allgemeine wissenschaftliche Grundbildung, die durch eine Reise nach Italien und Sizilien (Winter 1875/76) gefördert wurde, lege ich heute noch den größten Werth und kann die moderne Sitte des frühen Spezialisierens für keine günstige Erscheinung halten, die m. E. nicht bloß Beschränktheit sondern auch Mangel an Vertiefung zur Folge gehabt und am allerwenigsten auf einem so ungeheuren Gebiet, wie die neuere deutsche Litteratur ist, ihre Berechtigung hat. Nachdem ich 1878 auf Grund meiner (ungedruckten) Dissertation über Schillers „Theorie des Dramas" zum Doctor der Philosophie promoviert worden war, bezog ich zu weiterer Ausbildung noch die Hochschule Berlin, – wohin damals Wilhelm Scherer eben als Vertreter der neueren Litteraturgeschichte berufen worden war und Schüler aus allen Gegenden an sich zog. Trotz der bedeutenden Anregungen, die ich Scherer verdanke, bin ich doch über den Gegensatz, in dem sich meine Arbeit und meine Überzeugungen von Anfang an zu den seinigen fanden, niemals im Unklaren gewesen und habe daraus auch niemals ein Hehl gemacht. Ganz entgegen war mir vor allem die geschäftige Propaganda und das Schulemachen, in der wissenschaftlichen Arbeit aber das künstliche Combinieren aus dem Zusammenhang gerissener oder zufällig zusammengeraffter Details, auf denen sich dann ein ganzer Eiffelthurm der kühnsten Hypothesen erhob. Mir war es mehr Bedürfnis, aus dem Vollen zu schaffen; die Probleme nicht in den Gegenstand künstlich hineinzutragen, sondern durch unbefangene Betrachtung des Stoffes und ohne Heraustreten zu suchen; ich glaube auch nicht an den absoluten Werth einer „Methode", sondern daß jeder Stoff seine eigene Behandlung fordert, daß man also zwar von der Methode eines andern lernen könne, sich aber hüten müsse, diese Methode unbesehen auf den nächstbesten Stoff anzuwenden. Und so darf ich wohl auch sagen, daß mir die stoffreicheren und gehaltvolleren Collegien Müllenhoffs aus der älteren Litteratur mehr als die bloß anregenden Schererschen Vorlesungen über neuere Litteratur zum Vorbild geworden sind und daß ich mich als akademischer Lehrer, ich weiß nicht ob mit Erfolg, gewiß aber mit aufoperndem Fleiß, bemüht habe, nach dem Muster Müllenhoffs den Zuhörern nicht blos die leitenden Ideen, sondern den Stoff selbst unter allgemeinen Gesichtspunkten geordnet zu geben. Auch der Persönlichkeit Müllenhoffs verdanke ich einen starken unverlierbaren Eindruck: Auch wo seine unbändige Natur störte, geschah es doch aus Überzeugung und aus Charakter. Im Sommer 1880 habe ich mich auf Grund der mir zugehörigen Theile der „Studien zur Goethephilologie" an der Universität Wien habilitiert und im folgenden Wintersemester meine Vorlesungen, gleichzeitig mit dem an des verstorbenen Tomascheks Stelle berufenen Erich Schmidt, begonnen. Im Sommer 1882 folgte ich einem Rufe als professore incaricato an die Accademia scientifica letteraria in Mailand, wo mir das Recht zugestanden war, in deutscher Sprache Vorlesungen zu halten, die von Seiten des Publikums stark besucht wurden. Die Zustände der Schule waren, in meinem Fach wenigstens, nicht erfreulich; zwar eine sehr angenehme gesellschaftliche Stellung war in der Weltstadt, aber weder eine fruchtbare Lehrtätigkeit, noch eine ergiebige wissenschaftliche Schriftstellerei zu hoffen, darum ließ ich schon im Herbst 1882 meine venia legendi von Wien nach Prag übertragen, wo die neuere Litteratur damals eines besonderen Vertreters entbehrte. Hier wurde ich zur Ostern 1884 zum a. o. Professor befördert. Hier habe ich durch Heirath mein Heim begründet und hier sind meine beiden Kinder geboren. Das Vermächtnis des letzten Goethe hatte Erich Schmidts Weggang von Wien nach Weimar zu Folge; an seine Stelle wurde ich im Herbst 1885 nach Wien berufen, wo ich zuerst als a. o., dann seit 1888 als o. ö. [Professor] nach besten Kräften zu wirken bestrebt war. Auch meine Schüler habe ich angelernt, das Heil nicht auf dem Boden Einer Schule zu suchen und nicht auf die Worte Eines Meisters zu schwören, sondern die Wahrheit zu nehmen, wo sie zu finden ist.

Das Verzeichnis meiner größeren und kleineren Arbeiten enthält derzeit 443 Nummern.

<u>Selbständige Arbeiten in Buchform</u>: Ch. F. Weiße (Innsbruck 1880); Studien zur Goethephilologie (Wien 1880, mit Sauer; mir gehören alle Aufsätze außer dem dritten); J. G. Hamann (Frankfurt a M. 1881); Die deutsche Schicksalstragödie (Frankfurt aM. 1883); Schiller (Berlin I 1890, II 1890); Rede auf Grillparzer (Wien 1891); Allerhand Sprachgrobheiten (Stuttgart 1892); Neuhochdeutsche Metrik (Straßburg 1893); F. von Saar (Wien 1898);

<u>Ausgaben</u>: U. von Winterstetten (Wien 1882); F. Schlegels Jugendschriften (Wien 1882); A. von Arnim, Hollins Liebeleben (Freiburg und Tübingen 1883); Brentano, Gustav Wasa (Heilbronn 1883); W. Schlegels Berliner Vorlesungen (Heilbronn 1884): Aus dem Schillerarchiv (Weimar 1890). Für Kürschners „Nationallitteratur" habe ich, durch das Ausmaß des Raumes vielfach behindert, die folgenden Werke bearbeitet: Lessings Jugendfreunde; Fabeldichter, Satiriker und Popularphilosophen; Das Schicksalsdrama; Tieck und Wackenroder; Tieck I (die beiden folgenden Bände, II und III, sind ohne mein Zuthun von dem Redacteur der Sammlung herausgegeben und widerrechtlich mit meinem Namen versehen worden). Erzherzog Ferdinand II von Tirol, speculum vitae humanae, Halle 1889. Für die Weimarische Goetheausgabe habe ich den Egmont und den

Ewigen Juden bearbeitet, der Text des letzteren hat leider unter willkürlichen Eingriffen der Redaction gelitten.

Von den Beiträgen, welche ich zu Sammelwerken und gelehrten Zeitschriften geliefert habe, haben nicht wenige den Umfang von ganzen Monographien. Zu Sammelwerken: Zu Scherer, Aus Goethes Frühzeit (Straßburg 1879); zur Festschrift für Hugo Mareta (Wien 1892); zu Lothars Fünfzig Jahre Burgtheater (Wien 1897), zu der Festschrift des Neuphilologentages (Wien 1898); für das Wiener Stammbuch (zu Johann Glossys, Wien 1898). Zu den folgenden periodischen Werken und Zeitschriften: Allgemeine deutsche Biographie; Edlingers Litteraturblatt, Schnorrs Archiv für Litteraturgeschichte; Zeitschrift für deutsches Alterthum und deutsche Litteratur; Zeitschrift für die österreichischen Gymnasien; Akademische Blätter; Preußische Jahrbücher; Zeitschrift für deutsche Philologie; Cotta's Zeitschrift für allgemeine Geschichte, Litteratur und Litteraturgeschichte; Vierteljahrsschrift für Litteraturgeschichte; Euphorion; Goethejahrbuch; Grillparzerjahrbuch; Chronik des Wiener Goethevereines; Biographische Blätter; Biographisches Jahrbuch nebst Nekrolog; <...> und Braune's Beiträge.

Redactionsgeschäften habe ich niemals eigentliches Interesse abgewonnen und auf diesem Gebiet auch nichts ordentliches geliefert. Um die Beiträge zur Geschichte der deutschen Litteratur und des geistigen Lebens in Oesterreich, die kurze Zeit (Wien 1883 f) unter Sauers, Werners und meinem Namen erschienen sind, habe ich kein Verdienst. Die Beiträge zur deutschen und englischen Philologie, die Schipper mit Heinzel und mir (Wien 1889) herausgab, sind durch mich um keine Nummern bereichert worden. Dagegen habe ich für die „Österreichisch-ungarische Monarchie in Wort und Bild" nicht blos den allzu knappen, auf dem zugestandenen Raum unmöglichen Überblick über die Wiener Litteratur erstellt, sondern nach Weilens Tod auch das Referat über die deutsche Litteratur in den Kronländern übernommen und die Vertheilung und Redaction dieser Arbeiten überwacht. Auch der Abschnitt über die germanistische Section in den Verhandlungen des Wiener Neuphilologentages (Leipzig 1894) ist von mir redigiert. Dem Redacteur der Chronik des Wiener Goethe-Vereins, meinem früheren Zuhörer R. Payer von Thurn, habe ich seit der Übernahme der Redaction (vom neunten Buch, 1894/51 ab) thätig zur Seite gestanden und mit Freude gesehen, daß dieses Vereinsorgan bald auch außerhalb des engeren Kreises gelesen und beachtet wurde. In dem letzten Winter habe ich, blos beseelt von dem Triebe mich nötig zu machen, auf die <... ...> besonders nach dem Text der Lesestücke in Stejskals Lesebüchern für die Volksschulen (II. bis V. Theil, Wien 1898) viel Zeit und Mühe verwendet, die mir nach dem Lauf der Welt mit Undank und Verdruß gelohnt worden ist. Ich gebe die Hoffnung nicht auf, daß diese Schulbücher, die an sich keineswegs fehlerfrei, sondern von dem Herausgeber übervoll hergestellt sind, aber mit manchem Schlendrian in der Schulbuchproduktion gründlich aufgeräumt haben, künftig noch einmal die Grundlagen einer besseren Leistung bilden und die miserablen, methodisch verrotteten, in der Auswahl ungeschickten, im Text geradezu verballhornten Schulbücher der jetzigen Zeit verdrängen werden.

Wer sich mit neuerer Litteratur beschäftigt, der wird nicht umhin können, gelegentlich Gegenstände zu behandeln, die auch weiteren Kreisen von Interesse und Wichtigkeit sind und eine ausschließlich gelehrte Behandlung weder erfordern noch verlangen. So wenig als die Mehrzahl meiner Fachgenossen habe ich es darum verschmäht Artikel von allgemeinem litterarischen Interesse gelegentlich für Blätter und Zeitschriften zu schreiben, welche nicht der gelehrten Fachbildung, sondern der allgemeinen Bildung gewidmet sind. Manche Artikel aus den oben genannten Zeitschriften gehören hieher; ich nenne noch die folgenden Blätter, welche Beiträge von mir enthalten: Steindorfs Musik- und Theaterjournal; R. Winters „Im engen Kreise"; Alma Mater; Neue Freie Presse; Wiener Zeitung und Wiener Abendpost; Beilage zur Münchener Allgemeinen Zeitung; Sonntagsbeilage zur Vossischen Zeitung; Neues Wiener Journal; Grenzboten; Österreichische Wochenschrift (von Friedjung); Magazin für Litteratur; Die Zeit; Über Land und Stadt; Deutsche Rundschau; Wort und Bild; Deutsche Dichtung. Eine angenehme Beschäftigung in den Ferien waren mir die Porträts bekannter Schauspieler, besonders des Burgtheaters von 1868–

1898, die ich als Spezialität auszubilden bemüht war und mit denen ich einer zukünftigen Theatergeschichte ein zuverlässiges und reiches Material an Beobachtungen zuführen wollte.

Endlich sei es mir erlaubt, noch [auf] die zahlreichen kritischen Arbeiten und Recensionen hinzuweisen, die ich für viele der schon genannten Zeitschriften und für die folgenden geliefert habe: Anzeiger für deutsches Alterthum; Literaturblatt für germanistische und romanische Philologie; Deutsche Litteraturzeitung; Österreichisches Litteraturblatt; Göttinger Gelehrte Anzeigen; Jahresberichte für neuere deutsche Litteraturgeschichte. Ich habe die kritische Thätigkeit auf wissenschaftlichem Gebiete bis vor etlichen Jahren mit Fleiß, Gerechtigkeit und Ehrlichkeit ausgeübt. Ich habe nie ein Urtheil aus Parteilichkeit, nie eines gegen meine Überzeugung abgegeben. Ich bin sehr mild gegen das Schwache, aber schonungslos gegen das Schlechte gewesen, besonders wo es mit dem Dünkel falscher Gelehrsamkeit und dem Anspruch auf Tiefsinn rechtet. Ich habe mich in einzelnen, wenigen Fällen geirrt, aber nie ein Urtheil zurücknehmen müssen und nur Eines aus freien Stücken zu bereuen Ursache gehabt und den Verfasser, dem mein jugendlich scharfes, durch Parteistandpunkt getrübtes Urtheil verletzt hatte, gegenüber[1] auch wirklich bereut. Die Thatsache, daß meine Urtheile gerade von denen, die sich mir gegenüber brieflich zu ihnen bekannt hatten, vor der Öffentlichkeit dann doch verleugnet wurden und also wirkungslos blieben, hat mich in wiederholten Fällen von der Nutzlosigkeit der Kritik überzeugt und ich habe sie, da es mir nur um die Sache zu thun war, aufgegeben, als ich einsah, daß die Sache dabei nichts gewann. Mir Freunde zu machen oder Feinde vom Leibe zu halten, dazu habe ich sie nie misbraucht, und darum nur Feindschaften geerntet. Um so mehr freue ich mich, daß kaum ein Monat vergeht, wo ich nicht zu neuer kritischer Thätigkeit aufgefordert werde, und die ersten kritischen Auguren haben meine Arbeiten so gern gesucht, daß ich niemals allen Angeboten entsprechen konnte.

Auf die zeitgenössische schöne Litteratur Einfluß zu üben, war mir durch die Berufung in Preisgerichte wiederholt vergönnt: zweimal war ich Mitglied der Berliner Schillerpreiskommission, seit fünf Jahren gehöre ich dem ersten Bauernfeldkuratorium an. Im Wiener Goetheverein bekleide ich die Rolle des zweiten Obmannesstellvertreters; im Wiener neuphilologischen Verein die Stelle des Vicepräsidenten.

Die herrschende Richtung in der modernen Wissenschaft und besonders in der neueren Litteraturgeschichte war den größeren Arbeiten, die ich mir zur Aufgabe gesetzt habe, mißgünstig. Obwohl sie keine schlechte Aufnahme erfahren haben, war ihre Wirkung anfangs gering, sie beginnt erst in der letzten Zeit mehr hervorzutreten. Da nun kein moderner Gelehrter sich dem Zug der Zeit entziehen kann, da vielmehr jeder von der Mitarbeit der anderen abhängig ist, so muß ich es nur als natürliche Folge betrachten, wenn meine größeren Arbeiten in den letzten Jahren neue Unterbrechung erfahren haben, und wenn ich im Sinne der Zeit mehr mit kleineren Arbeiten auf verschiedenen Gebieten als mit den wenigen größeren Arbeiten beschäftigt gewesen bin. Ich gebe die Hoffnung nicht auf, daß ich den Umschwung der Zeiten, der sich deutlich vorbereitet und der durch die Übertreibungen der jetzt herrschenden Richtung nicht aufgehalten, sondern nur beschleunigt werden wird, in Schaffenskraft und Schaffenslust erlebe, wissend daß ich dann zu den älteren Aufgaben zurückkehren werde. Sie werden im Stillen nur reifer geworden sein. Jedenfalls wird mir die ehrenvolle Berufung in die kaiserliche Akademie der stärkste Ansporn sein, auf dem einen Weg oder auf dem andren rastlos <...> mit Freisetzung der ganzen Kraft fortzuschreiten.

23. Oktober 1898.
Wien.   Jakob Minor.[2]

---

[1] Zwei über der Zeile eingefügte Wörter unleserlich.
[2] AAW, Personalakt Minor, 1135/1898.

Testament des Jakob Minor

Mein letzter Wille[1]
Das beiliegende Parte ist in der Neuen Freien Presse, in der Vossischen Zeitung und in der Münchner Allgemeinen Zeitung zu veröffentlichen.
Meine Leiche soll nach vollzogenem Herzstich an dem Orte, wo ich verschieden bin, im eigenen Grabe bestattet werden. Das Leichenbegängnis soll, entsprechend dem Parte, ganz einfach sein.
Auf mein Grab komt ein Sienit wie der auf dem Grab meiner Eltern in Vöslau, mit der einfachen Aufschrift:
Jacob Minor
1855–19

Jacob Minor
Sylvester 31/XII 10

Es ist mein fester und bestimmter Wille, daß meine Freunde und Fachgenossen nach meinem Tode in keiner Weise für öffentliche Ehrungen, die nur erwiesen werden sollen, in Anspruch genommen werden. Daß also keine Sammlungen für ein Denkmal oder ein Grabmal u[.] dgl. eingeleitet werden. Auch soll von der Familie kein Schritt unternommen werden, etwa ein Denkmal der Universität herauszufordern. Dagegen soll es meinen Freunden unbenommen bleiben, ihr fortdauerndes Interesse an mir und meinen Arbeiten, im Falle, daß die Mittel nicht ausreichen sollten, durch Subvention oder Subscription auf meine Werke zu beteiligen.
Baden 1. Juli 1912
Jakob Minor

Todesanzeige
Statt jeder besonderen Nachricht
am   den   19.. ist in
Herr Dr. Jacob Minor,
wk. Hofrat, o.ö. Professor der deutschen Sprache und Literatur an der Universität in Wien, wirkl. Mitglied der kais. Akademie der Wissenschaften in Wien, ... im Jahre seines arbeitsreichen Lebens verschieden. Auf den innigen Herzenswunsch des Verstorbenen, der so einsam heimgehen will wie er gelebt hat, werden Kranzspenden und die Begleitung der Leiche von Seiten Einzelner und ganzer Korporationen dankend verbeten.
Ehre seinem Andenken und Friede seiner Asche!

---

[1] Minors Testament besteht aus mehreren Teilen; die Wiedergabe erfolgt einschließlich aller von ihm vorgenommenen Durchstreichungen wie im Testamentserfüllungsausweis angezigt, das sich im Archiv der Stadt Wien befindet; das Testament wird bei Familie Zoebel sen. aufbewahrt.

Andenken.
Frau Geheimrat <u>Emmi Sewald</u> in Berlin (:W. Ansbacherstr 5:) erhält den 2bändigen Goethe (:rot, Schlafzimmer, beim Conversationslexikon).
Frau Professor <u>von Weilen</u> Mörikes Werke (:rot, im Bücherkasten im Schlafzimmer) Ihr <u>Mann</u> den Degenstock mit Elfenbeingriff.
Frau Louise <u>Czech</u> (Brünn, Schulg. 22[)]
        die Werke der Ebner-Eschenbach (Glaserkasten im Schlafzimmer).
Maler <u>Michalek</u> die Schillerbüste. Frau <u>Battig</u> und ihr Sohn sollen eingeladen werden nach Belieben aus meinem Hausrath Andenken zu wählen.
Auch Dr. von <u>Payer</u>.
Achensee, 26. Juli 1909
Jacob Minor

Den übrigen Freunden mögen meine Töchter nach ihrem Urteil und nach dem Wunsche der Freunde Andenken verabreichen.
1. Juli 1912
Minor

                Mein letzter Wille
        in Bezug auf mein Vermögen
  Mein Vermögen liegt in der Postsparkasse (Einlagebuch 987038 und Rentenbuch 17957) und in der Kreditanstalt auf einem besonderen Konto.
  Davon ist zunächst für die Erhaltung und einfache Ausschmückung des Grabes meiner Eltern in Vöslau und des meinigen auf alle Zeiten zu sorgen.
  Zu meinen Universalerben ernenne ich meine Töchter Margareta Minor und Eleonora Hahn.
  Außerdem bestimme ich wie folgt und bemerke, daß sich die folgenden Beträge in Percta verstehen, außer wo sich der Zusatz in baarem findet. Die Beträge für meine in Amerika lebenden und schwer auffindbaren Neffen Jacob und Robert Troidl dürfen die Abwicklung der Nachlaßverhandlung in keiner Weise aufhalten, sondern sind <s>zu Handen</s> im vorherein auszu<s>schreiben</s>eiden und zu Handen der Universalerbinnen zu deponieren, bis <s>sich</s> die Erben ausfindig gemach[t] sind.
Ich bestimme also:

meiner Schwester Louise Minor verwitwete Troidl und Zillich	Kr 3.000
dreitausend	
meiner Nichte Luise Brauner geb. Troidl	Kr 3000
dreitausend	
meinen Neffen Rudolf, Jacob und Robert Troidl, je eintausend	Kr 1000-
Herrn Dr. Rudolf Payer von Thurn	Kr 200-
der <...> Musköller	baar Kr 100.-
der Bedienerin Marie Hackenberg	baar Kr 100-
dem Pensionsverein des Hofburgtheaters zum Dank für viele schöne Stunden	Kr 400-
dem Franz Josephs Spital in Wien	baar Kr 100
dem Assistenten Dr. Adolf Fuchs in diesem Spital in Rente	Kr 200
meiner Tochter Dr. Rita als besondere Erkenntlichkeit für den bei meiner Erkrankung 1912 geleisteten Beistand und unbeschadet ihrer sonstigen Ansprüche als Universalerbin in Rente	Kr 2000

  Diejenige Person, die bei mir zur Zeit meines Todes dient oder bedient, hat außer auf den fälligen Lohn auch noch Anspruch auf soviel hundert Kronennoten als sie Jahre, und auf soviel zwanzig Kronenstücke, als sie darüber hinaus Monate bei mir gedient hat, wobei ein angefangener Monat als ein ganzer zählt (dieses in Baarem auszuzahlen.)

Den Betrag von 10000 Kronen (:zehntausend Kronen) setze ich zur Veranstaltung einer Sammlung meiner sämtlichen zerstreuten d.h. nicht selbständig in Buchform erschienenen Schriften aus, worüber in einer Beilage weiteres gesagt ist. Die Verrechnung hat der Herausgeber blos den Erbinnen abzulegen; – das Honorar des Herausgebers ist in dem oben angesetzten Betrag von 1000 Kr mit inbegriffen.

Übernimmt etwa meine Tochter Margarete selber die Herausgabe, die ja keine besondere Eile hat, so entfällt jede Verrechnung, auch gegenüber ihrer Schwester, und ist mit ihrer Bereitwilligkeitserklärung der Punkt für die Verlassenschaftsabhandlung überhaupt erledigt.

Von meiner Bibliothek, deren Wert auf etwa 5000 Kronen anzugeben wäre, vermache ich die der Wiener Universitätsbibliothek alle jene Werke, die sie nicht selber schon besitzt, unter der Bedingung, daß sie als ein ganzes, in besonderen Regalen aufgestellt und mit meinem Namen bezeichnet werde, den auch jedes einzelne Buch in Form eines Exlibris oder eines einfachen Stampiglien Aufdruckes „Bibl. J. Minor" auf der Rückseite des Titelblattes enthalten muß. Auf die Dubletten hat die Universitätsbibliothek keinen Anspruch und, diese gehören meiner Tochter Margarete, die Gelegenheit haben muß, sich in den Katalogen der Bibliothek zu überzeugen, daß das Buch wirklich dort steht fehlt. Den wertvollen Druck des Ossian mit Goethes Zeichnungen aus dem Besitz von Lotte Schiller (:blau) vermache ich dem Museum des Wiener Goethevereines. Sollte die Universitätsbibliothek die Widmung ablehnen, so ist meine Tochter Rita die alleinige Erbin der Bibliothek.

Der kaiserlichen Akademie der Wissenschaften in Wien widme ich einen Betrag von 10000 Kronen zu einem bestimmten auf einem besonderen Blatt bemerkten Zweck.

Zum Vollstrecker <...> dieses Testamentes ernenne ich meinen Schulkameraden, den Notar Dr. Genser Wien I, Weihburggasse 11, der im übrigen den Erbinnen vollkommen freie Hand lassen kann, da ich weiß, daß sie meinen Willen in Ehren halten werden.

So habe ich bei klarem Bewußtsein und im Wohlbesitze meiner Geisteskräfte am heutigen Tage verfügt.

                Der Rest ist Schweigen.
                Baden, Pension Rauhenstein
                1. Juli 1912.
                Hofrat Prof. Dr. Jacob Minor

Der kaiserlichen Akademie der Wissenschaften hat in Wien habe ich vermacht den Betrag von Kronen 10000 in Renten.

Die fälligen Coupons sollen von fünf zu fünf Jahren gesammelt und aus ihrem Ertrag zu einem Preis auf für die beste literaturgeschichtliche Arbeit gebildet werden, die in diesem Zeitraum erschienen ist. Diese Arbeit muß in deutscher Sprache geschrieben sein und die deutsche Literatur entweder ausschließlich oder in Zusammenhang mit der fremdländischen Literatur zum Gegenstand haben. Als Preisrichter haben, da die Akademie in diesem Fach nicht genügend besetzt ist, die Vertreter der neueren deutschen Literatur an den Universitäten Wien, Berlin, München, Leipzig, Prag und Graz zu fungieren, wenn sie das Ehrenamt annehmen; sollte einer oder der andere ablehnen, so hat die k. Akademie den Ersatzmann aus dem Kreis der Fachgenossen zu bestimmen, damit die Zahl der Preisrichter voll wird.

Es kommen nur Arbeiten in Betracht, die ganz oder teilweise die neuere deutsche Literatur zum Gegenstande haben und sich kleinlicher Parallelen- und Motivenjagd fernhalten. Es steht den Preisrichtern auch frei, zu Anfang des Quinquenniums zusammenzutreten und eine bestimmte Preisaufgabe zu stellen, die einem Bedürfnis der Wissenschaft entgegenkommt; doch ist dazu Zweidrittel Majorität nötig.

561

~~Dagegen~~ Ebenso ist es ihnen unbenommen, über das Quinquennium zurückzupreisen und die ältere Arbeit eines noch lebenden Gelehrten zu prämiieren; doch ist dazu Einstimmigkeit nötig.
Liegt eine Biographie Schillers vor, die mein Werk fortsetzt oder auf eigener Grundlage als eine wissenschaftliche Arbeit höheren Stils betrachtet werden darf, so hat sie selbstverständlich nur bei gleichem Werte vor allen anderen Themen den Vortritt.
Bewerbungen um den Preis finden nicht statt; die Werke müßen gedruckt vorliegen und im Buchhandl bekannt sein. – Der Preis muß alle fünf Jahre verteilt werden, die Nichtverteilung ist unstatthaft. Jedoch muß zwischen dem Quinquennium und der Erteilung des Preises ein volles Jahr liegen, damit eine gewissenhafte Prüfung der erschienenen Arbeiten möglich werde; der Preis für 1905–1909 kann also erst am 1. Jänner 1911 erteilt werden.
Obwohl es mit diesem Preis auf solche Arbeiten abgesehen ist, die bar tiefgehender Forschung und kritischer Untersuchung nicht auch als darstellende Werke Anerkennung verdienen, ist doch festzuhalten, daß der Schwerpunkt auf der wissenschaftlichen Seite liegt und daß in Ermangelung eines darstellenden Werkes von ausgesprochen wissenschaftlichem Charakter ausnahmsweise auch ein nützliches und unentbehrliches Handbuch den Preis erhalten kann. Unter diesen steht Gödeke's Grundriß obenan und so lang Dr. Alfred Rosenbaum am Grundriß oder an dessen Fortsetzungen tätig ist, kommt er zunächst in Betracht, wenn ein vollgültiges darstellendes Werk nicht vorhanden ist.
Baden, Juli 1912　　　　　　　　　　　　　　　　　　　　　　　　　　Jacob Minor
Hofrat Prof. Dr. Jacob Minor

Über die Papiere und Handschriften, die in meinem Besitz sind, hat meine Tochter Margarete das Vollziehungsrecht.
Alle Autographen (im Autographenalbum und Schreibtisch links letzte Lade graue Schachtel) und Briefe sind ihr Eigenthum. Ich bemerke, daß es fast ausnahmslos Briefe sind, die an mich gerichtet sind, die also keinen materiellen Wert repräsentieren und keiner Erbsteuer unterliegen.
Die Zettelkästen in meinem Schreibtisch erste Lade links und rechts, und die in den grauen Cartons, sowie das gelbe Buch mit alphabetischen Aufzeichnungen in der letzten Lade links möge meine Tochter, wenn sie selbst sie nicht zu benützen vorhat, Herrn Dr. Alfred Rosenbaum, Prag [,] Benutagasse 7, zur Benützung für den Grundriß leihen.
Meine Kollegienhefte, die größte Arbeit meines Lebens, in den grünen Schachteln im Studierzimmer, rechts unten, könnte meine Tochter Rita, vielleicht mit Unterstützung von Seiten eines Freundes oder Schülers (: Payer, Hock, Castle etc) der natürlich honoriert werden müßte, zur Erfüllung des Vertrages meiner Literaturgeschichte mit Cotta benützen. Sie müßte dann auf Grund der Kollegienhefte, vielleicht mit Her~~zu~~beiziehung von Nachschriften (Stenogrammen) der Zuhörer aus den letzten Jahren und der Scripten (die ich besitze) meinen und an Cotta einschicken, damit er eine Vorstellung hat, wie das Ganze etwa aussieht. Das volle Honorar wird er freilich kaum zahlen.
Papiere und Sammlungen, für welche meine Tochter keine Verwendung oder keinen Platz hat[,] möge sie dem Literaturarchiv des Wiener Literarischen Vereines (: Obmann – Glossy) zuwenden.
Baden 1. Juli 1912　　　　　　　　　　　　　　　　　　　　　　　　　Jacob Minor

Vernünftige Erwägung steht in diesen Dingen über dem Buchstaben dieses Testamentes: Meine Absicht ist nur, daß die ungeheure Arbeit, die in diesen Papieren steckt, nicht umsonst gewesen sei, sondern irgend jemandem noch nützen kann, daß daher die

Papiere auch vertrauenswürdigen zur Benützung liberal überlassen werden, aber zuletzt doch an einen sicheren Ort deponiert werden.
Baden, 2. Juli 1912
Jacob Minor

Mit dem Vorschlag des Herrn Notars Dr. Genser zum zum ~~Gens~~ Testamentsvollstrecker den sich dieser sehr selbst ~~mir nur sehr bedingt~~ als a und sehr unbestimmt als „Schenkungspfleger" (??) angenommen hat bis einer mündlichen ~~Unter~~ Unterredung, soll meinen Erbinnen nicht die Freiheit der Wahl genommen werden ~~den Erbinnen~~ jedoch müssen ihn im Falle des <...> für die heutige Unterredung 100 Kronen gezahlt werden.
Jacob Minor 1912
Wien 6 / October ~~1912~~

Den Schwestern Seculina und Bonavita vom Heiligen Herzen Jesu, die mich während meiner Krankheit gepflegt hat, bestimme ich den den einmahligen Betrag von 100 ist hundert Kronen zur Ausschmückung der ~~Kirche~~ in der katholischen Kirche im Franz-Josef Josef Spital in Wien
Jacob Minor
Wien 6/X 12

[Umschlag mit Aufschrift]
Mein letzter Wille sogleich nach meinem Tode zu öffnen, entweder von meiner Tochter oder von einer Gerichtsperson oder meinem Notar[.][1]

<u>Eine Sammlung meiner sämtlichen zerstreuten</u>, d.h. nicht in Buchform erschienenen <u>Schriften</u> ist in folgender Weise zu veranstalten:
Zunächst ist das Verzeichnis aller meiner Schriften aus dem grünen Buch, das in meinem Schreibtisch (unterste Lade links) liegt, in einer gelehrten Zeitschrift zu veröffentlichen und in Separatabdruck mit besonderem Titel unter den Fachgenossen zu verbreiten.
Die Schriften selbst sind nahezu vollständig in dem Kasten, auf dem auch die Schillerbüste wie „Autographen" stehen, gesammelt (in der untersten Lade, die Nummern entsprechen dem grünen Buch), so daß das kostspielige Abschreiben fast ganz vermieden wird.
Aus ihnen soll das Gleichartige dem Stoff nach („Theater", „Essays", zu Goethe, zu Schiller etc) aber auch das Gleichartige der Form nach (populäres – gelehrte Schriften, Kritiken – Rezensionen etc) zusammengestellt und auf die einzelnen Bände so verteilt werden, daß auf die verschiedenen Klassen von Käufern Rücksicht genommen wird.
Die Schauspielerporträts und Burgtheaterkritiken (:Titel: Aus dem alten und neuen Burgtheater von Laube bis Berger) werden leicht einen Verleger finden, der Honorar zahlt.
Die populären Aufsätze und Reden sind Reklame für seine Bibliothek, mit oder ohne Honorar gewiß willkommen, und finden da die weiteste Verbreitung.
Auch die gelehrten Aufsätze werden vielleicht einen Verleger unschwer finden. Die Sammlung meiner Rezensionen, auf die ich Gewicht lege, wird freilich nur durch Aufzahlung an den Mann zu bringen sein.

---

[1] Anton Ritter Genser von Fichtenthal, k. k. Notar, Wien 1, Weihburggasse 11, als Erbenmachthaber beim k. k. Bezirksgericht Margarethen. – Minor ist laut Todesfallsaufnahme des k. k. Bezirksgerichts Wieden in seiner Wohnung in Wien 4, Johann Straußgasse 36 gestorben.

Man kann nun entweder so vorgehen, daß man für gewiße Gruppen einen Verleger sucht, der zahlt oder wenigstens keine Aufzahlung verlangt. Oder daß man mit einem Verleger paktiert, der alles nimmt gegen Aufzahlung, die dann natürlich geringer wäre, weil er bei einigen Bänden gewinnt. Auch in diesem Falle müßte natürlich das Kleinere von dem Größeren, das Reife von dem Unreifen unterschieden werden.

Die Schriften liegen derzeit nach den Nummern geordnet im Kasten. Vielleicht komme ?? ich noch dazu sie selber zu ordnen, wie sie etwa in Bände gebracht werden könnten. Das ist dann leicht daran zu erkennen, daß die Nummerierung steckt. In diesem Falle ist meine Ordnung beizubehalten, und nur die größeren Werke vor Werke von den Kleineren zu bringen.

31/XII 10 Jacob Minor

Zu erwägen, ob das ganze Corpus bei einem Verleger und in der gleichen Ausstattung erscheinen solle oder nicht! Denn auch das Gegenteil hat Vorzüge. Die populären Aufsätze gewinnen in kleinerem Format, elegantere Austattung u.s.w.

Vielleicht erklären sich unter meinen Freunden und Schülern einige bereit, einzelne Teile oder Rubriken zu übernehmen und kostenlos zu redigieren.

Festzuhalten wäre: ein Herausgeber oder ein Verleger, der das Zustandekommen des ganzen Unternehmens sichert, hat den Vorzug vor einem anderen, der nur einen Teil übernimmt

Baden. 2. Juli 1912 Jacob Minor

Vorlesungen, Seminare und Übungen Minors

WIEN

WS 1880/81   Co: Goethe in Weimar 1775–1786[1]

SS 1881   Co: Geschichte der deutschen Literatur im letzten Viertel des vorigen
              Jahrhunderts (Goethe und Schiller 1794–1805)
              3st, Mo, Do, Sa 11-12, HS 16

WS 1881/82   Co: Die ältere Romantik
              2st, Mo, Do 11-12, HS 16
              Co: Deutsche Stilübungen
              1st, Sa 11-12, HS 16

SS 1882   Co: Die Blüthezeit er deutschen Romantik
              3st, Mo, Do, Sa 11-12, HS 8[2]

MAILAND

SS 1882   Goethe 1786–1805[3]

WIEN

WS 1882/83   Co: Schiller's Leben und Werke
              2st (Zeit und Ort wird später bestimmt)[4]

PRAG

WS 1882/83   Co: Schiller's Leben und Werke [?][5]

---

[1] Vgl. Minor-Brief 84. – Im gedruckten Vorlesungesverzeichnis nicht enthalten.

[2] Die Vorlesung entfällt. – Vgl. *Öffentliche Vorlesungen an der k. k. Universität zu Wien* und UA Wien, Phil. 27 April 882, Z. 537 und Z 133. v 29/4/82 Univ.-Quästur.

[3] Vgl. WStLB, 132/69, Z.P. Nr. 402, Minor-Brief 103 und *Curriculum vitae* Minors im Anhang.

[4] Die Vorlesung entfällt. – Vgl. *Öffentliche Vorlesungen an der k. k. Universität zu Wien* und UA Wien, Phil. 37 aus 1882/83.

[5] Minor hat im bereits laufenden Wintersemester 1882/83 vermutlich das noch in Wien angekündigte Kolleg gelesen; für eine Aufnahme ins gedruckte Vorlesungsverzeichnis dieses Semesters erfolgt seine Übersiedlung zu spät. Die in den Vorlesungsverzeichnissen der folgenden Semester ihm zugeordneten Lehrveranstaltungen entsprechen,

SS 83	Co: Geschichte der deutschen Literatur in der Zeit der gemeinsamen Wirksamkeit Schiller's und Goethe's (1794-1805). 2st, Mo, Mi, Sa 8-9. Uebungen auf dem Gebiete der neueren deutschen Literatur. 1 St. n. Ü.
WS 83/84	Co: Die Deutsche Romantik. 2st n. Ü. Deutsche Stilübungen. 1st n. Ü.
SS 84	Co: Grundriss der deutschen Literaturgeschichte im 17. und 18. Jahrhunderte. (Von Opitz bis Schiller). 5st, Mo, Mi, Fr, Sa 9-10, Do 11-12. Deutsche Stilübungen. 2 St. n. Ü.
WS 84/85	Co: Geschichte der deutschen Literatur von 1750 bis 1794. 5st n. Ü. Uebungen auf dem Gebiete der neueren deutschen Literatur. 2st n. Ü.
SS 85	Co: Geschichte der deutschen Literatur im 16. Jahrhunderte. 5st, Mo, Di, Mi, Do, Fr 9-10. Uebungen auf dem Gebiete der neueren Litteratur. Sa 10-12.
WS 85/86	Co: Geschichte der deutschen Dichtung seit 1750. 2st Di, Do 10-11. Se: Metrik. 3st, Mo, Mi, Fr 10-11.[1]

WIEN

WS 1885/86	Co: Geschichte der deutschen Literatur von 1750 ab 5st, Mo, Di, Do, Fr, Sa 12-13 Uhr, HS 34 Se: Übungen, 2st, Mi 11-13; im Seminarlokal[2]
SS 1886	Co: Geschichte der deutschen Literatur in der Sturm- und Drangperiode 5st, Mo, Di, Do, Fr, Sa 12-13 Uhr, HS 34

---

bis auf die Übungen zur Poetik und Rhetorik, seiner vorgelegten Ankündigung. – Vgl. *Ordnung der Vorlesungen an der k. k. deutschen Karl-Ferdinands-Universität zu Prag.*

[1] Die für das Wintersemester 1885/86 angekündigten Lehrveranstaltungen Minors entfallen, da er ab 1. Oktober an die Universität Wien berufen ist. – *Ordnung der Vorlesungen an der k. k. deutschen Karl-Ferdinands-Universität zu Prag*; Winter-Semester 1882/83 bis einschließlich Winter-Semester 1885/86.

[2] UA Wien, Phil 108 - 1885/86. – Collegium und Seminarstunden konnten nicht mehr ins Vorlesungsverzeichnis für das WS 1885/86 aufgenommen werden.

(gegen das Honorar eines vierstündigen Collegiums)[1]
Se: J. Elias Schlegel's Dramen und dramaturgische Schriften
2st, Mi 11-13; im Seminar für deutsche Philologie

WS 1886/87   Co: Geschichte der deutschen Literatur in der Zeit der gemeinsamen
Wirksamkeit Goethe's und Schiller's
4st, Mo, Di, Do, Fr 12-13, HS 34
Co: Schiller's Jugendwerke
1st, Sa 12-13, HS 34
Se: Übungen auf dem Gebiete der Literatur des Sturms und Dranges,
2st, Mi 11-13, im Seminarlocale (unentgeltlich)

SS 1887   Co: Geschichte der deutschen Literatur im XVI. Jahrhundert
4st, Mo, Di, Do, Fr 12-13, HS 34
Co: Ausgewählte Capitel aus der neueren deutschen Sagengeschichte
1st, Sa 12-13, HS 34 (Publicum)
Se: Übungen auf dem Gebiete der Literatur der classischen Periode
2st, Mi 11-13 im Seminarlocale

WS 1887/88   Co: Geschichte der deutschen Literatur von Opitz bis Klopstock
5st, Mo, Di, Do, Fr, Sa 12-13, HS 34
Se: 1. Interpretationsübungen, 2. Übungen auf dem Gebiete der Literatur
des XVI. Jahrhunderts
2st, Mi 11-13, im Seminarlocale (unentgeltlich)

SS 1888   Co: Die ältere Romantik
4st, Mo, Di, Do, Fr 12-13, HS 34
Co: Die jüngere Romantik
1st, Sa 12-13, HS 34
Se: Übungen auf dem Gebiete der Literatur des XVII. Jahrhunderts
2st, Mi 11-13 im Seminarlocale für deutsche Philologie

WS 1888/89   Co: Geschichte der deutschen Dichtung im 18. Jahrhundert,
erste Abtheilung: Die Leipziger Dichter, Klopstock und Wieland
3st, Mo, Do, Sa 12-13, HS 34
Co: Geschichte der deutschen Dichtung im 18. Jahrhundert,
zweite Abtheilung: Die Berliner Dichter und Lessing
2st, Di, Fr 12-13, HS 34
Se: Übungen auf dem Gebiete der Romantik
2st, Mi 11-13, im Locale des deutschen Seminars

SS 1889   Co: Sturm und Drang in der Literatur des XVIII Jahrhunderts
2st Mo, Do 12-13, HS 34

---

[1] Minor teilt am 18. Jänner 1886 seinen Wunsch mit, „an Stelle eines vierstündigen Hauptcollegiums und eines einstündigen Publicums wegen der kurzen Dauer des Semesters ein fünfstündiges Collegium gegen das Honorar eines vierstündigen Collegiums zu lesen." Die ministerielle Genehmigung wird mit Zahl 1139 am 22. Jänner 1886 erteilt.

	Co: Der junge Goethe
	2st, Di, Fr 12-13, HS 34
	Co: Schillers Jugendwerke
	1st, Sa 12-13, HS 34 (unentgeltlich)
	Se: Interpretation von Klopstocks Oden
	2st, Mi 11-13, im Locale des deutschen Seminars
WS 1889/90	Co: Grundriss der neueren deutschen Literaturgeschichte bis zu Goethes Tod (für Lehramtscandidaten)
	5st, Mo, Di, Do, Fr, Sa 12-13, HS 34
	Se: Übungen in literaturhistorischen Arbeiten und in der Interpretation: an Goethe's Egmont, 2st (nach Übereinkunft)
SS 1890	Co: Geschichte der deutschen Literatur im XVI. Jahrhundert
	4st, Di, Mi, Do, Fr 12-13, HS 34
	Co: Ausgewählte Capitel aus der neueren deutschen Sagengeschichte
	1st, Sa 12-13, HS 34 (Publicum)
	Se: Deutsche Stilübungen
	2st, Mi 11-13, im Locale des deutschen Seminars
WS 1890/91	Co: Geschichte der deutschen Dichtung in der classischen Periode
	4st, Mo, Di, Do, Fr 12-13, HS 34
	Co: Grillparzer's Leben und Werke
	1st, Sa 12-13, HS 34
	Se: Übungen auf dem Gebiete der Literatur des 18. Jahrhundert
	2st, Mi 11-13, im Locale des deutschen Seminars
SS 1891	Co: Geschichte der deutschen Literatur von Opitz bis Klopstock
	4st, Mo, Di, Do, Fr 12-13, HS 41
	Co: Grillparzers Dichtungen (Schluss)
	1st, Sa 12-13, HS 41 (Publicum)
	Se: Uebungen
	2st, Mi 11-13, im Seminarlocale
WS 1891/92	Co: Geschichte der deutschen Dichtung im XVIII. Jahrhundert; I. Abtheilung: Die sächsischen Dichter, Klopstock und Wieland
	3st, Mo, Do, Sa 12-13, HS 38
	Co: Geschichte der deutschen Dichtung im XVIII. Jahrhundert; II. Abtheilung: Die preussischen Dichter und Lessing
	2st, Di, Fr 12-13, HS 38
	Se: Übungen an Grillparzers Dichtungen
	2st, Mi 11-13, im Seminar-Locale
SS 1892	Co: Neuhochdeutsche Verskunst
	3st, Mo, Do, Fr 12-13, HS 41
	Co: Die ältere romantische Schule
	2st, Di, Sa 12-13, HS 41
	Se: Übungen an Volksliedern (Hruschka und Toisher, Deutsche Volkslieder aus Böhmen, Prag 1888-1891)
	2st, Mi 11-13, im Seminar für deutsche Philologie

WS 1892/93	Co: Grundriss der deutschen Literaturgeschichte, erste Abtheilung: von Luther bis Schiller (1805), für Lehramtscandidaten 5st, Mo, Di, Do, Fr, Sa 12-13, HS 38 Se: Metrische Übungen 2st, Mi 11-13, im Seminar für deutsche Philologie
SS 1893	Co: Grundriss der deutschen Literaturgeschichte, II. Abtheilung: Von Schillers Tod bis auf die Gegenwart 5st, Mo, Di, Do, Fr, Sa 12-13, HS 43 Se: Metrische Untersuchungen (Strophen) 2st, Mi 11-13, im Seminar für deutsche Philologie
WS 1893/94	Co: Die Sturm- und Drangliteratur (nebst den Anfängen Goethes und Schillers) 4st, Mo, Di, Do, Fr 12-13, HS 38 Co: Ausgewählte Capitel aus der Literaturgeschichte des 19. Jahrhunderts 1st, Sa 12-13, HS 38 Se: Übungen auf dem Gebiete der Literatur des 19. Jahrhunderts 2st, Mi 11-13, im Seminar für deutsche Philologie
SS 1894	Co: Goethe und Schiller von 1775-1805 4st, Mo, Di, Do, Fr, 12-13, HS 41 Co: Ausgewählte Capitel aus der Literaturgeschichte des 19. Jahrhunderts 1st, Sa 12-13, HS 41 Se: Lenaus Leben und Dichtungen 2st, Mi 11-13, im Seminar für deutsche Philologie
WS 1894/95	Co: Geschichte der deutschen Dichtung im 16. Jahrhundert, mit besonderer Rücksicht auf Hans Sachs 3st, Di, Do, Fr 12-13, HS 38 Co: Goethes „Faust" (I. historische Einleitung über die Faustsage und Faustdichtungen), 1st, Mo 12-1, HS 38 Co: Ausgewählte Capitel aus der Literaturgeschichte des 19. Jahrhunderts (Das junge Deutschland) 1st, Sa 12-13, HS 38 Se: Übungen an Goethes Werken (Weimarische Ausgabe) und Vorträge über Lenaus Leben und Dichtungen 2st, Mi 11-13, im Seminarlocale (unentgeltlich)
SS 1895	Co: Geschichte der deutschen Dichtung von Opitz bis Klopstock 4st, Mo, Di, Do, Fr 12-13, HS 41 Co: Ausgewählte Capitel aus der Literaturgeschichte des XIX. Jahrhunderts 1st, Sa 12-13, HS 41 (unentgeltlich) Se: Übungen, 2st, Mi 11-13; im Seminarlocale.
WS 1895/96	Co: Geschichte der deutschen Literatur von 1700 bis 1770

	(seit Klopstock, Wieland, Lessing) 4st, Mo, Di, Do, Fr 12-13, HS 39 Co: Goethes Faust I. (Historisch-kritische Einführung und Interpretation) 1st, Sa 12-13, HS 39 Se: Lectüre und Interpretation des ältesten Faustbuchs (Text in Braunes Neudrucken), 2st, Mi 11-13, im deutschen Seminarlocale
SS 1896	Co: Neuhochdeutsche Metrik 4st, Mo, Di, Do, Fr 12-13, HS 38 Co: Interpretation von Goethes „Faust" (der Tragödie I. Theil) 1st, Sa 12-13, HS 38 Se: Literaturhistorische Übungen 2st, Mi 11-13, im deutschen Seminarlocale
WS 1896/97	Co: Grundriss der Geschichte der neueren deutschen Literatur, I. Abtheilung: von 1500-1805 5st, Mo, Di, Do, Fr, Sa 12-13, HS 39 Se: Metrische Übungen, 2st, Mi 11-13, im Seminarlocale.
SS 1897	Co: Grundriss der Geschichte der neueren deutschen Literatur, II. Abtheilung: von 1805-1870 5st, Mo, Di, Do, Fr, Sa 12-13, HS 38 Se: Übungen, 2st, Mi 11-13, Seminarlocal
WS 1897/98	Co: Geschichte der deutschen Literatur in der romantischen Periode 4st, Mo, Di, Do, Fr 12-13, HS 38 Co: Ausgewählte Capitel aus der Literaturgeschichte des XIX. Jahrhunderts 1st, Sa 12-13, HS 38 Se: Übungen, 2st, Mi 11-13, Seminarlocal
SS 1898	Co: Geschichte der deutschen Literatur um die Zeit der Julirevolution (1830) 4st, Mo, Di, Do, Fr, 12-13, HS 38 Co: Heines Leben und Werke 1st, Sa 12-13, HS 38 Se: Übungen, 2st, Mi 11-13, Seminarlocal
WS 1898/99	Co: Geschichte der deutschen Literatur in der Zeit des Sturmes und Dranges 4st, Mo, Di, Do, Fr 12-13, HS 38 Co: Grillparzers Leben und Werke 1st, Sa 12-13, HS 38 Se: Übungen auf dem Gebiete der neueren Literatur 2st, Mi 11-13, Seminarlocal.
SS 1899	Co: Geschichte der deutschen Literatur in der Zeit der classischen Periode (Goethe und Schiller) 4st, Mo, Di, Do, Fr, 12-13, HS 38

Co: Grillparzers Werke (Fortsetzung)
1st, Sa 12-13, HS 38
Se: Übungen, 2st, Mi 11-13, Seminarlocal.

WS 1899/00   Co: Geschichte der deutschen Literatur von Gottsched bis Lessing
4st, Mo, Di, Do, Fr, 12-13, HS 38
Co: Entstehungsgeschichte von Goethes Faust, I. Theil
1st, Sa 12-13, HS 38
Se: Übungen auf dem Gebiete der neueren Literatur
2st, Mi 11-13, Seminarlocal

SS 1900   Co: Geschichte der deutschen Literatur im 16. Jahrhundert
4st, Mo, Di, Do Fr 12-13, HS 38
Co: Goethes „Faust", I. Theil (Fortsetzung)
1st, Sa 12-13, HS 38 (unentgeltlich)
Se: Übungen, 2st, Mi 11-13, Seminarlocal

WS 1900/01   Co: Geschichte der deutschen Literatur von Opitz bis Gottsched
3st, Di, Do, Fr 12-13, HS 38
Co: Geschichte des deutschen Dramas im 16. und 17. Jahrhundert
1st, Mo 12-13, HS 38
Co: Ausgewählte Capitel aus der deutschen Sagengeschichte
1st, Sa 12-13, HS 38
Se: Übungen auf dem Gebiete der neueren Literatur
2st, Mi 11-13, Seminarlocal

SS 1901   Co: Praktischer Unterricht in der neuhochdeutschen Metrik
3st, Di, Do, Fr 12-13, HS 38
Co: Humanismus und Neulateiner in Deutschland
(auch für classische Philologen)
1st, Sa 12-13, HS 38
Co: Das Drama des 17. Jahrhunderts (Schluß)
1st, Mo 12-13, HS 38 (unentgeltlich)
Se: Übungen auf dem Gebiete der neueren Literatur
2st, Mi 11-13, HS 38

WS 1901/02   Co: Die Romantik in Deutschland
4st, Mo, Di, Do, Fr 12-13, HS 38
Co: Das deutsche Drama von Kotzebue bis H. von Kleist
1st, Sa 12-13, HS 38
Se: Übungen auf dem Gebiete der neueren Literatur
2st, Mi 11-13, HS 38

SS 1902   Co: Geschichte der deutschen Literatur im 19. Jahrhundert
4st, Mo, Di, Do, Fr 12-13, HS 38
Co: Heines Leben und Werkle
1st, Sa 12-13, HS 38
Se: Übungen auf dem Gebiete der neueren Literatur
2st, Mi 11-13, HS 38

WS 1902/03   Co: Von Gottsched bis Lessing
              4st, Mo, Di, Do, Fr 12-13, HS 38
              Co: Ausgewählte Kapitel aus der Literaturgeschichte des 19. Jahrhunderts
              1st, Sa 12-13, HS 38 (unentgeltlich)
              Se: Übungen auf dem Gebiete der neueren Literatur
              2st, Mi 11-13, HS 38

SS 1903   Co: Sturm und Drang
              3st, Di, Do, Fr 12-13, HS 41
              Co: Der junge Goethe
              2st, Mo, Sa, 12-13, HS 41
              Se: Übungen auf dem Gebiete der neueren Literatur
              2st, Mi 11-13, HS 41

WS 1903/04   Co: Goethe 1775-1805
              4st, Di, Do, Fr, Sa 12-13, HS 41
              Co: Die Lesarten zum I. Teil von Goethes Faust
              1st, Mo 12-13, HS 41
              Se: Übungen auf dem Gebiete der neueren Literatur
              2st, Mi 11-13, HS 41

SS 1904   Co: Geschichte der deutschen Literatur im 16. Jahrhundert
              5st, Mo, Di, Do, Fr, Sa 12-13, HS 41
              Se: Übungen auf dem Gebiete der neueren Literatur
              2st, Mi 11-13, HS 41

WS 1905/05   Co: Schiller
              5st, Mo, Di, Do, Fr, Sa 12-13, HS 41
              Se: Übungen auf dem Gebiete der neueren Literatur
              2st, Mi 11-13, HS 41

SS 1905   Co: Neuhochdeutsche Metrik
              3st, Di, Do, Fr 12-13, HS 41
              Co: Grillparzer
              2st, Mo, Sa 12-13, HS 41
              Se: Übungen auf dem Gebiete der neueren Literatur
              2st, Mi 11-13, HS 41

WS 1905/06   Co: Geschichte der deutschen Literatur im 17. Jahrhundert
              5st, Mo, Di, Do, Fr, Sa 12-1, HS 41
              Se: Übungen auf dem Gebiete der neueren Literatur (nur für ord. Hörer),
              2st, Mi 11-13, (Aufnahme beschränkt; Anmeldung beim Vortragenden
              bis 15. Oktober), HS 41

SS 1906   Co: Geschichte der deutschen Literatur in der Sturm- und Drangperiode
              5st, Mo, Di, Do, Fr, Sa 12-13, kl. Festsaal
              Se: Übungen auf dem Gebiete der neueren Literatur (nur für ord. Hörer),
              2st, Mi 11-13, (Aufnahme beschränkt; Anmeldung beim Vortragenden),
              kl. Festsaal

WS 1906/07	Co: Geschichte der deutschen Literatur im 18. Jahrhundert (von Gottsched bis Lessing) 5st, Mo, Di, Do, Fr, Sa 12-13, kl. Festsaal Se: Übungen auf dem Gebiete der neueren Literatur (nur für ord. Hörer), 2st, Mi 11-13, kl. Festsaal
SS 1907	Co: Geschichte des deutschen Dramas im 16. und 17. Jahrhundert 5st, Mo, Di, Do, Fr, Sa 12-13, kl. Festsaal Se: Übungen auf dem Gebiete der neueren Literatur (nur für ord. Hörer), 2st, Mi 11-13, kl. Festsaal
WS 1907/08	Co: Die deutsche Romantik 5st, Mo, Di, Do, Fr, Sa 12-1, kl. Festsaal Se: Übungen auf dem Gebiete der neueren Literatur (nur für ord. Hörer), 2st, Mi 11-13, kl. Festsaal
SS 1908	Co: Die jüngere Romantik 5st, Mo, Di, Do, Fr, Sa 12-13, kl. Festsaal Se: Übungen auf dem Gebiete der neueren Literatur (nur für ord. Hörer), 2st, Mi 11-13, HS 41
WS 08/09	Co: Die Geschichte der deutschen Literatur im 19. Jahrhundert 5st, Mo, Di, Do, Fr, Sa 12-13, kl Festsaal Se: Übungen auf dem Gebiete der neueren Literatur (nur für ord. Hörer), 2st, Mi 11-13, HS 38
SS 09	Co: Die Geschichte der deutschen Literatur im XIX. Jahrhundert 5 st, Mo, Di, Do Fr, Sa 12-13, kl Festsaal (1 Stunde gratis) Se: Übungen auf dem Gebiete der neueren Literatur (nur für ord. Hörer), 2st, Mi 11-13, HS 41
WS 09/10	Co: Geschichte der deutschen Literatur in der klassischen Periode 5st, Mo, Di, Do, Fr, Sa 12-13, kl Festsaal Se: Übungen auf dem Gebiete der neueren Literatur (nur für ord. Hörer), 2st, Mi 11-13, HS 38 (Anmeld. bei Prof. Dr. Seemüller)
SS 1910	Co: Geschichte der deutschen Literatur in der klassischen Periode (Fortsetzung) 5st, Mo, Di, Do, Fr, Sa 12-13, kl Festsaal (1 Stunde gratis) Se: Übungen auf dem Gebiete der neueren Literatur (nur für ord. Hörer), 2st, Mi 11-13, HS 38 (Anmeld. bei Prof. Dr. Seemüller)
WS 1910/11	Minor Jakob, o. ö. Prof. Dr., wird nicht lesen
SS 1911	Minor Jakob, o. ö. Prof. Dr., wird nicht lesen Se: Repetitorium der neueren deutschen Literaturgeschichte 2st, Mi, 11-13, kl. Festsaal. Gratis
WS 1911/12	Co: Die Geschichte der deutschen Literatur im 17. Jahrhundert

5st, Mo, Di, Do, Fr, Sa 12-13, kl Festsaal
Se: Übungen an Novalis' Werken, 2st, Mi 11-13; kl Festsaal

SS 1912 Co: [geplant:] Das deutsche Drama von den englischen Komödianten bis auf Gottsched, 5st [abgesagt]
Se: [geplant:] Übungen an Novalis' Werken [abgesagt]

Literaturverzeichnis
Primärliteratur (chronologisch gereiht)
Selbständige Arbeiten und Ausgaben

Minor: Künstlerträume; 1876.
Jacques Minor: Künstlerträume. Eine Novelle. Handschriftliches Manuskript. Archiv der Universität Wien; 152.1, 13.

Minor: Italien-Reise; 1875/76.
J.[akob] Minor: Humanistisches aus Italien. Handschriftliches Tagebuch der Reise nach Italien; 1875/76. Im Besitz der Familie Zoebl, Wien.

Minor: Sizilien; 1876.
J.[akob] Minor: Eine volkstümliche Vorstellung auf Sicilien. In: Illustrirtes Musik- und Theater-Journal. 1. Jg, Nr. 21 [1876]; Sp. 668–670.

Minor: Schiller-Entwurf; 1877.
J.[akob] Minor: Schiller's Entwurf zu „Elfride" und Klinger's Schauspiel. In: Literaturblatt. 1. Bd. [1877]; S. 176–177 und 196–198.

Minor: Schillers Kleiderluxus; 1877.
[Jakob Minor:] Schiller's Kleiderluxus. In: Neue Freie Presse. Nr. 4602; 19. Juni 1877.

Minor: Ludwigs Schiller-Kritik; 1878.
J.[akob] Minor: Otto Ludwig und seine Schiller-Kritik. In: Literaturblatt. 2. Bd. [1878]; S. 112–116.

Minor: Schiller über die Tragödie; 1878.
J.[akob] Minor: Schiller über die Tragödie. In: Literaturblatt. 2. Bd. [1878]; S. 257–261 und 302–304.

Minor: Idyll auf Capri; 1878.
[Jakob] M[ino]r: Idyll auf Capri. In: „Am Engen Kreise". Poetisches Album gesammelt und herausgegeben von Rudolph Winter. Als Manuskript gedruckt. Jahrgang 1878. Selbstverlag, Wien, 1878; S. 22–31.

Minor: Tomaschek-Nekrolog; 1878.
J.[akob] Minor: Carl Tomaschek †. In: Alma Mater. 3. Jg. [1878], Nr. 39; S. 279 f.

Minor-Junius: Berliner Brief 1; 1879.
Junius: Berliner Brief. In: Literaturblatt. 3. Bd. [1879]; S. 14 f.

Minor-Junius: Berliner Brief 2; 1879.
Junius: Berliner Brief. In: Literaturblatt. 3. Bd. [1879]; S. 41 f.

Minor: Gut Stötteritz; 1879.
J.[akob] Minor: Gut Stötteritz. Seine Besitzer und deren Beziehungen zur deutschen Literatur. In: Literaturblatt. 3. Bd. [1879]; S. 47–52. – Berichtigung dazu: S. 121.

Minor-Junius: Berliner Brief 3; 1879.
Junius: Berliner Brief. In: Literaturblatt. 3. Bd. [1879]; S. 55 f.

Minor-Junius: Berliner Brief 4; 1879.
Junius: Berliner Brief. In: Literaturblatt. 3. Bd. [1879]; S. 102 f.

Minor-Junius: Berliner Brief 5; 1879.
Junius: Berliner Brief. In: Literaturblatt. 3. Bd. [1879]; S. 168 f.

Minor-Junius: Berliner Brief 6; 1879.
Junius: Berliner Brief. In: Literaturblatt. 3. Bd. [1879]; S. 233.

Minor: Zur Stella; 1879.
Jacob Minor: Zur Stella. In: Wilhelm Scherer: Aus Goethes Frühzeit. Bruchstücke eines Commentars zum jungen Goethe. Mit Beiträgen von Jacob Minor, Max Posner, Erich Schmidt. Quellen und Forschungen zur Sprach- und Culturgeschichte der germanischen Völker, 34. Trübner, Strassburg, 1879; S. 126–130.

Minor: Goethes Apotheose des Künstlers; 1880.
Jacob Minor: Goethe's Apotheose des Künstlers. In: Neue Freie Presse. Nr. 5793. 12. Oktober 1880.

Minor: Christian Felix Weiße; 1880.
J.[akob] Minor: Christian Felix Weiße und seine Beziehungen zur deutschen Literatur des achtzehnten Jahrhunderts. Wagner'sche Universitäts-Buchhandlung, Innsbruck, 1880.

Minor: Briefe Weißes; 1880.
Jakob Minor: Briefe aus Christian Felix Weisses Nachlass. In: Archiv für Litteraturgeschichte. 9. Bd. [1880]; S. 453–507.

Minor: Goethe-Philologie; 1880.
J.[akob] Minor und August Sauer: Studien zur Goethe-Philologie. Carl Konegen, Wien, 1880.

Minor: Hamann; 1881.
Jacob Minor: Johann Georg Hamann in seiner Bedeutung für die Sturm- und Drangperiode. Rütten & Loening, Frankfurt am Main, 1881.

Minor: Jerusalem; 1881.
Jacob Minor: Jerusalem, Karl Wilhelm. In: Allgemeine Deutsche Biographie. Bd. 13. Duncker & Humblot, Leipzig, 1881; S. 783–785.

Minor: Jünger; 1881.
Jacob Minor: Jünger, Johann Friedrich. In: Allgemeine Deutsche Biographie. Bd. 14. Duncker & Humblot, Leipzig, 1881; S. 707–709.

Minor: Ulrich von Winterstetten; 1882.
[Jakob] Minor: Die Leiche und Lieder des Schenken Ulrich von Winterstetten. Carl Konegen, Wien, 1882.

Minor: Schlegel-Jugendschriften; 1882.
Jakob Minor: Friedrich Schlegel. 1794–1802. Seine prosaischen Jugendschriften. Herausgegeben von J. Minor. 2 Bde. Konegen, Wien, 1882; 2. Auflage mit neuem Begleitwort, Konegen (Stülpnagel), Wien, 1906.

Minor: Charlotte von Kalb; 1882.
[Jakob] Minor: Kalb, Charlotte v. In: Allgemeine Deutsche Biographie. Bd. 15. Duncker & Humblot, Leipzig, 1882; S. 11–14.

Minor: Kaestner; 1882.
J.[akob] Minor [und M. Cantor]: Kaestner, Abraham Gotthelf. In: Allgemeine Deutsche Biographie. Bd. 15. Duncker & Humblot, Leipzig, 1882; S. 439–451.

Minor: Kaufmann; 1882.
Jakob Minor: Kaufmann, Christoph K. In: Allgemeine Deutsche Biographie. Bd. 15. Duncker & Humblot, Leipzig, 1882; S. 469–473.

Minor: Charlotte Kaestner; 1882.
J.[akob] Minor: Kestner, Charlotte geb Buff. In: Allgemeine Deutsche Biographie. Bd. 15. Duncker & Humblot, Leipzig, 1882; S. 662f.

Minor: Knebel; 1882.
Jakob Minor: Knebel, Karl Ludwig von. In: Allgemeine Deutsche Biographie. Bd. 16. Duncker & Humblot, Leipzig, 1882; S. 275–278.

Minor: Hollin; 1883.
J.[akob] Minor: Hollins Liebeleben von Achim v. Arnim. Neu herausgegeben und mit einer Einleitung versehen. Akademische Verlagsbuchhandlung J. C. B. Mohr (Paul Siebeck), Freiburg und Tübingen, 1883.

Minor: Beiträge III.; 1883.
Jakob Minor, August Sauer, Richard Maria Werner [Hgg.]: Beiträge zur Geschichte der deutschen Literatur und des geistigen Lebens in Österreich. III. Wolfgang Schmeltzl. Zur Geschichte der deutschen Literatur im XVI. Jahrhundert. Von Franz Spengler. Carl Konegen, Wien, 1883.

Minor: Lessings Jugendfreunde; 1883.
Jacob Minor [Hg.]: Lessings Jugendfreunde. Chr. Felix Weiße, Joh. Friedr. v. Cronegk, Joach. Wilh. v. Brawe, Friedrich Nicolai. Deutsche National-Litteratur. Historisch kritische Ausgabe. Hg. von Joseph Kürschner. Bd. 72. Spemann, Berlin und Stuttgart [1883].

Minor: Schicksalstragödie; 1883.
Jacob Minor: Die Schicksals-Tragödie in ihren Hauptvertretern. Rütten & Loening, Frankfurt am Main, 1883.

Minor: Gustav Wasa; 1883.
Jakob Minor [Hg.]: Gustav Wasa von Clemens Brentano (Deutsche Literaturdenkmale des 18. und 19. Jahrhunderts in Neudrucken herausgegeben von Bernhard Seuffert; Nr. 15). Nendeln/Liechtenstein, Kraus Reprint, 1968 (Reprint der Ausgabe Henninger, Heilbronn, 1883).

Minor: Schlegel-Vorlesungen; 1884.
Jakob Minor: A. W. Schlegels Vorlesungen über schöne Literatur und Kunst. 1. Teil (1801–1802): Die Kunstlehre; 2. Teil (1802–1803): Geschichte der klassischen Litteratur; 3. Teil (1803–1804): Geschichte der romantischen Litteratur; nebst Personenregister zu den drei Teilen. (Deutsche Literaturdenkmale des 18. und 19. Jahrhunderts Nr. 17–19). Henninger, Heilbronn, 1884.

Minor: Fabeldichter; 1884.
J.[akob] Minor [Hg.]: Fabeldichter, Satiriker und Popularphilosophen des 18. Jahrhunderts (Lichtwer, Pfeffel, Kästner, Göckingk, Mendelssohn und Zimmermann). Deutsche National-Litteratur. Historisch kritische Ausgabe. Hg. von Joseph Kürschner. Bd. 73. Spemann, Berlin und Stuttgart [1884].

Minor: Schicksalsdrama; 1884.
Jakob Minor [Hg.]: Das Schicksalsdrama [Zacharias Werner, Adolf Müllner, Ch. E. Freiherr von Houwald]. Deutsche National-Litteratur. Historisch kritische Ausgabe. Hg. von Joseph Kürschner. Bd. 151. Spemann, Berlin und Stuttgart [1884].

Minor u. a.: Beiträge, 1884.
Jakob Minor, August Sauer, Richard Maria Werner [Hgg.]: Beiträge zur Geschichte der deutschen Literatur und des geistigen Lebens in Österreich. IV. Die englischen Comoedianten zur Zeit Shakespeares in Oesterreich. Von Johannes Meissner. Carl Konegen, Wien, 1884.

Minor: Tiecks Werke; 1885.
[Jakob] Minor [Hg.]: Tiecks Werke [zwei Teile]. Deutsche National-Litteratur. Historisch kritische Ausgabe. Hg. von Joseph Kürschner. Bd. 144. Spemann, Berlin und Stuttgart [1885].

Minor: Tieck und Wackenroder; 1886.
Jak.[ob] Minor [Hg.]: Tieck und Wackenroder. Deutsche National-Litteratur. Historisch kritische Ausgabe. Hg. von Joseph Kürschner. Bd. 145. Union Deutsche Verlagsgesellschaft, Stuttgart [1886].

Minor: Deutsche Literatur in Wien und NÖ; 1886.
Jakob Minor: Die deutsche Literatur in Wien und Niederösterreich. In: Die Österreichisch-ungarische Monarchie in Wort und Bild. Auf Anregung und unter Mitwirkung Seiner kaiserlichen und königlichen Hoheit des durchlauchtigsten Kronprinzen Erzherzog Rudolf. Wien und Niederösterreich. 1. Abtheilung: Wien. K. k. Hof- und Staatsdruckerei, Wien, 1886; S. 139–168.

Minor: Goethes Jugend; 1886.
J.[akob] Minor: Goethes Jugendentwicklung nach neuen Quellen. Teil 1 und 2. In: Zeitschrift für allgemeine Geschichte. 3. Bd., 1886; S. 603–627 und 653–673.

Minor: Quellenkunde österreichische Literaturgeschichte; 1886.
J.[akob] Minor: Zur Bibliographie und Quellenkunde der österreichischen Literaturgeschichte. In: Zeitschrift für österreichische Gymnasien. 37/1886; S. 561–584.

Minor: Scherer-Nachruf; 1886.
Jakob Minor: Wilhelm Scherer. In: Deutsche Dichtung. 1. Bd., 5. Heft, 1. Dezember 1886; S. 123 f.

Minor u. a.: Wiener Beiträge; 1887.
J.[akob] Minor, R.[ichard] Heinzel, J.[akob Markus] Schipper [Hgg.]: Wiener Beiträge zur deutschen und englischen Philologie. [II.] Die ältesten Passionsspiele in Tirol. Von J.[osef] E.[duard] Wackernell. Braumüller, Wien, 1887.

Minor: Grillparzer's Nachlaß; 1887.
J.[akob] Minor: Grillparzer's Nachlaß [Zuschrift an die Redaktion]. Neue Freie Presse. Nr. 8129. 15. April 1887.

Minor: Wilhelm Meister; 1888.
Jacob Minor: Die Anfänge des Wilhelm Meister. In: Goethe-Jahrbuch. Bd. 9, 1888; S. 163–187.

Minor-Löw: Das neue Burgtheater; 1888.
J. Löw [= Jakob Minor]: Das neue Burgtheater. Carl Konegen, Wien, 1888.

Minor: Schiller als Journalist; 1889.
Jakob Minor: Der junge Schiller als Journalist. Ein Beitrag zur Geschichte des deutschen Zeitungswesens. In: Vierteljahrsschrift für Litteraturgeschichte. Unter Mitwirkung von Erich Schmidt und Bernhard Suphan herausgegeben von Bernhard Seuffert. 2. Bd., 1889; S. 346–394.

Minor: Speculum vitae humanae; 1889.
Jakob Minor: Speculum vitae humanae. Ein Drama von Erzherzog Ferdinand II. von Tirol. 1584. Nebst einer Einleitung in das Drama des XVI. Jahrhunderts herausgegeben. In: Neudrucke deutscher Litteraturwerke des XVI. und XVII. Jahrhunderts. Nr. 79 und 80. Niemeyer, Halle an der Saale, 1889.

Minor: Klassiker und Romantiker; 1889.
Jakob Minor: Classiker und Romantiker. In: Goethe-Jahrbuch. Bd. 10, 1889; S. 212–232.

Minor: Egmont; 1889.
Jakob Minor [Hg.]: Egmont. In: Goethes Werke (Sophien-Ausgabe); Bd. 8. Böhlau, Weimar, 1889; S. 171–305 und 340–364.

Minor: Schiller-Monographie; 1890.
[Jakob] Minor: Schiller. Sein Leben und seine Werke. 2 Bde. Weidmannsche Buchhandlung, Berlin, 1890.

Minor: Schiller-Archiv; 1890.
Jakob Minor: Aus dem Schiller-Archiv. Ungedrucktes und Unbekanntes zu Schillers Leben und Schriften. Hermann Böhlau, Weimar, 1890.

Minor: Rede auf Grillparzer; 1891.
Jakob Minor: Rede auf Grillparzer. Gehalten am 15. Januar 1891 im Festsaale der Universität. Selbstverlag der k. k. Universität, Wien, 1891.

Minor: Sprachgrobheiten; 1892.
[Jakob] Minor: Allerhand Sprachgrobheiten. Eine höfliche Entgegnung. Cotta, Stuttgart, 1892.

Minor: Erzählkunst; 1892.
Jakob Minor: Etwas über die erzählende Kunst bei Gelegenheit des „Wilhelm Meister". In: Dem hochwürdigen Herrn P. Hugo Mareta, Capitular des Schottenstiftes, k. k. Schulrath und Professor am k. k. Schotten-Gymnasium zum vierzigjährigen Dienst-Jubiläum von alten Schülern. Jasper, Wien, 1892; S. 8–11.

Minor: Metrik; 1893.
[Jakob] Minor: Neuhochdeutsche Metrik. Ein Handbuch. Trübner, Strassburg, 1893. [siehe auch: 1902].

Minor: Verskunst; 1893.
J.[akob] Minor: Über die allgemeinen Grundlagen der neuhochdeutschen Verskunst. In: Zeitschrift für die österreichischen Gymnasien. 44, 1893; S. 1–30 [entspricht: Minor: Metrik; 1893, S. 1–42].

Minor: Grillparzer-Lustspiele; 1893.
Jakob Minor: Grillparzer als Lustspieldichter und „Weh' dem, der lügt". In: Jahrbuch der Grillparzer-Gesellschaft. 3. Jg., 1893; S. 41–60.

Minor: Centralanstalten; 1894.
Jakob Minor: Centralanstalten für die literaturgeschichtlichen Hilfsarbeiten. In: Euphorion 1 [1894]; S. 17–26.

Minor: Goethe und Schiller; 1894.
Minor, Jakob: Zum Jubiläum des Bundes zwischen Goethe und Schiller. Geschichte ihrer Beziehungen bis 1794. In: Preußische Jahrbücher. Bd. 77, Juli–September 1894; S. 1–60.

Minor: Tomaschek-Biographie; 1894.
Minor, J.[akob]: Tomaschek, Karl. In: Allgemeine Deutsche Biographie. Bd. 38. Duncker & Humblot, Leipzig, 1894; S. 433–437.

Minor: Frauenstudium; 1895.
Jakob Minor: Historisches zur Frage des Frauenstudiums. In: Die Zeit; Bd. 5/6, Nr. 58, S. 87f.

Minor: Wahrheit und Lüge; 1896.
Jacob Minor: Wahrheit und Lüge auf dem Theater und in der Literatur. Ein Vortrag. In: Euphorion 3 [1896]; S. 265–335.

Minor: Sonnenthal; 1896.
Jacob Minor: Adolf Sonnenthal. 1832–1909. (Biographisches Jahrbuch und Deutscher Nekrolog, 14. Bd. [1909], S. 153–155; ebenso: Biographische Blätter, 2. Bd., S. 441–462; ebenso: Österreichische Rundschau, 19. Bd., S. 158f. [1896]). In: Stefan Hock [Hg.]: Aus dem alten und neuen Burgtheater von Jacob Minor. Amalthea, Zürich/Leipzig/Wien [1920]; S. 48–80.

Minor: Mitterwurzer; 1896.
Jacob Minor: Friedrich Mitterwurzer. (Rez. von Eugen Guglia: Friedrich Mitterwurzer. Biographische Blätter, 2. Bd. [1896]; S. 118–128). In: Stefan Hock [Hg.]: Aus dem alten und neuen Burgtheater von Jacob Minor. Amalthea, Zürich/Leipzig/Wien [1920]; S. 162–180.

Minor: Weiße; 1896.
[Jakob] Minor: Weiße, Christian Felix. In: Allgemeine Deutsche Biographie. Bd. 41. Duncker & Humblot, Leipzig, 1896; S. 587–590.

Minor: Hans Sachs I.; 1896.
Jakob Minor: Stichreim und Dreireim bei Hans Sachs. I. In: Euphorion, 3. Jg., 1896; S. 692–705.

Minor: Erklärung vs. Herrmann; 1896.
Jakob Minor: Erklärung. Unehrliche Fehde. In: Oesterreichisches Litteraturblatt. 5. Jg., 1896, Nr. 11; S. 350.

Minor: Entgegnung vs. Herrmann; 1896.
Jakob Minor: Entgegnung. In: Oesterreichisches Litteraturblatt. 5. Jg., 1896, Nr. 13; Sp. 414.

Minor: Unehrliche Fehde I; 1896.
[Jakob] Minor: Unehrliche Fehde. In: Deutsche Litteraturzeitung. 17. Jg., 1896; Nr. 24, Sp. 765f.

Minor: Unehrliche Fehde II; 1896.
[Jakob] Minor: Unehrliche Fehde. In: Deutsche Litteraturzeitung. 17. Jg., 1896; Nr. 52, Sp. 1659f.

Minor: Der ewige Jude; 1897.
Jakob Minor [Hg.]: Der ewige Jude. In: Goethes Werke (Sophien-Ausgabe); Bd. 38. Böhlau, Weimar, 1897; S. 53–64 und 450–456.

Minor: Gabillon; 1897.
Jacob Minor: Ludwig Gabillon (Biographisches Jahrbuch und Deutscher Nekrolog, 1. Bd. [1897]; S. 432–440). In: Stefan Hock [Hg.]: Aus dem alten und neuen Burgtheater von Jacob Minor. Amalthea, Zürich/Leipzig/Wien [1920]; S. 101–116.

Minor: Rossi; 1897.
Jacob Minor: Ernesto Rossi (Deutsche Rundschau, 23. Bd. [1897]; S. 72–75). In: Stefan Hock [Hg.]: Aus dem alten und neuen Burgtheater von Jacob Minor. Amalthea, Zürich/Leipzig/Wien [1920]; S. 216–239.

Minor: Hans Sachs II–V; 1897.
Jakob Minor: Stichreim und Dreireim bei Hans Sachs. II–V. In: Euphorion, 4. Jg., 1897; S. 210–251.

Minor: Bauernfeld und Grillparzer; 1898.
J.[akob] Minor: Zu Bauernfeld und zu Grillparzer. [In: Ein Wiener Stammbuch, hg. von Karl Glossy. Wien, 1898]; S. 267–271.

Minor: Saar-Studie; 1898.
Minor [Jakob]: Ferdinand von Saar. Eine Studie. Fromme, Leipzig/Wien, 1898.

Minor: Lesebuch; 1898.
Jakob Minor [u. a.]: Deutsches Lesebuch für allgemeine Volksschulen (Ausgabe für Wien). Kaiserlicher Schulbücher-Verlag, Wien, 1898.

Minor: Ahnfrau; 1898.
Jakob Minor: Die Ahnfrau und die Schicksalstragödie. In: Forschungen zur neueren Literaturgeschichte. Festgabe für Richard Heinzel. Emil Felber, Weimar, 1898; S. 387–434.

Minor: Lewinsky; 1898.
Jacob Minor: Josef Lewinsky (Neuer Theater-Almanach, 10. Bd. [1898]; S. 61–74). In: Stefan Hock [Hg.]: Aus dem alten und neuen Burgtheater von Jacob Minor. Amalthea, Zürich/Leipzig/Wien [1920]; S. 81–100.

Minor: Wagner; 1898.
Jacob Minor: Josef Wagner (50 Jahre Hoftheater, hg. von Rudolf Lothar, Wien, 1898. 2. Bd., S. 69–74). In: Stefan Hock [Hg.]: Aus dem alten und neuen Burgtheater von Jacob Minor. Amalthea, Zürich/ Leipzig/Wien [1920]; S. 1–18.

Minor: Wolter; 1898.
Jacob Minor: Charlotte Wolter (Jahrbuch der Grillparzer-Gesellschaft, 8. Bd., S. 184–211 [1898]). In: Stefan Hock [Hg.]: Aus dem alten und neuen Burgtheater von Jacob Minor. Amalthea, Zürich/Leipzig/ Wien [1920]; S. 19–47.[1]

Minor: Hartmann; 1898.
Jacob Minor: Helene Hartmann (Österreichische Rundschau, 29. Bd. [1898]; S. 168–171). In: Stefan Hock [Hg.]: Aus dem alten und neuen Burgtheater von Jacob Minor. Amalthea, Zürich/Leipzig/Wien [1920]; S. 131–144.

Minor: Ibsen und die Schauspielkunst; 1898.
Jacob Minor: Ibsen und die moderne Schauspielkunst (Die Zeit, Wiener Wochenschrift, 1898, Nr. 181, S. 184–186). In: Stefan Hock [Hg.]: Aus dem alten und neuen Burgtheater von Jacob Minor. Amalthea, Zürich/Leipzig/Wien [1920]; S. 181–192.

Minor: Schicksalstragödie; 1899.
J.[akob] Minor: Zur Geschichte der deutschen Schicksalstragödie und zu Grillparzers „Ahnfrau". In: Jahrbuch der Grillparzer-Gesellschaft. 9. Jg., 1899; S. 1–85.

Minor: Referat Ebner-Eschenbach; 1900.
J.[akob] Minor: Referat als Promotor des Ehrendoktorats von Marie von Ebner-Eschenbach. In: Marie von Ebner-Eschenbach. Biographische Blätter von Anton Bettelheim. Gebrüder Paetel, Berlin, 1900; S. 245–247.

Minor: Bachmayr; 1900.
Jakob Minor: J. N. Bachmayr, Documente zur Literatur des Nachmärzes. In: Jahrbuch der Grillparzer-Gesellschaft. Bd. 10, 1900; S. 129–190.

---

[1] Das Exemplar der Theatersammlung der NB Wien (Sig. 622.920-B.Th.) – ein nicht gekennzeichneter Sonderdruck aus dem Jahrbuch der Grillparzer-Gesellschaft – enthält die handschriftliche Widmung: „Herrn Hugo Thimig zur frdl. Erinnerung. J. M. 23. XI. 98."

Minor: Goethes Faust; 1901, Bd. [n].
Minor [Jakob]: Goethes Faust. Entstehungsgeschichte und Erklärung. 1. Bd. Der Urfaust und das Fragment. 2. Bd. Der Erste Teil. Cotta, Stuttgart, 1901.

Minor: Metrik – 2. Aufl.; 1902.
[Jakob] Minor: Neuhochdeutsche Metrik. Ein Handbuch. Zweite, umgearbeitete Auflage. Trübner, Strassburg, 1902.

Minor: Ur-Ahnfrau; 1903.
Minor, J]akob]: Die „Ur-Ahnfrau". Neue Freie Presse. Nr. 13929; 7. Juni 1903.

Minor: Leben Grillparzers; 1903.
J.[akob] Minor: Franz Grillparzer (15. Januar 1791 – 21. Januar 1872). Skizze seines Lebens und seiner Persönlichkeit. In: J.[akob] Minor [Hg]: Franz Grillparzers Werke. Deutsche Verlags-Anstalt, Stuttgart/Leipzig [1903; 2. Aufl. 1907]; S. XI–XXIII.

Minor: „Tambi"-Einleitung; 1903.
J.[akob] Minor: Einleitung zu Saars Tambi. Wiesbadener Volksbücher Nr. 41. Verlag des Volksbildungsvereins zu Wiesbaden, 1903 [2. Aufl. 1905]; S. 3 f.

Minor: Laune und Geschwister; 1903.
J.[akob] Minor: Goethe. Die Laune des Verliebten. Ein Schäferspiel in Versen und einem Akte. – Die Geschwister. Ein Schauspiel in einem Akte (Die Meisterwerke der deutschen Bühne, hg. von Prof. Dr. Georg Witkowski, Nr. 27). Hesse, Leipzig, 1903.

Minor: Neuere Literaturgeschichte; 1904.
J.[akob] Minor: Die Aufgaben und Methoden der neueren Literaturgeschichte. Vortrag, gehalten auf dem Congress of arts and science in St. Louis am 28. September 1904. Neue Freie Presse. Nr. 14455; 20. November 1904.

Minor: Fragmente vom Ewigen Juden; 1904.
[Jakob] Minor: Goethes Fragmente vom ewigen Juden und vom wiederkehrenden Heiland. Ein Beitrag zur Geschichte der religiösen Fragen in der Zeit Goethes. Cotta, Stuttgart, 1904.

Minor: Wallenstein; 1905.
Jakob Minor [Hg.]: Wallenstein. Mit Einleitung und Anmerkungen. In: Schillers sämtliche Werke. Säkular-Ausgabe. 5. Bd. Cotta'sche Nachfolger, Stuttgart/Berlin [1905]; S. V–XLIV und 374–424.

Minor: Burgtheater; 1905.
[Jakob] Minor: Burgtheater. Der Schiller-Zyklus und der neue Regisseur. In: Österreichische Rundschau, Bd. IV, Heft 46 [1905]; S. 306–312.

Minor: Heinzel-Nekrolog; 1905.
Jakob Minor: Richard Heinzel. In: Almanach der kaiserlichen Akademie der Wissenschaften. 45. Jg., 1905. Hölder, Wien, 1905; S. 313–316.

Minor: An Bord; 1905.
J.[akob] Minor: An Bord. In: Neue Freie Presse. Nr. 14742, 7. September 1905.

Minor: Amerikanische Eindrücke; 1905.
J.[akob] Minor: Amerikanische Eindrücke. In: Neue Freie Presse. Nr. 14770, 5. Oktober 1905, und Nr. 14772, 6. Oktober 1905.

Minor: Schlegel-Jugendschriften, 2. Aufl.; 1906.
Minor, Jakob: Friedrich Schlegel. 1794–1802. Seine prosaischen Jugendschriften. Herausgegeben von J. Minor. 2 Bde. Zweite Auflage [mit Begleitwort]. Carl Konegen, Wien [1906].

Minor: Gleichberechtigung; 1906.
J.[akob] Minor: [Antwort auf die Rundfrage] „Wie denken Sie über die Gleichberechtigung der Frau?" In: Fremden-Blatt, 15. April 1906.

Minor: Goethes Mahomet; 1907.
[Jakob] Minor: Goethes Mahomet. Ein Vortrag. Eugen Diederichs, Jena, 1907.

Minor: Novalis Schriften; 1907.
Jakob Minor [Hg.]: Novalis Schriften. 4 Bde. Eugen Diederichs, Jena, 1907.

Minor: Saars sämtliche Werke; 1908.
Jakob Minor [Hg.]: Ferdinand von Saars sämtliche Werke in zwölf Bänden. Im Auftrage des Wiener Zweigvereins der Deutschen Schillerstiftung mit einer Biographie des Dichters von Anton Bettelheim herausgegeben von Jakob Minor. Max Hesses Verlag, Leipzig [1908].

Minor: Krastel; 1908.
Jacob Minor: Fritz Krastel (Biographisches Jahrbuch und Deutscher Nekrolog, 13. Bd. [1908]; S. 97–101). In: Stefan Hock [Hg.]: Aus dem alten und neuen Burgtheater von Jacob Minor. Amalthea, Zürich/Leipzig/Wien [1920]; S. 153–161.

Minor: Luftfahrten; 1909.
Jacob Minor: Die Luftfahrten in der deutschen Literatur. Ein bibliographischer Versuch. In: Zeitschrift für Bücherfreunde 1909–1910, I. [1909]; S. 64–73.

Minor: Goethe-Ausstellung; 1909.
[Jakob Minor]: Katalog einer Goethe-Ausstellung. Veranstaltet gelegentlich der Jahres-Vollversammlung des Wiener Goethe-Vereins am 5. März 1909, von 7 Uhr abends an im Festsaale des Ingenieure- und Architekten-Vereins durch die Firma C. G. Boerner in Leipzig. Eingeleitet von Hofrat Professor J. Minor, Obmann des Wiener Goethe-Vereins. Privatdruck für die Mitglieder des Vereins. Verlag des Wiener Goethe-Vereins, Wien, 1909.

Minor: Wilhelmine Mitterwurzer; 1909.
Jacob Minor: Wilhelmine Mitterwurzer (Biographisches Jahrbuch und Deutscher Nekrolog, 14. Bd. [1909–1912]; S. 150–153). In: Stefan Hock [Hg.]: Aus dem alten und neuen Burgtheater von Jacob Minor. Amalthea, Zürich/Leipzig/Wien [1920]; S. 193–197.

Minor: Römpler; 1909.
Jacob Minor: Alexander Römpler (Biographisches Jahrbuch und Deutscher Nekrolog, 14. Bd. [1909]; S. 148–150. – Österreichische Rundschau, 22. Bd., S. 80f.). In: Stefan Hock [Hg.]: Aus dem alten und neuen Burgtheater von Jacob Minor. Amalthea, Zürich/Leipzig/Wien [1920]; S. 198–202.

Minor: Kainz; 1910.
Jacob Minor: Josef Kainz (Österreichische Rundschau, 25. Bd. [1910]; S. 72–75). In: Stefan Hock [Hg.]: Aus dem alten und neuen Burgtheater von Jacob Minor. Amalthea, Zürich/Leipzig/Wien [1920]; S. 203–215.

Minor: Erich Schmidt; 1910.
J.[akob] Minor: Erich Schmidt. In: Das literarische Echo. Halbmonatsschrift für Literaturfreunde. 15. Jg., 1, 1. 10. 1910; Sp. 40–46.

Minor: Novalis-Studien; 1911.
J[akob] Minor: Studien zu Novalis. I. Zur Textkritik der Gedichte. Sitzungsberichte der Kais. Akademie der Wissenschaften in Wien. Philosophisch-Historische Klasse. 169. Band, Jahrgang 1911, 1. Abhandlung. Alfred Hölder, Wien, 1914; S. 1–71.

Minor: Hartmann; 1911.
Jacob Minor: Ernst Hartmann (Österreichische Rundschau, 29. Bd. [1911]; S. 168–171). In: Stefan Hock [Hg.]: Aus dem alten und neuen Burgtheater von Jacob Minor. Amalthea, Zürich/Leipzig/Wien [1920]; S. 145–152.

Minor: Schauspielkunst; 1911.
Jacob Minor: Zur Geschichte der Schauspielkunst (Der Merker, Wien, 1911. 2. Bd., S. 302–305, 351–354, 398–400). In: Stefan Hock [Hg.]: Aus dem alten und neuen Burgtheater von Jacob Minor. Amalthea, Zürich/Leipzig/Wien [1920]; S. 240–255.

Minor: Lehrkanzeln älteres Fach; 1911.
Die Lehrkanzeln für ältere deutsche Sprache und Literatur an den Hochschulen in Österreich. In: Neue Freue Presse, Nr. 16923, 2. Oktober 1911.

Minor: Der gefundene Schatz; 1912.
[Jakob] Minor: „Der gefundene Schatz" von Novalis. Versuch einer Erklärung. In: Germanisch-romanische Monatsschrift, 1912; S. 259–267.

Minor: Freimaurer in Sicht: 1912.
J.[akob] Minor: Freimaurer in Sicht. In: Deutsche Rundschau. 38. Jg., 1912, Heft 4 [Januar – Februar – März 1912]; S.43–54.

Minor: Baumeister; 1912.
Jacob Minor: Bernhard Baumeister (Österreichische Rundschau, 31. Bd. [1912], S. 209–217). In: Stefan Hock [Hg.]: Aus dem alten und neuen Burgtheater von Jacob Minor. Amalthea, Zürich/Leipzig/ Wien [1920]; S. 117–130.

Minor: Ariel's Offenbarungen; 1912.
Jacob Minor [Hg.]: Ludwig Achim von Arnim: Ariel's Offenbarungen. Gesellschaft der Bibliophilen, Weimar, 1912.

Minor: Amadis-Mitteilung; 1912.
Jakob Minor: [Mitteilung zum deutschen Amadis]. In: Anzeiger der kaiserlichen Akademie der Wissenschaften. Philosophisch-historische Klasse. XLIX. Jg. 1912. Nr. I–XXVII. Hölder, Wien, 1912; S. 35 f.

Rezensionen

Minor: Rezension Schiller-Briefe; 1878.
J.[akob] Minor: Briefe an Schiller. Herausgegeben von L. Urlichs, Stuttgart. Cotta'sche Verlagsbuchhandlung. 1877. [Rez.]. In: Literaturblatt. 2. Bd. [1878]; S. 54 f.

Minor: Über Schauspieler; 1878.
J.[akob] Minor: Ueber Schauspieler und Schauspielkunst. Von G. H. Lewes. Uebersetzt von Emil Lehmann. Leipzig, Franz Dunker. 1878. [Rez.]. In: Literaturblatt. 2. Bd. [1878]; S. 472 f.

Minor: Sauers Brawe; 1878.
J.[akob] Minor: Joachim Wilhelm von Brawe, der Schüler Lessings. [Von August Sauer; Rez.]. In: Literaturblatt. 2. Bd. [1878]; S. 555–559.

Minor: Sauers Brawe; 1878.
J.[akob] Minor: Joachim Wilhelm von Brawe, der Schüler Lessings. [Von August Sauer; Rez.]. In: Literaturblatt. 2. Bd. [1878]; S. 555–559.

Minor-Junius: Buch für die Nation ; 1879.
Junius: Ein Buch für die Nation. [Rez.]. In: Literaturblatt. 3. Bd. [1879]; S. 134–137.

Minor: Helferich Peter Sturz; 1879.
J.[akob] M.[inor]: Helferich Peter Sturz, nebst einer Abhandlung über die schleswigischen Literaturbriefe mit Benützung handschriftlicher Quellen von Dr. Max Koch. München, Christian Kaiser. 1879. [Rez.]. In: Literaturblatt. 3. Bd. [1879]; S. 153.

Minor: Brockes; 1879.
J.[akob Minor]: Barthold Heinrich Brockes. Nebst darauf bezüglichen Briefen von J. U. König an J. J. Bodmer. Ein Beitrag zur Geschichte der deutschen Literatur im achtzehnten Jahrhundert von Alois Brandl. Innsbruck, Verlag der Wagner'schen Universitäts-Buchhandlung. 1878. [Rez.]. In: Literaturblatt. 3. Bd. [1879]; S. 247.

Minor: Pompeji; 1879.
[Jakob] M.[inor]: Pompeji. Beschreibung der Stadt und Führer durch die Ausgrabungen von Dr. R. Schoener. Stuttgart, Verlag von W. Spemann. [Rez.]. In: Literaturblatt. 3. Bd. [1879]; S. 266.

Minor: Sauers Brawe; 1879.
Jakob Minor: Joachim Wilhelm von Brawe der schüler Lessings. von August Sauer. Quellen und Forschungen XXX. Strassburg, Trübner, 1878. [Rez.]. In: Anzeiger für deutsches Alterthum und deutsche Litteratur. 5. Bd. [1879]; S. 380–395.

Minor: Goethe-Literatur; 1880.
m–. [Jakob Minor]: Goethe-Literatur. [Rez. von W. v. Biedermann: Goetheforschungen. Frankfurt/Main, 1879; Goethe-Jahrbuch, hg. Von L. Geiger. Frankfurt/Main, 1880]. In: Neue Freie Presse, Nr. 5744. 24. 8. 1880.

Minor: Charlotte von Schiller; 1880.
Jacob Minor: Leben Charlottens von Schiller, geborene Lengefeld. von Karl Fulda. Berlin, Gebrüder Pacel, 1878. [Rez.]. In: Anzeiger für deutsches Alterthum und deutsche Litteratur. 6. Bd. [1880]; S. 181 f.

Minor: Charlotte von Kalb; 1880.
Jacob Minor: Charlotte (für die freunde der verewigten). gedenkblätter von Charlotte von Kalb. herausgegeben von Emil Palleske. mit dem porträt der verfasserin. Stuttgart, Karl Krabbe, 1879. [Rez.]. In: Anzeiger für deutsches Alterthum und deutsche Litteratur. 6. Bd. [1880]; S. 182–186.

Minor: Brockes; 1880.
J.[akob] Minor: Barthold Heinrich Brockes. nebst darauf bezüglichen Briefen von J U König an J J Bodmer. ein beitrag zur geschichte der deutschen litteratur im achtzehnten jahrhundert von Alois Brandl. Innsbruck, Wagner, 1878. [Rez.]. In: Anzeiger für deutsches Alterthum und deutsche Litteratur. 6. Bd. [1880]; S. 186–189.

Minor: Schillers Vater; 1880.
Jakob Minor: Schillers vater. ein lebensbild von Oskar Brosin. Leipzig, Schlicke, 1879. [Rez.]. In: Anzeiger für deutsches Alterthum und deutsche Litteratur. 6. Bd. [1880]; S. 255 f.

Minor: Elisabeth Dorothea Schiller; 1880.
Jakob Minor: Elisabeth Dorothea Schiller, geb. Kodweis, die mutter Schillers. Leipzig, Richter, o. j. (1879; separatabdruck aus Arndts Mütter berühmter männer). [Rez.]. In: Anzeiger für deutsches Alterthum und deutsche Litteratur. 6. Bd. [1880]; S. 256 f.

Minor: Briefe Humboldts; 1880.
Jakob Minor: Ansichten über ästhetik und literatur von Wilhelm von Humboldt. seine briefe an Christian Gottfried Körner (1793–1830). herausgegeben von F. Jonas. Berlin, Schleiermacher, 1880. [Rez.]. In: Anzeiger für deutsches Alterthum und deutsche Litteratur. 6. Bd. [1880]; S. 257 f.

Minor: Hauffs Schillerstudien; 1880.
Jakob Minor: Schillerstudien von Gustav Hauff. Stuttgart, Abenheim, 1880. [Rez.]. In: Anzeiger für deutsches Alterthum und deutsche Litteratur. 6. Bd. [1880]; S. 259–263 f.

Minor: Goethes Märchendichtungen; 1880.
Jakob Minor: Meyer v. Waldeck, Fr., Goethes Märchendichtungen. Heidelberg, Carl Winter's Universitätsbuchhandlung. 1879. [Rez.]. In: Literaturblatt für germanische und romanische Philologie. 1. Jg. [1880]; Sp. 407 f.

Minor: Schillerliteratur; 1880.
Jakob Minor: Beiträge zur Schillerliteratur. [Rez.]. In: Zeitschrift für deutsches Alterthum und deutsche Litteratur. Bd. 24 (NF Bd. 12) [1880]; S. 45–56.

Minor: Goethe-Jahrbuch; 1881.
Jacob Minor: Goethe-jahrbuch. herausgegeben von dr. Ludwig Geiger. erster Band. Frankfurt a/M., Literarische Anstalt (Rütten & Loening), 1880. [Rez.]. In: Anzeiger für deutsches Alterthum und deutsche Litteratur. 7. Bd. [1881]; S. 89–94.

Minor: Goethe-Studien; 1881.
J.[akob] Minor: W Fielitz, Goethestudien. abhandlung aus dem programm des Wittenberger gymnasiums ostern 1881. [Rez.]. In: Anzeiger für deutsches Alterthum und deutsche Litteratur. 7. Bd. [1881]; S. 470 f.

Minor: Dramen-Geschichte; 1881.
J.[akob] Minor: R Prölss, Geschichte des neueren dramas. erster band. erste hälfte. rückblick auf die entwicklung des mittelalterlichen dramas. das neuere drama der Spanier. Leipzig, Schicke (Balthasar Elischer), 1880. [Rez.]. In: Anzeiger für deutsches Alterthum und deutsche Litteratur. 7. Bd. [1881]; S. 471 f.

Minor: Schillerliteratur; 1882.
[Jakob] Minor: Schillerliteratur. [Drei Rez.]. In: Anzeiger für deutsches Alterthum und deutsche Litteratur. 8. Bd. [1882]; S. 336–346.

Minor: Lessings Stil; 1882.
[Jakob] Minor: Studien zu Lessings Stil in der Hamburgischen Dramaturgie von dr. Max v. Waldberg. [Rez.]. In: Anzeiger für deutsches Alterthum und deutsche Litteratur. 8. Bd. [1882]; S. 346–349.

Minor: Klassiker-Dramaturgie; 1882.
[Jakob] Minor: Dramaturgie der classiker von Heinrich Bulthaupt. [Rez.]. In: Anzeiger für deutsches Alterthum und deutsche Litteratur. 8. Bd. [1882]; S. 349–350.

Minor: Götz; 1883.
J.[akob] Minor: Götz von Berlichingen. in dreifacher Gestalt herausg. von Jakob Baechtold. Freiburg i. B., Mohr, 1882. [Rez.]. In: Deutsche Literaturzeitung. 4. Jg. [1883]; Sp. 409.

Minor: Diede-Briefe; 1883.
[Jakob] Minor: Briefe von Charlotte Diede, der Freundin Wilhelm von Humboldts, an Karl Schulz. Mit einer Einleitung von Gust. Lotholz. Leipzig, Brockhaus, 1883. [Rez.]. In: Deutsche Literaturzeitung. 4. Jg. [1883]; Sp. 629.

Minor: Schiller und Goethe; 1883.
[Jakob] Minor: Julius W. Braun, Schiller und Goethe im Urteile ihrer Zeitgenossen. Zeitungskritiken, Berichte und Notizen, Schiller und Goethe und deren Werke betreffend, aus den Jahren 1773–1812. Eine Ergänzung zu allen Ausgaben der Werke dieser Dichter. II. Abt. Goethe. 1. Bd. 1773–1786. Berlin, Luckhardt, 1883. [Rez.]. In: Deutsche Literaturzeitung. 4. Jg. [1883]; Sp. 776.

Minor: Goethes Iphigenie; 1883.
J.[akob] Minor: Goethes Iphigenie auf Tauris. In vierfacher Gestalt herausg. von Jakob Baechtold. Freiburg i. B., Mohr, 1883. [Rez.]. In: Deutsche Literaturzeitung. 4. Jg. [1883]; Sp. 924.

Minor: Goethe musikalisch; 1883.
J.[akob] Minor: Ferd. Hiller, Goethes musikalisches Leben. Köln, Du Mont-Schauberg, 1883. [Rez.]. In: Deutsche Literaturzeitung. 4. Jg. [1883]; Sp. 429 f.

Minor: Behrisch; 1883.
J.[akob] Minor: Wilhelm Hosäus, Ernst Wolfgang Behrisch. (1738–1809.) Ein Bild aus Goethes Freundeskreis. Dessau, Reißner, 1883. [Rez.]. In: Deutsche Literaturzeitung. 4. Jg. [1883]; Sp. 1225.

Minor: Mendelssohn; 1883.
[Jakob] Minor: M. Kayserling, Moses Mendelssohn. Ungedrucktes und Unbekanntes von ihm und über ihn. Leipzig, Brockhaus' Sortiment in Comm., 1883. [Rez.]. In: Deutsche Literaturzeitung. 4. Jg. [1883]; Sp. 1356.

Minor: Dramen-Geschichte; 1883.
[Jakob] Minor: Rob. Prölß, Geschichte der dramatischen Litteratur und Kunst in Deutschland von der Reformation bis auf die Gegenwart. 2 Bde. Leipzig, Schlicke, 1883. [Rez.]. In: Deutsche Literaturzeitung. 4. Jg. [1883]; Sp. 1542 f.

Minor: Schillers Metrik; 1883.
J.[akob] Minor: Eduard Belling, Die Metrik Schillers. Breslau, Koebner, 1883. [Rez.]. In: Deutsche Literaturzeitung. 4. Jg. [1883]; Sp. 1579 f.

Minor: Schuldrama; 1885.
[Jakob] Minor: Schuldrama und Theater. ein beitrag zur theatergeschichte von Emil Riedel. [Rez.]. In: Zeitschrift für deutsches Alterthum. 29. Bd. [1885]; S. 192 f.

Minor: Kleist-Literatur; 1885.
[Jakob] Minor: Kleist-Litteratur. 1. Heinrich von Kleists briefe an seine braut. zum ersten male vollständig nach den originalhandschriften herausgegeben von Karl Biedermann. 2. Heinrich von Kleist. von Otto Brahm. gekrönt mit dem ersten preise des vereins für deutsche litteratur. [Zwei Rez.]. In: Zeitschrift für deutsches Alterthum. 29. Bd. [1885]; S. 193–203.

Minor: Hölderlin-Dichtungen; 1885.
[Jakob] Minor: Dichtungen von Friedrich Hölderlin. mit biographischer einleitung herausgegeben von K[.] Köstlin. [Rez.]. In: Zeitschrift für deutsches Alterthum. 29. Bd. [1885]; S. 204–211.

Minor: Scherer-Poetik; 1889.
J.[akob] Minor: Poetik von Wilhelm Scherer. Berlin 1888. Weidmannsche Buchhandlung. [Rez.]. In: Zeitschrift für die österreichischen Gymnasien. 40. Jg. [1889]; S. 152–156.

Minor: Grillparzer; 1890.
Minor [Jakob]: Volkelt, Johannes, Franz Grillparzer als Dichter des Tragischen. Nördlingen, C. H. Beck. 1888. [Rez.]. In: Literaturblatt für germanische und romanische Philologie. 11. Jg. [1890]; Sp. 103 f.

Minor: Novalis-Ausgaben; 1901.
Minor, J[akob]: Novalis Schriften. von Ernst Heilborn. kritische neuausgabe auf grund des handschriftlichen nachlasses. – Novalis der romantiker. von Ernst Heilborn. [Zwei Rez.]. In: Zeitschrift für deutsches Alterthum und deutsche Litteratur. Bd. 45 [1901]; S. 82–122.

Minor: Sauer-Rezension; 1903.
[Jakob] m-[inor]: August Sauer: „Gesammelte Reden und Aufsätze zur Geschichte der Literatur in Österreich und Deutschland." [Rez.]. In: Neue Freie Presse, Nr. 13785, 11. 1. 1903.

Minor: Der neue Faust; 1907.
[Jakob] Minor: Der neue Faust. (Burgtheater, Mittwoch, den 15. Mai: Der Tragödie zweiter Teil in fünf Akten.). [Rez.]. In: Österreichische Rundschau, Bd. XI, Heft 5 [1907]; S. 369–374.

Minor: Jacóbiec; 1909.
[Jakob] Minor: Jacóbiec Jan, Friedrich Schlegels Entwicklungsgang vom Klassizismus zum Romantismus. [Rez.]. In: Euphorion 16,1 [1909]; S. 191.

Minor: Godwi; 1909.
[Jakob] Minor: Brentano Clemens, Godwi oder das steinerne Bild der Mutter, ein verwilderter Roman, herausgegeben und eingeleitet von Anselm Ruest. [Rez.]. In: Euphorion 16,1 [1909]; S. 191–192.

Minor: Gräfin Dolores; 1909.
[Jakob] Minor: Schultze Friedrich, Die Gräfin Dolores. Ein Beitrag zur Geschichte des deutschen Geisteslebens im Zeitalter der Romantik. [Rez.]. In: Euphorion 16, 1 [1909]; S. 192–195.

Minor: Der arme Heinrich; 1909.
[Jakob] Minor: Tardel Hermann, „Der arme Heinrich" in der neueren Dichtung. [Rez.]. In: Euphorion 16, 1 [1909]; S. 195–200.

Minor: Oehlenschläger; 1910.
[Jakob] Minor: Sergel Albert, Oehlenschläger in seinen persönlichen Beziehungen zu Goethe, Tieck und Hebbel, nebst einer Oehlenschläger-Bibliographie. [Rez.]. In: Euphorion 17, 2 [1910]; S. 448–449.

Minor: Geschichte der Romantik; 1910.
[Jakob] Minor: Zur Geschichte der deutschen Romantik. [Fünf Rez.]. In: Göttingische Gelehrte Anzeigen 1910, Nr. 2; S. 85–108.

Posthume Veröffentlichungen

Minor: Zukunft des Burgtheaters; 1912.
J.[akob] Minor: Die Zukunft des Burgtheaters. In: Neue Freie Presse, Nr. 17288, 9. Oktober 1912.

Minor: Schriftenverzeichnis; 1914.
Verzeichnis der Schriften Jakob Minors. Sonderabdruck aus dem Almanach der Kaiserlichen Akademie der Wissenschaften, 63. Jg. 1913; k. k. Hof- und Staatsdruckerei, Wien, 1914.

Minor: Burgtheater-Rezensionen; o. J.
J.[akob] Minor: Rezensionen zu Aufführungen des Burgtheaters und des Theaters an der Wien. Konvolut aus: Österreichische Rundschau, Band II, Heft 19, bis Band V, Heft 61.

Hock: Minors Schauspieler-Porträts; 1920.
Stefan Hock [Hg.]: Aus dem alten und neuen Burgtheater von Jacob Minor. Mit einem Begleitwort von Hugo Thimig. Amalthea, Zürich/Leipzig/Wien [1920].

Sekundärliteratur

Adel: Anfänge, 1969.
Kurt Adel: Die Anfänge der österreichischen Literaturgeschichtsschreibung. In: Österreich in Geschichte und Literatur. 1969, 13; S. 352–364.

Alexander: Teilung der Karl-Ferdinands-Universität; 1984.
Manfred Alexander: Die Teilung der Karl-Ferdinands-Universität 1882 und die Folgen. Eine Zusammenfassung. In: Die Teilung der Prager Universität 1882 und die intellektuelle Desintegration in den böhmischen Ländern. Vorträge der Tagung des Collegium Carolinum in Bad Wiessee vom 26. bis 28. November 1982. Oldenbourg, München, 1984; S. 203–208.

Ammann et al.: Literarisches Leben in Österreich; 2000.
Klaus Amann, Hubert Lengauer, Karl Wagner: Literarisches Leben in Österreich 1848-1890. Literaturgeschichte in Studien und Quellen, Bd. 1. Böhlau, Wien/Köln/Weimar, 2000.

Anonym: Grillparzer-Nachlass 1; 1887.
Anonym: [Grillparzer's Nachlaß]. Neue Freie Presse. Nr. 8127, 13. April 1887.

Anonym: Grillparzer-Nachlass 2; 1887.
Anonym: Grillparzer's Nachlaß. Neue Freie Presse. Nr. 8156, 12. Mai 1887.

Anonym: Gratulationsadresse, 1905.
Anonym [Gratulationsadresse an HR Minor zum 50. Geburtstag von seinen Freunden und Schülern. Ohne Verlags- und Ortsangabe, 1905].

Anonym: † Minor; NFP, 1912.
Anonym: † Jakob Minor. Neue Freie Presse. Nr. 17287, 8. Oktober 1912.

Anonym: Minor †; Wiener Zeitung, 1912.
Anonym: Hofrat Professor Dr. Minor †. Wiener Zeitung. Nr. 232. 9, Oktober 1912.

Anonym: Minor; NFP, 1912.
Anonym: Hofrat Professor Dr. Minor. Neue Freie Presse. Nr. 17289, 10. Oktober 1912.

Anonym: Minor-Testament; NFP, 1912.
Anonym: Das Testament des Hofrates Professor Minor. Neue Freie Presse. Nr. 17292, 13. Oktober 1912.

Anonym: Minor-Testament; Sitzungsberichte, 1913.
Anonym [Notiz zum Tod Minors; vorläufige Mitteilung Dr. Rita Minors zum Testament Minors]. In: Sitzungsberichte der philosophisch-historischen Klasse der kaiserlichen Akademie der Wissenschaften. S. XIII und XV. Alfred Hölder, Wien, 1913.

Anonym: Minor-Gedenken; RKW, 1955.
Anonym: Jakob Minor zum Gedenken. Rathaus-Korrespondenz; hg. vom Magistrat der Stadt Wien. Blatt 520, 13. April 1955.

Anonym: Minor-Gedenken; RKW, 1962.
Anonym: Jakob Minor zum Gedenken. Rathaus-Korrespondenz; hg. vom Magistrat der Stadt Wien. Blatt 2054, 5. Oktober 1962.

Anonym: Margarete Minor †; Wiener Zeitung, 1927.
Anonym: Todesfall [Margarete Minor †]. Wiener Zeitung. Nr. 111; 13. Mai 1927.

Antiquariats-Katalog: Bibliothek; [Nr.], [Jahr].
Antiquariats-Katalog: Bibliothek Jakob Minor, Wien. Abteilung 1 bis 5, Nr. 112 bis 116. Friedrich Meyer's Buchhandlung, Leipzig, 1913 und 1914.

Arnold: Modernes Drama; 1908.
Robert F. Arnold: Das Moderne Drama. Trübner, Straßburg, 1908

Arnold: Minor; 1913.
Arnold, Robert F.[ranz]: Jakob Minor. In: Euphorion, 1913, 20; S. 789–801; auch in: Ds.: Reden und Studien. Braumüller, Wien/Leipzig, 1932.

Arnold: Minor; NÖB; 1929.
Arnold, Robert F.[ranz]: Jakob Minor 1855–1912. Neue Österreichische Biographie 1815–1918. Erste Abteilung; Biographien; VI. Bd. Amalthea, Zürich/Leipzig/Wien, 1929; S. 70–81; auch in: Ds.: Reden und Schriften. Braumüller, Wien/Leipzig, 1932; S. 162–176.

Baedeker: Italien; 1874.
Karl Baedeker: Italien. Handbuch für Reisende. Zweiter Theil: Mittel-Italien und Rom. 4. Neu bearbeitete Auflage. Baedeker, Leipzig, 1874.

Baedeker: USA; 1904.
Karl Baedeker: The United States with an Excursion into Mexico. Handbook for Travellers. 3d revised Edition. Baedeker, Leipzig/London/New York, 1904.

Baesecke: Metrische Schriften; 1968.
Georg Baesecke: Kleine metrische Schriften nebst ausgewählten Stücken seines Briefwechsels mit Andreas Heusler herausgegeben und mit einem Nachwort versehen von Werner Schröder. Fink, München, 1968.

Bauer: University-Extension und Frauenstudium; 1908.
Adolf Bauer: Die Aufgabe des Gymnasiums, University-Extension und das Frauenstudium. Deuticke, Leipzig/Wien, 1908.

Bauer: Eduard Castle; 1981.
Matthias Bauer: Eduard Castle als akademischer Lehrer. Diss. masch., Wien, 1981.

Bauer: Literatur und Philosophie; 1982.
Roger Bauer: Literatur und Philosophie – Anton Günther und seine Freunde. In: Herbert Zeman [Hg.]: Die Österreichische Literatur. Ihr Profil im 19. Jahrhundert (1830–1880). Akademische Druck- und Verlagsanstalt, Graz, 1982; S. 189–194.

Bauer: Romantik; 1982.
Roger Bauer: Die „Neue Schule" der Romantik im Urteil der Wiener Kritik. In: Herbert Zeman [Hg.]: Die Österreichische Literatur. Ihr Profil im 19. Jahrhundert (1830–1880). Akademische Druck- und Verlagsanstalt, Graz, 1982; S. 221–229.

Baumgarten: Professoren im 19. Jahrhundert; 1997.
Marita Baumgarten: Professoren und Universitäten im 19. Jahrhundert. Zur Sozialgeschichte deutscher Geistes- und Naturwissenschaftler (Kritische Studien zur Geschichtswissenschaft, Bd. 121). Vandenhoeck & Ruprecht, Göttingen, 1997.

Becher: Moderner Lebensstil; 1990.
Ursula A. J. Becher: Geschichte des modernen Lebensstils. Essen, Wohnen, Freizeit, Reisen. C. H. Beck, München, 1990.

Bettelheim: Minor-Nekrolog; 1912.
Anton Bettelheim: Jakob Minor. In: Österreichische Rundschau. Bd. 33, Oktober–Dezember 1912; S. 123–125.

Bettelheim: Biographisches Jahrbuch; 1917.
Anton Bettelheim [Hg.]: Biographisches Jahrbuch und Deutscher Nekrolog. XVIII. Band. Verlag Georg Reimer, Berlin, 1917; Sp. 44.

Bettelheim: Neue Österreichische Biographie; 1929.
Anton Bettelheim [Leiter]: Neue Österreichische Biographie 1815–1918. 1. Abteilung; Biographien; VI. Band. Amalthea, Zürich/Leipzig/Wien, 1929.

Benda: Literaturwissenschaft; 1928.
Oskar Benda: Der gegenwärtige Stand der deutschen Literaturwissenschaft. Hölder-Pichler-Tempsky, Wien, 1928.

Beyer: Stilistik; 1929.
P.[...] Beyer: Stilistik. Reallexikon der deutschen Literaturgeschichte. Hg. von Paul Merker und Wolfgang Stammler. Bd. 3. De Gruyter, Berlin, 1928/1929; S. 303–305.

Blühdorn: Positivismus im 19. Jh.; 1971.
Jürgen Blühdorn und Joachim Ritter [Hg.]: Positivismus im 19. Jahrhundert. Beiträge zu seiner geschichtlichen und systematischen Bedeutung (Studien zur Philosophie und Literatur des neunzehnten Jahrhunderts, 16). Vittorio Klostermann, Frankfurt am Main, 1971.

Bonk: Deutsche Philologie in München; 1995.
Magdalena Bonk: Deutsche Philologie in München. Zur Geschichte des Faches und seiner Vertreter an der Ludwig-Maximilian-Universität vom Anfang des 19. Jahrhunderts bis zum Ende des Zweiten Weltkrieges. Duncker & Humblot, Berlin, 1995.

Borcherdt: Theatergeschichte; 1957.
Hans Heinrich Borcherdt: Geschichte des deutschen Theaters. In: Deutsche Philologie im Aufriß. Unter Mitarbeit zahlreicher Fachgelehrter herausgegeben von Wolfgang Stammler. Bd. 3. Erich Schmidt Verlag, Berlin, 1957; Sp. 417–558.

Brandl: Lebensbeobachtungen; 1936.
Alois Brandl: Zwischen Inn und Themse. Lebensbeobachtungen eines Anglisten. Grote'sche Verlagsbuchhandlung, Berlin, 1936.

Brechenmacher: Familiennamen; 1936.
Josef Karlmann Brechenmacher: Deutsche Sippennamen. Ableitendes Wörterbuch der deutschen Familiennamen. Mit zahlreichen urkundlichen Nachweisungen, über 60.000 Hinweisungen auf heutige Vorkommen und über 8.000 Wappennachweisungen. Sippenbücherei Bd. 7. III. Teil: M bis R. Verlag für Sippenforschung und Wappenkunde C. A. Starke, Görlitz, 1936.

Brechenmacher: Familiennamen Etymologie; 1957.
Josef Karlmann Brechenmacher: Etymologisches Wörterbuch der Deutschen Familiennamen. Zweite, von Grund auf neugearbeitete Auflage der „Deutschen Sippennamen" (Bände 5–9) der Sippenbücherei). 2. Bd. K–Z. Starke, Limburg a. d. Lahn, 1957.

Brenner: Der Reisebericht; 1990.
Peter J. Brenner: Der Reisebericht in der deutschen Literatur. Ein Forschungsüberblick als Vorstudie zu einer Gattungsgeschichte. Internationales Archiv für Sozialgeschichte der deutschen Literatur, 2. Sonderheft. Niemeyer, Tübingen, 1990.

Bruckmüller: Bürgertum in der Habsburgermonarchie 1; 1990.
Ernst Bruckmüller et al. [Hgg.]: Bürgertum in der Habsburgermonarchie [Bd. 1]. Böhlau, Wien/Köln, 1990 [Bd. 2 siehe: Stekl].

Brunner: Briefwechsel Scherer–Steinmeyer; 1982.
Horst Brunner und Joachim Helbig in Verbindung mit Ulrich Pretzel [Hgg.]: Wilhelm Scherer/Elias von Steinmeyer. Briefwechsel 1872–1886. Göppinger Arbeiten zur Germanistik Nr. 365. Kümmerle, Göppingen, 1982.

Burian: Teilung der Prager Universität; 1984.
Peter Burian: Die Teilung der Prager Universität und die österreichische Hochschulpolitik. In: Die Teilung der Prager Universität 1882 und die intellektuelle Desintegration in den böhmischen Ländern. Vorträge der Tagung des Collegium Carolinum in Bad Wiessee vom 26. Bis 28. November 1982. Oldenbourg, München, 1984; S. 25–36.

Castle: Minor-Nachruf; 1912.
Eduard Castle: Jakob Minor. Ein Nachruf. In: Das Wissen für alle. 12. Jg. Heft 22, 15. Nov. 1912; S. 402 ff.

Castle: Minors 25. Todestag; 1937.
Eduard Castle: Lebensweg eines großen Gelehrten. Schillers berühmter Biograph – Professor Minors 25. Todestag. In: Neues Wiener Journal. Nr. 15.764. 7. Oktober 1937; S. 6.

Castle: Österreichische Literatur; 1929.
E.[duard] Castle: Österreichische Literatur. Reallexikon der deutschen Literaturgeschichte. Hg. von Paul Merker und Wolfgang Stammler. Bd. 2. De Gruyter, Berlin, 1926/1928; S. 570–627.

Castle: Schmidt-Briefe; 1955.
Eduard Castle [Hg.]: Zu Jakob Minors 100. Geburtstag (15. April). Briefe von Erich Schmidt an Jakob Minor, aus dessen Nachlaß im Besitze von Margarete Zoebl-Minor. In: Chronik des Wiener Goethe-Vereins. 59. Bd. [1955]; S. 77–95.

Cohen: Middle-Class; 1996.
Gary B. Cohen: Education and Middle-Class Society in Imperial Austria 1848–1918. Purdue University Press, West Lafayette, Indiana, 1996.

Czeike: Lexikon Wien; Bd. [n]; [Jahr].
Felix Czeike: Historisches Lexikon Wien in 5 Bänden. Kremayr & Scheriau, Wien, 1992–1997.

Cysarz: Scherer; 1959.
Hertbert Cysarz: Wilhelm Scherer (1841–1886). In: Neue Österreichische Biographie ab 1815. Grosse Österreicher. 13. Bd. Amalthea, Zürich/Leipzig/Wien, 1959; S. 75–85.

Dambacher: Literaturpreise; 1996.
Eva Dambacher: Literatur- und Kulturpreise. Eine Dokumentation. Deutsche Schillergesellschaft, Marbach am Neckar, 1996.

de Coubertin: Erinnerungen; 1931.
Pierre de Coubertin: Olympische Erinnerungen [1931]. Aus dem Französischen übersetzt und mit einer erläuternden Schlußbemerkung versehen von Erhard Höhne. Sportverlag, Berlin [Reprint 1987].

Degener: Wer ist's?; [Jahr].
Herrmann A. L. Degener [Hg.]: Wer ist's? Unsere Zeitgenossen. Zeitgenossenlexikon. Verlag H. A. Ludwig Degener, Leipzig [1905], 1906 und 1911.

Dilthey: Archive für Literatur; 1889.
Wilhelm Dilthey: Archive für Literatur. In: Deutsche Rundschau, Bd. 68, März 1889. S. 360-375. – Ebenso in: Gesammelte Schriften; XV. Bd. Zur Geistesgeschichte des 19. Jahrhunderts. Hg. von Ulrich Herrmann. Vandenhoeck & Ruprecht, Göttingen, 1970; S. 1–16.

Dilthey: Erlebnis und Dichtung; 1950.
Wilhelm Dilthey: Das Erlebnis und die Dichtung. Lessing, Goethe, Novalis, Hölderlin. 12. Auflage. Vandenhoeck & Ruprecht, Göttingen, 1950.

Dizionario Italiano; 1955.
Istituto dell' Enciclopedia Italiana [Hg.]: Dizionario Enciclopedico Italiano. Istituto Poligrafico dello Stato, Rom, 1955.

Dünninger: Philologie-Geschichte; 1952.
Josef Dünninger: Geschichte der Deutschen Philologie. In: Wolfgang Stammler [Hg.]: Deutsche Philologie im Aufriß. Bd. 1. Erich Schmidt Verlag, Berlin/Bielefeld, 1952; Sp. 79–214.

Eckstein: Begegnungen; 1992.
Friedrich Eckstein: „Alte unnennbare Tage!" Erinnerungen aus siebzig Lehr- und Wanderjahren. – Begegnungen im Wien um 1900. Edition Atelier Reprint, Wien, 1992.

Egglmaier: Lehrkanzeln; 1981.
Herbert H. Egglmaier: Die Einrichtung von Lehrkanzeln für deutsche Philologie in Österreich nach der Universitätsreform der Jahre 1848/49. In: Beiträge und Materialien zur Geschichte der Wissenschaften in Österreich. Hg. von Walter Höflechner. Akademische Druck- u. Verlagsanstalt, Graz, 1981; S. 360–411.

Egglmaier: Entwicklungslinien Literaturwissenschaft; 1994.
Herbert H. Egglmaier: Entwicklungslinien der neueren deutschen Literaturwissenschaft in Österreich in der zweiten Hälfte des 19. Jahrhunderts und zu Beginn des 20. Jahrhunderts. In: Jürgen Fohrmann und Wilhelm Voßkamp [Hgg.]: Wissenschaftsgeschichte der Germanistik im 19. Jahrhundert. Metzler, Stuttgart/Weimar, 1994; S. 204–235.

Eisenberg: Das geistige Wien; 1891.
Ludwig Eisenberg: Künstler- und Schriftsteller-Lexikon „Das geistige Wien". Dritter Jahrgang. [Brockhausen und Bräuer, Wien, 1891].

Engelsing: Literarische Arbeiter; 1976.
Rolf Engelsing: Der literarische Arbeiter. Bd. I: Arbeit, Zeit und Werk im literarischen Beruf. Vandenhoeck & Ruprecht, Göttingen, 1976.

Engelbrecht: Österreichs Bildungswesen; 1986.
Helmut Engelbrecht: Geschichte des österreichischen Bildungswesens. Erziehung und Unterricht auf dem Boden Österreichs. Bd. 4: Von 1848 bis zum Ende der Monarchie. Österreichischer Bundesverlag, Wien, 1986.

Enzinger: Minor; 1975.
Moriz Enzinger: Minor, Jakob. In: Österreichisches Biographisches Lexikon 1815-1950. Herausgegeben von der Österreichischen Akademie der Wissenschaften redigiert von Eva Obermayer-Marnach. VI. Band [Maier] Stefan–Musger August. Verlag der Österreichischen Akademie der Wissenschaften, Wien, 1975; S. 311 f.

d'Ester: Zeitung und Zeitschrift; 1957.
Karl d'Ester: Zeitung und Zeitschrift. In: Deutsche Philologie im Aufriß. Unter Mitarbeit zahlreicher Fachgelehrter herausgegeben von Wolfgang Stammler. Bd. 3. Erich Schmidt Verlag, Berlin, 1957; Sp. 559–647.

Faerber: Karajan-Monographie; 1997.
Sigfrid Faerber: Theodor Georg Ritter von Karajan. Monographie mit Materialien und Nachweisen zu seiner philologischen Arbeit. Dipl.–Arb. masch., Wien, 1997.

Fischer: Rückblick Weltausstellung 1904.
Emil S. Fischer: Rückblick auf die Beteiligung der österreichischen Regierung an der Louisiana Purchase Exposition World's Fair St. Louis 1904. Kommerzieller Bericht, dem k. k. Handelsministerium erstattet.

Fohrmann – Voßkamp: Germanistik im 19. Jh.; 1994.
Jürgen Fohrmann und Wilhelm Voßkamp [Hgg.]: Wissenschaftsgeschichte der Germanistik im 19. Jahrhundert. Metzler, Stuttgart/Weimar, 1994.

Fontana: Minor-Jubiläum; 1955.
Oskar Maurus Fontana: Jakob Minor – Zum 100. Geburtstag. In: Wort in der Zeit; Heft 1 [1955]; S. 50 f.

Fränkel: Jakob Minor; [Jahr].
Jonas Fränkel: Jakob Minor. In: Neue Zürcher Zeitung. 133. Jg., Nr. 285 und 286; 13. und 14. Oktober 1912, Erstes Blatt.– Erweitert in: Ds.: Dichtung und Wissenschaft. Verlag Lambert Schneider, Heidelberg, 1954; S. 239–248.

Fuchs: Geistige Strömungen; 1949.
Albert Fuchs: Geistige Strömungen in Österreich 1867–1918. Neuauflage des Nachdrucks der Ausgabe 1949. Löcker, Wien, 1984.

Fuchs: Wiener Germanistik; 1967.
Heide Fuchs: Die Geschichte der germanistischen Lehrkanzel von ihrer Gründung im Jahre 1850 bis zum Jahre 1912. (Ein Beitrag zur Geschichte der Wiener Universität). Diss. masch., Wien, 1967.

Germanisten-Verband: Gründungsverhandlungen; 1912.
Verhandlungen bei der Gründung des Deutschen Germanisten-Verbandes in der Akademie zu Frankfurt a. M. am 29. Mai 1912. In: Zeitschrift für den deutschen Unterricht, 7. Ergänzungsheft, 1912.

Geschichte der Wiener Universität; 1898.
Geschichte der Wiener Universität von 1848 bis 1898. Als Huldigungsfestschrift zum fünfzigjährigen Regierungsjubiläum seiner k. u. k. apostolischen Majestät des Kaisers

Franz Josef I. herausgegeben vom Akademischen Senate der Wiener Universität. Hölder, Wien, 1898.

Gesamtverzeichnis; Bd. [n]; [Jahr].
Gesamtverzeichnis des deutschsprachigen Schrifttums (GV) 1700–1919. Bearbeitet unter der Leitung von Hilmar Schmuck und Willi Gorzny. Bibliographische und redaktionelle Beratung: Hans Popst und Rainer Schöller. Bd. [n]. Saur, München et al., 1979 ff.

Giebisch – Gugitz: Literaturlexikon; 1964.
Hans Giebisch, Gustav Gugitz: Bio-bibliograpbisches Literaturlexikon Österreichs. Von den Anfängen bis zur Gegenwart. Brüder Hollinek, Wien, 1964.

Gingrich: Reisen zu anderen Kulturen; 1992.
Andre Gingrich: Vom Reisen zu anderen Kulturen. Ethnologische Anmerkungen. In: Andreas J. Obrecht, Mario Prinz, Angelika Svoboda [Hg.]: Kultur des Reisens. Notizen, Berichte, Reflexionen. Verlag für Gesellschaftskritik, Wien, 1992; S. 155–167.

Gludovatz: Minor; 1994.
Karin Gludovatz: Jakob Minor (1855–1912). Literaturhistoriker. In: Otmar Rychlik [Hg.]: Gäste – Große Welt in Bad Vöslau. Zur Ausstellung in den historischen Räumen des Schlosses. Stadtgemeinde Bad Vöslau, 1994.

Göpfert: Buchwesen; 1977
Herbert G. Göpfert: Vom Autor zum Leser. Beiträge zur Geschichte des Buchwesens. Hanser, München/Wien, 1977.

Gold: Wege zur Weltausstellung; 1991.
Helmut Gold: Wege zur Weltausstellung. In: Reisekultur. von der Pilgerfahrt zum modernen Tourismus. hg. von Hermann Bausinger, Klaus Beyrer, Gottfried Korff. C. H. Beck, München, 1991; S. 320–326.

Gomperz: Gelehrtenleben; 1974.
Robert A. Kann [Hg.]: Theodor Gomperz. Ein Gelehrtenleben im Bürgertum der Franz-Josefs-Zeit. Auswahl seiner Briefe und Aufzeichnungen, 1869–1912, erläutert und zu einer Darstellung seines Lebens verknüpft von Heinrich Gomperz. Neubearbeitet und herausgegeben von Robart A. Kann. Österreichische Akademie der Wissenschaften; Philosophisch-historische Klasse, Sitzungsberichte, 295. Bd. Verlag der Österreichischen Akademie der Wissenschaften, Wien, 1974.

Gorzny: Internationaler Nekrolog; 1996.
Willi Gorzny [Hg.]: Internationaler Nekrolog 1994. Saur, München et al., 1996.

Grillparzer-Preisstiftung; 1908.
Grillparzer-Preisstiftung zur Hebung der deutschen dramatischen Produktion. Aus dem Almanach der kais. Akademie der Wissenschaften. Jahrgang 1908. K. k. Hof- und Staatsdruckerei, Wien, 1908.

Haas: Bürgerliche Sommerfrische, 1992.
Hanns Haas: Die Sommerfrische – Ort der Bürgerlichkeit. In: Hannes Stekl et al. [Hgg.]: Bürgertum in der Habsburgermonarchie, Bd. 2 – „Durch Arbeit, Besitz, Wissen und Gerechtigkeit". Böhlau, Wien/Köln/Weimar, 1992; S. 364–377.

Habermann: Metrik; 1928.
P.[...] Habermann: Metrik (Verswissenschaft). Reallexikon der deutschen Literaturgeschichte. Hg. von Paul Merker und Wolfgang Stammler. Bd. 2. De Gruyter, Berlin, 1926/1928; S. 342–350.

Hagner: Wissenschaftsgeschichte; 2001.
Michael Hagner [Hg.]: Ansichten der Wissenschaftsgeschichte. Fischer Taschenbuch Verlag, Frankfurt am Main, 2001.

Hainisch: Margarete Minor; 1927.
Marianne Hainisch: Margarete Minor. Worte des Gedenkens. Neue Freie Presse. Nr. 22507; 13. Mai 1927.

Hall – Renner: Nachlässe; 1995.
Hall, Murray G., Gerhard Renner: Handbuch der Nachlässe und Sammlungen österreichischer Autoren. 2. neu bearbeitete und erweiterte Auflage. Böhlau, Wien/Köln/Weimar, 1995.

Hankamer: Schicksalstragödie; 1929.
P.[...] Hankamer: Schicksalstragödie. Reallexikon der deutschen Literaturgeschichte. Hg. von Paul Merker und Wolfgang Stammler. Bd. 3. De Gruyter, Berlin, 1928/1929; S. 167–175.

Hauff et al.: Methodendiskussion; 1991.
Jürgen Hauff, Albert Heller, Bernd Hüppauf, Lothar Köhn, Klaus-Peter Philippi: Methodendiskussion. Arbeitsbuch zur Literaturwissenschaft. Bd. 1 und 2. 6. Auflage. Hain, Frankfurt, 1991.

Havránek: Prager Bildungswesen; 1996.
Jan Havránek: Das Prager Bildungswesen im Zeitalter nationaler und ethnischer Konflikte 1875 bis 1925. In: Gerhard Melinz, Susan Zimmermann [Hgg.]: Wien, Prag, Budapest. Blütezeit der Habsburgermetropolen; Urbanisierung, Kommunalpolitik, gesellschaftliche Konflikte (1867–1918). Edition Forschung. Promedia, Wien, 1996; S. 185–200.

Heinzel: Rede auf Scherer; 1886.
Rede auf Wilhelm Scherer gehalten von Professor Heinzel am 30. October 1886 im kleinen Festsaale der Universität Wien. (Separatabdruck aus der Zeitschrift für die österr. Gymnasien, Jahrgang 1886, Heft 11.). Gerold, Wien, 1886.

Hermand: Germanistik-Geschichte; 1994.
Jost Hermand: Geschichte der Germanistik. Rowohlt (rowohlts enzyklopädie 434), Reinbek bei Hamburg, 1994.

Herrmann: Hans-Sachs-Forschung; 1894.
Max Herrmann: Stichreim und Dreireim bei Hans Sachs und anderen Dramatikern des 15. und 16. Jahrhunderts. Nebst einer Untersuchung über die Entstehung des Hans Sachsischen Textes. in: Hans Sachs-Forschungen. Festschrift zur vierhundertsten Geburtsfeier des Dichters. Im Auftrage der Stadt Nürnberg herausgegeben von A. L. Stiefel. Joh. Phil. Raw'sche Buchhandlung, Nürnberg, 1894; S. 407–471.

Herrmann: Erklärung vs. Minor; 1896.
Max Herrmann: Erklärung. In: Deutsche Litteraturzeitung; 17. Jg. 1896; Nr. 24, Sp. 765 f.

Heusler: Metrik-Rezension; 1895.
Andres Heusler: Neuhochdeutsche metrik. ein handbuch von dr. Jacob Minor. [Rez.]. In: Zeitschrift für deutsches Altertum und deutsche Literatur. Bd. 39 (Anzeiger für deutsches Altertum und deutsche Literatur, Bd. 21), S. 169–194.

Heusler: Versgeschichte; 1927.
Andreas Heusler: Deutsche Versgeschichte mit Einschluß des altenglischen und altnordischen Stabreimverses. 2 Bde. De Gruyter, Berlin/Leipzig, 1925 und 1927.

Hock: Jakob Minor; 1912.
Stephan Hock: Jakob Minor. Neue Freie Presse (Literaturblatt). Nr. 17292, 13. Oktober 1912.

Hock: Minors Schauspieler-Porträts; 1920.
Stefan Hock [Hg.]: Aus dem alten und neuen Burgtheater von Jacob Minor. Mit einem Begleitwort von Hugo Thimig. Amalthea, Zürich/Leipzig/Wien [1920].

Hofmannsthal: Briefwechsel; 1972.
Eugene Weber [Hg.]: Hugo von Hofmannsthal – Richard Beer-Hofmann. Briefwechsel. S. Fischer, Frankfurt am Main, 1972.

Hohlbaum: Jakob Minor; 1912.
Robert Hohlbaum: Jakob Minor. Fremden-Blatt. Nr. 278, 10. Oktober 1912.

Hübl: Schottengymnasium; 1907.
Albert Hübl: Geschichte des Unterrichtes im Stifte Schotten in Wien. Carl Fromme, Wien, 1907.

Hye: Vereinsmeier; 1992.
Hans Peter Hye: Wiener „Vereinsmeier" um 1850. In: In: Hannes Stekl et al. [Hgg.]: Bürgertum in der Habsburgermonarchie, Bd. 2 – „Durch Arbeit, Besitz, Wissen und Gerechtigkeit". Böhlau, Wien/Köln/ Weimar, 1992; S. 292–316.

Jahrbuch Unterrichtswesen; 1906.
Jahrbuch des höheren Unterrichtswesens in Österreich. Bearbeitet von Josef Divis. 19. Jg. Tempsky, Wien, 1906.

Jäger: Herbarts Ästhetik; 1982.
Georg Jäger: Die Herbartianische Ästhetik – ein österreichischer Weg in die Moderne. In: Herbert Zeman [Hg.]: Die Österreichische Literatur. Ihr Profil im 19. Jahrhundert (1830–1880). Akademische Druck- und Verlagsanstalt, Graz, 1982; S. 195–219.

Johnston: Österreichische Kulturgeschichte; 1980.
William M. Johnston: Österreichische Kultur- und Geistesgeschichte. Gesellschaft und Ideen im Donauraum 1848–1938. 2. Aufl. Böhlaus Nachf., Wien/Köln/Graz. 1980.

Judersleben: Nationalpädagogik; 2000.
Jörg Judersleben: Philologie als Nationalpädagogik. Gustav Roethe zwischen Wissenschaft und Politik. Berliner Beiträge zur Wissenschaftsgeschichte. Hg. Von Wolfgang Höppner. Bd. 3. Peter Lang, Frankfurt am Main/Berlin/Bern et al., 2000.

Jüdisches Biographisches Archiv; 1994.
Jüdisches Biographisches Archiv (JBA – Mikrofiche-Fassung); 1994.

Jungwirth: Philosophische Fakultät Wien; 1982.
Evelyne Jungwirth: Die philosophische Fakultät der Universität Wien von 1848 bis 1873 unter Berücksichtigung der Thun-Hohensteinischen Universitätsreform. Diss. masch., Wien, 1982.

Kalb: Bildungsreise und Reisebericht; 1981.
Gertrud Kalb: Bildungsreise und literarischer Reisebericht. Studien zur englischen Reiseliteratur (1700–1850). Hans Carl, Nürnberg, 1981.

Kalbeck: Edlinger; 1919.
Max Kalbeck: Anton Edlinger †. In: Neues Wiener Tagblatt, Nr. 200. 23. Juli 1919.

Kafka: Beschreibung eines Kampfes; 1996.
Franz Kafka: Beschreibung eines Kampfes. Novellen, Skizzen, Aphorismen aus dem

Nachlaß. In: Gesammelte Werke, hg. von Max Brod. Taschenbuchausgabe in acht Bänden (73.–78. Tausend). Fischer Taschenbuch Verlag, Frankfurt am Main, 1996.

Karl-Ferdinands-Universität; 1899.
Die deutsche Karl-Ferdinands-Universität in Prag unter der Regierung Seiner Majestät des Kaisers Franz Josef I. Festschrift zur Feier des fünfzigjährigen Regierungsjubiläums Seiner Majestät des Kaisers Franz Josef I. Herausgegeben vom akademischen Senate. Verlag der J. G. Calve'schen k. u. k. Hof- und Universitätsbuchhandlung (Josef Koch), Prag, 1899.

Kayser: Bücher-Lexikon; 1904.
Christian Gottlob Kayser's Vollständiges Bücher-Lexikon enthaltend die vom Jahre 1750 bis Ende des Jahres 1902 im deutschen Buchhandel erschienenen Bücher und Landkarten. 32. Bd. oder des XIII. Supplementbandes zweite Hälfte. 1899–1902. Bearbeitet von Heinrich Conrad. L–Z. Tauchnitz, Leipzig, 1904.

Kemp: Bilderwissen; 2003.
Martin Kemp: Bilderwissen. Die Anschaulichkeit naturwissenschaftlicher Phänomene. Übersetzung und Ergänzungen für die deutsche Ausgabe: Jürgen Blasius. DuMont, Köln, 2003.

Killy: Literatur Lexikon; Bd. [n]; [Jahr].
Walther Killy [Hg.]: Literatur Lexikon. Autoren und Werke deutscher Sprache. 15 Bde. Bertelsmann Lexikon Verlag, Gütersloh/München, 1988 ff.

Kirchner: Zeitschriftenwesen, Bd. [n]; [Jahr].
Joachim Kirchner: Das deutsche Zeitschriftenwesen. Seine Geschichte und seine Probleme. Teil I: Von den Anfängen bis zum Zeitalter der Romantik. 2. Neu bearbeitete und erweiterte Auflage. Harassowitz, Wiesbaden, 1958; Teil II: Vom Wiener Kongreß bis zum Ausgange des 19. Jahrhunderts. Mit einem wirtschaftsgeschichtlichen Beitrage von Hans-Martin Kirchner. Harassowitz, Wiesbaden, 1962.

Klauß: Goethe unterwegs; 1989.
Jochen Klauß: Goethe unterwegs. Eine kulturgeschichtliche Betrachtung. Nationale Forschungs- und Gedenkstätten der klassischen deutschen Literatur in Weimar, 1989.

Kleindel: Österreich-Daten; 1978.
Walter Kleindel: Österreich. Daten zur Geschichte und Kultur. [Ueberreuter] Im Auftrag hergestellte Sonderausgabe, Wien [1978].

Knöfler: Bauernfeldpreiskrönung; 2000.
Markus Knöfler: Die Schmach dieser bauernfeldpreisgekrönten Zeit. Literaturpreise. In: Klaus Amann, Hubert Lengauer, Karl Wagner [Hgg.]: Literarisches Leben in Österreich. 1848–1890. Böhlau, Wien, 2000; S. 250–318.

Köhler: Reiseklugheit; 1788.
Johann David Köhlers, ehemaligen berühmten Professors der Geschichte in Göttingen, | Anweisung | zur | Reiseklugheit | für | junge Gelehrte, | um | Bibliotheken, Münzkabinette, Antiquitätenzimmer, Bildergallerien, Naturalienkabinette und Kunstkammern mit Nutzen zu besehen; | neu überarbeitet | und | mit berichtigenden Anmerkungen | versehen | von | M. Johann Friedrich August Kinderling, | zweitem Prediger zu Calbe an der Saale. | Magdeburg, 1788. | bei Johann Adam Creutz, Buchhändler.

König: Fachgeschichte im Literaturarchiv; 1988.
Christoph König: Fachgeschichte Deutschen Literaturarchiv. Programm und erste Ergebnisse. In: Jahrbuch der Deutschen Schillergesellschaft. 35. Jg.; Kröner, Stuttgart, 1988; S. 377–405.

König: Germanistik in Porträts; 2000.
Christoph König, Hans-Harald Müller, Werner Röcke [Hgg.]: Wissenschaftsgeschichte der Germanistik in Porträts. Walter de Gruyter, Berlin/New York, 2000.

König-Lämmert: Konkurrenten in der Fakultät; 1999
Christoph König und Eberhard Lämmert [Hgg.]: Konkurrenten in der Fakultät. Kultur, Wissen und Universität um 1900. Fischer (FTB 14262), Frankfurt/Main, 1999.

König-Seifert: Literaturarchiv und Literaturforschung; 1996.
Christoph König, Siegfried Seifert [Hgg.]: Literaturarchiv und Literaturforschung. Aspekte neuer Zusammenarbeit. Literatur und Archiov, Bd. 8. K. G. Saur, München/New Providence/London/Paris, 1996.

Körner: Deutsche Philologie; 1930.
Joseph Körner: Deutsche Philologie. In: Johann Willibald Nagl (†), Jakob Zeidler (†) und Eduard Castle [Hgg.]: Deutsch-Österreichische Literaturgeschichte. 3. Band. Von 1848 bis 1890. Carl Fromme, Wien, 1930; S. 48–89.

Körner: Deutsches Schrifttum; 1949.
Josef Körner: Bibliographisches Handbuch des deutschen Schrifttums. 3. völlig umgearbeitete und wesentlich vermehrte Auflage. Francke, Bern, 1949.

Körner: Schriften und Briefe; 2001.
Josef Körner: Philologische Schriften und Briefe. Hg. von Ralf Klausnitzer und Hans Eichner. Marbacher Wissenschaftegeschichte, Band 1. Wallstein, Göttingen, 2001.

Koopmann: Literaturtheorien; 1997.
Helmut Koopmann: Deutsche Literaturtheorien zwischen 1880 und 1920. Eine Einführung. Wissenschaftliche Buchgesellschaft, Darmstadt, 1997.

Kosch: Literatur-Lexikon; 1927.
Wilhelm Kosch: Deutsches Literatur-Lexikon. Biographisches und bibliographisches Handbuch. 1. Bd. Niemeyer, Halle, 1927.

Kosch: Literatur-Lexikon; 1953.
Wilhelm Kosch: Deutsches Literatur-Lexikon. Biographisches und bibliographisches Handbuch. 2. vollständig neubearbeitete und stark erweiterte Auflage. 2. Bd. Francke, Bern, 1953.

Kosch: Literatur-Lexikon; 1986.
Wilhelm Kosch: Deutsches Literatur-Lexikon. Biographisches und bibliographisches Handbuch. 3. völlig neu bearbeitete erweiterte Auflage. 10. Bd. Francke, Bern, 1986.

Kosch: Das Katholische Deutschland; [o. J.].
Wilhelm Kosch: Das Katholische Deutschland. 2. Bd. Literarisches Institut P. Haas & Cie., Augsburg [o. J.]; Sp. 3013 f.

Kosch: Theater-Lexikon; 1960.
Wilhelm Kosch: Deutsches Theater-Lexikon. Biographisches und bibliographisches Handbuch. 2. Bd. Kleinmayr, Klagenfurt/Wien, 1960.

Kotek: Hugo Mareta; 1914.
Ferd.[inand] Kotek: Schulrat Hugo Mareta †. Sonderabdruck aus dem Jahresbericht des k. k. Ober-Gymnasiums zu den Schotten in Wien. Selbstverlag, Wien, 1914.

Kraus: Bruder; F 44; 1900.
Karl Kraus: Bruder. Die Fackel. Nr. 44, 1900; S. 30–32.

Kraus: Literaturgetriebe; F 85; 1901.
Karl Kraus: In unserem Literaturgetriebe ... Die Fackel. Nr. 85, Anfang November 1901; S. 16-18.

Kraus: Autor; F 86; 1901.
Karl Kraus: Autor. Die Fackel. Nr. 86, 1901; S. 26 f.

Kraus: Buch-Manuscript; F 87; 1901.
Karl Kraus: Das Buch-Manuscript. Die Fackel. Nr. 87, 1901; S. 22–25.

Kraus: Natürlicher Tod; F 179; 1905.
Karl Kraus: Ob sie eines natürlichen Todes sterben ... Die Fackel. Nr. 179, 1905; S. 17–19.

Kraus: Literat; F 189; 1905.
Karl Kraus: Literat. Die Fackel. Nr. 189, 1905; S. 27.

Kraus: Literat; F 191; 1905.
Karl Kraus: Literat. Die Fackel. Nr. 191, 1905; S. 18–22.

Kraus: Weihnachtsnummern; F 217; 1907.
Karl Kraus: Weihnachtsnummern. Die Fackel. Nr. 217, 1907; S. 11–14.

Kraus: Literarhistoriker; F 217; 1907.
Karl Kraus: Literarhistoriker. Die Fackel. Nr. 217, 1907; S. 25–29.

Kraus: Hofrat Minor; F 279/280; 1909.
Karl Kraus: Herr Hofrat Minor ... Die Fackel. Nr. 279/280, 1909, S. 33 f.

Kraus: Unsterblichkeit; F 291; 1909.
Karl Kraus: Schrecken der Unsterblichkeit. Die Fackel. Nr. 291, 1909; S. 23–28.

Kraus: Hosenrock; F 319/320; 1911.
Karl Kraus: Der Hosenrock. Die Fackel. Nr. 319/320, 1911; S. 10.

Kraus: Razzia auf Literarhistoriker; F 336/337; 1911.
Karl Kraus: Bergführer und Hopf oder Beginn einer Razzia auf Literarhistoriker. Die Fackel. Nr. 336/337, 1911; S. 15–21.

Kraus: Selbstanzeige; F 336/337; 1911.
Karl Kraus: Selbstanzeige. Die Fackel. Nr. 336/337, 1911; S. 22.

Kraus: Klagen; F 339/340; 1911.
Karl Kraus: Ein Bekannter beklagt sich ... Die Fackel. Nr. 339/340, 1911; S. 32 f.

Kraus: Lessing; F 343/344; 1912.
Karl Kraus: Lessing. Die Fackel. Nr. 343/344, 1912; S. 1–5.

Kraus: Faschingsunterhaltung; F 343/344; 1912.
Karl Kraus: Blutiger Ausgang einer Faschingsunterhaltung. Die Fackel. Nr. 343/344, 1912; S. 42–44.

Kraus: Nestroy-Feier; F 347/348; 1912.
Karl Kraus: Zur Nestroy-Feier. Die Fackel. Nr. 347/348, 1912; S. 27 f.

Kraus: Ein Preisgekrönter; F 354–356; 1912.
Karl Kraus: Ein Preisgekrönter. Die Fackel. Nr. 354/355/356, 1912; S. 59–61.

Kraus: Unsere und ihre; F 360–362; 1912.
Karl Kraus: Einer von unseren Leuten über einen von den Iren. Die Fackel. Nr. 360/361/362, 1912; S. 33.

Kraus: Verhandlungen; F 376/377; 1913.
Karl Kraus: Öffentliche Verhandlungen mit Ausschluß der Presse. Die Fackel. Nr. 376/377, 1913; S. 30–32.

Kraus: Lehrkanzel; F 393; 1914.
Karl Kraus: Wenn die Lehrkanzel nicht besetzt ist. Die Fackel. Nr. 393, 1914; S. 18–21.

Kraus: Führer der Literatur; F 395–397; 1914.
Karl Kraus: Ein Führer der Literatur. Die Fackel. Nr. 395/396/397, 1914; S. 58–60.

Kraus: Besetzt; F 399; 1914.
Karl Kraus: Besetzt. Die Fackel. Nr. 399, 1914; S. 24–26.

Kraus: Zerline Gabillon; F 912–915; 1935.
Karl Kraus: Zerline Gabillon. Zu ihrem hundertsten Geburtstage. Die Fackel. Nr. 912–915, 1935; S. 21–33.

Kraus: Literatur und Lüge, 1987.
Kaul Kraus: Literatur und Lüge. Hg. Von Christian Wagenknecht. Suhrkamp (st 1313), Frankfurt/Main, 1987.

Krestan: Autorenverzeichnis; 1972.
Ludmilla Krestan: Die Schriften der philosophisch-historischen Klasse. 1. Teil Autorenverzeichnis. Herausgegeben von der Österreichischen Akademie der Wissenschaften. Böhlau, Wien/Köln/Graz, 1972.

Krestan: Mitglieder und Institutionen; 1972.
Ludmilla Krestan: Die Mitglieder und Institutionen der Akademie. Leitung, Mitglieder, Kommissionen, Stiftungen, Preise, Feierliche Sitzungen und sonstige Veranstaltungen. Bearbeitet von Ludmilla Krestan. Herausgegeben von der Österreichischen Akademie der Wissenschaften. Böhlau, Wien/ Köln/Graz, 1972.

Krieg: Autoren-Honorar; 1953.
Walter Krieg: Materialien zu einer Entwicklungsgeschichte der Bücher-Preise und des Autoren-Honorars vom 15. bis zum 20. Jahrhundert nebst einem Anhange Kleine Notizen zur Auflagengeschichte der Bücher im 15. und 16. Jahrhundert. Stubenrauch, Wien/Bad Bocklet/Zürich, 1953.

Kruckis: Goethe-Biographik; 1995.
Hans-Martin Kruckis: „Ein potenziertes Abbild der Menschheit". Biographischer Diskurs und Etablierung der Neugermanistik in der Goethe-Biographik bis Gundolf. Universitätsverlag Winter, Heidelberg, 1995.

Kürschners Literatur-Kalender; [Jahr].
Deutscher Litteratur-Kalender auf das Jahr [Jahr]. Herausgegeben von Joseph Kürschner. Kürschners Selbstverlag, Stuttgart, oder Leipzig und Berlin, Göschen, oder Spemann, Berlin und Stuttgart [Jahr].

Kuhn: Arcadien; 1966.
Dorothea Kuhn unter Mitarbeit von Anneliese Hofmann und Anneliese Kunz: Auch ich in Arcadien. Kunstreisen nach Italien 1600–1900. Sonderausstellung des Schiller-Nationalmuseums, Katalog Nr. 16. [Marbach] 1966.

Kuhn: Cotta-Ausstellung; 1980.
Dorothea Kuhn: Cotta und das 19. Jahrhundert. Aus der literarischen Arbeit eines Verlages. Ständige Ausstellung des Schiller-Nationalmuseums und des Deutschen Literaturarchivs Marbach am Neckar. Marbacher Kataloge Nr. 35. Kösel, München, 1980.

Kussmaul: Nachlässe des Literaturarchivs; 1983.
Ingrid Kussmaul: Die Nachlässe und Sammlungen des Deutschen Literaturarchivs Marbach am Neckar. Ein Verzeichnis. Deutsche Schillergesellschaft, Marbach am Neckar, 1983.

Lämmert et al.: Germanistik; 1966.
Eberhard Lämmert, Walter Killy, Karl Otto Conrady und Peter von Polenz: Germanistik – eine deutsche Wissenschaft. Suhrkamp, Frankfurt am Main [1966].

Lanik: Entwicklung Prags; 1996.
Jaroslav Lánik: Urbanisierung in Böhmen und die Entwicklung der Prager Agglomeration. In: Gerhard Melinz, Susan Zimmermann [Hgg.]: Wien, Prag, Budapest. Blütezeit der Habsburgermetropolen; Urbanisierung, Kommunalpolitik, gesellschaftliche Konflikte (1867–1918). Edition Forschung. Promedia, Wien, 1996; S. 46–57.

Lederer: Minor; 1937.
Lederer, Max: Jakob Minor. Zu seinem 25. Todestag. Neues Wiener Tagblatt. Nr. 278, 8. Oktober 1937.

Leitner: Anfänge österreichischer Germanistik; 1972.
Erich Leintner: Die Anfänge der Germanistik in Österreich und die Gründung des ersten Germanistischen Seminars. In: Österreich in Geschichte und Literatur. 16. Jg., 1972; S. 376–388.

Leitzmann: Müllenhoff–Scherer; 1937.
Briefwechsel zwischen Karl Müllenhoff und Wilhelm Scherer. Im Auftrag der Preußischen Akademie der Wissenschaften herausgegeben von Albert Leitzmann. Walter de Gruyter, Berlin und Leipzig, 1937

Lemayer: Hochschulverwaltung; 1878.
Karl Lemayer: Die Verwaltung der österreichischen Hochschulen von 1868–1877. Im Auftrage des k. k. Ministers für Cultus und Unterricht. Hölder, Wien, 1878.

Lempicki: Literarhistoriker; 1928.
S.[...] Lempicki: Literarhistoriker. Reallexikon der deutschen Literaturgeschichte. Hg. von Paul Merker und Wolfgang Stammler. Bd. 2. De Gruyter, Berlin, 1926/1928; S. 232–240.

Lempicki: Literaturwissenschaft; 1928.
S.[...] Lempicki: Literaturwissenschaft. Reallexikon der deutschen Literaturgeschichte. Hg. von Paul Merker und Wolfgang Stammler. Bd. 2. De Gruyter, Berlin, 1926/1928; S. 280–290.

Lentze: Thun und die Wissenschaft; 1959.
Hans Lentze: Graf Thun und die voraussetzungslose Wissenschaft. In: Festschrift Karl Eder zum 70. Geburtstag. Hg. im Auftrag eines Redaktionsausschusses am Historischen Institut der Universität Graz von Helmut J. Mezler-Andelberg. Wagner, Innsbruck, 1959.

Literarischer Verein; 1917.
Schriften des Literarischen Vereines in Wien, Bd. 17, 1912.

Lohrer: Cotta-Geschichte; 1959.
Lieselotte Lohrer: Cotta. Geschichte eines Verlags 1659–1959. Festschrift J. G. Cotta'sche Buchhandlung. Cotta, Stuttgart, 1959.

Martens: Kommentare; 1993.
Gunter Martens [Hg.]: Kommentierungsverfahren und Kommentarformen. Hamburger

Kolloquium der Arbeitsgemeinschaft für germanistische Edition 4. bis 7. März 1992, autor- und problembezogene Referate. Niemeyer, Tübingen, 1993.

Martino: Lektüre; 1989.
Martino: Martino, Alberto: Lektüre in Wien um die Jahrhundertwende (1889–1914). In: Herbert Zeman [Hg.]: Die österreichische Literatur. Ihr Profil von der Jahrhundertwende bis zur Gegenwart (1880–1980); Teil 1. Akademische Druck- und Verlagsanstalt, Graz, 1989; S. 95–102.

Meissl: Jakob Minor; 1994.
Sebastian Meissl: Minor, Jakob. In: Neue Deutsche Biographie. Herausgegeben von der historischen Kommission bei der bayerischen Akademie der Wissenschaften. 17. Bd. Melander–Moller. Duncker & Humblot, Berlin, 1994; S. 543–545.

Meister: Geschichte der Akademie; 1947.
Richard Meister: Geschichte der Akademie der Wissenschaften in Wien 1847–1947. Im Auftrage der Akademie verfaßt. Denkschriften der Gesamtakademie, Bd. 1. Holzhausens Nfg., Wien, 1947.

Meves: Germanistische Seminare in Preußen; 1987.
Uwe Meves: Die Gründung der germanistischen Seminare an den preußischen Universitäten (1875–1895). In: Deutsche Vierteljahresschrift für Literaturwissenschaft und Geistesgeschichte. 61. Jg.; LXI. Bd.; 1987; S. 69*–122*.

Meyer: Scherer und die Literaturgeschichte; 1914.
Richard M. Meyer: Wilhelm Scherer und die deutsche Literaturgeschichte. In: Frankfurter Zeitung und Handelsblatt. Nr. 42, 11. Februar 1914.

Michels: Erich Schmidt; 1913.
Victor Michels: Erich Schmidt. In: Germanisch-romanische Monatsschrift. V. Jahrgang, 1913; S. 289–297.

Millenkovich-Morold: Vom Abend zum Morgen; 1940.
Max von Millenkovich-Morold: Vom Abend zum Morgen. Aus dem alten Österreich ins neue Deutschland. Mein Weg als österreichischer Staatsbeamter und deutscher Schriftsteller. Reclam, Leipzig, 1940.

Müller: Literatursoziologie, Literaturtheorie; 1980.
Volker Ulrich Müller: Literatursoziologie, Literaturtheorie, Weltanschauung. In: Volker Bohn [Hg.]: Literaturwissenschaft. Probleme ihrer theoretischen Grundlegung. Kohlhammer, Stuttgart et al., 1980; S. 173–216.

Nadler: Erich Schmidt; 1914.
Josef Nadler: Erich Schmidt. Ein Rückblick und Ausblick. In: Hochland. 11. Jg., 1913/14; Bd. 1; S. 313–322.

Neumüller: Die deutsche philosophische Fakultät in Prag; 1984.
Michael Neumüller: Die deutsche philosophische Fakultät in Prag um 1882 und die Geschichtswissenschaft. In: Die Teilung der Prager Universität 1882 und die intellektuelle Desintegration in den böhmischen Ländern. Vorträge der Tagung des Collegium Carolinum in Bad Wiessee vom 26. Bis 28. November 1982. Oldenbourg, München, 1984; S. 111–126.

Neutsch: Gelehrten-Reisen; 1991.
Cornelius Neutsch: Die Kunst, seine Reisen wohl einzurichten – Gelehrte und Enzyklopädisten. In: Reisekultur. von der Pilgerfahrt zum modernen Tourismus. hg. von Hermann Bausinger, Klaus Beyrer, Gottfried Korff. C. H. Beck, München, 1991; S. 146–152.

Österreichisches Biographisches Lexikon; 1975.
Österreichisches Biographisches Lexikon 1815-1950. Herausgegeben von der Österreichischen Akademie der Wissenschaften redigiert von Eva Obermayer-Marnach. VI. Band [Maier] Stefan–Musger August. Verlag der Österreichischen Akademie der Wissenschaften, Wien, 1975.

Osterkamp: Friedrich Gundolf; 1993.
Ernst Osterkamp: Friedrich Gundolf zwischen Kunst und Wissenschaft. Zur Problematik eines Germanisten aus dem George-Kreis. In: Christoph König und Eberhard Lämmert [Hgg.]: Literaturwissenschaft und Geistesgeschichte 1910 bis 1925. Fischer Taschenbuch Verlag (FTB 11471), Frankfurt am Main, 1993; S. 23–37.

Pemsel: Wiener Weltausstellung; 1989.
Jutta Pemsel: Die Wiener Weltausstellung von 1873. Das gründerzeitliche Wien am Wendepunkt. Böhlau, Wien/Köln, 1989.

Pollak: Wien 1900; 1997.
Michael Pollak: Wien 1900. Eine verletzte Identität. édition discours, 6. Universitätsverlag Konstanz, Konstanz, 1997.

Prag als deutsche Hochschulstadt; 1909.
Prag als deutsche Hochschulstadt. Hg. vom Ortsrat Prag des deutschen Volksrates für Böhmen. Selbstverlag, Prag, 1909.

Quidam: Lesevereine; 1895.
Quidam: Ein Rückblick auf die Lesevereine deutscher Hochschüler in Wien seit dem Jahre 1870. Beiglböck, Wien, 1895.

Rauscher: Bauernfeld-Preis; 1937.
Otto Rauscher: Der Bauernfeld-Preis. In: Jahrbuch der Grillparzer-Gesellschaft. 34. Jahrgang; S. 79–101.

Reiss: Materialien Ideologiegeschichte; Bd. [n]; 1973.
Materialien zur Ideologiegeschichte der deutschen Literaturwissenschaft. Mit einer Einführung herausgegeben von Gunter Reiss. Bd. 1: Von Scherer bis zum Ersten Weltkrieg. Bd. 2: Vom Ersten Weltkrieg bis 1945. Niemeyer, Tübingen, 1973.

Renner: Nachlässe Österreich; 1993.
Gerhard Renner: Die Nachlässe in den Bibliotheken und Museen der Republik Österreich ausgenommen die Österreichische Nationalbibliothek und das Österreichische Theatermuseum. Böhlau, Wien/Köln/Weimar, 1993.

Renner: Nachlässe Wien; 1989.
Gerhard Renner: Die Nachlässe in der Wiener Stadt- und Landesbibliothek. Ein Verzeichnis. Stadt Wien, MA 9 – Wiener Stadt- und Landesbibliothek, Wien, 1993.

Rheinhardt: Jacob Minor; 1902.
Rheinhardt, Paul Gustav (Red.): Minor, Jacob. In: Biographien der Wiener Künstler und Schriftsteller. 1. Bd. des „Deutsch-österreichischen Künstler- und Schriftsteller-Lexikon". [Ohne Verlagsangabe], Wien, 1902; S. 389 f.

Richter: Briefwechsel Scherer–Schmidt; 1963.
Werner Richter und Eberhard Lämmert [Hgg.]: Wilhelm Scherer – Erich Schmidt. Briefwechsel. Mit einer Bibliographie der Schriften von Erich Schmidt. Erich Schmidt Verlag, Berlin, 1963.

Riehl: Die Familie; 1861.
W. H. Riehl: Die Familie. Cotta, Stuttgart, 1861.

Rogers: Kongress St. Louis; Vol. [n], 1905.
Howard J. Rogers [Ed.]: Congress of Arts and Science. Universal Exposition, St. Louis, 1904. 8 Vol. Houghton, Mifflin & Co., Boston/New York, 1905.

Rosenbaum: Sauer-Bibliographie; 1925.
Alfred Rosenbaum: August Sauer – Ein bibliographischer Versuch. Verlag der Gesellschaft deutscher Bücherfreunde, Prag [1925].

Rosenberg: Literaturwissenschaftliche Germanistik; 1989.
Rainer Rosenberg: Literaturwissenschaftliche Germanistik. Akademie-Verlag, Berlin, 1989.

Rosenthal: Jakob Minor; 1912.
Friedrich Rosenthal: Jakob Minor. In: Der Merker. Österreichische Zeitschrift für Musik und Theater. 3. Jg., 1912, IV. Quartal; S. 791 f.

Rub: Burgtheater; 1913.
Otto Rub: Das Burgtheater. Statistischer Rückblick auf die Tätigkeit und die Personalverhältnisse während der Zeit vom 8. April 1776 bis 1. Januar 1913. Gelegentlich des 25-jährigen Bestehens des neuen Hauses am 14. Oktober 1913, zusammengestellt von Otto Rub. Mit einem Geleitwort von Hugo Thimig. Ein theaterhistorisches Nachschlagebuch. Verlag Paul Knepler, Wien, 1913.

Ruprecht/Stackmann: Briefe Roethe – Schröder; Bd.1 u. 2; 2000.
Dorothea Ruprecht und Karl Stackmann [Bearb.]: Regesten zum Briefwechsel zwischen Gustav Roethe und Edward Schröder. Abhandlungen der Akademie der Wissenschaften in Göttingen. Philologisch-Historische Klasse, Dritte Folge Nr. 237. Erster und zweiter Teilband. Vandenhoeck & Ruprecht, Göttingen, 2000.

Sauer: Weiße-Rezension; 1881.
P. [= August Sauer]: J. Minor, Christian Felix Weiße und seine Beziehungen zur deutschen Litteratur des achtzehnten Jahrhunderts. [Rez.]. In: Deutsche Litteraturzeitung, 1881, Nr. 1; Sp. 11–13.

Sauer: Reden und Aufsätze; 1903.
August Sauer: Gesammelte Reden und Aufsätze zur Geschichte der Literatur in Österreich und Deutschland. Carl Fromme, Wien/Leipzig, 1903.

Sauer: Prager Hochschulen; 1910.
August Sauer: Die Prager Hochschulen. Eine notgedrungene Abwehr. Sonderabdruck aus der Monatsschrift „Deutsche Arbeit", Juni 1910. Selbstverlag, Prag, 1910.

Sauer: Rektoratsrede; 1925.
August Sauer. Rektoratsrede. Gehalten in der Aula der Deutschen Universität in Prag am 18. November 1907. 2. unv. Aufl. Mit einem Nachwort von Dr. Georg Stefansky. Metzler, Stuttgart, 1925.

Sauer: Jakob Minor; 1913.
August Sauer: Jakob Minor. In: Almanach der kaiserlichen Akademie der Wissenschaften. 63. Jg. 1913. Hölder, Wien, 1914; S. 467–476. Auch in: Probleme und Gestalten. Mit einem Vorwort von Hedda Sauer herausgegeben von Dr. Otto Pouzar. Metzler, Stuttgart, 1933; S. 242–248. Ebenso in: Biographisches Jahrbuch und Deutscher Nekrolog. Herausgegeben von Anton Bettelheim. XVII. Band. Verlag Georg Reimer, Berlin, 1915; S. 115–119.

Sauer: Reden und Schriften; 1928.
August Sauers Kulturpolitische Reden und Schriften. Im Auftrage der Deutschen Gesellschaft der Wissenschaften und Künste für die Tschechoslowakische Republik ein-

geleitet und herausgegeben von Josef Pfitzner. Sudetendeutscher Verlag Franz Kraus, Reichenberg, 1928.

Sauer: An Bettelheim; 1933.
August Sauer: An Anton Bettelheim. In: Probleme und Gestalten. Mit einem Vorwort von Hedda Sauer herausgegeben von Dr. Otto Pouzar. Metzler, Stuttgart, 1933; S. 237–241.

Scherer: Geistiges Leben; 1874.
Wilhelm Scherer: Vorträge und Aufsätze zur Geschichte des geistigen Lebens in Deutschland und Oesterreich. Weidmannsche Buchhandlung, Berlin, 1874.

Scherer: Poetik; 1977.
Wilhelm Scherer: Poetik. Mit einer Einleitung und Materialien zur Rezeptionsanalyse. Herausgegeben von Günter Reiss. Niemeyer, Tübingen, 1977.

Scherer: Pflichten; 1894.
Wilhelm Scherer: Wissenschaftliche Pflichten. Aus einer Vorlesung (aus dem Collegheft der „Einleitung in die deutsche Philologie", redigiert von Erich Schmidt). Euphorion Bd. 1 (1894); S. 1–4.

Scheuer: Biographie; 1979.
Helmut Scheuer: Biographie. Studien zur Funktion und zum Wandel einer literarischen Gattung vom 18. Jahrhundert bis zur Gegenwart. Metzler, Stuttgart, 1979.

Schiller-Verein „Die Glocke"; 1913.
Schiller-Verein „Die Glocke". 1863–1913. Im Selbstverlag des Vereins, Wien, 1913.

Schnitzler: Tagebuch [Jahr–Jahr]; [Jahr].
Arthur Schnitzler. Tagebuch 1903–1908 [1909–1912] [1913–1916]. Herausgegeben von der Kommission für literarische Gebrauchsformen der Österreichischen Akademie der Wissenschaften, Obmann: Werner Welzig. Verlag der Österreichischen Akademie der Wissenschaften, Wien, 1991 [1981] [1983].

Schnitzler: Briefwechsel; 1992.
Konstanze Fliedl [Hg.]: Arthur Schnitzler - Richard Beer-Hofmann. Briefwechsel 1891–1931. Europaverlag, Wien/Zürich, 1992.

Schnöller/Stekl: Bürgerliche Kindheit; 1987.
Andrea Schnöller und Hannes Stekl [Hgg.]: „Es war eine Welt der Geborgenheit...! Bürgerliche Kindheit in Monarchie und Republik (Damit es nicht verlorengeht ... 12, hg. von Michael Mitterauer und Peter Paul Kloß). Böhlau, Wien/Köln, 1897.

Schorske: Wien; 1982.
Carl E. Schorske: Wien. Geist und Gesellschaft im Fin de Siècle. 2. Aufl. S. Fischer, Frankfurt am Main, 1982.

Schriewer: Hochschulgeschichte; 1993.
Jürgen Schriewer [Hg.]: Sozialer Raum und akademische Kulturen. Studien zur europäischen Hochschul- und Wissenschaftsgeschichte im 19. und 20. Jahrhundert. Komparatistische Bibliothek Bd. 3. Peter Lang, Frankfurt am Main et al., 1993.

Schroeder: Jakob Minor †; 1912.
Leopold von Schroeder: Jakob Minor †. In: Neues Wiener Tagblatt. Nr. 277; 9. Oktober 1912.

Schücking: Literarische Geschmacksbildung; 1931.
Levin L. Schücking: Die Soziologie der literarischen Geschmacksbildung. 2. erw. Auflage. Teubner, Leipzig und Berlin, 1931.

Schultz: Erich Schmidt; 1913.
Franz Schultz: Erich Schmidt. In: Archiv für das Studium der Neueren Sprachen und Literaturen. LXVII. Jahrgang, CXXXI. Band; der neuen Serie XXXI. Band (1913); S. 273– 284.

Schultz: Volkshochschulen; 1897.
Ernst Schultze: Volkshochschulen und Universitäts-Ausdehnungs-Bewegung. Freund, Leipzig, 1897.

Schweickhardt: Universitäts-Gesetze; 1885.
Sammlung der für die österreichischen Universitäten giltigen Gesetze und Verordnungen herausgegeben im Auftrage und mit Benützung der amtlichen Quellen des k. k. Ministeriums für Cultus und Unterricht. Zweite umgearbeitete Auflage redigirt von Friedrich Freiherrn von Schweickhardt k. k. Ministerial-Concipist. [2 Bde.] K. k. Schulbuchverlag, Wien, 1885.

Segeberg: Literatur im technischen Zeitalter; 1997.
Harro Segeberg: Literatur im technischen Zeitalter. Von der Frühzeit der deutschen Aufklärung bis zum Beginn des Ersten Weltkriegs. Wissenschaftliche Buchgesellschaft, Darmstadt, 1997.

Seliger: Bürgerliche Vorherrschaft in Wien; 1996.
Maren Seliger: Wien im Zeichen bürgerlicher Vorherrschaft. In: Gerhard Melinz, Susan Zimmermann [Hgg.]: Wien, Prag, Budapest. Blütezeit der Habsburgermetropolen; Urbanisierung, Kommunalpolitik, gesellschaftliche Konflikte (1867–1918). Edition Forschung. Promedia, Wien, 1996; S. 84–92.

Siebers: Lehrfahrten; 1991.
Winfried Siebers: Ungleiche Lehrfahrten – Kavaliere und Gelehrte. In: Reisekultur. von der Pilgerfahrt zum modernen Tourismus. Hg. von Hermann Bausinger, Klaus Beyrer, Gottfried Korff. C. H. Beck, München, 1991; S. 47–57.

Skarek: Österreichische Frühgermanistik; 1931.
*Wilhelm Skarek: Bestrebungen und Leistungen der österreichischen Frühgermanistik (vom Beginn des 19. Jahrhunderts bis zu dessen Mitte). Diss. masch., Wien, 1930/31.

Sowa: Schillerpreis; 1988.
Wolfgang Sowa: Der Staat und das Drama. Der Preußische Schillerpreis 1859-1918. Eine Untersuchung zum literarischen Leben im Königreich Preußen und im deutschen Kaiserreich. Regensburger Beiträge zur deutschen Sprach- und Literaturwissenschaft. Hg. von Bernhard Gajek. Bd. 36. Peter Lang, Frankfurt am Main, Bern, New York, Paris, 1988.

Sprengel: Berliner und Wiener Moderne; 1998.
Sprengel, Peter, Gregor Streim: Berliner und Wiener Moderne. Vermittlungen und Abgrenzungen in Literatur, Theater, Publizistik. Mit einem Beitrag von Barbara Noth. Literatur in der Geschichte, Geschichte in der Literatur; Bd. 45. Böhlau, Wien/Köln/Weimar, 1998.

Stammler: Deutsche Philologie; 1952.
Wolfgang Stammler [Hg.]: Deutsche Philologie im Aufriß. Bd I–III, Registerband. In: Erich Schmidt Verlag, Berlin/Bielefeld, 1952 ff.

Stekl: Bürgertum in der Habsburgermonarchie 2; 1992.
Hannes Stekl et al. [Hgg.]: – „Durch Arbeit, Besitz, Wissen und Gerechtigkeit". Bürgertum in der Habsburgermonarchie, Bd. 2. Böhlau, Wien/Köln/Weimar, 1992 [Bd. 1 siehe: Bruckmüller].

Sternsdorff: Germanistik bei Scherer; 1979.
Jürgen Sternsdorff: Wissenschaftskonstitution und Reichsgründung. Die Entwicklung der Germanistik bei Wilhelm Scherer. Eine Biographie nach unveröffentlichten Quellen. Europäische Hochschulschriften Bd. 321. Peter D. Lang, Frankfurt am Main/Bern/Cirencester, UK; 1979.

Stichweh: Wissenschaftliche Disziplinen; 1993.
Rudolf Stichweh: Wissenschaftliche Disziplinen: Bedingungen ihrer Stabilität im 19. und 20. Jahrhundert. In: Jürgen Schriewer [Hg.]: Sozialer Raum und akademische Kulturen. Studien zur europäischen Hochschul- und Wissenschaftsgeschichte im 19. und 20. Jahrhundert. Komparatistische Bibliothek Bd. 3. Peter Lang, Frankfurt am Main et al., 1993; S. 235–250.

Suchy: Grillparzer-Gesellschaft; 1992.
Viktor Suchy: Hundert Jahre Grillparzer-Gesellschaft. In: Jahrbuch der Grillparzer-Gesellschaft. 3. Folge, Bd. 18 (1991–1992) Jubiläumsband; S. 1–172.

Verzeichnis der Schriften Minors; 1914.
Verzeichnis der Schriften Jakob Minors. Sonderabdruck aus dem Almanach der Kaiserlichen Akademie der Wissenschaften, Jg. 1913. Aus der k. k. Hof- und Staatsdruckerei, Wien, 1914.

Voßkamp: Literatursoziologie; 1993.
Wilhelm Voßkamp: Literatursoziologie: Eine Alternative zur Geistesgeschichte? „Sozialliterarische Methoden" in den ersten Jahrzehnten des 20. Jahrhunderts. In: Christoph König und Eberhard Lämmert [Hgg.]: Literaturwissenschaft und Geistesgeschichte 1910 bis 1925. Fischer Taschenbuch Verlag (FTB 11471), Frankfurt am Main, 1993; S. 23–37.

Wagenknecht: Deutsche Metrik; 1993.
Christian Wagenknecht: Deutsche Metrik. Eine historische Einführung. 3. Auflage. C. H. Beck, München, 1993.

Walzel: Jacob Minor; 1912.
Oskar Walzel: Jacob Minor. Ein Nachruf. Frankfurter Zeitung und Handelsblatt. Nr. 286, 15. Oktober 1912.

Walzel: Wachstum und Wandel; 1956.
Oskar Walzel: Wachstum und Wandel. Lebenserinnerungen von Oskar Walzel. Aus dem Nachlaß herausgegeben von Carl Enders. Erich Schmidt Verlag, Berlin, 1956.

Wegmann: Jacob Minor; 1990.
Nikolaus Wegmann: Minor, Jacob. In: Literatur Lexikon. Autoren und Werke deutscher Sprache. Herausgegeben von Walther Killy. Bd. 8. Mat–Ord. Bertelsmann Lexikon Verlag, Gütersloh/München, 1990; S. 171.

Wehrli: Geistesgeschichte; 1993.
Max Wehrli: Was ist/war Geistesgeschichte? In: Christoph König und Eberhard Lämmert [Hgg.]: Literaturwissenschaft und Geistesgeschichte 1910 bis 1925. Fischer Taschenbuch Verlag (FTB 11471), Frankfurt am Main, 1993; S. 23–37.

Weilen: Minors Persönlichkeit; 1912.
Alexander von Weilen: Die Persönlichkeit Jakob Minors. Neue Freie Presse. Nr. 17287, 8. Oktober 1912.

Weilen: Jakob Minor; 1913.
Alexander von Weilen: Jakob Minor. Jahrbuch der Grillparzer-Gesellschaft. [Hg. von Karl Glossy.] 24. Jg., 1913; S. 164–187.

Weilen: Inauguration; 1913/14.
Alexander von Weilen: Jakob Minor. In: Die feierliche Inauguration des Rektors der Wiener Universität für das Studienjahr 1913/1914 am 20. Oktober 1913. Selbstverlag der k. k. Universität, Wien, 1913; S. 26–29.

Weimar: Literaturwissenschaft – Forschungsbericht; 1976.
Klaus Weimar: Zur Geschichte der Literaturwissenschaft. Forschungsbericht. In: Deutsche Vierteljahrsschrift für Literaturwissenschaft und Geistesgeschichte. 50. Jg.; L. Bd.; 1976; S. 298–364.

Weimar: Geschichte Literaturwissenschaft; 1989.
Klaus Weimar: Geschichte der deutschen Literaturwissenschaft bis zum Ende des 19. Jahrhunderts. Fink, München, 1989.

Wiesinger: Wiener Germanistik; 1999.
Peter Wiesinger: Die Entwicklung der Germanistik in Wien im 19. Jahrhundert. In: Frank Fürbeth, Pierre Krügel, Ernst E. Metzner, Olaf Müller [Hgg.]: Zur Geschichte und Problematik der Nationalphilologien in Europa. 150 Jahre Erste Germanistenversammlung in Frankfurt am Main (1846–1996). Niemeyer, Tübingen, 1999; S. 443–468.

Wininger: Jüdische National-Biographie; [Bd.], [Jahr].
S.[alomon] Wininger: Große Jüdische National-Biographie mit mehr als 10.000 Lebensbeschreibungen namhafter jüdischer Männer und Frauen aller Zeiten und Länder. Bd. 1–7. „Orient" und Buchdruckerei „Arta", Cernauti [1925–1936].

Wunberg: Das Junge Wien; 1976.
Gotthart Wunberg [Hg.]: Das Junge Wien. Österreichische Literatur- und Kunstkritik 1887–1902. Ausgewählt, eingeleitet und herausgegeben von Gotthart Wunberg. 2 Bde. Niemeyer, Tübingen, 1976.

Wunberg: Wiener Literatur um 1900; 1987.
Gotthart Wunberg: Deutscher Naturalismus und Österreichische Moderne. Thesen zur Wiener Literatur um 1900. In: Jacques Le Rider und Gérard Raulet [Hgg.]: Verabschiedung der (Post-)Moderne? Eine interdisziplinäre Debatte. Deutsche TextBibliothek Bd. 7. Narr, Tübingen, 1996; S. 91–116.

W.[...]: Erinnerung an Minor; 1937.
J. W.: Zur Erinnerung an Jakob Minor. Reichspost. Nr. 280; 10. Oktober 1937.

Zeman: Weg zur österreichischen Literaturforschung; 1986.
Herbert Zeman: Der Weg zur österreichischen Literaturforschung – ein wissenschaftsgeschichtlicher Abriß. In: Ds. [Hg.]: Die österreichische Literatur. Ihr Profil von den Anfängen im Mittelalter bis ins 18. Jahrhundert (1050–1750). Akademische Druck- und Verlagsanstalt, Graz, 1986; S. 1–47.

Zeman: Österreichische Literatur – Skizze; 1989.
Herbert Zeman: Die österreichische Literatur der Jahrhundertwende – eine literarhistorische Skizze. In: Ds. [Hg.]: Die österreichische Literatur. Ihr Profil von der Jahrhundertwende bis zur Gegenwart (1880–1980); Teil 1. Akademische Druck- und Verlagsanstalt, Graz, 1989; S. 1–49.

Zeman: Literaturgeschichte Österreichs; 1996.
Herbert Zeman [Hg.]: Literaturgeschichte Österreichs. Von den Anfängen im Mittelalter bis zur Gegenwart. Unter Mitwirkung von Werner M. Bauer et. al. Akademische Druckund Verlagsanstalt, Graz, 1996.

Ziegengeist: Briefe Burdach – Schmidt; 1998.
Ziegengeist Agnes [Hg.]: Konrad Burdach – Erich Schmidt, Briefwechsel 1884-1912. S. Hirzel, Stuttgart/Leipzig, 1998.

HAMBURGER BEITRÄGE ZUR GERMANISTIK

Band 1 Jörg Schönert / Harro Segeberg (Hrsg.): Polyperspektivik in der literarischen Moderne. Studien zur Theorie, Geschichte und Wirkung der Literatur. Karl Robert Mandelkow gewidmet. 1988.

Band 2 Marie Franz: Die Darstellung von Faschismus und Antifaschismus in den Romanen von Anna Seghers 1933 bis 1949. 1987.

Band 3 Jan Christoph Meister: Hypostasierung - die Logik mythischen Denkens im Werk Gustav Meyrinks nach 1907. Eine Studie zur erkenntnistheoretischen Problematik eines phantastischen Oeuvres. 1987.

Band 4 Liane Dornheim: Vergleichende Rezeptionsgeschichte. Das literarische Frühwerk Ernst Jüngers in Deutschland, England und Frankreich. 1987.

Band 5 Uwe Laugwitz: Albert Ehrenstein. Studien zu Leben, Werk und Wirkung eines deutsch-jüdischen Schriftstellers. 1987.

Band 6 Hans-Harald Müller / Wilhelm Schernus (Hrsg.): Theodor Plievier. Eine Bibliographie. Bearbeitet von Hans-Harald Müller und Wilhelm Schernus. 1987.

Band 7 Rudolf Brandmeyer: Heroik und Gegenwart. Goethes klassische Dramen. 1987.

Band 8 Isabella Claßen: Darstellung von Kriminalität in der deutschen Literatur, Presse und Wissenschaft 1900 bis 1930. 1988.

Band 9 Irene Bayer: Juristen und Kriminalbeamte als Autoren des neuen deutschen Kriminalromans: Berufserfahrungen ohne Folgen? Ein Vergleich der Kriminalromane des Juristen Fred Breinersdorfer, des Juristen Stefan Murr und des Kriminalbeamten Dieter Schenk mit den Kriminalromanen der Autoren Richard Hey, Felix Huby, -ky und Friedhelm Werremeier. 1989.

Band 10 Andreas Schäfer: Rolle und Konfiguration. Studien zum Werk Max Frischs. 1989.

Band 11 Christa Hempel-Küter: Die kommunistische Presse und die Arbeiterkorrespondentenbewegung in der Weimarer Republik. Das Beispiel "Hamburger Volkszeitung". 1989.

Band 12 Klaus Jarchow: Bauern und Bürger. Die traditionale Inszenierung einer bäuerlichen Moderne im literarischen Werk Jeremias Gotthelfs. 1989.

Band 13 Hans-Jürgen Krug: Arbeitslosenliteratur. Eine Bibliographie. 1990.

Band 14 Corinna Dahlgrün: Hoc fac, et vives (Lk 10,28) - *vor allen dingen minne got*. Theologische Reflexionen eines Laien im *Gregorius* und in *Der arme Heinrich* Hartmanns von Aue. 1991.

Band 15 Hans-Harald Müller / Wilhelm Schernus (Hrsg.): Leo Perutz. Eine Bibliographie. 1991.

Band 16 Detlef Langer: Freud und "der Dichter". 1992.

Band 17 Christa Hempel-Küter: Die KPD-Presse in den Westzonen von 1945 bis 1956. Historische Einführung, Bibliographie und Standortverzeichnis. 1993.

Band 18 Ulrike Schupp: Ordnung und Bruch. Antinomien in Heimito von Doderers Roman *Die Dämonen*. 1994.

Band 19 Jonas Peters: "Dem Kosmos einen Tritt!" Die Entwicklung des Werks von Walter Serner und die Konzeption seiner dadaistischen Kulturkritik. 1995.

Band 20 Boshidara Deliivanova: Epos und Geschichte. Weltanschauliche, philosophische und gattungsästhetische Probleme in den Epen von Nikolaus Lenau. 1995.

Band 21 Armin Göbels: Das Verfahren der Einbildung. Ästhetische Erfahrung bei Schiller und Humboldt. 1994.

Band 22 Oliver Hallich: Poetologisches, Theologisches. Studien zum *Gregorius* Hartmanns von Aue. 1995.

Band 23 Jens-Peter Schröder: Arnolds von Lübeck *Gesta Gregorii Peccatoris*. Eine Interpretation, ausgehend von einem Vergleich mit Hartmanns von Aue *Gregorius*. 1997.

Band 24 Ingrid Maaß: Regression und Individuation. Alfred Döblins Naturphilosophie und späte Romane vor dem Hintergrund einer Affinität zu Freuds Metapsychologie. 1997.

Band 25 Michael Meyer: Willensverneinung und Lebensbejahung. Zur Bedeutung von Schopenhauer und Nietzsche im Werk Ricarda Huchs. 1998.

Band 26 Nicole Ahlers: Das deutsche Versepos zwischen 1848 und 1914. 1998.

Band 27 Brigitte Nestler: Bibliographie Willi Bredel. 1999.

Band 28 Miran Kwak: Identitätsprobleme in Werken Heinrich von Kleists. 2000.

Band 29 Bettina Ullmann: Fritz Mauthners Kunst- und Kulturvorstellungen. Zwischen Traditionalität und Modernität. 2000.

Band 30 Christopher M. Schmidt: Interpretation als literaturtheoretisches Problem. Die Möglichkeiten einer Neuorientierung in der Isotopie-Theorie, veranschaulicht anhand von Gregor Samsa in Franz Kafkas Erzählung *Die Verwandlung*. 2000.

Band 31 Günter Rinke: Sozialer Radikalismus und bündische Utopie. Der Fall Peter Martin Lampel. 2000.

Band 32 Joachim Gerdes: Die Schuld-Thematik in Hans Henny Jahnns *Fluß ohne Ufer*. 2000.

Band 33 Katja B. Zaich: "Ich bitte dringend um ein Happyend." Deutsche Bühnenkünstler im niederländischen Exil 1933-1945. 2001.

Band 34 Günter Meinhold: *Zauberflöte* und *Zauberflöten*-Rezeption. Studien zu Emanuel Schikaneders Libretto *Die Zauberflöte* und seiner literarischen Rezeption. 2001.

Band 35 Christine Arendt: Natur und Liebe in der frühen Lyrik Brechts. 2001.

Band 36 Nicole Suhl: Anna Seghers: *Grubetsch* und *Aufstand der Fischer von St. Barbara*. Literarische Konstrukte im Spannungsfeld von Phänomenologie und Existenzphilosophie. 2002.

Band 37 Hans-Jürgen Krug: Radiolandschaften. Beiträge zur Geschichte und Entwicklung des Hörfunks. 2002.

Band 38 Marcus Sander: Strukturwandel in den Dramen Georg Kaisers 1910-1945. 2003.

Band 39 Sigfrid Faerber: *Ich bin ein Chinese*. Der Wiener Literarhistoriker Jakob Minor und seine Briefe an August Sauer. 2004.

Peter Lang · Europäischer Verlag der Wissenschaften

Kurt Adel

Die Literatur Österreichs an der Jahrtausendwende

2., überarbeitete und ergänzte Auflage
Frankfurt am Main, Berlin, Bern, Bruxelles, New York, Oxford, Wien, 2003.
284 S.
ISBN 3-631-50447-0 · br. € 45.50*

Das Buch trägt der Entwicklung der europäischen Literatur der 2. Hälfte des 20. Jahrhunderts Rechnung, indem es trennt zwischen sprachbezogener Dichtung, die in Österreich in der Wiener Gruppe ihre stärkste Position hat, und weltbezogener Dichtung, die in zahlreichen Abschnitten über die Themen Nationalsozialismus, Exil, religiöse Dichtung zum Sachbuch verschiedener Richtungen erfaßt ist. In 700 Einzeldarstellungen entsteht vor dem Hintergrund der literarischen Tradition seit dem 18. Jahrhundert ein Bild der österreichischen Literatur, das auch als Gang durch eine vielfältige Landschaft gelesen werden kann.

Aus dem Inhalt: Ein Führer durch die österreichische Literatur an der Jahrtausendwende · Sprachbezogene Dichtung · Weltbezogende Dichtung · Frauenbewegung · Nationalsozialismus und Exil · Religiöse Dichtung · Sachbuch

Frankfurt am Main · Berlin · Bern · Bruxelles · New York · Oxford · Wien
Auslieferung: Verlag Peter Lang AG
Moosstr. 1, CH-2542 Pieterlen
Telefax 00 41 (0) 32 / 376 17 27

*inklusive der in Deutschland gültigen Mehrwertsteuer
Preisänderungen vorbehalten
Homepage http://www.peterlang.de